上海市志

教育分志
职业教育卷

1978—2010

上海市地方志编纂委员会　编

上海古籍出版社

1978年，上海电机制造学校（上海电机学院前身）复校后部分教师合影。

1986年9月，中华职业学校复校。

1992 年，南汇县工业学校师生在学校大门前合影，该校是上海市临港科技学校的源头学校之一。

2000 年，上海市南汇工贸学校（后更名为上海市临港科技学校）车工实训车间。

2003 年，上海市闸北工商职业技术学校（后并入上海市市北职业高级中学）校门前。

2004 年，上海信息技术学校学生放学后。

2005 年，上海市奉贤中等专业学校全景。

2008 年，上海市经济管理学校教学楼。

2006 年 3 月 29 日，上海市职业教育工作会议在上海展览中心召开。

2006 年 11 月 3 日，上海市教育委员会在石化工业学校召开"首批上海市职业教育开放实训中心落成典礼暨工作推进大会"。

2010 年 12 月 2 日至 3 日，全国中等职业教育教学改革创新工作会议在上海召开。

1990 年 9 月，中德合作上海职业技术教育研究所成立。

1999 年，上海海运学校与挪威船东协会签订联合培养国际海员协议。

1999年，上海市教育委员会与澳大利亚昆士兰州政府签订职业技术教育合作备忘录。

2005年5月，上海市曹杨职业技术学校和法国马赛普鲁旺斯旅馆学校两校文化交流十五周年纪念揭牌仪式。

2006年6月，上海市临港科技学校中意烹饪合作项目签约。

2007年，上海商业会计学校中德交流。

2008年，上海市工商外国语学校校园英语角。

21世纪初，上海商业职业技术学院与企业产学研合作。

2002年6月，上海石化工业学校与德国拜耳公司签订联合办学协议。

2007 年 5 月 22 日，市政府召开上海市校企合作培养高技能人才工作推进会。

2009 年 10 月 24 日，中国旅游院校五星联盟成立大会。

20 世纪 80 年代，上海电机制造学校（后更名上海电机学院）钳工教学。

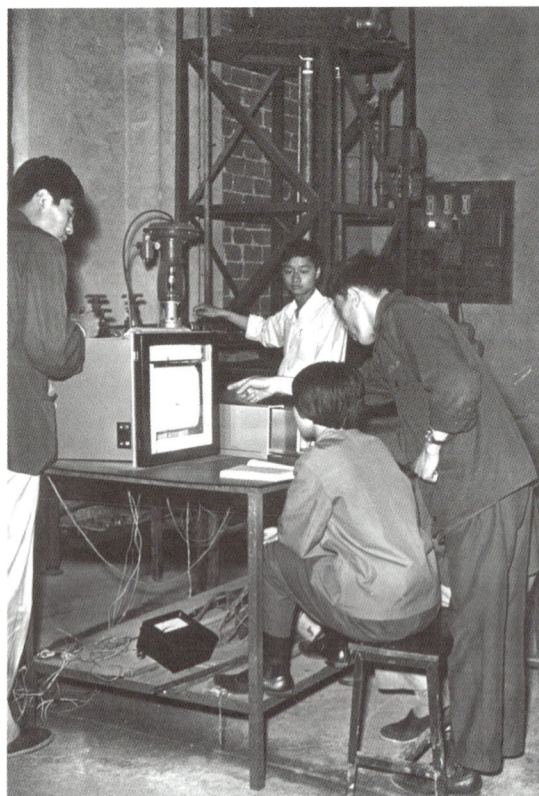

20 世纪 80 年代，上海市化学工业学校（后更名上海信息技术学校）实验课。

20 世纪 80 年代，上海市建筑工程局技工学校（上海建峰职业技术学院前身）学生实训。

1983届崇明县竖河职业技术学校（上海市工程技术管理学校前身）副业班进行动物解剖实验。

20世纪90年代，上海市农业学校蔬菜种植实践教学。

1991年，奉贤县工业学校（上海市奉贤中等专业学校的源头学校之一）金工实训。

1998 年，上海市城市建设工程学校学生测量实习。

2001 年，上海科技管理学校制冷设备维修实训教学。

2003 年，上海市杨浦职业技术学校烹饪教学。

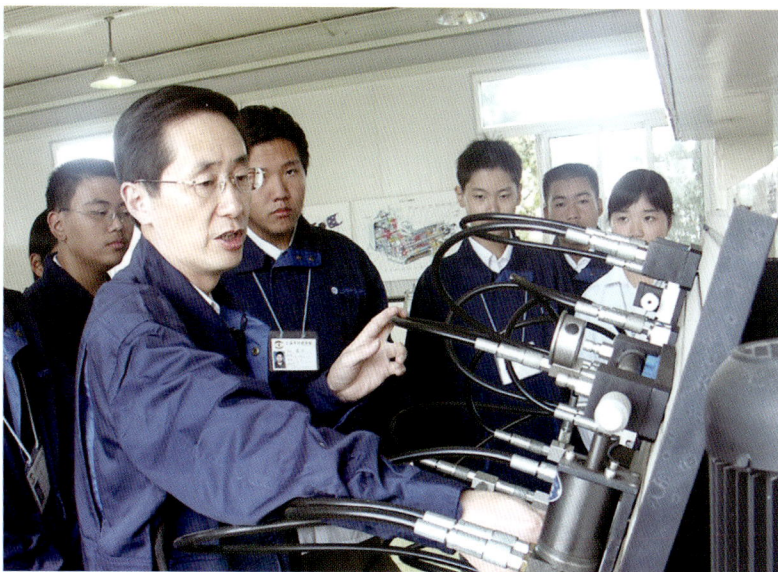

2004 年，上海市环境学校汽车运用与维修专业教学。

2004 年，上海市大众工业学校电气实训教学。

2007 年，上海商业会计学校学生练习点钞。

2007 年，上海船厂技工学校加工实训工场。

2008 年，上海思博职业技术学院基础护理实训教学。

2008 年，上海市曹杨职业技术学校烹饪实训中心——中式点心实训室。

2009年，上海市舞蹈学校实训教学。

2009年，上海应用技术学院高职学院机械加工教学。

2009年，上海市东辉职业技术学校旅游专业实训。

2009年，上海港湾学校电气实训室。

2009年，上海工业技术学校数控实训。

2009年，民航上海中等专业学校实训。

2010 年，上海健康职业技术学院医学影像实训教学。

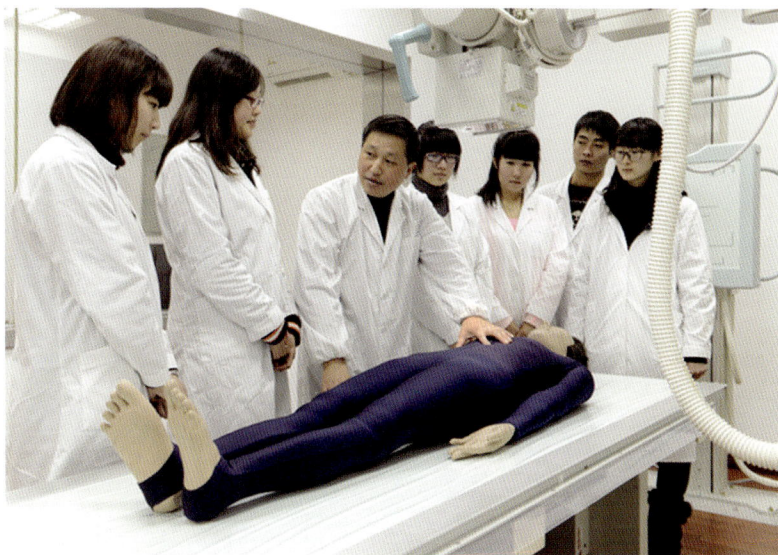

2010 年，中华职业学校教师带领学生在世博会制作寿司，打破世界纪录。

2010 年，上海市群益职业技术学校茶艺课实训。

1993年，上海市建筑工程局技工学校（上海建峰职业技术学院前身）学生职业技能竞赛。

1996年，上海市职业技术学校第六届"未来建设者"技术技能比武节开幕。

2008年，全国职业院校中职组美容美发技能大赛。

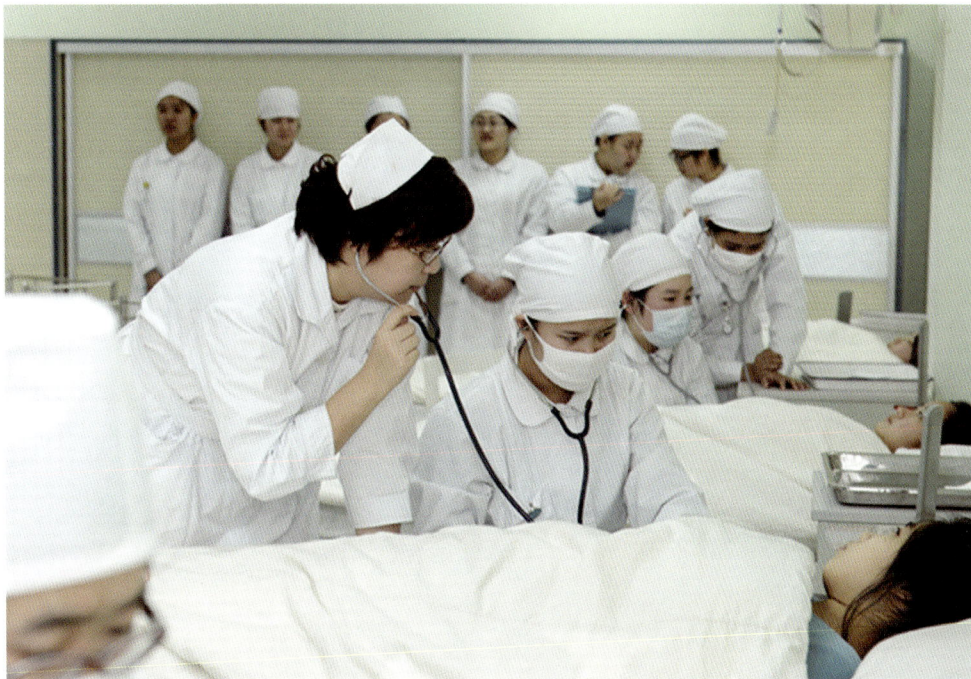

2009 年，上海市卫生学校教师进行护理技能竞赛指导。

2009 年，上海中等职业学校代表队参加全国职业院校技能大赛，获多个奖项。

1990 年，上海出版印刷专科学校首届田径运动会。

1996 年，中华新侨中等专业学校教职工知识竞赛。

1998 年，嘉定工业技术学校（后并入上海市大众工业学校）学生合唱。

2002 年，上海济光职业技术学院奖学金颁发。

2004 年，上海市行政管理学校学生电视台。

2007 年，上海市公用事业学校学生辩论会。

2008 年，上海市杨浦职业技术学校群艺专业的舞蹈《俏花旦》获上海市学生舞蹈节表演舞专场二等奖。

2010 年，中国 2010 上海世博会上海商学院志愿者招募启动仪式。

2010 年，上海海事职业技术学院第六届校园文化艺术节。

20世纪80年代，上海部分高校和中专系统教师承担国家教委职业技术教育体系课题研究任务。

1994年，上海市机械工业学校（中华新侨中等专业学校源头学校之一）教师的教研活动。

2001 年，上海中华职业教育社举办《中华人民共和国职业教育法》颁布 5 周年系列研讨会。

2003 年，上海举办"推进高等职业教育发展研讨会"。

上海市地方志编纂委员会

上海市地方志编纂委员会
（2007.8—2018.6）

《上海市志·教育分志（1978—2010）》编纂委员会

2020年6月—

主　任　王　平

副主任　蒋　红　贾　炜　闵　辉　毛丽娟　李永智　倪闽景　轩福贞　平　辉
　　　　李　蔚

委　员　（以姓氏笔画为序）
　　　　丁　力　丁　良　马建超　王　磊　汤林春　许开宇　苏　铁　李兴华
　　　　杨伟人　杨振峰　吴英俊　何鹏程　沙　军　张　旭　张　慧　束金龙
　　　　陆　勤　陈　华　郁能文　赵　宁　赵　扬　郭　扬　耿绍宁　凌晓凤
　　　　桑　标　董圣足　董秀华　焦小峰　颜慧芬

《上海市志·教育分志（1978—2010）》编纂办公室

主　任　陆　勤

副主任　张日培

成　员　张云娇　钟云芬

《上海市志·教育分志（1978—2010）》编纂委员会

2014年2月—2018年8月

主　任　苏　明

副主任　高德毅　李瑞阳　尹后庆　印　杰　陆　靖　袁　雯　王　平　王志伟
　　　　杨国顺

委　员　（以姓氏笔画为序）
　　　　丁　力　王从春　王立慷　王兴放　王家一　王　磊　平　辉　朱　坚
　　　　庄　俭　汤林春　许开宇　劳晓芸　李兴华　李　蔚　何劲松　何敏娟
　　　　何鹏程　杨伟人　杨振峰　张　旭　张　慧　陆　勤　陈　华　陈国良
　　　　周　飞　周景泰　郑方贤　郑益慧　赵　宁　赵　扬　胡宝国　郭　扬

耿绍宁　顾泠沅　晏开利　倪闽景　凌晓凤　桑　标　陶文捷　董圣足
焦小峰

《上海市志·教育分志（1978—2010）》编纂办公室

主　　任　顾泠沅　陆　勤
副 主 任　罗东海　张日培
成　　员　钟云芬

《上海市志·教育分志（1978—2010）》编纂委员会
2018年9月—2020年5月

主　　任　陆　靖
副 主 任　李　昕　蒋　红　杨永和　贾　炜　郭为禄　毛丽娟　李永智　倪闽景
　　　　　王从春　平　辉　李　蔚
委　　员　（以姓氏笔画为序）
　　　　　丁　力　丁　良　王　磊　汤林春　许开宇　劳晓芸　李兴华　杨伟人
　　　　　杨振峰　何鹏程　沙　军　张　旭　张　慧　陈　华　陈郭华　陆　勤
　　　　　郁能文　郑益慧　赵　宁　赵　扬　郭　扬　耿绍宁　晏开利　凌晓凤
　　　　　桑　标　陶文捷　董圣足　董秀华　焦小峰　颜慧芬

《上海市志·教育分志（1978—2010）》编纂办公室

主　　任　陆　勤
副 主 任　罗东海　张日培
成　　员　张云娇　钟云芬

《上海市志·教育分志·职业教育卷（1978—2010）》
编纂委员会
2020 年 6 月—

主　　任　王　平

副 主 任　毛丽娟

委　　员　（以姓氏笔画为序）

　　　　　丁　力　丁　良　马建超　王　磊　李兴华　束金龙　何鹏程　陈　华

　　　　　沙　军　陆　勤　郁能文　赵　宁　赵　坚　郭　扬　焦小峰

《上海市志·教育分志·职业教育卷（1978—2010）》
编纂办公室

主　　任　郭　扬

副 主 任　郭苏华

主　　笔　郭苏华　郭　扬

委　　员　徐静茹

《上海市志·教育分志·职业教育卷（1978—2010）》
编纂委员会
2014 年 2 月—2018 年 8 月

主　　任　苏　明

副 主 任　印　杰　陆　靖

委　　员　（以姓氏笔画为序）

　　　　　王从春　王家一　许　涛　李兴华　李　蔚　劳晓芸　何敏娟　张光圻

　　　　　陆　勤　周景泰　赵　坚　郭　扬　顾泠沅

《上海市志·教育分志·职业教育卷（1978—2010）》
编纂办公室

主　　任　　郭　扬

副 主 任　　郭苏华

主　　笔　　郭苏华

委　　员　　占小梅　戎晓若　赵　平　陆燕飞　赵蒙蒙

《上海市志·教育分志·职业教育卷（1978—2010）》
编纂委员会
2018年9月—2020年5月

主　　任　　陆　靖

副 主 任　　郭为禄　毛丽娟

委　　员　　（以姓氏笔画为序）

　　　　　　丁　力　王　磊　李兴华　李　蔚　何鹏程　劳晓芸　陆　勤　郑益慧

　　　　　　赵　宁　赵　坚　郭　扬　耿绍宁　桑　标　焦小峰

《上海市志·教育分志·职业教育卷（1978—2010）》
编纂办公室

主　　任　　郭　扬

副 主 任　　郭苏华

主　　笔　　郭苏华

委　　员　　戎晓若　兰小云　赵　平　徐静茹

《上海市志·教育分志·职业教育卷（1978—2010）》
主要文字、资料供稿人员

文　字（以姓氏笔画为序）

马开年　朱桃福　李炳伟

资　料（以姓氏笔画为序）

毕鹏宇　刘　妍　李　钰　陈丽娟　张福顺　周齐佩　赵成棵　赵晓伟

徐　朔　徐　峰　徐松鹤　顾晓波　黄　蕾　潘　波　戴小芙

《上海市志·教育分志·职业教育卷（1978—2010）》
主要文字、图片供稿单位

上海市教育委员会职业教育处

上海市教育委员会高等教育处

上海市教育委员会办公室

上海市教育科学研究院职业教育与成人教育研究所

上海市教育评估院

上海市教育技术装备中心

上海市教育委员会教学研究室

上海中华职业教育社

上海市职业教育协会

全市各中职学校、高职院校

《上海市志·教育分志·职业教育卷（1978—2010）》
咨询专家名单（以姓氏笔画为序）

马树超　王向群　石伟平　徐国良　薛喜民

《上海市志·教育分志·职业教育卷（1978—2010）》
评议专家名单

组　　长　　薛喜民

委　　员　　（以姓氏笔画为序）

石伟平　王昌范　廖大伟　王向群　徐国良　马树超　吴　强　冯谷兰

毛大立　黄书光

《上海市志·教育分志·职业教育卷（1978—2010）》
审定专家名单

组长组长　　薛喜民

委　　员　　（以姓氏笔画为序）

石伟平　王向群　徐国良　马树超　吴　强　毛大立　黄书光　吕　健

蔡海斌

《上海市志·教育分志·职业教育卷（1978—2010）》
验收单位和人员名单

验收单位　　上海市地方志办公室

验收人员　　洪民荣　姜复生　黄晓明　过文瀚　杨军益

业务编辑　　李洪珍

《上海市志·教育分志》总序

　　教育事业承担着培养人才的重任,是民族振兴、社会进步的重要基石。教育兴则国家兴,教育强则国家强。相应地,对一个城市来说,教育发展水平决定着这个城市的发展潜力与核心竞争力,一流教育支撑着一流城市,同样一流城市也孕育和造就了一流教育。今天,上海要推进"五个中心",建设卓越的全球城市和具有世界影响力的社会主义现代化国际大都市,教育将成为实现这个目标的重要基石。

　　上海是中国近现代教育的发端之地和发展重镇。1843年,上海因清政府在鸦片战争中惨败而屈辱开埠,上海由此从一个封建社会的江南城镇被强制拉入近代工商业社会和世界经济体系。伴随工商业的繁荣和西学的涌入,中国封建科举制度首先在上海被撕裂,华洋共处的新式学堂(学校)迅速发展,西式教育逐渐成为教育体系的主流,并引领了中国教育制度的近代化转型,上海也成为中国学前教育、基础教育、高等教育、职业教育,以及特殊、师范、医学、法学、工程等专业教育的重要发祥地,涌现了一批学贯中西而又扎根中国沃土的杰出教育家,培育了一批享誉海内外的知名学校,也形成了上海教育开放包容、中西融合,并始终开风气之先的品格。但由于历史条件和社会制度的制约,教育在旧上海并没有成为普罗大众共享的基本权利。1949年上海解放后,经历了旧学校的社会主义改造、教育主权的回归、学校的结构性重组,以及中小学教育的普及和全民教育的开展,上海教育焕发出了新的青春,各项事业蓬勃发展,也支撑了上海作为全国最大经济中心城市的地位。但十年"文化大革命",教育成为重灾区,教育秩序被打乱,教育质量严重滑坡,学生学业荒废,人才队伍青黄不接。

　　1978年党的十一届三中全会召开,拉开了中国改革开放的序幕,也给中国教育事业带来了新的"春天"。中国教育从恢复高考、恢复教育秩序、为知识分子正名开始,全面走向正轨,开启了"穷国办大教育"和"大国办强教育"的伟大历史进程。上海教育顺应中国教育发展的大势,在持续推进改革创新中重振雄风,实现了各级各类教育的迅速发展,也完成了教育的结构性优化和历史性跨越。今天的上海教育继续走在全国的前列,在诸多领域已具有国际性影响,乃至有国际专业机构和专业人士专门研究上海教育成功的"秘密",并提出要"推广上海教育的经验"。

上海在教育改革发展进程中,始终把邓小平同志提出的教育要"面向现代化、面向世界、面向未来"作为自己的座右铭,自加压力,奋力前行,不断瞄准新目标,不断攀登新高峰。从1978年至1980年代,上海教育全面恢复被十年"文化大革命"破坏的秩序,解决了大量的历史欠账,各项事业发展驶入快车道,上海教育呈现欣欣向荣的新气象。进入1990年代,上海抓住邓小平同志南方谈话、社会主义市场经济建立和浦东开发开放等历史性机遇,提出了"一流城市、一流教育"和到2010年率先基本实现教育现代化的战略目标。在中央的支持下,上海建设教育综合改革试验区,快一步、高一层推进各领域的改革发展,努力满足人民群众从"有书读"到"读好书"转变的愿望。进入21世纪,上海主动承担建设教育强国排头兵的重任,满足人民教育"学有所教、学有优教"的旺盛需求。2014年《上海市中长期教育改革和发展规划纲要》提出,到2020年上海要率先实现教育现代化。2019年《上海教育现代化2035》进一步提出,上海到2035年将实现更高水平、更高质量的教育现代化,建成与时代发展相适应、具有世界影响力的社会主义现代化国际大都市相匹配的一流教育,教育事业发展和人力资源开发主要指标达到全球城市先进水平,成为各类人才向往的学习体验之地、事业发展之地、价值实现之地,在中国教育现代化和教育强国建设中始终当好排头兵、先行者。

回顾上海教育事业改革发展40多年的探索历程,有诸多值得珍惜、总结并在实践中应当始终坚持、发扬光大的宝贵经验。

坚持党的统一领导,把教育事业发展放在优先发展的位置。教育事业是事关千秋万代、千家万户的长线事业,教育改革发展不可能封闭在自己的"象牙塔"里面,其最终成效不会在短时期内立竿见影。因此,教育改革发展必须在党的统一领导下,把握方向、统筹各方、全局规划、前瞻布局。上海教育改革发展每进入一个关键时期,市委、市政府都要召开全市教育工作会议,指明前行方向,出台重大规划和政策,落实各方责任,明确路线图、时间表。市委、市政府还成立教育工作领导小组,统筹协调全市各委办局的资源来推进教育改革攻坚和发展建设,切实把教育事业放在全局性、基础性、先导性的位置,把"教育振兴、全民有责"的理念落实到体制机制和战略举措上,确保在经济社会发展规划、财政资金投入、公共资源配置等各方面优先保证教育发展。在教育改革进程中,上海还积极探索各级各类学校加强党的领导的有效实现方式,完善科学民主的领导决策机制,建设能够担当办学治校重任的高素质领导干部队伍,不断夯实学校党建的基层基础工作,为教育改革发展引领正确方向,提供坚强组织保障。

坚持育人为本、德育为先,把促进素质教育发展作为教育工作的主线。上海教育改革发展遵循教育规律和学生成长规律,紧紧围绕"培养什么样的人、怎样培养人、为谁培养人"的根本问题,着眼于促进每一个学生德智体美劳全面发展和终身发展,确立并不断强化科学的教育思想和办学理念,克服重智轻德和唯分数、唯升学率等急功近利的教育观念和做法。积极探索大中小学纵向衔接、学校社会家庭横向沟通、网上和网下、德育与诸育有机融合的育人工作新格局,在全国范围内积极推广先进经验。1980 年代初,上海率先在中小学开展计算机教育。1984 年,邓小平同志在上海看着孩子们熟练操作计算机,发出"计算机普及要从娃娃抓起"的重要指示,对上海乃至中国教育顺应时代潮流创新发展产生深远影响。上海在教育改革中注重爱护和培养学生的好奇心、求知欲,培养学生的探索精神、创新思维和实践能力,构建创新实践、科普教育、艺术教育、体育锻炼、劳动教育、志愿服务等育人工作体系,凝练知识与能力、过程与方法、情感态度和价值观的三维课程教材改革价值目标。上海教育的改革创新让教育回归并坚守了育人的本源。

坚持把促进教育公平作为基本价值理念,努力办好每一所学校,教好每一个学生。上海的教育改革发展注重公平惠及全体市民,努力让全市每一位学习者获得公平受教育机会,让每位学习者在人生的各个阶段都有人生出彩的机会。上海率先普及九年义务教育,并进一步提出"双高普九"的目标。持续推进薄弱学校改造和中小学标准化建设的"达标工程",让上海彻底告别危房校舍和弄堂学校,一批高标准的实验性示范性学校在市郊和城乡接合部拔地而起。把特殊教育发展作为上海教育现代化建设的重要任务,为残疾学生提供多样化、个性化的特殊教育服务。建立"奖、贷、助、补、减"一体化的学生帮困助学体系,确保不让一个在校生因经济困难而中止学业。践行终身教育理念,构建多层次、广覆盖以及网上网下一体化的职业培训、社区教育、老年教育等体系,时时、处处、人人学习的学习型城市建设初具规模。

坚持构建并逐步完善人才培养体系,提升教育的人才和知识贡献能力。改革开放之初,上海就率先在全市范围内开展人才普查与需求预测,提出相应的人才开发与教育"倍增计划"。各级各类学校充分发挥人才培养培训基地功能,积极参与"十大紧缺人才培训工程""再就业工程""燎原计划"等人才培养工程,数以百万计的市民通过教育培训,提高了文化素质和专业技能,也优化了上海人力资源结构。高等教育充分发挥高层次人才培养摇篮和知识创新、传播、应用基地作用,以大学校区、科技园区、公共社区"三区联动"的理念实施全市高校布局结构调整,高起点推进"985""211"高校建设和重点学科建设,主动推进高校布局和学科专业结构与上海经济社会发展的深度融合。上海职业教育积极深化校企合作、产教融合,加强知识型技能人才培养。同时,上海还率先打破各类教育之间的屏障,建设人才培养的"立交桥"。上海教育的社会贡献能力持续增强。

坚持把教师队伍作为教育发展的第一资源和核心要素,建设高素质的师资队伍。上海优质的教师素质支撑着上海的优质教育。上海构建师范教育、名师名校长培养、教研训一体的基础教育师资培养体系,还率先探索中小学校长职级制等改革。职业学校建立"双师型教师"培养体系。高等学校借鉴国际经验,建立竞争淘汰制度,逐步打破计划经济时代形成的"铁交椅""铁饭碗""铁工资"制度,实施优秀人才脱颖而出的各类人才计划,培育了一批能够站立全国教学和世界科技、学科前沿的教学科研骨干。上海还持续强化师德师风建设,营造尊师重教的社会氛围,涌现了以于漪老师为代表的一批优秀教师,引领广大教师立足三尺讲台,潜心教书,精心育人,为人师表,严谨笃学,志存高远,与时俱进。

坚持推进教育国际化,以教育开放率引教育深化改革、提高质量。上海教育改革充分依托国际化大都市的区位优势,始终跟踪世界教育发展潮流,对标发达国家和全球化城市的教育发展水准,从中发现上海教育的瓶颈和短板,凝练新的发展方向和着力点、突破口。积极吸收世界先进的教育理念,结合上海实际进行本土化创造,推动上海教育创新发展,也确立上海教育的国际话语权。积极举办各种形式的中外合作办学,建立中外学校之间的学分互认和师生交流机制,积极开展留学生教育。同时上海的优质教育资源也通过孔子学院、网络教育等方式走出国门,参与国际教育竞争。上海教育也成为促进中外人文交流特别是青少年之间民心相通的桥梁。

坚持以改革创新为动力,勇于承担国家教育改革试点任务。通过体制机制创新,不断破解制约发展的瓶颈,释放改革"红利",这是上海教育发展最大的"秘笈"所在。改革开放以来,上海勇当"拓荒牛",主动提出先行先试,率先改革教育管理体制、办学体制和投融资体制。加强省级政府统筹,通过"共建、合并、划转、调整、合作",办学体制和管理体制取得突破性进展。上海高校不断深化内部管理体制改革,为落实高校办学自主权、建立现代大学制度探索新路。在基础教育领域,开展两级政府三级管理体制改革,管理重心下移,调动了各级政府的积极性,增强了基础教育的活力。同时还主动承担基础教育的课程教材改革、高考制度改革、高校自主招生改革以及民办教育管理体制改革等。上海的教育改革得到中央的鼓励和国家部委的支持。从1980年代开始,中央和教育部就先后在上海设立教育综合改革试验区,1990年代开始建立部市合作机制,明确要求上海解放思想,先行先试,加快教育治理能力和治理体系现代化步伐,为全国教育改革提供可借鉴的经验。

上海教育改革开放40多年,栉风沐雨,砥砺前行,取得的成就有目共睹。这是全社会参与支持的结果,是上海教育工作者接续奋斗的结晶。上海教育的发展进步也体现了上海教育人的教育理念的不断升华,对特大型城市教育发展规律的深刻把握。但我们也要清醒地看到,面对新时代的新形势和新任务,上海教育现代化的发展进程依然艰辛,一些陈旧的教育理念依然根深蒂固,一些陈旧僵化的体制机制和做法依然在惯性运行,教育发展的不平衡不充分的矛盾依然存在,上海教育发展的潜力和活力尚未充分释放。从全国发展态势看,兄弟省市的发展势头迅猛。因此上海教育改革要勇于进入深水区,用创新思维、全局眼光和全球视野面向未来,推进改革。但与此同时,前瞻未来不能忘记走过的道路。我们还要用历史的眼光来回望过去,善于进行反思和总结,要从历史发展的轨迹中更准确而深刻地把握特大型城市的教育改革发展的规律,推动上海教育新的发展进程能够蹄急而步稳,能够继续担当新时代教育创新发展的领跑者和追梦人。

《上海市志·教育分志(1978—2010)》的编写是上海教育系统进行的第二轮修志,记载内容时间跨度从1978年至2010年。这一阶段正是中国改革开放拉开序幕,上海从改革开放"后卫"走到"前沿",上海教育大胆闯、大胆试、大步跨越的重要历史时期。通过教育志书的记述,可以全景式地展现上海教育改革发展的艰辛而辉煌的历程。此套教育志书共分《普通教育卷》《高等教育卷》《职业教育卷》《成人教育卷》和《学前教育·特殊教育卷》五部分卷。各分卷既是上海市二轮新方志系列的组成部分,也是独立完整的志书。此轮修志自2011年启动以来,前后历经8年,共有50多位同志参与纂修。他们主要来自上海市教育科学研究院普通教育研究所、高等教育研究所、职业与成人教育研究所和民办教育研究所。他们中既有在职人员,也有退休人员,可以说是老中青携手、专兼职结合。上海教育系统的部分领导、教师和学生也参加了编纂工作。大部分编撰者都是在自己繁重的专业工作之外,挤出宝贵时间查阅浩瀚的史料,或静心回忆昔日走过的路程。他们用真情真心撰写各章节内容。相信这套教育志书,不仅具有存史功能,更能为上海教育守正创新、建设世界一流教育提供精神养料和资治辅政功能。

《上海市志(1978—2010)》凡例

一、本志坚持以马克思主义为指导,遵循辩证唯物主义和历史唯物主义原理,实事求是记述上海市自然、政治、经济、文化和社会的历史与现状。

二、本志为上海市首轮社会主义新方志中《上海通志》《上海市专志系列丛刊》之续,续义不续例,体例方面创新调整,并对首轮志书补缺正误。采用小篇平列体,分别编纂,陆续出版,汇为全志。

三、本志记述地域范围,以2010年底上海市行政区划为准。由上海市辐射至全国其他地区及国外事物,兼及记述。

四、本志记述内容的时限,上起1978年,下迄2010年,反映这一时期上海改革开放全貌。首轮《上海市专志系列丛刊》所缺或记述内容不够丰富的分志、分卷,上溯至事物发端。中国共产党分志、人民代表大会分志、人民政府分志、人民政协分志、民主党派分志,为保持同一届次内容记述的完整性,下延至2010年后的首个换届年份。

五、本志按自然、政治、经济、文化和社会为序设置分志、分卷,事以类从,类为一志,并兼顾当代社会分工的原则。全志除总述外,中国共产党分志、农业分志、工业分志、商业分志、服务业分志、城乡建设分志、金融分志、口岸分志设置综述卷,并设经济综述分志,加强全志整体性。各分志、分卷采用篇章节体,卷首设概述、大事记,以专记、附录、索引殿后。

六、本志体裁以述、记、志、传、图、表、录为主,力求内容与形式统一。

七、本志人物传遵循"生不立传"原则。入传人物排列先后以卒年为序,在世人物以人物简介(排列以生年为序)、人物表(人物录)记载。

八、本志采用规范的语体文、记述体,行文按《〈上海市志(1978—2010)〉编纂行文规范》,力求严谨、朴实、简洁、流畅,以第三人称记述。

九、本志纪年,凡1949年5月27日上海市解放以前的用历史纪年,一般标示朝代、年号、年份,括注公元纪年;1949年5月27日上海市解放后,一律采用公元纪年。

十、本志所记述的地名、机构名称、职称及币种、计量单位,一般按当时称谓。

十一、本志所用统计资料,原则上根据统计部门公布的材料;未列入统计部门统计的,根据部门统计的材料。

十二、本志资料来源于国家档案馆、上海市及有关省市档案馆、部门档案馆(室),以及历史文献、口碑资料、社会调查、部门提供的材料等,均经考证核实,一般不注明出处。

编 纂 说 明

一、本卷力求全面地记述 1978—2010 年上海市职业教育事业的发展历程和主要成果。

二、本卷记述时限,上起 1978 年,下迄 2010 年。个别事项适当延伸。

三、本卷所记述范围,为上海市教育系统内或上海职业教育系统的单位、人员。

四、本卷除图照、序、凡例、编纂说明、概述、大事记、人物、附录外,正文设管理与体制、学校发展与体系建设、校企合作与集团化办学、招生就业与学籍管理、专业与课程、教学与方法、实训实习与技能竞赛、学生全面发展、教师队伍建设、设施设备建设、职业教育评估、教育科研、培训与社会服务、交流与合作、学校社会团体与人物 16 篇。

五、本卷记述的各组织机构、学校名称等,均参照《上海教育统计手册》。

六、本卷所有的资料,主要来自于上海市档案馆、上海市教委档案馆、《上海职业教育与成人教育》系列丛书、《上海中等职业教育》系列丛书、《上海职业技术教育志》(1843—2000)以及各类报刊、专著。案例资料主要来自公开出版物、市级会议的交流材料和教育相关部门及学校提供的材料。图片资料主要由上海各中职和高职院校提供,部分选自《上海教育年鉴》系列丛书。

目　　录

8

CONTENTS

概　述

1949年中华人民共和国成立后，华东军政委员会所属文教委员会教育部负责接管职业教育，所接收的职业学校，大部分并入或改办为普通中学。1956年成立的上海高等教育局设立了中等专业教育处，主管全市中等专业学校的开办、专业设置和教育行政管理。技工学校于20世纪50年代开始举办，担负着把学生培养成合格中级技术工人的任务。对技工学校的综合管理主要由劳动部门承担，1964—1978年期间由教育部门负责。

自1953年起，上海市人民政府所属的各行各业的主管部门，从对中等专业人才的需求出发，相继举办商业、金融、工业、财会、公安、医务卫生等类中等专业学校。所培养的人才，在本行业所属企、事业单位分配使用。至1965年，全市中专校调整为51所，其中中央各部委所属学校22所，地方各局所属学校29所，基本上符合当时社会需求。"文化大革命"开始后，中等专业教育全部停办，校舍被占、设施严重破坏，停止招生达10年之久，使中等专业人才青黄不接。"文化大革命"前期，技工学校也几乎全部停办。1972—1978年，为补充技术工人，上海全市先后有600余家企业举办技校，通过招生补充部分劳动力。其时，中专学校办学也开始逐步得到恢复。

——

1978—2010年，上海职业教育的发展，致力于结构改革和体系建设。

1978年起，上海的各大行业和有关主管部门，针对各行各业急需大量中等技术技能型人才的需要，纷纷复办和改办各类中等职业技术学校。至1986年，全市独立设置的中等职业技术学校509所，另有205所普通中学附设职业高中班。当年，中等专业学校、职业学校、技工学校三类中等职业技术学校在校生达16.6万人，占全市整个高中阶段在校生总数的58.2%。1985年根据《中共中央关于教育体制改革的决定》开始"积极发展高等职业技术院校"，主要有1985年原国家教委批准举办招收初中毕业生、实行中高职一体化五年一贯制专业教学的上海电机技术高等专科学校，以及陆续由19所成人高等学校（职工大学）开设的高职班等。

20世纪90年代，上海积极调整中等职业教育的布局结构和专业结构。市一级和区县的教育、劳动部门会同各主管部门，对学校设置的布局和专业结构进行了调整，逐步增加第三产业类专业的比重，开设了计算机应用、信息技术等新专业，并在改造传统专业基础上开发了机电一体化、现代农业类等专业，以适应上海城市的功能变化。三类中等职业学校从80年代的500多所调整到90年代中后期的300多所，校均规模则从300多人增加到近千人，有效地提高了办学规模和效益，各类高等职业院校也开始逐步发展起来。1999年，中共中央、国务院提出"大力发展高等职业教育"，推进了上海高职教育的快速发展。当年上海高职教育招生1.05万人，包括招收普通高中毕业生和三类中等职业学校毕业生，招生总数比上一年度急增200%以上，开始进入高职教育规模发展阶段。上海还充分利用比较丰富的普通高等教育资源，采用在本科大学举办二级职业技术学院等形式来发展高职教育。上海大力发展高职教育，拓宽了接受高等教育的渠道，使中等职业学校的毕业生也能够继续升学。2000年，上海又明确规定了中等职业学校毕业生可以报考普通高校、高职毕业生可以参加"专升本"考试等一系列措施。教育"立交桥"的建立,标志着一个适应现代化建设需要的上海现代职业教育体系基本成形。

2000年1月,上海市教育委员会在全市职业教育工作会议上提出了上海职业教育的"六大战略转移":一是培养目标从一次性的就业准备教育向可持续发展的人力资源开发方向转移;二是发展重点从以中等职业教育为主向中等和高等职业教育并举的方向转移;三是职业教育工作的侧重点从注重数量扩张向提高质量的方向转移;四是办学模式从以学历教育为主向学历教育与非学历培训并重的方向转移,亦即将TVE拓展为TVET;五是职业教育的服务面从仅为上海服务转向为上海和全国共同服务的方向转移,尤其重视为中西部地区服务;六是办学机制从传统的计划经济模式向社会主义市场经济模式转移。围绕六大战略转移,上海职业教育规划实施八项现代化实事工程建设项目,即"八大工程":一是现代化标志性中等职业学校建设工程,二是公共实训基地建设工程,三是中职重点专业(工种)建设工程,四是中等职业学校装备现代化建设工程,五是职教师资培训基地建设工程,六是中青年骨干教师培养工程,七是信息网的建设工程,八是中职教育课程改革与教材建设的"10181"工程。2000年12月,自1998年开始启动立项建设的10所现代化标志性中等职业学校全部落成,向全社会展示了新时期上海职业教育的新风采。

根据《职业教育法》中建立"职业学校教育与职业培训并举"的职业教育体系的要求,以及国际上将TVE拓展为TVET的"大职业教育"世界性潮流,上海市人大决定由此出发修订新的《上海市职业教育条例》。修订完成的新《条例》,自2004年7月起正式施行。这一"大职业教育"框架下的《条例》将职业学校教育与职业培训作了通盘考虑,强调建立并逐步完善政府统筹、社会参与的职业教育管理体制,形成政府主导、依靠企业、充分发挥行业作用、社会力量积极参与的多元办学体制。

2006年3月,上海市职业教育工作会议召开并发布《上海市人民政府关于大力发展职业教育的决定》,明确了"十一五"期间上海市职业教育工作的主要目标和任务,具体归纳为"一二五五四":"一"是树立一个观念,即大职业教育的观念,强调各级各类职业学校教育和各级各类职业培训的统筹管理,由此完善职业教育管理体制;"二"是构建两个体系,一个是具有上海特点、中国特色,强调校企合作、工学结合,初、中、高等学历教育与初、中、高级培训层次完备并能沟通衔接的现代职业教育体系,另一个是建立终身学习与培训体系,要求加强全市职业院校和开放实训中心的规划布局;"五五"是推进五项计划和实施五项工程,即推进示范性职业院校建设、职业教育开放实训中心体系建设、职业教育集团建设、师资队伍建设、课程改革与教材建设五项计划,并实施国家技能型人才培养培训、国家农村劳动力转移培训、农村实用人才培训、成人继续教育和就业培训以及外来务工人员培训五项工程;"四"是落实四项保障,即制度保障、经费保障、资助保障和舆论保障。具体要求逐步推进就业准入,不断完善职业资格证书制度;加大经费投入,从2006年起城市教育费附加用于中职教育的比例提高到30%,此后每年增长一个百分点,到2010年达到34%,并制定中等职业学校学生人均公用经费基本标准;建立职业院校学生资助和专业奖励制度等。

二

人才培养模式转型是上海职业教育改革的主题。

改革开放以来,中国职业教育为适应新时期经济社会发展需要,开始对以学校和课堂为中心的传统人才培养模式进行改革,逐步转向校企合作、工学结合的培养模式。上海职业教育界始终紧紧抓住课程这一人才培养模式的核心,持续以课程改革作为突破口,20世纪80年代中期引进了德国的"双元制"职业教育模式和世界劳工组织的 MES(Modules of Employable Skill)技能培训模式,后来又引进了北美的 CBE(Competency-Based Education)等多种国外职业教育课程模式,这对中国传统的学科本位课程模式产生了很大的冲击。同时,上海的职业教育工作者也在努力探索符合本国国情的新型课程模式。

1996 年初,由上海市教育委员会牵头,联合职业学校的各主管部门以及行业和企业等用人部门,正式启动了上海市中等职业教育课程改革和教材建设的"10181"工程。其总体目标是:用 5 年左右的时间,完成 10 门公共课的课程改革以及示范教材的编写工作;完成 18 个典型专业、工种的课程改革以及同步编写部分典型示范性专业工种教材。到 2003 年,任务基本完成,取得的主要成绩是提出了能力本位的改革指导思想,提出了理论知识"必需、够用"的原则,提出了专业课程结构"宽基础、活模块"的理念,明确了课程设计思路,即"能力本位、岗位需求(根据 DACUM 表)——具体的培养目标——专业课——专业基础课——文化基础课"的基本程序,其中每类课程包括理论知识和实践技能两大方面。

2004 年,市教委制定了《上海市中等职业教育深化课程教材改革行动计划(2004—2007)》,提出这一阶段课改的总目标是:逐步建立反映时代特征、上海特点、职教特色的新的中职教育课程教材体系;逐步建立适应社会主义市场经济发展需要的职业教育课程教材建设新机制。具体任务是:第一,优化德育课程和文化基础课程,制定语文等 6 门学科课程标准,编写相关示范性教材,积极实施分层教学;第二,优化专业教学,开发汽车运用与维修等 50 个专业教学标准,实现学历证书与职业资格证书的"双证"融通;第三,加强信息技术与课程的整合,开发 20 门网络课程,实现优质教育资源共享;第四,搭建促进学校在课改背景下发展的 4 个平台:一是开展课改特色实验学校创建活动,二是每三年进行一次校本教材交流评比,三是每四年举行一次教师教学法评优,四是每两年举办一次学生职业技能比赛。上海中职教育课改"行动计划"取得了明显的成效:一是基本完成了课程的开发建设,语文、数学、英语和信息技术基础课程标准于 2006 年颁布试行,并且按"一纲多本"的原则,完成了 4 门学科、8 套教材的编写,2006 年秋起在上海市试用;专业教学标准第一批 12 个、第二批 30 个编制完成,并经审定后颁布;各专业教学标准包含的几百门课程(包括专业核心课程和专业方向课程),由多家出版社自主进行编写,凡通过准入评审的即可供上海市学校选用;20 门网络课程共 25 个版本通过审定,上网供学生选学,2008 年有 40 多所学校 14 000 多人上网选课。二是形成了一支具有课程意识和课程开发能力的骨干队伍,42 个专业教学标准共有 500 多名教师参与开发工作,这是一支颇具规模的职教课改骨干队伍。三是初步形成了专业教学标准、任务引领型课程的理论和开发技术,在课题研究的基础上编制了《专业教学标准开发指导手册》。四是初步形成了课程教材建设新的机制:"政府主导,各方参与;规则在先,有序竞争。"五是完成了一批课改课题的研究,为课程教材改革提供了专家引领和理论支撑。六是 4 个平台的搭建,促进了学校、教师和学生参与课改,有 16 所学校成为课改特色实验学校,40 所学校参加了首次校本教材的展示、交流和评比,5 000 多名教师参加了教学法评优,"星光计划"中等职业学校学生职业技能比赛正在成为品牌,比赛规模逐渐扩大,如第二届比赛涉及 11 个大类、45 个项目,101 所学校参赛,共有 14 万人参加初赛,9 000 人次进入决赛。

自 20 世纪末以来,在国家职业教育政策的调整和引导下,全国中专学校、技工学校、职业高中的培养目标逐步趋同于技能型人才,统称为三类中等职业学校(在上海,人们习惯简称之为"三校"),其原有的培养目标上的分工现已基本消除,不少地区或行业都积极探索三类中等职业学校的整合,力图打破条块分割的管理格局,努力优化上海中等职业教育的资源配置。许多学校都采用多种办学形式扩大了办学规模,并设法通过市场调研摸清用人单位对人才需求的变化和发展信息,由此及时调整专业设置、改造老专业、增设新专业,以主动适应就业市场的实际需要。2003年,上海在全国率先建立了每年度的中等职业学校毕业生就业情况公告制度。公告对当年上海市中等职业学校毕业生总体就业情况、分专业就业情况、分学校就业情况等进行了统计分析。这些统计分析让社会各界详细了解到上海市中等职业学校毕业生的就业状况,为初中毕业生和家长选择中等职业学校和专业提供了参考,为政府推动中等职业学校职业指导与毕业生就业工作发挥了积极的作用。上海市教委十分重视职业指导队伍的建设,从2002起举办了多期中等职业学校职业指导与就业服务工作研修班。上海市职业教育协会于2006年成立了中等职业教育职业指导专业委员会。2004年,市教委教研室开发了"职业生涯课程",作为选修课在中等职业学校开设。市教委与市劳动社会保障局联合开发职业资格证书,2007年,有2批23所中等职业学校的64个专业(工种)立项,第一批立项的学校有1000多名毕业生获得了行业颁发的职业资格证书。

上海致力于推进职业教育集团化发展,有效促进了职业院校人才培养模式转型。2006年下发的《上海市人民政府关于大力发展职业教育的决定》和2007年市政府批准下发的《上海教育事业发展"十一五"规划纲要》中都提出上海市要实施"职业教育集团建设计划",明确要求以品牌、示范职业院校为龙头,联合社会办学单位、职业教育开放实训中心、对口支援地区学校,与社区、企业(行业)共同组建十大职业教育集团。到2010年,上海共组建行业性职业教育集团8个,区域性职业教育集团5个,其集聚功能和发展前景已经初步显现。

三

做精做强中、高等职业院校,是上海职业教育发展中的一大特色。

长期以来,上海努力保持在高中阶段教育中,中等职业学校和普通高中的招生比例大体相当,而且多年来坚持中等职业学校不升格的方针,使一批优质的中职教育资源得以保存下来,为社会提供了优质的中等职业学校教育。自2001年3月起,由市教委、市劳动和社会保障局牵头实施"百所中等职业学校重点建设工程",建设的主要成果,一是学校布局优化,规模效益显现,参加招生的学校由205所调整到2007年的96所,学校生均规模由原来的不到1000人增加到约1500多人;二是专业结构进一步合理,社会服务能力正在提升,上海市148个专业1584个专业(点)中,一产类49个占3.09%,二产类388个占24.4%,三产类1147个占72.47%,总体形成了适应上海产业结构的"三、二、一"产业类专业体系;三是体制创新取得新突破,形成了多样化办学格局,校企合作、半工半读和"订单培养"成为职业教育发展新的助推器,中外合作办学迅速发展,15所学校与境外合作举办了40多个专业;四是共建有校外实习基地近2000个,学校实验开出率近100%,专业实训开出率达96%,学分制改革试行多年来弹性学制已全面推开,满足了学生的多样性选择和多元化发展要求;五是中等职业教育持续稳定发展,学历教育与职后培训取得突破。

20世纪90年代中期,上海市教委和市财政局为了加强职业教育实训项目建设,集中了部分城市教育费附加用于实施重点项目装备工程。继1998年机电类实训中心落成后,1999年建成的3个公共实训中心设备总值达4000万元。2000年又由徐汇区政府、区教育局和市教委共建投入1.2亿元建成市旅游公共实训中心。自2004年起,上海市教委组织实施《上海市中等职业学校基础实验室达标和公共实训中心建设计划(2004—2007)》。开放实训中心的建设继续秉承开放运行的思路,努力融合课程改革的成果。经过几年的建设,上海市职业教育开放实训中心体系初步实现校企合作模式、实训中心运行和管理方式的创新,进一步拓展了实训中心功能,综合效益得以提高,职业教育实训体系的辐射带动作用更加明显。2007 年,根据实训中心建设总体推进要求,市教委在完善实训体系布局的同时,实施分类推进、分层管理。截至 2007 年底,上海市 76 个实训中心的布点建设已基本形成"遍及城乡"并"覆盖主要产业",职业教育的开放实训体系日趋完善。

"十一五"期间,市教委按照"突出重点、优化结构、创新机制、完善制度"的思路,以培养中青年教学骨干和"双师型"教师为核心,以优化教师队伍的层次、能级、专业结构为重点,创新人才培养、引进、遴选和使用的有效机制,大力推进教师培养培训制度建设,努力建设一支由领军人才、骨干教师和专业教学团队组成的结构合理的高素质"双师型"教师队伍。为此,抓了五项实事工程:一是名校长、名师引进和培养工程,二是"双师型"教师队伍建设工程,三是教师继续教育工程,四是兼职教师队伍建设工程,五是培训基地建设和优化工程。从 2006 年 9 月起,上海在全日制中等职业学校中实施帮困助学和专业奖励制度。当年市教委和市财政局联合下发了有关上海市全日制中等职业学校帮困助学和专业奖励制度的实施意见以及操作细则等文件,决定在上海市全日制中等职业学校中实施困难家庭"学生资助";在上海市通过"上海市中等职业学校百校重点建设"评估验收合格的全日制中等职业学校的秋季入学新生中实施"专业奖励"。2006 年有 2.5 万在校学生获得政府和学校 9 191 万元经费的资助,受益学生总数占在校生总数的 12%。2007 年,上海推出了《上海市人民政府关于建立健全普通本科高校、高等职业学校和中等职业学校家庭经济困难学生资助政策体系的实施意见》。在 2007 学年中,上海市 18 万人次中职学生受益,由上一学年在校生的 12%扩大至 100%,共获得 3.39 亿元财政资助,资助总数是上一学年的 4.3 倍。由于实施国家资助政策的导向作用,上海市和外省市优秀初中毕业生报考上海市中等职业学校,报考国家经济建设急需的专业或者涉及艰苦行业的专业的情况与往年比有一定改善;往年报考人数较少的、社会急需、紧缺又比较艰苦的专业生源不足矛盾得到缓解,职业教育的发展目标与经济社会需求进一步贴近。

上海的高等职业教育起源于 20 世纪 80 年代中期,除了在全国率先举办高等技术专科学校(五年制高职)外,还陆续在 19 所职工大学试办了 17 个专业的高职班。经过 90 年代公办校或民办校、独立设置或二级学院、专科学校转型或成人高校改制、招收普通高中生或招收三校生、或招收初中生中高职贯通培养等等多种不同形式高等职业技术院校的探索与发展,到 2000 年底全市高等职业院校共有 39 所。通过"高职高专院校人才培养工作水平评估",学校的办学特色更为鲜明,办学质量不断提高。2006 年起,教育部、财政部启动实施"国家示范性高等职业院校建设计划",至 2010 年上海有 5 所优秀高等职业院校先后被列为立项建设院校,在全国高职教育改革发展中发挥着示范引领的作用。

大事记

1978 年

10 月　上海市教育、计划、财政、劳动和人事部门及大学教育科研机构开始对上海高中阶段教育结构进行调研,探索如何改革中等教育结构以适应上海经济社会发展需要。

11 月　上海市当年复校、新建和改办的中等专业学校共 66 所,到 18 日止,共招收新生 10 668 人(包括中等师范学校新生 1 610 人)。

1979 年

5 月 3 日　上海市人民政府批转市政府教卫办关于 1979 年高校、中专、技校的招生工作请示。上海市当年有招生任务的 57 所中等专业学校招生约 1 万人,外省市到上海市招生约 400 人;上海市技工学校招收市区和郊县城镇户口的应届高中毕业生约 3 万人。

6 月 7 日　市教育局向市政府教卫办提出 1979 年在中学试办中专班的请示。至 6 月底,长宁、南市、黄浦等 9 个区和上海、嘉定两县,分别与仪表、邮电、轻工业局等 12 个单位挂钩,联合试办 26 个中专班,设置 18 个专业,招生 1 492 名。

8 月 4 日　市教育局转发教育部颁布关于试行《中等专业学校学生学籍管理的暂行规定》的通知,对学生入学、成绩考核、升留级、毕业、纪律考勤、休学、复学和退学、转学和转专业、奖励和赴分等作了具体规定。

1980 年

1—4 月　市教育局通过多次区县教育部门和计划、财政部门领导干部会议进行研讨,在此基础上拟定了全市中等教育结构改革方案,主要措施一是有计划地压缩普通中学规模,二是发展一批职业高中,三是在部分中专校恢复招生的基础上逐步恢复和新办中专并扩大招生规模。

11 月 5 日　教育部发布《关于全日制中等专业学校领导管理体制的暂行规定》和《关于确定和办好全国重点中等专业学校的意见》,并确定全国 239 所中等专业学校为重点中专校,其中上海有 7 所:上海机器制造学校、上海市化工学校、上海港湾学校、上海市农业学校、上海第二医学院新华医院附属卫生学校、上海银行学校、上海市商业学校。

1981 年

9 月　上海市中等专业学校评定职称试点工作于当月下旬开始。市教育局在上海机器制造学校、上海市机电工业学校、上海市第四师范学校、上海商业会计学校等 4 校进行试点。

是年　上海的人才调查预测工作开始起步探索,为教育部门和计划部门提供了不少有用的信息。

1982 年

11 月 12 日　市政府批转市教育局、市劳动局、市财政局联合向市府提出《关于本市职业(技术)学校、职业中学及普通中学附设职业班若干问题的试行规定意见的请示》报告,对职业技术学校及职业班的培养目标、学制、开办和审批手续、领导体制、经费和人员编制、实习工场的收益和纳税、学生待遇、毕业生的安排等 8 方面提出意见。1983 年 2 月 22 日市政府批复同意。

11 月 24 日　中共中央总书记胡耀邦函复中华职业教育社代理事长胡厥文,同意并支持中华职业教育社恢复组织和开展工作。中华职业教育社上海分社随于 12 月获准恢复。

12 月 13 日　市政府在上海戏曲学校礼堂召开上海市中等专业教育工作会议,各有关委、办、局分管教育的负责人及中专校长等 200 余人参加。这次会议主要讨论有关进一步办好中等专业学校和适当发展中等专业教育,以适应国民经济翻两番的战略总目标的要求。

1983 年

2 月 26 日　中华职业教育社上海分社在市政协礼堂举行恢复成立大会。

4 月 3 日　市政府批转市教育局《关于切实办好与适当发展中等专业教育的报告的通知》。报告的指导思想是"提高认识,促进改革,改善条件,适当发展";具体措施为分期分批整顿现有的中专学校,改善办学条件,调整配好领导班子,加强师资队伍建设,适当发展中专教育,逐步改革招生、毕业生分配办法,妥善解决有关部门占用的中专校舍,加强领导和改善领导管理体制等。

是年　市政府开始统一组织各部门对全市进行人才需求预测调研,发现单一的职教层次结构不适应生产一线对不同层次技术人才之需,因此提出要逐步形成与普教并行的职教体系。

1984 年

10 月 30 日　据市政府教卫办统计,上海市中等教育结构改革工作自 1979 年以来有较大进展:完全中学经过调整,从 1979 年的 849 所压缩到 320 多所;职业教育有了较大的恢复和发展,1984 年全市中专、技校、职业学校招生人数已占到整个高中阶段招生总数的 52%(其中市区 57%,郊县 42%),改变了中等教育结构单一化的状况。

是年　为适应上海郊区经济和社会发展对应用型人才的迫切需求,要求每县办 1 所适应郊县需要的中专校;10 个县实际共办各具特色的 13 所县属中专校。

同年　为加大上海市职业教育改革发展的力度,一批普通中学所设职业班改为独立建制的职业学校。

1985 年

2 月 11 日　市政府原则同意市政府教卫办《关于进一步改革中等教育结构,发展职业技术教育的报告》。市政府教卫办报告要求统一认识,加快技术教育的发展,逐步形成同普通教育并行的职业技术教育体系。

3月 市教育局把职业技术教育从普通教育中划出。

4月 由德意志联邦共和国汉斯·赛德尔基金会与市仪表局、市教育局签署协议,建立上海电子工业学校,由市仪表局主管。学校引进德国"双元制"教学模式,作为中国职教"双元制"模式的试点单位。

5月2日 全市职业学校(职业高中)教育成果展览会在农业展览馆开幕,副市长刘振元等领导出席。

5月20日 中华职业教育社主办的《教育与职业》杂志经批准在上海复刊,中共中央总书记胡耀邦题词"重放光彩"。

5月27日 《中共中央关于教育体制改革的决定》颁布,提出大力发展职业技术教育。

6月 市教育局组织力量着手起草《上海市职业技术教育暂行条例》,并广泛征求意见,于12月初拟定起草工作计划,送市人大审议。

11月 市教育局与有关主管业务局联合组成评估机构,经过广泛调查研究后,制定《上海市中等专业学校办学水平评估指标体系及量化方案》,并选择10所不同专业的中专校进行评估试点。

是年 一部分附设职业班的普通中学,由区、县教育主管部门申报,经市教育局批准,改办为独立建制的职业高中。

同年 国家教委批准上海电机制造学校升格为上海电机制造技术专科学校(后更名为上海电机技术高等专科学校),成为全国首批举办初中后五年一贯制技术专科教育(后称"五年制高职")的三所学校之一。

1986 年

3月31日 市教育局颁发《上海市职业技术学校学生学籍管理暂行规定》。该规定包括入学、转学、借读、休学、复学、退学、升留级及毕业、结业、奖惩等内容。

4月12日 国家教育委员会印发《关于制定和修订全日制普通中等专业学校(四年制)教学计划的意见》。市教育局发出关于贯彻上述文件的实施意见。

4月18日 经市编制委员会同意,市教育局中等专业教育处和中等职业教育办公室合并为中等职业技术教育处。

6月 市高教局、劳动局、人事局、财政局联合向市政府提出《关于试办高等职业技术教育专业班的请示》报告,并提出"试办高等职业技术教育专业班的几点意见"。经市人民政府批准后实施。

7月2—6日 国家教委、国家计委、国家经委、劳动人事部在北京联合召开全国职业技术教育工作会议。这是党中央国务院采纳中华职教社理事长胡厥文的建议后召开的新中国成立后首次综合性的全国职教工作会议。

7月 市教育局职教处对上海市职业学校学生思想状况进行4 000人的抽样问卷调查,形成《上海市职业学校学生思想状况调查报告》。

9月16日 中华职业学校复校典礼举行。复校后的中华职业学校由中华职业教育社上海分社与卢湾区教育局联办。

9月25—27日 市政府召开上海市职业技术教育工作会议。来自教育部门、劳动部门和其他部门以及学校的1000多名代表参加。会议的任务是贯彻全国职业技术教育工作会议精神,总结上海市"六五"计划期间职业技术教育工作的成绩与问题;交流办好职业技术教育的体会与经验;研究制定"七五"计划期间上海市职业技术教育的任务、方针以及具体政策和措施。

12月 市教育局召开上海市职业学校职业道德教育研讨会,并编印《职业道德教育研讨会教材选编》。

是年 上海陆续在19所职工大学试办了17个不同专业的高等职业技术专业班(简称高职班)。

1987 年

2月10日 市政府教卫办印发《关于加强上海市中等职业技术教育师资队伍建设的若干意见》的通知,要求加强规划、广开门路,确保职教师资有稳定的来源,开辟多种渠道,采取多种形式培训在职教师。

5月9日 市政府建立上海市职业技术教育工作联席会议制度。联席会议由分管副市长主持,市计委、市经委、市建委、市财政、市劳动、市人事、市教育等部门的分管领导参加。

9月12日 中华职业教育社上海分社与民建上海市委在文艺会堂联合召开中华职教社成立70周年暨黄炎培诞辰110周年纪念会,市委副书记吴邦国出席会议。

9月25日 上海市人大常委会公布《上海市职业技术教育暂行条例》,自1988年3月1日起施行。该条例分总则,学校的开办、调整和撤销,校长,教师,学生,经费,办学主管部门,奖励和惩罚,附则等9章37条。

同年 经国务院学位委员会批准,华东师范大学教育科学研究所成为中国大陆地区第一个职业技术教育学专业的硕士学位授予点。

1988 年

3月26日 市教育局在商业职业技术学校举办首届全市职业学校(职业高中)操作技能汇报表演赛。

4月7日 市政府教卫办、市人事局颁布《上海市职业技术教育先进单位和先进个人奖励办法》。

8月5日 市政府教卫办转发市教育局《关于中级职业学校(职业中学)办学基本条件的暂行规定》。

1989 年

2月20日 国家教委办公厅转发上海市卢湾区教育局在中等学校开展职业指导工作的经验,认为卢湾区在进行中学职业指导的实验研究方面已取得一定经验,要求各地教育局结合本地实验情况,参照执行。

3月7日 上海市编委下发《关于中华职业教育社上海分社编制问题的通知》,中华职业教育社上海分社自1989年起划归上海地方管理。

7月27日　经市教育局批准成立上海市中专、职校教育科学研究学术委员会,负责审议上海市中专、职校教育科研发展规划(计划)教育科研市级课题、科学论文、报告及其他学术论著和科研成果,评选中专、职校教育科研成果奖。学术委员会下设秘书处,作为日常办事机构。

10月4日　市教育局、劳动局颁布《上海市中等职业技术学校教师资格考核暂行办法》。

11月11日　市教育局发布《上海市中等职业技术学校评选优秀毕业生办法》。

1990 年

9月13日　中国和联邦德国合作的以应用性研究为主的上海职业技术教育研究所挂牌成立,上海市副市长谢丽娟出席并讲话,联邦德国驻沪领事特奥多尔为研究所揭牌。上海职业技术教育研究所为上海地区开展职业技术教育科学研究作典型试验,为政府的教育决策提供咨询与服务。

11月16日　中国职业技术教育学会在北京成立,推选国家教委副主任何东昌为会长,上海市中专教育研究会、上海市职业技术教育研究会等成为首批团体会员单位。

是年　市政府教卫办制定并启动中等职业技术学校重点项目装备计划。主要内容是运用城市教育费附加职教部分,按"集中财力,按需布点,择优扶植,示范导向"的原则投资进行设备建设,计划第一期工程从1990到1992年,第二期工程从1993到1995年,各装备20个项目。

1991 年

1月18—21日　国家教委、国家计委、劳动部、人事部、财政部在北京联合召开第二次全国职业技术教育工作会议,中共中央政治局委员、国务委员兼国家教委主任李铁映作报告。会上,上海市商业职业技术学校、上海市邮电学校、上海市舞蹈学校、上海市第一商业局、上海市卫生局医学教育处、上海第三钢铁厂技工学校被授予全国职业技术教育先进单位称号。

5月　举行上海市首届中专、职校学生运动会,共设田径、足球、篮球、排球、乒乓球和体育表演等6个项目的比赛。有76所中专校、20个区县职校参加。

7月　市教育局颁布《上海市职业学校德(体)育纲要》。同时规定了职业学校的德育目标、德育原则、德育途径、德育工作的领导和管理、德育工作的督导评估等。

12月25日　市教育局转发国务院《关于大力发展职业技术教育的决定》及国家教委办公厅《关于学习贯彻国务院〈关于大力发展职业技术教育的决定〉的通知》。

1992 年

1月　根据民政部文件要求,中华职业教育社上海分社更名为上海中华职业教育社。

1月2日　上海中专、职校教育科学研究学术委员会对1990年批准的第一批课题中已完成的8个课题进行评奖,评出一等奖1个、二等奖4个、三等奖2个,并对群众性教育科研成果进行评选,同时批准了第二批教育科研课题17个。

1月5日　经有关部门协商,市政府同意,上海市建立职业技术教育协调委员会,副市长谢丽娟为主任,市政府教卫办副主任薛喜民为常务副主任,凌同光、姜跃中为副主任。

3月21日　上海市职业技术教育工作会议在上海市交通学校召开,副市长谢丽娟出席会议并讲话,市政府教卫办副主任薛喜民作工作报告。

12月　市教育局制定《上海市职业学校学生行为准则》《上海市职业学校各专业类学生行为规范》作为《德育纲要》的配套文件。

1993 年

2月4日　上海中华职业教育社举行"职教发展新思路"征文颁奖大会,全国人大常委会副委员长孙起孟、国家教委副主任王明达、上海市委副书记陈至立出席颁奖仪式并讲话。

5月26日　上海市教育工作会议召开,会议提出的《关于深化上海职业技术教育改革的思路》共分三个部分:一是上海职业技术教育发展的战略目标,二是深化职业技术教育改革的指导思想,三是深化改革的内容。

8月　上海市评出重点中专校23所,占全市中专校数的25.8%。

同月　市高教局同意筹办上海中华职业大学(后更名为上海中华侨光职业技术学院),这是由上海海外联谊会、上海市海外交流协会、上海市归国华侨联合会、上海中华职业教育社、上海市工商业联合会、民建上海市委等6个统战系统的社会团体及民主党派共同举办的民办高等职业院校。

9月10日　在上海市庆祝第九届教师节暨优秀教师表彰会上,中专教育系统有103名教职工受到表彰,其中87名教师获得"上海市园丁奖"。

9月　市政府教卫办发起组织的上海高等职业教育研讨会召开。

是年　上海有职业学校89所,另在132个普通中学和乡镇成人文化技术学校内附设职业班;职业学校(班)招生34 301人,全市职业学校教育经费达到7 513万元。

同年　上海市开展技校"选优评估"工作,12所学校评为省(部)级重点;部分学校开始自主招生。

同年　市政府批准两所职工大学转制为高等职业技术学校,尝试举办全日制高等职业技术教育,上海交通高等职业技术学校、上海东沪高等职业技术学校陆续挂牌。

1994 年

4月28日　上海职业技术培训工作会议在上海工业展览中心召开,副市长谢丽娟、国家劳动局培训司司长李亨业等参加会议并分别讲话。

6月　《关于加强上海市发展高等职业技术教育的若干意见》发布,明确高等职业技术教育的培养目标,主要是培养具备某一职业或职业岗位(群)工作所需的职业基础和技术能力以及德、智、体全面发展的高级技术人才。高等职业技术学校的学制为全日制两年或三年。各学校可根据社会需求和自身办学条件,提出专业设置计划报市高教局审批。高职学校既可招收中等职业学校毕业生,也可招收部分高中毕业生和具有相当学历的在职职工以及社会待业人员。

同月　市教育局召开上海市职业学校贯彻执行《职业学校德育纲要》经验交流会。会后编辑《上海市职业学校德育交流会论文选》。

7月　经国家教委批准:上海市化工学校、上海市商业学校、上海市邮电学校、上海市第一人民警察学校、上海市体育运动学校、上海市舞蹈学校、上海第二医科大学附属卫生学校、上海商业会计学校和上海港湾学校等9所中专校为国家级重点普通中等专业学校,并授予铜牌。

9月6—7日　上海市委、市政府召开上海市教育工作会议,中共中央政治局委员、上海市委书记吴邦国讲话,市委副书记、市长黄菊就建设一流城市一流教育作主报告,市委副书记陈至立主持大会,副市长谢丽娟作总结。会议发布6项重要文件,其中包括《关于大力发展职业技术教育的若干意见》。该意见提出到2000年上海职教发展的目标和任务:构建上海特点的职教体系,统筹规划、合理布局,适度发展初职,巩固、调整和提高中职,积极发展高职,加强职教和普教及职前和职后的沟通。

是年　上海20所职校获得重点项目装备(其中中专7所、技校6所、职校7所),总金额2 271万元。

1995 年

1月10日　上海中华职业教育社召开首次社员代表会议,全国人大常委会副委员长孙起孟致贺信。会议选举产生了上海中华职教社第一届社务委员会。

3月25日　上海市职业技术教育工作会议在上海友谊会堂召开,副市长谢丽娟作报告。同时还举行经验交流,表彰上海市职教先进工作者。

3月　上海市教育委员会成立,设立职业技术教育办公室(由原上海市高教局、市教育局、市政府教卫办的有关部门合并而成)。

6月23日　逸夫职校等9所学校被确定为重点职校。至此,全市重点职校已达20所,约占全市职校的22%。

9月26日　上海市职业技术教育委员会正式成立。副市长谢丽娟任主任,市教委副主任薛喜民任常务副主任。

10月21日—12月25日　上海市第二届中专、职校、技校学生运动会举行,共设田径、乒乓球、足球、篮球、广播操等6个项目的比赛,有81所中专校、20个区、县职校和21个主管局技校参加比赛。

是年　经上海市教委批准,建立上海市职教师资培训基地:华东师范大学、上海市第二工业大学、同济大学为综合类培训基地;上海职教研究所为管理类培训基地;上海市卫生学校为卫生类培训基地;上海市财经学校为财经类培训基地;上海市交通学校为交通类培训基地;上海市商业职业学校为商业类培训基地;上海市旅游服务职业技术学校为旅游类培训基地;上海市冶金工业学校为冶金类培训基地;上海市建筑工程学校为建筑类培训基地;上海市经济管理学校为计算机类培训基地;上海市现代职业技术学校为现代教学手段培训基地;上海电子工业学校为中德培训基地;上海市劳动局第二技工学校为机电类培训基地。

同年　市劳动局根据国家劳动部《职业技能鉴定规定》和《上海市职业教育条例》的要求,为了逐步建立各类中等职业技术学校学生的职业技能考核(鉴定)网络,准确地评价毕(结)业生的技能水平,进一步落实中等职业学校毕业生实行"双证制"的要求,对上海市中等职业技术学校毕(结)业学生的技术等级考核工作提出5条意见。

同年　市教委与市财政局继续实施第三期重点项目装备计划,第三期从1995年到1997年,三年集中投入7 500万元装备80个项目,投入的经费应用于设备建设。1995年,装备量为2 500万元。

同年　市政府批准市财贸管理干部学院、市商业一局职工大学、市粮食局职工大学、市供销社职工大学合并组建上海商业高等职业技术学校,尝试举办全日制高等职业技术教育。

同年　上海市教育科学研究院成立。上海职业技术教育研究所编制并入,成为上海市教育科学研究院职业技术教育研究所。

1996 年

3月19日　市教委成立上海市中等职业技术学校职业道德教育讲师团,聘请包起帆、马桂宁、公举东、钱进、施柏兴、云慧依、陈磊、杨山仙、赵春芳 9 名劳动模范先进人物、生产能手为讲师团成员。

3月　市教委印发《上海市民办高等学校(筹)实施国家学历文凭考试试点方案(暂行)》。

4月10日　市教委成立上海市职业技术教育课程改革与教材建设委员会,下设办公室作为常设办公机构。计划用 5 年左右的时间,完成 10 门公共课和 18 个典型专业、工种的课程改革、编写出部分示范性教材。课程、教材不断试研、评价、修改、总结和研究,在 10 年左右时间内基本形成一个反映中国特点、上海特色、时代特征的中等职业技术教育课程、教材体系。简称"10181"工程。

4月16日　国家教委认定首批国家级重点职业高中,上海市有 7 所:上海市旅游服务职业技术学校、上海市逸夫职业技术学校、上海市现代职业技术学校、上海市群益职业技术学校、上海市东辉职业技术学校、上海市竖河职业技术学校、上海市商业职业技术学校。

5月15日　第八届全国人民代表大会常务委员会第十九次会议通过、中华人民共和国主席令第六十九号公布《中华人民共和国职业教育法》,自 9 月 1 日起施行。上海市政府表示将抓紧制订实施办法,使职业教育进入主要依靠法治管理的新阶段。

6月17—20日　国家教委、经贸委和劳动部在北京联合召开第三次全国职业教育工作会议。会后,上海市教委根据全国职业教育工作会议精神,并参照国家教委的模式,经党政办公会议讨论决定,于10月10日成立上海市教育委员会高等职业教育协调领导小组。组长郑令德,副组长薛喜民、张伟江、凌同光。

是年　市教委印发《关于加强职校学生实习期间的组织管理与劳动保护工作的意见》。

同年　市教委印发《关于加强本市中等职业技术学校教师培训工作的意见》。

1997 年

是年秋　市教委实行中专招生改革,全市实施普通中专招生收费并轨。并轨后,实行统一的招生计划、统一的录取标准、统一的收费标准,形成职业教育的成本由国家、社会、个人共同承担的机制。

10月　市教委召开上海市高等职业教育工作会议,就今后上海高职试点提出要求,同时印发《关于做好高等职业教育试点工作的意见》。

是年　上海市制定《上海市建设一流职业教育的总体规划》,提出职业教育新一轮发展的指导思想、总体目标和分三步即 1998—2000 年、2001—2005 年、2006—2010 年的实施步骤,提出了具体发展的目标和保证措施。为了使职业教育规划得以实现,全市列出 8 项现代化实事工程建设项目:(1) 建设 10 所现代化、标志性职业技术教育;(2) 建立 10 个公共实训基地;(3) 建设 20 个重点专业(工种);(4) 实施中等职业教育课程改革与教材建设工程;(5) 加快计算机辅助教学和多媒体教学手段推广;(6) 建设上海教科网职教信息部;(7) 建立 20 个现代化职教师资培训基地;(8) 中青年骨干教师培育工程。

同年　经过几年布局调整,上海中等职业技术学校已从原有 365 所,调整到 302 所,在校学生规模有了很大提高,校均为近千人。职业技术学校已初步形成规模大、效益好、质量好的特点。经过评估,又有 5 所中专、职校达到 A 级标准,8 所学校达到 B 级标准。

同年　上海初中升入职业类学校 10.23 万人。中等职业学校在校生数已达 26.11 万,达到历史之最。

1998 年

3 月　上海商业职业技术学院经教育部批准正式成立。

同月　上海举行第三届职教运动会。

4 月 9—10 日　市政府在松江召开上海市职业技术教育工作会议。副市长周慕尧作重要讲话。大会印发关于"上海市职业技术教育现代化标志性职业技术学校建设工程"等 8 项工程实施方案。

4 月　市政府发布《关于上海市贯彻实施〈中华人民共和国职业教育法〉的若干意见通知》,进一步保证上海职业教育依法治教、依法行政。

6 月 12 日　市教委召开上海市职业技术学校德育工作会议。

6 月　市教委发布《上海市建设一流职业教育总体规划》,提出建设与一流城市、一流教育相匹配的上海职业教育,规划面向 21 世纪的上海职业教育的发展目标。

10 月 26—28 日　上海职业技术教育研究所主办"21 世纪职业技术教育发展与改革趋势国际研讨会"。会议就面向 21 世纪高科技的发展、全球经济一体化的趋势等展开讨论。

是年　市教委启动现代化标志性职业技术学校建设工程,立项 12 所中等职业学校开始建设。

同年　上海市中等职业学校百个重点专业建设工程启动。工程历时 6 年,共分 3 个阶段实施:第一阶段到 2002 年,8 个专业被教育部批准为全国中等职业教育首批示范专业,45 个专业被认定为上海市中等职业学校重点专业;第二阶段到 2003 年,28 个专业被认定为上海市中等职业学校重点专业;第三阶段到 2004 年,19 个专业被认定为上海市中等职业学校重点专业。

1999 年

3 月　上海市高等学校招生办公室印发《1999 年上海市普通高等院校和高等职业技术学院招收"三校生"实施办法》。全市构建的中等职业学校毕业生升高等职业学校、普通高中毕业生升高等职业学校两座教育"立交桥",使万余名学生顺利升入高等职业院校学习。

5 月 27 日　上海市职业技术学校第三届教师教学法改革交流评优活动开始,活动按初评、复评、总评三个阶段进行。

7 月　经教育部批准,原民办东海学院正式更名为上海东海职业技术学院,原民办上海中华侨光职业技术学院正式更名为上海新侨职业技术学院。

8 月 15 日　上海中华职教社举行第二次社员代表会议,市委副书记王力平致贺信。大会选举产生第二届社务委员会,黄关从为主任,陈穗九、吴仲信为名誉主任。

8 月　由原上海冶金联合职工大学和上海冶金工业学校合并改制组建的上海东沪职业技术学院,经教育部批准正式成立。

10月　上海市教育科学研究院决定,职业技术教育研究所与成人教育研究所合署办公,成为上海市教育科学研究院职业教育与成人教育研究所。

是年　党中央国务院召开全国教育工作会议,要求扩大高等教育招生规模。上海市普通高校1999年招生6.3万人,比1998年增长29.5%;其中专科层次的高等职业技术教育招生1.05万人,比1998年急增200%以上,反映了上海发展高职教育的迫切要求。

同年　市教委组织专家论证并批准上海中等职业技术教育50余个重点专业(工种)建设,分两批实施,投入经费6 000万元。

同年　市教委颁布《上海市中等职业技术学校图书馆规程》。

2000 年

1月22日　上海市职业教育工作会议在上海市房地产学校召开,副市长周慕尧出席会议并讲话,教育部职成教司副司长刘占山到会讲话。会议提出,上海职业教育要实施调整与适应,要在培养目标、发展重心、工作重点、办学模式、服务范围、办学机制6个方面实现战略转移,并提出9项重大措施。

3月15日　经市教委批准,华东师范大学等27所高校在2000年试办中等与高等职业教育相沟通的职业技术教育,采取"三三分段"制,即前3年在中等职业技术学校学,实施中等职业技术教育学制,列入高中阶段招生计划;后3年在高等职业技术学院学习,实施高等职业技术教育学制,列入高等教育招生计划。

3月17日　经市教委批准,全市从2000年起开展中专、职校、技校优秀毕业生保送、推荐进入普通高等院校的试点工作,并制订了2000年上海市中专、职校和技校优秀应届毕业生保送推荐进入普通高等院校试行办法。

3—4月　市教委委托上海职教研究所对全市高等职业技术教育办学条件进行调研评估,调研报告于5月发布。全市举办高职教育的院校共43所,其中普通本科院校举办的二级职业技术学院17所、独立设置的成人高校7所、独立设置的高等专科学校5所、独立设置的职业技术学院4所(含民办2所),基本形成了多渠道、多模式的高职教育发展格局。43所院校中,1999年已招生的27所,在校生1.58万人;2000年新举办的16所。

5月6日　中共中央总书记、国家主席江泽民为上海第二工业大学40周年校庆题词:"发展高等职业教育,为四化建设培养合格的专业人才。"

5月19日　市教委同意在上海建立上海市旅游实训中心(上海天平宾馆),并于12月1日在徐汇职校落成揭牌。至此,上海有5所实训中心。另4所为:上海市汽车工程实训中心(上海工程技术大学)、上海市城市建设与管理实训中心(同济大学)、上海机电实训中心(中山西路1247号)、上海市都市农业实训基地(上海交通大学农学院)。

5月31日　国家教育部公布国家级重点中等职业学校名单,全国共有960所,其中上海市有中等专业学校16所,职业技术学校11所。

8月1日　经市教委批准,上海市化学工业学校、上海市农业学校、上海市机电工业学校、上海市建筑工程学校及卢湾区教育局所属职业学校试行学分制。

8月3日　根据《中共中央国务院关于上海市人民政府机构改革方案的通知》的规定,经上海市人民政府批准,上海市教育委员会将原来的职业教育办公室与成人教育办公室合并成立职业教育与成人教育处。

9月6日　经上海市编制委员会批准,上海市教育评估院成立,下设职业与成人教育评估室等部门。

12月28日　上海市10所现代化标志性中等职业技术学校落成典礼大会在上海市南湖职业技术学校举行,副市长周慕尧出席大会并讲话。

是年　国务院授权省、自治区、直辖市人民政府审批设立高职学校,教育部发文《关于同意授权上海市人民政府自行审批设立高等职业学校的批复》。

同年　上海第二工业大学由成人高校转制为高等职业学校,保留原校名。

同年　上海轻工业高等专科学校、上海冶金高等专科学校、上海化工高等专科学校三所高职高专院校合并组建升格为上海应用技术学院。

同年　上海市职业技术教育工作会议确定的建设若干公共实训中心,年底已建成5个,分别是都市农业实训中心、城市建设和管理实训中心、汽车工程实训中心、机电实训中心、旅游实训中心。

同年　上海中等专业学校已从1991年的95所调整至83所;职业技术学校从1991年的76所调整至60所。

同年　上海职业技术教育研究所作为中德两国政府合作共建项目圆满结束,机构正式调整为上海市教育科学研究院职业教育与成人教育研究所。

2001 年

3月29日　市教委印发《关于实施上海市百所中等职业学校重点建设工程的意见》。

4月17日　市教委公布上海市30所国家级重点中等职业学校名单。

4月　上海科学技术职业学院、上海建桥职业技术学院、上海济光职业技术学院、上海工商外国语职业学院正式成立。

7月4日　上海中华职教社与市人大教科文卫委员会、市政协教科文卫体委员会、市教科院联合召开"纪念《职业教育法》颁布五周年"系列研讨会。

9月28日　市教委印发《上海市中等职业学校专业设置管理办法》和《上海市中等职业学校试办专业目录》。

是年　《上海职业技术教育志》编写工作完成。

同年　华东师范大学职业技术教育研究所成为中国大陆第一个职业技术教育学专业的博士学位授予点。

同年　原上海东沪职业技术学院与上海第二工业大学合并,组建新的上海第二工业大学。

同年　原上海海运职工大学转制为上海海事职业技术学院,原上海仪表电子工业大学转制为上海电子信息职业技术学院,原上海建设职工大学转制为上海城市管理职业技术学院,原上海交运职工大学与上海海港职工大学合并转制为上海交通职业技术学院,原闸北区业余大学转制为上海行健职业技术学院等5所成人高校转型改制为高等职业学院。

2002 年

4月　上海农林职业技术学院、上海建峰职业技术学院、上海邦德职业技术学院、上海中侨职业技术学院、上海托普信息技术职业学院相继成立。

5月31日　上海中职网上心理健康热线开通。

7月29—30日　国务院召开第四次全国职业教育工作会议,国务院总理朱镕基、副总理李岚清和吴邦国出席并讲话。会上,上海市有东辉职校等8个单位和9位个人荣获全国职业教育先进称号。会后,《国务院关于大力推进职业教育改革与发展的决定》正式发布,上海市专门召开了学习贯彻全国职业教育工作会议精神大会。

7月　市教委颁布《上海市中等职业学校学生学籍管理规定》。该规定包括入学与注册,成绩考核,升级与留级,转学与转专业,休学、复学与退学,纪律与考勤、奖励与处分,毕业与结业,附则等八章五十条。

9月起　根据市教委《上海市中等职业学校学生学籍管理规定》的要求,在全市全日制中等职业学校实行电子注册。

11月6日　市教委颁发《上海市中等职业学校专业设置管理办法》和《上海市中等职业学校试办专业目录》。

11月29日　上海市职业教育工作会议召开,市委副书记殷一璀、副市长周慕尧出席并讲话。这次会议的目的是,以党的十六大精神为指导,贯彻全国职业教育工作会议精神,总结经验,表彰先进,提出职业教育改革和发展的新思路、新目标新任务,动员全社会为建设现代化职业教育而奋斗。

是年　市教委颁发关于转发《教育部关于动员各类学校积极开展下岗失业人员再就业培训工作的通知》的通知。

同年　市教委先后印发一系列招生工作重要文件,包括《关于2002年本市中等学校高中阶段招生考试工作的若干意见》《关于2002年本市中等学校高中阶段招生考试工作的实施意见》《上海市优秀初中毕业生保送升入高中阶段学校试行办法》《上海市初中毕业体育特长生招收暂行办法》等,具体规定了当年中招工作的政策措施、招生计划、录取办法等。开始实行"两考分离,多次分流"的招生制度。

同年　市教委开展首次教学检查,市教育委员会印发《上海市教育委员会关于开展中等职业学校语文、数学、英语三门学科教学检查的通知》,并要求市教委教研室组织实施。

2003 年

2月10日　《上海市人民政府关于大力推进上海市职业教育改革与发展的决定》正式发布。

3月10日　市教委印发《关于加强本市中等职业学校职业指导和毕业生工作的意见》。

3月10日　市教委、市经济委员会、市劳动和社会保障局颁发《关于进一步发挥行业、企业在职业教育和培训中作用的意见》。

4月9日　市教委印发《上海市中等职业学校教育技术装备标准》。

4月11日　市教委印发《上海市中等职业学校教学管理规程》。

9月18日　市教委、市精神文明建设委员会办公室印发《关于开展上海市中小学行为规范示范校(含中等职业学校)新一轮建设的实施意见》。

12月26日　上海市职业教育协会成立,选举产生第一届理事会,薛喜民为会长。

是年　由原上海第二轻工业职工大学与上海工艺美术学校联合转型组建的上海工艺美术职业学院正式成立。

同年　上海立达职业技术学院、上海思博职业技术学院、上海民远职业技术学院、上海欧华职业技术学院、上海电影艺术职业学院、上海东方文化职业学院(后更名为上海震旦职业学院)正式成立。

同年　市政府批准上海第二工业大学升本并保留校名,立信会计高等专科学校升本更名为上海立信会计学院。

同年　市教委建立上海市中等职业学校(中专、职业高中)毕业生就业情况公告制度。该年10月起,各中等职业学校按照市教委的统一要求上报了毕业生就业情况。

同年　市教委积极投入抗击"非典"工作。组织对44所中等职业学校卫生督查,调查全市所有中等专业学校医疗保险现状,加强整合资源,规范管理。

2004 年

2月2日　市教委转发《教育部办公厅关于进一步加强中等职业学校实习管理工作的通知》。

4月9日　市教委转发《教育部办公厅关于公布新调整认定的首批国家级重点中等职业学校名单的通知》,批准新调整认定的上海信息技术学校等32所首批国家级重点中等职业学校。

4月22日　市教委关于印发《上海市郊农村劳动力转移培训计划》的通知。

5月20日　上海市十二届人大常委会通过《上海市职业教育条例》,分为总则、职业学校教育、职业培训、相关管理制度、法律责任、附则等六章共六十四条。

6月17—19日　教育部、国家发改委、财政部、人事部、劳动保障部、农业部、国务院扶贫办联合召开第五次全国职业教育工作会议,国务委员陈至立出席讲话,发布七部委《关于进一步加强职业教育工作的若干意见》。会后,上海市贯彻落实会议精神,结合上海教育综合改革试验推进职业教育由外延扩张转向内涵发展。

9月30日　市教委颁布《上海市中等职业教育深化课程教材改革行动计划(2004—2007)》。

同日　市教委印发《上海市中等职业学校基础实验室达标和公共实训中心建设计划(2004—2007)》的通知。

9月　由上海中华职业教育社与上海中发电气集团合作举办的上海中华职业技术学院建校。

同月　市政府批准上海电机技术高等专科学校升本更名为上海电机学院,上海商业职业技术学院升本更名为上海商学院。

10月27—28日　上海中华职教社召开第三次代表会议,选举产生第三届社务委员会。

10月　第一届"星光计划"学生职业技能比赛举办,次年4月结束。

11月17日　市教委印发《上海市中等职业学校公共实训中心建设的实施办法》。

是年　上海市百所中等职业学校重点建设工程基本完成,75所学校率先通过验收评估。

同年　上海市中等职业学校百个重点专业建设工程完成。

同年　上海市中等职业学校公共实训中心建设工程全面启动。

2005 年

3月15日　市教委印发《教育部办公厅关于公布新调整认定的第二批国家级重点中等职业学校名单的通知》,第二批国家级重点中等职业学校为:上海市工商外国语学校、上海市振华外经职业技术学校、上海市宝山职业技术学校、上海市医药学校、上海科技管理学校、宝钢工业技术学校、上海电子工业学校、上海市工业技术学校、上海市材料工程学校、上海市贸易学校、上海市曹杨职业技术学校、中华职业学校、上海市物资学校、上海市环境学校、上海市董恒甫职业技术学校、上海市临港科技学校、上海市行政管理学校、上海电力工业学校。

4月24日　市教委、市劳动保障局、市教育发展基金会共同组织的上海市"星光计划"第一届中等职业学校学生职业技能比赛闭幕。比赛前后历时半年,全市107所学校10万学生参加初赛,7592人次参加决赛,比赛项目基本涵盖了上海市中职的主要专业。

6月10日　市教委印发《关于同意首批34所上海市职业教育开放实训中心建设的通知》。

7月14日　市教委印发《关于2005年本市中等职业学校与上海对口支援地区开展合作办学的通知》。

9月　上海卫生职业技术学院(后更名为上海医药高等专科学校)经市政府批准正式建校,其前身是上海交通大学医学院卫生技术学院(原上海第二医科大学卫生技术学院)。

同月　市政府批准上海建桥职业技术学院升本更名为上海建桥学院。

11月7日　国务院召开第六次全国职业教育工作会议,国务院总理温家宝发表重要讲话,国务院副总理黄菊主持会议。会议发布《国务院关于大力发展职业教育的决定》。会上,上海市有上海信息技术学校等7个单位和8位个人荣获全国职业教育先进称号。会后,上海市教委转发《教育部关于学习贯彻〈国务院关于大力发展职业教育的决定〉和全国职业教育工作会议精神的通知》。

是年　上海工会管理干部学院由成人高校转型改制为高等职业院校,更名为上海工会管理职业学院。

同年　上海东方文化职业学院更名为上海震旦职业学院。

2006 年

3月29日　上海市职业教育工作会议在上海展览中心召开。市委副书记、市长韩正出席会议并讲话,教育部副部长吴启迪到会致辞,市委副书记殷一璀作总结讲话。会议由市委常委、常务副市长冯国勤主持,副市长严隽琪对上海市"十一五"职业教育进行部署。会议提出"十一五"期间上海市职业教育改革和发展的主要目标。会后印发《上海市人民政府关于大力发展职业教育的决定》。

4月14日　市教委、市财政局颁发《关于建立本市全日制中等职业学校帮困助学制度的实施意见》。

4月29日　市教委、市财政局印发《关于建立上海市全日制中等职业学校学生专业奖励制度的实施意见》。

8月16日　市教委、市劳动和社会保障局印发《关于本市技工学校的招生、教育教学、学生学籍等工作归口上海市教育委员会宏观管理的通知》。明确规定上海市技工学校在原主办单位、经费渠道和教师编制等保持不变的前提下,由教育部门统一负责招生、教育教学、学生学籍等管理,劳动保障部门负责职业资格证书管理。

9月6日　市教委印发《上海市中等职业学校汽车运用与维修专业教学标准》等12个专业教学标准。

11月　"首批上海市职业教育开放实训中心落成典礼暨工作推进大会"召开。

12月　上海市职业教育工作联席会议第一次会议召开。

是年　教育部、财政部启动"国家示范性高等职业院校建设计划",上海医药高等专科学校被列为 2006 年度立项建设院校。

2007 年

4月　市教委职业教育与成人教育处调整,改为分设职业教育处、终身教育处。全市中等职业教育工作由职业教育处统一管理,高等职业教育工作仍由高等教育处负责管理。

6月 25日　市教委颁发《关于本市推进组建职业教育集团工作的意见》。

10月　市教委、市财政局转发教育部、财政部印发的《中等职业学校学生实习管理办法》。

11月 2日　市教委印发《关于开展上海市中等职业教育课程教材改革特色实验学校遴选评估的通知》。

是年　市政府颁布《关于建立健全普通本科高校高等职业学校和中等职业学校家庭经济困难学生资助政策体系实施意见》,实施对上海市全日制普通中职校学生实施国家助学制度和上海市奖学金制度。

同年　上海市"星光计划"第二届中等职业学校技能比赛举办,并增设了教师组项目。

同年　上海公安高等专科学校、上海工艺美术职业学院被列为 2007 年度"国家示范性高等职业院校建设计划"立项建设单位。

同年　上海体育运动技术学院转型为高等职业学院,更名为上海体育职业学院。

同年　市教委先后发文同意成立上海现代护理职业教育集团、上海交通物流职业教育集团,并召开了职业教育集团化办学工作推进会。

2008 年

3月　市教委公布教育部 2007 年认定的上海市国家级重点中等职业学校名单,上海市航空服务学校、上海市第二轻工业学校被认定为国家级重点中等职业学校。

5月 26日　市教委印发《关于 2008 年在本市部分全日制普通中等职业学校试行自主招收在沪农民工同住子女的通知》,上海试行在部分全日制普通中等职业学校招收农民工同住子女。

8月 31日　四川地震灾区都江堰市 1 193 名新老中职生来沪就读职业学校。

11月 2日　市教委公布"上海市中等职业教育课程教材改革特色实验学校"遴选评估结果,入选的 16 所学校为：上海信息技术学校、上海石化工业学校、上海市南湖职业学校、上海交通大学医学院附属卫生学校、上海市大众工业学校、上海市交通学校、民航上海中等专业学校、上海市医药学校、上海科技管理学校、上海市商业学校、上海市工业技术学校、上海市城市建设工程学校、上海商业会计学校、上海市振华外经职业技术学校、上海市逸夫职业技术学校、上海市商贸旅游学校。

是年　"上海市中等职业学校学生助学、奖学政策体系"全面实施,在已实施的中职学生国家助学金、市奖学金中"专业奖励"政策基础上,又开展了上海市奖学金评审工作。

同年　上海市职业教育协会选举产生第二届理事会,薛喜民续任会长。

同年　上海旅游高等专科学校被列为 2008 年度"国家示范性高等职业院校建设计划"立项建设单位。同时,上海医疗器械高等专科学校被列入该计划重点培育(扶持)院校名单。

同年　市教委批准同意成立上海电子信息职业教育集团、上海商贸职业教育集团。

2009 年

1月　市教委批准同意成立上海旅游职业教育集团。

2月13日　市教委印发《关于本市推进组建区域职业教育集团工作的指导意见》。年内,相继成立了嘉定、徐汇、闵行、黄浦等4个区域职业教育集团。

4月　上海第二工业大学被市教委列为工程硕士专业学位立项建设单位。

6月3日　市教委、市财政局印发《关于实施上海市中等职业学校特聘兼职教师资助工作的通知》。

6月26—27日　上海中华职教社举行第四次代表会议,市委常委、统战部部长杨晓渡出席并讲话。会议选举产生第四届社务委员会。

8月31日　市教委印发《关于进一步加强上海市中等职业学校德育课建设的实施意见》。

9月4日　市教委印发《上海市中等职业教育全面提高教学质量行动计划(2009—2013年)》。

12月17日　市教委印发《关于推进上海市中等职业教育专业布局和结构调整优化工作的实施意见》。

12月　市教委、市教卫党委、市委宣传部等联合召开上海市中等职业学校德育工作推进会,印发《中共上海市教育卫生工作委员会等7部门关于加强和改进上海市中等职业学校学生德育工作的实施意见》。

是年　市教委开始实施职业教育招生公示,举办招生咨询活动。

同年　上海市"星光计划"第三届中等职业学校职业技能大赛举办,是上海职业教育历史上规模最大、项目最多、覆盖面最广的一次技能大赛。

同年　市政府办公厅转发市教委等三部门《关于对本市中等职业学校农村、海岛家庭学生和涉农专业学生实施免费教育意见的通知》。

2010 年

1月18日　上海市职业院校服务上海世博会现场票务项目签约仪式暨动员大会举行。

2月11日　市教委印发《关于开展中等职业学校精品课程建设的通知》。

2月21日　市教委印发《关于做好2010年本市部分全日制普通中等职业学校自主招收在沪农民工同住子女的通知》。

3月25日　市教委印发《关于2010年本市开展中高职教育贯通培养模式试点工作的招生办法的通知》。选择现代护理、交通物流、电子信息3个职教集团内的7所中高等职业院校进行试点,首次试点的4个中高职贯通专业为护理、应用电子技术、汽车技术服务与营销、航空机电设备维修。

4月23日　市教委印发《关于组织开展上海市中等职业学校"璀璨星光"校园文化节活动的通知》。

4月27日　市教委印发《关于做好2010年本市全日制中等职业学校实施专业奖励工作的通知》。

6月21日　市教委印发《关于加强和完善中等职业学校职业指导与就业服务工作的意见》。

9月26日　市教委印发《上海市中等职业学校学生学籍管理实施办法》。

11月17日　市教委印发《上海市中等职业学校专业设置管理实施细则（试行）》。

12月1—4日　市教委承办教育部在上海举行的全国中等职业教育教学改革创新工作会议。教育部部长袁贵仁出席讲话，上海市副市长沈晓明致辞，教育部副部长鲁昕作会议总结。

是年　经市政府批准、教育部备案，上海职工医学院转型更名为上海健康职业技术学院。

同年　上海医疗器械高等专科学校被列为2010年度"国家示范性高等职业院校建设计划"骨干高等职业院校立项建设单位。

同年　首批"国家中等职业教育改革发展示范学校建设计划"项目启动，上海信息技术学校、上海石化工业学校、上海市大众工业学校、上海交通大学医学院附属卫生学校、上海市城市科技学校、上海市东辉职业技术学校被列为2010年度立项建设单位，成为上海市第一批6所进入国家示范行列的中等职业学校。

同年　青海果洛藏族自治州首批学生来沪就读中职校，上海启动举办"内地新疆中职班"准备工作，开展对口招收贵州毕节地区中职校工作，并继续开展东部对西部中职校联合招生合作办学工作。

同年　上海建筑职业教育集团、上海现代农业职业教育集团、上海化工职业教育集团、上海浦东职业教育集团相继成立。至此，全市已成立8个行业职教集团和5个区域职教集团。

第一篇

管　理

中共十一届三中全会召开以后,上海市的职业教育体制根据社会主义市场经济要求逐步完善。1987年上海市职业技术教育工作联席会议制度的建立,推动了职业教育多层次、多规格的协调发展。1995年3月上海市教育委员会成立,设立职业技术教育办公室(由原上海市高教局、上海市教育局、上海市政府教卫办的有关部门合并而成),这是将中等职业教育作为一个门类实施统一管理的开端。是年7月1日,经市政府研究决定,将原市职业技术协调委员会改为上海市职业技术教育委员会。委员会主任由市分管教育的副市长担任。1998年前后,各级政府积极探索职业教育管理体制改革,促进布局结构调整,合理配置教育资源。进入21世纪,根据政府职能转换的要求,市教委制定一系列职业教育的相关重要制度,从而提高职业教育适应经济发展的能力和职业教育管理的水平。同时,学校内部的管理制度也不断丰富和完善。2003年,市政府《关于大力推进上海市职业教育改革与发展的决定》指出,要建立和完善政府统筹、多方参与、分级管理的职业教育管理体制,进一步明确和发挥区县政府和行业主管部门在发展职业教育方面的责任,形成政府主导、依托行业和企业、社会力量积极参与的职业教育办学新格局。2006年,为加强职业教育和职业培训的领导、统筹和协调管理,市教委牵头组织在市一级的层面,完善全市职业教育联席会议制度,各区县也相继成立和完善了职业教育工作联席会议。是年秋季新学年起,上海的技工学校在原主办单位、经费渠道和教师编制等保持不变的前提下,由上海市教育委员会统一负责其招生、教育教学、学生学籍等宏观管理工作,是职业教育管理改革的一个重要步骤。

1987年9月,《上海市职业技术教育暂行条例》经市人大常委会审议通过,于1988年3月1日起施行。1998年6月,市教委发布《上海市建设一流职业教育总体规划》,提出建设与一流城市、一流教育相匹配的上海职业教育,规划面向21世纪的上海职业教育的发展目标。2004年,上海市十二届人大常委会通过新的《上海市职业教育条例》。这是对20世纪80年代计划经济时期通过的《上海市职业技术教育条例》和《上海市职工教育条例》进行修订而形成的体现"大职业教育"观的一个地方性职业教育新法规。

职业教育经费来源历来有多个渠道,随着国家经济体制的转变和职业教育办学规模的增加,经费的有效支持成为职业教育发展的关键。市政府各相关部门都及时出台多项制度,为经费支持提供保障。为了增加职业教育投入,提高办学质量,从1986年起,根据国务院的相关要求,上海将增收的城市教育费附加中的相当部分应用于职业教育,改善了职业学校的办学条件。从1990年起,市政府集中使用部分城市教育费附加,实施中等职业技术学校重点项目装备计划,通过三期重点项目工程的实施,改善了一批中等职业技术学校的教学和实习设备条件,促进了技能培训方法和手段的改革。1998年至1999年,上海建设10所现代化标志性中等职业学校,10所学校总投入达12.5亿元。2003年,《上海市人民政府关于大力推进上海市职业教育改革与发展的决定》指出,城市教育费附加中的22%用于中等职业教育,主要用于职业学校实验实习设备的更新和办学条件的改善。企业按照职工工资总额的1.5%提取教育培训经费。到2004年,"百所中等职业学校重点建设工程"共投入经费14.2亿,其中市投入1.6亿元、学校主管单位投入7.4亿元、学校自筹5.2亿元。2005年,公办中等职业教育财政投入19亿元,同比增长13%;中等职业学校财政预算内生均经费达到 5 623 元,同比增长 12%,在全国名列前茅。2006 年,根据《上海市人民政府关于大力发展职业教育的决定》,上海市中职生均公用经费定额的拨付,采用"分段定额级差拨款办法",教育部门根据专业比重相对集中的专业门类确定恰当的定额等级。学校在校生规模按国家级重点学校和非国家级重点学校分别测定,但超规模部分不纳入拨款范围,以保证教育质量。这一定额标准的确定为今后共用经费的合理投入和稳定增长奠定基础。2006 年,对中等职业学校学生全面实行帮困助学制度和专业奖励制度。该年有 2.5 万名中职校在学生获得帮困助学和专业奖励,受益学生占在校生总数的 12%,总计投入经费 9 191 万元。从 2008 年起,上海各区县按照市财政局、市教委制订的相关标准,逐步建立和完善中等职业学校经费投入的稳定增长机制。

第一章 管理机构与管理体制

第一节 机 构

一、指导机构

为加强和改进对全市职业教育的宏观指导和管理,1987 年 5 月 9 日,在市政府领导下,建立上海市职业技术教育工作联席会议制度。联席会议由分管副市长主持,市计委、市经委、市建委、市财政、市劳动、市人事、市教育等部门的分管领导参加。联席会议审议和统筹安排全市职业技术教育的地方法规和重大方针、措施,提供市府决策,推动全市各行业各系统按照经济和社会发展的需要举办多层次、多规格的职业技术教育。

1992 年 1 月 5 日,经有关部门协商,分管副市长同意,市政府教育卫生办公室发文,决定建立上海市职业技术教育协调委员会。由分管副市长任主任,市教卫办分管副主任任常务副主任,委员由市府和各委、办、局领导成员组成。主要职责为:贯彻执行党和国家有关职业技术教育的方针、政策、法律和行政法规,组织制订职业教育的具体政策和重要规章制度;检查、督促教育行政部门和指导办学主管部门认真贯彻执行党和国家有关职业教育的方针、政策、法律、法规以及上海市颁发的有关法规和规章制度;沟通教育部门与市府各委、办、局之间的联系,指导和协调教育部门同办学主管部门积极开展职业技术教育。

1995 年 7 月 1 日,经市政府研究决定,将原市职业技术协调委员会改为上海市职业技术教育委员会。委员会主任由市分管教育的副市长担任。市有关委、办、局的领导担任委员。上海市职业技术教育委员会下设办公室,设在市教育委员会内。市职业教育委员会的主要职责是:贯彻执行党和国家有关职业教育的方针、政策、法规;组织全市高、中、初层次的各类职业技术人才的需求预测,会同有关方面编制上海市职业教育的中长期发展规划;沟通教育部门与市政府有关委、办、局之间的联系,指导和协调全市职业技术教育;负责进行职业技术教育培训方面跨行业、跨部门的对外合作交流;负责职业技术教育的调整和改革,处理职业技术教育的重大事宜。此外,为了适应职业教育发展和深化改革的需要,协助教育行政部门推动教育教学的研究、课程改革教材建设、技术技能考核等开展,相应建立了中等职业技术教育研究室、上海市职业技术教育课程改革与教材建设委员会办公室、中等职业技术教育技能考核中心等机构。

2006 年,为加强职业教育和职业培训的领导、统筹和协调管理,市教委牵头组织在市一级的层面,完善全市职业教育联席会议制度,成立由分管副市长严隽琪任第一召集人、分管副秘书长姜平为召集人,并由市教委、市发改委、市财政局、市人事局、市劳动保障局、市国资委、市农委、市建委、市经委和市旅委等单位分管领导参加的职业教育联席会议。徐汇区、虹口区、浦东新区、闸北区、南汇区、青浦区、松江区、崇明县、闵行区、卢湾区、黄浦区等区县相继成立和完善了职业教育工作联席会议。

表 1-1-1　1978—2010 年上海市人民政府分管职业教育领导一览表

姓　名	职　务	时　间
杨　恺	副市长	1978—1985 年
谢丽娟	副市长	1985—1992 年
龚学平	副市长	1993—1997 年
周慕尧	副市长	1998—2000 年
严隽琪	副市长	2001—2007 年
沈晓明	副市长	2008—2010 年

二、管理机构

20 世纪 80 年代初,市教育局内设中专处,俞正平、翟耀章先后任处长,副局长吕型伟为分管领导。1986 年 4 月,经市编制委员会同意,市教育局中等专业教育处和中等职业教育办公室合并为中等职业技术教育处,翟耀章、唐德杲先后任处长,副局长凌同光为分管领导。各区县教育局有的开始设立职教科(股),有的中教科或成教科兼管职业教育。1995 年上海市教育委员会建立后,中等职业技术教育处改为职业技术教育办公室,费爱伦为主任,景学远为主持工作副主任,市教委副主任薛喜民为分管领导。2000 年成立职业教育与成人教育处,张持刚任处长,市教委副主任薛喜民、瞿钧为分管领导。2007 年调整分设为职业教育处、终身教育处,王向群任职业教育处处长,市教委副主任尹后庆为分管领导。

上海的高等职业教育管理隶属于高等教育的相关管理部门。1979 年,上海市高等教育局重建。1995 年 2 月,撤销上海市人民政府教育卫生办公室、上海市高等教育局、上海市教育局,组建上海市教育委员会,设有 5 个综合办公室,高等教育办公室(含市学位委员会办公室)为其中之一,李进、徐国良先后担任主管高职工作的高等教育办公室副主任。2000 年 9 月,市教委再次对机关内部机构进行调整,将原 24 个处室减为 18 个,高等教育处为其中之一,许涛任主管高职工作的高等教育处副处长。2002 年,市教委成立上海市高职高专院校联合评议工作领导小组,负责全市高职高专院校(包括成人高校)教师职务和其他专业技术职务学术技术评议工作。这一机构是服务高等职业教育的重要服务机构。

第二节　管理体制

一、中等职业教育管理体制

【中等专业教育管理体制】

1978 年,上海市各中专校复办或新建,共 67 所。1980 年,教育部发送《关于全日制中等专业学校领导管理体制的暂行规定》指出:国务院各部委负责管理所属中等专业学校的各项工作。在实践中,逐步明确彼此的分工职责:教育部门负责对学校的教育、教学行政管理。国务院各部委负责对学校的业务、人事、财务以及招生和毕业生安排等管理。中专校的党委(总支)书记、校长均由主管部门党委批准任命。经费由市财政局按中专校申报的年度财务预算,核准后拨给各主管局,再由主管局财务处转拨学校。各主管部门则给予基建、仪器设备等专项经费。各主管部门教育处定期召开有关会议,布置任务,并不定期到所属中专校召开座谈会,听取意见。教学业务则由市教育行政部门领导和管理,定期召开校长会议及有关业务会议,组织各学科教研组,交流教学经验,布置有关教学改革工作等。

1985 年 1 月,教育部《关于政企分开后妥善处理好中专学校从属关系等问题的通知》指出:"随着经济体制改革,逐步实行政企分开之后,有的原中专校主管业务厅(局)将要撤销,有的虽不撤销但已不再直接管理中专校。"这样便"影响了中专学校的稳定和发展",规定"如主管业务厅(局)撤销,应请示省、自治区、直辖市人民政府决定其所属中专学校由谁主管,中专教育经费应从主管部门的事业费列支,不得削减,中专学校的性质不得改变,招生规模不得减少。学校的校舍、设备、师资不得抽调、拆散、占用"。

1987 年 9 月,上海市第八届人民代表大会常务委员会第三十一次会议制订《上海市职业技术教育条例》(后于 1995 年 2 月修订)中第七章"领导和管理"规定"本市职业技术教育实行市和区、县人民政府领导下各部门分工负责的管理体制","职业技术学校主办单位的职责是:按照职业技术学校的设置标准和在校学生的规模,提供相应的师资、经费、设备和实验、实习基地等办学条件","任命、聘任校长或者推荐校长人选"等。

上海中等医学教育的组织机构,实行市、区两级管理的体制,由市卫生局医教处和各区、县卫生局,分级负责管理上海市各类卫(护)校。1988 年 12 月,上海市松江县建筑工程学校改革计划经济体制下的管理机制,与市郊嘉定县等 8 个县的建筑总公司联合组成校董事会,试行"双轨体制":党政关系、行政拨款、教育方针受松江县政府领导;董事会则决定办学重大问题。1995 年,上海市商业会计学校隶属上海市人民政府财贸办公室后,由市财办牵头,组织中百一店集团公司、华联集团公司、友谊集团公司等大企业成立校董事会,管理学校。上海轻工业控股(集团)公司,为集中资源,更好发挥学校教育资源作用,把集团下属 9 所学校(其中包括 4 所中专、2 所职大、2 所党校、1 所业余中专)紧密结合,组建上海轻工教育培训中心。9 所学校的教育资源、收益全部由培训中心统一管理和使用。

1996 年后,上海职业技术教育的管理体制主要分为两大块,一块是属于市、区、县管理的,另一块是属于行业管理的。区、县职业教育和民办职业教育属于区、县人民政府及其职能部门管理;对行业办的职业教育原则上由有关部门归口管理(委、办)或由委、办委托某一控股(集团)公司或某一大企业管理,实行产教结合。

【职业高中教育管理体制】

1980 年,教育部、国家劳动总局《关于中等教育结构改革的报告》中提出:"将部分普通高中改办为职业(技术)学校、职业中学、农业中学。""职业(技术)学校招收初中毕业生,学制二至三年,主要进行职业(技术)教育,同时开设有关普通文化课。这类学校由教育部门和业务部门联办,隶属关系不变。"1983 年 2 月 22 日,市人民政府转发上海市教育局、上海市劳动局、上海市财政局联合拟定的《关于本市职业(技术)学校、职业中学及普通中学附设职业班若干问题的试行规定意见》。

上海职业高中的联合办学,从 1980 年起步,至 1986 年秋季招生后的统计,市区 95% 以上的职业高中(班)由区教育部门与 61 个行业部门所属的 183 个公司、企业单位联合办学;郊县的职业高中(班)由县教育部门与 150 多个乡镇企业挂钩联合办学。

1985 年开始,一部分附设职业班的普通中学,由区、县教育主管部门申报,经市教育局批准,改办为独立建制的职业高中。当年全市有 93 所(其中市区 62 所,郊县 31 所)。1985 年全市尚有附设职业班的普通中学 243 所。这些普通中学因地制宜,与行业、企业联合办班,经当地区、县政府教育主管部门批准,报市教育主管部门备案。普通中学附设职业班招收初中毕业生,学制 3 年为主,少数 1~2 年(为初级职业班,主要在农村)。这种办学模式一直沿用至 1998 年,全市尚有 233 个职业班,多数在郊县,其形式已转变为职业高中与其他地区或不同类型(如与中专、技工学校、成人中专、成人高校)的学校设办学点替代。

【技工学校教育管理体制】

对技工学校的综合管理主要由劳动部门承担。

2006 年,上海市教育委员会、上海市劳动和社会保障局颁布《关于本市技工学校的招生、教育教学、学生学籍等工作归口上海市教育委员会宏观管理的通知》,从该年秋季新学年起,技工学校在原主办单位、经费渠道和教师编制等保持不变的前提下,由上海市教育委员会统一负责其招生、教育教学、学生学籍等宏观管理工作。按照两级政府两级管理的原则,区县教育部门负责本区县所属技工学校和所在地举办的民办技工学校的设置、撤销、变更的审批和招生、教育教学、学生学籍等具体管理工作。市有关主管部门负责所属技工学校的教育、教学工作宏观管理。

【《上海市职业教育条例》规定】

2004 年,《上海市职业教育条例》发布,第六条规定:市教育行政管理部门主管上海市职业学校教育和以文化为主的职业培训工作。区县教育行政管理部门按照本条例规定的职责,管理职业学校教育和以文化为主的职业培训工作。市劳动和社会保障行政管理部门主管上海市以技能为主的职业培训工作。区县劳动和社会保障行政管理部门按照本条例规定的职责,管理以技能为主的职业培训工作。其他有关行政管理部门按照各自职责,分别做好职业教育的相关管理工作。第十二条规定:市和区、县人民政府应当举办发挥骨干和示范作用的职业学校。行业主管部门应当办好所属的职业学校。企业、事业单位、社会团体、其他社会组织及公民个人可以按照国家规定,举办职业学校。职业学校的举办者可以独立办学,也可以联合办学。举办者联合办学的,应当签订联合办学合同。中等职业学校或者初等职业学校(职业班)的设立,由其所在地的区、县教育行政管理部门审批,并向市教育行政管理部门备案。第十七条规定:申请设立职业学校的,审批机关应当自受理之日起三个月内以书面形式作出是否批准的决定,并送达申请人。经批准设立的职业学校,审批机关应当按照法律、行政法规的规定,向其颁发办学许可证。取得办学许可证的职业学校,应当依法办理事业单位法人登记或者民办非企业单位法人登记。第十八条规定:职业学校变更名称、层次、类别、地址、举办者,或者分立、合并、终止的,应当向审批机关提出申请。职业学校终止的,应当妥善安置在校学生。终止的职业学校,应当向原审批机关办理注销登记手续,并由原审批机关收缴办学许可证,销毁印章。第四十一条规定:市和区、县人民政府的教育督导部门对本行政区域内的职业教育工作进行监督、检查、评估和指导,并将督导结果向社会公布。

二、高等职业教育管理体制

【公办高等职业院校】

普通高等专科学校 据 1999 年的统计,当时纳入上海高职教育的独立设置普通高等专科学校有5所,后来均升格为普通本科高校。一是上海电机技术高等专科学校,2004年升格为上海电机学院;二是立信会计高等专科学校,2003年升格为上海立信会计学院;另外3所分别是上海轻工业高等专科学校、上海冶金高等专科学校、上海化工高等专科学校,2000年三校合并组建升格为上海应用技术学院。上海应用技术学院、上海立信会计学院、上海电机学院先后成为本科院校后,均由其各自下设的二级高职学院继续举办专科层次的高职专业。

2000年后,上海公安高等专科学校、上海旅游高等专科学校、上海出版印刷高等专科学校、上海医疗器械高等专科学校等独立设置的普通高等专科学校,也都分别归入到高等职业教育的范畴之中。另外,上海医药高等专科学校经上海市人民政府批准于2005年正式建校,前身是上海交通大学医学院(原上海第二医科大学)卫生技术学院。

职业技术学院 1998年,上海市财贸管理干部学院、上海市第一商业局职工大学、上海市粮食局职工大学、上海市供销职工大学合并改制,同时将上海市商业学校的教育资源并入,建立上海商业职业技术学院;2004年升格为上海商学院,其下设高等技术学院继续举办专科高职专业。1999年,上海冶金联合职工大学和上海冶金工业学校合并改制组建上海东沪职业技术学院,2000年与上海第二工业大学合并组建新的上海第二工业大学;2003年,上海第二工业大学升格为普通本科高校,其下设高等职业技术学院继续举办专科高职专业。此外,同济大学、东华大学、上海海事大学、上海工程技术大学等本科高校也在1998—1999年左右分别成立高技学院或高职学院,以举办二级职业技术学院的形式开展专科高职教育。

2001年,经上海市人民政府批准,同意5所成人高等学校转型为独立设置的职业技术学院,分别是上海海事职业技术学院(原上海海运职工大学)、上海电子信息职业技术学院(原上海仪表电子职工大学)、上海城市管理职业技术学院(原上海建设职工大学)、上海交通职业技术学院(原上海交运职工大学与上海海港职工大学合并)和上海行健职业技术学院(原闸北区业余大学)。同年,还成立了上海科学技术职业学院。2002年,上海农林职业技术学院、上海建峰职业技术学院成立。2003年,上海第二轻工业职工大学与上海市工艺美术学校联合转制组建上海工艺美术职业学院。2005年,上海市工会管理干部学院由成人高校转制为上海工会管理职业学院;同年,上海第二医科大学卫生技术学院改建为独立设置的上海卫生职业技术学院,后更名为上海医药高等专科学校。2007年,经上海市人民政府批准,上海体育运动技术学院更名为上海体育职业学院。2010年,经市政府批准、教育部备案,上海职工医学院转型更名为上海健康职业技术学院。

【民办高等职业院校】

普通民办独立学院 1993年,市高教局同意上海海外联谊会、上海市海外交流协会、上海市归国华侨联合会、上海中华职业教育社、上海市工商业联合会、民建上海市委等6个统战系统的社会团体及民主党派共同筹办上海中华职业大学(后更名为上海中华侨光职业技术学院),1999年7月经教育部正式批准后更名为上海新侨职业技术学院,同时被批准的民办高职还有原东海学院更名为上海东海职业技术学院。2001年4月,浙江省温州市教育实业家周星增等出资创办的上海建桥职业技术学院建立;同年成立的民办高职还有上海济光职业技术学院、上海工商外国语职业学院。2002年4月,上海邦德职业技术学院、上海中侨职业技术学院、上海托普信息技术职业学院等民办高职相继建立。2003年3月,由上海立达教育发展有限公司出资兴办的上海立达职业技术学院被批准成立,同年被批准的民办高职还有上海思博职业技术学院、上海民远职业技术学院、上海欧华职业技术学院、上海东方文化职业学院(后更名为上海震旦职业学院)、上海电影艺术职业学院等。

2004年9月，由上海中华职业教育社与上海中发电气集团合作举办的上海中华职业技术学院建校。2005年，上海建桥职业技术学院获准升格为民办本科高职，更名为上海建桥学院，其下设二级职业技术学院继续举办专科专业。

公有民办二级学院　1993年，上海财经大学与恒通集团、南德经济集团进行协作办学，建立培养MBA的工商管理和国际经济管理2所学院。1994年，又先后与上海证券交易所合作建立证券期货学院，与万泰集团合作建立万泰国际投资学院。同年，上海工程技术大学先后与上海汽车工业总公司和上海航空公司合作，建立汽车工程和航空运输2个学院；上海交通大学与汽车工业总公司、计算机公司等合作，建立汽车学院和计算机学院。1996年，上海水产大学与北京联想集团联合办学，成立上海水产大学联想计算机学院，设置计算机及应用本科专业。2000年，上海大学巴士汽车学院成立，这是上海市第一所由高校与社会集团共同筹资组建的高等技术职业学院。

为了规范民办高校办学管理，促进民办高等教育发展。根据教育部有关文件精神，上海市教委制定实施一系列鼓励与规范并举的政策。主要有：一是2005年上海市教委、上海市财政局利用民办教育专项资金，支持民办高校教学高地建设工程，改善民办高校教学条件，引导民办高校加强教学内涵建设，使民办高校为培养社会经济发展人才向高质量教学、管理规范方向发展。二是完善民办教育的管理和服务体制。2009年6月，上海市教委成立民办教育管理处，负责协调和管理民办教育各项事务。12月，上海市人民政府批准建立上海市民办教育联席会议制度。三是扶持民办教育改革与发展。上海市教委会同上海市财政局颁发《关于做好上海市民办高等教育政府扶持资金申请工作的通知》等文件，加大市、区县两级公共财政对民办教育的扶持力度。上海市教委还颁发《关于推进本市民办学校建立年金制度的通知》，鼓励各民办学校建立年金制度，改善民办学校教师退休后待遇，保障民办学校教师队伍的稳定。四是依法规范民办学校的办学与管理。推进民办高校落实法人财产权，上海市人民政府颁发上海市教委等7部门制定的《上海市推进民办高等学校落实法人财产权的实施办法》。该办法对民办高校过户资产以及终止后的资产归属做了政策界定，并规定税费优惠等。为规范资金资产管理，上海市教委还颁发民办高校的财务管理办法和会计核算方法，建立民办高校财务管理平台，对民办高校资金运作情况进行监控。制定《关于加强民办高等学校学费及政府扶持资金账户管理的通知》，规范学费和政府扶持资金的管理。

三、管理体制改革

1998年前后，各级政府积极探索职业教育管理体制改革，促进布局结构调整和教育资源的合理配置。针对中专学校重点改革面过窄，资源不能充分发挥等弊端，进行一系列改革，不仅为本系统，而且为全市培养各类紧缺人才，办学活力进一步增强。有的集团（企业）根据企业发展实际，将原属中专、技校划给地方，如金山石油化工集团划给金山区教育局，上海冶金工业学校体制进行划转。有的委办局对本系统内的学校进行合并调整，如轻工集团将3所中专及职大等合并为轻工教育中心。有的打破部门管理体制，进行跨地区、跨部门的合并，如上海第二医科大学卫校与嘉定区卫生学校进行合并。有的是学校与地方实行共建，如港湾学校与浦东新区实行共建。还有更多的行业部门根据市场经济发展，所有制形式改革，以及政府机构改革和职能转换，积极酝酿体制改革的举措。2002年，上海市商业会计学校与市北工业学校原分别隶属于市商委和市纺织控股集团公司，实现跨行业、跨管理体制的合并，从而进一步扩大职教优质资源。市政工程管理局改建市政工程学校中增加职后教育的设施。市仪电控股集团公司整合系统内中高职教育资源易地新建一所集中高职教育的新校舍。

各区县重点对职业学校教育资源进一步总体规划,合理配置教育资源,优化布局结构,如青浦县、奉贤县、虹口区,整合本地区中专、职业学校办学资源,集中建设现代化标志性学校。此外,卢湾区、南市区、浦东新区对本地区职业学校进行调整合并。1998年,卢湾区将区内中华职校等几所职校并入职教中心,成立卢湾职教集团;杨浦区以杨浦职校为核心,将其他条件、水平相对一般的学校并入其中,扩大优质教育资源;南市区将志新、南华职校合并成立新华职校;市建工集团、市政工程局对所属中专、技校进行统一调整,分别将2所技校并入中专,实施中专、技校一体办学。学校调整使原有中等职业技术学校布局不合理、专业设置重复、办学效益低、办学条件差的情况有较大改变,工作得到教育部肯定。同年8月份,教育部召开全国中等职业技术学校布局调整会议,上海市教委作大会经验介绍。此外,20世纪90年代与境外合作举办的职业技术学校有3所,其中民办职业技术学校1所。

2001年,根据政府职能转换的要求,上海市教委制定一批重要制度,出台一系列文件并开始施行:《上海市中等职业学校专业目录设置管理办法》《关于上海市中等职业学校进行学分制试点工作的实施办法》《关于本市中等学校进行综合高中试点工作的意见》《关于加强中等职业技术学校青保工作意见》《关于实行中小学校和中等职业学校治安责任人及治安辅导员制度的通知》,以推进政府职能转换。

2003年,市政府《关于大力推进上海市职业教育改革与发展的决定》指出,要推进管理体制和办学体制改革,推动职业教育健康有序发展。一是要建立和完善政府统筹、多方参与、分级管理的职业教育管理体制。建立上海市职业教育工作联席会议制度,研究解决职业教育工作中的重大问题。联席会议由市教育、劳动保障、人事、财政、计划、经济、建设、商业、农业等相关部门以及部分行业、企业参与。联席会议办公室设在市教育部门,负责日常工作。各区县政府也要建立相应的联席会议制度。二是要进一步明确和发挥区县政府和行业主管部门在发展职业教育方面的责任。在市教育部门宏观管理下,各区县、行业分别管理所属的中等职业学校。民办中等职业学校由其所在地的区县管理。高等职业教育由市教育部门统一规划和管理。行业主管部门要加强对所属职业学校和培训机构的管理,逐步强化行业组织对职业学校和培训机构的管理职能。三是要形成政府主导、依托行业和企业、社会力量积极参与的职业教育办学新格局。各级政府要在发展职业教育中发挥主导作用。市教育部门要搞好重点职业学校和职业培训机构的建设。各区县要按规定标准重点建设一所示范性的现代化中等职业学校。支持行业、企业采用多种方式,对所属职业学校进行机制改革。鼓励组建职业教育集团,原经费渠道保持不变,增强企业、行业举办职业院校的综合竞争力。要鼓励和支持民办职业教育的发展。非营利的民办职业学校享受举办社会公益事业的有关优惠政策。各级政府和其他单位可通过出租闲置的国有、集体资产等,对民办职业学校给予扶持。民办职业学校与公办职业学校地位平等,民办职业学校的教师和学生享受与公办职业学校教师和学生同等的权利和义务。要扩大职业学校的办学自主权,增强其自主办学和自主发展的能力。

2006年,市政府提出要在全社会树立"大职业教育"观的要求,并做出决定:"上海市技工学校在原主办单位、经费渠道和教师编制等保持不变的前提下,由教育部门统一负责招生、教育教学、学生学籍等管理,劳动保障部门负责职业资格证书管理。"市教委、市劳动和社会保障局决定从当年秋季新学年起实施这一在全国尚属首例的改革举措。自此,上海理顺了整个中等职业教育的管理体制。经过几轮大浪淘沙的技工学校进入了一个新的历史阶段,与中等专业学校、职业高中一样被一视同仁地纳入市教委的统筹管理范畴,全市三类中等职业学校实现了统一的管理发展,具有开创性意义。重要的是,此后上海的劳动(人社)部门并未因为不再管理技工学校而不关心职业教育,如2007年上海市人社局开展校企合作高技能人才培养试点项目,利用政府补贴立项惠及全市近百所中、高等职业院校,政府补贴即从市失业保险基金中用于培训的部分和财政用于职业教育的专项资金中列支;2010年人社部出台文件要求"开展技工院校一体化课程认证考核"时,市人社局又主动和市教委合作推进整个职业院校的"双证融通"试点工作,明确提出上海的职业教育要"从'对接'走向'融通'";而从纳入市教委管理后的技工学校情况来看,由于理顺了体制而大大改善了办学条件,软硬件建设都面貌一新,教育教学水平也明显提高。

第三节　学　校　管　理

一、中等职业学校管理

【中等专业学校管理】

1978年中共十一届三中全会后,学校的领导体制和管理机构得到恢复,同时落实干部政策,使一些多年从事教育工作、忠诚党的教育事业、在"文化大革命"中受到打击迫害的同志重新回到学校领导岗位上来。1979年6月,教育部发出《全日制中等专业学校工作条例(草案)》第八章第四十八条规定:中等专业学校实行党委领导下的校长分工负责制,校长是学校行政负责人,主持学校的日常工作。副校长协助校长分工领导教学、思想政治教育、生产、后勤等方面的工作。学校行政工作中的重大问题,一定要经党委讨论作出决定后,由校长负责组织执行。校长可召集由副校长、各部门负责人和有关人员参加的校务会议,讨论和处理日常行政工作中的重要问题。第四十九条又规定:学校的行政组织机构,应该力求精简,减少层次。一般设教导(或教务)处(科)、总务处(科)和学校办公室。学校规模较大的,根据工作需要,经主管业务部门批准,可增设其他处(科)。各处(室)在校长领导下处理日常工作。1980年11月,教育部发出《关于全日制中等专业学校领导管理体制的暂行规定》中指出:有关业务部门和教育部门要把中等专业学校的工作排上领导议事日程,建立和健全专管机构或配备专职干部。1983年7月,教育部发布的《中等专业学校机构设置和人员编制标准的暂行规定》中关于机构设置指出:中等专业学校行政管理体制,实行校、科(处)两级制。机构设置根据学校的规模、任务、专业和发展需要确定。学校党、团、工会等方面的工作,可在学校党委会(党总支)下,设立精干的办事机构进行。在"中等专业学校校级领导和各行政机构的职责分工"中提出学校除校长、副校长外,可设立校长办公室、教务科、人保科、学生科、会计科、总务科、伙食科、图书馆、医务室、专业科、教研室、实验室(陈列室)、校办实习工厂等。

2007年,为协调解决中等专业学校和技工学校评定特级校长的工作,市教委职业教育处协助人事处和评估院,研究完成中等职业学校校长、党支部书记职级制实施方案,制定相应的评价指标体系,并完成对校长、书记和相关人事干部的培训工作,共有12名校长(书记)被评为特级校长。

【职业高中学校管理】

20世纪80年代初开始,职业高中学校大多数按原普通中学领导体制,实行党支部领导下的校长负责制,部分学校则试行校长负责制。1985年起,上海的职业高中根据《中共中央关于教育体制改革的决定》精神,创造条件逐步实行校长负责制。在坚持和加强中国共产党领导的前提下,充分调动和发挥教职员工的工作积极性,强化学校内部行政指挥系统。

1990年8月,国家教委颁发《省级重点职业高级中学标准》,其中规定"学校实行校长负责制、教师聘任制和岗位责任制,有健全的组织机构和各项规章制度"。上海市教育局职业高中办学水平评估组制订的《上海市级重点职业高级中学办学水平评估指标体系》于1992年开始施行。其中"学校管理"条目提出"校长负责制"的标准为:"学校已形成较健全的校长全面负责、党组织监督保证、教代会民主管理三方面结合的校长负责制。"

1991年10月,国务院《关于大力发展职业技术教育的决定》第五部分"加强和改善职业技术教育工作的领导和管理"中提出"要进一步完善职业技术学校内部的管理体制","中等和初等职业技术学校原则上实行校长负责制并充分发挥党组织的政治核心作用;要把校长负责、社会参与和教师职工、学生的民主管理监督有机结合起来"。《决定》把社会参与作为职业高中学校内部管理体制中的重要组成部分。上海的职业高中从80年代初创建时开始,吸收有代表性行业部门权威人士、专家,调动联合办学单位为主的社会力量,参与学校管理。社会参与学校管理机构的基本形式与内容有咨询委员会、学校管理委员会等。有些职业高中还建立"联合办学办公室",协调与处理学校与行业、企业联合办学中的具体工作,加强学校与社会的联系。社会参与职业高中的管理,使学校在做好人才需求预测、调整专业与课程设置、制(修)订教学计划、提供学生实习场地、解决专业师资、筹措办学经费、指导学生就业等多种功能,得到实现。

1992年3月,市政府教卫办召开职业技术教育工作会议,讨论如何改革学校内部管理体制。根据中等职业教育的性质与任务,学校规模的大小,设置相应的学校内部的管理机构。上海的职业高中一般规模的学校,普遍设办公室(或称校长办公室)、教务处(科或教导处)、总务处(科)、政教处(科)或学生科、人事科(也有由校长办公室兼管)、财务科(也有由总务处兼管)。职业高中在学校行政管理机构下,一般还设有下列一些职能机构:专业组(科),按学校规模大小和专业性质不同设置,兼有教学和管理的双重职能,也有学校分设文化基础课教学组和专业课教学组;教研室(组),规模较大的职业高中专设教学研究机构;实验室,在教务处(科)领导下负责室的建设、管理和实验教学工作;实习管理机构,有学校组织生产实习管理委员会,也有学校附属于专业组,属于职业高中培养学生动手、实践能力和教育与生产劳动相结合的重要组成部分;思想政治工作领导小组或工作委员会,在学校党支部领导下,由分管校长、教务(导)主任、学生科、共青团专职干部、政治教师和班主任代表等组成,围绕学校思想政治工作目标设计规划,制订必要规章制度,使管理工作规范化和制度化;招生和毕业生工作管理机构,作为学校学生工作管理中的一项重要任务,建立相应的职能机构与社会紧密联系,随时关注产业结构的变化和人才劳务市场的需求。

二、高等职业院校学校管理

高等职业院校的学校管理体制参照高等院校的基本做法,民办高等职业院校采取董事会领导下的校长(院长)负责制。高等职业院校参照上海一些改革先行的普通高校,也开展了一些方面的学校管理体制改革。其一,后勤管理体制改革。进入90年代后,根据上海高校后勤改革的基础条件,高校后勤实行规范分离、进入后勤社会化服务。其二,试行校长负责制改革。1980年1月,上海市人民政府批转《上海高等学校校(院)长试行工作条例》,规定高等学校领导体现实行党委领导下的校(院)长分工负责制,校(院)长对外代表学校,对内主持学校的日常工作。1984年起,上海高校探索学校内部领导体制的改革,校(院)长接受国家委托,对学校的教学、科研等行政工作实行统一领导,全面负责;党委对学校起行政监督保证作用,对党群工作和思想工作实行统一领导。其三,高校劳动人事与分配制度改革。1991年起,上海高校普遍推行定编、实行岗位责任制和划小经济核算单位,实行工资总额承包的基础上,以建立考核制度、奖惩制度和实施聘任制为主要内容的高校内部管理体制改革。其四,高校综合改革。华东化工学院自1985年率先开展以理顺内部管理体制、建立和健全科学决策和民主管理机制,引进竞争手段为核心的整体管理改革。1992年,推出第二轮学校内部综合改革,包括基础教育、专业教育、科学研究、校办产业和后勤系统五个方面,其中核心内容是加强师资队伍建设。各高等职业院校根据实际,都推进了相关方面的改革。

第二章 法 规 与 制 度

第一节 法 规 规 划

一、法规

1985年3月,市政府教卫办印发的《关于进一步改革中等教育结构发展职业技术教育若干问题的报告》指出：改革中等教育结构,发展职业技术教育,是改变教育内部结构比例失调,使教育事业更好地适应经济与社会发展,建立适合我国国情的教育体制的一个重要课题。加快中等教育结构改革的步伐,逐步形成同普通教育并行的职业技术教育体系,合理安排高中阶段各类学校的比例,职业技术学校要为当前第三产业的发展培养和输送人才。切实落实办学经费,支持发展职业技术教育事业,解决好职业技术教育界的有关办学经费。经市教育部门验收批准,原有普通中学改办为中等职业技术学校的,根据学校规模和不同专业,认真落实基建投资和开办费。各级职业技术学校的毕业生,经过文化和技术考核,合格者发给毕业文凭和技术学校等级合格证书,国家承认其学历,但不包分配。

1985年6月,市教育局由中等专业教育处组织力量在调查研究和征询各有关方面意见后,起草《上海市职业技术教育暂行条例》,1987年9月经市人大常委会审议通过,于1988年3月1日起施行。《暂行条例》分总则、学校开办调整和撤销、校长、教师、学生、经费、领导和管理、奖励和处罚、附则,共9章,计37条。其主要的内容为：根据上海市经济与社会发展的需要,统筹规划,积极创造条件,在全市范围内逐步形成从初等到高等、结构合理、专业配套的职业技术教育体系。学校的开办必须有符合规定的校长、教师和管理人员,具备办学所必需的校舍、经费、设备、实验实习场所,以及与培养目标相适应的教学计划、教学大纲和教材等条件。职业技术教育的经费,除地方财政拨款外,通过学校主办单位自筹、社会资助、收取学费、发展校办产业等多种渠道筹集。职业技术学校的基本建设经费,由学校主办单位按照核定的学校规模安排落实。联办职业技术学校的办学经费,由联办各方共同承担。委托职业技术学校培养学生用人单位,应当向学校缴纳培养费。职业技术教育实行市和区县人民政府领导下各部门分工负责的管理体制。市教育行政部门负责全市各级各类职业技术教育发展的统筹规划;协调各部门和各区县的职业技术教育工作;指导职业技术教育的改革;对贯彻执行国家和上海市职业技术教育的法律、法规的情况进行监督、检查。区县教育行政部门负责本区县所属的职业技术学校进行综合管理和业务指导。区县计划、财政、劳动、人事等行政部门按照各自职责、分别负责本区县所属的职业技术教育的计划、经费的安排和毕业就业的协调管理。

《上海市职业技术教育暂行条例》颁布后,市教育行政部门按照其规定起草配套实施文件,自1988年4月至1990年4月分别制订上海市《职业技术教育先进单位和先进个人奖励办法》《中等职业技术学校教师资格考核暂行办法》《中等职业技术学校评选优秀毕业生办法》《关于培训就业和培训上岗的实施意见》以及关于中级职业学校、高级职业学校、高级技工学校办学基本条件的暂行规定等7个文件。1988年8月,市政府教卫办发布《上海市中级职业学校(职业中学)办学基本条件的暂行规定》内容分为4章：中级职业学校是指招收初中毕业生，学制3～4年，实施系统学校教育的全日制中级职业学校。凡新建或非职业技术学校性质的学校改办为中级职业学校，应具备：必须有符合《条例》第三、第四章有关要求校长、教师和管理人员的规定；必须具备办学所必需的校舍、设备、实验实习场所；必须有办学经费及基础设施经费的稳定来源；必须有与培养目标、专业（工种）设置相适应的学校教学计划、教学大纲和教材等条件。招收高中毕业生，学制1年至1年半的中级职业班；普通中学附设职业班和招收初中毕业生，学制1～2年的初级职业学校（班）均参照本规定执行。1989年10月，市教育局发布《上海市中等职业技术学校教师资格考核暂行办法》。

为了保证《上海市职业技术教育暂行条例》第三十三条的顺利实施，1988年4月7日，市政府教卫办、市人事局颁布《上海市职业技术教育先进单位和先进个人奖励办法》。《奖励办法》内容要点为：表彰范围和条件：单位、社会团体：把发展职业技术教育列入本单位的重要议事日程，有较完善的人才培养规划，积极为职业技术学校输送、培养师资；提供资助经费和设备；认真落实知识分子政策，开展职业技术教育科学研究；为职业技术教育作出优异成绩的区、县、局（公司）、企事业单位和社会团体，为维护职业技术学校的合法权益作出优异成绩的部门；全面贯彻国家的教育方针，积极改革教育和教学，主动适应社会和经济发展的需要；主动加强与办学主管部门和联办单位，及经检查评估，办学水平、教学管理、社会效益显著的各级职业技术学校的联系。个人：上海市区、县、局（公司）企事业单位和社会团体中，重视职业技术教育，积极支持学校办学，热心指导教育改革；在开展职业技术教育科学研究，以及制订规划、方针、政策等方面，对发展职业技术教育起积极推动作用，成绩优异的工作人员；为维护职业技术学校的合法权益作出优异成绩的工作人员；认真贯彻国家的教育方针，忠于职守、勇于探索，为提高学校办学质量作出优异成绩的各级职业技术学校的校长和学校工作人员；热爱职业技术教育，为人师表；在教书育人，提高教育、教学质量方面作出优异成绩的各级职业技术学校的专职、兼职教师。表彰、奖励办法：单位、社会团体：市人民政府每隔3年表彰一次对职业技术教育作出优异成绩的学校、单位和社会团体，并发给"上海市职业技术教育先进单位"奖状，以资奖励；个人：市人民政府主管教育的部门每两年表彰一次成绩优异的职业技术教育先进工作者，对受表彰的个人授予"上海市职业技术教育先进工作者"证书，并按市一级先进工作者的奖励标准，给予一定的实物奖励。从1989年起，上海市中等职业教育系统每2年评选先进单位和先进个人，他们中有被国家教育部、人事部、中国教育工会授予全国教育系统先进集体奖状和劳动模范、先进工作者、先进教师奖章。也有被上海市人民政府、市教育局、市教育工会命名为上海市职教系统先进工作者称号。

根据《上海市职业技术教育暂行条例》第二十二条规定，1989年11月上海市教育局制订《上海市中等职业技术学校评选优秀毕业生办法》。规定：凡在其毕业学年被评选为市级或区、县、局优秀学生者，则同时授予优秀毕业生称号。获得优秀毕业生称号的毕业生，按学校的教育行政管辖，分别由市教育局和市劳动局给予表彰和奖励。奖励办法：颁发特制的优秀毕业生证书，其先进事迹材料及登记表放入毕业生档案；发给奖品和奖金；学校优先向用人单位推荐；见习期满后，用人单位确认为优秀者，经区、县、局主管部门审核批准，其工资待遇可以适当高定。

在认真学习、广泛宣传的基础上，1997年，上海市重点贯彻落实《中华人民共和国职业教育法》。为了使该法的贯彻落实具有可操作性，法规起草部门在调查、研究基础上，制订《上海市人民政府关于上海市贯彻实施〈中华人民共和国职业教育法〉的若干意见》，这是对《中华人民共和国职业教育法》和《上海市职业技术教育条例》的补充和细化，它对征收职业教育统筹费、实行职业学校生均经费制度、市教育费附加安排一定比例经费用于职业教育、改制后的职业技术学校的办学管理体制等作出规定。同年拟定的《关于上海市政府部门管理职业教育的职责规定》,就市政府各职能部门按照《职教法》所赋予的职责,依法治教,通力配合,各司其职等方面提出具体要求,使《职教法》的有关规定落到实处。市人大教科文卫委与市教委共同部署《职教法》的检查,发动全市各区县、行业对贯彻落实《职教法》的情况进行检查,并提交自查报告。在全市自查的基础上,市教委会同市人大、市政府有关职能部门对虹口、普陀、松江等区县及市经委、市交通办、市文化局及其所属学校贯彻落实《职教法》的情况进行检查,有力地促进了《职教法》的贯彻实施。同年,颁布《上海市职业技术教育条例》第二次修正案。

1997年,为了使《职教法》的贯彻落实具有可操作性,上海市在调查、研究基础上,完成《上海市贯彻〈职教法〉的若干规定》制定工作,这是《职教法》和《上海市职业技术教育条例》的补充和细化,它对征收职业教育统筹费、实行职业学校生均经费制度、市教育费附加安排一定比例经费用于职业教育、改制后的职业技术学校的办学管理体制等作出规定。还拟定《关于上海市政府部门管理职业教育的职责规定》。市政府各职能部门将按照《职教法》所赋予的职责,依法治教、通力配合,各司其职,使《职教法》的有关规定落到实处。市人大教科文卫委与市教委共同部署《职教法》的检查,发动全市各区县、行业对贯彻落实《职教法》的情况进行检查,并提交自查报告。在全市自查的基础上,会同市人大、市政府有关职能部门对虹口、普陀、松江等区县及市经委、市交通办、市文化局及其所属学校贯彻落实《职教法》的情况进行检查,有力地促进了《职教法》的贯彻实施。各区县、行业、学校也做了大量宣传和贯彻工作。

2004年,上海市十二届人大常委会通过新的《上海市职业教育条例》。这是依据1996年颁布的《中华人民共和国职业教育法》并结合上海职业教育改革发展要求,对20世纪80年代计划经济时期通过的《上海市职业技术教育条例》和《上海市职工教育条例》进行修订而形成的体现"大职业教育"观的一个地方性职业教育新法规。这一全新的《上海市职业教育条例》将职业学校教育与职业培训作出通盘考虑,强调建立并逐步完善政府统筹、社会参与的职业教育管理体制,形成政府主导、依靠企业、充分发挥行业作用、社会力量积极参与的多元办学体制,努力为上海形成与市场经济体制相适应的现代"大职业教育"体系创造良好的法治环境。

二、规划

1998年6月,市教委发布《上海市建设一流职业教育总体规划》,提出建设与一流城市、一流教育相匹配的上海职业教育,规划面向21世纪的上海职业教育的发展目标。建设的总体目标:一是加快教育观念的现代化,以终身教育思想和以人力资源结构理论为依据的新型人才观构建面向21世纪现代职业教育制度的理论基础;确立职业教育的作用和地位。二是完善以初中后教育分流为重点逐步高移,学校教育与职业培训并举,多种证书并重,与其他各类教育相互沟通协调发展,初、中、高层次职业教育相互衔接,以中高等职业教育为主体的现代职业教育体系。三是以《中华人民共和国职业教育法》为依据,逐步完善现代职业教育制度和配套的政策法规,以法治教,实现职业教育规范化。四是培养适应社会发展水平,满足经济增长需求,具有综合职业能力和良好职业道德的劳动后备大军;形成与职业市场需要基本适应的职业教育事业发展规模。五是构建与多种经济成分和公有制多种实现形式相适应的职业教育多元化办学体制和多渠道投资体制;形成以社区与行业分工管理为特征的管理格局。六是建立具有职业教育特色的现代职教课程体系,建设一支与之相适应的具有现代教育思想,理论水平和实践能力兼优,专、兼职相结合的职业教育师资队伍。七是推进教育设施现代化,使职业教育的教育技术和装备水平、教育质量和办学效益得到明显改善与提高。八是形成教育系统、产业部门、科学研究机构以及社会信息网络紧密合作的职业教育科研信息服务体系。

总体目标的实现分三个步骤。第一步是1998—2000年,在调整、巩固、提高中等职业教育的基础上,积极发展高等职业教育,形成普通教育与职业教育相互渗透,职前教育与职后培训相互沟通,初、中、高层次相互衔接的现代职业教育体系框架和相应配套的各项制度;积极发展高等职业教育,认真搞好多种形式的高等职业教育试点工作;切实搞好中等职业教育调整、巩固、提高工作,基本形成比较合理的中等职业教育学校与专业结构布局;积极推进教育、教学改革,使中等职业教育课程改革与教材建设("10181"工程)和高等职业教育课程改革与教材建设("4530"工程)取得阶段性成果;通过多渠道投资,继续对国家级、省市级重点学校实施重点装备,基本建成10所现代化标志性职业技术学校和10个现代化职教公共实训基地,为全面推进职业教育现代化打好基础。第二步是2001—2005年,初步建成职业教育体系,完善相应配套的各项制度,职业教育与培训的质量得到大面积提高;巩固和推广多种形式的高等职业教育试点成果,促进高等职业教育事业得到较大发展;基本完成"10181"工程和"4530"工程,教学领域的改革全面深入开展;全面推进职业教育装备现代化,基本做到中等职业学校校均实训、实验设备固定资产原值不低于500万元人民币,高等职业院校校均实训、实验设备固定资产原值在达到国家标准的基础上有较大提高。第三步是2006—2010年,进一步完善职业教育体系和相应配套的各项制度;基本实现职业教育现代化;高等职业教育形成本专科结合、长短学制兼有的层次结构和与人才市场需求基本适应的专业结构;基本形成具有上海特点、职教特色、时代特征的现代职教课程及教材体系;基本形成一支理论水平和实践能力双优、专兼职相结合的专业理论教师和实习教师骨干队伍;职业教育的教育设施和装备条件普遍达到或接近中等发达国家水平。

具体的发展目标:一是推进职业教育事业发展,基本满足市民接受各类职业学校教育和职业培训的要求,确保新增劳动力素质全面提高;二是改革高等教育结构,发展高等职业教育,完善职业教育体系;三是继续调整中等职业教育,明显提高教育质量与办学效益;四是推进职业教育设施和装备现代化建设,努力改善办学条件;五是加强师资队伍建设,校长、教师基本达到国家规定的标准;六是深入进行教育、教学改革,基本建成现代职教制度和现代职教课程体系。其保证措施:一是加强法制法规建设;二是制订和完善促进职业教育发展的各项政策;三是加大投入力度,提高职业教育经费保障程度;四是进一步完善市政府统一领导,地区、行业分工管理的职业教育管理体制。1998年,上海市政府还颁布《关于本市贯彻实施〈中华人民共和国职业教育法〉的若干意见通知》,使职业教育法规体系进一步完善,进一步保证职业教育依法治教、依法行政。2003年,上海市教育委员会、上海市经济委员会、上海市劳动和社会保障局又颁布《关于进一步发挥行业、企业在职业教育和培训中作用的意见》,提出要充分依靠行业、企业,逐步形成政府统筹、行业指导、市场调节、企业自主开展职业教育和培训的运行机制。

2001年,市教委职业教育与成人教育处组织了《上海职业技术教育与成人教育"十五"发展规划》等12个应用性课题的研究,有关学分制、综合高中的研究成果已用于指导实际工作。

2006年,为了全面落实市职业教育工作会议和《决定》提出的各项任务,市教委职业教育与成人教育处会同市有关部门在深入调查研究的基础上,组织制定《上海职业教育"十一五"发展规划》《上海市中等职业教育基础能力建设专项规划》《上海市职业教育开放实训中心建设总体规划布局》《上海市中等职业教育"十一五"师资队伍建设行动计划》以及发展职业教育集团、推进中高职衔接、学制改革和工学结合等工作的实施方案。

是年，市教委职业教育与成人教育处根据上海市职业教育工作会议精神，和"十一五"期间上海职业教育改革和发展的主要目标，在已经下发的《上海市中等职业技术教育督导评估指标体系（征求意见稿）》的基础上，补充了以围绕立足经济社会发展全局，以就业为中心、以提高技能为重点内容的督导指标，并召开职业教育的校长和专家座谈会听取意见和建议，形成了《上海市中等职业技术教育督导评估指标体系》。2007年，把职业教育督导列为专项性综合督导的项目，进一步在全社会营造促进职业教育发展的良好氛围。

2007年，《上海教育事业发展"十一五"规划纲要》提出实施"职业教育集团建设计划"，并要求率先在电子信息、机电数控、交通物流、建筑、轻工、化工、旅游、现代艺术、现代护理和现代农业等领域，组建上海十大职业教育集团。

第二节　学校管理制度

一、中专学校管理制度

1983年7月，教育部发布《中等专业学校机构设置和人员编制标准的暂行规定》中对校长、副校长、校长办公室、教务科、人保科、学生科、会计科、总务科、伙食科、图书馆、医务室、专业科、教研室、实验室、校办实习工厂等职责与工作有比较具体的规定。1985年5月，《中共中央关于教育体制改革的决定》中提出："学校逐步实行校长负责制，有条件的学校要建立由校长主持的，人数不多的，有威信的校务委员会，作为审议机构。要建立和健全以教师为主体的教职工代表大会制度，加强民主管理和民主监督。"

凡中共中央、国务院及教育部颁布有关政策、规定、制度后，市教育行政部门，及时拟订贯彻实施的细则、办法，使中央的规定精神在地方得以实施。对待学校的管理制度，全市的中等专业学校除部分实行校长负责制外，基本上实行党委（总支）领导下的校长负责制。并建立校务委员会和以教师为主体的教职工代表大会制度。对学校实行民主管理。校务委员会由校长、党委书记、副校长和工会、共青团、学生会负责人，以及科室主任，部分教师、职工、学生代表组成，它是审议机构，也是学校民主管理的重要组织形式。教职工代表大会的职能主要有四个方面：一是讨论审议学校带有全局性大事；二是对学校的工作提出意见和建议；三是决定教职工切身利益的问题；四是监督评议干部。学校党组织主要任务是"全方位"的保证监督作用。通过广大党员的先锋模范作用，来体现党的领导。同时做好教职工思想政治工作，完成上级党委和行政领导部门布置的任务。工会在党委（总支）领导下，加强教职工的自我教育，动员和组织教职工完成教学和各项工作任务，做好生活福利工作，代表全体教职工参政议政。共青团在党委领导下，积极发挥党的助手作用，教育团员起模范作用，带动青年教职工和学生完成学校的工作和学习任务。学生会在学校党和行政领导下，团结全体同学，使他们做到身体好、学习好、工作好，积极参与校园文化各项建设。

1992年8月，市教育局职业技术教育处、市中专教育科学研究室，在各中专校制订的学校教学管理制度基础上精心组织，论证修改后汇编《上海市普通中等专业学校教学管理手册》。主要内容有"上海市普通中等专业学校教学管理暂行规定"，"教师工作量统计办法"，"教师职业道德要求及工作规范"，以及教学管理各类表格一共50种，促进了上海中专校的教学管理工作的程序化、规范化和科学化，提高了工作效率和教育质量。

1995年，全市的中等专业学校，根据学校实际情况，都制订了学校各项工作管理制度。行政制度有：各级干部的岗位职责、各处（科）组室的工作职责范围、会议制度、人事考核、考勤制度、奖金制度，以及档案管理制度等。教学管理制度有：学生学籍管理条例、课堂规则、考试规则、学生成绩考核及升留级、毕业规定、学生实习管理条例、学生考勤制度和教师职业道德等的考核、管理的要求与实施细则等；学生管理制度有：学生守则、学生行为规范、评选三好学生和优秀学生干部以及先进集体办法、学生惩处条例、校园值勤制度、学生代表大会条例、班委干部职责以及班主任工作职责等。总务管理制度有：科、组人员工作职责、事业经费使用暂行规定、财产管理、设备仪器用具维修制度、食堂人员工作职责、医务人员职责等。

二、职业高中学校管理制度

20世纪80年代末至90年代初，职业高中进行学校布局、专业结构调整，促使人员不断流动。学校对新进人员，必须经过考核，符合所需人员质量标准要求，还要妥善安排好调整岗位或超编人员。因此，职业高中校内人员管理制度，成为学校一项经常性工作的重要制度。

职业高中的校内管理制度较多，除了常规工作管理中运用规章制度对学生进行学习期间的日常管理外，还包括学籍管理、生活管理、课外活动、体育卫生、学习成绩和品德考核等方面内容。这些校内的管理制度，是按国家教委（教育部）和上海市教育局（市教育委员会）从80年代后期开始先后颁发的有关文件精神，结合学校实际情况，拟订贯彻执行的具体制度，使学校管理逐步走上规范化、制度化。

三、中等职业学校管理制度

2003年4月，市教委颁布《上海市中等职业学校教学管理规程》，共6章33条，进一步促进职业学校的管理水平。第一章：总则，提出教学管理的原则、规律和方法。第二章：教学事务管理，规定教学工作计划的形式和内容、教学进度、校历编制、课程安排、教师工作量计算、教学例会制度、学生考核及升级留级管理、教材建设和使用、教学档案制度等方面的要求。第三章：教学文件管理，规定专业教学方案或教学计划的制定和实施的具体要求、课程标准的使用要求。第四章：主要教学环节管理，包括以下环节：教师备课、讲课要求、学生职业技能的训练、应用现代教育技术改革教学方法和手段、课外辅导和答疑、丰富第二课堂、综合性实验训练、实习、社会调查和毕业设计等，都提出具体要求，特别是根据职业教育要求，对实习提出总要求和分类要求，对认识实习、教学实习（实训）、生产实习、专业劳动和毕业实习（综合实习）等不同类型的实习规定具体内容和教学目标。在对学生学业的检查与成绩评定方面，要求争取用人单位共同参与。第五章：教师教学业务管理，对教师的培养、考核、聘用以及教育科研提出具体要求。第六章：附则，指出本规程适用于全日制中等专业学校和职业高级中学等中等职业学校。

四、高等职业院校管理制度

上海的高等职业院校的内部管理制度按照高校学校管理制度的基本原则和框架建立、实施并逐步趋于完善。

1991年,上海电子信息职业技术学院的源头学校上海市仪表电讯工业局职工大学与仪表公司职工大学联合后,为提高管理水平,制定了管理制度、部门职责和岗位责任制3大类制度文件,并组织中层干部举办培训班,学习19个部门职责、35项管理制度、74个岗位职责。1994年,上海市仪表电讯工业局党校与职工大学一体化办学后,出台《教师课时津贴实施办法(细则)(试行稿)》《科研管理条例》《中共上海市仪表电讯工业局委员会党校、上海市仪表电子工业职工大学行政、教师体系考核制度(试行)》等管理制度。1998年修改和完善了《关于教职工继续教育管理暂行办法》《科研管理制度实施办法》《科研工作运行流程》等制度。2006年,上海电子信息职业技术学院经过转型后几年的发展,在2003年教学管理制度的基础上,较全面地制定、修改和完善了教学组织管理制度10项,教学计划管理制度2项,教学运行管理制度16项,教学质量管理与控制制度5项,教学改革与基础建设制度4项,教师管理制度9项;还对教学管理、学籍管理、专业管理等7项管理制度补充了管理流程图,使制度执行具有可操作性。2009—2011年,学校对学生管理、人事管理、财务管理、设备管理、后勤管理、图文信息管理、安全管理、综合管理、教学管理、科研管理等10个方面153项规章制度再次修订,在教学管理制度方面,增加了教学质量管理11项制度,实践教学管理6项制度,就业工作管理1项制度,招生工作管理2项制度。2010年后,学校每年根据国家政策、外部环境及内部管理的要求,对规章制度进行修改,每项制度的出台、修改完善、废除都有严格的程序,每项制度制定或修订后都经过校园网颁布。

第三章 经　　费

第一节　中专经费来源

一、拨款

中等专业学校的经费原则上是谁办学、谁出钱、谁受益。经费来源是采取多渠道的办法解决的。1985年,随着中国经济体制的改革、政企分开,许多业务部门和所属企业的经济关系发生了变化,有的中专校的隶属关系也随之调整,这给业务部门所属的中专学校在经费上带来一定影响。根据这一情况,1986年6月,国家教委、财政部发出《关于中等专业学校经费问题几项原则规定的通知》(以下简称《通知》),重申并予以明确规定:中专经费渠道仍按现行规定执行,即中央各部门和地方有关业务部门举办的各类中专学校,其经费在各部门的有关事业费中列支;财政、计划、统计和教育部门举办的中专学校,其经费在中央和地方的教育事业费中列支;专业公司举办的中专学校,其经费在公司经费中开支;按照国家规定的条件和审批程序经过批准的厂矿、企业举办的中专学校,其经费在企业上缴国家利税之后留成项目中开支;联合举办的中专学校,其经费共同协商解决。同时为保证中专教育事业的发展,鼓励学校扩大招生人数,《通知》规定:中专教育经费要和事业的发展挂钩,按国家计划的在校学生人数多少计算核拨教育经费,对招生多的多拨,招生少的少拨款,力求使经费与学校的发展规模相适应。《通知》又规定:在经济体制改革和实行政企分开过程中,不论是原中专校的主管部门已被撤销或是该部门已不再管理中专校的,对这类归属关系不清的学校,由各省、自治区、直辖市主管中专教育的教育委员会、高教局、教育厅(局)牵头,在当地人民政府的领导下,会同计委、经委、财政厅(局)以及学校有关的主管业务部门,解决好这类学校的归属关系问题;学校的经费渠道,根据改变后的领导隶属关系,分别按有关规定予以保证。学校的主管部门不要因经济体制改变或学校隶属关系的变化而影响或减少学校的拨款。

开展勤工俭学的收入和建立学校基金制度,这是补充学校经费来源的一条渠道。1980年,国务院批转的《关于中等教育结构改革的报告》提出:各类职业(技术)学校要提倡勤工俭学,这方面收入,应主要用于解决学校经费开支和办学条件,抽出一部分用于解决师生的集体福利和学生的学习费用。1984年11月,教育部、财政部发文提出:中等专业学校要建立学校基金制度,并规定学校基金主要来源有:在完成国家下达的指令性招生计划之外,接受委托培养人才任务(包括培训班)所得的净收入。校办工厂(车间)、农(林、牧)场实现的纯利润。学校在上级下达任务并核拨经费之外,承担的科研、设计、实验、技术推广、服务、咨询等任务所得的净收入。并规定:学校基金的使用,原则上60%用于发展和改善办学条件,40%用于开支奖金和集体福利等。学校基金使用情况,要接受财政部门、主管部门的检查和监督。

1987年4月,上海市财政局、上海市教育局、上海市劳动局《关于普通中等职业技术教育经费问题的暂行规定》提出:"为了进一步发展中等职业技术教育,根据国家教委、劳动人事部、财政部关于职业技术教育经费的有关规定,特对本市普通中等职业技术学校(班)的教育经费作如下规定。"一共有8条,其中第六条规定:各类职业技术学校经费原则上谁办学、谁得益、谁投资。由于办学单位及其主管部门不同,经费的主要来源也不尽相同,但都应多渠道筹措经费,做到教育经费的增长高于财政经常性收入增长和在校学生人均的教育经费逐年有所增长。各有关部门应予支持、扶植。"教育部门办的校(班),其所需经费主要由各级财政在教育经费预算内安排。""其他各局办学所需经费仍按原渠道拨支。""企业办学所需的经费在企业'营业外支出'中列支,基建投资和购建固定资产在自由资金中的'更新改造基金'和'生产发展基金'内支付。""对非办学单位的企业录用普通中等专业学校(班)的毕业生,应按学校综合定额经费标准,向学校缴付培养费用。在企业税后留利和其他自有资金中列支。"《规定》又指出:城市教育费附加根据规定的比例和使用范围用于普通中等职业技术学校,专款专用。

1987年9月市人大常委会颁布的《上海市职业技术教育暂行条例》(后于1995年2月修订)中指出:"职业技术教育的经费,除地方财政拨款外,通过学校主办单位自筹、社会资助、收取学费、发展校办产业等多种渠道筹集;职业技术教育的经费,根据不同的办学体制和年度招生计划,分别由市和区、县财政部门或者学校主办单位核拨,并保证按在校学生人数平均的教育费用和公用经费逐年增长,除经常性拨款外,市和区县人民政府应当根据财力可能和实际需要每年安排一定数额的职业技术教育补助专款。职业技术学校的基本建设经费,由学校主办单位按照核定的学校规模安排落实;本市城市教育费附加拨给职业技术教育的部分,由市教育行政部门按照规定比例统一平衡后下达,用于改善办学条件;联办职业技术学校的办学经费,由联办各方共同承担。"

上海市中专校的经费来源,由于主管部门不同,因此经费渠道也各异。主要有以下六个方面:中央各部委直属主管的中专校,由中央各部委按照学校当年度财务预算,批准后直接拨付;由中央各部委主管和市有关业务局管理(二级管理)的中专校,其经费由中央部委和市业务局共同拨付;上海市府各主管业务局所举办的中专校,由市财政局按学校申报的年度财务预算,核准后,拨给各主管局,再由主管局财务处拨给学校,各主管局则给予基建、设备、仪器等专项经费;市各大企业举办的中专校,其经费由各大企业直接拨付;市郊区县办的中专校,其经费由区县财政局拨给,区县教育局、卫生局负责基建、设备、仪器等专项拨款;高等院校附属的中专校,其经费由主管高等院校拨付。

表1-3-1 1995年上海市中等专业学校经费来源情况表

类　　别	学校(所)	附　　注
中央各部委直接拨付经费的中专校	3	
中央各部委和市各业务局共同拨款的中专校	3	二级管理
市财政局直接拨款的,主管业务局补助拨款的中专校	47	市主管业务局负责基建、实验、实习设备等
市郊区县财政局拨款,由区县教育局、卫生局补助拨款的中专校	23	区县教育局、卫生局负责基建、实验、实习设备等
各大企业拨款的中专校	6	
高等院校拨款的附属中专校	7	
共　　计	89	

资料来源:《上海职业技术教育志》第五篇第六章第一节,上海社会科学院出版社,2005年6月第1版。

关于郊区中专校的拨款,1987年2月,为促进上海郊区职业技术教育的稳步发展,上海市农委、市教卫办联合印发《关于上海郊区"七五"期间发展职业技术教育的意见》的通知中指出:"郊区职业技术教育事业要大力发展,其突出问题是经费不落实。"建议:"一、国家投资。县属中专校的经常事业费应列入国家教育事业经费,由县财政按规定核拨。二、县办市补。基建、设备、实验、仪器以县拨款为主,市计划、财政等部门给予适当补助。县办中专校按沪府教卫(86)第 222 号文件规定,可以从城市教育费附加中补助一部分。三、县各主管业务局和联办单位要相应拨款,每年要定额补助对口的中等专业教育班。四、学校勤工俭学、学杂费等收入和其他代培、办班的收入,按规定用于补充办学经费。"

二、学杂费收入

1987 年 9 月,市人大常委会颁布的《上海市职业技术教育暂行条例》中第二十八条规定:"职业技术学校的学生应当缴纳学费和杂费。""对家庭确有困难的学生可以减免学费和杂费。学校和社会可以设置贷学金和奖学金。""职业技术学校的收费标准,由市教育行政部门会同市物价、财政部门制定。"

1990 年 8 月,上海市教育局转发市物价局《关于同意本市中等专业学校收取学杂费及住宿费的通知》中规定:学杂费,每生每学年 100 元(不含书费、资料、讲义等);住宿费,每生每学年 20 元。对享受 100%助学金的师范、体育、护士、助产士、艺术、公安、警校、农业等专业的学生免收学杂费和住宿费;对享受专业助学金的航海、海洋捕捞、轮机、环卫等专业的学生免收学杂费,只收住宿费。符合以上规定的委托培养学生,其学杂费由委托培养单位向学校交付,其他委托培养学生的学杂费应由本人承担;对革命烈士的子女,经家庭所在地人民政府证明,入学后可免交学杂费;家庭经济困难的学生,根据父母工作单位证明和本人申请,学校可酌情予以减免部分学杂费、住宿费不予减免;中途退学的学生,已交学杂费不予退还;在执行过程中不得巧立名目,擅自提高收费标准。接文后,各学校携带《收费许可证》到原发证的物价部门办理注册手续。上海市中专校自 1990 年开始收取学杂费,收费标准为每生每学期 50 元。实行收取学杂费办法后的实际效果是好的,不仅使学校得到一定补充经费,同时对调动学生学习积极性也起到一定作用。另外,上海市中专校从 1988—1990 年连续 3 年招收自费生,平均每年招生 800 名左右,收费标准:文科每生每学期 350 元,工科每生每学期 450 元。另外,委托代培生收费标准:文科每生每学期收费 600 元,工科每生每学期收费 700 元。

1993 年 8 月,上海市教育局印发《关于调整本市中等专业学校收费标准》的通知中指出:"根据上海市物价局沪价涉(93)第 178 号《关于调整中等专业学校收费标准的复函》,经上海市人民政府批准,从 1993 年度第一学期起,调整本市中等专业学校学杂费标准。"该通知规定:学杂费为每生每学期 150 元,自费生培养费为每生每学期 700 元~1 000 元,各校具体收费标准需报教育局核定;委托培养收费由委托培养学生的双方签订合同协议收费,并经教育局批准后执行;成人中专每生每学期文科为 100 元~300 元,理科为 200 元~400 元,艺术类为 300 元~500 元,由各校根据实际情况在以上幅度内制订收费标准,并报教育局核定;中专收费调整后,除代办费外不得再收取实验、实习等其他费用。同时通知有关学校必须认真做好学生家长宣传解释工作,并向原发证部门办理《收费许可证》的有关手续,实行明码标价,亮证收费。

1994 年 8 月,上海市教育局《关于调整本市中等专业学校学杂费标准的通知》中指出:"根据市物价局沪价费(1994)第 182 号《关于调整中等专业学校学杂费的补充通知》,自 1994 学年度第一学期起,上海市中等专业学校学杂费调整为每生每学期 300 元,请按此标准执行。"同时,市教育局印发《关于调整本市民办学校等收费标准的通知》中规定：中专自费生由每生每学期 700 元～1 000 元调整为 900 元～1 200 元；中专学生住宿费由每学期 30 元调整为每学期 60 元～100 元。上述调整后的收费标准，自 1994 学年度第一学期起执行。同年 5 月，上海市文化局《关于调整我局属三所中等艺术学校自费生收费标准的意见》中提出其所属 3 所中等艺术学校共有学生 545 人，其中公费生 328 人，自费生、委培生 217 人。委培生收费 1 500 元～2 500 元，自费生收费 1 600 元～4 000 元。建议文化局的中等艺术学校自费生收费每人每学年 4 000 元；被市里评估为重点学校的舞蹈学校，可按每人每学年 4 500 元收费。

1996 年 2 月，上海市教委《关于调整本市中等专业学校收费标准的通知》中规定：从 1995 学年第二学期起调整上海市中等专业学校学杂费标准。(1) 学杂费：每生每学期 360 元。(2) 中专收费调整后，除代办费外不得再收取实验、实习等其他费用。同年 7 月，上海市教育委员会(1996)37 号文中第五条规定：中专住宿费由原每生每学期 60 元～100 元调整为 100 元～140 元。

1997 年 8 月，上海市教育委员会《关于本市中等专业学校实行最高收费标准控制的通知》中规定：一般专业每生每学期 1 100 元，特殊专业每生每学期 1 300 元，艺术类专业每生每学期 2 300 元；各校具体收费标准报市教委审定后执行；上述收费标准在 1997 学年度新招收的学生中执行，实行新生新办法、老生老办法。同时请积极完善和落实奖学金、助学金、学费减免等措施，并向学生及家长认真做好宣传解释工作。是年，全市实行中专招生收费并轨改革，统一招生计划形式、收费标准、录取标准，增加经费投入，形成职业教育培养成本由国家、企业、个人分担机制，实行缴费上学、自主择业，对职业教育的健康发展有着重要意义。

1998 年 3 月，上海市教育委员会《关于本市普教学生住宿实行分类收费的通知》中提出：学生宿舍按"生均面积""室内设施""公共设施""管理及服务"的不同条件，分为一类、二类、三类。一类住宿条件，每生每学期 360 元；二类住宿条件，每生每学期 270 元；三类住宿条件，每生每学期 180 元。上海市中专校严格按照有关规定，收取学生学杂费和自费生、代培生的培养费。市、区物价局每年都派人到学校抽查，发现问题，及时纠正。

三、学校创收

1980 年 10 月，国务院批转的《关于中等教育结构改革的报告》提出："各类职业技术学校要提倡勤工俭学"，"这方面的收入，应主要用于解决学校经费开支和办学条件，抽出一部分用于解决师生的集体福利和学生的学习费用，学校要逐步做到部分自给"。1984 年 11 月，教育部、财政部发出《关于在全日制普通中等专业学校建立学校基金制度几项原则意见》的通知中提出：学校基金的来源主要是："接受委托培养人才任务所得的净收入"；"校办工厂(车间)、农(林、牧)场实现的纯利润"；"承担的科研、设计、实验、技术推广、服务、咨询等任务所得收入。"1987 年 9 月，市人大常委会颁布的《上海市职业技术教育暂行条例》中提出："职业技术学校兴办产业、开展技术有偿服务，享受国家和本市有关校办产业的优惠待遇。"

上海市中专学校的校办产业(包括实习工厂、农牧场、公司、经营部、商店、科技服务部等)起步较晚。90 年代前大部分学校的校办产业处于规模小、纯消耗、效益差的状态。校办产业在组织机构、享受优惠政策、资金周转、信息业务、经营交流等方面，几乎是空白。经济效益亦较少。虽然市教育局于 1985 年 2 月批准成立上海市中等专业学校应用技术服务中心，但也只是做些委托培养生等工作。进入 90 年代后，随着改革、开放的深入发展和社会主义市场经济的建立，上海中专校的校办产业,取得迅速发展。"八五"计划期间上海市中专校的校办产业总产值及营业额总共为 6.84 亿元,利润总额为 7 607 万元,上交流转税总额为 3 000 万元,大部分校办企业以年纯利润的 33％～50％比例上缴学校。中专校的校办产业已逐步成为筹措教育经费的重要渠道之一。其迅速发展主要原因是各级政府从优先发展教育的战略高度出发,强化政府的行为。国家教育委员会于 1992 年和 1993 年连续两次召开关于"大力发展职教校办产业,加强实习基地建设座谈会",并下发正式文件。为实施《中国教育改革和发展纲要》和《中华人民共和国教育法》,中专校主管部门根据行业特点,采取统筹兼顾、积极扶持的原则,给校办产业在项目、资金、人才上予以实质性的支持。在市财政局大力支持下,1994 年 9 月建立上海市中专校校办产业周转金,到 1995 年已增加到 330 万元;1994 年 11 月,上海市税务局正式批准把中专校的校产纳入"校办产业"的范围,并享受校办产业的优惠政策,使校办产业得到健康的发展。

为加强对上海中专校的校办产业的管理,上海市教育局根据国家教委文件精神,于 1994 年 3 月建立上海市中专校校办产业管理办公室,为促进职教校办产业发展;1994 年 9 月经市民政局批准,又成立上海市职教校办产业协会。上海市中专校办产业管理办公室建立后,逐步对中专校办产业行使管理、指导、协调、服务的职能。中专校也陆续建立校产管理机构,培养和引进一批政策思想好、业务能力强、懂经营、善管理的人才,严格管理,加强核算。由于上海中专校的体制是按行业要求设置的,全市 89 所中专分属各个业务局、公司主管,而行业的主管局、公司下属的大企事业、集团公司拥有生产、经营、科技、信息等大量的业务渠道,为此学校依靠行业的优势发挥自身专业技术力量发展校产,开辟业务渠道,效果较为显著。上海市邮电学校建立通信工程部和用户电话工程部,在市邮电局的支持下,抓住机遇,发挥专业骨干力量,开发通信和电话安装工程的业务,结合教学实习,师生共建、军民共建,业务渠道越走越宽,每年为学校创造 200 多万元的收益。上海市城市建设工程学校的诚兴实业公司,依靠市城建局,发挥自身的专业优势,建立起以专业教师为主体的市政工程监理部,积极参与上海的市政建设中的重大工程项目,其中有沪嘉高速公路、外滩道路综合改建工程、虹梅路道路拓宽、内环线浦东段改造工程、东方路改建工程、霍山泵站和南北高架道路、武宁路改造等几十个工程项目的技术监理,每年为学校创收百万元以上的经济效益。另外,如上海市医药学校、卫生学校的药品产销、住宅学校校办工厂生产的系列振动机棒等等,都是依托行业优势,采取政策扶植而取得显著效益的。

上海市 89 所中专校 216 个专业,每个专业都具有一定的技术力量(包含专业人才、专业设备、专业技术等),通过产教结合,发挥专业优势发展校办产业,这是中专校的又一特色。上海市商业学校设有金融、物业、财会、餐旅、市场营销、美容美发等 10 多个专业,为使学生能有更多机会参加实践,学校围绕专业创办旅馆、餐厅、美容厅、物业租赁、建筑装潢、贸易等为一体的综合实体——商达实业公司,采取"滚动发展,就地改造,借鸡生蛋"的经营手段,不仅为学校提供实践教学的基地,而且为学校创造极为可观的经济效益(1995 年利润达 170 万元)。上海市医药学校根据专业需要由市教育委员会拨教育附加款建立起的实习基地——普康制药厂,依托行业,发挥专业优势,从原来只供学生实习的校办工厂,一跃而成为能生产 10 余个品种的优质药厂,产品行销全市各大医院和其他省市医药市场,年产值 1 500 万元,创利 142 余万元。上海石化工业学校成立校产管理部,制订《校办产业管理章程》,建立金翔工贸公司,设有卫广电器厂、海湾黏合剂厂、浦江旗篷厂、克利思多玻璃艺术品厂、金海机电厂、印刷厂等企业。其中化工原料月销售量达百吨左右,成为公司创利的主渠道。1995 年度校办产业的产值达到 1 922 万元,利税 281 万元(其中收益 83 万元),并为学校分流在编职工 32 名。上海电机技术高等专科学校的高电实业公司所属电机修理部,1995 年销售及修理收入 243 万元,上缴税金 32.6 万元,实现税后利润 54 万元。1992 年 12 月,上海市交通学校建立上海交华实业公司,拥有汽配经营部、2 个汽车修理厂、实习工厂和技术培训部。到 1995 年,公司创利 3 年累计上缴学校 227 万元,公司资产增长 50 万元。另外,1993 年 2 月,上海航空工业学校与上海汽车工业公司合资建立内饰厂,现有固定资产 4 000 余万元,建筑面积 4 000 平方米,从业人员100 余人,为上海大众汽车有限公司桑塔纳轿车生产配套车顶内饰件,到 1995 年已形成年产 15 万件车顶的生产能力,工业总产值 6 660 万元,收益达 610 万元。上海音乐学院附属中等专科学校建立的佳音工贸公司,到 1995 年,公司固定资产达到 520 万元,承担学校的教育经费累计 300 多万元。

1995 年,上海市 89 所中专校中有 78 所学校举办具有独立法人的各类校办企业共 226 家。从事校办产业职工 4 800 余人(包括管理人员、服务人员、工人和外聘人员)。1995 年校办产业总产值及营业额达 3.1 亿元,是 1991 年 3 000 万元的 10 倍;纯收益 4 000 万元,是 1991 年 300 万元的 13倍;上缴流转税 1 400 万元,是 1991 年的近 9 倍;创百万以上收益的学校有 15 所,比 1991 年是一个很大的发展。这 15 所学校占全市中专校总数的 17%,而收益却占总收益的 60% 以上。有 10 所中专校的 15 个项目荣获上海专利成果一等奖、上海重大科技成果奖、科技进步二等奖、上海科技博览会银奖等。"九五"计划期间,上海市中专校办产业重点进行体制和机制的改革,具有一定规模的企业已改革并实行现代企业制度,与学校脱钩;一般性企业逐步实行企业自主、校企分离。

表 1-3-2 1996—2000 年上海市中专校办产业总产值统计表

年　份	总产值 (亿元)	上交税款 (万元)	税后利润 (万元)	百万以上利润的 学校(所)
1996 年	4.3	2 000	4 500	20
1997 年	4.5	2 500	4 500	21
1998 年	4	2 000	4 200	18
1999 年	4	1 900	4 000	19
2000 年	2.8	2 500	3 100	15

资料来源:《上海职业技术教育志》第五篇第六章第二节,上海社会科学院出版社,2005 年 6 月第 1 版。

第二节　职业高中经费来源

一、教育经费项目

20 世纪 80 年代初,由普通中学改办的职业高中,其经费投资体制以国家财政投入为主。随着经济体制与办学体制改革的不断深化,国家提出要逐步建立以国家财政拨款为主,辅之以征收用于教育的税费、收取非义务教育阶段学生学杂费、校办产业收入、社会捐资集资和设立教育基金等多种渠道筹措教育经费的体制。通过立法,保证教育经费的稳定来源和增长。

上海的职业高中,绝大多数学校由地方(区、县)政府主管,其办学经费主要来自属于国家财政支出的教育经费。并分为教育事业费(也称经常费)和教育基建费。教育事业费又分为人员经费和公用经费,人员经费包括教职员工的工资、补助工资、教职员工的福利、差额补助费和学生助学金。

教育基建费包括公务费(即办公费)、业务费、设备购置费、房屋修缮费(2万元以下的单项工程费用也列入修缮费的项目)和其他费用。按规定,基建费是用于修建2万元以上的土建工程和购买大型设备的费用。在国家财政拨款中,教育事业费与教育基建费分属于两个不同项目,前者是国家财政预算中的教育经费支出,包括在文教事业费中,后者是包含在基建投资中。

二、职业高中经费主渠道

1980年,国务院批转教育部、国家劳动总局《关于中等教育结构改革的报告》的经费和编制项目中作出如下有关规定:"职业技术教育应有专项经费开支。各省、市、自治区可以根据实际情况,制定具体开支规定。在未作出规定前,经商财政部可暂按下列原则执行:原有普通中学改办的,其经费开支渠道不变,即教育部门所属普通中学改办的,由教育事业费开支;原属其他部门或厂矿企业所办的普通中学改办的,由其他部门有关经费或企业营业外项目列支;几个部门联合改办的,其经费由合办单位协商解决。""社队办的,其经费由办学单位自行解决。""经批准新办的职业(技术)学校经费,分别按:事业主管部门办的,在各部门事业费开支;专业公司办的,在公司经费开支;厂矿企业办的,在'营业外支出'项目列支。"

上海的职业高中,绝大多数从地方政府教育行政部门所属普通中学改办,学校性质虽已改变,但主管部门未变,因此学校经费的主渠道仍属国家财政支出的教育事业费。1996—1998年,上海职业高中接受国家财政拨款数,按每年在校学生数生均计算,1996年1 662.16元,1997年1 842.84元,1998年2 113.49元;按实际经费投入生均计算,1996年2 751.26元,1997年2 994.93元,1998年4 082.20元;其中公用经费占实际经费的百分比:1996年41.13%,1997年40.82%,1998年44.92%。

1983年开始,中央财政对全国教育部门办的职业高中教育每年追加一次性补助费5 000万元,分配原则由教育部、财政部商定。开始几年上海每年能分配到200万元左右,以后为照顾经济比较困难地区,分配给上海的金额逐年减少。按规定,该一次性补助费主要用于支持办得好的学校购买教学设备、图书资料和培训人员。

三、联合办学经费投入

上海职业高中办学模式中,与行业、企事业部门联合办学或接受委托办班的形式占比例较大,尤其是在20世纪80年代初创时期。因此,必须明确职业高中办学主管部门与企事业单位在联合办学中双方应承担的经费项目与标准。

1983年2月,经上海市政府同意,由上海市教育局、市劳动局、市财政局联合拟定的《关于本市职业(技术)学校、职业中学及普通中学附设职业班若干问题的试行规定意见》第四、第五、第六项,对经费和人员编制、实习工场收益的使用和纳税、学生待遇作了具体规定。这些在国家规定的财政制度下,根据当时上海地区发展职业高中在联合办学中遇到的经费问题,得以有章可循。该文件中"经费和人员编制""实习工场收益的使用和纳税""学生待遇"三个部分的主要内容为:

职业(技术)学校、职业中学、职业班,凡属教育部门单独办的,其经费开支渠道不变,即由教育事业费开支;凡属教育部门与业务部门挂钩联办的,在开办初期,根据实际需要,由教育部门在教育事业费中拨给开办费,用于添置一些必要的行政、生活设施;原属教育部门的行政人员和文化课教师的人员经费、教育行政费,不属于专业课教学用的修缮费、购置费、仪器费和人民助学金,也由教育部门在教育事业费中开支。有关专业教师,由挂钩联办企事业单位配备,工资等个人待遇和兼职教师的兼课补贴。添购用于专业课教学和实习的设备和学生专业实习等所属的费用,由挂钩联办单位编制预算。挂钩单位是主管公司的,经财政监缴机关批准,追加经费预算指标,由财政退库;挂钩联办单位是基层企业的,在"营业外支出"项目下列支;挂钩联办单位是事业单位的,在事业经费中列支。用于专业生产教学、实习的零星土建工程和设备购置,属于构成固定资产的,挂钩联办单位是主管公司或基层企业的,应在生产发展基金、更新改造基金中开支;挂钩联办单位是事业单位的,由事业单位投资,其中属于单项价值在 2 万元以上的,应列入基本建设计划,在基建投资中解决。联办的职业(技术)学校、职业中学、职业班教职工的事业编制,均纳入各主管部门的计划,工资、福利待遇按各主管部门的规定办理。郊县普通中学与人民公社、集体所有制企业单位挂钩联办的职业班,所需经费也按照上述原则分别负担。

职业(技术)学校、职业中学、职业班因专业实习需要,在校内设置实习工场(厂)、农场、门市部等,必须经双方主管部门同意,有独立生产能力,有对外加工收益的,应实行经济核算,单独建立账目,按照产品成本开支范围,核算成本和利润。但不能把企业整个车间划入学校当作实习车间。职业(技术)学校、职业中学、职业班要提倡半工半读、半农半读,坚持勤俭办学、勤工俭学。实习工场(厂)、农场、门市部等的收益,凡属教育部门办的学校,可参照 1980 年 6 月 7 日上海市教育局、上海市财政局、上海市劳动局联合发的《关于中小学校办工厂的若干规定》精神,暂按:40%用于本校改善办学条件和扩大再生产;30%作为学校增收节支的一部分,用于本校教职员工和学生的集体福利和奖励基金;30%供区(县)教育局、联办主管业务部门调剂使用。凡属企业和主管公司办的学校,应参照 1979 年 5 月 21 日上海市财政局、劳动局沪财企(1979)129 号、沪劳(79)技创第 1637 号通知:实行独立经济核算的实习工场实现的利润,60%上缴国家;15%上缴主管局;25%留给学校,用于补充流动资金,添置必要的生产实习设备、教学设备,新产品试制,技术革新,集体福利和奖励等费用。职业(技术)学校、职业中学、职业班校内实习工场(厂)、农场、门市部等收益的纳税问题,可参照 1980 年 9 月 26 日上海市教育局、上海市税务局、上海市财政局联合转发教育部、财政部《关于勤工俭学收益的纳税问题》一文精神执行。职业(技术)学校、职业中学、职业班设置的实习工场(厂),因专业生产实习需要,涉及申请能源和实习加工原材料、产品的供产销等问题,有关部门应给予支持。

学生待遇:职业(技术)学校、职业中学、职业班学生应按普通中学收费标准缴纳杂费。课本讲义等由学生自理。学生到挂钩联办主管局所属企业单位参加实习劳动,可根据专业工种需要的规定,借用劳动保护用品,实习劳动完毕后归还,并可按劳动轻重程度,发给补贴,每人每天 7 角～9 角(后调整为 1 元 5 角)。学生原则上不参加夜班劳动,如确实需要参加夜班生产劳动,根据规定发给夜餐费。学生参加实习劳动期间,不享受企业单位的上下班交通补贴。如实习劳动基地离校较远,为了不使学生增加负担,企业可根据具体情况,适当给予补贴,按每人每天从学校到实习劳动地点往返一次票价标准补贴。所发补贴在"企业管理费""商业流通费"或事业经费中开支。带班教师不给予补贴,发生的交通费、误餐费,按差旅费办法规定,由教师向各自单位报销。学生实习劳动期间,不享受所在企业的劳动福利待遇。实习劳动中发生的工伤事故,治疗期间的医疗费用,由挂钩联办企业单位在"职工福利基金"中支出。医疗结果,如因工致残,原则上由挂钩联办企事业单位另行安排适当劳动。职业(技术)学校、职业中学、职业班学生的粮食定量标准,可参照市粮食局 1981年发布《关于几种新的办学形式的学生粮食定量暂行意见的通知》中规定,即"参照技工学校学生,平均在29斤～34斤幅度内,按各校专业性质确定补粮平均标准,学校对学生补粮应区别不同情况,可采取不补、少补,个别也可超过平均标准"的精神掌握。

《上海市职业技术教育条例》将有关职业高中的经费渠道等问题列入上海地方法规,并在第二十七条明确规定:"联办职业技术学校的办学经费,由联办各方共同承担。"

四、重点项目装备

1990年起,市政府教卫办、市财政局按照实施中等职业技术学校重点项目装备计划的要求,集中使用部分城市教育费附加(职业教育部分),以及各单位的配套经费,1990—1994年,先后完成重点装备两期工程。共装备56个重点项目,总金额6 828万元,其中城市教育附加拨款4 507万元。通过两期重点项目工程的实施,改善一批中等职业技术学校的教学和实习设备条件,促进了技能培训方法和手段的改革。第一期、第二期获得重点装备的职业高中有15所,共1 473万元。

表1-3-3　1990—1994年第一、二期重点装备经费情况统计表

学　校	项　目　名　称	金额(万元)
商业职业技术学校	商业经营实验商场	65
旅游服务职业技术学校	美容、美发实验实训室	60
华山美术职业学校	动画、装潢实习、电脑绘画室	90
竖河职业技术学校	机电工业实习工场	120
宝山职业技术学校	汽车演示室、汽车模拟室	115
卢湾区职业教育中心	财经电算实验室	70
群联职业技术学校	无纸办公室实验室	94
共青职业技术学校	电脑经营模拟商店	83
天工职业技术学校	制冷设备实训基地	110
闸北第二职业技术学校	无线电技术实训基地	100
静安职业学校	电子专业实训基地	80
南湖银行职业技术学校	模拟银行	128
青浦职业技术学校	旅游服务与管理实训基地	100
群益职业技术学校	服装、园林专业设备	138
东辉职业技术学校	计算机应用培训实验室	120
共15所		1 473

资料来源:《上海职业技术教育志》第九篇第六章第二节,上海社会科学院出版社,2005年6月第1版。

1995年起,上海市教委和上海市财政局继续实施第三期中等职业技术学校重点项目装备,仍按照"集中财力,按需布点,择重扶植,示范导向"的原则执行,提出:"项目的确定要综合考虑'九五'计划期间上海社会经济发展对各类初、中、高级人才的实际需要,学校的现有基础、专业(工种)的合理布局以及财力的许可,注意项目的教育投资效益、社会效益和经济效益。着重装备与上海支柱产业相关的专业(工种)以及新技术、新产业相关的专业(工种)。着重装备有利于促进教学模式改革、

提高学生动手能力的实训设备。第三期装备与示范性学校建设相结合,要与行业结构调整、学校布局调整相结合。"第三期计划从1995—1997年,3年集中投入7 500万元(不包括学校主管部门配套经费),装备80个项目。投入的经费应用于设备建设,不能用于基建。1995年度,装备费为2 500万元(不含配套费)。第三期装备计划也可安排前二期已装备过的学校,但必须严格审核,项目数量控制在第三期装备数的30%以内。从第三期装备计划起,对部分有经济收益的项目,试行由拨改贷的办法,还款期限一般不超过两年。并提出7条立项条件。接受重复装备的学校必须是前二期重点项目实施完成情况良好的单位,在上期项目实施过程中,主管部门配套经费到位及时,设备购买、安装及时,师资、教材配套,设备使用效益高。另附第三期重点项目立项专业选择参考:计算机应用维修、房产物业管理、家电调试维修、现代护理技术、宾馆工程维修、机电一体化、生产仿真、环境保护、市政建设、旅游外语。1995—1996年间,第三期先后两批重点装备职业高中共15所。1997年,重点装备职业高中5所。开始采取学校主管部门承担配套经费的办法。1998—1999年,市教委对部分批准设置重点专业建设的职业高中,提供重点装备经费,实行学校所在区县主管部门承担总经费额三分之一的办法。

表1-3-4　1995—1999年分批重点装备经费情况表　　　　　单位:万元

主管部门	学　校	项目名称	金额	其　中	
				市拨款	主管区县配套
1995年第三期第一批	黄浦区教育局	旅游服务职业技术学校	导游模拟实验室	112	—	—
	黄浦区教育局	旅游服务职业技术学校奉贤分校	计算机应用维修实习基地	110	—	—
	黄浦区教育局	商业职业技术学校	家用电器操作实验室	100	—	—
	徐汇区教育局	旅游专科学校附属旅游职业技术学校	餐旅服务实训基地	126	—	—
	崇明县教育局	竖河职业技术学校	机电一体化教学设备	98	—	—
	松江县教育局	新桥职业技术学校	机电类专业实习工场	99	—	—
	青浦县教育局	青浦机电职业技术学校	机电实训工场	100	—	—
	虹口区教育局	交通职业技术学校	汽车维修实训中心	139	—	—
	静安区教育局	逸夫职业技术学校	金融模拟实验室	131	—	—
	杨浦区教育局	杨浦职业技术学校	商业旅游综合实训基地	137	—	—
	10所学校		合计	1 142	—	—
1996年第三期第二批	青浦县教委	朱家角职业技术学校	服装专业实习设备	130	—	—
	松江县教育局	大江职业技术学校	工业自动化实验实训基地	173	—	—
	虹口区教育局	虹临职业技术学校	现代化餐饮服务与管理教学实训基地	120	—	—
	闸北区教育局	闸北旅游职业技术学校	美容美发教学实习中心	118	—	—
	闵行区教育局	群益职业技术学校	现代园艺实训基地	150	—	—
	5所学校		合计	691	—	—

主管部门	学 校	项目名称	金额	其 中	
				市拨款	主管区县配套
1997年重点装备	长宁区教育局	现代职业技术学校	电子、电工专业实训实验室	99	66	33
	崇明县教育局	城东职业技术学校	服装专业教学实习设备	120	80	40
	宝山区教育局	爱晖职业技术学校	商务自动化系统实训基地	150	100	50
	虹口区教育局	统计职业技术学校	现代统计信息管理网络实训中心	168	112	56
	杨浦区教育局	宁武职业技术学校	实用美术、特种工艺实训基地	120	80	40
	5所学校		合计	657	438	219
1998年重点装备	黄浦区教育局	市旅游服务职业技术学校	旅游外语	141	94	47
	长宁区教育局	国际旅游职业技术学校	旅游外语	144	96	48
	静安区教育局	逸夫职业技术学校	实用美术	114	76	38
	普陀区教育局	曹杨职业技术学校	烹饪	126	84	42
	闵行区教育局	群益职业技术学校	服装	150	100	50
	闸北区教育局	闸北旅游职业技术学校	西餐西点	117	78	39
	6所学校		合计	792	528	264
1999年重点装备	黄浦区教育局	商业职业技术学校	商业营销	130	86	44
	虹口区教育局	交通职业技术学校	汽车营销	170	112	58
	长宁区教育局	现代职业技术学校	办公自动化	160	106	54
	普陀区教育局	天工职业技术学校	制冷空调	160	106	54
	卢湾区教育局	长乐霍尔姆斯职业学校	涉外秘书	100	66	34
	5所学校		合计	720	476	244

资料来源：《上海职业技术教育志》第九篇第六章第二节，上海社会科学院出版社，2005年6月第一版。

五、收取学生学杂费

中等职业教育属于非义务教育阶段，依据国家有关法规规定，职业学校可向学生收取学杂费。学杂费收取标准和办法，由市教育行政部门会同财政、物价管理、审计等部门，根据上海地区实际情况，并考虑群众承受能力而确定。职业高中向学生收取学杂费标准，20世纪80年代初，参照普通高中的收费标准。但由于职业教育必须加强对学生培养专业技术技能，专业实验、实习设施等经费投入较大，收费标准理应略高于普通高中学生。1987年后，按《上海市职业技术教育暂行条例》规定精神，市教育局与物价局规定职业高中的收费标准，随着物价的指数每2～3年调整一次。

1993年，经市人民政府批准，上海市教育局《关于调整本市中小学学杂费标准通知》提出从1992学年第二学期起调整上海市中小学学杂费收费标准，规定：一般职业高中每生每学期学杂费由原来的 120 元调整为 140 元;重点职业高中(指学校经评估由国家教委与市教委认定的市级、国家级重点职业高级中学),每生每学期收学杂费由原来的 250 元～350 元调整为 300 元;职业高中的热门专业,每生每学期学杂费一般在上述收费标准基础上,另增加每生每学期 200 元～500 元。职业高中的热门专业根据实际情况由市教育局确定,热门专业的具体收费标准,由学校报市教育局核定。1993 年市教育局确定的职业高中设置的热门专业有下列 16 种:宾馆管理、销售公关、银行业务、外贸业务、涉外导游、空中乘务、保险业务、对外供应、海关、办公室自动化、涉外财会、装潢设计、涉外劳务、实用美术、烹饪、涉外秘书。

市教育局还提出,职业高中学校领导应主动了解、关心学生家庭经济情况,对经济确有困难的学生,按照上海原有的减免规定,适当减免学杂费。并提出职业高中可逐步试行奖学金制度,具体办法由区、县教育局根据实际情况制订。职业高中收取的学杂费按市教育局规定 50％上缴区县教育局,统一调剂使用,50％留学校使用。留给学校使用的学杂费 50％用于教学行政开支,50％用于设备购置和校舍维修。

职业高中还有招收部分自费生,对这部分自费生的每学期收费标准由市教育局另行拟定。按 1995 年的标准,文科类每学期每生 700 元、工科类 800 元、艺术类 900 元。少量民办职业高中,按 1994 年 8 月 16 日印发的市教育局《关于调整本市民办学校收费标准的通知》精神,自 1994 年第一学期起,民办职业高中自费生收费标准文科类每生每学期不超过 800 元;理科类每生每学期不超过 900 元;艺术类每生每学期不超过 1 000 元。住宿生收住宿费每学期 60 元～100 元。

六、职业高中校办企业创收

20 世纪 80 年代初开始,上海职业高中陆续在校内建起结合生产实践或社会服务的校办企业。1980 年,市区和郊县少数普通中学附设职业班,结合学校设置的专业(工种)创建校办企业。静安区华山美术职业学校,率先在校内结合动画美术专业,设美术石膏模型的塑钢大型动物模型(供公园等儿童乐园使用)制作工场,对外营业。黄浦区市旅游服务职业技术学校前身黄浦中学附设职业班,设置照相专业,按市场现代照相馆设施要求,在校内设一照相馆,既供学生实习,又对外开放营业。上海县(后改闵行区)群益职业中学(后改名群益职业技术学校),结合学校设置的服装专业,将原有师生存放自行车棚,改建为学校服装厂,接受来料加工任务。起步阶段职业高中的校办企业,一般都白手起家,因陋就简,规模较小。至 80 年代中期,独立建制职业高中增多,一批主干专业相对稳定的学校,相继创建起与专业紧密结合的校办企业。尤其是旅游服务类、商业类学校设置的校办企业占较大比例。

旅游服务类职业高中所设的校办企业一般设宾馆饭店,如:黄浦区上海旅游服务职业技术学校,先在北京东路设实验饭店,后学校迁址四川南路,又设中外合资旅行社餐厅。长宁区国际旅游职业技术学校,在番禺路新建西班牙建筑风格的"郁金香"实验饭店。卢湾区教育局投资,在陕西路淮海路口新建一所专供该区旅游专业学生实习又对外经营的"小屋餐厅"。普陀区政府投入巨资在曹杨职业技术学校新建现代化实验宾馆——桃苑宾馆。徐汇区徐汇职业技术学校先在华山路建花园别墅式实验饭店"丽都酒家",90 年代末在徐家汇商场文化广场地区新建十九层大厦天平大酒店,集教学与经营(餐饮、客房、娱乐、商场于一体的)产教结合的市旅游实训基地。静安区静安职业学校(1995 年改为逸夫职业技术学校分校),在靠近静安寺商业金融集中地段,设产教结合的"桃李苑酒家"。闸北区闸北旅游职业技术学校,在接近上海新客站地区,实施"前店后校"教学模式,按星级标准新建"北国酒家"。其他如浦东新区的高桥职业学校、虹口区的虹临职业技术学校、杨浦区的风光职业技术学校、宝山区的三门路职业技术学校、闵行区的群益职业技术学校、松江县的松江县职业技术学校、青浦县的青浦职业技术学校等学校也都结合校内设置的旅游服务、烹饪等专业,设供学生实习又对外经营的实验饭店。

商业类职业高中的校办企业,一般设实验商场(店)如:黄浦区市商业职业技术学校,在淮海路、西藏路闹市设3家实验商店。徐汇区共青职业技术学校设共青实验商店。浦东新区东辉职业技术学校创建经济发展公司,并附设经营部。虹口区长白职业技术学校设"叶绿"超市(自选商场)。

设置二产类专业为主的职业高中,校办企业设服装厂、汽车维修、机电零部件加工、轻工业生活用品生产和食品加工等较为普遍。1980年即设服装制作和设计专业静安区的昌平服装职业学校(1992年后与逸夫职校合并);原上海县的群益职业技术学校,原黄浦区的群星职业技术学校,都属早期设校办服装厂的学校,来料加工或成批生产,有一定的规模和质量,群星职校的服装厂还冠以"康乃馨"商标。设置汽车修理厂为校办企业,其中设施较完备,经济效益较好的有长宁区的现代职业技术学校、宝山区的宝山职业技术学校、虹口区的交通职业技术学校。设有机械类、轻工业、生活用品产品生产第二产业为主职业高中的校办企业,郊县多于市区。松江县新桥职业技术学校,80年代后期创建华联液压气动元件厂,生产气动无级调角器,广泛应用于汽车、火车、飞机等高档座椅上;产品经清华大学测试,可以与国外同类产品媲美,产品畅销北京、辽宁、江苏、上海等地,并成为北方车辆制造厂的定点生产企业之一。青浦县赵巷职业技术学校结合机电专业所设机械加工厂,1992年产值261万元,创净利50.5万元。1993年学校自筹资金400万元,征地6 605平方米,使原有的机械加工厂进一步完善。奉贤县四团职业技术学校校办企业上海天鹏电磁线厂,上海申兴合金厂生产电焊机、电机、变压器等配套产品。浦东新区川沙职业技术学校组建城培工贸公司,下辖校办厂生产的东华牌轴芯铝铆钉为优质产品,经销全国各地。卢湾区职业教育中心(学校前身为东风中学高中部)附设的东风磷化液厂,多次被评为市、区勤工俭学先进集体,1988年被国家教委等4个部委评为全国勤工俭学先进集体。卢湾区职业中学附设的上海金鑫电池厂生产的四鑫牌系列干电池,经市产品质量监督检验所鉴定,各项质量指标均符合技术标准,畅销国内市场。长宁区的群联职业技术学校(1995年迁址并改为现代职业技术学校西部)附设上海群联电声厂,生产各种规格的扬声器和组合音箱,产品有一定的声誉。

还有,医卫专业设实习门诊部。1984年市教育局接受卫生主管部门的委托,举办几所医卫类的职业高中,其中卢湾区由三好中学改办的三好医卫职业学校,探索培养口腔医学发展新领域的牙科卫生士、牙科技士和临床检验士的专业。该专业的培养目标是能熟练地协助口腔医师制作各种假牙和矫正器,对专业技术技能要求较高。该专业得到第二医科大学附属第九人民医院牙科专家、教授的支持,特设一牙科门诊部,既是学生实习基地,也为社会服务,收取低于市级医院收费标准,受到社会欢迎。该门诊部引起香港和国外有关方面的重视,接受香港大学医学院、美国俄勒冈科学健康大学、美国哈佛大学牙科学院、美国肯塔基大学牙科学院等单位的院长、教授、专家来指导,引进新的技术。后在美国一牙科专门杂志上作了报道,引起国外有关同行们的注意,使学校多次接待来自美国、日本、德国等国家以及联合国、世界银行等组织的代表团和专家来访。

上海职业高中的校办企业,经过1980年的起步,"七五"计划时期的发展,"八五"计划时期逐步走上发挥经济效益和教育效益的阶段。例如华山美术职业学校,进入90年代,已从一个简陋的美术石膏模型工场,发展到设装潢美术服务部,经营范围扩大到包括美术人才培训,广告、包装装潢设计,产品造型、商标、橱窗设计,各种绘画作品,还承接建筑设计,室内装潢设计和船舶室内设计等业务。群益职业技术学校80年代初白手起家,从自行车棚改建"服装厂"开始,80年代末用创收利润改建成近2 000平方米的服装厂房;橡塑厂从借贷2万元起家,年利润从10万元到1995年底已超过250万元。1993—1995年,学校校办企业共创收730万元。扩大经费投入渠道,改善办学条件,增强学校教育效益。学校被国家教委、计委、财政部、劳动部表彰为"发展勤工俭学,培育四有人才"先进单位,还被表彰为全国教育综合改革先进单位。

表1-3-5　1993—1995年群益职业技术学校自我投入统计表

项　　目	金额(万元)
聘请兼职教师及教师进修	50.36
基本建设(扩建校舍及添置教学设施)	235.66
学生实习和奖学金	35.52
提高教职员工收入和改善福利待遇	274.80
三年内合计自我投入	596.34

资料来源:《上海职业技术教育志》第九篇第六章第三节,上海社会科学院出版社,2005年6月第1版。

1994年,国家教委决定开展国家级重点职业高级中学的评估认定工作。以国家教委颁发《国家级重点职业高级中学标准》对国家级重点职业高级中学应具备的基本条件第五条规定"校办产业年创收50万元以上"。1995年10月,上海市教委经评估,备选国家教委审批认定的国家级重点职业高级中学有7所。

表1-3-6　1995年上海市7所国家级重点职业高中校办企业统计表

校名(不分次序)	学校设校办企业数	校办企业固定资产(万元)	年纯利润(万元)
商业职业技术学校	1	600	102
旅游服务职业技术学校	2	304	50.4
逸夫职业技术学校	4	369.3	198
现代职业技术学校	5	353	119
东辉职业技术学校	6	313.8	106.8
群益职业技术学校	3	383.1	144.6(1995年上半年)
竖河职业技术学校	3	460	56.8

资料来源:《上海职业技术教育志》第九篇第六章第三节,上海社会科学院出版社,2005年6月第1版。

七、捐资助学

1992年后,上海与国际间职业教育合作交流不断扩大,一些境外机构、个人通过各种渠道来沪捐资助学、独立办学或合作办学。1993年2月13日中共中央、国务院颁发的《中国教育改革和发展纲要》在"筹措教育经费主要措施"中提出:"鼓励和提倡厂矿企业、事业单位、社会团体和个人根据自愿、量力原则捐资助学、集资办学","欢迎港澳台同胞、海外侨胞、外籍团体和友好人士对教育提供资助和捐赠。各级政府要加强对集资工作的统筹管理。"1993年12月6日上海市政府颁布《上海市境外机构和个人在沪合作办学管理办法》,对职业高中捐资办学或合作办学的健康发展起到积极推动作用。

静安区的上海市逸夫职业技术学校,由上海市教育局接受香港邵逸夫捐款1 000万港元,市、区两级配套1 200万元人民币,在地处展览中心相邻,原新成中学(1985年改办新闻广播电视职业学校)原址改建。1993年正式面向全市招生。学校先后并入昌平服装职业学校、向群银行职业学校,并设华山分部(原华山美术职业学校)、静安分部(原静安职业学校),成为一所现代化、多功能的职业技术学校,1995年底被国家教委认定为国家级重点职业高级中学。

1992年底,经市教育局批准,在松江县(后改区)由上海与泰国正大集团合资的上海大江集团股份有限公司赞助1 400万元人民币,市、县两级配套投资新办一所"大江职业技术学校"。经二三年的筹建,一所占地面积135亩、建筑面积18 000平方米、设施较好的职业高中已初具规模,在校学生1 100多人。1998年学校又被列为市现代化标志性职业高中建设项目,使学校规模、设施进一步发展。2000年5月被教育部认定为国家级重点职业高级中学。

徐汇区的上海市董恒甫职业技术学校,前身为1983年经市政府教卫办批准的上海市沪光图书管理中专班,原设在沪光中学内。90年代初,香港实业家董纪勋第一期捐赠学校人民币216万元,改善了学校教学设施。学校于1994年春迁入徐汇区宛南六村新校舍,独立建制,定校名为"董恒甫职业技术学校"。

1993年创办的杉友职业技术学校地处普陀区,由市纺织控股集团公司主管。筹建期间得到纺织教育培训中心赞助40万元、奇安特行业集团赞助20万元,并得到纺织工业职工大学提供的校舍和教师,是一所社会办学模式的职业学校。

第三节 技工学校经费来源

1972年上海的技工学校恢复办学后,厂办技校在企业成本内开支,局、公司办技校分别在事业经费和公司经费内开支。实习工场的财务管理,仍按1963年市劳动局、财政局《关于印发技工学校实习工场财务管理暂行办法》和《编报工场财务收支计划的通知》执行。厂办技校的教职工属本厂职工的,列入企业编制,工资列入企业工资基金计划;劳保福利待遇按企业职工同等享受。1979年5月21日,市财政局和劳动局再次对技工学校的经费管理和开支标准作了规定,规定各主管局和劳动局办的技校经费,在有关事业费中开支;专业公司举办的技工学校,在公司经费中开支;工厂企业办的技校在营业外支出项目中开支。必须新建、改建、扩建的学校,要按规定程序列入基本建设计划或技术措施计划,由基本建设投资或技术措施费解决,不能在经费中开支。全市众多的企业办技校每年营业外开支达6 000多万元,但规模效益不高。

1981年1月28日,针对企业技校经费在营业外支出影响企业利润,造成一些学校正常教学活动发生困难或停办的情况,市财政局、劳动局提出厂办技校所需经费在营业外开支后,如果因此而影响工厂利润增长额的,各企业主管部门在所属企业的利润留成或企业基金抽肥补瘦进行调剂时,应给予照顾。特别是因此而影响职工的福利基金和奖励基金的部分,应予调剂补足。对工厂企业在核定利润留成时,已经考虑了技校办学经费在营业外列支而减少利润的因素,因此,对个别已经停办技校的企业,应重新调整留成比例。1982年开始,计划全市每年发展短线工种的局办技校两所,经费由财政部门在地方财政中解决,基建投资由办学主管局解决。先后曾办过机电局技校(重型机器厂技校改办)、交通运输技校、新闻出版技校3所。后因财政经费筹措有困难,局办技校发展缓慢。为改变毕业生无偿分配状况,上海自1984年起实行由接收单位支付培训经费的办法。

1986年7月,市劳动局、财政局发出《关于技工学校建立学校基金制度的联合通知》。10月,根据国务院规定,实行征收教育附加费的办法,明确将1%附加费率中的18%用于全市初、中等职业技术学校改善办学条件,由各主管局掌握使用;5%由教卫办掌握,作专项经费和业务奖励金,技工学校作为中等职业技术学校,每年亦可申请专项经费。随着经济体制改革的深入,积极发展各类职业技术教育,已是一项迫切的任务。为了解决普通中等职业技术教育的经费问题,1987年4月开始,上海各类职业学校的基建投资标准,按任务性质照国家教委和市有关校舍场地的配备标准,由办学单位或其主管部门在学校达到规模前分期拨给基建投资。对开办费、经常维持费、专项经费同样按标准发给。实行各类职业技术教育谁办学、谁得益、谁投资的原则。是年,新闻出版局筹资1 000万元,作为新建新闻出版技校的基建投资。此后,各办学单位开始多渠道筹措经费,包括学校开展勤工俭学和技术咨询服务活动、拓宽培训业务、积极组织合法收入等。

第四节　高等职业院校经费来源

上海的高等职业技术教育学校办学经费投入有3种类型,一是由部门主办,原有的专科学校计8所,这类学校原已享有财政拨款,且逐年增长;二是由原部门办的成人高校、干部进修学院转办高等职业院校计7所,这类学校原有一部分财政拨款,主要为人员工资和日常办公经费,与第一类学校拨款情况相比,缺少按学生拨款这一部分经费;三是企业、社会团体和公民个人举办的高等职业院校计17所,这类学校基本上无财政经费投入。

高等职业技术教育和中等职业技术教育属非义务教育范畴,为保障职业技术教育的维持和发展,按照教育成本合理分担机制,教育部门积极与财政、物价部门协调,制订职业教育学费收费标准,高等职业院校收费标准为每生每年7 500元,其中艺术类为每生每年10 000元。学生交费上学已成为职业教育经费的一个稳定可靠的来源,为职业教育正常运转和发展提供物质基础。

第五节　职业教育投入

1986年,国务院发布《征收教育费附加的暂行规定》。当年10月3日,上海市人民政府批转市财政局、市税务局、市教育局关于贯彻国务院《征收教育费附加的暂行规定》的实施办法,对教育费附加征收对象,分配使用对象和办法等作出规定。凡上海市缴纳产品税、增值税、营业税的单位(包括中央单位)和个人,除中外合资企业和外资企业等按国家规定免缴部门外,都必须缴纳教育费附加。教育费附加以每单位和个人实际缴纳的产品税、增值税、营业税的税额为计征依据,教育费附加率为1%。上海的实施办法在对教育费附加分配使用办法中规定,23%用于改善初、中等职业技术教育的教学设施和办学条件。具体安排:18%按全市初、中等职业技术学校上一学年度在校学生数分配,由主管局掌握使用(联办职业学校由区、县教育部门掌握);5%由市政府教卫办集中安排用于对初、中等职业技术教育的补助和业务奖励。

1986年12月,上海市人民政府教育卫生办公室发出《关于初、中级职业技术教育使用教育费附加有关事项的通知》,进一步明确教育费附加使用范围。提出:"应用于初、中等职业技术教育单位的教育设施和办学条件,各主管部门不得因此而减少正常的教育事业费和基建投资。具体使用范围为:(1)设备购置。包括图书、仪器、教具、电教、文体设备和学校其他用具。(2)校舍修建。包括学校教学、学生生活用房的增扩建和大项维修,危房、陈旧校舍的改建、修建等。"

1986—1995 年期间,职业高中的在校学生逐年增加,至 1995 年在校学生已达到 86 000 多人。当年按在校生数分配到各区、县教育局掌握使用的教育附加费有 3 500 万元左右,对改善职业高中的办学条件有很大帮助。1998 年至 1999 年,上海建设 10 所现代化标志性中等职业学校,新建的有 6 所,就地改造的有 4 所。10 所学校总投入达 12.5 亿元,其中市教委投入 2.5 亿元,区县和行业投入 10 亿元,学校占地面积在 85 亩到 240 亩之间,校舍面积均达到 5 万平方米以上,校容校貌有了根本的改观,同时专业的实验实训设备、校园信息网络建设都有明显进展。1999 年,为扶植重点专业建设,市教委、市财政局和学校主管单位共同投入经费进行重点装备,其中市里投入经费 2/3,主管单位配套 1/3,50 个专业(工种)计划投入经费 6 000 万元。

2001 年,"上海市百所中等职业学校重点建设工程"启动,努力建立市、学校主办单位、学校多渠道筹资的机制。据统计,可筹资 16.231 8 亿元,其中市资助经费 3 亿元,与学校主管单位和学校投入比为 1:4.41。2002 年,市教委通过教育专用税费还安排高校重点工程的贴息资助。

2003 年,《上海市人民政府关于大力推进上海市职业教育改革与发展的决定》指出,要建立多渠道筹资机制,增加职业教育经费投入。市政府根据上海市社会经济发展水平,确定职业学校生均经费标准,依法督促各类职业学校主办者足额拨付教育经费。各级政府要确保用于职业教育的财政性经费逐年增长。城市教育费附加中的 22%用于中等职业教育,主要用于职业学校实验实习设备的更新和办学条件的改善。企业按照职工工资总额的 1.5%提取教育培训经费;从业人员技术素质要求高、培训任务重、经济效益较好的企业,可按 2.5%提取,列入成本开支。企业技术改造和项目引进都要按规定比例安排资金,用于职工技术培训。充分利用金融、税收及社会捐助等手段,支持职业教育的发展。为加快上海市高职建设步伐,鼓励企业、社会团体和公民个人投资兴办高等职业院校,市教委在地方教育附加费(文化事业建设费)中专门安排高职建设经费,2003 年安排高职建设贷款贴息专项补助 3 000 万元。

2004 年,《上海市职业教育条例》颁发,其中第二十六条规定,市教育费附加中用于中等职业教育的比例应当不低于 22%。除经常性拨款外,市和区、县人民政府应当每年安排一定数额的职业学校教育补助专款。上海市设立高等职业教育专项经费,具体数额及使用办法由市政府另行规定。教育行政管理部门和财政行政管理部门安排使用城市教育费附加、职业学校教育补助专款、高等职业教育专项经费等费用,应当遵循公开、公平、合理的原则。至该年为止,上海的职业教育激活机制使有限的财政性教育投入发挥更大的效益,采用市财政投资一点、区县行业投入一点、学校各方面自筹一点的"三个一点"的投资方式,在改善职业学校办学条件中使财政性教育经费发挥了数倍的作用,"百所中等职业学校重点建设工程"共投入经费 14.2 亿,其中市投入 1.6 亿元、学校主管单位投入 7.4 亿元、学校自筹 5.2 亿元,分别占 11%、52%、37%。各方面利用土地批租、盘活资源的政策,为学校建设积累了可观的资金。

上海市财政局为确保教育经费增长达到高于财政经常性收入增长的要求,全市各级财政每年对教育经费实行预算单列,在各项支出中优先安排。"十五"期间,教育财政投入 872.52 亿元(其中预算内拨款 766.12 亿元、教育税费 106.4 亿元),年均增长 7.3%。其中,职业教育的财政投入占一定的比重。2005 年,公办中等职业教育财政投入 19 亿元,同比增长 13%;中等职业学校财政预算内生均经费达到 5 623 元,同比增长 12%,在全国名列前茅。同时,公办高等职业教育从 2004 年开始实行分学科的生均公用经费定额标准,确保办学经费的稳定增长。各级教育部门、相关行业主管部门和财政部门在确保正常办学经费的基础上,积极安排专项资金,拓宽职教经费的渠道。一是

2004年,市政府分别设立"促进职业教育发展专项资金"和"促进民办教育发展专项资金",市级财政当年各安排4 000万元,主要用于提高和改善职业教育办学水平和条件,构建促进包括职业教育在内的民办教育发展的公共服务平台,以后将根据经济发展和财力状况逐步增加。二是在教育费附加的分配使用上,确保其中的22%用于职业教育,重点支持和扶持中等职业教育的实训基地和教学课程建设。三是在"十五"期间,财政部门、有关主管部门和职业学校共同投入14.2亿元,完成"百所中等职业学校重点建设工程"项目。四是鼓励企业单位加强对员工的职业培训,企业按照计税工资总额的1.5%或2.5%足额提取职业培训经费,在缴纳企业所得税前列支。

2006年,根据《上海市人民政府关于大力发展职业教育的决定》和市职业教育工作会议精神,市教委把加大投入作为一项十分重要的工作抓紧抓好。主要工作有:第一,增加城市教育费附加用于职业教育部分的比例。按市政府《决定》的规定,当年城市教育费附加用于职业教育部分的比例达到30%。同时,还有职业教育专项经费4 000万元。第二,制定经费定额标准,确保公共财政对职业教育的投入随经济增长不断增加。会同市财政局等单位,对上海市中等职业学校生均公用经费支出进行测算,并根据实际测算结果和目前经费供给能力,研究拟定分类别的中等职业学校公用经费定额标准,以切实加大公共财政对上海市中等职业教育的经费保障力度,提高财政资金的使用效率,逐步建立和完善中等职业学校经费投入的稳定增长机制。上海市中职生均公用经费定额的拨付,采用"分段定额级差拨款办法",教育部门根据专业比重相对集中的专业门类确定恰当的定额等级。学校在校生规模按国家级重点学校和非国家级重点学校分别测定,但超规模部分不纳入拨款范围,以保证教育质量。这一定额标准的确定为今后共用经费的合理投入和稳定增长奠定基础。这一定额标准以列入2007年的部门预算,并在43所由市级财政拨款的全日制中等专业学校中实行。是年,对中等职业学校学生全面实行帮困助学制度和专业奖励制度。市教委与市财政局拟定《关于建立上海市全日制中等职业学校学生专业奖励制度的实施意见》《关于建立本市全日制中等职业学校帮困助学制度的实施意见》及其实施细则,从9月起,对中等职业学校学生全面实行帮困助学制度和专业奖励制度。中等职业学校学生帮困助学制度资助学生的对象是城乡低保家庭学生和特殊困难家庭学生、烈士子女,资助的内容包括补助学费、书本费和生活费;资金从城市教育费附加和学费收入中按规定提取。中等职业学校学生专业奖励制度是对每年报考上海产业发展急需、紧缺艰苦专业的新生给予专业奖励,用于抵付学费;据统计该年有2.5万名中职校在学生获得帮困助学和专业奖励,受益学生占在校生总数的12%,总计投入经费9 191万元。其中市教育费附加用于中职部分的投入计7 882万元,占85%左右。

自2007年起,上海率先在全国实行中职校"分专业类型"的生均公用经费基本定额拨款的改革,市教委与市财政一同组织力量进行中职校生均公用经费实施情况的专项调研,形成调整和提高上海市中等职业学校生均公用经费定额标准的可行性方案,重点听取崇明、金山、杨浦、虹口、普陀和静安等区县财政和教育主管部门的意见,为生均公用经费定额标准调整提供重要支持依据。

从2008年起,各区县将按照市财政局、市教委制订的相关标准,逐步建立和完善中等职业学校经费投入的稳定增长机制。定额标准根据不同专业类型的生均公用经费需求分为7个等级。定额等级1 500元的专业:商贸与旅游类、财经类、社会公共事务类;定额等级1 600元的专业:土木水利工程类、交通运输类、信息技术类;定额等级1 700元的专业:文化艺术与体育类b;定额等级2 000元的专业:农林类、资源与环境类、能源类;定额等级2 100元的专业:加工制造类;定额等级2 200元的专业:医药卫生类;定额等级4 500元的专业:文化艺术与体育类a(特指"表演体育类"学校)。定额等级确定后3年不变。至此,上海中职公用经费预算管理上了一个新台阶。

第二篇

学校发展与体系建设

党的十一届三中全会召开后，全党全国的工作重点转移到以经济建设为中心的现代化建设上来。与之相适应，在高中教育阶段强调逐步扩大各种中等专业学校、技工学校的比例，并要求将部分普通高中改办为"职业学校（职业高中）"。由此，中等专业学校、技工学校、职业高中统称为"三类中等职业（技术）学校"（在上海常被简称为"三校"），作为中国高中阶段教育的重要组成部分实施中等职业教育，并成为我国整个职业教育体系的核心和主体部分。1998年前后，在上海各行业和区县的努力下，针对中专学校重点改革面过窄，资源不能充分发挥等弊端，进行了一系列改革：绝大多数委办局（集团）所属学校改革原有办学方向，不仅为本系统，而且为全市培养各类紧缺人才，办学活力进一步增强。是年，上海各区县重点对职业学校教育资源进一步总体规划，合理配置教育资源，优化布局结构，对地区职业学校进行调整合并，集中建设现代化标志性学校。

为了推动职业学校的现代化建设，实现职业教育的资源集聚，上海实施三大职业学校建设项目。一是现代化标志性职业学校建设，1998年工程启动，2001年2月完成，共建成10所现代化标志性学校，办学条件大为改善，教学设施水平明显提高，强化了品牌效应。二是"上海市百所中等职业学校重点建设工程"，始于2001年3月，2004年基本完成，这一工程使上海的职业教育布局结构进一步优化，形成具有优质资源特色的全市职业学校基本布局，基本适应上海产业结构调整的需要，提升了上海中等职业教育的总体水平。三是国家级重点中等职业学校建设，这项建设在百所中等职业学校重点建设工程的基础上开展，建成的学校成为上海市中等职业教育的中坚。

上海的高等职业教育起源于20世纪80年代中期，除在全国率先举办高等技术专科学校（五年制高职）外，还陆续在19所职工大学试办17个不同专业的高职班。经过探索与发展，2000年底全市高等职业技术院校共有39所。通过"高职高专院校人才培养工作水平评估"，学校的办学特色更为鲜明，办学质量不断提高。2006年起，教育部、财政部启动实施"国家示范性高等职业院校建设计划"，至2010年上海共有5所高等职业院校先后被列为立项建设院校。同时，上海有相当一部分高等职业院校属于民办职业教育，从20世纪90年代以来共成立民办高等职业院校12所，在上海市的高职教育中发挥着重要作用。

20世纪90年代，上海市政府提出建立职业教育体系框架的任务。到1999年，全市构建中等职业学校毕业生升高等职业学校、普通高中毕业生升高等职业学校两座教育"立交桥"，体系框架初步形成。2000年上海开始探索中高职相通"3＋3"模式的试点，2010年又正式启动中高职贯通培养模式试点。另外从2000年起，应届三校毕业生也可以直接报考普通高校。

第一章　学　校　发　展

第一节　中等专业学校

1978 年 11 月,上海市复校、改办和新建的中等专业学校共 66 所,招收新生 1.06 万余名。除远郊和老学校招收住读生外,不少学校实行走读制度。1980 年,教育部批准上海市化工学校、上海机器制造学校、上海港湾学校、上海市农业学校、上海市商业学校、上海市第二医科大学附属新华卫生学校等 7 所为全国重点中专校。1984—1985 年,由市农委、市府教卫办、市教育局,根据各郊县不同的产业结构,在郊县试办 13 所工业、财经、水产等县办中专校。据 2000 年统计:全市中专校有 81 所,其中工业类 37 所、农业类 4 所、财经类 11 所、司法类 2 所、艺术类 6 所、体育类 3 所、卫生类 18 所、外语类 1 所。其中国务院各部委直属 7 所,上海市属 74 所。

上海石油化工学校于 1978 年建立,由上海石油化工总厂创办,名为上海市石油化工总厂中等专科学校。1995 年,上海石油化工集团公司成立,校名改为上海石油化工学校。1998 年,又改名为石化工业学校。

上海市纺织局联合局属大型棉纺厂和公司于 1978 年建立 4 所中等专业学校。即上海市纺织工业局、上棉三十一厂联合中等专业学校。1987 年 9 月,改名为上海第二纺织工业学校。1994 年并入上海第一纺织工业学校。上海市纺织工业局、上棉二十二厂联合中等专业学校,1984 年 10 月经市人民政府批准,改名为上海第一纺织工业学校。1998 年,又改名为上海纺织工业学校。上海纺机、中机联合中等专业学校,1987 年改名为上海市纺织机电学校。1992 年中国纺织机械厂股份有限公司成立,将原中纺机厂所属上海纺织机电学校、技工学校、教培中心合并,实行职前职后一体化教育。1998 年改名为上海市时代工业学校。上海市纺织工业局、纺织建设工程公司联合中等专业学校,主要培养工业与民用建筑的中等建筑专业技术人才,1990 年并入第一纺织工业学校。

1979 年,上海市住宅建设总公司创办上海市住宅建设学校。初期与杨浦区教育局联合开设临青中学附设住宅建设中专班,1981 年正式建校。上海市仪器仪表工业公司于 1979 年建立上海市仪器仪表工业学校,后于 1987 年并入上海第一仪表电子工业学校。

1985 年 4 月,由德意志联邦共和国援助中国建立上海电子职业教育项目,根据市仪表局、市教育局与德意志联邦共和国汉斯·赛德尔基金会签署的协议,建立上海电子职业学校(1987 年改为上海电子工业学校)。由市仪表局主管。德意志联邦共和国承担为学校培训教师和提供主要教学仪器设备的义务。

1986 年,现代化钢铁联合企业上海宝山钢铁总厂(后改为宝钢集团总公司),建立上海宝山钢铁总厂工业技术学校,后改名为宝钢集团工业技术学校。

1998 年前后,在各行业和区县的努力下,针对中专学校条块分割、适应面过窄、资源不能充分发挥等弊端,进行一系列改革:绝大多数委办局(集团)所属学校改革原有办学方向,不仅为本系统,而且为全市培养各类紧缺人才,办学活力进一步增强。有的集团根据企业发展实际,将原属中专、技校划给地方,如金山石油化工集团将石化工业学校划给金山区教育局,上海冶金工业学校体制进行划转。有的委办局对本系统内的学校进行合并调整,如轻工集团将 3 所中专及职大等合并为轻工教育中心;有的打破部门管理体制,进行跨地区、跨部门的合并,如上海第二医科大学卫校与嘉定区卫生学校进行合并;有的与地方实行共建,如港湾学校与浦东新区实行共建。还有更多的行业根据市场经济发展,所有制形式改革,以及政府机构改革和职能转换,积极酝酿体制改革的举措。

是年,完成对上海市农工商中专、中国民航上海中专、上海航空工业学校、上海建设学校、立信会计学校等5所中专的A级评估。

2002年,上海市商业会计学校与市北工业学校原分别隶属市商委和市纺织控股集团公司,在上级主管部门和市政府职能部门的大力支持下,突破原有的行业管理体制,实现跨行业、跨管理体制的合并。在2006年召开的上海市职业教育工作会议上,举办职业院校的各行业主管部门递交大会交流材料,反映相关学校的发展情况。到2006年,上海市建设和交通委员会系统有9所职业院校,共有在校生1.5万余人。根据专业机构的评估,职业院校的培训质量和整体水平明显占优势。职业院校在完成学历教育的同时,也大力开展行业人才培训,承担的培训任务占行业培训总量的20%左右,并主要集中在技术性和操作性较强的领域。

上海市体育局系统的职业教育基本形成三个层面:一是上海体育运动技术学院、上海市体育运动学校、上海市第二体育运动学校三家单位对专业运动员进行精心培养,目标是造就一批运动成绩优秀的运动员,在国内外体坛上为上海、为祖国争光;二是体技院高职班、市体校、二体校对运动员进行分流后的中专教育,目标是针对社会需要,培养面向社会的体育专业人才;三是上海市体育宣传教育中心对教练员、体育管理干部等在岗人员开办的在岗职业培训,目标是不断更新体育从业人员的业务知识,提高体育从业人员的业务水平。对这三个层面的职业教育,市体育局都投入大量经费和人力物力,同时鼓励各教育单位深入探索教育教学规律,深化改革提高教学质量和水平,不断提高成材率。

上海化学工业区管委会支持并引导区内企业与国家级一流职业学校——上海石化工业学校的合作,打造了一个集职业教育与培训为一体的基础人才培养培训基地,并联手金山区人民政府初步建立起促进园区企业与职业学校互动发展的长效机制,形成园区、校区、社区互利共赢的良好局面。到2006年为止,入驻化工区的企业中,有拜耳、巴斯夫、上海赛科、亨斯迈、德固赛、氯碱、天原华胜及高化8家企业与上海石化工业学校签署了合作办学协议。上海化工区与金山区人民政府于2005年11月底签订职业教育与培训合作协议,积极加强和推动双方在职业教育与培训领域的合作。

上海交运(集团)公司对上海交通职业技术学院和上海市交通学校,予以重点支持,扶持学校做强做大。将原来的成人大专、中专、技工学校、党校和驾驶员培训中心等教育资源进行整合,组建集团教育中心,成为"中高职联动,职前职后并举"的职业教育基地。同时,集团通过土地置换、资源整合,使学校规模从原来的30余亩发展到现在的70余亩。集团前后共投资4 000万元对基础设施、生活设施和教学装备进行逐项改造和全面更新,共完成150余个工程项目,有效地增强了学校的实力。2001年,交运集团与港口局、民航局、铁路局等四个专业交通单位的所属学校共同组建上海交通职业技术学院,开创了多所学校合办高职的新路子。

上海水产(集团)总公司从政策、资金、人力、管理等多方面积极扶持集团的上海科技管理学校,着力三个"加大投入",一是加大政策、资金投入,积极支持、推动科技管理学校扩大办学规模,定位"多块牌子、一个中心"的建设思路和把职教做稳、做大、做强的目标;二是加大人力技术的投入,积极支持、推动科技管理学校教育教学综合配套改革;三是加大管理的"投入",积极支持、推动科技管理学校试行企业化管理。

上海轻工控股(集团)公司 1997 年 10 月正式组建上海轻工教育培训中心,它既承担原轻工系统(一轻局、二轻局)的教育管理职能,又是一个办学实体(相当一个教育集团)。中心用 3 年左右时间,完成教育资源的优化整合:一是家具中专校舍归入上海工艺美术职业学院,玻璃中专校舍归入上海工业技术学校;二是部分高级讲师与教学骨干进入上海轻工教育培训中心直属学校;三是部分行业学校专业设置被保留下来。2003 年底前基本完成二级子公司所办学校的调整改革任务。公司教育资源经过整合、调整,到 2006 年,有 1 所高等职业学院,3 所全日制中等职业学校,办学规模不断扩大。

第二节 区县所属中等职业学校

一、概况

区属中等职业学校起源于普通中学举办的职业高中班。1980 年 8 月开始,上海有部分区县与行业部门联合办职业高中,一般先在普通中学内联合办职业高中班。由学校与联合办学单位经过充分协商后,签订合同性质的《协议书》,规定双方应享受的权利与应尽的义务。《协议书》签订后,经双方主管部门同意,报双方上级主管部门审批同意后生效。根据当时实际情况,凡是原普通中学改办的职业高中或附设职业高中班,与其他部门联合办学后,学校的领导和管理体制不变,仍由教育部门为主综合管理。而联合办学业务部门可选派干部或专业课教师,参与学校领导有关专业、技术课教学及指导学生实习等教学活动。

1980 年秋季高中阶段各类学校招收新生时,市区有静安、黄浦、卢湾、闸北 4 个区的 10 所普通中学与行业部门联办职业高中班,设置不同专业(工种)的 21 个班级,招收 776 名新生,这是上海"文化大革命"后在中等教育结构改革中,市区首批普通中学附设职业高中班。是年秋季高中招生后,由于职业高中还刚起步,招收新生为数不多,全市共 2 397 人(其中市区 776 人,郊县 1 621 人),因此未能升入高中阶段各类学校的普通中学毕业生甚多。同年 10 月,市政府批转教卫办下发《关于为今年未能升学的高中毕业生广开出路的意见》,要求市教育、劳动行政部门再次动员各区教育与行业部门增加联办职业班,多吸收一些流向社会的中学毕业生,进行职业技术教育或培训。在再一次动员后,当年底,有黄浦区的天津中学、东辉中学,南市区的志新中学,徐汇区的四新中学、日晖中学、淮海中学,普陀区的石泉中学等学校附设一批职业班,大部分班级与行业部门挂钩联办。经过半年短期职业培训,有 90% 以上的学生被联办行业部门择优录用,受到社会和用人单位普遍欢迎。电台、电视台、各报刊多次报道介绍。1981 年秋季招生后,由于前几年遗留下来与当年不能升学的普通中学毕业生仍有数万人。当年又有不少业务部门与各区挂钩,与职业高中、普通中学联办职业班,学生报名比 1980 年更加踊跃。据商业系统各公司统计,1981 年与普通中学联办职业班 70个,学生 2 900 人。天津中学在 1981 年举办 8 个短期职业培训班,招收 370 名学生。

1981 年,市区由普通中学改办的职业高中(或附设职业班)由于大部分学校实行教育部门与业务部门联合办学,招生人数成倍增长。而郊县则有些学校一时难以找到联合办学单位,上一年已经办起来的职业班,由于办学经费、专业师资等难以落实,当年无法继续招生,1981 年秋季招生时职业班招生数骤然减少,只招 338 名新生。1985 年开始,一部分附设职业班的普通中学,由区县教育主管部门申报,经市教育局批准,改办为独立建制的职业高中。当年全市有 93 所(其中市区 62 所,郊县 31 所)。1985 年全市尚有附设职业班的普通中学 243 所。普通中学附设职业班招收初中毕业生,学制 3 年为主,少数 1~2 年(为初级职业班,主要在农村)。这种办学模式一直沿用至 1998 年,全市尚有 233 个职业班,多数在郊县,其形式已转变为职业高中与其他地区或不同类型(如与中专、技工学校、成人中专、成人高校)的学校设办学点替代。

1980 年,上海市有 6 个郊县的 29 所普通中学(其中上海县 12 所、嘉定县 2 所、宝山县 9 所、川沙县 2 所、青浦县 1 所、崇明县 3 所)附设 53 个职业班。其中与市属、县属企业联合办班的有 6 所学校,与公社联合办班的有 9 所学校,其余学校一时尚未落实联合办学对象。其设置的专业(工种)有仪表、电工、木工、钳工、印刷、缝纫、刺绣、针织、畜牧、园艺、作物栽培、农业机构、卫生等 10 多个。当时的上海、川沙、崇明三县,各将一所普通中学改为职业高中,分别为上海县的群益职业中学(后改名群益职业技术学校)、川沙县的川沙职业学校、崇明县的竖河职业技术学校(后改名上海市工程技术管理学校)。

1996 年开始,有些办学条件较好的职业高中,经市教委批准,在校内或与高等(职业)学校挂钩,试办综合课程班。加强文化基础教育,强化专业技能训练,提高学生的全面素质和综合职业能力。使普通教育与职业教育相互沟通,把课程设置的多向转换与多张技术等级证书的考核结合,再通过职业指导和实践教育,引导学生选择适合自身个性特点发展的道路。至 1999 年,东辉职业技术学校、现代职业技术学校、旅游服务职业技术学校、逸夫职业技术学校、国际旅游职业学校、杨浦职业技术学校、徐汇职业高级中学、闸北工商职业技术学校等国家级重点和市级重点职业高中先后试办综合高中班。

1998 年,各区县重点对职业学校教育资源进一步总体规划,合理配置教育资源,优化布局结构,如青浦县、奉贤县、虹口区集中本地区中专、职业学校办学资源,集中建设现代化标志性学校。此外,卢湾区、南市区、浦东新区对本地区职业学校进行调整合并。

1999 年,以行业和区县为主开展调整。通过采取合并、共建、联办、划转等形式,取得较好效果。卢湾区准备将区内中华职校等几所职校并入职教中心,成立卢湾职教集团;杨浦区以杨浦职校为核心,将其他条件、水平相对一般的学校并入其中,扩大优质教育资源;南市区将志新、南华职校合并成立新华职校。

2000 年 5 月,市教委发文同意上海市商业职业技术学校等 10 所职业高中试办综合高中班,学制 4 年,招生对象初中毕业生,录取分数不低于普通高中录取分数,学生学完普通高中和职业技术教育课程,经考核符合普通高中和中等职业技术学校毕业要求,发给相应的普通高中毕业文凭和中等职业技术学校毕业文凭。

2001 年,综合高中试点取得良好成效,围绕"一个目标",即改革职业教育,创办新型的教育模式;实现"两个加强",即加强文化基础教育,加强职业技术训练;达到"三个目的",即第一满足社会、经济、科学技术发展的需要,第二实现普职渗透,全面发展素质教育,第三适应人才需求和就业岗位的多样化需要。共开设 51 个专业,录取 4 533 人。是年,市教委召开上海市第一次综合高中试点工作研讨会,制定《关于本市中等学校进行综合高中试点工作的意见》。

二、类型

【教育部门主管、行业部门参与联合办学】

由普通中学改办的职业高中经过 20 世纪 80 年代前期的探索,形成以教育部门主管、行业部门参与的联合办学模式。专业设置单一的职业高中,一般集中与一个行业主管部门联合办学,如商业类的职业高中与市商业一局、二局,市供销社联办;旅游类的职业高中与市旅游局联办;交通类的职业高中与市交通运输局、市公用事业局联办;金融类职业高中与市人民银行(后改工商银行)联办等。90年代,特别是在邓小平视察南方谈话以后,教育部门与业务局、公司联合办学的形式,转变为多种办学形式。有些学校建立行业办学指导委员会,由过去一所学校只与一个业务局联办改变为与该行业所属几个公司、企业单位统筹联合办学。如市商业职业技术学校、东辉职业技术学校。有些职业高中,与地区(社区)同行业的几个企业组成联合办学体,形成较为紧的服务与依靠的关系。如闸北区第二职业技术学校组成的联合办学系统。也有职业高中与企业办职业教育结合。如虹口区虹临职业技术学校与上海手表厂、上海第二工业大学结合,形成培养初、中、高级手表专业技术人才联合办学模式。

【与其他学校联合办学】

20世纪80年代末开始,有市区学校与郊县学校之间的联合办学,如黄浦区上海旅游服务职业技术学校与奉贤县职业技术学校的联合。有与大专院校、中等专业学校等不同类型学校之间的联合办学,如闸北职业技术学校与上海铁道学院,虹口区的统计职业技术学校与财经大学挂钩联办,崇明县的向化职业技术学校与上海农业学校、水产学校挂钩联办某些农业专业方面的班级,普陀区的辽原职业技术学校与职业技术教育科研机构上海职业技术教育研究所联合,成为该所的实验学校等等。

【与不同所有制单位联合办学】

从20世纪90年代开始,上海人才市场的不断完善,社会对职业岗位的选择,企业所有制的类型已不占主要地位。尤其是中外合资经营企业、中外合作经营企业、外资企业(又称"三资企业")大量增加,集体企业已不光是数十人的弄堂企业,已涌现出千人、万人规模的集体所有制企业。因此,职业高中联合办学的对象新增加的集体企业单位,特别是上海郊县一些中小型乡镇企业和三资企业,需要掌握某些专业(工种)操作技术、技能的生产第一线从业人员,大多数是通过与职业高中联合办学或委托学校培养后输送的。

【与国(境)外合作办学】

1992年后,上海中等职业教育对外交流逐渐增多,一些境外机构、侨胞,愿来沪开展合作办学。参见第十四篇第一章"国际交流与合作项目"。

三、发展

【浦东新区】

浦东新区2006年有各级各类职业教育机构85个,其中学历教育机构32个(含高职高专院校10所,中职22所),职业技能培训机构53个。在22所中职中,教育行政部门主管职校6所,行业或企业主管中专8所,技校8所。职校学生规模由1993年的0.89万人,发展到2005年的1.7万余人,增长89%,占全市比例为30%。该区时根据职业教育的特点,积极开展中高职贯通试点、中外合作办学与引进国外著名职业资格证书认证机构试点、普职渗透的综合高中试点、中职校学分制试点等改革项目,以改革促提高,以创新谋发展,有效推进职教事业的持续发展。该区以就业为导向,开设一批满足新区产业能级提升、贴近市场需求的专业。高职学历教育设有机电工程、电工电器、国际商务、计算机及应用、现代物流等相关二产及三产专业。中专、技校发挥技能型师资丰富和设施设备先进等行业优势,开设的二产专业达到72.8%。职业学校也开设一批满足市场需求的专业,包括第二、第三产业。新区曾先后组织过10次职校学生计算机技能比赛、8次英语口语听说比赛、8次普通话即兴演讲比赛,并成功举办"Intel杯"浦东新区职校学生技能比赛。在2004年市教委组织的由全市159所中职参加的"上海市中等职业学校教师教学法改革评优活动"中,新区职校成绩优异,取得了4个优秀组织奖,占全市获奖总数的18.2%;3个一等奖,占获奖总数的12%。新区高度重视职校的教科研工作。2004年,新区确定"职业学校专业建设与教材研发"的龙头课题,在市、区专家指导下,开展市场调研、课程方案制定、专业教师培训、专业教材编写、专业实训中心建设、项目成果汇编等工作,得到评估组的好评。新区积极参与市教委组织的"上海市百所中等职业学校重点建设工程",新区申报的5所职校全部通过评估验收,这些职校在改善校容校貌的同时,加快内涵发展,建设首批数控、物流、电子商务、服装设计等实训场所,添置设施和设备,软、硬件条件均得到改善。在强化政府主体责任方面,该区加大公共财政的投入力度。持续提高对职业教育的财政性投入。重点支持新区现代服务业和先进制造业发展急需的实训基地建设、专业开发和培训项目。同时,严格实行就业准入制度,要求企业加大培训力度,加快培养一批技能型、复合型人才,到2010年使新区高级技能型人才从目前的18.2%的比例翻一番,达到36%以上,达到目前发达国家的中上等水平。

2009年8月,南汇区划入浦东新区。该区政府"十五"期间先后将南汇第二职业技术学校并入新场中学;将南汇工贸学校与南汇第一职业技术学校合并,建成上海临港科技学校;将24所成人学校合并为14所,并全部实行独立建制。布局的调整,使分散的资源得以整合,办学优势得以发挥。其次,区政府按照重点建设一所区级中等职业学校的工作计划,在上海临港科技学校通过B级学校评估后,以首批列入上海市百所中等职业学校重点建设工程为契机,三年先后投入建设资金2 000余万元,使学校办学能力大大增强。区政府积极支持临港科技学校走中外合作办学道路,成功引进意大利ICIF学院250万欧元的烹饪教学设备,其一流的教学设施和办学理念,受到教育部职成教司副司长刘占山的充分肯定。根据南汇"二、三、一"产业发展方针,区政府通过协调加强南汇工业技校、南汇卫生学校、上海商业会计学校南汇分校、南汇农业广播学校的建设,使区域内中等职业教育的发展初步适应产业结构调整与升级对人才培养的需求。该区还先后引进上海建桥职业技术学院等9所民办高等职业院校,使南汇的职业教育开始走上中高并举的良性发展轨道。

【徐汇区】

1991年,徐汇区教育局以"按需办学、按学施教、主动适应、主动服务"的原则,把进一步调整职教布局和探索"产教结合"的职校办学模式,探索职业教育和普通中学教育联结渗透的模式,列为"八五"期间改革发展的重大项目,为在本区形成多形式、多层次的职业教育格局奠定基础。从1992年到1996年,徐汇区中等职业教育在调整改革中发展,其特点是中职教育初始时作为应急的两种模式(与中学并存的职校、附设职业班)已完成使命消失了,整合发展成有相当规模、较好设备、初具经验的管理班子和师资队伍的单独职校;专业设置与现代化进程相应更新、增添,并趋向第三产业所需人才发展;探索和高等职业教育的衔接,为毕业生就业或继续深造开路。1999—2001年,徐汇区教育局在前几年探索的基础上对职校的办学模式进一步改革。主要是探索如何使职校的规模、专业设置、教育质量更好,更贴近社会发展的需求,为此调整职校布局,实行"强强联合",扩大优质教育资源。1999 年 11 月,上海旅游专科学校附属旅游职业学校和共青职校合并更名为上海市徐汇职业高级中学;2001 年,光启职校、区职工中专学校和区第一业余中学并入董恒甫职业技术学校。同时,探索如何使普通教育高中和中等职业教育贯通衔接的"多通道"职业教育,满足学生多元发展之需,为此于 2000 年推出高中优势互补的新举措——普通高中与职校联办综合高中。徐汇职高和中国中学、董恒甫职校和第五十四中学、光启职校和徐汇中学、职工中专和第四中学等结成联办综合高中关系。后光启职校、职工中专并入董恒甫职校,综合高中的联办关系也随之调整。综合高中这一模式实行职校与联办中学联合招生,学生的学籍和上课在职校,学制、课程、教材、教学要求和高中一致,主要学科任课教师参与联办高中的教学教研活动,学生毕业获联办中学的高中毕业证书(2007 年起改获职业学校综合高中毕业证书),报考高等院校若未被录取可留在职校续读一年,以三校生资格报考高等职业院校,也可自谋工作。综合高中学生的学费和助学金与中等职业学校的学生相同。这一模式具有升入高校和走入职场的"双通道"。2009 年 3 月,徐汇职业教育集团在漕河泾开发区挂牌成立。为推进职教集团实体化运作,经集团理事会同意,成立上海徐汇区职业教育集团管理中心这一民办非企业性质的法人单位,承担集团日常管理与服务功能,联结各成员单位,促进区域内职业院校与行业企业之间紧密联合,培养高素质技能型人才,推进优质职业教育资源服务区域发展功能,提高为区域经济和社会发展服务的水平。

【长宁区】

20 世纪 80 年代初,长宁区教育局认真贯彻中央关于改革中等教育结构的指示,积极发展中等职业技术教育,改变中等教育的单一模式。群联、泸定、古北等中学于 1981 年 9 月率先试办,其后又有 14 所中学试办职业班。1985 年,职业班集中在求进、番二、群联、古北、古二、和平、玉屏等 7 所中学,既保留初中,又办职业学校,实行"一校二牌"。职业班根据社会需要,专业设置灵活,全区先后开办 30 多个专业。其办学形式有企业与学校联办、企业委托学校办、学校自办等,大多为联办和委托办。学校与有关企业共同决定职业班的学制、招生对象、教学计划,由学校负责实施。有关企业为学校办班创造条件,并录用毕业生。招收高中毕业生的职业班学制为 1 年或 1 年半,招收初中毕业生的班为 2 年或 3 年,招收小学毕业生的班为 3 年。1986 年 10 月,长宁区编制委员会批复,同意长宁区教育局增设职业技术教育科,加强长宁区职业技术教育工作。1989 年后中学进入入学高峰,有 4 所中学停办职业班。区教育局重点办好中等职业教育中心、国际旅游职业技术学校和群联职业技术学校等。1985 年,上海市和平中学改为上海市和平职业技术学校。1989 年 4 月,市政府教卫办正式命名为上海市中等职业教育中心。1990 年 10 月,执行为期 5 年的世界银行 70 万美元贷款协议,国家增拨相应的配套资金,新建综合实验大楼和汽车实验大楼,引进一流的现代化专业教学设备,配备专业实验室 20 个及其他教学设施,并设校办企业 3 个。1993 年,长宁区职业教育实行"调整、巩固、提高",学校布局结构进行调整。当时,区内有上海市群联职业技术学校、上海市中等职业教育中心、上海市国际旅游职业学校 3 所职业学校。群联职校与上海市对外贸易学院联办外贸专业班;市中等职业教育中心与上海工程技术大学试办汽车营运与修理班。经过资源整合,到 2005 年,区内的上海市现代职业技术学校 1 所学校占地面积 73 亩,建筑面积 47 000 平方米,拥有华阳、番禺、安龙、新渔 4 个校区,建成现代国际商务和现代旅游实务 2 个市级开放实训中心、64 个实训室。该区鼓励现代职校尝试与企业共建与合作,形成政府主导、行业和企业积极参与的职业教育办学新格局。现代职校重点建设项目的资金均已全部落实,项目顺利完成。

【普陀区】

普陀区将重建新曹杨职业技术学校列为实事工程之一。到 2006 年,投资 1.5 亿,占地 65 亩,建筑面积 68 000 平方米的新曹杨职校建设正式启动。区教育局注重教师专业化发展,通过区内培训、校本师训,鼓励教师从事教育科研和实践从而使教师教育理念新,强化实践能力。曹杨职业学校的校本师训经验多次在市、区进行交流;同时成为普陀区信息技术培训基地和英特尔未来教育试点单位。通过运用教学科研、教学研究指导实践,教师队伍的知识结构、科研水平和实践能力大大优化,初步形成双师型的专业化教师队伍。该区注重指导学校把专业设置和专业课程建设作为重要工作来抓,已形成具有职教特色的校本课程。瞄准上海作为国际大都市会议、展览、商贸多的需求,亟需会议展览服务与管理实务人才的实际,开拓"会展服务与管理"专业,成为全市的首创。面向未来信息产业网络经济发展趋向,网络应用与管理、软件开发、环境艺术设计等专业。根据普陀区现代物流经济发展的需要,及时开设现代物流等专业。区职校已与百余家企事业单位建立校企联合伙伴关系。毕业生实习推荐率 100%,社会一次录用率 95% 以上。

【闸北区】

闸北区 1973 年起陆续恢复和开办技工学校。1980 年起,着手中等教育结构改革,在普通中学试办职业班。1985 年,开始创办职业技术学校。1996 年,全区共有各类中等职业技术学校 30 所(其中中等专业学校 4 所、技工学校 20 所、职业学校 6 所),在校学生 12 309 人,占整个高中阶段学生总数的 65.8%。其中区办职校学生为 3 471 人,占各类职业技术学校学生数的 28.2%。该区提出"发展职业技术教育,广开就业门路",1980 年起,区教育部门与企事业用人单位联合办学,首先在宜新、安庆两所普通中学内试办 4 个职业班,招收初中毕业生 155 人,开设五金、财会两个专业。此后逐年发展。1984 年底,区教育局成立"职业技术教育中心"(长安路 988 弄 5 号),加强对全区职业技术教育的管理。1985 年,全区除已在 18 所普通中学附设 117 个职业班外,还将 4 所普通中学改办为职校,共开设 52 个专业,学制以 2、3 年为主,招收初中毕业生 2 132 人(与全区普通高中招生数之比为 1∶1.65),在校学生达 3 775 人(与全区普通高中在校生之比为 0.6∶1)。为了加强对日益发展的职业技术教育的领导和管理,区教育局于 1984 年 4 月成立职业技术教育组。1985 年以后,区教育局根据市教育局的有关规定以及本区经济形势发展的要求,对全区职业班、校进行调整:一是逐年减少普通中学附设的职业班,并使之相对集中;二是将一批办学条件好、教育质量稳定、受到社会好评的正式组建成职业技术学校。1991 年 10 月,职业技术教育组改为职业技术教育科。1994 年起,普通中学不再附设职业班。该区的职业教育坚持"立足本区、面向全市、依靠社会、服务经济、提高素质、办出特色"的方针,1985 年至 1999 年,为本区和全市各行各业培养输送中级管理人员和技术工人 11 153 人,其中 1/3 以上已成为技术骨干。职校每年毕业生的录用率均在 90% 以上,上海地铁公司的地快操作和修理人员就是闸北职业技术学校培养的。闸北第二职业技术学校仪表、机械、汽车零部件等专业的毕业生 2 500 余名中部分进入大众汽车公司所属企业,为桑塔纳轿车的国产化作出贡献,学校在上海市职校技能比武中曾获得机械钳工团体第一名、电子团体一等奖。闸北旅游职业技术学校烹饪、餐旅服务、美容美发等专业的毕业生及时满足服务行业的需要,有 1 400 多名毕业生分布在全市各大宾馆、饭店、理发美容厅,闸北最大的饭店之一——中亚饭店 80% 的工作人员是该校毕业生。闸北汽车驾驶职业技术学校(1996 年 9 月改名为上海市彭浦职业技术学校)培养出驾驶员和机修工 1 000 余人,分布在上海公交 10 多条线路以及一些汽车运输公司各车队和车间,该校曾获得上海市职业技术学校第五届"未来建设者"技术技能比武"前桥装拆"团体第一名。上海铁路职业技术学校,已成为上海铁路分局培养行车等主要专业(工种)后备力量的重要基地。1998 年 4 月 17 日,经市教委批准,以工商、旅游为主干专业的两大职教集团——闸北工商职业技术学校和闸北旅游职业技术学校,正式挂牌成立。新组建的闸北旅游职业技术学校是由原闸北旅游职业技术学校与闸北第三职业技术学校合并而成,闸北工商职业技术学校是由原闸北第一、第二职业技术学校及彭浦职业技术学校合并而成。两大职教集团所属各校名称如下:闸北旅游职业技术学校,闸北旅游职业技术学校分校(原闸北第三职校);闸北工商职业技术学校(原闸北第二职校),闸北工商职业技术学校第一分校(原闸北第一职校),闸北工商平业技术学校第二分校(原彭浦职业技术学校)。2001 年该区进行"3+3"中高职相通试点,把原第二职校整体并入行健学院,实行一套班子管理、两块牌子招生、中高职紧密衔接的办学模式。

【虹口区】

虹口区政府各有关部门和行业、企事业组织通力合作、共同推进职业教育。区计委将"科教兴区"战略列入该区经济社会发展规划;区规划部门在职校实习训练基地的选址、用地等方面给予大力支持;区人事部门在师资引进方面为职校主动服务;区工商部门在职校的实训基地及校办产业的审核上尽责尽力;区劳动部门对职高生进行上岗考核发证,对职校毕业生进行职业指导和就业推荐,并与交通职校联办职业班;区商委和工业总公司依照《职业教育法》都进一步完善了本系统的职业培训中心建设。2000 年,虹口区政府将原南湖银行职校、长白职校和虹临职校三校合并,实行强强联合,建立南湖职业学校。2001 年底,虹口区将原上海市统计职校和原上海市交通职校并入南湖职校,进一步扩大南湖职校的品牌优势。

【杨浦区】

1979 年,杨浦区开展中等教育结构改革,普通中学试办职业学校(班),本溪中学在同年秋季首先创办服装缝纫职业班,招收社会青年入学,试行职前培训。1981 年,本溪、新安两所中学增设职业班,招收初中毕业生入学,学制为 3 年,本溪招 86 人,新安招 80 人。以后,其他中学也相继附设职业班。到 1984 年,开办职业班的学校已达 17 所,开班 43 个,招收新生 1 639 人。1985 年,将新安、宁武、风光三所普通中学改为职业学校。曾开办过职业班的学校有 26 所,设置专业 75 个,联办单位 85 个。1987 年,本溪中学改为职业学校。中学附设职业班 2 所,学生 463 人。1995 年 2 月新安职校与杨浦职校(其前身为本溪职校)合并,组建成新的杨浦职校,经评审成为上海市重点职校。1999 年 7 月将风光职校、宁武职校和扬州中学并入杨浦职校,经申报获批为国家级重点职校。2003 年 9 月再次将区职工中专并入杨浦职校。学校积极参加劳动力市场化改革,从 1997 年起即与区劳动局、控江路街道联合举办再就业培训。截至 2003 年,共举办 73 个班次,培训下岗、失业人员 2 752 人次,培训专业有电子收银员、计算机操作员、中式面点师、中式烹饪师、客房服务员、调酒师、服装裁剪与缝纫、服装设计、调音师、医药购销员、财会等 10 多种,学校被评为上海市再就业培训先进集体。1997 年杨浦区教育局机关机构改革,原中学教育科职能拆解,管理初中教育的职能与原小学教育科合并,组建成义务教育科,管理高中、职业教育的职能与原业余教育科合并,组建成高中成人职教科。从 2003 年到 2006 年,区职业教育在实行管理体制和运行机制方面进行深层次的改革,形成杨浦职业教育的管理特色。杨浦职校由多所学校整合而成,地域分散,管理上有很大难度。该校大胆实践,积极创新,形成"条块结合,以条为主"的管理模式。条上由分管领导主持,通过定期的例会形式布置任务、通报工作、协调统筹;块上由 4 个教学部分部管理教学部的日常工作。既保证总校的整体协调,又呈现分部的特色个性。该区职业教育注重面向市场办学,进入21世纪后,依托社会优质教育资源,走联合办学的道路。与上海应用技术学院合作举办高职教学部,和上海市房地产专修学院联合开办房地产经营与管理专业,与上海电视台艺术团、上海轻音乐团联合开办音乐舞蹈专业,与上海市兰生外经贸进修学院联合开办报关业务专业,与上海机床厂联合开办数控技术应用专业,与上海大众汽车俱乐部有限公司联手成立汽车美饰教育中心并开办汽车装潢新专业。针对高等艺术院校对生源的要求逐年提高,美术设计行业大量需要能全面应用电脑设计软件进行设计与制作的人才,2005年杨浦职校开办电脑美术设计专业。随着杨浦区钟表城的开发,杨浦职校与上海摩士达企业发展有限公司联手申办钟表眼镜配制与修理专业,校企联合办学实行定单式培训。

【黄浦区】

2002年起,黄浦区委、区政府通过对各职业技术学校的调查研究,提出进一步推进职业教育现代化,创办一流城区、一流职业教育的思路。黄浦区的职业教育发展具有以下几个特点:一是性质转变,职业教育由注重数量扩展、强调规模,转化为注重质量提高,强调内涵建设与社会、经济、企业发展的紧密结合。二是内容扩大,由建立结构合理、完善,着力于自我发展,转化为构建黄浦职教特色,形成与区域经济相连的校企合作型教育。三是突出鲜明的时代性,由建立职业教育体系目标的转变,即形成中高衔接、职成联动、校企一体的现代职业教育的体系,突出职业教育21世纪职业教育创新和发展的新目标。到2006年,在区域内构建结构合理、灵活开放、特色鲜明、自主发展现代职业教育体系。该区各校紧密结合实际,提出加强专业现代化建设、中等职业教育德育工程、推行职业资格证书、强调对学生进行创新精神教育和实践能力培养等具有开创性的工作。

【卢湾区】

卢湾区从1992年起开始探索职业教育的学年学分制,1994年率先试行学年学分制的弹性教学管理制度,逐步开发创业学、信息学、网页制作、青少年人际交往和社会关系等数十门选修课程,建立了学分制网站,通过网上报名、跨校选修,实现普职成"三教"沟通,达到资源共享。该区将3所职业学校合并,集中优势打造中华职业学校品牌。"十一五"期间,在基础教育中形成"六个教育小区"和"两个教育基地"(即以中华职校为依托的职业教育基地和以思南路幼儿园为依托的学前教育基地)。按照区职教发展的规划,由区教育局统筹协调职教与普教、成教、社区教育,统筹协调职校学历教育与职业培训,进一步优化资源配置,推进职业教育可持续发展。该区在1994年与澳大利亚霍尔姆斯学院合作办学,建立上海长乐霍尔姆斯职业学校,开设的四年制综合高中,设置了双向课程,学生毕业有普通高中和职业中专双文凭直接就业或参加普通高校升学考两种选择。该区利用中心城区的区域优势,开设职前、职后各类培训机构达150余所。这些培训机构主动适应社会需求,大力开发培训项目,承担职前、职后和市民终身学习的任务。该区对原有专业进行梳理,适时地剔除市场需求低、办学效益低的专业。及时根据市场需求拓展前景好、社会效应持久的骨干专业,做精、做强、做大,提高核心竞争力。挖掘有市场潜力的现有老专业的优势,提升专业层次。在政府扶植和政策拉动的产业中,不断研发具有市场前瞻性和旺盛生命力的新专业。该区职业学校建立就业推荐网络,加强与用人单位的沟通协调,与众多中外企事业单位有稳定的合作关系。

【静安区】

静安区从1980年开始中等教育结构改革。华山、向阳、昌平等3所中学采用"挂钩联办、定向培养、不包分配、择优录用"的办学形式,开办应用美术、动画、半导体器件、制衣工艺等 4 种专业的职业高中班。接着群建、大通、江宁、海防、新成中学等分别与有关单位挂钩,开办轻工机械中专及土木建筑、宾馆烹饪、旅游服务、电视广播等职业班。1985 年,全区 32 所中学中,有 12 所学校分别与 23 家市、区业务部门挂钩,开设美术、电子、手工、银行、建筑、服务、交通运输、机械、保教等 9 大类 27 种专业职业高中班,共 72 个班级,学生 2 500 余人;联办、自办 15 个中专班、6 个美术师资班、3 个中等师范班。是年 3 月,华山中学改名为华山美术职业学校,向阳中学改名为静安职业学校,昌平中学改为昌平服装职业学校,向群中学停办高中并与中国工商银行上海市分行合办向群银行职业学校,新成中学内分设上海广播电视学校。1992 年,境内有 4 所职业技术学校及 2 所普通中学(海防、江宁中学)附设职业班,共开设 17 个专业 66 个职业班,学生 2 057 人,教师 166 人,其中获中、高级职称者 90%。另有技工学校 15 所,职工技校 1 所,市属职工中专 8 所,全日制中专 1 所。该区人民政府 1995 年对区内教育资源进行整合,将原华山美校、静安职校、逸夫职校等合并组成一所中等职业技术学校即上海市逸夫职业技术学校。区教育局积极组建包括幼儿园、小学、初中、职校在内的逸夫—华山美术教育集团,并筹资兴建全市唯一的上海市公共美术实训中心。

【宝山区】

从 2002 年开始,宝山区教育局组织宝山职业技术学校(以下简称"宝山职校")、东方职业技术学校等单位开展专业调查,把脉经济和产业发展要求,调整学校培养目标,完善专业与学科建设。2004 年,区教育工作会议颁布《中共上海市宝山区委　宝山区人民政府关于率先基本实现教育现代化,努力创建教育先进区的若干意见》,决定实施"坚持就业导向,能力为本,实施知识型技能人才培养工程",建构宝山人力资源优势。2005 年,宝山职校在嘉定召开"围绕市场需求,调整专业设置"专题会议,推进学校的专业整合新专业设置。该区加大优秀教师引进和录用力度,加强教师培训和管理。鸿文国际职业高级中学制定《师资引进管理办法》,宝山职校出台《关于加强"双师型"教师队伍建设的若干意见》和《关于评选骨干教师的若干决定》,培养高专业素养的教师。东方职业技术学校近几年就引进 10 余名重点专业教师。为提高教师专业素质,该区定期召开教育教学研讨会,大力提倡校本培训,组织实训指导教师到企业去实习,不断充实新知识和提高教学水平;每学年组织新进教师教学公开课和青年教师教学比武,提升了教师教育教学科研和教育改革意识,提高了教育教学能力。从 2003 年到 2006 年,该区职业学校教师涌现一大批"双师型"教师。2006 年左右,该区依托宝山职校和区内企业,致力于建设覆盖全区的"开放型职业教育实训中心",承担所在学校学生的实训,并面向社会开展职业教育、职业培训、职业资格鉴定,为居民提供职前教育的平台、转岗培训和技术更新的培训平台、劳动技能资格鉴定的考核平台。

【闵行区】

闵行区选择群益职校和西南工程学校,重新规划办学布局。为配合建设"航天闵行"为重点的莘庄工业区的发展,将群益职校易地迁建。又将西南工程学校总部及部分专业迁到新校区办学,为该校加快将现代服务业纳入发展重点,创设发展空间。区政府还规划建设两个一流的开放实训场所:上海市西南工程学校物业管理开放实训中心、上海市群益职业技术学校数控技术实训基地。区政府还对群益职校实行引入民营企业进行合作办学的重大改革。闵行职业教育既有政府办的群益职校、上海西南工程学校、闵行职校、莘庄职校,又有农委办的北桥职校,还有社会力量办的燎原中专,办学体制体现了以政府办学为主、行业参与、多种办学体制并存的特点。根据闵行区先进新型制造业多集中在群益职校新校址周边地区的情况,对群益职校实行引入民营企业进行合作办学的重大改革。闵行区政府与浙商企业共同投入2.5亿元人民币迁建群益职校,由民营复星高科集团、均瑶集团、富春集团控股群益职校。在转换群益职校办学体制中,区政府不减轻在发展职业教育中的责任,财政对新群益职校的投入不减,区教育行政部门对学校发展依法管理服务与指导的责任不放弃。区政府组织莘庄工业区、紫竹科学园区、闵行经济开发区、区教育行政部门及职业学校定期联系沟通,建立校企合作机制,使学校及时了解企业需求,针对区域产业结构特点,根据企业近期和远期需求设置专业,把教学活动与社会实践、社区服务、技术开发推广等紧密结合起来,为学校增添办学活力。该区几所职校近从2003年到2006年,年均完成3 000人左右的再就业培训。

【嘉定区】

嘉定区1987年起将发展职业技术教育列为构建全县新教育体育的骨干工程,实行产、教联手办学。产业部门为办学的主体,学校的专业设置、招生对象和名额、实习基地、毕业分配等主要由产业部门决定,教育部门则以教学为主体,为改善办学条件、提高教学质量创造条件。职校招生以初中毕业生为主要对象,有计划培训、委托培训、自费培训3种。学制有3年和1年两种。1988年,继1985年创办的县第一、第二职业学校及幼师职校外,又创办第三职业学校;班级由1987年的12个增加至26个,学生由457人增加至1 078人。18所中学附设职业班1987年有48个班1 775人,1988年为28个班1 235人。1990年调整专业结构,幼师职校并入县教师进修学校,压缩中学附设职业班。1991年第三职校并入第一职校。1992年,第一、第二职校共有29个班级1 023名学生;附设职业班的中学5所,共11个班298名学生。是年,嘉定县被评为市职业技术教育先进县。1988—1992年,全县职校共毕业学生1 743人。嘉定县教育局于1993年4月改为嘉定区教育局,同年2月成立嘉定区职业技术教育中心,其职能是指导全区各类职业技术教育,对骨干学校——区工业学校、区职业技术学校起指导作用,同时承担全区职业技术教育、教学的研究工作。职教中心的办学形式是产学联办,走产教结合的道路,协同区经济主管局和各镇实业公司、企业实行联合办学,按其需求培养各级各类人才,中心负责教育常规工作。职教中心在办好中专班的同时,还为乡镇企业举办各类培训。为了开拓中专生直接为农村、乡镇企业服务的渠道,中心举办不转户口的自费中专班,设外贸经济职业班与涉外会计班。1993年全区共招收中职学生1 497人。同年,调整区职教中心领导班子。1998年,区工业学校、区职业技术学校、嘉定工业技术学校、天灵开关厂"三校一厂"实施联合办校,校务管理实行"六统一"(统一领导、统一规划设置专业、统一招生计划、统一安排师资、统一安排教学实验设施、统一策划毕业生就业)。2001年,上海科学技术职业学院正式建校。2003年,区委、区政府基于职业教育办学主体多元化的考虑,将上海科技职业学院实行转制,区政府控股10%,走上了民办职业教育的新路。2003年6月,区教育局将上海市大众工业学校与嘉定区职业技术学校合二为一,实行"一套班子、两块牌子"的管理模式,在管理、建设、招生、毕业生分配、师资安排、教学安排及财务等方面实行七个统一。2004年,该区成立由分管区长为召集人,劳动、教育、财政、农委和职业学校参加的嘉定区职业教育联席会议制度,建立职业教育综合信息平台,实现了政、企、校培训和就业信息互通,资源共享,提供快速、有效、便捷的服务。在2005年8月召开的嘉定区教育工作会议上,区府办转发《嘉定区教育局关于进一步加强职业教育的若干意见》,明确今后五年该区职业教育的工作目标、主要任务,完善了管理体制和运行机制,落实职业技能培训、基础设施建设、师资队伍建设、资源配置、教学科研和经费保障等措施。

【松江区】

松江区政府采取多项举措推进职业教育。到 2006 年,成立全区职业教育发展协调机构,切实做到齐抓共管,责任到位;把职业教育发展完整地纳入松江经济、社会发展的总体规划之中,并专门制订《松江教育发展规划》和《松江职业教育五年规划》及配套文件;统筹学校设点布局,整合全区职成教育资源,分别成立职业教育和成人教育两大集团,成立松江区社区学院;统筹、协调各校专业设置和调整,满足松江产业结构调整对人才和劳动者素质的需求;统筹、全区职业教育招生工作,协调毕业生就业渠道。该区实施"三个集中"战略和"二三一"产业结构的调整,着力打造 IT 信息为主的先进制造业和现代服务业的主导产业,要求职成教育收集大量的松江各类企业尤其是中外合作大型开放性企业的发展信息和资料,确切了解乡镇经济的调整和新型产业、产品开发的信息,及时掌握社会对人才需求的变化趋势。2003 年至 2006 年,区政府立足培养培育"朝阳专业",加强优化骨干专业,调整传统专业,全区职成教专业设置由原来的 33 个专业调整为 26 个专业,并以做强做精为特色。同时积极发展民办职业教育,立达高等职业技术学院发展势头良好,全区 58 家社会力量办学精彩纷呈。在投入方面,从 2003 年到 2006 年,政府投入、区财政三年来共投 1.2 亿元;镇政府发展地方职成校建设,不完全统计在 5 000 万元左右。如实施"职业教育三年行动计划",区政府一次性安排专项经费就达 500 万元,各镇政府也安排专项经费有 80 多万元,社会捐资助学 1 400 万元。在建设职成校基本建设中,以融资租赁的办法,借社会资金得益双方的办法,改革投融资渠道。

【青浦区】

青浦区以整合和优化职教资源为抓手,加强骨干示范性职业学校建设,进行了 3 次比较突出的职教资源整合。到 2006 年,全区共有 2 所中等职业学校,共有 23 个专业,2 个市重点专业。可提供社会培训的项目有 32 项,涵盖本区现有大部分产业的岗位种类,形成新的比较完善的专业教学资源。2004 年,2 所中等职业学校培训了社会人员近 4 500 人次,其中获各类国家职业资格证书的 500 多人。2005 年,上海工商信息学校面向社会的国家职业资格证书类培训达 2 500 多人。青浦区职业学校也为 1 600 多人次提供各类培训。该区的职业学校注重与企业的合作与交流,贴近企业,了解企业之所需,所以受训者能较好地满足企业的需求。例如,工商信息学校先后与美国的杜邦公司等大型企业建立供需关系,积极争取订单式培训项目;与上海外经集团合作,成立国际人才培训基地,开展订单式培训。在区相关部门的组织和协调下,该区定期召开校企见面会,积极推动产教结合,并能在模式和内容上有所创新。2006 年 1 月召开的"政企对话、校企见面会"提出建立"高素质劳动者超市"的设想,由区政府积极构建"校企合作"的平台,联合相关部门制定可行方案,以架通"供应商(中等职业学校和其他职业培训机构)、适销对路的商品(有技能的高素质劳动者)、消费者(企业)"之间的稳健桥梁。

【奉贤区】

奉贤区政府根据区域内机电一体化、精细化工、海湾旅游等特色支柱产业和物流储运、生物制品等新兴产业的发展需要,以及对各类适用人才的需求变化,逐步调整奉贤中专的专业结构,形成机电一体化、数控技术应用、精细化工、商务外语、旅游服务、现代物流为主干的 13 个专业体系。奉贤中专近几年来的主干专业招生规模不断扩大,而且毕业生的就业率连续保持在 95% 以上。同时,依托专业优势和资源优势,主动适应区域产业结构调整,面向社会的各类技能培训得到了发展,年平均培训 2 300 多人。2005 年左右,区教育局本着"公平对待、合理引导、完善管理、搞好服务"的精神,在动员本区职业学校、成人学校和社会培训机构积极参与的基础上,形成以成人学校为主渠道,与行业办学和社会力量办学等多种教育资源合作的培训网络。在办学布局调整后,力求做到撤学校建制但保留办学基地,以最大限度地满足居民就近接受教育培训的需求。到 2006 年,区域内的16 个社区都有居民的教育培训基地,并作为乡镇成人学校的校区,接受统一管理。为促进转移就业和农民职业技能培训实现新突破,专门制定并实施《奉贤区农村劳动力职业技能教育与培训实施意见》。

【崇明县】

崇明县的中等职业技术教育正式起步于 20 世纪 80 年代。1980 年,上海市竖河职业技术学校创办。随后,各中专和职校陆续成立。至 80 年代中期,全县有崇明县财经学校、崇明县师范学校、崇明县卫生学校、崇明县金融中等专业学校、崇明县交通中等专业学校、崇明县商业中等专业学校、崇明县建筑工程学校等专业学校 7 所。崇明县中等职业技术教育有县办和乡镇办两种办学形式,80 年代中期共有职业技术学校 20 所,其中县办 8 所,乡镇办 12 所。之后,各中职校先后停办或撤并。2002 年 4 月崇明县向化职校并入竖河职校,形成竖河、向化两个校区。2004 年 5 月经县政府批准成立以竖河职校为主体的崇明县竖河职校教育联合体,成员单位包括竖河职校、新业职校、城东职校和财经学校 4 所学校,实行"以块为主,分部管理"模式,拓展办学途径,接纳合作伙伴,结成办学联盟。2006 年 4 月,县政府召开崇明县职业教育工作会议,并下发《崇明县人民政府关于大力推进本县职业教育改革与发展的意见》,把推进实施这一市府实事工程作为推动崇明跨越式发展、推进崇明现代化生态岛区建设的一个重要契机,加大农村富余劳动力转移培训力度,帮助农民实现就业,增加农民收入。2006 年 7 月至 2009 年 1 月,原崇明县城东职校、新业职校、财经中专、工业技工学校相距并入上海市竖河职业技术学校,经过资源整合,调整专业结构布局,优化专业设置,形成加工制造类、园林艺术类、商贸旅游类三大专业群,共 16 个专业。2010 年 3 月,上海市竖河职业技术学校更名为上海市工程技术管理学校,设两个校区,拥有旅游服务、都市农林、数控技术三大市级开放实训中心和 10 个教学实训基地,努力形成中职高职相互衔接、职前职后相互沟通、岛内岛外相互联系、学校企业相互合作的办学模式。

第三节 技 工 学 校

1972—1978 年,为补充技术工人,上海市先后有 600 余家企业举办技工学校,通过招生补充部分劳动力。其时,技校数量虽多,但培训质量大多达不到要求。中共十一届三中全会以后,技工学校经过近 10 年的整顿验收和评估工作,改善了办学条件,提高了培训质量。至 1990 年,全市技工学校有 320 所,在校学生 5.2 万余人。

1980 年,市劳动局发出《关于试办重点技工学校的通知》,要求各有关局在努力办好现有技工学校的基础上,切切实实地办好一批重点技工学校。通知建议各主管局选择一批办校基本条件较好的技工学校列为重点技工学校。饮食服务、民用建筑、交通运输和旅游事业等行业,也应贯彻勤俭办校,因陋就简,逐步发展的方针,创办一批重点技校。重点技工学校可以分为市、局、公司 3 类,每个局先选择一至两所列为市重点技工学校,以后根据实际情况逐步扩大。

上海从 1982 年开始调整、整顿技工学校,以改善办学条件。同时对 1979 年试行的教学计划的培养目标相应作了修改,即改培养四级工为三至四级,招收高中生开设的文化课,不承担提高学生文化程度任务；招收初中生的，其文化程度适当提高，不再要求达到高中水平。

1984年，上海市有4所经过验收合格的技工学校招收应届高中毕业生，试办高级职业技术班，学制3年，主要培养德智体全面发展的高级生产操作人员的后备力量，毕业时达到六至七级"应知"和四至五级"应会"的水平。试办高级职业技术班的学校的专业和招生人数是：宝钢技校电子计算机维修专业20名；劳动局第二技校机电复合班专业40名；民航局技校无线电通讯导航维修专业40名；电力建设局技校电厂建筑专业40名，电厂热能动力安装专业40名。1986年，宝钢技校招生，当年计划招收2 900名高中毕业生，其中1 900名为农业户口的高中毕业生（录取后转为非农业户口）。

1987年，上海市副市长谢丽娟在市劳动局召开的全市技工学校工作会议上强调指出，上海市技工紧缺的问题已经日益突出，要求上海技工学校在"七五"期间应培养中级技术工人10万人，其中达到三级工以上标准的要在95％以上，达到四级工标准的要求不少于50％。

1988年7月，上海市第三高级技工学校建立，成为上海第一所高级技工学校。该校培养理论知识达到相当大专，操作技能达到六级以上的机械类高级技术工人。学校招收上海市在职的并获得中级技术等级证书的青年工人或优秀的技校应届毕业生，学制为2年。

1992年，市劳动局第二技工学校办学40年，成为多层次、多功能、具有示范性和导向作用的职业技术教育基地。同年，上海7家技校试行综合改革。由国家教委批准进行综合改革实验试点，兴办经济实体，用自身积累补企业教育经费的不足。这7家企业是上海石油化工总厂、上海电线电缆（集团）公司、上海手表厂、上海市内电话局、上海自来水公司、上海自行车三厂、上海十七毛纺厂。联办的久联科教实业公司，下设工程、培训、经营3个部。企业教育界人士认为，这种以商兴学的做法将使技校发展进入良性循环，还能直接为企业服务。

2006年，市教委、市劳动和社会保障局颁布《关于上海市技工学校的招生、教育教学、学生学籍等工作归口上海市教育委员会宏观管理的通知》，从该年秋季新学年起，上海市的技工学校在原主办单位、经费渠道和教师编制等保持不变的前提下，由上海市教育委员会统一负责其招生、教育教学、学生学籍等宏观管理工作。

2007学年开学后，市教委为扩大高等职业院校参与校企合作的数量，增设"技师学院"。技师学院由市劳动局、市教委等部门联合推进，通过借助高校的教育资源，推进高技能人才培养。该年上半年已先后在5所高校、7所中职校中试点设立"技师学院"，与有需求的重点企业建立合作关系，启动校企合作培养高技能人才试点。上海电机学院、上海第二工业大学、上海旅游高等专科学校的技师学院已初具规模。根据"技师学院"计划，全市应用类高校、高等职业院校全日制学生培养目标为预备技师，中等职业学校全日制学生培养目标为中级工或高级工。技师学院根据定向企业需求和培养对象实际，实行1年制、3年制或其他培养方式。

第四节　高等职业院校

一、概况

中国"高等职业教育"的概念是在1980年代之初才产生和发展起来的，近30年来上海的高职教育大体经历了四个历史阶段。

1985年，五年制高职和职工大学高职班试点。是年7月经国家教委批准，上海电机制造学校升格为上海电机制造技术专科学校（后更名为上海电机技术高等专科学校），试办初中后五年一贯制技术专科（后称"五年制高职"）。1986年，市纺织局职工大学等17所成人高校首次举办"高级职业班"，400名应届高中毕业生成为高职班学生。开设的洗衣机制造、纺织品外贸业务、外贸会计、外事秘书、船舶驾驶等16个专业，在课程结构上主要突出应用性、实用性，培养学生实践能力和动手能力。上海将在技工学校、职业中学毕业生及有丰富实践经验，并具有高中文化水平的在职职工中招收"高职班"学生。文化课程由市高校招生委员会统一命题考试，技艺课程的考试由主管部门及学校组织进行。"高职班"的学制定为全脱产2～3年。同年6月，市高教局、劳动局、人事局、财政局联合向市政府提出《关于试办高等职业技术教育专业班的请示》报告，并提出试办"高等职业技术教育专业班的几点意见"，经市人民政府批准后实施。在这期间，上海陆续在19所职工大学试办17个不同专业的高等职业技术专业班（简称高职班）。

1994年，多种类型的高等职业院校兴起。是年全国教育工作会议提出通过现有职业大学、部分高等专科学校和独立设置的成人高校改革办学模式、调整培养目标来发展高职教育，并利用少数具备条件的重点中专改制或举办高职班等方式作为补充，即"三改一补"的基本方针。同年10月，国家教委正式批准上海邮电学校试办五年制高等教育职业班，招收初中毕业生试行五年一贯制高等职业教育。在此前后，上海市政府还先后批准几所职工大学转制为全日制高等职业技术学校试点，交通、东沪、商业高等职业技术学校陆续挂牌，后经教育部批准成为独立设置的职业技术学院。1996年，上海市教委建立上海市高等职业教育协调领导小组，统筹规划高等职业教育的发展，协调委内各处室对高等职业教育的指导，组长为时任市教委主任郑令德。1997年，召开全市高等职业教育工作会议，印发《高职试点工作意见》《高职教学计划制定意见》。

1998年，独立设置的高等职业院校蓬勃发展。1998年6月，上海市教育委员会印发《上海市建设一流职业教育总体规划》的通知中提出：发展高等职业技术教育的途径有4个，一是普通本科高等院校建立二级职业技术学院；二是普通高等专科学校转型改办高职高专教育；三是成人高校和重点中职校联合重组，建立高等职业技术学院或社区学院；四是少数国家重点中等职业学校举办有特色专业的高职班。是年，高等职业技术教育试点取得新进展，共有10所院校开设46个专业，在校生人数4355人，其中招收三校（即中专、职校、技校）毕业生2990人，占69%，招收应届高中毕业生1365人，占31%。

1999年，党中央、国务院在《关于深化教育改革全面推进素质教育的决定》中首次提出"大力发展高等职业教育"，随着当年开始的全国高校大规模扩招，高职教育以独立设置高等职业院校迅速增长为主要标志得到蓬勃发展；同时，教育部将原有的高职、高专和成人高校合称为"高职高专教育"进行统筹，以形成培养技术应用性人才的合力，自此上海的独立设置高等专科学校也归于高职教育之中。是年，完成3项高等职业院校的市府实事工程：上海交大农学院都市农业实训基地建设和职业技术学院市农校分院的建成招生，同济大学高等技术学院城市建设与管理实训基地建设和房地产分院建成招生，上海第二工业大学办学用地扩展等。是年，市教委贯彻落实发展高等职业技术教育精神，筹备高等职业技术教育工作会议。开展高等职业技术教育办学干部培训，对办学领导及有关人员，开展与高职发展相关的教育理论的培训，并将其与高职的实践紧密结合。培训内容制作成录像教材，提供试点院校作进一步学习、研究。

2000年，国务院授权各省级政府审批设立高职学校，教育部下发《关于同意授权上海市人民政府自行审批设立高等职业学校的批复》，上海高职教育规模迅速发展，专业结构初步与上海经济发展相适应，校企办学模式得到推广，并进行中高职相通"3＋3"模式的试点。当年年底，上海全市高等职业院校共有 39 所,其中独立设置的公办职业技术学院 3 所、民办职业技术学院 2 所,另有 17 所普通本科院校举办二级职业技术学院,13 所成人高校举办高职班,4 所普通高等专科学校也转归高职高专。是年,全市高职共设置专业 241 个,招生 21 497 人,其中招收应届中专、职校、技校毕业生(简称"三校生")9 359 名,在校生近 3.5 万人,专职教师 2 675 人。2002 年国务院召开全国职业教育工作会议,明确提出"扩大高等职业教育的规模",上海高职教育得以持续发展。

表 2-1-1　2000 年上海市高等职业技术院校情况表

校　名	高等职业院校地址	主　管　部　门	招生年份	附　注
复旦大学二级职业技术学院	医学院路 138 号	复旦大学	2000	2000 年上海医科大学并入复旦大学
上海交通大学二级职业技术学院	上中路 100 号	上海交通大学	1998	1999 年上海农学院并入交通大学
同济大学二级职业技术学院	赤峰路 71 号	同济大学	1998	2000 年上海铁道大学并入同济大学
华东师范大学二级职业技术学院	国顺路 288 号	华东师范大学	1998	
华东理工大学二级职业技术学院	梅陇路 130 号	华东理工大学	1999	
上海外国语大学二级职业技术学院	三门路 661 号	上海外国语大学	1999	
东华大学二级职业技术学院	三门路 818 号	东华大学	1999	东华大学原名中国纺织大学
上海大学二级职业技术学院	新闸路 1220 号	上海大学	1998	
上海水产大学二级职业技术学院	军工路 334 号	上海水产大学	1998	
上海师范大学二级职业技术学院	奉贤新院	上海师范大学	1998	
上海第二医科大学二级职业技术学院	重庆南路 280 号	上海第二医科大学	2000	
上海工程技术大学二级职业技术学院	仙霞路 350 号	上海工程技术大学	2000	
上海财经大学二级职业技术学院	政立路 499 号	上海财经大学	2000	
上海海运学院二级职业技术学院	浦东北路 1010 号	上海海运学院	2000	
上海电力学院二级职业技术学院	河间路 1191 号	上海电力学院	2000	
上海理工大学二级职业技术学院	军工路 1100 号	上海理工大学	2000	
上海第二工业大学二级职业技术学院	陕西北路 80 号	上海第二工业大学	2000	

（续表）

校　名	高等职业院校地址	主管部门	招生年份	附　注
上海应用技术学院二级职业技术学院	漕宝路121号	上海应用技术学院	2000	2000年由轻工、冶金、化工等高专校合并成立
上海电机技术高等专科学校	闵行区江川路690号	上海电气(集团)总公司	1985	
上海旅游高等专科学校	奉贤东门港	市教委	2000	
上海出版印刷高等专科学校	内江路397号	市教委	2000	
上海立信高等专科学校	中山西路2230号	市教委	1997	
上海东沪职业技术学院	同济支路199号	市教委	1999	
上海商业职业技术学院	中山西路2271号	市商委	1998	
民办东海职业技术学院	虹梅南路601号		1999	
民办新侨职业技术学院	天等路465号	上海海外联谊会	1999	
上海海港职工大学	东方路121号	上海港控股(集团)公司	1999	
上海海运职工大学	源深路158号	市海运(集团)公司	1986	
上海纺织工业职工大学	长寿路652号	市纺织控股(集团)公司	1994	
上海科技职工大学	城中路37号	市科委	2000	
上海仪表电子工业职工大学	漕东支路95号	市仪电控股(集团)公司	2000	
上海市建设职工大学	虹漕南路123号	市建委	2000	
上海市政法管理干部学院	青松公路11号桥	上海大学法学院	2000	
上海市青年管理干部学院	西江湾路574号	市共青团委、市教委	2000	
上海市工会管理干部学院	中山北二路1800号	市总工会、市教委	2000	
上海市经济管理干部学院	梅陇路161号	市经委	1999	
上海市杨浦区业余大学	控江路1130号	杨浦区教育局	2000	
上海市长宁区业余大学	定西路1300号	长宁区教育局	2000	
上海市闸北区业余大学	中华新路459弄10号	闸北区教育局	2000	
上海邮电学校高职班	老沪闵路777号	市邮政管理局	1994	

资料来源:《上海职业技术教育志》第十篇第一章第一节,上海社会科学院出版社,2005年6月第1版。

　　2005年,以示范性高等职业院校建设引领全国高职教育加快改革、提高质量。是年,国务院再次召开全国职业教育工作会议,进一步要求高等职业教育招生规模占高等教育招生规模的一半以上,"十一五"期间要为社会输送1 100多万名高等职业院校毕业生。2006年教育部、财政部启动实施"国家示范性高等职业院校建设计划",引领全国高等职业院校的改革与发展方向,从2006年到2010年上海市共有5所高等职业院校先后列入立项建设名单,上海医药高等专科学校、上海公安高等专科学校、上海工艺美术职业学院、上海旅游高等专科学校、上海医疗器械高等专科学校陆续成为国家示范性高等职业院校。

2010年,市教委开展地方政府促进高等职业教育发展综合改革试点。开展"地方政府促进高等职业教育发展综合改革试点"和"创新政府、行业、企业、高等职业院校办学体制、机制"改革(均被列为"国家教育体制改革试点项目")。建设创意产业实践园区,设立"上海创意产业投资基金",吸引和培育创意产业集聚发展;通过与行业企业共同制定专业人才培养方案、从国内外引进名师(专家)、加强国际交流与合作、建立上海创意人才培训基地、建立长三角工艺美术研发中心、建立"引才育人公益基金"等方式,创新高职教育人才培养模式。

二、高等职业院校类型

【独立设置公办高等职业院校】

上海电机技术高等专科学校主管单位是上海电气(集团)总公司。1985年7月,国家教委批准上海电机制造学校为全国教育改革试点的3个单位之一,试办五年制技术专科,改名为上海电机制造技术专科学校,1992年改名为上海电机技术高等专科学校。上海商业职业技术学院,1998年3月经教育部批准成立,由原上海市财贸管理干部学院等4所成人高校和1所全国重点中专经过合并改制建成。主管单位是上海市商业委员会。上海东沪职业技术学院1999年8月经教育部批准建立,由原上海冶金联合职工大学与上海冶金工业学校合并改制建成,隶属上海市教委领导管理,后与上海第二工业大学合并。上海科学技术职业学院前身是建校于1960年的上海高等科技专科学校,1984年成为上海科技大学分部,2001年4月根据上海市人民政府统一规划,上海市教委和嘉定区人民政府共同出资置换该校区并建立。上海农林职业技术学院2002年10月揭牌,是在原上海市农业学校基础上创建的,办学宗旨是服务于上海农业现代化、农业城市化、生物科技产业化和城市生态化。

【普通高校附设二级职业技术学院】

2000年,附设二级职业技术学院的上海市普通高等院校有复旦大学、交通大学、同济大学、华东师范大学、华东理工大学、东华大学、上海外国语大学、上海大学、上海师范大学、上海第二工业大学、上海水产大学、上海理工大学、上海第二医科大学、上海海运学院、上海财经大学、上海工程技术大学、上海电力学院等17所。

【其他独立设置院校举办高职班】

2000年,有立信会计、出版、旅游等3所高等专科学校和上海应用技术学院、上海经济管理干部学院、上海青年管理干部学院、上海工会管理干部学院、上海经济干部管理学院,以及海运、纺织、海港、仪表电子、科技、建设、杨浦业大、长宁业大、闸北业大等9所职工大学和上海市邮电学校都招收高职班。2003年4月,市教委颁布《关于加强独立设置成人高校全日制高职班招生计划管理的若干意见》,指出:规范高等教育办学行为,加强招生计划管理势必成为高等教育管理的重要内容。并提出3条意见:一是独立设置成人高校举办全日制高职班,必须达到教育部所规定的全日制普通高校办学条件的各项要求,对不符合办学条件的学校将控制全日制高职招生规模或不再安排全日制高职招生计划;二是独立设置成人高校要认真贯彻《高等教育法》,严格执行国家的有关规定,不得借联合办学的名义在校外设立全日制高职办学点或将高层次学历教育安排在低层次学历教育学校进行教学活动;三是独立设置成人高校全日制高职专业设置,必须反映行业特色,体现行业特点,与本行业发展相匹配,把培养重点放在本行业所需的技术型,应用型高级专门人才。自 2004 年起,对独立设置成人高校全日制高职招生计划的安排,将根据上述要求行宏观调控,对不符合办学条件学校的全日制高职招生计划进行相应的调整。

【民办职业技术学院】

上海有相当一部分高等职业院校属于民办职业教育。1996 年,市教委根据国家教委《关于同意上海市进行国家学历文凭考试试点的批复》精神,印发《上海市民办高等学校(筹)实施国家学历文凭考试试点方案(暂行)》,决定从当年起首先在上海市民办高校(筹)开展试点,市教委同意民办济光学院(筹)、民办东海学院(筹)若干专业进行国家学历文凭考试试点。该年,市教委颁布《关于批准 1996 年起实施国家学历文凭考试试点的专业有关问题的通知》。1999 年经教育部批准,自1993 年开始筹建的上海东海职业技术学院成为全日制普通高校;同年被批准的还有新侨职业技术学院,其主办单位是上海海外联谊会。2003 年经上海市政府批准正式建校的,有筹建于 1998 年的上海民远职业技术学院、筹建于 1999 年的上海欧华职业技术学院、筹建于 2001 年的上海托普信息技术职业学院和上海思博职业技术学院。上海中华职业技术学院则于 2003 年被批准筹建,2005 年开始计划内招生。

2003 年 4 月市教委发布的《关于加强独立设置成人高校全日制高职班招生计划管理的若干意见》指出,自 2004 年起,对独立设置成人高校全日制高职招生计划的安排,将根据相关要求进行宏观调控,对不符合办学条件学校的全日制高职招生计划进行相应的调整。

2004 年 2 月,上海市人大常委会第十次会议审议《上海市职业教育条例(草案)》。根据条例草案,上海市将建立和完善政府主导、依托行业组织和企业、社会力量积极参与的多元化职业教育办学体制。为了保障职业教育的经费来源,条例草案除了明确政府的财政性经费投入外,还规定高等职业学校学生获得金融机构助学贷款的,政府给予贴息待遇。

【技师学院】

2009 年,市教委与劳动部门、行业管理部门扩大校企合作平台,增设"技师学院",通过校企合作、产学结合、半工半读、定向培养等方式,将高职专业教学与国家职业标准相结合,培养社会急需的高技能人才。

三、办学水平评估

2002 年 9 月,市教委成立上海市高职高专院校联合评议工作领导小组,负责上海市高职高专院校(包括成人高校)教师职务和其他专业技术职务学术技术能力评议工作,下设办公室,承担有关学术技术能力评议的具体实施工作。

2004 年 5 月,上海市教育委员会转发教育部办公厅《关于全面开展高职高专院校人才培养工作水平评估的通知》,教育部要求各省、自治区、直辖市在开展评估时,从本地区的实际情况出发,在坚持《评估方案》标准的前提下,制定本地区的评估实施方案。要求各省级教育行政部门制定本地区高职高专院校人才培养工作水平评估工作的总体规划和年度计划,保证 5 年内完成对本地区所有高职高专院校的第一轮评估。

2005年11月，上海市教育委员会颁布《关于开展上海市高职高专院校人才培养工作水平评估的通知》，决定从该年下半年起至2009年组织对上海市独立设置的高职高专院校进行评估。评估目的：贯彻"以评促建，以评促改，以评促管，评建结合，重在建设"的方针，引导学校准确定位，坚持以服务为宗旨，以就业为导向，走产学研结合的发展道路，加强教学基本建设，深化教育教学改革，努力办出特色，努力提高人才培养质量。

2007年2月，上海市教育委员会颁布《关于2007年度申办高等职业学校、民办高等专科层次的学校升格为本科学校和普通高校试办独立学院有关事项的通知》，指出：根据《国务院关于大力发展职业教育的决定》《教育部关于"十一五"期间普通高等学校设置工作的意见》等文件规定，2007年度市教委原则上不受理普通本科学院更名为大学、高等职业学校升格为本科学校的申请。对于民办高等专科层次的学校，若办学条件较好、教育质量较高、毕业生届数超过3届以上，符合地方经济社会发展和高等教育事业发展的实际需要，并列入上海市人民政府"十一五"期间高等学校设置规划的，可以在原有资源基础上申请组建本科学校。

四、案例选介

1998年，上海海事职业技术学院根据国际海事组织（IMO）对船员教育和培训机构的要求，引进ISO-9000系列质量管理理念和方法，建立质量管理体系，用于各项管理工作。颁布《质量手册》《程序文件》《业务指导书》《岗位规范》等一系列质量管理文件，使学院的各项工作制度化、程序化、规范化，对学院教学管理、学生管理、行政管理工作实施有效控制，以确保达到质量目标要求。通过国家海事局组织的专家组对学院质量体系的审核，取得《质量体系证书》。为保证质量管理体系在各部门的有效落实，学院每年对所有受控部门进行两次质量体系内部审核，保持体系的符合性、有效性和连续性。学院在建立相对完善的业绩考评体系基础上，稳步推进分配制度改革，强化聘用职务与岗位基础上的，以业绩、贡献为主体的分配机制，调整工资结构，制定各岗位业绩工资系数模式，首次把考核与业绩工资挂钩。2005年1月起，较大幅度地提高教师的收入，尤其是高级专业技术职务教师的增资幅度达到40％。

至2006年，上海工艺美术职业学院通过依法治校、以德治校，推进管理体制改革与机制创新。建章立制强化管理，建立民主管理、科学决策的学校内部管理体系和科学高效的运行机制，包括专业和师资的整合机制、人事改革制度、设备设施的高效使用机制及一系列相关配套措施，稳步推进学校管理的现代化进程。实施学院人事管理制度和分配制度改革，构建适应学校发展目标的较系统的人事分配制度框架。实行以岗定酬、多劳多得、优质优酬和向一线教师、专业教师倾斜的分配新机制。实行学期考核制度，修订教师考核制度和教师进修条例等，为学校转制创办高职院，实施教师职称由中职转向高职资格培训计划。

2002年，上海城市管理职业技术学院对校内机构设置作重大调整，分为党务行政、教务、教学、科研、教辅及校产等6大类别，使学院机构精简，分工职责明确，大大提高了工作效率。学院同步进行人事制度改革，改身份管理为岗位管理，打破教师职务和专业技术职务的终身制，实行全员岗位聘任制。教师职务实行一年一聘。学科、专业带头人实行竞聘制或民主选任制。学院对工作量不饱满的行政岗位采取多岗归并。根据工作难易程度，设立17个行政岗级的上岗条件，依据能绩高低，实行择优聘用，干部做到能上能下，采取一级聘一级、一级对一级负责的聘任程序，实行优化组合。同时，学院进行分配制度改革配套。学院后勤社会化改革先从保安和食堂开始，逐步推进全院的社会化后勤改革。

2005年,上海农林职业技术学院以教学质量监控和保障措施为核心,将影响教学质量的主要方面分为8项基本内容、22个质量要点和要求、82条保障措施和执行内容,明确责任部门,使影响教学质量的全部因素在整个教学过程中实现可控,并通过有效的反馈机制实现教学质量的不断提高。学院设立专职督导组,对课堂教学、实践性环节教学、实习实训进行评价。学院通过加强制度建设、严格管理体制等手段,达到规范教学管理、提高教学质量的目的。学院认真组织2005年首届毕业设计(论文)工作,通过制订、实施、总结完善管理方法,形成了一整套比较有效的管理制度,使毕业设计(论文)的总体质量得到保证。

2004年开始,上海济光职业技术学院为了提高教学质量,加大考纪考风的管理力度。首先,重申监考、保卫、纠察等规章制度,严格岗位责任,考前加强各类人员的宣传动员和培训工作。以班集体到监考人员多次培训上岗,加强保卫、纠察力度,实行院领导巡考制度。其次,通过各种形式加强对学生考试纪律的严肃性教育和诚信教育,同时统一印制数码照片的准考证,要求学生带"二证"进入考场。在期中考试后一个月,作为集中教学检查月,组织召开各类学生座谈会,师生信息互通、教学相长。组织专业主任、系主任和院领导听课,深入教学第一线,了解教学情况。

第二章　中等职业学校重点校和示范校建设

第一节　现代化标志性职业学校建设

改革开放以来,作为上海职业教育现代化建设整体步骤中的一项重点工程——现代化标志性中等职业学校的建成,是上海职业教育迈上新台阶的一个重要标志。根据1998年上海市职教工作会议提出的要求,建设一批现代化标志性中等职业学校的目的是落实中央发展职业教育的指示精神,加快职业技术教育现代化建设的步伐,满足社会发展和经济建设对适用人才的需求,培养具有较强实践技能的现代化知识型劳动者,拓宽青年学生立业创业之路;通过建设现代化标志性学校切实提高教育质量和办学效益,促进上海职业教育的发展。

1998年,现代化标志性学校工程启动,要求到2000年底前将全部建成。该年,市教委制定上海市建设现代化标志性职业技术学校的标准。组织行业与区县申报,成立专门评审小组进行实地调查及方案优化辅导、咨询,确定12所学校为现代化、标志性立项学校。其中新建6所,改建6所。安排建设经费,报市政府审批。最后10所学校列入工程名单。该年,第一所现代化标志性学校——上海市房地产学校(一期工程)落成仪式,向社会展示职业教育深化改革成果。1999年,通过新建或改建,建成奉贤职教中心、上海市房地产学校(二期)、东辉职业技术学校、上海市农业学校等4所现代化标志性学校。1999年教委年报指出,建成的现代化标志性职业技术学校的面积将达到100亩以上,建筑面积5万平方米,学校规模2 000人。

2000年11月8日,市教委下发《关于开展现代化标志性中职校验收工作的通知》。要求建设10所现代化标志性中等职业学校坚持三个结合,即需要和可能结合,新建和改建结合,硬件建设与软件建设结合。市、区县和行业、学校共投入资金12亿元。通知指出,现代化标志性学校教学设施先进,建有集教育管理、教学管理、图书管理为一体的多功能教育的校园网络,多媒体教室、闭路电视、电子阅览室等信息化设施设备,环形跑道、体育馆、健身房、形体房等学生活动场地,为推进学校教学手段现代化,转变教师教育思想观念及提高学生的素质和教学质量创造了良好的环境和条件。

为适应本区域和全市经济发展的要求,10所现代化标志性学校设置各具特色的主干专业,如工商信息学校的信息技术专业,房地产学校的智能化楼宇设施管理专业,石化工业学校的石油化工工艺专业,农业学校的园艺专业,上海民航中专的安检专业,南湖职校的金融专业,大江职校的工业自动化专业,东辉职校的商贸专业,奉贤中等专业学校的机械专业,市高级技工学校的机电一体化专业等,并配有较强的骨干教师和有特色的专业教室、先进的设备设施和实训基地,实验、实习开出率平均达99%。这些学校在硬件建设的基础上注重教师队伍的建设,双师型教师的培养和青年骨干教师业务能力的提高,中高级职称的教师比例平均达70%以上。这些学校还积极实行对学生的全面素质教育,提高学生的综合能力;积极探索多层次,多形式的办学模式,扩大学校办学规模和提高社会办学效益。12月28日在新建成的南湖职业技术学校召开"上海市现代化标志性中等职业学校落成典礼"。

2001年2月21日,市教委下发关于命名上海石化工业学校等10所学校为上海市现代化标志性中等职业技术学校的通知,建成的现代化标志性中等职业学校共10所,它们是:上海石化工业学校、上海市房地产学校、上海市大江职业技术学校、上海市高级技工学校、上海市奉贤中等专业学校、上海市农业学校、上海工商信息学校、民航上海中等专业学校、上海市东辉职业技术学校和上海市南湖职业学校。10所现代化标志性中等职业技术学校的建设得到各级政府和部门的高度重视和大力支持。市委书记黄菊、市长徐匡迪分别视察上海石化工业学校和南湖职业学校,市委副书记龚学平审阅奉贤中等专业学校和上海工商信息学校的设计方案,副市长周慕尧多次深入学校检查和指导工作。学校主管部门给予高度重视和大力支持,各个学校付出了辛勤努力。

10所现代化标志性中等职业学校建设的成功实践,主要取得三方面的成效:其一,提高质量,改变了以往"中等职业学校是二三流学校"的观念,办学条件大为改善,教学设施水平明显提高,注重教学改革、专业设置和师资队伍建设,教育质量明显好转;其二,激活机制,使有限的财政性教育投入发挥更大的效益;其三,盘活资源,强化了名校品牌的辐射效应。

第二节　上海市百所中等职业学校重点建设工程

一、概况

上海市百所中等职业学校重点建设工程由上海市教委、上海市劳动和社会保障局从2001年3月起组织实施。市教委印发《关于实施上海市百所中等职业学校重点建设工程的意见》指出,建设目标是在2～3年内,将全市中等专业学校、职业高中、技工学校及成人中专校逐步调整到百所以内,形成由10所现代化标志性中等职业学校、30所国家级重点中等职业学校、60所市级重点学校或达到A级办学水平的中等职业学校构成的新格局,以满足社会经济发展和市民对优质教育的需要。上海市从2001年4月起组织实施"百校重点建设工程"。

"百校重点建设工程"启动后,地区和行业结合本地区、行业的实际,进行教育资源重组,提出"百校重点建设工程"的建设方案,据统计,共申报97所学校,其中地区32所,行业54所,民办学校9所,中外合作办学2所。市教委指导各地区、行业进一步完善申报的建设方案,明确重点建设的项目、目标、要求和进程,并组织专家对方案进行论证。确定65所中等职业学校列入市经费资助的范围。市教委努力建立市、学校主办单位、学校多渠道筹资的机制。据统计,可筹资16.2318亿元,其中市资助经费3亿元,与学校主管单位和学校投入比为1∶4.41。"百校重点建设工程"加强专业实训设备的投入,以满足专业教学要求;适应信息化发展的形势,重点规划建设校园网、多媒体专业教室、电子阅览室等;注重教师队伍建设,制定建设"双师型"教师队伍的举措。

2002年,"百校重点建设工程"初见成效。各学校的主管行业、地区集中力量,以高质量高标准建设本行业和本区域的一所中等职业学校。2002年内,工程建设学校基本完成建设规划、论证工作,并进入改建和新建阶段。学校的建设规划严格执行《百所中等职业学校建设标准》。在改建和新建中,学校及其主管行业、地区实行工程建设的责任制,以校长为工程建设的第一责任人,保证建设质量;采取节点控制的办法,列出工程建设的节点目标,确保工程进度。有45所中等专业学校和职业高中在年内完成和基本完成建设任务,约占列入建设学校的60%。

"百校重点建设工程"的实施,进一步推进职业教育投资体制的改革,成为多渠道筹资改善职业教育办学条件的重要举措。这一工程计划使全市中等职业学校新增占地面积500多亩,新增建筑面积近10万平方米,共需投入建设经费数亿元。各区县行业多方筹措建设资金,保证重点建设工程的实施。闵行区政府整合区域内中等职业教育资源,通过土地置换等办法筹资易地新建一所大规模、高水平、现代化职业学校。上海市信息技术学校向银行贷款600万元,完成1.6万平方米教学楼和学生公寓的建设。上海市第二医科大学附属卫生学校在主管单位的主持下,投资近千万元,建成现代护理实训中心。

"百校重点建设工程"促进了跨行业和地区的资源整合、职前职后教育的沟通和中高职教育的结合。上海市商业会计学校与市北工业学校原分别隶属市商委和市纺织控股集团公司,在上级主管部门和市政府职能部门的大力支持下,突破原有的行业管理体制,实现跨行业、跨管理体制的合并,为建设高质量、综合性职业学校奠定良好的基础。市政工程管理局在改建市政工程学校中增加了职后教育的设施。市仪电控股集团公司整合系统内中高职教育资源易地新建一所集中高职教育的新校舍。

2003年2月,市教委颁布关于开展上海市百所中等职业学校重点建设验收评估的通知。年内共有100所学校提出"百所中等职业学校重点建设"评估验收。市教育评估院根据通知要求和"上海市百所中等职业学校重点建设验收评估指标",组织专家对首批申报验收评估的21所学校重点建设进行验收评估。至2004年,"百校重点建设工程"基本完成。

第一阶段、二阶段评估,共完成79所学校评估验收工作。

工程完成后,学校占地规模大大增加。据市教育评估院对已完成评估验收的75所学校的2001年和2003年的对比反映,占地面积由5 579亩增加到6 172亩,新增占地面积近600亩,校均占地74亩;建筑面积230多万平方米,增加到275万平方米,净增45万平方米,校均3万平方米;"百校重点建设工程"共投入经费14.2亿元,其中市投入1.6亿元、主管单位投入7.4亿元、学校自筹5.2亿元,分别占11%、52%、37%。

专业实训、实验设施的建设成果显著。据统计,75所中等职业学校设备资产原值由2001年的7.1亿元,增加到10.2亿元,提高44%,校均达1 360万元。百校重点建设工程注重信息化建设,各中等职业学校根据现代化教育发展的要求,结合实施"百校通"工程和教学法改革,基本上都建立起校园网、多媒体专业教室、电子阅览室等。全市创建"上海职成教育在线",提供全市职业教育信息化的大平台,并使之成为上海市教育网络系统的主干网络之一,实现全市中等职业教育资源共享、网上办公、办学水平和毕业生就业率网上公示、学籍管理电子化注册与毕业证书网上查询、便民服务等功能。目前,"上海职成教育在线"已覆盖全市各中等职业学校,并向全社会和外省市辐射,成为上海市中等职业教育信息化的窗口。

布局结构进一步优化,规模效益明显提高。上海市中等职业学校由2000年参加招生的205所调整至2003年149所,其中中专58所、职校46所、技校45所,共招生84 291人,学校生均规模由原来的不到1 000人,增加到约1 500多人。32所学校被教育部新调整认定为首批国家级重点中等职业学校,19所学校申报第二批国家级重点中等职业学校评审。专业结构不断优化。目前148个专业中,一产类占5.4%,二产类占40.5%,三产类占54.1%,基本适应上海产业结构调整的需要。总体适应上海产业结构的"三、二、一"产业类体系。全市中等职业学校共有53个重点专业(点),其中8个国家级示范专业点,13个国家级紧缺人才培训基地,大大提升中等职业教育服务经济建设能力。

多样化的办学格局促进学校之间的良性竞争。上海市中等职业教育积极发挥创新精神,注重体制创新、办学模式创新。中等职业学校将校企结合和"订单培养"作为发展新的助推器,与国有大型企业、国际跨国公司的合作体已形成。参加百校重点建设工程的民办中等职业学校2所、独立设置的中外合作举办的中等职业学校3所,14所学校与境外合作举办专业,合作方扩展到德国、澳大利亚等国家和地区。

教育教学质量进一步提高,职业教育特色更加凸显。在工程建设过程中,学校积极建立和完善行业、企业参与专业建设的工作机制,建立行业、企业参加的专业教学指导委员会,使专业建设贴近企业的发展。各校共建实习基地近2 000个,学校的实验开出率接近100%,专业实训开出率达96%。学分制在中等职业学校迅速运用,弹性学制全面推开,满足学生的多样性选择和多元化发展要求。33所中等职业学校开展学分制改革,占学校数的33%,其中,重点中等职业学校占51%;实行完全学分制的占3%。11所学校3 000多学生进行网上选课。

师资队伍"双师型"和高学历比例迅速提升。通过百校重点建设工程,在75所学校内专任教师净增近10%,大学本科及以上学历所占比例达到95%,硕士研究生比例达5%,中高级职称教师占75%左右。在专业教师中"双师型"教师比例达42%。专任教师的年龄结构进一步合理。

中等职业教育持续稳定发展。上海市中等职业学校在册218所,列入该年招生的共149所(中专58所,职校46所,技校45所),在校生约25万人。在高中阶段各类学校中在校生数和招生数保持比例相当。2003年招收外省市初中毕业生1 860人,完成计划率99.73%。中等职业学校大力开拓培训市场,75所学校的年非学历培训人次,从2001年的18.8万提高到20.8万,提高11%。宝钢工业学校高达年均7 000多人次。上海市交通学校年培训收入达500万元。扩大了为企业培训的服务面。

2007年,又完成3所学校的评估,至此,有82所学校完成"百校评估"。在82所学校中,中专54所占65%,职校21所26%,技校7所占9%;其中既是现代化标志性学校、又是国家级重点8所,现代化标志性学校2所,国家级重点48所。该年专报指出:通过百校建设,专业结构进一步合理,社会服务能力正在提升。本市148个专业1 584个专业(点),一产类专业(点)49个,占3.09%;二产类专业(点)388个,占24.4%;三产类专业(点)1 147个,占72.47%,总体形成适应上海产业结构的"三、二、一"产业类专业体系。体制创新取得新突破,形成了多样化办学格局。校企结合、半工半读和"订单培养"成为职业教育发展新的助推器,中外合作办学迅速发展,15所学校与境外合作举办40多个专业。教育教学质量进一步提高,职业教育特色更加凸显。各校共建有校外实习基地近2 000个,学校的实验开出率接近100%,专业实训开出率达96%;在专业教师中"双师型"教师比例超过40%,专任教师的年龄结构进一步合理。

表2-2-1　2004—2009年上海市百所中等职业学校重点建设验收评估合格单位情况表

序　号	学　校　名　称	学校主管单位
1	上海信息技术学校	上海华谊(集团)公司
2	上海市现代职业技术学校	长宁区教育局
3	上海港湾学校	上海海运学院
4	上海第二医科大学附属卫生学校	上海市第二医科大学
5	上海市商业学校	上海市经济委员会
6	民航上海中等专业学校	中国民用航空华东管理局
7	上海音乐学院附属中等音乐专科学校	上海音乐学院
8	上海市大江职业技术学校	松江区教育局

（续表一）

序 号	学 校 名 称	学校主管单位
9	上海市建筑工程学校	上海建工(集团)总公司
10	上海市农业学校	上海市农林局
11	上海市材料工程学校	上海建筑材料(集团)总公司
12	上海市工业技术学校	上海轻工控股(集团)公司
13	上海市南汇工贸学校	南汇区教育局
14	上海市物资学校	上海物资(集团)总公司
15	宝钢工业技术学校	上海宝钢集团公司
16	上海市群星职业技术学校	浦东新区社会发展局
17	上海科技管理学校	上海水产(集团)总公司
18	上海市振华外经职业技术学校	浦东新区社会发展局
19	上海市医药学校	上海医药(集团)有限公司
20	上海市房地产学校	上海市房屋土地资源管理局
21	上海市奉贤中等专业学校	奉贤区教育局
22	上海市城市建设工程学校	上海市市政工程管理局
23	上海市高级技工学校	上海工程技术大学
24	上海市竖河职业技术学校	崇明县教育局
25	上海市工艺美术学校	上海轻工控股(集团)公司
26	上海市体育运动学校	上海市体育局
27	上海市群益职业技术学校	闵行区教育局
28	上海工商信息学校	青浦区教育局
29	上海市南湖职业学校	虹口区教育局
30	上海戏剧学院附属戏曲学校	上海戏剧学院
31	沪东中华造船集团技术学校	上海东华教育投资管理有限公司
32	上海市东辉职业技术学校	浦东新区社会发展局
33	上海市杨浦职业技术学校	杨浦区教育局
34	上海海运学校	上海海运(集团)公司
35	上海商业会计学校	上海市经济委员会
36	上海戏剧学院附属舞蹈学校	上海戏剧学院
37	上海市徐汇职业高级中学	徐汇区教育局
38	上海石化工业学校	金山区教育局
39	上海市逸夫职业技术学校	静安区教育局
40	上海市商业职业技术学校	黄浦区教育局

（续表二）

序　号	学　校　名　称	学校主管单位
41	上海市交通学校	上海交运(集团)公司
42	上海市大众工业学校	嘉定区教育局
43	上海市卫生学校	上海市卫生局
44	上海市公用事业学校	上海市城市交通管理局
45	上海市曹杨职业技术学校	普陀区教育局
46	上海市工商外国语学校	上海市经济委员会
47	上海市宝山职业技术学校	宝山区教育局
48	上海市金山食品工业学校	金山区教育局
49	上海电子工业学校	上海仪电控股(集团)公司
50	上海市东港职业技术学校	浦东新区社会发展局
51	上海市青浦区职业学校	青浦区教育局
52	上海市松江建筑工程学校	松江区教育局
53	上海市高桥职业技术学校	浦东新区社会发展局
54	上海新闻出版职业技术学校	上海市新闻出版局
55	上海市应用科技学校	上海市农场管理局
56	上海市董恒甫职业技术学校	徐汇区教育局
57	上海市经济管理学校	上海第二工业大学
58	上海行知职业高级中学	宝山区教育局
59	上海市环境学校	上海市市容环境卫生管理局
60	上海市行政管理学校	上海市教育委员会
61	上海市马戏学校	上海文化广播影视集团
62	上海市第二体育运动学校	上海市体育局
63	上海市第二轻工业学校	上海轻工控股(集团)公司
64	上海市聋哑青年技术学校	闸北区教育局
65	上海市天工职业技术学校	普陀区教育局
66	上海市西南工程技术学校	闵行区教育局
67	上海市贸易学校	上海市粮食局
68	上海市旅游服务职业技术学校	黄浦区教育局
69	立信会计学校	上海立信会计学院
70	上海电力工业学校	中国电力投资集团公司
71	中华新侨中等专业学校	上海市委统战部
72	中华职业学校	卢湾区教育局

序　号	学　校　名　称	学校主管单位
73	上海工商职业技术学校	上海市小企业(生产力促进)服务中心
74	上海电机厂技工学校	上海电气集团上海电机厂
75	上海市震旦中等专业学校	卢湾区教育局
76	江南造船集团职业技术学校	江南造船(集团)有限公司
77	上海体育学院附属竞技体育学校	上海体育学院
78	上海市燎原中等专业学校	闵行区教育局
79	上海市鸿文国际职业高级中学	宝山区教育局
80	上海电力工业学校	中国电力投资集团公司高级培训中心
81	中华新侨中等专业学校	中国共产党上海市委员会统战部
82	上海工商职业技术学校	上海市中小企业服务中心
83	中华职业学校	卢湾区教育局
84	上海市市北职业高级中学	上海市闸北区教育局
85	上海市新陆职业技术学校	上海市浦东新区社会发展局
86	上海船厂技工学校	上海船厂船舶有限公司
87	上海广电电子学校	上海广电电子股份有限公司
88	上海市园林学校	上海城市管理职业技术学院

资料来源：上海市教育委员会、上海市劳动和社会保障局《关于公布首批上海市百所中等职业学校重点建设验收评估合格单位的通知》，2004 年 4 月 2 日发；上海市教育委员会、上海市劳动和社会保障局《关于公布上海市百所中等职业学校重点建设验收评估合格及复查通过单位的通知》，2005 年 7 月 7 日发；上海市教育委员会《关于公布新增上海市百所中等职业学校重点建议验收评估合格单位的通知》，2008 年 2 月 13 日发；上海市教育委员会《关于公布新增上海市百所中等职业学校重点建设验收评估合格单位名单的通知》，2009 年 2 月 12 日发。

二、案例选介

2005 年，上海船厂技工学校在学校主管部门的支持下进行百校重点建设，将上海正茂工业链厂整体划给学校使用，学校占地面积扩大到 40 多亩，新建教学大楼并投入资金进行全面改造。办学环境与办学条件得到巨大的改善。

2008 年，上海市市北职业高级中学成为项目验收评估合格单位。在"百校建设"过程中，闸北区政府统筹区内 3 所中等职业学校合并成立市北职业高级中学，投资 1.2 亿元，大大改善了学校的办学条件。

2008 年，上海市新陆职业技术学校成为项目验收评估合格单位。学校地处金桥出口加工区的腹地，与外高桥保税区、张江高科技园区毗邻，有着得天独厚的实习与就业环境，通过"百校建设"不断理顺办学体制，调整专业结构，努力提升办学质量，2006 年至 2008 年，学校向金桥出口加工区内众多三资企业输送各类人才 1 000 余人，特别是学校的幼师保育专业为全市各幼儿园输送教师、保育员 1 215 人，取得良好的社会声誉。

上海科技管理学校在 2001 年开始的"百校重点建设工程"中,搭建涵盖教学工作主干层面的、以信息化为主导的创新平台,推行创新教育,实现教学改革的升级换代。以实施学分制教育为载体,按照知识比学历重要,能力比知识重要,道德比能力更重要的定位。专业设置把握前瞻性与前卫性的原则,调整重组专业,提高专业的科技含量,形成品牌专业、骨干专业、特色专业的专业建设布局。以"10181"工程为导向调整课程结构,完善课程体系及其评价体系。逐步建立能力为本的课程与架构,形成以技能标准为主体,文化课与专业课为依托的设课模式。加大教学法改革的力度,将日常教学工作与教科研并轨。

上海市商业学校以"百校重点建设工程"为契机,建立科学管理机制,加强教育质量管理。2000年,学校在上海市教育系统首家获得 ISO9001 国际质量体系认证,遵循的是 ISO9001/2000 版的 P-D-C-A(即策划—实施—检查—改进)闭环式系统化管理方式。学校所有部门,按照"建设现代化、国际化一流商业学校"质量目标以及"以学生为本,求真、求实、求新、求发展"质量方针的要求,规范部门工作。坚持一年两次内审,两年一次外审。2003 年 3 月,国家方圆委国际认证机构对学校 ISO9001/2000 版国际质量管理体系的运行进行认证,学校再次通过认证。

上海市信息技术学校从 2001 年开始,以"百校重点建设工程"为抓手,优化办学环境。一是优化学习环境。百所重点工程的建设使学校教学主要的较陈旧的建筑物得到脱胎换骨的改造。与加快专业建设同步,加大了实验实训条件设备的改善力度,如数控专用教室、电子实训室、网络实训室、首饰加工和经营专业设计、鉴定等专用教室、文秘形体实训室等。二是优化生活环境。在学校主要的生活区建起一幢 5 500 平方米的女生公寓。公寓内,每一间宿舍都有盥洗室,而且有热水直接接入,可以 24 小时不间断使用。原先封闭的学校围墙改建成开放式的漂亮的铸铁围栏。小商店、钢材仓库、洗衣房、车库等生活设施有的搬迁,有的重建。三是优化活动环境。在校最北端,建起一排供学生活动的乒乓房。在教学楼的东面,原先的可容 300 多座的中型电化教室安装中央空调,除了供教学使用外,还承担每周一次由学生会文艺部管理的为住宿学生放映电影的任务。同时还建起由学生会管理、主要由学生制作的学生电视台。

上海新闻出版职业技术学校在 2001 年开始的"百校重点建设工程"中,不断探索教改新路,狠抓教育教学质量,以适应市场对人才培养的要求。建立健全教学管理、教师管理、学生管理、生活管理等一系列规章制度,并在学生中深入开展德育与法制教育;全面检查教学管理上的五配套工作,有力规范教育教学行为,对个别不符合规范的限期整改;推行分层教育制度,实施就业推荐市场化办法;对学校科室管理结构进行调整,逐步扩大培训职能,将实习科改为招生就业科,组建计算机管理中心,新设人事科等。同时,学校完善教学基础设施建设。新建成多媒体电化教室、多媒体语音室、电子阅览室、印刷实训教室等教学实践场所;综合楼建设被立项,已完成设计方案及地质勘测工作;塑胶跑道顺利竣工等。1998 年学校被评为上海市重点职业技术学校后,2001 年 11 月被国家新闻出版总署认定为全国首批专业教学达标学校;还被上级部门确认为上海市职业技能鉴定中心第 095 国家职业技能鉴定所、全国计算机信息技术考试上海考试站。

第三节 国家级重点中等职业学校建设

开展国家级重点中等职业学校调整认定工作,是全面贯彻落实全国职业教育工作会议和《国务院关于大力推进职业教育改革与发展的决定》精神,提高中等职业教育整体水平的一项重要的基础性工作,也是改革和发展中等职业教育的一项具有战略意义的重要举措。

一、概况

2003 年 8 月 15 日,上海市教委根据教育部职业教育与成人教育司《关于开展国家级重点中等职业学校调整认定工作的通知》的精神,结合上海市实际情况,提出调整认定工作要紧密结合上海市百所中等职业学校重点建设工程的实施,将调整认定作为继续推进百所中等职业学校重点建设的一个具体抓手,以调整认定促建设,以调整认定检验百所中等职业学校重点建设的工作成效;调整认定工作要突出改革创新和骨干示范作用,注重学校质量、效益、特色;调整认定工作既要严格掌握标准,又要讲究分类指导。

调整认定工作中具有申报资格的学校范围:一是 1999 年以来经教育部批准的原国家级重点中等职业学校;二是历年被批准的市重点中等职业学校;三是在实施市百所中等职业学校重点建设工程中,成绩显著并符合国家级重点中等职业学校条件的中等职业学校。已经或近期拟提高办学层次或改变办学类型的学校,原则上不再申报。调整认定工作的依据:一是教育部职业教育与成人教育司《关于开展国家级重点中等职业学校调整认定工作的通知》;二是教育部职业教育与成人教育司《国家级重点中等职业学校调整认定指标体系》。

调整认定的主要工作:一是精心遴选专家,组建评估班子,市教委依托上海市教育评估院组建的《上海市中等职业学校教育评估专家数据库》,从数据库中挑选出 30 名专家。二是组织学习和培训。市教委和上海市教育评估院组织专家和学校认真学习《教育部关于开展国家级重点中等职业学校调整认定工作的通知》《国家级重点中等职业学校条件》和《国家级重点中等职业学校评估指标体系》等文件,并根据上海的实际,编制《国家级重点中等职业学校评估指标体系上海操作要求》,组织有关学校领导和材料员开展培训活动。同时还利用《上海职成教育在线》网站进行网上咨询活动。三是开展自评工作。按照要求,学校全面开展调整认定的自评工作,填写"国家级重点中等职业学校自评表"或"国家级重点中等职业学校申报表"。经学校主管部门同意,原来 30 所国家级重点中等职业学校中的 28 所学校提出调整认定申请和 5 所省市级重点中等职业学校提出了申报国家级重点中等职业学校。四是组织评选。上海市教育评估院组建上海市国家级重点中等职业学校调整认定评估专家组。对原国家级重点中等职业学校采用随机听课、集中答辩和材料复核相结合的评估方法。材料复核中严格按照教育部有关评估指标要求,组织 3 个专家组,分别对 28 所原国家级重点学校(13 所中专、11 所职校和 4 所艺体类中专)进行认定评估。上海市教育委员会审核上海市教育评估院出具的专家组认定评估意见,同意上海市信息技术学校等 28 所原国家级重点中等职业学校(中专 13 所、职校 11 所、艺体类中专 4 所)列为"建议重新认定公布"名单;上海市农业学校、上海市机电工业学校等 2 所原国家级重点中等职业学校列为"暂缓审定"名单;上海市卫生学校等 4 所上海市级重点中等职业学校列为新申报国家级重点中等职业学校备选名单。

2006 年,根据《教育部职成教司关于做好国家级重点中等职业学校调整认定工作的通知》精神,将每年开展一次的国家级重点中等职业学校调整认定纳入常规工作,按照教育部"国家级重点中等职业学校条件"和 2005 年修订过的"国家级重点中等职业学校评估指标体系"要求,市教委委托市教育评估院组织专家对西南工程学校和航空服务学校开展本市第三批国家级重点中等职业学校评估工作。

2007 年,根据浦东新区社发局和轻工控股集团的申请,委托市教育评估院组织专家对上海航空服务学校和第二轻工业学校,开展上海市第四批国家级重点中等职业学校评估工作。

通过调整认定工作,办学定位更加准确,办学思路更加明晰。各校更加主动地面向社会,面向市场,以就业为导向,设置和调整专业,更加主动地为经济结构调整和技术进步服务,为促进就业和再就业服务,为农业、农村和农民服务,为推进西部大开发服务。上海市工业技术学校面对上海制造业的升级换代,主动调整专业培养方向和课程设置,以为大型现代化制造企业提供一线中初级技术工人为目标,毕业生供不应求。上海市科技管理学校主动与陕西白水中等职业学校、江西芝阳师范学校合作办学,充分发挥优质教育资源向中西部地区辐射的作用,取得了良好的社会效益。

调整认定工作加强了学校基础建设和现代化、信息化基础设施建设,使学校办学整体水平有了明显提高。各校在实验实训设备、多媒体教室、专业图书资料和校园网络建设等方面加大投入。上海市振华外经职业技术学校由于地处小陆家嘴金融贸易区的中心地带,占地面积、建筑面积和运动场地均受限制,浦东新区投资 2.022 亿元,异地新建崭新的校园,后又投资 2 700 万元用于建设新的信息中心和学生宿舍,累计投资达 2.3 亿元。

表 2-2-2　2001 年与 2003 年上海市 28 所原国家级重点中等职业学校建设比较统计表

建 设 项 目		2001 年情况		2003 年情况		增长数情况		增长率
		总数	平均数	总数	平均数	总数	平均数	
学校基础建设	占地面积(万平方米)	183	6.5	210	7.5	27	0.96	15%
	建筑面积(万平方米)	113	4	118	4.2	5	0.18	5%
体育场地	环形跑道(米)	7 760	277	8 058	288	298	11	4%
	塑胶跑道	9	—	16	—	7	—	78%
学历教育规模	在校生数(人)	68 391	2 443	84 114	3 004	15 723	562	23%
师资队伍	专任教师数(人)	3 227	115	4 058	145	831	30	26%
学历情况	研究生学历(人)	63	2.3	87	3.1	24	0.9	38%
	本科学历(人)	2 441	87	3 255	117	814	29	33%
职称情况	高级职称(人)	615	22	857	31	242	8.6	39%
	中级职称(人)	1 804	64	2 072	74	268	10	15%
信息化建设	教学用计算机数	8 433	301	16 758	599	8 325	297	99%
	多媒体教室数	171	6.1	345	12	174	6.2	102%
	电子阅览室座位数	1 116	40	1 576	56	460	16	41%

资料来源:2003 年市教委职成教育处专报《做好国家级重点中等职业学校调整认定工作》,上海市教育科学研究院职业教育与成人教育研究所编《上海职业教育与成人教育(2004)》,上海教育出版社 2004 年版。

二、建成学校

2004 年 4 月,上海市被列入首批国家级重点中等职业学校名单的有:上海信息技术学校、上海市东辉职业技术学校、上海石化工业学校、上海第二医科大学附属卫生学校、上海市现代职业技术学校、上海市南湖职业学校、上海市商业学校、民航上海中等专业学校、上海市逸夫职业技术学校、上海市徐汇职业高级中学、上海港湾学校、上海海运学校、上海市旅游服务职业技术学校、上海市杨浦职业技术学校、上海市城市建设工程学校、上海市大江职业技术学校、上海市商业会计学校、上海市群益职业技术学校、上海市建筑工程学校、上海工商信息学校、上海市竖河职业技术学校、上海市商业职业技术学校、上海市工艺美术学校、上海市奉贤中等专业学校、上海市体育运动学校、上海戏剧学院附属戏曲学校、上海戏剧学院附属舞蹈学校、上海音乐学院附属中等音乐专科学校、上海市卫生学校、上海市交通学校、上海市公用事业学校、上海市大众工业学校。

2005 年 3 月,上海市被列入第二批国家级重点中等职业学校名单的有：上海市工商外国语学校、上海市振华外经职业技术学校、上海市宝山职业技术学校、上海市医药学校、上海科技管理学校、宝钢工业技术学校、上海电子工业学校、上海市工业技术学校、上海市材料工程学校、上海市贸易学校、上海市曹杨职业技术学校、中华职业学校、上海市物资学校、上海市环境学校、上海市董恒甫职业技术学校、上海市临港科技学校、上海市行政管理学校、上海电力工业学校。

2007 年 3 月,上海市西南工程学校被认定为国家级重点中等职业学校。

2008 年 3 月,上海市航空服务学校、上海市第二轻工业学校被认定为国家级重点中等职业学校。

2010 年 3 月,上海市经济管理学校被认定为国家级重点中等职业学校。

三、案例选介

2004 年 4 月,上海市商业职业技术学校被列入首批国家级重点中等职业学校。学校经过建设,占地面积由原来的 6.6 亩扩大到 12.7 亩,建筑面积由首评时的不到 1 万平方米,扩大到 3 万平方米。学校有 104 个教学班,4 016 名学生。学校在有关部门的支持下,建立 OSTA 计算机信息技术考核站等技能考核站和培训中心。学校实行多元化办学模式。学校与加拿大曼哈顿学院签订联合办学协议,培养商业经营管理人才(2＋2);与新加坡美德电脑、上海大学等高校、与财经证券公司、新黄浦等联手培养金融证券、物业管理、外经贸专业人才。学校还重视职后培训,为企业职工、下岗职工进行技术培训,已逐步构建起长期与短期,职前与职后,自办与联办,国内与国际,生产与教学等灵活多元的办学模式。通过建设,专业设置逐步更新,学校把培养内外贸经营管理人才的重点逐步移向电子商务、电子技术应用、商务外语等专业上。又开发商业广告美术、商业物业管理、影视电器、电子技术、电子商务等新专业。四是广泛应用现代技术手段,学校及时调与更新教学内容与教学设施,让学生尽可能掌握更多的新知识、新技术。

2005 年 3 月,上海科技管理学校被列入第二批国家级重点中等职业学校。学校注重适应行业和社会产业结构调整趋势,不断论证和开设新专业。三年来,学校招生人数逐年递增,毕业生就业率平均达 95.8％。一是在改造各专业同时不断开拓新专业(专业方向),改造一批传统专业,开设一批新专业。学校重视学生实践动手能力的培养,落实实训环节,加大学生考证力度。学校建立就业指导、创业引导、毕业推荐、多证书培训一体化运作机制,实现就业管理专职化、就业指导规范化、就业推荐程序化、就业运行网络化和就业途径多样化。积极推进现代教育技术的应用;实行学分制、分层教学新模式毕业生"双证书"获得率达 95.4％。在基础建设方面,学校先后建了实验楼、2 号教学楼和 3 号教学楼,使学校的建筑面积增加扩建或新建一批实训室。完成校园网络升级扩容、演播室、图书馆管理系统等建设项目。现代教学设施的投入,提升了专业教学的技术含量。三是坚持开拓创新,与日本福冈县立水产高等学校开展教育教学交流历时 19 年;加强与国外优质教育资源联合;与上海商学院合作举办高职班,在江西和西部地区的陕西开展合作办学;加大校企合作力度,为行业和社会培训各类学员年均 1 万余人次。构建学校德育工作合力机制,强化学生行为规范,有效促进学生整体素质的提高。从 2001 年起，实施两轮全员聘用合同制，学校真正形成干部能上能下、教师能进能出、岗位能转能变、收入能高能低的"四能"机制。党建工作在求真、求实、求新上下功夫、出成果。学校涌现出业务精于群众、行动先于群众、奉献大于群众的不同类型的党员先进典型。

第四节　国家中等职业教育改革
发展示范校建设

2010 年，市教委根据《教育部　人力资源社会保障部　财政部关于实施国家中等职业教育改革发展示范学校建设计划的意见》《教育部办公厅、人力资源社会保障部办公厅、财政部办公厅关于申报 2010 年度国家中等职业教育改革发展示范学校建设计划项目的通知》要求，组织专家开展 2010 年度国家中等职业教育改革发展示范学校建设计划项目学校预审遴选工作，根据中央下达的项目学校控制数和上海市专家评审意见，推荐上海信息技术学校、上海石化工业学校、上海市大众工业学校、上海交通大学医学院附属卫生学校、上海市城市科技学校、上海市东辉职业技术学校等 6 所学校为 2010 年度国家中等职业教育发展示范学校建设计划项目学校。

学习动员　2010 年 9 月 16 日，国家职业教育专题规划中等职业教育改革发展示范学校建设研讨会召开后，上海市教育委员会立即召开全市国家级重点中等职业学校校长会议，认真学习教育部等三部门下发《关于实施国家中等职业教育改革发展示范学校建设计划的意见》和《关于申报 2010 年度国家中等职业教育改革发展示范学校建设计划项目的通知》，解读改革发展示范校遴选的基本条件和申报工作要求，明确这是一项进一步推动中等职业教育从硬件建设向软件建设转变、从外延发展向内涵发展转变、从注重规模发展向全面提高质量转变的举措，对上海中等职业学校深化改革、加快发展、提高质量、办出特色具有重大影响。会议具体部署 2010 年的申报工作。此后，全市各中职校认真学习教育部等三部门的文件精神，对照"改革发展示范校建设"的遴选基本条件，积极向上级主管单位汇报沟通，争取重视和支持，有 11 所学校及其上级主管单位提出申报。一些暂时未申报的学校和上级主管单位也积极对照《2010 年度国家中等职业教育改革发展示范学校建设计划项目学校遴选基本条件》，寻找自身差距，表示将在未来 3 年里，抓住贯彻落实国家和上海的中长期教育改革和发展规划纲要的契机，努力创造条件，积极争创国家改革示范校，并以此进一步深化和推进学校的改革创新。

设置条件和制定方案　按照教育部办公厅、人力资源社会保障部办公厅、财政部办公厅制定的《2010 年度国家中等职业教育改革发展示范学校建设计划项目学校遴选基本条件》，结合上海实际，按照遴选基本条件，委托上海市教育评估院制定预审推荐工作方案，设计评审操作程序和评审方法，确保预审工作客观公正，预审结果科学有效。

组织评审　上海市教育评估院组织相关市人力资源和社会保障局、市财政局、市发展改革委等职能部门和华东师范大学职教所以及上海中职特级校长等方面的 12 位专家，对 11 所申报学校的材料进行遴选评审。以"保证入门条件、注重内涵发展、平衡软硬条件和所用材料真实可靠"等 4 项遴选原则，采用审阅材料、集体评议、投票推荐、汇总上报等遴选评审办法。经上海市教育评估院统计所有专家的《专家评审意见表》，根据每所学校的得票数和相关条件，取前 6 名作为上海市拟推荐的"国家改革发展示范学校"。

上海推荐的 6 所学校均为国家级重点中等职业学校，在国家和上海市以及学校办学主管单位的支持下，办学条件优良，校园占地面积、建筑面积均能满足学校办学需要，均建有上海市职业教育开放实训中心,实训设施设备先进,拥有一批热爱职业教育事业和中职学生、富于奉献精神且职称、学历结构合理的专兼职教师队伍;学校能主动适应上海及区域经济发展和企业用人需求,积极开展教育教学改革和课程教材建设,推进校企深度合作,参与对口支援和对外省市招生,在保持一定学历教育规模的同时,积极开展职业培训,为上海的经济社会发展培养大批技能型人才;学校在每年的全国职业院校技能大赛和每两年一届的上海市"星光计划"技能大赛等比赛中屡获佳绩,反映出良好的教育教学水平,毕业生就业率始终保持在96%以上,并在社会上产生积极的影响。

第三章　国家示范性高等职业院校建设

第一节　概　　况

2006年教育部、财政部落实《国务院关于大力发展职业教育的决定》精神，启动实施"国家示范性高等职业院校建设计划"，按照"地方为主、中央引导、突出重点、协调发展"的原则，遴选100所高等职业院校进行重点建设。实施国家示范性高等职业院校建设计划，是加快高等职业教育改革与发展的重要战略举措。示范建设院校在探索校企合作办学体制机制、工学结合人才培养模式、单独招生试点、增强社会服务能力、跨区域共享优质教育资源等方面取得显著成效，引领全国高等职业院校的改革与发展方向。

国家示范性高等职业院校建设计划从2006年到2010年实施，按年度、分地区分批推进。中央财政对入选示范院校实行经费一次确定、三年到位，项目逐年考核、适时调整的做法。对年度绩效考核不合格的院校，终止立项和支持。中央财政预留部分资金，对项目执行情况好的院校实行奖励。2006年，制订建设项目总体规划和管理办法，启动第一批30所左右示范院校的项目建设。中央财政根据项目建设进度安排资金，地方财政按职责划分对示范院校项目进行重点支持。2007年，启动第二批40所左右示范院校的项目建设；启动中央级共享型专业教学资源库建设并完成公共管理平台建设；继续执行首批示范院校的项目建设；中央财政根据项目建设进度安排资金，地方财政按职责划分对示范院校项目进行重点支持。2008年，启动第三批30所左右示范院校的项目建设；完成首批示范院校的项目建设并进行验收，继续执行第二批示范院校的项目建设；中央财政根据项目建设进度安排资金，地方财政按职责划分对示范院校项目进行重点支持。2009年，继续执行第三批示范院校的项目建设，完成第二批示范院校的项目建设并进行验收；中央财政根据项目建设进度安排资金，地方财政按职责划分对示范院校项目进行重点支持。2010年，完成第三批示范院校的项目建设并进行验收；对因考核不合格而淘汰院校的空缺数额进行滚动补充，安排预留经费对项目执行情况突出的院校进行支持和奖励。

上海市先后共有4所高等职业院校被列入100所立项建设的院校名单，另有1所被列入重点培育（扶持）院校名单。具体如下：

2006年度全国立项建设院校共28所，上海医药高等专科学校名列其中，其重点建设专业为医学影像技术、眼视光技术、药学、口腔医学技术、医学检验技术、护理。

2007年度全国立项建设院校共42所，上海公安高等专科学校、上海工艺美术职业学院名列其中。公安高专的重点建设专业为警察指挥与战术（特警方向）、公共安全管理（巡逻警务方向）、交通管理、治安管理、侦查（社区警务方向）；工艺美院的重点建设专业为旅游工艺品设计与制作、珠宝首饰工艺与鉴定、装潢艺术设计、艺术设计。

2008年度全国立项建设院校共30所，上海旅游高等专科学校名列其中，其重点建设专业为旅游管理、烹饪工艺与营养、酒店管理。同时，该年度立项的还有9所重点培育（扶持）院校，上海医疗器械高等专科学校名列其中。

2009 年,市教委年报指出,继续推进国家级示范性高等职业院校建设,将在生均经费、专项配套经费、专业实训基地、招生指标、招生政策和职业教育集团化办学等方面继续加大支持力度,进一步提高示范院校整体水平,鼓励创建国家示范性高等职业院校。

2010 年,教育部和财政部又联合下发关于进一步推进国家示范性高等职业院校建设计划实施工作的通知,在原有已建设 100 所国家示范性高等职业院校的基础上新增 100 所左右国家骨干高等职业院校。上海医疗器械高等专科学校被列入当年首批立项建设的骨干院校名单之中。

第二节　案例选介

上海医药高等专科学校 2006 年立项建设。学校建立以职业能力为重点的教学体系、以职业素质及专业技能为主线的课程结构,对护理、医学检验技术、口腔医学技术等专业进行教学改革试点,强化职业技能培训,突出实践教学环节,实行"2+1"学制:即前 2 年在校实验实训连成线,后 1 年在教学基地"顶岗实习";形成"281"的实验—实训—实习等实践教学链式课程结构:即在校基础实验和专业实训时数各占 20% 和 80%,校外实习为期 1 年。同时,建成一大批体现岗位技能要求、促进学生实践操作能力培养的优质核心课程和特色教材,加快精品课程等共享型教学资源建设力度。学校以专业人才梯队建设为重点,加速构建符合职业教育特点的优秀教学团队,将进一步完善人才的培养与引进机制,改革原有人事体制制度,推行人才的"柔性流动",吸引更多有较高学术造诣和精湛技术能力的行业专家成为"双栖型"人才充实师资队伍,扩大专兼职师资相结合的专业教学团队。通过引进优秀专业带头人和招聘优秀毕业生,构建可持续发展的人才梯队,教学水平达到国内一流、国际标准。学校要以各专业实验实训基地建设为平台,职前教育和职后培训相结合,扩大学校的社会服务功能。依托各附属医院、上海市卫生系统的优质的教学资源和上海相关行业协会的支持,学校加强与教学实习基地的密切联系与合作。学校已与亚、欧、美十几个国家和地区开展 26 个合作交流项目、2 个国家批准的中外合作专业。

上海工艺美术职业学院 2007 年立项建设。建设的主要内容:学校通过创建"强化职业核心能力、优化职业迁移能力、提升职业综合素质"的人才培养新模式,围绕工艺美术类职业人才的核心能力,将职业技能化为课程内容,将岗位需求化为教学目标,将职业融入学业,培养能创意、懂材料、会制作、具有职业综合素养并能不断适应工艺美术发展的人才。其次,按照学院的优势资源和教学特色,重点建成国内领先、具有一定国际知名度的首饰设计专业、室内装饰设计专业、数码游戏软件设计专业,引领和带动相应工艺美术、装饰艺术设计和数码艺术等专业群发展。其三,实施四大工程,打造示范性教师队伍。实施"教师+大师或技师或巧匠"的"双师型"教师队伍建设工程。使"双师型"教师占专业教师总数的 85%。实施专兼职紧密结合的教师队伍建设工程。从企业、行业聘请技术骨干为重点兼职教师,形成专兼职结合、实力雄厚的教师队伍;使专兼职教师的比例达到 1∶1。实施专业带头人建设工程。使每个重点专业配备 3 名、其他每个专业配备 1 名以上"教授+大师"型专业带头人。实施青年教师专业技能培养工程。建立青年教师每年到企业顶岗挂职锻炼的长效机制。其四,针对关键技术和最新工艺,构建工学紧密结合、特色鲜明、示范全国的课程体系。紧密结合工作室化教学、项目包引领,以岗位职业技能和职业流程为依据,按照理论课与实践课 3∶7 的比例组织教学内容。制定各专业教学链各环节人才培养规范和课程质量标准,深化课程内涵建设。按照国家标准,建设 6 门精品课程、9 门市级精品课程、15 门校级精品课程。针对关键职业能力,建设 50 门核心课程,并配套编写 100 本体现专业核心岗位技能要求、突出学生实际操作能力和创新、创业能力培养的特色教材。其五,构建技术领先、设备精良、制度健全、管理规范的开放型实习实训体系,包括 50 个校内生产性实训工场;75 个校外顶岗性实习基地,其中每个专业要有 3 个以上的重点企业作为顶岗性实习基地;30 个工作室构成的校内教师工作室系统;20 个工作室构成的民间特艺工作室系统;30 个工作室构成的工艺美术大师工作室系统;10 个工作室构成的国际著名设计师工作室系统。其六,建设功能、效益、示范作用巨大,可持续发展性强,国内独树一帜的"中国工艺美术原创中心暨产学研一体化教育基地"。其七,整合资源,构建融教学、培训、咨询、技能鉴定、技术开发为一体的社会服务体系。其八,构建全方位、全过程覆盖,制度严密、评价公正、指标科学、操作性强的示范性教育教学质量监控评价体系。

上海公安高等专科学校 2007 年立项建设。建设的主要内容:第一,完善校局联动、育用衔接、战训交融的复合式公安应用人才培养模式。培养做到三个对应:培养人数对应公安进人计划,专业设置对应警种岗位需求,培养质量对应岗位用人标准;上岗必备三个证书:《毕业证书》《公务员资格证书》《人民警察岗位任职资格证书》。确保毕业生就业率 100%;实现培养忠诚正直、基础扎实、能战会管、服务人民的复合式公安应用人才目标,用人单位总体满意率达到 98% 以上。第二,建设突出岗位核心能力、紧贴实战、"教、学、战"一体的专业课程体系。把岗位核心能力培养渗透到专业教学体系中,实现教学从"学科本位"向"能力本位"、从"课堂为中心"向"现场为中心"、从"懂不懂"向"会不会"的转变。第三,打造师德高尚、"三者合一"、专兼结合的优质师资队伍,继续探索以教官为主体的"双师"型师资建设模式,改进师资的选拔、培养、使用、管理制度,不断从公安实战单位引进精通实战、能干会教的优秀人才到学校轮流执教。推行初任教官岗前集训制度,强化师德师风教育和教学专业素质培训。第四,建成一批设施先进、功能完善、布局合理,达到国内或国际领先水平的实验实训设施。

上海旅游高等专科学校 2008 年立项建设。该校的国家示范性高等职业院校建设方案提出,学校坚持"以旅游行业为主,兼顾地方经济和社会发展"等原则,确定酒店管理、烹饪工艺与营养、旅游管理、旅游英语 4 个专业为国家示范性高等职业院校建设重点专业,同时带动会计、电子商务、西餐工艺、会展策划与管理、旅游日语、应用韩语等专业群建设。学校将建成国际旅游教育中心、旅游景观实训基地。整个校区建设完成以后,将成为集教学、科研、培训和观光旅游休闲为一体的开放式现代化多功能的旅游职业教育园区。还要建设一个以教学、科研、校园文化为核心,以计算机、网络和通讯技术为依托,技术先进、扩展性强、能覆盖全校的计算机主干网络。

上海医疗器械高等专科学校 2008 年列为国家示范性高等职业院校的重点培育院校。该校的总结材料中指出,学校强化体制机制创新,彰显"医工结合、以工为主、兼容管理"的办学特色。一是努力把行业、企业和职业等要素融入人才培养过程,打破固定单一的教学制度安排,建立起多种形式的校企合作办学和工学结合教学模式,按照地区产业发展要求吸引行业企业参与专业建设围绕职业要求组织专业教学,加强人才培养过程的开放性,形成鲜明的高职教育特色。初步形成"校企医监研"合作教育的体制机制。二是创新"校企一体、分类分段、能力递进"人才培养模式。以提高学生的实践能力、创造能力和就业能力为目的,解构与重构专业课程体系,开发工学结合的教学课程,强化实践环节,重点建设医疗器械类专业核心课程,开发一批"教学做"一体化的专业课程。三是学校以"不求所有,但求所用"的理念,与企业、医院共建实验实训基地,建成一批国内领先的校内外实训基地,校内实训基地增加到 30 个,校外实训基地增加到 92 个。四是实施双师工程,打造一支一流的专业教学团队。开展教师队伍的"五双"建设工程:建专业"双带头人"制度,学校聘请校内骨干教师和企业专家(专业经理)共同担任专业带头人。建"双师结构"教学团队,从企业、医疗机构聘请专家和技术骨干作为兼职教师,负责专业教学、实训教学尤其是顶岗实习的现场指导教师。培养"双师素质"教师,选拔骨干教师到企业、监管机构挂职锻炼或业务进修,提高教师队伍的"双师素质"比例及教师职业教育的能力。"双向互动"增强科研能力,通过校企联合研究中心和下企业顶岗实践等形式,教师通过开展技术服务工作,增强了教师技术服务的能力。"双向培养"提升服务能力,开展了包括国家食品药品监督管理局委托的技术培训、临床工程技术学会的行业培训及"临床医学工程师资格考试"的考前培训等。

第四章　职业教育体系

1986年，全市初中毕业生进入中等专业学校、技工学校和职业中学的学生数已占高中阶段各类学校招生总数的 59.5%（市区占 64%），三类中等职业技术学校的在校学生已达 16.5 万余人，高等职业技术教育也已开始进行试点。经过 9 年的努力，上海市中等教育结构单一化的局面已基本得到扭转，一个从初级到高级职业教育的体系开始显现。

20 世纪 80 年代后期，上海职业高中与高等学校联办职业班，试验中等职业教育与高等教育衔接，但受到原有招生与劳动用人制度的制约，处于探索阶段。90 年代，有些职业高中与当时少数高等学校试办高等职业教育联合办学，探索中、高职业教育的衔接。1995 年，上海市职业技术教育工作会议提出，逐步完善上海职业技术教育体系是今后的一项重要任务。1999 年，上海高校招生考试改革取得突破性进展：全市构建中等职业学校毕业生升高等职校、普通高中毕业生升高等职校两座教育"立交桥"，上海市万余名学生顺利升入高等职业院校学习。

1999 年上海开始举办综合高中。从 2000 年起，应届三校毕业生可以直接报考普通高校。是年，市教委组织研讨初等职业技术教育的办学要求，检查有关区县初等职业技术教育办学情况，会同有关部门指导卢湾、杨浦、普陀、长宁、宝山、青浦等区县初等职业技术教育工作，审批有关区县的办学申请。

2000 年上海启动"3＋3"中高职相通的试点，试办六年一贯制高等职业技术教育。2001 年，"3＋3"中高职模式试点有新的发展，涉及 59 所中等职业学校和 32 所高等学校，设置专业（含校际重复设置）106 个，录取 5 432 人，在校生 9 387 人，还组织教学质量的检查。

2010 年，上海市启动中高职贯通培养模式试点工作。全市选择护理、交通、电子信息 3 个职教集团内的 7 所中高等职业院校进行试点。首次试点的 4 个中高职贯通专业分别为护理、应用电子技术、汽车技术服务与营销、航空机电设备维修。"中高职贯通"招生计划列入当年中职秋季招生计划，共招生 497 人。

第一节　中　高　衔　接

一、中高职贯通

中等职业技术教育与高等职业技术教育是同一类型教育中的不同层次。从 1998 年起，上海先后开通三条中职、高职衔接的渠道：一是三类中等职业技术学校（中专、职校、技校）的应届毕业生通过专门的文化及技能考试可以进入高等职业院校学习。大部分高等职业技术院校属于专科层次高等教育，同时也有少数本科高职的试点。1998 年共招收三校生 800 余名；1999 年招收三校生 3 000 余名；2000 年招收 9 436 名。二是中等职业技术学校优秀毕业生直接保送或推荐进入高等职业院校。2000 年有 180 名优秀三校生保送进入 4 所全日制高校接受本科高等职业技术教育；有 329 名三校生可获得高等职业技术院校考试推荐加分。三是中高职实行"3＋3"相通的教学模式。学生可以按照一体化教学计划，完成中高职教学任务（前三年接受中职教育，后三年接受高职教育)。2000 年共有 29 所高校与 40 余所中等职业技术学校试办中高职相通职业技术教育,录取新生 3 955 人。

2000 年启动"3+3"中高职相通的试点。2000 年 1 月市教委下发关于申报试办六年一贯制高等职业技术教育的通知。通知指出,经研究,决定从 2000 年起试办六年一贯制高等职业技术教育。各有关高等院校与中等职业技术学校在双方自愿基础上需举办中高职贯通的高等职业技术教育,可向市教委提出申请。同时下发《上海市举办中高职相通高等职业技术教育试行意见》。2000 年 3 月 15 日,市教委同意华东师范大学等 27 所高校 2000 年试办中高职相通职业技术教育。2000 年 3 月 31 日,市教委同意上海市建设职工大学与上海市建设职工大学附属中专、上海市材料工程学校试办中高职相通职业技术教育。2000 年 4 月 28 日,市教委印发《上海市试办中高职相通职业技术教育的实施意见》。同日,市教委下发文件,同意同济大学与上海建筑工程学校、上海市房地产学校试办中高职相通职业技术教育。当年共有 29 所各类高校与 40 余所中等职业技术学校试办中高职相通的职业技术教育试点,共招收 7 550 名初中毕业生,通过两段式模式(即 3 年中职,3 年高职),接受一体化设计的中等职业技术教育和高等职业技术教育。同年,"三校生"考入高等职业技术院校的人数达 9 359 人,占该年高校招生人数的 15%,达到该年应届"三校"毕业生的 10%。

2001 年 1 月,东华大学与中国民航上海中等专业学校签订合作办学协议书,将在民航中专建立东华大学高职学院徐汇校区;根据民航系统对人才的需求状况,同民航中专合作开设航空机电、航空商务两个民航方面的高职新专业;双方还计划开展"高、中职六年贯通制"教育,开设计算机应用、民航机务两个专业。

2002 年,市教委组织对 57 所中等职业学校与 29 所高等职业学校联办的"3+3"中高职模式班的教学情况进行"面与点"相结合的调查,提出《关于对"3+3"中高职模式班现状的调查报告》,召开中等职业学校"3+3"中高职模式班试点工作交流会,进一步促进和规范"3+3"中高职模式班的试点工作。

2010 年,上海市启动中高职贯通培养模式试点工作。全市选择护理、交通、电子信息 3 个职教集团内的 7 所中高等职业院校进行试点。首次试点的 4 个中高职贯通专业分别为护理、应用电子技术、汽车技术服务与营销、航空机电设备维修。其中护理专业学制为六年一贯制,其余三个专业学制均为五年一贯制。中高职贯通的招生计划列入当年中职秋季招生计划,贯通培养共招生 497 人。试点工作的原则是:贯通培养方案要一体化设计,不分中高职阶段;依托行业职业教育集团,选择同一体制内若干有条件的中高等职业院校先行试点,自主招生。试点工作要求是:贯通培养的专业必须是行业岗位技术含量较高,专业技能训练周期较长,熟练程度要求较高,适合中高职培养目标相互衔接贯通,且社会需求比较稳定的专业。开展贯通培养的试点院校,要根据社会需要和企业相关职业岗位的工作要求,按照国家相关职业(行业)标准和职业资格鉴定考核要求,明确专业培养目标,整体设计人才培养目标,改革技能型人才培养模式,制定相应的专业教学计划、教学考核要求和考试大纲等。当年贯通培养志愿填报人数与计划数比高达 13∶1,平均入学考试成绩高于普通高中录取分数线,其中有 17% 的考生入学考试成绩在重点高中录取分数线之上。

同年 12 月 20 日,市教委印发关于 2011 年继续开展中高职教育贯通培养模式试点工作的通知,提出 5 条基本原则:其一,贯通培养方案要一体化设计,不分中高职阶段。其二,选择符合条件的同一职业教育集团内的中高等职业院校或中高职一体化办学院校进行贯通培养试点、自主招生。中等职业学校必须是国家级重点,高等职业院校必须是省部级以上重点。其三,同一职业教育集团内试点专业原则上可申报 2 个,每个中高职一体化办学院校试点专业原则上可申报 1 个;每个专业招生人数为80名左右。其四,2010年已进行中高职教育贯通培养模式试点的中高等职业院校的试点专业,在进行方案优化后可继续招生。其五,2011年度拟安排招生计划1 500名。该通知的实施要求中规定,学籍管理分两段实施,前三年按中等职业学校学生学籍管理规定进行管理,学费按本市中等职业学校收费标准执行,帮困助学纳入本市全日制中等职业学校帮困助学体系;高职阶段按高等职业院校学生学籍管理规定进行管理,学费按本市高等职业院校收费标准执行,学生资助与高等职业院校学生同等待遇。贯通培养的学生原则上不分流,但允许试点学校在学生学完一年课程后进行甄别,不适合继续学习或不愿意继续在同一专业学习的学生,可转入中等职业学校相近专业学习。对完成专业教学计划规定课程,考试成绩合格,符合毕业条件的学生,颁发高等职业院校的毕业证书;对未能完成教学计划规定的课程、不符合毕业条件的学生,按照相关学籍管理规定办理。

二、中职与普通高校沟通

从2000年起,应届三校毕业生可以直接报考普通高校,使三校生获得与普通高中毕业生同等的受教育权利。2000年,上海的三校生报考普通高校506人。市教委为此下发相关文件:2000年3月的《关于2000年中等职业技术学校应届毕业生报考普通高校的批复》和《2000年上海市中专、职校和技校优秀应届毕业生保送推荐进入普通高等院校试行办法》,2004年3月的《关于2004年上海市中等职业学校推荐优秀应届毕业生接受高等院校选拔的通知》,2005、2006、2007、2008年每年市教委都下发推荐优秀应届毕业生接受高等院校选拔相关通知。

上海市致力于研究高职专科教育与技术型本科教育、专业学位研究生教育之间立交桥的建构方案,探索多层次高职教育高技能人才培养的衔接模式。2010年探索的重点,一是通过专科层次高职与技术型本科的专升本衔接,从中完成高技能人才培养的向上延伸;二是鼓励技术型本科院校试点开展专业学位硕士研究生教育。

第二节 普 职 渗 透

1999年上海市试办综合高中教育的中等职业学校数为14所,2000年扩大到30所,2001年达到34所,在校生9 191人,开设51个专业。全市综合高中的课程设置主要有三种类型:一是综合型,即从一年级起,普职课程就紧密结合,互相渗透;二是叠加型,即一年级到二年级主要以普通高中文化课为基础,三年级进入专业教育;三是"3+1"型,即前三年主要以普通高中文化课为主,后一年进行专业教育。为了进一步推进和规范综合高中的试点工作,在几年的实践基础上,上海市教育委员会专门组织召开全市综合高中试点工作研讨会,制定下发《关于印发〈关于上海市中等学校进行综合高中试点工作的意见〉的通知》,对综合高中的培养目标、办学模式、课程设置、招生和学籍管理以及试办综合高中的资质和专业的审批等方面提出明确意见。市教委提出,试办综合高中要围绕"一个目标"即改革职业教育,创办新型的教育模式;实现"两个加强",即加强文化基础教育,加强职业技术训练;达到"三个目的",即第一满足社会、经济、科学技术发展的需要,第二实现普职渗透,全面发展素质教育,第三适应人才需求和就业岗位的多样化需要。

1998年,全市23所高中或职校进行办学模式改革,这类兼有升学就业双重任务的办学模式,形成"二一分段,高三分科"(即高三分为文科、理科和实科。文、理科具有升学预备教育的性质,实科侧重于劳动技能训练,具有就业预备教育的性质),普通高中及高中后"2+2""3+1"或"2.5+1.5"

（学生毕业后能拿到高中、职校双文凭）和"普高＋职教学分制"等多种办学形式,华东模范中学、育群中学、比乐中学、共和中学等普通高中和东辉职校都进行综合高中的专门试点。

1999年,上海市化工学校实施普职沟通新模式。具备较好素质的中专生,经过学校批准可进入高中学习并参加高等院校的招生考试。这种普职沟通的教育模式,将在上海市化学工业学校率先实施。该年秋季,将有8名学生首批进入行知实验中学高三年级。

2000年5月,市教委同意上海市商业职业技术学校等16所学校试办综合高中班。是年,有7 200名初中毕业生进入综合高中学习。试点学校积极调整课程设置,配置优秀教师加强文化课和专业课教学,有计划地开展试点,培养既具备高中文化基础知识,又掌握中等职业技术教育专业技能,适应社会经济发展所需的新型人才。

2001年3—4月,市教委同意上海市鸿文国际商业技术学校举办综合高中班、奉贤中等专业学校举办综合高中班、南湖职业学校与复兴高级中学联办综合高中金融班。

2001年,试办综合高中教育的有44所学校,在校生1.4万人,该年度招生7 019人,比2000年增加54.84％。为进一步提高综合高中教育质量,加强和完善上海市综合高中教育试点工作,市教委组织调查研究,提出规范综合高中学生的分流和学籍管理工作要求。

至2010年,上海的中等职业学校普遍开展"职业体验日"等活动,向中小学学生介绍、宣传职业教育。

第三篇

校企合作与集团化办学

随着中国经济体制的转型,行业企业举办职业教育的基本格局被逐步打破,一批普通高中转制为职业高中,中等职业学校与行业企业形成了新的关系。由此,校企合作成为办好职业教育的关键。从 20 世纪 90 年代以来,上海职业教育的校企合作在多方面开展探索实践,在校企合作方面,形成了"厂校一体化"、校企全方位合作、联合办学等机制。21 世纪初,上海的一些职业院校开始产生校企合作的理事会、专业指导委员会等组织;在培养方式上,产生订单班、定向班等形式;在建设项目合作方面,有合作建设实训基地、引企入校、引校入企等形式。90 年代,上海市的中专学校和职业高中普遍举办校办产业,为教学提供丰富的实践条件,也产生一定的效益用于支持学校办学。2006 年 2 月,上海市教育委员会下发《关于做好市教委系统国有企业改制和规范管理工作的指导意见》,校办产业经过清产核资和转制,进入新一轮发展阶段。2008 年 4 月,上海市职业教育校企合作工作推进会召开,提出要扩大校企合作的外延,提升校企合作的内涵,激活优质办学的活力。会上,上海石化工业学校等 14 所中职校与上海高捷派克石化工程建设有限公司等 14 家企业进行校企合作签约。

2007 年,市教委就上海市组建 10 个领域职业教育集团提出工作指导意见及实施办法。同年,上海现代护理职业教育集团、上海交通物流职业教育集团相继成立。到 2010 年 11 月,上海市已先后成立 8 个行业和 5 个区域职教集团。职教集团的建设,通过品牌职业院校、示范性职业院校牵头,联合社会办学单位、实训基地、企业或行业组织,实现职业教育与社会经济的联动,促进各类职业教育资源的共享和互补,促进校校合作和校企合作,推进集团成员之间的深度合作。职业教育集团在整合资源和校企合作方面,都取得丰富成果。

第一章 校 企 合 作

第一节 校企合作机制

一、概况

2003年3月市教委、市经济委员会、市劳动和社会保障局印发的《关于进一步发挥行业、企业在职业教育和培训中作用的意见》指出：行业、企业是上海市职业教育多元办学格局的重要力量。要充分依靠行业、企业，逐步形成政府统筹、行业指导、市场调节、企业自主开展职业教育和培训的运行机制。各级行业主管部门要加强对本行业职业教育和培训的指导和协调，制定、实施行业职业教育和培训规划，会同教育行政部门推进本行业职业学校和培训机构资源的优化配置，调整职业学校和培训机构布局，支持重点职业学校的建设，推动和检查相关政策、规定的落实。具有直接管理学校职能的行业主管部门，要继续办好职业学校和培训机构。职业学校应积极创造条件，多渠道筹措教育经费，增强自主发展能力。企业经营管理者是企业开展职业教育和培训工作的主要责任人，要把对人才培养的认识和态度作为配备企业领导的重要条件。

2006年2月，市教委印发《关于推进上海市高校企业改制和加强规范管理的实施意见》，主要内容：各高校要对所投资的企业占有和使用的国有资产进行清产核资，清产核资要申请立项，清产核资结果应经市教委审核并报市国资委确认。按照资产属性建立经营性资产与非经营性资产分类建账、分开管理的制度。在清产核资、资产评估的基础上，根据学校的实际情况，可依法组建一家国有独资性质的资产经营有限公司，或从现有校办企业中选择一家产权清晰、管理规范的独资企业承担资产经营公司功能，将学校所有的经营性资产划转到资产经营公司，由其代表学校统一持有对企业投资所形成的股权，负责经营、监督和管理并承担相应的保值、增值等有限责任。各高校原则上在该年内完成组建高校资产公司和资产的划转。高校除对高校资产公司进行投资外，不得再以事业单位法人的身份对外投资。高校资产公司组建后，校级领导除了可在资产公司兼职外，一律不得在资产公司控、参股企业中兼职。

同时，市教委还下发《关于做好市教委系统国有企业改制和规范管理工作的指导意见》。主要内容：建立经营性资产与非经营性资产分类建账，分别管理的制度。按照事企分开、管理科学的现代企业制度要求，完善以股东会、董事会、监事会"三会"为代表的企业法人治理结构，形成各司其职、协调运转、有效制衡、机制灵活的管理体制，使企业真正成为独立享有民事权利，承担民事责任，依法自主经营、独立核算、照章纳税、自负盈亏的法人实体和市场竞争主体。清产核资需先立项，结果应经中介审计机构审计，并报市国有资产管理部门审定。评估结果应经市国有资产管理部门备案。国有企业改制，可根据本单位和所属企业的具体情况采取重组、联合、兼并、合资、转让国有产权和股份制、股份合作制等有利于企业发展的各种方式组建有限责任公司或股份有限公司。此后，校办产业经过清产核资和转制，进入新一轮发展阶段。

2008年4月29日，市教委与解放日报社联合召开上海市中等职业学校校企合作工作推进会。推进会提出，要扩大校企合作的外延，提升校企合作的内涵，激活优质办学的活力，培养更多的适销对路的应用型技术人才。会上,学生家长代表和临港工业园区、中国商用飞机有限公司、市外服公司等企业人力资源部负责人作发言,上海飞机场等企业与学校签订学生实习就业意向。副市长沈晓明出席会议并讲话。

2009年9月,市教委印发《上海市中等职业教育全面提高教学质量行动计划(2009—2013年)》,要求进一步加强校企合作,积极推行订单培养、工学结合、顶岗实习,探索任务引领、项目导向、场景模拟等增强学生能力的教学模式。依托行业、企业,实行课堂教学与岗位操作训练结合,专业教师与企业技术人员结合,学校教学与顶岗实习结合。建立鼓励校企合作培养教师的制度,制定兼职教师聘用新政策。进一步拓宽实习渠道,明确实习任务,规范实习管理。

2009年,上海各类职业院校以职业教育集团为平台,深化校企合作。上海现代护理职教集团成员单位研究修订校企合作、工学结合的专业教学计划,与实习医院在实验实习教材的使用和组织护理技能考证方面开展合作。嘉定职教集团深入开展系列"企业与院校互访活动",增强互信了解。商贸职教集团积极开展校企合作的调研工作,先后走访百联集团、农工商集团、联华超市集团、班尼路集团等大中型商业企业,对开发校企合作项目取得共识。旅游职教集团与乐辰投资有限公司合作,共同开发项目,搭建学生创业平台,通过企业收购学生设计成果或给项目注资等形式帮助学生创业。电子信息职教集团组织集团内14所中、高等职业院校赴杭州华三通信技术有限公司参观学习、协商制定教师培训计划。

二、模式简介

上海市卫生学校与企业协商实施"厂校一体化"模式。双方在实训体系、教学团队、人才培养模式等方面开展一系列合作与实践探索。其一,共建一体化实训体系,形成"校中厂、厂中校"教学环境。将药厂厂区毗邻的空间改造成"厂校连体"的全仿真实训中心,形成"校中厂,厂中校"的生产性实训教学环境,使学生进入实训中心,如同进入厂区,操作要求、职业素养都与药厂实际生产的要求一样,形成四类产品从配料→生产→检验→包装→物流的完整生产线,完全能够满足生产性实训的要求,从而改进了药物制剂技术、药物分析技术等专业核心课程的教学内容、教学模式和学生学业评价模式。构建具有教学互动、模拟仿真、全自动录播功能的智能模拟互动实训教室;真实的职场环境为学生搭建职业素养锻炼平台。其二,创新教学团队建设,专业教师与企业师傅互聘互培。迪隆厂厂长被聘为药剂专业的兼职专业带头人;专业教师被聘为质量授权人、质检部主任、质量保证(QA)主管、质量检验(QC)主管等,采用"4+1"(每周4天在药厂承担全职工作,1天到学校承担兼职教学工作)或"1+4"(每周4天在学校承担教学工作,1天到药厂承担兼职工作)两种模式开展岗位实践锻炼。学校药剂专业为药厂培训新员工,提高新员工的理论水平;药厂为专业教师提供实践锻炼岗位,提高专业教师的实践能力。这种互聘互培的全员融合模式,促进了药剂专业教学团队建设。其三,创新人才培养模式,教学与生产结合,技能与素养并举。采用"教学—生产模式"。第一学年,以专业基础课程为主,穿插安排药厂岗位见习、低技能岗位(如:包装)实践1周,使学生对药剂专业岗位有感性认识;第二学年,主要开展专业核心课程"产教融合"式教学,通过在模拟互动实训教室进行虚拟实践操作,在药品生产检验仿真实训中心进行仿真生产性实训及安全生产培训、考核,考核合格的学生分批进入药厂,进行生产性实训,采用"师傅带徒弟"方式,在岗学习2周;第三学年,在药厂及其他校外实践教学基地顶岗实习40周。改革教学模式、教学内容、学生学业评价模式。药物制剂技术、药物分析技术等专业核心课程以企业真实产品的生产、检测项目为教学载体,按实际工作流程组织教学。"药物分析技术"课程借鉴药厂技术标准文件(STP文件)以及药厂各种岗位操作原始记录文件,改编校本教材《药物分析实训报告》的体例格式,将传统的按照实验目的、实验原理、实验步骤等编写的体例改革为与药厂的原始记录和检验报告的格式一致。其四,完善实践教学质量监控体系,形成"院系两级督导,行业专家介入,学生信息员参与"的分层次、全方位、立体式的实践教学质量监控体系,保障实践教学质量。药剂专业依托"厂校一体化"实训中心,组建学生工作站,建立完善的运行管理制度,编制培训手册,工作站成员参与实训中心的日常管理、中小学生体验活动、校内实训仿真生产等诸多工作。

上海医疗器械高等专科学校与相关企业、部门合作,实施"校企医监研五方合作"模式。合作分为三个层面。决策层为"校企医监研合作教育理事会",由学校—校企合作共建主体之一,联合包括行业组织、政府食品药品监管部门、有代表性的骨干企业(集团)、医院集团、研发部门在内的校企多元合作共建主体组成。"校企医监研"合作教育理事会常设机构为秘书处,定期召开理事会和秘书处会议,谋划、审议、论证、决策和指导医疗器械合作教育的重大事项。协调层为"合作交流办公室",负责开展全方位合作教育与企业和学校相关职能部门之间在联系、组织、管理、综合等方面的交流协调工作,合作机制设计、管理制度的建立和执行等方面的工作,如企业师资聘请与管理、项目化课程教学组织与管理、校企合作实训基地运行管理、职业技能鉴定与考证、社会服务培训项目协调与管理等。执行层主要为校企合作共建实体,以重点专业(群)为主紧密联系对口骨干企业联合组成,各专业层级合作是以系级重点专业群的专业委员会为主,由各个校企共建实体或项目具体实现全方位合作教育的功能。对校企合作创新项目的实施和运营首先订立合同,并进行监控和绩效测评。学校建立多项制度,设立专门配套资金,通过技术服务、信息平台等来开拓合作项目,为校企合作提供资金保障。

第二节　校企联合办学

学校和企业联合办学,推进了校企之间的深度合作,企业作为职业教育的办学主体发挥了重要作用。1996年7月,由上海内外联商社、金外滩集团、新黄浦集团等7家企业加盟的黄浦金融证券职校联合办学委员会成立,这些企业为学生提供实习场所,每年资助教育资金,改善办学条件,职校为7家企业提供青工短期培训的教学条件。1999年5月,华东理工大学举办的高等职业技术教育与10余家企业集团签订合作举办高职教育的意向协议,合作办学单位及时向华东理工大学提供人才需求信息,接受合格的高职毕业生,并推荐企业高级工程技术人员到学校兼职、教学。上海的很多中、高等职业院校都积极开展校企合作,探索校企联合办学,取得不少有益的经验。

一、上海大学巴士汽车学院

该学院是由上海巴士实业(集团)股份有限公司与上海大学共同创办的一所股份制高等职业技术学院,实行董事会领导下的院长负责制。由国内一家上市公司与重点大学合作创办,在国内是第一家。上海巴士实业(集团)股份有限公司是国内公交实行股份制改革的创始者,有着较为雄厚的经济实力;上海大学是国家"211"重点高校之一。由于两者的强强联合、优势互补,学院一经诞生就拥有了大的优越性和发展空间。巴士集团作为投资主体,以现金和固定资产实物投入占80%的股份,并将现代企业理念、机制贯穿于学院各项工作;上海大学依托学校的教育资源优势,以无形资产、师资人员入股的形式占20％的股份,为学院注入现代教学理念和优秀师资。企业与大学的股份制合作办学,是实现学校和企业"双赢"的有益尝试。到 2006 年,学院形成"企业主办、董事决策、院长负责"的办学体制,并成立由行业、企业负责人和专家为主体的"学院建设与发展委员会"和"专业建设指导委员会",具体对专业设置、课程改革、校企合作、实训基地建设等进行咨询与指导,使学院的专业设置具有前瞻性,实训室建设立意新、起点高。同时学院又是企业员工的进修和培训基地。

二、上海第二工业大学

由于校企合作在成为高等职业院校提升办学质量的重要途径的同时,也暴露出"利益驱动""零打碎敲"等问题,一些合作项目徒有其表、流于形式,学校往往缺乏整体思考、深入开展校企合作的发展思路。上海第二工业大学经过多年校企合作的探索,到 2006 年已经形成与企业联办非独立法人性质学院的新模式。这一模式不仅实现合作过程中"以自我为中心"向"以他方为中心"的观念转变,而且形成校企双方共同组成理事会领导的运行机制。学校与中国外运(集团)、香港蒙妮坦国际集团分别合作建立上海第二工业大学中外运国际物流学院、上海第二工业大学蒙妮坦学院,依托企业的生产、技术、经营等独特优势,通过产学结合探索教学实训服务合一的模式,将人文素质教育融入教学计划,将行业执业标准导入教学内容,将职业技能鉴定纳入实训计划,紧贴社会市场发展需求,追求教学内容与行业接轨,努力培养知识型、高技能人才。学校在联办这些学院时对企业的选择标准非常明确,即该企业要在行业内具有知名度、掌握行业标准,并能够支持学校特色专业建设和发展。

第三节　学校和专业发展指导性合作组织

上海的职业院校建立校企共同参与办学和专业指导的合作组织,如理事会、专业指导委员会、专家指导委员会等,提高合作水平。

一、上海建桥学院组建专业教学指导委员会

学校每学期都要开一次会,和专业主任、任课教师探讨教学计划和课程设置,根据企业意见修改教学计划。常规的课堂教学与产业有一定距离,学生学到的知识不能用在企业的具体设备上。从 2001 年开始招生到 2004 年,每学期的教学计划都会进行大改动,很多课程砍掉了,又加入不少新课程。学校为全美测评软件系统有限公司"订单式"培养人才,从而更好地与企业合拍,满足企业的需要。到 2004 年,建桥学院已经先后两次与 80 多家企业签订"校企合作"协议,企业直接参与到学生的培养中。许多企业的负责人还担任着学校的任课老师。例如信息技术系邀请企业里的专业人士讲授最新的嵌入系统知识,旅游系请酒店经理讲授旅游管理实务,广告公司老总来讲授相关广告课程,使教学内容跟上技术发展。

二、上海第二工业大学的教育发展理事会

该大学重视与企业的密切联系,重视学生的实验实践能力培养,各学院均建有由行业协会、企

业集团参与的专家指导委员会。学校建立"上海第二工业大学教育发展理事会",由浦东新区政府部门和上海金桥(集团)、中国外运(集团)、上海日立电器、长江计算机(集团)、同济科技实业有限公司和上海汽车工业培训中心、宝钢集团教委等国内外知名企事业单位组成,其主要职能是参与学校重大决策咨询、传递企业文化与前沿生产技术、帮助建立实验实训基地、共同开展新产品新技术研发和职工培养、客户培训等活动,引入科技项目和企业文化理念。

三、上海大学巴士汽车学院建设与发展委员会和专业建设指导委员会

到 2006 年,学院形成"企业主办、董事决策、院长负责"的办学体制,并成立由行业、企业负责人和专家为主体的"学院建设与发展委员会"和"专业建设指导委员会",具体对专业设置、课程改革、校企合作、实训基地建设等进行咨询与指导,使学院的专业设置具有前瞻性,实训室建设立意新、起点高。同时学院又是企业员工的进修和培训基地,这种深层次的校企合作模式,使企业成为学院的"校外实训—就业"基地,学院办学的道路越走越宽。这种学校与企业的深度合作,使学院办学方向、培养目标、专业设置更贴近市场,更具特色;学院有很大的办学自主权,利于调动各方积极性;有利于充分利用企业的资源,建设先进的、贴近或领先行业水准的校内实训基地;有利于引进现代管理理念,推进学校管理体制的改革;学院不仅可以充分享用上海大学的优质教学资源和成熟教育经验,而且教学过程得到上海大学的严格监控把关。

四、上海市贸易学校专业建设指导委员会

学校各专业的专业建设指导委员会成员由企业专家、学科中心组教师和学校优秀教师组成。学校为了更好地发挥专业建设指导委员会的作用,具体规定专业建设指导委员会的 10 项职能:一是审议学科专业的近期发展规划和长远发展规划;二是审议专业设置、调整和改造方案;三是审议专业人才培养方案和培养计划;四是指导和帮助各专业,逐步完善师资、课程、教材、实验室、实训基地和教学手段的建设;五是为保障专业教学质量和人才培养质量提供咨询;六是对本专业学生实习、社会实践提供指导和帮助;七是推进校企合作,建立和完善校企双赢的长效合作机制;八是为本专业毕业学生提供就业指导;九是研讨和审议对外合作办学和国际交流等重大事项;十是探讨深化各专业教学、科研等改革的重大问题。

五、上海医疗器械高等专科学校产学合作关系

学校的各医疗器械有关专业,与行业内多家企业签约形成产学合作关系,长期固定签约的单位有 30 余家。这些工厂、企业参与学校办学的全过程。学校安排学术水平较高、事业心较强的骨干教师,工厂派出富有实际经验的总工程师或高级工程师,组成专业建设委员会,双方共同制订专业教学大纲和教学计划,共同编写适合合作教育模式的专业教材,企业参与并帮助学校筹建校内各专业实践实训中心,共同组织工厂企业现场的实践教学,组织专业劳动或顶岗劳动,共同制订教学考核规定并负责实施。其结果,明显地改善了学生的知识和能力结构,改善了学生岗位适应的心理素质,使毕业生就业上岗的适应期大大缩短,受到企业好评。

六、上海海事职业技术学院院校管理委员会

中国海运"院校管理委员会"模式的创建,是在中国海运集团内调动最大范围积极性办好教育培训的尝试。由院校管理委员会统筹与谋划集团教育培训事业,其宗旨是为了提升教育培训管理水平,提高教育培训工作质量,规范集团所属院校日常运作。具有明显的优势:一是管理优势:拉近教育培训基层单位与集团领导层之间的距离,形成信息畅通的管道,构建民主议事的平台,成员单位意愿能得到体现,相关利益能得到充分保障,协调机制科学合理,常设办公室的建立使得院校管理委员会在闭会期间也能正常运转。二是资金优势:区别于传统的企业办学"校企一体"模式,院校管理委员会模式下运作的教育培训经费采用预算制。项目是预算的依据,项目的累加构成总预算,事后进行结算。集团教育培训资金由受益的船东公司分摊。精细的预算,严格的审核,使资金直接用于教育培训项目,学员成为最大的得益者。三是资源优势:航海教育培训的质量关键在实训环节实施。学生缺少出海实习的机会,是全国众多航海院校普遍存在的现象。中国海运千万吨以上的船队,为所属院校提供强大支持。同时,上海、广州、大连三地的教育单位具有教育资源可调剂使用的优势。譬如上海的船舶驾驶和轮机模拟器设备、广州的中普船员实训设备,以及大连的特种船舶培训设备等。四是师资优势:培训官制度的建立,淡化教师与高级船员之间的界限。具有一定资质和航海经历的教师可以成为一定级别的培训师;同样高级船员经认定后,赋予一定级别培训师资格,可以承担教育培训任务。五是技术优势:中国海运勇创世界一流航运企业,船队更新速度雄居国内前列,航海技术设备的先进化程度平均高于国内航海院校教材选用资料 10 年左右。院校管理委员会对成员单位开放使用新技术的机制,为院校教师掌握新技术、编写新教材提供极大的便利。六是信息优势:院校教师参与"中国海运船员培训在线"远程教育网的建设和管理,可海量获取集团海务、机务、商务、安监和其他管理部门的信息。七是岗位优势:中国海运正处于高速发展时期,船队超常规模扩大急需大量技术船员补充。院校管理委员会模式培养的新船员了解企业文化、适应企业管理、掌握新型技术,具有外招船员不可比拟的优势。再者,企业所属院校招生计划是根据企管部发展计划做出,亦经院校管理委员会审核通过,因此不存在盲目招生、销路不畅之忧虑。

第四节　订　单　培　养

"订单式"人才培养模式以就业为导向,在就业形势十分严峻的情况下,这种"量身定制"的方式,不仅在一定程度上缓解毕业生就业难的问题,同时也解决了企业招不到合适毕业生的难题。而同样是"订单式",上海的中、高等职业院校也根据企业不同的需求而采取多样化的培养模式。例如,上海信息技术学校的订单培养就有"订单""超市""菜单式教学计划"等各种模式供企业选择,由于毕业生在企业中深受欢迎,学校树立了自己的品牌,宝钢化工公司不仅吸纳该校毕业生,职工培训也委托该校承担。又如,其他一些院校也形成不少颇有特色的具体做法和经验。

一、上海市环境学校订单培养

从 2008 年开始与中国石油化工股份有限公司上海高桥分公司(以下简称高桥石化公司)签订

校企合作,制定培养方案。通过企业面试和体检后组班培养。从2005级环境治理技术专业的学生开始,连续对2005、2006、2007级学生进行组班,开展联合培养,教学与生产同步、实习与就业联体。四年的培养期间,前三年为专业理论课学习和基本技能训练,授课既有本校教师,也有企业的高级工程师,课程内容除公共基础课和专业基础课之外,开设的一些专业课则是根据企业的实际需要而特设的,如化工工艺、化工过程与设备、炼油工艺、废水处理工艺等课程。学生升入四年级时到企业上岗实训,进行跟班操作,每名学生都有一名厂方班组长带教。经过近一年的岗位实训,通过企业考核的学生都能与企业签订劳动协议。通过"订单式"培养的2009届、2010届石化班毕业生中,除2人因身体原因外,其余全部与高桥石化签订劳动聘用合同,成为该企业的员工。

二、上海建峰职业技术学院订单培养

以建筑业为依托,实行"订单式"培养。学院根据企业的需求及时地调整教学计划和大纲,调整所设置的专业,最大限度地满足企业的需求,通过不断提高教学质量最大限度地提高学生的就业率。企业根据需要,每年向学院提出培养的人数、规格,并向学院提供学生的见习基地,加快学生动手能力的培养。企业定期派出见习指导教师外,每年还向学院提供一定的教学经费,用于学院的专业建设。学院根据企业的要求,有针对性地设置一些相关的专业及课程,并充分利用企业提供的见习基地,在师资方面实行优势互补,每年聘请一批优秀的兼职教师用于课堂教学和指导学生的实习。学院采取相应措施以提供保障,如每年定期召开有关的会议,加强信息的沟通,根据企业的意见和建议,及时地调整教学计划、大纲及专业和课程设置;每年学院派出一定的师资力量到施工现场第一线进行实习,以了解建筑施工行业的最新动态;企业将根据学校的要求,每年派出一定的具有实践经验的技术人员到学校任教,指导学生的见习。

三、上海石化工业学校订单培养

学校与17家国内外知名企业签署合作办学协议,共组建企业冠名班88个,合作的专业已由原来单一的化工专业扩展到机电、数控及经贸等4个大类。具体做法:首先是协议"订单式"的合作模式。校企签有合作办学框架协议。以拜耳模式为例,框架协议有如下几个特点:一是以项目为基础。校企合作以具体的项目为基础,如订单培养毕业生、实训基地建设、师资培训等;二是以合作委员会(或者其他组织形式)为纽带。双方定期召开工作会议,协商合作事宜;三是互惠互利、责权利明确。作为学校一方,既有利用自身教育资源的优势,努力为企业提供合格人才的义务,同时又有从企业一方获得投资的回报,要求企业为其获得的人才"埋单"的权利。同样,作为企业一方,既有为所需人才教育付费并提供相关支持的义务,又有要求学校按质量与数量提供合格人才的权利。在订单式培养模式中,强调校企双方"双向介入"。特别是注意企业对学校为其定向培养人才的各个环节的介入。其次,重构"以能力为本位"的课程体系。一是开发专业教学标准,化工、机电及经贸三大专业科陆续开发专业教学标准,如学校在2005年接受上海市劳动和社会保障局的委托,承担开发化工生产运行员职业资格鉴定标准,2006年即进入试培训、试运行、试鉴定阶段;二是着手编写配套的教材,使之逐步实现与"硬件、培训、鉴定"三配套,各专业科从2004年开始结合实训基地建设着手开发、编写体现上海特点、反映"四新"要求、适用于培训与鉴定的专业教材和多媒体课件等配套教学资料。其三,积极推广"理论实践一体化"教学模式。通过"行动导向"教学法努力为学生提供体验完整工作过程的学习机会,增强学生适应企业实际工作环境和解决综合问题的能力。其四,整合资源、共建实训基地。一是建立由企业"购买"培训成果的机制,外企都在合作项目中投入一定的资金或实物,截至 2006 年学校接受企业的建设投入、获取的教育培训回报计约 2 500 万元;二是采取"共建共赢"思路,全方位争取政府及社会其他机构的大力支持。2005 年 11 月,金山区委、区政府与上海化学工业区管委会的主要负责人组织两区专题协调会议,决定在职业教育领域开展密切合作,全力支持学校创建全国示范性中职校,还决定由上海化学工业区管委会一次性投入人民币 900 万元,共建市级化学工艺开放性实训中心。

四、上海市医药学校订单培养

学校与上海国大药房连锁有限公司合作的"国大营销班"、与华氏大药房连锁有限公司合作的"华氏营销班",以及为上药集团培养高技能人才的"cGMP 班"成为企业紧缺型人才培养的摇篮。至 2009 年,校企合作共有学生 243 名、8 个班。学校与上海信谊制药总厂合作,根据企业的需求设置企业课程进入学校课堂,学生的实际操作演练设在企业,企业为学生设置高额奖学金,选派优秀的医药专业人员讲解企业课程和技能训练,学生在第四年的实习阶段全部在企业顶岗实习。学校还相继举办的"国大营销班""华氏营销班"均借鉴"信谊营销班"成功的办学模式,并根据企业的需求进行一定的改进。学校在上药集团的指导下,举办 cGMP 班,培养能理解和实施 cGMP 的生产人员、QC(药品质量控制)、QA(药品质量保证)等工作人员以及熟悉欧美药品标准和药品注册程序的国际事务人员。学校聘请外国专家和企业专家到学校指导教学,已具有完善而系统的英语教学体系;同时与澳大利亚博士山学院和加拿大百年理工学院合作办学,开办药物制剂、药品经营、现代物流等专业。特色之二是企业意识培养。在教学过程中,采用大量 FDA、ICH 等机构的原版英文资料,也帮助提高了专业英语能力。从多方面来加强学生的 cGMP 意识培养是另一特色,主要方法是采用原版的资料学习,吸取和充分理解企业的原则和精神,在实训基地模拟现场学习并通过企业参观见习和企业实习,强化实践中应用的能力。特色之三是实践能力的培养。学校建有模仿职场环境的上海市职业教育生物技术实训中心和药物检测实训中心,能够满足学生各门课程的实训要求。特色之四是学生管理特色。采取过程管理方法,注重考核学生在学习的过程中的态度,要求学生整个的学习过程合格、态度合格、最终成绩合格。第一届、第二届 cGMP 班学生现已进入上药集团的天平、信谊、新先锋和三维等骨干企业工作。

五、上海新侨职业技术学院订单培养

自 2002 年至 2006 年以来,学院一直非常重视产学结合、校企合作,使学校培养贴近实际需求并注重实践能力的培养,提供企业所需的紧缺人才,实现学校与企业的互惠互利。学校采用以下几种培养模式:一是"订单式"培养模式:如 2002 年与上海美维科技有限公司合作培养印制电路专业人才;二是计算机专业与 IBM(中国)有限公司联合办学,微电子技术专业与上海市复芯微电子咨询有限公司等企业的产学结合、校企合作。三是学校与企业联合开展专门人才培训:如商务管理专业与华安科技人才培训中心合作开展"电子商务师"培训与考证;四是企业进校开展专项培养模式:如珠宝首饰工艺与鉴定专业与上海典当行业协会合作,请各企业专家来校集中授课培训,然后再到各典当行进行专业实习与就业实习;五是由校外实习基地接受学生各类实习、毕业综合训练等模式:

如旅游管理专业到安徽黄山旅游基地、珠宝首饰工艺与鉴定专业到江苏东华水晶产品实习基地等。

六、上海建桥学院订单培养

学院与企业合作举办定向班。该校管理系先后与上海瑞吉红塔大酒店、上海喜来登豪达太平洋大饭店合作,在旅游专业组建"瑞吉红塔班"和"太平洋班"这两个以企业冠名的定向班,实行订单式培养。合作企业会同学校参与整个招生过程,最终按一定的男女生比例组建定向班。定向班学生求学期间,可得到合作企业提供的诸如免费体检、实习津贴等福利以及各类奖学金,学生毕业后若在合作企业工作可享受正式工待遇,无试用期。合作企业对订单培养的学生实行学费反馈:若学生能完成3年学习期,在与酒店签订劳动合同后,酒店将逐月返还一部分学费给学生。为确保合作项目的质量,合作企业每两周派员至学校进行探访,对学生上课情况进行调查,并在最后3个学期提供相应师资和教材,对学生进行职业培训。

七、上海市航空服务学校订单培养

学校以办学顾问团的形式密切与机场企业的关系。学校大力推行校企合作和订单式培养。顾问团中有上海虹桥和浦东国际机场、各大航空公司、航空货运公司有关领导的身影,借助他们的企业优势,学校在专业方向的把握、教学计划、课程设置、教学实验、实训、实习的安排,学生就业的落实等方面都能做到直接的沟通、指导与支持,形成校企联合的伙伴合作关系,实现互惠互利。实际操作中,上层沟通、中层具体落实,信息互通、及时反馈,保证合作的诚信,取得实效。至2006年,已经与东航地面保障部和东航食品有限公司联合组建5个订单式培养的班级。

第五节　校企合作建设实训基地

上海的职业院校通过校企合作开展实训基地建设,促进基地的设备和布局更符合企业实际和训练需求。

一、上海市市北职业高级中学校企合作基地建设

2006年11月,学校与上海文广传媒集团旗下的"上海幻维数码创意科技有限公司"达成合作意向,开展校企合作,共同拟建"视觉多媒体技术开放实训中心"。该实训中心为5层建筑,总建筑面积为4 000平方米,共设240个操作工位。该项目建设总预算资金1 900万元,其中上级主管单位承诺配套资金1 400万元,学校计划自筹资金100万元。其中设多功能演示平台、公共服务区、三维动画创意工作室、网络动漫制作中心、数字影视后期工作站、数字演播中心、多媒体演示厅、作品展示厅、素材摄影室等。

二、上海医疗器械高等专科学校校企合作基地建设

2006年,学校通过推进与上海诺诚电气有限公司的合作,共同建设"校中厂"。企业根据生产

要求,将生产工厂、生产车间、生产设备、生产项目搬入学校;学校根据教学要求安排学生进行生产性实训,企业获得学校生产场地资源、技术服务资源(教师)、人力资源(学生)、员工岗位培训的利益。学校与康达医疗器械(上海)有限公司签订校企合作共建"厂中校教学基地"协议,校企双方共同制定教学计划,合作专业课程建设,融入康达公司产品实训、产品营销管理、职业生涯规划等特色课程,在康达公司顶岗实习。设立双班主任,由学校专任教师和企业工程师共同承担教学任务。企业特设康达奖学金,以表彰鼓励品学兼优、实践能力强的学生。

三、上海市工艺美术学校校企合作基地建设

自1978年恢复为中专学校以来,办学目标明确,即为行业企业输送急需的专业技术骨干。因此在办学过程中,学校与行业企业的合作非常密切,来自行业企业的技术骨干来校承担教学任务,学校师生下企业实践实习,毕业生对口上海工艺美术总公司下属各企业,根据专业分配到各企业担任技术人员,为企业输送大批工艺美术人才;经过历练后,部分技术骨干回到学校任教。由此形成校企之间的人才互动,并成为工艺美校师资队伍建设和人才培养的特色。1995年由教委立项、市财政局和轻工控股(集团)公司联合投资近200万元,建立具有国内先进水平的计算机图形设计实验基地,在课程、师资、设备等方面,为国内多所中专校开设同类专业提供有益借鉴。1996年11月,全国CAD应用培训工程设计中心授权设立"工程设计CAD上海市工艺美术学校培训基地"。2007年市教委批准上海市工艺美术学校工艺美术公共实训中心项目建设立项。学校与上海市工艺美术行业协会、上海市工艺美术学会、上海工艺美术总公司、工艺美术博物馆和研究所、中国黄金集团、老凤祥(集团)有限公司等单位建立了深度融合的校企合作关系。

四、上海第二工业大学校企合作基地建设

学校发展一批挂靠在企业的实训基地和校外实习基地,为产、学、研合作提供平台。在校内划出8 000平方米建筑场地,专门用于建立企业研发中心,建立日资亿科软件研发中心以研发国际物流管理软件,建立青岛海尔集团上海培训(维修)中心并连续培训海尔集团员工千余名,探索莱必泰等企业教师工作站机制等。2002年以来,学校就启动和实施30多项校级合作项目、数十项院系部门级合作项目,还有一批校院两级合作项目正在落实之中。2004年9月,上海莱必泰公司投资,二工大提供场地和技术,合作成立莱工精机公司,一间2 700平方米的宽敞车间设在二工大的校园里。这里既是一个研发与制作数控雕刻机床的基地,也是一个学生的实训教室。在这个车间里,已经开发出数控模具雕洗机和数控广告雕刻机。两种机床的主轴部件都由数控专业学生设计制造,而机床的外形则是工业设计专业学生的手笔。由这种雕刻机制作出的模具精密度可达到头发丝的七分之一。"学生实训就是在做产品,产品的检验就是课程的考核,实训过程在工程环境中进行,学生与行业标准、企业标准零距离接触。"每周,莱必泰公司的技术人员都来基地给学生上课,董事长刘国青也亲自指导学生的毕业设计。企业还设立资金资助老师和学生的科研项目,"雕刻软件应用与产品开发"等3个项目已经立项。莱工科研还分别设立二工大和莱必泰两个流动工作站,教师、企业技术人员和学生进入流动工作站,把技术交流、科研合作和技术成果产业化所有环节全部打通。

第六节 产 教 结 合

上海的一些职业院校在引企入校、引校入企方面进行积极探索,有力地促进产教融合,提高职业教育的成效。上海市闸北旅游职业技术学校与企业合作建立专业教学基地,2002 年 12 月学校与金茂(集团)股份有限公司、波特曼丽嘉酒店、喜来登豪达太平洋大饭店、瑞金宾馆及王宝和酒家等首批 5 个单位签约,成立"职业技术教学基地"。此外,以下一些学校在这方面也做了不少有益的探索。

一、上海工业技术学校与企业合作建立实训室

学校与三菱电机自动化(中国)有限公司在学校实训基地合作建立"放电加工实训室",该公司为学校实训基地无偿提供价值 400 多万元先进电加工设备,并于 2010 年 9 月正式揭牌运作。沙迪克公司无偿提供 200 多万元的放电加工机与软件,与学校共同建立"沙迪克放电加工机实训室"。乔治费歇尔精密机床(上海)有限公司无偿提供 30 万元的放电加工机,与学校共同建立"瑞士 GF 放电加工机实训室"。企业在无偿提供先进实训设备与软件的同时,还在技术上、课程建设上、师资培养培训及技能等级工标准开发等方面的大力支持。先进放电加工机实训室的建立,在培养培训在校学生、企业员工、职业院校专业教师,承担放电加工等级工考试和技能比赛等方面发挥出积极的作用。学校还与上海复旦数字医疗科技有限公司等开展技术合作和承接生产加工,以新产品开发与批量生产的形式进行校企合作。

二、江南造船集团职业技术学校实施产教结合

学校长期实施教学上产教结合。具体做法是前一年半学生在实习工场进行基本功训练;后一年半学生进入校办工厂直接参加产品制造,接受综合技能训练。在产教结合中,学生接受安全、工艺、质量、计划等综合技能训练,既提高操作技能,又培养生产意识和出了产品。学校实习教学由消耗型实习变为生产型实习,提高办学效益。近年来,作为学生实训基地的校办工厂,瞄准市政建设需要先进的环保型打桩设备(该产品集电焊、装配、风割、铜工、钳工、电工、液压、机械加工为一体),试制成功 100 吨~800 吨液压静力压桩机系列,该产品 2001 年荣获中国发明家协会颁发的金质奖。1997 年起打入国际市场,出口马来西亚、新加坡、澳大利亚等国。学校校办工厂试制的港口快速脱钩机械出口美国、法国,该产品得到很好的评价。2003 年至 2006 年,学校学生接受综合技能训练后,毕业生中级工合格率始终保持在 90% 以上。

三、上海市卫生学校药剂专业"厂校一体化"合作办学

校企共建一体化实训体系,2010 年形成"校中厂、厂中校"教学环境。校企双方共同提出"厂校一体化"药品生产检验仿真实训中心的建设方案,该方案将药厂厂区毗邻的空间改造成"厂校连体"的全仿真实训中心,形成"校中厂,厂中校"的生产性实训教学环境,使学生进入实训中心,如同进入厂区,操作要求、职业素养都与药厂实际生产的要求一样,真正实现实训中心的全仿真。在三方面

形成突破:一是形成四类产品从配料、生产、检验、包装、物流的完整生产线,完全能够满足生产性实训的要求,从而改变了药物制剂技术、药物分析技术等专业核心课程的教学内容、教学模式和学生学业评价模式;二是构建具有教学互动、模拟仿真、全自动录播功能的智能模拟互动实训教室,实现虚拟实训教学,显著提高信息技术在药剂专业教育教学中的应用;三是真实的职场环境为药剂专业学生的职业素养培养搭建了锻炼平台,更有利于提高人才培养的质量。

四、上海电子工业学校向企业投资购股校企合作

1993年起,学校为进一步拓展与企业合作的规模,向上海自动化仪表公司投资10.5万元购法人股3万股,并与该公司签订共同探索德国"双元制"职教模式的校企合作协议,将该公司所属的调节器厂、大华仪表厂、自仪三厂作为学校"双元制"职教模式运行的试点实习基地。同时聘该公司总经理为学校顾问,共同探索校企合作中的难点,成为学校进一步拓展合作企业的依据和方向。多年来,双方合作卓有成效,同时学校当时的投资经逐年送配股,已达45 919股,按2004年的股价,每股4.35元,价值总额近20万元。

五、宝钢工业技术学校与多方合作开发项目

2004年,学校有多个教学科研项目与安徽工业大学之间进行合作开发,取得一定的成果。学校与宝信软件公司、宝莱科技公司、新奥托公司等均建立了良好的教学科研合作,通过产品加工、装配制作等小项目的训练为学生提供了有益的是实践锻炼的机会,也为学校创造社会和经济效益。学校为重点专业建设和实验室教学设备改造开发等工作,主动与上海自动化研究所、宝信软件等教学科研制作机构合作,共同进行研制开发与技术改造,为学校的师资培养和教学设备开发创造了较好的效果。学校通过产教结合、共同开发等措施,在教学设备研制、实验室建设等方面取得一定的效果,为每个专项开发建设节约10%~20%的投资总额。宝钢学员张任其的毕业设计结合宝钢现场实际课题,其研究成果在宝钢自主管理成果发布和全国质量精盛杯中获优胜奖,创造95万元的价值效益。

六、上海科技管理学校产教结合

学校在松江五厍租赁土地75亩,建立上海科技管理学校五厍基地,并与上海方圆水产食品有限公司合作开发水产养殖,为水产养殖专业的实训提供条件,产教结合,既满足学生实习实训的需求,又取得25万元的经济效益。学校筹资成立的上海技高职业培训中心利用制冷实训室和食品实训室等设施开展面向社会的培训,取得了积极的社会效益和135余万元的经济效益。学校和行业、企业联手,积极参与科研项目和技术攻关。学校承担上海市水产行业协会委托的上海地区观赏鱼市场的现状及对策研究课题和上海水产品加工领域的现状及对策课题。这两项调研覆盖面广,数据翔实,对策明了,得到行业协会的充分肯定,为行业制定政策、落实规划起到积极的作用。学校也从中得到启发,及时改造水产养殖专业,开设观赏鱼经营与管理专门化方向,拓宽办学路子。学校计算机教师开展技术攻关,于2001年自主开发管理信息化系统,于2002年建成学分制教务管理系统;2003年又与企业合作,研发学生信息查询电话声讯服务系统,并已正式启用。学校食品专业教

师参与的"高档水产品的冷熏技术"的项目开发,解决了企业生产中出现的低温烟熏工艺问题;"水产品加工废弃物的生物利用"项目,解决了企业生产中出现的蛋白质水解工艺这个核心难题。

七、上海市曹杨职业技术学校产教结合

该校与市重点专业教学相匹配,学校与天目湖宾馆(五星级)联手,做强做优桃苑天目湖实验宾馆。该宾馆现已成为两个市重点专业——烹饪专业和饭店服务与管理专业的优秀实践基地,师生在这个基地学到了江浙名菜及星级宾馆管理技能与经验,取得教学和经济收益双赢。与主干专业教学相匹配,建立曹职创意设计有限公司。教师直接参与一线生产,公司专业人员直接参与教学和课题改革,校企互动、产教促优。公司接受市、区设计任务多,给教师和学生锻炼的机会多,显著成效在市、区享有良好声誉。与饭店服务和管理、烹饪专业教学相匹配,学校食堂与总务处捆绑运行,学校和社会有关专业人员共同经营食堂,该专业的学生在食堂进行专业实践和锻炼,得到师生的赞誉。从2002年至2004年,学校产教结合经营部创收300多万元,用于改善办学条件171万元,产教结合机构成为锻炼教师和学生的阵地,成为提高教学质量和专业技能水平的有效途径,同时产生良好的社会效益和经济效益。

八、上海董恒甫职业技术学校产教结合

该校开展电脑照排第三产业。对外承接业务,对内让图书、文秘专业的学生根据专业和年级轮流安排岗位实习,或在寒暑假安排实习,增强学生的感性认识,提高学生的学习兴趣,获得经济收益。2002年创收21.4万元,2003年创收18.3万元,增加了教育经费,改善了办学条件,提高了学生技能。学校在2001年开办恒甫实验餐厅,面积有300多平方米,聘请锦江集团的专职培训师,对外营业。服务员全部由实习学生担任,使饭店服务与管理专业学生在技能训练方面受益匪浅,学生在实践工作岗位中积累了经验。学校对业余进修、培训中心进行体制改革,合二为一,规范管理,扩大规模。让业余教育率先走向产业化。向校内学生和校外公众全面招生,培训的项目有预科辅导、各类计算机操作指导、英语强化、升学辅导、大专自学辅导、网络教育、高中单科、择业培训等。特别是初级、中级职业培训,"2030"(为大中专毕业生提供职前培训)和"4050"(为下岗工人再就业进行职业培训)工程,为政府解决再就业问题提供有力支撑,三年中年均创收33.8万元。

九、上海市工商外国语学校产教结合

该校成立的产教结合机构有学校实习工厂、上海南洲教育发展公司和百色酒家,它们都是学校的实习场所。上海南洲教育发展公司(机制车间)从2001年创办的近三年来,主要利用学校数控专业所属的设备,为美国德莱富公司、上海世光发展公司加工出口石油安全阀(出口美、德、法等国),2002年实现利润10万元,特别是2003年生产业务量有较大增加,利润增长明显,达到23万元。学校的实习工厂,在完成教学实习任务的同时,结合自身的实际开展对外加工业务。其中实习带教教师全部从事一线生产,具有丰富的实践经验,能够把理论和实践有机地结合起来更好地开展实习带教工作。百色酒家是学校饭店服务与管理专业学生实习场所,学生在这里进行专业课程的单项实训(前厅与客房实训、饭店服务与管理实训)及毕业综合实训,为今后工作积累实践经验,并打下职

业素养基础。学校数控加工中心实训室,在完成学生实验和实训教学的同时,结合数控专业建设,以专业教师和实训指导教师为主,坚持开展数控中级培训和对外加工等工作,提高专业教师和实训指导教师的业务水平,带动高质量的实验和实训教学的开展。

十、上海市环境学校产教结合

设有汽车驾驶培训部、龙华大众特约汽车维修站、纯净水厂等3个"三产"部门以及一所国家劳动部认定的职业技能鉴定站。根据环境治理技术专业和环境保护与监测专业学生在课程学习方面需要,安排学生到校办净水厂,对水质检验、产品分析、水处理设备的保养与维修及先进的水处理设施设备等进行见习、实习与轮训,并在水污染控制工程中聘请水厂的技术人员向学生介绍纯水生产的工艺流程与技术要点,不断地满足学生的教学实践需要,有力地促进学校教学质量的提高。根据机电设备安装与维修专业、汽车运用与维修专业的学生在课程学习的需要,安排学生到技能鉴定站、龙华大众汽车特约维修站参加实训,有95%的学生取得技能证书。另外,各专业还有一部分学生在汽车驾驶培训部取得汽车驾驶执照。从2001年至2004年,学校根据以产养教、产教结合的原则,为行业和社会培训技术工人2 932人次,组织行业技术工人操作比武两次。三年来学校"三产"部门共创收1 728.65万元,其中,投入教育915.99万元。

十一、上海市物资学校产教结合

自1999年起和家得利超市签订产教结合的协议,学校为家得利超市提供营业场所和员工培训,家得利超市为学校提供学生实习场所、实习指导教师,为教师提供见习和考察场所。取得良好的社会效益和经济利益,具体表现为:组织学生到超市参观实习,掌握超市经营的感性知识。专业教师根据教学需要经常到超市调查研究,丰富教学内容。家得利超市为学校提供不少连锁经营管理的业务资料,为学校申报连锁经营专业提供启示,为课程设置提供可靠的依据。家得利超市三年共向学校提供60万元资金。

十二、中华职业学校产教结合

学校的旅游及饭店管理专业以恒苑饭店作为产教结合的实习基地,学校副校长任饭店副经理。组织学生到饭店进行实岗锻炼,饭店负责业务指导,使教学和实践紧密结合。2001年至2004年,产教结合效益约127万元。旅游及饭店管理专业与城市酒店、花园饭店等宾馆、饭店、公司等建立各种形式的产教结合的合作关系,聘请沪上著名宾馆、饭店的24位专家、技师担任教学顾问,经常与宾馆、饭店以及雀巢、百事公司等管理层进行校企合作交流研讨,学生到第一线参加生产实习,取得积极的效果。该专业为上海市金茂凯悦、汤臣、新锦江、花园、太平洋、建国、田林等著名宾馆、饭店输送一大批技能型专业人才。现代交通(地铁)专业与上海地铁运营总公司、现代轨道交通有限公司紧密合作,签订产教合作的协议,地铁公司派遣生产第一线的技术人员和管理人员担任专业课和专业技能课的教学工作,承担教学实习和岗位证书考核任务,培养千余名合格毕业生。文秘、计算机及应用等专业与上海市信息中心、上海市和卢湾区政府的有关局办、上海博物馆、市级医院等中外企事业单位建立实习指导合作关系。学校还发挥地处中心商业商务区的优势,利用非教学用房门面出租的机会,与维港、美能达等企业建立产教结合的关系,为商务和房产经营专业的学生提供专业技能训练的场所。

十三、上海市西南工程学校产教结合

学校依托工民建、建筑装饰、给排水专业资源优势创办上海吉成建筑设计监理有限公司,公司为师生实践性教学和实习提供平台,教师积极参与公司项目的实践与技术支持,部分专业教师的科研成果取得一定的经济和社会效益,也为学校的专业建设提供强大支撑。2001年至2004年,学校与上海建工集团、聚通公司等多家企业签订校外实训基地的协议,经常邀请专家来校进行指导授课,定期选派专业教师到企业挂职锻炼,三年中有近十名教师参加企业实践活动。学校重视产教结合质量监控,在推行专业教师下企业实习制度、专业教师持证上岗制度的基础上,加强教学实训管理,坚持对参加实训环节教师和学生进行全方位的跟踪调查,并及时反馈整改。产教结合投入学校教育经费约100万元人民币。

第二章　集团化办学

职业教育集团是在职业学校原有办学的基础上发展起来的一种新型的职业教育办学形式。它是以协议、契约等形式，将学校、企业、相关主办方等联合起来构成的非法人组织。通过职业教育集团化办学，推进学校与企业、学校与社区合作；推进优质教育资源集聚和扩展；拓展职业院校服务社会功能；推进技能型人才培养模式改革；推进中高职业教育衔接与资源共享。上海市教委于2007年颁布《关于本市推进职业教育集团化办学工作的意见的通知》，就在上海市组建10个领域职业教育集团提出工作指导意见及实施办法，明确十大职业教育集团组建形式，推进集团化办学。主要以专业为纽带，以资源共享、校企合作为重点，在人财物渠道不变的前提下，在自愿组合的基础上，可跨行业、跨地区，由示范性、国家级高等职业院校或职业学校为龙头，吸引相关行业企业、职业院校和其他社会组织等，进行"校企合作"或"校校合作"。至2010年为止，上海已经组建行业性职教集团8个、区域性职教集团5个，形成基本覆盖上海市主要产业和较大部分区域的集团化办学系列。

第一节　集团组建

2006年，《上海市人民政府关于大力发展职业教育的决定》提出率先在电子信息、机电数控、交通物流、建筑、轻工、化工、旅游、现代艺术、现代护理和现代农业等10个领域组建职业教育集团的有关任务。

2007年6月下发的上海市教育委员会关于印发《关于本市推进组建职业教育集团工作的意见》是上海市推进职教集团组建和发展的第一个指导性文件。文件指出：职业教育集团的性质是以专业为纽带，以一所或几所职业院校为核心，相关行业、企业、职业院校参与，以实现资源共享、校企合作为目的，在自愿、协议的基础上形成的非独立法人组织。其原有人财物渠道保持不变。集团建设不受部门、行业和所有制限制，通过品牌职业院校、示范性职业院校牵头，联合社会办学单位、实训基地、企业或行业组织，实现职业教育与社会经济的联动，促进各类职业教育资源的共享和互补，促进校校合作和校企合作。加强上海市与外地职业教育资源之间合作与沟通。形成上海职业教育的品牌化效应和连锁化模式。组建职业教育集团的意义和作用是：推进校企合作，推进优质职业教育资源集聚和服务社会的功能拓展，推进人才培养模式改革和培养途径优化，推进学生不断发展能力和就业素质全面提高。文件指出组建集团的基本原则：一是坚持共享性原则，以教育资源共享为重点。在产权、所有制和人事关系原则不变的前提下，各级各类职业院校资源与行业企业职业教育资源以自愿为基础组建集团，实现"校企合作"和"校校合作"，努力吸纳行业企业的职业教育资源，集聚各级各类院校的教学资源，充分发挥优质教育资源的经济效益和示范引领效应，实现各类教育培训资源的共享，提高师资、设备、场地等资源的使用效益，不断提高职业教育的办学能力和教育与培训质量。二是坚持带动性原则，努力发挥优质职业教育资源的引导和带动作用，使办学水平高、社会效益好、专业特色鲜明的职业院校成为集团的核心，充分发挥其凝聚、辐射和引领作用。三是坚持稳步发展原则，分步骤、分阶段组建职业教育集团，集团的组建应根据具体情况，因地制宜地选择合适的组建模式。以教育、专业为纽带，面向行业、区域经济或社会发展，吸引企业、相关职业院校和其他社会组织加入,成熟一个建设一个,逐步使职业教育集团的建设与经济需求和发展环境相适应。

从 2006 年到 2007 年,根据改革和推进的实践需要,市教委依托并组织华东师范大学职教研究所和市教科院职成教所,开展"上海职业教育集团化发展的案例研究"和"职业教育集团化办学的比较研究"两个课题的研究,重点加强对当前和今后职业教育集团化办学的理论支撑和指导。课题研究的成果已经对当时集团工作的组建和推进产生重要影响,并同时得到教育部职成司领导的高度好评。

2007 年 10 月 10 日,上海现代护理职业教育集团成立,这标志着上海市建立十大职业教育集团的工作全面启动。上海现代护理职业教育集团,由上海医药高等专科学校(国家级示范性高等职业院校)和上海交通大学医学院附属卫生学校(国家级重点中等职业学校)共同牵头,汇聚上海多所卫生类职业院校和包括瑞金医院、仁济医院、第九人民医院、新华医院、复旦大学上海医学院、上海交大医学院等在内的综合性医院和医学教育科研单位,18 个加盟成员通过契约方式自愿加入。集团发挥多所中高等职业院校开办护理专业的优势,进一步整合沪上现代护理优质资源,搭建了一个新型的现代护理专业人才培养和劳动就业的平台。

2007 年 12 月组建的上海交通物流职业教育集团,由上海交通职业学院和上海市交通学校(国家级重点中等职业学校)共同牵头,吸纳沪上相关职业院校、大型企业集团和行业协会的 20 多家单位共同参与,成为覆盖陆海空交通物流领域,跨行业、跨系统、跨产业、跨地域的职业教育新航母。集团围绕交通物流类专业的建设,重点建设综合交通、口岸物流、制造业物流、城市配送物流等专业,形成集团的交通物流类专业人才培养体系。各成员将通过"校校联合、校企合作、校协联手"等方式,深入参与主攻专业的人才培养标准制定、教育教学改革、课程体系重组、课程教材建设、师资队伍建设、实验实习实训中心(基地)建设、教学质量监控、学生就业指导等多个领域。这种集团成员之间深度合作,有利推动集团走内涵式发展的道路,为集团保持长久的生命力打下基础。

该年相关专报指出:为了推进本市职业教育集团化办学,市教委会同有关部门,着力在以下两个方面重点推进:一是探索四个方面有"新突破",二是研究六个方面的政策支持。四个方面有"新突破":一是在坚持校企结合、工学交替、半工半读,在创新技能性人才培养模式方面要有新突破;二是坚持中高职衔接、普职渗透、职前职后并举,在推进现代职业教育体系构建方面要有新突破;三是坚持优质资源的辐射效应、品牌学校(专业)的带动功能,在集团化办学的管理体制、运作机制建设方面有新突破;四是坚持面向经济,服务上海、长三角和全国,在开拓职业教育服务功能方面要有新突破。对于运行良好的集团内职业院校给予六个方面的政策支持:一是支持人才培养模式改革试点,鼓励开展工学结合、半工半读、勤工俭学、工作经历转换成学分等方面改革;二是优先对集团内的职业院校给予经费与项目支持;三是对于集团内的成员单位优先下达政府委托的培训任务;四是凡符合有关条件的集团内高等职业院校可被列入高校依法自主招生改革试点院校;五是对于在集团建设中成效显著的相关人员和单位,给予表彰和奖励;六是对在集团内向职业院校学生提供职业指导、实习就业岗位的企业给予切实支持。

2008 年 6 月批准组建的上海商贸职业教育集团,由上海商学院(应用型本科高校)发起,会同市商业学校、市南湖职业学校等国家级重点中等职业学校共同牵头,汇聚上海市 17 家大型商贸企业和商贸协会及科研单位,构成沪上商贸教育优质资源整合态势,搭建一个新型的商贸技能型人才培养平台。在上海市经济和信息化委与重庆市经委的牵头下,突破现有上海行政区的区域,实现了沪渝两地职业教育密切合作,重庆市 5 所国家级重点职业学校自愿加盟该集团。

2008 年 8 月批准组建的上海电子信息职业教育集团,由上海电子信息职业技术学院和上海电子工业学校牵头发起,联合上海仪电控股(集团)公司所属的企业、相关研究所和行业协会等 22 个单位,以及上海市 12 所职业院校和云贵两省 3 家职业学校共同组成。它的建立适应了上海市大力发展先进制造业的战略发展要求,承担着为社会、企业输送一线高素质技能型人才的重任。

同年 11 月 28 日,市教委举行"上海市职业教育集团建设工作推进座谈会暨上海商贸、电子信息职业教育集团揭牌仪式",副市长沈晓明出席会议为上海商贸、电子信息职业教育集团揭牌并作讲话。在会上,市教委主任薛明扬通报了推进职业教育集团化办学工作情况,提出教委将进一步研究制定支持集团可持续发展的政策和经费投入政策。新组建的两个职业教育集团的牵头组建单位代表介绍自身的建设情况,去年组建的两个职业教育集团的学校和企业代表分别介绍一年来的运作经验和需要继续探索的问题,正在拟定组建区域职业教育集团方案的单位汇报工作进展情况。

2009 年 2 月 13 日,市教委印发《关于本市推进组建区域职业教育集团工作的指导意见》,指出:加快组建区域职业教育集团工作,是上海市职业教育集团化办学的进一步创新与发展的重点工作。组建区域集团的指导思想是:提高为区域经济和社会发展服务的水平,推进高素质技能型人才培养模式改革。推进优质职业教育资源服务区域发展功能。组建区域集团的目标与任务:一是树立大职业教育的观念,充分发挥区县职业教育联席会议的统筹、协调的作用,重视调动社会各方参与职业教育的积极性,促进各类职业教育资源的共享和互补,促进校校合作和校企合作。联合区域各类办学单位、企业或行业组织,实现职业教育与区域经济的联动。二是以区域重点发展产业为支柱,以区域内职业院校若干个骨干专业为核心,以一所或几所职业院校为基础,各行业、企事业单位、职业院校等共同参与,以实现资源共享、校企合作为目的,一般由区县政府及教育行政部门牵头组建,因地制宜地选择合适的组建模式,在自愿、协议的基础上,形成合作组织,其原有人财物渠道一般保持不变。三是坚持积极推进,稳步发展原则,分步骤、分阶段地组建区域集团。在 2008 年开展调研并选择 1~2 个区县探索区域集团组建工作的基础上,2009 年组建 3~4 个区域集团;到 2010 年在上海市建成若干个区域集团,在职业教育管理体制和组织形态上有新突破;2012 年基本完成全市区域集团的组建工作。

至 2009 年,市教委对组建的各职教集团主要在以下五个方面开展实践探索:第一,开展与企业深度合作,为学生实习、就业搭建平台。嘉定职教集团参与区人力资源和社会保障局等单位联合举办的区人力资源招聘洽谈会,职教集团内各院校的应届毕业生共有 500 多人参加,并组织企业与院校的互访活动。嘉定、徐汇等区域职教集团牵头组建由企业专家、人力资源部门经理及相关院校教师组成的就业指导讲师团,在集团内院校开展巡回演讲,共同组织集团内校园人才招聘会,充分利用集团的优势开拓就业市场。电子信息职教集团与集团成员——杭州华三通信技术有限公司共同制定教师培训计划,将该公司全国认证培训上海中心设立在集团内的职业院校。交通物流职教集团在实习实训基地建设的基础上,整合成员单位的办学资源,试点组建生产性实训基地,启动以信息技术为依托的校企对接"现代物流综合技能训练平台"建设项目。旅游职教集团与乐辰投资有限公司合作,共同开发项目,搭建学生创业平台,由该公司通过以一定的价格收购学生设计成果或给以一定的注资等形式帮助学生创业。第二,加强"双师型"师资队伍建设,实施上海市中等职业学校特聘兼职教师资助工作。上海市教育委员会、上海市财政局联合颁发《关于实施上海市中等职业学校特聘兼职教师资助工作的通知》,依托职教集团,以职教集团及相关学校骨干专业为主,实施上海市中等职业学校特聘兼职教师资助试点工作。已对 7 个行业和区域职教集团内职业院校的 93 名特聘兼职教师进行资助。交通物流集团重点加强对专任教师的培训,组织 28 名物流专业骨干教师参加"上海国际航运中心建设与物流发展"骨干教师培训班。现代护理职教集团与三级甲等医院合作,新建急救实训室和心理实训室,改建基础护理实训室,使其具有全天候对外开放教学功能,能够容纳150名学生开展无菌类(注射)基础护理技能训练,改建观摩型手术室和社区老年护理实训室,引进相关护理设备和器械。第三,深入调研,开展职教集团内中高职课程衔接研究。现代护理、交通物流和电子信息职教集团开展中、高职一体化衔接课程方案设计的实验项目研究,商贸职教集团制订中高职教育衔接的中等职业学校部分的8个专业教学实施方案。第四,汇集职教集团的行业专家优势,开发专业教学标准和课程标准。交通物流职教集团在去年编制中职物流管理专业教学标准和课程标准的基础上,组织编制"交通高职物流管理专业教学标准和课程标准"以及"交通高职国际航运管理专业教学指导方案"。电子信息职教集团组建由行业协会、部分企业及有关院校专业带头人及骨干教师参加的专题调研组,研究各专业建设发展方向和培养目标,启动高职应用电子技术、通信技术、计算机网络技术等专业教学标准的开发工作。第五,加强信息化建设,搭建交流平台。各职教集团都建立沟通交流和信息共享的专门网站,整合、利用集团内外的各种产业和职业教育资源,为社会提供培训、就业与人力资源等各类资讯。集团网站逐渐成为各成员单位沟通交流和信息共享的重要平台,成为集团向社会展示形象、展示品牌、展示亮点和发布信息的窗口。

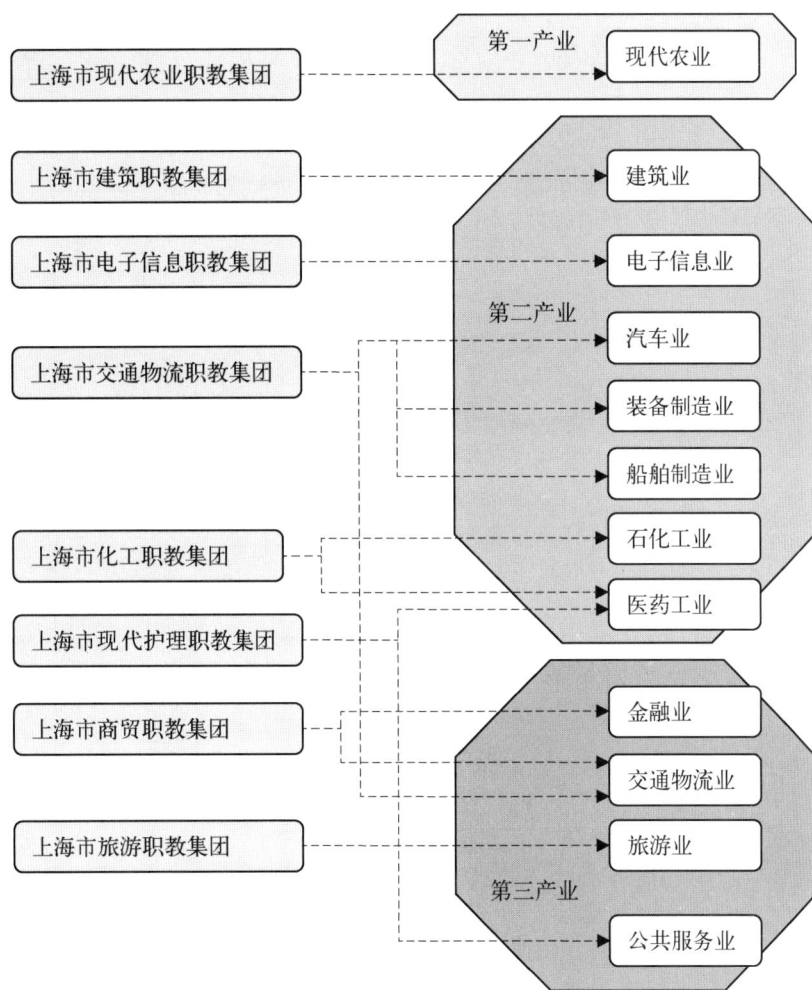

图3-2-1　上海对应各产业组建职教集团示意图

2010年,建筑、化工、现代农业3个行业职教集团和浦东区域职教集团组建成立。截至当年9月,上海市已先后成立8个行业和5个区域职教集团。

根据上海市政府有关决定的要求,上海组建的10个行业性职教集团基本对应上海的绝大部分产业,形成全覆盖的对应服务格局。

上海市各职业教育集团的构成成员,容纳了广泛的产业组织和社会组织。上海各职教集团的构成成员除了中高等职业院校外,还包括22个行业协会、153家大型企业或企业集团、36家科研机构,还有50多个其他社会组织。就企业来说,职教集团注意把大企业和企业集团作为开展校企合作的出发点,通过成功的合作起到示范和引领的作用。参加集团的高职都是与中职在专业发展和教育衔接上具有紧密关系的院校,形成一种整体进入,同步发展的格局。就行业组织来说,基本囊括与上海基本产业相关联的各类主要行业。

集团规模做大,使更多的学生可以使用集团的综合资源。以下两个表说明,由于上海的集团化办学,在集团中的学校越来越多,从而使更多的在校生可以在集团中享受更多的教育资源,也可以享受经过集团化提升的更好的教育资源。

表3-2-1 2010年上海市职教集团组建汇总情况表

类别	序号	名称	牵头单位	成员单位(家)				成立日期
				院校	企业	协会	其他	
行业性职教集团	1	上海现代护理职业教育集团	上海医药高等专科学校 上海交通大学医学院附属卫生学校	6	12医院	—	—	2007.10
	2	上海交通物流职业教育集团	上海交通职业技术学院 上海市交通学校	13	9	6	—	2007.12
	3	上海商贸职业教育集团	上海商学院	12	12	5	—	2008.06
	4	上海电子信息职业教育集团	上海电子信息职业技术学院 上海电子工业学校	18	18	5	—	2008.10
	5	上海旅游职业教育集团	上海师范大学旅游学院 上海市商贸旅游学校	21	7	5	—	2009.03
	6	上海建筑职业教育集团	上海建峰职业技术学院 上海市建筑工程学校	11	22	4	—	2010.08
	7	上海现代农业职业教育集团	上海农林职业技术学院 上海市农业学校	12	18	13	—	2010.09
	8	上海化工职业教育集团	上海石化工业学校 上海信息技术学校	11	10	—	2	2010.09
区域性职教集团	9	上海嘉定职业教育集团	上海嘉定区教育局	19	20	—	7	2009.02
	10	上海徐汇职业教育集团	上海徐汇区教育局	7	6	—	4	2009.03
	11	上海闵行职业教育集团	上海闵行区教育局	3	—	—	7	2009.05
	12	上海黄浦职业教育集团	上海黄浦区教育局	5	6	—	2	2009.12
	13	上海浦东新区职业教育集团	上海浦东新区教育局	4	—	—	7	2010.06

资料来源:郭苏华著《职业教育集团,发展、成效与前途》,中国科学技术出版社,2012年版。

学校毕业生在集团内企业就业,提高就业质量。集团组建后,集团中的企业与学校的进一步合作,直接促进学生就业数的增加。而由于是在集团企业内就业,可以加深学校对企业用人需求的了解,可以进一步掌握员工在企业的发展前景,这些都提高学生的就业质量。

第二节　管理和指导

一、政策支持

政府对职教集团的支持有切实的优惠政策。政策支持的重点:一是支持开展工学结合、半工半读、勤工俭学、工作经历转换成学分等人才培养模式改革试点;二是在安排财政支持的职业教育项目时,优先考虑集团内的职业院校;三是对于集团内的成员单位优先给予政府委托的培训任务;四是集团内高等职业院校可被列入高校依法自主招生改革试点院校。在已经推出的政策中,对集团成员企业的部分兼职教师给予政府补贴,以及在集团内职业院校开展中高职衔接的先行先试,成为集团政策支持的两个亮点。

二、推进校企合作

政府坚持把推进校企合作作为上海职教集团发展的重中之重。政府对上海职业教育集团的引导,坚持把发展重点始终建立和巩固校企合作、加强校际合作,从而着力解决教育和企业脱节的问题和职业教育资源有限的问题。集团化办学中强调行业企业的参与,强调各类职业教育机构的共建和互补,加快形成专业建设的合作和师资队伍建设的合作,加快信息资源共享、生源资源共享和就业资源的共享。同时,把积极探索和建立集团的利益机制,优化集团的运行机制,稳定巩固的各类合作建立在保证企业利益的基础上,建立保证各成员共享成果和都有发展的基础上,从而形成企业和学校参与职业教育集团的持续长远机制。

三、完善合作机制

探索完善职教集团成员之间的契约合作机制。在制定集团章程,确定基本制度和原则的框架下,集团的重要事宜,原则以合同、协议等契约形式建立法律关系,保证了各类合作项目的实施,也保障了集团各成员的利益,为集团的可持续发展奠定较好的运行基础。许多集团都建立民主议事、集体决策的机制,定期召开一次全体理事会议,对职业教育发展过程中出现的新情况、新问题进行通报和协商,对上一年的运行情况进行评价,对下一年的工作重点进行部署和安排。涉及集团重大事项和政策制定,都实行理事会集体决策制度,使重大事项决策建立在民主、公平、透明的基础上。集团的管理和监督机制已经建立并逐步完善。在各集团内部,普遍建立相关机构,对集团开展的各类合作项目与活动进行阶段性检查和监督。上海交通物流职教集团通过以下五大机制的建立实现合作机制的创新:一是契约合作机制,通过约束和限制,以保证集团作为一个系统始终在可控范围内运转;二是民主议事机制,交通物流职教集团原则每年召开一次全体理事会议,通报和协商新情况,部署和安排新工作;三是集体决策机制,涉及集团政策制定、对外关系以及成员增补等重大事宜,实行理事会集体决策制度;四是例会监督机制,集团每年召开若干次常务理事会议,对集团开展的各类合作项目与活动等进行阶段性检查和监督;五是战略化布局与发展机制,集团通过集团战略目标的确定和战略规划的制定,实现统筹发展和科学发展。

四、管理机制

集团三层组织的基本架构得到广泛的运用,第一层为决策层,它由集团理事会组成,发挥领导的功能;第二层为宏观管理层,它由秘书处、项目综合办和建管处组成,发挥集团宏观管理的功能;第三层为微观管理层,它由各项目办公室或功能性中心组成,发挥对项目的立项、管理、评价和转化的功能。项目推进成为实现集团主要目标的重要载体。嘉定教育集团开展"职业教育改革与建设校企合作专业项目"建设工作,专业项目建设重点为先进制造业和现代服务业,围绕职业教育一些基本项目进行招投标,从 21 所院校和 11 个企业联合申报的 15 个专业项目中确定校企合作承担的 7 个重点和 4 个一般项目,为 2010 年度的"职业教育改革与建设校企合作专业项目"。浦东职业教育集团通过建立 4 个中心,即人才研发中心、专业指导中心、质量监控中心、就业服务中心,并组织行业、企业、研究机构、社会团体、学校等方面的力量承担区域人才需求预测、专业布局优化、课程和教学标准制定、培训项目策划等工作。这些都为集团更为有效地运行提供范例。

五、投入方式

对职教集团的投入,是多渠道的。就财政投入来说,有地方区域政府和教育部门直接投入的,也有各成员学校投入的。就企业投入来说,有国有企业投入和外企私企投入之分。就其他投入来说,有社会相关组织的投入,也有私人的投入。就捐献部分来说,渠道也比较多。对这些投入,集团层面如何使用、管理,做到合理使用、利益共享,是一个需要研究的问题。上海交通物流职教集团对集团资金使用的相关规定,已经在这方面的实践中做了一些探索,主要体现在《上海交通物流职业教育集团专项资金管理办法》这一制度中,其主要内容如下:总则:提出资金的基本来源,管理原则和基本管理办法。支出管理:把支出费用分为五项,即人员经费、业务费、设备购置费、维修费、管理费等。每一项目,都框定详细的名目和范围。决算管理:分两条线上报,一是收支情况统一编报后报市财政局,二是向理事会做使用说明。监督检查:确定责任制,并自觉接受相关部门检查。这一制度使资金的使用和管理有了一个基本的依据,为集团投入机制的进一步完善奠定基础。

六、绩效评价体系

上海交通职业技术学院组织课题组研究制定的"上海职教集团绩效评估标准与指标体系",确定 7 个一级指标,23 个二级指标,从领导作用、发展战略、办学成果、资源配置、过程管理、分析改进、社会评价等 7 个方面对集团的发展水平进行评价考核。浦东职业教育集团的课题组研究提出一个以项目作为考核对象的集团发展评价体系,根据该集团以项目推进为主要建设方式的特点,在成果形式、建设过程的态度、任务的完成情况、建设的效果四个方面进行评价,并实行投入、成果和评价的全面挂钩。

第三节　改　革　探　索

上海在大力推进职业教育集团化办学,在校企合作、校际合作、资源集聚和优化等方面,初步凸显集团化办学的优势和功能。

一、集团化推进校企合作

集团化办学有效转变了以往职业学校关门办学的状况,初步突破难以发挥企业参与职业教育的瓶颈,实现各类职业教育资源的初步集聚,形成校企、校校合作,共同开发和制定专业标准和课程标准,共建教师队伍,共建实训实习基地,共享职业教育资源的局面。

【开发专业和课程】
上海职业教育集团利用企业和行业深度参与的优势,初步形成校企共建的专业和课程开发建设机制。组建于 2007 年的上海交通职业教育集团建立职业教育"需求—加工—供给"的人力资源平台,积极展开"现代化物流综合技能训练平台"的开发项目。上海现代护理职业教育集团把来自上海市各大三级甲等医院护理部主任组成"专业指导委员会",每学期参加专业教学工作会议,根据临床护理技术发展和对护理人员要求的变化,及时修订教学大纲、教学计划。上海电子信息职业教育集团,以专业建设指导工作委员会为平台,组建有行业专家和学校教师共同参加的专题调研组,进行各专业行业发展与人才需求(含潜在性人才规格和需求)的调研工作,研究各专业建设发展方向,确定培养目标。上海商贸职业教育集团组织所属学校,依靠行业和企业专家,共同完成商贸类中高职教育衔接 8 个专业、16 个教学标准研究和制订,并进行运作实践。

【建设实习实训基地】
上海的职教集团对所属的实训基地建设,以充分吸纳行业和企业资源为重点,提高实习实训水平,提高办学效益。据不完全统计,从 2007 年到 2009 年,上海职教集团成员企业对成员学校实训基地建设资金累计投入数达 4 700 万元。各集团探索和形成一些有效的做法。例如,现代护理集团通过"学校里建病房"的方式,邀请临床骨干护士和护理带教教师到学校担任一定课时的讲课、实训辅导和病房模拟训练,将临床前沿的信息和技术及时传递到学校,让学生在学校学习也能得到在病房见习实习同等的收益。上海农林职业教育集团,在集团下属职业院校的重点建设专业中,开展与集团内部农业龙头企业全面对接工作,以合同的方式在企业内建立"厂中校"实习实训基地,设立实习实训岗位,实施教学管理、满足人才培养教学需要。在理事会组织下,校企双方共同制定规章制度,保障对"厂中校"实习实训基地的教学投入,规范管理,确定教学目标。

【建设双师型师资队伍】
上海的集团为建立具有双师结构的职业教育教师队伍搭建平台。从 2007 年至 2010 年,各集团都充分利用企业的资源对教师队伍进行优化。一方面是在企业关键技术环节建立教师实习岗位。使下企业的教师能够深入生产一线,学习到先进的技术,同时,通过教师参与技术改造和技术服务等课题,形成教师在干中学、在干中教、在干中提升的良好机制。在实践中形成以下一些经验和做法:第一,听课与指导。现代护理职业教育集团建立"临床专家进课堂",邀请临床专业指导专家进行随堂听课,对课堂教学中存在的问题进行指导,使得行业需求渗透到职业教育的全过程中。第二,带教。该集团还实行带教制度,兼职教师不仅要上课,还要传带专职教师,帮助他们提高业务能力;不仅在学校带教,还把专职教师带到企业里,在一线岗位上给予指导。这一模式将临床前沿的信息和技术及时传递到学校,让学生在学校学习也能得到在病房见习实习同等的收益。第三,参与教学各主要环节的活动。兼职教师参与到学校的教学设计、课程建设、教学质量监控、优秀课件、教案评审、教学与行业需求调研、师资团队质量提升工程。第四,建立兼职教师资源库。上海旅游职业教育集团整合集团师资优势,建立旅游专业优质教师资源库,实现集团内优质教师资源共享。

【推进就业工作质量】

2007 年至 2009 年,上海的职教集团通过学校与企业的紧密合作,掌握企业岗位需要和技能素质要求,争取在就业市场上占据有利地位,提高职业学校毕业生的就业率和就业质量。合作开展就业指导。上海电子信息职业教育集团组建由企业专家、人力资源部门经理及相关院校教师组成的就业指导讲师团,结合实际案例,就企业文化、学生职业生涯规划、择业的方法与技巧、应试技巧等主题在集团内院校开展巡回演讲,帮助学生掌握职场必备的知识、技能和职业观念,解答毕业生在就业过程中可能遇到的各种问题,从而帮助学生打造一流的就业能力。又如,合作举办人才推荐会。上海交通职教集团搭建集团层面的人才推荐会,集团成员学校分享这一平台的就业信息和就业资源,为毕业生提供更多的就业面,为企业提供多种规格的人力资源。

以下表中提供三年期间上海的职教集团开展校企合作的一些数据。

表 3-2-2　2007—2009 年上海市职教集团校企合作成效统计表

调查内容	职教集团成员企业累计接受职业学校教师实践锻炼人数(万人次)	职教集团成员学校为企业培训职工人数(万人次)	职教集团成员开展"订单培养"人数(万人)	职教集团成员学校开展工学结合、顶岗实习人数(万人)
统计数	0.039 6	4.541 3	0.518 4	2.807 5
调查内容	职教集团成员学校与企业联合开展生产技术攻关项目数(项)	职教集团成员企业对成员学校实训基地建设资金投入数(万元)	职教集团成员可享实习实训设备资产总值(万元)	
统计数	35	4 714.9	35 659.7	

资料来源:郭苏华著《职业教育集团,发展、成效与前途》第八章,中国科学技术出版社,2012年版。

二、校际合作和跨区域教育合作

【整合教师资源】

2007 年上海的职教集团组建后,把实现教师资源的互通作为职业教育资源整合的重要目标。其一,建立集团层面的教研组织。对教师资源的整合并不仅仅局限于紧缺教师的互派,就校际之间的教师资源整合方面,职教集团往往通过一定的组织形式和活动形式,提高整合水平。例如上海旅游职教集团建设集团层面教研组织,把集团成员学校相关专业的教师组织在一起,既能解决中职专业细分,各校同一专业的任课教师少,教研活动难以开展的问题,又能通过中高职教师共同开展教研,解决教师提升业务能力缺乏高水平的指导的问题。其二,组织联合培训。上海旅游职教集团对下属学校的教师进行联合培训,可以均衡培训资源,提高培训质量。集团牵头上海旅游高等专科学校和上海市商贸旅游学校等品牌旅游职业院校,联合上海市旅游培训中心等优质培训资源,定期开展旅游专业高端培训,提升教师专业能力。徐汇职业教育集团组织各校 5 名教师进对口企业相应岗位顶岗实践。职教集团给予每人 500 元～2 000 元的奖励与资助。初步了解企业岗位要求,加深了教师专业教学的针对性。其三,组织教学交流,如说课比赛等,体现集团相对于单个学校的优势。上海电子信息职教集团筹划由企业冠名的技能大赛,目的是通过竞赛,提高学生的学习兴趣和学习积极性;比赛中涌现出的优秀人才,能直接被企业录用。

【整合课程资源】

2009 年,商贸职教集团通过半年多的调研和实践,制订中高职衔接的中等职业学校部分 8 个教学标准,为职教集团内中职教育的规范性和科学性打下扎实的基础,也为即将制订的高职专业教学标准奠定基础。交通物流职教集团启动"中、高职一体化衔接课程方案设计"的实验项目,为解决"中、高职教育如何构建立交桥"的问题,提供集团化办学的可行性基本方案。组建于 2010 年的浦东职教集团组织下属职业学校的联合调研,对全区产业结构信息进行深入研究,提出系统的专业布局方案。并组织新专业建设职教内涵发展项目的专家论证会。采用招标、投标、竞标、中标的市场化运作模式,通过专家组的认真讨论,最后确定年度的新专业建设项目和 4 个集团重点建设专业。2008 年,上海电子信息职教集团各专业建设指导工作委员会依托集团及其他社会资源,分别组建由行业协会、部分企业及有关院校专业带头人及骨干教师参加的专题调研组,进行各专业行业发展与人才需求(含潜在性人才规格和需求)的调研工作,研究各专业建设发展方向,确定人才培养目标,并在此基础上完成专业教学标准的开发工作。另一方面,联合开发课程和教学标准。上海交通物流职教集团在交通职教领域,基本规范了中高职"物流管理"专业教学标准和核心课程标准。该集团在 2008 年编制上海中职物流管理专业教学标准和课程标准基础上,2009 年在全国交通教指委支持下,联合全国 7 所交通职业学院和一些国际物流公司,开展"交通高职物流管理专业教学标准和课程标准建设的研究",制定"交通高职国际航运管理专业教学指导方案"。

【整合实训和培训资源】

在上海职教集团层面,据不完全统计,2007—2009 年,上海各类职教集团成员可共享的实习实训设备资产总值达 3.5 亿元。一方面,形成可广泛选择的菜单式服务。通过集团组织来统筹各成员学校的培训资源,可以向企业和社会提供更丰富的培训菜单,承担更多的培训任务。例如上海交通物流职教集团向社会推出 66 项交通物流类职业资格培训"菜单式"服务项目,仅 2007 年到 2009 年就为企业和社会 6 000 多人次提供培训。上海建筑职教集团通过校企合作的方式,仅在 2010 年中先后为企业培训各类层次的人员 12 000 多人次,2011 年上半年已完成 7 万多人次的培训量。另一方面,提供更为齐全的实训设施。闵行职教联盟(集团)所属的两所中等职业学校的服装开放实训中心、物业管理开放实训中心均面向在校学生、行业和社会等各个层面开展培训,每年职后培训量为 12 000 多人次,成为提高培训质量、扩大培训容量的重要阵地。各培训机构联合社区学校,开展以政府补贴为主的就业培训,把技能培训课程送到居民的家门口,紧贴居民的需求,提高居民素质和就业能力。

【整合招生就业资源】

上海交通职教集团、上海电子信息职教集团等都开展了联合招聘活动,通过集团的综合实力和品牌效应,提高中职教育的吸引力,提高就业工作水平。2011年6月,上海交通物流职教集团精选了78家物流货代企业提供岗位883个,成功举办第四届以"心系物流天地,放飞青春梦想"为主题的"2011年夏季人才供需招聘会",集团内院校约1 500人参加应聘。上海建筑职教集团每年还定期举行两次大型招聘会,每次邀请100多家相关企业到学校设摊,进行供需见面,不断拓宽学生的就业渠道。一是建立全程学生就业机制,如上海电子信息职教集团构建"全程参与、优先就业"的学生培养就业机制。二是建立集团就业信息网,如上海建筑职教集团构建集团内的就业信息网,定期发布相关信息,共享认证资源;又如上海电子信息职教集团通信技术教指委联合上海电子信息职业技术学院等高等职业院校及通信行业协会(集团内成员)首次组织学生参加通信行业职业技能鉴定中心的"电信线务员"(高级)技能培训和鉴定。三是联合招生,整合生源资源,就是根据经济发展需求和学生职业需求最大限度地招收适龄的学生,并满足他们选择专业的需要,从而保证职业教育有稳定的生源;同时也要整合区域外的一部分生源,让外区学生也能在合理合法的前提下,补充本地区的职教生源。

【建立进一步整合平台】

闵行职教联盟(集团)2009年组建,即与上海市教科院职成教研究所合作开启的闵行区职业教育与社区教育资源整合的实践探究,将形成闵行区职业教育一体化发展的"一个平台"和"五个资源库",即职教联盟管理平台和职教联盟生源资源库、师资资源库、课程资源库、实训基地资源库、就业岗位资源库,实现生源对接、师资互聘、课程衔接、实训基地共享、就业岗位对口。

【开展中高职贯通的探索】

2010年,上海一批职教集团已经完成部分重点专业的中高职贯通培养工作的调研、人才培养方案、部分专业核心课程标准的制订等一系列工作,并被教委确定为首批中高职贯通培养试点单位。交通职业教育集团在中高职教育贯通培养模式改革试点中,积极探索集团中职与高职、职业教育与普通教育、学历教育与继续教育全方位多层次的合作,试点开发"双高双推"项目,即集团成员单位围绕"双高"人才——高素质、高技能人才培养任务,按人才培养进程,实行"双推"——对符合岗位需求、期望就业的学生在集团范围内推荐就业,对学有余力、期望升学的学生在集团范围内推荐升学。浦东职教集团注重中高职衔接的实践探索,在"规划、引导、服务、协调"上下功夫,使各职业学校在职教集团的统筹规划下,逐步形成从招生、专业培养方案设计、教学实施到就业一体化的中高职教育相衔接的职教体系,中高职学校相同专业在专业培养目标、教学管理、学籍管理、招生就业等方面实现有效衔接,最终形成各职业学校资源共享、优势互补的局面。在职教集团的平台上,新区中职校与驻该区高等职业院校合作,研究探索中高职在课程、师资、实训、学分、招生等方面的衔接。上海第二工业大学分别与东辉职业学校和振华职业学校、上海电影艺术学院与群星职业学校、上海电视大学南汇分校与临港科技学校、上海电视大学浦东分校与航空服务学校签订有关的《中高职衔接合作办学协议》。

【打造区域合作交流平台】

现代护理职教集团于2007年组建之后,加强国内和国际合作的护理交流项目建设,承担对上海市、全国护理骨干教师的培训交流,此外还承担长三角地区、西部支援地区的师资培训工作。上海化工职教集团根据产业向中西部转移的要求,通过逐步实现网格化集聚和建立标准服务流程,以扩大对长三角、西部等地区的辐射效应。交通职教集团,并积极开发一批与长三角地区和中西部地区的合作服务项目。商贸职教集团吸收重庆商贸企业参加集团,把两地的市场资源与职业教育资源集聚,形成携手同进的良好合作关系。

三、案例选介

上海现代护理职业教育集团开拓创新。集团从护理行业第一线选拔、资助优秀兼职教师,参与到学校的教学设计、课程建设、教学质量监控等工作。2009 年,集团特聘临床兼职教师 14 名,2010年特聘 16 名,全程参与专业教学工作。临床专业课程专兼职教师比例维持 1∶1。同时,带动教学团队积极参与临床教学科研。申报课题的数量及内涵水平都逐步上升,由原来的每年各教学基地 1个课题,发展到每个集团成员单位申报 3 个课题。集团制定了中长期师资培训计划,选送优秀教师和临床第一线护理人员继续学历深造。集团组建一支由外方护理专业教师、中方专职护理教师和行业一线护理教学骨干构成的“国际化多元结构”教学团队。管理过程中,在三方合作的深度方面,由原来的中外合作院校—系部—医院护理部层面深入到教研室层面;在师资的融合方面,由原来的中外专业带头人—行业专家层面深化到课程组专职教师与临床兼职教师团队层面;在教学内容方面,由原来的行业专家仅参与宏观指引课程改革目标制定深化渗透到具体的课程标准。集团已连续举办两届护理英语大赛,大赛的决赛模式拟参照“世界护理技能大赛”设计,并邀请英美等国护士和护生作为特邀选手参赛。集团努力提升护理实训中心的软硬件水平。现代护理实训中心开发并运行包括教学软件(技能操作流程、技能影视录像)、管理软件(实训室全程运作记录、监测)在内的实训室一体化软件系统,使之更贴近医疗机构的真实环境。集团发挥辐射服务功能。2010 年 3 月,以护理教学团队为工作主体,组织全国 61 所高等职业院校,启动教育部国家示范性高等职业院校重点建设专业护理专业课程开发与教学资源建设工作。

上海市群益职业学校依托闵行职教联盟平台提升办学成效。教学资源得到联盟内合作企业的大力支持。学校设有多个校内外实训基地,合作企业提供的设备弥补学校部分教学资源的不足。学校依托职教联盟平台,通过多种途径提高教师的专业实践技能,打造高素质“双师型”教师队伍。2009 年、2010 年两个暑期,学校累计安排 175 人次的专业教师赴莘庄工业区内的 36 家企业进行为期 1 个月实践活动。学校通过联盟,与行业、企业开展对话与合作,根据企业需求,调整专业课程设置,通过实施订单式人才培养,到 2010 年为止,学校校已相继与莘庄工业区内的多家世界 500 强企业合作并组建班级,例如:冈城班、恩格尔班、鼎电班、实达班、圣戈班、诺玛班、日富班等。学校与联盟内的上海电机学院、上海东海职业技术学院、上海师范大学天华学院、上海行健职业学院等高校签订合作协议,在中高职贯通和提升教学质量研究等方面积极开展合作。依托联盟资源,学校聚集华师大职教研究所、上海电机学院、上师大专家咨询团的教授、莘庄工业区行业、企业的专家,参与构建基于工作过程的课程体系、构建综合职业素养课程体系、精品课程开发、课堂教学模式改革等方面。

上海电子信息职业教育集团组建于 2008 年。集团以专业建设为核心,凝聚各方力量,开发并实施符合行业主导性产品技术标准、融入国家职业资格标准的中、高职专业教学标准和核心课程标准,完成应用电子技术专业、机电一体化技术专业的专业教学标准开发和部分核心课程标准及校本教材的开发与建设,出版教材《信息安全基础》《电子线路设计——Protel DXP 2004 SP2》,两部教材均获教育部高职高专计算机教指委 2011 年度优秀教材。2010 年,集团的应用电子技术专业,获批上海市中高职贯通首批试点专业。集团还承担完成教育体制改革项目《整体规划大中小学德育课程》的子项目"中高职思想政治理论课教学内容衔接试点"研究,相关教材已出版。师参加海外培训。同时,集团组织 4 期"学生海外学习、实习"项目,对口帮扶地区院校共有 81 名优秀学生获得资助参加该项目。

上海世纪秋雨物流有限公司是中国出版系统第一家现代化的物流企业,该企业从企业发展、校企融合、工学结合、资源共享、人才开发的角度,2007 年集团成立伊始,就自愿加盟上海交通物流职业教育集团。体会最深的是——合作共赢是参加联合体的基础。因为,该企业随社会经济发展而新诞生的现代物流企业需要不断补充高素质的技能型人才,需要对在职员工不断进行职业培训,需要通过产学研合作来提升企业技术含量、扩大市场影响、并努力建立学习型的企业;另外,同该企业有着紧密合作关系的学校,又需要有通畅的生源进口和毕业生出口,需要有实践经验的专业师资和实训条件提升办学水平,需要通过工学结合改善教学质量、扩大服务领域、为企业输送合格的人才。企业加盟或不加盟职教联合体,两者有明显的区别。该企业认为加入集团至少有 6 个方面的好处:一是企业发展有依托;二是企业形象有提升;三是企业文化有延伸;四是人力资源有储备;五是职工培训有依靠;六是产学研结合有支撑。用"三满意"加以概括,即职教集团化办学是一桩"政府满意、企业满意、家庭满意"的顺心事。参加交通物流职教集团后,该企业改变以往用人比较看重全日制普通高等学校毕业学生的思路。改变的理由,其中最关键的是看好职业教育的人才培养模式和人才培养标准,更看好人才培养模式紧贴企业需求、并与企业紧密融合在一起的职业院校培养的既有专业知识、更有动手能力,稳定性好,并能吃苦的高素质技能型人才。参加交通物流职教集团后,该企业与集团成员单位一起,提出"契约联盟、品牌辐射、合作共赢、优势集聚"的行动口号,并提出创建本市最具特色的职业教育集团的行动目标。该企业以企业的身份,先后主动参与集团化办学的各项工作。

上海商贸职业教育集团拥有上海地区 4 所高等职业院校、13 所中等职业学校、13 家大型内外贸企业和 4 家行业协会,集聚上海商贸类职业院校和企业的优质教育资源,其中成员单位的在校学生规模数将近全市中高等职业院校的 30%,企业规模与利润也占有上海商贸企业的半壁江山。为充分发挥各成员单位的优势和作用,该集团加强研究和贯彻落实两个"对接",即产学研对接和中高职专业教育教学计划对接。在最大程度上凸显企业社会需要,解决既往职业教育中教育资源重复浪费和教育教学与社会实际相脱节的弊病。该集团注重加强 5 种功能建设:一是提升普职渗透、中高职衔接和职前与职后教育联动的功能;二是探索产学研合作教育的理论与实践,充分发挥校企合作、集团化连锁化办学的功能;三是研究职业教育规律,发挥指导职业教育实践的商贸职业教育研究功能;四是紧密贴近商贸实际,积极组织"双师型"教师培训的功能;五是紧贴企业需要,在市教委和市劳动部门政策支持下积极开展职业技能培训与相关证书考核的功能。其中产学合作不仅需要企业实际参与学校教育教学,也将积极组织对企业的各种有效服务,职业院校和企业都要能通过有效合作从中获得可持续发展的动力。同时,该集团以专业为纽带,广泛开展与企业的深度合作。在财务会计、国际贸易、市场营销、经营管理、电子商务、物流配送、信息技术、艺术设计、商务外语、饭店管理等 10 大专业,认真研究并积极推进与行业标准相匹配的商贸职业教育领域人才培养标准、课程开发、师资培训、资源共享、产学合作、评价标准等方面的集团化运作,其中流通领域的商流、物流、资金流、信息流都具有很高的技术含量。

嘉定区职业教育集团提出的建设思路是,以项目为载体,以互惠共赢为原则,深化校企结合,推进专业对接,主要突出 7 大功能:一是加强人才培养,为区域经济发展提供优质的人力资源。根据区域产业发展定位,上海嘉定职业教育集团重点建设先进制造业领域的汽车、钢铁、机械和生产性服务业领域的汽车物流、创意产业领域的工艺美术等特色品牌专业。二是优化和改革人才培养模式,提升区域职业教育整体水平。校企共同合作开发专业人才培养方案,探索建立新型人才联合培养机制;促进教育教学改革信息与成果的共享。不断优化和改革人才培养模式,努力提升嘉定职业教育整体水平。三是深化校企合作,推动区域资源共享。依托集团,充分发挥区域优质职业教育资源的集聚效应,建立更加紧密的校企合作关系;建立教师到企业顶岗实习的长效机制;加强校企在科研成果转化方面的合作,提高区域科技创新生产力。四是建立共享机制,发挥开放实训中心功能。嘉定区目前已建成上海市职业教育数控开放实训中心、机电开放实训中心并投入运行,汽车维修开放实训中心在建。集团统筹协调,解决学生实训、实习、实训、师资共享等问题,推进公共教育教学资源的共享。五是构建中高等教育立交桥,实现嘉定区"大职教"战略构想。坚持中高职衔接、专升本贯通、普职渗透、职前职后一体,建立各职业院校的衔接、沟通机制,构建中高等教育立交桥、直通车,实现嘉定区"大职教"战略构想。在推进现代职业教育体系构建方面有新突破。六是拓展区域社会服务功能,形成职业教育新的发展点。积极承担社会服务项目,提供更多的职后培训、终身学习机会,提升区域总体人力资源水平;为农村劳动力和外来务工人员等提供培训服务,促进区域和谐发展,实现"人力资源强区"战略。七是建立就业信息网络,搭建区域人才交流平台。建立就业信息平台,为区域人才交流提供路径。服务区域企业用人,保证集团内企业选择学生的优先权;服务学生求职,为学生就业创造良好条件,实现互利共赢。

徐汇区职业教育集团探索 3 种机制创新。首先是集团的合作机制创新。该集团由政府主导,以漕河泾开发区的高新产业为合作项目,组成相关职业院校等办学机构、企事业等用人单位和政府三位一体的集团合作组织。首批成员为漕河泾新兴技术开发区、董恒甫职业技术学校、徐汇职业高级中学、上海工业技术学校、上海师范大学数理信息学院、华东电脑进修学院、区教育局、区劳动和社会保障局、区人事局、区信息委、区区合作综合协调办公室。其中教育局作为政府管理职业教育的职能部门,发挥牵头和协调的作用,逐步形成政府主导的合作机制。其次是集团的运作机制创新。徐汇职教集团建立理事会,作为领导机构,由集团成员单位相关领导兼任理事会成员,定期召开理事会议,把握集团运作的方向,审议和决策有关事项。理事会下设管理中心,成为非营利的实体性社团组织,由理事会选派专人负责日常工作。在理事会领导下,集团成员根据各自工作职责实行分工负责制,政府负责公共服务网站建设、管理中心专职人员和管理中心运作的基本经费,负责教育培训和就业政策的制定;职业院校等办学机构和企事业等用人单位负责教育培训和人才需求的信息提供,组织落实培训项目和人员,为集团成员提供课程、设施、师资等共享资源,承担必要的管理经费。管理中心作为集团运作的枢纽,发挥统筹协调和指导管理的职责,逐步形成实体化的运作机制。第三是集团的服务机制创新。针对集团成员体制隶属和工作性质等多样性的特点,集团采用构建职教集团公共服务平台的形式,创新工作推进的机制。管理中心负责日常各方信息的收集汇总、为学员培训与企事业人才录用提供在线服务、协调集团各成员单位的有关需求、维护开发网络平台的运行等。通过构建集团公共服务平台,促进集团成员单位的职业教育课程、设施、师资以及办学招生、培训项目、人才需求、就业政策等信息资源的共享;以项目为纽带,探索中等职业教育与高等职业教育、职业教育与成人教育、职业教育与普通教育、职业教育与社区教育衔接和沟通的模式,完善职前职后一体化的职业教育体系。集团采取开放式运作模式,对徐汇社区居民提供培训和就业的信息服务,对区域内外的办学机构、用人单位和市民实行低成本有偿服务。

第四篇

招生、学籍管理与就业

改革开放以后,上海的中等职业教育招生制度经历了多次改革,不断适应社会发展需要和教育发展要求。1983年以后,技工学校招生纳入中等学校统一招生。从此,三类中等职业技术学校的招生模式实现并轨。1997年,中专的招生政策向缴费上学、自主择业转变,这是招生体制从计划经济向市场经济转变的重要标志。2001年,中等职业学校招生实行统一的招生政策。2002年对上海市招收外省市初中毕业生提出具体实施原则。2002年,上海中等职业学校招生农业户口学生实行"农转非"。2002年,在高中阶段招生工作中实行"两考分离,多次分流"。同年,市教委在各大媒体集中宣传中等职业教育,对市重点以上的中等职业学校、重点专业进行公示并举办中招咨询活动。2005年,建立以初中毕业生学业考试为基础,综合素质评价相结合的高中阶段"两考合一"的招生考试制度。2007年,实施对上海市全日制普通中职校学生实施国家助学制度和上海市奖学金制度。2008年,全市部分全日制普通中等职业学校试行自主招收在沪农民工同住子女;同年,接受1 193名都江堰地震灾区学生来沪就读中等职业学校。2010年,上海坚持普职比大体相当的原则,统筹协调高中阶段各类教育招生计划,该年上海市普职录取比为49%:51%。

根据教育改革发展的要求,上海职业教育的学制管理日趋合理。1979年,根据教育部的规定,中等专业学校招收高中毕业生2年制与招收初中毕业生3(4)年制的培养目标相同,此后逐步调整为招收初中毕业生3(4)年制的单一学制。1985年,全市普通中学附设职业班招收初中毕业生,规定学制以3年为主。1986年劳动部正式颁布《技工学校工作条例》,规定主要招收初中生,学制为3年。2000年4月教育部统一规定,中等职业学校基本学制为3~4年,以3年为主。1989年6月,上海市教育局制订《上海市中等专业学校学生学籍管理暂行规定》。1986年市教育局拟订《上海市职业技术学校学生学籍管理暂行规定(试行稿)》。1996年6月,市教委颁布修订过的《上海市中等职业学校学生学籍管理暂行规定》。2002年7月在全市全日制中等职业学校实行电子注册。上海高等职业院校的学制,大部分都为高中后3年制专科。普通高校附设的二级职业技术学院和独立设置的职业技术学院1997年起陆续招生,2001年全市高等职业院校计划招收"三校生"13 000名左右,比上年扩招30%。除了上海电机技术高等专科学校从1985年开始试办初中后五年一贯制高等职业教育,1994年10月国家教委又正式批准上海邮电学校试办五年制高等教育职业班,招收初中毕业生试行五年一贯制高等专科学历教育;此外,2000年还有29所普通高校与40所中等职业学校联办中高职相通的"3+3"模式,即前3年学生接受中职教育,后3年接受高职教育。2010年9月,《上海市中等职业学校学生学籍管理实施办法》规定,全市中等职业学校全日制学历教育(含普通中专、职业高中、技工学校)中等职业教育基本学制以3年为主;招收普通高中毕业生或同等学力者,基本学制以1年为主。接受中高职贯通教育的学生,采取"3+2"分段或五年一贯制。是年,上海市启动中高职贯通培养模式试点工作。首次试点的四个中高职贯通专业分别为护理、应用电子技术、汽车技术服务与营销、航空机电设备维修。其中护理专业学制为六年一贯制,其余3个专业学制均为五年一贯制。

1978年改革开放以来,计划经济体制向市场经济体制转型,中专、技校学生毕业包分配制度被打破,就业工作成为整个教育的一个重要环节,而以就业为导向则成为职业教育的一个重要理念。

学生的就业能力和水平得到高度重视。1997年,上海中专学校实行在国家就业政策指导下择优推荐、双方选择、自主择业的办法。90年代开始,上海市各中专校陆续建立"招生、就业"专门机构。2003年起,市教委建立上海市中等职业学校毕业生就业情况公告制度。到2008年,上海市中等职业学校毕业生就业公告制度体现了统计范围全面性、内容详细性和工作开展深入性等特点。

职业学校的职业指导工作始于20世纪80年代,1987年起卢湾区建立区教育局、学校和班级三级的职业指导机构并开设"职业指导"课;1997年市教委职教办公室对当年职业高中应届毕业生中的11 593名市区户口为主的毕业生的就业去向进行跟踪调查;2004年市教委将"职业道德与职业指导"课程改为"生涯规划"课程。

2006年,建立全日制中等职业学校帮困助学制度,同年市教委颁发《中等职业学校帮困助学制度的实施意见》。自1992年香港先施有限公司出资100万元人民币在黄浦区设立先施职教奖励基金后,许多职业学校都设立了类似的奖励基金,鼓励学生学习就业。2004年起,市教育发展基金会每年拨出50万元在上海市中等职业技术学校设立"星光计划"奖学金。2006年,全市决定建立上海市全日制中等职业学校学生专业奖励制度。2009年起,又对上海市中等职业学校农村、海岛家庭学生和涉农专业学生实施免费教育和发放助学金。

第一章 招 生

第一节 招 生 政 策

一、三校分列招生政策

【中专】

1978年，国务院批转教育部《关于1978年中等专业学校招生工作的意见》，其后每年由教育部印发《关于全日制中等专业学校招生工作的意见》，至1985年成立国家教委，则由国家教委印发《普通中等专业学校招生暂行规定》。

1997年3月，上海市教委、市计委、市人事局、市公安局、市粮食局联合发出《关于全日制普通中等专业学校实行招生收费并轨改革的通知》指出：普通中专学校的招生计划由原来的国家任务计划和调节性计划（含委托培养和自费生）合并成国家任务收费生计划，实行招生计划、录取标准、收费标准三统一，逐步形成学生缴费上学、自主择业的良性机制。

【职业高中】

1999年4月，上海市教育考试院印发《关于上海市1999年中等学校高中阶段招生工作的实施意见》，提出对中等学校高中阶段招生工作要通过考试科目、考试内容、考试方法、录取办法等项目的改革，进一步探索多次机会、双向选择、多元评价、多元录取的招生机制，推动高中阶段各类学校的协调发展，促进社会稳定。

【技工学校】

1972—1978年，技工学校招生贯彻"按档入学"原则，把应届中学毕业生分成"工矿档""农村档"，属于"工矿档"的按成绩高低依次录取。1981年开始，技校新生录取贯彻德、智、体全面考核，择优录取的原则，坚持在政审、体检合格的前提下，根据考生志愿，从高分到低分择优录取。1982年，技校招生试行由市劳动部门统一命题、考试、阅卷和录取。1983年以后，技校招生又纳入中等学校统一招生，并对归侨学生、子女（包括华侨在国内的子女）在录取考分上放宽5分，同时对已录取但不按时报到的学生两年内在招生中不作安排，对地区"三好学生"和"获奖学生运动员"则可适当加分。

二、三校统一招生政策和措施

2000年，上海实行"先培训后上岗、先培训后就业"的制度，招收4365名未达到录取分数线的学生，实施预备教育。对他们先进行一年的初中文化课补习，成绩合格者可再升入中等职业技术学校就读，成绩仍不合格者，作为劳动预备教育，重点进行上岗前的职业资格培训。劳动预备教育合格的毕业生，既发初级职业技术证书，又发职业资格证书，以进一步提高劳动者的素质。

2001年7月,市教委印发《关于初等职业学校和预备学历教育学生升入三年制中等职业学校继续学习的若干意见》,规定在中等职业学校三年制(含三年)最低投档控制线以下的学生,凡进入中等职业学校就读的,可自愿选择,或者先进行预备学历教育(进校第一年以补习文化课为主),然后继续就读三年,成绩合格者发给中等职业学校证书;或者进入两年制初等职业学校就读两年,学习期满发给初等职业学校证书,对其中经考核符合要求者,可继续就读一年,读满三年并且成绩合格者发给中等职业学校职业高中毕业证书。

2002年4月,市教委、市发展计划委员会印发《关于2002年上海市中等职业学校招收外省市初中毕业生的意见》,指出:凡近年来招收过外省市初中毕业生,并有寄宿条件的省市级以上重点全日制中等专业学校、职业高中和部分办学水平达到A级的全日制中等专业学校、职业高中,可申请向外省市招收初中毕业生。上海市招收外省市初中毕业生的计划要遵循"总量控制、稳步实施"的原则,招生学校应在全市外省市招生总量计划的指导下,办理招生计划申报工作。招收外省市初中毕业生的计划,应列入学校当年招生总计划。招生计划由学校主管部门审核后,报市教委、市计委审批。招收外省市初中毕业生的专业一般为学校的主干或特色专业。

2002年6月,市教委印发《关于本市中等职业学校招收农业户口学生实行"农业户口转非农业户口"的通知》,指出:其一,从2002年秋季开始,凡属上海市农业户口的初中毕业生,升入该市中等职业学校(含中专、职业高中、技工学校和经市教委批准招收应届初中毕业生的成人中专,下同),学制3~4年的,可根据本人意愿,于报到注册后一个月内,凭录取通知书(复印件)、招生学校填写的《上海市全日制中等职业学校新生农业户口转非农业户口申请表》和本人书面申请,到新生户口所在地公安派出所(警察署)办理户口就地农转非手续。其二,现正在中等职业学校就读,学制3~4年的该市农业户口学生,其学习满两年后,可根据本人意愿,由本人提出书面申请,凭所在学校填写的《上海市全日制中等职业学校学生农业户口转非农业户口申请表》(附件二),可到户口所在地公安派出所(警察署)办理户口就地农转非手续。其三,上海市中等职业学校录取通知书原件由招生学校归入学生档案。

2002年,市教委先后下发一系列其他招生相关文件,如《关于2002年本市中等学校高中阶段招生考试工作的若干意见》《关于转发上海市教育考试院〈关于2002年本市中等学校高中阶段招生考试工作的实施意见〉的通知》《关于印发〈上海市优秀初中毕业生保送升入高中阶段学校试行办法〉的通知》《关于印发〈上海市初中毕业体育特长生招收暂行办法〉的通知》等文件,具体规定该年中招工作的政策措施、招生计划、录取办法等。实行"两考分离,多次分流"的招生制度。全市招生工作在总结高中阶段招生考试综合改革的基础上,继续完善"多次机会、双向选择、综合评价、多元录取"的分流办法,进一步完善保送生、测试入学等工作的改革。推进优秀初中毕业生保送市重点职业技术类学校工作。保送生人数不超过各学校(专业)招生人数的6%,保送生应是素质全面优秀的毕业生。市教委通过上海教育电视台,从3月下旬到5月下旬,开设《中职名校选粹》专栏,集中宣传和介绍有关重点中职、办学有特色的A级学校的办学情况。在《解放日报》《文汇报》《新民晚报》等各大报刊上,从不同角度宣传职业教育在社会经济发展中的作用。同时,市教委利用媒体,对市重点以上的中等职业学校、重点专业进行公示。市教育考试院中招办与"上海热线"联合举办中招咨询活动,通过168声讯台接受学生、家长电话咨询。市教育考试院先后举行两次大型中职招生咨询活动。

2003年,市教委制定的《2003年本市中等学校高中阶段招生考试工作的若干意见》和《关于转发上海市教育考试院〈关于2003年本市中等学校高中阶段招生考试工作的实施意见〉的通知》强调高中阶段入学率必须达到98%以上,高中阶段普职比为56%:44%。该年,通过多种形式、多种渠道做好招生宣传工作。在上海教育电视台教育招生频道开辟"中职百校选粹"专栏,并在黄金时段滚动播出。还利用解放日报、文汇报等新闻媒体进行招生专题宣传。因"非典"原因,市教委决定停止一切招生咨询活动。为了使考生和家长及时准确了解今年的招生计划、政策和专业设置等情况,在区县教育行政部门、招生部门和学校采取多种形式、开辟多种渠道,做好宣传工作的同时,市教委向社会公示重点学校、重点专业等招生信息。市教育考试院与168电话声讯台合作,开通咨询条目206条,考生家长共拨打21 141分钟;增加坐堂声讯次数,延长声讯时间,今年共开通8次,累计回答问题17 433分钟。"上海市教委职成教在线"和"上海市教育考试院网站"专门设置中职校招生专栏和有关招生信息,为考生和社会提供查询和资料收集途径。市教育考试院、区县招办、学校开通专线电话,并增加值班人员,延长值班时间,耐心解答考生和家长关心的问题。区县招办和学校及时将有关招生资料分送到考生手中,让考生及时、准确地获取招生报考信息及相关材料。为了更好地维护考生的合法权益和自主选择学校权力,鼓励初中毕业生报考中职校,该年招生录取办法作了相应调整,取消中职校"测试入学"录取比例的限制。继续实行中职校试办综合高中的政策。今年中职校试办综合高中学校40所,招收学生6 571人。继续实行中职校艺术类专业实行提前招生。继续实行高等职业学院计划单列的招生考试。继续实行初等职业学校优秀毕业生可升入中职校继续学习。由于政策和服务到位,上海中专、职业学校对外省市招生形势看好。

2004年,市教委完善优秀初中毕业生免试公开推荐进入实验性示范性高中和市中等职业学校国家级示范专业(点)就读制度。确定实验性示范性高中招生计划的10%以内和中等职业学校国家级示范专业招生计划的5%以内,面向全市招收由初中学校推荐的优秀初中毕业生。继续试行中等职业学校测试入学办法。毕业考试由市统一命题,在"双向选择"的前提下,中等职业学校的部分招生计划,根据学生意愿,由招生学校择优录取。艺术类专业和学校实施提前招生的办法。引导部分学生"分流"到中等职业学校,增加中等职业学校的生源,也减轻部分学生的升学压力。是年测试入学和艺术类提前招生录取共49 534人,占中等职业学校录取数的77%。进一步扩大外省市招生计划。通过多种形式、多种渠道做好招生宣传工作;利用声讯电话,做好招生咨询服务。运用网络技术,提供咨询和查询功能,并增设咨询专线电话。

2005年6月9日,市教委印发《关于本市中等职业学校开展成人中等职业教育的通知》,决定从2005年起,在本市中等职业学校中举办成人(业余)中等职业教育教学班(以下简称"成人中职班")。一、办班资质:本市百所中等职业学校重点建设评估合格的学校(指中等专业学校和职业高中),经主管单位同意,市教委备案,即可举办成人中职班。二、招生对象:具有初中毕业文化程度及同等学力以上的本市从业人员、待业人员、转岗再就业人员、复员军人和在沪工作的外省市干部、职工和务工人员(不含应届初中毕业生)。三、办学形式:一般以业余学习为主,也可根据成人教育特点和实际需要,设置其他学习形式。组织成人中职教育教学工作,学校应单独组织教学班、单独编制专业教学实施方案(计划),不能委托其他学校承办。成人中职教学实施方案(计划)要报市教委教研室备案,备案办法由市教委教研室具体制定。四、招生工作、实行学校自主招生办法。学校可根据办学条件、师资力量等实际情况,自主设置专业,自主确定招生人数,自主制定招生办法和录取原则。上海市教育考试院要加强对学校招生工作的指导,负责审核录取工作。五、成人中职班基本学制为2～3年,可实行学年制、学分制或单科累计制等教学管理制度。工科、医科类专业教学总时数不少于2 100学时(120学分);文科、农林、财经、管理类专业教学总时数不少于1 800学时(100学分)。理论课与实践课比例,可按6:4或5:5安排。是年7月12日,市教委印发《关于加强本市成人中等专业学校招生和教学管理工作的通知》,提出加强本市成人中专招生和教学管理具体要求。是年 8 月 31 日,市教委印发《本市成人中等专业学校学生统一实行电子注册操作办法》,要求从 2005 年秋季起,对本市成人中等专业学校(以下简称成人中专)新生统一实行电子注册。

是年,市教委建立以初中毕业生学业考试为基础,综合素质评价相结合的高中阶段"两考合一"的招生考试制度。促进义务教育均衡发展和高中阶段各类教育协调发展。进一步完善优秀初中毕业生免试公开推荐进入中等职业学校国家级示范专业(点)就读制度,确定中等职业学校国家级示范专业招生计划的 5%,面向全市招收由初中学校推荐的优秀初中毕业生。积极完成教育部下达上海市外招任务,设置当地就业市场需求当地学校尚不具备条件而上海又有优势的专业,设置与新型产业密切相关和城市新增劳动力缺口较大行业的相关专业,培养适应当地经济发展所需专业人才。支持与对口支援地区开展合作办学。上海市中等职业学校在当地学校内设置分校,采用"2+1"等分阶段、分地区的办学模式,即学生前 1~2 年在西部地区和农村学校学习,其余时间到上海学校学习专业技能和毕业实习。上海市人民政府设立 1 000 万元对口支援奖励经费。每招一名对口支援地区学生的学校,奖励 3 000 元。通过合作办学,促进教师进修和选派优秀教师赴当地任教等教育对口支援工作。多形式、多渠道做好中等职业学校招生宣传工作,设立"中招热线",做好招生咨询服务,通过与上海"职成教育在线"合作举办网上咨询,在各区县举办现场咨询活动。

2006 年,市教委积极探索国家级重点中等职业学校试行自主招生工作。允许学校招生计划的 5%,开展自主招生工作。招生学校自主确定招生专业、招生办法和录取原则。自主招生工作受到社会和广大考生积极欢迎,试行自主招生工作的 30 所学校完成计划 115%。扩大推荐优秀初中毕业生免试进入中等职业学校比例,由招生计划的 5% 扩大到 10%。为了继续做好东部对西部、城市对农村中等职业学校联合招生合作办学。上海学校与当地学校按照统一培养方向,开展分段式地合作办学,形成东部和西部、城市和农村共同发展的"双赢"新机制,采用"1+2""2+2"或"1+3"办学模式。除了这种开展"双赢型"的合作办学,上海还开展"援助型"的合作办学:根据上海市政府关于对口支援政策聚焦的精神,部分中等职业学校与云南、新疆、重庆等省市对口支援地区开展中等职业教育联合招生合作办学。上海 14 所学校共与对口支援地区 25 所学校结对子设分校,录取当地农村学生 2 500 余人。对每招一名对口支援地区学生,市政府奖励学校 3 000 元~4 000 元。另外,企业"委培型"办学模式和招收在沪的外来务工人员等,也进一步扩大中等职业学校招生规模。

2007 年,市政府颁布《关于建立健全普通本科高校高等职业学校和中等职业学校家庭经济困难学生资助政策体系实施意见》,并实施对全市全日制普通中职校学生实施国家助学制度和上海市奖学金制度。共投入财政经费 3.4 亿元,投入总数是上年的 4.3 倍,受益学生由原来在校生的 12% 扩大至 100%。组织新闻发布会,宣传中职校学生资助政策体系。向本市近 11 万名应届初中毕业生发放《上海市全日制中等职业学校实施专业奖励政策的专业名称和奖励人数一览表》;组织大型中职校招生咨询活动,共有 6 万多人次学生和家长参加现场咨询。在新生报到注册前,又向近 5 万名中职校新生发放《致全体新生的一封信》,将助学政策的具体内容告知每一位新生,鼓励学生学习职业教育的政策传到千家万户,营造全社会重视中等职业教育良好氛围。该年,首次实施初中毕业生中考网上报名,准确统计中考报考人数,保证普职比招生计划的正确下达;实施市、区(县)招生部门严格执行全日制普通高中两个"严控"的要求,即严控全日制普通高中招生计划、严控全日制普通高中招生最低投档控制线;实施多种方法,开辟多种途径,公示招生计划、录取办法和结果,营造"公开、公平、公正"的阳光招生氛围。通过"双赢型""援助型"和"委培型"等办学模式,本市中职校与云南、新疆、重庆等省市对口支援地区开展东部对西部城市对农村的联合招生合作办学,促进东、中、西地区互动发展,促进和谐社会建设。

2008年,市教委下发《关于2008年在本市部分全日制普通中等职业学校试行自主招收在沪农民工同住子女的通知》,所附招生方案的主要内容,一是招生区域,根据当时上海市农民工同住子女80％集中在市郊区县的情况,根据区县经济发展对劳动力的需求,招生区域以市郊区县为主,招生学校以招收本区县农民工同住子女为主、兼顾跨区县招生;二是招生专业,主要是社会发展急需、紧缺,产业、行业需求相对稳定,以培养一线实际操作技能为主的先进加工制造类和现代服务类等专业,结合本区域经济发展需要也可选择部分其他专业;三是招生计划,招收农民工同住子女的计划纳入2008年上海市中等职业学校招生计划,招生学校根据农民工同住子女所在区域的初中毕业生人数、学校办学和专业等条件确定招生计划。同年,市教委针对新一届毕业生的情况召开学生资助工作会议,要求区县教育部门在所有初中学校和在校初中生中广泛宣传中职生资助政策,组织发放市教委统一编印的《中职生资助手册》,并向全市10万名初中毕业生发放奖励专业目录。该年,通过上海教育博览会、召开中等职业教育校企合作论坛、报道中外企业争抢中等职业学校优秀毕业生故事和学生在校学习情况、组织、拍摄和播放《星光闪亮——中职毕业生岗位成才》六集电视专题片等,集中向社会宣传中等职业教育办学成果,公布毕业生就业状况、举办大型中等职业学校招生咨询活动等为广大考生和家长提供优质服务。该年,贯彻落实中央要求,全力以赴做好都江堰等地震灾区职业教育对口支援工作。接受1193名都江堰地震灾区学生来沪就读中等职业学校任务。招收的在沪农民工同住子女,在取得中等职业学校学籍后,将纳入全市中等职业学校学生资助体系,享有同等资助政策。

2009年初,市教委公布《2009年上海市部分中等职业学校自主招收在沪农民工同住子女方案》,编制招生学校联合招生简章,通过各区县教育行政部门下发至相关农民工同住子女初中学校。以就业为导向设置招生专业,设置培养一线实际操作技能为主的先进制造类和现代服务类等专业,当年招生专业达147个(次),比上年增加一倍,主要是社会发展急需、紧缺,产业、行业需求相对稳定的重点专业;以满足区域经济发展对劳动力需求为依据统筹规划各区招生规模,该年安排70％中职校主要招收郊区的农民工同住子女;在录取分数上向农民工同住子女倾斜;纳入上海市的帮困助学体系。同年,根据《上海人民政府办公厅转发市教委等三部门关于对本市中等职业学校农村、海岛家庭学生和涉农专业学生实施免费教育意见的通知》,从2009学年起,对全市中等职业学校农村、海岛家庭学生和涉农专业学生实施免费教育和发放助学金。同年,为落实教育部2009年中等职业学校招生计划,确保完成中职招生任务,市教委还印发文件明确中职教育与普通高中教育的招生政策,改革中等职业学校提前录取、推优生招生和学校自主招生等办法,进一步扩大中职教育自主招生范围。在招生政策上实施两个“严控”的措施,即严控全日制普通高中招生计划、严控全日制普通高中招生最低投档控制线,实施专业奖励制度,对于社会经济发展急需、紧缺的加工制造类和现代服务类专业的学生每生每年奖励1600元～3000元,扩大招收农民工同住子女招生计划。为营造中职教育良好的招生环境,实施招生公示。招生报名前夕在上海市主流媒体上公示全市国家级重点学校名单、重点专业名称和就业情况等;发放致家长公开信,使全体初中毕业生和家长全面了解上海市中职校招生政策和国家资助政策;举办招生咨询活动,在上海八万人体育场举行大型中职校现场咨询会,中职校与数万名初中毕业生和家长面对面交流咨询,及时解答初中毕业生报考中职校过程中存在的各种问题。

2010年,市教委进一步推进中等职业学校招生制度改革,坚持普职比大体相当的原则,统筹协调高中阶段各类教育招生计划,保持中等职业教育发展规模稳定,当年上海市普职录取比为49％;

51%。同时,扩大招收在沪农民工同住子女招生计划、招生学校和专业,颁发《关于做好 2010 年本市部分全日制普通中等职业学校自主招收在沪农民工同住子女的通知》,加强宣传,编印中等职业学校自主招收在沪农民工同住子女宣传手册,并通过各区县教育行政部门下发至相关农民工同住子女初中学校。同时,举办西部、边疆少数民族地区内地中职班。该年度还启动中高职贯通培养模式试点工作,全市选择护理、交通、电子信息 3 个职教集团内的 7 所中、高等职业院校进行试点,首次试点的 4 个中高职贯通专业分别为护理、应用电子技术、汽车技术服务与营销、航空机电设备维修,招生计划列入当年中职秋季招生计划,贯通培养共招生 497 人。

是年,市教委开展中高职教育贯通培养模式试点工作,"中高职贯通"招生计划总数为 480 名,招生计划单列,面向全市范围招生,学校自主招生,开展"中高职贯通"试点工作。

第二节　中等职业学校招生

一、三校分列招生

【中专招生】

1978 年,上海市教育局印发《上海市 1978 年中等专业学校、技工学校招生工作实施意见》,指出:上海市 1977 年中等专业学校的招生工作,根据国务院(77)112 号文件规定精神,与高校招生同时进行。25 所中专(包括中央部属、外省中专)共招生 3 729 名,比原计划多招 65 名。90 年代,进行教育、教学改革,改造老专业,设置新专业,并扩大学生规模,各校每年招生数逐年递增。1992 年 6 月,市教卫办同意上海市普通中等专业学校招收自费生,当年,全市 21 所学校共招收自费生 526 人。到 2000 年,上海市 83 所中专校共招生 29 800 人。

【职业高中招生】

20 世纪 80 年代初,由于职业高中的独立学校较少,一般在普通中学附设职业高中班,因此,当时职业高中的招生录取工作与普通中学同步进行,市教育局普通教育处内设临时招生机构,一旦招生工作结束,机构即撤销。

1986 年,上海由普通中学改办的职业高中已增加到 99 所,附设职业班的普通中学有 205 所,招生数达 17 000 名。当年上海职业高中的招生工作,已由上海市教育局组织中等学校招生办公室(各区、县分设中等学校招生办公室)统一管理。1995 年上海市教育委员会成立后,下设上海市教育考试院,院内分设中等学校招生办公室和高等学校招生办公室。职业高中招生工作属中等学校招生办公室分管。职业高中招生对象主要是初中毕业生,由于某些职业岗位对考生的年龄、基础文化和技能有一定的要求,因此,每年经市教育局批准,列入市人事局计划,可以招收少量高中毕业生(包括职业高中毕业生),试办学制为 1 年或 1 年半,培养目标为初中级技术管理人员。

【技工学校招生】

1972—1978 年,技工学校招生"按档录取",新生文化水平参差不齐。1981 年开始,技工学校新生录取贯彻德、智、体全面考核,从高分到低分择优录取。1982 年,技校招生试行由市劳动部门统一命题、考试、阅卷和录取。1983 年以后,技校招生又纳入中等学校统一招生。在中学和中专学校之后录取,招生质量不尽人意。1990 年,市劳动局提出对录取新生进行政治思想考察和身体健康检查的要求,保证招生的质量。

二、三校统一招生

1997年,高中阶段学校共入学新生18.29万人,其中升入职业类学校10.23万人。中等职业学校在校生数已达26.11万,达到历史之最。该年全市实行中专招生收费并轨改革,统一招生计划形式、收费标准、录取标准,增加经费投入,形成职业教育培养成本由国家、企业、个人分担机制,实行缴费上学、自主择业,对职业教育的健康发展有着重要意义。为贯彻"就业预备制",该年对未升入高中阶段学校的学生实行短期培训,招收近千人,"先培训、后就业"制度得到较好的落实。

1999年中等职业技术学校毕业生约8.4万人。招生总数约9.35万人,占高中阶段招生的55%左右。

2000年,完善劳动预备制度,该年招收4 365名未达到录取分数线的学生,实施预备制教育。对他们先进行一年的初中文化课补习,成绩合格者可再升入中等职业技术学校就读,成绩仍不合格者,作为劳动预备教育,重点进行上岗前的职业资格培训。劳动预备教育合格的毕业生,既发初级职业技术教育证书,又发职业资格证书,以进一步提高劳动者的素质。继续进行普职渗透的综合高中试点,该年有7 200名初中毕业生进入综合高中学习。试点学校积极调整课程设置,配置优秀教师加强文化课和专业课教学,有计划地开展试点,培养既具备高中文化基础知识,又掌握中等职业技术教育专业技能,适应社会经济发展所需的新型人才。

2002年,全市约18.9万初中毕业生中,计划高中阶段入学率为98%以上,高中阶段普职比为55%:45%(不含中等专业学校举办的综合高中计划招收的6 700人和劳动预备制招生数)。职业技术学校"测试入学"的分流比例控制在本区(县)毕业生人数的20%以内,且一般不得超过各学校招生计划数的40%,重点学校或重点专业可根据报名情况,达到招生计划数的55%。试办综合高中学校44所,该年计划招生7 600人。继续试办"3+3"模式班,这是职业技术教育探索"中、高职课程计划统一设计、分流实施,分段管理,最终培养高等职业技术人才"的办学模式,计划招生6 137人。艺术类专业实行提前招生。招生学校负责专业考试,市教育考试院负责文化统一考试,当年学校自主招生录取5 718人。当年,中等职业学校招收新生84 083人,比上年增加6 462人,占高中阶段录取总人数的46.1%。该年中等职业学校还招收综合高中新生7 019人,比上年增加2 486人。该年中等职业学校实际招收新生91 102人,比上年增加8 948人。

2003年,全市中职校招生学校共149所,其中中专58所、职校46所、技校45所。初中毕业生报考人数共179 421人,普职比为56%:44%。全市高中阶段各类学校录取总数为176 411人,录取率为98.32%。该年招生工作的特点是:39所国家级和省市级重点中职校,共录取32 500人,占录取总数51%;艺术类录取占计划109.2%,比上年增加15%;根据上海产业结构的调整发展方向,市教委从宏观政策引导学校调整专业设置,优化专业结构。该年年中职校招生计划分别为三产专业占76%,二产专业占22%,一产专业占2%,总体上与上海整个产业结构"三、二、一"的比例相适应;招收外省市初中毕业生,主要招收云南等21个省市,共录取1 860人,比上年增招千余人。

2004年,全市中等职业学校共143所参与高中阶段招生。其中:普通中专54所(含全国、市重点22所),职业学校45所(含全国、市重点15所),技校43所,成人中专1所。该年初中毕业生报考人数为166 640人,比上年减少12 781人,生源下降7.67%。中等职业学校录取64 113人,实际普职比为60.9%:39.1%。进一步扩大外省市招生计划。

2005年列入招生的中等职业学校共135所,比上年减少8所,其中:普通中专59所,职业学校40所,技校35所,成人中专1所。该年上海市初中毕业生报考人数为15.1万人,比上年减少1.6万人,生源下降9.58%。录取全市学生54 493人,录取外省市学生10 010人,录取综合高中学生4 923人,录取总人数为69 426人。普职录取比为56.74%:43.26%。

2006年,列入招生的中等职业学校共120所,其中,普通中专56所,职业学校32所,技校31所,成人中专1所。中等职业学校录取学生总数约6.3万人,其中,中等职业学校录取沪籍生源4.8万人,录取非沪籍生源1.5万人。普职比为52%:48%。该年招生录取全国26个省市初、高中毕业生,开展东部对西部、城市对农村中等职业学校联合招生合作办学,共招生录取外省市生源1.5万人,比上年扩招50%。该年,中等职业学校录取生源质量也有所改善。达到上海市普通高中录取分数线的中职校新生占录取总数15%,达到中考成绩400分以上(满分600分)占录取总数54%。是年,试行自主招生工作的30所学校完成计划115%。同时,扩大推荐优秀初中毕业生免试进入中等职业学校比例,由招生计划的5%扩大到10%。

2007年,中等职业学校录取学生总数5.77万名,其中录取全市生源4.27万名,录取非该市生源1.5万名,招收普通高中毕业生33名。全市普通高中与中等职业学校实际录取人数比为51%:49%。列入招生的全市中等职业学校共104所,其中,普通中专55所,职业学校25所,技工学校24所。圆满完成教育部下达的外省市1.5万名招生任务。是年上海共有18所学校与对口支援地区25所学校结对子设分校,录取当地农村学生近3 000人。

2008年中等职业学校录取上海市和非该市生源总数6.124万人,占高中阶段各类学校录取总数的52%。招收该市生源,中等职业学校录取3.924万人,普职比约59%:41%。录取非该市生源1.5万名(包括招收都江堰学生、在沪农民工同住子女),其中全市中等职业学校首次向农民工同住子女开放,招收适龄学生1 380名。部分中等职业学校录取来沪务工人员及其子女约7 000多人,开展成人中等职业教育。招收农民工同住子女具体情况:32所招生学校共录取1 380人,占报名总数的74%,其中建筑与工程材料、焊接(电工与焊工)、数控技术应用、汽车运用与维修(汽车驾驶与维修)、通用机械设备与维修、船舶管钳、工业与民用建筑、社区服务与管理、饭店服务与管理等加工制造业和现代服务业专业招生人数相对较多。录取人数比报名人数减少近500人的主要原因是,这些学生报名之后没有参加所规定的文化课考试。

2009年,全市共有86所中等职业学校纳入招生,录取总数59 185人,完成教育部下达的指导性招生计划总数的95%,其中,录取该市生源36 316人,非该市生源13 349人,成人中专录取9 520人。中等职业学校与普通高中录取比为52%:48%。该年全市共有45所中等职业学校(以下简称"中职校")的147个(次)专业招收在沪农民工同住子女,安排招生计划3 000名。共有3 937人次报名,2 932人参加中职校招生统一考试,实际录取2 735人,录取率为91%,录取人数比上年的1 380人翻一番。

2010年,普职录取比为49%:51%。83所中职校录取新生5.45万人,完成教育部下达指导性招生计划107%,其中,录取全市应届初中毕业生34 282人,录取跨省招生学生9 758人,录取在沪初中毕业的进城务工人员随迁子女4 277人,录取在沪务工的非上海市户籍人员6 168人。该年,开展中高职教育贯通培养模式试点,选择现代护理、交通物流和电子信息3个职教集团的7所院校,在航空机电设备维修、护理、汽车技术服务与营销和应用电子技术等4个专业,试点招收480名应届初中毕业生,志愿填报人数与计划数比高达13:1,实际录取492人,平均入学考试成绩高于普通高中录取分数线。

第三节　高等职业院校招生

1985 年《中共中央关于教育体制改革的决定》指出:"发展职业技术教育要以中等职业技术教育为重点,发挥中等专业学校的骨干作用,同时积极发展高等职业技术院校。"为贯彻落实这一决定,原国家教委于当年批准在 3 所中专学校的基础上试办五年制技术高等专科学校,原上海电机制造学校是其中的一所,并自此起定名为上海电机技术高等专科学校。在其试点五年制技术专科初期实行大专与中专并存的新型学制,具体做法是:招生时以中专的名义招收初中毕业生,学生入学后前两年仅有中专学籍;两年后按学习成绩和个人志愿择优选拔一部分学生升入专科再学三年取得大专学历,未能升入专科的学生则继续按中专教学计划再学两年完成四年制的中专学业。这一做法通常称为"四五套办",而这种中、高职教育一体化的技术专科则被称为"五年制高职"。

1985 年起,上海陆续在 19 所职工大学试办 17 个不同专业的高等职业技术专业班(简称高职班)。这 19 所学校是:上海市轻工业局职工大学、上海市第二轻工业局职工大学、上海市造纸公司职工大学、上海市纺织工业局职工大学、上海市纺织机械公司职工大学、上海石油化工总厂职工大学、上海市仪表电讯工业局职工大学、上海市海运局职工大学、上海市外贸职工大学、上海市粮食局职工大学、上海市机床公司职工大学、上海市电机公司职工大学、上海市电器公司职工大学、上海市石油化工通用机械公司职工大学、上海市冶金矿山机械公司职工大学、上海市拖汽公司职工大学、上海市商业一局职工大学、上海市职工医学院、上海市邮电局职工大学。19 所职工大学招收应届高中毕业生 680 人,中等职业技术学校毕业生 143 人,在职职工 26 人;其中 1985 年招收 42 人,1986 年招收 476 人,1987 年招收 331 人。

1997 年起,上海独立设置的高等职业技术学院和普通高等院校附设的二级职业技术学院陆续开始招生。该年,试行高等职业教育的试点,共有 10 所学校招收高职学生 1 500 多人。为使高等职业教育进一步发展,召开全市高等职业教育工作会议,印发《高职试点工作意见》《高职教学计划制定意见》。

1998 年,上海高等职业技术教育试点取得新进展,共有 10 所院校开设 46 个专业,在校生人数 4 355 人,其中招收三校(即中专、职校、技校)毕业生 2 990 人,占 69%;招收应届高中毕业生 1 365 人,占 31%。

1999 年 3 月,上海市高等学校招生办公室下发《1999 年上海市普通高等院校和高等职业技术学院招收"三校生"实施办法》的通知中指出:应届毕业的"三校生"(即中专、职校、技校)必须参加由市教育考试院组织的统一文化考试和各招生院校组织的专业技能考试。考试科目分文化课和专业技能课两部分。文化课考试科目为语文、数学、外语;专业技能课考试内容由各招生院校自定。各科考试成绩(文化课三门,专业技能课二门),满分均为 100 分,总计 500 分。"三校生"的体检由学校所在区、县招生体检站负责进行。录取工作由市高等学校招生办公室组织进行,按语、数、外三门文化课总分统一划定全市录取最低资格线。各中专、职校、技校应根据招生院校确定备取考生名单,提供考生档案。招生院校应贯彻德、智、体、能全面考核,公平、公正、择优录取的原则,原则上在录取最低资格线上考生按"3+2"五门总分成绩择优录取,如需改变录取标准的,须在报名填报志愿前,报经市高招办批准,向社会公布。如线上考生所填报志愿院校未被录取,本人愿意调剂,并且生源不足院校愿意接受调剂,可在同类专业院校之间进行调剂。录取名单经市高等学校招生办公室审核后,由招生学校发出录取通知书。

2000年，全市各类高等院校招收中专、职校、技校应届毕业生实施办法基本与上年类同，不同之处是往届的三校毕业生亦可以报考普通高等院校。同时经教育部批准，上海市9所成人高校举办的高等职业技术教育班，可招收"三校"毕业生。考试科目实行"3＋2"形式，其中三门基础课（政治、语文、数学）由全国统考，两门专业课由学校组织考试。以上各科成绩均为150分。录取时，先划定上海市最低录取控制分数线，并报教育部审定。再按德、智、体全面衡量，由高分到低分，择优录取。是年，首次实行中等职业技术学校优秀毕业生直接保送或推荐进入高等职业技术学院学习的办法，共有282名市级优秀"三校"应届毕业生通过综合测试报送进入4所高校的本科高职进行深造，329名优秀"三校"应届毕业获准推荐生资格报考上海市各高等职业技术学院。

2001年开始，上海的民办高校和部分高职（高专）学校试点放开招生，扩大自主权。2001年，先在有计划余额的部分民办院校试行招生放开，探索扩大高校招生自主权的改革经验。2001年5月，市教委举行"2001年上海市各类高等院校招收'三校生'报名和填报志愿咨询"活动，全市数万名"三校生"闻讯参加。市教育考试院负责人在咨询现场透露，该年全市"高职"院校计划招收"三校生"13 000名左右，比上年扩招30％。

2002年，高校招生改革的最大突破是把高职高专院校的招生自主权交给学校，录取分数线由学校自己划定，受到考生、家长和社会的普遍欢迎。高职高专院校全面试行招生放开，这一年，有5所高职高专院校（上海31所，外地26所），在按一、二、三、四职院正常投档录取后，尚有招生计划余额，即在此范围内进行试点。这一年放开招生后，共有报名学生16 042人，录取新生14 419人。2003—2004年，继续在民办高校和部分高职高专学校试点放开招生。是年，市教委制定允许应届"三校"毕业生报考上海市成人高校举办的高职班的政策。

2004年，市教委、市劳动和社会保障局印发《关于2004年上海市中等职业学校推荐优秀应届毕业生接受高等院校选拔的通知》，指出：为鼓励本市中等职业学校（含中专、职校、技校，以下简称"三校"）中部分优秀应届毕业生进入高等院校学习，激励本市"三校"在校生更好学习，对"三校"优秀应届毕业生进行推荐，实施加分政策，接受高等院校优先选拔。推荐加分的对象必须是德、智、体全面发展，具有本市常住户口，符合报考高等院校资格并具备下列条件之一的"三校"应届优秀毕业生。在校学习期间曾获得省市级以上三好学生、优秀学生干部、优秀团员、优秀团干部称号者；在校期间两次以上或毕业学年期间一次获得区县、主管局表彰的三好学生、优秀学生干部、优秀团员、优秀团干部称号者；凡在校期间德、智、体诸方面全面发展，在市级以上职业技能竞赛上有突出表现的技能特长生；户口在本市、而在外省市就读的应届三校毕业生中符合上述条件者，可向户口所在区县高校招生办公室提出申请。报名考试和加分办法：经市教委审定推荐的优秀毕业生与其他本市"三校"考生一样，参加全市统一的高考报名、填报志愿和统一招生考试。经市教委审定推荐的优秀生，其档案上加盖特有的标记，参加全市统一高考后纳入全市统一规定的普通高校招生政策照顾对象的范围。凡省市级以上三好学生、优秀学生干部、优秀团员、优秀团干部称号者，参加本市高等职业院校招生统一考试（5月）享受高考成绩总分加12分的政策，由高校优先录取；参加本市普通高等院校招生统一考试（6月），享受高考成绩总分加20分的政策，由高校优先录取。在校期间两次以上或毕业学年期间一次获得区县、主管局表彰的三好学生、优秀学生干部、优秀团员、优秀团干部以及在校期间参加全国中等职业学校单项技能竞赛获得三等奖以上（含三校）或参加本市中等职业学校技能竞赛个人全能奖三等奖以上（含三等）的技能特长生，参加本市高等职业院校招生统一考试（5月）享受高考成绩总分加6分的政策，由高校优先录取；参加本市普通高等院校招生统一考试（6月），享受高考成绩总分加10分的政策，由高校优先录取。审定推荐的优秀毕业生，在享受加分政策后进入各批高校公布的学校最低录取分数线的,只要表示愿意服从学校专业调剂的,高校应优先录取。该年 7 月召开上海教育工作会议,根据会议精神,当年 9 月 27 日市委、市府发布的《关于全面实施教育综合改革率先基本实现上海教育现代化的若干意见》中,提出"在高职、高专和民办高校试行合格高中毕业生申请入学制度"。

2005 年 3 月 17 日,市教委、市劳动和社会保障局印发通知,要求做好上海市中等职业学校推荐优秀应届毕业生接受高等院校选拔工作。是年,市教委决定走出新的探索性步骤,在教育部批准的"上海市教育综合改革试验"框架内,试行"高职高专层次普通高等学校的依法自主招生改革试验",2005 年先在上海杉达学院、上海建桥职业技术学院和上海新侨职业技术学院 3 所民办高校进行试点。这些学校按规定自主组织测试,并在全市统一招生前自主完成招生录取工作。未被上述 3 所院校录取的考生,可继续参加当年高考。

2006 年、2007 年,市教委都印发通知,开展中等职业学校推荐优秀应届毕业生接受高等院校选拔工作。

2008 年 4 月,市教委印发通知,继续开展推荐"三校"优秀应届毕业生,接受高等院校选拔工作。是年 12 月 29 日,市教委印发《2009 年上海市部分普通高等学校专科层次实行依法自主招生改革试点方案》,确定上海的 21 所院校为试点学校。这些院校开展专科层次招生,由院校自主进行入学考试,自主确定入学标准,租住实施招生录取。凡招生专业必须是经教育行政部门审批或备案的专业。实践证明,这一做法不仅让参与试点学校满意,也受到考生和家长的欢迎。

2010 年,市教委发布 2010 年开展中高职教育贯通培养模式试点工作的通知。是年"中高职贯通"招生计划总数为 480 名,招生计划单列,面向全市范围招生,学校自主招生,开展"中高职贯通"试点工作。上海交通大学医学院附属卫生学校与上海医药高等专科学校开设护理专业,招生计划 160 名;上海电子工业学校与上海电子信息职业技术学院开设应用电子技术专业,招生计划 160 名;上海市交通学校与上海交通职业技术学院开设汽车技术服务与营销专业,招生计划 80 名;民航中等专业学校与上海交通职业技术学院开设航空机电设备维修专业,招生计划 80 名。是年,市教委发布关于做好 2010 年上海市中等职业学校优秀应届毕业生报考高等院校加分工作的通知,要求继续实施对"三校"优秀应届毕业生报考高等院校加分政策,使部分学生优先进入高等院校学习。

第二章 学制与学籍管理

第一节 学 制

一、中专学制

"文化大革命"后,上海中专校陆续复办或重建,招收应届高中毕业生入学(实际中学读了 4 年),工科学制一般为 3 年。1979 年 8 月,教育部颁发《关于中等专业学校工科专业二年制教学计划的安排的几点意见》,提出:中等专业学校招收高中毕业生 2 年制与招收初中毕业生 3(4)年制的培养目标相同,均为中等专业人才。学习年限一般为 2 年。同年 9 月,上海市教育局提出,按教育部规定多数专业学习年限应调整为 2 年。

1986 年 4 月,市教育局发出《关于招收高中毕业生中专学制一律改为两年制》的通知中提出,从该年秋季起,招收高中毕业生的文科专业,同理工医科专业一致,一律改为 2 年制,并即修订教学计划。从 1988 年开始,上海市中专校加快和深化教育改革,走"产教结合""校企联合"的发展道路,使中专人才培养既满足本系统的需要,又面向社会的需求。至 1990 年,已有 16 所中专校进行 18 个专业的教学计划的改革。调整专业设置,改革课程内容,加快中专课程体系的改革,打破"三段制",采用以专业主要服务方向为主线,试行模块式教学,以加强对社会主义市场经济对中专人才需求的适应性和灵活性,增加中专校的办学活力。

2000 年 4 月,教育部印发《关于制定中等职业学校教学计划的原则意见》的通知中明确:"基本学制为 3 至 4 年,以 3 年为主。""文化基础课与专业课的比例一般为 4∶6,专业课程中的实践比例一般为 50%,综合实习一般安排一学期,选修课程的教学时数占总学时的比例应不少于 10%。"

二、职业高中学制

1980 年,教育部、国家劳动总局《关于中等教育结构改革的报告》中提出:"将部分普通高中改办为职业(技术)学校、职业中学、农业中学。""职业(技术)学校招收初中毕业生,学制 2~3 年,主要进行职业(技术)教育,同时开设有关普通文化课。"1985 年全市尚有附设职业班的普通中学 243 所。普通中学附设职业班招收初中毕业生,学制 3 年为主,少数 1~2 年(为初级职业班,主要在农村)。

2000 年 5 月 23 日,市教委发文同意上海市商业职业技术学校等 10 所职业高中试办综合高中班,学制 4 年,招生对象初中毕业生,录取分数不低于普通高中录取分数,学生学完普通高中和职业技术教育课程,经考核符合普通高中和中等职业技术学校毕业要求,发给相应的普通高中毕业文凭和中等职业技术学校毕业文凭。

职业高中招生对象主要是初中毕业生,学制 3 年为主,部分学校的有些专业为 4 年制,如市商业职业技术学校设置招收初中毕业生,学制 4 年的商业经营专业。由于某些职业岗位对考生的年龄、基础文化和技能有一定的要求,因此,每年经市教育局批准,列入市人事局计划,可以招收少量高中毕业生(包括职业高中毕业生),试办学制为1年或1年半,培养目标为初中级技术管理人员。

三、技工学校学制

上海市劳动部门从1982年开始调整、整顿技工学校,以改善办学条件。同时对1979年试行的教学计划的培养目标相应作修改,即改培养4级工为3~4级,招收高中生开设的文化课,不承担提高学生文化程度任务;招收初中生的,其文化程度适当提高,不再要求达到高中水平。

1985年上海受劳动人事部委托,和部分省市一起编写适合招收初中毕业生、学制为3年的机械类技工学校教学计划、大纲和教材。学制3年,共156周,其中入学教育1周,理论教学55周,生产实习教学61周,考试8周,毕业教育1周,假期24周,公益劳动和机动6周。在第六学期后半学期,要组织学生下厂车间进行生产实习。1986年,为贯彻执行《中共中央关于教育体制改革的决定》的有关规定,适应经济发展对人才的需要,劳动部正式颁布《技工学校工作条例》。关于技工学校的学制,《条例》规定,应根据培养目标、招生对象的不同分别确定,培养中级技术工人,主要招收初中生,学制为3年,个别工种(专业)确有需要的,可以招收高中毕业生,学制为1~2年。同年,上海劳动部门根据《决定》和《条例》精神,对7所技校进行教改试点,重点突出技能培训,加强基本功训练,注意一专多能,强调教学与生产劳动紧密结合,在应知培训中坚持"文化技术课为专业课服务,专业课与生产实习教学密切结合"的方针。

1990年,全市增加生产实习时数的教改试点学校扩大到16所,但多数技校仍执行1985年颁布的教学计划、大纲,培养中级技术工人,学制3年。学生经考核达到培养目标,可同时取得技校毕业证书和技术等级证书。

四、中等职业学校学制

根据2002年7月颁布的《上海市中等职业学校学生学籍管理规定》,中等职业教育基本学制为3~4年,以3年为主。

2010年9月,《上海市中等职业学校学生学籍管理实施办法》规定,全市中等职业学校全日制学历教育(含普通中专、职业高中、技工学校)中等职业教育基本学制以3年为主;招收普通高中毕业生或同等学力者,基本学制以1年为主。接受中高职贯通教育的学生,采取"3+2"分段或五年一贯制。2010年,上海市启动中高职贯通培养模式试点工作。首次试点的四个中高职贯通专业分别为护理、应用电子技术、汽车技术服务与营销、航空机电设备维修。其中护理专业学制为六年一贯制,其余3个专业学制均为五年一贯制。

五、高等职业院校学制

高中后三年制学制 这是全日制普通高等专科教育的基本学制,上海高等职业院校的学制大部分都是这种招收高中阶段教育毕业生(包括普通高中后毕业生和三类中等职业学校毕业生)的3年制专科学制。

初中后五年一贯制学制 1985年,国家教委批准上海电机制造学校升格为上海电机技术高等专科学校,举办招收初中毕业生的五年一贯制高等职业技术教育;1994年10月,国家教委又批准上海邮电学校试办五年制高等教育职业班,招收初中毕业生试行五年一贯制高职教育。

"3＋3"学制 2000 年,有 29 所普通高等院校与 40 所中等职业技术学校联办中高职相通的"3＋3"模式的职业技术教育,即前 3 年学生接受中职教育,后 3 年接受高职教育。招生 3 300 余名。

其他学制 1986 年,经上海市人民政府批准,上海 19 所职工大学招收高职班学生,根据不同的专业,招收应届高中毕业生和部分中等职业技术学校毕业生,学制为 2 年或 3 年。

第二节 学 籍 管 理

一、三校分列学籍管理

【中等专业学校学籍管理】

教育部规定 1979 年 6 月,教育部颁布《中等专业学校学生学籍管理的暂行规定》。《暂行规定》参照其他类教育学籍管理的规定,发展和完善中等专业学校的学籍管理内容,其主要内容包括"入学与注册;成绩考核;升留级及毕业;纪律考勤;休学、复学或退学;转学或转专业;奖励和处分"7部分共 40 条规定。其中,按照中等专业教育的特点,强调对"实习"的考查,规定中专学校"实习(教学实习、生产实习)和结合专业的生产劳动应进行考查"。再次明确中专学校学生"一般不得转学","无正当理由不得转换专业","毕业班学生一律不能转学和转专业"。并规定"学校对德、智、体诸方面有优秀表现的学生,应予表扬和奖励或授予'三好学生'的称号","对违反纪律和犯了错误的学生,应该耐心批评教育,帮助他们改正错误","犯有较大错误而又屡教不改的学生,可以给予警告、记过、留校察看直至开除学籍的处分"等。

地方实施办法 1989 年 6 月,上海市教育局制订《上海市中等专业学校学生学籍管理暂行规定》(以下简称《规定》)。《规定》按照教育部有关规定的精神,综合上海中专校的实施情况,并结合上海的实际需要,制定更为具体的实施细则。主要内容有:入学与注册,成绩考核与记载,升留级与毕业,结业、肄业,转学和转专业,休学与复学、退学,纪律与考勤,奖励与处分,以及附则,共 9 部分、52 条。其中在原"升留级与毕业"部分,增加"结业""肄业"的规定,即"其中有一门以上课程(包括毕业论文、毕业设计)经补考不及格或毕业时操行等级评为差者为结业,并发给结业证书",而"中途退学者(开除学籍及擅自退学者除外)为肄业,并发给肄业证书或学历证明"。对"成绩优秀的学生,如本人申请跳级,可按跳越年级的课程进行考核。其主要课成绩达 80 分以上,其他课成绩及格,经校长批准可以跳级或提前毕业"。在"转学和转专业部分",明确"允许转专业"的 3 项具体条件。在"附则"中规定,"在本市的中央有关部门所属中等专业学校中委托代培的学生和自费生均应贯彻执行本暂行规定"等。该《规定》在其他部分也有多次修改和补充。上海市各中专校按照《规定》,结合学校的实际情况,制定本校学生学籍管理实施条例(办法)或制定有关条目的实施规定,严格管理,严格执行。

【职业高中学生学籍管理】

20 世纪 80 年代初,上海刚从普通中学改办的职业高中或普通中学附设的职业高中班,对学生的学籍管理一般还借鉴原有普通高中学生的学籍管理制度。随着职业高中的发展,为了使职业高中的管理制度适合职业教育的特性,市政府和市教育主管部门,从 1983 年开始发布有关职业高中学生学籍管理制度。

1983年3月8日,上海市教育局向各区、县教育局颁发《上海市教育局关于职业(技术)学校、职业中学、普通中学附设职业班发放毕业证书的试行办法》。同年3月11日,上海市教育局、上海市劳动局、上海市财政局联合发出《关于本市职业(技术)学校、职业中学及普通中学附设职业班若干问题的试行规定意见》,其中对职业高中学生待遇、毕业生的安排等问题作具体规定。该文发至各区县,并转发各职业高中和联合办学的有关业务部门。

1985年7月16日,上海市教育局向各区、县颁发《关于发放职业技术学校毕业证书的通知》,从当年秋季开始,凡是上海职业高中学生的毕(结)业证书均由市教育局统一印制,并具体规定有关职业高中毕(结)业生证书的发放与验证等管理制度。

1986年3月31日,上海市教育局拟订《上海市职业技术学校学生学籍管理暂行规定(试行稿)》,发至各区县教育局并转发所属职业高中及有关联合办学单位,要求组织各职业高中及联合办学单位、学校干部和教师结合实际情况研究试行。在试行中总结经验,不断修订、逐步完善。

1987年9月24日,上海市第八届人民代表大会常务委员会第三十一次会议通过《上海市职业技术教育暂行条例》。《条例》第五章第十九至二十三条有关于职业高中学生学籍管理方面的规定。

1992年3月12日,国家教委颁发《职业高级中学学生学籍管理暂行规定》。上海市教委根据国家教委《规定》和《上海市职业技术教育暂行条例》,拟订《上海市中等职业学校学生学籍管理暂行规定》,发至区县教育局、职业高中和有关联合办学业务部门执行。

二、中等职业学校(含中专、职业高中和技工学校)学籍管理

1996年6月,市教委颁布修订过的《上海市中等职业学校学生学籍管理暂行规定》。包括总则、入学注册、成绩考核、纪律与考勤、升级与留级、休学与复学、转学与转专业、退学、毕业于结业、奖励与处分、附则等11章43条。根据职业教育的特点,在成绩考核方面,规定考核分为考试和考查两种,成绩评定采用百分制或四级(优秀、良好、及格、不及格)分制。提出学生参加职业技能考核鉴定的要求。规定转学、转专业要严格控制,原则上不得从招生录取分数低的学校或专业转入分数高的学校或专业。

2000年,部分学校实施劳动预备制教育。为贯彻落实《中华人民共和国职业教育法》和《上海市职业技术教育条例》,实行"先培训后上岗、先培训后就业"的制度,进一步完善中等职业学校招生政策,该年招收4 365名未达到录取分数线的学生,实施预备制教育。对他们先进行一年的初中文化课补习,成绩合格者可再升入中等职业技术学校就读;成绩仍不合格者,作为劳动预备教育,重点进行上岗前的职业资格培训。劳动预备教育合格的毕业生,既发初级职业技术教育证书,又发职业资格证书,以进一步提高劳动者的素质。

2000年4月,市教委关于上海市全日制普通中等专业学校招生录取的上海生源新生户粮关系处理意见,指出:根据上海市普通中等专业学校招生制度和毕业生就业制度改革的需要,全市普通中专学校招生已全部实施招生计划并轨、缴费上学的办法,毕业生实行在国家政策指导下双向选择、自主择业的就业制度。随着上海市户籍管理制度和粮食流通体制的进一步改革,对普通中专学校录取的上海生源学生如将再继续沿用以往的户口迁入学校的做法,已无必要。为此,经商定,从2000年起全市普通中专学校录取上海生源新生的户粮关系不迁入学校;列入上海市普通中专统一招生计划的地处外省市的上海市所属原料基地企业等单位的新生户粮关系仍按原规定办理,迁入招生学校;被外省市全日制普通中专学校录取的上海生源的学生,其户口和粮籍关系随迁,毕业后

回上海市的,凭上海市人事局出具的落户证明和户口迁移证由公安派出所(警署)直接办理在沪落户手续。

2002年7月,在全市全日制中等职业学校实行电子注册。根据市教委《上海市中等职业学校学生学籍管理规定》的要求,从2002年9月起,市教委对上海市全日制中等职业学校学生统一实行电子注册。实行电子注册的目的是为了进一步完善市与区县分级管理的体制,提高中等职业学校学生学籍管理的效率,推进现代化管理手段在学校各方面的运用,使学籍管理工作更加科学化和规范化。为做好电子注册工作,特制定《关于全日制中等职业学校学生统一实行电子注册的操作办法》,并委托上海市教育科技服务中心具体负责实施。从2002年起,新生的入学注册及入学后的留级、转学、休学、退学及毕业证书发放等统一纳入计算机管理系统。现有在校生主要实施毕业证书计算机统一印制及转学备案工作。学生转学须填写统一印制的转学申请表。委托上海市教育科技服务中心和上海市职成教计算机网站,将建立上海市中等职业学校学生学籍查询系统,向社会提供查询服务,具体办法另行制定。

2002年7月市教委颁布《上海市中等职业学校学生学籍管理规定》(以下简称《规定》)。《规定》共分8章,分成:入学与注册;成绩考核;升级与留级;转学与转专业;休学、复学与退学;纪律与考勤,奖励与处分;毕业与结业;附则。共计50条规定。其特点:一是体现出制度创新和管理改革的指导思想,具有规范性,为中等职业学校学籍管理工作提供新的依据。二是体现市教育行政部门职能转变,给学校和主管单位以更多自主权。实行各区县教育主管部门和行业主管部门和学校分级管理,职责、权限进一步明确。三是充分尊重学生主体地位和权利,学习年限具有一定弹性,有利于有实际需要的学生工学交替、分阶段完成学业。尊重学生在学校的主体地位和应有的权利,特别是在成绩考核、转学转专业、休学复学退学等规定予以体现。四是适应学分制教育的要求,改革管理制度,使学生能够根据社会需要和个人兴趣、条件,选择课程和学习时间。建立校际和相近专业之间学分相互承认的机制,为学生跨专业、跨学校选择课程提供可能。五是改革招生制度,有条件的学校可适当放宽招生年龄限制,多种形式招收应、往届初中毕业生。同时为普职之间沟通开辟通道。推行学籍管理的电子注册和计算机管理。2002年9月起,从电子注册到毕业证书发放,统一纳入计算机管理系统,同时建立上海市中等职业学校学生学籍管理查询系统,向社会提供查询服务。

与《暂行规定》相比,《规定》增加或完善以下内容:在入学注册方面,招生或经批准进行招生改革的学校,新生入学后可不按专业方向注册。在成绩考核方面,考试成绩的评定,采用百分制或五级分制(优秀、良好、中等、及格、不及格)评定;考查成绩按合格、不合格评定,也可按五级分制评定。百分制与五级分制的换算关系如下:优秀(90分~100分);良好(80分~89分);中等(70分~79分);及格(60分~69分);不及格(60分以下)。学生取得与所学专业教学计划规定相符的学校认可的课程合格证书、技能等级证书和职业资格证书,原则上只要等于或高于学校同类课程或职业能力要求,并持有效学习和资格证明,均应予以承认并允许免修,成绩按有效成绩证明记载;学生通过自学或其他学习经历,提前达到学校教学计划中相同或相近课程要求的,经考核成绩合格,可申请免修,考核成绩作为该门课程的成绩记载;允许学生兼学其他专业的课程。学生在校期间,同一门课程补考不超过二次,一次在学期或学年间,另一次在毕业前。实行学分制的学校,课程总评不及格可允许补考一次,补考合格可取得学分,如补考不合格必须重修或按规定改修其他课程。连续性课程补考范围应包含两个学期讲授的课程内容。学生操行评定应以上海市中等职业学校学生守则和行为规范要求为主要依据,操行评定每学期或每学年进行一次,采用写实性评语形式,毕业时进行全面鉴定。留级的学生,留级前考核成绩达到80分(良好)及以上水平的课程,经本人申请,学校教务部门批准，可允许免修。在转专业方面：经学校认可，学生在某一专业领域有一定专长或技能，转学或转专业更有利于其能力发挥者可以转专业。中等职业学校可接受普通高中转入的学生并根据实际情况承认其相应的学习成绩或学分。学生转学原则上在各类中等职业学校中进行，一年级与毕业年级的学生原则上不得转学或转专业。在毕业与结业方面，学生在毕业时仍有部分课程（含实践性课程）经两次补考后不及格，或在基本学习年限内未修满规定学分，按结业处理，发给结业证书。结业后，学生可在两年内向学校申请补考或补修学分，取得毕业资格后，换发毕业证书。毕业时间自换发毕业证书时算起。

2004年6月14日，市教委印发《关于本市中等职业学校使用统一印制的毕业证明书的通知》。毕业证明书适用于本市中专、职业高中因毕业证书遗失要求出具毕业证明书的毕业生。

2006年11月，市教委关于印发《本市技工学校学生统一实行电子注册的操作办法》的通知。按照《上海市教育委员会、上海市劳动和社会保障局关于本市技工学校的招生、教育教学、学生学籍等工作归口上海市教育委员会宏观管理的通知》中"本市技工学校在原主办单位、经费渠道和教师编制等保持不变的前提下，由教育部门统一负责招生、教育教学、学生学籍等管理，劳动保障部门负责职业资格证书管理"的有关规定要求，经与市劳动保障局协商研究，市教委将对2005年秋季起入学的技工学校学生，统一实行电子注册，其学生的学籍管理按照《上海市中等职业学校学生学籍管理规定》执行（可从职成教育在线网站下载）。

2010年，修订中等职业学校学生学籍管理办法情况。根据教育部《关于中等职业学校学生学籍管理办法》精神，市教委通过调研对2002年实施的《上海市中等职业学校学籍管理规定》进行修订，制定印发《上海市中等职业学校学籍管理实施办法》（以下简称《实施办法》）。该《实施办法》共7章。第二章《入学与注册》，第九条：学校应从学生入学之日起建立学生学籍档案。第十条：春季入学的学生（限非应届初中毕业生）电子注册截止日期为3月31日；秋季入学的学生电子注册截止日期为10月31日。第十一条：外籍或无国籍人员进入本市中等职业学校就读，应按照国家留学生管理办法办理就读手续。港、澳、台学生按照国家有关政策办理就读手续。第十二条：本市与外省市联合招生合作办学招收的学生，学业全部在本市就读的，按本市生源办法进行注册；招生当年在非本市就读的学生，可采用预注册的办法取得本市中职预备学籍，预注册办法参照本市生源执行。联合办学应执行本市学校相关专业教学计划，并按本办法相关规定进行学生学籍管理。第三章《学籍变动与信息变更》，第十六条：同一学年内，累计不及格课程（经补考后）三门及三门以上者，应予留级。若第一学期补考后累计不及格课程达到留级门数规定时，第二学期课程经补考后仅有一门课程不及格，才能申请对第一学期补考未及格的课程再补考一次，但取消该课程毕业前的补考机会。不及格课程门数按下列规定计算：学校专业教学计划规定为一个学期的课程，按一门课程计算；学校专业教学计划规定独立设置的各种实践性课程，均应单独考核，按一门课程计算；凡连续性课程，在同一学年内按一门课程计算。第十七条：学生因户籍迁移、家庭搬迁或个人意愿等原因可以申请转学。第十八条：有下列情况之一，经学校批准，可以转专业。其一，学生确有某一方面特长或兴趣爱好，转专业后有利于学生就业及生涯规划；其二，学生有某一方面生理缺陷或患有某种疾病，经本市二级甲等及以上医院证明，不宜在原专业学习；其三，学生留级或休学，复学时原专业已停止招生。第十九条：有下列情况之一者，由学生本人和监护人提出申请，经学校审核同意，可准予休学。其一，学生因病或其他特殊困难不能继续学习者；其二，学生因依法服兵役者；其三，学生在学期间申请出国者；第四，学生因停学参加社会创业、就业实践活动者。第四章《成绩考核》，第二十四条：学生顶岗实习结束，应由企业和学校共同完成学生实习鉴定。学校应将学生实习单位、岗位、鉴定结果等情况记入学籍档案。第二十六条：学生取得与所学专业教学计划规定相符的学校认可的课程合格证书、技能等级证书和职业资格证书，原则上只要等于或高于学校同类课程或职业能力要求，并持有效学习和资格证明，均应予以承认并允许免修，成绩按有效成绩证明记载；学生通过自学或其他学习经历，提前达到学校教学计划中相同或相近课程要求的，经考核成绩合格，可申请免修，考核成绩作为该门课程的成绩记载；允许学生兼学其他专业的课程。第六章《毕业于结业》，第三十五条：学校对实行学分制的学生，允许其在基本学制的基础上提前或推迟毕业，提前毕业一般不超过1年，推迟毕业一般不超过3年。

是年，为保证实施办法的有效落实，市教委委托市学生事务中心对操作流程进行修订，制定《上海市中等职业学校学生学籍管理工作实用手册》，除对原有的转学、退学备案手续进行修订外，还根据实施办法的精神制定休学、复学、注销学籍、撤销学籍等新的备案制度，共设14种全市统一的备案表式（其中10种为新增，2种为修订）。与此同时还加强对学校日常学籍管理过程动态记录的指导和考核，制定信用评价体系，明确相关过程监控的关键点，将记录的及时性和准确性等列为绩效考核的指标，分4个档次进行考核。信用评价体系进一步规范了上海市中等职业学校学生学籍管理工作。

第三章 职业指导

第一节 沿 革

中共十一届三中全会以后,为了适应经济体制、产业结构和劳动用人制度改革需要,上海市教育主管部门、教育科研机构,开展在改革开放新形势下,中职学生(包括普通中学、中专、职校、技工学校)为主要对象的"职业指导"工作。1989年8月,上海市教育局教育科学研究所教育情报研究室出版的《上海教育情报》第6辑专门编印《中学生的职业指导》专辑,内容包括介绍美、日、德、苏联、加拿大等国家和港、台地区开展职业指导的情况和相关名词解释;职业指导的历史沿革;职业指导的特点和现状;职业指导的目的、意义和作用;职业指导的理论;职业指导的策略、机构、内容等。为上海各类中等学校、教育管理和研究机构提供学习、研究资料。

20世纪80年代末开始,在上海市中小学课程教材改革中,由上海市教育局职业技术教育处组织编写供九年制义务教育八九年级及高中一二年级作为必修课和选修课用的《职业导向》教材各1册,使初中毕业后进入职业高中这部分学生,初步了解社会职业分工情况,为学生树立正确的择业意识,做好思想、文化、技能等方面的必要准备。1987年起,卢湾区进行中学职业指导工作的实验研究,并争取职业高中的联合办学单位、劳动人事部门与学生家长配合、支持。该区从1988年开始设职业指导咨询机构,深受社会特别是学生家长欢迎。1989年2月,国家教委办公厅发文介绍卢湾区教育局《积极开展职业指导工作主动为社会主义经济服务》的经验。该区还建立区教育局、学校和班级三级的职业指导机构,通过设"职业指导"课等多种教育形式,使每年报考职业高中的学生大量减少盲目选择专业志愿的情况。进入职业高中的学生,也初步了解学校设置的专业与未来职业的关系,尽可能在个人与职业之间实现理想的结合。通过职业指导,为学生选择符合自己身心特点的职业或专业作好准备,从而调动进入职业高中学生的学习积极性。

90年代随着上海经济体制改革的不断深化,人才劳务市场日益发展,企事业单位用人自主权增大,人才流动范围扩大。促使职业高中必须充分利用人才劳务市场作用,认真搞好毕业生就业指导。学校建立有联办单位有关行业企业领导参加的学生就业指导机构。从1986年开始,两年一次开展全市性的由职业高中学生参加的"未来建设者"技术比武,邀请各行业部门的行家参加评分,并请用人单位派人参观比武。有些行业单位的领导人,对技术技能操作表现较为突出的应届毕业生,甚至当场提出录用意向。通过这些活动,学校获取用人需求信息,增进与用人单位的广泛联系。上海市振华外经职业技术学校组织校内教师建立"职业学校职业指导"课题组,在教学实践中不断探索,编写出一册供职业高中学生阅读和教师教学参考的职业指导辅导读物《求职就业指导》。该校对毕业生按人才市场需求择优推荐,90年代开始毕业生就业率能保持95%左右。1997年底,上海市教委职业教育办公室对当年职业高中应届毕业生中的11 593名市区户口为主的毕业生的就业去向进行跟踪调查。

2003年,市教委下发《关于加强本市中等职业学校职业指导和毕业生工作的意见》,指出:要根据中等职业学校的培养目标,教育、引导学生树立正确的职业理想和职业观念,全面提高学生职业素质和职业能力;为学生根据社会需要及其身心特点顺利就业、创业提供必要的指导和帮助,使其在适应社会、融入社会的同时得到发展。中等职业学校职业指导和毕业生就业工作还应兼顾升学服务的功能。该文件还提出职业指导工作的主要内容,一是加强职业意识、职业理想和职业道德教育。引导学生从职业角度了解社会、了解自己,树立正确的职业理想,增强学生提高职业素质和职业能力的自觉性;引导学生树立正确的职业观、择业观和创业观,提高求职择业过程中的抗挫折能力和变换职业的适应能力;引导学生依据职业对从业者的道德要求,规范自己的行为,促进职业道德的养成。二是提供就业指导和援助。帮助学生了解就业政策法规,依法就业;帮助学生了解就业形势和自身条件选择就业和升学方向;帮助学生了解本地、外省市和国(境)外的就业信息,并提供择业咨询;帮助学生掌握求职的技能和方法。三是开展创业教育。引导学生树立创业意识,培养创业精神,学习创业知识,帮助学生参加社会实践,提高创业能力;帮助学生了解创业信息,选择创业方向,为毕业生自主创业或从事个体经营提供咨询和跟踪服务。

《意见》还提出5条主要措施:第一,加强职业指导工作,提高实用性、针对性。要改进《职业道德与职业指导》课的教学、考核的方法和手段,进一步提高教学质量;要结合心理健康教育,进行心理辅导,提高学生心理素质,帮助学生做好走向社会的心理准备。要组织学生参观、考察人才和劳动力市场、用人单位,开展对以往学校毕业生就业情况和典型模范人物的调查、访问以及其他各种社会实践活动,强化对学生有关能力的培养;要开展就业辅导和求职就业行为训练,帮助学生提高求职的技巧与能力。第二,建立和健全管理机构。尽快建立和健全市、区县、行业和学校有关职业指导和毕业生就业工作的机构和网络,明确职责分工,形成齐抓共管的格局。第三,发挥有关事业单位和中介组织的作用,努力提供高质量的社会公共服务。上海市教育科技服务中心和上海至交人才交流咨询有限公司要开展中等职业学校毕业生就业市场预测和分析,组织中等职业学校的职业指导和毕业生就业工作者的业务培训,开展人才供需交流,多渠道沟通毕业生和就业信息。第四,开展培训,提高中等职业学校职业指导工作者的素质。第五,加强职业指导和毕业生就业工作的制度建设。

2004年,市教委将"职业道德与职业指导"课程改为"生涯规划"课程,并起草《"生涯规划"课程标准》。明确该课程是中等职业学校的一门公共必修课程,从学生实际需要出发,以培养生涯规划能力为目标,培养学生正确认识自我,激发他们进行自我生涯设计、管理和发展的热情,为终身的职业生涯发展奠定良好的基础。

2008年,市教委加大中等职业教育改革发展成果和学生岗位成才宣传。组织中等职业学校参加上海市教育博览会。积极筹划中职展区,共有43所中职校及现代护理、交通物流2个职业教育集团参展,在各参展单位的支持配合下,烹饪、调酒、立体剪裁、点钞、歌舞、武术等表演体现现代职业教育技能的高水平。组织编印"跨越新高度"中职校校企合作成果集,组织拍摄和播放6集《星光闪亮——上海中职毕业生系列电视专题片》。同时加大媒体宣传力度,解放日报报业集团共同所属新闻媒体和中国教育报、文汇报、电视、广播等各大媒体多方面多角度大力宣传职业教育。

2009年教育部第九次新闻发布会,上海作为唯一的地方教育行政职能部门,在北京向广大媒体介绍上海加强职业指导工作情况,交流坚持就业公示公报制度、促进中等职业学校毕业生充分就业的工作体会,通报上海中等职业学校毕业生近年来就业率持续保持96%以上的信息。

2010年6月21日,市教委印发关于加强和完善中等职业学校职业指导与就业服务工作的意见,指出:其一,要加强职业意识、职业理想和职业道德教育。充分发挥课堂及实践教学在学生职业生涯教育中的主导作用。要注重利用行业企业和生产一线的资源优势,努力创设条件,让学生在技能学习和实践中,感悟、体验职业岗位的要求,提升职业素养。其二,学校要设立专门机构负责职业指导与就业服务工作,按照需要配足配好专职职业指导教师。其三,开展创业教育。要积极探索创业教育新方法、新途径,通过开设创业课程、开展社会实践、进行网络课程教学以及宣传优秀毕业生成功创业案例等,帮助学生了解创业信息、选择创业方向,学习创业知识和技能。其四,强化就业信息采集和监测。重点围绕"就业率"和"就业质量",建立健全毕业生就业统计工作电子档案、数据库,以及就业信息采集系统和统计指标体系。其五,构建毕业生就业信息网络平台。向社会提供中职校专业信息、毕业生信息和行业企业人才需求信息,让社会和用人单位了解学校技能型人才培养状况,让学校和家长了解行业企业的需求。其六,建立学校职业指导与就业服务工作评估验收制度。

第二节 中等职业学校职业指导

职业学校开展职业指导,帮助学生建立正确的就业观念,提高学生的就业能力。上海的中等职业学校在这方面有许多探索实践,上海市环境学校 2008 年举办职业生涯和职业规划设计大赛,上海市聋哑青年技术学校在总结 2004 年来学校实施职业生涯教育经验的基础上编写出《自信走向社会——中职聋生职业生涯发展指南》等校本教材。

上海石化工业学校学校自 1997 年彻底从企业剥离后,毕业生的就业形势和方式都发生了根本变化,"市场导向、学校推荐、双向选择、自主择业、鼓励创业"已经成为毕业生新的就业方式。为此,学校成立职业指导领导小组,组成对职业指导工作的决策与指导层;由教务处、学生处及招生与就业指导办公室(以下简称"招就办")等 3 个部门形成组织管理层;由班主任、职业指导专任教师以及其他任课教师构成实施层。从 1999 年开始,学校把职业指导列入学校整体的教育教学计划,开设了《职业道德与职业指导》课程,并根据不同年级确立了不同的职业指导教育侧重点。对于低年级(一、二年级)学生,主要进行"成功教育"。从三年级开始,侧重于引导学生确立正确的价值观、职业观、择业观和创业观。并通过多种形式,针对性地开展就业辅导和求职行为训练。学校充分重视和发挥学生家长在职业指导工作中的作用,做到"三个坚持"。其一,学校坚持对全体新生的家长进行培训。主要内容是将学校办学模式、专业设置及其市场前景、就业就读(高考)形势以及学校就业推荐工作步骤方法等向家长进行宣讲。其二,在学生由一年级升入二年级分专业前夕,学校坚持向家长介绍校方掌握的对各类专业人才需求、前景及其就业趋势,介绍学校近年来各专业毕业生的就业情况。其三,学校坚持对毕业生家长进行专题指导。在家长会上向他们介绍当年就业形势,当年来校招聘的企业及岗位信息,要求家长配合学校做好子女工作。学校逐步形成适应学校特点的毕业生就业推荐工作运行网络,并指导学生自立创业,实施"订单"培训。

21 世纪初,中华职业学校通过职业指导和双向洽谈等举措,构建灵活高效的就业推荐机制。学校认为优化"出口"就是拉动"进口",努力传承黄炎培先生的职业指导优良传统,在各项教育教学活动和社会实践中全面渗透职业指导,请业内人士和事业有成的校友作报告,教育学生学好技艺,执着敬业,成就事业。学校加强创业教育,开设"创业指导"选修课,开展创业教育课题研究。学校建立完善的就业推荐网络,加强与用人单位的沟通协调。从 2004 年起,每年精心组织用人单位与毕业生、实习生的双向洽谈会,邀请用人单位进校设摊招聘,学生、用人单位按照各自的需求进行双向选择,当场达成求职意向,使学生及早融入就业市场。

第三节 高等职业院校职业指导

高等职业院校开展职业指导工作,探索多种途径和方法,加强学生的就业意识,提高学生的就业能力。上海托普信息技术职业学院提出"出口畅,进口旺,特色教育做保障"的工作目标,与中国上海人才市场合作,在校园内建立"南汇大学城就业园"和"就业指导工作站",荣获"2005 年度全国民办高校就业示范性院校",并被长三角就业协助网评选为"企业公认的就业服务特色院校"。

上海东海职业技术学院从新生入学开始就将职业发展教育贯穿于学生的整个大学生活中,分三个阶段进行:第一阶段在新生入学期间,重点是目标认知。通过对专业介绍、分析近两年的就业形势,从新生入学起就增强学生的学习紧迫感。同时,将三年的任务分解到每一个学年,实行目标管理。第二阶段放在二年级,重点是准确定位。对于文化课成绩突出、学有余力的学生,鼓励继续深造;对于文化课成绩一般的学生,强调加强实践能力和技能的提高,要求他们参加相关技能培训,争取多拿一些证书,为就业作好充分准备。第三阶段放在三年级,帮助学生认清就业形势,树立正确的择业观念,调整自己的期望值。毕业生在就业前,通常存在心态不稳、定位不准、不善于表现自己等问题,学院通过专家向学生传授如何撰写求职信和个人简历制作,如何化解面试过程常见问题,在招聘现场如何表现自己等知识和技能,提高毕业生就业竞争力。

东华大学高等职业学院通过校企紧密合作,促进就业工作。学校建立一套完整的信息反馈机制,成立由企业专家参加的专业指导委员会,通过专业教研室、教学办、就业办、专业建设委员会,从不同的渠道反馈企业的信息与要求,定期研讨诸如专业方向调整、专业发展与建设、学生实习安排、毕业生就业等重要问题,及时完善和修订各专业的培养模式、课程设置、教学内容,使专业建设与人才培养更符合市场需求和企业对人才的要求。校企联谊活动加强了学校与企业的信息沟通,促进教学改革和就业工作。

上海工商外国语学院把就业贯穿于教学和管理的全过程。第一,学校每年举办校园大型招聘会、各类中小型专场招聘活动、网络招聘会等活动,为毕业生提供就业岗位;根据外地毕业生不断增加的实际情况,主动开发包吃包住的外地生实习基地,帮助他们解决就业实际困难。第二,遵循"重点关注、优先推荐、及时服务"的原则,学校针对少数民族、经济困难、农村生源、学业困难、残疾、就业心理障碍毕业生等各类就业困难群体,开展"一帮一"的就业指导和服务。第三,高度重视未就业毕业生统计服务工作。学校要求毕业班辅导员认真核实就业数据,及时掌握每一位未就业毕业生的就业状况和意愿,收集上报未就业毕业生联系方式、电子邮箱、未就业原因,并对他们进行针对性的指导和服务,做到求职有人管、服务不断线。鼓励毕业生多渠道就业,优化就业结构。第四,树立"先就业,后择业,再创业"的就业思想;鼓励毕业生专升本、出国留学等继续求学深造;积极引导毕业生面向基层就业,做好大学生志愿服务西部计划、三支一扶等计划实施组织工作。建立健全政策、培训、服务"三位一体"的工作机制。第五,积极宣传推广和总结各高校毕业生创业的典型和经验,积极组织开展大学生创业设计大赛,邀请成功创业校友和专家、学者来校做报告,举办"创业＋就业"访谈活动,鼓励学生积极参加市级创业设计大赛,这些活动的开展使大学生创业精神、创业意识和创业能力有明显的提升。第六,强化"个案式"就业指导,邀请市就业工作有关专家、企业负责人、优秀毕业生等开设就业讲座,把就业指导课程纳入教学计划,形成出口畅、入口旺、事业兴的良好局面。高质量的毕业生受到社会和用人单位的普遍欢迎,2004 年首届毕业生就业率达 96.65%,签约率 73.22%;2005 届毕业生就业率已达 96.93%,报到就业率达 78.3%。

上海科学技术职业学院实施职业发展教育全程化。其一,学校发挥课堂教学主渠道作用,将"专业职业导论""职业素质教育"和"就业指导"等课程,作为必修课列入各年级学生的培养计划中,分别在3个学年中完成,每学年1学分。其二,开展灵活多样的主题教育活动。开展"军训——大学生活新起点"主题教育系列活动。开展"校园——我的新天地"主题教育系列活动。开展大学生心理健康教育活动,组织新生心理健康普测工作,结合心理健康教育课程学习,开展大学生自我探索活动和"经营人生　成就理想"主题教育活动。举办生涯规划系列讲座,引导高职学生树立生涯规划意识,培养对职业的积极认识。其三,开展有针对性、实效性的个别指导活动。请学兄、学姐回校谈就业体会,请资深就业指导专家开设专题讲座。"招毕办"在所有工作日都接待学生、家长及教师,针对性地对就业政策、用人单位应聘条件及相关问题展开咨询。对特殊情况和个案问题,进行个别沟通,积极帮助弱势学生。同时,学校积极组织社会实践活动,充分利用各类社会资源。主动发掘社会实践资源,帮助学生参加社会实践。

上海新侨职业技术学院毕业生就业工作实现多个创新。第一,强化三级就业指导网络,建设以人为本的"全员化、全程化"就业服务体系。从组织上建立学院、系(部)直到班级的就业工作(领导)指导小组。院、系(部)领导有分工,辅导员有职责,班级设有就业信息员。学院设置招生就业办公室,2009年又将招生、就业职能分立,各校区也对应设有就业指导办公室。学院设立阶段性就业指导内容和就业指导活动,力求将就业指导工作融入形式多样、寓教于乐的多项活动之中。比如开展职业生涯规划大奖赛。第二,规范就业指导工作管理,落实个性化服务工作,不断提高就业工作质量。就业指导办公室统筹学院学生的就业工作,每月举行2~3次专题工作会议,重点组织毕业班辅导员交流工作,分析问题,拟定措施。同时,统一发布就业信息,组织现场应聘面试。第三,以社会需求为导向,优化校企合作的伙伴关系,开设毕业生就业的直通车和绿色通道。加大毕业综合训练环节的比重,较早在学生中倡导并固化"一张文凭、多张证书"的理念。第四,完善学生职业生涯的教育教学,从理论与实践的结合上强化毕业生就业指导体系。学院主编《大学生就业指导——职业生涯规划》教材,明确职业生涯规划教学作为一年级学生的选修课。同时,通过班会和"二课"教学,把大学生职业生涯规划的教学纳入教学培养计划之中。学校编制的《大学生就业指导—就业与创业》教材列入三年级学生的必修课。第五,充分发挥就业信息载体的功能,为毕业生广开就业渠道和途径。就业指导办公室每年为毕业生提供就业岗位3 000多人次,联系来校企业200多家,每年发出就业函件1 500多份征集用人信息,特别是发给家长的学生就业公开信,对于改变家长、学生的就业观念,调动多重关系,为学生就业创造条件。毕业班辅导员还通过邀请历届毕业生返校现身说法。建立三级信息获取平台,从上海市人才交流中心、上海市学生事务管理中心和上海市劳动力市场为主体的市一级机构,从区、县、地区的相关机构和大型就业中介机构,从大中型企业、集团公司相关渠道,分别获取就业信息。第六,2001年建立毕业生离校就业跟踪调查机制,以了解毕业学生在公司、企业中的现实表现,对学院各方面工作有重要的参考价值。第七,加强毕业生就业指导工作的业务培训和研究,积极支持相关人员参加业务培训。

上海工艺美术职业学院开展"准职业教育"。从2009年开始,学院引进社会教育培训机构,首创"准职业教育":通过营造企业化氛围,采取多样培训方式,对所有在校大学生进行多方面的训练,包括职业生涯规划、职业价值观培养、职业技能训练、职业化行为养成等。同时帮助大学生树立积极向上的生活、学习态度,树立正确的人生观和职业发展观。2010年通过优化项目,形成独具特色的准职业三期教学项目。这一项目具有三大优势:一是使本院的老师主动关注学生职业发展教育的现状并积极践行推动。二是授课教师了解学生思想状况和特点,教育针对性强。三是这一教育能与学校日常规范教育主题相结合,相辅相成。为做好该项目采取的措施,一是抓职业教学团队。选取具有职业培训能力和学生管理经验的教师参与开发项目,并组建教学团队。设立以准职业教育教务组、准职业宣传组为主的教学管理团队,成立督导团队,及时反馈跟踪职业教学工作,监督准职业教学工作的开展和实施。二是积极拓展准职业教学内容。以职业价值职业技能教数学、职业道德教育与良好的个人修养养成、人际关系处理等作为职业教学核心内容。采取励志讲座、职业精英进校园、团队拓展、面试大赛、梦想集训营等多种形式。开创企业真实面试模拟、创业课程系列、无领导小组讨论考核评定等新的教学项目。强化师生互动,营造了企业化氛围,增强职业认知和技能提升能力。三是强化准职业教学例会制度。坚持每周一次准职业教研组例会,交流探讨课程内容,安排各阶段教学工作,及时解决职业课程教学的问题。

第四章 奖 学 与 资 助

第一节 中等职业学校帮困助学

1996 年,"中华"慈善教育基金向来自上海市 104 所中专、职校和技校的 110 名困难学生(包括 56 名孤儿),颁发了共计 11 万元的助学金,受助对象每人获得 1 000 元。2000 年,上海市红十字会从人道救助基金中拨款 60 万元,资助上海市大学、中专、职校、高中、初中的 1 000 名特困学生。

2006 年,《上海市教育委员会、上海市财政局关于建立本市全日制中等职业学校帮困助学制度的实施意见》。帮困助学对象:一是在全市全日制中等职业学校(含普通中专、职业高中和技工学校,不含综合高中学生,下同)就读的上海市城乡低保家庭学生和被市人民政府批准为烈士的子女。二是在全市全日制中等职业学校就读的特殊困难家庭学生。帮困助学金内容:补助学费、书簿费、生活费。具体补助标准:补助学费,按就读学校现行的学费收费标准执行(学费标准高于国家级重点中等职业学校的学费标准的,如艺术类专业、中外合作办学专业等按国家级重点中等职业学校的学费标准予以补助);补助书簿费,按就读学校书簿费标准执行;补助生活费,按每年每人 990 元标准执行。帮困助学对象标准设甲、乙、丙三等,按标准发给。

2006 年,市教委颁发《关于建立本市全日制中等职业学校帮困助学制度的实施意见》的操作细则,明确实施"帮困助学"的学校是纳入全市全日制中等职业学校招生计划的中等职业学校(含普通中专、职业高中、成人中专和技工学校)。帮困助学金补助标准:一是补助学费标准按就读学校现行的学费收费标准进行补助。即国家级重点中等职业学校,每人每学年补助 4 000 元;非国家级重点中等职业学校,每人每学年补助 2 600 元。对于就读艺术类专业、中外合作办学专业的学生的补助学费标准,均按其所在学校的上述标准执行,即国家级重点中等职业学校,每人每学年补助 4 000 元;非国家级重点中等职业学校,每人每学年补助 2 600 元。二是补助书簿费标准根据学校专业教学要求,按每学年每人 400 元～600 元标准补助。三是补助生活费标准按每学年每人 990 元标准补助。"帮困助学"对象标准设甲、乙、丙三等助学金,甲等助学金对象是在上海市中职校就读的上海市城乡低保家庭学生、被上海市人民政府批准为烈士的子女,按补助学费、书簿费和生活费标准的 100％比例给予补助;乙等和丙等助学金对象是在该市中职校就读的特殊帮困家庭学生,根据学生具体困难程度由各中职校确定乙等和丙等帮困助学金。为保证中职校的贫困家庭学生顺利入学,要求各校都必须进一步完善"绿色通道"制度,按照"帮困助学"等有关文件要求予以资助,确定每一位学生不因家庭经济原因而辍学。

学生申请"帮困助学"基本条件是:热爱社会主义祖国,遵纪守法;符合上海市中等职业学校学生学籍管理规定,遵守学校的各项规章制度;诚实守信,品学兼优、操行评价合格;勤奋学习,生活俭朴、积极上进。对既符合"专业奖励"又符合"帮困助学"乙等、丙等助学金条件的同一个学生,可按"专业奖励"政策实施。申报程序:"帮困助学"实行每学期申报制度。学生申请:其一,低保家庭学生向学校领取"帮困助学"申请表,认真填写后向户籍所在街道(乡镇)社会救助事务管理所确认,再持街道(乡镇)社会救助事务管理所按照《上海市民政局、上海市财政局关于调整上海市城镇居民最低生活保障标准的通知》《上海市民政局、上海市财政局关于调整上海市农村居民最低生活保障标准的通知》规定审核确认盖章后的申请表以及家长单位出具相关材料和证明,向学校办理有关手续;其二,已被上海市人民政府批准为烈士的子女可向学校领取"帮困助学"申请表,并提交民政部门相关证明,向学校办理有关手续;其三,特殊困难家庭学生,包括父母一方患大病重病或完全丧失劳动能力且家庭经济困难的学生、父母一方为重度残疾且家庭经济困难的学生、经济困难的丧偶单亲家庭的学生、纯农户经济困难家庭的学生和其他特殊困难家庭学生,可向学校领取"帮困助学"申请表,提交街道、家长单位等相关部门出具的材料和证明,按照上海市"帮困助学"政策和学校制定的"帮困助学"的具体操作办法实施。学校审核:对申请帮困助学金的学生,学校应制定学生家访工作制度,组织有关人员走访学生家庭、街道(乡镇)和有关单位,做好帮扶工作,充分体现党和政府的关怀,同时核实申请表等相关材料。学校在进行家访等工作时,注意保护申请人的隐私。经学校审核同意后,将获得帮困助学金学生名单,报学校主管单位审核盖章后,并填写《＊＊＊＊年获上海市中等职业学校帮困助学金学生名单汇总表》,于每年10月底报市教委职成教处备案。

"帮困助学"的经费支付方式是,甲等助学金经费由城市教育费附加用于职业教育部分中支付,乙等和丙等助学金由学校按学费收入的7％比例和企事业单位、社会团体以及公民个人捐资助学的经费中支付。在组织管理上的要求,一是学校应建立以校长为第一责任人的组织机构,全面负责实施"帮困助学"工作。学校要制定本校的"帮困助学"的具体操作办法。二是"帮困助学"工作接受社会监督,经费的使用情况接受审计部门的审计检查。三是学校对"帮困助学"经费实施专款专用,补助费应及时发给相关学生,不得以任何理由截留、挪用和挤占。如发现上述行为,一经查实,严肃处理。对此项工作完成好的学校给予表彰,对社会反映强烈、严重违规的学校予以通报批评。此外还要求,学校在每年中职校招生期间,要充分利用新闻媒体等渠道,向广大初中毕业生、初中学校和社会广泛宣传上海市中职校学生"帮困助学"政策。

2007年,实行全体就读中职校学生助学政策的国家助学金。资助全日制普通中等职业学校所有在籍在沪就读的在校生,每生每年1000元,资助两年。最后一学年实行工学结合,顶岗实习。同时实施贫困学生助学政策。在全体就读中职校学生助学政策的基础上,实行家庭经济贫困学生助学政策(不含综合高中),资助所有农村、海岛学生和城市低保家庭经济困难学生,平均资助标准为每生每年3100元～4500元。在同一学年内,同一全日制普通中等职业学校的同一学生,不可重复享受"专业奖励"和国家助学金,但可按"就高"的原则给予其国家助学金。

在2007学年中,上海市18万人次中职学生受益,由上学年在校生的12％扩大至100％,共获得3.39亿元财政资助,资助总数是上学年的4.3倍;平均每位学生每年获得1856元资助。其中:有18万人次学生获得国家助学金共计3.06亿元。其中对全体学生(除毕业年级学生外)实施每生每年1000元国家助学金。在此基础上,对来自农村、本市海岛学生和城乡低保家庭经济困难学生,再补助学费和书本费,这些学生每生每年获得3100元～4500元助学金。有1.8万人次学生获得上海市奖学金共计3300万元。对报考本市社会经济发展急需、紧缺专业的应届初中毕业生,实施专业奖励,每生每年获得1600元～3000元奖励;评选1万名特别优秀学生,实施上海市奖学金,每生每年获得500元～1500元。在沪就读的1.54万人次外省市学生获得资助共计3412万元。其中,中西部地区学生9330人次获得2358万元,占外省市学生61％。

是年,完善资助政策的框架体系。该框架体系包括两个制度和五项内容。两个制度,是指"中等职业学校国家助学制度"和"中等职业学校上海市奖学金制度"。五项内容,是指五个方面的资助渠道:一是"国家助学金",实行全体就读中职校学生助学政策;二是"贫困生助学金",在全体就读中职校学生国家助学政策的基础上,实行家庭经济贫困学生助学政策。三是"专业奖励金",用于奖励当年报考上海市社会经济发展急需、紧缺专业的应届初中毕业生。急需、紧缺专业每年由市教委会同市发展改革委、经委、国资委、农委、旅游委和社保局等部门,共同研究确定动态公布。四是"上海市奖学金",用于奖励在校生中特别优秀的学生。五是"半工半读、顶岗实习补助金",即所有中职校学生在第三学年到企业等用人单位进行顶岗实习,由企业支付合理的实习报酬。

是年,市教委转发《教育部、财政部关于要求县级教育行政部门成立学生资助管理中心的紧急通知》,要求建立和完善学生资助管理中心,配备相应的专职工作人员,配备相应办公场所和必要办公设备,确保学生资助管理中心正常开展工作。各区县学生资助管理中心主要负责本区县中等职业学校国家助学金的管理工作。

2008年5月30日,市教委下发关于严格规范中等职业学校帮困助学经费发放工作的通知,提出要求:各中等职业学校要在主管单位领导下切实加强对帮困助学工作的领导,校长是该项工作责任人。要建立健全帮困助学金发放制度,明确帮困助学金发放程序和操作细则。各主管单位要督促各中等职业学校要将本校帮困助学经费的发放标准、操作细则和发放程序告知每位学生家长,确保家长及时了解。要建立规范的方式,确保大额帮困助学金直接送交家长。各中等职业学校要在主管单位领导下严格按照国家相关管理办法的规定,切实加强对帮困助学资金的管理,专款专用、专账核算,并接受审计、监察部门的检查和社会的监督。如发现违规现象,将按照有关法规追究负责人及有关当事人责任并予以通报。市教委将会同有关部门开展不定期检查。

2008年的市教委专报总结该年帮困助学工作:全市17.5万人次中职学生受益,共获得3.72亿元财政资助,资助总数是上学年的1.1倍;平均每位学生每年获得2 147元资助。有16万人次学生获得3.2亿元国家助学金。国家助学金由两部分组成:一是面向中职校全体学生(除毕业年级学生外)每生每年1 000元;另一部分是在此基础上,对来自农村、上海市海岛学生和城乡低保家庭经济困难学生,再补助学费和书本费,这些学生中一、二年级平均每生每年4 100元至5 500元,毕业年级平均每生每年3 100元~4 500元。其中,在沪就读的2.45万人次外省市学生共获得6 271.89万元资助,14 630人次的中西部地区学生获得资助3 778.24万元,占外省市学生60%。上海市政府奖学金由专业奖励金和上海市奖学金组成。对报考社会经济发展急需、紧缺专业的应届初中毕业生,实施专业奖励,每生每年获得1 600元~3 000元奖励。当年有1.3万人次学生获得0.38亿元专业奖励金。该年起,在全市全日制普通中职校学生中开展上海市奖学金评审工作,共评选出1.1万名特别优秀学生,实施上海市奖学金,每生每年获得500元~1 500元。教委组织各区县教育行政部门及相关学校发放市教委统一编印的《中职生资助手册》,向当年应届10万名初中毕业生发放"2008年上海市全日制中等职业学校专业奖励专业目录(工种)"。2008年起,全市所有中职校全部纳入全国中等职业学校学生信息管理系统,对全市中职校的资助工作进行网络管理,有利于对经费投入和使用加强监管。

是年,市教委印发《关于做好中等职业学校学生资助等相关信息填报工作的通知》,要求认真做好中等职业学校学生资助信息填报工作。中职学生资助信息的主要内容是:资助管理信息主要包括《国家助学金受助学生名单》《国家助学金财政资金到位信息》《学生资助信息统计基表》和《学生资助信息统计报表》等四方面内容,其中《基表》由学校填报,《报表》由各级学生资助管理机构通过系统软件自动生成。中职学生资助信息实行"实时报告""月报告"和"学期报告"等制度,包括:实时报告,主要包括《国家助学金财政资金到位信息》。各级学生资助管理机构和学校在收到上级或同级财政下达预算(或资金拨付)信息后,要通过信息系统即时填报《国家助学金财政资金到位信息》。当月报告,主要包括《国家助学金受助学生名单》。各学校在新学期开学后20天内,通过信息系统向同级学生资助管理机构申报本学期国家助学金拟资助学生名单。各级学生资助管理机构应对所辖学校上报的受助学生名单在 5 个工作日内予以审核,并将审核通过的受助学生名单提交至中央数据库。此后每月,学校若有新增或减少的受助学生名单,应在当月发放国家助学金以前按规定的程序通过信息系统向同级学生资助管理机构申报。次月报告,主要包括《学校基本信息》《在校生基本信息》和《国家助学金发放信息》。学期报告,主要包括《分类资助信息及资金来源》《助学金资助信息及资金来源》《奖学金资助信息及资金来源》《顶岗实习资助信息及资金来源》《学杂费减免资助信息及资金来源》《助学贷款资助信息及资金来源》《其他形式资助信息及资金来源》。各学校应于当年 8 月份和次年 2 月份按照"次月报告"的时限要求,填报当年春季和秋季的"学期报告"信息。各级学生资助管理机构应在规定时限内完成资助信息逐级审核及上报工作。

从 2009 学年起,根据《上海市人民政府办公厅转发市教委等三部门关于对本市中等职业学校农村、海岛家庭学生和涉农专业学生实施免费教育意见的通知》,对全市中等职业学校农村、海岛家庭学生和涉农专业学生实施免费教育和发放助学金。11 月,市教委印发《上海市全日制普通中等职业学校对农村、海岛家庭学生和涉农专业学生实施免费教育的实施细则》,明示对这一免费教育的具体操作办法。免费对象:在沪就读全日制普通中等职业学校(含公办和民办普通中专、职业学校、技工学校)中,来自农村、海岛家庭具有正式学籍的学生(含在沪就读的非上海市户籍学生);就读上海市全日制普通中等职业学校招生录取的涉农专业学生。对上述对象免费教育政策主要包括两项内容:一是免除学费和书簿费,即凡符合条件的学生,每生每年可免除 2 600 元～4 000 元不等的学费,免除 400 元～600 元不等的书簿费。二是享受助学金,即除毕业年限外,对符合条件的学生每生每年发放助学金 1 500 元,主要用于学生在校期间的住宿、伙食和交通等生活补贴。毕业学年学生实行工学结合、顶岗实习。免费教育惠及广大中职校学生。2009 年,全市在籍在沪就读享受帮困助学政策的在校生 14.99 万人(不含在外省市就读的学生),其中享受免费教育政策的有 41 682 人,共享受资助 10 971.044 万元(免学费、书籍费 8 758.394 万元,发放助学金 2 212.65 万元)。其中来自中西部地区学生 10 283 人,占外省市在沪学生人数的 65%。另外,有 11.3 万人次享受 2.12 亿元国家助学金;有 0.9 万人次享受上海市奖学金 0.074 亿元;1.5 万人次享受专业奖励金 0.48 亿元。此外,来自都江堰地震灾区 986 名学生获得 0.053 亿元资助。

2010 年 2 月,市教委印发 2010 年上海市部分全日制普通中等职业学校自主招收在沪农民工同住子女方案,本市部分全日制普通中等职业学校招收在沪农民工同住子女工作,以"学生申请、学校招生、统一办法、全市统筹"为原则,成立"上海市部分全日制普通中等职业学校自主招收在沪农民工同住子女联合工作小组",负责统筹协调招生计划、宣传、报名、考试和录取等各项招生工作。根据上海市农民工同住子女主要集中在市郊区县的实际和区县经济发展对劳动力的需求情况,招生区域以市郊区县为主,招生学校以招收本区县农民工同住子女为主、兼顾跨区县招生。4 月 26 日,市教委印发关于上海市全日制普通中等职业学校帮困助学金发放工作的补充通知,提出发放和管理的新要求。

同年秋季起,上海所有全日制中等职业学校(含公办和民办普通中专、职业学校、技工学校)在校生中城市低保家庭学生实施免费教育。该年秋季学期共有 10 641 名城乡低保家庭学生享受免费政策。城乡低保家庭学生免费教育的政策待遇与"农村、海岛家庭学生和涉农专业学生"一样,主要包括两项内容:一是免除学费和书簿费,每生每年可免除本校本专业 2 600 元或 4 000 元不等的学费,免除 400 元～600 元不等的书簿费。二是享受助学金,即除毕业年级外,对符合条件的学生每生每年发放助学金 1 500 元,主要用于学生在校期间的住宿、伙食和交通等生活补贴。毕业学年学生实行工学结合、顶岗实习。2010 年本市共有 96 693 人次享受中职免费教育,享受金额 25 305.755 万元(免学费、书簿费 20 314.705 万元,发放助学金 4 991.05 万元)。其中来自中西部地区学生 22 042 人次,占外省市在沪学生人数 65％。2010 年秋季享受免费教育的学生人数占在校生数的 37％。

免费教育政策的三大特点:一是扩大免费政策的受益范围。除本市户籍的上述对象之外,该免费教育政策把具有本市中职校学籍并在沪就读的外省市农村家庭学生,以及部分中等职业学校试行招收的本市农民工同住子女也纳入免费政策的范围。二是体现扶持"三农"、巩固农业基础地位的政策导向。此次推出的免费政策,受惠对象不仅局限在上海市农村和海岛家庭学生,还包括涉农专业的学生,即只要在涉农专业就读的学生,不管来自农村、海岛还是城市,都可以享受免费政策。三是"既免又补",丰富了免费政策内涵。中职农村学生免费教育政策实际上是"免费＋补贴"的双重优惠政策。例如一名符合中职农村学生免费教育的学生,在三年就读中等职业学校中(按三年学制计),不仅免除三年全部学费和书簿费,而且可以在第一、第二学年每年领取 1 500 元的助学金,三年共可获得 1.2 万元～1.68 万元。上海在全国率先实施这项免费教育,提高了上海市职业教育对农村学生吸引力和涉农专业的吸引力,减轻了农民家庭的经济负担,提高农村学生职业技能,有利于推进教育公平和社会公平。

第二节　中等职业学校奖学金和专业奖励

一、奖学金制度

1992 年,香港先施有限公司出资 100 万元人民币,在黄浦区设立先施职教奖励基金。1999 年 1 月,黄浦区先施职教奖在上海市商业职校颁发,该区商职校、旅职校和锦华职校的 38 位优秀教工和 38 位优秀学生受到奖励。

2004 年 9 月 30 日,市教委、市劳动和社会保障局印发关于实施上海市"星光计划"的通知,作为附件的《上海市"星光计划"第一届中等职业学校学生职业技能比赛办法》指出:"星光计划"第一届学生技能比赛设学生奖、优秀指导教师奖、学校项目集体奖和优秀组织奖。作为附件的《上海市"星光计划"优秀学生奖学金实施办法》明确:从 2004 年起由上海市教育发展基金会每年拨出 50 万元在上海市中等职业技术学校设立"星光计划"奖学金,2004 年该奖学金发放对象为加工制造类专业(工种)家庭经济困难学生,评选出学习成绩优秀者 500 名,每人发给奖学金 1 000 元。"星光计划奖学金"奖励对象为上海市中等职业技术学校(中专、职校、技校)当年在册学生。考虑到当前加工制造类专业中高素质的技术型工人的紧缺,为此当时将中等职业学校中"星光计划"优秀学生奖学金的评选重点放在加工制造类专业家庭经济困难的学生中的优秀学生。

2005 年 2 月 23 日,市教委、劳动和社会保障局印发《关于公布 2004 年度上海市"星光计划"奖学金名单的通知》,决定批准上海石化工业学校沈峰等 500 名学生获 2004 年度上海市"星光计划"奖学金,上海市教育发展基金会给予每人奖学金 1 000 元。《通知》指出,市教委、市劳动和社会保障局与上海市教育发展基金会决定从 2004 年起在上海市中等职业学校系统设立上海市"星光计划"奖学金,该奖学金每年评选一次,主要奖励中等职业学校中家庭经济困难的优秀学生。为了发挥奖学金的导向作用,2004 年度的奖学金奖励范围确定在加工制造类专业。

是年,由市教委、市劳动和社会保障局和上海市教育发展基金会首次成立基金举办评奖活动,开展中等职业学校加工制造类专业学生奖学金评奖工作。由上海市教育发展基金会每年提供 100

万元的资助。共评选出 500 名优秀学生,提供每人 1 000 元的资助。这些学生大多通过自身努力获得计算机、英语、车工、钳工、电工、数控机床、汽车维修、无线电安装工等专业技术证书,有的学生手中拥有几张证书。评选达到预期的效果,激发了加工制造类专业学习的积极性。各职业学校也纷纷出台政策鼓励学生学习就业,如宝山职校设立一系列奖项鼓励学生学习和就业,一是紧缺人才专业奖,解决学生不愿读的制冷、钢铁、造纸等工科类招生问题;二是贫困学生扶助基金,让贫困学生有书可念,有技术可学;三是奖学金,对于品学兼优的学生给予奖励;四是考证奖,激励学生广学本领、多获证书;五是就业奖,调动学生自主择业、自谋职业的积极性,减少好高骛远、挑肥拣瘦的现象。是年 12 月 27 日,市教委、市劳动和社会保障局公布 2005 年上海市"星光计划"加工制造类专业优秀学生奖学金名单,一等奖 50 名、二等奖 100 名、三等奖 600 名。

2007 年 1 月,市教委和市劳动和社会保障局关于公布 2006 年上海市"星光计划"中等职业学校技能比赛优秀学生奖学金名单,决定批准江南造船集团技工学校潘宏岩、城市建设工程学校施昊、上海市南湖职业学校戚昌毅等 1 000 名学生荣获 2006 年上海市"星光计划"中等职业学校技能比赛优秀学生奖学金,由市教委、市劳动和社会保障局和上海市教育发展基金会颁发荣誉证书,上海市教育发展基金会给予每人奖学金 500 元。

2007 年,设立"上海市奖学金",用于奖励全日制中等职业学校在校生中特别优秀的学生,年度获奖学生数为在校生的 5%,每学年 10 000 人,设一、二、三个等第,标准分别为每生每年 1 500 元、1 000 元和 500 元。

2008 年 1 月,市教委、市劳动和社会保障局于公布 2007 年上海市"星光计划"中等职业学校技能比赛优秀学生奖学金名单,批准上海市大众工业学校吴振福等 50 名学生获一等奖学金,上海市逸夫职业技术学校王琳等 100 名学生获二等奖学金,上海市高级技工学校刘铭等 600 名学生获三等奖学金。由市教委、市劳动和社会保障局、上海市教育发展基金会颁发证书。上海市教育发展基金会向获奖学生发放一等奖学金每人 2 000 元,二等奖学金每人 1 000 元,三等奖学金每人 500 元。

是年 4 月,市教委下发《关于做好 2008 年开展本市全日制普通中等职业学校上海市奖学金评审工作的通知》,提出评审工作的相关要求。范围与条件:凡全日制普通中等职业学校在籍在沪、品学兼优、并符合以下基本条件的学生,可申请上海市奖学金。学生申请基本条件是:遵纪守法,遵守《中等职业学校学生行为规范》;乐于奉献,团结同学,热心为同学服务;热爱劳动,积极投身社会实践和志愿服务活动;热爱专业,虚心好学,牢固掌握基本知识和技能,注重实践,学习成绩优良。奖学金比例约为在校生的 5%,分设一、二、三等奖。一、二、三等奖学金获奖人数按各学校获奖总人数的 20%、30%、50% 比例分配。一等奖学金标准为每人 1 500 元;二等奖学金标准为每人 1 000元,三等奖学金标准为每人 500 元。获得上海市奖学金的学生可同时享受国家助学金或专业奖励金。上海市奖学金每学年评定一次,市教委按各学校在校生总数 5% 左右的比例下达一、二、三等奖获奖人数。符合申请上海市奖学金基本条件的学生,由学生本人申请,或由学校学生资助工作小组提出本校当年获奖学生的建议名单,并填写《上海市全日制普通中等职业学校上海市奖学金学生申请表》,报校领导集体评审通过后,在校内公示一周,公示无异议后上报市教委备案。

2009 年 2 月 17 日,市教委、市人力资源和社会保障局、市教育发展基金会公布 2008 年上海市"星光计划"中等职业学校优秀学生奖学金获奖名单,上海市大众工业学校陈亮等 500 名学生获上海市教育发展基金会发放的奖学金每人 1 000 元。

同年 4 月,市教委印发《关于做好 2009 年本市全日制普通中等职业学校上海市奖学金评审工作的通知》。2010 年 4 月,上海市中等职业学校奖学金评审工作启动,凡全日制普通中等职业学校在籍在沪就读、品学兼优，并符合基本条件的学生，可申请上海市奖学金。奖学金比例为在校生的5％，分设一、二、三等奖。一等奖学金标准为每人1 500元，二等奖学金标准为每人1 000元，三等奖学金标准为每人500元。获得上海市奖学金的学生可同时享受免费教育、国家助学金或专业奖励金。

2010年4月19日，市教委印发《关于做好2010年本市全日制普通中等职业学校上海市奖学金评审工作的通知》，奖学金发放的比例与标准同上年。

2011年3月，2010年上海市"星光计划"中等职业学校优秀学生奖学金颁发仪式在上海市东辉职业技术学校举行。全市78所中等职业学校共有500名优秀学生喜获总额为50万元的奖学金。

二、专业奖励

2006年4月，市教委、市财政局印发《关于建立上海市全日制中等职业学校学生专业奖励制度的实施意见》，指出，上海市决定建立"上海市全日制中等职业学校学生专业奖励制度"。凡被"上海市中等职业学校百校重点建设工程"评估验收的全日制中等职业学校（指普通中专、职业高中和技工学校）设置急需、紧缺专业录取的学生，其就学期间（转学、转专业、休学除外）享受"专业奖励"。凡按学籍管理规定，从其他专业转入"专业奖励"专业的学生，从转入学期起享受"专业奖励"。专业奖励标准和方法，是按学生所在学校的学费标准予以奖励（学费收费高于国家级重点中等职业学校的学费标准的，按国家级重点中等职业学校的学费标准予以奖励）。"专业奖励"用于抵付学生在校学制规定期限内的学费。运作方式：每年3月，市教委根据市发展改革委、市劳动保障局等部门发布的需求预测信息确定当年急需、紧缺的专业及设置学校，向社会公布，并在市教育考试院当年编印的《上海市中等学校招生工作指南》中发布。凡设置当年被市教委确定的急需、紧缺专业的全日制中等职业学校，应将相关专业的招生计划、招生对象、培养目标、专业要求、学习年限、收费和奖励标准等信息及时向社会公布。凡属"专业奖励"的全日制中等职业学校，每年10月底前，在将享受"专业奖励"学生名单校内公示一周后，填写《上海市全日制中等职业学校"专业奖励"汇总表》，报市教委。经市教委核准后，由市教委将"专业奖励"资金直接拨付到相关学校，用于抵付享受"专业奖励"政策学生的学费。市教委根据市发展改革委、市劳动保障局等部门发布的需求预测信息确定的急需、紧缺专业及学校名单仅作为上海市实施"专业奖励"的依据。"专业奖励"资金在每年的城市教育费附加用于中等职业教育的专项经费中列支。

同年9月，市教委、市财政局又印发《〈关于建立上海市全日制中等职业学校学生专业奖励制度的实施意见〉的操作细则》。确定"专业奖励"专业和学校的基本原则是：支持和鼓励学校设置城市发展急需、紧缺、艰苦，但是产业、行业需求相对稳定，并且以培养一线实际操作技能为主的专业，满足上海产业结构调整对紧缺技能型人才的需求；在"上海市中等职业学校百校重点建设工程"评估验收合格的"中职校"中，选择专业基础条件较好、专业设置比较稳定、具有连续招生3年以上，并至少有一届毕业生且毕业生就业率在90％以上的专业；市教委会同市有关部门以《教育部中等职业学校专业目录》《上海市中等职业学校补充专业目录》和批准的学校当年招生计划为依据，确定当年"专业奖励"的专业招生目录。奖励标准：奖励标准为学生所在学校的学费标准。即国家级重点中等职业学校，每人每学年奖励4 000元；非国家级重点中等职业学校，每人每学年奖励2 600元。对于就读艺术类专业、中外合作办学专业的学生的奖励标准，均按其所在学校上述标准执行，即国家级重点中等职业学校,每人每学年奖励4 000元;非国家级重点中等职业学校,每人每学年奖励2 600元。对既符合"专业奖励",又符合"帮困助学"甲等助学金条件(详见《〈关于建立本市全日制中等职业学校帮困助学制度的实施意见〉的操作细则》)的同一名学生,学校可按"就高"的原则给予其"专业奖励"或"帮困助学",但不能重复享受。

是年5月24日,市教委印发《关于做好2006年本市全日制中等职业学校实施专业奖励制度的有关招生工作的通知》,指出该年"专业奖励"的招生学校名单和专业(工种)确定原则,一是已通过"上海市中等职业学校百校重点建设"评估验收合格的中等职业学校,并具有设置上海经济发展急需、紧缺、艰苦专业能力,专业基础条件比较好、专业设置稳定、连续招生3年以上,至少有一届毕业生,近年来该专业毕业生就业率98%以上;二是上海经济发展急需、紧缺、艰苦且报考人数较少,但是产业、行业需求相对稳定,并且以培养一线岗位实际操作技能为主的专业;三是根据2006年上海市中等职业学校招生计划,按照《教育部中等职业学校专业目录》,市教委将会同市有关部门确定2006年上海市全日制中等职业学校"专业奖励"的专业招生目录。"专业奖励"的专业招生目录每年根据实际情况作适当调整。

"专业奖励"的对象,凡报考列入2006年中等职业学校"专业奖励"的有关专业和学校,并被学校录取的具有上海市户籍的新生享受"专业奖励"政策。奖励方法是:9月下旬,学校公示享受"专业奖励"政策的学生名单。公示1周(含5个工作日)后,学校正式公布本学期享受"专业奖励"政策的学生名单。凡被列入享受"专业奖励"的学生,按上述标准奖励其本学期学费。报考"专业奖励"的考生,必须在初中学习期间自觉遵守国家宪法和法律,遵守学生守则和学校规章制度;其在初中就读期间综合素质评价意见一般在良以上(含良);如已取得市或区三好学生、优秀学生干部、优秀团干部、优秀少先队员等称号的可破格录取,如取得学校三好学生、优秀学生干部、优秀团干部、优秀少先队员称号的可优先录取;纳入中等职业学校国家级示范专业的"推优生"计划和国家级重点中等职业学校自主招生录取上海市优秀初中毕业生,就读相关"专业奖励"的专业享受"专业奖励"政策;按"专业大类"和"自主招生"要求进行招生的学校,须对录取的新生进行是否纳入"专业奖励"范围的甄别、选择。学校根据学生本人填报的专业志愿、学业考试成绩、综合素质评价、身体状况等情况,按"专业奖励"的奖励人数和招生人数,择优录取相关奖励专业学生。

"专业奖励"工作,还要求各招生学校应建立校长为第一责任人的相关学校组织机构,负责实施"专业奖励"工作。符合"专业奖励"的新生开学报到后第二周,填写《上海市全日制中等职业学校"专业奖励"学生申请表》,由学校班主任和教务等有关部门确认。按照有关规定,学校负责对申请学生进行逐一审核,对审核通过的奖励学生名单在校内公示1周后,填写《上海市全日制中等职业学校"专业奖励"汇总表》,由学校相关组织机构审核、校长签字,并于2006年10月底前报教委职业教育与成人教育处备案。2006年9月起,在已通过上海市中等职业学校百校重点建设工程评估验收的全日制中等职业学校的新生中实施专业奖励制度,当年计划为3 000万元。该年列入"专业奖励"的共有26个专业。凡报考公示"专业奖励"招生专业的上海市初中毕业生,可免去规定的学制年限内的全额学费,最高为4 000元;按学籍管理规定从其他专业转入"专业奖励"专业的,从转入学期起享受"专业奖励"待遇。

2007年4月,市教委印发《关于做好2007年本市全日制中等职业学校实施专业奖励工作的通知》,指出该年度专业奖励的招生学校为已通过"上海市中等职业学校百校重点建设工程"评估验收合格的并纳入当年招生计划的上海市中等职业学校,是上海市社会及经济发展急需、紧缺、艰苦且报考人数较少,但是产业、行业需求相对稳定的专业;同时,专业基础条件比较好、专业设置稳定、连续招生 3 年以上,至少有 1 届毕业生,近年来该专业毕业生就业率达 98％以上。市教委会同市有关部门根据 2007 年上海市中等职业学校招生计划,按照《教育部中等职业学校专业目录》,确定 2007 年上海市全日制中等职业学校专业奖励的专业招生目录,并根据学校招生计划和社会市场需求状况等,按一定比例确定此类专业中享受专业奖励的人数。凡报考列入当年中等职业学校专业奖励范围的有关专业和学校,并被学校录取的具有上海市户籍的新生可享受专业奖励政策。被国家级重点中等职业学校录取的学生,每人每学年按 4 000 元奖励;被非国家级重点中等职业学校录取的学生,每人每学年按 2 600 元奖励。报考专业奖励的考生,必须自觉遵守国家宪法和法律,遵守学生守则和学校规章制度;其在初中就读期间综合素质评价意见应达到良及以上;凡取得市或区三好学生、优秀学生干部、优秀团干部、优秀少先队员等称号的学生报考列入奖励范围的专业可破格录取,凡取得学校三好学生、优秀学生干部、优秀团干部、优秀少先队员称号的学生可优先录取列入奖励范围的专业;纳入中等职业学校国家级示范专业的"推优生"计划的和国家级重点中等职业学校自主招生录取的上海市优秀初中毕业生,就读相关专业奖励专业的,并被纳入专业奖励的奖励人数范围的,享受专业奖励政策。实行专业大类招生或自主招生的学校,须对录取的新生进行甄别、选择,决定其可否纳入专业奖励范围。学校可根据学生的专业志愿、学业考试成绩、综合素质评价、身体状况和专业奖励的奖励名额等情况,择优录取。

2008 年 4 月,市教委印发《关于做好 2008 年本市全日制中等职业学校实施专业奖励工作的通知》,指出:凡报考列入上海市当年中等职业学校实施专业奖励范围的招生学校、专业(工种),并被录取的上海市户籍和在沪报考、并符合有关报考条件的外省市户籍,新生可享受专业奖励政策。被国家级重点中等职业学校录取的学生,每人每学年按 3 000 元奖励;被非国家级重点中等职业学校录取的学生,每人每学年按 1 600 元奖励。凡被列入享受专业奖励名单的学生,按上述标准奖励。专业奖励的招生要求与上一年度基本相同。

2009 年 5 月,市教委印发《关于做好 2009 年本市全日制中等职业学校实施专业奖励工作的通知》。纳入 2009 年上海市中等职业学校招生计划的涉农专业(园林、园艺和畜牧兽医)从当年起列入上海市中等职业学校学生免除学费范围。列为专业奖励的有 3 类:一是上海经济发展急需、紧缺,产业、行业需求相对稳定并且以培养一线实际操作技能为主的专业;二是经过"上海市中等职业学校百校重点建设"评估验收合格的全日制普通中等职业学校;三是相关专业基础条件较好、专业设置稳定、连续招生 3 年以上,至少有 1 届毕业生且就业率 95％以上。该文件颁布奖励专业招生目录。

表 4 - 4 - 1　2009 年上海市全日制中等职业学校专业奖励专业(工种)招生目录情况统计表

学 校 名 称	专 业 名 称	专业奖励人数
中华新侨中等专业学校	机电技术应用	21
上海市工业技术学校		84
上海市材料工程学校		109
上海电子工业学校		46
上海市贸易学校		21
上海科技管理学校		84

（续表一）

学　校　名　称	专　业　名　称	专业奖励人数
上海市宝山职业技术学校	机电技术应用	56
上海市大众工业学校		186
上海海运学校		28
上海石化工业学校		210
上海市奉贤中等专业学校		70
上海市应用科技学校		24
上海市竖河职业技术学校		56
上海石化工业学校	化学工艺	350
上海市信息技术学校		146
上海市宝山职业技术学校	焊接	30
上海市大众工业学校		40
中华新侨中等专业学校	机电设备安装与维修	21
上海科技管理学校		21
上海港湾学校		70
上海市环境学校		42
上海市工业技术学校	数控技术应用	56
上海市材料工程学校		120
上海市工商外国语学校		84
上海科技管理学校		95
上海杨浦职业学校		29
上海市建筑工程学校		32
上海市群益职业技术学校		64
上海市宝山职业技术学校		56
上海市大众工业学校		214
上海海事大学附属职业技术学校		112
上海石化工业学校		105
上海市城市科技学校		84
上海市松江区新桥职业技术学校		28
上海工商信息学校		91
上海市临港科技学校		168
上海市奉贤中等专业学校		112
上海市应用科技学校		71

（续表二）

学 校 名 称	专 业 名 称	专业奖励人数
上海广电电子学校	数控技术应用	55
上海市竖河职业技术学校		112
上海市信息技术学校		74
上海市城市建设工程学校	市政工程施工	189
上海市城市科技学校		56
上海市园林学校	工业与民用建筑	56
上海市建筑工程学校		98
上海市西南工程学校		28
上海市城市科技学校		84
上海市房地产学校		28
上海市材料工程学校	建筑与工程材料	129
上海市工业技术学校	制冷和空调设备运用与维修	56
上海市曹杨职业技术学校		21
上海科技管理学校		42
上海市宝山职业技术学校		21
上海市商贸旅游学校	饭店服务与管理	42
中华职业学校		26
上海市徐汇职业高级中学		49
上海市现代职业技术学校		42
上海市曹杨职业技术学校		42
上海市商业学校		28
上海市南湖职业技术学校		56
上海杨浦职业学校		29
上海市宝山职业技术学校		21
上海市振华外经职业技术学校		28
上海市东辉职业技术学校		28
上海市城市科技学校		28
上海市奉贤中等专业学校		28
上海市竖河职业技术学校		28
上海市商贸旅游学校	烹饪	42
中华职业学校		42
上海市徐汇职业高级中学		49

（续表三）

学　校　名　称	专　业　名　称	专业奖励人数
上海市现代职业技术学校	烹饪	42
上海市逸夫职业技术学校		21
上海市曹杨职业技术学校		56
上海市市北职业高级中学		14
上海市南湖职业技术学校		28
上海杨浦职业学校		39
上海市宝山职业技术学校		21
上海市第二轻工业学校		56
上海市航空服务学校		28
上海市振华外经职业技术学校		84
上海市群星职业技术学校		28
上海市城市科技学校		28
上海工商信息学校		28
上海市临港科技学校		28
上海市竖河职业技术学校		42
上海市商业学校	美容美发与形象设计	28
上海市市北职业高级中学		14
上海市第二轻工业学校		56
上海市振华外经职业技术学校		11
上海市群益职业技术学校	社会福利事业管理（幼儿保育员）	154
上海市宝山职业技术学校		42
上海市新陆职业技术学校		252
上海市城市科技学校		28
上海戏剧学院附属戏曲学校	戏曲表演	18
上海舞蹈学校	舞蹈表演（芭蕾舞）	36
上海马戏学校	杂技与魔术表演	40
上海海运学校	船舶水手与机工	30
上海市交通学校	船舶驾驶	40
上海市市北职业高级中学	机械加工技术	35
上海市金山食品工业学校		42
上海新闻出版职业技术学校		28
上海新闻出版职业技术学校	印刷技术	127

（续表四）

学 校 名 称	专 业 名 称	专业奖励人数
上海市高级技工学校	数控技术应用（数控机床编程与操作）	56
上海市高级技工学校	机电技术应用（数控维修）	56
上海市高级技工学校	机电设备安装与维修（通用机电设备维修）	56
上海市高级技工学校	电气运行与控制	56
上海工商职业技术学校	机电技术应用	133
上海工商职业技术学校	数控技术应用	63
江南造船集团职业技术学校	船舶电气技术	217
江南造船集团职业技术学校	船舶机械装置	
江南造船集团职业技术学校	船舶制造与修理	
江南造船集团职业技术学校	起重驾驶与指挥	
江南造船集团职业技术学校	金切数控	
江南造船集团职业技术学校	机电技术	
沪东中华造船集团高级技工学校	数控技术	210
沪东中华造船集团高级技工学校	船舶管钳	
沪东中华造船集团高级技工学校	机电一体化（机为主）	
沪东中华造船集团高级技工学校	焊接与装配	
沪东中华造船集团高级技工学校	起重与指挥	
沪东中华造船集团高级技工学校	电工电子	
上海船厂技工学校	机电一体化	77
上海船厂技工学校	船舶管钳	27
上海船厂技工学校	船舶装焊	26
上海船厂技工学校	船舶钳电	28
上海交通大学医学院附属卫生学校	护理	235
上海市卫生学校		284
上海市工业技术学校	模具设计与制造	25
上海市奉贤中等专业学校		15
上海市群益职业技术学校	服装设计与工艺	15
上海市逸夫职业技术学校		15
上海市青浦区职业学校		14
上海市竖河职业技术学校		30
中华职业学校	电力机车运用与检修（电力机车检修）	20
中华职业学校	电力机车运用与检修（电力机车驾驶）	51

（续表五）

学　校　名　称	专　业　名　称	专业奖励人数
上海市公用事业学校	轨道车辆检修	35
上海市公用事业学校	轨道车辆供配电	35

资料来源：《上海市教育委员会关于做好 2009 年本市全日制中等职业学校实施专业奖励工作的通知》，2009 年 5 月 4 日发。

　　2010 年上海市全日制中等职业学校实施专业奖励规定，列入专业奖励专业（工种）目录的国家级重点中等职业学校的新生，每人每学年按 3 000 元奖励，非国家级重点中等职业学校的新生，每人每学年按 1 600 元奖励。畜牧兽医、园艺、园林和水产养殖等 4 个涉农专业，列入该年上海市中等职业学校免费教育范围，不再列入专业奖励范围。

　　是年，"专业奖励"毕业生 10 741 人，占同届中职毕业生总数的 23.01％，就业人数 10 473 人，就业率为 97.5％，高于全市平均就业率。"专业奖励"毕业生直接进入各种性质企事业单位为 7 109 人，直接就业率 69.33％，高出市平均直接就业率近 6 个百分点。其就业单位分布呈现面广点多的特点，既有上海大众、上海通用、上海中船三井造船公司、上海氯碱化工有限公司、波特曼大酒店等合资企业，又有上海石化、中石化上海高桥分公司、江南造船集团、上海飞机制造厂、沪东重机有限公司等大型国有企业；也有市郊的畜牧兽医站、动物疫病预防控制中心、农业技术推广中心、园林绿化公司、宾馆饭店、市政建筑公司、物业公司等现代都市农业服务和现代服务业单位。

第三节　高等职业院校帮困助学

一、概况

　　2003 年 9 月 16 日，上海市慈善基金会、市教委与全市 41 所民办及行业办高等职业院校在上海建桥学院举行捐赠仪式，市慈善基金会会长陈铁迪将 132 万元的助学贷款贴息专款支票捐赠给上海市民办及行业办高等职业院校代表。市慈善基金会每年用于各类助学的善款达 1 400 万元，每年受助学生在 10 000 人左右。由于上海市民办及行业办高等职业院校学生的助学贷款贴息尚未列入国家财政统一拨款渠道，这部分贴息资金尚须由学校举办方提供，因此给这些学院的助学贷款工作及办学工作造成一定影响。这次市慈善基金会为国排忧，为民解难，决定为全市 41 所民办及行业办高等职业院校学生助学贷款贴息 30％，为贷款学生减轻经济负担。

　　2004 年是国家助学贷款新政策颁布和实施的第一年，该年市教委会同有关部门通过招标、议标等形式，确定 63 所地方全日制普通高校的国家助学贷款承办银行，上海率先落实国家助学贷款新机制，解决全部全日制普通高校包括民办学校在内的学生贷款贴息和风险补偿金，国家助学贷款新政策的覆盖面达到 100％。

　　2007 年 7 月，财政部、教育部印发《普通本科高校、高等职业学校国家奖学金管理暂行办法》《普通本科高校、高等职业学校国家励志奖学金管理暂行办法》《普通本科高校和高等职业学校国家助学金管理暂行办法》。这 3 个文件均涵盖民办高校。新的家庭经济困难学生资助政策体系将于当年秋季开学实施。财政部教科文司明确表示，国家奖助学金制度没有把民办学校排除在外。民办学校如何执行国家奖助学金制度，在 3 个文件中均有原则性规定，如民办高校必须规范办学；民办高校举办者要按照一定比例从事业收入中提取 4％～6％的经费用于资助家庭经济困难学生；招收的学生如果要申请国家奖助学金必须符合申请条件等。地方在确定民办学校如何执行国家奖助学金制度的办法时,需要考虑民办学校的办学质量、学费标准、招生分数、学科专业设置因素、就业率等。这些因素由教育部和财政部根据新的助学政策提出,供各地确定相应办法时参考。

2007年7月3日,教育部、财政部联合召开新闻发布会,介绍高校家庭经济困难学生资助政策的有关情况。财政部教科文司领导介绍国家三大奖、助学金的特点。国家奖学金是由中央财政负责安排资金的,不用地方出钱。国家励志奖学金和国家助学金采取的是中央与地方分别按一定的比例承担,政府投入力度非常之大,前所未有。该年秋季,中央财政助学经费增加到95亿元,加上地方的总数达154亿元。国家助学金是资助高校包括高职在校生中的家庭经济困难学生。根据规定,国家助学金应按每生每年2 000元按月发放到学生手中。财政部教科文司司长赵路指出,国家要求学校从事业收入中拿出4%~6%的经费用于助学。"这是硬性规定,必须拿出来。"国家励志奖学金资助的对象是高校、高职在校生中品学兼优的家庭经济困难的学生,国家奖学金是不论贫富、不论困难与否,奖励那些品学特别优秀的学生。赵路强调,一个学生不可以同时获得国家奖学金和国家励志奖学金。国家奖学金、国家励志奖学金的名单要有不少于5天的公示。

二、案例选介

2003年,上海思博职业技术学院逐步构建"帮困助学励志成才资助体系"。体系包括四大部分内容:其一,家庭经济困难认定。按国家资助政策文件规定,对在校家庭经济困难学生给予困难认定及进行物质资助。资助标准1 500元~3 500元,对于家庭经济特别困难学生的学生及时进行帮困,解除学生在校的后顾之忧。其二,培养成长过程中把资助工作的每一个环节均视作为教育引导学生成长的契机,把解决学生实际困难与思想教育工作有机结合起来。通过一系列的资助育人教育,爱心导航与实践,使贫困学生建立正确的人生观和价值观,为美好的明天而奋斗。其三,过程评价主要由家庭经济困难学生的对自己每个学年学习、实践、考证、参加校内外各类活动进行自我评价、辅导员鉴定、学习鉴定(成绩考核)、感恩与承诺四个方面组成,通过过程评价,培养学生懂得感恩、有自信,有社会责任感。其四,依据学生在校表现,包括学习情况、参加公益活动及志愿者活动等各方面情况,结合老师同学评价,对获得国家奖学金、上海市奖学金及励志奖学金的同学,除了给予奖学、助学金外,还给予表彰。通过表彰(仪式感教育)既激励了获奖学生,也是给全校学生树立了榜样,营造积极向上、不断进取的校风,同时推动学校德育教育(励志成才)。学院为每个贫困生设置"携手相伴,励志成长"材料包。材料包里有关于该学生在3年之中的基本信息,有老师、同学和学生自己留下的叙事性记载,有该学生对自己、对人生留下的"庄严承诺",还有学校给予该学生的评价。学院通过写一封家信、写一篇体验小故事、组织一次公益活动、参加一次校园演讲等活动,鼓励贫困生走出封闭、自卑的心理世界,开朗大方地直面人生与社会。

第五章　就　业

第一节　中等职业学校毕业生就业

一、三校分列就业

【中等专业学校学生就业】

1987 年上海市教育局组织部分中专校的学生科长成立"中专学校学生综合测评办法"课题组,研究制定测评的指标体系和权重系数。主要内容有德育、智育、体育 3 部分,共有 34 条。"办法"规定:综合测评成绩在每学期评定奖学金、评选先进,以及毕业生分配时作为主要依据。并于 1988 年在各中专校陆续试行。一般凡是综合测评的成绩在年级组中名列前 10 名左右的毕业生和受到市、局颁发奖状的"三好学生"以及"优秀学生干部"都采取由学生自己挑选由上级主管部门下达的单位的办法,以资鼓励,并张榜公布。

随着上海经济体制的改革,社会主义市场经济的建立,企业用工制度有相应的改革。以往中专校实行的在计划经济模式下的统招、统配制度,已无法适应新的改革开放的形势。在市教育行政部门的指导下,各中专校纷纷进行招生和毕业生就业的改革,主要做法:一是学校和企业联合办学、定向分配。按照企业对专业人才的岗位要求调整培养目标,制订教学计划,设置需要的专业或在大类专业下设专门化教学。二是对学生试行预分配。用人部门在学生毕业前半年至一年,和学校订立协议。经过学生报名,企业面试,筛选,双方定协议,把学生按专业岗位编成不同的班,进行对口专业的强化训练。三是优生优配,择优推荐、双向选择。中专校对学生实行德智体综合测评,把测评成绩和分配挂钩。四是郊县中专校为农村经济输送"乡来乡去"的中等专业技术人才。

1989 年 11 月,市教育局、市劳动局、市人事局联合印发《关于在本市各类全日制中等职业技术学校实行评选优秀毕业生制度的通知》,并附发《上海市中等职业技术学校评选优秀毕业生办法》。指出:凡中等专业学校、技工学校、职业学校的毕业生,在其毕业学年被评选为市级或区、县、局优秀学生者,则同时授予优秀毕业生称号。工资待遇可以适当高定。1994 年 8 月,上海市教育局印发《关于对上海市中等专业学校、职业学校无正当理由退学及不服从毕业分配的学生收取赔偿费的通知》中规定:列入国家任务招生计划的毕业生,因特殊情况要求"自主择业"应向学校和主管部门提出申请,并按规定向学校缴纳赔偿费(包括培养费及生活补贴);定向培养的毕业生,因特殊情况不回原单位(地区)工作,应征得原定的单位(地区)同意,并报学校和主管部门批准,同时按规定向学校缴纳赔偿费。上述两种情况缴纳赔偿费的标准暂定为:中专校每生每年 1 200 元,职业学校每生每年 1 000 元;委托培养的毕业生,因特殊情况不回原委托单位(地区)工作,应征得原委托单位(地区)同意,并报学校和主管部门批准,按规定缴纳赔偿费,以委托单位实际支付的金额计算,由委托单位收取。又规定:学校收取的赔偿费全部用作学校办学经费。1994 年起,上海市中专校陆续在市郊区、县,开设 100 多个教学点,招生 6 000 余人,为农村、乡镇企业培养中等专业人才,大多数是定向培养生,拓宽了毕业生就业途径。

20 世纪 90 年代开始,上海市各中专校陆续建立"招生、就业"专门机构。通过各种形式广泛联系,推荐毕业生就业,就业率达到 95％以上。上海市化学工业学校从 1992 年就成立"市场部",对毕业生的就业安排,采取主动向有关部门联系、请有关企业和部门来校设摊咨询或面试、预分配与毕业实习相结合、学生自找单位等形式,几年来毕业生就业率都在 95％以上。1997 年,市教委、市计委等联合印发的《关于本市全日制普通中等专业学校实行招生收费并轨改革的通知》中提出:国家任务收费生的就业制度除定向按合同就业外,实行在国家就业政策指导下择优推荐、双方选择、自主择业的办法。学校和主管单位以及各级人事部门要加强毕业生推荐,建立和完善中专毕业生就业指导和服务体系。为保证和鼓励毕业生为农村经济建设服务,原郊县户口学生原则上到郊县就业。

【职业高中学生就业】

毕业生就业制度　20 世纪 80 年代初,职业高中陆续有毕业生需要就业安排时,正逢国家进行劳动人事制度改革的起步阶段,其改革的目标是要改变从 50 年代开始实行原有劳动人事制度中"统包统配"的办法,运用市场机制,择优用人,竞争就业。十一届三中全会以后党和政府对城乡劳动制度进行一系列改革,颁发有关就业方针、政策,用人制度等文件。1980 年 8 月,中共中央召开全国劳动就业会议上提出"解放思想,放宽政策,发展生产,广开就业门路","实行在政府统筹规划和指导下,劳动部门介绍就业、自愿组织起来就业和自谋职业相结合的就业方针"。1982 年 11 月,上海市教育局、劳动局、财政局联合拟定,并于 1983 年 3 月经市人民政府同意颁发的《关于本市职业(技术)学校、职业中学及普通中学附设职业班若干问题的试行规定意见》,其中第七条有关"毕业生的安排"中提出:"职业高中的毕业生,国家不包分配,按照在国家统筹规划和指导下,实行劳动部门介绍就业、自愿组织起来就业或自谋职业的原则逐步就业,挂钩联办的主管部门,在国家批准的招工计划内,可优先从毕业生中进行招收,经德智体全面考核,择优录用";"郊县社队吸收各种技术、管理人员,要择优录用职业高中、职业班中农业户口的毕业生;回队参加生产劳动者,应发挥其技术特长";"职业高中、职业班的毕业生,可以报考高等院校。报考对口专业的考生,考试成绩在同一分数段内,优先录取。"据 1983—1984 年上海职业高中的第一、二届毕业生就业去向反馈统计,市区被联办单位或非联办单位择优录用的毕业生占 95％,部分毕业生升入高一级学校,约占 5％左右。

进入 80 年代中期,国家劳动用人制度进一步改革,推行"劳动合同制"的用工制度。劳动合同制工人与所在企业原固定工人享有同等的劳动、工作、学习、参加企业的民主管理、获得政策荣誉和物质鼓励等权利。上海职业高中毕业生,从 1983 年第一届毕业生(3 年制为主)开始,大部分已实行劳动合同制用人制度。职业高中对接受用人单位委托培养或联合办班的学生,一般在录取后即与学校(包括与联合办学单位)签订合同,并按《上海市职业技术教育条例》第二十三条规定:"职业技术学校的毕业生,除应当服从分配的外,实行按照委托培养合同的规定就业、学校推荐就业或者学生自主择业的办法","除承担全部培养费用的自费生外,职业技术学校学生在学习期间无正当理由退学、毕业后不服从分配或者不按照合同接受安排的,应当偿付培养费用。应当偿付的培养费用的标准,由市教育行政部门会同有关部门制定"。

毕业生待遇　上海职业高中毕业生的培养目标大多数属第三产业的商业、旅游、交通、金融、财经等流通、服务领域行业第一线职业人员,也有第二产业一线的操作技术工人和部分技术员或管理人员。"六五"计划时期,上海的人才市场还处于开发初期,对职业高中毕业生就业后的待遇等问题,国家一时还没有正式法规性的文件加以明确,使职业高中毕业生就业安排工作产生一定矛盾。

1986 年 7 月,全国职业技术教育工作会议在北京召开。会后,国家教委、劳动人事部《关于职业高中毕业生使用的有关问题的通知》指出:"近几年来,各地对职业高中毕业生的使用及其工资待遇问题,做法不一致,引起一些矛盾。为了更好地发挥职业高中毕业生的作用,现通知如下:根据《国务院批转教育部、国家劳动总局关于中等教育结构改革的报告》提出的职业(技术)学校、职业中学的毕业生不包分配,由劳动部门(或劳动服务公司)推荐,经用人单位考核,按专业对口的原则,择优录用的精神,和近几年来职业高中培养范围扩大的情况,各地区各部门在招工中,根据工作需要和专业对口的原则,可从职业高中毕业生中择优录用或聘用。对农村职业中学毕业生,可在乡镇企业事业单位聘用干部时,择优聘用。凡3年制职业高中毕业生录用为干部的,在机关、事业单位工作的,其工资待遇,可以按劳人薪(1985)19号文件中有关高中、中专毕业生的规定执行;在企业单位的,按中专毕业生的工资待遇执行。录用为工人的,工资待遇按照各地区对技工学校毕业生的规定执行。"

2000年职业高中招生时,招收4 365名未达到录取分数线的学生,实施预备制教育。对他们先进行1年的初中文化课补习,成绩合格者可升入中等职业学校就读,成绩仍不合格者,作为劳动预备教育,重点进行上岗前的职业资格培训。劳动预备教育合格的毕业生,既发初级职业教育证书,又发职业资格证书,进一步提高劳动者的素质。

【技工学校毕业生分配】

1978年,由于安徽小三线、江苏梅山以及外省市暂不需补充新工人,是年技校毕业生全部分配在上海市内。有的安排在新扩建重点项目厂内,有的安排在宝钢总厂、上海石化总厂二期工程等。1979年开始,技校毕业生由各办校系统自行安排。各系统专业工种余缺或充实技校教师队伍的,由市统一调剂。1983年,对毕业生分配方案进行改革,把无条件统包统配改为有条件的统筹安排,按照国民经济的需要和"三结合"就业方针,择优分配。

二、三校统一就业

2003年,市教委印发《关于加强本市中等职业学校职业指导和毕业生工作的意见》,提出加强职业指导和毕业生就业工作的五条主要措施:加强职业指导工作,提高实用性、针对性。尽快建立和健全市、区县、行业和学校有关职业指导和毕业生就业工作的机构和网络,明确职责分工,形成齐抓共管的格局。发挥有关事业单位和中介组织的作用,努力提供高质量的社会公共服务。开展培训,提高中等职业学校职业指导工作者的素质。加强职业指导和毕业生就业工作的制度建设。

市教委决定从2003年起建立上海市中等职业学校(中专、职业高中,下同)毕业生就业情况公告制度。该年10月,各中等职业学校按照市教委的统一要求上报毕业生就业情况。统计实行校长负责制,凡2003年中等职业学校毕业生,均由有关学校如实上报其去向,做到一个不漏。统计截止日期为9月30日。从该年年开始实施的毕业生就业情况公告制度,为毕业情况提供完整的统计分析数据。

2003年上海市中等职业学校毕业生就业情况:全市120所中专、职业高中共有毕业生52 342人,参照教育部规定的统计口径,2003年毕业生就业率为96.32%,其中毕业后直接就业的为29 643人,占毕业生总数的56.63%;升入高一级学校继续学习的为20 774人,占毕业生总数的39.69%;待业1 925人(因受非典影响,成人高考推迟至11月举行,18所学校362名参加成人高考的学生统计在待业人数内),占毕业生总数的3.68%。毕业生就业渠道多元化:进国有企事业单位

11 484人,占毕业生总数的21.94%;进独、合资企业单位9 637人,占毕业生总数的18.41%;进私营企业单位4 324人,占毕业生总数的8.26%;进其他企事业单位1 359人,占毕业生总数的2.59%;自主创业89人,占毕业生总数的0.17%;自谋出路1 497人,占毕业生总数的2.86%;非上海生源回来源地区649人,占毕业生总数的1.24%;出国475人,占毕业生总数的0.91%;参军129人,占毕业生总数的0.25%。升入高职专科学校(含3+3)为17 416人,占毕业生总数的33.28%;升入本科院校为1 017人,占毕业生总数的1.94%;进学历文凭和高等教育自考助学院校为2 341人,占毕业生总数的4.47%。

2004年上海市中等职业学校毕业生就业情况:全市115所中专、职业高中毕业生52 188人,按教育部规定统计口径的毕业生就业率为98.32%,比上年提高2个百分点。其中毕业后直接就业的为28 675人,占毕业生总数的54.95%;升入高一级学校继续学习的为22 637人(含参加学历文凭和高等教育自考助学人数),占毕业生总数的43.37%,比上年提高3.68个百分点;待业876人,占毕业生总数的1.68%,比上年减少2个百分点。毕业生进国有企事业单位10 541人,占毕业生总数的20.19%;进独、合资企业单位10 381人,占毕业生总数的19.89%;进私营企业单位4 222人,占毕业生总数的8.09%;进其他企事业单位1 272人,占毕业生总数的2.46%;自主创业81人,占毕业生总数0.16%;自谋出路1 234人,占毕业生总数2.36%;非上海生源回来源地区450人,占毕业生总数的0.86%;出国345人,占毕业生总数0.66%;参军149人,占毕业生总数0.28%。升入高职专科学校(含"3+3")19 639人,占毕业生总数37.63%;升入本科院校为1 412人,占毕业生总数的2.71%;进学历文凭和高等教育自考助学院校为1 586人,占毕业生总数的3.03%。结果分析:一是上海市加强中等职业教育与高等教育,尤其是高等教育相沟通的立交桥建设,并积极稳步地扩大高等教育的招生规模,家长的期望等原因,拉动中等职业学校毕业生升学率上升。二是中等职业学校的资源优化、教学改革和教育部门的宏观管理得到进一步加强,专业培养的毕业生与人力资源市场需求更加紧密。三是中等职业学校毕业生就业渠道呈多元化的趋势。

2005年上海市中等职业学校毕业生就业情况:全市114所中专、职业高中毕业生55 423人,比上年增加3 235人。按教育部规定的统计口径,毕业生就业率为98.31%,比上年减少0.03个百分点。其中毕业后直接就业的为31 110人,占毕业生总数的56.13%,比上年增加1.18个百分点;升入高一级学校继续学习的为23 375人(含参加高等教育自考助学人数),占毕业生总数的42.18%,比上年减少1.19个百分点;待业938人,占毕业生总数的1.69%,比上年增加0.03个百分点。毕业生中进国有企事业单位11 521人,占毕业生总数的20.79%;进独、合资企业单位10 083人,占毕业生总数的18.19%;进私营企业单位5 091人,占毕业生总数的9.19%;进其他企事业单位1 936人,占毕业生总数的3.49%;自主创业80人,占毕业生总数0.14%;自谋出路1 562人,占毕业生总数2.82%;非上海生源回来源地区350人,占毕业生总数的0.63%;出国289人,占毕业生总数0.52%;参军198人,占毕业生总数0.36%。毕业生升入高职专科学校(含3+3)为19 597人,占毕业生总数35.36%;升入本科院校为1 224人,占毕业生总数的2.21%;进入高等教育自考助学院校为2 554人,占毕业生总数的4.61%。分析:与高等教育相沟通的立交桥建设已为学校和家长所熟悉,中等职业学校毕业生升学率趋于稳定。高升学率和以就业为导向的培养目标,给课程设置和实训、实践环节等方面提出一系列新课题。学生所学专业与就业方向逐渐匹配。当年毕业生中涉及专业142个,比上年125个专业新增17个,当年毕业生中农林类专业的毕业生比上年减少三分之一,交通运输管理类专业毕业生9 540人比上年2 911人增加近3倍。

2006年上海市中等职业学校毕业生就业情况:全市104所中等专业学校和职业高中(包括分

校)合计毕业生 53 216 人,各类就业人员 52 446 人,就业率为 98.55%,创当时近年的历史新高。从就业趋向分布看,进入企、事业单位和升入高一级学校的学生占毕业生人数的九成以上。进企、事业单位直接就业的人数为 29 150,占毕业生总数的 54.78%;升入高一级学校继续学习者为 20 670 人(包括高等教育自考助学人数),占毕业生总数的 38.84%;其他就业渠道(包括回原籍的非上海生源)为 2 626 人,占 4.93%。该年度,进企、事业单位毕业生人数创新高。从分布情况看,直接就业仍然是大部分学生的首选,其次是升学,两者的合计比例为 93.62%,与上年基本持平。但 2006 年选择直接就业的毕业生无论是绝对人数还是比例均创近年来的历史新高。这表明,用人单位对中等技能型人才的需求近年来持续走高;另一方面,学生和家长的择业观也逐步趋于理性化;职业院校的教师更加注重对学生动手能力和实践能力的培养,为毕业生就业铺垫道路;另外,随着终身教育的深入开展,社会上成材的道路进一步拓宽,学生在岗位上获得成功的机会也越来越多。这一切都影响着毕业生的就业趋向选择。学生直接就业的渠道继续呈现多元化趋势。进入国有企、事业单位 11 254 人,占毕业生总人数的 21.15%,与上年持平;进入独、合资企业单位 9 810 人,占 18.45%,比上年下降 0.06 个百分点;进入私营企业 6 207 人,占 11.66%,比上年提高 2.35 个百分点;而选择参军、出国、自主创业、自谋出路等其他就业渠道的人数继续呈现回升态势。选择继续学习深造的毕业学生回落到四成以下。而从就业的产业分布看,第一、二、三类产业的毕业生就业率均在 98.5% 以上,三类产业毕业生的就业率分别为 98.56%、98.57% 和 98.55%。与上年相比,二、三产类专业毕业生的就业率有所上升,一产类专业毕业生的就业率出现小幅回落。

2007 年上海市中等职业学校毕业生就业情况:全市 91 所普通中专和职业高中毕业生 53 060 人,就业率 98.73%,其中直接进入企、事业单位就业的人数 30 966 人,升入高一级学校继续学习毕业生 18 857 人,其他就业人数 2 563 人。毕业生直接进入企、事业单位就业的人数占毕业生总数的 58.36%,比上年提高 3.58 个百分点。升入高一级学校继续学习的毕业生比上年下降 3.3 个百分点。毕业生当年升入高一级学校继续学习比例和绝对人数都呈近五年来最低。在直接进企、事业单位就业总数中,一、二、三产类专业直接就业人数分别占就业总数的 0.7%、27.3% 和 72%,三产类专业就业人数最多。直接进入企、事业单位就业人数中,二产类专业毕业生就业比例最高。直接进企、事业单位就业人数分别占"一、二、三"产业类专业毕业生的 40.1%、72.4%、55.5%。其中,能源类 91%,交通运输类 82%,加工制造类 75%,土木水利工程类 72%,医药卫生类 68%,信息技术类 55%,商贸旅游服务类 55%,社会公共事务类 51%,财经类 50%,资源与环境 46%,农林类 40%,文化艺术体育类 38%。就业渠道呈多元化趋势,进入国有企事业和独、合资企业单位毕业生占直接进企、事业单位就业总数的 75%。进入国有企事业单位 12 397 人,占毕业生总数 23.36%;进独、合资企业单位 10 963 人,占毕业生总数 20.66%;进私营企业单位 6 788 人,占毕业生总数 12.79%;进其他企事业单位 818 人,占毕业生总数的 1.54%;自主创业 93 人,占毕业生总数 0.18%;自谋出路 1 255 人,占毕业生总数 2.37%;非上海生源回来源地区 637 人,占毕业生总数 1.20%;出国 345 人,占毕业生总数 0.65%;参军 232 人,占毕业生总数 0.44%。

从 2008 年起,中等职业学校毕业生就业情况统计增加技工学校,这是技工学校纳入教委统一管理后的第一届毕业生。这样上海市三类中等职业学校毕业生就业情况全部进入统计范围,更全面和准确地反映出上海中等职业学校毕业生的总体就业状况。同年,在 2007 年毕业生就业统计内容基础上,增加"专业""就业方向""就业渠道""就业依据""毕业生就业单位的名称、地址、联系电话"和"毕业生本人的联系方式"等内容,可比较详尽地掌握毕业生的就业动向以及毕业生的就业可靠性。在对毕业生基本情况统计的基础上,又开展毕业生就业状况的跟踪调查工作,以便能进一步了解中职校毕业生的就业质量。这是一项重要的基础工作,对中等职业学校教育教学改革、专业设置调整、做好招生工作、满足社会和用人单位对中等专业人才使用的需求等都具有十分有用的参考作用。

该年上海市中等职业学校毕业生就业情况:全市 120 所中等职业学校(含普通中专、职业学校和技工学校)共计毕业生 57 632 人,就业率为 96.15%。其中,普通中专就业率 97.30%,职业学校就业率 97.48%,技工学校 85.32%。这是首次对全市三类中职校毕业生就业情况进行全口径统计,呈现出以下几个特点:第一,进入企、事业等单位是毕业生的主要趋向。在 96.15% 的就业率中,直接就业 36 542 人占毕业生总数的 63.24%,略高于上年;升入高一级学校继续学习者为 18 959 人,占毕业生总数的 32.90%,比上年下降 2.6 个百分点。第二,三、二、一产业毕业生的就业分布成梯度状。三、二、一产业毕业生的就业分布分别为 83.30%、16.05% 和 0.65%,就业率分别为 95.86%、96.92% 和 98.70%。第三,就业地以上海市就业为主,就业途径以学校推荐为主。在沪就业人数占就业总数 95.4%,非上海市生源回原籍就业 1 548 人,占就业总数 2.8%;学校推荐就业占就业总数 80%,其他渠道就业的占就业总数 20%。第四,商贸与旅游类、加工制造类和信息技术类就业人数列 12 大类专业的前 3 位。在 12 个专业大类中,商贸与旅游类、加工制造类和信息技术类就业人数为前 3 位;就业率在 97% 以上的 3 个专业依次是能源类、农林类和土木水利工程类。第五,升入高一级学校继续学习者占毕业生总数的 32.90%。其中,升入普通高职高专院校人数占升学总数 76%,升入普通本科院校人数占升学总数 5.14%,进入其他成人高校人数占升学总数 18.72%。

2009 年上海市中等职业学校毕业生就业情况:全市 123 所中等职业学校(含普通中专、职业学校和技工学校)毕业生 50 474 人,就业人数为 48 434 人,就业率为 95.96%。面对世界金融危机,中职生毕业生继续保持高就业率,直接就业成为毕业生的首选。在就业人数中,选择直接进入企事业单位就业人数占毕业生总数 63.38%;选择升入高一级学校就读人数占毕业生总数 32.58%。中职校毕业生首选企、事业单位直接就业,直接就业人数中 34% 进入国有企业单位,23% 进入合资和独资企业单位,41% 进入私营和其他企业单位;其余 2% 中,677 名上海户籍毕业生进入外省市企、事业单位就业,46 人自主创业,796 人参军,298 人赴境外。毕业生就业的产业分布成梯度状,4.8 万名毕业生就业分布在 19 个行业 105 个专业岗位和工种,三、二、一产业吸纳就业的毕业生分别是 43.11%、19.27% 和 1%。其中制造业占 24.3%;交通运输、仓储和邮政业占 14.37%;教育、卫生、社会保障和社会福利业占 7.83%;住宿和餐饮业占 7.31%;租赁和商业服务业占 6.82%;批发和零售业占 6.71%;信息传输、计算机服务和软件业占 4.79%。市政工程技术,飞机、汽车维修,船舶驾驶、焊接、起重,机械制造、工程测量、印刷技术、护理和烹饪等专业就业率均在 80% 以上。3.45% 非上海籍中职毕业生回原籍或其他省市就业、升学。非上海籍中职毕业生 5 616 人,占毕业生总数 11.1%,其中 44.58% 回原籍或其他省市就业、升学,55.42% 在沪就业。总体上毕业生就业以上海市就业为主,就业途径以学校推荐为主。在毕业生人数中,上海市就业和升学人数占 89.06%,异地就业和升学人数占 6.31%,境外就业人数占 0.59%;就业途径由学校推荐为主占 76%,通过中介机构就业的占 0.5%,其他渠道就业的占 19.46%。升入高一级学校继续学习者占毕业生总数的 32.58%。在升学高一级学校的 1.64 万人中,进入普通高职高专院校人数占升学总数 78%,进入普通本科院校人数占升学总数 7%,进入其他成人高校人数占升学总数 15%。同时,"专业奖励"政策效应充分显现。在首批"专业奖励"的 6 819 名毕业生中,5 131 人选择直接就业,占 75.25%,高于全市平均就业率 12 个百分点;1 483 人升入高一级学校继续学习,占 21.75%,低于全市平均升学率

11个百分点。26个首批"专业奖励"专业中,有23个专业直接就业率均超过全市平均数,其中船舶驾驶、起重驾驶与指挥、船体建造与修理、焊接、金属热加工、机械制造与控制、印刷技术、戏曲表演、市政工程施工、船舶机械装置、船舶电气技术、给水与排水、化学工艺、机电设备安装与维修、烹饪等15个专业直接就业率均在80%以上。

2010年上海市中等职业学校毕业生就业情况:全市中等职业学校毕业生总数46 674人,有45 479人就业,就业率为97.44%。其中,普通中专毕业生31 936人,就业率为97.73%;职业学校毕业生11 446人,就业率为96.72%;技工学校毕业生3 292人,就业率为97.08%。直接进入企事业单位就业的人数占就业总数63.81%,升入高校学习占就业总数36.19%。直接进入国有企事业、合(独)资企业、私人企业、事业单位等就业的毕业生人数29 018人,占就业总人数的63.81%。升入高校就读的16 461人,占就业总人数的36.19%,比2009年上升4.01个百分点。毕业生就业主要集中在第三产业。按就读专业三、二、一产业统计,毕业生分别占49%、50%和1%。其中,进入第三产业类单位就业的毕业生人数37 778人,占就业总人数的83.07%。另外,市政工程施工、飞机维修、汽车维修、船舶驾驶、焊接、机械制造技术、工程测量、印刷技术、护理和烹饪等专业直接就业率均在80%以上,超过平均直接就业率32个百分点。在升学人数中,有2.64%的毕业生升入本科院校,有29.1%的毕业生升入高等职业院校,有4.45%的毕业生升入成人高校。非上海市户籍毕业生7 748人,占毕业生总数的16.6%,比上年增加37.86%,其就业率达到99.52%。其中,直接进入上海市企、事业单位就业的人数3 095人,占非上海市户籍就业总数39.95%;回原籍就业2 108人,占非上海市户籍就业总数27.21%;升入高校1 786人,占非上海市户籍就业总数23.05%;其他途径就业722人,占非上海市户籍就业总数9.31%。其中,数控技术应用、护理和计算机及应用3个专业的就业率分别为99.08%、98.81%和99.53%。此外,据对2010年上海市27 107名中职校毕业生的月薪统计,月薪超过1 500元的有42.27%,超过2 000元的有14.45%,月薪在1 000元以下的有15.74%。

三、案例选介

2010年,上海市航空服务学校抓住机遇,审时度势,全力保障学生实习就业工作,具体做法:一是确立一个信念——以学生就业为本。长期坚持的学生体面就业(乐业)、品德就业(敬业)和技能就业(精业)的自我加压要求不变;正确处理升学和就业关系,以就业为重的思路不能改变;当学生、学校、企业三方出现矛盾时,以学生利益为重的原则不变。二是坚定一个信心——学生素质是高的。该校学生"拿手敢出手、出手就拿手"。这是源自学校"服务学生、服务企业、服务社会"的"德育智育共育、技能体能双能"的培养目标;源自课程体系是宽基础、活模块的协调;源自专业技能和通用技能的全面培养和发展。三是保证一个目标——就业率不降。实习就业指导中心的干部和工作人员积极主动地从网上,从招聘市场寻找企业用人信息,并主动上门介绍学校,推荐自己的学生,挨门逐户地开辟学生新的就业渠道。如首长专机保障(部队)、上海飞机制造厂(ARJ项目)、深圳航空公司、交通银行、浦东现代有轨交通有限公司等。而且上海飞机制造厂、南方航空公司在该校实行订单培养,在2007级学生中分别组建两个定向班,共有学生122名。四是转变一个策略——就业优先、兼顾实习,力争实习就业一条龙。

2006年,上海信息技术学校借鉴市场经济条件下的企业运作模式,建立市场部,承担着对社会用人信息的采集和学校毕业生信息的提供,对各专业当年毕业生的就业情况向全体学生公布,在学校的门户网站上每个学生都可以看到各专业就业单位的情况,可依据信息对专业学习作出选择。为了更好地做到人岗匹配,学校在重点专业的就读上设置心理测试与指导,帮助学生了解自己的特点和职业倾向,学生在进入专业学习后,学习积极性主动性都比较高,每年有近15%的毕业生提前一年修完学分可以毕业。

第二节　高等职业院校毕业生就业

一、就业变化

改革开放后,大学毕业生就业分配制度发生很大变化。高等职业院校毕业生分配也随着高校毕业生制度的变迁而变化。

1984年,原国家教委提出在保证20%的国家重点项目计划的前提下,在计划指导下经过供需见面双向选择落实大学生的工作分配。1985年,上海高校大学毕业生的分配实行计划分配的前提下,对计划的编制方法做了较大的改进,给学校和用人部门以更多的自主权。该年,部分大学的毕业生分配,按照招生时的规定,由学校在国家计划指导下,向用人单位推荐,经用人单位考核后录用。从1988年开始,上海高校毕业生分配全面实行"上下结合"的"高校和用人单位供需见面"制度,实现"计划为辅,市场为主"。1993年9月,市高教局向上海市机构编制委员会提出,在当年正式成立由上海市招生、毕业生就业指导委员会领导,挂靠市高教局的上海市高校毕业生就业指导中心。

20世纪80年代,上海部分高校开始招收部分收费走读生,扩大招生人数,实施"收费、走读、不包分配"的制度。从1981年起,全国部分高校开始"委托培养"的试点,即由用人部门除教育事业费和基建费,委托学校招收、培养所需要的学生,学生毕业后到委托单位工作。从1987年起,全国部分省市高校开始招收自费大学生。这些改革,对高等职业院校的学生分配工作都发生巨大而持续的影响。1996年,市教委、市计划委员会和市人事局联合发出"关于实行上海市高校毕业生就业信息登记制度的通知",明确规定自该年开始,将进一步完善就业信息登记制度,要求凡上海地区的用人单位招聘应届高校毕业生,应预先向社会公开招聘信息。这一制度的确立,为构建上海高校毕业生就业工作的标准化体系以及形成规范有序的高校毕业生就业市场奠定良好的基础。

21世纪开始,为了适应高等教育从精英化到大众化的发展,"双向选择,自主择业"的就业制度全面实施,自2001年,市就业指导中心得到进一步加强,全市构建集管理、教育、服务和指导为一体的高校毕业生就业服务体系。在全市建立和完善信息网络平台。

2002年,上海举办的各类高校毕业生就业市场和招聘活动的数量及规模大为增加,举办主体日趋多样化,各种形式毕业生就业市场,为各学历层次的毕业生和各类用人单位创造充分的双向选择的机会。2003年1月,上海成立全国第一个地区高校毕业生就业工作的专业协会——上海市高校毕业生就业促进会。2004年,将原来的市招生就业委员会划分成招生和就业两个联席会议,建立上海市高校毕业生就业工作联席会议。2005年,上海高职高专院校年招生数超过6万人,已占上海高校招收本市生源的55%以上。是年,经过良好教育的高职、高专学生受到企业的欢迎。该年中、高职就业率分别为98.31%和95.57%。

2006年,《关于引导和鼓励高校毕业生面向基层就业的实施意见》出台,此后,各部门结合各自的职责实施一系列鼓励和引导上海高校毕业生面向基层就业的措施：如成立"大学生到基层就业优秀事迹报告团"，实施应届高校毕业生到农村基层从事"三支一扶"工作，建立各种类型的高校毕业生实习和职业见习基地等。

二、案例选介

从 2002 年起，高校扩招后学生毕业进入就业高峰期，上海的高等职业院校广泛开展"订单培养"，毕业生一次就业率达到 80％以上。上海电机技术高等专科学校成立由上海三菱电梯有限公司、上海航星集团、上海电机厂等 10 多家企业老总组成的学校战略发展咨询委员会，该委员会的运作促进企业对学校的支持，形成良性运作的"产—供—销"经营网络，学校还结合专业发展实际组建 6 个大类的专业指导与合作委员会，根据企业的"订单"需要制定指导性教学计划，并从相关企业聘请 100 多名现场工程技术人员作为学校的兼职教师，负责生产实习和毕业设计的教学指导工作，使该校培养的学生既有一定理论知识，又有比较强的动手能力，颇受用人单位欢迎，连续几年毕业生一次就业率都达到 95％以上。

2005 年以来，民远职业技术学院毕业生的就业率始终保持在 95％以上。许多毕业于报关与国际货运专业的学生到合资的或独资的货运公司工作，能够学以致用，适应性强，一上手就能胜任国际货运业务以及各种自理报关和代理报关、仓储管理与法律、法规和操作规程。学院将毕业生的就业作为头等大事来抓。一是学院相关部门齐心协力、出谋划策、定期专题研究、严格措施、动态联系，形成良好的就业信息网络。二是每年举办校园招聘会，每次招聘会都有 50～60 家用人单位前来学院招聘，许多毕业生当场签约成功就业。三是在教育上，突出高职教育特色，加强实践教学环节，并根据用人单位需要的知识、能力结构来设定课程，以"新（颖）、紧（靠）、够（用）、实（际）"为准，努力实现与用人单位的岗位要求无缝对接，学院十分注重学生实践动手能力的培养。汽车运用技术专业已建成汽车检测与维修实验室，并与德国"英路教育"紧密合作，德国大众汽车和上海强生、大众汽修公司都是该专业学生的实习基地。上海最大的美格菲俱乐部是体育服务与管理专业学生的实训基地。学院还与其他几十家单位合作建立校外实习实训基地。四是成立学院继续教育部，开设各类培训班，让学生通过培训，实现"一张文凭、多张证书"的愿望，增强就业竞争能力。

第五篇

专业与课程

新中国成立以来,中专学校的专业是通过部颁专业目录进行统一管理的,技工学校的专业(工种)设置也必须由办学主管部门核定管理。1981—1985年,上海加快传统工业改造和新兴工业开发,以及发展第三产业,促使一批职业高中建立适应经济需求的专业,使专业建设遵循市场发展的规律,进行布局和调整。1985年起,上海的技工学校根据工种的变化发展,设置归纳多个岗位的复合性工种。2001年,上海中等职业学校进行专业管理改革,设置新专业实行分级管理、分口审批的办法,部分专业可以由学校自主设置,提高专业适应经济发展的灵活性。同年,将上海中职教育原有的400多个专归并为219个专业,学校在大专业下设置若干专门化专业,强化学生就业适应能力。从2005年秋季新学年起,新专业设置都改为学校面向市场依法自主设置专业的备案制,进一步促进学校面向经济社会办学的主动性。

20世纪90年代开始,上海持续开展中等职业学校的专业结构布局调整。1998年,市教委选择上海经济和社会发展急需的50个专业(其中中专校30个)进行重点建设。从1998年至2004年,上海实施"中等职业学校百个重点专业建设工程",基本实现专业布局与上海市产业结构分布基本相吻合。同时,根据市场的需求和学生发展的需要制定专业教学方案,调整课程及教育教学内容,加强实训条件建设,并促进"双师型"教师队伍的发展。2009年,根据上海城市功能定位、产业结构调整、经济增长方式转变和科技进步的特点,开展专业布局和结构调整优化工作,使专业能够较好地适应经济发展。同时,学校通过这项工作,确定重点专业,明晰专业主线,建立专业群的带动机制,从而进一步明确办学方向。

1996年,职业技术教育课程改革与教材建设委员会成立,"上海市中等职业技术教育课程改革与教材建设"工程(又称"10181"工程)启动。该工程完成10门公共课和18门专业课的建设,引进一批具有国际先进水平的课程模式。2004年,开始实施"深化课程教材改革行动计划",完成50个专业教学标准,开发20门网络课程,实施"一纲多本",构建课程开发和教材建设新机制。建设一批"课程教材改革特色实验学校"。

上海的高等职业院校为了使专业设置更趋合理,积极开展社会调查,了解社会需求,使高职人才培养尽可能贴近市场,满足市场需要。如为适应第二产业结构的调整,不少高等职业院校开设电子信息工程、机床数控技术、机电一体化技术等专业。从1999年招生的27所高等职业院校的130个专业点数分析,适应城市发展需要的新专业层出不穷,如信息管理与计算机应用、计算机网络与通信管理、商贸经营管理、物业经营管理等,这些专业区别于普通高等教育面向学科的专业,毕业生的知识结构、能力结构以及社会适应能力也区别于普通高等教育的毕业生,在实际工作岗位上受到用人单位的普遍好评。而上海区域经济的创新与发展对技术复合型特色人才也提出需求,许多高等职业院校正是抓住了市场需求的有利时机开发如电子商务、物流管理等特色专业,收到良好的社会效果。同时,上海的高等职业院校也根据职业教育的特点,进行课程改革和建设,形成一批特色鲜明、理念先进、贯通理论与实践的高职教育课程体系。

第一章 中等职业学校专业建设

第一节 中等职业学校专业布局

一、中等专业学校专业目录

1980年12月,教育部发出《关于修订中等专业学校专业目录的通知》,要求各部委根据社会、经济、科技发展新情况,修订中等专业学校专业目录,以适应中国科学技术发展水平和国家建设的需要。1982年上海召开的中专教育工作会议上,提出要调整中等专业学校的科类与专业结构。1982年上海中专校共有77所,共设置专业207个。同年,上海市郊县(区)开办13所中专校,在专业设置上各有侧重、各有特色、互通有无。到1986年上海中专校已发展到103所,共设置220多个专业,使科类结构和专业设置的结构逐步趋向完善,基本覆盖上海各大行业的需要。

1993年3月,国家教委正式颁发的《普通中等专业学校专业目录》,共有9科、49类、518个专业。同年5月市教育局转发国家教委《关于颁发〈普通中等专业学校专业目录〉的通知》《关于普通中等专业学校专业设置管理的原则意见》。据1993年底46所中专校统计(占全市90所中专校的51%),根据《专业目录》增设39个新专业范围,从第二产业逐步向金融、外贸、商业、房地产、保险等行业扩展。

2010年4月,市教委转发《教育部关于印发〈中等职业学校专业目录(2010年修订)〉的通知》,指出该《目录》是教育部对中等职业教育进行宏观管理的基础指导性文件,是中等职业学校设置与调整专业、实施人才培养、组织招生、指导就业,以及行政管理部门规划专业布局,进行教育统计和人才预测等工作的主要依据,也是学生选择就读专业、社会用人单位选用中等职业学校毕业生的重要参考。自2011年秋季起,上海市中等职业学校相关管理、统计和招生等工作使用《目录》所列专业名称。现中等职业学校在校生可继续沿用原专业名称至毕业。

二、职业高中学校专业设置

20世纪80年代初期,国家尚未发布统一的职业高中的专业目录。学校按照城乡不同地区和不同行业的需求,根据各种职业岗位规范要求,结合国内外有关中等职业教育参考性的专业目录,在不断探索和实践中逐步完善。1981—1985年,上海加快传统工业改造和新兴工业开发。同时,大力发展第三产业。职业高中学校设置的专业,以商业类的招生数比重最大,先后在黄浦、卢湾、徐汇、虹口等区建立起以设置商业经营为主干专业。先后设置商业营销、商业管理、商业财会、计算机应用、对外供应、综合贸易,百货、五金交电、家用电器、纺织品、服装和中西药经营等专业。1985年,秋季职业高中招生200多个专业。1991年6月,上海市教育局职业技术教育处对全市职业高中的专业设置情况进行全面调查涉及12个区、9个县,包括88所职业高中,24所普通中学附设职业高中班,3所企业办和1所农场办的职业高中,13所成人教育附设的职业班,共129个单位。

三、技工学校工种设置

1972—1980年,大批厂办技校建立,设置的专业工种扩大到100余个。1982年,技工学校在工种设置上压缩机械长线工种,增设发展第三产业必需的饮服、通讯、交运、公用等短线工种。根据劳动部1979年颁发的教学计划,招收高中生的课程不再设语文、体育和物理,增设机械基础和电工电子基础2门。招收初中生的,仍保留语文、体育和物理,增设机械基础、电工基础和机制工艺3门。1985年,市劳动局强调技工学校的专业工种设置不宜分工过细,以操作技术比较复杂、技术理论要求高的一个或几个岗位为主,增强学生毕业后的适应能力。1987年,全部技工学校设置工种142个。

四、专业设置管理改革

1996年,市教委对全市中专和职校的新设专业给予批复。

表5-1-1 1996年全市中专和职校的新设专业一览表

编号	学 校	1996年新设专业	学 制	备 注
1	上海海运学校	汽车运用工程	初中后4年	
2	上海电机技术高等专科学校	制冷与空调 市场营销	初中后4年 初中后4年	
3	上海市化学工业学校	精细化工工艺 高分子材料加工工艺 机械设备维修与管理(宾馆设备维修与管理) 机电设备维修 工业企业电气化及化工仪表	高中后2年 高中后2年 高中后2年 初中后4年 初中后4年	
4	上海石油化工学校	机电技术应用	初中后4年	
5	宝钢工业技术学校	计算机及应用	初中后4年	
6	上海第一仪表电子工业学校	计算机及应用	初中后4年	
7	上海市轻工业学校	装潢设计	初中后4年	
8	上海市二轻机械学校	计算机及应用	初中后4年	
9	上海第一纺织工业学校	对外贸易业务(纺织品对外贸易) 制冷与控调	初中后4年 初中后4年	
10	上海市粮食学校	市场营销	初中后4年	
11	上海市农工商学校	机电技术应用	初中后4年	
12	上海市嘉定区工业学校	市场营销	初中后3年	
13	上海市城乡建设学校	市政工程施工	初中后4年	
14	青浦县水产学校	市场营销	高中后2年	
15	上海商业会计学校	外贸储运管理	高中后2年	

（续表）

编号	学 校	1996 年新设专业	学 制	备 注
16	上海市商业学校	物业管理	初中后 4 年	
17	上海市物资学校	房地产经济与管理	高中后 2 年	
18	上海市戏曲学校	舞台美术	初中后 4 年	
19	上海第二医科大学附属卫生学校	医学美容士	初中后 3 年	
20	上海市船舶工业中专	工业企业电气化	初中后 4 年	
21	上海市高职校中专班	美术（商业美工）	初中后 4 年	
22	上海市服装职校	服装营销管理 服装美工	高中后 1.5 年 初中后 3 年	职业中专 职业中专
23	上海市金融证券职校	物业管理	初中后 3 年	职业中专
24	上海市淮海职业学校	广告与摄影摄像	初中后 3 年	职业高中
25	上海逸夫职校	电脑图像信息处理 商务计算机应用 物业管理 银行保险	初中后 4 年 初中后 3 年 初中后 3 年 初中后 3 年	职业中专 职业中专 职业中专 职业中专
26	上海市天工职校	涉外公关营销	初中后 3 年	职业中专
27	上海市辽原职校	电梯维修安装	初中后 3 年	职业中专
28	闸北职校	商务营销	初中后 3 年	职业高中
29	闸北二职校	弹簧工艺	初中后 3 年	职业高中
30	闸北旅游职校	旅游公关营销 旅游英语 旅游日语	初中后 3 年 初中后 3 年 初中后 3 年	职业高中 职业中专 职业中专
31	闸北汽车驾驶职校	汽车运输管理	初中后 3.5 年	职业中专
32	上海市统计职校	审计 涉外公关营销	初中后 4 年 初中后 3 年	职业中专 职业中专
33	上海市虹临职校	旅游英语 旅游日语	高中后 1.5 年 高中后 1 年	职业中专 职业中专
34	上海市杨浦职校	旅游英语 旅游日语 烟印技术管理	初中后 3.5 年 初中后 4 年 初中后 3 年	职业中专 职业中专 职业中专
35	上海市风光职校	商业营销 商务文秘 商务文秘	初中后 3 年 初中后 3 年 高中后 1.5 年	职业中专 职业中专 职业中专
36	上海市爱晖职校	物业管理 广告装潢	初中后 3 年 初中后 4 年	职业中专 职业中专
37	上海市群益职校	宾馆园林	初中后 3 年	职业中专
38	上海市群星职校	商务文秘	初中后 3 年	职业中专
39	太平洋职校	食品工业	初中后 3 年	职业中专
40	上海市现代职校	机电 CAD	初中后 3 年	职业中专

资料来源：市教委《关于同意上海市中等专业学校、职业学校一九九六年新设专业的批复》,1996 年 3 月 8 日发。

1997 年,根据社会经济发展和产业结构调整的需要,新设置调整 67 个专业(工种),其中包括第一产业 2 个,第二产业 24 个,第三产业 41 个。1998 年,组织修改现行上海职业学校专业目录,将原来 10 科、27 大类、137 个专业,归并调整为 8 科、21 个大类、78 个专业。审批 1998 年职业技术学校新专业(含专业化)87 个。市教委选择 50 余个专业(工种)进行重点建设。这些专业(工种)是本市中等职业教育中面广量大的,为支柱产业与新兴产业培养紧缺人才的,条件艰苦而急需的专业(工种)。1999 年,50 余个重点专业(工种)建设,全部组织专家论证,并在上下半年分两批实施。1999 年,贯彻落实教育部《职教专业目录的颁布的通知》,参加制定教育部商贸、旅游等大类专业目录。组织专业及办学点申报工作,共审批 44 所中专、职校近 80 个新办专业、专门化。审批 34 所学校 40 个办学点。

2000 年,上海市中等专业学校、职业学校新设专业及专门化须向市教委请示,经批复后实施。市教委颁布《2000 年上海市中专、职校新增专业及专业专门化目录》。2001 年,为落实市有关转换政府职能,扩大区县、行业管理中等职业教育权力和学校依法办学自主权的要求,改革中等职业学校新专业设置的审批办法,市教委印发《上海市中等职业学校专业设置管理办法》和《上海市中等职业学校试办专业目录》,中等职业学校设置新专业实行分级管理、分口审批的办法。具体做法是:现代化标志性中等职业学校、国家级和省市级重点中等职业学校,可自主设置《中等职业学校专业目录》和《上海市中等职业学校试办专业目录》范围内的专业及专门化;区县所属的重点以外的中等职业学校设置《中等职业学校专业目录》和《上海市中等职业学校试办专业目录》范围内的专业及专门化,由区县教育行政部门委托上海市教育评估院组织专家评议后审批;行业、其他学校主管部门所属的中等职业学校,设置《中等职业学校专业目录》和《上海市中等职业学校试办专业目录》范围内的专业及专门化,由行业或其他学校主管部门审核同意,报上海市教育委员会,由上海市教育委员会委托上海市教育评估院组织专家评议后审批;中等职业学校设置《中等职业学校专业目录》和《上海市中等职业学校试办专业目录》范围以外的新专业(专门化),以及非艺术类学校设置艺术类专业,由其主管的区县教育行政部门、行业主管部门和其他主管部门报市教委,并由市教委委托市教育评估院组织专家评议后审批;与此同步,对上海市中等职业学校原来设有的 400 多个专业(含重复专业)按新专业目录进行调整,归并为 219 个专业。学校在大专业下设置若干专门化专业,强化学生就业适应能力。

2002 年 1 月 14 日,市教委印发《关于同意上海海运学校等中等职业学校 2002 年新设专业及专门化的批复》,对于各中等职业学校申报的 2002 年新设专业(专门化)以及备案的新设专业(专门化)材料,根据市教育评估院组织专家评议的意见,经市教委审核,有 33 所学校的 59 个新设专业或专门化得以设置或备案。2 月 10 日,同意上海市舞蹈学校等 3 所中等职业学校 2002 年新设 4 专业及专门化,同意上海石化工业学校等 10 个学校 2002 年新设 12 个综合高中专业及专门化。10 月,市教委颁发的《上海市中等职业学校专业设置管理办法》和《上海市中等职业学校试办专业目录》,规定专业设置的原则、条件与要求、备案与审批。中等职业学校新设置专业必须符合以下条件:新设置专业必须符合学校主管部门批准的学校发展规划;有专业人才需求调研报告和相关行业、专业的专家论证或咨询意见;有明确的专业培养目标、业务范围、专业教学的主要内容,以及规范的专业(专门化)名称、修业年限等;有科学、规范、完整的教学计划和其他必需的教学文件,如专业调研论证报告、专业培养目标描述、专业知识和能力结构分析、教学和课程的进程表、实践性环节教学实施安排、主干课程教学大纲、配套教材等;具备该专业必需的开办经费和教室、实验室、仪器设备、图书馆及图书资料、实习(训)场所等基本办学条件;有稳定的师资队伍,每个专业一般要有 2 名以上的具有高级职务专业骨干教师,以及实践性教学环节指导教师。外聘兼职教师应保持相对稳定;有完善的教学管理条件。中等职业学校设置和调整专业数,实行总量控制。2001 年颁布的《办法》停止执行。

2004 年,市教委修订对《办法》进行修订,规定从 2005 年秋季新学年起,新专业(专门化)设置都改为学校面向市场依法自主设置专业的备案制。对中等职业学校设置和调整专业数,实行总量控制。市教委适时委托上海市教育评估院组织专家对学校专业(专门化)设置、教学质量及学生就业等方面情况进行评估检查。2009 年,中等职业学校新设专业进行首次教学评估。

2010 年 11 月 17 日,市教委印发《上海市中等职业学校专业设置管理实施细则(试行)》,分为总则、设置条件、设置程序、指导与检查、附则,共五章。第一章总则,第一条指出,这一细则的制定是为进一步规范和完善本市中等职业学校专业设置的管理体制、运行机制和相关制度,强化专业设置的目标管理、过程管理和质量管理,形成由学校依法自主设置、行业企业积极参与、评估机构提供服务、行政部门进行宏观规划与监控指导的专业设置质量保障体系,引导本市中等职业学校依法自主设置专业,促进人才培养质量和办学水平的提高。第五条指出,中等职业学校要在专业布局和结构调整优化工作的基础上,结合学校办学优势,重点建设和设置与学校办学属性相一致的专业,并结合区域产业结构变化情况,适时调整和停办不适应的专业,形成科学合理的专业布局,避免盲目设置和重复建设。第二章设置条件,第七条指出,中等职业学校设置专业必须具备的条件包括:培养的人才有明确的岗位(工种)需求,且现有中等职业学校的专业不能满足。符合学校定位和发展规划及学校专业布局和结构调整优化方案,能有效支撑学校的专业群建设,提高现有教育资源的利用率和整体效益,有利于学校专业特色、专业优势、专业品牌更加明显。第五章附则,第十八条指出,本办法自公布之日起施行,《上海市中等职业学校专业设置管理办法(修订)》同时废止。是年,上海完成中等职业学校专业(专门化)目录调整更新。根据教育部印发的《中等职业学校专业目录(2010 年修订)》要求,完成上海市中等职业学校专业(专门化)调整更新工作。参与此次专业调整更新的 80 所中等职业学校开设 2000 年版教育部目录专业点 839 个,涉及 138 个专业;调整更新后,80 所学校开设专业点 699 个,其中 2010 年版教育部目录内专业点 647 个,上海市标准内专业点 12 个,目录外专业点 40 个,新专业点在第一、二、三产业中的比例分别为 1.43%、19.89%、78.68%。实际备案四年制的专业点 48 个,涉及 22 个专业,占教育部目录规定学制为 3~4 年制专业(共计 90 个)的比例为 24.44%,四年制专业点减少 180 个;三年制专业点 639 个,占专业点总数的 91.14%。

第二节　中等职业学校专业结构布局调整

一、概况

上海的中专学校从 20 世纪 90 年代开始,根据社会、企业、市场的需要改造传统专业,拓宽专业面,设置社会、市场需要的新专业,增加原中专薄弱的为第三产业发展及对外开放需要的服务的各种短线专业。为了更有针对性地培养应用型人才,各中专校还设立很多"××专业专门化"。据1995 年底统计,上海有 89 所中专校和 5 个中专班,开设的专业共有 221 个。设置专业有 10 个以上(含 10 个)的中专校有 9 所,机械制造、财务会计等 10 个专业有 10 所以上中专校设置。1998 年,为进一步调整并优化中等职业技术教育的专业结构,上海市教委选择上海经济和社会发展急需的 50 个专业(其中中专校 30 个)进行重点建设。通过专家论证,到 1999 年底全部投入建设,市教委和学校主管部门共投入 6 000 万元。在"九五"计划期间,上海市中等专业学校为适应社会主义市场经济的需要又陆续开设新专业(专门化)。部分职业高中学校也从 90 年代初调整原有专业或拓宽某些专业的业务面,以适应经济发展并提高学生适应能力,如有些职业高中新设置物业管理、邮电通信寻呼员、多种外国语导游等专业,郊县一些职业高中将原有设置的传统农业类专业改进为上海城郊型的都市农业专业。

2009 年 9 月,市教委发布《上海市中等职业教育全面提高教学质量行动计划(2009—2013年)》,其中一项重要任务是组织学校制定和实施专业布局结构调整优化工作方案。12 月,《上海市教育委员会关于推进上海市中等职业教育专业布局和结构调整优化工作的实施意见》指出:专业布局和结构调整优化工作目标是根据上海城市功能定位、产业结构调整、经济增长方式转变和科技进步的特点,紧密结合重点产业、新兴产业和特色产业的发展需要,建立上海市中等职业教育专业布局合理、结构优化、特色鲜明、品牌纷呈的专业体系,逐步形成学校之间定位准确、错位竞争、优势互补、各有所长、有序发展的专业建设新格局。调整后,专业结构趋合理。78 所学校调整前专业数为 717 个,调整后专业数为 621 个,开设专业点在一、二、三产中所占比例分别为 1.43%、19.89%、78.68%,很大程度上改变了以往一些学校专业设置随意性大、专业数目过多、专业跨大类过多、资源不能共享、专业特色不鲜明等状况。

二、案例选介

上海市城市科技学校从 2009 年到 2010 年,在开展专业设置和结构优化工作中采取 5 项举措。第一,在每一个专业群中设立一个重点建设专业,带动学校其他专业的发展。第二,以实践教学为重点进行深化教学改革,把"专业核心课"作为突破点。第三,创新和优化人才培养模式,充实专业内涵。一是扩大理论与实践一体化教学的课程范围,优化一体化教学模式;二是总结汽车类专业双元制教学经验,逐步把经验向其他专业推广;三是总结、推广"东冠""开元""艾美"冠名班的经验,开设好新的冠名班。重点推进企业参与课程建设和教学;四是注重"三类实习"并举,由原来的"阶段认识实习、综合实训、顶岗实习",优化到"定时、定点、定计划、定内容",将"三类实习"渗透到专业教学各环节。第四,以专业群为核心形成教学梯队,集聚学校有限的师资资源。第五,优化实训中心功能。

2009 年,上海市青浦区职业学校在充分进行市场调研的基础上,认真分析市教委专家的意见与建议,结合区域社会和经济发展特点和学校特点,在与区教育局领导充分论证专业特点的基础上,有针对性地发展汽车大类的专业,做精做强原有的服装设计、电子技术、计算机应用等专业,分阶段再开辟与青浦"一城两翼"建设,特别是西虹桥国家会展中心建设相配套的现代服务型新专业,清理淘汰一些已 3 年不招生的老专业。学校细化专业指向,贴近岗位实际,如将汽车运用与维修专业细化为发动机维修、底盘维修保养、汽车电气维修、汽车空调维修、汽车检测诊断维修等 5 个专业方向,成为一个专业群。通过课程体系、教学计划、教学内容、教学方法的改革和调整,及时体现汽车维修行业的新知识、新技术,对职业技术、岗位能力、职业态度等方面提出新的要求。根据岗位指向和培养目标,组织开发工学结合、任务引领的补充型校本专业课程。

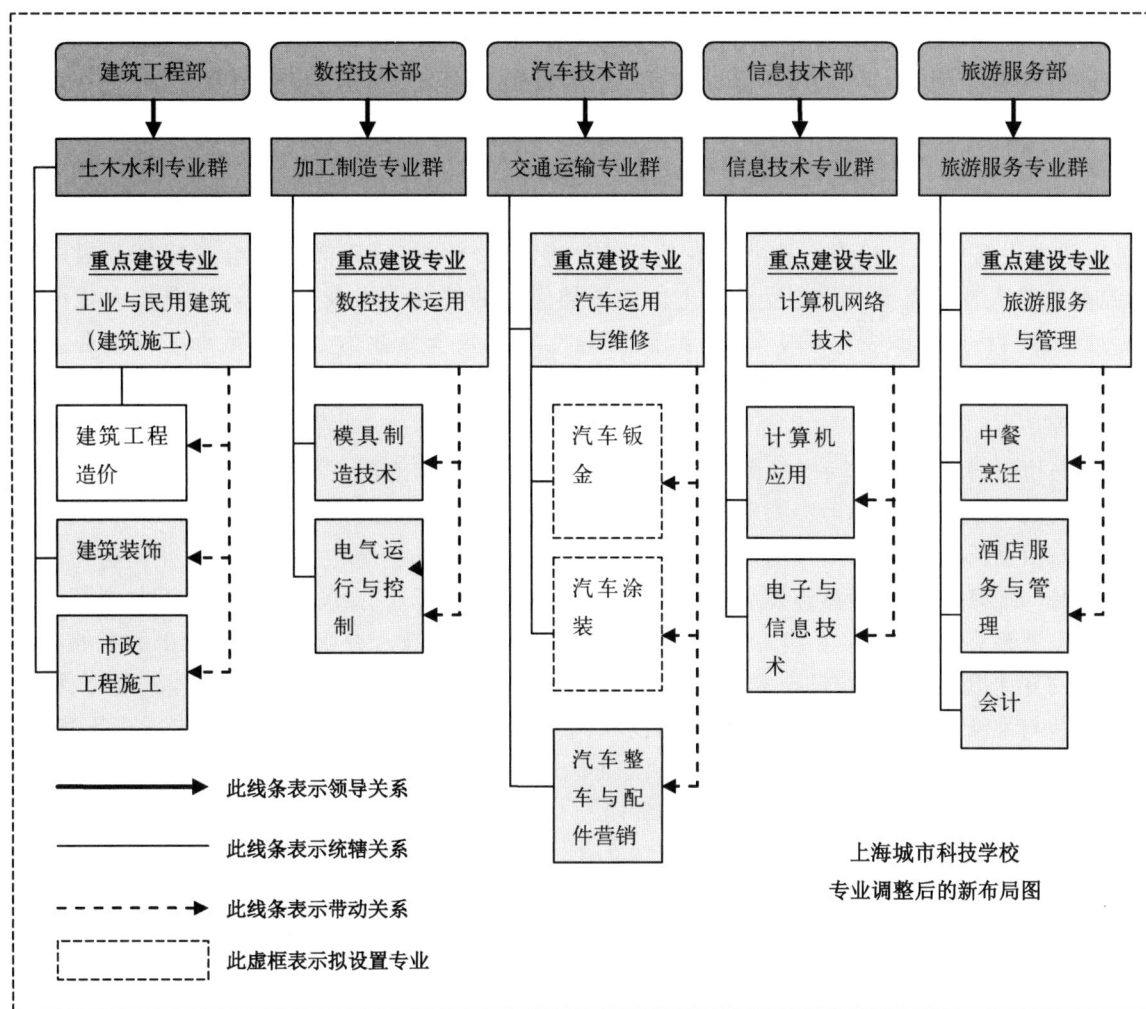

图 5-1-1 上海市城市科技学校调整后的专业设置框架图

上海科技管理学校调整前的专业设置为 9 个大类、26 个专业、1 个市重点专业,其他专业建设目标不清晰。2010 年,学校调整后的专业设置为 5 个大类、13 个专业;争取建成 3 个市重点专业、1 个校重点专业、9 个特色优势专业。主要措施:第一,确保每个专业都有 1～2 名专业(学科)带头人和 3～5 名骨干教师;继续实施青年教师"带教"制度和"星级"教师评定制度,有计划地安排青年教师参加进修培训和下企业实践锻炼。第二,两年内实现重点专业与 3～5 家资深企业建立稳定良好的合作关系,为当年毕业生提供就业岗位占 80％以上;特色优势专业与 2～3 家资深企业建立稳定良好的合作关系,为当年毕业生提供就业岗位占 65％以上。着力提高设置专业与企业岗位的匹配度,两年内实现专业对口率 60％以上。两年内实现专业学生职业资格证书获得率高于 95％。进一步完善学校已实行的"全程式订单培养、学年制顶岗培养、模块型委托培养"3 种校企合作人才培养模式。第三,两年内完成"食品生物工艺""制冷空调技术"专业核心课程和专门化方向课程的出版教材或校本教材编写任务。

上海市群星职业技术学校 2009 年专业调整和优化的目标是经过 5 年的专业整合确立 4 大类专业:文化艺术类、商贸旅游类、信息技术类与交通运输类;内含 7 个专业、8 个专门化方向,从而形成以动漫游戏专业为核心、文化艺术专业群为主体,国际商务、烹饪专业为两翼的"一体两翼"专业体系。具体任务:一是把动漫游戏专业建设成市级重点专业,并形成市校两级重点专业;二是形成以动漫游戏专业为核心的创意类产业的文化艺术专业群;三是实现国际商务、中餐烹饪专业的联动发展。

上海电力工业学校 2010 年制定的调整方案提出,继续开设并做强 7 个专业:电厂热力设备运行、电厂及变电站电气运行、供用电技术、反应堆及核电厂运行、输配电、电气设备安装与检修、热力设备安装与检修。这些专业均为电力能源类专业,可以涵盖社会各行各业对电力能源类技能人才的需要。根据企业对电力能源类岗位的技能要求及数量需求,电校申报电厂热力设备运行、电厂及变电站电气运行、供用电技术等 3 个专业为上海市重点建设专业。依托重点专业建设,提高学校管理组织能力,深化教育教学改革,完善教学设施设备,提升总体办学水平。

上海市材料工程学校 2009 年围绕建筑及工程材料这个专业的特色,调整在校生不足或办学资源较薄弱的 6 个专业(建筑经济管理、美术设计、高分子材料加工工艺、电子技术应用、市场营销、现代物流);根据招生就业、42 个专业标准和全市专业布点等情况,将机电技术应用专业调整为机电设备安装与维修专业、环境治理技术专业调整为环境监测技术专业;拟设 2 个符合上海材料行业和建筑业发展趋势的新专业:土建工程检测专业和工程材料检测技术专业。根据教育部颁布的新专业目录的变动拟开设数字媒体技术应用专业。申报市级重点建设建筑与工程材料、建筑装饰、机电设备安装与维修 3 个专业,并把计算机网络技术、电子商务 2 个专业作为校级重点专业进行建设;形成土木水利(装饰类)、加工制造(材料类)、加工制造(机电类)、信息技术等 4 个专业群,以服务于上海城市建设和先进制造业、现代服务业的发展。

上海市东辉职业技术学校将 2009 年的 6 大类 19 个专业调整为 4 大类 14 个专业。根据调研未来 4 年内计划逐步新设 3 个专业,分别为旅游外语、计算机动漫制作、软件与信息服务,新设专业都有原来专业的建设基础。首饰加工与经营、广播影视节目制作、文秘 3 个专业从 2010 年起已经停止招生。商务外语(商务英语)专业虽然是原上海市重点专业,但近年来随着生源质量的下降,该专业定位要求与中职学生整体的外语能力之间出现落差,而旅游服务类专业的外语要求相对商务类专业要低一些,因此将逐步调整商务外语专业的小语种部分,原有的语言类专业教师充实到旅游服务类专业,以彰显旅游服务类专业的外语特色,因此旅游外语专业成为未来设置专业的一个规划。学校原艺术类的专业教师主要由形体类教师与美术类教师构成。由于各专业在课程中都加强了礼仪与形体的要求,因此形体类教师将继续发挥很大的作用。学校信息技术类专业主要定位在网络信息服务,向与边缘学科的整合及提升专业技术内涵两个方向发展,美术类教师主要充实到信息技术类专业,因此学校规划中将开设计算机动漫制作和软件与信息服务两个专业。会展事务专业主要定位在会务接待,调整后会展事务不再以专业出现,其部分专业功能将通过旅游服务与管理专业中增设会务接待课程来替代。类似的还有民航运输专业,部分专业功能将由航空服务专业的部分课程完成。

上海市房地产学校由两个专业发展为由 5~8 个紧贴行业的主干专业组成的 3~4 个核心专业群,形成以房地产操作管理类为主的,涉及房地产施工、装饰、销售、中介、评估与物业管理等多个领域的专业体系。有重点地开拓 3 个新专业,其中在兄弟学校已非常成熟的工业与民用建筑专业扬长避短,根据本校的师资情况选择工程估价作为专业方向。把其他学校相对薄弱,但具有综合优势且毕业生始终受欢迎的"房地产经营与管理"专业作为重点来抓。学校以"房地产经营与管理"专业为龙头,逐步推进市、校两级重点专业建设工作,逐步树立 1～2 个专业品牌。

上海市奉贤中等专业学校根据郊区制造业和服务业的发展态势,优先发展制造类专业,积极拓展服务类专业。在制造类专业方面:加强制造类专业建设,重点发展数控技术应用和机电技术应用专业,并建设成具有先进制造业特征的上海市重点专业。将机械制造与控制、模具设计与制造两个专业调整为机械加工技术专业,实现以普通机械加工岗位为基础,向数控加工岗位和机电技术岗位发展的新格局。通过对制造类专业的调整优化,进一步发挥现有师资和教学装备优势,形成专业联系紧密、专业特征鲜明、符合奉贤制造业现状的主要专业岗位群。服务类专业方面:立足奉贤地区第三产业发展需要,做实计算机及应用、会计、现代物流等专业。以南桥新城建设为契机,依据新城功能定位,认真研究恢复烹饪专业、增加商品经营专业,满足南桥新城对餐饮业、商业零售业和酒店业的发展需要。奉贤地处郊区,国际贸易和国际商务活动不及市区,对中职校毕业生需求量相对较少,根据对商务英语专业的毕业生追踪调查,专业对口率不尽如人意,生源质量和学校专业师资结构的局限,学校将审慎淘汰商务英语专业。

上海市行政管理学校保留传统优势项目文秘专业的三大专门化方向(商务秘书专门化未招生),并集中力量加强就业预期前景大好的财务会计及计算机网络技术专业,同时停招社区专业。新的专业设置格局将市场需求与学校优势特色紧密结合,结构合理,定位准确,形成几大特色专业和多个教学改革建设项目联动的良好局面。

上海市金山食品工业学校调整前共有 6 个专业,涉及专业面较多,原有的一些专业老化而且专业结构不合理,有些专业实验实训条件有限,不能适应产业发展的需要。调整后分为 3 个专业群,准备开设 8 个专业,每个专业群都有市或学校重点专业(市重点食品生物工艺专业,学校重点机械加工技术、计算机及应用专业)为龙头;有相关专业(农产品保鲜与加工,电子电器应用与维修专业)作纽带;有延伸专业(生物技术、汽车运用与维修、电子商务专业)作支撑,形成学校的专业优势和特色。通过调整后的专业都对应上海今后加快发展和行业或区域重点的产业。

上海市南湖职业学校形成以酒店(邮轮)服务与管理、国际商务、汽车运用与维修三大重点专业为中心,以财经商贸类、旅游服务类、交通运输类、信息技术类等 4 大专业群为支撑,覆盖财经商贸类、旅游服务类、交通运输类、信息技术类、文化艺术类等 5 大专业类别。保持酒店(邮轮)服务与管理、国际商务、汽车运用与维修重点专业的竞争力;激发外轮理货、船舶驾驶、轮机管理、城市轨道交通运营管理前景专业的潜力;调整现有金融事务、服装表演、广播电视技术应用(影视剪辑)美术设计(动漫制作与设计)专业的适应性;发挥烹饪、航空服务、服装表演、计算机网络等原有专业的特色性;新设适应经济发展的电子商务专业;停止行业结构调整不宜开设的计算机软件、旅游服务与管理专业(国际客运管理)、烟草专卖与管理专业。

上海市群益职业技术学校将专业设置由 10 个变为 9 个专业,并整合在 5 大类专业群中,形成以加工制造业类专业为主,兼有其他大类专业的基本格局。通过建设 4 个重点专业,辐射带动 5 个相关专业发展:一是加工制造专业群,以强势专业数控技术应用为龙头,辐射带动模具设计与制造、电子电器应用与维修专业的发展;二是交通运输专业群,以汽车运用与维修为龙头,辐射带动飞机维修、水路运输管理专业的发展;三是服装设计与工艺专业和园林专业,作为上海市重点专业和学校传统专业,将继续发挥传统优势;四是幼儿教育,这是学校发展势头强劲的专业,同时也是上海市的紧缺专业。调整后的 9 个专业中含有 2 个新专业,一个为水路运输管理专业,另一个为电子电器运用专业,师资、教学或实训都可在原有现代物流专业、电子与信息技术专业的基础上进行改造或调整。计算机及应用专业不再进行专业招生,相关课程会融入服装、园林、数控、模具相关专业,作为这些专业的拓展课程,用以提升学生计算机的综合应用能力。

上海市商贸旅游学校结合传统专业优势与现有办学条件,充分发挥学校地处南京路商圈、陆家嘴金融贸易区的地缘优势,其专业建设的总目标为:构建以旅游服务与管理、烹饪两个市重点专业为龙头、以海、陆、空立体式旅游服务相关专业为支撑的旅游服务专业群,和以市场营销与策划市重点专业为龙头、以商贸、流通产业相关专业为支撑的商贸财经专业群,并发展美术设计、文物保护技术两个文化艺术类特色专业,打造旅游服务与管理、市场营销与策划、烹饪三大品牌(特色)专业。

上海市竖河职业技术学校重点建设数控技术应用、机电技术应用、酒店服务与管理、园林技术等4个重点专业,使之在全市层面有较强的专业竞争力与影响力,成为学校专业品牌。以重点专业建设为龙头,带动发展一批相关专业和延伸专业。关停机械加工技术、电气运行与控制、财政事务等一批不符合上海和崇明产业发展与学校长远发展需求的、缺乏专业竞争力和学生就业前景不明的专业,避免盲目建设和低水平竞争。

上海市物资学校构建"一条主线、二大能力、三个环节"的工学结合人才培养模式。一条主线:以培养学生基本素质和职业技能要求为主线,教学总体安排、教学计划、课程设施等围绕这一主线安排。培养两大能力:通过在学校的学习与实践,重点培养学生的动手操作能力和解决实际问题能力。通过三个环节实现人才培养目标:一是专业主干课的课堂理论教学;二是利用校内物流、商贸实训中心对专业主干课及相关专业课程进行模拟实训;三是利用校外实训基地进行有计划的顶岗实习。建立符合物流、电子商务实际需要的知识与技能体系,并通过核心课程和精品课程建设,完善物流、电子商务专业课程体系。调整后的专业设置以财经商贸类为主,精心打造物流和商贸两大专业群。

调整后的专业设置结构框架如下:

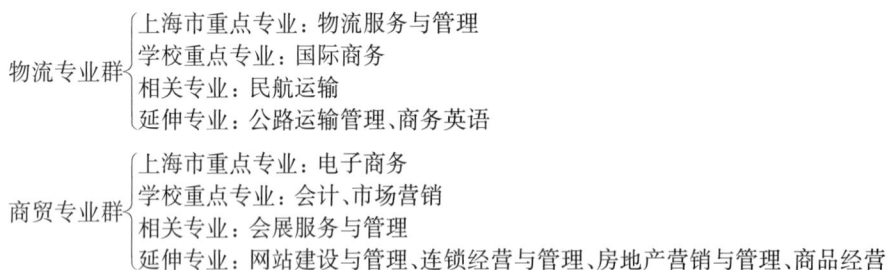

物流专业群 {
上海市重点专业:物流服务与管理
学校重点专业:国际商务
相关专业:民航运输
延伸专业:公路运输管理、商务英语
}

商贸专业群 {
上海市重点专业:电子商务
学校重点专业:会计、市场营销
相关专业:会展服务与管理
延伸专业:网站建设与管理、连锁经营与管理、房地产营销与管理、商品经营
}

上海市西南工程学校重点建设具有学校特色的建筑装饰、国际商务、楼宇智能化设备安装与运行专业,引领和带动3个专业群的发展。建筑装饰专业群由建筑装饰、建筑施工、工艺美术、工程造价和计算机动漫制作等专业构成;国际商务专业群由国际商务、物流、商务日语和航空服务等专业构成;楼宇智能化设备安装与运行专业群由楼宇智能化设备安装与运行、电子信息与技术和房地产经营与管理等专业构成。通过以上专业群建设形成结构合理、优势互补、资源共享、特色鲜明的学校品牌。

调整后的专业设置结构框架图如下:

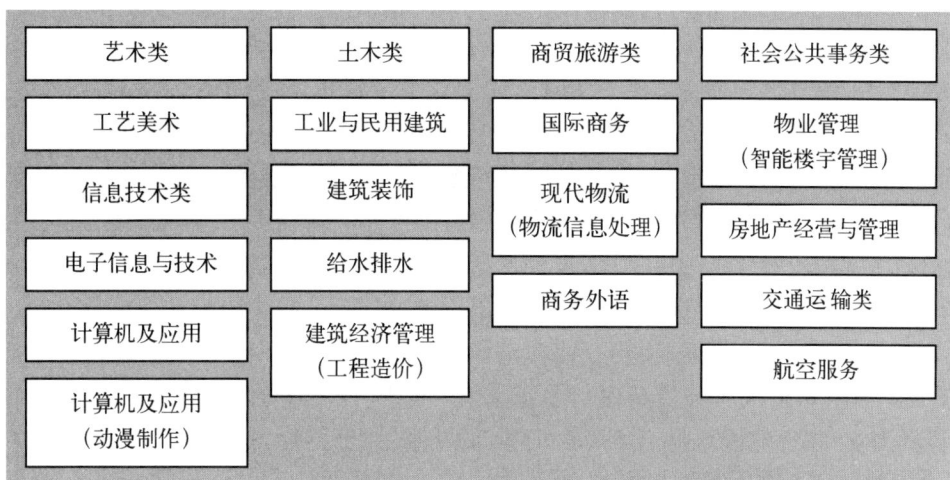

图 5-1-2　上海市西南工程学校调整前的专业设置结构框架图

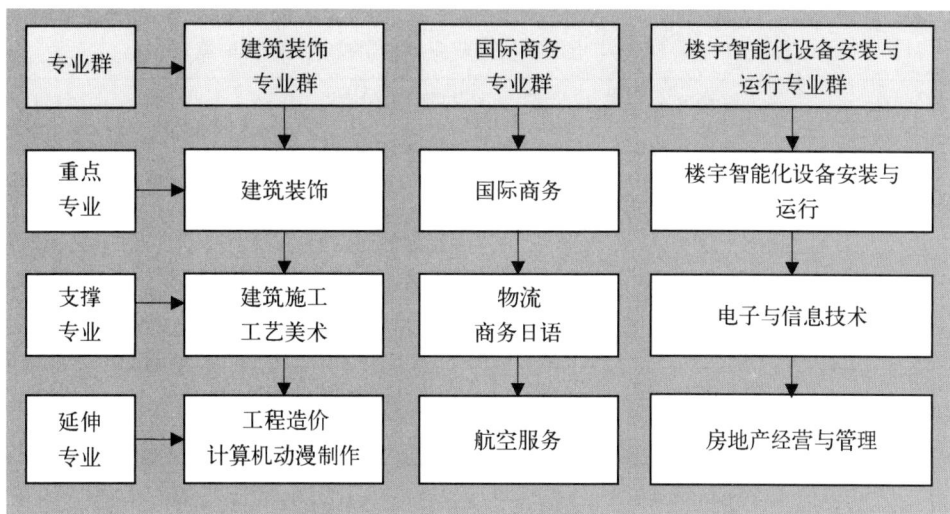

图 5-1-3　上海市西南工程学校调整后的专业设置结构框架图

资料来源：上海市西南工程学校提供材料。

上海市现代职业技术学校建有现代国际旅游、现代国际商贸、现代数字媒体、现代汽车服务等 4 个专业群。将酒店服务与管理、国际商务、旅游外语以及计算机动漫与游戏制作等 4 个专业作为品牌专业重点建设。汽车应用与维修、数字媒体技术应用、商务英语、西餐烹饪等作为校级特色专业建设。为了"做精、做特、做强"，学校决定烹饪（中餐）暂缓发展，将人、财、物力集中在西餐烹饪方面，主攻西餐、西点方向，从而更好地培养西式烹饪的适用人才。整合归并专业，在发挥学校传统优势的基础上加强应用性专业的建设。文化艺术与体育类的美术设计专业和信息技术类的计算机动漫与游戏制作专业相整合；文化艺术与体育类的广播影视节目制作专业和信息技术类的数字媒体技术应用专业相整合；社会公共事务类的文秘专业与财经商贸类的商务英语专业相整合。对于一些招生、就业情况不理想、办学条件不够先进的专业，将限制发展：加工制造类的电子材料与元器件（电子电工）；信息技术类的计算机软件（计算机软件蓝领）；社会公共事务类的物业管理（商业物业管理);商贸旅游类的电子商务;商贸旅游类的旅游外语专业中的专门化方向国际客运服务与管理,符合上海市的经济发展趋势,但由于师资力量薄弱,教学与实训条件简陋,决定2011年起暂缓招生。通过调整,在2013年前将形成1条服务主线、4个专业群、11个专业的格局。

上海市新陆职业技术学校专业划分为2个专业群,教育类专业群以学前教育专业为龙头,以家政与社区服务、文秘和计算机及应用等3个专业为相关专业组成。交通运输类专业群,以汽车运用与维修专业为主,以电子技术应用和电子电器应用与维修专业为相关专业。具体目标是把学前教育专业建设成为上海市重点建设专业;交通运输类专业群建设成为区级品牌专业;其他专业提高质量,建设成为校级特色专业。学校设置3个专业部以加强管理。专业一部负责学前教育专业。专业二部负责家政与社区服务专业、文秘专业和计算机及应用专业。专业三部负责汽车运用与维修专业、电子技术应用专业、电子电器应用与维修专业。其四,调整部分弱势专业,原来开设的3个专业:电子商务专业、物业管理专业、会计(涉外财会)专业,由于招生、就业状况不好已被调整,以利于学校集中资源和精力建设好主干专业。

上海市杨浦职业技术学校专业整合后分布于3个校区:凤城校区为商贸与旅游服务类,中原校区为机电类,本溪校区为艺术类。

表5-1-2 2010年上海市杨浦职业技术学校专业整合一览表

校　区	本溪校区	凤城校区	中原校区
专业群	艺术类专业群	商贸与旅游服务类专业群	机电类专业群
精品专业	美术设计	烹饪	汽车运用与维修
相关专业	群众文化艺术	酒店服务与管理	数控技术应用
	社会福利事业管理	旅游服务与管理	—
	健康教育(卫生保健)	烟草专卖管理	—
	首饰加工与经营	国际商务	—
	—	计算机及应用	—

资料来源:上海市杨浦职业技术学校提供材料。

上海市振华外经职业技术学校确立三大类专业建设的布局结构。将现有和拟申报设立专业归并入信息技术类、财经商贸类、旅游服务类三大类专业中。其中,将学校传统优势专业商务秘书、区域经济紧缺专业休闲体育服务与管理分别归入财经商贸类、旅游服务类这两个专业群中,利用专业群的建设优势,强化其在商务和客户服务上的专业特色。在每一专业大类中,确定市级或校级重点建设专业,以引领专业群的发展。根据区域产业发展变化,调整部分专门化方向,以培养贴近产业发展,岗位急需的专业技能人才。

徐汇职业高级中学调整后保留的6个专业按教育部新公布的专业目录重新划分,将涉及三大类岗位群,6个专业中4个专业属于旅游服务类,专业布局能体现出学校旅游服务专业特色,专业设置主线较清晰,办学方向较明确。在4个旅游服务类专业中学校拟申报烹饪专业、饭店服务与管理专业、会展事务3个专业为市级重点建设专业。调整后,将专业分为3类:重点建设专业、相关专业和延伸专业。重点建设专业:烹饪、饭店服务与管理、会展事务;相关专业:休闲体育服务与管理、美容美发与形象设计;相关延伸专业:商务外语。

上海新闻出版职业技术学校根据上海新闻出版产业发展规划,结合学校自身办学实际,在专业

调整后专业设置结构框图		
专业名称	专业(技能)方向	职业资格证书举例

平面媒体印制技术
(070200)
- 印刷工艺
- 数字印刷
- 图文信息处理
- 印后加工制作
- 印刷设备的使用与维护

平版印刷工
平面设计师
平装混合工
印品整饰工
广告设计师
柔性版印刷工
印前制作员

数字媒体技术应用
(090200)
- 数字影像拍摄
- 数字成像及后期处理技术
- 数字视频(DV)拍摄与制作
- 数字出版产品制作
- 数字出版数据库管理

计算机操作员
多媒体作品制作员
网络编辑员
数字视频合成师(四级)
网络课件设计师(四级)

计算机平面设计
(090300)
- 图文信息处理
- 平面广告设计与制作
- 版面设计与制作
- 包装设计与制作

计算机操作员
多媒体作品制作员
印前制作员
广告设计师
平版制版工
包装设计师

出版与发行
(140600)
- 出版物技术编辑与版面制作
- 图书报刊发行与管理
- 网络出版物设计与制作
- 出版物物流与配送
- 出版印刷国际商务

出版物发行员
计算机操作员
网络编辑员
印前制作员
物流员
营销师
出版职业资格(初级)

美术设计与制作
(142200)
- 图书装帧设计与制作
- 会展美术设计制作
- 多媒体设计制作
- 视觉传达

多媒体作品制作员
会展设计师
广告设计师
包装设计师
印前制作员

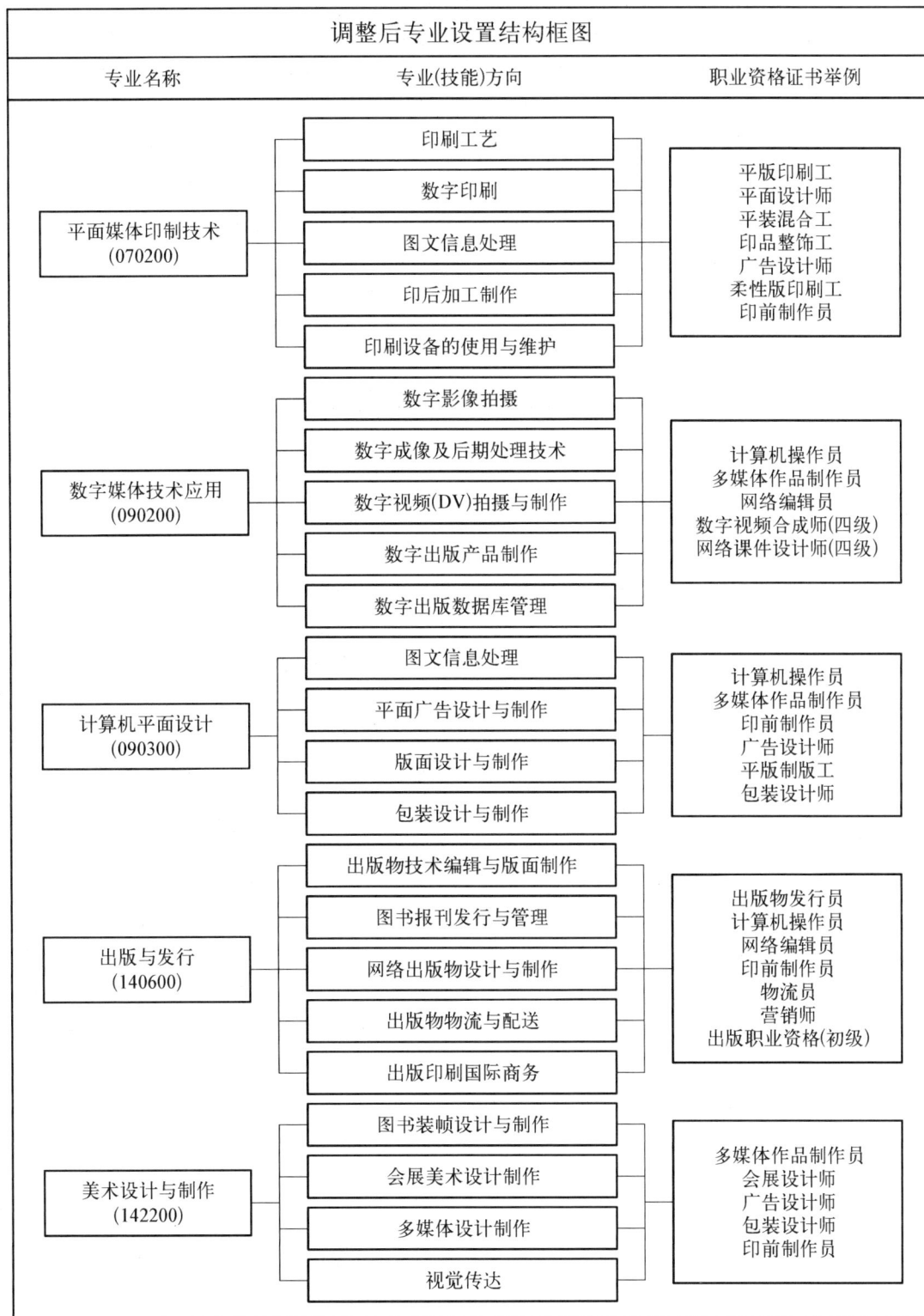

图5-1-4　2010年上海新闻出版职业技术学校调整后的专业设置结构图

资料来源：上海新闻出版职业技术学校提供材料。

设置与结构调整优化的过程中,把调整前的 7 个专业、10 个专门化,调整为 2 个专业群、5 个专业,其中拟设置的专业群为媒体与传播专业群和平面创意设计专业群。在媒体与传播专业群中,以平面媒体印制技术专业作为重点建设专业。新命名的平面媒体印制技术专业进一步适应行业工艺技术水平进步的需要,有更明确的就业方向。新设数字媒体技术应用专业,培养能利用计算机技术进行出版内容生产数字化、管理过程数字化、产品形态数字化和传播渠道网络化等方面的人才。在平面创意设计专业群中,整合原开设的工艺美术与计算机及应用专业的内容,以计算机平面设计专业作为重点建设专业。学校对机械加工技术专业、现代物流专业、工艺美术专业和文秘专业进行调整与停办,把这些专业中一些需要的技能(专门化)方向的内容融合到上述新设置的专业中。学校调整设置的媒体与传播专业群和平面创意设计专业群,在每个专业设置中下设多个相关的专业(技能)方向,并且都有与之对应、相配套的国家职业资格证书,实行多证毕业。

第三节　上海市中等职业学校百个重点专业建设工程

一、概况

上海市中等职业学校百个重点专业建设工程历时 6 年,共分 3 个阶段实施。

第一阶段:1998 年起,中等职业学校启动重点专业建设,到 2002 年,8 个专业被教育部批准为全国中等职业教育首批示范专业,45 个专业被认定为上海市中等职业学校重点专业。1998 年,市教委选择 50 余个专业(工种)进行重点建设。这些专业(工种)是上海市中职教育中面广量大的,为支柱产业与新兴产业培养紧缺人才的,条件艰苦而急需的专业(工种)。1999 年,50 余个重点专业(工种)建设全部组织专家论证,并在上下半年分两批实施。为扶植重点专业建设,市教委、市财政局和学校主管单位共同投入经费进行重点装备 50 个专业(工种)计划投入经费 6 000 万元。2001年 9 月,市教委颁布《评估和认定本市中等职业学校重点专业(工种)的实施意见》,决定从 2001 年下半年起分两批对上海市中等职业学校重点建设的专业(工种)进行评估。经有关区县、行业主管部门及学校申报,并经行业及专业专家评审,共有 47 个学校的 47 个专业立项,并对 46 个重点建设的专业(工种)进行认定性评估(上海市闸北旅游职业技术学校烹饪专业因未招生而要求推迟评估)。首批认定上海港湾学校的机电设备安装与维修专业等 41 个中等职业学校的 43 个专业(工种)为上海市中等职业学校重点专业(工种),涉及 11 个专业大类、37 个专业,占立项的重点专业(工种)的 93.5%,其中第一产业 2 个专业、第二产业 20 个专业、第三产业 24 个专业。

2002 年 4 月,市教委认定一批上海市中等职业学校重点专业(工种)。

表 5 - 1 - 3　2002 年上海市中等职业学校重点专业(工种)一览表
一、工科类专业

编号	学校名称	主管单位	立项时专业名称	现专业名称(专门化)	专业编码
1	上海港湾学校	上海海运学院	港口物流设备与自动控制	机电设备安装与维修	510
2	上海市机电工业学校	上海电气(集团)总公司	数控机床加工技术	数控技术应用	511

（续表）

编号	学校名称	主管单位	立项时专业名称	现专业名称（专门化）	专业编码
3	上海信息技术学校	上海华谊(集团)公司	工业分析与检验	工业分析与检验	534
4	上海石化工业学校	上海市金山区教育局	石油化工工艺	化学工艺	533
5	宝钢工业技术学校	上海市宝钢集团教育培训中心	电气自动化	电气运行与控制	515
6	上海电子技术学校	上海仪电控股(集团)	计算机通信	计算机网络技术	713
7	上海第一仪表电子工业学校	上海仪电控股(集团)公司	通信设备应用与维护	通信技术(通信设备应用与维护)	706
8	上海市二轻机械学校	上海轻工控股(集团)公司	工模具设计与制造	模具设计与制造	512
9	上海市工商外国语学校	上海市经济委员会	工业技术外语	数控技术应用(技术外语)	511
10	上海市建筑工程学校	上海建工（集团）总公司	工业与民用建筑	工业与民用建筑	401
11	上海市城市建设工程学校	上海市市政工程管理局	市政工程施工	市政工程施工	411
12	上海市公用事业学校	上海市城市交通管理局	城市供燃和供水	供热通风与空调(城市燃气输配与设备检修)	409
13	上海市嘉定区工业学校	上海市嘉定区教育局	机电技术应用	机电技术应用	513
14	上海市经济管理学校	上海市第二工业大学	计算机应用	计算机及应用	711
15	上海市现代职业技术学校	上海市长宁区教育局	办公自动化	计算机及应用	711
16	上海市天工职业技术学校	上海市普陀区教育局	家用电器(制冷与空调)	制冷与空调设备运用与维修	514
17	上海市南湖职业学校	上海市虹口区教育局	汽车运用与维修	汽车运用与维修	615
18	上海市大江职业技术学校	上海市松江区教育局	工业企业电气化	电气运行与控制	515
19	上海市高级技工学校	上海市劳动和社会保障局	数控	数控技术应用	511
20	沪东中华造船集团技术学校	沪东中华造船(集团)有限公司	船舶电工	船舶电气技术	520
21	上海市环境学校	上海市市容环境卫生管理局	环境污染治理	环境治理技术	219
22	上海市奉贤中等专业学校	上海市奉贤区教育局	机电技术应用	机电技术应用	513
23	上海电机厂技工学校	上海电机厂	维修电工	电气技术应用	516
24	江南造船(集团)技工学校	江南造船(集团)有限公司	船舶焊接	焊接(船舶焊接)	522

二、文科类专业

编号	学校名称	主管单位	立项时专业名称	现专业名称（专门化）	专业编码
1	上海市交通学校	上海交运(集团)公司	现代物流管理	现代物流	991
2	上海市房地产学校	上海市房屋土地资源管理局	房地产经营与管理	房地产经营与管理	910
3	上海市农业学校	上海市农林局	现代园艺	都市农业(现代园艺)	191
4	上海工商信息学校	上海市青浦区教育局	淡水养殖	水产养殖	107
5	民航上海中等专业学校	中国民用航空华东管理局	安全管理	航空服务(民航安全管理)	613
6	上海市舞蹈学校	上海市文化广播影视管理局	中国舞、芭蕾舞	舞蹈表演(中国舞、芭蕾舞)	1110
7	上海市戏曲学校	上海市文化广播影视管理局	京剧	戏曲表演	1111
8	上海市工艺美术学校	上海轻工控股(集团)公司	旅游品设计	工艺美术	1116
9	上海第二医科大学附属卫生学校	上海第二医科大学	乡村医士	护理	801
10	上海市卫生学校	上海市卫生局	护士	护理	801
11	上海市商业职业技术学校	上海市黄浦区教育局	市场营销	市场营销	902
12	上海市旅游服务职业技术学校	上海市黄浦区教育局	旅游外语	旅游服务与管理(旅游外语)	916
13	上海市逸夫职业技术学校	上海市静安区教育局	实用美术	工艺美术	1116
14	上海市现代职业技术学校	上海市长宁区教育局	旅游外语	旅游服务与管理(旅游外语)	916
15	上海市曹杨职业技术学校	上海市普陀区教育局	烹饪	烹饪	911
16	上海市南湖职业学校	上海市虹口区教育局	金融	金融事务	1004
17	上海市东辉职业技术学校	上海市浦东新区社会发展局	现代商贸管理	商务外语(商务英语)	905
18	上海市物资学校	上海物资(集团)总公司	物资经营与管理	物资经营与管理	907
19	上海市群益职业技术学校	上海市闵行区教育局	服装	服装设计与工艺	1119

资料来源：沪教委职成〔2002〕15号《上海市教育委员会关于认定上海市中等职业学校重点专业(工种)的通知》，2002年4月11日发。

第二阶段：2003年，28个专业被认定为上海市中等职业学校重点专业。2003年3月25日，市教委公布第二批第一阶段重点专业。评估采用分值计算与相对评估相结合的方法。2004年3月

15 日,关于认定上海市中等职业学校第二批重点专业的通知,认定上海信息技术学校的电气运行与控制等 27 所学校的 28 个专业为上海市中等职业学校重点专业。

表 5‐1‐4　2004 年 3 月上海市中等职业学校第二批第一阶段重点专业一览表

序号	学 校 名 称	主 管 单 位	专 业 名 称	专业编码
1	上海信息技术学校	上海华谊(集团)公司	电气运行与控制	0515
2	宝钢工业技术学校	上海宝钢集团公司教育培训中心	机电技术应用	0513
3	上海电子工业学校	上海仪电控股(集团)公司	机电技术应用	0513
4	上海市竖河职业技术学校	崇明县教育局	数控技术应用	0511
5	上海市大众工业学校	上海市嘉定区教育局	数控技术应用	0511
6	江南造船集团职业技术学校	江南造船集团有限责任公司	船舶机械装置	0519
7	上海市材料工程学校	上海建筑材料(集团)总公司	建筑与工程材料	0561
8	上海市高级技工学校	上海工程技术大学	机电设备安装与维修	0510
9	上海市城市建设工程学校	上海市市政工程管理局	给水与排水	0410
10	上海信息技术学校	上海华谊(集团)公司	计算机及应用(多媒体技术与应用)	0711
11	上海第二医科大学附属卫生学校	上海市卫生局	医学检验	0810
12	上海新闻出版职业技术学校	上海市新闻出版局	印刷技术(平版印刷＊)	0549
13	上海市医药学校	上海医药(集团)有限公司	生物化工(生物技术制药)	0540
14	上海市第二轻工业学校	上海轻工控股(集团)公司	美容美发与形象设计	0912
15	上海市马戏学校	上海文化广播影视集团	杂技与魔术表演	1114
16	上海音乐学院附属中等音乐专科学校	上海音乐学院	音乐	1109
17	上海市东辉职业技术学校	上海市浦东新区社会发展局	服装表演	1120
18	上海科技管理学校	上海水产(集团)总公司	食品生物工艺	0546
19	上海市曹杨职业技术学校	上海市普陀区教育局	饭店服务与管理	0915
20	上海市工商外国语学校	上海市经济委员会	商务外语(商务英语)	0905
21	上海市现代职业技术学校	上海市长宁区教育局	国际商务	0904
22	上海市南湖职业技术学校	上海市虹口区教育局	国际商务(报关业务＊)	0904
23	上海市商业学校	上海商业职业技术学院	饭店服务与管理	0915
24	上海市徐汇职业高级中学	上海市徐汇区教育局	烹饪	0911
25	上海市董恒甫职业技术学校	上海市徐汇区教育局	图书信息管理	1106

(续表)

序号	学 校 名 称	主 管 单 位	专 业 名 称	专业编码
26	上海市振华外经职业技术学校	上海市浦东新区社会发展局	国际商务	0904
27	上海商业会计学校	上海市经济委员会	会计	1002
28	上海市群益职业技术学校	上海市闵行区教育局	园林	0112

注:带"＊"号为《中等职业学校专业目录》和《上海市中等职业学校试办专业目录》外的专门化。
资料来源:沪教委职成〔2004〕6号《关于认定上海市中等职业学校第二批重点专业的通知》,2004年3月15日发。

第三阶段:2004年,19个专业被认定为上海市中等职业学校重点专业。在第二批第二阶段重点专业申报工作中,经学校主管单位申请,共有18所学校申报19个专业。专家对18所学校申报的19个专业进行评估;同时,对第二批第一阶段被要求进行整改的上海市东港职业技术学校的航空服务专业等5所学校的5个专业进行复评。2004年8月9日,市教委下发《关于认定上海市中等职业学校第二批第二阶段重点专业的通知》,认定上海市卫生学校的医学生物技术等19所学校的19个专业为上海市中等职业学校重点专业。

图 5-1-5　2004 年 8 月上海市中等职业学校第二批第二阶段重点专业一览表

序号	学 校 名 称	主 管 单 位	专 业 名 称	专业编码
1	上海市卫生学校	上海市卫生局	医学生物技术	0807
2	中华职业学校	上海市卢湾区教育局	烹饪	0911
3	中华新侨中等专业学校	中国共产党上海市委员会统战部	机电技术应用	0513
4	立信会计学校	上海立信会计学院	会计	1002
5	民航上海中等专业学校	中国民用航空华东地区管理局	民航运输	0611
6	上海市行政管理学校	上海市教育委员会	文秘	1217
7	沪东中华造船集团技术学校	沪东中华造船(集团)有限公司	焊接(焊接与装配＊)	0522
8	上海市松江区建筑工程学校	上海市松江区教育局	工业与民用建筑	0401
9	上海市金山食品工业学校	上海市金山区教育局	食品生物工艺	0546
10	上海市贸易学校	上海市粮食局	电子商务	0903
11	上海市青浦区职业学校	上海市青浦区教育局	服装设计与工艺	1119
12	上海市徐汇职业高级中学	上海市徐汇区教育局	饭店服务与管理	0915
13	上海海运学校	上海海运(集团)公司	船舶水手与机工	0607
14	上海市商业学校	上海市经济委员会	美容美发与形象设计	0912
15	上海市临港科技学校	上海市南汇区教育局	数控技术应用	0511
16	上海市西南工程学校	上海市闵行区教育局	建筑装饰	0402

（续表）

序号	学 校 名 称	主 管 单 位	专 业 名 称	专业编码
17	上海市商业会计学校	上海市经济委员会	服装设计与工艺	1119
18	上海市高桥职业技术学校	上海市浦东新区社会发展局	现代物流	0991
19	上海市东港职业技术学校	上海市浦东新区社会发展局	航空服务	0613

资料来源：《上海市教育委员会关于认定上海市中等职业学校第二批第二阶段重点专业的通知》，2004 年 8 月 9 日发。

重点专业建设中，根据市场的需求和学生发展的需要来制定专业教学方案、调整课程及教育教学内容。重点专业的实验实训设施设备较齐全，拥有各具特色的实验实训室和模拟仿真设备，并且不断更新，保持先进。每个重点专业都建立多个稳定的校外实习基地，实验实训开出率平均达 99％以上。师资培训得到强化，师资水平不断提高。重点专业所在学校"双师型"教师占相当比例，其中学科带头人队伍较健全，综合素质较高，在现代化教学方面积极实践，自编教学软件，踊跃参加教科研活动，在专业建设中发挥引领作用。绝大部分重点专业都建立有行业专家参加的专业指导委员会，通过大量的市场调研和专家论证，进行专业现状分析，不断完善教学质量管理制度和质量监控体系。

经过重点专业建设，专业布局与上海市产业结构分布基本相吻合。百个重点专业的分布情况是：农林类 2 个，资源与环境类 1 个，土木水利工程类 7 个，加工制造类 35 个，交通运输类 7 个，信息技术类 5 个，医药卫生类 5 个，商贸与旅游类 23 个，财经类 3 个，文化艺术与体育类 11 个，社会公共事务类 1 个；一产、二产、三产类专业分别占 3％、42％、55％。

二、案例选介

上海医药学校根据对 100 多个医药企业的调研和分析，学校于 2001 年起先后确立学校重点发展的 6 个骨干专业。从开设新专业和改造老专业入手，以职业技术工作领域或岗位（群）的技术应用能力和基本素养培养为主线，按照"实际、实用、实践"的原则，改革教学内容、课程体系和教学手段等，重新制定或梳理骨干专业的人才规格和知识能力结构。每年基本推出 1～2 个新专业，改造 1～2 个旧专业，力求使人才培养"适销对路"。常设的专业达到 15 个，基本覆盖上海医药行业所需求的工种和岗位。

上海临港科技学校将机电一体化专业调整为数控技术应用专业，并给予重点扶持，优先发展，已建成市重点专业；为适应餐饮业的发展，2003 年，学校与意大利 ICIF 学院合作办学，成功地从意大利引进 2 500 万元烹饪设备。中意合作烹饪培训中心被国家教育部批准立项，使中式烹饪与意大利合作项目"嫁接"，打造成中西合璧，具有鲜明特色的骨干专业。从 2002 年起，学校又面向市场，先后增设计算机网络技术、电子商务、现代物流等专业。2005 年，学校又根据临港、临空产业的发展需求，申报模具设计与制造、国际商务（国际货运代理专门化）、物业管理 3 个新专业。

上海工商信息学校以"巩固与调整并举"的策略和"突出重点专业，清晰主干专业，兼顾一般专业"的原则进行专业调整：一是大力发展以精密机械制造业、电子信息业为主的专业，其中机械制造类专业以该行业的主流技术——数控加工技术专业为主要发展方向，并以此为核心进行纵横辐射；电子信息专业重点发展与区域经济主干产业相应的应用技术，以培养掌握电子应用技术的中级人才为目标;依托本地区食品行业企业,以食品生物工艺专业为"点",加强校企合作,实施"订单"培养,积累经验,以点带面。二是巩固学校传统专业,如财务会计、旅游服务、园艺专业。三是根据青浦地理位置和交通特点,积极发展物流专业和会展服务专业。由此形成以现代制造业和现代服务业为主干的专业新格局。

第二章 中等职业学校课程建设

第一节 中等职业学校教学计划和专业教学标准

一、教学计划

【中等专业学校教学计划】

"文化大革命"后,上海中等专业学校陆续复办或重建,专业教学计划很不规范。有的压缩套用大学同类专业的教学计划;有的在原有的专业教学计划基础上补充、修改。1979年8月,教育部颁发《关于中等专业学校工科专业二年制教学计划的安排的几点意见》,要求制定教学计划必须体现本专业的具体培养目标和业务范围;全面贯彻党的教育方针,培养德、智、体全面发展的人才;坚持理论与实践相结合的原则;在教学环节、课程设置、授课时数的安排上,必须分清主次,保证重点;课程之间的衔接和配合要尽量安排好。9月,市教育局转发教育部的上述意见,提出"按教育部规定多数专业学习年限应调整为二年"。1985年1月,市教育局印发《关于调整、理顺本市中专学制的几点意见》,提出从1985年秋季招生起,凡招收高中毕业生的理、工、医科专业的学制,一律由现行的3年制改为2年制;政法、财经、应用文科的学制从现行的2年制改为1年半制。并规定工科一般不再开设语文、物理、化学,文科一般不再开设历史、地理,文科的语文以应用文为主。数学:工科类专业,开设高等数学110学时~120学时(微积分部分),专业数学可根据具体要求另加,文科数学着重上专业数学。1986年4月,市教育局发出《关于招收高中毕业生中专学制一律改为两年制》的通知中提出,从该年秋季起,招收高中毕业生的文科专业,同理工医科专业一致,一律改为2年制,并即修订教学计划。

1986年4月,国家教委印发《关于制定和修订全日制普通中等专业学校(四年制)教学计划的意见(试行)》,要求保证实践教学的时间,注重能力的培养,要把学生独立获得知识和分析解决问题等能力的培养贯穿在教学的各个环节之中。从1988年开始,上海市中专校加快和深化教育改革,走产教结合、校企联合的发展道路,至1990年,已有16所中专校进行18个专业的教学计划的改革。调整专业设置,改革课程内容,加快中专课程体系的改革,打破"三段制",采用以专业主要服务方向为主线,试行模块式教学,以加强对社会主义市场经济对中专人才需求的适应性和灵活性。2000年4月,教育部印发《关于制定中等职业学校教学计划的原则意见》的通知中明确"基本学制为3至4年,以3年为主";"文化基础课与专业课的比例一般为4∶6,专业课程中的实践比例一般为50%,综合实习一般安排一学期,选修课程的教学时数占总学时的比例应不少于10%"。

【职业高中教学计划】

1986年6月5日,国家教委颁发《关于制订职业高级中学(三年制)教学计划的意见》,对制订职业高中教学计划的原则、培养目标、课程设置、时间安排,教学计划的制订和审批等提出试行的意见。上海的职业高中,在市、区教育主管部门和市职业技术教育教学研究室的指导下,会同有关联合办学的行业等部门,将现行的教学计划按相同和相近专业(工种)分成几个专业大类,分块组织力量,对教学计划进行调整、修改。1990年12月31日,国家教委又颁发《关于制订职业高级中学(3年制)教学计划意见》,在1986年《意见》试行基础上进行修改补充,正式颁发执行。意见对学生3年在校总周数150周没有改变,但对其中理论教学的周数与上课总时数要求,与1986年试行意见相比,有所减少,而实习周数要求有所增加。"七五""八五"计划期间,市教育局职业技术教育办公室通过市职业技术教育教学研究室,对职业高中现有不同专业(工种)的教学计划,按10个大类进行归类。为保证人才培养的规格质量,要求对同一专业、工种的课程设置、课时安排和总学时数能基本一致,再根据各学校所在地区及联合办学单位(用人单位)对岗位的特殊要求等因素,允许学校作适当的调整。以体现统一性和灵活性的原则。

【技工学校教学计划】

技工学校实习教学与生产的结合,是通过生产实习教学计划来实现的。1978年,市劳动局受国家劳动总局和机电部委托,在上海与机电一局共同成立机械类技工学校教材编审委员会,重新编制适用于初、高中毕业生使用的机械类技工学校的教学计划和教学大纲。根据这套统一的教学计划大纲,各技工学校又开始结合自身的实习产品,编制生产实习教学计划。为了突出技能训练,提高培训质量,1985年调整技工学校生产实习课与文化技术理论课的课时比例。多数学校的实习缺乏固定的产品,一般只是根据已有的少量产品或接受委托的外协件,提出一个阶段的实习要求和产品完成计划。

二、语文等基础课程大纲与标准

2000年,市教委印发上海市中等职业技术学校语文、数学、英语3门学科课程标准。

从2005年9月起,《上海市中等职业学校〈生涯规划〉课程标准(试用稿)》和中等职业学校教材试用本《生涯规划》,在上海市商业学校等5所学校进行一年的教学试验和跟踪调查。5所教学试验学校对总体评价较高,提出进一步完善和修改的意见,市教委据此对中等职业学校教材试用本《生涯规划》作修订。通过试验和调查,《生涯规划》课程试验取得积极的成效,较好体现出以学生发展为本、以就业为导向的指导思想,促进教学改革,受到教师和学生的普遍欢迎。

2006年3月,市教委关于印发上海市中等职业学校语文等4门学科课程标准(试用稿)。

2009年3月2日,市教委转发《教育部关于进一步深化中等职业教育教学改革的若干意见》《教育部关于制定中等职业学校教学计划的原则意见》和《教育部关于印发新修订的中等职业学校语文等七门公共基础课程教学大纲的通知》等3个文件,市教委要求各学校结合上海市中等职业教育的实际,结合行业和企业的实际需要、专业培养目标以及学校的实际情况,制定和调整教学实施方案(教学计划)。市教委教学研究室和上海市中等职业教育课程教材改革办公室要在总结历年来本市中等职业教育课程教材改革经验的基础上,结合上海实际,研究制定主要文化课的分层教学指导方案,按照教育部的相关要求,推动专业教学标准实施。7门公共基础课程教学大纲是:中等职业学校语文教学大纲、中等职业学校数学教学大纲、中等职业学校英语教学大纲、中等职业学校计算机运用基础教学大纲、中等职业学校体育与健康教学指导纲要、中等职业学校物理教学大纲、中等职业学校化学教学大纲。6月,市教委转发《教育部关于印发中等职业学校机械制图等9门大类专业基础课程教学大纲的通知》,9门教学大纲是:中等职业学校机械制图教学大纲、中等职业学校机械基础教学大纲、中等职业学校金属加工与实训教学大纲、中等职业学校机械常识与钳工实训教学大纲、中等职业学校电工技术基础与技能教学大纲、中等职业学校电子技术基础与技能教学大纲、中等职业学校电工电子技术与技能教学大纲、中等职业学校土木工程力学基础教学大纲、中等职业学校土木工程识图教学大纲。

三、专业教学标准

根据市中等职业教育课程教材改革办公室的界定,专业教学标准是政府规范职业学校专业建设、专业教学以及进行专业评估的指导性文件,具体规定了专业培养目标、职业领域、人才培养规格、职业能力要求、课程结构、课程标准、技能考核项目与要求、教学安排和教学条件等内容,既是学校开始专业、设置课程、组织教学的依据,也可作为学生选择专业和用人单位招聘录用毕业生的参考。

2004 年《上海市中等职业教育深化课程教材改革行动计划(2004—2007)》的一个具体目标是,开发汽车运行与维修等 50 个专业教学标准,实现学历证书与职业资格证书的"双证"融通。2005年,部分专业课程教学标准的编制工作正式启动。确定第一批专业教学标准的编制工作的牵头单位。为了保证编制工作的规范进行,对全体编制人员进行培训。各编制组已完成前期的调研工作,为第二批 38 门专业教学标准的编制,奠定良好的基础。

2006 年 9 月 6 日,市教委印发上海市中等职业学校汽车运用与维修等 12 个专业教学标准:汽车运用与维修、计算机及应用、机电技术应用、金融事务、制冷与空调技术、国际商务专业、数控技术应用、会展事务、电气运行与控制、饭店服务与管理、护理、城市轨道交通车辆检修。

2007 年,制定《专业教学标准开发指导手册》,就专业教学标准开发的思路、方法、程序、要求等作详细的说明。专业教学标准开发分调研、工作任务分析和课程分析等 3 个阶段。同年,确定首批开发教学标准的 12 个专业,通过向全市中职校征询相关专业的教学标准撰写牵头学校,确定此 12个专业标准开发的领头单位及项目组长人选,首批 12 个专业是:数控技术应用,机电技术应用,制冷与空调技术,电气运行与控制,汽车运用与维修,计算机及应用,护理,饭店服务与管理,金融事务,国际商务,会展事务,城市轨道交通车辆检修。同年,完成第二批 30 个专业教学标准(含 61 个专门化方向)的编制和审定工作,其中,包括专业核心课程标准 161 门、专门化方向课程标准 257门。新专业教材打破原有以知识体系为主的结构,较好体现任务引领的课程理念,课程内容紧密联系生产实际,突出职业能力的培养。2008 年秋季新学期起,在学校的层面上实施推行。颁布实施的 42 个专业教学标准共与 221 个职业资格挂钩。

2008 年 4 月,上海市教育委员会印发上海市中等职业学校园艺等 30 个专业教学标准:园艺、环境保护与监测、工业与民用建筑、建筑装饰、市政工程施工、机械制造技术、模具设计与制造、焊接、生物技术、食品生物工艺、化工工艺、航空服务、电子通信技术、计算机网络技术、医学检验、药剂、旅游服务与管理、烹饪、美容美发与形象设计、会计、工艺美术、美术设计、服装设计与工艺、文秘、物业管理、现代物流、城市轨道交通电动列车驾驶、城市轨道交通供配电、城市轨道交通运输管理、城市交通信息技术应用。相关通知指出,标准的制定以科学发展观为指导,以服务为宗旨,以就业为导向,以能力为本位,以岗位需要和职业标准为依据,以促进学生职业生涯发展为目标,构建任务引领型课程为主的新课程体系及其保障机制,体现上海社会经济发展对高素质技能型人才的培养要求以及职业与职业教育的发展趋势。这是规范上海市中等职业学校专业建设、专业教学以及进行专业评估的指导性文件,适用于实施高中阶段学历教育的各类中等职业学校。

四、专业教学标准开发操作方法

根据市教委颁发的《上海市中等职业教育专业教学标准开发指导手册》,专业教学标准开发操作的要点是:

人才需求和专业改革调研,是专业教学标准开发的一项基础性工作。调研要紧紧依靠行业、企业,其内容包括相应行业的人才结构现状、专业发展趋势、人才需求状况、岗位对知识能力的要求、相应的职业资格、学生就业去向等,从宏观上把握行业、企业的人才需求与培养现状,在此基础上确定专业改革思路、培养目标及专门化方向等。成果形式是《人才需求与专业改革调研报告》。《人才需求与专业改革调研报告》(初稿)必须组织相关学校和行业技术专家充分论证。

工作任务分析,是指对本专业所对应的职业或职业群中需要完成的任务进行分解的过程,目的在于掌握其具体的工作内容,以及完成该任务所需要的职业能力。分析的对象是工作而不是员工。其要求是把本专业所涉及的职业活动(包括专门化方向)分解成若干相对独立的工作项目,再对工作项目进行任务分析,获得每个工作项目的具体工作任务,并对完成任务应掌握的职业能力作出较为详细的描述。工作任务分析的成果形式是"任务与职业能力分析"。

课程结构分析,是要把工作任务分析的结果(即"任务与职业能力分析")转化为专业(实训)课程,形成由专业核心课程和专门化方向课程组成的课程结构。专业核心课程是指以完成某个专业共同的工作任务为目标的课程,这些课程要以不同专门化方向之间的共同职业能力为基础来设计。它不同于过去所说的专业基础课,要避免用"知识"代替"能力"为基础来设计这些课程的倾向。专门化方向课程是指在专业核心课程基础上,针对某一就业岗位,以完成某些专项任务为目标的课程。专门化方向课程应涵盖国家(行业)颁布的相应职业标准的考核要求。

课程内容分析,是将"任务与职业能力分析"表中表述的职业能力落实在相应的课程中(即),明确专业(实训)课程的主要教学内容与要求、技能考核项目与要求、建议学时数等内容。根据"专业(实训)课程"表中列出的专业(实训)课程制定专业课程标准。课程标准要反映学生的学习过程和预期的学习结果,陈述的角度应以学生为出发点,目标的行为主体是学生,而不是教师。

项目审定,由课程教材改革办公室组织实施,一般程序是:项目组在完成开发任务后,向课程教材改革办公室提出审定申请,并提交相关材料;课改办根据不同的专业情况,组成专业评估专家小组进行审定,并提出书面审定意见;审定办法按有关规定执行。

附录:

机械制造技术专业教学标准(2008年4月发布)

【专业名称】

机械制造技术

【入学要求】

初中毕业或相当于初中毕业文化程度

【学习年限】

三年

【培养目标】

本专业主要面向各类机械制造企业,培养在生产第一线从事机械冷加工的车工(兼有铣工和磨工操作能力)、钳工(兼有装配钳工和机修钳工操作能力)和计算机绘图等,具有公民基本素养和职业生涯发展基础的中等应用型技能人才。

【职业范围】

序　号	专门化方向	就　业　岗　位	职　业　资　格
1	普通机加工	车工	车工(四级)
2		铣工	铣工(五级)
3		磨工	磨工(五级)
4		计算机绘图员	计算机辅助机械设计绘图员(四级)
5	钳加工	普通钳工	钳工(四级)
6		装配钳工	装配钳工(五级)
7		机修钳工	机修钳工(五级)
8		计算机绘图员	计算机辅助机械设计绘图员(四级)

说明:所列职业资格证书,均为劳动和社会保障部门颁发的国家职业资格证书。

【人才规格】

本专业培养的人才应具有以下知识、技能与态度:

- 良好的职业道德与素养
- 人际交往和沟通能力以及团队合作精神
- 安全生产、环境保护的相关知识和技能
- 检索信息的能力
- 应用计算机处理和交流信息能力
- 能识读和绘制中等复杂程度的机械零件图和简单装配图
- 能应用 AutoCAD 软件测绘机械零件图样
- 能根据图样要求完成机械零、部件加工
- 能查阅极限偏差表
- 机械零件加工质量分析与控制的能力
- 零件材料与热处理的基础知识
- 常用非金属材料知识
- 机床设备维护保养的能力
- 机床电气基础知识和控制系统知识
- 计算机辅助机械设计绘图能力

普通机加工专门化方向:

- 机械传动知识
- 机械加工常用设备知识(分类、用途)
- 金属切削常用刀具知识
- 典型零件(主轴、箱体、齿轮等)的加工工艺

- 设备润滑系统及切削液的应用知识
- 工具、夹具、量具使用与维护知识
- 国家职业资格车工(四级)操作技能
- 国家职业资格铣工(五级)操作技能
- 国家职业资格磨工(五级)操作技能

钳加工专门化方向:

- 划线知识
- 钳工操作知识(錾、锉、锯、钻、铰孔、攻螺纹、套螺纹)
- 机械加工常用设备知识(分类、用途)
- 金属切削常用刀具知识
- 设备装配和调试能力
- 国家职业资格钳工(四级)操作技能
- 国家职业资格装配钳工(五级)操作技能
- 国家职业资格机修钳工(五级)操作技能

【专业(实训)课程】

序号	课程名称	主要教学内容与要求	技能考核项目与要求	参考学时
1	机械制图	**主要教学内容**:制图的基本知识与技能;投影法基础;图样的基本表示法;图样中的技术要求;盘盖类零件、轴套类零件、叉架类零件、箱体类零件、标准件与常用件等制图标准;装配图的制图标准。 **通过学习与实训**,了解机械制图的国家标准,掌握图样的基本表示法,掌握公差配合、形位公差及表面粗糙度的知识,查阅极限偏差表。	**技能考核项目**:识读、绘制机械图样,查阅极限偏差表。 **技能考核要求**:达到计算机辅助机械设计绘图员(四级)职业技能鉴定的相关要求。	128
2	CAD绘图	**主要教学内容**:基本图形单元的绘制;使用绘图辅助工具;图形编辑;图层使用;实体属性设置;图案填充;文字标注;尺寸标注;图块的使用;外部参照的使用;各种绘图编辑功能;图样输出。 **通过学习与实训**,能应用CAD软件绘制机械零件图和装配图。	**技能考核项目**:图形绘制与编辑;图层、实体属性设置与图案填充;文字、尺寸标注;图块与外部参照的使用;综合绘图。 **技能考核要求**:达到计算机辅助机械设计员(四级)职业技能鉴定的相关要求。	56
3	机械零件测量	**主要教学内容**:量具的识读和正确选用;外圆直径和台阶长度测量;圆柱内孔孔径和深度测量;孔与孔的偏心距测量;外圆与外圆的偏心距测量;圆柱体(孔)的同轴度测量;键槽的宽度、深度、对称度测量;普通螺纹的螺距、牙型角、中径误差测量;梯形螺纹的螺距、牙型角、中径误差测量;径向孔与外圆垂直度测量;直齿圆柱齿轮的主要参数测量;V带轮的主要参数测量;外花键轴的主要参数测量;表面粗糙度的比较判断;极限偏差表的查阅;测量数据的处理。 **通过学习与实训**,能正确使用各类测量工具,会查阅极限偏差表,对机械零件的主要参数进行正确测量和数据处理。	**技能考核项目**:量具的识读和正确选用;工件的测量;查阅极限偏差表;测量数据的处理。 **技能考核要求**:达到车工、钳工(四级)职业技能鉴定中相关的要求。	56

（续表一）

序号	课程名称	主要教学内容与要求	技能考核项目与要求	参考学时
4	机械制造基础	**主要教学内容**：金属材料的力学性能指标及检测方法；工程材料的认识；钢的热处理；确定工件合理的装夹方式；切削参数的选择；合理编排加工工序步骤，按零件精度和技术要求合理安排零件的加工工艺；常用的机床及所需的工艺装备；零件加工的工时定额估算。 **通过学习与实训**，能合理编制机械零件加工工艺。	**技能考核项目**：工程材料的认识；热处理的安排；编排加工工序步骤；确定工件合理的装夹方式；切削参数的合理选择；按零件精度和技术要求合理安排零件的加工工艺。 **技能考核要求**：达到车工、钳工（四级）职业技能鉴定的相关要求。	84
5	机械制造基础实训	**主要教学内容**：安全文明操作规程；机械结构件的拆装与测绘，极限偏差表的查阅；钳工认识性实习（划线、锯削、锉削、钻削等）；车工认识性实习（各种车刀的认识、外圆车削、端面车削、切槽与切断等）；机床部件的拆装，机床的保养。 **通过实训**，能正确进行机械零件的测绘，会查阅极限偏差表；会简单零件的锯削、锉削、钻削等加工；会简单轴类零件的车削加工；会保养机床。	**技能考核项目**：机械结构件的测绘与查阅极限偏差表；简单零件的切削加工；机床的保养。 **技能考核要求**：达到车工、钳工（四级）职业技能鉴定的相关要求。	168
6	车削加工	**主要教学内容**：车床安全文明操作规程；规范操作车床；正确选择和使用常用量具、工具和附件；车床调整方法及调整计算；各种常用车刀的刃磨；切削用量选用；各种表面的切削加工方法；实际加工中工件的正确测量方法；工件加工质量分析和加工方法的调整；车床的日常保养。 **通过学习与实训**，能规范操作车床，对各类机械零件进行车削加工，并保证工件加工精度。	**技能考核项目**：规范操作车床；正确制定车削加工工艺；选用和刃磨加工刀具；合理装夹工件；确定加工方法；检测工件精度；分析加工误差；维护和保养车床。 **技能考核要求**：达到车工（四级）职业技能鉴定的相关要求；内孔、外圆加工精度 IT7 级、Ra1.6 μm；长度、台阶长度加工精度 IT0 级、Ra1.6 μm；外圆偏心距偏公差≤0.04 mm；外圆槽宽精度 IT8 级、Ra1.6 μm；莫氏外锥接触面≥60%、Ra1.6 μm；普通内、外螺纹加工精度 6h(6H) 级、Ra1.6 μm；双头梯形螺纹（含左旋）加工精度 8e 级、牙型半角误差 ±15′、Ra3.2 μm；十字孔加工精度对称度公差 IT8 级～IT9 级、垂直度公差 IT8 级～IT9 级。	588
7	铣削加工	**主要教学内容**：铣床安全文明操作规程；规范操作铣床；正确选择和使用常用量具、工具和附件；铣床基本调整方法及计算；各种常用铣刀的选择、规范的装刀手法；顺铣与逆铣的正确选用；加工中工件正确的测量手法；分度头的正确操作；花键轴、离合器、齿轮等常规工件的加工方法；工件加工质量分析和加工方法的调整；铣床的日常保养。 **通过学习与实训**，能规范操作铣床，对常规工件进行铣削加工，并保证工件加工精度。	**技能考核项目**：规范操作铣床；正确制定铣削加工工艺；花键轴、离合器、齿轮等常规工件的装夹及加工；检测工件精度；分析加工误差；维护和保养铣床。 **技能考核要求**：达到铣工（五级）职业技能鉴定的相关要求。	252

(续表二)

序号	课程名称	主要教学内容与要求	技能考核项目与要求	参考学时
8	磨削加工	**主要教学内容**：磨床安全文明操作规程；规范操作磨床；正确选择和使用常用量具、工具和附件；砂轮的选用、静平衡调整与修正；冷却液的选用；内圆磨具及辅助工具正确操作和使用方法；圆锥轴的磨削加工、测量和机床调整方法；工件加工质量分析和加工方法的调整；磨床的日常保养。 **通过学习与实训**，能规范操作磨床，对常规工件进行磨削加工，并保证工件加工精度。	**技能考核项目**：规范操作磨床；正确制定磨削加工工艺；平面、内外圆表面、圆锥轴表面等常规工件的装夹及磨削加工；检测工件精度；分析加工误差；维护和保养磨床。 **技能考核项目**：达到磨工(五级)职业技能鉴定的相关要求。	252
9	普通钳工	**主要教学内容**：钳工安全文明操作规程；划线；锯削；錾削；锉削；钻孔；扩孔；铰孔；锪孔；攻/套螺纹；刮削；研磨；弯曲与校正；配作；钳工工具简单热处理。 **通过学习与实训**，能进行钳加工规范操作，对各类机械零件进行钳加工，并保证工件加工精度。	**技能考核项目**：规范操作钳工常规设备、工具和量具；正确制定钳工加工工艺；确定加工方法；检测工件精度；分析加工误差。 **技能考核项目**：达到钳工(四级)职业技能鉴定的相关要求；钻铰圆柱孔加工精度 IT8 级、Ra1.6 μm；配作钻孔位置公差 IT0 级；普通螺纹攻丝与套丝；平面锉削加工尺寸精度 IT10 级、垂直度和平行度公差 IT8 级～IT9 级、Ra1.6 μm；平面、角度面刮削加工接触点数≥10 点/25 mm×25 mm、角度公差±15′、Ra1.6 μm；圆弧面锉削加工线轮廓度公差 IT8 级～IT9 级、Ra1.6 μm；外沟槽锉削加工对称度公差 IT8 级～IT9 级、Ra1.6 μm。	588
10	装配钳工	**主要教学内容**：装配钳工安全文明操作规程；识读装配图；分析装配工艺；零件的清洗、精度检测及规范的放置；正确选用拆装、检测的工量具；键/销配合、螺纹连接和轴承装配等传动机构的调整；垫圈的研磨调整；箱体轴孔精度测量；装配精度的检测；设备文件的技术资料查询。 **通过学习与实训**，能规范拆装操作，对机床零部件进行精度检测、调整，保证装配精度。	**技能考核项目**：规范操作装配钳工常规工具、量具和夹具；装配零件的精度检测；分析装配工艺；确定装配方法；检测装配精度；调整装配误差。 **技能考核项目**：达到装配钳工(五级)职业技能鉴定的相关要求。	252
11	机修钳工	**主要教学内容**：机修钳工安全文明操作规程；识读装配图；分析拆装工艺；认识机床的机械、气动和液压传动结构；分析普通机床的故障类型；常用维修方法应用；测量和调整配合件间隙；配合件的误差抵消法的使用；按机床标准进行测量；合理选用精度修复方法；掌握配合零件的置换标准；安装和调试一般普通机床；设备文件的技术资料查询。 **通过学习与实训**，能规范进行机床检测与精度修复操作，会按机床标准实施检测；能对各类机械零件进行精度检测、调整，保证修复精度、排除故障。	**技能考核项目**：机修钳工常规工具、量具和夹具的使用；普通机床的安装、调试、维修和保养；机床外观检查、几何精度检查和运行检查。 **技能考核要求**：达到机修钳工(五级)职业技能鉴定的相关要求。	252

【课程结构】

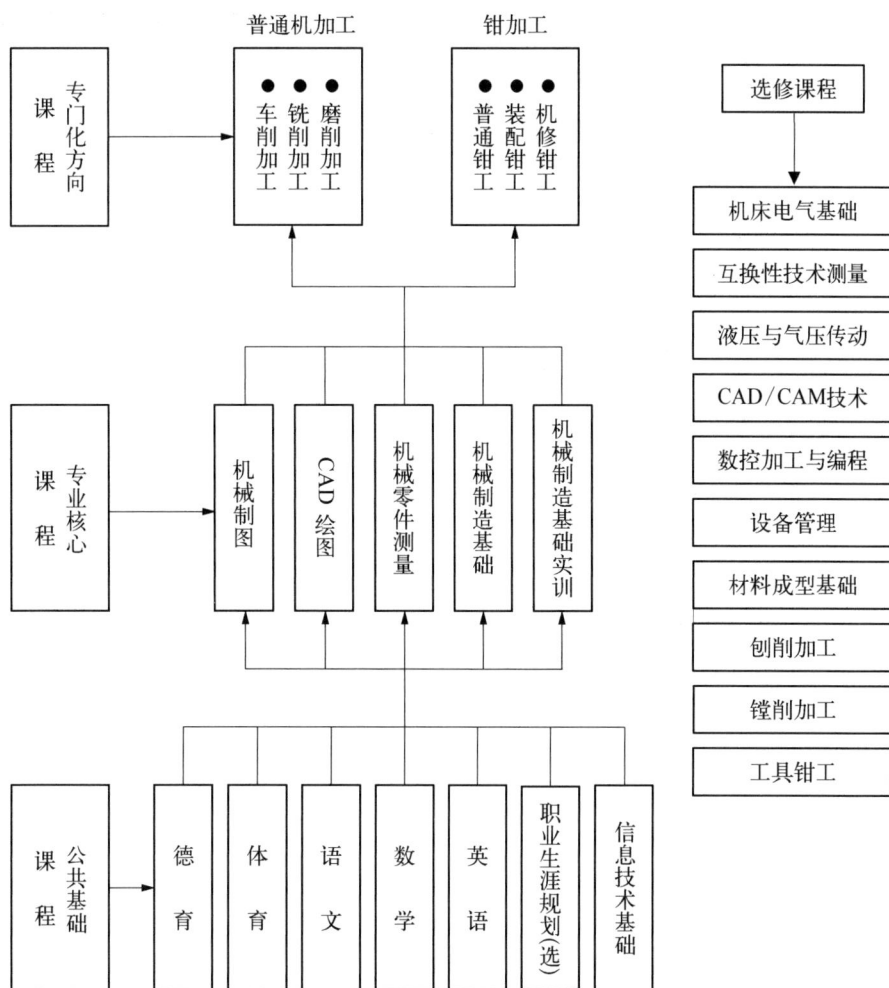

图 5‑2‑1　机械制造技术专业课程结构图

【指导性教学安排】

1. 学年制教学指导方案

课程分类	课程名称	总学时	各学期周数、学时分配					
			1	2	3	4	5	6
			18	14/5	10/9	11/8	20	20
公共基础课程	德　育	106	2	2	2	2	—	—
	体　育	159	3	3	3	3	—	—
	语　文	190	4	4	4	2	—	—
	数　学	190	4	4	4	2	—	—
	英　语	190	4	4	4	2	—	—
	信息技术基础	108	6	—	—	—	—	—

(续表)

课程分类	课程名称		总学时	各学期周数、学时分配					
				1	2	3	4	5	6
				18	14/5	10/9	11/8	20	20
公共基础课程	职业生涯规划(选)		36	2	—	—	—	—	—
	其他课程		—	—	—	—	—	—	—
	小　计		979	—	—	—	—	—	—
专业核心课程	机械制图		128	4	4	—	—	—	—
	CAD绘图		56	—	4	—	—	—	—
	机械零件测量		56	—	4	—	—	—	—
	机械制造基础		84	—	—	4	4	—	—
	机械制造基础实训	机械零件测绘实训	28	—	1周	—	—	—	—
		钳工实习	56	—	2周	—	—	—	—
		车工实习	56	—	2周	—	—	—	—
		车床部件的拆装与保养	28	—	—	1周	—	—	—
	其他课程		—	—	—	—	—	—	—
	小　计		492	—	—	—	—	—	—
专门化方向课程	普通机加工	车削加工	84	—	—	4	4	—	—
		车削加工综合实训	504	—	—	4周	4周	10周	—
		铣削加工	252	—	—	2周	2周	5周	—
		磨削加工	252	—	—	2周	2周	5周	—
		其他课程	—	—	—	—	—	—	—
	钳加工	普通钳工	84	—	—	4	4	—	—
		钳加工综合实训	504	—	—	4周	4周	10周	—
		装配钳工	252	—	—	2周	2周	5周	—
		机修钳工	252	—	—	2周	2周	5周	—
		其他课程	—	—	—	—	—	—	—
	小　计		1 092	—	—	—	—	—	—
上岗实训			504	—	—	—	—	—	18周
选修课程			150	—	—	4	10	—	—
合　计			3 217	29	29	29	29	—	—

2. 学分制教学指导方案

课程分类	课程名称		学分	总时数	各学期周数、学时分配					
					1	2	3	4	5	6
					18	14/5	10/9	11/8	20	20
公共基础课	德 育		6.5	106	2	2	2	2	—	—
	体 育		10	159	3	3	3	3	—	—
	语 文		8	128	4	4	—	—	—	—
	数 学		8	128	4	4	—	—	—	—
	英 语		8	128	4	4	—	—	—	—
	信息技术基础		6.5	108	6	—	—	—	—	—
	职业生涯规划（选）		2	36	2	—	—	—	—	—
	其他课程		—	—						
	小 计		49	793	—	—	—	—	—	—
专业核心课程	机械制造基础实训	机械制图	8	128	4	4	—	—	—	—
		CAD绘图	3.5	56	—	4	—	—	—	—
		机械零件测量	3.5	56	—	4	—	—	—	—
		机械制造基础	5	84	—	—	4	4	—	—
		机械零件测绘实训	1.5	28	—	1周	—	—	—	—
		钳工认识性实习	3	56	—	2周	—	—	—	—
		车工认识性实习	3	56	—	2周	—	—	—	—
		车床部件拆装与保养	1.5	28	—	—	1周	—	—	—
		其他课程	—	—						
	小 计		29	492	—	—	—	—	—	—
专门化方向课程	普通机加工	车削加工	5	84	—	—	4	4	—	—
		车削加工综合实训	27	504	—	—	4周	4周	10周	—
		铣削加工	13.5	252	—	—	2周	2周	5周	—
		磨削加工	13.5	252	—	—	2周	2周	5周	—
		其他课程	—	—						
	钳加工	普通钳工	5	84	—	—	4	4	—	—
		钳加工综合实训	27	504	—	—	4周	4周	10周	—
		装配钳工	13.5	252	—	—	2周	2周	5周	—
		机修钳工	13.5	252	—	—	2周	2周	5周	—
		其他课程	—	—						
	小 计		59	1 092	—	—	—	—	—	—

(续表)

课程分类	课程名称	学分	总时数	各学期周数、学时分配					
				1	2	3	4	5	6
				18	14/5	10/9	11/8	20	20
上岗实训		27	504	—	—	—	—	—	18周
任意选修课	语 文	5	84	—	—	4	4	—	—
	数 学	5	84	—	—	4	4	—	—
	英 语	5	84	—	—	4	4	—	—
	其他课程	5	84	—	—	4	4	—	—
	小 计	20	292						
学分/课时数/周学时合计		153	3 173	29	29	29	29	—	—

注:1. 专门化方向课程教学,建议在实训室采用做学一体化教学方法。

　　2. 每学期均为20周,第一学期安排入学教育1周,最后一学期毕业教育2周,前四学期各1周考试。

3. 关于教学指导方案的几点说明

(1) 学校可结合实际情况参照此方案制定三年或四年制教学实施方案,课程开设顺序与周课时安排学校可根据实际情况调整。

(2) 本方案分学年制和学分制,学年制方案公共基础课程中语文、数学、英语、信息技术基础按新颁发的课程标准执行。学分制方案中则将上述课程分为必修和选修两部分,必修部分以专业"够用"为原则,教学内容和要求由学校根据专业教学的实际需要确定;选修部分可达到新颁发课程标准的拓展部分要求。

(3) 本方案为学校制定专业教学实施方案留下了拓展空间,设立的其他课程可由学校根据办学指导思想、内涵特色和企业岗位需求自主开发和选择。

(4) 考虑学生的职业能力培养需有循序渐进的操作熟练过程,故在第三学期即进入专门化方向的培养,学生入学一年后可在学校指导下根据成才愿望、特长和社会需求自主选择专门化方向。允许学生在完成学业的过程中多次选择,以满足学生职业生涯发展的多种需要。

(5) 学年制方案中,总学时合计3 217学时,其中公共基础课979学时,约占30.4%;专业核心课492学时,约占15.3%;专门化方向课1 092学时,约占33.9%;上岗实训504学时约占15.7%;选修课150学时,约占4.7%。学分制方案中,总学分合计174,其中必修课105学分,占60.3%;选修课69学分,占39.7%。必修课中公共基础课49学分,约占28.2%;专业核心课、岗位实训56学分,约占32.2%。选修课中,限定选修课49学分,约占28.2%;任意选修课20学分,约占11.5%。

【专业教师任职资格】

具有中等职业学校及以上教师资格证书;

具有本专业三级及以上职业技能资格证书或相关技术职称。

……

(下略)

资料来源:上海市中等职业教育课程教材改革办公室编:《上海市中等职业学校机械制造技术专业教学标准》,华东师范大学出版社,2008年版。

第二节 中等职业学校课程和教材建设

从 1979 年开始,受国家教育、劳动部门会同有关部委的委托,上海市各教育主管部门和有关学校重新组织中等专业学校与技工学校的课程教材建设。此外,国家教委于 1990 年还委托上海市教育局制定职业高中部分专业的教学计划,并编写教学计划规定的课程教材。据初步统计,从 1979 年至 1995 年,上海市各教育主管部门与各中等职业技术学校接受国家教育部门与各部委委托所编写的教材超过 600 种。

为了使上海职业教育与社会主义市场经济建设相适应,与上海建设国际经济、金融、贸易中心和一流城市相协调,1996 年上半年上海市成立职业技术教育课程改革与教材建设委员会,启动"上海市中等职业技术教育课程改革与教材建设"工程(又称"10181"工程),由上海市教育委员会会同各主管部门共同组织职业教育的课程改革与教材建设。1999 年,首批文化基础课教材,已完成第一轮试点评价,对数学、英语、计算机、体育与保健教材评价很好和较好的占 90% 左右。首批大类专业教材,完成商业营销、机电一体化、炼钢、财经等专业 18 本教材的编写工作。启动语文、艺术欣赏、职业道德与就业指导教材的编写和出版工作,完成邓小平理论、哲学、经济教材初稿,开始计算机教材的修订工作。2000 年,组织完成 100 本文化基础课及专业教材的编写任务,开展试点学校的教研活动,对语文、教学、英语、计算机、体育与保健、综合理科、艺术欣赏、职业道德与就业指导等教材进行试点评价,完成计算机教材第二版的编写出版工作,启动第二轮 3 个大类专业的课程改革与教材建设。

2004 年,上海市中等职业教育深化课程教材改革行动计划(2004—2007)继续推进课程教材改革的各项工作。2006 年,各项工作有序推进并取得阶段性成果:完成首批 12 个专业教学标准开发、评审、颁布和出版工作,其中包括 185 门专业核心课程和专业方向课程;启动首批 12 个专业核心课程新教材编写工作,启动第二批 30 个专业教学标准开发工作;启动第二批 30 个专业教学标准开发工作;完成中职语文、数学、英语 3 门学科示范性教材第一册的编写、评审工作;完成中职语文、数学、英语 3 门学科示范性教材第一册的编写、评审工作;制定"创建中职课改实验学校的实施方案",完成创建课改实验学校的申报、评审工作;举办"上海市深化中等职业教育课程教材改革校长研修班";举行上海市中等职业学校首届校本教材展示交流评比活动,以"以校为本,彰显特色,丰富教学,适应需求"为活动主题;在 5 所中职校进行《生涯规划》教材试用的一年实验工作并向教育部职成教司报送该教材试用的实验报告;完成课改 24 个研究课题中的 4 个课题的结题评审工作。

从 2009 年秋季新学期开始,德育等 4 门课程全市各中职校全面使用教育部编写的教材,语文、数学和英语等 3 学科选取 20 所中职校进行试点。市教委就 4 门课程组织开展为期两天的全国教学大纲、课程理念和教材内容的培训。

2009 年 9 月,《上海市中等职业教育全面提高教学质量行动计划(2009—2013 年)》发布,这一计划要求继续认真搞好校本课程交流展示评比活动,鼓励学校开发反映专业领域新知识、新技术、新工艺、新方法的特色校本课程和实训教材,及时更新和拓展专业教学内容,分批评选出 100 门左右优秀校本课程。同时要求建立中等职业教育优质教学资源中心,形成以课程为核心的资源库,汇集经典教学案例和数字化教学资源,推进优质课程资源共建共享。

从 2009 年开始,在职教集团内开展中高职课程衔接的研究和实践,为探索中高职沟通和衔接提供基础。2010年,在全市启动中等职业学校全面启动精品课程建设工作。

一、"10181"工程

1996年,课程改革和教材建设工程("10181"工程)正式启动,要求用5年左右的时间,完成10门公共课的课程改革及示范教材的编写出工作;完成18个典型专业、工种的课程改革和编写出部分示范性专业、工种教材,经过对课程、教材的不断试点、实验、评价、修改、总结和研究,在10年左右时间内基本形成一个反映中国特色、上海特点、时代特征的中等职业技术教育的课程、教材体系。

该项工程具有以下特点:一是10门公共课具有代表性,都是职业教育学生必修的基础性课程,如:计算机应用、基础英语、职业道德与就业指导等;二是18门专业课体现了上海支柱产业和新技术发展要求,选择都市农业、汽车、金融、现代护理、营销、美育、工程管理等专业;三是课程模式借鉴国外经验,参照CBE模式,双元制,MES模式进行课程改革和教材编写,根据职业教育门类多,要求不一的情况,按"宽基础、活模块"方式编写教材;四是加强实训和实习教材的配套建设。1997年,完成德国双元制、加拿大CBE以及国际劳工组织的MES 3个职业教育教学模式引进教材的编译,共有200多万字,计72册。先行启8门公共学科、8个大类专业进行课改。1998年,已完成7门专业课、7门公共课课程标准,编写出6门公共课教材及部分专业课教材,88所学校,6万人次学生试用新教材。职业技术教育在第一产业方面,根据上海发展都市农业的政策,调整专业及教学内容;第二产业方面根据行业产品,技术更新换代、经营方式转变、更新教学内容;第三产业方面,进一步贴近社会发展,提高层次,及时开发新的课程。积极借鉴国外职业教育现代教育思想和教学模式,如德育双元制模式已在部分中专、职校实施,并取得成果。加拿大"能力本位"CBE教学模式,世界劳工组织就业培训模块"MES"模式,也为上海市职业技术学校消化吸收,上海化工学校采取"MES"模式,对工业分析专业进行改革,广泛调查用人单位的需求,制定能力分析DACUM表,调整课程安排,更新教学内容,取得良好效果。1999年,首批文化基础课教材,完成第一轮试点评价,对数学、英语、计算机、体育与保健教材评价很好和较好的占90%左右。2000年,组织完成100本文化基础课及专业教材的编写任务,对语文、数学、英语、计算机、体育与保健、综合理科、艺术欣赏、职业道德与就业指导等教材进行试点评价,并启动第二轮3个大类专业的课程改革与教材建设。

二、课程教材改革行动计划

2004年,开始实施《上海市中等职业教育深化课程教材改革行动计划(2004—2007)》,目标是:在"10181"工程课程改革和教材建设总结的基础上,逐步建成反映上海特点、时代特征,具有职业教育特色,品种多样,系列配套,层次衔接的能应对劳动就业市场和满足学生发展多元需要的,并与基础教育、高等职业教育课程教材改革相衔接的中等职业教育课程和教材体系。具体目标:一是优化德育课程和文化基础课程,制定语文等6门学科课程标准,编写相关示范性教材,积极实施分层教学。二是优化专业教学,开发汽车运行与维修等50个专业教学标准,实现学历证书与职业资格证书的"双证"融通。三是加强信息技术与课程的整合,开发20门网络课程,实现优质教育资源共享。四是重视学校主体地位,命名10所"上海市中等职业教育课程教材改革示范性实验学校"。五是实施"一纲多本",丰富教学资源,构建课程开发和教材建设新机制。六是实施综合评价,促进学生个性发展,构建具有职业教育特色的"多元智能"评价体系。七是结合实际开展研究,为课程教材改革提供强有力的理论支撑。

2005年,部分专业课程教学标准的编制工作正式启动。按照《上海市中等职业教育专业教学标准开发手册》的要求,在上海市中等职业学校范围内,采用公开招标方式,确定第一批专业教学标准的编制工作的牵头单位,数控技术应用等12门专业教学标准的编制工作正式启动。经教育部同意,完成《生涯规划》的课程标准编制,进行教材编写的网上招标。

2006年完成首批12个专业教学标准开发、评审、颁布和出版工作,其中包括185门专业核心课程和专业方向课程。开发过程中,除了中职校相关专业骨干教师外,有288家企业以不同方式参与,190名企业技术专家直接参加开发工作。通过梳理、选择各类职业资格证书,首批开发的12个专业及专门化方向确定对应的各类职业资格证书共71种,其中市劳动和社会保障局的52种,还有国家质监总局、商务部、交通部、市财政局、市卫生局、市旅游事业管理委员会、市安全生产监督管理局等颁布的职业准入证书19种。同年,启动首批12个专业核心课程新教材编写工作。同年,启动第二批30个专业教学标准开发工作。确定第二批专业教学标准开发目录,建立30个专业教学标准开发项目小组。同年,完成20门网络课程的立项、招标评审工作。同年,市教委举行上海市中等职业学校首届校本教材展示交流评比活动。有46所学校报名参加校本教材展示,实际参展学校40所,展示交流地教材有1 000多册(套)。

2007年,完成语文、数学、英语、信息技术基础、体育与健康等课程标准及示范性教材的编制和审定,即语文教材两套共8本、数学教材两套共6本、英语教材两套共7本、信息技术基础两套共2本。完成体育与保健学科的课程标准的编制;完成一批12个专业教学标准的新教材审定,按成熟一批审一批的原则,审定52门教材,审定通过的教材在网上推荐使用;完成第二批30门专业教学标准(初稿)的编制工作,其中包括专业核心课程标准161门、专门化方向课程标准257门。新专业教材打破原有以知识体系为主的结构,较好体现任务引领的课程理念,课程内容紧密联系生产实际,突出职业能力的培养。委托远程教育职成教在线开发网络课程学习平台,经过审定正式运转,完成对25门网络课程编写和制作,并有8门课已上网供学生上网选修,在线学习的学校有40所共4 000人次。

该年,课改运作机制进一步完善。新机制为"政府主导,各方参与;规则先行,有序竞争",市教育行政部门总体规划、综合协调、颁布标准,通过引进市场机制,形成教材开发、编写、审定、出版、使用、反馈、教学研究和教师培训等工作新的运作方法。组成学校骨干教师和行业专家参与的专业教学标准开发项目组,出版机构、教科研部门、行业和企业、学校等多方参与教材开发。专业教材由出版社组织编写队伍、自筹经费、自愿意参与教材编写,一纲多本。上海市中等职业教育课程教材改革办公室制定《关于上海市中等职业教育文化基础学科课程标准、专业教学标准、教材编写、审定、出版的管理规定》及《关于进一步加强中等职业教育专业教材编写和审定的通知》,明确教材评审程序,审定通过的教材在网上推荐使用。

2008年行动计划全面完成,组织编制并颁布第二批30个专业教学标准,包含61个专门化方向、161门专业核心课程标准及257门专门化方向课程标准。颁布实施的42个专业教学标准,共与221个职业资格挂钩。25门网络课程全部上网全面试运转,50%以上的学校组织22 820人次开展网上选学。后续工作为:2010年明确16所课改特色学校的承担的32个实验项目,对各实验项目实施研究过程的指导与管理;启动中等职业学校精品课程建设工程。根据《上海市中等职业学校教学质量评估实施方案》和《上海市中等职业学校教学质量评估指标体系》,组织实施并完成 75 所通过"百校"验收的中职校的 2010—2013 年教学质量目标评议工作,并在"上海市中等职业学校教学质量评估网上系统"进行交流展示。

行动计划对职业教育的深化改革形成巨大影响:一是以任务引领型课程为主体的专业课程改革也取得较好的社会反响。参与专业教学标准开发和审定的有关行业、企业专家认为,任务引领型课程改革,较好地处理专业课程与工作岗位的对接,突出职业能力培养。二是新机制为"政府主导,各方参与;规则先行,有序竞争",市教育行政部门总体规划、综合协调、颁布标准,通过引进市场机制,形成教材开发、编写、审定、出版、使用、反馈、教学研究和教师培训等工作新的运作方法。组成学校骨干教师和行业专家参与的专业教学标准开发项目组,出版机构、教科研部门、行业和企业、学校等多方参与教材开发。三是上海市的 42 所实验学校在创建课改特色学校的过程中,积极参与中等职业教育课程教材改革工作,开展各具特色的校本课改实践,积累了丰富的经验。

是年 7 月,市教委发布关于规范中等职业学校教材使用管理工作的通知,要求进一步规范上海市中等职业学校的教材选用和采购工作,杜绝盗版盗印或自编的中等职业教育国家规划德育课等教材进入课堂。学校必须选用教育部规划或推荐的德育课教材作为基本教材,必须严格执行国家有关图书发行管理规定。各中等职业学校要按照《上海市中等职业学校教学管理规程》有关教材管理规定的流程,建立由分管校长负责的组织机构,制定具体的程序和办法,对教材的选用和采购进行有效的管理。

三、中等职业学校精品课程建设

2009 年,《上海市中等职业教育全面提高教学质量行动计划(2009—2013 年)》发布,根据这一计划"研究制定精品(特色)专业评价标准和评选办法,创建 100 门精品课程、80 个左右特色鲜明并具有示范引领作用的精品(特色)专业(点)"的要求,2010 年 2 月 11 日,上海市教育委员会发布关于开展中等职业学校精品课程建设的通知,决定在上海市中等职业学校全面启动精品课程建设工作,目的是要提升上海中等职业教育专业教学水平,推动学校精品特色专业建设和内涵发展,同时对任务引领型课程的全面实施起示范作用。通过这项建设,以推进"双师型"教师团队建设和教学模式创新,改革教学内容、方法和手段,促进优质教学资源开发和利用,健全有利于课程实施的管理制度和保障机制。总体要求:一是要在专业结构调整优化的基础上,从精品特色专业建设的整体规划入手,精心选题、周密组织、优化内涵,加强研究,着眼提高质量,形成一个专业多个教学改革建设项目相互依托、相互支撑、联动建设、共同推进的良好局面。二是按照上海中等职业教育深化课程改革的基本理念和基本思路,以专业教学需要为出发点,以教学实践为基础,具有成熟的实践过程和成果积累,符合学校本身的办学定位、专业特色和学生的实际水平。三是与"双师型"教师团队建设结合,与工学结合、校企合作和教学模式创新等工作相结合,与优化实训和相关教学条件相结合;要充分整合优质课程资源,改革教学内容、教学方法和教学手段,汇集"做中学、做中教"典型教学范例,实施课程资源共享。精品课程建设申报立项工作由上海市中等职业教育课程教材改革办公室(以下简称"课改办")负责组织实施。分为申报、建设、评审、公布 4 个阶段,至 2012 年底,要求已立项精品课程基本完成建设工作。

第三节　中等职业教育课程教材改革
特色实验学校

一、概况

为全面实施《上海市中等职业教育深化课程教材改革行动计划(2004—2007)》,市教委决定2006—2007年在全市开展中等职业教育课程教材改革特色实验学校创建工作。2006年5月,市教委印发《创建上海市中等职业教育课程教材改革特色实验学校实施办法》,指出,上海市中等职业教育课程教材改革特色实验学校是指在上海市全面推进中等职业教育深化课程教材改革行动中立项的"上海市中等职业教育课程教材改革实验学校"中,经评估遴选出来的、能在课程教材改革方面对其他中等职业学校起到引领、带头作用的学校。建设任务是面向社会、面向市场、依托行业,带头深化课程改革,积极构建学校内涵发展的保障和激励机制;带头承担课程改革专项任务,出思想、出成果,发挥引领作用;带头进行课程改革实验和新教材试验,出经验、出效益,提升教学质量,在专业改革和实训中心建设方面起示范作用,形成品牌特色,扩大社会影响;带头开发校本课程和网络课程,紧跟科技进步,优化教学内容;带头履行教学研究和教师培训职责,提高教师队伍的整体水平和实力。通过特色实验学校的创建促进完成行动计划规定的各项任务。

2007年,市教委召开创建课改特色实验立项学校的工作推进座谈会,颁布关于开展上海市中等职业教育课程教材改革特色实验学校遴选评估的通知,遴选范围是2006年被上海市中等职业教育课程教材改革办公室确定的42所"上海市中等职业教育课程教材改革实验学校",并公布上海市中等职业教育课程教材改革特色实验学校遴选评估指标体系。

2008年,市教委公布上海市中等职业教育课程教材改革特色实验学校遴选评估结果,以下16所中等职业学校为"上海市中等职业教育课程教材改革特色实验学校":上海信息技术学校、上海石化工业学校、上海市南湖职业学校、上海交通大学医学院附属卫生学校、上海市大众工业学校、上海市交通学校、民航上海中等专业学校、上海市医药学校、上海科技管理学校、上海市商业学校、上海市工业技术学校、上海市城市建设工程学校、上海商业会计学校、上海市振华外经职业技术学校、上海市逸夫职业技术学校、上海市商贸旅游学校。

课改特色实验校承担的32个应用型实验项目,均由学校自主申报,市中等职业教育课程教材改革办公室组织专家评议论证后立项实施。每一实验项目都制订周密的研究计划,明确具体的研究步骤与进度,有目的、有计划、有步骤地推进实验研究工作。市教委教研室专题组织开展课改特色实验校实验项目中期检查与交流活动,集中了解实验项目研究进展情况,专题讨论如何有效形成实验成果,促进研究工作更好地达成预定目标。各校围绕深化课改过程中的重点和难点开展实验项目研究,主要关注一些改革进程中需要解决的重点和难点问题,摸索和提炼有效解决问题的规律和方法,为面上学校推进课改提供借鉴。实验项目的内容主要有:(1)关于技能型人才培养模式的实验研究。如如何有效实施校企合作、工学结合、顶岗实习。上海信息技术学校的"仓储与配送校企合作课程研究",根据上海华联超市物流公司仓储与配送岗位业务操作流程编写教材,实施专业教学;上海医药学校的"工学结合过程中有效实施新课程研究"项目,探索在工学结合过程中如何落实新课程计划与要求,把"工"作为"学"的一部分;上海石化工业学校的"学生顶岗实习教育和管理有效性研究与实践",促进学生顶岗实习教育教学效果的提高。(2)关于任务引领型课程教学策略与方法的实验研究。构建任务引领型课程是中职课程教材改革的一大亮点,强化适应岗位需求的技能培养,也是课改的核心理念。上海城市建设工程学校开展"任务引领型课程的教学策略和方法研究",以"市政工程施工专业"为点,以其专门化方向《道路施工管理》课程为个案,开展实验,提炼6个适用于任务引领型课程的教学法;上海科技管理学校选取学校实训条件较好的制冷与空调技术和食品生物工艺与检测专业为实验样板,总结体现"做学一体"课改理念的教学方法;振华外经职业技术学校、民航上海中等专业学校和逸夫职业技术学校结合校企合作项目对"任务引领型课程的教学策略与方法"作个性化的探索研究。(3)关于学生职业生涯发展的教育研究。上海商贸旅游学校"构建学生生涯发展服务系统,探索中等职业学校职业生涯教育新模式"的实验项目,从促进学生生涯发展的需要角度,较系统地探索职业生涯教育的内涵、功能和途径,开发并运行具有丰富内容和可操作性的学生生涯发展服务系统平台;上海商业学校开展"构建中职生职业指导体系的探索"项目研究,突出对学生就业能力和社会适应能力等职业素质提高的关注度。课改特色实验校还就如何增强中职生德育工作的实效性,如何对学生进行多元评价和实施综合素质评价,如何中高职贯通、实现课程教学的科学衔接,以及如何打造双师型教师团队等课题开展实验研究,都获得较为丰富的研究成果。

二、案例选介

上海石化工业学校着力"生活化"——关注与学生已有经历和体验,把枯燥的知识、概念变成学生通俗易懂、真切可感的表述;"联专业"——教学内容与专业相结合、与企业要求相联系,加快与专业课程教学的有效对接,确定教学目标,优化教学内容,修订课程评价标准,编写高质量的校本教材;"重能力"——关注学生终身发展,培养实际能力、潜能开发。以学生的终身发展为本,激发学生学习热情、倡导学生自主学习、挖掘学生学习的潜能、培养学生解决问题的能力。专业课改革的基本原则和做法是:体现"生活专业化、专业生活化",即用学生生活中熟悉的事例和浅显的语言,讲授深奥的专业知识;体现企业岗位需求和用人标准;校企共同参与;注重学生技能形成规律;先从课堂教学方案入手,然后编写讲义,逐步形成模块化自编教材。

上海市城建工程学校专业技能课改变过去片面追求知识的系统性和全面性的大而全形式,依据工种或岗位标准,对课程内容进行扬弃、重组和创新,突出技能的实用性及目的性。如在《市政工程定额与预算》课程的教学中,略去比较枯燥、深奥的理论,引入合适的案例,采取边讲边练、讲练结合的方式,要求学生反复练习,并实际操作已广泛应用的预算软件。同时及时引入工程实践中的新技术、新材料、新工艺和新方法。如在市政工程施工、给水与排水等专业限定选修课中引入测量工、试验工、CAD操作工等工种证书教学的模块,在任意选修课中引入地下施工技术、工程设施管理、工程文件管理、弱电操作工、职场礼仪这些在专业大纲中没有但工程实用性及服务性很强的新课程。

上海市商业学校将"以工作任务引领"设置课程、"以职业能力为基础"确定教学内容等课程改革新理念放入学校课程标准的建设中。以美容美发与形象设计专业为试点,逐步创建以"任务引领"为主体的全新课程体系。2005年,受市教委委托专门编写上海市美容美发与形象设计开放式实训中心8个模块的专业实训大纲。学校以基本技能训练课程为基础,增强学生综合职业能力。根据上海市现代服务业对人才基本技能的需求,学校规定毕业生出校门必须掌握"五个一"技能:即"写一手好字,打一手好算盘、讲一口好普通话,会一手好电脑,说一口流利的英语"。在与现代服务业有关的专业中,设置中英文电脑录入课、硬笔书法课、英语口语课、信息技术课等基本技能训练课。

上海市交通学校在汽车运用与维修、现代物流等国家级、上海市重点示范专业全面实施订单式、模块式人才培养模式,从而对校本教材的开发提出新的要求。学校根据模块式教学的实际需要加以整合,编写出更适用的校本教材。教材注重理论与实践教学的有机结合,进一步强化实践技能训练,力求更贴近就业岗位群与现代化企业生产的实际需要,使学生学到的知识和技能与企业生产岗位实现无缝对接,学生就业后能快速适应社会及行业企业的发展变化。

上海市医药学校引进加拿大 CBE 教学模式、澳大利亚 TAFE 技术和继续教育的教学模式,实现以国际化提升办学水平和质量的预定目标,创新形成有职教特色的实践导向教学模式。自 2003 年起与华东师范大学职成教所合作在药物制剂专业开展"实践导向"课程模式实验,让企业、教师和学生产生互动;在教学的各个环节,让课程设置与就业岗位、学校招生与生源市场、教师教学与学生需求、成才就业与企业需求、培养目标与产业结构等 5 个方面对接并互动。

上海市高级技工学校将专业理论和专业生产实习整合为专业技能课,实施"一体化教学"——一名教师(双师型)使用一本教材(应知应会融为一体),在同一教学环境(技能实训基地)完成一项职业能力的教学和培训。确定教改目标要实现"以经济发展和企业需求为依据,建立以职业能力为主线的课程体系"。学校制定分两步实施的技术路线:第一步,从受外部环境制约较小的专业理论课和专业技能课整合着手,实施"一体化"教学,积累探索符合职教规律的课程改革经验。第二步,整合专业基础课,实现以职业能力为主线的职教课程体系。至 2006 年,学校已开发《维修电工》和《金属切削》两个专业课程教材。教材以岗位任务为出发点,整合所需要的技能和知识点,提高教和学的有效性。

上海市逸夫职业学校通过内部调整,将原先分散的教学管理和专业建设集约化,提出以实用美术专业课程改革为学校课程改革的先导,以美术专业品牌课程的构建和辐射,带动其他专业的课程建设,以美术主业品牌的打造来促进学校自身的品牌建设。学校以科研为引领,强调课程改革的前瞻性、科学性和系统性,强调对学生"学习方式"的关注,提出"任务引领"学习方法在课程和教材改革中的真正渗透。根据美术学习自身的特殊性——学习于观察中、学习于体验中、学习于创造中,提出"箱式"教学法,即将美术专业的由以教师为教学主体、学科体系为本位的单元学习改变为以学生为学习主体、学习过程为本位的模块学习,在每个学习时间引入一个学习任务组,学生在学习任务的参与中实现在专业学习领域中知、情、能、意的个性化发展。强调对教师群体的培训,通过形式多元的培训方式,引导教师群体对课程教材改革形成正确认识;解决教师在课程教材改革中所存在的疑惑和问题;养成教师群体在养成实践、反思和再实践的教研习惯。

民航上海中等专业学校对理论与实践关联性较强的课程以及实训课程,采用项目教学法进行教学。发掘学生的创造潜能,培养学生分析问题和解决问题的思想和方法,提高学生的综合能力,实践过程中,既体现教师的主导作用又发挥学生的主体作用,更体现职业教育的教学模式与特征。以信息技术基础课程为例,将计算机的基本原理、网络知识和应用软件的使用融于一个个小型专题,突出实用性,学生以小组形式共同完成项目专题,这种训练有效地提高学生的学习兴趣、实践动手能力、分析应变能力、交流合作能力以及解决实际问题能力。

上海交通大学医学院附属卫生学校各专业运用问卷调查、"头脑风暴"、现场访谈等方法,经过对行业现状和市场需求的调研,在分析各专业及其专门化方向的工作项目、任务及职业能力的基础上,打破长期以来理论与实践二元分离的局面,学校以护理专业为核心,推动医学检验和口腔工艺技术等主干专业的整体发展,提出融"教、学、做"于一体的教学模式改革的总目标,构建以任务为引领、以能力为本位、实践目标清晰的专业教学标准和全新课程体系;形成一支工学结合、专兼职教师结构合理的"双师型"师资队伍。学校以护理专业为龙头,以医学检验、口腔工艺技术为核心,推动眼视光等主干专业的整体发展,并依托现代化、开放性的公共实训中心,建立实验—实训—实习的实践教学链的课程结构,实现学校与医院、学生与岗位的无缝对接。

上海科技管理学校开设的制冷与空调技术专业为市教委已公布的专业教学标准对应专业。为了能按新的专业教学标准组织教学,学校组织教师开展以提升技能为主的进修培训;教师在新教材未出版发行的情况下按新课标要求积极编写校本教材;专业教研室根据在校不同年级的实际情况,按照新课标的要求调整教学计划,做到一年级全面执行新课标、二年级接轨专业核心课程教学内容、三年级按专业方向课程组织教学。同时专业教师积极实践任务引领型教法创新创优,在校内率先实施课程教材改革试点,发挥课改引领作用。学校开设的食品生物工艺专业为市教委第二批正在开发的专业教学标准对应的专业。参与课标开发的专业教师根据已形成的标准初稿,自编校本教材,调整部分课程内容和教学实施计划,做到边开发、边实施。对未列入市教委开发的专业教学标准之外的专业,学校制订自行开发教学标准的实施计划。组织公开课让教师观摩任务引领型新教法,并选择21门专业课程,按任务引领型课改的理念和要求实施教学。学校依据企业实际需要和岗位技能要求,在教材中编入新技术、新工艺、新设备的内容,弥补部分统编教材的缺失。校本内容设计合理,教材使用率高。

上海商业会计学校从2007级开始要求金融事务、会计、国际商务和报关业务4个专业完全参照市教委新颁布的教学标准进行实施。部分课程进行任务引领型教学示范。除上述4个专业完全参照市教委新颁布的教学标准实施教学外,还率先要求市场营销、礼仪与修养、信息技术基础等3门课程进行任务引领型教学示范,以此带动所有课程的教学改革。对学校所有专业课程进行梳理和优化,逐步将各专业的课程设置和课程要求与岗位要求一致,与学生的能力特点一致;实行具有学校特色的弹性学分管理模式,将学生品行、专业技能、专业证书和获奖证书等因素记入学分,实行具有学校特色的弹性学分管理模式,以激励学生全面发展,促进学生综合素质提高。强化学生的技能训练课程和训练环节,学校将早自修时间和课间自修课固定为技能训练时间,并有专业技能教师加以指导和考核。

上海市城市建设工程学校以课程设置调整重构、校本教材建设、教学手段创新和学生评价方式改革为重点,结合市政工程施工专业、城市轨道交通运营与管理专业的教学标准开发和市政开放实训中心建设运营,逐步建立以就业为导向的课程体系和教学组织形式。学校推进专业开发在"纵向、横向和厚度"上多维发展。纵向:做强骨干专业。根据岗位需求或变化,精细化建设专业,开发专门化。在市政工程施工专业的基础上,拓展地下工程施工专门化、工程造价专门化、工程测量专门化;开发城镇建设专业城镇规划专门化、工艺美术专业室内设计专门化等等,进一步提高人才培养的针对性。横向:开发新专业,拓宽领域。2004年以来,学校在市政类专业的基础上,先后开发房地产经济与管理、城镇建设、建筑装饰、工程机械运用与维修等新专业,扩大对城市建设行业的覆盖面。厚度:储备发展专业。如根据市政局管辖职能的转变,面向城市燃气行业,开展燃气制气、燃气销售、燃气设备设施维修等专业的调研;根据市政局"建管并举"的定位,储备市政设施养护、市政设施信息化管理等专业,增强对行业发展的应变能力。

上海市商贸旅游学校课程教材改革实现"四破四建"。一是改变职业教育课程的学问化倾向,构建实践导向的职教课程,激发学生的学习兴趣和学习动机,改善学生厌学的现状,从而带动教师的工作积极性。二是打破学科体系的课程结构,构建适合职业教育的以工作体系为逻辑的课程结构,即建立根据工作过程和工作结构来确定职业教育的课程结构。三是构建以工作任务为中心组织的课程内容,击破以学科知识为中心组织的课程内容,大力倡导"习而学"的模式,以任务压力为起点构建课程内容。四是改革传统的教学方法,构建体现"做学一体"理念的创新型教法,形成"做学一体"理念的多元化、创新型教法。教师开始采用多种教学方法,而非单一讲授法进行教学,融合小组合作研究、讨论、角色扮演、模拟实训、实地演练等多种方法。围绕课改专题定期开展多种形式的教学实践活动:说课比赛、教学案例比赛、研究课、展示课、学科专题论坛、教学课件比赛等;在第五届教学法评优工作中,学校专门制定《第五届教学法评优实施方案》,要求学校教师全体参与、积极探索、力求创新。探讨分层的原则、机制和模式,在研究的基础上积极实施三种不同的分层教学模式,根据学科的差异选择不同的模式,学生的学习兴趣大大提高、学习成绩有所提升。

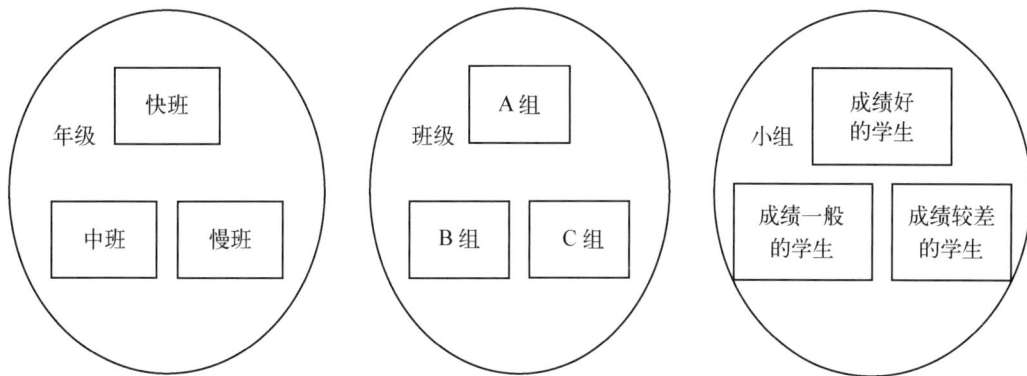

图 5-2-2　上海市商贸旅游学校课程教材改革示意图

说明:左图为走班制分层教学模式;中图为班内分组式分层教学模式;右图为合作学习小组式分层模式。

2007 年,上海市振华外经职业技术学校在相关企业的支持下,国际商务、计算机及应用、电子与信息技术、饭店服务与管理、烹饪等 5 个专业的校企合作项目获得市劳保局批准并立项。按照"校企合作,产学结合、半工半读、定向培养"的方针,与合作企业确立"一年制"培养方式。在前两年学习基础课和专业课的基础上,在毕业学年实施定向培养。校企双方共同制定专业培养实施方案,校方组织专业理论课程和技能实训课程的教学,定向企业组织企业岗位实训,培训学生取得中级工的国家职业资格证书。学校梯度式推进专业发展,面向市场,逐步提升专业结构层次。学校顺应上海产业结构发展,发扬国际商务重点专业的品牌优势,增设电子与信息技术、会展服务、计算机网络技术、报关与报检、商务秘书、航空物流等新专业及专门化方向。

上海信息技术学校确立"一个核心、四个领域"的专业结构优化指导思想。该校以信息技术为核心,覆盖现代资讯业、现代制造业、现代检验检测领域、现代商务流通领域,以适应信息化带动工业化的时代要求,体现企业对现代技术工人的发展要求。学校按"分类指导原则"进行课程教材改革,根据每个人的不同知识结构、能力特长和个人兴趣,设置相同的培养目标下的不同内容组合,更加体现人人能够成才的教育思想,符合职业教育的现状和职业教育学生的特点。

上海市航空服务学校联合有关专家、用人单位部门主管、资深专业教师,分析行业、专业与岗位的发展与需求,优化各专业的课程设置,体现市场即用人单位的要求。新的课程设置与实际工作任务相匹配,按照航空服务工作岗位的不同需求,划分为空中乘务、航空地面服务和民航安全检查等3个专门化方向。在专业课方面,取消某些与学生的岗位或将来的发展相关不大的课程,根据岗位要求加强客运英语等相关专业课的教学。2006年3月,学校与东航上海保障部签约合作办学,进一步完善各专门化的课程体系。学校还以职业能力为依据,组织课程内容。从2004年开始,教师们结合自身的教学经验,收集各种资料,与东航培训中心的教员一起,开发并陆续出版《航空服务基础》《航空货运》《航空客运》《航空服务礼仪》等校本教材。同时,还参与东航培训中心《危险品业务》《客运英语》等员工培训教材的撰写。

上海海运学校重组课程体系,各门专业课程均纳入相应功能模块,如驾驶专业的航行功能块,设置航海学、航线设计、船舶值班与避碰、船舶操纵、航海气象与海洋学、船舶信号、船舶仪器、航海英语等课程;挪方要求的专门模块重在掌握 NSA - ACT(第二登记国条例)及挪威船舶管理法规,由管理沟通、西方企业文化、西方航运管理体系、船舶租赁及营运、计划维修体系等课程构成。这一体系实行课程综合化,达到教学内容优化。例如:轮机专业原热力学、传热学和流体力学综合为轮机工程热力学,原轮机概论、船舶修造工艺、轮机化学综合为轮机维护与修理;驾驶专业原天文航海和地文航海综合为航海学等。课程综合化并不是原几门课程简单拼加,而是对培养规格所要求的知识和能力结构,实行课程知识点内容的整合,强调应用性和实用性。同时,学校借鉴挪威方式,制订操作性强的课程教学大纲。所有专业课程大纲均注明该课程属于《海员培训、发证和值班标准国际公约》何种功能块,以及教学所参考公约的相应条款,明确教学规范要求。

第三章 高等职业院校专业建设

第一节 专 业 设 置

20 世纪 90 年代,随着上海改革开放的深入开展、产业结构的调整以及新技术、新工艺的日益发展,促进新型职业、岗位群的不断涌现,同时亦促使新专业的设置。上海高等职业技术院校的专业设置,是在进行了大量的对人才供需及质量要求的调查研究,明确岗位流向及用人单位的要求后,再确定专业设置。大多数是对人才迫切需要的紧缺专业。如上海电机技术高等专科学校的专业设置主要以机电类为主,开展五年制高职教育试点后在进行广泛社会调查的基础上,根据区域经济和科技发展的客观要求,以及企业对不同岗位人才层次的不同要求,对传统的专业依据现实的岗位要求增加知识和技能的内涵,重新调整专业结构,1985 年 7 月后陆续开设机械设备自动化、工业外贸、机械制造工艺及设备、计算机应用与维修、市场营销、电机与电器、工业企业电气化技术、机床数控技术等 11 个高职专业,既坚持为机电行业服务,又不拘泥于传统的机电类专业,毕业生专业复合程度高、综合职业能力强,受到企业的广泛欢迎。

1986 年 6 月,市高教局、市劳动局、市人事局、市财政局联合向市政府提出的《关于试办高等职业技术教育专业班的请示》报告及《关于试办高等职业技术教育专业班的几点意见》中提出:"高等职业技术教育的专业设置,应为上海市的经济和社会发展战略方针服务,在城市要适应提高企业的工艺技术、管理水平和发展第三产业的需要;在农村则要适应调整产业结构,提高制造水平和农民劳动致富的需要,要具有较明显的职业特色。"9 月,国家教委和上海市政府批准 19 所职工大学(2000 年调整为 6 所)试办高等职业技术专业班,共设置 17 个专业。其中 70%的专业是面向技术力量薄弱、技术改造任务繁重的手工、粮食、造纸、海运、外贸、商业等行业;30%的专业直接服务于引进、开发及生产率的提高。

表 5－3－1 1986 年上海市职工大学试办高职班专业设置情况表

学 校 名 称	设 置 专 业
上海市轻工业局职工大学	玻璃器皿模具制造
上海市第二轻工业局职工大学	洗衣机制造
上海市造纸公司职工大学	制浆造纸工艺技术
上海市纺织工业局职工大学	纺织品外贸业务
上海市纺织机械公司职工大学	计算机应用操作
上海石油化工总厂职工大学	涉外文秘
上海市仪表电讯工业局职工大学	仪表电子设备维修
上海市海运局职工大学	船舶轮机与操作管理、海船驾驶
上海市外贸职工大学	外贸会计
上海市粮食局职工大学	粮油食品加工设备维修

(续表)

学 校 名 称	设 置 专 业
上海市机床公司职工大学	数控机床操作与维修
上海市电机公司职工大学	计算机应用操作
上海市电器公司职工大学	塑料成型工艺
上海市石油化工通用机械公司职工大学	冷冻机械调试及维修
上海市冶金矿山机械公司职工大学	工业财务会计
上海市拖汽公司职工大学	计算机应用操作
上海市商业一局职工大学	商业经营
上海市职工医学院	临床营养
上海市邮电局职工大学	数控机床

资料来源:《上海职业技术教育志》第十篇第二章第一节,上海社会科学院出版社,2005年6月第1版。

1992年,中共十四大报告提出"尽快把上海建设成为国际经济、金融、贸易中心之一,带动长江三角洲和整个长江流域地区经济新飞跃"。为适应这一战略决策转变,上海的高职教育在专业结构和专业设置方面作出相应的反应,如为适应第二产业结构的调整,不少高等职业院校专业设置时充分考虑这一因素,开设电子信息工程、机床数控技术、机电一体化技术等专业。上海区域经济的创新与发展也要求设置相应的新专业,尤其是计算机在各行各业的普遍使用,更要求高职教育能够培养相应的技术复合型人才,电子商务、物流管理、计算机应用技术等特色专业应运而生,许多高等职业院校抓住市场需求的有利时机举办特色专业,收到良好社会效果。经过几年努力,1999年上海市第一产业占国内生产总值的比重由1991年的3.7%下降至2%,第二产业占国内生产总值的比重由61.7%调整为48.4%,第三产业占国内生产总值的比重则34.6%上升至49.6%,产业结构实现战略性的调整,并更趋于合理、优化。与此相对应,上海高职教育的专业设置与产业结构的调整基本相适应。1998年,在全市设10个点,进行高职试点,分布于经委、商委、建委、农委、教卫、交通等系统所属院校。共设46个专业,学生人数4 335人。调查显示1999年上海已招生的27所高等职业院校中,共有130个专业点招生,按专业点数统计,5个属于第一产业,61个属第二产业,64个属第三产业,与上海第一、二、三产业占国内生产总值的比重相比较,高职教育专业设置与上海经济发展的要求基本相适应。

上海第二工业大学在市场调研中认识到,科学技术的发展和社会活动复杂程度的提高,使社会职业岗位出现许多新的变化:原有的职业岗位产生复合现象,出现不少智能结构呈复合特征的职业岗位,如机电外贸、机械电子、商务英语、电算会计等专业所面向的复合型岗位;高新技术的广泛应用,使许多与之直接有关的行业岗位的技术含量不断提高,如数控机床加工中心的编程、操作和维护岗位,半导体芯片加工设备的操作岗位,智能化大楼管理维护岗位,计算机辅助设计/计算机辅助制造(CAD/CAM)的技术岗位等等;第三产业的迅速发展,需要大批的与之相关,但智力成分又比较高的岗位,如投资咨询、审计监理、银行信贷信托服务等等。从高职教育的培养目标看,上述这些岗位人员的培养应该由高职教育来承担。因此面对市场的需求状况,二工大从自身的办学特点和教学资源的实际出发,先后设置计算机应用(多媒体技术)、计算机设备与维修、数控机床使用与维护、现代机械制造工艺、电子电器工程技术、商业设备工程、金融与保险实物、外贸营销(日语)等9

个专业,这些专业的设置从不同角度反映高新技术、第三产业发展对高职人才的需求,同时也满足社会对复合型经贸人才的需求。

经济的高速发展促进高新技术产业群的初步形成,知识经济逐步成为主导经济,上海以知识密集型为特征的高新技术产业随之得到较快发展,高新技术的不断涌现,传统产品的升级换代,技术改造的加速,工艺装备的更新和现代管理模式的引进,使社会各行业对人才的需求不断发生变化,新的产业的兴起,使与其相对应的职业岗位大量出现:高新技术的广泛使用,产生许多与其相关的职业岗位(群),如机器人技术员、数据处理与系统分析人员、CAD/CAM 维修人员、柔性加工系统操作调试维修人员等;第三产业的迅速发展,使社会职业岗位出现新的分布趋势,一系列新的职业岗位(群)相继产生,如投资分析员、企业估价员、商标代理人、审计监理、广告推销监理等;传统的职业岗位也发生了分化或复合,会计、护理等技术操作性较强岗位都在原有的技术水平向上有所拓展;此外也出现技术与技术之间复合的岗位,如机械与电子等,以及技术与技能复合的岗位,如加工中心编程、维修等。高新技术的发展必须以市场为导向,促进高新技术成果的商品化,高新技术产品的产业化,高新技术产品的国际化,但科技成果转化为现实生产力关键在于高层次技术应用型人才的培养,所以上海的高职教育适应这一变化积极进行专业结构调整,以满足经济发展的需要。

上海仪表电子职工大学自 1986 年开始举办高职教育试点起,就从高职教育特点和自身的实际出发,适应经济和科技发展的需要,根据电子信息行业自动化、数字化、微机化、智能化的复合型技术发展的需要培养制造、调试、操作、综合管理、维护和维修方面的人才,以取代单一技术或管理人才,根据上海市、本行业和高科技发展的要求来设置专业,设置以电子技术为基础,以计算机应用技术与维护为主线,以电子与计算机的结合点——通信技术为副线的数据处理与数据技术专业;以机械技术、电子技术、微机技术、信息技术、传感技术等 5 大技术相融合的注重现代管理、现代质量管理的机电一体化设备与管理专业;以电子技术、微机技术、通讯技术、微电子技术融为一体的信息技术与应用专业等等,这些专业都从区域经济发展、行业需要除非并注意与地方和行业特色相联系,不仅受到行业的欢迎,学校也得到迅速的发展,顺利转型为上海电子信息职业技术学院。

上海高等职业院校的专业设置特色之一是以市场需求为导向。如信息、通信技术对现代化城市的发展具有积极的推进作用,为适应信息技术发展和上海信息港建设的需要,1999 年全市招生的 27 所高等职业院校 130 个专业点数中,共有信息技术类专业点 24 个,占专业点总数的六分之一,较好地适应区域经济及社会发展的需要。上海第二工业大学通过社会调查,根据高等职业技术人才的需求状况和自身的专业特点,把学校的专业人才培养定为 3 个主要目标:一是专业技术岗位——计算机应用、机械制造工艺;二是经营业务岗位——经营管理、经贸管理;三是智能运作岗位——计算机维修、数控机床使用与维护,并相应地设置计算机应用等 9 个专业,较好地满足市场的要求。上海青年管理干部学院针对高职教育的特点拟订 15 个课题开展研究,在上级团市委的关心支持下积极进行社会调查,明确市场所需和自身所长,寻找社会需要与教育规律的结合点进行专业设置,开设青少年教育(团队干部)、社会工作与管理、文化艺术事业管理等专业,并有效地利用团市委及其下属单位社会青少年活动中心、大世界、基层团委等条件,让学生到社会第一线实践,感受社会工作的经验,受到实习单位及社区工作者的好评。

上海高等职业院校的专业设置特色之二是充分发挥教学资源优势。在 2000 年全市举办高职教育的 43 所院校中,普通本科院校的二级学院有 17 所,占总数的 40%。这些院校在举办高职的过程中可以根据市场的实际需求,结合学校已有的教学设施和设备、教师队伍实际进行专业设置,从根本上发挥教育资源的优势。如同济大学作为一所曾培养出一大批社会精英人才的名牌重点高校,面对社会经济和科学技术的迅速发展充分意识到高新技术已经进入生产和工作现场,技术岗位的智能化程度不断提升,对技术和管理人才的文化知识素质和综合技术素质的要求也不断上移,因此认为自己也应承担起培养第一线应用型、技术型人才的责任。学校自1997年起成立高等技术学院,实施高职教育,发挥其教育教学资源上的优势:在人力、物力、财力上注意新建学院投入的落实,予以积极支持,拨给启动经费77万元、实训中心配套经费120万元,将一幢建筑面积为7000多平方米的大楼主要用于高职教育,使高等技术学院的发展有了坚实的物质保障;在专业设置方面注意学校传统专业的优势,开设土木工程、计算机科学与技术、建筑环境设备与管理、电子信息工程等4个本科专业,同时又开设房屋建筑工程、汽车运用技术、环境治理工程、建筑经济与管理、风景区建设与管理等10多个专科专业,以满足社会需求;在办学过程中注意发挥名校无形资产的作用,结合高职教育的特点积极与行业、企业开展合作培养人才,坚持教师与第一线工程技术专家的紧密结合,并利用企业的有利条件让学生在生产、管理现场得到领先或相同与实际使用设备的技能训练,使毕业生掌握的知识及其所具备的能力基本适应职业岗位的要求。

表5-3-2　2000年上海市高等职业院校专业设置情况表

院 校 名 称	专 业 设 置
上海交通大学二级职业技术学院	计算机技术、通信及信息技术、商务管理、商务英语、船舶技术、园艺、动物医学、食品工艺检验、农林经济管理
同济大学二级职业技术学院	城市轨道交通技术、机电一体化技术、制冷与空调、房屋建筑工程、环境治理工程、机械电子技术、旅游、汽车运用技术、建筑装饰技术、房地产经营与管理、广告电脑制作、护理学、口腔工艺技术、预防医学、土木工程、计算机科学与技术、电子信息工程、建筑经济与管理、珠宝技术与工艺
华东师范大学二级职业技术学院	物业管理、商务英语、计算机技术、商务日语、旅游管理与实务、应用电子技术、建筑装饰技术、社区管理、物业管理
华东理工大学二级职业技术学院	建筑与物业管理、经济信息管理与计算机应用、市场营销、金融保险、机电一体化技术、社区管理
东华大学二级职业技术学院	计算机技术、工业自动化技术、机电一体化技术、市场营销(电子商务)、文秘、饭店管理、服装设计、广告艺术设计、环境艺术设计
上海外国语大学二级职业技术学院	秘书(英语)、秘书(日语)、旅游(英语)、旅游(日语)、英语(涉外税务)
上海海运学院二级职业技术学院	集装箱运输管理与外轮理货、机械电子技术、交通运营管理、电子技术、工业企业设备管理、计算机技术与应用、商务英语、国际航运管理、港口物流设备与控制
上海理工大学二级职业技术学院	计算机技术、空调技术应用、数控技术应用、物业管理、模具设计与制造、电气技术应用
上海铁道大学二级职业技术学院	交通运营管理、城市轨道交通技术、装潢艺术设计、计算机技术与应用、机电一体化技术、制冷与空调技术、环境监测与治理
上海大学二级职业技术学院	计算机技术、自动化技术、机械电子技术、建筑施工管理、广告艺术设计、视光技术、旅游管理与实务、通信与信息技术、英语、汽车运用技术、文秘、市场营销
上海师范大学二级职业技术学院	生物技术、电气技术、行政管理、电子信息工程、会计、化工工艺、机械制造工艺及设备、旅游、戏曲表演、舞蹈表现
立信会计高等专科学校	会计、商务管理、律师事务、商务英语

（续表一）

院 校 名 称	专 业 设 置
上海轻工业高等专科学校	数控技术应用、形象设计(美容)、环境艺术、物业管理
上海纺织高等专科学校	自控技术、高分子材料加工、安全技术管理
上海冶金高等专科学校	机械电子技术、计算机技术
上海化工高等专科学校	工业自动化技术、商务管理、高分子材料加工、安全技术管理、工业企业经营管理
上海商业职业技术学院	会计、商贸经营管理、英语(旅游与酒店管理)、英语(涉外文秘)、英语(国际商务)、商务计算机应用、市场营销、信息管理与计算机应用、饭店管理、食品工艺与检测、企业设备管理、企业管理、商务经营管理
上海第二工业大学二级职业技术学院	计算机网络技术、机床数控技术、应用电子技术、计算机应用与维护(多媒体技术)、机械制造工艺及设备、工业设计技术、电气技术、金融、社区管理、文秘、外贸英语、国际贸易
上海市经济管理干部学院	计算机网络与通信、办公自动化、商务管理、市场营销
上海海运职工大学	海洋船舶驾驶、轮机管理、房地产经营管理、计算机网络与通信、工业电气自动化技术、国际航运业务管理
东沪职业技术学院	计算机应用(过程控制)、计算机应用(维修与维护)、计算机应用(信息管理)、电控技术应用与维修、液压技术、机电一体化技术、物流管理、物业管理、汽车运用技术、会计电算化、市场营销、商务英语、现代文秘与办公自动化、涉外会计
上海海港职工大学	国际集装箱运行技术、集装箱运输管理、计算机应用与管理、汽车运用技术、物流管理、会计、港口物流设备与自动化控制、国际运输代理
上海市仪表电子职工大学	计算机技术与应用、通信与信息技术、机电一体化技术、资产运营与管理
上海医科大学	医学、预防医学、护理学
上海水产大学	食品工艺、水产养殖、制冷与空调技术、运输动力机械管理、计算机技术与应用、文秘
上海电机技术高等专科学校	工业外贸、计算机应用与维护、机械设备自动化、电机与电器、工业企业电气化技术、机床数控技术
上海旅游高等专科学校	饭店管理、旅游英语、旅游日语、财务管理、烹饪与餐饮管理
上海出版印刷高等专科学校	出版发行、印刷技术、印刷图文处理
上海工程技术大学二级职业技术学院	国际贸易、汽车运用技术、航空乘务、广告与影像技术、计算机应用与维护、机械设备及自动化、模具设计与制造、民航运输、机场设备及运营管理、应用电子技术
上海第二医科大学二级职业技术学院	医药检验、护理学、口腔工艺技术、视能检测、医疗保险、计算机及应用
上海财经大学二级职业技术学院	会计、信息管理与计算机应用、经贸英语、商务管理、物业经营管理、商务文秘
民办东海职业技术学院	商务英语、机电一体化、装潢艺术设计、影视表演、物业管理、国际贸易、涉外会计、法律、报关与国际货运、计算机与信息管理、机械电子技术、房屋建筑工程、外贸英语
民办新侨职业技术学院	电子技术、通信技术、珠宝首饰设计与制作、机械电子技术、计算机技术、计算机信息管理、商务管理、工业设计技术、商务英语、社区管理
上海纺织工业职工大学	会计、文秘、服装设计

245

(续表二)

院 校 名 称	专 业 设 置
上海科技职工大学	工商管理、商务英语、计算机网络与通讯
上海政法管理干部学院	律师事务、司法文秘
上海青年管理干部学院	社会工作、文化市场经营管理、青少年教育、证券与期货
上海工会管理干部学院	商务英语、文秘、计算机经济信息管理
杨浦区业余大学	装潢艺术设计、计算机技术与应用
长宁区业余大学	装潢艺术设计、计算机技术与应用、市场营销、旅游英语、计算机经济信息管理
闸北区业余大学	文秘、工商管理、商务信息应用、旅游管理与实务、计算机网络与通信、装潢艺术设计
上海电力学院二级职业技术学院	计算机技术及应用、城市供用电技术、制冷与空调、城市水净化技术
建设职工大学	环境监测与治理、建筑经济与管理、物业经营管理、土木工程施工与管理、城市园林、信息管理与计算机应用
上海中医药大学二级职业技术学院	保健按摩学、中药学

资料来源:《上海职业技术教育志》第十篇第二章第一节,上海社会科学院出版社,2005 年 6 月第 1 版。

　　2005 年 2 月,上海市教育委员会《关于公布 2005 年度高职高专教育新设专业备案结果的通知》,指出:2005 年上海高职高专教育新专业的设置根据《高等教育法》《民办教育促进法》以及《教育部关于印发〈普通高等学校高职高专教育专业设置管理办法(试行)〉的通知》,由审批制改为备案制。根据该通知的附件,2005 年度高职高专教育新专业备案名单,备案新专业为 116 个。2006 年 1 月,市教委《关于公布 2006 年度高职高专教育新专业备案结果的通知》,根据该通知的附件,2006 年度高职高专教育新专业备案名单,备案新专业为 93 个。2009 年,市教委全面启动高职高专院校发展定位规划和专业布局结构优化调整工作。

　　2010 年,上海全面推进高职高专院校专业布局结构优化与调整工作,逐步形成上海高职高专院校合理定位。在实施高等教育"085"工程中,继续开展高职高专院校专业布局结构调整与优化工作。以上海社会经济发展需求为导向、以职业岗位(群)标准为依据、以技术要求或服务规范为要素推进上海高等职业教育重点专业建设,建设部分急需类专业、扶持一批特色类专业、做精若干强势专业。同时建立完善专业设置与调整的有效机制。根据就业率和就业质量加大对专业设置的调控力度,完善专业设置数据库建设,及时发布专业设置信息,对就业率明显低于上海平均水平的专业进行招生规模控制。

第二节　案例选介

　　上海的高等职业院校根据产业发展状况和学生职业方向,以提高职业能力和技能为目标,开展专业建设。

一、拓展专业领域

2005 年以来,上海工艺美术职业学院加强对工艺美术、数码艺术两个专业的建设。调整师资力量,增加对硬件的投入。增设首饰艺术设计、工艺品设计和鉴定、电脑艺术雕刻、数控技术等新专业,为构筑学科群、学科链和学科平台打下良好的基础。积极申报高职开放式数码艺术实训基地建设方案。重点专业建立有行业专家参加的专业指导委员会。

到 2006 年,上海东海职业技术学院共设 7 个系,有 26 个专业。专业设置面广,能为社会各行各业服务。2010 年成立经管学院、商贸学院和艺术学院。建立"三院五系两部"的基本格局根据社会人才需求趋势,开设新的专业,并适时调整和改造现有专业或专业培养方向。按照"加强重点专业;培育特色专业;巩固基础专业;扶持新设专业"的思路,结合社会需要调整和设置专业。通过调整、重组、充实,形成具有学校特色的"一体两翼"的专业格局,即以经管类专业为主体,以机电类和艺术类专业为两翼。

上海科学技术职业学院 2001 年按独立设置的高等职业院校首次招生,专业设置从上海科技专科学校的历史和原上海大学高职一分院的办学条件出发,在此基础上建立通信与信息技术、应用电子、计算机技术与应用、英语、文秘等第一批专业。该年,上海国际汽车城建设在嘉定正式启动。2003 年,作为市一级工业园区的上海嘉定工业区北区正式成立,北区的主导产业包括精密机械制造等先进制造业,其中有富士通、内野、神户钢、小糸车灯等一批日资企业,学院增设机电一体化、日语 2 个专业。2004 年,专业总数达到 19 个。在 2005—2008 年的 4 年内,先后停招 4 个专业,增设的 6 个新专业。学院提出的专业结构优化目标是:专业整体结构以工科为主体,以经管、人文为两翼,着重在相互支撑、相互渗透、协调发展上下功夫。专业总数控制在 20～24 个,重在加强专业内涵建设,形成专业特色和品牌。

上海海事大学高等技术学院针对航运业的发展趋势,针对港口航运企业的经济结构调整和技术进步,设置国际航运业务管理、集装箱运输管理、物流管理、船舶工程技术、港口物流设备与自动控制等满足航运企业需要的一些专业。为服务区域经济,设置机电一体化技术、电气自动化技术、装潢艺术设计等专业。通过对传统专业的分类、组合、提升、调整,使学生学有所用,用人单位十分欢迎。

到 2005 年,上海交通大学卫生技术学院专业设置从护理、医学检验、口腔工艺技术、眼视光、医疗保险、计算机应用等专业,逐步增设食品卫生、医药营销、医学影像技术、口腔卫生等一批缺门专业,从而形成覆盖全市的各种与人民医疗、卫生、保健、健康服务行业的专业布局,填补用人市场的岗位空缺;从 2005 年起又开拓江苏、福建、浙江省生源,发挥上海优质卫生教育资源为兄弟省份培养专门技术人才的辐射作用。学院适应行业和岗位发展,调整和改革教学计划和课程设置。学院通过各种市场分析和调研,对各专业的教学计划按照高职教育的岗位需求和人才规格,不断改革和调整。每年都制定实施性教学计划,2004 年学院又建立各类卫生职业技术教育课程库。2001 年起,护理专业进行教学改革,设立护理专业的以"人体生命周期"为主线,以"人体系统"为结构的教学计划和课程设置,并成为上海市教委和国家教育部的高职高专教育教学改革试点专业。

上海民远职业技术学院从 2000 年开始,专业设置就定位在培养上海要建成国际航运中心所需的国际航运管理人才(包括物流管理、报关与国际货运、集装箱运输管理、国际航运业务管理、港口业务管理)等一系列特色专业。学院力求办出特色,以特色专业人才满足社会发展需要。如物流行业,岗位缺口非常大,学院凭借办学优势,先于其他学校设置物流管理专业。报关与国际货运专业,学生学成后能在外贸运输管理、集装箱多式联运经营管理和海关报关业务领域称职工作。国际航运物流管理类专业毕业生如考出"报关证""货代证"往往在港航物流和海陆空运输等部门十分抢手。在创办国际航运物流类特色专业的同时,学院又认真进行社会调查,搭准社会脉搏,及时设置现代服务管理类各个专业和先进制造业专业,以完善学院的整体专业设置,适应上海经济发展需要。

2002年,上海科学技术职业学院提出以经济和社会发展需求为目标,以培养技术应用能力为主线,采用学分制、导师制等教学管理机制,将素质教育贯穿于高职人才培养的始终,使学生具有一定的可持续发展能力。2006—2010年期间,学院的专业建设坚持立足区域经济,根据产业需求及时调整专业布局,制定"发挥工科优势"的专业发展策略。根据上海及长三角地区最新人才市场需求的变化,调整专业布局,"十一五"期间面向市场增设安全防范技术、数控技术、人力资源管理、会展策划与管理等专业;停办专业重复率高、社会需求饱和的秘书、机械制造工艺及设备、计算机多媒体技术、微电子技术、软件技术专业。如学院2007年开设的23个专业中工科类的占56%,所有开设的专业都顺应上海的"两个优先发展"。学院一方面以工科类为主设置专业,占据市场先机,紧贴上海市的产业结构布局和功能划分,另一方面所有专业都开设与岗位资格证书相关的课程,并大力加强校企合作,建立牢固的实习基地,先后与90余家单位合作,建立学生实习与就业基地。学院通过建立院、系两级管理体制,发挥系(部)的能动性,系(部)一级活力显著增强。学院形成以工科专业为主体,管理和人文类专业为两翼的专业布局。

二、建设专业体系

从2003年开始,上海工商外国语职业学院各系成立专业指导委员会,教学计划广泛听取校外专家的意见,更贴近市场;实践教学与考证挂钩,明确各专业的考证要求,凸显高职特点;进一步控制总学时,调整外语教学时数的比例,增加实践教学比例。学院以市场需求设置专业根据市场需求情况,结合学院办学优势条件,大力发展外语类尤其是"小语种"专业,其次是商务、物流、会展等服务性专业,保留数控技术、软件编程等少数精悍工科专业办出亮点,形成以外国语为主体,工、商为补充的"一体两翼"的专业格局。

上海建峰职业技术学院成立最初开设7个专业,涉及5个大类。到2007年,学院开设专业35个,涉及建筑、交通运输、医药卫生、加工制造、电子信息、财经、文化教育、农林、旅游等10个专业大类,初步形成以土木工程为特色,涵盖轨道交通、民航商务、报关与国际货运等专业。专业建设方面采取一些重要举措:一是依托行业发展,集中优势力量,加强重点专业土建类专业建设。到2005年,学院26个专业中土建类专业数为11个。二是紧紧围绕上海"四个中心"的城市定位,在2002年开设报关与国际货运、物流管理、应用英语等专业的基础上,开设民航商务、汽车运用技术、城市轨道交通运营管理的交通运输类专业和国际商务、旅游管理、饭店管理、应用日语、应用韩语等财经类、文化教育类专业。三是根据产业发展和人才需求的变动进行专业建设。适应上海市和长三角地区经济产业结构调整,开设机电一体化、数控技术应用、通信技术等制造、电子信息类专业。四是充分考虑学院自身条件和发展需要,结合集团教育卫生资源整合的契机,学院拥有二级甲等医院作为教学医院,开办护理学等医药卫生类专业。

上海财经大学高等职业学院从课程设置、教学内容等方面引导,在课程设置上建立7大模块——公共基础课、专业相关课、专业课、公共技能课、专业技能课、职业技能选修课和社会实践课，其中有 4 个模块都以培养技能而定位。专业课和专业相关课教学内容，也要求努力贯彻"实际、实用、实践"的原则，处理好 3 个关系，即在人才培养与社会要求的关系上，树立面向社会的市场意识，使教学适应社会对职业技术人才的要求；在理论教育和素质培养的关系上，树立"理论必须够用"原则，将知识传授、提升技能和培养能力融于一体；在理论与实践的关系上，强调理论联系实践，理论指导实践，理论为实践服务，将实践教学作为课堂教学延伸。如市场营销专业建设中，首先考虑作为一个营销人员需要具备什么样的能力和素质，归纳出能力要点和素质要点，然后再确定应传授给学生哪些知识要点，再据此来安排教学内容。这种"倒过来"思考的方式曾多次在有关会议上介绍过经验，并受到好评。

上海公安高等专科学校创办第二专科教育，招收全日制高专（高职）及以上学历的应（历）届毕业生，开展为期一年半（含半年实习）的公安专业教育。学院将第二专科学员的公务员考试提前至入学前与入学考试同步进行，做到公安院校"招生即招警"的并轨，实现"育用衔接"。在教学过程中，根据第二专科着重培养基层一线复合型、应用型警务人才的基本定位，充分依托学员入学前已接受过国民教育的效能平台和知识储备，突破过去"先基础后专业"的教学模式，以"能力培养"为核心，组织师资力量深入开展公安执法岗位能力调研，找准日常警务工作中最常用、最重要、最基本、最实用的业务能力，全面构建并推行"5＋4"岗位核心能力教学训练模式（"5"即"会射击、会查缉、会电脑、会驾驶、会外语"的"五会"警务技能，"4"即交通、巡逻、治安、管段 4 个公安基层一线岗位核心能力），同时，贯彻"按岗位招录、分岗位施训"的要求，实行分岗位编班教学，实施"订单式"培养，更加贴近用人单位的实际需求。学院充分依托行业优势，将公安一线岗位作为学校实训基地，强化学员实战能力，学员实习时间占到二专科教育时间的三分之一，帮助学员缩短岗位适应期。推行"5＋4"岗位核心能力教学训练，实现公安教育从"学科为中心"向"能力为中心"的转变。学校 2007 年毕业的二专科学员已经全面达到"五会"标准，成为上海乃至全国公安第一批"五会"新民警，走出一条"社会培养打基础、行业挑选再加工"的警务人才培养新路，这在全国公安院校乃至普通高校中均属首创。

上海农林职业技术学院专业数由建院初期的 8 个增加到 2007 年的 21 个，教学系（部）由 6 个增至 7 个。商旅系在用人需求调研中，了解到市郊房地产行业发展迅速，急需房地产经营和物业管理的高职人才。学院积极应对，申办房地产经营、物业管理等新专业。同时学院以专业为依托，聘请农林等行业生产一线的专家和学院教师组成各专业指导委员会，参与学院专业设置与调整的论证、人才培养方案的审定、课程内容的确定，至 2005 年学院对所有专业的培养计划进行修订和充实，保证学院专业设置始终适应社会需求。

上海建桥学院在加强专科专业建设的同时，积极创造条件，创办本科层次的高职专业。主要选择能与地区产业相结合，能与人才市场适应，能实现产、学、研结合的专业进行重点建设，如物流、电子商务、微电子、计算机应用、应用软件、广告、环境设计、会展等专业。部分专业考虑宽口径的专业基础课，扩大学生知识面，临近毕业前的 2～3 学期，再根据就业需要与学生兴趣，分别开设针对性强的课程，建立专业性课程模块，供学生选修。2008 年前后，学校在大部分专业中淡化基础课、专业基础课及专业课的界限，按照专业毕业生规格重组课程模块，新编相应的课程教学大纲、教材（讲义）及其实施计划。学院在 2003 级以后的学生中，开设辅修专业，为学有余力的学生或有兴趣的学生提供学习第二专业的机会。推行职业资格证书制度，实施学历证书与职业资格证书双重制。学院 2008—2020 年学科专业建设规划纲要确定学科专业布局为"以管、文、工三大支柱学科为基础，重点扶持与发展和上海现代服务业、先进制造业紧密相关的学科专业群"。

上海医疗器械高等专科学校针对专业职业岗位能力与工作任务要求,以提高学生的实践能力、创造能力和就业能力为目的,解构与重构专业课程体系,开发工学结合的教学课程,强化实践环节,重点建设医疗器械类专业核心课程,开发一批"教学做"一体化的专业课程,形成适合医疗器械不同岗位人才培养的特点。如医学影像设备管理与维护专业创建"工学交替3-3递进式"人才培养模式,按学生专业知识积累的程度,对学生进行递进培养、工学交替的实习实训:第1学年为行业见习,让学生感受工厂、医院相关职业岗位的真实环境,体验职业要求;第2学年为行业实习,学生到生产企业的车间,到医院影像科、设备科等跟班学习,培养职业素养;第3学年维修实训,学生参加职业资格考证培训,取得双证书,获得职业技能。为此,学校强化实践教学,搭建实习实训基地平台,提高学生动手能力。将职业岗位的关键能力融入专业教学,实践教学由过去的简单验证性实验和课堂技能培训改变为生产性实训和顶岗实习。注重将企业要求和标准引入教学,使教学过程与产品生产过程紧密结合,把课堂搬到生产车间。教师还与企业专家联合进行课程体系设计和课程开发,联合开发技术改造项目。

三、凸显专业特色

上海城市管理职业技术学院突出城市建设和管理的行业特色,坚持培养应用技能型人才的目标,在专业设置上不搞"杂货铺",开设富有特色的"精品店",形成"依托建设行业、面向社会服务"的专业发展体系。每个新专业的教学内容紧跟所处行业的发展方向,贴近市场,不脱节、不滞后。学院从2001年的6个专业发展到16个专业,形成以城市建设和城市管理为特色的专业体系和专业结构。学院主持制定的房地产经营与估价、物业管理、物业设备管理3个专业培养方案得到教育部和建设部的肯定,并由全国高职高专土建类专业教学指导委员会颁发,作为专业建设的指导性教学文件。

东华大学高等职业学院服装专业培养的侧重点放在强化出样能力上,既不同于本科,又区别于原来的高专,培养的学生深受企业的欢迎。学校相当重视捕捉市场对人才需求的变化,及时调整专业方向和设置新的专业,满足市场对紧缺人才的需求。如:随着中国加入WTO后,纺织服装进出口贸易量剧增,急需大量国际货运与报关人才,为此学院在原有贸易类专业的基础上,又增设国际货运与报关(纺织品)专业。随着上海申博的成功,上海急需大量旅游和饭店管理人才,学院又增设饭店管理专业和旅游英语专业,该两专业的毕业生供不应求,提前半年就被企业预订一空。

上海市第二工业大学通过充分的市场调研和论证进行专业的设置、建设、调整和改造。新增物流管理、环境监测与治理、会展策划与管理等专业,对一些就业情况不好、特色不明显的专业采取停招的措施。2003年,学校对高职专业进行全面的清理、调整,高职专业从原来的47个调整为的40个。2005年实际招生专业缩小为30个。环境工程列入上海市重点学科建设,物流管理专业列入上海市教育高地建设,机床数控技术、计算机应用等专业列入教育部高职改革试点专业建设。学校根据技术发展和岗位要求的变化及时对培养计划进行调整和改革。各学院成立的由企业人士参加的专业指导委员会,在培养计划制订中认真分析相关专业职业岗位群的需求,进行理论教学课程、实践实训项目的拓展,打破传统学科型的教学模式,实践教学课时数一般均超过总学时数40%,有的达到50%。

四、面向市场建专业

上海大学巴士学院据上海市"十五"规划中确立的支柱产业汽车、商贸,新兴产业物流、特大型城市综合交通管理体系和国际博览与展示中心等发展的需求,设置汽车检测与维修、汽车电子技术、汽车商务、交通运营管理、物流管理、计算机及应用、广告艺术设计、应用艺术设计(博览与会展)等8个高职专业(10个方向),以培养汽车下线之后的销售、售后服务及相关产业急需的高素质的知识型技能人才为主,形成以现代汽车服务业为主体的、相关行业为拓展的专业体系。同时发挥上海国际大都市的区位优势,开展同国外大学或国内外企业的合作,寻求和选择优质的对外合作项目,已与澳大利亚、加拿大、美国等多所学校建立合作关系。

上海大学高等技术学院针对都市型产业特点,培养复合型秘书人才。学院充分发挥综合性重点大学——上海大学充裕的资源优势和特色学科的优势,办出高质量的高职特色专业。如旅游管理专业紧密结合都市旅游产业的发展,与澳大利亚安格里斯学院合作办学,进行双语教学,培养宾馆服务、旅游管理等特色人才。文秘专业实行职业化、系列化培养模式,形成专业方向体系(如涉外秘书、电子商务秘书、法律秘书、商务秘书等)。视光技术等专业也是学校的强项专业。

上海新侨职业技术学院在学科设置方面,不是选择一些投资少的"热门"专业,而是根据学院自身的特点和优势,紧贴市场,花大力气重点建设机电、数控、汽车、微电子、电子信息和珠宝首饰设计与制作等以现代制造业为主的学科。几年来,学院每年招生与需求"两旺"的现实证明这些专业是当前社会所急需的,也是企业所欢迎的。

第四章 高等职业院校课程建设

第一节 概 况

上海的高等职业院校是在高等教育的管理体制下发展的。1989年,市高教局组织实施重点课程建设计划,重点建设公共基础课、专业核心课。1992年,课程建设的重点是改革教学方法,更新教学手段。1993年,适应专业更新改造,重点资助建设一些专业主干课程。1995年,根据国家教委面向21世纪教学内容和课程体系改革计划,对课程建设给予资助。"九五"期间,每年市教委用500万元支持50门左右的重点课程,促进一些重点课程在师资力量、教学内容和教材水平、教学方法和教学技术方面达到国内先进水平和领先水平。1996年,市教委印发《上海市普通高等教育课程建设实施管理办法》,提出课程建设的目标要达到全市乃至全国同类课程的先进水平。1996年,市教委启动"上海高校面向21世纪课程和教材建设",目标是连续3年建设300门左右的课程,建设一批一流水平的课程。2005年,市教委启动新一轮高校市级重点课程建设立项工作。1999—2010年,市教委批准立项建设1 400多门上海市级重点课程建设项目,其中一批课程通过建设成为上海市精品课程,部分课程成为国家级精品,或上海市和国家级教学成果奖。全市的高等职业院校,按照市教委高等教育课程建设的工作部署开展工作,在实践中提高课程建设能力,形成具有高职教育特点的课程体系。

上海从20世纪80年代中期在全国率先开展的五年制高职教育试点努力体现课程改革的精神,上海电机技术高等专科学校的3个主干专业机械制造、电气自动化、电机与电器的课程经历了3次较大的修订和调整。1987年学校正式确定各专业的教学计划,突出基础不放松、外语不断线、适当增加新技术课程以及加强实践性环节,特别是实验课程的教学。如电机与电器专业设置必修课30门、选修课2门,理论教学总学时为4 174学时,其中普通课2 015学时、技术基础课1 294学时、专业课865学时、选修课90学时,实践性教学为44周,其中课程设计14周、毕业设计10周、教学实习和生产实习20周,理论教学与实践教学的比例为1.5:1。1990年学校进行课程结构体系改革,着重加强新技术课程与实践教学,如电气自动化专业将其主要课程组合成电工电子技术、工厂电气设备、电类实验3门综合课作为专业的主干课程,既加强学科联系避免不必要的重复,在内容安排上采用模块式结构,提出各学年能力要求并以主干课程为主线安排课程教学,理论教学与实践性环节的比例为1:0.7。1994年学校经再次调整课程,着重保证主干学科淡化专业界限,拓宽专业覆盖面以增强通用性,如机械制造专业增加计算控制和辅助设计课程,同时在制图、力学、测试技术等课程中加强应用专题,整个专业向机电一体化方向发展,各专业课程的总体教学时数略有下降,理论教学与实践教学的比例为3:2.6左右;同时,学校拓宽专业口径相继设立专门化和若干复合专业,如以原有工科类的机、电课程为基础再复合经济类课程复合而成的机电外贸专业等。

2006年国家出台《教育部、财政部关于实施国家示范性高等职业院校建设计划,加快高等职业教育改革与发展的意见》,以专业建设为龙头,打造校企深度融合的平台,是示范校建设计划的重要思路。全市高等职业院校在示范校建设的推动下,着力推动专业建设和课程建设,在大力建设工学结合的人才培养模式的基础上,建设一批做学结合、工学结合的课程,推广基于工作过程的课程开发模式,形成区别于普通高等教育的高等职业教育的课程资源。根据《教育部关于全面提高高等职业教育教学质量的若干意见》,2007 年,教育部推出"国家精品课程评审指标(高职高专,2007)"引导高等职业院校课程突出职业能力培养,创出高职教育特色。2008 年,教育部又及时对该指标进行修订,颁布《2008 年高职高专国家精品课程评审指标》。上海的高等职业院校在一系列文件的指导下,推进课程建设,提升课程质量。

2010 年,上海继续实施高等职业教育质量工程,遴选高等职业教育质量工程项目。按照教育部高等教育质量工程要求,做好 2010 年国家、上海市以及院校三级"教学名师""教学团队""精品课程""优秀教材"的培育建设工作,力争有 6～8 个项目进入国家级质量工程行列。鼓励高职高专院校积极参加国家、上海市、专业协会三个层面的职业技能竞赛,推动高职教学改革,提升学生学习积极性。同年,启动上海市特色专业教学资源库建设,以国家示范院校重点专业为重点依托,结合高等教育"085 工程"高职重点专业建设,构建共享型专业教学资源库,收录国家及上海市重点支持的专业人才培养方案、课改设计、活页教材、课件等相关资料,使质量工程优质项目向全市辐射,推动上海高职教学水平的普遍提升。

第二节 案例选介

上海的高等职业院校着力建设具有高职教育特点的、突出实践教学环节的课程。在课程建设理念、课程建设途径、课程开发方法、课程结构安排、课程内容改革以及教材建设等方面,都取得一定的成效。

一、课程重组与分层

上海科学技术职业学院 2005 年开始探索核心课程制、学分替换制、课程分级等改革,强调以能力培养为核心,在培养学生职业能力的同时,重视学生职业道德、行为规范、继续学习能力、交际能力、协调能力等非智力素质的培养。社会工作专业构建专业核心的课程融合模型。具体专业课程单元的教学实施方法:第一步,将核心课程教材内容充分整合、讨论,同时将价值理念进行具体化分布;第二步,是核心课程单元的划分,将价值理念与具体的科目甚至单元绑定;第三步,重建核心课程评价体系,并将课程单元融合到教学实践中;第四步,对成果进行评估、整理和跟进。多元课程建设还强调以人为本,根据学生今后的发展要求来设计课程和安排教学内容。课程教学内容充分考虑学生的动态职业生涯和发展空间,强调学生解决岗位工作中实际问题能力的培养;注重学生的职业意识、职业兴趣和职业道德的培养。理论课除"必需"和"够用"外,重视为学生的终身发展奠定基础,以更好地适应专业技术的发展趋势和社会的实际需要。

上海建桥学院 2005 年成立基础教学部,以加强基础课程的教学和建设;2008 年又把思想政治理论课的教学和管理队伍从基础部分离出来,成立独立的思想政治理论教学部。学校的通识类课程主要由这两个部门管理,计算机应用基础、大学英语则分别由信息系、外语系负责管理。2006 年,学校出台《上海建桥学院关于制定培养计划的原则意见》,对学校通识教育类课程提出要求,指出:通识教育基础包括政治法律、语言文字、自然科学、技术科学、军事体育和综合素质等 6 个方面课程的学习与实践。2008 年,学校对培养计划进行修订,调整通识教育类课程要求,提高大学日语课程学分,同时将"计算机应用基础"课程纳入各专业的必修课,各专业根据后续课程的要求,可在第一或第二学期开设。2010年,学校再次修订培养计划,增加较高要求的大学日语课程,主要在国际经济与管理、旅游管理、计算机科学与技术(软件服务外包)等专业实施。此次修订的培养计划,还将"数学实验"纳入理工类专业的必修课,"数学建模"纳入管理类专业必修课,"文科数学"纳入文科专业选修课;计算机类课程方面,开始实施"1+X"的课程方案,即1门"计算机应用基础"加上几门针对不同专业类别开设的计算机专业应用课程。此次修订的培养计划,要求理工类和管理类专业须设置程序设计类课程,2~3学分;各专业根据本专业计算机应用能力的需求开设其他计算机类课程。此外,文科类专业选开"文科物理"写到原则意见中,并第一次将工程训练(金工实习)写进通知教育类课程教学的要求中,即机械类专业必须安排6周工程训练,电气信息类安排两周。学校实施课程建设"三级责任制",各系都拟定课程建设规划,对全校120门关系人才培养基本质量的主干课程进行建设。

上海新侨职业技术学院2000年提出"实施分类与分流、分阶段与分层次"的教学模式并逐步实施。所谓分类与分流,就是招生时淡化专业意识,按专业大类录取与培养,一年后,鼓励学生选择自己真正喜欢感兴趣的专业或专业方向继续第二、第三年的学习,其中允许有10%的学生可在全校范围内跨系或跨专业重新选择。所谓分阶段与分层次,就是按专业大类招生后,分基础阶段教育和职业阶段教育。基础阶段教育就是通过设置的公共基础课程、职业技术课程在同一平台上学习,训练学生采用正确的学习方法和科学思维方法,学会做人、学会学习,为提高综合素质奠定基础。为更好地贯彻因材施教的原则,对于英语、计算机应用基础、高等数学等主要基础课程,根据学生所学不同专业要求不同,实施分层次教学。如按商务管理大类招进的学生,经自我第二次选择,分流为国际商务、物流管理、商务策划3个专业方向,在开始不同专业课程模块学习的时候,不少学生开始主动关注与自己选择的专业相关行业的就业信息,寻找实习实训的单位,安排自己参加相关职业资格培训和考证的计划,把自己的学习与将来的就业方向挂上钩。学院以实际职业能力为主线,设置的职业技能训练课程数量占总课时比重不少于40%,有不少专业达50%,并以职业能力与课程的对应关系,将课程内容加以归类、整合,形成职业能力脉络鲜明、清晰的课程体系结构。1999年办学之初,学院就向学生提出"双证制"的目标,即学历文凭与技能证书并举。2000年,学院再次提出"一张文凭加三张证书"的具体要求。

上海思博职业技术学院为适应上海作为远东最大物流基地和最大装备制造业基地发展人才的需求,开设报关与国际货运、机械制造与自动化、汽车检测与维修技术等专业,并由此派生出连锁经营管理、酒店管理、商务英语等专业。为适应市场需求,学校还不断加强建设,优化课程结构,改进教学内容、方法和手段,改革学生培养模式,提高学生综合素质和创新能力、实践能力,普遍提高学生的人文素养和科学素质,从而提高学生的就业竞争力。国商学院积极探索"双证融通"的课程体系,将学历教育规定的"应知"与岗位职业资格规定的"应会"相结合,让学生跨出课堂,在校内实训基地模拟职场中学习,运用最新实务软件,采用"模拟—仿真—全真"的方式开展教学活动,学生实践操作能力明显增强。护理学院则通过"三三制"的教育教学体系:即护理基本素质、专业综合素质、社会人文素质组成课程教学体系;导入式启蒙实践教学、基础性实践教学、综合性实践教学体系;行为规范养成教育、职业人的能力与才艺培养、社会人的政治思想素质教育组成素质教育体系,培养出一批批既有临床护理够用的专业理论知识,又有过硬的护理职业技能,且人文素质较高、职业发展能力较强的可亲、可信、可爱的"上海护士"。工程学院的魔鬼式训练、艺术类学院的考证与就业相结合、演出与教学结合的模式都为毕业生就业提供积极的帮助。

二、模块化课程

上海农林职业技术学院 2006 年已经形成"平台＋模块"课程体系，包括校级平台、系级平台、专业主干和专业方向模块。校级平台主要是全校学生必须辅读的课程，体现学院的共性教育，主要是公共基础课程（包括思想政治课、大学英语、体育、计算机基础等课程）和公共选修课程（包括艺术鉴赏类等课程）。系级平台是同一个系几个相近专业的学生都必须学习的课程，体现大类专业的共性教育。专业主干课程主要是反映各专业核心能力的课程，是必修课程。专业方向模块为了适应就业岗位要求的变化设置的课程，每个模块设置 2～3 门课，学生可根据自己的职业生涯发展规划和人才市场需求情况选修 1～2 个模块课程。学校还构建"三能四环"的实践教学体系。其中，"三种能力"是指职业岗位的基本能力、岗位工作的专业综合能力和岗位工作的发展能力；"四个环节"是指课程实验实训环节、专业综合实训环节、毕业设计（论文）环节和顶岗实习环节。第一环节是随课进行技术实践，与理论体系相辅相成，突出专业基本能力的训练，一般占各课程学时的 40％以上，对专业的一些主干课程还设置课程实训，突出课程的综合技能培养，每门课一般为 2～3 周，总计 8～12 学时；第二环节是专业综合实训，突出专业能力的综合训练，模拟工作过程，在第五学期上半学期进行，一般一个专业开设 3 个综合实训项目；第三环节是毕业设计（论文），突出职业发展能力培养，要求学生在毕业设计指导教师的指导下，独立完成一个具有应用背景的实际课题，培养学生创新能力和职业发展能力；第四环节是毕业实习，学生到企业顶岗实习，突出与岗位对接，使毕业实习与企业生产相结合、与就业相结合。

上海城市管理职业技术学院在职业能力分析的基础上，对相关课程进行整合，使实践教学贯穿于教学过程的各个阶段。学院建立与理论教学体系相辅相成的、以突出动手能力培养为核心的实践课程体系。各专业优化课程内容，突出职业技能培养，对课程内容和课时进行适当调整，以体现"够用""会做""特色鲜明"的目标。学院开设 40 多门选修课，供学生根据自身发展的需要进行选修。学院的"建设工程招标投标"2004 年被评为上海高等职业院校中唯一的"上海市精品课程"。学院尽量选用最新出版的适应高职学生特点的高水平教材。在使用的教材中，选用近 3 年新出版的高职教材占 60％以上。2002 年以来，该院教师编写并正式出版各类教材 86 本，其中 10 本被建设部高职高专教学指导委员会推荐在全国使用。

上海建峰职业技术学院的公共课模块包含专业所必需的文化知识和常规性、前提性知识，如高等数学、英语、计算机应用基础、政治理论和社科、人文知识等。专业基础课模块主要是抽取出工程技术和工程经济管理人才岗位群需要的共同的知识与技能，作为职业方向的通用部分，设立专业基础课程模块，包含建筑制图、建筑力学、房屋建筑学、建筑结构、建筑施工技术与组织、施工项目管理等主干课程。再根据能力结构的要求，安排相应实践教学环节。专业课程模块是面向与专业相关的特定职业岗位群的多种职业方向开设课程模块，如钢结构安装技术模块、地下空间施工技术模块、工程测量技术等实训模块。在建筑经济管理专业中增设包含工程项目的投融资、建筑工程招投标、工程预决算与招投标课程等专业模块。在建筑工程管理专业中增设材料、安全管理、国际总承包企业项目管理模块。拓展模块中课程的开设，可根据专业教学方案的总体设计思路和各校实际情况，在制订教学计划和教学实施方案时便宜行事。采用系列讲座、自学辅导、讨论答疑和社会实践等多种形式进行。通过模块化的课程体系构建，可以根据企业的需求，方便的选择、增设模块来适应岗位的需求，在专业调整方面保持主动灵活，更好地实现教学资源的共享，与用人单位实现更好的对接。

上海医疗器械高等专科学校医用电子仪器与维护专业在培养学生公共素质的基础上,以学生就业所应具备的基本能力、专项能力、综合能力和岗位能力为培养目标,参照专业标准和企业技术标准对专业课程体系进行重构,形成以岗位能力为主线的四模块课程体系。在始于2010年的国家骨干校建设中,该专业重点建设6门专业核心课程。其中完善"数字化医疗仪器开发"国家级精品课程,建医用电子仪器分析与维护、远程医疗系统及应用、医电产品分析与制作3门上海市精品课程;出版9本教材,填补国内相关教材的空白;4门课程采用基于项目化的教学。该专业还建立网络教学平台,将所有的专业核心课程课件、课程总体设计、课程标准、单元设计方案、实训装置使用方法等教学资料经整合后放在教学平台上,并嵌入大量的专业学习信息,形成专业群的网络学习平台和专业资源库。该平台为师生互动、为学生随时、异地学习及科研咨询带来便利。药剂设备制造与维护专业重构,形成基于项目和岗位能力的课程体系。医学影像设备管理与维护专业重构基于理实融通的课程体系。

上海民远职业技术学院在2010级学生中设置国航物流特色班,在完成本专业培养目标基础上,着重加强比较熟练的英语听、说、读、写、译能力的培养,使学生获得"语言交际+商务运作+国际文化理解"的三维英语应用能力,有效解决英语课程脱离专业能力培养、英语课程之间缺乏系统性设计、英语培养目标与实际职业岗位能力要求相脱节的弊端。为实现这一教学目标,特色班课程开发设计采用立体交叉的"语言能力+商务知识+综合技能"的三维模块课程结构;教学培养过程突出"专业技能体系中的英语能力培养"并充分考虑英语教学规律,采用"基础阶段、拓展阶段、提升阶段、应用阶段、职场英语阶段"5个教学阶段,突破传统的国际航运英语课程的学科体系,将国际航运英语人才的职业能力具体化,让学生完成专业学习的同时,掌握从事专业岗位所需要的英语语言技能与职业核心能力。另外,特色班的教学设计对现有航运相关专业的大学英语、专业英语、职业英语的课程内容做系统整合,理顺现有英语课程教材之间、英语课程与其他专业课程之间、英语培养目标与专业人才培养目标之间的关系,教学效果良好。

三、教学大纲与教材建设

从2003年到2006年,上海工商外国语职业学院共投入180万元对6个专业20门课程、30本教材进行重点建设。谢国瑞主编的《高职高专数学教程》获得上海高校优秀教材一等奖,成为上海民办高校唯一获此殊荣的教材;陈明娟等主编的高职高专英语应用能力教材及辅导资料为全国20多所院校采用。商务系仅2005年一年,就先后出版由教育部职业教育与成人教育司等部门、单位推荐的10本高职高专教材。学院各专业成立由校内外专家组成的教学指导委员会,与企业展开密切的合作,既聘请企业专家进行实习指导,也让年轻教师走进企业接受培训。成立专门机构研究高职教育走向和趋势,为学院决策提供咨询服务。

上海工艺美术职业学院2007年重新修订70多门课的教学大纲,增添诸如形态转换、形态构成、图形创意、展示设计、CI设计、POP、计算机CAD和预决算等一系列新的理论与实用性都很强的课程。同时,各专业增加电脑课程与专业课程的比重,开设室内设计、室内装饰工程管理、计算机绘图设计、计算机辅助设计和计算机图形图像处理等由国家统一颁发证书的多种岗位资质培训班。2005年下半年起,学院为适应社会和自身发展的需要,再次对教学大纲、教学计划进行全面修订。学院作为全国轻工职业教育工艺美术建设指导委员会主任单位。主编由国家教育部指定的9个工艺美术类专业指导性教学计划和150余门课程的教学大纲。2002年,国家教育部、高等教育出版社指定出版的12本中等职业教育工艺美术专业国家规划教材,其中有5本就是由本院老师编写的。2004年,学院编写适应本院教学需要的22本教材。

上海交通职业技术学院2004年开始,在汽车运用技术、航空乘务等重点、特色专业全面实施订单式、模块式人才培养模式,根据企业实际要求"量身定做"人才。学院的专业教材充分体现企业生产实践过程。针对交通行业高新技术的快速发展,学院一方面阶段性地调整专业教学目标、教学计划、课程标准,广泛开设新技术课程,及时补充企业最新发展信息及技术;企业每年将最新的汽车资料提供给学院,学院根据模块式教学的实际需要加以整合,编写出更适用的校本教材。教材注重理论与实践教学的有机结合,进一步强化实践技能训练,力求更贴近就业岗位群与现代化企业生产的实际需要,教师在实训室边讲理论,边当场演示,学生参加实训时,接受能力大大提高。学院还进一步加强教材的选用管理,优先选用最新优质教材,形成由文字教材、电子教材、网络课件、试题库、系列参考书和实训辅助教材等构成的立体化教材体系。

第六篇

教学管理与改革

20 世纪 90 年代,上海的中专学校开展教学法改革,并在全市开展教学法改革交流评选活动。1997 年,市教委职教办制定《教研室工作规范》。采取专兼职教研员结合方法,组建 20 个学科组与专业大组,以此工作网络开展全市职业教育面上的教研活动。1999 年,在全市中专、职校范围总结教学改革经验。为了有效提升教学质量,市教委加强教学管理,在对语文、数学、英语 3 门学科开展教学检查的基础上,2003 年市教委印发《上海市中等职业学校教学管理规程》,成为职业学校教学管理的重要文件,推动了教学管理的信息化、程序化、规范化和科学化。从 2004 年以来,职业学校的教学管理水平进一步提升,许多学校开始设计教学质量监控体系,编制教研组工作手册,建立教学督导机构。2007 年,上海职业教育进一步倡导改革教学方法和手段,融"教、学、做"为一体,强化学生能力的培养。2009 年,市教委下发《中等职业教育全面提高教学质量行动计划》,提出对教学实施的全方位管理。在此期间,学校的教学管理制度不断健全,管理方法进一步规范,还促进教学评价机制的形成和健全。

从 90 年代开始,上海连续举办多次教师教学评优活动,到 2007 年共举办 5 届。这项活动推动教学经验的交流,促进教师的发展。2000 年起,上海开始在部分学校开展学分制试点,2001 年市教委下发《学分制试点工作实施办法》,对具体实施做详细规定。学分制管理为"三校生"发展创造宽松环境,提高学生的学习积极性,适应中职学生的学习基础和发展特点。上海中等职业学校学分制试点在全国处于前列。2002 年,市教委在高职高专教学工作中探索实行完全学分制,实施弹性学习制度,学生在校期间可以边学习、边就业,逐步打破固定的学习期限。学分制促进学生参加非学历短期培训与职业资格证书培训,并探索实现跨校学习和校际学分互通,教学资源得到共享。

上海的高等职业院校在 2005 年开展高等职业教育人才培养工作水平评估,这一工作有效提升高等职业院校的教学水平和管理水平,促进教学改革。2006 年起,全国各地高等职业院校认真贯彻《教育部关于全面提高高等职业教育教学质量的若干意见》,紧密结合国家示范性高等职业院校建设计划的实施及其引领作用的发挥,促进高等职业院校与经济社会发展紧密结合,强化培养高技能人才的办学特色,校企合作工学结合全面提高教学质量,推动高等职业教育持续健康发展。上海的各类高等职业院校开展大量以实践教学为核心的教学改革探索,形成丰富的经验和丰硕的成果。2010 年,在《上海市高职院校人才培养工作状态数据采集平台》建设完成的基础上,完成上海高职网上教学质量监控平台建设,按照原始性、即时性、写实性、公开性的要求,引导高职高专院校将阶段性的教学检查转变为日常性的教学工作监控。

第一章 教 学 管 理

第一节 教学管理改革

一、概况

1993年2月13日,中共中央颁发《中国教育改革和发展纲要》指出:"进一步转变教育思想,改革教学内容和教学方法,克服学校教育不同程度脱离经济建设和社会发展的需要。"上海市教育局在全市中专校开展教学法改革交流评选活动,改革宗旨是"从实践出发、边讲边练、讲练结合,加强实习动手培训",培养学生实际动手能力,推动全市中专校的教学法改革。全市约有70所中专校开展教学法改革交流评选活动,许多学校纷纷成立校、科两级教师教学法评比组织。

1997年,加强职业教育教研工作,调整完善职业教育教研室组织,市教委职教办制定《教研室工作规范》,采取专兼职教研员结合方法,组建20个学科组与专业大组,以此工作网络开展全市职业教育面上的教研活动。

1998年,上海积极借鉴国外职业教育现代教育思想和教学模式,如德育双元制模式已在部分中专、职校实施,并取得成果。加拿大"能力本位"CBE教学模式,世界劳工组织就业培训模块"MES"模式,也为上海市职业技术学校消化吸收,如上海化工学校采取"MES"模式,对工业分析专业进行改革,广泛调查用人单位的需求,制定能力分析DACUM表,调整课程安排,更新教学内容,取得良好效果。市教委按照"实际、实用、实践"原则,进行高职内涵改革,加大教改力度,参与高职教学工作研讨,研究高职培养模式,教学内容、实践性环节、学生综合职业能力等内容。会同有关部门进一步开展高职调研,对上海市大类行业人才要求结构进行调查,充分调动行业、高校、区县举办高职的积极性。拟定上海市高等职业教育发展方案和高职考试改革方案。

1999年,市教委召开上海职业教育教学改革经验交流会议,在全市中专、职校中广泛征集教改经验。制定《面向21世纪深化职业教育教学改革的实施意见》,推动学校加强教学管理、教学改革、产教结合、实习等方面的工作。开展职业教育教学改革工作调研,总结教改经验98篇。同时,组织开展上海市第三届职业教育教学法评优活动。积极推进职业教育教育技术现代化工作,召开现代教学技术现场交流会,推广上海化工学校、东辉职校的经验。是年,市教委职教办会同有关处室进行高等职业技术教育教学工作会议,传达贯彻全国高职、高职教学工作会议精神,交流学校教学工作经验,参观学习职教实训中心,部属高等职业技术教育教学工作要求。是年,组织各区县职业教育教研网络,有11个区县成立职业教育教研机构。充实调整各学科中心组组长。开展兼职教研员业务培训。组织近千名教师进行课程改革"应用数学""英语""综合理科""计算机应用基础""体育与保健"新教材的培训。

2000年,市教委转发教育部《关于印发〈关于全面推进素质教育深化中等职业教育教学改革的意见〉的通知》和《关于印发〈关于制定中等职业学校教学计划的原则意见〉的通知》,要求各学校结合实际,以改革的精神,全面推进素质教育,深化教育教学改革,规范教学管理,不断提高教学质量,并要求各学校将有关中等职业教育教学改革工作的情况以及制定中等职业学校教学计划工作的情况及时报市教委职业技术教育办公室。

2002年,市教委开展中等职业学校语文、数学、英语等3门学科教学检查,具体组织和实施工作由市教委教学研究室负责,起始阶段采取抽考形式。命题依据为市教委《关于印发上海市中等职业技术学校语文等三门学科课程标准的通知》的附件——语文、数学、英语等3门课程标准。组织对上海信息技术学校、上海市经济管理学校、上海第二医科大学附属卫生学校等3所中专和上海长乐—霍尔姆斯职业学校、东辉职业技术学校、振华外经职业技术学校、宝山职业技术学校、鸿文国际商业职业技术学校、行知职业高级中学等6所职校的2001级部分学生的语文、数学学科的教学检查。这是上海市第一次对中等职业学校的文化基础课教学情况进行统一检查。完善中等职业学校教研网络,全市中等职业学校共建有文化基础学科中心教研组6个,专业大类中心教研组22个,教学管理研究校际协作组3个,还有成人高中学科组9个,成人中专学科(专业)组15个,基本形成覆盖全市职业教育与成人教育的教学研究网络。市教委教研室在中等职业学校中聘任20多位兼职教研员。

2003年4月,市教委印发《上海市中等职业学校教学管理规程》,自2003年9月1日起正式执行。《规程》共6章33条。第一章总则共四条,要求"中职校教学工作和教学管理应遵循职业教育教学规律,结合学校特点,要以社会需要和学生的成才愿望为出发点,提高工作效率,维护教学秩序,推动教学改革,全面提高教育质量";要求"中职校教学工作和教学管理要有利于推进学生有个性的全面发展,拓展其实践创新能力;有利于教师创造性工作,有利于深化改革,有利于与各类教育的沟通与衔接,充分利用计算机及网络等现代手段,实现教学管理的信息化、程序化、规范化和科学化"。第二章教学事务管理为五至十四条,要求每学期学校均应根据教育行政部门的工作计划和学校教学目标管理的基本要求,制定教学工作计划;指出编制校历应注意:新学年开始为9月1日(逢双休日顺延);每学年分为两个学期,共42个教学周,包括理论教学、实践教学、入学与毕业教育、公益劳动、考试和机动时间等(含公休);寒暑假每学年共10周,一般寒假3周(含春节),暑假7周。其中第十条规定:"教学例会制度包括教务例会和教研组长会议、教师和学生座谈会等,主要用于布置和检查各项教学工作,及时分析、研究和解决教学中出现的各种问题,落实整改措施,注重实效,并要有明确的议题和过程记录。教务部门、各教学科(室)应定期召开教师、学生座谈会,听取教师、学生对教学工作和学校管理工作的意见与要求,并作为期末考评教师工作的依据。"第十二条指出:学校应根据职业教育教学改革和发展的新要求,积极推进课程和教材改革,开发和编写反映新知识、新技术、新工艺和新方法、具有职业教育特色的课程和教材,制作各类多媒体教学软件,为学生提供优质服务。第十四条指出:学校应有计划地经常组织教学检查,并自觉接受教育行政部门和教学研究机构及学校主管部门组织的教学检查,以落实培养目标,稳定教学秩序,优化教学过程,提高教学质量。第三章教学文件管理为第十五条至十七条。第十五条指出:根据劳动力市场需求与变化情况,学校可以在保证人才培养规格和质量的前提下,调整专业的服务方向,在课程设置、教学环节、学时安排等方面有一定的灵活性和机动性,但必须履行调整手续,防止专业教学方案(教学计划)执行的随意性。第四章主要教学环节管理为第十八条至二十六条。其中,第二十一条指出:要采取选修课等多种多样的形式充实丰富第二课堂,充分利用学校各种教育教学资源,有计划地组织和指导学生参加课外学习活动,以拓展学生学习时空,让学生有选择地自主优化知识、能力结构,拓宽知识面,增强适应性,促进全面发展。第二十三条指出:实习按其性质和任务一般可分为认识实习、教学实习(实训)、生产实习、专业劳动和毕业实习(综合实习)等。认识实习是通过参观和现场教学,使学生初步了解专业,获得与本专业教学有关的比较全面的感性知识,为后继课程的教学打好基础的实践性教学环节。教学实习（实训）是根据大纲规定的要求，在校内实习基地对学生进行本专业所必需的专业技能基本训练的实践性教学环节。生产实习与专业劳动一般在校外实习基地进行，是学生对本专业所涉及的主要岗位的生产劳动或结合生产过程，学习操作技能，培养生产和服务能力的实践性教学环节。毕业实习是一种综合性的实习，也称综合实习，要求学生综合运用所学理论和基本技能分析、解决生产、技术、服务及管理工作中各种实际问题，提高实际工作能力，为就业、创业作好准备。并要求："凡有条件的学校（专业），都应通过实习让学生能获得相应技能等级证书或职业资格证书。"第五章教师教学业务管理为第二十七条至三十一条。第二十七条指出：教师应根据学校和各教学科（室）的要求，制订个人提高计划，并完成规定的"五年一轮"教师职务培训任务。要不断加强对教师职业能力的培养，组织他们参加相应的生产实践、实验室等工作，获得"双师型"教学能力。对尚不适宜开课的教师、尚不具备合格条件的实验员和实习指导教师，应限期提高；不具备教师素质的应调任其他工作。第三十条指出：学校应落实相应职能部门负责教育科研工作，具体负责制订开展教育科研活动计划；组织学习教育理论和交流教学经验，组织教师评优、中青年教师课题研究；组织对毕业生跟踪调查，及时了解市场对人才的需求；编写教学研究刊物和资料；组织论文选送和评审；探索和推动课程改革和教材建设；参与教师任职情况考核和教学评估等工作。第三十一条指出：教研组活动应包含熟悉专业教学实施方案（专业教学计划）、课程标准（教学大纲），分析教材，研究教法，集体备课，交流经验，以及学习教育理论，落实教学检查和抓好实验室建设等内容。教研组活动应有计划、有总结、有考勤、有记录；要认真组织听课和教学观摩活动，注意总结和交流教学经验，积累和丰富教学资料，不断提高教师教学水平。第六章附则为第三十二条至第三十三条。

2004年，市教委总结《规程》实施情况：各中等职业学校切实落实《规程》，建章立制，加强学校各个教学职能部门、各个教学环节的管理。上海石化工业学校依据《规程》，参照 ISO9001 质量管理体系的质量管理原则，制定《上海石化工业学校教学管理规程》，初步完成《上海石化工业学校教学质量监控体系总体框架设计》，编制包括教学及管理等四个篇章构成的行动计划，促使学校进一步提升管理水平，并能与国际标准接轨；上海信息技术学校规范教学文件的制订和资料的管理，各类教学文件的制订和审核有明确的分工，每新设一个专业都要召开专业指导委员会会议，在充分调研用人部门对人才需求规格的基础上，再由专业科负责制订实施性教学计划和大纲，教务科负责协调和审核，最后由分管教学的副校长审批后发布实施，并把实施《规程》的情况与教师的年终考核、聘任挂钩；南汇工贸学校组织教研组、专业科、教务科、学生科、行政例会等各层面的专题学习和讨论，把《规程》中的6章33条分解成具体工作要求和实施细则，在配套内容上，根据各类表式目录更新、制作、印制《上海市中等职业学校教研组工作手册》《上海市中等职业学校学生学籍档案》，更新、完善了各专业教学文件。

《规程》的实施提升了中等职业学校教学管理的整体水平，促进教学过程的全面优化。上海信息技术学校落实教学质量监控措施，建立由高级讲师以及有关行业专家组成的教学督导组，深入教学一线随堂听课，督导实践教学，参与期中教学质量检查，教学督导在规范学校教学、加强教学管理和实行质量监控方面发挥重要作用。学校还建立教学创新激励机制，设立教学质量奖，激励教师教法创新，对在教学质量和教学效果上获得学生和同行好评的教师进行奖励。上海石化工业学校规范教学文件的管理，加强教学过程的监控，注重资料的填报与收集。根据《规程》要求，学校对实施性教学计划、课程标准及授课计划等教学文件加强管理，教学部门明显加强对教学过程监控的力度。开学前，各专业科分别对学科组的授课计划进行审定，并按《规程》要求逐级上报审查，每学期全校所有的学科组的授课计划要求在规定的时间内上报,经审查后于开课前下发执行。主要措施还有:执行日常听课评课制度,本学期已组织随堂听课20余次,不打招呼,听完即评,并面对面反馈评价意见;执行教学通报制度,本学期共刊出"教学通报"两期,对各个教学环节工作进行检查后及时通报各部门;执行经常性教学检查,教务处分别开展授课计划、教案及教师教学基本行为规范等专项检查。上海市南湖职业学校重新制定各级教务工作人员岗位责任制,加强教学质量监控系统,整个教学管理模式发生了很大的变化;重新修订学生学籍管理条例,制订学分制条例,修订专业课程标准和教学大纲;建立班主任竞聘机制及聘任课任老师机制,实行优质优奖制度,进一步完善教师教学质量考核标准。市卫生局科教处每年组织教考分离的抽考(包括实践性操作技能考试),总、分校制的学校均需组织联考,并进行期初、期中、期末教学检查。上海市振华外经职业学校贯彻《规程》体现在四个结合上,即与思想建设相结合,与制度建设相结合,与师资建设相结合,与专业建设相结合。学校重视教学管理制度建设,形成一整套制度,如备课要求、教务例会、调代课制度等。学校注重教师多媒体教学能力的培养,在职教师几乎都能使用多媒体进行教学,专业教师多技能多岗位的培训已形成制度。学校建立新的教职工考核办法,实行绩效工资,充分调动每位教职工的积极性,在考核教育教学工作一栏中,将能否规范执行《规程》列入考核的三级指标。

2000年,上海市教科院职成教研究所通过对上海43所高等职业院校的调研,了解到当时各类院校都已具备指导高职教育教学的教学计划,其中大部分高等职业院校的教学计划内容比较完整,如上海电机技术高等专科学校、上海东沪职业技术学院的教学计划较为规范,上海铁道大学职业技术学院、立信会计高等专科学校、上海第二医科大学卫生技术学院、上海新侨职业技术学院、上海青年管理干部学院、上海工会管理干部学院、上海海运学院高等技术学院等也都有完整的教学计划内容。但具有比较完整的理论教学大纲的仅有上海东沪职业技术学院、上海海运职工大学、上海青年管理干部学院、上海工会管理干部学院等4所院校,而其余院校均不够完整或未予提供,实习实训教学大纲的建设和实践教学课时达标情况也不能令人满意。调查还显示,上海当时大部分高等职业院校是自编讲义或借大学本科教材来用于高职教育,自编的高职特色教材还不足10%,有教材建设规划的院校也不到20%,考虑到与文字教材配套的实物教材、电子网络教材、实习实训教材及其他教学媒体建设的就更少了。通过调研分析,可见上海举办高职教育的几类院校在教学计划和教学大纲及教材建设方面各自都有其独特的长处和短处:普通高校的二级职业技术学院因受其大学"母体"的影响,其教学文件建设比较偏重于理论教学,实践教学缺乏一定的经验;独立设置的职业技术学院有的是由成人高校转制而来,有的是新建的民办高校,所以在教学文件的建设上尚需一段时间;而高等专科学校由于与高职教育"本是同根生",加上其近年教学改革的深入已与高职教育逐步趋近,故各项指标情况相对较好;至于成人高校虽有多年举办高职班的经验,实践教学又有行业依托,但理论性的教学文件的建立仍有欠缺。

2007年1月,市教委转发《教育部关于全面提高高等职业教育教学质量的若干意见》,要求深刻认识高等职业教育全面提高教学质量的重要性和紧迫性;加强素质教育,强化职业道德,明确培养目标;服务区域经济和社会发展,以就业为导向,加快专业改革与建设。开展职业技能鉴定工作,推行"双证书"制度,强化学生职业能力的培养,使有职业资格证书专业的毕业生取得"双证书"的人数达到80%以上。要求加大课程建设与改革的力度,增强学生的职业能力。改革教学方法和手段,融"教、学、做"为一体,强化学生能力的培养。加强教材建设,重点建设好3 000种左右国家规划教材,与行业企业共同开发紧密结合生产实际的实训教材,并确保优质教材进课堂。要求大力推行工学结合,突出实践能力培养,改革人才培养模式。加强学生的生产实习和社会实践,高等职业院校要保证在校生至少有半年时间到企业等用人单位顶岗实习。要求校企合作,加强实训、实习基地建设。要积极探索校内生产性实训基地建设的校企组合新模式,由学校提供场地和管理,企业提供设备、技术和师资支持,以企业为主组织实训;加强和推进校外顶岗实习力度,使校内生产性实训、校外顶岗实习比例逐步加大,提高学生的实际动手能力。要求注重教师队伍的“双师”结构,改革人事分配和管理制度,加强专兼结合的专业教学团队建设。要增加专业教师中具有企业工作经历的教师比例,安排专业教师到企业顶岗实践,积累实际工作经历,提高实践教学能力。同时要大量聘请行业企业的专业人才和能工巧匠到学校担任兼职教师,逐步加大兼职教师的比例,逐步形成实践技能课程主要由具有相应高技能水平的兼职教师讲授的机制。并要求加强教学评估,完善教学质量保障体系。各地教育行政部门要完善5年一轮的高等职业院校人才培养工作水平评估体系,在评估过程中要将毕业生就业率与就业质量、“双证书”获取率与获取质量、职业素质养成、生产性实训基地建设、顶岗实习落实情况以及专兼结合专业教学团队建设等方面作为重要考核指标,切实加强领导,规范管理,保证高等职业教育持续健康发展。国家将实施示范性高等职业院校建设计划,重点支持建设100所示范性院校,引领全国高等职业院校与经济社会发展紧密结合,强化办学特色,全面提高教学质量,推动高等职业教育持续健康发展。

2009年,市教委下发《上海市中等职业教育全面提高教学质量行动计划(2009—2013年)》。行动计划的主要目标和任务,一是专业结构布局进一步适应区域经济和社会发展需要,基本建立比较完整的专业建设工作机制。引导学校以专业建设为核心,制定和实施专业结构布局优化调整方案,着力创建专业教学特色;以师资队伍建设为抓手,着力打造“双师型”专业教学团队;以人才培养模式创新为重点,着力推进校企合作、工学结合。继续进行重点专业建设,保证专业建设的基本质量和规范,开展精品专业(点)、特色专业(点)和精品课程的建设。加强开发专业教学实施方案,继续推进学历证书与职业资格证书的“双证”融通。二是提高校长教育教学改革的领导力,基本形成规范科学的学校管理干部和教师培养机制。重点加强校长培养、培训,着力提高校长教学改革领导力,掌握现代职业教育的新理念、新模式、新手段和新方法。加强和完善学校教学管理团队,造就一批在推进教学改革方面视野宽、理念新、领导力强的校长,形成一批勇于改革创新、在全国有影响力的学校。三是教学保障条件继续得到大幅度改善,基本建立提高教学质量的长效机制。完善教育行政部门、行业企业及学校各司其职、互相配合、合力共建的管理体制。探索建立政府调控、社会监督与学校自我约束相结合的质量监控体系和评价机制。强化教学管理和制度建设。完善教学研究组织。健全管理干部、教师进修和继续教育制度,健全培训体系,进一步优化管理干部和教师的素质结构,提高“双师型”教师的比例。继续加强教学资源开发和应用体系的建设,在优质教学资源的共享方面上新台阶。进一步加强开放实训中心的建设,努力促进开放实训中心可持续发展,提升面对社会的服务能力。积极推进校园文化建设,营造良好的职业教育氛围,构建和谐校园。

2009年,市教委还转发《教育部关于进一步深化中等职业教育教学改革的若干意见》等3个文件,要求各中等职业学校的主管部门加强对中等职业学校教育教学工作的指导和管理;各中等职业学校要结合行业和企业的实际需要、专业培养目标以及学校的实际情况,制定和调整教学实施方案(教学计划);市教委教学研究室和上海市中等职业教育课程教材改革办公室要在总结历年来上海市中等职业教育课程教材改革经验的基础上,结合上海实际,研究制定主要文化课的分层教学指导方案,按照教育部的相关要求,推动专业教学标准实施。2010年,市教委根据《上海市中等职业学校教学质量评估实施方案》和《上海市中等职业学校教学质量评估指标体系》,组织实施并完成75所通过“百校”验收的中职校的2010—2013年教学质量目标评议工作。各校根据专家组评议意见对制订的教学质量目标进行修订,并在"上海市中等职业学校教学质量评估网上系统"进行交流展示。

2010年,在《上海市高等职业院校人才培养工作状态数据采集平台》建设完成的基础上,完成上海高职网上教学质量监控平台建设,按照原始性、即时性、写实性、公开性的要求,引导高职高专院校将阶段性的教学检查转变为日常性的教学工作监控。

二、案例选介

上海石化工业学校完善教育教学动态监控体系。该体系包括3个评价机制。其一,学生评价机制。针对中职教育生源变化的特点,学校要求全体教师读懂学生、理解学生,从促进学生终身发展角度出发,选择适合学生的教育评价方式。2007年初,学校开展"我为完善学生学业评价机制献一计"的金点子活动,共收到各类建议40余条,在此基础上结合原有各类评价方案形成"以企业用人标准为核心"的学生综合评价体系。学生评价机制构建的依据是企业用人标准,构建目的是促进学生学习、科学评价学生、保障教学质量。其二,教师评价机制。该项评价机制主要有3个内容:划分评价对象,按照教师任课的不同,把教师分为理论教师、实训教师及体育教师3类;把学生作为评价教师工作的主体;实施两个结合,即学生网上评教与定期课堂教学反馈相结合,部门询查与学科组评议相结合,核心内容在于增加学生对教师评价的权重,借助计算机和软件,全体学生参与对教师进行评价,以最大限度地做到公平、公正和客观。其三,班主任评价机制。学校从2007年开始同步健全班主任评价机制,根据学校班主任管理办法和综合评价实施办法重点突出两点:绩效评价与过程评价相结合,实行过程管理和绩效管理相结合的考核模式;评价结果与班主任利益挂钩,把考核结果及时通知本人,并在津贴与奖金上兑现。2008年,学校计划对班主任考核实施全体学生网上评价与部门分级评价相结合,使这个评价机制更加科学、合理。同时,建立专家、行家指导机制,学校成立两个指导委员会:教育教学指导委员会,主要成员由具有高级职称、学术能力强、办事公正的骨干教师构成,主要工作内容是对学校教育教学工作提供咨询、评审、建议、检查和监督,特别是对教改项目进行评价、评审、检查及质量把关。学校行政事务管理指导委员会,主要成员由学校具有管理经验的人员组成,主要的工作内容是为学校的行政管理提供咨询、评议、建议和审议,尤其是为学校重大的行政事务决策提供咨询。

上海市工业技术学校实施教改创新工程。该工程包括3方面的内容:一是文化基础教学实现分层化。针对近年来中职生源质量下降的现实,从2002年开始实行头两年不分专业的分层教学新办法,并要求基础差的班级一起参加市语数外统测,学分制已在模具、数控、机电等专业实施。二是专业教学实现模块化。对于专业理论课贯彻适度、够用、实用和服务于技能培养的原则,把减下来的理论课时用于实践教学。同时将专业课程分成专业基础模块和专业模块,里面又分若干小模块,适应不同层次不同兴趣学生的需要。三是实践教学实现技能化。以常规技能为基础,以现代制造技术手段为重点,注重学生技能和创新意识培养,采用专业认识教学、单项技能训练、综合技能训练的三段式实践教学方法。面对制造业的每一次进步,学校在专业建设方面都是抓住机遇紧追不舍,同步调整课程设置,更新教学内容、方法和手段,提高实训要求与质量;同时引进与企业最新生产相一致的实训设备,确保学生学习到最新的技能。

上海科学技术职业学院规范管理。其一,对教学全过程实施规范管理。教学全过程的规范管理主要涉及8个环节,归纳为"三有两关三办法":专业有培养计划,课程有教学大纲,教师有教学周历,新教师过上岗试讲关,学生过学年审查关,考试管理办法,教材选用办法,实习管理办法。为了认真做好以上8项基础性工作,学院每年修订培养计划辑成课程大纲汇编和教学管理文件汇编;对学生学习成绩实行计算机管理。其二,推进以课程建设为核心的教改措施。学院从思想导向、经费支持、激励机制等各方面,鼓励教师从教学内容、教材选择、授课方式及教具课件制作等方面进行全方位的探索与创新,从中培育教学成果,提高业务水平。学院为此在几年中分三批拨出数十万元经费,用于课程建设,其效果显现为双语教学课程逐渐开出、制作一批CAI课件并投入使用、试题库逐步建立、10余部教材完稿并公开出版等。其三,重视课堂外和书本外的教育。学院对学生有严格的要求,政治学习、生活制度、考场纪律、学籍管理毫不松懈,社团组织、体育竞赛、知识讲座、公益活动开展活跃。例如举办三届科技节、两届体育节,组织学生参加全国大学生数学建模竞赛,组织校内电子技能竞赛、发动机拆装竞赛、英语演讲比赛等;组织学生参加车迷俱乐部、企划创造社、计算机动画科技社等社团活动;2004—2005学年间,已做到校园内每周至少有一次学术报告。其四,建立立体的教学质量保障体系"3队2会5制度"。"3队"是指3支队伍:一是教学指导委员会,每个系各自成立,由7名左右校内外专家组成,定期共议提高教学质量方针大计;二是学院教学质量督导组,由6名资深教师组成,通过对各教学环节进行日常检查,抽阅试卷和各种教学文件等方式,经常性地督查日常教学活动,并通过编印《教学通讯》向全院通报情况;三是组建学生教学信息员队伍,有近百名学生信息员分布在各个班级,职责是收集和反映学生对教学安排、教风学风、学习条件等各方面的评价与建议并将学院的要求在学生中加以宣传和贯彻。"2会"是每两周一次的全院教学例会和定期的学生代表座谈会,达到沟通情况、布置工作和反映问题的目的。"5项制度"是听课制度(包括实验实训)、期中教学检查制度、学生教学情况问卷调查和学生课程评价制度、校外实习巡查制度和毕业学生工作状态跟踪制度。

上海市公用事业学校严格教学管理。要求教师按照教学计划精心安排课程内容,组织教学活动,按校历安排完整填写教学文件。在执教过程中要求教师的教学内容正确、教学组织合理,讲解完整无误;教学方法运用能调动学生学习积极性、主动性,激发学生兴趣;要求教师教学语言准确,通顺流畅,作业批改及时正确。学校要求专业教师运用现代教学手段教学,实践性内容必须在实训室教学,专业认识实验必须到生产现场。教务管理部门在每学期期中连同教育督导室对教师教学状况进行全面检查,采取随堂听课和检查教学进度及学生成绩、作业、实训报告,全面了解教学状况。同时召开学生座谈会听取意见,发现优秀典型尽力推广,存在不足及时总结反馈纠正,确保教学秩序正常。学校对教师每年进行教学能力考核,从工作量、教学质量、教科研水平以及师德师风进行全面评价打分,对前10%的教师进行全校表彰奖励,对考核不合格的教师则安排待岗培训,如果还不能胜任就转为教辅人员。考核的排名和分值进入教师的业务档案,作为评职务聘和晋升的主要依据。学校自始至终坚持教学管理的制度化规范化方向,与时俱进不断完备各项教学文件。重视基础资料的积累,重视常态管理,用完整扎实的基础材料全面反映学校真实情况。为保证教学秩序和教学质量,学校建有完善的教师管理制度和学生管理制度,教学管理文件资料规范齐全。

上海市群益职业技术学校健全教学管理制度。开学初校长室和教导处全面认真检查教研组计划、各学科计划,及时小结并通报检查情况。期中检查各项工作开展落实情况,每次检查造表记录存档备查。期末全面总结教研教学工作,表彰先进。每学期,教导处组织一次教师互查教案和作业批改情况,组织编写优秀教案集和课后思考集。实行以办公室为小组的集体备课制,组内教师互相交流。教研组至少确定一个教研课题,大教研组确定两到三个课题,积极争取市、省立项课题。开展"六个一"活动,即参加一个教研课题的研究,上一节教研公开课,说一节教研课,评一节教研课,写一篇教育教学论文或总结,读一本教育理论书并写心得。抓好教学五认真:认真备课、认真上课、认真批阅、认真辅导、认真分析。

上海石化工业学校健全教学管理制度。一是建立集体备课制度。依据课程实施方案、教材和学生实际组织教师每2周进行一次集体备课,备教学目标、备教材、备重点、备难点、备教法、备学法、备学生(把知识技能的系统性与学生身心发展规律和知识水平协调一致),认真进行教学设计(附教学设计一份),集体说课,设计教案等。二是建立听课、评课制度。任课教师每学期至少相互听8节,并且写听课记录及评价,教务部门经常抽查;教务处、督导、教务校长等领导,经常进行推门听课,检查教师的课堂教学情况,并进行现场点评;每学年每位任课教师在教研组内至少上一次公开课,教研组组织课后评课活动。三是建立教学辅导制度。学校规定课后教师要对学生进行有的放矢的辅导,每周不少于1.5小时,辅导的内容主要是:解答疑难、堵漏补差、扩展提高、端正态度、方法指导等。课后辅导的对象既有学习困难者、存在学习障碍者,又包括学有余力者和因故缺课者。既有集体辅导又要有个别辅导,辅导的重点对象是学困生。四是教学评价采用多元评价制度。多元评价既有结果评价,更注重对学生学习过程的评价,学生的总评成绩平时占60%,期末考试占40%。平时成绩包括学生的学习态度、课堂表现、课堂练习、作业完成情况、实验成绩、单元测试、阶段考试等。五是建立教学反思制度。每学期结束时,安排一周的时间,规定每位教师写期末考试试卷分析及一学期的教学反思,教师反思自身教学经验、技能、活动及教学观念,反思自己的教学经验和不足,并在教研组进行交流。

上海市农业学校深入开展教学研究,坚持校系两级管理。坚持学生测评与同行测评相结合,期中与期末检查相结合,现场座谈与问卷调查相结合,理论测试与技能考评相结合等,为人才培养提供有力保证。规范课程管理,按照国家教学标准和大纲开设相应的基础课程,根据专业要求开设相关的专业课程,制定教学计划。聚焦课堂教学,狠抓课堂教学主阵地,面向全体学生,促进学生全面发展,培养学生创新精神和实践能力,形成新型的教育观、学生观、人才观和质量观。加大对教师的常规考核,提高课堂效率。深化教学改革,开展课堂教学及教法研究,重视现代化教学手段的应用,优化教学模式,组织开展公开课等教学活动。强化过程管理,认真制定课堂教学评价和"四认真"(认真备课、认真上课、认真批改作业、认真辅导学生)工作评价标准,规范课堂教学常规要求,建立教师、学生的互评机制,调动教师教的积极性和学生学的积极性。加大教学常规检查力度,做到定期检查与平时检查相结合、抽查与普查相结合、自查与互查相结合。

中华新侨中等专业学校设立教学巡视工作组,在校长领导下独立开展工作,负责教学质量监督、教学检查与教学评价工作,形成专家与管理人员共同负责学校教学质量的运作机制。督导小组由校长总负责,每四人为一组,完成一天的督教、督学和教学巡视工作。当天,组长负责文字总结,及时反馈;一周重点事件每周总结,形成打印文字,及时下发各部门。各专业科主任每学期至少听课4次,形成书面评价。各班有学生信息员,及时反馈各种信息,形成学生对教师工作质量的监督。教师考核分数分成四部分组成:学生打分、同行互评、部门领导评价和其他。质量监控措施的完善,加强学校的教学质量管理职能,强化质量管理力度。

上海市奉贤中等专业学校三级建立管理模式。一是加强常规管理,以争优创优为抓手。完善月考核指标,实施教研组考核制度,实行每日课堂教学检查制度,加强教学环节管理的研究与落实。二是加强过程管理,实施学生思想、学业、实习综合评价制度。建立以德育积分制为突破的学生德育管理的网络平台,德育科、年级组、班主任为主线的德育管理的教育体系,团委、学生联合会、班委为主线的学生自主管理体系。推进学业综合评价,加强学业过程教育与评价。规范学生学习行为,把学生平时出勤、上课、训练等学习表现计入总评成绩的60％,改变学生单一的考核形式,重视对学生学习态度、习惯与方法的评价。专业课融合学生动手参与的态度、操作实践技能表现、作品质量等情况。实行学生专业与特长奖励办法,学生在星光大赛、专业考证、科技创新、网络课程学习、顶岗实习、学科竞赛、文体活动等方面获得的成绩可以享受学业总评的奖励。三是开展教学节活动,让教师在推进新课程标准的实践中发展,在此期间开展教案、课件、教学心得、校本教材的多项评比活动,引导教师加强对新课程的理解并有效落实在教学实践中,探究教学方法。开展教育教学开放日活动,邀请兄弟学校代表、区、室教研室专家、家长代表、企业代表参加。

上海电力工业学校制定较为完善的教学管理文件和规章制度,基本涵盖课堂教学、早晚自修、实验教学、技能实训、考试考查等教学工作各方面、各环节,明确质量标准体系和相关人员(部门)的工作规范。同时,在调课审批、备课教案、学生评教、同行评教、教学比赛等方面也都制定相关的标准或规范,注重主要教学环节的质量标准,把教学管理工作落到实处,做到期初有计划、期中有检查、期末有总结。初步建立教学质量监控体系,校领导对教学质量的宏观监控,教学管理部门对教学质量的常规监控。通过教学检查、专项检查、随机抽查、教师座谈、学生座谈、填报教室日志等形式,收集教学状况信息,分析和解决存在的问题。通过学生评教、问卷调查、教师互评和自我评价等多种形式对教师教学工作进行评价,并将评价结果与教师教学工作考核挂钩。

上海工商信息学校对各专业计划内的各类课程实施教学质量过程监控和目标控制。每学期分四个阶段对各门课程实施阶段性测试,分析教学得失,总结经验,改进教学,努力达成课程目标;对基础课程实施考教分离,信息技术参加上海市职业技能鉴定;专业核心课程在加强专业技能训练的同时,重视专业理论教学,做学一体,同时组织营业员(中级)职业技能鉴定。学校创新督学督导制度,成立督学办公室,对教师教学常规行为进行督导,规范课堂教学行为,加强教学过程的监控,推助教师专业成长,保证常态课的教学质量。督学办全体专兼职督导每天巡视课堂教学,作好记录,并将发现的问题及时与教学管理部门作反馈;实行推门课的方式全方位、全过程聚焦课堂,对教师课堂教学情况作出书面评价与面对面交流,同时随机检查备课教案、作业布置与批改情况,加强监控,促使教师从教学计划的制订、教学常规的落实、教学方法和策略的优化、教学过程的实施、教学目标的实现等多个角度全面提高教学质量。

上海海事大学附属职业技术学校构建"三位一体四段式"的实践教学体系,"三位一体"就是实验、实训、实习作为实践教学的有机整体,"四段式"就是实践教学按照认知规律分"初步认识—理论教学及实验理解—实训中心技能训练—企业岗位实习"四个阶段循序渐进或交叉推进。学校以课题为载体,促进教师专业化发展,拓展各专业领域选修课程的范围和数量,各专业必修课和选修课的比例达到1∶1.5,体现学分制学生"选择"的特性,为落实学分制打下基础。

上海科技管理学以第三方评价为主定期开展学生评教、教师评教活动。各类教学常规检查、座谈会和问卷记录、试卷、质量监控材料等资料保存完整。以学生顶岗实习过程管理为重点,加强工学交替、顶岗实习阶段教学质量的监督管理,校企双方共同确定工学交替、顶岗实习阶段的教学内容、任课教师(带教师傅)、管理职责以及教学质量考核方式,进一步改革教学管理和学生评价机制,实现学生工学交替、顶岗实习由学校和企业"双重"管理、"双重"考核,不断优化人才培养模式。完善毕业生质量跟踪调研、综合评价、反馈改进机制,定期撰写调研报告,报告有数据、有分析、有建议,并及时向学校其他部门反馈,促进学校专业教学实施方案不断优化。

上海市曹杨职业技术学校以质量监控体系运作机制示意图明确对各部门、各环节的质量要求,具体规定教学管理的方法、措施,形成全面性管理、全员性管理、全程性管理的三全管理原则,发挥教务处和专业部管理、教研组管理、教师自我管理的三级管理功能,制定教务处、专业部、教研组三级教学巡视制度。学校以市教委颁发的 42 个专业教学标准及相关课程标准为重要依据,根据学校的培养目标、专业布局、课程建设以及实训条件等实际情况,各专业部合理调整各专业的课程结构和教学安排,修订有校本特色的专业教学标准,校本化实施专业教学标准。完善顶岗实习教学方案,规范学生在校第三年在企业的教学实习,以明确的实习教学目标、教学内容、过程评价及考核鉴定规范学生的实习过程,推进学生的顶岗实习管理。规范课堂教学管理,实行职能部门主管协调,专业部分块负责的办法,增强专业部日常管理执行力,加强日常课堂教学的巡视。构建全面的教学质量监控体系,一是完善学生在校两年学习期间的教学常规质量监控机制,建立学生评教、教师评教、家长评教、企业评教的多元评价机制,及时反馈评价结果,跟进课堂教学改进;二是有序做好各项教学常规的检查记录、试卷评析、教学反思、考试质量分析报告、教学质量座谈及问卷等常规资料的整理归纳,建立常规管理工作档案。各专业部探索“五个一”专业调研制度,每学期有序推进一堂教学展示研讨课或一次专题教学研究活动、一个校企合作项目的立项研究或展示、一次主题教育活动、一次专业技能竞赛活动、一份专业发展的调研报告或一份校本化的专业教学计划,在交流展示中梳理教学成果,并建立社会考察制度,不同专业每学期各组织 1~2 次社会考察实践活动。

上海市城市科技学校每月举行一次任课教师和班主任例会,及时了解学生思想动态和学习情况,有问题及时沟通解决。课堂教学要求规范化,做到教学大纲、授课计划(包括实验实训计划)、教学日志、学生记分册、作业本依据学校统一要求撰写并实施。各课程成绩评定采用过程性评价。任课教师根据自己的课程情况,在开学初制定课程评分细则,除规定期中期末所占的比例不少于50%,将平时成绩(出勤、作业、课堂表现、纪律等)也纳入总平成绩内,强调学生在教学过程中的参与程度。每学期有三次教学质量检查。期初检查教学准备工作落实情况;期中检查包括教学管理工作、教师授课情况、学生学习情况;期末检查教学工作完成情况和质量。要求任教老师认真撰写教案,每学期进行教案评比,期末进行奖励。进行课堂教学质量学生满意度测评。期末每门课程实行课程达标奖励,主要包括课程实施性教学大纲、课程授课计划、教案、课堂教学情况测评指标、公开教学活动情况、课后辅导情况和总评合格率,达标的课程可以奖励浮动课时费。

上海市第二轻工业学校成立以分管校长为首,各教学职能部门参加的教学督导工作小组具体负责该项工作。除了做好教学质量常规检查以外,每学期按规范做好期初、期中、期末三次教学质量检查,特别是期中教学质量检查。检查内容包括教学进度、教案、课堂教学质量、实践教学、课外辅导、作业批改、考核情况等,检查方法除了检查教师相关教学资料外,组织听课、抽查学生作业、召开学生、教师座谈会,组织学生、班主任反馈调查,考试质量分析等,由分管校长牵头,构建有教研室、教务科、师资科、学生科、图书实验科等部门共同组成的检查与反馈网络系统,各司其职,并有效联动。教学研究室具体负责组织、指导、协调,做到检查前有详尽的工作计划,检查中落实责任,明确任务,检查结束认真做好总结分析,层层做好反馈,落实整改措施,把不断提高教学质量落到实处。

上海市经济管理学校整个教学管理体系包括教学文件管理、教学实施方案(计划)管理、教学运行管理、教学质量管理、实践性教学管理、教材设备管理、师资队伍建设、课程建设与科研、教学督导等方面的条例、办法、规定和要求。为将这些制度落到实处,教务处和各专业系又将之细化和转变成诸如学期教学实施方案、学期教学进度表、期初、期中、期末教学检查表审批表、调(代)课申报表、教学日志等教学表格。学校聘请职业教育资深专家组成教育教学质量监测中心长年进驻学校,加强学校教学质量的监控。具体做法一是坚持教师教学质量评估,通过学生对任课教师的师德印象、教学内容、教学方法、作业布置、严格要求等几方面的评分来反映教师上课的质量,同时采用学生评估与科研督导处、教务处、系主任以及校外专家评估相结合的方法,使评估更趋公正与合理。教师教学质量评估结果记入教师的教学档案,并与教师的考核、职称评定、课时津贴等挂钩;二是坚持校领导、各处室、系领导以及教师听课制度,规定每学期各级干部和教师的听课节数,并作为考核指标记入考核;三是建立由有丰富教学经验和教学管理经验的校外专家组成的教学督导组,通过随机听课等途径检查教师的教学情况并及时通报,以达到不断改进教学的目的;四是坚持期初、期中、期末教学检查制度,通过师生座谈会和教学状况抽查等多种形式,掌握教学动态,及时解决教学各环节中存在的问题;五是建立并坚持校风校纪检查制度,每天检查教师教学和学生学习情况,并及时进行通报;六是制定实习学生管理办法,加强对学生实习的管理和考核,根据学生提交的个人总结、实习报告和单位鉴定等按统一标准进行量化考评。为加强教学常规管理,学校还实施提高教学质量的"五优化工程",即优化教学目标、教学内容、教学方法、教学模式、教学手段,并广泛开展听课评教活动。

上海市群益职业技术学校实施教学"五认真",即认真备课、认真上课、认真批阅、认真辅导、认真分析,由此扎实做好常规教学工作。学校发挥教研组集体力量,做到学用结合。各教研组长全面负责本教研组开展教研工作,根据学校工作重点,制定好教研计划,明确研究专题。组织教师学习有关教改信息,共同研究学生中出现的问题,提出解决问题的方案,把提高教学研究落到实处。要求人人参加校教研活动,并认真做好听课记录和评课记录。学校加强领导监控力度,建立校长、教务主任两级质量监控领导小组,教务主任全面负责,监督保证各项监控措施落实到位。各教研组长通力合作完成每次监控的组织。学校实施奖惩措施,对在校质量监控检测、专项竞赛中成绩优异的教师进行奖励,校长室、家长委员会每学期对教学质量下滑或工作态度不认真的教师进行问责,对不能胜任教育教学工作的教师,上报区教委备案,实行待聘管理;对违反教师职业道德规范的教师进行批评教育,直至追究教师负法律责任。

上海市商贸旅游学校建立教学质量检查体系和体现激励机制的教师评价体系。开学初,教务处协同教研组长认真检查各学科教学计划,定期召开教研组长会议,同时以备课组活动为抓手,加强教学常规建设,抓课堂教学实效,定期检查教师的备课情况和作业批改情况。每学期组织教师进行公开课教学,要求教师开展听课评议活动,教师每学期听课 8 节以上,完成听课评课案例撰写。每学期期末,组织学生进行对教师任课满意度的考核。在学生专业学科成绩认定上,学校坚持教考分离的原则,文化基础课坚持以学校统考、参加市教委文化课教学检查作为监控教学质量的抓手,部分专业课以"证"代考。

第二节　学　分　制

一、中等职业学校学分制试点

2000 年市教委根据教育部有关中等职业学校要开展学分制试验的指示精神,批准卢湾区所辖的 3 所职业学校,以及市化学工业学校、机电工业学校、市建筑工程学校、上海市农业学校等多所国家级重点中专校开展学分制试点,主要目标:一是建立灵活、富有弹性的教学管理体制和课程模块,积极探索教学组织和管理制度改革的新途径;二是针对不同教育对象贯彻因材施教原则,努力为学生创造根据社会需要和个人特点选择课程的宽松环境;三是通过学分制,充分体现职业技术教育的教学特点,实现中高职课程的沟通。该年秋季起,卢湾区教育局组织所属的3所职业学校探索区域内中职校的学分相通互认试点。市教委职业教育与成人教育处、市职业技术教育研究所和试点学校共同组成学分制研究课题组,对学分制的性质、目的、功能、学分制和弹性课程的框架以及学年制转向学分制中的若干操作性问题进行专题研究。这些首批进行学分制试点的学校制定详尽的实施方案和操作细则,运用学分制校园管理软件,为全市提供经验,在全国中等职业学校学分制试点工作中处于前列。

2001年市教委印发《关于印发〈关于上海市中等职业学校进行学分制试点工作的实施办法〉的通知》。《办法》分为7部分、29条。其中,第二条指出:学分制是以学分作为衡量学生学习分量、学习成效,为学生实现培养目标以及个性发展提供更多选择余地的教学制度。第三条指出:学分是计算学生完成课程学习和训练的必要时间和成效的单位,是学生获得学业证书的主要依据,也是学校制订教学计划和组织教学的依据。学校计算学分以课程(含实验、实训、综合实习等实践性课程)在教学计划中安排的教学和训练课时数为主要依据,一般以16~18个课时为1个学分;公益劳动、军训、入学教育、毕业教育等,按周计算,一般以1周为1个学分。第七条指出:实施性教学计划中的课程类型可分为必修课和选修课。第八条指出:选课是学分制的重要内容之一,教师要指导学生根据社会需要和个人兴趣、条件,按照实施性教学计划和学期开课计划进行选课。第十条指出:要建立学分互认制度,充分发挥各方面的教育教学资源优势,提高资源存量的利用率。要建立区县之间、区县与行业之间、校际之间、相近专业之间、学历教育与职业资格培训和各种形式的短期培训之间学分相互承认的机制。第十二条指出:学校对学生取得的国家职业资格证书、技能等级证书,可以根据专业培养目标、业务范围以及实施性教学计划中的有关规定折合成相应的学分。第十七条指出:对学有余力、学习成绩优良的学生,在学习一个专业的同时或之后,经学校批准,可辅修第二专业的课程。根据学分互换原则,第二专业与第一专业之间相近课程的学分可以互换。第十九条指出:对于获得必修课、限定选修课总学分60%以上的学生,可允许申请提前就业或创业。第二十一条指出:转学、转专业按有关学籍管理规定执行,学生已修课程的学分可根据互认办法予以承认。对普通高级中学的课程可折算成相应的学分;各类职业学校之课程的学分可以互相承认;转专业后,对已修的未列入新专业教学计划的课程的学分记入任意选修课学分。《办法》要求从2001年秋季起,在2000年试点的基础上逐步扩大学分制试点。按照市有关转变政府职能,扩大行业、区县管理中等职业教育权力和学校依法办学自主权的要求,把对学分制试点的管理落实到行业、区县,2001年秋季试行学分制的省市级以上重点中等职业学校必须经学校主管单位批准,并要制定相关学分制试点实施细则。

市教委在2001年6月至9月先后举行多次学分制管理骨干大型培训班以及若干次小型座谈会,通过学习交流统一思想,提高认识。全市中等职业学校学分制试点主要体现两个特点:第一,充分体现学生的主体地位、尊重学生个性发展的教育思想。学生可在专业业务范围内,按社会和个人需求在若干专门化模块(群)中选择限定选修课程,并在专业课程范围外按兴趣爱好选择非限定选修课程,任意选修课至少要占总课程数的10%;在校际之间签订学分互认的协议后,学生可跨学校、跨专业选修课程;允许学生工学交替、分阶段完成学业;学有余力、学习成绩优良的学生,在学习一个专业的同时或之后,可辅修第二专业;学生可以提前毕业,或者延长学习年限,提前毕业时间不超过一年,延长毕业时间不超过两年。第二,积极进行学分互认制度的探索。充分发挥地区、行业的教育教学资源的优势,提高资源存量的利用率,逐步形成区县之间、区县与行业之间、校际之间、相近专业之间、学历教育与职业资格培训和各种形式的短期培训之间的学分相互承认的机制,实现职业教育与其他类型教育的沟通和衔接。市教委要求各试点学校要精心组织实施学分制试点,有计划地逐步推进,防止不具备条件的学校一哄而上。学分制在上海市中等职业学校试行后,学年制下的授课制被学分制下的选课制所替代,对组织教学和学生管理乃至后勤管理等方面提出新要求,要制定具体的可操作的实施方案和配套的各项规章制度。要优化课程结构,调整课程门类,积极增设选修课,让学生有更多的选课余地;要更新课程内容,改革教学方法,大力推广以计算机为主要手段的现代化教学技术和方法;要加强师资队伍建设,使优秀教师的作用充分发挥,使教师能胜任多门课程。

学分制管理为"三校生"发展创造宽松环境。卢湾区教育局在所辖的四所职业学校的一、二年级全面实施区域性学分制,根据各自师资、设备等条件面向全区职校生开设品牌选修课,在每周二、四下午的跨校选修时间学生可凭听课证去其他学校上选修课,为今后的就业打下一个比较宽泛的基础,提高竞争力。由于学分制管理是按学分计算学生的学习量,"留级"将不复存在,一些因各种原因不能按常规年限毕业的学生通过延长学习年限或离校后走读、旁听,累积总学分达到规定标准后同样可以拿到毕业文凭。上海市机电工业学校规定三年制的中专生在校学习年限为3～5年,四年制为4～6年,学生可以根据各自的实际情况选课,不再受固定学制的限制,而那些成绩优良者则被允许提前报考上一级学校。在上海市化学工业学校,前两年通用教学阶段获得全部100个学分,且平均绩点达到规定要求的学生,即有资格选择50学分的专门教学阶段课程,仅需3年时间就可获得毕业文凭,提前一年报考高等院校;而前两年平均绩点未能达到要求的学生则可选择100学分的专门教学阶段课程,继续完成后两年的学业。在推行学分制的前提下,弹性学制正逐渐取代传统的固定学制,这充分顾及学生的差异性,也为学生就业打开方便之门,使工读交替、终身学习成为可能。

2002年学分制试点规模进一步扩大。年内20所中等职业学校试行学分制。学校制定详尽的学分制实施方案和操作细则,运用学分制校园管理软件。建立中等职业学校学分制试点校际协作组,对学分制的性质、目的、功能、学分制和弹性课程的框架以及学年制转向学分制中的若干操作性问题进行专题研究。上海市中等职业学校学分制试点在全国处于前列。

2003年,学分制试点范围扩大到全部重点中职和部分办学水平为A级的中职;推动跨校选修和学分互认,开设"职成教育在线"网上选课;在若干所国家级重点中职试行学历证书与职业资格证书相结合的培养模式。

2004年11月,市教委印发《上海市中等职业学校推行学分制的实施办法》。原2001年的《办法》停止执行。新《办法》分为6个部分、24条。第三条指出,学校计算学分以课程(含实验、实训、综合实习等实践性课程)在专业教学方案中安排的教学和训练课时数为主要依据,一般以16～18个课时为1个学分;公益劳动、军训、入学教育、毕业教育等,按周计算,一般以1周为1个学分。第四条指出,根据实现专业培养目标的需要,三年制专业实行学分制后的总学分一般不少于170学分;四年制专业实行学分制后的总学分一般不少于220学分。第六条指出,要积极探索与实施学分制相适应的现代课程模式,构建适应经济建设、社会进步和个人发展需要的课程体系,采用模块化、层次化和综合化等课程模式,优化课程结构,努力把知识传授和能力培养紧密结合起来,增强课程的灵活性、适应性和实践性。第七条指出,要创造条件大力开发或引进各类选修课程。根据课程的内在联系,合理、科学、均衡地设置各类课程,确定各门课程的学分,组织好教学管理。要充分重视任意选修课的开设,在美育、现代科学技术以及人口、资源、环境、法律、管理等有利于优化学生知识、能力结构的领域提供较多备选课程,采用各种选修组织形式,鼓励学生自主选修。第十一条指出,要采用适应学分制需要的考核方法和制度,重视考核学生应用所学知识解决实际问题的能力,建立学分制条件下有利于培养学生全面素质和综合职业能力的教学质量评价和监控体系。第十二条指出,学校对学生取得的国家职业资格证书、技能等级证书,可以根据专业培养目标和规格,以及专业教学实施方案中的有关规定折合成相应的学分。第十三条指出,学校应承认学生已有的学习和实践经历,在出示有效证明或通过测试后,允许免修相应课程并折合成学分。第十五条指出,对学有余力、学习成绩优良的学生,在学习一个专业的同时或之后,经学校批准,可辅修第二专业的课程。根据学分互换原则,第二专业与第一专业之间相近课程的学分可以互换,学生修满第二专业的有关专业课程(含实践课程),取得相应学分(三年制专业不少于 50 学分;四年制专业不少于 60 学分),学校可发给由上海市教育委员会统一印制的第二专业毕业证书。

2005 年 3 月,市教委、市物价局、市财政局联合印发《关于上海市中等职业学校实行学分制收费的通知》,规定实施学分制教育的中等职业学校可按照学分收取学费,完成毕业要求的最低总学分所缴纳的学费(不含重修课程学费)总额不得超过按学年收取的学费总额。学年学费总额普通全日制中等专业学校按(沪价行[1997]173 号、沪财综[1997]44 号)文件规定标准计算,国家级重点职业学校按(沪价费[2002]34 号)文件规定标准计算。在学费总额不变的前提下,具体学分收费标准可由学校根据专业性质、课程性质、教学成本等实际情况确定,并公示。重修课程以及辅修专业课程按学分收取的学费均不超过该课程的原收费标准。通知还要求实施学分制教育的中等职业学校应加强对学生在校期间已修学分及累计学费缴费的登记管理,规范按学分收费工作。按学分制收取的学费实行"收支两条线"管理,即收入全额上缴同级财政,支出由同级财政按照批准的预算核拨。

2005 年,上海市中等职业学校全面推行学分制。从以重点学校为主扩展到有实施条件的一般学校;从试点阶段过渡到面上稳步推进阶段;学分制管理由学校主管单位的审批制改为备案制。实行学分制后,三年制中职校学生总学分达到 170 学分、四年制总学分达到 220 学分。在中职校全面推行学分制工作中,市教委提出要探索建立校际学分互认机制,校际相关课程的互认可以在比照课程标准的基础上通过签订学分互认协议的方式进行;继续推进网上课程选修,鼓励学校开发具有专业优势和特色的网络课程;要倡导学历教育与非学历教育相关课程(项目)之间的学分互认。为了使学分制工作进一步规范,由学分制校际协作组编写出版《学分制 100 问》,部分学校的学生已实现跨校网上选修音乐欣赏和网页制作等课程。

2009 年,市教委发布《上海市中等职业教育全面提高教学质量行动计划(2009—2013 年)》,要求进一步完善学分制、弹性学习制度等管理手段,建立更加有效的学籍管理制度,实行更加灵活的学习方式,为学生,特别是农民工子女通过半工半读、工学交替,分阶段完成学业和顺利就业创造条件,及时总结交流实施学分制的成功经验。

二、高等职业院校学分制探索

2002 年,市教委在高职高专教学工作中探索实行完全学分制,实施弹性学习制度,学生在校期间可以边学习、边就业;或者学习一段时间以后就业,就业后再回来学习,不受学习期限长短限制。为此,高职高专院校积极探索以课程为核心的教学模式,改革单一的以专业为核心的教学模式;探索按照课程(学分)收费的机制;加强同劳动部门的合作,与劳动就业接轨,开设各类非学历短期培训与职业资格证书培训;探索实现跨校学习和校际学分互通,实现教育教学资源共享。高等职业院校纷纷建立由行业、企业专家参加的专业咨询委员会,校企共同开展专业培养目标的制定、课程的设置以及实习、实训的安排,并推荐有丰富实践经验的技术人员、管理人员担任学校的兼职教师。发挥行业、企业在筹建资金、捐助教学设备、推荐毕业生就业方面的积极作用。全市高等职业院校针对产业、行业和区域经济发展的需要,按照技术领域和职业岗位(群)的实际要求设置和调整专业,力争在"十五"期间,建成 25 个国家级示范专业、80 个上海市级示范专业。

三、案例选介

上海市杨浦职业技术学校是上海市中等职业学校系统率先施行学分制进行教学管理的学校之一,通过一个阶段的探索实践基本形成具有自身特点的学分制管理模式。学校更新与学分制相配套的管理制度、课程开发、教学计划、教学方法策略等,结合学校学分制的实践,按照模块化、层次化、综合化组合课程,形成必修课、限定选修课和非限定选修课三大模块,体现分层教学要求。学校形成"学分确定—补考—重修—毕业前补考—申请补考—申请重修"的学分制管理流程,明确各个环节的操作方法。同时还开发学校学分制软件,为整个学分制的管理创设一个计算机学分管理平台,对教学质量起到保证作用。

上海市医药学校学分制改革具有 3 个特点。一是专家指导:起点高、规划全、实施顺、效果好。为实现教学管理制度从学年制向学分制的顺利转变,学校逐年按目标分阶段地有序进行学分制改革。第一阶段让学生自主选择课程,第二阶段让学生自主选择大类专业课程,第三阶段让学生自主选择文理方向。其整体目标是实现"让优秀学生提前毕业,让学有余力的学生加修第二专业,让对其他学科充满兴趣的学生有机会修读其他课程"。二是逆向切入:从专业课到文化课的逆向改革。学校对应医药企业生产和流通两大领域,建立制药和商贸两个大类专业平台,确立以"就业为导向,校企互动为特征,学分制为基础,双证融通为归宿,引进和创新并举"的开发思路,进行校本教材的开发。课程改革实行实践导向、双元模块和项目教学法等 3 种模式。三是技术支撑:与上海嘉旭网络技术有限公司合作,使用引领式在线课程与远程教育平台。在"数字化"带动教育现代化的办学方向指引下,学校使用引领式在线课程与远程教育平台开展现代化网络教学。

上海电子信息职业技术学院 2005 年开始试行学分制管理。全日制高职教育学制 3 年,修业年限 3～5 年,取消留级。课程分为通识教育、职业技术基础、职业技术、职业技能、职业资格鉴定及毕业实习 6 大模块。各专业 3 年总课时为 2 800 学时,总共 175 学分。实践性教学课时 1 290 学时,占总教学时数的比例为 46%:理论课程(含课内实验)、体育课和分散安排的各类实践教学活动以每 16 个学时计 1 个学分,集中安排的各类实践教学环节,包括实训、课程设计、毕业实习(毕业设计)等按每 1 周 1 个学分;各专业的课程分必修课和选修课两大类,必修课占 70%,限定选修课占 20%,任意选修课(通识课程,主要是人文课程)占 10%。各专业任意选修课共 4～6 学分,采用网上选课,原则上在第 2～5 学期内修完学分。必修课补考不及格必须复读,同一门课在校期间可复读多次,选修课程在限定选修的范围内可选其他未修的课程代替。课程开始前提出申请,参加免修考核成绩优良者可免修;转专业后,已修读并取得学分的课程可免修;取得职业资格证书的可免修相同专业、教学大纲一致的课程。

第二章 教学方法改革

第一节 中等职业学校教学方法改革

一、概况

2000年,上海市举办职业教育第三届教师教学评优活动。市教委与市中小学幼儿教师奖励基金会共同举办的上海市职教第三届教师教学法改革交流评优活动,目的在于进一步深化职业教育教学改革,结合上海职教课程改革和教材建设,组织广大教师学习现代教学理论,掌握现代教学技术,应用现代教学方法,不断优化教学过程,全面提高师资水平和教学质量。这次活动,在全市中专、职校4160名参赛教师中,共评出一等奖21名、二等奖65名、三等奖117名、鼓励奖37名,25个单位获优秀组织奖。活动创导的说课、听课、评课的规范操作在初评和复评中被全市中专、职校广大教师所接受,已经形成上海职教优化设计教学过程,相互切磋教学技艺,提高课堂教学质量的一种特色。现代教育技术的应用有较大突破。

2003年,市教委开展上海市中等职业学校第四届教师教学法改革交流评优活动,历时3个学期。活动提出"让教法更贴近学生"的理念,要求教法切合学生实际和课程内容,符合学生认知规律,有利于学生职业生涯发展的需要,体现就业导向、能力本位精神。该活动参赛面广、配套活动多、改革力度大、职教特色鲜明。大部分参赛教师利用工作现场、实物、实验、电教、实训等教学形式,加强理论与实际的结合,突出职教应用性、实践性强的特点。在16位机械、数控、汽车类专业参赛教师中有10位安排在实训工场、实验室、机房以及车间进行现场教学。在教学方法上也呈现多样性,任务驱动法、分层教学法、案例教学法、情境教学法、实物教学法、项目教学法等等在复评中应有尽有,教师以学生易于理解和接受的方式,将专业理论转化为通俗易懂的知识。同时,师生互动已成为教学法改革的基本要素。有54节优秀课的录像在"上海职成教育"网上供观摩、交流。在复评听课工作中,共聘请100位高级教师、专家,组成相应14个学科或大类专业听课评审组,对19个区县及相关行业选送的230门课进行听课复评,最终评出一等奖25个、二等奖57个、三等奖121个和鼓励奖26个,同时评出22个优秀组织奖。

2007年9月,市教委开展上海市中等职业学校第五届教师教学法改革交流评优活动。活动在深化课程教材改革取得阶段性成果后进行,主题是:让教法更贴近学生,重点在"任务引领,探究新教法"。活动的基本要求是:(1)进一步转变教学观念,树立新课程教学理念。坚持以就业为导向、以能力为本位,突出学生在学习中的主体地位。(2)突出职教特点,改进教学方式方法。突出职教应用性、实践性强的特点,加强理论与实践的结合,从而实现教学内容的呈现方式、教师的教学方式和学生学习方式的变革。专业课教学要充分利用工作现场、实物、实验、电教、实训等教学形式,按照工作过程和岗位需要设计教学过程,以典型产品(服务)为载体组织教学,将任务引领型课程的改革理念转化为有效的教学行为,有效提高学生的职业技能。(3)优化教学手段,推进信息技术在课程教学中的有效运用。注重信息技术与课程的整合,加强现代教学技术与优秀传统教学手段的结合,提高课堂教学效益。市教委教研室负责组织和指导学校的教法评优活动,各校均按要求开展教学法交流评比,推进新课程的实施,促进广大教师树立新的课程理念,改进教学方式,提高课堂教学能力,使课堂教学进一步适应学生发展和实践技能培养的需要。活动分初评、复评、总评 3 个阶段,共有 64 所学校的 5 697 名专任教师参加初评,其中专业课教师占复评教师总数的三分之二左右。随后按 5％的比例,推出 282 节课参加复评,复评人数比第四届增加 24％。最终总评委确定各奖项的获奖教师,其中一等奖 28 名、二等奖 64 名、三等奖 125 名和鼓励奖 65 名,并评选出 21 个优秀组织奖单位。

　　2009 年 9 月,市教委发布《上海市中等职业教育全面提高教学质量行动计划(2009—2013年)》,继续开展推进教学改革、提高教学质量的 3 项活动。继续广泛开展教师教学法改革交流评优活动,积极推进理论与实践一体化教学系列研究课、示范课,推广"做学一体"典型教学范例,推动教师改革教学方法,创新教学手段。

二、案例选介

　　上海科技管理学校通过开展第四届教师教学法改革评优活动,总结一批富有新意的教学方法,如导演教学法:转变教与学的角色定位,教师成为教学的主导,学生成为教学的主体,课堂上教师由传统的一讲到底的"演员"变为精讲多"导",重在引导、点拨、启迪的"导演",在备课方面从重点备课过渡到重点"备生";质疑递进教学法:为激发学生创造思维而启发鼓励学生质疑,把一节课的内容概括为若干个问题,用提问作为讲课的切入点;微型模块教学法:把一堂课设计为一个集知识、技能于一体,融教学、实验实训、模拟上岗于一课的袖珍教学模块;聚集教学法:电子等专业教师重新编排课本内容和讲练程序,瞄准教学重点、难点,设计出一到两个涵盖一堂课基本内容的典型电路加以层层剖析,以点"代"面为学生提供一份集约化的知识套餐与知识快餐;多向思维教学法:走出唯教师、唯课本、唯标准答案的求同思维、单向思维的"围城",教师激励学生发散思考,运用正向、逆向、侧向等多向思维方式,提出多多益善的解决问题的思路和方法答案;意境想象教学法:旨在培育学生的审美能力和就业能力,让学生进入意境学习;信息背景化教学法:部分专业课在加大课堂信息量、提高知识"鲜活"度方面作了有益探索;听说教学法:英语教学为改变学生开口难的问题,积极实践听说教学;项目教学法:师生通过共同实施一个完整的项目工作而进行教学;合作学习教学法:将学生分成小组的形式进行教学,小组成员彼此相互合作互相激励,完成整个小组的共同目标。

　　上海市曹杨职业技术学校以"四个结合"的专业教学原则落实课堂教学的有效性,以"五个体现"实现专业教学的生活乐趣。四个结合:一是学科课程与活动课程相结合,活动课程则以学生的兴趣为基础,着重学生动手"做";二是课堂教学与社会考察相结合,把社会需求调研、职业能力体验、行业名人走访等作为社会考察活动纳入校本化课程体系架构中;三是理论教学与实践教学相结合,突破以往理论与实践相脱节的现象;四是技能比赛与专业技能等级培育相结合,学校在技能拓展以及技能节展示比武的活动课程设计中,把技能培养与专业技能等级培育的互相渗透。五个体现:一是理实一体,体现习得之乐,以烹饪研讨课"南瓜团的制作"为例,教师在教学设计中巧妙地将枯燥的理论知识教学和学生的动手实践活动融为一体,同时运用多媒体手段让学生在寓教于乐的教学环境中体会学习的乐趣;二是引用案例,体现感性之乐;三是联系生活,体现鲜活之乐,以心理教学展示课"妈妈,我想对你说"为例,教师从学生的生活视角出发进行课堂设计,教学过程注重生活情景的重构,以具有亲和力和感染力的教学风格吸引学生注意力,引发学生的情感共鸣;四是适应岗位,体现成长之乐,各专业部注重专业社会考察活动课程的设计,带领学生走出校外体验真实的岗位情境;五是互动参与,体现分享之乐,师生双方相互交流、相互沟通、相互启发、相互补充,从而达到共识、共享、共进。

上海信息技术学校"工业分析"专业引入 CBE 模式,该模式是以美国心理学家布鲁姆思想为基础的能力本位教学模式。学校学习和借鉴的核心理论有 3 个方面:首先,能力是完成实际工作的表现行为,强调能力的针对性;其次,只要有足够的时间训练,每个人都能掌握专项,强调能力的可学性;再次,只有熟练掌握能力的人,才能具体描述专项能力,强调能力描述的科学性。学校借鉴的主要方法有两个:一是课程开发的 DACUM 方法,通过行业专家头脑风暴法产生综合职业能力的分解目标。即分析全部应有的专项能力,产生专项能力目标(TPO)和专项能力内涵(EOs)。从而确定对综合职业能力的基本描述,按此由教育专家来组织教学计划。二是自定进度学习的 STEP 方法,即按每个学生的已有能力和接受能力指导学生自定进度学习,自我评价和激励,完成全部专项能力教学,从中自觉与不自觉地养成学习与实践的习惯。同时,运用 DACUM 方法,将工业分析的能力分解成 11 项综合能力、255 项专项能力。每个专项能力描述又分成 6 个方面(知识、步骤、态度、工具、安全和标准),通过具体操作步骤和态度,着重培养学生科学的思维模式和方法逻辑性、合理性。CBE 的教学模式在充分调动学生的主观能动性,提高学生的综合职业能力方面,已经显现出其独特的优势。

上海市贸易学校组织"奋进杯"教学法推优活动。活动形式为:通过听课评优进行初选,再开示范课进行复评。学校为参加优质示范课的教师拍摄教学录像,并请校外教学专家评比打分,评比结果作为参加市评优活动和推荐品牌教师、教学能手培训人选的重要依据,凡荣获优秀教师者作为学校推荐中青年教师国内外重点培养的对象。活动的宗旨就是推广新颖教学法,彻底摒弃过去那种单纯照稿宣讲,缺乏生动性,教学与任务相脱离,与社会经济发展相脱节的传统模式。在备战阶段,为了上好示范证监会,教师从课题选择到内容组织,从教案编写到试讲修改,都精益求精。各教研团队也都要经过几轮反复的集体备课、磨课。在教学过程中,教师注重营造和谐的课堂活动气氛,创造宽松的课堂环境和融洽的师生关系,课堂设疑、准、新、奇,引起学生思考。教师分析及时、在理。通过教学互动,循序渐进,课堂效果良好。许多教师还结合教学法评优活动和自身教学实践,撰写一批有质量、有新意的论文。

沪东中华造船集团高级技工学校在实训中实施模块化教学,通过细分教学内容,划小教学环节,使学生能及时了解各个模块所要掌握的基本技能。通过规范化的模块教学,帮助其他教师提高教学能力。实训教学每个模块所解决的是一个或二个基本技能,具有一定的独立性,更适合于社会化的技能培训。在设计焊接与装配专业实训模块时,按操作技能的类别划分实训模块,共分为一、二、三级模块,上级模块涵盖下一级的模块。根据焊接与装配专业所涉及的专门操作技能的类别划分为 5 个专门技能,即气割、手工电弧焊、CO_2 气体保护焊、放样、装配等,以 5 种专门技能为基础,设计为一级模块;同时依据企业的生产实际和国家职业资格鉴定的等级标准,在一级模块中分别设有初级、中级、高级 3 个技能等级的二级模块,使其能更好与技能鉴定工作结合起来;在每个二级模块内按教学内容的不同,划分若干个三级模块,而三级模块则是学校组织开展实训教学的具体课题(即教学模块)。

从 2006 年起,上海市行政管理学校利用现代先进教学设备和教学方法,构建新的教学模式,充分运用"做学一体""任务引领""行为导向""案例分析"等方法,更多利用多媒体课件等现代化教学手段,科学组织学生参与课堂活动,全方位调动学生学习积极性和学习兴趣。学校共举办 3 届校

"教学法评优"活动,推选13名优秀青年教师参加市教学法大赛及信息化大赛。参加全国教育部信息化大赛获得1个国家级二等奖、2个国家级三等奖。

2009年,上海市新陆职业技术学校青年教师教学法评优活动,将课堂教学改革作为竞赛的核心,着重考察教师对于课程改革精神的领会及对新教材的把握。骨干教师对参赛老师从课题设定到教学思路、从教案设计到课堂教学、从课堂用语到教学仪态都进行针对性的指导,需要注意的每一个细节都和参赛老师们仔细推敲、反复琢磨。在活动全过程中,评委组老师分别和参加比赛的青年教师进行面对面交流探讨,回顾总结教案、课堂教学中的成功之处和不足,寻找改进措施。

上海市群益职校数控专业运用多种教学法,促进和提高学生学习效果。分层教学法:根据学生学习情况,进行分层教学,实施动态流动管理,增强学生强烈的荣誉感。任务驱动教学法:在教学中紧扣考工和工种要求,明确每天的学习目标,解决学习目标所需要掌握的技能、知识。角色扮演教学法:学生在学习过程中具有双重角色,以"旁观者"的身份学习,在分小组动手操作时必须仔细观摩他人操作,并与其他同学相互交流切磋,实训场地不放置椅子,避免学生坐视别人操作或把玩手机,要求以"亲历者"的身份实习,每一位学生必须对所要求的目标亲自操作直至掌握。荣誉激励教学法:合理运用荣誉激励机制刺激学生学习积极性,多对学生进行精神奖励。挫折培养教学法:给学生适度的"惩罚",保持学生学习的原动力,每天放学前对每一位学生进行测评,不达标者由任课老师陪读直到达标。小组合作学习法:对于接受能力较好的学生在完成学习任务后,要求他们帮带学习能力差的学生,达到互相提高、互相促进的效果。

上海商业会计学校开展案例教学和情景教学。案例教学的主要经验有:找准典型案例,引导学生把握整章的框架知识;讲授案例,帮助学生理解重点难点;举例回答问题,加深学生对概念知识的理解;分析经典案例,提高学生的实践能力。在教学中一是要学生分析经典案例,使学生都能运用学到的知识分析案例,提高理论联系实际、分析研究和解决问题的能力。二是要学生自己寻找在哪里,开展调查研究,完成调查报告和策划报告。情景教学是指在课程中以目标任务为中心引领知识、技能和态度,按照实际工作任务、工作过程、工作情境组织课程,让学生在完成目标任务的过程中掌握相关的理论知识、发展学生的综合职业能力。教学焦点放在通过完成工作任务所获得的产品,激发学生的成就动机。在部分专业课程中实施以项目为载体的教学模式,项目既可以是一个综合性的大项目,也可以贯穿多个小项目,还可以将多门相关课程结合起来贯穿一个跨课程、跨软件甚至跨学科的大型综合项目。

上海戏剧学院附属戏曲学校积极改进教学方法。每本戏施教前,授课老师均须集体备课,制订出每一个专业行当的普遍培养的基本要求。并由研究室老师参加讨论,写出具体剧目教材,使剧目教学课本化、规范化。涉及流派教学时,要求聆听和观看流派创始人最佳时期的唱片、录音、录像,指导学生掌握要领,逐步领悟,不强调学生必须学得像,而是力求规范。在保证普遍培养的基础上,力求学生全面发展。不同专业,立足本工,兼学其他;同一行当,则文武兼学、主配角兼顾。如话剧影视学生,专业课程以台词、声乐、舞蹈、表演技能为主,同时兼学一些戏曲基本功。同时,把文化学习和剧目教学有机结合,使学生在学戏的同时积累相当的文学知识,过对哲学、书画、乐器演奏等课余学习,提高自身艺术素养。学校对一些专业作了不同程度的教学融合,再创中职戏曲教育新高度。如首先把戏曲表演专业中,腿功课和毯子功课进行融合。由原来两组老师分别上课,改为由一组老师负责。既缓解师资问题,又在很大程度上解决戏曲音乐专业学生实习难的问题。学校注重教学见习、演学交替。在教学中,不断为学生创造舞台实践条件,组织安排学生定期到专业院团去顶岗实习,提升学生的岗位实战能力和未来的就业能力。鼓励学生参与各项比赛,也是检验教学质量的有效途径之一。

上海市高级技工学校改变学生进校后在专业技术和文化基础学习上"齐步走"的做法,实施有利于个性发展、鼓励技术专长、按层次发展的多元化教学模式。学生进校后,第一年教学计划旨在打基础,第二年根据各学科要求和技能成绩按三种层次分流:约35%的学生文化基础继续高移和专业技能并进,为将来升入高职做准备;约40%的学生进行复合型新专业的系统学习,相关技术要达到中级水准;余下的一部分学生强化单一工种训练,培养一技之长。同时,允许各个层次的学生"能上能下",中途还可以根据学生学习情况适度调整,以开发潜能,按能力定位,按需要发展,鼓励进取。

第二节 高等职业院校教学方法改革

一、概况

在上海的高等职业院校中,有很大一部分是由原来的成人高校,特别是各大行业所属的职工大学转制而成的。1978年后,职工大学举办在职学历教育的目标,一般都是为行业培养牢固掌握本专业所需基础理论知识,能够看懂图纸、熟悉各类元器件、掌握最新技术,对企业管理知识和本专业范围内的科技发展有一般的了解,能运用一种外语比较顺利地阅读本专业书刊,具有较强的自学能力、分析和解决本专业技术问题的能力,能够在生产的工艺、技术领域发挥作用,行业企业生产急需的大专水平工程技术人才。由于当时职工大学的学生都是有实践工作经验的在职人员,一次课堂教学以理论教学为主,实践教学所占课时并不多。按20世纪80年代的《上海市职工大学学生成绩考核暂行办法》规定:所有课程分为考试课和考查课,考试课实行百分制(考试成绩占85%,平时成绩占15%),考查课主要依据平时成绩评定,最后有毕业设计与答辩。专业的生产实习、教学实习、社会调查等实践环节和独立的实验课,作为一门课程进行考核计算。90年代随着职工大学生源渠道的拓宽,开始探索工学结合的人才培养模式,根据用人单位对人才技能的要求,逐步增加实践教学环节在课程教学中的比重,而且实践教学形式多样化,更有针对性。特别是部分职工大学通过举办高职班总结经验,认为要坚持实践训练不断线,从认识实习到各种实践训练,使学生逐步具备实际工作能力和动手能力。进入21世纪后,很多职工大学正式转制为全日制高等职业院校,开始探索双证融通的人才培养模式和订单式人才培养模式,实践教学在教学过程中的比例进一步提高,实践教学由低到高划分为认识实习、随岗实习、轮岗实习、专业技能实训、毕业顶岗实习,层次划分与衔接更加清晰顺畅,特别是随着个专业实训基地建设的突飞猛进,理论知识与实践教学的结合更加紧密。

从2005年10月开始,上海市教委根据《教育部办公厅关于全面开展高职高专院校人才培养工作水平评估的通知》和《教育部关于进一步推进高职高专院校人才培养工作水平评估的若干意见》的文件精神,以及2008年4月教育部《关于印发〈高等职业院校人才培养工作评估方案〉的通知》,先后开展两轮高职高专院校人才培养水平评估工作。通过评估,引导学校准确定位,坚持以服务为宗旨,以就业为导向,走产学研结合的发展道路,加强教学基本建设,深化教育教学改革,努力办出特色,努力提高人才培养质量。

2007年,市教委转发《教育部关于全面提高高等职业教育教学质量的若干意见》的通知。《意见》指出:要深刻认识高等职业教育全面提高教学质量的重要性和紧迫性。随着国家走新型工业化道路、建设社会主义新农村和创新型国家对高技能人才要求的不断提高,高等职业教育既面临着极好的发展机遇,也面临着严峻的挑战。要全面贯彻党的教育方针,以服务为宗旨,以就业为导向,走产学结合发展道路,为社会主义现代化建设培养千百万高素质技能型专门人才。加强素质教育,强化职业道德,明确培养目标。高等职业院校要坚持育人为本,德育为先,把立德树人作为根本任务。要以《中共中央国务院关于进一步加强和改进大学生思想政治教育的意见》为指导,进一步加强思想政治教育,把社会主义核心价值体系融入到高等职业教育人才培养的全过程。要高度重视学生的职业道德教育和法制教育,重视培养学生的诚信品质、敬业精神和责任意识、遵纪守法意识,培养出一批高素质的技能性人才。服务区域经济和社会发展,以就业为导向,加快专业改革与建设。要根据市场需求与专业设置情况,建立以重点专业为龙头、相关专业为支撑的专业群,辐射服务面向的区域、行业、企业和农村,增强学生的就业能力。"十一五"期间,国家将选择一批基础条件好、特色鲜明、办学水平和就业率高的专业点进行重点建设,优先支持在工学结合等方面优势凸显以及培养高技能紧缺人才的专业点。发挥行业企业和专业教学指导委员会的作用,加强专业教学标准建设。逐步构建专业认证体系,使有职业资格证书专业的毕业生取得"双证书"的人数达到80%以上。

《意见》要求加大课程建设与改革的力度,增强学生的职业能力。"十一五"期间,国家将启动1 000门工学结合的精品课程建设,带动地方和学校加强课程建设。改革教学方法和手段,融"教、学、做"为一体,强化学生能力的培养。加强教材建设,重点建设好3 000种左右国家规划教材,与行业企业共同开发紧密结合生产实际的实训教材,并确保优质教材进课堂。大力推行工学结合,突出实践能力培养,改革人才培养模式。把工学结合作为高等职业教育人才培养模式改革的重要切入点,带动专业调整与建设,引导课程设置、教学内容和教学方法改革。人才培养模式改革的重点是教学过程的实践性、开放性和职业性,实验、实训、实习是3个关键环节。积极推行订单培养,探索工学交替、任务驱动、项目导向、顶岗实习等有利于增强学生能力的教学模式;引导建立企业接收高等职业院校学生实习的制度。校企合作,加强实训、实习基地建设。要积极探索校内生产性实训基地建设的校企组合新模式。注重教师队伍的"双师"结构,改革人事分配和管理制度,加强专兼结合的专业教学团队建设。高等职业院校教师队伍建设要适应人才培养模式改革的需要,按照开放性和职业性的内在要求,根据国家人事分配制度改革的总体部署,改革人事分配和管理制度。逐步加大兼职教师的比例,逐步形成实践技能课程主要由具有相应高技能水平的兼职教师讲授的机制。加强教学评估,完善教学质量保障体系。切实加强领导,规范管理,保证高等职业教育持续健康发展。国家将实施示范性高等职业院校建设计划,重点支持建设100所示范性院校。

上海的高等职业院校在强化实践教学过程中,在工学结合、做学一体的观念的指导下,积极开展教学方法的探索,形成项目教学、学练做一体化教学、工学交替教学、案例分析教学等多种教学模式,培养学生的职业技能。例如上海工商外国语职业学院,从2004年开始,就根据专业的不同采取多样的教学形式:外语专业根据所学不同语言国家特点模拟各国文化真实场景,创造不同国度的文化氛围为学生提供身临其境的实际感受,模拟室设置跨文化交际中的功能为毕业生进入外企工作打下基础;酒店管理专业聘请大酒店经理走进课堂任教;数控技术专业让学生直接进入企业实际操作等等。又如普陀区业余大学高职班也从2005年开始,逐步采用"四实"有机结合的教学方法,其课程的教学活动由富有高职特征的实用理论、实际案例、实践训练、实时互动4个模块组成,并且有机融合,以实践训练模块为例即以真实的调研项目为内容,以先进的实训设施为平台,以清晰能力培养模块为特征,以培养技术应用能力为目的。

二、案例选介

上海东海职业技术学院以职业岗位情境为形态,改革教学方法与手段。各专业将职业岗位的工作情境引入学校,或者将课堂搬到企业等工作现场,教师和学生,边讲、边练、边操作三位一体,让学生在模拟社会中锻炼,使实际动手能力得到普遍提高。例如商务英语专业运用任务引领式教学法,参与企业的网站建设,在企业岗位的实际工作场景中进行市场调查等实习实训教学,每一个实践环节都明确规定岗位工作任务。学校积极推行双向、互动的教学模式,采用启发式、讲座式、讨论式、案例式等教学方法,充分调动学生的学习积极性、主动性和创造性;在实践教学中推行综合岗位技能实训模式,通过教师指导,学生研讨、自行设计实验,独立完成实训项目,有效地培养学生的职业能力。改革毕业设计,学生自选题目和指导教师,选用与企业合作共同开发的项目或选用用人单位的生产项目作毕业设计课题,或因人因地为学生定制毕业设计课题,使毕业设计体现以人为本、因材施教的教育理念。

上海建桥学院自从 2007 年起,学校各专业培养方案开始从传统本科教育向职业教育转变,基本构建起适应技术应用型本科学生知识、能力和素质结构构建的课程体系(含实践体系)。活动主要包括:2007 年的青年教师授课比赛,重点研讨课堂教学方法的改进;2008 年的青年教师教案比赛,重点是规范讲课文件,提高青年教师教学技能。2009 年 3—4 月,学校开展持续一个多月的教学方法研讨活动,使教学法创新在全校渐成风气。在成果报告会上交流各自教学法创新研究成果。如:电子工程系的自动控制原理课程,采取仿真教学;信息系非计算机专业的计算机网络课程,采用类比、案例、任务驱动和自主研究并重的教学方法;艺术系的首饰制作课程总结出一套"失败实验演示逆向讲解"教学法,使学生掌握正确操作流程;外语系文科类专业通过"以多通道反刍式"教学模式实现学生语言应用能力的有序递进,提出"八步七环"课型化教学;文传系的法务文秘专业实训课程探索诊所式教学法,思政课教学重在激发学生反思精神、创新意识和参与意识等主体因素,大学英语课程实施分级教学和分课型上课。

上海工艺美术职业学院注重基础教育和实际应用能力训练结合。学校坚持对学生进行严格的美术基础训练、灵活的创作设计实习和技艺操作练习。通过训练、实习、练习,帮助学生掌握较强的动手能力和实际应用能力,使毕业生一走上工作岗位,就能独立担负起各种的设计开发、广告包装策划与制作以及环境设计等任务。在整个教学计划中,专业设计与制作实习的时间,占总课时的二分之一左右。学院设置近 10 个不同专业的实习工作室。2005 年下半年与上海工艺美术总公司签署发展战略协议,选择上海工艺美术博物馆、工艺美术研究所、首饰研究所、珠光有限公司、美术工厂、玉石雕刻厂等企业作为学院的实习、实训、教育、观摩基地。学院筹建"旅游纪念品设计中心",承接社会旅游纪念品的设计项目,成为学生实习的场所。

上海公安高等专科学校从 2003 年开始,学校对第二专科实行大胆改革,实行联合招生、联动培养、联手认证。由学校和公安实战部门共同设计开发课程、共享实训实习基地、共用教学师资,实现培养人数与公安进人计划、专业设置与警种岗位需求、培养质量与岗位用人标准 3 个对应。第二专科以培养复合型公安通用实战人才为目标,以模拟实战为实战训练手段和检测标准,创建教、训、战一体化课程体系。对基础课程进行合理取舍,提升优化。强化专业技能,注重理论知识的综合化和公安专业实践能力的强化。精选警务活动中最常用、最基本、最重要、最实用的业务知识和技能,建立以岗位核心能力为主体的课程建设。为使教学更加符合未来岗位用人和实战需要,推进教学训练从"课堂为中心"向"现场为中心",从"懂不懂"向"会不会"的方向转变,加强以实验、实训、实习为重点的,"教、学、战"为一体的教学方法改革。全面推广多媒体教学、案例教学、现场带教、模拟训练、实战演练等多样化的教学方法,学员课堂教学与实践教学时间比例达1∶1.2。学校还制定第二专科岗位核心能力课程考核实施办法,改变传统考试形式,广泛采用答辩型、操作型、对抗型、演示型、模拟型等多样化考试手段。

上海电子信息职业技术学院中德学院作为上海电子信息职业技术学院的一所二级学院,是中德两国政府间的合作项目。2004 年,中德学院为了实现中德双方优质教学资源的整合和互补,与德国兰茨胡特应用技术大学联合开展"机电一体化技术(中德合作)"和"通信技术(中德合作)"两个专业的合作办学,双方共同制定教学计划,共同确定教学标准和内容,并通过组建联合管理小组全程监督和管理中德合作专业各项教学工作的顺利开展,两个中德合作专业当年即开始招生。2010年,中德学院又与德国卡尔·彼得·欧博迈耶学校合作,开始实施"工学交替、理实交融"技术员培养。

上海农林职业技术学院建设"三能四环"教学体系。所谓"三种能力",是指职业岗位的基本能力、岗位工作的专业综合能力和岗位工作的发展能力;"四个环节",是指课程实验实训环节、专业综合实训环节、毕业设计(论文)环节和顶岗实习环节。第一环节是随课进行技术实践,与理论体系相辅相成,突出专业基本能力的训练,一般占各课程学时的 40% 以上,对专业的一些主干课程还设置课程实训,突出课程的综合技能培养,每门课一般为 2～3 周,总计 8～12 学时;第二环节是专业综合实训,突出专业能力的综合训练,模拟工作过程,在第五学期上半学期进行,一般一个专业开设三个综合实训项目;第三环节是毕业设计(论文),突出职业发展能力培养,要求学生在毕业设计指导教师的指导下,独立完成一个具有应用背景的实际课题,在毕业设计的过程中,做到理论与实践相结合,培养学生创新能力和职业发展能力;第四环节是毕业实习,学生到企业顶岗实习,突出与岗位对接,使毕业实习与企业生产相结合、与就业相结合。

第七篇

实训实习与技能竞赛

改革开放以来,国家先后颁布各类职业院校的教学计划和各科教学大纲。根据行业、企业、社会用人标准和劳动力就业市场的需求,及时调整职业教育的专业设置、课程结构、组织方式、教学内容和教学方法,指导教材的开发。特别是 2000 年以后,职业教育坚持大力推行工学结合、校企合作的人才培养模式,促进职业教育与生产劳动相结合,着力培养学生的职业道德、实践能力和就业能力。随着教学改革的不断深入,职业教育的质量显著提高。中等职业学校毕业生的就业率始终保持在 95% 以上,受到企业、行业和其他用人单位的普遍欢迎;高等职业院校毕业生的首次就业率则由 2004 年的 42% 逐年攀升到 2008 年的 68%,平均每年提高 5 个百分点以上——校企合作、工学结合的人才培养模式改革功不可没,职业院校的教学质量得到人民群众和社会各界的广泛认同。

2005 年,国务院颁布《关于大力发展职业教育的决定》,要求中等职业学校在校学生最后一年要到企业等用人单位顶岗实习,高等职业院校学生实习实训时间不少于半年。实习成为整个职业学校和职业院校的规定学制,极大推动实习实训的发展。上海的各级各类职业院校普遍加强实践性环节和到企业实习,在课程体系上,根据这一环节的需要对课程进行大幅度的改革和调整,同时,实践教学的探索也迈出了一大步,由此,职业教育的实践性特征更为突出。

技能考核是提高技术技能型人才职业能力的重要推动力,也是提高劳动力技能水平的重要机制。20 世纪 80 年代初,职业高中的大批崛起,推动技能考核在中职教育中的发展,一般由学校通过联合办学单位、行业协会、市(区、县)劳动部门职业技术技能考核机构等多种渠道进行。中专学校在对接行业标准开展技能开展考核方面,也做了许多探索。从 1988 年起,对技工学校毕业生、培养目标是技术工人的职业中学毕业生,开始实行统一的技术等级证书考核制度。1994 年开始,上海市教育局职业技术教育处下设职业高中学生技术技能考核站,对职业高中学生中有关通用性较强的职业技术技能进行考核。2007 年,市教委与劳动社会保障局共同推进毕业生技能考核。设立以行业为主体地位的"高技能人才校企合作协调委员会"市教委与市劳动社会保障局联合开发职业资格证书,2007 年,已有 2 批 23 所中等职业学校的 64 个专业(工种)立项,第一批立项的学校有 1 000 多名毕业生获得了行业颁发的职业资格证书。

上海市注意通过技能竞赛,促进实践教学水平的提升,激励职业学校学生的学习积极性。上海市中等职业学校"未来建设者"技术技能比武节始于 90 年代,至 2002 年,已经开展了 8 届。从 2004 年开始,上海实施"星光计划"中等职业学校学生职业技能比赛,到 2009 年,共举办 3 届大赛。这项赛事对上海的职业教育发生重大影响,不仅推进上海职业学校的技能教学,还拓展学生的综合能力、增强学习信心、提升职业教育在全社会的影响力和认可度。2002、2007、2008、2009 年,教育部联合有关部门先后举办四届全国职业院校学生技能大赛。上海中等职业学校代表队在 2008 年大赛中荣获中职组团体总分和金牌数两个全国第一的佳绩。在 2009 年大赛中荣获中职组团体总分第二名的佳绩,其中 8 个比赛项目荣获全国第一名。

第一章 实习实训

第一节 中等职业学校实习实训

一、概况

1996 年之前,中等职业学校的 3 个类型:中专、技校和职业高中,在实习实训中有各自的做法。中专是在本系统的企业内安排实习,一般在校内安排实训。技校则将实习和一部分实训安排在企业。职业高中的实训因条件而异,但注意与资格证书的考核相结合。

中专的实习实训。1986 年 4 月,国家教委印发《关于制定和修订全日制普通中等专业学校(四年制)教学计划的意见(试行)》中规定:在 4 个学年中要有 4 门实验,单独设课、单独考核,记入成绩册。实习是中等专业教育中一个主要教学环节。一般可分认识实习、教学实习、生产实习和毕业实习(毕业设计、毕业论文)等。实验、实习的设施,是保证完成实践性教学的重要组成部分,上海市中专校的主管部分在办校时,就十分重视实习和实践教学设施的建设。上海中等专业学校在专业教学计划中明确规定教学实习、生产实习、课程设计、毕业设计(实习)的周数以及与理论课相衔接。1985 年,中德合作的上海电子工业学校成立,引进联邦德国"双元制"教育模式,学生进校后分 5 个阶段进行培训。第一阶段即金工基础培训。通过金工实训工种的实习,使学生掌握锉削、划线、冲眼钻孔等基本技能,能看懂加工图纸,能使用常用的量具等,并培养学生的劳动观点和加深质量意识。第二阶段即电工及电子基础培训。第三阶段即电子技术培训,使学生学会元器件布局,绘制印刷电路,并装接成实训工件,再进行功能测试等。第四阶段是到专业相关的工厂生产实习。学校在市仪表局领导的支持下,与上海无线电二厂等 7 家工厂签订协议,作为实习工厂,对学生实习的工位、指导师傅、实习内容、实习时间做具体的安排。主要采取定工位、定师傅、定期轮换的"三定"方法。第五阶段是仪器和信息电子专业培训,是专业性强、知识新、操作技能难度高的实习,要求学生能按原理图,独立完成绘制复杂的印刷电路,完成装接调试、故障排除等等。通过实习,大多数毕业生在岗前已具备四、五级工的水平。1986 年 4 月,国家教委印发的《关于制定和修订全日制普通中等专业学校(四年制)教学计划的意见(试行)》中规定,实践教学环节有实习、生产劳动、社会调查、综合练习、毕业设计或毕业论文、专业外语翻译实习等。农、工、医类的实习为 30～50 周,财经、政法类的实习为 20 周。1987 年 8 月,国家教委在北戴河召开全国中专教育改革座谈会,提出要把教学与技术服务(社会服务)、生产实践三结合并以加强实践教学作为教学改革的突破口来提高教学质量。上海市中专校积极落实加强实验、实习等措施。据 1993 年统计,23 所市重点中专校的实习开出率平均为 99.78％。

技工学校的实习。1980 年,市劳动局发出《关于当前技工培训工作的几点意见》,要求各技工学校充分利用企业现有的房屋设备、解决必要的实习场地和实习设备,积极承接一定的生产任务,以保证达到实习教学的基本要求。1982 年 5 月,上海在市工人文化宫举办技工学校生产实习成果展览会,参加这次展出的有 241 所技校,展品 547 台(件),共分 10 个馆。反映在中共十一届三中全会以后,技工学校创办实习工场解决生产实习产品,使生产实习内容满足教学大纲要求所取得的初步成果。1984年6月,中共上海市工业工作委员会、市经济委员会对工业系统所属技工学校提出要有二分之一时间用于生产实习,提高操作技能水平的要求。12月,召开全市技工学校工作会议,指出达到四级工应会要求是技校培训最大的薄弱环节,要求各办学单位和主管部门继续改善技校生产实习条件,完善和更新实习工场设备,选择一定的产品,通过各种渠道和途径,在数量和质量上满足学生生产实习内容的要求。1986—1990年,围绕突出技能训练,着重解决生产实习内容这个问题,市劳动部门、办学主管部门和办学企业都做了大量工作,随着技工学校调整、整顿、验收和评估工作的进行,许多技校实习内容有所充实,毕业生的技能水平有了提高。技工学校的生产实习,教学方法具有特色,通常采用入门指导、示范操作、巡回指导和结束指导4个环节进行,即在实习课堂用讲解法进行入门指导,讲清课题和分课题内容、课目要求等;在机器设备上,用表演法进行示范操作,突出正确的操作姿势和掌握精度要领;学生在工作位置上独立操作后,教师在巡回过程中发现问题,对学生进行个别辅导;课目结束前用直观法进行结束指导。多年以来,上海技工学校对该生产实习教学方法又进行吸收、消化、改进和创新。为了适应包工教学、下厂、下店、下船进行生产实习教学的需要,采用现场教学法,即在工地、车间、店堂、船队现场进行生产实习教学;为了适应企业技术革新、技术革命对新技工的需要,运用参观法、讲座法进行教学,即组织学生到工厂、企业的新设备、新工艺现场边参观、边讲解,或请劳动模范、技术革新能手以及工程技术人员对学生进行技术辅导。化工、冶金等在连续性大生产中进行生产实习教学的技校,则与车间班组签订合同,采用定教学要求、定操作岗位、定带教师傅、定期轮换和定期检查的"五定"方法。

职业高中的教学过程,除了理论教学外,还有实验、教学实习和生产实习(包括专业生产劳动、毕业实习)等,一般通称实践性教学。国家教委1990年颁发对职业高级中学制订教学计划的意见中提出"贯彻理论与实践相结合的原则"。除根据专业需要学好必要的文化基础和专业技术知识外,特别要重视实验、实习、生产劳动等环节的实践性教学,把教学、生产劳动和科学技术的应用、推广或社会服务紧密结合起来,提高学生分析问题和解决问题的能力。1991年10月,国务院作出的《关于大力发展职业技术教育的决定》指出:"要改革教学内容和教学方法,突出实践性教学环节,加强技能训练;教学安排中要注意增强适应性、实用性和灵活性;职业技术学校在加强德育和智育的同时,还要重视美育、体育和卫生教育,全面提高教育质量。"在实践中,有的职业高中在处理文化课的教学实验时,考虑专业、工种的不同而有所侧重或取舍。工科、农科类专业加强物理、化学、生物的教学实验。有的把基础文化课与专业课的教学实验,在教学过程中结合起来考虑,体现为专业服务。随着计算机和通信技术的广泛应用,职业高中实践教学的途径、形式和内容又一次更新,增加反映新知识、新技术的内容,采用先进高效的设施。实验商店、模拟餐厅、实验宾馆成为重要的训练场所。通过"前店后校"、校办产业、承包工程等形式,实施产教密切结合的办学模式,将学校现代化的模拟操作室和饭店、企业、工程项目现场等实际工作环境融为一体。这种模式,实现课程结构的模块式教学,使学生的教育、教学活动与教学实习、生产实习交叉进行。

1996年,上海市教委发布《关于加强职校学生实习期间的组织管理与劳动保护工作的意见》,重要内容:一是各职业学校要加强对学生生产实习工作的领导和管理,指定专人负责学生生产实习管理工作,制定必要的规章制度,完善各项考核措施。二是学生实习前,学校必须安排一定时间,对学生进行生产实习目的教育、纪律教育、安全教育,落实学生生产实习的带教老师,规划好学生生产实习的内容,定期组织学生返校。三是学生实习期间,学校应安排专人(班主任),经常到学生生产实习点巡回,加强与实习单位的联系,及时解决生产实习过程中产生的问题。四是学生实习结束前,学校应在认真听取实习单位与带教老师的意见,对学生在完成生产实习小结的基础上,结合技能、品德、纪律等对学生的生产实习进行考核。五是各职业学校和实习单位要加强对学生生产实习期间劳动保护工作的管理和安全教育培训。五是学生生产学习的劳动时间,每日不得超过 8 小时,每周不得超过 40 小时,实习单位不得安排学生延长工作时间和夜班劳动。2004 年,市教委转发《教育部办公厅关于进一步加强中等职业学校实习管理工作的通知》的通知,要求根据《国务院关于大力推进职业教育改革与发展的决定》,各级教育行政部门和职业学校要切实加强实习管理,健全制度,创新机制,扎实工作,常抓不懈,保证职业学校实习教学健康有效开展,全面提高职业学校实践教学水平。

2005 年,《国务院关于大力发展职业教育的决定》指出:“加强学生的生产实习和社会实践,改革以学校和课堂为中心的传统人才培养模式。中等职业学校在校学生最后一年要到企业等用人单位顶岗实习,高等职业院校学生实习实训时间不少于半年。”上海的中等职业学校开始按照这一要求实施教学。

2007 年 10 月,市教委制定并颁发《关于上海市中等职业学校开展半工半读试点工作的意见》,明确要求中等职业学校普遍加强实践性环节和到企业实习,有条件的中等职业学校都要积极开展半工半读试点,在订单培养和顶岗实习上要有突破。确定 15 所中等职业学校为半工半读重点试点单位,其中 3 所学校是教育部认定为全国职业教育半工半读试点院校。建立“中职半工半读试点工作推进办公室”和试点学校的校际协作组,开展校企合作、半工半读实施情况调研,召开进一步推动中等职业学校开展校企合作、半工半读工作布置会。同年 11 月,市教委转发《教育部办公厅关于禁止学校非法组织或介绍未成年学生外出务工的通知》,要求保护未成年学生的合法权益,确保学校正常教学秩序,提出四条具体要求。10 月 12 日,市教委、市财政局转发《教育部财政部关于印发〈中等职业学校学生实习管理办法〉的通知》,同时要求上海各主管单位必须加强对所属中等职业学校学生实习工作的统筹、指导和管理,积极认真地组织好《通知》的贯彻落实工作。各学校要根据《通知》制定具体实施办法,全面规范学生实习的各个环节,按照有关规定加强实践性环节教学和学生到企业实习工作,积极推进工学结合、半工半读试点工作,以就业为导向,不断提高学生的全面素质和就业能力。11 月,市教委转发《教育部办公厅关于禁止学校非法组织或介绍未成年学生外出务工的通知》,要求中等职业学校要严格贯彻落实《未成年人保护法》和《禁止使用童工规定》,禁止参与组织或介绍未成年学生非法外出务工,坚决抵制社会上各类针对在校未成年学生的非法招工行为,尤其要警惕和抵制企业、中介机构在寒、暑假期,以“实践”“实习”为名组织在学的农民工子女非法打工行为。中等职业学校和有关实习单位在组织学生开展工学结合、半工半读试点等形式的实习活动中,要严格遵守教育部、财政部印发的《中等职业学校学生实习管理办法》的各项规定,不得安排一年级学生到企业等单位顶岗实习,不得在新生报到前组织学生参加实习劳动。

二、技能考核

从 1982 年开始,上海市的职业高中,即有部分学校按照联合办学单位职业岗位规范要求,将文化、专业理论教学考试与技术、技能等级考核、发放职业技能等级证书结合起来进行。由于 20 世纪80 年代初,对职业高中的技能等级考核与发证工作,国家尚无统一的制度,一般由学校通过联合办学单位、行业协会、市(区、县)劳动部门职业技术技能考核机构等多种渠道进行。也有部分职业高中设置的某些专业,由学校邀请熟悉本专业(工种)技术技能的行家,自行组织考核。如上海市商业职业技术学校设置的商业营销和服装制作专业,每年组织力量,建立校内专门机构,对学生进行职业技能考核。至1987年,得到市商业一局、市教育局职业技术教育处的认可,由上海市商业一局发文指出,该校组织三级营业员的等级技能考核合格,学校颁发的三级营业员合格证书,学生毕业后在上海商业行业系统就业上岗一年见习期满,予以承认。

20世纪80年代初期,一些第三产业如商业、旅游、交通等类职业高中,分别与联合办学的行业部门对在校学生组织各种专业(工种)技能考核发证。商业类职业高中与市商业一局等业务局或所属公司联合组织五级制营业员的考核,一般达到三级营业员,发给证书即能上岗;旅游类职业高中与市旅游局联合,首先进行政治、旅游英语分A、B两级考核,B级为合格,A级为优等,如学生两门考核均达到A级,而且考核分数达到优等的,再发给荣誉证书,旅游行业按规定不仅可优先录用,并可提高一定的待遇。交通类职业高中设置的汽(电)车驾驶与维修专业(工种)与市交运局、公用事业局等所属公司联合,按驾驶员、维修工标准进行考核,年满18岁的合格者能取得驾驶员证书。其他如烹饪、服装、电子、园林、机械、财会等专业工种,在这期间除区、县劳动部门外,参与职业高中职业技能考核的业务局、公司、行业协会等全市有30余家。1983年开始上海郊县职业高中部分学校实施对学生职业技能等级考核。

1988年9月16日上海市劳动局、上海市教育局联合下发《关于本市技工学校、职业中学毕业生统一使用技术等级证书的通知》,提出:从1988年起,技工学校毕业生、培养目标是技术工人的职业中学毕业生,开始实行统一的技术等级证书考核制度。技工学校、职业中学毕业生,经毕业考试合格,参加由市劳动局审定授权的技术等级考核机构进行技术等级考试。考试合格由考核机构发给市劳动局统一印制的技术等级证书。技工学校、职业中学毕业生经中级工应知考试合格,才能参加三级工应会考试,三级工应会考试成绩在80分以上(含80分),可参加四级工应会考试。根据《通知》精神,是将上海职业高中的职业技术等级考核发证,统一纳入市劳动局审定的技术等级考核站考核为主,证书的规格层次统一由市劳动局核发。但由于当时上海职业高中的专业(工种)门类已达200多种,其中有不少专业工种(如统计、涉外财会、外贸、保险、文秘、银行、证券等等),尚无国家统一规定的职业技能考核标准,只有少数工种能按上述文件精神进行考试、考核和发证。

1994年开始,上海市教育局职业技术教育处下设职业高中学生技术技能考核站,对职业高中学生中有关通用性较强的职业技术技能进行考核,先设实用英语、实用计算机基础、英文打字3个项目,并逐步发展书法、实用文体、实用日语等项目。1995年8月30日上海市劳动局印发《上海市职业技能鉴定实施办法(试行)》,明确职业技能鉴定的申报条件、程序、内容、方法、组织管理和职类等。其中对各级各类职业技术学校和培训机构的毕(结)业生进行鉴定的申报条件和程序也作了明确规定。当年9月26日,上海市劳动局、上海市教委《关于上海市中等职业技术学校毕业生技能考核(鉴定)的暂行意见》发至各区、县劳动局、教育局及有关主管局,提出:从1995年起,中等职业技术学校的技术等级的考核工作统一纳入上海市职业技能鉴定中心管理考核发证。在具体实施中,凡经公布实施统一国家职业技能鉴定的专业(工种),进入国家职业技能鉴定网络;凡未列入国家及上海市统一职业技能鉴定专业(工种),采取"条块过渡"的办法,即各主管局所属职业高中学生,由市劳动局批准设立的"上海市劳动局技术等级考核站A-××"(简称A考核站)实施考核技能等级;区、县所属职业高中学生由区(县)职业技能鉴定分中心在市职业技能鉴定中心指导下组织实施技能等级考核,区县劳动部门进行监督管理。"进网"的考核合格,发国家级证书,"条块结合"的考核,发市级证书。1996年,市教委对上海市中等职业技术学校毕业生参加计算机操作、实用英语、英文打字3项技能水平考核提出要求：自1997年起,职业学校毕业生必须参加计算机操作、实用英语两项初级水平技能考核,凭以上两项技能证书,方能领取毕业证书。

市教育局职业技术教育处为了借鉴国际公认、成熟的职业技术技能考核标准,1992年开始,引进英国伦敦城市行业教育学会(C&G)职业技术技能等级证书的考核。上海职业高中的学生如能通过考核合格,就有机会获得英联邦国家地区公认的资格证书。1995年开始,在上海市中等职业技术技能考核中心下设9个"C&G考核站",其客房、餐厅服务、大堂应接、美发、缝纫、商品零售、家电维修、汽车维修和电脑基础等9个专业工种,分别设在上海市商业职业技术学校、现代职业技术学校、逸夫职业技术学校、曹杨职业技术学校、闸北旅游职业技术学校、天工职业技术学校、卢湾区职业教育中心、上海市旅游服务职业技术学校和国际旅游职业技术学校。针对英方提供有关专业工种的考核大纲、样卷,组织力量翻译,结合上海职业高中有关专业工种的培养目标、教学计划、教学设施和考核手段现状,对照、分析并适时组织考试。根据英方考核要求,请英方派员对参加有关考核的考务、阅卷、实践操作评估教师、客座考官和工作人员进行培训。1995年6月先后分两批,在上海市中等职业技术教育技能考核中心,组织职业高中学生(第一批324人,第二批140人)参加英国伦敦行业教育学会(C&D)的职业技术证书考核。考核9个专业工种,其中"大堂应接"的考核用英文(语)进行。这是上海职业高中首次引进国际标准的职业技术技能考核和试验。1998年,积极推行两种证书制度,毕业证书与职业资格、职业技能证书并重。近10万人次学生参加计算机应用能力、应用英语、英文打字考核。实施国家职业资格制度,学生参加职业技能鉴定率逐步提高。

2003年4月,市劳动和社会保障局、市教委、市经济委员会联合下发《关于在本市严格就业准入政策大力推进职业资格证书制度的意见》的通知,对推进中等职业学校学生职业资格认定工作提供依据。2007年,市教委与市劳动和社会保障局共同推进毕业生技能考核。设立以行业为主体地位的"高技能人才校企合作协调委员会"。在由"市协调指导委员会"确定一批骨干专业与重点企业建立合作关系的基础上,明确"政府补贴、企业支付和院校承担"的多元经费渠道：定向企业用于校企合作的经费可从1.5%～2.5%的职工教育培训经费中列支；企业因接纳学员实训而产生的场地、设备、能耗的费用,由失业保险基金给予补偿。同时,具备资格的职业院校还可加挂"技师学院(校)"的牌子。这项试点工作有2批23所中等职业学校的64个专业(工种)立项,第一批立项的学校有1 000多名毕业生通过职业资格考核。下半年试点工作在国家级重点中等职业学校中逐步推开。

2010年4月,市教委转发《教育部办公厅关于应对企业技工荒进一步做好中等职业学校学生实习工作的通知》,通知要求："中等职业学校要积极组织三年制学生在第三学年和四年制学生在第四学年到生产服务一线参加顶岗实习。""学生顶岗实习期间的实习报酬要以学校、实习单位和学生或学生家长签订'三方协议'的形式在顶岗实习前明确约定。中等职业学校要与家长、实习单位共同落实顶岗实习学生的保险责任,为顶岗实习的学生购买人身意外伤害保险和学生实习责任保险,购买保险的费用可以从收取的学费中列支或者通过实习协议的方式由实习单位承担。""各地教育行政部门和中等职业学校要加强学生顶岗实习管理,做好学生顶岗实习的岗前培训工作和安全教育工作,维护好实习学生正当权益。坚决杜绝推荐有可能危害学生生命及身心健康的任何顶岗实习劳动。不得安排学生在风险较大、非本专业对口行业或者其他不适宜学生的岗位顶岗实习,如从事高空、井下、放射性、高毒、易燃易爆、国家规定的第四级体力劳动强度和酒吧、夜总会、歌厅、洗浴中心等营业性娱乐场所；不得安排学生每天顶岗实习超过8小时；不得安排学生加班；不得通过中介机构代理组织、安排和管理实习工作。"市教委要求各中等职业学校的主管部门切实加强对中等职业学校学生顶岗实习工作的管理指导和统筹协调,采用更加灵活的方式把学生顶岗实习与企业技工需求结合起来,全面规范顶岗实习管理,积极推进教产结合、校企一体的教学模式,全面提高中等职业教育人才培养质量。

三、案例选介

2010年,上海市工业技术学校与北京数码大方有限公司合作,建设具有现代制造业特征、符合企业主流技术发展方向以及适应职业教育信息化发展要求的现代制造业数字化工厂,学生能全面、真实地体验企业整个生产制造过程,能根据企业岗位技能要求进行实际操作,满足企业的用人需求,为就业后快速融入企业打下良好的基础。其后,上海磊立精密模具有限公司入驻学校实训中心,参与学校师资培训和技能型人才培养工作,共同制定工学结合培养方案,调整专业课程设置,学生按企业员工要求上岗,车间即课堂,课堂即车间,探索工学结合培养模式与课程开发。在共同开发多款模具及产品等项目中,让教师全程参与公司的模具设计、工艺编制、制造加工等岗位工作,将专业技能提升与产品的研发、生产和营销等内容有机融合,使教学内容与技术更新同步,极大提高教师的专业及教学能力。

上海鸿文国际职业高级中学2001年以来,采用"2+1+2+1"的人才培养模式,即通过在校集中学习3个学期,到企业顶岗锻炼1个学期,再回校学习1个学期,第六学期再安排顶岗实习。第一、二、三学期为认识实习(见习),此阶段实习的目的在于全面了解专业的性质和工作的任务与要求,初步了解工作环境的特点,培养学生的职业感情。每学期安排1周左右的认识实习时间。第四学期为实践实习,此阶段的重点让学生学会各个环节"操作层面"的基本技能。能熟悉企业一日生产各环节中的内容与要求,掌握生产流程与工艺方法,并在指导老师的监督下独立工作。同时,注意学习工厂员工在企业人际交往的方式方法、处理公务的流程,以适应企业的管理文化为重点,关注并尝试"技术"层面的工作内容。第五学期为专业核心课程校内实习。此阶段返回校内,以专业核心课程学习为主,并结合相关的职业资格考证,综合训练本专业要重点掌握的技能,以巩固实习技能。第六学期为毕业实习。

上海船厂技工学校长期以来,根据企业行业以及生产技术革新要求,侧重新工艺、新技术、新方法的教学,要求学生在校期间完成生产操作技能实训以及相应等级国家职业资格鉴定考核,实现专业知识与操作技能相对接、基本功训练与生产工艺性操作技能训练相对接、学校教学活动与企业生产实践相对接。学校贯彻"双证书制度",即一张毕业证书+多项技能证书,专业学习应取得中级技能证书,同时可以学习取得复合工种或相关工种的技能证书。

东方职业学校引进现代企业"高品质、高效率、低消耗"的管理理念,重视学生"非技术能力"的提高,比照生产企业车间管理,制定并实施《学生实训条例》,使实训学生贯彻该条例中"将实训车间看作是明天的生产车间、将教学管理看作是明天的企业管理、将实训指导教师看作是明天的师傅、将自己看作是明天企业的主人",使先进的管理理念融入对实训学生的意识培养和实训操作中,使实训学生从心理上转换角色,为适应将来走上工作岗位奠定良好的综合素质。

上海市城市建设工程学校通过深化教学改革,教学方法得到进一步改革和创新,案例教学、现场教学、模拟教学广泛应用。2000年以来,学校投资4 000万建成智能化专业教学楼,相继建设市政、给排水、轨道交通、工艺美术等多个专业实训室,完善设备,更新仪器,引进、开发专业课程仿真软件。学校先后在城建集团、隧道股份有限公司、上海第二市政工程公司、宏润集团建立实习基地，在生产实习和毕业实习时结合教学要求或学生就业去向安排学生直接到企业进行锻炼，保证实习时间、实习条件和实习效果。学校还大力推行"双证制"教育，加强学历教育与职业标准的衔接，学生毕业时，每个学生能拥有测量工、试验工、CAD 操作工等 2～3 个劳动部门颁发的技能上岗证书和行业证书。

2000 年以来，上海科技管理学校初步形成全程式定单培养、学年制顶岗培养和模块型委托培养等 3 种人才培养模式。其一，全程式定单培养，校企双方按照岗位要求共同制订培养方案，招生阶段定单委托、培养过程双方合作、就业阶段择优录用。培养方案将"培养目标"分解为"职业道德、专业理论、职业技能、配套资格证书"等多个项目，整个培养过程融入企业元素。其二，学年制顶岗培养。在校最后一年，学生进入企业进行顶岗实习。顶岗实习按照企业岗位的需要灵活安排综合训练内容，集中进行岗前培训，或到企业的工作岗位按岗位要求从事实践活动。顶岗实习与就业挂钩，提升就业竞争力。其三，模块型委托培养。根据企业对于人才的能力需求的不同，首先通过对众多用人企业进行调研分析，根据专业操作技能的需要，进行教学分析和教学设计，制订出由公共基础课程、专业核心课程、专业实训课程模块构成的专业框架，同时辅以若干个拓展课程模块。在保持专业框架稳定的基础上，企业可自主选择或与学校共同制订拓展课程模块，亦可增加其他相关课程，调整相关教学和实训内容。

江南造船集团职业技术学校根据造船业大型、单件的特点，不断开发新的模拟实训课题，实习模拟教学已形成学校办学特色，除经常组织教务人员到生产第一线了解生产情况及时调整教学内容外，还组织教师下车间学习最新生产技术、工艺，让教学尽量地赶上生产步伐。2004 年 7 月学校与上海市教科院职成教所共同开发、合作开办船舶机电班，借鉴德国"双元制"职业教育模式，开展教学改革。在实施基础和专业理论教学的基础上，强化柴油机拆装等专业课题训练，第一学年初级工鉴定合格率达 100%。2005 年 9 月根据工厂生产的需求，学校又与车间合作开办"船舶内装班"，要求学生熟练掌握木工、钣金、铜工 3 个工种（初级）和掌握电焊、钳工、船电 3 个岗位专业理论和操作技能。

民航上海中等专业学校在各专业（空乘除外，跟飞体验比较困难）完成文化基础课程后接触专业课前，安排学生分批进入校外实习基地进行岗位认知性实习，在本专业所涉及的各个岗位轮转一次。2007 年，对学校 2004 级飞机及发动机维修专业的学生赴上海国际货运航空公司机务工程部进行"工学交替"模式的探讨。明显提高学生的职业技能、职业素养和安全意识，使学生带着在企业实习时遇到的问题和工作岗位对实践技能的要求返回课堂。教师针对性地组织教学，从而使学校的专业教学更加符合企业实际，对专业知识的理解更为深刻。学校实施准就业的"2.5＋0.5"或"2＋1"模式，所有专业最后半年或一年的专业综合实训环节，98% 以上都是带有就业意向的顶岗实习，使学生的职业技能得到真正的锻炼和提升，提高学生的就业率。

上海市群星职业技术学校先后与上海魔晶数码科技有限公司、上海尚文广告传媒有限公司等多家企业签订合作协议，2010 年，有 6 家动漫游戏公司进驻学校。学校成立专业建设委员会，每年活动 3 次，就专业人才培养方向、课程设置和就业要求等展开研讨，力求为区域经济的发展提供更多的中级人才。建立由企业参与的专业工作室，了解公司职位的需求以及需要掌握的技能，并在实际的学习中强化自己的职业能力。学校与多家动漫公司成立冠名班，有"贝兹三维建筑动画班""魔晶三维游戏班""CIA 三维展示设计班""CIA 二维动画班""哈网二维游戏班""尚文广告设计班"等冠名班。教学采用体验培养模式。采用分组教学，如动漫游戏专业，可把学生分成若干组，每组产生一名CEO,在其带领下,有专人建模、专人渲染、专人合成等,人尽一职。学校实施师徒带教模式,做到"七个合一",即:工场、教室合一,学生、学徒合一,教师、师傅合一,知识、实践合一,作品、产品合一,育人、创收合一。同时,教师到企业进行专业研修和实践,在生产一线学到知识、技能以及生产流程。

上海市材料工程学校根据上海建材集团材料生产与销售、装饰施工与管理、设备制造与销售等3个产业群为依托,进而以建筑业、材料业、现代服务业、先进制造业各类专业人才需求为基本依据,以提高学生的职业实践能力和职业素养为宗旨。到2010年,不断完善工学结合的人才培养模式,围绕岗位技能要求,确定相应专业的中级技能证书;实施各专业理论教学环节、操作技能环节和职业素质培养环节的教育。操作上按照校内"学做一体",校外"教师跟踪、校企共管、顶岗实习"的作法进行。采用任务引领型课程体系,每一课程都有相对应的教学实践项目"学做一体",教学内容围绕企业岗位知识和技能要求进行,要求学生在完成专业课程后考出相应专业的中级技能证书,第三或四年进行顶岗实习。

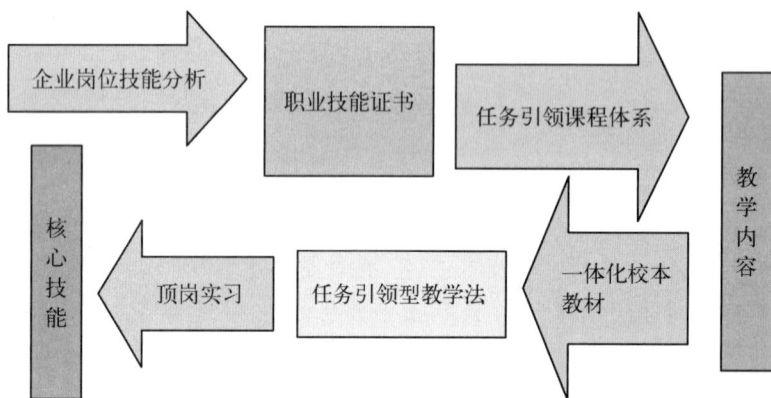

学做一体、教师跟踪、校企共管、顶岗实习人才培养模式示意图

图 7-1-1 上海市材料工程学校工学结合培养模式图

至2010年,上海市房地产学校校企合作可分为内置与外遣两种方式。内置式校企合作是指充分依靠行业企业力量在校内建设实训基地的形式。如学校与天煌科技有限公司、朝腾智能电子技术有限公司等合作,开展实训基地设备建设、更新、软件设计、实训指导等共建项目,以学生与专业教师能力培养为主线,构建校企合作共建模式。外遣式校企合作是指学校在校外建立实训基地,与行业企业密切合作,将学生与专业教师派遣到企业现场开展教学的形式。如学校与多家一级资质的物业管理企业签订协议,以"15+5"或"3+1"的形式选派学生至企业真实岗位进行课程实训。

2009年,上海市行政管理学校制定并出台相关专业《学生技能手册和考核办法》,在《技能手册》中将各专业所需技能要求总目标按学期分解成技能训练分目标,人手一册记录每学期个人技能水平程度,促使学生循序渐进苦练技能,打下较为扎实的能力基础。学校计划从10级(2010年)开始全面实施《技能手册》训练计划,经过两三年的努力,达到技能训练手册使用率100%。

从2006年开始,上海市金山食品工业学校逐步实施"校内学习一年→校外实训半年→校内学习一年→校外顶岗实习半年"的"1+0.5+1+0.5"的工学交替人才培养模式,形成"学校与企业""教室与车间""教师与技师""知识与技术"和"就业与创业"的有机结合,探索半工半读的多种实践形式。

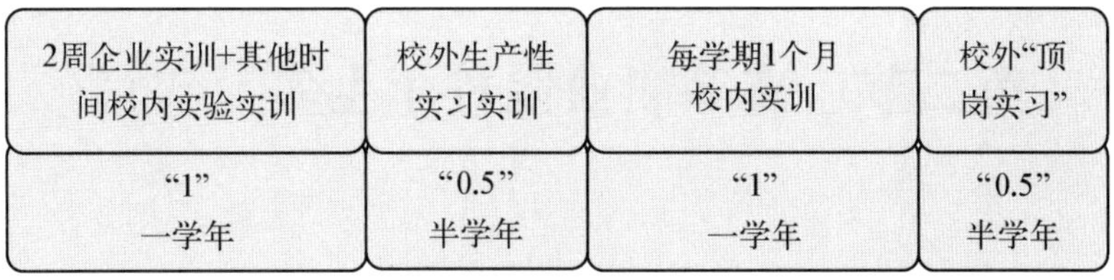

2周企业实训+其他时间校内实验实训	校外生产性实习实训	每学期1个月校内实训	校外"顶岗实习"
"1" 一学年	"0.5" 半学年	"1" 一学年	"0.5" 半学年

图7-1-2　上海市金山食品工业学校工学交替培养模式图

具体做法：一是将课堂搬进企业，围绕生产活动开展有针对性的理论教学；二是企业参与培养，在企业学生可以与学校教师学习互动，与企业优秀人才学习互动，增加知识储备和学习的机会；三是学生的动手能力在生产中得到提高；四是双重文化熏陶，双重制度管理，加上教师的正确引导逐渐形成学生头脑中的"企业文化"。在学校主管部门的支持下，成立上海市金山食品工业学校校企合作委员会，由13家企业、事业单位组成。2010年前后，新增9家订单企业。与"订单式"企业合作，将用人单位在知识结构、技术能力以及思想理念等方面的需求，融入学生课程和日常教育中，实现为用人单位"量身定做"技能人才的订单培养。

2009年，上海市群益职业技术学校开始创建"职业化三级递进"的人才培养模式。在职业认知阶段（第一级），主要进行思想政治教育、入学教育、校园认同教育、基础知识和基础能力的教育培养等。根据各专业定位，组织学生到相应行业的典型合作企业进行职业体验，把课堂设在企业现场，把企业作为职业意识教育、职业道德教育和基础能力培养的主要场所。在职业认同阶段（第二级），以职业意识教育为基础，以职业技能教育为载体，以校企合作为主要途径，通过"学中做""做中学"，各专业根据自身的特点，对学生开展专业知识和专业技能教育培养、职业行为规范训导、职业态度和职业情感的培养、强化职业价值观和职业责任的训练，并引导学生进入职业角色，规划职业生涯。在职业熟练阶段（第三级），开展顶岗实习教育，各专业针对不同的企业和不同的岗位，设计顶岗实习课程包，供学生选择学习。由学生根据自身的特点、兴趣和就业意向，选择相应行业企业的顶岗实习岗位，并按照相应的顶岗实习课程包的要求完成顶岗实习。

自2008年以来，上海市物资学校充分利用建成的物流开放实训中心开展实训教学。实训课程涵盖仓储作业实训、配送作业实训、制造业物流实训、物流综合实训。完善并细化现代物流开放实训中心模块教学，将城市配送实训室、制造业物流实训室和口岸物流实训室的实训教学与上海市现代物流课程标准结合起来。按照实训模块、细目、分类要求对学生开展实训。实训过程中，组织教师到物流企业观摩、参观、调研，将实训中遇到的问题带到企业，实际体会物流运作的企业化操作方式；教师将企业中感知的实践技能和物流运作通过吸收、消化反馈到教师的教学实践中去。通过学校现代物流开放实训中心模块建设和百联集团众多物流公司的实际运作借鉴，将学校教师的实训课教学水平提高到一个新的高度。2009年11月学校在上级单位——百联集团教育培训中心，和上海市物流协会、上海市物流学会的帮助下成功地与上海35家大、中型企业签订毕业班学生去企业顶岗实习的协议。这些企业对学校培养专业学生如何切合市场需求，切合行业发展需求提出许多建设性的意见。

徐汇职业高级中学自2005年以来，探索三阶段培养模式。第一阶段为职业素质培养，学生除学习必修的文化课和专业核心课外，还要在校内实训室、实训基地进行单项技能训练，掌握基础技能，使其对专业有感性认识。在校内通过任务驱动训练掌握基础技能。第二阶段为职业技能学习或专门化方向学习，开展工学结合使学生掌握不同岗位的专业技能，获得初级职业资格证书。第三阶段为职业综合能力实训，顶岗实习，学生以准员工身份开展学习，获得中级职业资格证书。

第二节 高等职业院校学生实习实训

一、概况

高职教育为实现培养高素质技术技能型专门人才的要求,必须配备相应的教学设施,而且集中地表现在实习和实训设备方面。2000年初,上海市教委为进一步规范高等职业院校的办学行为、推进上海高职教育的健康发展,委托上海市教科院职成教研究所对全市43所实施高职教育的院校开展一次综合调查。根据现场调研取得的第一手材料及其一系列数据,认为上海当时基本具备高职教育发展初期的教学设施条件。据统计,全市用于高职教育的教学仪器设备总值近10亿元,其中有5所院校用于高职教育的教学仪器设备原值在4 500万元以上。各院校通过多种渠道筹集资金,加快改善办学条件。中国海运集团作为上海海运职工大学的主管部门,为学校装备大型仿真全天候船舶驾驶模拟实验室和以第四代集装箱船为母船的国内领先的船舶轮机模拟实验室,技术达到国际90年代后期水平;还建设国内一流的散装液化汽船操纵模拟实验室;上海冶金高等专科学校筹资1 000多万元建造电子电工实训基地,并计划再贷款2 000多万元,建设其他项目的实训基地;上海青年管理干部学院投入近4 000万元,建造11 460平方米的教学大楼;华东理工大学在教学用房非常紧张的情况下,拿出一幢5 000平方米的教学大楼,用于发展高职教育。但总体而言,高职的实训基地仍不足,实践教学条件比较缺乏。实施高职教育最起码的条件是每个专业至少应有一个实训场地,但从调研情况看三分之二的院校还达不到这一最低要求,能够完整地提供与各专业相应的实训规划的院校仅有3所;有的院校虽然考虑到建立与企业合作的实习基地,但匆匆马上联系的五六个点也无法满足一下子开设十几个高职专业的需要;教学设备、仪器设施和实验室的配置情况相对好些,但在完整性和先进性方面都能达到高水平的也仅有4所。

到2000年,许多高等职业院校积极创造条件努力改善实践教学环境,部分院校已建立起初具规模的以实训基地(中心)为主体的实践活动场所,成为理论知识应用、实际能力培养和专业素质训练的基地,为培养跨世纪应用型技术人才创造良好的学习条件和实践环境。一些院校结合自身特点和不同专业的实训要求,运用认识、观察、演示、操作、仿真和模拟等不同类型的实训项目方法,增强学生的感性认识,验证、丰富和深化专业理论基础知识。

上海的高等职业院校组织开展多种形式的实训。认识实训:采用开放式或解剖式的直观教学方法向学生展示设备、设施的各部件,加深学生对书本知识的理解,将理论知识转化为感性认识。同济大学高等技术学院实训中心的智能建筑设备实训室设置的暖通设备实训系统空气处理箱、送回风管道、冷热源机组、风机盘管等和楼宇自控实训系统的消防水管、电器线槽、布线桥架等的安装均为敞开式的,可供学生现场参观。观察实训:通过仪器设备的监控,对图像与数据进行观察、分析和处理,提高学生对实训过程中的现象和结果进行理论分析的能力,并学会数据处理、总结、归纳和演绎推理的技巧。上海冶金高等专科学校的自动化生产系统(AMS)可以让学生通过操作并观察监视效果,然后进行数据处理,掌握有关技术、技能和技巧。演示实训:通过有关实验装置来演示某项专业技术的应用过程,以加强学生的形象化教学。上海第二工业大学的火灾自动报警与消防联动控制系统便是通过火灾报警与消防喷淋的演示,使学生了解报警和喷淋装置的工作原理及其实际应用过程。操作实训:通过有关设备及工具的使用,掌握本专业仪器设备的操作技能并熟悉其原理、结构和性能等。上海海运职工大学航海实训室的船舶驾驶操纵模拟实验室便是让学生通过操作使用,掌握船舶驾驶的技能,并在此基础上熟悉其原理结构等。仿真实训:运用计算机仿真技术模拟生产实践或工程项目技术与管理的实施过程。上海二轻职工大学模具与机电一体化实训基地的数控模拟编程实训室,可为学生提供实际模型制作的仿真训练。同济大学土木建筑施工实训室设计、开发的建设项目管理信息系统具有建设项目的经费预算、物资储备、计划进度、质量监控、财务核算及成本分析等功能,可为学生提供建设项目的组织和管理仿真训练,增强对现代施工管理的感性认识并增加有关专业知识。模拟实训:以设备实物或物理模型来模拟生产现场的实践训练,使学生将所学知识运用于实践中并提高动手能力。上海第二工业大学在校内建立金融期货教学实训中心。中心设有交易大厅、大户室、市场部和培训部。32 台电脑通过卫星天线与全国证券、期货交易中心联网,4 根下单跑道直通上海市的交易所。交易日每天上午 9 点到下午 3 点可以在该中心进行证券和期货交易;下午 3 点以后学生可调用各类数据和信息进行投资分析等一系列实训项目的操作。通过这个实训,学生可以强烈地感受到职业环境和职业规范。上海海港职工大学港口物流设备与自动控制实训中心的起重机仿真操作台和船舶起重操作平台、上海医科大学医药技术学院的护理实训室、上海市仪表电子工业职工大学工业营销专业的模拟超市、上海市政法管理干部学院的模拟法庭等,学生操作时都有一种身临其境的感觉,通过模拟训练,理论结合实际,大大增强学生的实际工作能力。

高等职业院校把实践教学作为实际能力培养的手段,这些能力包括综合能力、基本技能、工程技术和高新技术等方面,为学生对这些能力的培养提供良好的实践环境。一些院校在实践教学中以科技开发、产品研制和工程项目等作为实训的课题,让学生在实际工作中运用已学的专业知识和经实训所获得的经验及掌握的技术、技能,通过群体工作来完成训练项目,培养学生的团队协作精神、群体沟通技巧、组织管理能力和领导艺术才能等个人素质。同济大学高等技术学院智能建筑设备实训室在任课教师的指导下,组织毕业班学生参与楼宇物业管理与智能化控制项目的建设过程,从项目工艺设计,工场改造、装修,设备采购、布局,现场施工监理和技术指导,到实训内容展示板设计,实训教材、指导书编写等一系列环节均由学生负责实施,学生们既担任"项目经理"的角色,又扮演"工程师""施工员""管理员""采购员""保管员"等角色,真题真做,协同作战,最后顺利完成楼宇自控系统等一系列子项目的建设,既为学院节约经费开支,又使学生学到真实本领。这一实例是培养学生综合能力的典范。

在基本技能训练方面,上海工程技术大学高等职业技术学院等院校开设的汽车驾驶培训、汽车维修初级工和中级工培训等项目,使学生通过交通法规及相关知识的学习,场地驾驶、道路驾驶等训练,熟悉掌握汽车驾驶技术;并通过对汽车主要维修仪器设备的操作和使用,了解、掌握汽车主要零部件和总体的结构、工作原理,以及发动机油电路、维修工具等的性能和检修技能,经考核获得汽车驾驶执照和汽车维修等级证书,为学生今后从事汽车设计、制造、销售、运行、管理、维修等工作打下基础。在工程技术实践方面,如同济大学高等技术学院土木建筑施工实训室开设的灌注桩工程与地基处理工艺操作及质量测试分析项目,通过钻孔灌注桩机组、压密注浆机组及静力测桩设备等训练,使学生掌握灌注桩的施工工艺过程和保证桩身质量的技术措施、桩身质量的检测与试验方法,压密注浆地基处理的施工工艺和质量控制措施等现代施工技术,毕业后能立即上岗从事建筑施工的技术、管理及监理等工作。在高新技术应用方面,上海第二工业大学等院校与上海支柱产业相结合,起点高、模式新,专业软硬件设施一流,某些子项技术具有超前特点,仪器设备总体水平达到同行业先进水平,并保持与之同步更新。一些院校的计算机培训部所有微机都已连成局域网,可进行各种网络的教学与培训,开设诸如 CISCO 网络论证技术、Internet 训练等课程,并建有一个专门网络实验室,为学生学习及掌握高新技术创造有利条件。

实训项目一般是相关专业学生今后所从事的职业及工作岗位。通过模拟岗位的实践教学,不仅培养学生解决生产实践和工程项目中实际问题的技术及管理能力,而且还陶冶学生爱岗敬业的精神,使学生真刀真枪地进行职业规范化训练,从而从思想上热爱本职工作,树立为事业献身的精神。另外,通过实践教学也使学生初步具备质量意识、安全意识、管理意识、市场意识、竞争意识、创新意识等素质,为其今后的发展奠定一定的基础。同时,在实践教学中处处体现出群体合作和团结协作的重要性,尤其是综合训练项目,一个产品的研制需要群策群力,一个课题的开发需要通力合作,一个项目的建设更需要由众人分工承担设计、选材、备料、组织、管理、监控和验收等各道工序,只有加强协调与合作,才能顺利完成任务。通过实践教学,学生真正地领悟到现代化生产和科技发展必须倡导团结协作的群体精神。此外,上海电机技术高等专科学校、上海市仪表电子工业职工大学等高等职业院校的实践教学中实行企业化管理,建立一系列考勤、考核、安全、劳防、保密等规章制度及仪器设备操作规程,使学生在实训期间便养成遵纪守法的习惯,自觉遵守劳动纪律,按时上下班,进入施工现场必须穿工作服、戴安全帽或携带劳防用品,严格按有关规定操作机器,并认真做好防火、防盗等安全保卫工作,为今后走上工作岗位进行职业道德和企业素质的培植。

2005年5月,上海市教育委员会关于转发教育部高等教育司《关于开展高职高专院校"双证书"教育情况调查的通知》的通知。要求根据《通知》中的"调查提纲",撰写实施"双证书"教育的总结材料,填写好《通知》中的"调查表"。2006年7月日,上海市教育委员会关于转发《教育部关于职业院校试行工学结合、半工半读的意见》的通知,要求各院校认真组织学习,深刻领会文件精神,结合实际情况,深化教育教学改革,加强与企业的紧密联系,大力推行工学结合、校企合作培养模式,逐步建立和完善半工半读制度,为上海城市现代化建设培养更多高素质技能人才。教育部的上述意见指出:职业院校试行工学结合、半工半读,是遵循教育规律,全面贯彻党的教育方针的需要;是坚持以就业为导向,有效促进学生就业的需要;是帮助学生,特别是家庭经济困难学生完成学业的需要;是关系到建设有中国特色职业教育的一个带有方向性的关键问题。要进一步加强校企合作,加快推进职业教育人才培养模式的根本性转变。职业院校要紧紧依靠行业企业办学,进一步扩展和密切与行业企业的联系,加强教育与生产劳动和社会生产实践相结合,加快推进职业教育培养模式由传统的以学校和课程为中心向工学结合、校企合作转变。积极推进"校企合一",鼓励"前厂(店)后校"或"前校后厂(店)"。进一步鼓励行业企业举办职业院校,同时鼓励职业院校依托专业发展产业,以产业发展促进专业建设。进一步深化职业教育教学改革,大力推行工学结合、校企合作的培养模式。中等职业学校在校学生最后一年要到企业等用人单位顶岗实习,高等职业院校学生实习实训时间不少于半年。积极开展学生通过半工半读实现免费或低费接受职业教育的试点。完善管理办法,提供政策支持,为推进工学结合、半工半读提供制度和条件保障。

二、案例选介

上海应用技术学院高职学院2007年6月成立之初,即启动职业资格证书的培训及考证工作。2007年4—6月,启动校企合作化工类预备技师培训工作。对学院应用化学、化学工程与工艺、环境工程、轻化工程、食品科学与工程、材料科学与工程专业的本科学生开展化学分析工(预备技师)、化工生产运行员(预备技师)的培训和鉴定工作。2007年11月,高职学院开始启动2008届毕业生的"预备技师"项目,该批共有141名学生参加化学分析工(预备技师)的培训和鉴定(其中外地生11

名）。2010年学院共有9个专业14个班级457位毕业生参加职业技能考证培训,获得由上海市人力资源和社会保障局颁发的化工总控工（预备技师）、热处理工（中级）、室内装饰设计员（高级）、集成电路制造工艺员（中级）、数控机床工（中级）、计算机网络管理员（高级）、会展策划师（高级）等国家职业资格证书。

上海财经大学职业技术学院2002年开始制定和实施"双证书"制度,即学生在校期间除了完成学历教育的教学计划外,还必须获得相关专业所规定的各项非学历证书,这些证书包括外语考试证书、计算机考试证书和各类职业资格证书。在2002年、2003年和2004年全国高等英语应用能力（PRETCO）考试中,该院学生连续三年名列上海市第一名。2004年上海市第49国家职业技能鉴定所在落户该院,负责上海市高校大学生市场营销类职业资格证书的考核鉴定工作。

东华大学高职学院构建实践教学体系。建设中注重3个方面:一是实践教学课时比例不少于总学时的40%,根据专业的特点和市场对专业技能的要求设置实践环节,绝大部分专业实践教学环节比例达到50%以上。二是每学期都要有相对集中的实训环节。对于艺术类专业,专业主干课程结束后一般都要安排学生搞作品展示和点评,培养学生的创新意识和创作能力。三是强化职业岗位培训,将职业岗位考证课程列入专业教学之中,即减轻学生经济负担,增强学生就业竞争力。全面实施双证书制度。至2006年,学院已实施的职业资格证书主要有:机械加工证书、维修电工中、高级证书、计算机应用能力证书、计算机制图（AutoCAD）证书、文秘中级（中文、涉外）证书、商务英语证书、服装证书、微软证书、旅游A级证书、导游证书、报关员、物流、艺术、电脑设计证书等。通过强化训练,学生的职业技能得到极大的提高,其中,全国导游证书（中文）2004、2005年考证通过率达到67.8%、69.7%,名列上海各高校第一（通常通过率约为30%）等。2003年"中华杯"国际服装设计大赛获得银奖、铜奖两项,2004年又有4名学生进入"中华杯"决赛,并获得银奖、铜奖、最佳工艺奖、最佳面料奖4项。

2005年以来,上海第二工业大学各专业的课程设置、实训项目和职业技能考核紧密结合。学校组织开展对适合高职学生实践能力培养的课程、实践环节的研究,开发、组织一系列富有特色的实训项目,如机电专业的数控机床故障分析与维修实训、特种加工编程与操作实训,电子电气专业的电子产品制作、电子产品剖析、多媒体专业的动画制作等实训项目。《计算机专业毕业实践的研究》通过一年多的探索,努力使高职学生毕业实践环节和传统的学科型毕业设计（论文）有明显区别,更符合高职学生培养目标。根据专业性质的不同,推进职业技能考核。数控、电子等专业,取得高级、准高级职业技能证书的学生达到50%以上,取得中级职业技能证书的学生达到80%以上。在管理和文科等专业中,寻求适合高职学生的职业资格鉴定项目,鼓励学生参加职业技能证书考核,如物流管理、会计、电子商务、外语和计算机等等,也取得较好的成绩。

上海海事大学高等技术学院直至2006年一般工科实践占50%以上,管理类占40%左右。学院通过实验、实训、实习3种手段来提高学生的动手能力,在课程考核上以学生实践应用能力为目标,理论联系实际,采取课件、论文、报告、作品等方法评价学生学习效果。每年邀请行业专家来学院对学生课业作品进行评估考核,让社会评判,并由此请用人单位选拔用人。至2006年,学院按照ISO900质量管理体系的要求,结合学院实际建立《高职实践教学准备与实施》质量体系文件;编写《认识实习》《金工实习》《电工电子技能实习》《数控加工技能实习》《船舶装配技能实习》等大纲。同时制订《毕业实习实施办法》。在实践教学中,学院注重模块教学,重视学生职业习惯和规范性操作的培养。在训练手段上主要采用教师引导、示范,学生练习的方式,并健全实习的安全制度。学院充分发挥校企合作办学的优势,依托沪东中华造船集团,安排学生下企业实习。经过几年的实践,已基本建立结合专业理论教学,带着课题实习的实践教学模式。到2007年,工科类专业实践教学课时数达40％以上,管理类专业实践课时数达30％以上。学院每一个专业均列有所需的职业资格证书。

2005年以来,上海济光职业技术学院要求各专业、各系加强产学研方面的工作。一是各专业、各系建立校外的实验实训基地,与有关单位签订校外实训基地的合同,安排学生进行实习实训。二是提高各专业的实习、实验、实训项目的开出率。仅计算机系已开出实验实训项目45个,并写出相应的实验指导书。三是要求各专业、各系加强毕业实践环节的指导和落实(毕业设计、论文、毕业实践报告),对相关工作的要求下发有关的文件。对毕业实践环节提出较具体的操作性较强的要求,统一布置和要求、统一标准和格式。根据以就业为导向的精神要求各专业、各系安排实习单位尽量专业对口,有针对性。同时在政策上提出可行性的方案,正确处理毕业实践教学环节(毕业设计、论文毕业实践报告)与就业的关系。四是设计有关的测评系统,在期末结束前,进行学生评教、教师评学、班主任、辅导员评教等一系列的测评系统工作。五是要求各专业各系做到岗位资格证书培训和考证全覆盖,力争多证书、通用性的或有行业协会的证书。由教务处培训部统一组织进行培训和考证,2006年组织18种类型的班。另要求各系、各专业纳入教学计划的各类岗位资格证书培训和考证。如电子商务师(中级)、广告设计师、室内装饰员、网络师、报关证、货代等有关职业岗位资格证书,提高学生就业的竞争力。

2000年开始,上海交通职业技术学院编制一套培养学生适应多个岗位能力的专业教学计划,课程设置突出以能力为本位,学生可根据自身能力和需要灵活选择模块组合,每一模块均包含应知和应会知识,学生通过学习具备适应多个工作岗位的能力。"双证书"制度要求学生在理论学习的同时,还要参加相应的职业能力考核,取得岗位资格证书。凡获三级职业资格证书的学生必须在企业工作1～2年后,经企业管理者认可其工作能力后才予发放。不合格者,学院免费提供再培训、考试,直至其合格。5年来毕业生双证达标率逐年提高,2005届毕业生达到90％以上,其中汽车专业毕业生100％取得职业资格证书,该专业学生98％均能取得高级工证书。学院把生产实习与就业推荐有机结合起来,加强对学生从业能力的培养。学生实习时可与用人单位达成用工意向。学院每年举办"技能节"活动,以毕业班学生为主组织其参加专业技能竞赛,充分展示学生多方面技能,学校借此契机召开用人单位恳谈会,听取意见和建议,把企业的需求融入实际教学。

2002年以来,上海农林职业技术学院形成"融合式"校企合作模式。其中"2+1"顶岗毕业实习是学院一贯坚持和不断完善的毕业实习环节。2005年学院超过70％的学生毕业实习与就业挂钩,学院负责学生实习单位的推荐和日常管理,用人单位负责岗位技术要求、技术规范等培训和学生实习成绩考核工作。学院已先后与上海种业集团、光明乳业、陆家嘴物业管理公司等40多家企业合作开展教学、实训改革,通过在招生、制订培养计划、顶岗实训、学生就业、培训教师等环节的全方位、融合式合作,毕业生更受用人单位的欢迎,首届高职毕业生签约率达74.25％,就业率达99.67％,在全市高等院校中签约率和就业率都名列前茅。

上海大学高等技术学院从2005年开始把职业资格证书制度纳入专业教育,一方面可以使学生在校学习期间就能知晓市场的需求,促使他们在重视理论知识学习的同时,重视实际能力的培训和实际经验的积累;另一方面将职业要求引入高校教育,推动高等教育的教学内容和方法的改革,促使高等院校把学历教育与技能培训结合起来。根据学校"三长一短"学期制度的特点,将每学年的短学期(5周)作为"实训学期",加强学生的技能的培养。大三学年各专业进行半年以上时间的岗位实习。基于高职专业40％教学内容为实践环节这一实际情况,学院一直重视实践教学体系的建设与管理,制定各项规章制度,如《实验实习实训管理试行办法》《实训评分标准》《实训质量评估试行办法》等。还成立各专业指导委员会,聘请企业的领导和专业人员对学生的实践、实训进行指导,并且为学生提供实践、实训条件。

2000年以来,上海理工大学高职学院与上海高级技工学校合作,对实训基地和实训资源大量调研、开发。两校通过协商,取得合作办学方在实训师资、实训设备、实训管理及实训费用等方面的大力支持,共同拟订培养计划中增设的各个实训项目实习大纲、实习计划,统筹解决实训费用,即由合作办学双方共同承担,不给学生增添经济负担,并且建立职业技能考证的奖励制度。为了保证增设各项考证实训的进度和质量,学院抓好与实训相关的各个环节,如实训班次的安排与协调、实训动员与安全教育、实训考勤与纪律、实训考核与考证报名、考前熟悉考试所用设备和系统。学院要求各专业学生在正常取得专科英语(A)证书和计算机等级考试证书(历年均在90%以上)以外,应尽量取得多张中级职业资格技能证书。以2001级机电专业为例,该专业学生持有3张以上中级职业资格技能证书的占98%,持有4张中级职业资格技能证书的占78%。由于从2002年起,机电、模具、电气等专业的毕业学生基本上都是“一人多证”及大部分持有高级职业技能证书,所以每年就业率平均都在90%以上,有的接近100%。

上海新侨职业技术学院以核心职业能力为主线,至2005年,设置的职业技能训练等实践总课时比重一般达50%左右,重视毕业综合训练环节,学生毕业实习与就业企业相结合,使多数学生结合企业生产一线选择毕业综合训练(设计、综合报告)课题,一批学生的方案被企业所采用。学院要求学生毕业时要有“一张文凭加三类证书”,强调各专业要根据职业特点不同,获得含金量较高的职业技能证或职业资格证。这类证书多达数十种,至2006年,多数毕业生除了具有毕业文凭外,还有两张以上职业资格证书,如学院商务管理(策划专业方向)学生与劳尔公司合作举办的“策划师”培训,学生不仅掌握策划师必备的创意、创新思维和操作知识,而且99%的学生获得相应策划师资格证书,为就业创造机会。学院还以竞赛为抓手,让学生展示技能。珠宝专业同天顺珠宝有限公司联合为学生举办“天顺杯”珠宝设计与制作竞赛,公司提供竞赛奖励奖金,这种形式既为学生提供展示技能舞台,又便于企业择优聘用人才。

从2006年开始,上海医疗器械高等专科学校安排招聘单位与学生所在系签订协议,让学生到招聘单位进行毕业实习实训或毕业设计,学校提供适当的管理经费,由各系指定教师保持与外单位指导教师及学生之间的联系,确保实践质量。学校要求学生毕业实践结束后回学校答辩。毕业实践结束后,用人单位与学生之间可双向选择安排工作岗位。2006、2007两年,都有近半数学生采用产学结合的“毕业型实践教学”,实践结束后大多数毕业生都落实了工作岗位。学校还积极实施医工结合、以工为主培养模式,先后与上海中山医院、新华医院、中美上海儿童医学中心等三级甲等医院签约形成产学合作关系,提供学生教学实习的基地。并与10余家医院建立学生教学实习关系。多年来学校一直聘请著名医学与医技专家、教授作为学校的兼职教师,每年定期为学校学生上课,合作开展课题研究。学校专门返聘医院的设备科长,高级工程师长年作为兼职教师指导学校实验室建设和进行实验指导。许多医院(如岳阳、长征、新华、肺科等医院)低价或无偿地将许多医疗器械设备提供给学校作为学生拆装实验的设备,提高学生的实践动手能力。

至2006年,上海东海职业技术学院已经建立实习实训管理中心,下设国际货运管理实训中心、网络中心、工程训练中心、服装综合教学实训中心、艺术教学实训中心、影视传媒教学实训中心等6个实训中心,先后建成服装制作与设计实训室、广告摄影实训室、应用艺术设计工作室、模拟法庭、微机组装及维修实训室等68个实验实习实训室。学院还建立有43个校外实习实训基地,分别同上海交通大学工程训练中心、东华大学工程训练中心、第二工业大学机电工程学院、上海电机厂教育培训中心、上海协航货运代理有限公司等企事业单位及学校签订合作建立校外实习实训基地的协议书,并能根据各专业的教学计划确保每届1 800名左右学生一个学期或一个学年的校外实习实训得以顺利进行。实习实训基地的教与学,以社会"急用"、能力"够用"、上岗"顶用"的职业岗位实用性需求为目标导向,大力加强实践性教学环节。同时,实习实训基地为学生创建营造仿真乃至全真的生产条件和职业氛围,有利于实现职业教育与生产一线、学生学习与未来工作岗位的对接,为毕业生"零距离"和"零适应期"就业奠定良好基础。

上海海事职业技术学院从其前身上海海运职工大学高职班起(20世纪90年代),即在轮机管理专业创设以三次航海实习为主的实践教学体系。具体的安排是:第一次航海实习是在新生入学经过1周军训后进行,实习时间为4周,实习目的是海上集训实习,通过实习学生认识海洋、了解船舶,体验航海生活,初步树立专业思想。第二次航海实习安排在第二学年下学期,时间为9周,实习目的是机匠实习,一些专业课的部分内容在船上进行现场教学。学生通过实习,强化金工技能实践训练,熟悉机舱结构和轮机员工作职责,为后续学习打下基础。第三次航海毕业实习安排在第三学年下学期,时间为17周,为预分配形式,学生通过实习全面见习轮机员工作,并考核合格。除了3次航海实习外,轮机管理专业高职班重要的实习教学还有金工实习、主辅机拆装实习,时间安排均多于普通航海高校专科班。

第二章 技 能 竞 赛

第一节 技术技能比武和"星光计划"

上海市"星光计划"是市教委针对上海市职业学校开展的一项持续的职业技能竞赛活动,发源可以追溯至上海市职业技术学校"未来建设者"技术技能比武节。

一、"未来建设者"技术技能比武节(比武大赛)

上海市职业技术学校"未来建设者"技术技能比武节开展于 20 世纪 90 年代,至 2002 年,已经开展 8 届。比赛项目分专业及其他基本技能设置竞赛项目。参赛对象是上海市中等职业技术学校(班)在校学生。1996 年举办的第六届"未来建设者"技术技能比武节,比赛项目有旅游专业共 7 个项目,商业专业共 6 个项目,服装专业共 5 个项目,机械专业共 2 个项目,电子专业共 2 个项目,汽修专业共 4 个项目,其他包括珠算、英文打字、计算机、书法等 4 个项目。1998 年举办的第七届"未来建设者"技术技能比武节的特点是规模大,参与面广,导向性大,包括旅游、商业、服装、卫生、机械、电子、汽修、园艺、计算机等共 10 大类、42 个竞赛项目,135 个学校组建 825 个参赛队共 3 429 名学生参加各项竞争,这些项目涉及的技术技能注重与行业需求相结合,与教学实际相结合,与考工考级相结合。2002 年举办第八届"未来建设者"技术技能比武大赛,比赛项目有"天平杯"旅游类共 5 个项目,"南湖杯"金融类共 4 个项目,"职成教在线杯"计算机类共 4 个项目,"广电卫网杯"卫生类共 4 个项目,"交运杯"汽车维修类共 5 个项目,还另外增加美术类的 3 个项目。有 82 所学校的 328 个参赛队,1 500 余名学生参加各项目的比赛。还有 12 000 余名学生报名参加网上计算机知识竞赛。

二、上海市"星光计划"职业技能比赛

2004 年 9 月 30 日,市教委印发《关于实施上海市"星光计划"的通知》,开始实施该计划。通知指出,上海市"星光计划"第一届中等职业学校学生职业技能比赛,每两年举办一届。比赛项目和内容注重与国家职业资格证书标准与中等职业教学实际结合,根据社会经济发展对职业技能提出的新要求。"星光计划"第一届学生技能比赛设学生奖、优秀指导教师奖、学校项目集体奖和优秀组织奖。学生奖设项目全能奖、项目单项奖,获奖比例各约为 30%~35%,优秀指导教师奖获奖比例约为 25%~30%,学校项目集体奖和优秀组织奖获奖比例各约 20%左右。项目全能奖是由各技能单项(职业模块)组成,凡达到比赛项目规定的全部职业技能单项(职业模块)标准者,方可获得项目全能奖。凡达到比赛项目中规定的职业技能单项(职业模块)标准者,可获得比赛项目单项奖。比赛分为两期:2004 学年第一学期为"星光计划"第一届学生技能比赛初赛期,2005 年 2 月至 3 月为"星光计划"第一届学生技能比赛决赛期。比赛项目分为 11 大类:通用类、服装类、加工制造类、信息技术类、旅游类、财经类、现代服务类、都市农业类、美术类、卫生类、建筑类。其中,加工制造类又分

为：电子技术应用、电气技术应用、汽车维修、普通机加工、数控技术应用、制冷与空调、焊接等数个小项。

同时实施上海市"星光计划"优秀学生奖学金实施办法。从 2004 年起由上海市教育发展基金会每年拨出 50 万元在上海市中等职业技术学校设立"星光计划"奖学金。2005 年 11 月，评选 2005 年上海市"星光计划"加工制造类专业优秀学生。

第一届"星光计划"学生职业技能比赛从 2004 年 10 月至 2005 年 4 月前后历时半年。全市有 107 所学校，10 万中等职业学校学生参加初赛，7 592 人次参加决赛，创下上海市中等职业学校学生职业技能比赛项目最多、参赛面最广、时间最长的纪录。比赛项目涉及 11 个专业大类、33 个比赛项目，设计 36 个职业综合知识和职业技能的全能项目，94 个职业技能单项，与 27 种职业资格证书相结合，比赛项目基本覆盖中等职业学校的主要专业。特别是上海要大力发展的现代制造业类专业和现代服务业专业的比赛项目占相当的比例，其中数控、汽车修理、护理、会展、物流等专业还是上海当前紧缺人才培养工程的专业和职业。比赛共有 2 194 人次获得"星光计划"学生职业技能比赛的各类奖项，其中 496 名选手获得比赛项目全能奖，1 698 人次获得比赛单项奖；在获奖选手中，有 71.2% 的选手在获得"星光计划"学生职业技能比赛荣誉证书同时，又获得市劳动保障局颁发的相应 27 种职业资格证书。大赛突出职业教育与职业资格证书的有效衔接和良性互动，把 33 个比赛项目与 38 种职业资格证书和培训证书相结合。上海市知名多家企业在闭幕式上当场与获得"星光计划"技能比赛获奖代表签订录用意向协议书。本项比赛实现"星光计划"竞赛点的申报、会标征集、竞赛点与公共实训中心建设互动等组织工作的创新。

2007 年，上海市"星光计划"第二届中等职业学校技能比赛举办，并增设教师组项目。全市共有 101 所中等职业学校，14 万人次参加预赛；近 9 000 人次参加 11 个大类专业的 45 个学生项目，4 个教师项目；最终共有 1 752 人次获得各类奖项；教师项目获奖人数为 28 名。同时有 1 818 名学生，24 名教师获得劳动保障部门和有关行业颁发的相关职业资格证书共 39 种，87 名学生职业资格被劳动保障部门高一级认定。这次比赛还引起社会的广泛关注。据统计，截至 2007 年 3 月 12 日，访问"星光计划"专网的 IP 数量达到 164 499 人次，其中上海市为 69 806 人次；外省市为 84 563 人次；港澳台和国外为 10 130 人次。访问星光计划"博客群"的 IP 数量为 108 858 人次。在第二届"星光计划"学生职业技能大赛的基础上，市教委积极组队参加教育部在重庆举行的首届全国中等职业学校职业技能大赛，有 44 名师生组成代表队，其中 32 名学生选手，12 名教师选手，涉及 16 所中等职业学校，参加汽车运用与维修、电工电子、计算机应用、烹饪、服装设计与制作等 5 项大赛共 15 个项目（其中 10 个学生项目、5 个教师项目）的所有个人和团体项目的比赛。上海选手取得的总成绩在全国名列前茅，共获得一等奖 14 项、二等奖 12 项、三等奖 11 项。同时，市教委获得组织奖；市教委职业教育与成人教育处获得贡献奖；28 名教师获得指导教师奖。

2008 年 10 月至 2009 年 4 月，举办上海市"星光计划"第三届中等职业学校职业技能大赛。大赛共设通用类、机械加工类、电工电子类、汽车维修类、信息技术类、旅游服务类、美容美发类、服装制作类、财会银行类、商贸物流类、现代文秘类、都市农业类、文化艺术类、医药卫生类、建筑类、航空服务类等 16 个大类，共 60 个学生项目，9 个教师项目。共有近 10 万人次师生参加初赛、7 000 多人次参加决赛，2 253 人次学生和 68 名教师获奖。这次大赛是上海职业教育历史上规模最大、项目最多、覆盖面最广、影响力最深的一次技能大赛，有 182 名学生获得比赛项目全能一等奖，11 名教师获得比赛项目一等奖。有 137 个项目获得团体奖，23 个单位获得优秀组织奖，870 名教师获得优秀指导教师奖，12 位优秀指导教师获得"星光金牌指导教师"荣誉称号。2 108 人次参赛学生获得市人力资源社会保障局等单位颁发的各类职业资格证书,77 名参赛学生获得劳动部门的高一级职业资格认定。"星光计划"大赛已形成 5 大效应:一是以就业导向,有 44 个项目与 37 种国家职业资格考核和鉴定要求相结合,出现不少用人单位全程跟踪赛事,从中挑选未来优秀员工的场景;二是搭建一个"交流技能,展示风采"的大平台,成为共同探讨技能训练经验和传承职业文化大好机会;三是关注学生全面发展,营造健康校园文化;四是推进师资队伍建设,大赛设置汽车维修、数控车床、电子专业技能、多媒体课件制作、基础护理技能等 9 个教师比赛项目,有 168 名教师报名参加 9 个项目的师生同台竞技比赛,共有 68 名教师获奖;五是进一步打造"星光计划"品牌,大赛受到不少著名企业的关注,相关企业为大赛提供设备、技术、资金以及行业岗位标准等方面的支持,通过全市各大媒体大力宣传职业教育。

为营造良好氛围,2009 年开展"星光之约"以"星光计划"大赛为主题,组织学生拜访拍摄优秀毕业生、参加"星光征文《我看大赛》"等专项活动,创作编排属于中职学生自己的《中职生之歌》。通过"星光之约"既向学生传递传统意义上练就高超技能,拓展综合能力、体验快乐、增强信心、提升能力,展现青春风采,也为学生全面发展和营造浓浓的校园文化氛围,搭建又一个大平台。

2010 年,上海市"星光计划"第四届中等职业学校职业技能大赛举办,比赛设通用类、机械加工类、电工电子类、汽车维修类、信息技术类、旅游服务类、美容美发类、服装制作类、财会金融类、商贸物流类、现代文秘类、都市农业类、医药卫生类、建筑类、航空服务类、创意设计类共 16 个大类、58 个比赛项目。初赛于 2010 年 11 月至 2011 年 1 月进行,决赛于 2011 年 3 月进行。

三、案例选介

2006 年,上海振华外经贸职业学校参加第二届"星光计划"中职校学生职业技能比赛,共报名参加 18 个项目的比赛,除电子与信息技术专业由于项目内容与课程内容不能完全对接外,其余专业均报名参加对应项目的比赛。取得的成绩为全能一等奖 1 人,全能二等奖 2 人,全能三等奖 11 人,单项二等奖 1 人,单项三等奖 5 人,单项第二名 1 人,第三名 1 人,第四名 2 人,美容项目团体三等奖,9 名教师获指导奖。学校参照"星光计划"第一届比赛项目,结合学校专业设置的实际情况,组建以 2005 年级为主的尖子班,每周开展 2 课时的尖子班活动,主要任务是补充和完善劳动局中级及相关证书所要求的专业技能基础知识。组织 19 名教师和 9 名学生参加市、区职业技能比武活动,在电子商务、网页制作等项目比赛中,分别取得区一、二、三等奖和网页比赛团体二等奖,电子商务项目一人进入市决赛,参加比赛的教师和学生(28 人)共获得 19 张中级职业资格证书和 2 张高级职业资格证书,提高教师和学生的技能操作水平。2006 年 9 月到 10 月,各部组织尖子班开始定期活动,主要任务是完成相关基础知识的学习,加强技能训练。学校结合市里公布的比赛办法和项目要求,补充和调整相关项目。增加客房服务、计算机网络管理、商务英语演讲、书法、美容、计算机操作、电子商务、商务英语电话等 8 个项目,补充集训队员,召开指导教师的动员会,组织学习比赛规则。"中考"后,教学部门调整课程安排,利用选修课、自修课等时间保证至少每周 4 课时的训练,结构工资按每周 4 课时进行结算。2007 年 1 月,根据各队的报名人数要求,组织各参赛队对参加训练学生进行筛选,确定参赛队员和后备队员,组织指导教师参加比赛规则说明会等活动。2007 年 1 月底,公示集训名单并召开班主任会议,要求协助做好集训学生的思想工作。召开集训动员大会,提出集训要求和后期的训练安排,并就奖励措施进行具体说明。同时向所有集训学生家长发放祝贺信,说明"星光计划"的重要性和学生代表学校参加比赛的荣誉感和责任感,争取家长的配合与支持。3月,所有集训学生停课参加集训,固定地点和时间,每天落实训练任务。指导教师除上课外进行辅导。所有教师的课时补贴按每周4课时计算。周六安排全天训练,教师按加班进行计算。从3月10日到17日,调整各指导教师教学任务,减少4课时投入集训。同时担任班主任的指导教师暂时配备相关教师,协助管理自修课和班会课,保证指导教师的时间投入。

第二节　其他技能大赛

一、中等职业学校技能竞赛

2002年,市教委组织参加全国职业教育成果展和全国职业学校学生四项技能比赛,取得较好成绩,并获优秀组织奖。

2008年,市教委与澳大利亚昆士兰州政府教育部合作,举行首届上海市"昆士兰"杯中等职业学校学生英语和职业技能竞赛,最终有3名选手获得澳大利亚昆士兰州短期学习奖学金,并前往澳大利亚昆士兰州。

2010年2月18日上午,由浦东新区教育局、浦东新区人力资源和社会保障局、浦东新区总工会联合举办的浦东新区第一届学生职业技能比赛如期开赛。上海市临港科技学校、上海航空服务学校、上海港湾学校、上海海运学校、上海环境学校、上海船厂技工学校等6所学校8支代表队的40名选手参加普通钳加工项目的比赛。经过270分钟的比赛,各校选手在交流练兵的同时,也充分展示新区职教学生的风采。比赛中,区教育局、区人保局、区总工会等单位领导到比赛现场了解比赛情况,对选手们展示出的风采和临港科技学校为大赛所作的精心准备给予充分肯定和高度评价。浦东新区多家新闻媒体对比赛进行报道。

二、高等职业院校技能竞赛

2010年,市教委发布《关于开展2010年上海市高职高专汽车类专业职业技能竞赛的通知》,指出:为提高上海市高职高专学生的实践能力、就业能力和创业能力,促进高职高专汽车类专业的课程改革,经与市人力资源社会保障局研究后,决定2010年在上海高等职业院校汽车类专业的学生中开展职业技能竞赛活动,以期取得试点经验后将在其他专业推广。竞赛内容:高职高专汽车类专业的教学内容和相关职业等级标准和汽车维修人员职业能力的要求。竞赛对象:上海市高等职业院校的汽车运用技术、汽车检测与维修技术、汽车运用与维修、汽车技术服务与营销专业2008级的学生。竞赛方法:竞赛分为初赛和决赛两个阶段;初赛由高等职业院校自行组织开展,所有符合条件学生都要求参赛,具体办法按照人力资源社会保障局的有关规定实施。竞赛时间,初赛于2010年6月30日前各院校自行完成,决赛于2010年10月举行。

三、全国性技能竞赛

1999年,上海组织各项技术技能鉴定竞赛活动。市教委会同市语委办开展1999年度中专、职校学生普通话竞赛。组队参加全国职教美容美发大赛,取得较好名次。

2002、2007、2008和2009年,教育部联合有关部门先后举办四届全国职业院校学生技能大赛。

上海各职业学校和职业院校积极参与，并取得较好成绩。市教委对在历次全国职业院校技能大赛中获奖的学生及其指导教师都进行表彰，并专门发布通知，希望受表彰的学校以此为契机，狠抓教学质量，进一步加强实践教学，为培养更多优秀的技能型人才作出更大贡献；希望受表彰的个人再接再厉、戒骄戒躁，立足岗位，崇尚技能；希望各中等职业学校组织学习获奖选手、指导教师和参赛学校的先进事迹，加快推动上海市高素质技能型人才培养，为职业教育事业发展作出更大贡献。

2002 年 7 月 22 日至 27 日在吉林省长春市举行中国职业教育成果展示会、全国中等职业学校学生烹饪技能大赛、全国中等职业学校学生"蒙妮坦"美容美发技能大赛、全国中等职业学校学生服装设计技能大赛、全国中等职业学校计算机技能大赛。参加 4 项技能比赛的 57 名上海参赛选手来自 18 所中等职业学校，在五、六月份经过上海参加全国中等职业学校学生 4 项技能组团赛选拔并经赛前培训。选手所属学校领导和指导老师对此次全国大赛也作了充分准备。经过激烈角逐，上海代表团参加美容美发、计算机应用、烹饪、服装设计四项技能比赛，共获一等奖 9 个，二等奖 8 个，三等奖 13 个，优秀奖 17 个。大奖数和获奖数在全国名列前茅，市教委也获得大赛组委会评选的优秀组织奖。

2007 年，在当年第二届"星光计划"学生职业技能大赛的基础上，市教委组队参加教育部在重庆举行的首届全国中等职业学校职业技能大赛，有 44 名师生组成代表队，其中 32 名学生选手，12 名教师选手，涉及 16 所中等职业学校，参加汽车运用与维修、电工电子、计算机应用、烹饪、服装设计与制作等 5 项大赛共 15 个项目（其中 10 个学生项目、5 个教师项目）的所有个人和团体项目的比赛。上海选手取得的总成绩在全国名列前茅，共获得一等奖 14 项；二等奖 12 项；三等奖 11 项。同时，市教委获得组织奖；市教委职业教育与成人教育处获得贡献奖；28 名教师获得指导教师奖。

2008 年 6 月，教育部和天津市人民政府、人力资源和社会保障部、住房和城乡建设部、交通运输部、信息产业部等部门在天津举办 2008 年全国职业院校技能大赛，上海中等职业学校代表队在大赛中荣获中职组团体总分和金牌数两个全国第一的佳绩。在此次全国职业院校技能大赛的获奖学生、指导教师及学校表彰名单中，上海市共有 34 名获得一等奖学生，28 名指导教师，12 名荣获全国职业技能大赛"金牌指导教师"称号，15 所表扬学校，8 所学校荣获"优秀组织奖"称号。是年 7 月 16 日，市教委发布关于表彰在 2008 年全国职业院校技能大赛中获奖学生及其指导教师的通知，对王逍鸿等 45 名获奖学生和谢国安等 39 名指导教师予以表彰，同时对上海市群益职业学校等 12 所学校予以表彰。

2009 年 6 月，上海中等职业学校代表队在 2009 年全国职业院校技能大赛中荣获中职组团体总分第二名的佳绩，其中 8 个比赛项目荣获全国第一名。市教委决定对徐维等 34 名全国职业院校技能大赛中职组一等奖学生和钱雷等 28 名指导教师予以表彰；对在 2007 年至 2009 年一至三届全国职业院校技能大赛中，指导的学生或本人累计获得 2 次及以上一等奖的上海市南湖职业学校张勤等 12 名教师，授予全国职业院校技能大赛"金牌指导教师"荣誉称号；对在大赛中有学生获得一等奖的上海信息技术学校等 15 所学校予以表扬；对在大赛中积极承办各比赛项目的上海市商业学校等 8 所学校授予"优秀组织奖"称号。

在 2010 年全国职业院校技能大赛中，上海又取得优异成绩，市教委决定对在这次大赛中取得优异成绩的选手、指导教师，作出突出贡献的单位和个人予以通报表扬。一是对高超等 28 名获得 2010 年全国职业院校技能大赛一等奖的学生、张勤等 24 名一等奖的指导教师、上海南湖职业学校等 19 所一等奖获奖者所在学校予以通报表扬；二是对在 2008 年至 2010 年全国职业院校技能大赛中，指导学生累计获得 2 次及以上一等奖的 10 名教师授予"2010 年上海市中等职业学校学生技能金牌指导教师"荣誉称号；三是对在 2010 年全国职业院校技能大赛中取得优异成绩的上海市群益职业技术学校等 3 所学校授予"突出贡献奖"；对在大赛中积极承担各比赛项目的初赛和选拔任务的上海市商业学校等 13 所学校授予"优秀组织奖"称号。

四、案例选介

上海第二工业大学竞赛纳入常规管理渠道，设立学生科技活动专项资金，用于各项技能训练和竞赛。2005 年以来参加的项目有大学生数学建模竞赛、上海市"灰领"职业大赛、全国高职高专英语口语大赛、"CCTV"杯全国英语演讲大赛、全国大学生电子设计竞赛、48 届世乒赛会标吉祥物和会标会徽征集大赛，并取得优秀的成绩。在 2006 年进行的"第一届全国数控技能大赛"中，学校机电工程学院一名学生获数控铣加工第 15 名，获技师职业资格证书，成为上海唯一一名进入前 20 名的高职生。学校也荣获"第一届全国数控技能大赛全国决赛突出贡献奖"。

上海交通大学附属卫生学校自 2008 年以来，把技能竞赛分为"月月见赛事、学期有大赛、年终设决赛"三个不同的层面。"月月赛"是以专业课程组为单元，精选核心课程中的技能操作项目作为赛项，动员全体学生积极参与，充分体现月赛覆盖面广、从基础抓起、难易搭配的赛事精神。在此基础上，"学期赛"以专业系部为主，职能部门和行业专家参与的方式，整合课程组赛事，精选核心项目开展赛事活动。"学年总决赛"则将在全校范围内全面铺开，在组织和形式上赋予更多的变化，如邀请各行业顶级专家，设立专业和非专业两大类赛事和若干个分赛场，开展符合专业、贴近岗位的特色技能赛事。获奖选手还有机会入选大赛姊妹篇——"校园实践技能人才库"计划，作为储备人才和师资获得更多学习和拓展的机会。比赛是推进教学改革的手段和形式，是培养学生认识专业、热爱学习、开拓创新的助推剂，通过多元化的组织策划方法，传递大赛"正能量"。根据学生的关注动向，在全新"易班"上公布获奖信息，让更多的学生能关注，以此营造校园积极向上的良好氛围。在校报上开设赛事追踪专题报道，汇编校园技能大赛赛事专刊，挖掘专业部系开展大赛中的亮点和特点。

上海新侨职业技术学院学生参加国际及上海市各类职业技能竞赛中屡获佳绩，2002 年珠宝专业一位学生，获香港南洋国际第四届珠宝首饰设计大赛银奖，是上海地区参赛作品中唯一获奖者，也是上海参赛历史上第一位获奖者，该项作品先后在世界各国及北京等地展出，不仅为学院而且为上海赢得荣誉。为支持这位参赛学生，学院不惜投入 10 万元经费，完成参赛作品制作和送展工作。

上海市群益职业技术学校在全国职业院校技能大赛中连续三年几乎囊括服装项目金牌，2010 年取得服装项目 3 金 3 银。他们正是依托职业技能大赛这个平台，有效推进学校服装专业的内涵建设。首先，以技能大赛为纽带，促进校企、校所一体化建设。一方面引入"教学工厂"实训模式，利用技能大赛的平台将企业的生产车间引入校内的实训中心，把学校的课堂变为企业的生产车间，成为学生学习的课堂；另一方面完善上海市服装开放实训中心建设，由于技能大赛的实习实训设备越来越与生产实际对接，为此广泛听取企业专家建议而基本实现与企业实际工作环境的"零距离"对接。其次，以技能大赛为核心，加快双师型教师队伍建设。一是成立专业建设指导委员会；二是健全教师企业实践制度；三是完善双师型教师激励机制。经过四年技能大赛的锻炼，学校已迅速成长起一批技术精湛的教学骨干和金牌教练，服装专业共有五位教师考出服装高级技师资格证。其三，以职业技能大赛为支点，深化教育教学改革。一是深化项目制教学，通过汲取技能大赛内容和标准对原有教学项目进行改造、提炼、转化,将竞赛内容作为普及化教育,使服装专业每个学生都能受益和提高;二是推进课程教材改革,依托大赛平台汇集的优势资源,在精品课程的建设上收获良多,学校申报的市级服装精品课程项目已立项;三是实施"订单式"人才培养,学校为企业"量身定做"培养人才,合作企业派出技术专家团队全方位参与学校专业的教学管理。

第八篇

学生全面发展

20世纪80年代,上海职业学校的德育工作根据新的社会环境和改革发展的要求,提出新的内容和要求,并在渠道和方式等诸方面开展广泛的实践和探索。80年代中期,上海根据职业教育的特殊要求,开展职业道德教育,并普遍设置职业道德课程,这方面的教育处于全国领先。90年代,上海又开展行为规范教育,根据行业的具体职业道德规范,编写教材,形成分层递进的职业道德规范课程。1999年底,《上海市中等职业技术学校学生行为规范》颁布,使行为规范的内涵囊括法规、社会公德、职业道德等多个方面,形成全面的、系统的行为规范教育体系。1985年,市委市政府召开全市教育工作会议,提出学生思想政治教育工作必须以四项基本原则为基础,以理想、纪律教育为核心。2003年,市教委组织对中等职业学校行为规范示范校评估。2004年,教育部印发《中等职业学校德育大纲》,上海根据大纲要求,进一步提升德育工作质量。2005年,上海围绕"德育落实年"和"师德建设年"的主题,引导学校把德育工作进一步做实、做深、做细,2008年,市教委组织开展中职学生思想道德状况与德育工作专题调研工作,针对新情况和新问题提出新策略。2009年,市教委全面启动和深化中职校德育课程改革,组织新一轮德育课程教材的系列培训;11月,中共上海市教育卫生工作委员会等7部门颁布《关于加强和改进上海市中等职业学校学生德育工作的实施意见》;12月,市教委、市教卫党委、市委宣传部等又联合召开上海市中等职业学校德育工作推进会,对全市职业学校的德育工作做全面总结。2010年,市教委组织编制《上海市中职学生成长手册》并在上海市部分中职学校试行,手册注重中职学生的成长规律和学习生活特点,充分发挥学生的主体作用,强化职业生涯教育,同时,注重发挥教师、家长的合力育人作用。该年,市教委研究制定《上海市中等职业学校德育工作专项评估实施方案》和《上海市中等职业学校德育工作专项评估指标体系》,并与中职校教学质量评估有机结合,强调将德育工作贯穿于学校教育教学的各个环节。

　　青少年保护工作是学校德育工作的重要组成部分。2001年,市教委明确中等职业学校青保工作的任务,建立以市与区县分级管理分级负责的管理体制。2003年,市教委组织区县制定年度学校周边环境建设项目推进计划,以学校周边环境建设绩效评价办法为基准。同年,面对突如其来的"非典"疫情,进一步整合资源,规范管理,进一步加强青少年保护工作。心理健康教育从21世纪初得到加强。2001年,上海建立中等职业学校心理健康教育研究会。2002年,上海中等职业学校网上心理健康热线开通。2004年,根据教育部的要求,心理健康教育作为学校德育工作的重要组成部分受到进一步重视。

　　上海职业学校的德育工作队伍建设,在开拓创新中不断发展。1996年,上海成立中等职业技术学校职业道德教育讲师团。聘请一批行业企业的劳动模范、优秀工作者担任德育讲师。2003年,上海举行中等职业学校教师师德论坛暨演讲征文活动,推动师德教育。2005年开始,上海组织多届"学生心目中的好班主任"评选活动,交流班主任工作的经验,树立班主任工作的典范,班主任在德育中的重要作用得到凸显。2009年,在全市建立一批班主任工作室。2010年,市教委制定出台《上海市教育委员会关于进一步加强上海市中等职业学校班主任队伍建设的实施意见》,进一步明确班主任的职责和任务、任职资格和条件、配备和选聘、培养和培训、激励和考核等要求,不断提高班主任工作水平。

体育与艺术教育对职业学校的德育工作发挥十分重要的作用。在上海市的学生艺术活动和体育活动中,职业院校的成就展示令人瞩目。校园文化活动丰富多样、色彩缤纷,2010 年 4 月,市教委举办首届上海市中等职业学校"璀璨星光"校园文化节活动,聚焦中国 2010 年上海世博会,融入民族精神和职业理想教育,突出文化育人的主线。

上海的高等职业院校开展德育方面的工作,都是根据党和国家对大学生思想政治教育和推进素质教育的总要求来进行的。2005 年,上海还专门印发《加强上海民办高校大学生思想政治教育的若干意见》,根据民办高校的特点,对思想政治教育的内容、教育途径和方法等做了详细的规定,提出具体要求。

第一章 中等职业学校德育与素质教育

第一节 概 况

一、德育工作

1985年,市委市政府召开全市教育工作会议,市教育卫生工作党委书记陈铁迪在报告中指出,要充分认识学生思想政治教育工作的重要地位和作用。要从建设社会主义精神文明的高度,从社会主义现代化建设的全局,从巩固安定团结局面的需要,从学校教育的特殊性来认识学生思想政治教育工作的重要性。学生思想政治教育工作必须以四项基本原则为基础,以理想、纪律教育为核心。1993年,上海市教育局在《上海市中等专业学校一九九三年工作要点》中指出:使学生"确立正确的理想、信念、价值观和职业道德观"是中等专业学校德育总目标的内容。提出新学年要"认真贯彻实施《上海市中等专业学校学生行为规范(试行稿)》,努力净化学校环境,加强行为导向教育和职业道德教育","继续开展'创三好'、学雷锋、树新风、为民服务活动。使上海市中专学生的精神风貌、品德素养、职业道德适应改革开放和现代化国际大城市的要求"。

1997年1月,市教委在《1997年上海市职业技术教育工作要点》中就加强和改进德育工作提出:"要以改革职业技术学校、班会教育为抓手,进行职教德育课程的改革,对学生进行整体化、系列化、制度化、规范化的职业道德教育。"1998年,市教委为加强和改进职业技术学校德育工作,开展深化德育改革的课题研究,参与全国职业教育德育科研工作,确定全市8所学校进行德育改革实验。为落实《关于加强和改进职业学校德育工作意见》,认真研究市场经济条件下做好德育工作的有效途径和方法,召开上海市职业技术学校德育工作会议,总结交流学校德育工作经验,评选100名德育先进个人,及34个德育先进单位。1999年1月,市教委在《1999年上海职业技术教育工作要点》中就"深化教育教学改革,努力提高教育质量"再次强调,要"突出职业道德教育"。同年12月30日,市教委印发《上海市中等职业技术学校学生行为规范》,其中第十条规定职校学生要"遵守宪法、法律、法规,学会用法律保护自己。维护社会公德和公共秩序,遵守职业道德",还就"敬业爱岗、提高综合素质""勤劳俭朴、爱护公物"等方面作有关职业道德教育内容方面的规定。该年,市教委确定全市8所学校进行德育改革实验。

2000年,市教委为切实加强和改进学校德育工作,把学生思想政治教育摆在素质教育的首要位置。以邓小平理论的教学为中心,当年编写完成的《邓小平理论》政治课教材,已先期在普陀区3所职业技术学校中进行试点,做好邓小平理论进课堂、进教材、进头脑工作。贯彻落实教育部下发的《关于实施素质教育深化职业教育教学改革的意见》,拟定上海市的贯彻实施意见,要求学校根据有关文件精神修订教学计划及课程安排,组织全市中等职业技术学校开展教育技术现代化的现场会和开展近1200人次教育技术现代化的教师培训。2001年,市教委开展德育工作主要包括:针对实际,有的放矢地开展学生德育工作;全市中等职业学校积极落实上海市德育工作会议的精神,组织"人人都是有用之才"的宣传活动,激发学生内在积极性;加强德育教材建设,充分发挥德育载体的作用；结合职业道德教育，搞活德育教育；发展文体活动，德育教育形式活泼；树立良好的校风、学风、班风，营造德育教育氛围。

2004年，市教委召开德育工作年会，共有20多所学校展示和交流德育工作经验。组织学习贯彻《中共中央关于进一步加强和改进未成年人思想道德建设若干意见》，开展"依法治校，以德立校"为主题的中等职业学校校长论坛，共有50多所学校的校长参加征文比赛。还积极引导组织中等职业学校的学生关心国家大事，关心时事政治，共有2 000多名学生参加的"时政大赛"。在"2004年上海市学生戏曲节"活动中，有69所学校组织近百个朗诵、小品和戏曲节目参加初赛。同年11月，市教委关于转发《教育部关于印发〈中等职业学校德育大纲〉的通知》的通知，要求各地各学校在贯彻执行《大纲》过程中要注意研究新情况、新问题，总结新经验，以利于进一步丰富和充实《大纲》的内容，不断推进中等职业学校德育工作的改进创新。

2005年4月，市教委关于印发《2005年上海市基础教育（含中等职业学校）德育工作的若干意见》的通知，指出：为进一步深入贯彻《中共中央、国务院关于进一步加强和改进未成年人思想道德建设的若干意见》和上海市学校德育工作会议精神，围绕"德育落实年"和"师德建设年"的主题，引导学校总结经验，找出薄弱环节，把学校德育工作做实、做深、做细，特制定该《意见》。《意见》分为五个部分：一是树魂立根，构建以民族精神教育为根基的德育新格局；二是广泛开展校园文化活动，让学生走进民族经典文化；三是以"树魂立根"为核心，全面提高教师的育德能力；四是构建学生课外教育活动的体制和机制；五是研究与管理。该年，市教委为贯彻落实全国职教工作会议精神和《中共中央关于进一步加强和改进未成年人思想道德建设若干意见》的要求，上海市学校德育工作会议精神，进一步加强中等职业学校的班主任队伍建设，市教委和市中小学幼儿教师奖励基金会举办上海市中等职业学校"学生心目中的好班主任"评选活动。经各学校推荐，共推选出120名候选人，所有候选人材料经"职成教在线"网上公示，并由组委会组织有方面领导和专家对候选人的材料进行评审，评选出59名"学生心目中的好班主任"，另外60名获提名奖。

2006年，市教委组织开展中等职业学校德育主题教育活动，开展"心目中好班主任""人人都是德育工作者"和"市三好学生"评选活动。总结中等职业学校德育主题教育活动的成功经验，展示主题教育活动成果，推进全市中等职业教育的德育工作向纵深发展。

2007年，市教委推进中职德育工作主要有：组织中青年班主任，开展主题班会等系列评比活动；组织中等职业学校第三届学生时政大赛，依托教育报刊总社组织第三届中等职业学校时政大赛，9万人参加初赛，1 800人参加复赛，425人参加总决赛；开展学生阳光体育运动和特奥教育宣传，5所学校组织学生参加支援者服务，为全市办好一次难忘、精彩的特奥会作出贡献；组织开展青少年预防艾滋病活动；举办2007年上海市中等职业学校学生合唱节活动；组织学校影视骨干培训和学生拍摄的DV短篇拍摄评选活动；会同有关单位组织上海市第六届古诗文阅读大赛，由上海教育报刊总社《当代学生》编辑部主办的上海市中学生古诗文阅读大赛每年举办一届，中等职业学校单独编组，2007年参赛学校40多所，参赛学生数达到1 600多人；同时加大中等职业学校青保工作力度，以安全文明校园建设为着力点，通过制定职业学校及周边治安环境建设标准，建立整治和日常管理相结合的学校及周边治安综合治理长效工作机制。

2008年2月，市教委印发《2008年上海市基础教育（含中等职业学校）德育工作若干意见》。要求进一步兴起学习宣传贯彻党的十七大精神的热潮；切实加强领导，推进学习宣传活动；加强德育课程教材建设工作，把贯彻《上海市学生民族精神教育指导纲要》《上海市中小学生命教育指导纲要》与构建社会主义核心价值体系紧密结合，提高德育的有效性；加强学科德育建设，按照上海市中小学各学科分学段教学进一步贯彻落实"两纲"的要求,形成各学段内容衔接、层次递进的学科德育体系;积极构建内容序列化、形式多样化、组织规范化的校外教育体系;广泛开展与学科课程教学相衔接的社会实践活动,积极促进学校教育与校外教育的有机衔接,使学校教育与校外教育相互补充、相互促进;积极探索学生社会实践综合素质评价机制;切实推进中小学教师师德与育德能力的培训工作;加强中小学骨干教师德育实训基地建设;加强班主任队伍建设,贯彻落实《上海市教育委员会关于进一步加强上海市中小学班主任队伍建设的若干意见》,促进班主任队伍的专业发展;切实提高教师人文素养,努力提升教师综合素质;以建设"温馨教室"为载体,着力营造良好氛围,为学生身心成长营造良好环境;继续开拓"温馨教室"的丰富内涵,帮助广大教师进一步转变观念,深刻理解"温馨教室"建设的内涵,提升育德能力;深入开展创建和谐校园活动;加强德育的实证研究,准确把握德育工作现状。是年,市教委还组织开展中等职业学校学生思想道德状况与德育工作专题调研工作,形成《上海市中等职业学校学生思想道德状况与德育工作专题调研报告》;举办2008年上海中职学生"星光之约"十月行动,17所学校近百名师生参加;举行中职系统中青年班主任主题班会优秀教案及多媒体课件评比活动,41所学校的积极响应,共收到课件200篇,评出优秀课件30篇;以"展学校礼仪风采、塑学生职业人格"为主题,组织上海市中职校德育工作现场会;308名参加上海市组织的中职校班主任工作培训班。

2009年2月,市教委转发《教育部关于中等职业学校德育课课程设置与教学安排的意见》《教育部关于印发中等职业学校德育课程教学大纲的通知》。同年,市教委根据《意见》和《通知》精神,全面启动和深化中职校德育课程改革,组织并开展中职校校长、分管校长和政任、德育课教师实施教育部新一轮德育课程教材的系列培训。培训邀请教育部部分领导和专家为参加培训的校长教师作辅导。与此同时,还组织开展中职校德育工作情况调查和上海市中职校特色经验项目评审和汇编,策划组编《上海市中等职业学校班主任工作实务手册》。该年8月31日,市教委颁发《关于进一步加强上海市中等职业学校德育课建设的实施意见》,指出:中等职业学校德育课建设的工作目标是:根据中等职业教育发展的规律和学生身心发展特点,不断深化教学改革和评价方式改革,开拓教学途径,创新教学方法,建设一批优质课程;利用社会、行业、企业等方面的优势,开发具有职教特点、城市特色、时代特征的教学资源;努力提高德育课教师队伍的教育教学能力和综合素养,培养一支政治坚定、品德高尚、业务优秀的中青年骨干教师队伍。从2009年秋季入学的一年级新生开始,上海市中等职业学校德育课要按照教育部印发的《意见》和《通知》的精神开展教学工作:职业生涯规划、职业道德与法律、经济政治与社会、哲学与人生等4门必修课程要使用教育部指定教材,并保证课时量;鼓励部分有条件的学校将"心理健康"作为必修课进行试点,逐步积累经验,争取三年内上海市中等职业学校全面开设"心理健康"必修课;学校要结合自身实际,探索多种途径开展时事政策教育、民族团结教育、世博知识教育、预防艾滋病教育、毒品预防教育、环保教育、廉洁教育、安全教育等。

2009年11月16日,中共上海市教育卫生工作委员会等7部门颁发《关于加强和改进上海市中等职业学校学生德育工作的实施意见》,共11条。指出:要切实改进中职学生育人观念,完善工作机制,创新工作方法和途径,形成工作合力具有重要性和紧迫性,并确定中职校学生德育工作目标。要求切实发挥课堂教学在中职校学生德育工作中的主导作用,高度重视实践教育环节特别是实训实习阶段的学生德育工作,切实推进中职校学生心理健康教育工作,积极建设健康向上、文明和谐的校园文化环境,注重发挥网络等新媒介在学生德育工作中的重要作用,全面提高中职校学生管理工作质量,着力加强中职校学生德育工作队伍建设,努力营造合力育人的良好社会环境,加快完善中职校德育工作保障体系。同年 12 月,市教委、市教卫党委、市委宣传部等联合召开上海市中等职业学校德育工作推进会。会议要求社会各相关部门重视,整合资源,各司其职,各尽其责,努力形成合力育人的良好氛围。

2010 年,市教委还组织编制《上海市中职学生成长手册》并在上海市部分中等职业学校试行。根据中职学生的成长规律和学习生活特点,充分发挥学生的主体作用,强化职业生涯教育,帮助学生更好地了解自我、分析自我、规划自我、激励自我。同时,注重发挥教师、家长的合力育人作用,强调师生、家校的沟通合作。该年,制定出台《上海市教育委员会关于进一步加强上海市中等职业学校班主任队伍建设的实施意见》,进一步明确班主任的职责和任务、任职资格和条件、配备和选聘、培养和培训、激励和考核等要求,不断提高班主任工作水平。建设上海市中职德育师资培训基地,加大德育课教师、班主任队伍和学生德育工作干部的培养力度,形成德育队伍培养的长效机制。该年,市教委研究制定《上海市中等职业学校德育工作专项评估实施方案》和《上海市中等职业学校德育工作专项评估指标体系》,并与中职校教学质量评估有机结合,强调将德育工作贯穿于学校教育教学的各个环节。该年,市教委协调组织上海 10 所中职校成立世博现场票务项目团队,得到上海市委市政府、市总工会、世博局等的充分肯定和表彰,先后荣获近 50 项集体和个人荣誉称号。同年,市教委组织举办上海市中等职业学校"璀璨星光"首届校园文化节。组织制定上海市中职校"璀璨星光"校园文化节活动办法,并组织实施。活动项目分艺术表演类(包括声乐、器乐、舞蹈和戏剧),创意作品类〔包括绘画、书法(篆刻)、摄影、工艺设计、雕塑(陶艺)、DV 作品、FLASH 动漫、征文〕和其他类〔包括校刊(报)、职业生涯规划设计,优秀校园文化社团评选等〕。

二、职业道德教育

1984 年 2 月,教育部印发的《中专、中师政治理论课程设置方案(试行)》规定设"共产主义道德概论"课,在中等专业学校和中等师范学校的政治课教学中规定职业道德教育的内容。9 月,中共中央宣传部、中共教育部党组在《关于加强和改进中等专业学校当前思想政治工作的几点意见》中,明确提出:"做好中等专业学校学生的思想政治工作,必须针对中等专业学校特点,结合学生思想实际";"要加强对学生的职业道德教育和劳动教育,培养学生树立全心全意为人民服务的思想,热爱本行,忠于职守,恪守职业道德,自觉遵守社会公德"。1985 年 10 月,上海市教育局组织编写《职业道德常识》教材,提出职业道德的一般要求和各主要职业的具体要求。1986 年 7 月,上海市教育局对全市职业学校学生思想状况进行抽样问卷调查,在掌握职业学校学生思想特征的基础上,提出要按照职业教育的特性,加强对学生的职业道德教育。同年 12 月,上海市教育局召开"上海市职业学校职业道德教育研讨会"。会议交流和总结部分职业学校开展职业道德教育的经验,动员各职业学校加强职业道德教育的实践和理论研究。会后,上海市教育局编印《职业道德教育研讨会材料选编》。1988 年 9 月,上海市各职业学校普遍在政治学科中设置"职业道德"课。

1993 年 5 月,国家教育委员会在《关于颁发(中等职业技术学校职业道德教育大纲(试用))的通知》中指出:"职业技术学校必须加强职业道德教育",把职业道德作为各专业(工种)学生的必修课,强调"职业道德"课"是政治课中的一门重要课程"。并提出"职业技术学校的各门课程都应渗透职业道德教育","要把职业道德教育寓于各科教学之中"。并把职业道德课开设的情况和职业道德教育开展的情况,作为职业技术学校考查评估的一项重要内容。同年 10 月,国家教育委员会又颁发

《关于中等职业技术学校政治课课程设置的意见》。《意见》根据学生文化程度和学制的不同,设置各类中等职业技术学校的政治课课程,其中明确规定各类中等职业技术学校自 1994—1995 学年度始,将"职业道德"作为各种学制必修的课程,使用国家教委的统编教材。是年,上海市教育局在《上海市中等专业学校一九九三年工作要点》中指出:使学生"确立正确的理想、信念、价值观和职业道德观"是中等专业学校德育总目标的内容。提出新学年要"认真贯彻实施《上海市中等专业学校学生行为规范(试行稿)》,努力净化学校环境,加强行为导向教育和职业道德教育"。1994 年 11 月,国家教育委员会职业技术教育司在上海召开中等职业技术学校政治课《职业道德》教学参考书编写研讨会。会议强调要编写好《职业道德的基本规范》这一章,并决定,该章的编写任务由上海市教育委员会承担。

1995 年,在市教委的组织、指导下,上海市中专思想政治教育研究会根据国家教育委员会 1993 年颁布的《中等职业技术学校职业道德教学大纲(试用)》的要求,结合上海市有关行业的具体情况,编写《行业职业道德规范》一书,以作为国家教育委员会的统编教材《职业道德》第三章的辅助教材,供上海市各类中等职业技术学校的教师与学生使用。《行业职业道德规范》编写交通运输、邮电通信、商业、财税、银行、公用事业、旅游、医务、医药、艺术、体育、人民警察、轻工业、纺织业、电力、机电、化学、冶金、土木建筑、环境工程、农业、水产等 23 个行业的职业道德规范,全书分为 23 章。1997 年 1 月,市教委在《1997 年上海市职业技术教育工作要点》中就加强和改进德育工作提出:"要以改革职业技术学校、班会教育为抓手,进行职教德育课程的改革,对学生进行整体化、系列化、制度化、规范化的职业道德教育。"1999 年 1 月,市教委在《1999 年上海职业技术教育工作要点》中就"深化教育教学改革,努力提高教育质量"再次强调,要"突出职业道德教育"。同年 12 月 30 日,市教委印发《上海市中等职业技术学校学生行为规范》(简称《规范》)。《规范》第十条规定职校学生要"遵守宪法、法律、法规,学会用法律保护自己。维护社会公德和公共秩序,遵守职业道德"。《规范》还就"敬业爱岗、提高综合素质""勤劳俭朴、爱护公物"等方面作了有关职业道德教育内容方面的规定。

改革开放后,上海职业教育通过制定行为规范、开展课题研究和采用多种教育教学方式等,加强对职业学校的职业道德教育:一是制定职业学校学生行为规范。1992 年 12 月,原上海市教育局制定《上海市职业学校学生行为准则》和《上海市职业学校各专业类学生行为规范》,要求学生"乐业、勤业、敬业、忠于职守","加强职业道德修养,养成良好的职业行为习惯,全心全意为人民服务"等。二是开展职业道德课题研究。如 2003 年,针对国家正处于社会转型的新时期,各种思维方式、价值观念容易产生剧烈的碰撞,为防范道德风险,由上海市教育科学研究院职业教育与成人教育研究所会同上海市中等职业学校德育研究会,并联合上海市 24 所中、高职学校,共同开展"新时期上海职业学校职业道德教育的问题与对策研究",取得理论与实践的双重成效。三是各学校结合实际,通过灵活多样的教育教学形式,积极进行职业道德教育。江南造船(集团)公司技工学校采取的理论到个案再到实践的"三段式"教学模式;上海石化工业学校等采用的校企合作互动教学模式;上海市轻工业学校等采用的成功教育模式。还有成果评价模式、与专业课教学相互渗透模式,等等。

三、青少年保护工作

2001 年,市教委制定《关于进一步规范本市单位接纳中等职业学校学生综合实习活动的通知》

《关于加强中等职业学校青保工作的意见》《关于实行中小学校和中等职业技术学校治安责任人及校外治安辅导员制度的通知》，明确中等职业学校青保工作的任务，建立以市与区县分级管理分级负责的管理体制，落实学校治安责任制，维护学生的合法权益。召开上海市中等职业学校青保工作会，交流学校的先进经验，检查学校落实有关文件的情况，部署今后的工作。这是首次全市性的中等职业学校青保工作的会议。6 月 11 日，市教委、市劳动和社会保障局共同颁布《关于加强中等职业学校青少年保护工作的若干意见》。主要内容：第一部分，管理与责任，共 4 条。第二部分，任务和要求，共 6 条。

2003 年，市教委组织区县制定年度学校周边环境建设项目推进计划，以学校周边环境建设绩效评价办法为基准，以实施项目推进计划为抓手，明确工作重点区域、工作措施及工作目标，以此逐步推进辖区内学校周边环境建设及长效管理机制建设，将职责履行由阶段性向常态化发展。制订《学校及周边治安综合治理工作绩效评价办法》《上海市区县预防青少年学生犯罪工作评估指标体系》(试行)。同年，组织对 10 所中等职业学校的青保组织机构、管理机制、工作情况及安全卫生管理进行检查，总结经验，找出问题，及时整改，推进工作。同年，面对"非典"疫情突发，采取"四项"措施：一是与市周边办联合下发《关于开展"网吧"等场所专项整治工作的紧急通知》，加强对学校周边违规出售不洁食品的整治；二是加快建设"双通道"，积极探索教育管理新办法；三是探索教育评价机制，形成学校、社会的教育合力；四是积极寻找出走的学生。同年，印发《上海市教育委员会关于做好中等职业学校"非典"防范工作的通知》，落实"抗非"属地化管理，督查中等职业学校"非典"防范工作，打胜"抗非"战役。组织 44 所中等职业学校卫生督查。调查全市所有中等专业学校医疗保险现状，进一步整合资源，规范管理。

2006 年，通过制定职业学校及周边治安环境建设标准，建立整治和日常管理相结合的学校及周边治安综合治理长效工作机制。定期开展学校及周边治安环境突出问题的调查，做到情况明、底数清；积极会同公安、工商、文化稽查、市容环卫等各有关单位，开展校园及周边治安秩序的专项整治；依法加强对学校周边文化、娱乐、商业经营活动的管理，坚决取缔干扰学校正常教学、生活秩序的经营性娱乐活动场所。督促检查上海市中等专业学校和区县教育局及时制定相应的应急处置预案，建立健全预警和应急机制，定期组织预案的演练，提高应对突发事件的能力。指导、帮助有关学校及时、妥善处置各类突发事件。

2007 年，市教委以安全文明校园建设为着力点，通过制定职业学校及周边治安环境建设标准，建立整治和日常管理相结合的学校及周边治安综合治理长效工作机制。同年，按照"关于开展青少年预防艾滋病活动通知"要求，组织中职校医务人员业务培训，开展学生预防艾滋病教育教学，全面深入推进学校预防艾滋病教育，提高中等职业学校学生自我保护意识。

2009 年，市教委开展学校安全宣传教育活动，提高广大师生员工的安全防范意识，完善学校安全管理责任制和事故应急预案，积极开展毒品预防教育，全面推动第三轮安全文明校园创建和评选工作。开展"2007—2009 年未成年人保护工作先进集体和先进个人""2008—2009 年学校及周边建设工作先进集体和先进个人""2008—2009 年安全文明校园创建评选""优秀中小学校外治安辅导员"的推荐、评选、表彰工作。

四、心理健康教育

2001 年，建立上海市中等职业学校心理健康教育研究会，承担指导全市中等职业学校学生的心理健康教育和推广学校心理健康教育的典型经验等职能。2002年,上海中等职业学校网上心理健康热线开通,市教委在浦东新区东辉职校举行上海市中等职业学校网上心理健康热线开通仪式。上海市中职心理健康热线是国内第一家面向中职学生的网上沟通交流的热线,从筹备到开通历时一年多,该热线由上海市中职心理健康教育研究会、上海市教育科技网职成教育在线、上海鹏达计算机系统开发有限公司合作建立。上海市中职心理健康热线,以"交流、沟通、解惑、挑战、成才"为宗旨,充分体现职业教育特色。

2004年8月,市教委转发《教育部关于印发〈中等职业学校学生心理健康教育指导纲要〉的通知》并指出:中等职业学校学生心理健康教育是学校德育工作的重要组成部分,加强心理健康教育是增强德育工作针对性、实效性的重要举措。中等职业学校学生正处在身心发展的转折时期,随着学习生活由普通教育向职业教育转变,发展方向由升学为主向就业为主转变,以及将直接面对社会和职业的选择,面临职业竞争日趋激烈和就业压力日益加大的环境变化,他们在自我意识、人际交往、求职择业以及成长、学习和生活等方面难免产生各种各样的心理困惑或问题。因此,在中等职业学校开展心理健康教育,是促进学生全面发展的需要,是实施素质教育,提高学生全面素质和综合职业能力的必然要求。

五、行为规范示范校建设

2003年,为了强化学校德育工作规范管理,提高德育工作管理水平,组织开展新一轮行为规范示范校建设,市教委制定颁布(与市文明办联合发文)《关于开展上海市中小学行为规范示范校(含中等职业学校)新一轮建设的实施意见》《上海市中小学行为规范示范校(含中等职业学校)评估指标》并组织对中等职业学校行为规范示范校评估,启动新一轮行为示范校评估工作。完成《中等职业学校学生行为规范》的修订工作,指导学校开展学习《规范》活动,帮助学生提高遵守《规范》的意识。

同年,市教委探索建设学校周边环境长效管理机制。组织区县制定年度学校周边环境建设项目推进计划,以学校周边环境建设绩效评价办法为基准,以实施项目推进计划为抓手,明确工作重点区域、工作措施及工作目标,以此逐步推进辖区内学校周边环境建设,从而推进学校周边环境建设长效管理机制建设,将整治工作由突击型转向经常型,职责履行由阶段性向常态化发展。制定《学校及周边治安综合治理工作绩效评价办法》《上海市区县预防青少年学生犯罪工作评估指标体系(试行)》。

2006年,按照市教委和市精神文明办联合颁发《关于开展上海市中小学行为规范示范校(含中等职业学校)新一轮建设的实施意见》精神,协助相关部门开展中等职业学校行为规范示范校评比工作。

六、德育工作队伍建设

1996年,市教委下发关于成立上海市中等职业技术学校职业道德教育讲师团的通知,指出:为了充分依靠社会力量,特别是弘扬各行各业的劳动模范、先进人物、生产能手的先进思想和先进事迹,并以他们岗位成才的榜样来激励学生确立良好的职业道德,决定成立上海市中等职业技术学校职业道德教育讲师团,聘请包起帆、马桂宁、公举东、钱进、施柏兴、方慧依、陈磊、杨山仙、赵春芳等9

人为讲师团成员。

2003年，市教委与市中小幼教师奖励基金会、上海教育报刊总社《上海教育》杂志社等举办主题为"为了每一个学生"的以师德为核心的上海中等职业学校教师师德论坛暨演讲征文活动，共收到67所学校选送的征文327篇。经评选，10名教师荣获一等奖，20名教师荣获二等奖，30名教师荣获三等奖，15个学校荣获优秀组织奖。12名获奖教师组成上海市中等职业学校教师师德论坛演讲团下学校进行为期2个月的演讲。

2005年4月，市教委下发关于举办上海市中等职业学校"学生心目中的好班主任"评选活动通知，指出，按照上海市经济社会发展对人才的要求和中等职业教育的特点，通过"学生心目中的好班主任"评选活动，强化班主任工作的职责，交流班主任工作的经验，探讨班主任工作的方法，树立班主任工作的典范，推动中等职业学校班主任队伍建设。活动内容形式：评选活动以推荐和展示宣传为两大主要形式。同年9月23日，市教委发布关于表彰中等职业学校"学生心目中的好班主任"的通知，按照自下而上的申报程序，经过民主推荐、网上公示和集中评审，上海市石化工业学校王雅仙、上海市董恒甫职业技术学校刘蒨等59人被评选为上海市中等职业学校"学生心目中的好班主任"。

2007年，为提高班主任队伍的政治素质和工作能力，市教委职业教育处围绕"理想与信念、学习与探索、文明与礼仪、亲情与友情、诚实与守信、挫折与励志、时尚与审美、生命与健康、遵纪与守法、择业与创业"等主题，组织中职系统中青年班主任，开展主题班会、优秀教案及多媒体课件等系列评比活动。

2009年10月，市教委、市中小学幼儿教师奖励基金会关于建立"上海市中小学班主任带头人工作室"的通知，决定建立若干"上海市中小学班主任带头人工作室"，通过建设工作室，提高班主任的业务水平，使他们成为师德崇高、人文素养扎实和专业能力良好的优秀班主任骨干，从而产生一批在全市或全国有一定影响的班主任名师。并对带头人的要求和条件作了规定。工作目标是：围绕班主任专业化发展的实践和理论研究，以形成高质量的研究式的培训孵化机制为目标，在全市范围内评选出首批10名有实践和研究成果的"上海市中小学班主任带头人"，并为其建立"上海市中小学班主任带头人工作室"，作为上海市普教系统名师培养系列工程的后备力量。3年内，选拔具有高度事业心和较大发展潜力的中青年班主任进入工作室进行重点培养。1年半为一轮，每个"工作室"每轮培养10名学员。市级层面建立专家顾问团，联系每个"工作室"，帮助确立1至2个研究课题，定期开展业务指导、专家咨询、专题讲座、经验总结等工作。

第二节　德育课程建设案例选介

一、德育课程改革

2001年以来，上海科技管理学校注重德育课改革。学校调研发现，由于中等职业学校的学生正处于未成年人到成年人的转变时期，学校在教学实践中往往碰到这样一些问题：首先是过高的理论要求，学生未必真懂、未必真信，遇到实际问题未必能正确处理；其次是过高的理论要求，造成教材内容多、难、深，加重学生负担，教学效果不能令人满意。针对这些问题，对教学内容进行不断改革的尝试。归结起来核心要点是：增强教学内容的实效性。其内容可概括为"五个贴近"：贴近学生生活环境，贴近学生认知水平，贴近学生心理特征，贴近学生思想热点，贴近学生成长需要。具体做法:在"国情"课程的教学中贯彻爱国主义教育,培养学生强烈的民族感;通过"法律基础知识"的教学,帮助学生规范自己的行为,使学生能够知法、守法、用法,逐步形成正确的法制观;在"职业道德与职业指导"的教学中,帮助学生树立正确的就业观,学会谋生的本领;在"经济与政治基础知识"的教学中,培养学生关注时事、查阅时事、分析时事的能力;在"哲学基础知识"的教学中,帮助学生树立正确的"三观",解决好如何做人和做事的问题。

上海市经济管理学校从2008年开始,在"上海市中职生心理状态调查分析"和"上海市中专生主观幸福感的调查研究"两项课题研究的基础上,开设幸福课程,引导学生重新认识自我,提高学生的自尊心和自信心。幸福课程旨在消除学生的自卑感,增强自信心,让他们敢于直面人生。课程经过精心设计,紧紧抓住中职生的心理特点,从寻找幸福开始,通过游戏、案例、讨论多媒体材料等多种手段,让一度自卑的中职生重塑自信,树立梦想。作为必修课,学校在三年级学生中开设为期一学期的幸福课程,每周1课时。在内容编排上,以追求幸福、快乐为线索,从认识幸福、寻找幸福开始,到珍爱生命、正确看待死亡结束,根据学生生活中直接影响幸福感的因素设计若干贴近学生生活的课题。幸福课程采用情景导入、师生对话、小组互动、图片、音乐、视频、行为训练等形式,引导学生从"听众"变为"参与者",学生积极参与的过程就是他们找到开启幸福人生的"钥匙"的过程。

2005年以来,上海市现代职业技术学校开设有特色的主题教育课。特色在于:其一,全员参与,相互切磋。学校每学年都组织全体班主任在校内举行主题教育课的竞赛。班主任们依照各班的实际情况,拟定与之相适应的主题,由学校德育科组织教师进行评审,并对班主任们观摩其他班主任的主题教育课进行统计。其二,鼓励竞争,以赛推人。自2005年起,每年都推荐优秀班主任参加长宁区主题教育课竞赛,并获得一、二、三等奖的优异成绩。各校区先进行初赛,选送获取一等奖的班主任进入区级复赛。复赛以笔试的形式考察班主任的育德控班能力。其三,创设平台,交流互进。依靠校区间的合作优势,学校经常组织教师相互观摩其他校区教师的主题教育课,启发思维,拓展思路。其四,理论学习,夯实基础。邀请部分专家为班主任作辅导讲座和辅导报告。学校还邀请长宁区师德讲师团向全校教师介绍初职校教师的先进事迹。学校还不间断地组织班主任培训学习,提高他们的工作能力。

2008年以来,上海市东辉职业技术学校在生涯规划课中开展案例教学。在讲授"生涯能力对生涯发展的重要性"这一章节时,将班级学生分成4个小组,让学生利用课余时间,结合课程内容,分别到几家用人单位开展社会调查活动,有针对性地调查访问学校往届的优秀毕业生,如市百一店的摄像机"小博士"李惠麟、上海市第一八佰伴有限公司营运管理部经理丁捷等。要求学生通过对优秀毕业生职业生涯经历的调查访问,形成生动的案例,并要求学生对这些案例进行详细地分析,做好笔记。上课时,教师先指定一名学生来说明案例、分析案例,然后请其他同学从自己的角度来分析同一个案例,阐明自己的看法。组织角色体验,开展情境教学,让学生扮演课堂教学内容中涉及的角色,在扮演角色的过程中,体验生活,学习知识。在讲授"求职技巧"一节时,教师组织一个模拟"进出口有限公司招聘会"。挑选几名学生一起担任公司的模拟人事部经理,请几名同学一起担任模拟应聘者,其他同学则担任观众评委。在每位同学应聘面试后,由教师和模拟人事部经理给他们打分。模拟应聘结束后,请担任观众评委的同学评议应聘者和招聘者的表现,教师再加以小结。学校还把生涯规划课的"课堂"移至多媒体教室,组织学生通过网上查询去了解、搜集课本上没有的知识和信息,再分小组讨论、交流,使他们明确本专业对应的职业群必须具备哪些职业资格证书和最起码的要求。

二、德育课程优化

2005年以来,上海市南湖职业学校从"简单、易懂、实用、有效"出发,整体优化德育课程。一是教学内容上不再片面强调学科体系和知识灌输,而是注重与学生的生活实际和就业实际相结合,培养学生对知识的应用能力和实践能力。二是德育课程教学由以学科为中心转变到以问题为中心上来,对德育课程内容进行整合,确定把"做健康人、做南湖人、做社会人、做职业人"作为德育课程的四大主题。一年级突出做健康人、做南湖人的教育主题,以法纪校规、行为习惯、礼貌与沟通、职校学习生活规划和珍爱生命为主要内容。二年级突出做社会人的教育主题,以国家意识、文化认同、公民人格、民主法制教育为主要内容。三年级突出做职业人的教育主题,以人生哲学、工作哲学和职业生涯规划教育为主要内容。根据学生特点和专业要求,尝试"1+1"的全新上课模式:即一节课堂教学配合一节主题活动的模式。这种模式有效拓展德育课程的外延,按照学科教育、专题教育、课外活动三个层面,以课堂教学为主渠道,辅之以报告、演讲、辩论、参观、社会调查、职业体验、社会实践等主题活动,使德育课程的上课模式变得丰富而立体,更易于为学生所接受。

上海商业会计学校以"文明在商会"的系列活动为抓手,提出"文明在商会"六十条的工作目标,在教工和学生中开展"3456"工程,即:要求教工做到"三爱"(爱国、爱校、爱学生),"四有"(工作有计划、平时有记录、期中有检查、期末有总结),"五能"(能认真履行工作职责,忠于职守,敬业爱岗;能认真备课,写规范化教案;能在工作中渗透德育内容;能全面关心学生;能认真遵守学校的各项制度,无违纪行为),"六不"(不接受家长的礼品、宴请,不歧视后进学生,不辱骂、讽刺学生,不讲教育忌语,不赌博,不串岗聊天);要求学生做到"三爱"(爱国、爱校、爱学习),"四禁"(禁止打架,禁止赌博,禁止作弊,禁止破坏公物),"五讲"(同学交往讲文明,教室卫生讲清洁,言行举止讲礼貌,爱护绿化讲责任,节水惜粮讲自觉),"六不"(任何场合不吸烟,上课听讲不喧哗,食堂就餐不插队,生活简朴不攀比,果壳纸屑不乱扔,墙壁课桌不刻画)。"3456"工程是对师生进行爱国主义、民族精神和行为规范教育的具体细化,其实施推动两个文明建设,使学校呈现出良好的校风、学风和教风。同时,从"九五"开始学校就参加由中央教科所德育研究中心承担的全国教育科学国家重点课题"整体构建学校德育体系深化研究与推广实验"的研究,在学校范围内全面开展《德育》和《成长册》的读本推广实验。2000年学校被评为全国教育科学"九五"规划国家级重点课题"整体构建学校德育体系的研究和实验"的先进实验学校。"十五"以来,学校在"整体构建学校德育体系深化研究与推广实验"的研究工作中,主要针对《当代家长》丛书的《指导孩子学会做人》作深化研究,另外还把德育科研的重点确立在构建学校分年级的德育体系上,在学校德育工作者的共同努力下,学校分年级的《校本德育体系构建与实施》这本教材编成并使用。2004开始,学校决定在原有的四门德育课基础上增加"礼仪与修养"课,2006年开始实行。

三、德育课程教学改革

2005年,上海市农业学校致力于思政课堂建设。其一,采用定位管理法,有效维持课堂秩序。即学生由班主任排好座位,课代表将教学手册上的座位表填写完整后,不可随意换位置。定位管理法,既可便于教师熟悉学生,了解其课堂学习和表现情况,教师也能尽快熟悉学生,叫出学生的姓名,无形中拉近与学生的心理距离,使双方能更好地沟通。其二,理论联系实际的考核法,全面、客观地考核学生。针对中专生的理论认知能力较弱的特点,教师在实施课程教学时应做到通俗易懂,同时改革对学生的考核模式。学校采用理论联系实际考核法,即平时成绩与期末考核各占50%,而不是"一卷定终身"。平时成绩多元化,不仅是书面理论作业和期中卷面考试,还包括考勤、课堂表现、作业(理论性的、实践性的)。其三,以学生为本,开展多元化教学。一是指导学生开展热点时政演讲和辩论活动,给他们创造自我表现的机会;二是结合学生实际生活中常见的现象,进行典型案例讨论讲解;三是课程内容紧密结合学生实际生活;其四,注重教学艺术,尊重学生人格,提升课堂教学实效性。

2003年以来江南造船集团职业技术学校实施"一年成型,二年成人,三年成才"的"三成"教育模式,针对学生的三个自然层面和生理、心理特征,围绕三个教育、教学重点不同的目标进行量化,并建立一整套考核制度和实施方法。学校在一年级"成型"阶段开展"江南技校我的家"活动,二年级"成人"阶段开展"英雄伴我行"活动,三年级"成才"阶段开展"祖国、江南、我"系列活动。这一系列活动既是对学生的考核,更是对学校教师的考核,学校通过组织各类活动来充实完善学生管理,实现教育目标。"三成"教育以丰富多彩的活动,似绵绵春雨滋润着学生的心田。一些在初中阶段老挨批评的"差生",因单项事迹突出被评为"两周一星"。在市教委及劳动和社会保障局联合实施的2004、2005年上海市星光计划中,全校共有35名学生获得奖学金,是技校系统中学生获奖学金最多的学校。

第三节 职业学校课外活动案例选介

一、社团及相关活动

2008年开始,上海市房地产学校社团每周每个项目利用夜自修时间活动一次,每个社团都有固定的场所开展活动,每次社团活动都要有一个主题内容。学校社团的最大特色是根据学生的兴趣爱好,结合学校的师资、场地等情况组建社团,每个学期根据学生兴趣的转移和全面发展的需要,调整社团活动的内容。学校共有8个社团,有文体类的,如房校歌社、电影欣赏社、篮球社、乒乓球社;还有技能类的,如Flash制作社、DIY手工制作社、硬笔书法社、摄影社。活动结束后,还要求学生进行社团活动感想和收获的记录,把自己成长变化的点滴记录下来。学校鼓励教师参与学生社团指导。学生社团的指导老师来自学校各个部门,校分管领导也参与到学生社团建设的具体指导中。为了保证社团活动规范有序地开展,学校要求指导老师有专门的社团活动备课笔记,每一学期对指导老师进行考评,优秀指导老师需作经验总结交流。

上海市城市建设工程学校学生广播电视台成立于2001年10月,是全部由学生组成的集采访、摄影、编制和播出为一体的准专业性校园广播电视节目制作团队。每学年制作和播出电视节目超过6小时,广播节目170小时。学生广播电视台每两周制作播出一期的电视节目《校园》,这个时长约15分钟的节目包括四个板块,分别是"校园时讯""校园视线""校园人物"和"校园生活",每两周制作播出一期,迄今已连续制作播出90期,深受学生欢迎,成为上海中职影视协会中独树一帜的学生栏目。"校园时讯"和"校园视线"不仅传递讯息,更加注重倾听同学们的心声;"校园人物"则跳出摄影棚、教室等封闭空间,从学习生活、社会实践、文体活动等不同侧面展现更为生动和立体的优秀学生形象。学生广播电视台采用以学生为主进行管理、老师为辅进行指导的运行模式。在业务知识学习上,学校邀请知名主持人、专业教授通过授课、训练的方式来提高学生的语言表达艺术。还采取"以老带新"的方式,每个版块由一位老成员带领1~2位新成员共同制作完成。

　　自1991年创刊至2009年,上海市公用事业学校学生刊物《新晴》已出版121期。该刊物是展示学校德育工作成果的窗口,也是了解和关注中职生的学习生活、观察和记录校园文化动态的窗口。如"热点话题"栏目中,对学生关心的现象和问题,进行深层次的观察和透视,及时反馈学生的心声。在每期的刊物上都刊登学校优秀学生干部、三好学生的先进事迹,刊登获得进步奖学生的故事。《新晴》开设"校友感悟"栏目,每期介绍一位校友。通过介绍他们的职业生涯,对在校学生的求学、成长、成才等都具有启迪意义。刊物成为"自我管理"的实践平台。《新晴》从主编、副主编到编辑、记者全部由学生担任,从策划撰稿到排版出刊都由学生自主完成。通过《新晴》培养学生搜集、分辨、归纳信息的能力,处理解决问题的能力,思辨创新的能力,成员之间的合作能力。

二、志愿者服务活动

　　上海市卫生学校学生志愿者服务总队成立于2007年3月,拥有阳光之家、无偿献血宣传、社区服务、上海科技馆、上海博物馆、阳光爱心、上海南站引导、红十字会、上海禁毒馆、12320健康咨询和上海血液中心等11支队伍,注册志愿者已达800多人,约占全校学生人数的一半。学校于2006年3月成立"阳光之家"志愿者服务队,队员来自学校各个年级和专业。他们经常把课堂上学习的解剖、生理、病理、疾病概要等专业知识带出校门,到社区开展志愿者服务活动。"阳光之家"志愿者服务队获得第二届凌云地区精神文明好人好事奖,被评为"徐汇区志愿者服务先进集体"。从2006年开始,在"上海市优秀志愿者"傅向东老师带领下,2009药剂(1)班10名同学组成"科普"志愿者小分队,先后参加上海科技馆、上海博物馆、上海图书馆等科普志愿者活动。不管周末还是寒暑假,他们都尽心尽责地为观众作讲解服务,学生们在接待外国参观者时感到自己英语口语的欠缺,激发他们学习英语的兴趣和动力。2005年学校与上海市血液中心团委携手合作,开展"无偿献血宣传"志愿者的共建活动。经过血液中心宣讲团的前期培训,2006年1月,学校志愿者陆续走上街头、广场开展无偿献血社会宣传。2007年开,志愿者们在献血宣传的同时,身体力行,积极参与献血,有的志愿者献血不止一次,有些志愿者曾多次献出成分血。在市民对成分献血心存恐惧之时,他们勇敢地站出来,为市民做成分献血的示范。

　　中华职业学校地铁"小红帽"志愿者服务队由该校的地铁专业学生组成,自发进行一系列社会公益性服务活动。针对地铁客流较大,1997年10月该专业学生组队,利用双休日及节假日义务开展服务。每个志愿者都会戴一顶小红帽上岗服务。服务队成立10余年,累计超过6 000人次的同学参与到活动中来。"小红帽"志愿者服务队具有完备的体系,参与的学生必须参加活动培训。培训内容包括礼仪、周边交通、岗位用语、岗位举止、服务标准等内容。队员的站、立、行、表情、手势、文明用语等方面由礼仪教师进行辅导,并进行考核,由师生共同制定"小红帽"志愿者活动规章制度,明确"小红帽"志愿者活动原则及每位成员的权力和义务,使参与者有律可循。志愿者服务队有配套的"小红帽"志愿者服务标准,在仪容仪表、岗位用语、岗位举止和服务标准等方面作了明确的指导与要求。建立"小红帽"志愿者服务队管理制度,对公开招募、档案管理、培训、监督检查、奖励及服务队运转等各方面加以规范。根据服务对象的要求与"小红帽"志愿者服务意向,建立"小红帽"志愿者和服务对象的联系网络,并签定"一助一"长期服务协议,使每一项活动做到服务对象明确、服务人员稳定、服务项目具体、任务量化、责任到人。在有几次长假服务期间,"小红帽"从中午12点至晚上10点的不间断服务中所表现出的不怕苦、不怕累的精神,受到地铁站长、站务员的一致赞扬。"小红帽"获得 1998 年度卢湾区中小学社会主义精神文明"十佳"好事之一,获得"地铁线上铸红心"的奖旗。2005 年还荣获卢湾区团委授予的"明星社团"称号,2009 年又再次获得"明星社团"称号。

徐汇职业高级中学"夕阳红"孤老志愿者服务队成立于 1994 年,是学校第一支志愿者服务队。学校坚持把志愿者服务工作作为主体性德育的重要载体,通过参与志愿者服务培养学生服务意识,了解社会;培养交流能力,学会合作;培养责任意识、懂得感恩;培养奉献精神,参与实践;培养文明习惯,体验自我教育。徐汇职高志愿者服务队在实践过程中不断创新和发展,逐步形成"网络化、制度化、规范化"。制度一:开学初对服务队的服务对象进行汇总统计,每个志愿者服务小队都制定服务要求;制度二:每一次活动前,各支部都要到团总支领取服务反馈表,每次活动结束后及时上交团总支,统一登记汇总;制度三:学期末服务队都要进行工作小结,并由服务对象对一学期的工作通过表格形式做出评估反馈;制度四:每年对评选"优秀"的志愿者服务队进行表彰外,志愿者服务队考核的结果将作为评选校文明班,校优秀团支部的一项重要内容。学校要求每位志愿者都要做到"四定",即定时(基本要求每两周一次,很多班级都是一周一次,甚至有些服务队是一周三次)、定点、定人、定内容。要求必须在活动中身穿校服,做到精神饱满,服务规范,礼貌待人。还要求每一位服务者都要带着"爱心、耐心、恒心、责任心"投入到志愿者服务工作中。实现志愿者服务的三结合——"与团的常规工作相结合、与学生专业特点相结合、与感恩教育相结合",是新时期学校志愿者服务队的鲜明特征。各志愿者服务队之间既互相独立,又紧密关联。年级与年级之间可以通过承袭制的服务网络,做好传、帮、带的工作是特色队伍能保持长期性和连贯性的重要原因。

上海市商贸旅游学校三个校区和一个现代商贸实训中心分别地处南京路、外滩、豫园旅游商城和陆家嘴金融贸易区。2000 年以来,学校坚持学生志愿者服务的优良传统,学生在南京路步行街每月 20 日的为民服务风雨无阻坚持了 20 年。其经验:一是打造志愿者服务的"技能"核心,了解服务对象的特点及需要,然后以此为基础来审查自己,及时补充自己的知识,为服务做积极的准备。二是专业的教师督导,保证志愿者的成长,从身心各方面给予支持,让学生在学校成为有能力的好人,到社会上成为"助人为乐"的志愿者。心理辅导老师做志愿者心理建设,礼仪老师对志愿者展开规范化的礼仪训练,教篆刻的老师依据市民多要求刻图章的需求,旅游双外语专业的学生在老师的带领下苦练口语水平。三是建立专门的管理制度,每支队伍都有负责老师,日常志愿者招募、培训、开展工作,基本由学生自主完成,学生以老带新,代代相传,虽然面孔在变,但是志愿者的精神一直延续。每支志愿者服务队都有自己的专门学习资料、例会制度、个人档案、活动记录、反馈记录等一整套规范化的管理制度。

三、实践体验活动

上海市群益职业技术学校从 2000 年开始开展"行为德育"活动,其基本特征是:让学生在社会实践中自我学习、自我教育;鼓励学生进行自我管理;让学生通过自我评价,不断巩固行为德育的成果。具体做法:其一,"双值周"与企业管理模式有机结合。基本形式是全校每个班级在一个学期中参加一周的学校服务管理活动,参加一周班级服务的管理活动。前者又称为"大值周",后者则称之为"小值周"。"双值周"活动分为三个阶段:准备阶段("值周"前一周),主要包括思想动员、落实岗位和职责、学生制定工作计划、制定考核考察方案、制定各类"值周"表、参加接班工作会议等工作环节;实施阶段("值周"),主要包括实施评比考核计划、培养指导学生干部工作、班主任与班委碰头会、评讲"值周"情况等环节;总结阶段("值周"后一周),主要包括学生完成书面小结、评出"值周"明星、开展主题班会、交流"值周"经验、研讨问题、班级递交"值周"总结表格和学生小结等环节。这项工作主要培养学生的四个观念,即劳动观念,纪律观念,服务观念,环境道德观念;四个意识,即质量意识、效益意识、竞争意识、创新意识;四种能力,即劳动能力、服务能力、管理能力、竞争能力为目标,注重学生行动上参与、行为上养成、思想上提升。其二,实施"荣誉激励制",与企业考核标准有机结合。分为三个阶段:目标阶段激励、过程阶段激励、成果阶段激励。三个阶段又分别采取目标激励、奖励激励;实践激励、跟踪激励、随机激励;榜样激励、量化激励等具体激励方法。"荣誉激励制"是在平等公平的基础上对学生进行全方位评比,每位学生的原始分为100分,通过自己的自身努力,提高分值。在学期末进行评比颁奖,充分结合企业评优模式进行评选。如将原来的"三好学生"转换成"企业劳模",张榜照片和事迹宣传等,引导学生入校后就开始自我职业生涯设计。其三,"放飞"实践活动,是指以企业调研和就业信息搜集为主要目标的社会实践活动。活动之前,由专业部门老师通过调研联系好与专业对口的企、事业单位,活动前一天学生自行分组,活动当天分头出发到达指定地点,与带队老师会合后开始调研,活动结束后再以组为单位分头自行返校。活动使学生加深对本专业的了解,拓宽学生的专业知识面,培养学生的自主能力,调动学生自主学习的积极性,锻炼学生的独立和团结合作的精神,明确自身职业生涯的发展方向。

上海市曹杨职业技术学校组织4个专业部师生走出校园,融入社会环境,以专业为单位,围绕特定的专业方向和主题,统一集中进行专业社会考察,以实地考察的直观感受增强对专业知识的认识与理解,为今后学习和研究确立初步方向。旅游服务专业部于2009年12月组织2008级烹饪班、宾馆服务班、旅游服务班共计203名学生及8位教师参加第一次社会实践活动。专业考察的主要地点是位于奉贤南桥镇的四星级酒店——粤华大酒店。在活动过程中学生和教师充分体验到酒店日常运营的内容,以及星级酒店良好的设施、设备,真实工作与课堂教学内容的区别。通过学生资料的收集、考察报告的撰写,以及专业部主任层面的反思和总结,为即将参加实习的学生提供接触专业一线的绝好机会,也能让学生了解自己与职业、企业员工所存在的距离从而确定进一步学习的发展目标。

上海市振华外经职业技术学校至2008年已初步实现社会实践课程化。社会实践活动包括校内实践和校外实践,内容主要有:(1)军训(国防教育)。主要进行国防教育军事知识教育、军事技能训练和纪律的养成教育。(2)校内实践活动。主要进行日常学习技能、生活技能竞赛活动、校园文化建设(如振华艺术节、中英文化周)和校园环境整治活动。(3)社会考察活动。以春秋游的形式,观赏上海都市文明、江南自然风光、人文景观等;到上海市德育教育基地参观考察,接受思想教育等。(4)学工学农社会生产劳动和社区建设活动。参加工农业生产劳动、社会公益劳动(志愿者服务等)等,还可以参加社区的政策调研、法制宣传、文明建设、环境保护等。(5)时事主题和节庆实践活动。如迎奥运、世博、国庆、清明纪念等。最突出的是严谨过程管理:一是学校在活动前都安排一定时间进行安全、法制、礼仪教育。教育学生预防事故,注意自我保护;教育学生必须遵守法制,遵守实践地和社区的规章制度;教育学生礼貌待人,体现中职生良好的精神风貌。二是学生必须按计划进行活动,接受实践地负责人领导,班主任和指导老师要随时关注活动的正常开展。在活动中班长(组长)要协调好小组成员及各方面的关系,各成员发挥团队精神,相互协作,确保活动的顺利进行。要记录活动过程和活动心得。三是活动结束后,班级和年级完成社会实践的报告,个人写出活动小结及活动过程中的体会、感受等,在小组或班级内交流。学校定期安排社会实践的总结交流,形式由班级自定,可以是主题班会、班级网页、墙报展览等。四是学校注重主题活动评价。评价材料来源于班级活动方案和个人活动计划,班级(年级)社会实践报告与个人活动小结,活动记录与活动证明,主题活动的成果,相关单位的评价和学友的评价材料。

上海市工艺美术学校将德育主题贯穿于整个写生过程中。如把艰苦奋斗教育和爱国教育放在革命老区。2007年,学校组织部分班级学生到沂蒙山区写生,学校抓住这一教育契机,让学生深入生活,了解当地的生活状况,聆听先烈的光荣事迹。在得知当地希望小学学生生活非常艰难后,同学们纷纷解囊相助。在写生过程中,同学们每天早起翻山越岭,以干粮充饥,出色完成写生的任务。在外出写生中,师生同吃、同住、同学习,成为师生互学重要平台。

上海市商业学校在2005年创建学生德育实践基地,并开展系列德育实践活动。基地"德丽苑"位于崇明岛中部,占地40亩,学校利用空军驻沪某部、长江派出所、东平国家森林公园、前卫生态村、上海市拓展训练公司等社会资源。从2005年9月起,学校每周组织两个班级到"德丽苑"参加德育实践活动。一周的德育实践活动分为五大主题板块:一是培育民族精神。通过观看红色主题教育影片、军营一日活动(参观飞机修理厂、观摩军事队列操、听国防知识讲座、开展军体游戏)、十八岁成人仪式等活动项目,增加学生国防知识,激发学生爱国情感。二是感悟生命自然。通过参观前卫村史馆、化石馆,体验农家生活,烧烤篝火晚会、生命教育(法制教育)讲座等活动项目感受自然与生命的美好,珍惜生命,热爱自然,保护环境。三是体验劳动生活。通过学农劳动、访问农家、参观前卫生态村农具展览、整理内务、打扫营地等活动项目让学生学习劳动技能,体验体验劳动辛苦。四是训练团队协作。通过专题拓展训练课:破冰热身、信任背摔、生日排序、齐心协力、集体木鞋、翻越逃生墙等6项活动及各项竞赛活动,培育学生团结协作精神,磨炼学生意志。五是提高自理能力。德育实践基地的所有活动都充分发挥学生的主动性、积极性,从活动的目的、组织方式、活动程序、活动纪律到各项具体要求都由学生参与讨论和制订,要求每位学生都必须参加,提高学生自理能力。德育实践活动注重内容与形式的结合,根据学生成长的特点和需求设计活动方案,每项活动都明确德育内容、德育方法、德育目标。

第四节　德育工作队伍建设案例选介

一、班主任队伍建设

上海市交通学校2005年以来,坚持班主任队伍建设的"以赛带建"。一是丰富班主任队伍的专业知识,学校开展班主任班会课竞赛等一系列实践活动。在班会课竞赛中注重比赛的过程性,整个操作过程分三个阶段:第一阶段,确立班会课主题,撰写教案。第二阶段,听课评课阶段。学校党政领导、学生处、德育处以及两系的学管老师都走进课堂,听取班主任班会课。第三阶段,总结评优阶段。在听课评课的基础上,学校进行评奖,并组织获奖班主任参加校级公开课展示活动。二是为班主任的实践搭建平台。把比赛的每一个环节视为班主任展示、交流、学习、提升的过程,以赛带建,从班会主题的确定、方案的设计到课件的制作,使更多的班主任在参与活动中得到自身业务素养的提高。同时,学生的参与热情被极大地激发,参与设计,积极收集资料,自编自排节目,或小组讨论,或辩论,或演讲,或朗诵,或小组讨论,或利用多媒体进行图片欣赏。在参与的过程中,学生的能力得到培养,受到一次良好的自我教育。在活动中涌现一大批优秀课例,07011班班主任周璐其老师主讲的《让愤怒从心头悄悄走开》,针对中职学生身上存在的普遍问题进行专题教育,引导学生学会如何理性地处理学生之间的冲突。三是形成班主任专业化成长新模式。为保证学校班会课竞赛活动的水准,建立有关的机制,班会课竞赛的赛前指导与培训、赛中的学习和交流、赛后的推广与反思,逐步探索、积累一些班主任培训经验。

上海市工商外国语学校在班主任管理中除了在理念上灌输、政策上倾斜、待遇上优惠以外,注重激发教师的精神动力,在塑造班主任自身的"道德境界",营造班主任"阳光心态",打造班主任"育德能力"方面做了大量工作。一是以校本培训为抓手,学校自 2006 年正式启动班主任校本培训,每两年一轮,充分利用每周班主任例会和双周学年组例会,进行走进名师、案例训练、班主任实操、德育科研等培训。针对学校德育难点、焦点问题,每学期召开专题德育研讨会、主题班主任联席会,加强工作的针对性。积极倡导德育科研,引导班主任在学习中提高。二是以"德育寄语"为载体,要求在每周班主任例会上推出一则德育寄语,以激发班主任工作热情,更新教育理念。三是以"书香校园"为辅助,学校投入大量的资金为教师购置相关的图书、音像资料。班主任坚持写作"班主任札记"已成为一种习惯。四是在校园网中设"德育空间",班主任充分利用这个平台,将自己的工作心得,育人感悟,读书体会,人生启示,以及迷茫和困惑写下来,在互相交流与沟通中,大家学到经验,化解困惑。五是让教师有"幸福感"。班主任工作困难多,压力大,营造一个温馨愉悦、宽松和谐的氛围非常必要。学校有许多有效的做法,如小小短信送温馨,鲜花贺卡融关怀,平凡岗位显价值。在年终德育工作总结会上,学生科收集一年来班主任工作感人事迹及背后的故事,用 PPT 和视频的形式,以"说说我们的班主任"为主题进行展示汇报,使班主任们的工作得到同仁和领导认可,感受到价值实现后的快乐。

2008 年以来,上海港湾学校实施专职班主任制度。其优势首先是延续性强,全程跟踪有利于更好地管理学生。不易出现学生管理上的缺漏,有利于责任到位;也有利于帮助学生快速适应学校各方面的生活,快速形成对老师和学校的认同感。其次,职责明确,有利于有针对性地对学生进行思想引导和心理健康教育。专职班主任可以有更多时间观察和研究学生的状态,有针对性地引导学生,对他们进行思想教育。尤其是学校属于海事大学东校区,与本科生共处一个校区,很容易引起中专生的心理失衡,更需要专职班主任的细心引导。其三,分工清晰,有利于解决兼职班主任工作不到位的情况,使教师专心从事教学工作。其四,人员固定,有利于学生管理工作的完善和发展。学校从自身情况出发,形成切实可行的专职班主任管理制度。在组织建设方面,一是形成固定每周一次的班主任例会时间,除布置工作外,鼓励班主任发言,畅谈自己管理班级的所学、所感、所悟;二是开展每月一次的业务培训,通过看录像、听报告、参观兄弟学校、加强经验交流,以提高班主任对班级的组织能力、对突发事件的解决能力、对学生的洞察能力、对自我的发展能力、对工作的创新能力;三是每年暑假开一次班主任工作经验交流会,要求班主任每人写一篇班级工作心得,汇编成册,并推荐优秀文章发表;四是每年暑假对新班主任进行一次上岗培训,提升素质;五是每年进行班主任年度考核,并根据考核成绩和所带班级情况进行优秀班主任评比,年度考核不合格的班主任不再续聘,同时随着学生人数的增加或减少,做到班主任有进有出,优胜劣汰;六是积极探索与军队共建的方式,聘请军人作校外辅导员,与班主任共同引导学生健康成长,并利用军人的优势,定期开展"国防建设""组织纪律""文明严谨"等各项活动,有利于学生成长、成才。

2008 年以来,上海船厂技工学校借鉴上海市教委德育处开展的班主任基本功系列竞赛方法,结合学校技能节活动,开展学校班主任技能大赛,以此推动学校班主任建班育人能力的培养。同时,学校连续几年派出优秀班主任参加德育处、德育研究会组织的班主任基本功系列竞赛培训,提高学校班主任带头人的理论水平和工作能力,使他们得到锻炼提升,取得良好的效果。

二、发挥党团组织作用

2004 年以来,上海电力工业学校切实发挥团工作的德育功能。其一,学校团委十分重视团组织的宣传阵地的建设,充分利用校园广播、宣传橱窗、《电校青年》三位一体的宣传方式,帮助学生关心党的理论、方针和政策,关注时事政治。在这过程中,团委指导学生独立开展校园广播节目的制作,力求校园广播以同学们喜闻乐见的方式呈现,加强校园广播的作用。其二,以团员思想建设带动德育工作。团委截取、摘录与青年学生成长、成才相适应的学习内容,通过有针对性的理论学习,使广大团员青年对共青团的性质、共青团组织的任务、职能、作用有进一步的了解,同时也将"永远跟党走"的活动主题深入人心。团委还通过开展系列主题实践活动丰富教育内涵,组织开展主题为"重温入团誓词,坚定理想信念"的入团宣誓活动,提高团员意识,增强全校团员青年的责任感和使命感。在"我为团旗添光彩"的活动中,调动学生团支部的主观能动性,鼓励、指导各支部开展多种特色活动。在这项工作中,不少支部将团旗带到孤儿院、敬老院,培养广大学生的社会责任感。其三,学校十分重视对学生干部全方位的培养。2005 年起,依托上级单位——中电投高培中心的资源优势,结合学生身心特点,校团委坚持举办"英华苑"学生干部培训班,已经举办 5 期,培训学生干部达 150 余人。通过开展行为礼仪、自我激励、公文写作等专题讲座,对学生干部理论水平和工作能力提高起到促进作用。2005 年 11 月,在"建和谐校园,树文明校风"活动中,团委配合学生科,首次尝试组建"学生自治管理委员会",让一些作风过硬、品行端正的学生干部直接参与学校的学生管理工作。通过这项举措,进一步锻炼学生干部的综合管理能力和协调能力。其四,实践活动尽显行业特色,团委还多次组织学生前往杨树浦发电厂厂史纪念馆、秦山核电站等,让学生全面了解中国电力行业发展的历史和现状,坚定他们积极投身祖国电力行业建设的理想信念。团委结合学校情况和学生特点,开展"与祖国共奋进,与电校同发展"主题教育实践活动和"展青春风采、创发展基业"主题活动,将企业理念融入日常的团工作中去。团委坚持指导学生会在校内开展"节能宣传周""环保宣传月"等主题鲜明、内涵丰富的活动,通过举办"节能减排"知识讲座、"废旧电池换盆景"等活动为载体,培养青年学生的环保意识和节能意识。

2008 年开始,上海市物资学校建立"红色德育帮教学生党支部"。党支部以党员教师为中坚力量的,对经常违反校纪校规、行为不规范,或者犯有严重过错的学生进行"一对一"的帮教,针对他们的心理、性格、行为、学业上的问题或困难进行教育引导。党支部制定相应的工作原则:一是善于发现个性、研究个性,做好引导发展;二是建立民主平等的师生关系,尊重学生,和学生交朋友,成为学生的良师益友;三是遵循青少年学生的身心发展特点和认知水平,循序渐进地实施教育;四是建立工作机制,加强过程管理,注重工作实效。重点做好以下工作:其一,对行为规范偏差学生的转化记录本要不定期或定期地进行盘点,对有特殊情况或特殊的学生就要进行不定期地盘点。盘点工作要总结每个学生在这期间的得与失,根据总结的实际情况,更加明确地制定下一步转化的切实可行的计划。其二,注意心理辅导,培养健康人格。在分析清楚原因的前提下,对属于心理健康范畴的要予以必要的辅导和诊治,定期印发一些学生心理健康问题的学习材料,定期开设心理辅导讲座,定期进行个案辅导等。同时加强家庭、社会的联系,形成合力。尤其重视对学生家庭情况的关注和了解,将学校的转化教育延伸到学生的家庭。在帮教工作中力求做到:一是身教育人、人格熏陶,教育者应以自身的人格魅力潜移默化地影响学生人格的塑造;二是通过经常性地与学生谈话,以多种方式与学生进行交流,建立心理上的认同,从而进行有针对性的教育和引导;三是经常与学生家长沟通,全面了解学生的家庭情况,争取形成教育的合力;四是引导学生自我教育,激发学生自我调节的内部动机,达到更好地教育目的。

三、师德育人

上海市材料工程学校从 2006 年筹划开展师生"双结对"活动。结对的学生主要选取学生干部和班级中存在一定问题的学生,通过与教师"一对一、面对面"的交流,来鼓励和指导学生不断进取,健康成长,努力成才,同时通过教会学生自我管理来带动班级管理。同时,校党委安排教师党支部与班级团支部结成"对子",以结对活动为载体,密切联系班级和班级中的先进学生。多名党员教师曾积极走进班级,多次参加班级班会、主题活动,关心和了解班级学生的思想和学习,激励学生团员的进步和成长,引导和督促团支部和团员学生在班级中发挥模范作用,共同探索加强和改进教学工作及学生管理工作的方法措施。在这一活动中,学校的学生科、教务处和党建办共同制定学生家访计划,安排领导、结对教师和班主任在暑假、寒假期间做学生家访工作。2007 年寒假家访学生 52名、暑假家访学生 134 名;2008 年寒假家访学生 58 名、暑假家访学生 140 多名。"双结对"活动还带领学生参与各项社会实践活动。2006 年,学生管理党支部邀请校团委学生干部一起赴学校的定点义务劳动单位暨长桥社区敬老院,开展"九九重阳节,浓浓敬老情"主题教育活动。2007 年,学校部分教师组织结对学生赴松江番茄农庄举行"双结对"联谊活动。这一活动丰富中职校开展德育工作的途径。

上海戏剧学院附属戏曲学校始终倡导每一位教职员工都是德育工作者,一言一行都是对学生的德育示范。一是加强师德教育,打好全员育人基础。学校提倡教职工要有一种意识、两个观念:全心全意为学生服务的意识,正确的育人观和正确的教师观。学校每学期会举办师德报告会,做报告的老师以市委党校的教授为主,报告的内容包括心理健康、职业道德、敬业精神、人际关系、师生相处等。学校青年教师主动提出与老教师结对子,继承他们的优良传统和育人之道,提高自身的道德素养和培育学生的能力。二是教学与实践相结合,以传承经典国粹为契机,对学生进行德育渗透。在日常课堂教学中,任课老师将爱国主义精神、人文精神、中国几千年的优秀民族文化和教学内容融合在一起,通过一个个生动的实例告诉学生做人的道理,培育学生的民族精神。2005 年来先后组织师生赴港、澳、台地区参加演出活动,学校适时在交流中培育学生的民族精神。

2005 年以来,上海海运学校师德建设主要体现在四个方面:一是加强师德建设,要求教师的一言一行、一举一动都应该体现自己的精神风貌和文化素质,成为学生的表率。要求教师应注意服饰打扮,保持良好风度,举止言谈礼貌待人,注意细小行为,处处示范于学生。二是严格要求与热情关爱相结合。例如学生请假全过程都处在学校和家长的掌握之中,若一旦发现意外,就能及时处理。学校设有"校长信箱",定期召开学生代表会,广泛听取学生对学校工作的意见,及时解决他们在生活、学习、娱乐等方面的问题。学校领导建立"爱心基金会",帮助贫困生完成学业。对家庭确有困难的学生在学费上实行缓交、补助的办法。三是教师管理与学生自我管理相结合。为了加强对学生的管理,在每个班都配备一名辅导员,负责对学生日常学习、生活、娱乐等全方位的管理和监督,同时各系部配备学生工作副主任和行政秘书参与管理。另一方面,学校自下而上地在学生中建立起学生自我管理组织,在全校形成自我管理网络。在学生中举办自我管理知识方面的教育和辅导,开展自我形象设计活动,提高自主管理水平。四是在学生实习过程中,教师与实习单位共同加强对学生进行思想政治教育、品德教育、纪律教育、法制教育和相关岗位的职业道德规范教育及其养成训练,充分体现校企合一的特色。

第五节　德育途径创新案例选介

一、多渠道推进德育

上海市贸易学校通过课程改革,改变传统教学模式,扭转厌学情绪,增强职业技能,恢复积极人生。2006年初开始从机电专业进行试点,与上海市医疗器械公司合作办学成立校内机电实训基地——金钟工学坊。教学内容直接结合企业产品,教学课堂搬进实训工坊,教学方法是讲了就练,边讲边练。一学期做7个金工课件,难度梯次上升,这是挑战,也是不断从成功走向新的成功的过程。05机电班是当时学校有名的"差班",进了"金钟工学坊"以后,课堂纪律问题已经不复存在,学生们"要学了"。实训工坊帮助学生养成良好习惯,工作时安全规范,下课后收拾整齐,工具材料工作服各归其位。3年来,金钟工学坊没有损坏过一件课桌椅,也没有打碎过一块玻璃。课改带来良好的师生关系,学生愿学,老师乐教。课改促进职业道德教育。在实训工坊,学生亲身体会到不敬业,没有精益求精的精神,课件零件就做不好;没有通力协作,工作就完不成;不勤奋就一事无成。课改改变人生态度,在金钟工学坊,学生都十分在乎分数。评价方法是期末书面考试(要存档)占15%,平时占85%。平时成绩来自7次课件,每次课件的评分标准事前公布,分数结果也在班级内公开。力求做到公开、公正、公平。学生重视成绩,是因为这成绩能真正代表他们的人生价值。参加市劳动局中级工考试,该校学生取得83%的合格率,而全市平均合格率只有50%多一点。

从20世纪90年代开始,上海电子工业学校凭借"双元制"教育模式的优势,通过"实践—体验—创新—发展"的过程,探索建立适合新时期学校发展的管理模式,健全校本德育课程体系。学校提出建设四个"和谐统一"的办学、管理和教育理念,即:课堂教学中,建立理论德育教学环节和德育实践教学环节的和谐统一;课程建设中,建立课堂德育课程和德育实践课程的和谐统一;管理过程中,建立学校德育规划和德育管理实践的和谐统一;发展过程中,加理学校、学生发展和社会、企业需求的和谐统一。安排切实可行的阶段性德育内容,建立阶段性德育目标,从感知、感悟到理性地认识人的发展和社会需求、企业发展之间的关系,对个体发展有清晰的心理准备,建立"我和家庭、班级、学校""我和企业、社区"和"我和企业、社会共同发展"的德育阶段教育目标。学校通过活动扩展学生对自我的更具体深刻的认识,了解自身的身体状况、心理的一般状况,了解身体语言的信息;通过现场演示等活动了解人际交往的现象和规律,关注友谊的深层含义;通过团体训练,提高学生的团结合作意识及能力;通过思维训练,引导学生关注自身的学习习惯等。主要包括自我认知:人际交往、团队合作、思维训练等内容。学校还建立健全德育整体评价体系,将学生职业生涯纳入德育的整体框架中。许多学生都有这样的感受:德育实践教育远比简单的课堂说教来得生动,使学生从被管理的角色转变为学习成长的主角。

2010年以来,上海市临港科技学校致力于树立"四能并举"育人目标。四能是指德能、智能、技能、体能。在实践中围绕"主体、开放、至贤、和谐"四个方面,发挥文化育人、实践育人的作用,以达到育人目标。一是确立学生为本的理念,学生是主体,教师为主导。通过以"班主任带头人工作室"为引领,学校在2010年出台《上海市临港科技学校班主任带头人工作室创建方案》。发挥学生会文明值勤队和各班行规检查队的引领作用。对行规困难的特殊学生,更着重与差别化的纠偏转化教育,形成帮教机制。制定《行为偏差生帮教手册》,对受到处分的学生以手册填写作为载体,班主任及班委干部组成帮教小组。二是"开放"。学校充分发挥家委会的桥梁纽带作用,家校联系进行制度化安排。学校积极整合教育资源(与宜浩佳园社区、滴水湖馨苑社区、申港派出所、当地驻军、航海博物馆等单位)形成精神文明共建网络,开展精神文明共建活动。通过开展劳训周(每周安排两个班级利用下午半天时间进行校园保洁及军政队列训练,部队战士担任军训教官)、"学雷锋我践行"主题志愿者日等活动,培养学生严明的纪律观念、强烈的集体荣誉感及团队合作意识。三是营造"和谐",学校每年开展校园文化艺术节及学生运动会。2012 年学校以"和谐校园,快乐成长"为主线展开。艺术节包括有校园秀、校园歌手、硬笔书法类、诗歌朗诵类专场的才艺展示板块及主题漫画作品展、手工创意作品展为主的创意展示板块的活动。学生积极报名,踊跃参加。学校科创社团被评为浦东新区中学生明星社团。追求"至贤"。贤,本义是会过日子、有才能,同时也义为有德的人。开展"学校发展我成长""学校发展我作为"等教师专题系列活动。

二、团队式合作

2003 年以来,上海市东辉职业技术学校建立学生自主管理团。这一社团制度严明、行为规范、团结互助,成员们个个以身作则,从规范自我管理开始,发挥积极的辐射作用,用实际行动和良好的精神风貌影响、带动、管理周围的同学。首先,学校自主管理团成员均通过自愿报名、班主任推荐、资格审核与面试几个环节的严格筛选,保证团队总体质量。其次,制定系统的培训目标和内容,包括学生行为规范的学习、专业礼仪培训、团队管理课程等一系列科学、规范的培训,培训形式多种多样,包括课堂学习、专题讲座、拓展训练、爱国主义考察等。最后,经过实地见习并通过综合考评后方正式成为社团成员。为了使"学生自主管理社团"能健康、持续地发展,在实践中,学校逐步完善社团的管理制度,有效激励、鼓励良性竞争。同时加强宣传,提高知名度,形成品牌效应以提高社团的吸引力,使"学生自主管理团"成为更多学生向往的社团组织。成立以来,对学校德育工作的有效开展起到积极的作用。其一,"学生自主管理团"是学生良好行为习惯培养的主渠道。它通过让学生参与学校学生行为规范、文明礼仪、仪容仪表的示范引领和督促检查工作,实现学生从"被管"到"自管"的角色转换。其二,它是学生体验责任、学会奉献的试金石。参与自主管理的学生每天提早到校,最晚离开,体会到的是书本知识无法给予的"责任"和"奉献"的情感体验。其三,它是学生职业关键能力培养的大课堂。学校的招生工作、大型会务活动都活跃着自主管理团学生的身影。其四,它是学生体验成功、确立自信的大舞台。学生通过认真参与和默默付出,获得的是以往从未有过的表彰机会和来自学校、老师、家长的多方赞誉和肯定。其五,"学生自主管理团"是学生实现自我发展、自我超越有效德育手段。实践证明"学生自主管理团"影响、促进学生健康成长与全面发展。

2008 年开始,上海市金山食品工业学校推行小组合作学习。小组合作学习不同于传统的以教师为主体的教育教学模式,并不适用于所有班级。在班级选择上,要"因地制宜"。首先,班级的生源水平应该是参差不齐的,这样才能为以后的有机组合做好组织准备。选好班级,并不能立即进行尝试,还要选择恰当的时机。新生第一学期刚刚入校,老师对于学生的具体情况还没有详细了解,此时不适合实施分组。等到三年级临近毕业,课业繁忙,还要实习,显然也不合适。只有在对学生各方面情况了如指掌,并且在充分了解学生及家长的意愿之后,才是合适时机。0804 班就是在一年级第一学期期中考试之后决定采用小组合作学习模式的。小组合作学习是同伴间的互助合作活动。分组是通过创设"组间同质、组内异质、优势互补"的小组形式。由于各个小组成员的组员在性别、个性、学习成绩、道德素质、人数比例等各方面是相同的构架,而每个小组内部组员与组员之间则在各方面存在差距。这样才能为以后形成互帮互助、你追我赶的局面打下基础。分好组之后,组员内部的分工就显得尤为重要。小组长应选学习成绩较好,管理能力较强,并有责任心和耐心的同学担任。班长统帅所有小组长。组员间也要相应分工,设置纪律、劳动、卫生等干事,既把组内的日常工作协调分配好,又能调动所有组员的积极性。0804班全班共48人,分为8组,每6人一组,这样小组内的学生之间在学习能力、个性、性别等方面是不同且互补的,便于学生之间互相学习、互相帮助。由于各小组的组成相差不大,这样各小组就在同一起跑线上为以后的组与组之间的竞争做好准备。同时也取得任课教师的支持,通过精心设置具体生动的学习情景,以及课堂讨论、小组活动、小组竞赛等形式激发学生学习兴趣。例如0804班语文拓展课上,教师设置家庭、医院、商场、旅馆、饭店、景点、学校、公司等8个特定场合的接待任务。然后让8位小组长通过抽签来抽取其中一项任务,再回去与组员进行商讨,并在课后进行准备和排练。第二次上课时各组轮流上台表演所抽取的接待项目,表演结束后采取小组互评和教师总评并给各组打分的方式,使这一学习的过程既有合作又有竞争。学生为了本组能在竞争中取得优势,个个认真听讲,积极参与讨论,违纪现象也大大减少,班级、宿舍也越来越干净。

2000年以来,上海市工艺美术学校努力把每一个活动都成为德育的载体,想方设法为学生搭建互动的平台,给学生布置"玩"的任务,让学生在"玩"中体验生活,让学生在"玩"中展示自己的特长或才艺,受到教育。开展互动式教育的时机和主题很多,诸如配合学校每年的重大活动;利用国家的法定节假日、社会的民间传统节日,还有就是各个不同时期的社会热点话题。例如"校园文明我做主"的主题演讲会,首先在班级开展"文明从我做起"的演讲活动。引导学生先准备材料,用心写好演讲稿,写自己身边的不文明现象,并提出一两点改进的建议或方法,谈谈自己如何做一个文明人等等。要求人人参与、个个登台。在演讲中鞭挞身边各种不文明现象,几乎每个学生都对自己今后的行为做保证。还利用传统节日对学生进行中国传统文化的教育,如"清明节"祭奠先烈;"端午节"的发掘文化内涵;"重阳节"的敬老爱老。根据法定节日的不同内涵确定与之相契合的主题班会活动,如"国庆节"的爱国主义教育;"元旦节"的辞旧迎新活动;"圣诞节""母亲节"都是教育学生的大好时机。元旦的"辞旧迎新"活动由学生自己策划,自己主持,自己编导,自己表演。虽然节目档次不同,成就感让每个学生的脸上都洋溢着兴奋与喜悦。五月中有"五四青年节",班级组织以"展示青春风采"为主题的班会活动。母亲节来临之际,让学生学着感恩,引导学生做一件让母亲高兴的事,人人必做,节后班会课上相互交流。互动式教育是针对中职学生特点的"双向互动"教育,是一种民主、自由、平等、开放式的教育,是教师和学生以及家长多方互动下完成。这种方式从根本上激发学生的主动性、积极性和创造性。

上海市工业技术学校开展同伴教育。2004年开始,由参加培训并取得上岗证的学生做小老师,在课堂中向其他同学传授知识、进行宣传教育活动。"同伴教育"者除讲授知识外,主要采取游戏、互动、讨论的方法,使原本难以启齿的话题,变得容易接受。学校经过多次(五年三轮)"同伴教育",证明各类学生对"同伴教育"的教育质量,特别是对教学内容的易理解程度,教学态度亲切性、生动性给予较高的评价。学校的"同伴教育"已逐步形成"自助—助人—互助"的机制。同伴教育实行"三结合"。第一是以课堂教学为主阵地,德育与心育相结合。"同伴教育"把"健全人格"的建构与培养作为德育与心育有机结合的最佳"切入点"。第二是多形式教育活动与引发内心体验的结合,促使学生感悟升华。第三是健康教育的普及与心理素质提高的结合。既要体现作为教育主体的学校对学生德育工作的引领作用,又要切实地考虑学生本身的现实成长需求。在摸索"同伴教育"的内容和方法时,学校针对当前中职学生的心理特性和社会时代烙印作多次问卷调研,梳理和总结出中职学生最关心的事情、最高兴的事情、最痛苦的事情、最渴望的事情、最讨厌的事情和最担心的事情等热点问题,然后由教职员工根据德育工作的重点内容,在广泛讨论和研究的基础上筛选几个主题,如"预防艾滋病""禁毒"等。以"防艾"为例,操作过程是:第一,发布信息,招募志愿者,成立志愿者队伍。学校的"同伴教育"志愿者达到 101 人。第二,强化培训,严格考核,志愿者佩戴红丝带,持证上岗,配合指导老师以"知识点+工作方法指导"为核心,每个主题共教育 6 个学时,每个学时 45 分钟。第三,精选小报,评比展示,扩大宣传影响。通过各种形式的活动,"同伴教育"志愿者获得真实的心理感悟,促进学生"玩"中学,"趣"中练,"乐"中长才干,"赛"中增勇气,"情"中互交往。

三、校企合作与家校合作

2007 年以来,上海市群星职业技术学校根据培养动漫游戏专业的中等技能人才的需要,引企入校,使学生在校内从事生产性实践学习。学生在企业内不仅学技术,更主要的是通过企业文化的熏陶,在师傅良好职业道德熏陶下,逐步成人、成才。其一,技术引领下的德育渗透。学校将学生在工学结合、顶岗实习期间,作为学生了解社会,了解企业的平台。学生和公司员工同在一个工作室,学生在工作实践中就会感悟到用人单位的具体要求和自己的差距,是主动性的一个自我教育过程。其二,专家为学生授课,不仅以精湛的专业技能引领学生,还采用项目式教学和技术模块式教学以及企业 CEO 管理模式引入课堂教学,摆脱传统的课堂教学模式。其三,活动教育引领学生成型。学校每年通过举办动漫周,Cosplay、四格漫画、平面、二维、三维设计制作竞赛等,以及动漫产品展示、动漫狂欢日等活动,吸引学生,让学生在兴趣中学习、在兴趣中培养对动漫游戏制作的情感。自动漫专业建设校企合作实施以来,2008 年学校首届动漫游戏专业的学生全部就业,2009 届动漫专业毕业生已经预订完毕。上海市"星光计划"第三届中等职业学校职业技能大赛中,群星职校共有 22 个项目获奖,1 个团体第一名,1 个团体第二名。学校 2007 级动漫专业学生获得 11 个奖项。

上海音乐学院附属中等音乐专科学校通过与家长合作,共同促进学生的学习和进步。学校 2009 年成立家长委员会,建立家长委员会工作制度,经常与学生家长保持联系;定期召开会议,以便学校和家庭之间相互沟通,了解学生近期的学习和生活情况,着力解决所面临的问题。学校自建立家委会后,每一学期均有二次家委会,校长和书记亲自参加,与家长一起加强"二位一体"合力建设,学生工作会议和三科会议(教务科、文化科、学生科)都有家委会代表列席参加。学校还开展以心理辅导模式的"家庭学校",通过心源室的建设和发展,以讲座、问卷调查等方法发现家庭教育问题。每月举办家长学校,针对家庭教育、亲子关系、专业培养、心理健康等方面举办讲座、座谈会、沙龙活动。

上海市第二轻工业学校从 20 世纪 90 年代初开办家长学校和家长沙龙,积极开展家庭教育指导,密切与家长的联系,促进学校教育与家庭教育的紧密结合。具体做法有:针对性的主题征集。定期在家长中开展家校合作工作的问卷调查。心理室对其进行汇总,提出本学期家长沙龙的主题,如"中职生活适应""亲子有效沟通""攻击行为的预防""正确对待异性交往""提高孩子自制力"等,从而使家长沙龙更有针对性,更能符合家庭需要。系统性的工作流程:第一步,每月中旬以前,通过班主任例会,通知班主任根据主题筛选并上报家长沙龙名单,包括所在班级和班主任姓名、学生姓名、联系方式。第二步,心理老师分头跟家长电话联系,了解孩子各方面的情况。为此专门设计一条沟通路径：首先，向家长说明自己是谁以及打电话联系的目的；其次，向家长了解孩子的情况以及对学校的意见和建议；最后，确认是否参加该活动。这样做使家长的参与率大大提高。第三步，家长接待工作。包括校门口门卫的管理制度、停车安排、茶歇准备、会场布置、引导和签到等，主要由心理室协会同学一起完成。第四步，沙龙的开展。沙龙的议题尽量把学生的信息与家长的信息结合起来，并通过有益有趣的形式，在家长、学生、教师的共同参与中感悟思考，探索合适的家庭教育方式。第五步，反馈与干涉，进一步主动联系家长，为家长提供一定的家庭教育指导。针对个案进行跟踪辅导，设立两条家长热线：政策咨询热线和心理辅导热线，并开通书记和校长邮箱，密切与家长的联系，增进家庭与学校的感情。

第六节　德育管理创新案例选介

一、管理方式创新

上海市大众工业学校实施半军事化管理，让军纪军风进校园，2004年开始学校果断地出台德育工作管理3个文件：《全员管理实施办法》《学生劳动周管理制度》和《半军事化管理制度》。半军事化德育管理模式经过几年的实践与总结已制度化、规范化和科学化。半军事化管理的行动指南是：思想教育作先导，行为规范是重点，制度落实作保证，提高素质是目标。倡导以军队的纪律规范学生，以军人的精神教育学生，以军营的作风感染学生。一是宿舍内务管理制度化。学生须严格遵守宿舍规章制度和作息时间，按内务标准要求完成各项任务。内务整理结束后，由层长逐室检查，检查重点是寝具的叠放和安置，不到位的要立即改正；督查队经培训后按《宿舍内务卫生评分标准》逐项检查评分，汇总后上交学生处，纳入班主任考核。中午学生不得进入宿舍，有需要的凭班主任签署的"准入单"进入。晚上就寝纪律作为文明寝室的重要考核内容，要求做到安静、文明、守时，室长、层长、楼长充分发挥自主管理的积极效应，近1 300人的住宿学生，熄灯后的校园一片宁静。二是校门进出管理制度化。课间和中午时间学生一律不得私自出校，全部在校用餐。学生出校门一律凭由学生处统一制作的、经班主任、部主任签名的"出门证"离校。学生离校情况由门卫室登记入册，每月统计一次，上报学生处。通过严格的门房管理制度，杜绝学生出入网吧等不良现象。校园内设有督察队员负责检查学生校纪校规及校园环境等情况，督察队员上午在校门口值勤，负责检查进校学生的服装、胸卡、仪容仪表、迟到等情况。每天有一位中层干部负责指导、监督和处理突发事件，校园秩序日趋井然，校园游荡现象不再发生。三是广播操、大型集会管理制度化。校内集会活动必须按学生处指定地点由班主任集中整队并带领跑步入场。操场地面上划分好各班级的活动区域。学生广播操动作要整齐划一，口号声铿锵有力。在集会过程中对各班级要进行纪律督查。广播操和大型集会活动纳入每月文明班级和优秀教学部考核，每学期还组织一次队列操和进入退场的全校性的比赛。集会要求是：快、静、齐、响，5 000多人的集队，3分钟内整队完毕，10分钟内完成进场。四是中午用餐管理制度化。学生以班级为单位，按指定的批次，在指定的餐桌上用餐。用餐时要求学生注意节约粮食，保持餐厅安静。用餐结束后，自觉把圆凳归位和把餐盘放入指定的箱子内。学生用餐由上午末节课的任课老师负责整队前往，并要求学生保持队形进入餐厅。用餐时督察队对各班的就餐纪律进行考核，纳入对班主任的考核。五是检查与考核措施到位。除了日常考核，还培训和管理学生督查。5年多来，半军事化管理的内涵也得到不断充实，由原来的学校单一管理发展到的军、警、校联动管理。

上海市食品科技学校实行 6S 管理。6S 管理,是现代企业的一种管理理念和方法,内涵是整理 (Seiri)、整顿(Seiton)、清扫(Seiso)、清洁(Seiketu)、安全(Safety)和素养(Shitsuke),因第一个字母 都是"S",所以简称为"6S"。学校先后组织全体教职工聆听专题报告、组织优秀班主任及宿管老师 赴上虞职校进行现场考察学习、带领示范班级班主任及学生赴企业参观体验等多项活动。学校首 先选择一个班级及一栋男生寝室作为试点单位,实施"两确保、三步走、四时评"的战略,两确保:确 保领导支持、确保师生了解。三步走:第一步——整理(要与不要,一留一弃)、整顿(合理布局,取 用方便)、清扫(清除垃圾,美化环境);第二步——清洁(形成制度,保持到底);第三步——素养(养 成习惯,文明守纪)、安全(消除隐患,规范操作)。第一步的要求,学生在过程化管理模式中已经在 做,单独列出只为强化、巩固"6S 管理"意识;第二步和第三步重在一步步树立师生信心,坚持贯彻 "6S 管理"。四时评:随时检查评、每日评、每周评、每月评。每天有教师和学生对试点寝室及班级 在清晨、上午、下午及晚上 4 个时间段进行检查评比,寝室落实到每一间,班级落实到每一人,动态 公布检查结果,随后进行每日、每周、每月汇总,于下月初举行"寝室 6S 管理竞赛""班级 6S 管理竞 赛"交流表彰会。学校邀请实行"6S 管理"的优秀企业管理人士、员工、毕业生到校对学校的"6S 管 理"模式进行实地评估、现场整改;同时借助"工学结合""顶岗实习""体验参观"等形式深入企业,总 结经验、调整措施,在与企业的对接中遵循学校教育规律,缩小校企管理差距,实现"6S 管理"的科 学化、规范化、精细化。

二、行为偏差学生管理

上海市材料工程学校 2005 年以来,逐步形成一套跟踪考核管理制度,并取得较好的效果。其 一,做到一视同仁、真诚对待。要求班主任或任课教师尤其是同班同学,多和受处分学生交流沟通。 其二,对在校学生制定、颁发新的《学生管理手册》。抓住一切机会让偏差学生学习《学生管理手 册》,使之内化为自己行为的准则。他们如再出现更严重的问题,学生处就会将《整改通知单》下发 到班级,做到信息畅通,发现问题能及时整改。对受"警告"和"严重警告"处分的学生,一般跟踪考 核 3 个月;对受"记过"处分的学生,一般跟踪考核 6 个月;对受"留校察看"处分的学生,一般跟踪考 核 12 个月。做出每一份处分决定之前,学生处都十分慎重,集体讨论后再上报校领导班子,力求做 到"公开、公平、公正"。对受处分的学生,学生处每月发一张"受处分学生跟踪考核表",由班主任负 责,各任课老师参与,对他们的日常行为规范和课堂纪律进行综合考评,给出"合格"或"不合格"的 评定。考查期间如有不合格的月份,考查时间将顺延。同时,学生处对所有受处分的学生都建立相 应的管理档案,及时跟踪反馈学生的思想动态,力求做到管理上不留盲点和死角。学校还建立思想 汇报制度。学生处每个月都会安排分管校长和受到"留校察看"处分的学生进行谈话,这样的谈话 分量重,学生受到的触动也较大。其三,与家长建立固定的沟通反馈渠道和时间,这样,教师可以每 天或每周及时把学生的表现情况反映给家长,家长也因此可以及时给教师提供有关孩子表现的信 息。学校还定期请社区民警来校给这些学生进行法制教育。着重就敲诈、抢劫、偷盗和聚众斗殴等 三类违法犯罪活动进行教育,分析其犯罪特点和严重后果。通过大量鲜活的案例,未雨绸缪,为这 些同学敲响法制的警钟。

上海科技管理学校 2007 年开始开展"边缘学生"教育,学校开辟"特色集体、社工驻校、社会实 践"三方阵地,疏堵结合,为"边缘学生"的心灵回归和行为转变指引方向,创造条件。其一,组建特 色集体。与传统概念中的"差班"不同,"特色班"非但没有成为"搁在一旁,混到毕业"的弱势群体,相反却得到学校最高程度的关注,"享受"最强有力的师资配备和教学资源。班级不设班主任,而是由 5 名不同专业、不同特长教师组成的"班级工作管理小组"进行日常管理。班内学生干部队伍一"岗"不少,班规班纪一应俱全,班会、活动、实习应有尽有。在教学考核上,给予"学分替代"的特殊政策。学生可以申请适当免修部分课程,而通过选择其他课程补足所需学分。专门开设音乐、体育、历史等方面的选修课程,并配备专门教师,逐渐建立起相互信任的师生关系。其二,引进社工驻校。2008 年 12 月,学校与上海市阳光社区青少年事务中心"青涩柠檬,快乐小屋"开展合作社工点灵活运用多种交流方式与之沟通。主动出击——根据学生办公室提供的 10 余名"边缘学生"名单进行逐一访谈。社工点还专门建立 QQ 群,通过网络与学生谈天说地,为他们答疑解惑。每周二、四下午,学生在社工的带领下做起各种游戏,小型辩论、价值观排序……一个个看似简单的游戏,其中却蕴藏着人生观、价值观的深层次内涵。2009 年 3 月,学校与杨浦区社工站、杨浦区检察院未检科、杨浦区团总支签订四方协议,在扬州路校区建立"未成年人法制教育基地"。其三,开展社会实践,开辟职场实战训练场。每年寒暑假和节假日,学校都组织学生赴上海铁路局、苏宁电器有限公司、阳遂贸易有限公司等单位进行社会实践。鼓励他们用行动向学校、向父母、向企业、向社会证实自己的能力。

2005 年以来,上海市高级技工学校建立学生保护网络。其一,把班主任作为具体落实"未保"工作的第一责任人,要求班主任务必做到"三个全覆盖,两个必访和一个必报":新生入学家访全覆盖;申请困难家庭补助的学生家庭家访全覆盖;连续两天未到校,又联系不到监护人的学生必须家访全覆盖;发生严重违纪的学生,必须当天家访;学生突发疾病或家庭变故的必须家访;学生出现突发事件或可能会出现影响同学和学校教学秩序正常运行的事态或节假日和长假必须向学校和区上报。其二,学校领导层有专人负责学生工作,关心"未保"的工作成效。其三,制度保障,加强预警。建立起班级为主体,年级(专业)为基础,系、部为平台,学校为核心;团委、学生会密切配合,兼职班主任、年级组长主动协调,全方位、多层次关心教育学生的管理体系,构建学校、家庭、社区协同配合的有机整体。其四,加强预警机制建设的宣传教育,最大限度杜绝恶性事故发生。设立三级预警机制:每班设立三级治安员,及时向班主任、年级组长或学生科汇报班级中的不安定因素,做到早发现早处理,力争把事故苗子处理在萌芽状态;部门设立二级治安员,定时巡查及时处理;校保卫科安排专人指导处理突发事件。校园无经营性网吧、歌舞厅、电子游戏机室,完善校园综合治理和治安防范预警机制。加强与员工和学生家长的沟通,结合"6·26"国际禁毒教育,有针对性地加强教育和引导,杜绝校园涉毒事件的发生。

三、制度和评价方式创新

从 2006 年开始,上海信息技术学校实施德育学分,按照学校大德育框架的要求,将传统精髓的德育内容纳入三大节日、五大主题周活动中去。德育学分分为必修学分和选修学分。必修学分是学生必须要拿到的学分。选修学分的设计充分尊重学生的个性,尊重学生的兴趣;获得的路径是多样化的,认定的方式是灵活的。学校从 220 个学分中拿出 24 个学分作为德育学分。其中,必修 11分,选修 13 分。在校生前 3 年的德育学分必须达到 24 学分,方可正常毕业。必修学分是学生按照学校的统一要求必须完成的内容,6 个学期累计积满 11 学分,第一学年 7 学分、第二学年 2 学分、第三学年 2 学分,分别由新生入学教育、行为规范教育、素质拓展训练、诚信教育和公益活动等五个方面组成。选修学分,又分限定和不限定两种选修课程。限定选修课程包括主题教育课,每周二下午有固定教室开设,班级主题教育课、主题班会课和校班会课等组成。要求有计划、有记录、有考核;公益活动,每个学生每学期在校内或校外必须参加8小时的公益劳动(义工)或其他公益活动,要求积累一定次数和学时数,并得到学校及相关部门签章认可,取得相应的学分。不限定选修课程包括假期社会实践活动;学校德育实践活动,即每学期由学校和系部制定德育实践活动计划,由学生选择项目参加。在德育学分的实施过程中,总结以下几点要领:第一,制定印发德育学分手册,人手一册,做到个性化的记录。设立"德育学分成绩卡",专门记载学生德育学分的获得情况,并实现计算机管理,纳入学校学分制认定总学分系统中;同时德育学分成绩要在学生处和各系、部的网站上公布,供用人单位和学生本人查阅。第二,在德育学分的审定中,体现重过程、重实效的原则。学生在参加"行为礼仪教育"和"践行德育"等活动中要获得相应的学分,必须在规定的时间(一学期)内达到学校日常行为规范基本要求,否则,该学生必须参加学校举办的学习辅导班进行重修。第三,德育学分可以在一定条件下借贷。学校在每学期评比各类先进和学生毕业下厂实习时认定德育学分,若发现该生德育学分不够,可以借贷,与学校签订德育学分借贷协议和办理担保手续。德育学分制实施后学生的行为规范有明显提高,德育实效性有提升。

2008年,上海市西南工程学校初步构建学生发展性指标体系。学生发展性指标体系的内容分为五个方面:学业成绩、行为规范、社会实践、合作能力及附加项目。其中,学业成绩的比重仅为35%～40%。在设计指标体系时,因不同年级有各自的特点,所以指标体系的评价内容在各个年级都有不同的侧重点。一年级侧重学生行为规范的教育和养成,故"行为规范"权重较大(占30%),引导学生遵守校纪校规、注意文明礼貌和心理健康;二年级侧重社会实践,加强学生社会实践比重(如公益活动、社团活动等),权重占30%,引导学生逐步了解社会,接近社会,进而融入社会;三年级侧重岗位实习,社会实践和合作能力两项合计占40%,引导学生重视企业岗位实习,学会与人交流、沟通。在操作中注重过程性评价,将评价工作细化到日常的班级、教学管理中。同时,利用华东师范大学职成教研究所在学校进行"参与式课堂教学改革"科研项目的机会,改革以往教师单一评价主体的地位,推行课堂教学过程性评价,引入小组评价、自评、互评等评价方式,形成学生自主管理、相互督促的良好德育氛围。学校注意通过活动提升学生评价的德育功能。一是以鲜明的主题活动感染学生。二是以专题的培训活动引领学生。学生科、团委每学年开设"青年团校""青年党校"的学习,每学期举办"学生干部培训班"的学习活动,既有理论学习,又有实践考察活动。三是以完善的奖励机制激励学生。学校修订和制定一套奖励机制,有《星光计划技能比武师生奖励制度》《优秀班集体、团支部奖励制度》《优秀社团奖励制度》《优秀学生、干部奖励制度》《优秀志愿者服务队奖励制度》《星级学生奖励制度》等。在实践中彰显职业教育发展的生机与活力。

从2007年开始,上海市聋哑青年技术学校在学生中征集"明星学生"的称号,最后决定评选"文明礼仪之星""热心服务之星""拾金不昧之星""勤奋好学之星""创新思维之星""心灵手巧之星""自强不息之星""诚实正直之星"。评选过程分以下6个环节:自我推荐;班内初选;海报宣传;竞选演说;投票评选;颁奖典礼。每位学生都可以根据自己的实际情况按照评选要求向班主任提出申请。由班主任组织学生在班级里初选,产生第一轮候选人。学校根据事迹材料和全校的上报名单确定正式的候选人,要求每位正式候选人自己制作宣传海报,向全校学生介绍自己的优点、长处,进入第二轮评选。海报张贴一段时间后,学校安排一次校会,请候选人进行一次一分钟的现场演说。然后大家把自己重要的一票投给心目中的"明星"。最后,学校借鉴电影颁奖仪式的风格,举行隆重的颁奖典礼。明星学生的评选使校园充满生机和活力,有很多普通学生成学生中的明星,他们的先进事迹得以传播,他们的优良品行得到称赞,在校园中形成积极向上的氛围。

从2007年起,上海市城市科技学校借鉴一些企业星级班组的经验,并结合学生身心发展的规律和终身发展要求、合职业学校的客观实际,通过"星级班级管理、星级宿舍管理、星级学生管理"三个途径引导学生培养良好的思想品德,形成良好的行为规范。其一,制订两级指标体系。星级班级管理,学校首先将评比分为"仪容仪表、卫生、班容板报、广播操、眼保健操、安全、学风、午会课、晚自习、出勤"等10个方面,再将这10个内容的各项要素细化成具体、可测的二级指标体系,如"仪容仪表"中的二级指标为"不佩戴胸卡、不穿校服、染烫怪异发型、佩戴首饰,均每人次扣0.5分",二级指标将评比内容再细化量化,通过量化评定后得到量化结果;然后进行定性处理,形成综合判断,最后评定班级星级等第。其二,实行科学测评。评价班集体的发展水平,学校通过对10项日常评比内容进行汇总,每周对所有班级进行星级评定,按得分名次和比例评出三星级班级、二星级班级、一星级班级,其中三星级班级占所在专业部班级总数的30%以内,且每周平均得分在90分以上。每5周为一个阶段,每阶段对班级进行评定奖励,累计10周获得三星级的班级有资格参评校四星级班级,累计5周获得四星级的班级有资格参评校五星级班级。五星级班级则有机会参加"校先进班集体",以及"市、区先进班集体"的评选。其三,实行"加分"促优。如参加校级及校级以上的各项比赛活动获奖的班级加2~6分;班中有好人好事加1~2分;定时志愿者服务加1~2分。

从2008年开始,上海市奉贤中等专业学校推出德育积分网络化管理机制。每个学生都有自己的德育积分档案。班主任、年级组长、德育科依据学生日常行为表现,按照学生德育积分管理细则,登录该网络平台记录、查询、考核学生行为。学校依据学生德育积分,对其进行分层教育、奖励和处罚。学生德育积分管理细则的内容是将日常行为规范(《中专生守则》)、学业行为规范(出勤、课堂纪律、作业等)、活动系列(德、智、体、美、劳)以及对学生各项管理制度的内容逐一分解,赋予一定的分值,对照学生的日常实际表现进行量化评分(做到的加分,违反的减分),进行动态的全过程量化考核教育管理。每学期开始,德育积分档案库中,给定每位学生的德育基础分为60分,预设每一位学生都是思想道德品质合格的学生。学生通过自身的实际表现,由班主任、年级组长、德育科按照《学校德育积分管理细则》,登录学校德育积分网络平台记录,加减、统计每位学生的德育积分。学校将每位学生的德育积分作为学生德育考核,并进行学生综合测评。与学生评优、奖学、助学、升留级、学生干部任用等评价挂钩。如获评优、奖学标准的学生其德育积分应在80分以上,无处分。助学标准除按照学校相关制度执行外,学生的德育积分应在60分以上,无恶性违纪行为。对德育积分低于30分的学生,学校将其列入希望班(业余制组班),加强日常行为规范专题教育。对德育积分低于0分的学生,学校将联系家长予以试读或劝退处理。学校要求每位教职工应根据接触了解到的学生行为表现,对照《奉贤中等专业学校学生德育积分考核标准》的考评细则,每学期填写6张以上"德育积分通知单",上报德育科。德育科通过统计、记录,了解教职工对"全员育人"的贯彻情况,解决有关问题。德育积分也是每年对教职工进行教育教学工作考核的依据之一。

2000年,上海市振华外经职业技术学校制定品行分操作细则在校本部实施,2004年修订部分内容在三个校区实施。这一评分方式作为加强和改进德育工作的切入点。2000年学校制定品行分操作细则在校本部实施,2004年修订部分内容在三个校区实施。2008年学校进行综合学分制的探讨,重新审视德育评价体系,对学生品行分的设计,注重将学生的思想品德的考评具体化、规范化和可操作化,重新制定考核方案和考核办法,并着手在全校范围内推广实施。思想道德操行学分围绕思想品德、行为规范、集体观念、青年志愿者行动及主题教育等维度进行考核。由德育处、年级组、班主任、班级德育学分监督员(班长)共同具体操作。将学生的思想品德操行以相对科学的量化标准来评价,同时与学生的学业升级、毕业等有效挂钩,综合、全面地考量学生的成长。思想品德操行学分是综合学分的一部分,总分为 200 分,每学期评定一次,最后按学期数平均计算,分优秀、良好、合格、不合格四个等第。每学期学生思想品德操行评价以 160 分为基准分,评定根据学生日常行为规范,依据品行分实施参考标准,采用学生日常行为违规违纪扣分和奖励加分相结合计算。平时记录,每月小结,学期末进行思想品德操行学分总评。学期总评要求各班级对考核与评定工作进行讲评,公布本学期学生现实表现情况(考评记事本),发放《振华职校学生德育学分考核与评定登记表》。每学期学生个人德育学分积分占 70％,评议分占 30％,其中学生自评、本班学生集体评议、班主任评议各占 10％。年级组、德育处负责全校学生学分的核对,对"考评"进行监督和解释。对思想品德操行学分不合格者,学期结束德育处另发学分告诫单告知家长。定期召开学生培训班,通过批评,加强反省,认识不足,并对这些学生开设公益服务岗,鼓励同学参与校园公益劳动,通过做好事来弥补所扣学分。由于品行分的实施是以班级为单位的,在操作过程中强调注意对学生评价的科学性、具体性、全面性,注意自评和他评相结合,注意定量和定性相结合。强调各班可根据班级情况进行调整,鼓励方法的创新。

第七节　心理健康教育及其他专题教育案例选介

一、心理健康教育

2001 年上半年,心理热线网站开通。"心灵相约"和"心情驿站"栏目提供的远程心理互动等服务项目,"天生我才"栏目,刊登三校生岗位成才的事例,激励广大中职学生立志成才。网站从重视和培养学生的心理健康自助意识和自助能力出发,专门针对现代中职学生的身心特征,开设相关专题的心理讲座和各种类型的心理测试,设置"挑战自我"栏目,帮助中职学生在学习之余放松心情,开发智力。

2006 年 2 月,民航上海中等专业学校的学生会新成立一个部门——心理卫生部,每班设置一个"心理卫生员"的新班委职位。心理卫生部的工作职责是负责宣传心理健康知识、组织心理卫生方面的活动,心理卫生员则是具体活动的参与者与实施者。心理辅导老师每 2 周一次对这些心理卫生员进行定期培训,他们主动和班级里"问题学生"交朋友,以自己的行为和技巧矫正这些同学的偏激想法和行为,为他们带来关心和温暖。

2007 年以来,上海海事大学附属职业技术学校将心理健康教育融入学校的德育工作。一是学校的心理健康教育是与班级的日常运行、团委学生会的活动乃至学校各项教育活动紧密结合在一起的。二是心理健康教育与职业指导相融合,对二年级学生开展职业素养培训,帮助学生顺利地走向面试和实习岗位。就业办邀请企业界的人力资源主管向学生介绍各行各业的发展前景、就业形势和有关方面政策,帮助学生从多方面了解就业信息;邀请企业界成功人士介绍自己的职业成功经验;提供各种就业服务,为毕业生提供用人单位真实可靠的信息与资料,做好毕业生的推荐实习工作。心理辅导室组织职业素养培训课程,向毕业生介绍面试、求职等方面的经验和技巧。三是课堂内外的有机结合。学校把心理健康教育课程分三个阶段:第一阶段,针对学生就读职校的自卑茫然的状况,教学目标是:悦纳自己,树立自信,养成良好的学习和行为习惯。第二阶段,教学目标是:让学生了解自己的职业个性心理特点,了解未来职业岗位对从业人员的职业素养的要求,激发主动塑造自身的良好职业素养的积极性。第三阶段,针对学生择业心理定位不准,求职面试心理压力,教学目标是:调整心态、发现问题、学会方法、积极应对。

2006 年以来,上海新闻出版职业技术学校心理健康教育力求实现"三化"。一是心理教育对象全面化。学校不仅重视学生的心理教育,还开展一系列针对教师及学生家长的心理健康教育活动,做到心理教育的全方位,全面化指导。二是心理教育过程规范化。学校从机制运行、教师配置、课题研究等几个方面保证心理健康教育的有序正常开展。课题研究与学校的实际紧密结合。每一届新生入学,就为其建立个人心理档案,针对学生的实际情况对症下药,采用科学有效的方法进行干预。档案的建立主要是采用三份心理测量表的形式,即"症状自评量表(SCL—90)""16 项人格因素问卷(16PF)""家庭环境测量量表(FES-CV)"。在心理测量初步统计的基础上,经过专家对数据的处理整合,撰写开展心理健康辅导推进素质教育调研报告。三是心理教育方式现代化。学校建成完善的心理教育网络,主要有心理咨询辅导中心、心理咨询热线、开设"三网"即校园宽带网、校园广播网、闭路电视网,抓好心理健康教育工作。

从 20 世纪 90 年代以来,上海市第二轻工业学校心理健康教逐步积累一些经验。其一,专项资金投入心理健康教育,包括场地、设备、设施,相应比较完善。其二,较早将"心理健康"课程纳入教学体系,并拥有一支专兼职结合的心理健康教育教师队伍。其三,依靠心理老师和有关专家,对班主任进行专门的学生心理健康教育培训和指导,提高班主任工作艺术。其中班主任沙龙是一大特色。其四,在学生中开展同伴辅导,开展不同层次的心理健康教育活动,进一步发挥学生自身在心理健康教育中的自助、互助作用。其五,加强任课教师的心理辅导,多方营造全员育人氛围。其六,以家长沙龙为家长学校的主要形式,结合传统的家访、告家长书等,改善家校沟通环境,引导家长创造和谐的家庭教育沟通环境。其七,借助社会资源,开展多种形式的心理健康教育,凝聚教育合力,促进学生健全人格的形成。

至 2010 年,上海工业技术学校创新多种心理教育形式。主要形式有:心理辅导课列为必修课,共 46 课时;组织专题培训和团体辅导;各班设立心育员、成立学生社团——心晴社、创刊《心灵港湾》共 45 期;每学期开展心理宣传周活动;建立学生心理档案,接受学生个别心理咨询和辅导;组织两届校园心理剧大赛、演讲比赛及"关注健康 积极快乐生活"辩论赛、开展就业心理指导工作;承担建设部"儿童心理行为问题的干预模式的研究"项目"网络成瘾干预研究"子项目的研究;"团体学习心理辅导中积极心理学原理的应用研究"等心理科研工作。学校在不同阶段确定组织各个主题教育的内容,由职能部门向学生发布招募信息,成立学生志愿者队伍,职能部门再对学生志愿者进行专业培训和考核,考试合格的志愿者即可担任小老师,在学校的统一安排下走进教室,在课堂中对同学进行专题宣传,开展不同主题的同伴教育活动,宣传的形式有知识讲解、案例讨论、游戏互动、体验感悟等等。

二、行为规范示范校建设

上海市南湖职业学校通过"三维渗透"提升学生素养。一是开展丰富多彩的传统文化教育活动,通过每日早自修的《弟子规》经典篇章早读、全校性的集体朗诵比赛、经典书目演讲比赛等活动形式。二是结合专业特点开展"妆容美、服饰美、姿态美"的专题讲座,引导学生提高审美情趣,大力提倡学生们穿职业装、化职业妆,正确装点自己健康的外貌仪表。此外,学校积极引入现代企业的管理模式,在班级中积极试点推行公司化班级管理。学校引入 6S 管理进校园,工作推陈出新,制定《南湖职校教室 6S 管理标准》,从班级教室环境布置、各类物品摆放、个人仪态仪表到班级管理的各项操作流程等方面进行严格规范;各个班级门口都挂上学生自己设计的整齐划一又极具专业特色的班牌。实习、实训管理突出"细、小、实"。为每位实习学生建立实习联系手册和记录档案,三是开展具有南湖特色的"分级分段分层"的修身微课教育,构建课内与课外、理论与实践相结合的修身微课特色课程。一年级侧重于行为习惯、文明礼仪的养成,从礼仪、安全、沟通等7个方面编写微课;二年级侧重于职业素养的培养,编撰《职业素养案例集》。

2006年以来,上海市临港科技学校通过课程学习、主题教育、实践活动等模块,使学生行规教育活动有效地开展。课程学习:通过必修课、专业课、综合课和心理教育等课程的学习,在教学中采用思想渗透、方法渗透、内容渗透等形式,对学生进行行规教育。主题教育:通过德育课、主题班会、日常德育活动等对学生进行行规养成教育。结合学校专业特点,以服务为宗旨、以就业为导向,各班开展职业生涯规划主题教育活动,形成各年级、班级的阶段性德育目标,从而达到"乐业、勤业、敬业"的三、四年级德育阶梯目标。实践活动:学生会、团支部在不同阶段开展有针对性的社会实践活动,让学生在实践中扩大视野,开拓思维,发展个性,塑造健全的人格。

三、艺术育人

上海市杨浦职业技术学校从2005年以来,致力于开展民族艺术教育。学校各个专业中,艺术课程是必修课程。分专业开设音乐、美术、艺术课。在综合高中课程中,设置每周一节的民族艺术欣赏课。在专业建设中拓内涵,如音乐、美术课中包含经典民乐、民歌、民族戏剧、民族舞蹈的欣赏和中国画、书法艺术欣赏的内容;茶艺课中包含中国茶艺文化起源等内容;在烹饪课中包含中国饮食文化中的食品雕刻等内容。学校还利用选修板块开设艺术课程,呈现出艺术课程的多样性和选择性。学生在普遍达到艺术课程基本要求的前提下,实现对艺术课程各个学习领域的自主选择与提高,开设的艺术课程有茶艺、艺术串珠、十字绣、绒线编织等20多门。学校每学期开展有关弘扬和培育民族精神教育的主题班会活动,以感知体验式教育为基本途径,根据学生不同专业特点,精心设计开展内容鲜活、形式新颖、结合专业、吸引力强的民族精神教育的主题班会。例如2006级动画班,在2005年纪念抗日战争胜利60周年时召开"牢记历史、展望未来"的主题班会,激发动画班的同学努力学好专业。

2005年以来,上海戏剧学院附属舞蹈学校采取多种途径推进德育工作。针对学生年龄参差不齐,心智发育水平差距较大情况,采取的方法是"分",即分开备课,分开教学,分类施教。作为住宿制学校,针对刚开始独立生活的新生以及缺乏自理能力的低年级学生,班主任和生活老师会手把手地教他们学会自立。针对这种轻文重艺的现象,采取的方法是"合",即合力、合作。业务教师在基训、排练、演出等几个环节重点注意学生艺德行为,如基训阶段,要关注学生怕苦怕累的思想露头;排练阶段,要注意学生争角色、上者骄傲下者灰心以至妒忌等不良情绪的产生;演出阶段,要监督学生在公共场所的礼仪、纪律和公德表现。专业教材与德育教材不能同步,学校采取的方式是"放",即开放。为增强学生的社会责任感和使命感,组织学生赴宝钢、入警营学习考察;请辛丽丽、黄豆豆等著名的舞蹈家和校友给学生讲自己的成长史;举办以弘扬先进、增加集体荣誉感的"优秀学生夏令营";积极参加中职德育研究会、青年报社、学生导报社等主办的"我爱我的祖国""学会感恩"等各类征文比赛,提高学生的综合素质。

上海市医药学校学校每三年制定《上海市医药学校艺术教育三年发展规划》。2000—2003年为普及阶段,美育课程作为公共必修课列入学校各专业教学计划。在各年级开设每周2课时的艺术欣赏必修课,使每一位学生得到艺术基础理论的教育;在选修课部分,开设礼仪与形体、摄影、影视表演、器乐等20多门艺术选修课,发展学生个性和特长。2004—2006年为提高阶段,通过设置艺术类专业,引领学校美育工作健康、快速发展。学校先后开设工艺美术、群众文艺和动漫制作等艺术类专业,艺术类专业毕业生广泛地受到用人单位和社会的好评,不少同学已成为单位的文艺骨干和工会干部。学校艺术团队建设也有迅速发展,学校合唱团、管乐团、龙狮舞队、健美操队、金山农民画、心理剧等多次参加市、区和职教系统比赛,获得一、二、三等奖50多次。在"爱我中华"杯全国第二届校园舞蹈比赛中,校艺术团队一举夺得7项大奖。2007年起美育回归普及阶段。学校在坚持全校学生广泛参与的"班班有歌声""班班有舞蹈""班班有绘画""班班有心理剧"等4大主题活动和每三年举办大型学生艺术节为学校普及美育的主要形式的同时,在医药营销专业举办一个群众文化(歌舞方向)特色班。

从2006年开始,上海市工商外国语学校在整个学年中有4个月的时间连续安排大规模的各类学生文化艺术活动。开展丰富多彩的文体表演和比赛,寓教育于活动之中。学校以艺术教育为切入点,转变行为偏差生,为他们提供增强自信、展示才艺的舞台。通过艺术美的熏陶,以及合唱训练、诗歌朗诵等团队表演来引领他们,让他们感受集体合作的力量和精神,取得良好的效果。学校每年精心开展丰富多彩的社团活动,如记者团、舞蹈队、合唱队、书法社、排舞队、广播台、民乐团、礼仪队、外语俱乐部、动漫社、摄影社、书画社、文学社等共十几个社团,并有计划、按比例吸纳一些"问题"学生,对其进行跟踪教育,采取扩大优点、公开表彰等赏识教育方式,帮助学生树立自信,增强成就感。

从2007年开始,上海市新陆职业技术学校主要在4个方面的艺术教育活动中渗透德育内容,不断提升特色专业学生的人文素养。第一,加强专业技能课。幼师保育专业设有音乐、舞蹈、钢琴、美术、手工制作等艺术教育类课程。教师也会在课堂上适时切入行为规范教育和民族精神教育等德育内容。第二,开展技能大比武,学校每年都要举办一次全校性的专业技能大比武,包括绘画、手工、钢琴、声乐等14个项目,其中大部分为艺术类。学生在报名、训练、参赛过程中,不但组织协调能力和专业技能得到提高,而且团队合作精神、为人处世之道、文明礼仪、艺术修养以及健全人格和自信心等也同样得到培育。第三,组建艺术社团。学校通过团委、学生会等学生组织积极组建7个艺术类学生社团,从起名、收集资料、拟定章程、招募社员到策划、安排活动到组织展示,都由学生自主完成。学生在校内外举办、参与各种活动,既展示学生的艺术和礼仪风采,又推进学校与社区的精神文明建设,也提高学生自我管理的能力。第四,参与大型活动。2007年,学校幼师保育专业的所有学生参加在浦东世纪公园举行的"国际小丑节"活动,和国际艺术大师们进行零距离的接触;2008年,学校舞蹈社学生在专业教师的指导下,参加新区学生艺术节活动,3个节目分获各类别的特等奖。通过这些活动,学生的行为规范意识、集体荣誉感和团队协作精神有很明显的增强。

上海市董恒甫职业技术学校从2008年开始,建立班主任才艺教育教案编写制度、班主任才艺教育论坛制度、才艺教育定期工作汇报制度、才艺教育巡回听课评估检查制度。在庆祝建国60周年之际,举行首届学生"才艺节"综合展示。才艺教育的成效:才艺教育是班主任抓班级管理,形成班级集体凝聚力的一个重要抓手和有效平台;班主任的育人育德水平在才艺教育实施过程中实现学生的共同成长;发展和培养学生广泛的兴趣爱好,有利于行为习惯的转变和学习兴趣的激发。

四、其他专题教育创新实践

2005年以来,沪东中华造船集团高级技工学校在加强法制教育、预防青少年学生犯罪,建立良好的学校周边环境等方面,进行一系列的探索和实践,学生违法犯罪率逐年降低。一是加强对教师的教育,切实加强对教师的师德培训,加强班主任工作管理,努力建设一支高素质的知法、懂法、会用法的德育教师队伍。调动家长在法制教育中的积极性,学校每学期召开家委会,开办家长课堂,在与家长交流教育学生有效方法的同时,指导家长重视家庭教育,学会正确的教育方法。二是确保法制教育的实效。在对学生的奖惩中依照《学生管理制度汇编》中有关规定操作。学校非常重视法制教育课程的教学工作,教师全部做到持证上岗,并利用以课堂为主渠道来强化法制教育,学校根据依法治校的有关要求,严格按照法制课教学的计划、大纲、教材和课时,对每届学生都实施系统的法制教育。四是注重解决特殊矛盾的原则。针对一些"特殊"学生,落实帮教措施,建立预控生制度。针对技校学生违法违纪率相对较高的现状,学校开展党员教师与预控生"一帮一"结对帮教活动,使每个党员教师与预控生之间建立联系。对一些在校表现差、来自问题家庭、校外关系比较杂的学生,则在采取重点盯防措施的同时,对他们给予更多的人文关怀和心理疏导。即使对个别因为一时冲动在校外犯案,被判缓刑的学生,学校也不轻易地开除或劝退,由党支部书记和副校长亲自与他们结对进行帮教,这些学生通过中级工的技能鉴定,为他们踏上社会、走上岗位奠定良好的基础。五是充分发挥板报、校刊、橱窗等宣传媒体的作用。每学期学校还组织学生到少管所、提篮桥监狱等基地进行参观,使学生受到形象生动、潜移默化的法制教育;每学期的法制宣传周活动,学校都会组织学生观看法制教育录像,举办法制讲座、学法征文、"法在我心中"演讲比赛、学生模拟法庭、法律知识竞赛、学法小品比赛等,都是开展德育的有效方法和途径。

上海信息技术学校的诚信教育始于 2008 年,这一教育是从学生道德认识发展水平出发,解决"知行合一"的问题。其一,诚信承诺签约。签约活动的立意在于培养学生遵守承诺、践行诚信的意识和行为。从 2004 年开始,学校在学生手册中,将中职生行为规范标准作为学生行为规范的基础标准,告知全体家长和学生。同时对未满 18 周岁的一、二年级学生,组织学校、家长、学生三方共同签订《上海信息技术学校与学生及学生家长的承诺书》;与三、四年级学生签订《学生自律协议书》。承诺书和协议书既明确学校、学生及学生家长三方的权利和义务,同时又使学生明确责任、权利与义务。明确自己的诚信目标和行为准则,使他们理解责任、权利与诚实守信的重要性,为在今后的日常生活中"践约"奠定思想基础和行为准则。其二,建立学生诚信档案,学生诚信档案是对中职生在校学习期间的基本信用状况和遵守承诺情况(诚信度)进行真实、客观描述的文字材料。它既是一种写实性的客观记载,又是一种能比较全面反映学生真实情况的激励性评价机制。它与传统学生档案的区别在于:它是专门记载和评价学生在校学习期间的诚信情况(包括基本信用状况和遵守承诺情况)的文字资料。它收集的资料以学生自己的承诺为前提,以学生对诚信承诺的执行情况为基本内容。学生诚信档案在诚信教育过程中,实际承载"诚信积分储蓄"和"积分操作平台"的载体作用,通过这个载体,学生既可以自觉地"有所为",认真履行自己的承诺,从而为诚信加分;亦要为自己的"不作为"或不诚信行为承担后果。其三,构建诚信测评体系。对学生诚信评价分为三种形式:形式一:实践过程中的形成性评价,它是通过具体的"一事一议"的加、减分实现的,是一个累计积累的过程。"加、减分"既包含对学生诚信行为的激励,更有一定程度的惩罚,通过这个积累过程,对学生诚信行为的养成进行不断的刺激和引导。形式二:每学期期末学期诚信等级评估。形式三:学生毕业时总结性评价,为每个学生颁发《上海信息技术学校学生诚信等级证书》,作为用人单位录用学生的参照依据之一,主动将学校诚信教育与社会诚信体系建设接上轨,接受社会监督。

上海工商信息学校于 2003 年开展"青春健康国际合作项目"试点工作。根据当代中学生的生理、心理特点探讨其青春期遇到的困惑与成长过程中专注的问题,指引其走出误区,树立正确人生观。首先,学校做好前期调查工作,深入了解目标人群在青春期面临的问题和困惑。其次,加强宣传,通过各种途径搜集青春健康教育的材料,通过板报、校园广播台等向学生进行宣传,开辟出一块青春健康教育大家谈园地,就不同时期的主题课上所学的知识谈课后感。同时组织学生参观上海青少年活动中心的青春健康教育巡展。建立青春健康项目的活动档案,将每次活动的教案、教具、原始材料等整理归档。学校还通过课堂教学,进行系统教育。其三,组织教师培训,提高专业理论知识。学校在试点工作开展期间举办为期两天的由班主任、医务老师、德育管理干部近百人参加的"青春健康教育"培训班。其四,开展咨询工作,做好个别辅导。青春健康教育开展近7年来,成效显著。

从2005年以来,上海市航空服务学校以培养面向机场、航空公司和各类服务行业的现代服务型人才为目标,以"礼仪先行塑造形象美""人文精神塑造人格美""艺术教育营造心智美"三位一体作为德育工作的主旋律。其一,礼仪先行。上好礼仪形象课是学生踏进校门的第一课。学校从引导学生关注自我形象开始,对服装、发型、饰物、化妆,进而到站、立、走、坐、蹲、言行举止的各种行为姿态,直至待人接物的礼貌礼节,都制定统一规范,并专门制定一本《仪表仪容规范手册》,要求学生对照实行。此外,学校还十分注重为学生创设礼仪学习和实践的机会,自2005年以来,该校学生连续四年应邀参加市人代会的礼仪接待工作,达170余人次,他们的出色表现得到高度评价。其二,人文精神铸造人格美。通过语文、英语等课程进行传统文化教育和世界优秀文化教育。学校每学年举办一次唐诗宋词背诵大赛,获奖者都能熟练背诵比赛规定的上百首古诗词。还利用假期组织学生进行文化考察活动,为他们提供体验异域风情的机会。其三,艺术教育营造心智美。学校艺术教育坚持课内与课外相结合,普及与提高相结合,面向每一位学生,既有普及性欣赏课、课外活动课,也有提高性的艺术特色班。学校配备音乐、美术、书法、形体舞蹈、礼仪、影视教育等专职艺术教师12名,兼职教师5名,开设必修、选修、讲座等艺术课程,艺术教育覆盖各专业。学校还每年举办一次艺术节。

2008年以来,上海船厂技工学校将"通识"性的行为规范教育与行业企业安全文明生产、岗位操作规范的教育有机结合,以强化对学生的职业素养培养。学校在行为规范教育中,着力做好几方面的工作:一是坚持不懈做好面上的宣传教育工作。新生入学之际,入学教育的内容之一就是进行安全文明生产的培训;每学期实习实训的第一课题必须是安全文明生产及操作规程教育;实习实训期间,根据实习课题的安排,要求学生结合自己的实习内容小结心得体会。二是强化督查和指导,企业安保部门、学校管理层、教务处及学生处等职能部门都需不定期进行督查,内容涵盖师生劳防用品的正确着装、工量具摆放、操作姿态、环境、清扫等等。在督查过程中发现问题,根据企业"三不放过"原则,及时整改,严肃处理。三是加强感性认识,掌握正确操作方法。船舶制造类工种都须组织学生到生产现场参观生产过程,了解船厂及船舶制造的生产组织模式、作业特点,增强学生的直观认识。实习中学生首先必须学会电焊、气割等操作的规则、要领,正确安装使用焊机、气瓶、表具、管路及工具,处置意外等等。四是积极做好船厂特有工种上岗培训。船舶制造类、电工类专业工种在进企业顶岗实习之前,都要安排特种作业上岗培训,保证今后在企业工作时持证上岗。五是配合企业进行行业特种作业的安全生产教育与三级安全教育。目的是要使学生在一种带有强制性教育的氛围中,逐渐养成安全文明生产的习惯。

从2005年开始,上海市聋哑青年技术学校在传承民族优秀文化和传统美德方面进行一些探索。一是学科教学重渗透。各学科教师在平时的教学过程中除结合本学科内容渗透民族优秀文化和传统美德外,还以自己的实际行动引导聋生学会宽容,与人和谐相处。二是校本教材重激励。学校经常邀请全国自强模范（如戴目、洪泽）和上海市自强明星来校现身说法，为学生作报告。此外，还组织有关教师搜集整理在校优秀聋人教工和在校优秀学生以及优秀毕业生共49人的先进事迹，编印成校本德育教材《创造辉煌——聋青技校自强者之歌》。三是以聋生的日常行为为抓手，由各个班级负责包干保洁。在潜移默化中培养聋生的社会责任感和勤劳的习惯。四是开展主题活动。学校以校会、年级会、班会为主阵地，对学生开展以"十爱十讲"为主题的教育活动和系列法制教育。五是发挥校园文化的熏陶作用。在综合楼、教学楼的走廊和楼梯口以及学校食堂悬挂精美的美术作品和古今中国名人名言，学校还成立学生艺术团、小记者团、篮球队、口语朗诵、版画创作等深受学生喜好的学生社团和课外兴趣小组。六是注重仪式教育。在升旗仪式唱国歌时，采用的是手语歌的形式。开展的18岁成人仪式、学生入团宣誓仪式和入党宣誓仪式等活动，过程中融进情感、内化升华。七是开展社会实践。班班成立志愿者为民服务队，开辟近200个德育基地，长桥敬老院、凌云街道、上中路幼儿园等地都时常可见该校学生为民服务的身影。

第二章　高等职业院校德育与素质教育

第一节　概　　况

上海高等职业院校开展德育方面工作,都根据党和国家对大学生思想政治教育和推进素质教育的总要求来进行。1987年《中共中央关于改进和加强高等学校思想政治工作的决定》发布,1994年又颁布《爱国主义教育实施纲要》和《中共中央关于进一步加强和改进学校德育工作的若干意见》,1999年召开全国教育工作会议并颁布《中共中央、国务院关于深化教育改革,全面推进素质教育的决定》,上海各高等职业院校为使党和国家的文件精神能够落到实处,都与时俱进地制定具体的实施方案。上海电子信息职业技术学院2010年上半年提出"六个一"的职业素质教育工程(实施一项职业目标行动计划,打造一支专业指导教师队伍,每年举办一届学生职业技能大赛,开展一系列职业理念教育活动,新建一批学生职业类社团,打造一种真实企业车间生产场景),把思想政治教育与职业教育有效结合起来,把理想和道德教育与丰富多彩的主题活动结合起来,并着力挖掘上海举办2010世博会所蕴藏的丰富教育资源;当年下半年,该学院就先后有近300名学生直接参与世博园内的服务工作,不仅在校园内外开展世博志愿系列活动,还将学生顶岗实习等专业训练与直接服务世博结合起来。

2005年7月,中共上海市科技教育工作委员会、上海市教育委员会还专门印发《加强上海民办高校大学生思想政治教育的若干意见(试行)》的通知,指出大学生思想政治教育的核心内容是"树魂立根",即突出热爱中国共产党、热爱社会主义之"魂",突出以爱国主义为重点的民族精神之"根"。要进一步推动邓小平理论和"三个代表"重要思想"进教材、进课堂、进大学生头脑"工作。要从国家意识、文化认同和公民人格三个层面广泛开展民族精神教育,增强大学生的民族自信自强意识和爱国主义精神。要针对民办高校大学生的特点,着力开展以培养良好学习习惯和文明言行为主要内容的养成教育。加强民主、法制、纪律和社会公德、家庭美德的教育,培养民办高校大学生独立思考和自律能力,树立科学的世界观、人生观、价值观。要探索建立以德育为核心的人文素质教育体系,全面提高民办高校大学生的综合素质。要开展民办高校大学生职业发展教育,通过进行职业生涯规划指导,对学生进行"人人都能成才"的成功教育。要将职业发展指导作为学生人生指导的重要内容,加强职业道德建设,提高学生的综合素质与能力,尤其是较强的动手能力,引导学生树立正确的事业观、择业观和创业观。要加强心理健康教育,引导民办高校大学生人格发展。要及时了解学生的心理健康状况,做好大学新生的心理测试,建立和科学利用学生心理档案。健全大学生心理健康危机预警机制,重视对心理问题高发群体的预防和干预,提高学生抗挫折能力。结合生命教育、职业发展教育,充分运用各种现代教育手段,开展发展性心理健康教育,引导大学生人格全面健康发展。

教育的主要途径和方法是:其一,思想政治理论课是大学生思想政治教育的主渠道。民办高校要及时了解、掌握思想政治理论课的最新成果和发展动态,把握教育方向,推进思想政治理论课教学工作规范化建设。要立足大学生关心的热点和难点问题,为大学生释疑解惑。要加强思想政治理论课教学研究,增强教学内容的针对性,促进教学相长。要加强实践环节,引进并使用现代化教学手段,提高思想政治理论课的针对性、有效性和吸引力、感染力。要加强和改进民办高校的形势政策教育。将形势政策课纳入教育教学的总体安排,做到有固定课程、固定师资,有学分。要引导学生关心国际、国内时事,关切国家和社会发展,关注国情、市情、社情、民情。民办高校党政领导要亲自给大学生作形势报告。其二,民办高校党组织要加强自身建设,充分发挥各级党组织和全体党员在大学生思想政治教育中的政治核心作用。坚持党建带团建,充分发挥共青团、工会、学生会、社团组织的积极作用。党组织应高度重视在大学生中的组织发展工作,进一步规范学生党员发展工作程序,在"早选苗、早培养、早考察、早发展"的基础上,坚持标准,保证质量,扩展力量,把优秀大学生吸纳到党组织中来,加大党员发展力度,提高党组织在大学生中的影响力。其三,要大力加强校园文化建设,形成良好的育人环境。校园文化是全方位育人的重要环节,对培养大学生起着潜移默化、熏陶感染的作用。民办高校要有计划地组织健康向上的学术、科技、体育、艺术、娱乐活动,把高雅艺术引入校园,将德智体美教育结合起来,寓教育于文化活动之中。要把开展"升国旗、奏国歌"活动和传统节假日、重大纪念日、开学典礼、毕业典礼等重要节点,作为文化素质教育、爱国主义教育、传统教育、集体主义教育的契机,形成制度。要加强对社团的指导,引导青年学生积极参加社团活动,使社团成为大学生全面素质教育的重要途径和校园文化建设的重要力量。要加强学校文娱、体育活动场地和校报、广播电视等文化设施建设和管理,形成良好的舆论、人文环境。其四,要深入开展大学生社会实践活动,设立专门机构负责社会实践的计划安排、组织管理、检查评比等工作。要努力把社会实践与专业学习、实训实习、社会服务、勤工助学、择业就业结合起来,培养大学生的劳动观念和职业道德,增强他们的合作精神和社会责任感。民办高校应组建大学生志愿者队伍,组织学生参加志愿服务和公益活动。要重视社会实践和实训实习基地的建设,确保学生在社会实践和实训实习中的安全。民办高校要普遍组织大学生进行军训。其五,加强网络的建设和管理。民办高校要充分发挥现有网络资源优势,立足主动建设,建设一批集思想性、知识性、趣味性、服务性为一体的网站,努力增加校园网的健康有益信息,为大学生的学习、生活、成长提供良好服务。民办高校领导应高度关注大学生在网上的信息动态,将网络作为与大学生交流沟通重要渠道,解决大学生提出的问题。同时,要加强网络管理,有效防止有害和不健康信息在校园网上的散布和传播。其六,加强大学生心理健康教育和引导。各民办高校要设置专门的心理教育和咨询机构,按1∶3 000配备专兼职心理健康教育教师,对大学生进行心理健康教育和咨询。要大力加强教育教学和学生工作中的心理教学和疏导工作,探索建立与大学生家庭联系沟通的机制,培养大学生良好的个性心理品质和较强的心理调适能力。对心理和行为存在明显偏差的大学生要及时辅导和矫正,使学生掌握科学有效的心理调适方法,消除心理困惑,提高承受和应对挫折的能力以及自我教育、自我管理、自我服务的能力。其七,建立大学生职业发展教育与德育工作相结合的新机制。各民办高校要坚持"以市场为导向、以学生为中心、以服务为载体、以教育为目标"的工作方针,把职业发展教育作为学生职业生涯规划和人生指导的一个重要组成部分,贯穿于高职教育的全过程,将学校的人才培养和社会需求紧密结合。要设立大学生职业发展教育机构,开设职业发展教育课程,有专业教师对大学生进行个别辅导。《意见》还就"建设一支高素质的大学生思想政治教育工作队伍"和"加强领导和制度保障"提出具体要求。

第二节　案例选介

一、开展素质教育

2000年以来,上海医药高等专科学校充分利用原上海交通大学医学院(原上海第二医科大学)

的各种教育载体和资源,实施综合素质教育。学校广泛开设多种形式的、面向学生的讲座,各类学生社团遍地开花,多种校园文化活动色彩斑斓,学生自排自演的话剧和舞蹈队演出深受教委和市卫生局好评,暑假大学生社会实践考察和调研活动硕果累累,2004年、2005年分别获得二医大二等奖。除了思想德育素质教育外,学生党建工作和三级党校的蓬勃发展引领学生向更高的人生目标奋进。一大批提高职业素质的课程已进入学生的课表:人际交流、创业与职业指导、专业外语、技能实务考证等课程贯穿于各专业的教学过程。学院非常重视学生的现代化技能素质的要求,高职高专应用外语考试(PET)通过率达100%,大学英语四级考试(CET-4)通过率达70%以上,大学计算机一级考试通过率达95%以上。

上海财经大学职业技术学院建院伊始就十分注重学生的素质教育,多管齐下,注重从五个方面培养学生素质:一是注重学生党员模范作用的培养。学生党支部组织学生党员和入党积极分子积极开展形式多样的组织生活,不断端正学生党员、入党积极分子的入党动机,坚持开展批评与自我批评,在鞭策和监督中不断提高学生党员和入党积极分子的综合素质。进一步规范和严肃党员的发展程序,根据上级组织的相关规定和要求,结合学院的自身特点,摸索出一套较为完善的发展学生党员的方法,保证发展党员的质量。2004届的20名党员和预备党员中有16名被同学们民主推选为市级或校级优秀毕业生,2005届的7名预备党员更是同学们交口称赞的楷模。二是注重学生行为规范的培养。"不依规矩不成方圆",为规范学生的行为,制订《学生手册》《学生辅导员助理评选方案》《学生干部奖惩条例》《学生社团管理办法》《学生会章程》以及各学生社团章程和各学生组织工作细则等。并根据实际情况不断进行修订。使学生的行为有法可依,使学生的活动有章可循。另外,进一步完善学生干部考评和奖惩条例,对于学生干部的工作和行为也都有考评和奖惩的客观依据,最大程度上规范学生干部的行为。三是重视学生干部工作能力的培养。要求各学生组织定期召开例会,一起商讨和决策工作中存在或出现的问题。要求学生干部承担起学生活动的大部分工作,积极鼓励和启发学生干部在工作中大胆创新,在活动中锻炼自己、提高自己,使学生干部发挥的作用更加突出。学院分团委、学生会四年来积极组织和参加院、校的各项活动,在运动会、"蓝园杯""金翼杯"等各项大型活动中均取得优良的成绩。四是重视学生专业实践能力的培养。学院先后成立会计实务研究会、市场营销协会、"行者无疆"旅游协会等3个学生社团。指导开展各种与专业紧密联系的各类活动,使理论与实践有效结合起来,真正发挥出学生社团的作用。开展的希望工程和山区经济调研、三个代表和非典后续影响调研、宾馆实务调研、企业会计调研、大学生志愿者服务西部调研、参军激励机制调研6个项目,先后荣获2002—2004年上海大学生社会实践活动优秀项目奖。五是重视学生社会责任感的培养。在原有学院志愿者项目基础上成立青年志愿者服务队,积极鼓励同学们参加各项社会活动,并在学生的各项奖励政策中给予引导,使志愿者服务与学生干部、入党积极分子考评挂钩。经过志愿者们的努力,"扶贫济困,关爱他人"捐助安徽金寨困难学生和"兴家"为残疾人子女义务家教两个项目荣获2002—2003年度校精神文明十佳好事,"扶贫济困,关爱他人"捐助安徽金寨困难学生的活动还荣获2002年上海教育系统社会主义精神文明十佳好事提名奖。"兴家"助残义务家教队还荣获市残联优秀志愿者服务队称号。

上海医疗器械高等专科学校多渠道开展素质教育。渠道一:以党建为抓手积极开展思想政治教育。发动学生积极向党组织靠拢,开展系列主题活动和团日活动;以推优、评优活动为抓手,对学生进行德育教育;探索党员和入党积极分子培养教育机制,学生入党前需接受班级党章学习小组、系业余党校、校业余党校三级培训。渠道二:以社会实践为载体培塑学生感恩意识。学校多次获上海市优秀青年志愿服务集体,杨浦区优秀团支部、优秀志愿者团队等称号。渠道三:以科技文化活动为平台锻炼能力素质,有组织、有计划地开展各类科技文化活动,开阔视野,展示才华。2009年该校学生获全国职业院校技能大赛3G基站建设维护及数据网组建技能比赛一等奖;全国职业院校技能大赛电子产品设计与制作技能比赛三等奖;全国高职高专大学生企业经营管理沙盘模拟技能大赛上海赛区一等奖和二等奖。渠道四:以就业为导向开展职业生涯规划教育,提高职业生涯和就业指导的针对性。

二、以学生为本

2001年以来,上海工艺美术职业学院贯彻中共中央《关于进一步加强和改进学校德育工作若干意见》的精神,坚持以人的发展为核心。围绕学院中心工作,有效开展精神文明建设,对学生德育工作进行认真地探索和改进。第一,结合学院实际,各部门制订岗位德育职责和德育工作计划,在学院里努力营造一个"全院教职员工人人都是德育工作者"的氛围。第二,建立较为齐全的学生德育工作管理机制,充分发挥各部门作用,全方位多渠道推进德育工作,把学生思想政治工作落到实处。学院制定德育工作大纲及其实施细则等。通过开展召开主题班会、党课、讲座、纪念日活动,将爱国主义和革命传统教育融入活动之中;团委组织志愿者队伍走向社会,积极参加社区两个文明建设活动。丰富学生的课余生活,培养同学们的集体观念和团队合作精神,增强其组织才能、协调能力和社会责任感。第三,重视学生文明行为养成教育。学生管理部门狠抓学生中存在的"六大不良行为"的整治。在各年级开展行为规范、生理卫生、职业道德、就业指导等教育,收到较好的效果。第四,加强学生心理健康教育和青春期教育。自2001年以来,学院把心理健康教育列入必修课程,每学期合计40课时。第五,学院注重辅导员队伍建设。举办辅导员培训班,每周召开辅导员工作例会。第六,发展学习型组织,塑造新型学院文化,培育和谐发展的沃土。通过邀请有关专家来校开设讲座,帮助广大教师树立学习型组织的先进理念,并以此作为个人成长和学校发展的基石。围绕学校共同目标和教师专业成长建立有效的学习制度,培育良好的团队意识与合作能力,在此基础上塑造一个民主、和谐、协调、沟通,富有团队精神,不断学习,勇于修正的海派新型学院文化,为学校可持续发展奠定坚实的观念和文化保障。

上海民远职业技术学院在教育教学进程中,始终坚持以学生为主体,体现"三个一切"精神,即一切为了学生、为了学生的一切、为了一切学生。学校一切工作都做到必须服从于学生的培养要求,学院的全面管理着眼于全方位的提高学生的素质,全院教职员工都负有明确的育人职责,在自己承担的工作中,做到教书育人、管理育人和服务育人,一切为学生,力争人人、事事、时时、处处有人负责,有人关心;学院的设施尽可能富于人性化。为学生获得最佳教育教学效果奠定良好的物质基础。学院十分重视学生的素质培养,使学生明确社会责任感和时代使命感,树立正确的人生观和世界观;十分重视学生的养成教育,以校纪校规为依据,教育学生养成健康的生活习惯和科学、高效的学习习惯。重视学生的教育途径。在关爱、尊重和平等的基础上,采用欣赏、发现、唤醒、表扬、激励的方法,培养学生的自信心和自尊心,进而使他们达到自勉、自励、自悟、自育、自觉、自强。对学生一视同仁,不厚此薄彼,不偏爱、袒护,也不偏见、鄙视、更不能放弃,使每一位学生都得到进步和提高,帮助他们完成学业、实现专业培养目标。

2005年以来,上海思博职业技术学院反复告诫学生:学习路径可以自主选择,学业证书不能用钱购买。同时做好以下几点:一是在教学管理上严格把好考核、发证两大环节。学院注意处理好执行教育政策和维护学生学习权益的关系。认真执行上级有关学籍管理的规定,但不因学业成绩不良或缺课的原因轻率"勒令退学"和"开除学籍",经过一定的申请程序,允许学生延后毕业,允许学生从学历教育转入非学历教育甚至暂时休学。二是设置升本、留学、就业、创业等多种目标,同一专业设计多个专业方向和多种学习路径,学生在教师指导下可以自主选择。从而使学生的学习权利得到充分的尊重和维护。三是学院根据不同的专业特点,寻找严格管理和自主选择的结合点。护理学院从新生入学就按护理职业的行为规范抓养成教育,公开宣布日后实习医院的级别将与各人的学习表现挂钩,毕业后按综合素质竞争就业,即未来的发展将同现在的学习状态紧密联系在一起,真正体现"自己的命运由自己掌握"。这样,就把学习责任归还到学生自己肩上。学校在对护理、机电类人才的培养过程中强调严格执行操作规程;在对商贸类人才的培养过程中强调根据市场规则灵活应变;在对艺术、设计类人才的培养过程中强调学生的自我表现力,倡导别出心裁、标新立异。四是学校从形象文明、素质文明、心理文明、行为文明、交往文明等方面着手,构建"思博"学生的精神与形象塑造工程。坚持以党的先进性引导学生,高度重视、爱护和发展他们已经表现出来的进取精神。2003、2004两届1 300余名学生中,递交入党申请书的学生有600多人。

上海科学技术职业学院开展以培养学生动手能力、创造能力为重点的创新教育。在培养计划和实施中着重突出实践性教学环节,这也是高职教育培养的特点和重点。鼓励和支持开展与专业相关的第二课堂教育活动,开展专业实践技能教育。一方面,通过对学生有极大吸引力、凝聚力的竞赛及科技节等学生活动,提高学生的专业技能,增强合作意识,培养集体荣誉感。2003年以来连续三届科技节、汽车发动机拆装竞赛、电子技能竞赛、英语演讲比赛、挑战杯创业企划大赛等活动,都成功地调动学生学习专业知识的主动性,同时在活动中也检验学习效果。另一方面,鼓励学生自发组织、自主管理的学生专业社团。至2010年,共有学生专业社团7个,其中不乏在全国或全市的大学生技能竞赛中夺得奖项的社团,如电子制作社、机械创新社、商务精英俱乐部等。学生的主动性和创造性得以展现。

三、新模式新途径

2001年以来,上海公安高等专科学校在坚持思想政治教育内容"进教材、进课堂"的同时,进一步加强对思想政治教育的整体设计、组织与实施,着眼于通过经常性、形式多样的思想政治教育,培养学员良好的政治素养和职业道德,做到全方位育人、全员育人、全过程育人,切实增强思想政治教育的针对性与实效性。学校坚决贯彻"从严治警、从严治校"的原则和"严格教育、严格训练、严格管理、严格纪律、严格考核"的"五严"方针,实行严格的警务化管理,从学员的每日生活作息、警容风纪、内务卫生、场所管理、请销假制度、保密制度、值班制度、考核奖惩等各方面,明确各项纪律要求,强化学员纪律作风的锤炼和良好行为规范的养成。公安院校在管理模式上区别于其他普通院校的最大特点,就是实行严格的警务化管理,一旦偏离这一点,公安院校就失去了"立校之基"。同时,为有效检验学校全面教育的成效,推行实战考核制度。将考场由教室课堂转移到实战现场,将传统的"单一试卷型"考试形式转变为"答辩型、操作型、对抗型、演示型、模拟型"等多样化的考试手段,努力实现考评学员从"懂不懂"向"会不会"的转变。学校还注重学员实习效能,实行实习成绩"一票否决制",只要学员实习考核不合格,即作留级或退学处理。正是通过严格的实战考核,有效确保学校教育质量。

上海工会管理职业学院实行劳模导师制。劳模导师制是以劳模导师为主导、学生为主体,以培养学生综合职业素质为目的,以提升职业精神为重点的新型育人机制。基本形式是学院聘请劳模为学生的德育导师、专业导师、就业导师,定期开展劳模导师报告会、职业技能和职业素养训导、职业规划指导等主题教育活动,让每一位同学都能在近距离的交流中感受到劳模执着的职业理想追求和崇高的敬业精神,以劳模成长、成功的经历对学生进行人生观、价值观的引导和教育,在潜移默化中培养学生的职业精神。1985—1995年通过开设劳模大专学历班的形式为劳模先进提供学历教育,累计有劳动模范和先进个人557名在该院学习,一些著名劳模通过在学院进修学习后都走上了领导岗位。学院聘请李斌、徐虎、徐小平、唐建平、吴尔愉、马海燕等41名著名的全国和上海市劳模担任学生导师,与市劳模协会合作共同建立大学生(劳模)德育实践基地,在校内设立以上海市劳模汪美萍命名的"汪美萍职业指导工作室"。针对不同年级学生的特点,设立德育导师、专业导师、就业导师。一年级新生的德育导师,侧重于培养大一新生专业的职业理想。二年级学生的专业导师,通过劳模开设实践课程、劳模担任技能考官、学生走访(劳模)德育实践基地等方式,加强学生的感性认识,进一步提高学生的职业技能和职业责任感,加强学生的职业纪律和职业态度。经济管理系酒店管理专业首先试行,请劳模瞿蕙钧担任实践课程的主讲老师,开设12课时的实践课,在学院模拟的酒店客房、酒店餐厅环境中手把手地教酒店管理专业的学生熟练操作酒店服务技能。学院还组织学生到(劳模)德育实践基地劳模李斌所在的上海市液压股份有限公司、劳模杨德兴所在的农工商股份有限公司,参观劳模工作的集体,在感性认识中提高对劳模精神、职业精神的认识。三年级学生的劳模就业导师则侧重于通过劳模工作室、劳模带班实习、劳模就业指导、劳模就业推荐等方式引导学生在求职就业过程中彰显职业良知、职业信誉和职业态度。学院设计《劳模导师育人手册》,新生一踏进校门即人手一册,记录在大学三年期间接受劳模导师教育的过程以及自己成长变化的历程。

2000年以来,东华大学职业技术学院针对高职生的特点,采取课内与课外相结合来做好学生的职业道德教育工作。一是在全院开展"职业道德建设示范班"活动,在高职学生中开展职业道德示范群体模式的教育活动,在全国高校尚属首次,各大新闻媒体都作了相关报道;二是参加由上海市教科院职成教所组织的"新时期上海市职业院校职业道德的问题与对策研究"课题,在调查分析的基础上,开始对学生的思想道德修养课程实施改革;三是聘请全国劳动模范徐虎担任学院的德育督导并带教弟子,全院上百名学生报名,争当徐虎的徒弟。学院因势利导,除组织学生到徐虎所在单位挂职锻炼外,还利用暑假组织学生深入企事业单位,开展"新世纪大学毕业生职业道德趋向"的社会调查,该项目获得2002年暑期上海大学生社会实践优秀项目奖。

上海民远职业技术学院于2002年11月成立以"学习马克思主义理论和党的基本知识"为主要内容的"双学"理论活动小组,并作为学院初级党校的形式,对递交入党申请书的团员青年和入党积极分子进行培养教育。"双学"活动已成为学院大学生思政教育的新载体。为保证各班、各社团、团支部"双学"小组的建立和建设,并能让"双学"小组有效和蓬勃地开展活动,党支部委托团委制订《关于进一步加强和规范学院学生"双学"小组工作的通知》,包含学院有关"双学"活动的考评制度和指导方案,考评制度包括"双学"活动时间、地点、人员等安排制度、小组长职责、"结对子"活动、考评记录、评比和"推优"制度、颁发"双学"理论培训与实践操作手册及结业证书等,使"双学"活动规范而有效,并聘请辅导员担任"双学"活动小组的指导教师,从而使学院"双学"活动得以顺利开展。制定全校"双学"活动计划,制定深受学生喜欢的"双学"活动内容,"双学"活动采取层次递进的学习方式。在低年级侧重于开展主题为"端正入党动机,积极向党组织靠拢"的系列党课专题讲座。在高年级侧重开展以"严格要求自己,争取早日加入中国共产党"为主题的深层次教育。"双学"活动形式要注重创新,以丰富多样、生动活泼的学习形式增强"双学"的凝聚力,在理论学习的普及率、原著文献的通读率和实践活动参与率方面有所建树,以期达到通过活动锻炼人的目的。

从 20 世纪 90 年开始,上海科学技术职业学院即开展学生专业社团建设,把专业探索的实践活动融入学生社团建设的内涵中,把专业社团工作提高到和课堂教学、实习实训一样的高度,作为职业素质教育的有力载体,成为学院专业教学"育人大鼎"的三足之一。2006 年探索出台相应的支持办法。核心的原则是"四自",即学生自办团体、自主章程、自招成员、自选领导;"三定",即社团的活动定计划、定时间、定场所;"三支持"即学院予以导师支持、经费支持和政策支持。社团活动的内容由学生和指导老师共同商洽。

上海思博职业技术学院于 2011 年起开展"德育修身营"活动,针对行为偏差学生群体的行为素质养成,综合素质提升进行有益的探索和实践。在校领导的指导下,由学生处牵头,对德育修身营的集中培训做三个阶段四大课程的精心设计。第一阶段对学员行为能力与心理素质进行测评,重点在行为纠偏辅导;第二阶段重点在反思与自省互动活动;第三阶段的重点是心得体验交流和学业规划设计。四大课程分别是法律常识课程、军事训导课程、心理调适课程、道德唤醒课程。法律常识课程由临港新城派出所所长、民警和校后保处领导担任主讲教师,讲授校园安全防范、青少年犯罪案例等相关法律法规;军事训导课程由军事院校毕业的"校园文明督察队"的教官带领学员进行严格的军事训练,包含队列训练、军体拳操练等;心理调适课程由校心理咨询中心教师通过前期与学员的个体交流,针对共性问题设计的团队素质拓展活动和心理辅导讲座;道德唤醒课程不仅有校领导、企业家讲座,而且有贫困励志学生的演讲以及湖南卫视《变形记》的案例分享,还包括学校中层以上干部与学员一对一的谈心。德育修身营集中培训历时一个月,重视从生活的点滴小事做起,一个月内坚持每天早晨跑、午阅读、晚操练。采取严格的考勤制度,根据出勤率、课堂表现、作业本反馈情况、寝室卫生表现进行综合打分,并实行违纪一票否决制。为了教育更有针对性和实效性,每个参加德育修身营的学生都要建立一份成长档案。在三个阶段四门课程的实施过程中,学院精心设计三项作业,分别是修身作业本、幸福作业本、亲情作业本,要求学员定期按时完成,并把它纳入德育修身营的考评系统。修身作业本要求学员对违反"遵守纪律恪守规则"的现象进行点评;幸福作业本要求学员以感恩心态看待所经历的生活,找出生活中使自己获得感动、感激、期盼、幸福体验的事件和理由,每周抄录 5 句触动心灵的美句,每月读 1 本书并做好读书笔记;亲情作业本要求学员每周至少给父母打一个不少于 10 分钟的电话,汇报自己的学习生活情况,学会关心父母的健康和心灵,并在德育修身营结束后给父母写一封信表达感激之情。德育修身营开创对行为偏差部分学生群体教育的有效途径。

第三章 校园文化建设

第一节 概 况

1980年，上海市各中等学校，包括重点学校、一般学校、中专、技校和工读学校积极开展"文明班级"评比活动。一些中专班、职业班，甚至基础较差的班级也参加评比。1982年，全市中等学校有2500多个"文明班级"通过比进步、赛团结，充分调动积极性。有不少原来基础差的班级分别被评为校、区(县)两级"文明班级"。上海市25所工读学校中有8个班级获得市"文明班级"的光荣称号。随着"文明班级"评比活动的开展，许多学校又涌现出一大批"文明教室""文明寝室""文明食堂"。"人人争当'五讲四美'积极分子，班班争当'文明班级'"，已成为广大师生的行动口号。在此基础上，市、区(县)将组织学校开展校际"文明优胜杯"的竞赛，一些"文明班级"多、质量高、校风好的学校被评为"文明学校"。

20世纪90年代以来，上海的中高等职业院校以加强公民道德建设、创建精神文明单位为目标，深入开展校园文化建设。上海市临港科技学校以"做人、求知、练技、创业"为工作核心，通过文明组室、文明寝室的"净化、美化、绿化"评比，班级劳值周工作，寝室自主管理委员会工作，创建严谨的修身环境和浓厚的育人氛围。上海市曹杨职业技术学校以"学习崇德、活动育德、学科载德、科研促德"为渠道，以案例教育为载体开展学生德育的特色工作，同时在教师中开展"今天怎样做教师""今天怎样做党员教师"等师德活动，营造良好的育人氛围。上海电力工业学校重视学生的党建工作，从1996年起开办学生业余党校，中级班主要对象为打过入党申请报告的学生，高级班的主要对象为列入发展的对象，党章学习小组的对象为一年级的学生干部和团员干部。上海市物资学校学生自主创办的《物校学生报》《太阳风》杂志分别被团中央、团市委授予"青年文明号""共青团号"称号，学校还以创建"文明窗口"为抓手开展学习、竞赛、宣传、读一本好书等活动。

1999年，举办职业技术学校学生健康教育竞赛，近百所学校积极参与。举行学生金孔雀舞蹈节，近40所学校获市级比赛奖。组织参与上海市第三届青少年科技节及科普展活动。

2001年，上海的中等职业学校重视文艺团队的建设，共有校级乐队20多个。校艺术节列入许多学校的年度的常规工作。圆满举行职教系统第三届学生艺术节展演，参赛节目达160个，其中一等奖8个，二等奖11个，三等奖16个。

2006年，根据《上海市教育委员会关于组织开展全国第二届中小学生艺术展演上海市活动的通知》精神，组织学校积极参与优秀校园节目展演巡演、上海市学生书画展、学校艺术教育论坛、优秀艺术教育论文交流等活动。围绕"阳光下成长"为主题，有近百所中等职业学校参加丰富多彩、形式多样的艺术实践活动，49所学校共159个优秀节目参加网络区块的复赛，选拔出7个校园(课本)剧、18个声乐、10个器乐和13个舞蹈节目进行中等职业学校系统专场比赛，有10个节目参加上海市级专场的展演，民航中专管乐队被选为参加全国展演。

同年，市教委举办中等职业学校影视教育现场观摩和学校相关工作经验交流，组织学生和教师参加"影视骨干培训"、学生影视知识竞赛、学生影评征文评选和反映校园生活的学生DV拍摄评选活动。

是年开始,市教委连续4年开展高雅艺术进校园活动,为高校学生的健康成长营造良好的文化环境,弘扬优秀民族文化,吸纳人类先进文化的成果,提高学生的艺术修养和文化素质。组织开展创建上海市"健康校园"评审工作,有33所普通中专达标,其中有10所学校获活动优秀奖。

2007年,市教委转发《教育部职业教育与成人教育司关于组织开展第四届全国中等职业学校"文明风采"竞赛活动的通知》。通知指出:2004年以来已连续三年组织以"弘扬民族精神、树立职业理想"为主题的全国中等职业学校"文明风采"竞赛活动,并把此项竞赛作为中等职业学校德育常规工作,决定举办第四届全国中等职业学校"文明风采"竞赛活动。本届竞赛包括4类8项比赛:设计类比赛项目:职业生涯规划设计比赛1项;摄影类比赛项目:职业生活摄影比赛、生活中的美摄影比赛2项;征文类比赛项目:我爱我的专业征文比赛、我身边的诚信征文比赛、创业之星征文比赛3项;FLASH动画类比赛项目:荣与辱主题比赛、迎奥运讲文明树新风主题比赛2项。市教委职业教育处依托教育报刊总社,组织第三届中等职业学校时政大赛,9万人参加初赛,1 800人参加复赛,425人参加总决赛,有11人获一等奖,29人获二等奖,80人获三等奖。优秀组织奖12所学校。围绕"扬青春旋律,创和谐校园"活动主题,组织2007年上海市中等职业学校学生合唱节活动。活动受到学校和广大学生欢迎。84个节目参加预赛,46个节目参加决赛,其中合唱23个,小组唱23个。组织学校影视骨干培训和学生拍摄的DV短篇拍摄评选活动。将各校影视指导老师培训列入教师"继续教育240计划",有36所学校的180名师生参加培训。培训期间,共收到书面作业260篇和20个根据培训要求拍摄的DV短片。很多学生在电脑上学会快捷的编辑软件,用手机拍下的视频进行后期制作。组织每年一度的"身边的故事(新闻)DV"比赛,及时反映校园中积极进取的典型人物及事件,及时追踪学生关注的焦点问题。

由上海教育报刊总社《当代学生》编辑部主办的上海市中学生古诗文阅读大赛每年举办一届,中等职业学校单独编组,2007年参赛学校40多所,参赛学生数达到1 600多人。

2008年,市教委组织参加教育部开展的第五届全国中等职业学校"文明风采"竞赛活动。2009年,市教委着力推动丰富多彩的校园文化活动开展。以"璀璨星光 点燃青春"主题,举办2009年度上海市中等职业学校学生大合唱比赛,开展上海市学生艺术节活动。组织开展中职校学生参加全市学生阳光体育活动,6万名学生参加2009年上海市中等职业学校时政大赛活动,3.5万名学生参加上海市中等职业学校"迎世博,文明礼仪大赛"活动,3万名学生参加上海市中等职业学校"我爱我的祖国,征文、摄影、书画大赛"活动。同年,开展的"星光之约"活动以"星光计划"大赛为主题,组织学生拜访拍摄优秀毕业生、参加"星光征文《我看大赛》"等专项活动,创作编排属于中职学生自己的《中职生之歌》。促进学生拓展综合能力、体验快乐、增强信心、提升能力,展现青春风采,也为学生全面发展和营造良好的校园文化氛围。

2010年4月,市教委举办首届上海市中等职业学校"璀璨星光"校园文化节活动,活动主题为"我与世博"。围绕主题,突出文化育人主线,聚焦中国2010年上海世博会,融入民族精神和职业理想教育,体现鲜明的时代特征、校园特色和学生特点,充分反映当代中职生向真、向善、向美、向上的精神风貌。活动项目分三类:一、艺术表演类,包括声乐、器乐、舞蹈和戏剧;二、创意作品类,包括绘画、书法(篆刻)、摄影、工艺设计、雕塑(陶艺)、DV作品、FLASH动漫、征文;三、其他类,包括校刊(报)、职业生涯规划设计,优秀校园文化社团评选等。活动分学校活动阶段和全市集中展演阶段。学校活动阶段为2010年4月至2010年9月,全市集中展演阶段为2010年10月至2010年12月。设优秀组织奖、精神风貌奖、艺术表演奖、创意作品奖、优秀创新奖、指导教师奖以及世博知识、演讲、征文、设计、摄影和FLASH动漫比赛等各类奖项。

2010年6月,市教委转发《教育部、人力资源社会保障部关于加强中等职业学校校园文化建设的意见》的通知,要求全面加强校风、教风、学风建设,广泛开展丰富多彩的校园文化活动,高度重视校园自然环境和人文环境建设,积极推动优秀企业文化进校园,充分发挥校园网络的育人作用。

第二节　案例选介

上海市工商信息学校建设"青藤文化",以青藤的植物品性作为文化喻象,以"平凡,不平庸"为核心精神,激励团队培养感恩进取、坚忍不拔的集体人格。2005年始,学校设立青藤工作室,开始顶层设计,2012年成立青藤文化建设项目组,下设6大课题组,总体设计、组织和推动青藤文化的建设,构建以理念识别系统为内核和以行为识别、视觉识别、环境识别系统为外延的文化系统,形成以课程为主渠道、以课堂为主阵地、以氛围为主抓手的青藤文化建设策略。同时,在全校范围内开始对青藤文化的践行。

宝钢工业技术学校学校校园文化建设系统工程始于2000年。这一系统工程由"一个中心,四项建设"组成,即以倡导和树立良好的校风,培养素质全面、技能精湛的蓝领人才为中心,从思想道德、知识技能、艺术体育、基础设施四项建设入手,整体推进和全面加强校园文化建设,更好地发挥校园文化的导向功能、教育功能、促进功能、凝聚功能、娱乐功能和辐射功能,提高学生的思想道德素质、人文素养、科学素质和身心素质、审美修养、高尚情操以及创新能力、实践能力、创业精神等,成效显著。

上海电子工业学校倡导"教书育人,管理育人,服务育人"的大德育观。从20世纪90年代开始,积极开展学生德育工作及学校精神文明建设活动,以"育德、习能、求实、创新"八字作为校训。积极创造文明校园环境,文明人文环境和文明服务环境,从而达到培养文明学生的目的。学校以"学生行为规范周值勤""百佳"学生评比、创文明班级为抓手,通过组织有序、内容详实的学生党团课教育、志愿者服务队、每月一次的专题升旗仪式、十八岁成人仪式等活动为载体,深化学生"文明修身"意识。学校以实用新颖的技术为课程,以培养学生一专多能为目标,开设内容丰富形式多样的第二课堂活动。学校定期开展的展现学生风采、才艺的艺术节和运动会,引导学生主动融合到积极向上的校园文化活动中。

从20世纪90年代开始,上海科技管理学校建立课堂、校园、社会、家庭四育并举的德育网络,成立家长委员会。构筑"一网(校园网)、两报(学生报、黑板报)、三台(广播台、电视台、家校联系声讯台)"的德育与校园文化传播平台。在学生中开展"受德育、献爱心、播文明"的系列活动。开设学生党校、团校,每年培养、发展多名学生党员和一大批团员,使之成为学生进步成长的榜样、自我管理的骨干力量。学校建立完善一系列育人的规章制度,着力抓好育人骨干班主任队伍建设。大力宣传、践行学生自编的"十要十不"行为规范及文明规范"五十条",建立学生素质手册,树立优良的校风、班风和学风。

从20世纪90年代开始,上海市宝山职业技术学校将校园文化建设与课堂教学相结合,与学生个性发展相结合,与爱国主义、集体主义和职业道德教育相结合,如组织学生观看沪剧《绿叶情深》《雷雨》,参观各类艺术展览,组织大型艺术节、小型动漫展等。学校积极组织开展第二课堂活动,每年的校园歌手大赛、辩论赛、大合唱比赛、元旦文艺晚会、手球自行车比赛、每两年举办一次的文化艺术节、运动会、技能比赛等已成为学校课外文化艺术的特色品牌活动。学校每学年举办以社会实践类、科技类、文艺类、文学类、体育类五大类为主体的社团文化活动。学校积极发挥小记者团和校广播电视台的舆论优势,在学生中广泛宣传"真、善、美",弘扬正气,抵制不良行为,使学生群体在个性充分发展的基础上得到不教自教、潜移默化,提升综合素质的良好效果。

2000年,上海市董恒甫职业技术学校制定校内"七要七不"规章,编写文明礼仪手册,倡导"文明服饰、文明举止、文明语言"的"三文明活动",以尊师爱校活动为核心的"内铸素质、外树形象"的"文明修身"主题活动。学校积极探索主体性德育实践,坚持"过程有学生参与、形式要学生接受、成效让学生认可"的主体性德育原则,充分体现在以人文环境和自然环境为主的德育环境化主题教育的"大团日"活动、以优秀作品鼓舞人的"走进主渠道、唱响主旋律"的"五月歌会"、以正确舆论引导人的"十月语汇"辩论赛等传统的主题性校园文化活动之中。校报、体育节、健言社、卉泉文学社、星星志愿者服务队等构成以学生为主体、以学生社团为形式的校园文化生活。

上海市工业技术学校从20世纪90年代开始,即通过校班会课、主题班会、家校联系、形势教育、公益劳动、生产实习、团组织生活、党章学习小组、爱心助困、奖学金表彰、教室小环境布置、创建"洁、齐、美、乐寝室"等等形式或途径,突出体现育人的氛围,强化动态管理。学校组织法制教育展览、成果展示、黑板报评比,请少教所干警来校作报告,观看法制教育影片,举办青春期知识讲座等。组织在校学生学习《刑法》《预防未成年人犯罪法》《青少年保护条例》《公民道德建设实施纲要》《安全知识教育》等,由学生自主讨论校纪校规,形成"九要九不要"。

2000年以来,上海市医药学校为了加强素质教育,要求每个学生每学期至少参加一项第二课堂的兴趣小组。科技、体育、艺术类兴趣小组有24个。体育、文艺团队有12个。健美操队多次获得市级比赛第一名,同时参加全国比赛。文艺团队多次参加市级各类比赛,团体和个人获奖次数有40多项。学校是上海市教委艺术教育实验基地,是上海电视台轻音乐团的实验基地,学校合唱团与上海新四军老战士合唱团结对协作共建文明。学校荣获上海市艺术特色学校。

上海市振华外经职业技术学校以艺体、技能、综合类选修课程为依托,深化第二课堂内涵,拓展学生课余生活空间。组织各类师生志愿者服务队,参与校内外精神文明活动,如"双休日景观线路志愿服务""百万家庭网上行志愿服务""科技馆、博物馆志愿者服务"等,志愿者服务已经成为学校精神文明建设的一面旗帜。学校设置"振华奖"专项基金,每年投入万余元,对品学兼优和各方面有显著进步的学生予以奖励。

中华职业学校传承黄炎培倡导的"双手万能、手脑并用""金的人格、铁的纪律"的教育思想,将此16字作为校训。20世纪90年以来,学校热情关心特殊学生及行为偏差生的学习和生活。确定"从基础行为规范矫治入手"的方针,主要以防为主,防治结合。积极、热情地解决他们在学习、生活和心理上的问题,给以尊重,激发主动。学校充分注重德育力量整合,采取学校与公安局、检察院、社区法制共建、精神文明共建等形式,加强对学生的教育。利用校外教育基地,经常进行各种教育活动。2004年上海市委老干部局、市关工委、市教委、区老干部局等主办的老干部与青少年结对共读《当代青少年创新故事选》启动仪式在学校举行。

进入21世纪,上海商业会计学校将创建"净静校园"作为学校德育工作切入点。"净静校园"活动创建之初,学校在宣传橱窗、黑板报、团报、校园网、滚动屏、广播等媒介上广为传播,烘托出健康向上的校园文化氛围。创建过程中,教学部活动、班级活动,月月有主题、周周有评比,并及时公示评比结果,发挥宣传监督导向作用。结合专业和社会需要加强技能训练、竞赛,在加强专业文化建设的同时努力构建和谐的校园文化、班级文化,形成安全文明的全员育人环境。学校还组织"净静校园"知识竞赛、演讲比赛、摄影与绘画展览等,不断提高师生的关注度、参与度。最终形成"润物于无声"的德育环境。在"净静校园"活动不断推进中,学生的文明素养有进一步提高:乱扔乱抛得少了,随手捡拾的多了;说粗话脏话的少了,彬彬有礼的多了;乱涂乱画的少了,爱护公物的多了;批评投诉少了,来自各方面的表扬和奖状奖杯多了;违纪现象少了,苦练技能、同伴互助的多了。

上海市贸易学校建设"温馨教室"。建设内容:一是注重以学生本身发展为目的,做到"以生为本"。二是关注参与过程,注重以人文关怀和心理疏导的方法,关注学生的心理困惑,关怀学生的全面成长。三是培养自主创新的意识。根据班级的实际,凸显个性,激发师生的共同智慧,总结鲜活经验,创造形式多样、有班级特色、有强烈归属感的"温馨教室"。四是鼓励师生交流分享,在实践中体验,在体验中感悟,在感悟中升华。

2002 年开始,上海石化工业学校依托冠名班引进企业文化,把企业核心理念融入班级文化。各班引入企业的核心理念,通过教室布置、班刊创建、网页设计等途径来很好地体现这种理念。"赛科班"在布置教室时,处处体现赛科的核心理念——绿色化工与赛科,整个教室的地板、窗帘、墙上的 KT 板等,底色全部采用绿色,与赛科的核心理念相一致。"德固赛班"的班刊取名为"启航",寓意着整个团队犹如在知识的海洋上航行的船只,老师是舵手,学生是水手,体现德固赛的核心理念——体验合作、竞争、获胜。"拜耳班"在设计班级网页的主页时选用一只展翅高飞的雏鹰,寓意着拜耳班学生不怕困难、随时准备迎接风雨的挑战,并向着美好的理想而展翅飞翔。学校塑造企业冠名班班级品牌,各企业冠名班开展一系列的活动,以展示自己品牌特色。"巴斯夫班"利用晨会课进行 3 分钟英语演讲活动、"石化班"每天有晨跑活动、"赛科班"有自己的英语角、"氯碱班"推出"综合素质拓展计划"活动、"拜耳班"开展周周有主题班会等,这一系列活动,既弘扬企业的品牌,也提高冠名班学生的综合素质。学校借助企业为学生提供的机会,开展具有企业特色的拓展训练。如赛科公司通过"攀岩、过雷阵、孤岛逃生、合力过桥、罐头鞋"等项目培训,让学生感悟到"团队"的含义、"信任"的建立、"合作"的方式、"责任心"的培养以及"沟通"的重要性等,为赛科文化中的"超团队精神"培养打下基础。学校还借鉴"全员自主管理模式",如亨斯迈、赢创、巴斯夫等班级,根据班级学生的特长、兴趣爱好、学生意愿等,把全班学生分成班刊编辑小组、网页制作小组、黑板报策划小组、资料收集小组、文艺小组、卫生小组、纪律小组、体育小组等若干个小组,全员参与班级管理。

上海交通大学医学院附属卫生学校自 2006 年启用南汇新校区,连续两年开展主题为"我的园区我的家,凡人凡语见真情"的"凡人凡语"活动。包括三大主题内容:人生哲理、青春感悟、青春立志。第一届"凡人凡语"征集活动,共收集到 134 条同学们的来稿,学生自主管理委员会在两轮筛选基础上整理评选,有 66 条凡人凡语入选。第二届"凡人凡语"征集活动在第一届的基础上,扩大"凡人凡语"征集面,让更多的同学都可以加入这个活动当中来。最后共收到 400 多条征集而来的凡人凡语,评选出 5 条"特色句"奖、10 条"佳句"奖和 35 条凡人凡语奖。学校将入选的凡人凡语制作成宣传板,先在教学主大楼展示一周,然后悬挂在学生的宿舍大楼的楼道内。发挥学生自我教育、自我管理的功能和作用。

上海市震旦中等专业学校从 2005 年起举办的"红五月"活动中,全校举办"红歌会演",在活动中各班召开主题班会,忆前辈斗争史,讲红军战斗故事,校园正气上升。影视教育活动经常化,每学期至少看 3 部电影,学校有影评小组,观看电影前介绍,观看后组织影评征文活动。学校社团现有舞蹈队、话剧组、腰鼓队、军鼓队、合唱队、乐器组、健美操队、文学社、书法绘画组等。校话剧队编排的"青春之歌"电影片段在 2006 年 6 月卢湾区中学生红色经典影片片段大赛中获唯一的金奖。舞蹈队是卢湾区新长征突击队,多年来深入社区街道、敬老院等处参加演出。

2006 年,上海市大众工业学校开辟多种渠道和教育途径建设厕所文化。学校集会、班会、橱窗、班报、横幅,做到全员参与深入人心。同时,学校投入资金,以较高的标准陆续改造教育楼的所有厕所,硬件上的品位无懈可击。以此为基础进行样板示例,在8个教学部中先选择两个作为试点,在取得一定的经验后推广到其余各部。各教学部所在教学楼的厕所各具特色,有的教学部的文字条幅的内容体现学科特点,有的教学部把鱼儿、鸟儿和耐阴绿色植物引进厕所,并在旁边附上有关说明文字,这些都有寓教于乐的功用。学校对劳动周学生进行培训,学生督察队对各项工作的检查和评估,每天评估结果进行公示,并形成制度。6幢教学楼和公共厕所无专职保洁人员打扫,全部由轮到劳动周的学生自主打扫和管理。"厕所文化"和"文明如厕"的提倡与发扬成了学校推动其他校园文化建设的抓手,教室文化、宿舍文化相继顺利开展并取得成绩,一起成为学校的文化名片。

2000年以来,上海市环境学校努力坚持"四个倡导"的指导思想:倡导学生养成尊重自然的观念;倡导学生合理利用环境;倡导学生树立科学精神;倡导环境道德重在实践。学校建设和谐生态校园,随处可见环保教育的痕迹:从太阳能热水器到太阳能照明设备,从蚯蚓处理餐后垃圾到废水处理浇灌花草养鱼,从生态厕所生物处理粪便到垃圾分类收集,从利用废弃物制作工艺品到设计环保作品等。每个教室都变成各具特色的"生物角"。学校随时可见学生受环境道德教育的成果。另外,学校成立由学生自主经营的环资服务公司,负责回收校园内的可回收物资。组建校园"绿色卫士"队伍,负责校园内的环境卫生的维护和行为规范的检查,坚持从点滴做起,从小事抓起。

上海市逸夫职业技术学校营造德育"软环境"。20世纪90年代以来,学校充分利用重点特色专业——美术专业的优势,建造充满艺术气息的文化休闲区;三个分部都建有美术展览厅、画廊,常年展出师生优秀作品;走廊上张挂中外名人肖像和格言警句;经常更新的宣传橱窗、黑板报。打造书香、艺术、活力校园。学校根据各分部专业布局的实际,组织开展大量活动,特别是每学期举行的学生美术作品展,创意设计展、个人摄影作品展,并推荐优秀作品参加市八校联展。学校开展分年级、分层次的德育实践活动:一年级主要围绕"爱学校,爱专业"的教育主题,开展校史故事会,进行校歌歌词创作,校风、班级格言征集,重在树立敬业爱校的观念。二年级围绕"树道德、学礼仪、强专业"的主题教育,开展"行为规范班、示范员"评选活动,"心灵之桥"心理健康教育活动师生义卖活动,志愿者服务活动,职业道德、社交礼仪知识讲座、技能竞赛。毕业年级开展"生涯规划"创业设想主题班会、"升学与就业谁更有利成材"辩论会、心理辅导讲座、与行业专家对话等活动。

上海第二工业大学以营造素质教育的良好氛围为依托,立足高品位、高素质和强烈的时代气息,开展校园文化活动,通过丰富多彩的学术、艺术、体育活动,对学生进行全方位的素质教育。2000年以来,该校学生各类社团在上海市的活动中均取得不俗的成绩;学校的"聚点"剧社还被评为上海市大学生特色社团。学校为学生的课余科技活动投入专项资金,每年有30个左右"小发明、小创造、小制作"的项目完成,使学生在科技项目立项、研究制作、中期检查和结题评审等各方面接受科学训练,技术应用和实践动手能力得到很大提高。

上海市徐汇职业高级中学采用集中辅导学习——组织全体教职工学习《中小学教师职业道德规范》等有关文件;进行专项调研——从学校行政、教职工、学生、家长和社会等不同层面了解、把握学校师德现状,树立师德典型,找出存在问题,专题研究分析;展开师德建设大讨论——围绕"为人、为师、为学"主题,对"今天如何做一个受学生欢迎的人民教师"等专题开展讨论,组织师德征文演讲活动,开展师德建设征文、演讲活动;开展一次回头看——查摆学校师德师风建设中存在的薄弱环节,修订学校师德师风建设的具体制度;签订个人承诺书。通过开展各类活动,学校教职工展现良好的精神面貌。上海市环境学校在第六届全国中等职业学校"文明风采"竞赛中,共选送9位学生作品参赛,取得9位学生全部获奖的好成绩,获奖率达100%,其中1名学生获上海市一等奖,2名学生获上海市二等奖,6名学生获上海市三等奖,3名学生同时获全国三等奖,上海市环境学校荣获上海市级优秀组织奖,指导教师石磊荣获全国指导教师三等奖。学校通过开展学生"文明风采"竞赛活动,还做到结合学生的生活实际、结合学生民族精神的培养、结合提高学生的职业道德,提高学生的文明素养、提高学生自我管理和自我规划的能力、提高学生竞赛与协作意识。具体经验是:一是充分利用课堂教学,寓竞赛于课程学习中。充分利用课程与教学,以生涯规划课程为抓手,把竞赛内容渗透于全学年的教育、教学之中;二是精心设计活动方案。学校相关教研组积极对活动方案进行设计,明确活动目的、活动要求、活动内容、活动项目负责人;三是积极组织活动项目,此次竞赛活动中各班班主任都组织本班同学踊跃参加。2010 年初在全校掀起"我的生涯我做主"的规划倡议活动,同时学校制定详细的实施计划:3 月底至 4 月初,由校学生会干事动员宣传"文明风采"竞赛活动的目的和意义;4 月中旬由教务科学校各班学生开展班级竞赛;5 月初选拔各班级的优秀作品;5 月中旬教务科组织评委对参赛作品进行评选,5 月底至 6 月初组织专业教师进行辅导,6 月底教务科推荐参加上海市竞赛作品。并对选拔出来的优秀作品学生,重新制订辅导方案,详细、系统的对学生进行辅导,对每一份入选作品都进行认真的修改、甄选。通过开展"文明风采"竞赛系列活动,收获颇多,丰富校园文化建设的内涵,增强职业学校德育工作的时代感,使学生的精神风貌焕然一新。

　　1995 年,上海电子信息职业技术学院的源头学校上海市仪表电子职工大学确立"学习、思考、务实、奋进"的校训,符合当时学校主要面向成人开展教育与培训的办学实际。学校转型为全日制高职学院后学生主体发生变化,为此 2004 年开始向全院师生征集对校园文化理念的总结和概括,一个月时间里就征集到学校精神词 57 条、校训词 128 条、校标 34 幅、教风词 112 条、学风词 122 条;经多次讨论、投票、评审后,于 2005 年 4 月选出入围作品各 5 项,请大家进一步讨论完善;2006 年 3 月学院隆重举行仪式,校长王鲁颐为最终确立下来的校园文化理念揭幕。学校精神为"自强不息,开拓创新";校训为"尚德修能,知行合一";教风为"严谨、重范、关爱、善导";学风为"自信有恒,勤学致用";校标图案由两个同心圆构成一朵白玉兰花,其中象征电子的小圆点体现学院与 IT 科技的关联。

第四章　体育与艺术教育

　　1997年,全市和各区县、行业组织数千名职业技术学校学生参加八运会开幕式表演及志愿者服务工作。1998年,上海市教委组织开展以第三届职业学校运动会为主线的各项体育活动,有田径、健美、跳绳、广播操、冬季长跑等比赛。对"10181"工程中的《体育与保健》教材进行试点与研讨。举行职业学校学生影视知识竞赛以及职业学校学生音乐节,上海市布谷鸟音乐节进行职业学校三个专场演出总计参赛学校120所,学生6 500人次。还结合全国卫生城市检查为重点,对学校卫生工作进行宣传、动员、落实检查,加强健康教育及禁毒教育、预防艾滋病教育。1999年,举行上海市第三届职业技术学校运动会,开展体育教学论文报告等活动,有183个学校、688个代表队、7 515名学生参加。同年,上海举办职业技术学校学生健康教育竞赛,近百所学校积极参与。举行学生金孔雀舞蹈节,近40所学校获市级比赛奖。组织参与上海市第三届青少年科技节及科普展活动。组队参加第十一届市运会比赛。会同有关部门完成体育、艺术特招工作。

　　2001年,市教委举办上海市第十六届中等专业学校学生运动会。2002年,市教委举办上海市中等职业学校第七届田径运动会,设32个单项,32所中等职业学校共57支运动队、514名运动员参赛。组织中等职业学校学生"二跳一踢"比赛和冬季万米接力跑比赛。组织"2002年上海市布谷鸟学生音乐节",百余所中等职业学校的3 000余名学生参加,机电工业学校等33所学校获奖。中等职业学校重视文艺团队的建设,共有校级乐队20多个。有50%以上的学校艺术教育进了课堂。校艺术节列入许多学校的年度的常规工作。圆满举行职教系统第三届学生艺术节展演。组织上海市第十六届中等专业学校学生运动会。

　　2003年,中专校系统结合田径运动会举行新广播体操会操。市教委举办上海市学生金孔雀舞蹈节中等职业学校学生专场。制定《上海市普通高等学校和高级中学学生开展军训工作的实施意见》,提出《上海市学校民防教育教学基本要求》。上海信息技术学校荣获上海市科技教育特色示范学校称号。在"2004年上海市学生戏曲节"活动中,有69所学校组织近百个朗诵、小品和戏曲节目参加初赛。

　　2005年3月,市教委转发《教育部关于印发〈普通中小学校和中等职业学校贯彻学校艺术教育工作规程〉评估方案(试行)的通知》,要求各区县教育行政部门要加强领导,将该项评估工作纳入对学校综合评估的体系之中,并统筹安排,定期开展对学校艺术教育的评估检查,切实加强学校艺术教育工作。并将此项工作的实施情况报教委体育卫生艺术科普处。教委将根据该评估方案适时组织对学校艺术教育的专项督导检查。同年,市教委开展市科技教育特色学校创建活动,该年度共有2所学校评为市科技教育特色学校、1所学校评为科技教育示范学校。举办首届全市中等职业学校学生发明创新竞赛,共有10多所学校的学生提交20多项学生科技发明成果。该年,市教委全面实施教育部制定的《学生体质健康标准》,坚持"以人为本,健康第一"的教育理念,充分运用学校和社会资源,开展形式多样、内容丰富的校园群众性体育活动。发动和组织30所中等职业学校2万名学生赴东方绿洲等青少年活动基地开展活动,锻炼学生的意志品质,推进中等职业学校学生军训工作规范化、制度化建设。近40所中等职业学校接受上海市创建"健康校园"督查。评选卫生工作先进,推进学校公共卫生工作。为保障学生身体健康,发动和组织62所中等职业学校11.7名学生参加上海少儿住院基金。开展上海市第四届学生艺术节中职校系列活动,推进学校艺术教育工作。有60多所中等职业学校近5 000名学生参加国家级重点中等职业学校合唱、舞蹈专场比赛以及朗诵、演讲、声乐、器乐等单项比赛。上海市有6所学校被评为上海市艺术教育特色校。根据市教委关于开展上海市学生阳光体育大联赛活动的工作部署,以"人人运动,天天运动、活力校园、健康人生"为宗旨,以学校为基础,广泛组织学生参与阳光体育活动,并结合中等职业教育特点,开展学校体育大联赛活动。是年,按照市教委"关于在中小幼学生中开展特奥知识专题教育活动的通知"精神,中专特奥教育推广面达到全覆盖。在中职校系统开展知识竞赛,志愿者服务等特奥宣传教育推广活动,信息技术、石化工业和医药等学校直接参加特奥圣火传递、特奥融合运动、社区接待计划。5所学校组织学生参加支援者服务,为全市办好一次难忘、精彩的特奥会作出贡献。

2007年4月,教育部、国家体育总局、共青团中央决定结合《国家学生体质健康标准》的全面实施,在各级各类学校中开展全国亿万学生阳光体育活动,上海许多中高等职业院校积极响应,组织广大学生走向操场、走向大自然、走到阳光下积极参加体育锻炼。如上海电子信息职业技术学院于当年专门成立由校长牵头的学生阳光体育运动领导小组,负责组织开展学生阳光体育活动。是年,根据第二年又结合迎接北京奥运会启动以"心系奥运、快乐体育——2008年学生阳光体育活动"为主题的首个校园体育年建设,并由此形成"体育年和校园文化艺术节间隔交替举办"的学校传统。

2008年,市教委组织中职校学生参加上海市学生运动会,有63所学校3 600名学生报名参加广播操、篮球、乒乓等所有的8个项目比赛。组织中职校全面实施《国家学生体质健康标准》,开展中职校学生体质健康网络监测工作。开展中等职业学校学生舞蹈节活动,在学校全面开展校园集体舞和表演舞活动的基础上,有65多所中职校参加上海市中职校学生校园集体舞、表演舞比赛,展示中等职业学校艺术教育的成果和学生健康向上的精神风貌和艺术风采。有10多名教师参加上海市中职校舞蹈教育优秀论文评选。2009年,以"璀璨星光 点燃青春"主题,举办2009年度上海市中等职业学校学生大合唱比赛,开展上海市学生艺术节活动。市教委组织开展中职校学生参加全市学生阳光体育活动,6万名学生参加2009年上海市中等职业学校时政大赛活动,3.5万名学生参加上海市中等职业学校"迎世博,文明礼仪大赛"活动,3万名学生参加上海市中等职业学校"我爱我的祖国,征文、摄影、书画大赛"活动。2010年10月,市教委下发关于组织申报上海市艺术教育特色学校暨推荐中华优秀文化艺术传承学校的通知指出,根据《上海市学校艺术教育"十一五"发展规划(2006—2010年)》中提出的"'十一五'期间,创建市级艺术教育特色学校100所"的工作目标,决定在2007年第一轮评选的基础上,组织开展"十一五"期间第二轮上海市艺术教育特色学校申报评选工作。

第九篇

教师队伍建设

改革开放以来，上海职业教育的教师队伍建设，通过几十年的实践探索，逐步形成数量充分、专业配套、具有双师结构的队伍状况。1997年，上海完善教师进修、培训、考核、挂职实践等培养机制。1999年，全市中等职业技术教育师资培训基地已达15所，共开展各类培训3 000多人次。2004年，全市开展各大类专业教师的培训的基地已经成为教师培养培训的主渠道，覆盖80%以上的专业教师。百所中等职业学校重点建设工程，对教师队伍水平的提高起了很大的促进作用。到2004年，专业教师中"双师型"教师比例达到42%。2007年，市教委进一步推进中等职业学校教师到企业实践工作，各校结合实际制定各具特色的教师到企业实践实习管理制度。一批先进企业成为教师实践基地。2009年《关于实施上海市中等职业学校特聘兼职教师资助工作的通知》下发，一批企业专家和能工巧匠成为职业教育的重要师资力量。

1989年，上海制订《中等专业教师任职情况考核指标体系、考核标准、实施意见等试行草案》。在1995年、1999年进行过两次国家级重点职业高级中学评估。评估后，职业高中通过多种措施，提高教师学历和职称层次结构的比例。2000年9月，教育部颁布《教师资格条例》实施办法。2004年12月，市教委下发《上海市中等专业学校高级讲师职务评聘工作的实施意见》。职业教育教师队伍层次结构趋于完善。

上海的高等职业院校为提高人才培养水平，针对师资队伍建设中的薄弱环节，着力加强专业教师的实践能力。一方面努力提高教师个人的"双师素质"，另一方面着力加强兼职教师队伍，建立"双师结构"的教学团队，逐步实现院校和企业教师相对分工合作、术有专攻、各司其职，满足高等职业教育的教学需求。

第一章 中等职业学校教师队伍建设

第一节 概 况

1987年2月，为了加强上海市职业技术教育师资队伍的建设，上海市政府教卫办根据1986年6月国家教委颁发《关于加强职业技术学校师资队伍建设的几点意见》的精神，印发《关于加强上海市中等职业技术教育师资队伍建设的若干意见》的通知，指出要下大力气经过3～5年的努力，建设一支数量足够、质量合格、专业配套、结构合理的职业技术教育师资队伍。

1997年，上海市制定《中等职业技术学校教师培训工作意见》，规定"九五"期间，中级职务教师进修不少于240学时，高级职务教师不得少于540学时，并记录在继续教育证书上，作为教师考核与职务晋升的必要条件之一。职业技术学校教师分别按照任职要求，参加骨干培训、新教师、学历达标、挂职锻炼等几类培训。全市建设的13个职业教育师资培训基地，开设120多个课程班，有近2 000人次参加培训。同时，开展校长培训，安排《职教法》、教育理论、职业教育管理等课程，经培训，合格者发给证书。明确到2000年中等职业技术学校校长须持证上岗。依据《教师法》及国家教委有关要求，该年全市中专、职校、技校共有14 166名教师及2 149名实习指导教师通过教师资格认定，获得统一印发的教师资格证书。是年，全市中专、职业中专10余所学校委托同济大学培养职业教育计算机师资班，选送优秀毕业生，参加同济大学职业教育师资班，经过培养后担任职业教育师资，1997年招收40多名学生。同时向社会招聘一批师范类及非师范类包括外地的高校毕业生充实职业教育师资队伍。

1998年，市教委开展职业教育教师培训与管理的科研工作，了解教师文化、年龄、学科状况，制订教师培训基地规范运作意见，设计计算机管理软件。组织职教专业教师及校长岗位培训，开设80个课程，组织2 000名教师进行专业课程等职务培训，组织二期校长培训。开展骨干教师与管理干部研究生课程培训，共培训300余人。1999年，开展全市中专、职校学科（专业）教学带头人的大型调研，建立学科带头人数据库。

2000年，教育部职成教司与学位司开始在在职教师中每年进行1 000名硕士研究生课程的培养，上海有78名教师报名参加同济大学和厦门大学、天津大学的进修。2001年，由市总工会、市教委和市劳动与社会保障局联合举行的本市首届中等职业教育教师"南湖杯"多媒体课件设计大赛，共有41个参赛队197名选手参加长达6小时的命题多媒体课件设计比赛。比赛共有18人获个人奖以及9个单位获得团体奖。70名参赛成绩合格者，由市劳动和社会保障局颁发相关的职业资格证书。

2003年，上海举办首届中等职业学校师德论坛。从2003年4月开始，市教委和市中小学幼儿教师奖励基金会举办以"为了每一个学生"为主题的上海市中等职业学校师德论坛暨演讲比赛。此次活动以征文和演讲为主要形式，从2003年4—12月，分为宣传学习，初步评选，征文演讲初赛、复赛、决赛，巡回演讲等几个阶段。该活动得到全市各中等职业学校的大力支持，共有60多所学校参加征文，共征集到演讲稿300多篇。组委会还评出15所学校获得优秀组织奖，60篇征文为入围奖。《上海教师》将所有获奖作品编成专集，各中等职业学校踊跃订购，在校内组织教师学习。10—12

月,市教委和市中小学幼儿教师奖励基金会组成师德演讲团,12位获奖教师担任演讲团成员,在职教系统进行巡回演讲宣传,共举行20多场巡回演讲,近30所学校3500多位教师听取演讲团成员精彩的演讲。

2004年,全市进一步完善师资培训基地,积极开展各大类专业教师的培训。包括计算机技术、医药卫生、建筑、机电技术、数控技术、旅游、汽车运用维修、交通运输、财经、商业等大类在内的10多个师资培训基地已经成为上海职教专业教师培养培训的主渠道,覆盖80%以上的专业教师。是年,这些基地共开办班次80～100个,培训教师总量达3000名左右。基地采用依托行业、教学和实训相结合的方法进行培训,着力在中职教师的双师型素质上下功夫。旅游类等基地的培训还轮流在各大饭店和宾馆或企业中进行,并与职业技能鉴定相结合,有力地促进双师型教师教育教学能力的提高。同年,按照教育部中德教师培训计划,上海选派20多名专业教师赴德国各职业院校进行为期2个月的专业培训。出国培训的经费由各方共同承担,市教委最多承担不超过三分之一,区域由主管单位、学校和教师个人各承担三分之一,总计投入经费近百万元。计划在5年内接受此项培训的教师达到300名以上。百所中等职业学校重点建设工程,对教师队伍水平的提高起很大的促进作用。到2004年,在上海130多所中等职业学校中共有专任教师8555人。师资队伍"双师型"和高学历比例迅速提升。专任教师净增近10%,大学本科及以上学历所占比例达到95%,硕士研究生比例达5%,中高级职称教师占75%左右。专业教师中"双师型"教师比例达到42%。通过百校重点建设工程验收的75所学校,专任教师净增近10%。中职校的师资队伍"双师型"和高学历比例迅速提升。具有大学本科及以上学历所占比例达到95%,具有硕士研究生比例达5%,具有中高级职称的教师占75%左右,在专业教师中"双师型"教师比例达42%。2005年市教委启动"双师型"教师专业技能开发培训计划,力争5年内使全市中等职业学校专任教师职称结构趋于合理,双师型教师占全部专业教师的比例达到50%以上,全面提高职教教学质量。

2007年,市教委进一步推进中等职业学校教师到企业实践工作,各校结合实际制定各具特色的《教师到企业实践实习管理办法》《教师到企业实践暂行办法》《教师到企业实践管理规定》和《教师到企业实践规定》等一系列文件。全市各中等职业学校与2000余家企业签订校企合作协议,一批在行业中代表性较强、技术水平较高、职工培训基础较好、重视和支持职业教育发展的骨干企业,上海石化股份有限公司、上海医药集团、上海水产集团、德国拜耳公司、上海移动通讯有限公司、上海瑞金医院、上海第一人民医院等一些国内外著名的国营大中型企业或外资、中外合资企业,先后成为学校的教师实践基地。为完善教师到企业实践的工作机制,绝大多数中等职业学校制定《教师到企业实践申请表》《教师到企业顶岗实践实录》《教师到企业实践工作考核鉴定表》等一系列表格,建立健全实践教师汇报制度和企业考核与学校考核相结合的考核制度。各中等职业学校采取积极的鼓励性措施,将到企业实践作为教师职务聘任、考核、晋级和评优评先的重要指标。上海电子工业学校在《教师到企业实践管理办法》中对职称评定明确要求,申报讲师职称必须有累计2个月以上的企业实践经历;申报高级职称必须有累计半年以上的企业实践经历。上海信息技术学校在《教学津贴分配和考评办法》中规定,中级职称教师二年聘期内各类实习、技能培训、课程研究必须积满60分,高级职称教师二年聘期内必须积满90分,其中明确教师到企业实习每天记3分。针对不同的专业课教师、实习指导教师、文化课教师和相关管理人员,各校在实践内容、实践时间、考核办法等方面都有具体要求和考核办法。江南造船集团职业技术学校要求专业课教师和实习指导教师每年必须到企业或生产服务一线实践1个月以上的基础上,还要求毕业班的专业课教师和实习指导教师跟随实习学生到企业,既承担学生日常管理工作,又要完成自己承担的新课题;对于文化课教师和相关管理人员,要求每年必须到企业考察调研2周以上。为落实教师到企业实践的经费来源和相关待遇,市教委会同财政部门在城市教育附加费中设立专项经费,支持并推进,教师到企业实践工作。上海市商业学校设立"双师素质"教师津贴,并对实践教师实行工资、福利、编制、职务、职级"五不变"政策,切实解决他们的实际问题和后顾之忧。上海市徐汇职业高中实行实践期间工资及待遇与在校内相同的办法;上海工商信息学校将企业实践时数折算成师资培训的学分,并作为教师今后聘用和晋升的基础条件。许多学校结合职业教育开放实训中心建设,紧紧依靠实训中心与企业合作紧密的有利条件,把专业教师安排到企业合适的岗位上;把教师选送到条件充分、模拟企业环境真实的实训中心实践。

2009年6月,市教委、市财政局下发《关于实施上海市中等职业学校特聘兼职教师资助工作的通知》,资助对象是由学校按照有关程序向社会或行业企业聘请,主要担任专业课教师或实习指导教师的工程技术人员、高技能人才以及能工巧匠等。首先在上海市职业教育集团开展试点,逐步拓展到有条件的中等职业学校,每年资助100人左右,三年资助人数累计达到300人左右。重点解决专业(实训)教学与生产一线新工艺、新技术发展相脱节的矛盾,资助上海市产业和经济发展急需的先进制造业和现代服务业等大类专业。特聘兼职教师必须具有下列条件之一:一是中级以上专业技术职务;二是高级工以上职业资格;三是在相关行业(领域)内享有较高声誉、具有丰富实践经验和特殊技能的能工巧匠等。资助标准为每人每年2万元～3万元,资助经费在职业教育专项资金中安排。2010年6月,教委印发《关于开展本市中职校特聘兼职教师资助工作的通知》,进一步规定并细化申报条件和资助条件。

第二节　教师培训

一、概况

20世纪80年代初期,国家大力发展职业教育,为了多渠道培养师资,建立一支足够质量的高素质的专兼结合的职业技术教育师资队伍,上海市教育局会同市计划部门、劳动人事部门共同统筹规划,广开门路,为职业教育师资拓宽来源。1985年,上海技术师范学院(1994年10月与上海师范大学合并)建立。这是上海市唯一的一所培养职教师资的高等院校,主要为郊县的职业技术学校输送有关的专业课、文化课教师。1988年市教育局与劳动局第二技工学校联合开办一个机械专业实习指导教师培训班,招生对象为三类职业技术学校毕业生,学制两年半,相当于大专学历。另外还有部分市区职业学校举办定向培养新师资班。至1995年,这些院校和师资培训班,共输送毕业生11 000余名。1987、1988年受市教育行政部门委托,上海第二工业大学从高中与中等职业技术学校毕业生中各招3个班,设置管理、计算机、机械、电子技术、外语等专业的职教师资班。华东化工学院也开办应用电子、化学工业两个专业的职教师资班。

1987年9月颁布的《上海市职业技术教育暂行条例》,对职业技术学校的"教师"一章的师德、职责、师资培养和文化课、专业理论课、实验指导教师的学历作明确规定。1989年10月,市教育局和市劳动局制订《上海市中等职业学校教师资格考核暂行办法》,为条例的实施和执行作出具体部署,对达不到规定学历的现任教师,经过推荐、考核后进行脱产或者不脱产的培训,进入有关高等院校举办的各种师资培训班,分别按本科、专科教学计划、大纲进行学习,学完规定课程,考试合格,给予本、专科学历。同时对非师范类毕业的教师和兼职的实习指导教师,则要求补上100学时的教育学、心理学与教学法基础的培训后才能评聘教师职务。

职业高中教师的培训通过职前、职后形式进行。职前培训,由上海一些高等院校组织职业高中师资班定向培养。在职培训,市教委作出决定,在 2000 年前,中级职称教师的进修,在 5 年内不少于 240 课时;中级职称教师申报高级职称的,一定要进修 240 课时,才能评聘;校长及中层干部,必须在规定时期内完成岗位培训 360 课时才能上岗。20 世纪 90 年代初开始,市教育局组织全市职业高中校长分期分批进行半脱产培训。培训对象还包括校级领导后备干部和区、县教育行政部门分管职业教育的科(股)长级干部,学习教育科学理论和职业教育管理理论,并就上海发展和改革职业教育的问题进行专题研讨和经验交流。

中专教师培训主要有学历进修、业务进修。学历进修方面:1978 年成立的上海技术师范学院是专门培养职教师资的,主要为郊县的中等职业技术学校输送专业课的教师。1980 年 10 月,国务院批转教育部《全国中等专业教育工作会议纪要》中指出,要采取多种形式培训和提高师资。要使尚未达到大学毕业水平的中专教师努力达到大学本科毕业水平。1986 年 6 月,国家教委对职业技术学校师资的培训提高作出的规定要求对达不到规定学历的现任教师,经过推荐、考核培训后进入有关高等院校举办的师资培训班,分别按本、专科教学计划、教学大纲进行教学,学完规定课程,考试合格,给予本、专科学历,还可以利用广播、函授、电视等方式进行培训提高。1987 年 2 月,市府教卫办印发《关于加强上海市中等职业技术教育师资队伍建设的若干意见》的通知中指出:对于文化课、专业课和专业基础课中未达到大学专科以上学历而有培养前途、年龄在 45 岁以下的进行分期分批培训,使其达到大学本科或专科以上学历。对于部分 45 岁以上未取得合格学历,但基本胜任教学工作的教师,可单独制订教学计划,进行专业培训,经考试合格者,发给专业岗位证书,并享受相应学历的同等待遇。上海市中专校对学历不达标的教师,分期分批选送到专业相同的高等院校进修;取得毕业证书。在业务进修方面:1982 年 2 月,上海市教育局关于《办好本市七所全国重点中专校的建议》中提出,主管业务部门应安排与学校专业对口的工厂、企业和科研单位,接纳教师定期参加技术工作、专题研究或参观学习;除师范院校承担中专校普通课教师的进修培训任务外,基础技术课和专业课中专教师的进修由专业对口的有关高校承担(可采取挂钩方式)。1986 年 6 月,国家教委对职业技术学校师资的培训提高作出详细规定。1987 年 2 月,市教卫办印发《关于加强上海市中等职业技术教育师资队伍建设的若干意见》的通知中指出:要开辟多种渠道,采取多种形式,培训在职教师。各类职业技术学校文化课教师的培训提高,主要由市区教育学院、华东师范大学、上海师范大学、上海技术师范学院等高校承担。专业课、专业基础课教师的业务进修提高,主要由上海第二工业大学、上海技术师范学院、第二教育学院以及上海其他各高校对口专业承担。生产实习课教师的新技术的培训,主要由上海高级职业技术培训中心和高级技工学校承担。

依据《上海市专业技术人员继续教育暂行规定》的精神,1990 年,上海市教卫办对职业技术学校教师培训,实施继续教育证书制度。其中规定:自 1998 年 9 月 1 日起,凡职业技术教师晋升教师职务,必须交验继续教育证书,达到规定培训的学时,方可申请晋级;自 1996 年起,凡未完成每五年教师培训规定的学历或培训成绩未合格的教师,学校不得续聘等等。1992 年 8 月,市教育局印发《上海市普通中等专业学校教学管理手册》(试行)。其中师资培养规定:"学校应每五年制订一次师资培养规划,与学校五年发展规划配套实施。"指出:"师资培养工作内容广泛,培养的方式应灵活多样。可采用业余、半业余、全脱产进行短期或长期的培训方式,也可通过挂职进修或以老带新在工作中培养的方法,因校制宜,因人而异,达到提高师资水平、提高教育质量的目的。"又提出:理论进修方面有学历、教育科学理论、外语进修;业务实践能力进修方面有挂职进修、社会实践、专业培训;

所有教师在每五年中至少接受 240 学时的业务培训或新技术、新工艺、新知识的培训,提高业务水平,更新知识,扩大知识面。其中具有高级职称的教师,每五年应有 540 学时的进修时间。上海市中专校成立 23 个"校际学科组",并进行"教学法比赛"和"教育、教学科研、评选论文"等活动,对提高教师业务水平都有一定的作用。

1998 年,市教委组织职教专业教师及校长岗位培训,开设 80 个课程,组织 2 000 名教师进行专业课程等植物培训,组织二期校长培训。开展骨干教师与管理干部研究所课程培训,共培训 300 余人。急需开展合格教师培训,拓宽培训渠道,组织教师专升本学历培训。1999 年,共开展各类培训 3 000 人次。

根据需要,上海加快建设师资培训基地。至 1996 年,上海已建成 5 个职业高中专业教师培训基地:管理类专业设在上海职业技术教育研究所;商业类专业设在上海市商业职业技术学校;计算机类专业分别设在上海市现代职业技术学校和上海市经济管理学校;机电类专业设在上海市劳动局第二技工学校。为了形成培训网络,市教委又批准 8 个职业技术教育师资培训基地:卫生类专业设在上海市卫生学校;财经类专业设在上海市财经学校;建筑类专业设在上海市建筑工程技术学校;冶金类专业设在上海市冶金工业学校;旅游类专业设在上海市旅游服务职业技术学校;交通类专业设在上海市交通学校;综合类专业分别设在华东师范大学和上海市第二工业大学。1997 年,为了进一步提高中等职业技术学校教师的业务素质和教学水平,上海市教委决定建立 20 个,覆盖 80％以上专业门类的中等职业教育师资培训基地。到 2000 年底已建成 15 个,基本覆盖 70％的大类专业。1999 年,又新建 2 所中等职业技术教育师资培训基地,全市已达 15 所,当年共开展各类培训 3 000 多人次。2000 年,组织全市中等职业技术学校开展教育技术现代化的现场会和开展近 1 200 人次教育技术现代化的教师培训。2001 年,市教委印发《关于做好本市中等专业学校教师"九五"期间职务培训学时认定和发证工作的通知》,要求:"九五"期间(1996 年 1 月至 2000 年 12 月),凡中等专业学校中级职务教师完成 240 学时专业进修,高级职务教师完成 540 学时专业进修的,均发放职务培训合格证书。中级职务教师完成 240 学时和高级职务教师完成 540 学时的情况,应作为教师任职情况考核、职务聘任和晋升的必备条件之一。

2003 年 6 月,市教委印发《关于加强和完善上海市中等职业学校校长及教师培训工作的若干意见》,提出 2003—2005 年的工作目标:文化课、专业课教师全部达到本科及其以上学历,实习指导教师学历基本达到大专水平。校长和教师中具有硕士学位或"双师型"的比例达到 20％以上。普通中等职业学校和重点中等职业学校的高级教师比例分别达到 25％左右和 35％左右。重点建设好若干国家级职教师资培训基地和 8～10 所市级师资培训基地。并对培训管理体制做相关规定。培训的任务包括:师德教育、校长培训工作、教师继续教育工作、中青年骨干教师和专业带头人的培养培训工作、中等职业教育师资培训基地建设等。2004 年 3 月,市教委印发关于选派上海市中等职业学校骨干教师出国培训的通知,决定从 2004 年起,每年组织选派若干名中等职业学校的骨干教师出国培训,其中包括教育部下达的选派计划。

2005 年,启动实施"上海市名校长名师培养工程",选拔中职的校长、骨干教师作为后备人选进行培养。全市 15 个职教师资培训基地通过"上海职成教育在线"发布招生信息,开展师资培训工作。"十五"期间全市中专、职校教师中有 95％通过教师资格认定,获得统一引发的教师资格证书,充分发挥这些培训基地作为上海职教专业教师培养培训主要渠道的作用。同年 12 月,印发《关于开展上海市各级各类学校心理健康教育教师培训的通知》,培训对象为已取得各类教师资格证书并在上海市各级各类学校从事心理健康教育(咨询或辅导)工作的教师。培训形式以组班集中面授为主,培训课程结束后,学员还须参加一个月的学校心理健康教育实践。同年,市教委印发《关于做好本市中等专业学校"十五"期间教师职务培训学时认定和发证工作的通知》,要求"十五"期间(2001年1月至2005年12月底)凡中等专业学校在职中、初级职务教师完成240学时专业进修,高级职务教师完成540学时专业进修的,均统一发放职务培训结业证书。中、初级职务教师完成240学时和高级教师完成540学时职务培训的情况,作为教师任职情况考核、职务聘任和晋升的必备条件之一。该年,全市的职教师资培训基地年平均班次80~100个,年培训教师总量达3 000名左右。

2007年,上海市中等职业学校专业骨干教师培训工作包括三个方面:其一,按照上海市教育委员会《关于"上海市普教系统名校长名师培养工程"的实施意见》文件要求,本市开展中等职业学校名校长名教师培训工作。各培训基地以学习研修为阶梯、以学校管理和课堂教学为阵地、以教育科研为载体,通过专家指导、教学研讨、名著研读、案例分析、课题研究、学术考察等培养形式,促进和提升学员的专业发展,其间有10名重点中等职业学校校长和29位中等职业学校教师被列为名教师培养对象。其二,行政干部培训工作。对中等职业学校校长、学校中层管理干部等不同层面管理人员开展专题培训,通过专家讲座、考察活动、研讨会等形式,就职业教育中的热点和难点问题、现代学校管理的理念、面向21世纪的成人教育和职业教育、中国加入WTO对职业教育的影响等课题展开深入的研究学习。其三,专任教师培训工作。共选送168名教师参加国家级培训,顺利完成教育部下达的培训指标。同时,依托市级师资培训基地,以教学、科研、培训一体化为主要模式,以项目为引领,以网络为平台,对德育课、专业课、文化课等不同类型的骨干教师开展德育工作管理、职教政策法规、现代职教理念和教学方法、教育科研方法、专业技能、现代教学技术(多媒体课件制作和网络技术)、学生思想政治工作等培训。其中,中等职业教育课程教材改革培训500多人次;教育公共理论课培训1 430人次;教师专业技能培训299人次;青年教师培训108人次;文化课教师培训900余人次;中等职业学校班主任培训308人次。

是年,与商学院名师培养基地、南湖职校名校长培养基地和中小幼教师奖励基金会联合举办"今天我怎样当老师"和"今天怎样教学生"的全市性教师论坛,搭建职教专家学者与普通教师对话交流的平台。名师基地负责组织学员开展上海市中等职业学校课堂教学现状调研,召开若干座谈会,研究论坛主题,形成论坛的三个专题:如何认识"90后"中职学生,如何认识高教大众化背景下的中职教育;如何认识教师在课堂教学中的作用,如何贯彻因材施教原则;如何认识中职教学评价的依据和价值,如何设计中职学生学业评价体系和结构。同年,由中德政府共同支持的"中德职教师资进修项目"已开展3年,上海市共上报计划103人,实际参加培训77人,总计经费投入近百万元。先后收到参加培训教师的专题调研报告77篇,合计21万字。这次合作项目的组织交流工作得到教育部的肯定,并授予上海市教委为中德职教师资进修项目(P300项目)先进单位称号。还协调解决中等专业学校和技工学校评定特级校长的工作,研究完成中等职业学校校长、党支部书记职级制实施方案,制定相应的评价指标体系,并完成对校长、书记和相关人事干部的培训工作,全年共有12名校长(书记)被评为特级校长。市教委推进教师到企业实践工作。各中等职业学校认真贯彻落实《意见》精神,结合实际制定各具特色的《教师到企业实践实习管理办法》《教师到企业实践暂行办法》《教师到企业实践管理规定》和《教师到企业实践规定》等一系列文件,从制度上确保工作开展。上海市各中等职业学校与2 000余家企业签订校企合作协议,一批在行业中代表性较强、技术水平较高、职工培训基础较好、重视和支持职业教育发展的骨干企业,尤其是一些国内外著名的国营大中型企业或外资、中外合资企业,先后成为学校的教师实践基地。大多数中等职业学校把教师到企业实践工作纳入学校的"十一五"师资队伍建设规划中,针对教师到企业实践的内容、时间、考核办法等,制定《教师到企业实践申请表》《教师到企业顶岗实践实录》《教师到企业实践工作考核鉴定表》等一系列表格,建立健全实践教师汇报制度和企业考核与学校考核相结合的考核制度。各中等职业学校采取积极的鼓励性措施,将到企业实践作为教师职务聘任、考核、晋级和评优评先的重要指标。市教委会同财政部门对教师到企业实践给予经费支持,在城市教育附加费中设立专项经费,支持并推进中等职业学校教师到企业实践工作。教师到企业实践期间的工资福利待遇,培训费、差旅费等相关费用的支付,按照《教师继续教育规定》执行。

2008 年,上海市中等职业学校专业骨干教师市级培训工作启动,成立上海市中职专业骨干教师素质提高计划实施工作领导小组,由市教委分管领导任组长,职教处、人事处和财务处等相关职能部门负责人为成员,按专业发展需求统筹规划培训基地的建设和组织实施培训工作;领导小组下设项目办公室,具体组织落实中等职业学校专业骨干教师市级培训工作,做好有关培训基地的遴选、专业培训方案的评审、培训信息发布及对培训基地的质量检查等日常管理工作。同年 11 月,市教委印发关于印发《上海市中等职业学校专业骨干教师市级培训实施意见》,明确上海市中等职业学校专业骨干教师市级培训工作的指导思想、工作目标、培训专业及对象、培训内容、考核与颁证、组织管理与实施、经费保障等。"十一五"期间将对上海市中等职业学校的三分之一专业教师实施专业骨干教师的市级培训。通过培训,提高专业骨干教师的职业基本素养和课程改革实施能力,培养一批具有现代职业教育理念、扎实专业基础和实际操作能力,在教育教学改革发展中起骨干带头作用的"双师型"教师。培训内容主要以新开发专业教学标准的专业为主,具体包括:国际商务、数控技术应用、计算机及应用、机电技术应用、会计、汽车运用与维修、工业与民用建筑、现代物流、航空服务、旅游服务与管理、美术设计、烹饪、交通运输管理、金融事务、计算机网络技术等专业。

培训重点提高教师的专业水平和对新课程的驾驭能力,提升参训教师获得高一级职业资格证书或专业技术资格证书的综合能力。内容主要包括现代职业教育理论与方法、专业知识与教学能力、专业实践活动三个方面,每期不少于 130 学时。现代职业教育理论与方法:现代职业教育理念、新专业教学标准开发与实施的基本思路与方法,占总学时的 15% 左右。此项培训安排在 1~2 个培训机构集中进行,在时间安排上与其他培训时间错开。专业知识与教学能力:新课程标准实施的教学设计与组织能力,教学方法和手段的创新;专业领域的新知识、新技术、新工艺、新方法和关键技能,占总学时的 35% 左右。此项培训以专业大类为单位,安排在相应的培训机构分别进行。专业实践活动:现代企业的生产经营状况、技术水平、生产工艺流程、岗位操作规范和用人要求;与职业(行业)资格标准有关的专业技能训练;占总学时的 50% 左右。此项培训安排在有关企业和职业教育开放实训中心进行,其中企业实践课时不少于总课时数的 30%。上述培训学时计入教师继续教育 240 或 540 培训学时,企业实践课时可折算计入教师到企业实践记录。参加培训的对象为中等职业学校教学一线的专业课或实习指导课的骨干教师或后备人选,从事职业教育教学工作 3 年以上,中青年教师及曾获市(区)级以上优秀教师称号者优先。并就培训内容、考核与颁证、组织管理与实施、经费保障等提出具体要求。是年,市教委还开展专业培训方案评审工作,通过组建专家队伍、设置预审环节、组织实地初审、总结初审情况、组织集中评审,确定由华东师范大学等 7 所学校承担 2008 学年度上海市中等职业学校专业骨干教师市级培训任务。

2009 年,全市 59 所中职校的 326 名专业教师参加培训,经过考核,参训教师全部获得《上海市中等职业学校专业骨干教师市级培训结业证书》,其中 26 名参训教师被评为优秀学员,根据教育部要求,组织、选送 50 名骨干教师参加国家级培训。同年,成立上海市中等职业学校专业骨干教师素质提高计划实施工作领导小组,由市教委分管领导任组长,职教处、人事处和财务处等相关职能部门负责人为成员,统筹规划上海市中等职业学校专业骨干教师市级培训工作。领导小组下设项目办公室,指导培训基地建设,负责培训基地遴选、专业培训方案评审、工作进度和质量检查,以及培训信息发布等日常管理工作。各相关培训基地也建立项目组,制订具体的培训方案,工作制度等。项目办公室强调过程管理,加强对培训质量的指导和监控。经过专家对培训基地方案的评审,认定华东师范大学、同济大学、上海商学院、上海市交通学校、上海信息技术学校、上海市高级技工学校和上海市工业技术学校等为骨干教师培训基地。培训内容主要包括现代职业教育理论与方法、专业知识与教学能力、专业实践活动三个方面,每期安排各类教学不少于130学时,其中专业实践活动要放在有关企业和职业教育开放实训中心进行,企业实践课时不少于总课时数的30%。在充分调研论证基础上,确定工业与民用建筑、会计、汽车运用与维修、计算机及应用、机电技术应用、数控技术应用等6个专业的培训实施方案和教学计划。各培训基地根据学员培训需求和行业发展实际,反复研究、精心设计培训计划,实施项目引领,培训内容基本做到模块化、菜单化、个性化。同济大学在培训中,实行小班教学、分组训练、典型案例分析、头脑风暴等形式,根据学员需求分模块培训。上海商学院重视参训教师的教学能力和研究能力的提升,进行说课、公开课、专项技能考核等三项考核。上海市工业技术学校采取"综合测试,注重能力"的考核方式,针对不同的培训模块有不同的考核方式。上海市信息技术学校在考核中要求学员做到"四个一",做一个项目、写一份教案、讲一次课、整理一份岗位职业能力报告,这种考核方式有效地检验参训学员的学习成效。上海市高级技工学校在实践环节的安排上,既突出实习企业的多样性,国企、合资、民企全覆盖,又做到基地与企业联手拟订实践计划。上海市交通学校在培训中引入企业标准和规范,改变以往在台架上作业的方式,制定在整车上作业的实训方案。

2010年3月30日,市中等职业学校专业骨干教师市级培训开班典礼在上海远程教育集团会务中心召开,标志着上海市中等职业教育的师资培训工作,尤其是专业骨干教师的市级培训已步入常态化,正朝着制度化方向迈进。

二、案例选介

上海市工业技术学校市级职教师资培训基地按数控加工技术应用专业骨干教师必须具备的专业能力与技能要求,设置相应的模块化培训课程。专业核心课程是全体学员必须参与的培训模块,通过参观外资和国有等知名企业,让学员们了解企业的生产管理状况、主流技术应用、生产工艺流程、岗位操作规范和用人需求;通过开设网络数控传递、数控加工新工艺和发展趋势等专题讲座,让学员们了解数控加工前沿技术和新工艺的应用,拓展知识。在"复杂零件数控铣削加工"和"复杂零件数控车削加工"模块中,按照教学要求,着重进行典型零件数控加工工艺分析和程序编制,学会合理编制零件数控加工工艺,提高数控编程能力,让学员通过零件的加工实践,掌握复杂零件数控加工工艺,提高专业能力和操作技能。针对学员对数控技术掌握的程度参差不齐,采用分层教学,设置较多项目,从低起点简单零件加工项目到复杂零件加工及CAM技术应用。让学员纵向提高和横向拓展并重,在原有基础上有较大提高,并从中学习任务引领型课程的教学方法。

华东师范大学国家级职教师资培训基地安排针对性的课程,"当前我国职教课程实施中的若干问题思考"详细总结课程实施中存在的主要问题,如教材问题、教法问题、实施配套问题、激励机制问题等,并有针对性地提出一系列对策建议,如探索一套适合项目课程教学的有效教学模式与教学方法,加强职业学校校长与教师的培训,使其在"观念上"与"技术上"为当前这场课改作好准备,全面开展校本课程开发,等等。有些课程对职教名师的成长进行深入浅出的诠释,介绍中职教学方法多样化的价值以及怎样把课堂还给学生和为学生提供课堂主动学习的条件等内容,介绍以德国双元制为主、各国职教的课程结构和课程模式,阐述全面提高职业教育教学质量的基础和关键,介绍各专业的课程开发实例等。

上海商学院市级职教师资培训基地在组织会计专业培训前,组织专家、管理人员对上海市中等职业学校范围内教师的职业教育理念,专业的教学内容、教学方法,教师在教学中碰到的实际问题和困惑,以及广大教师对中职教育改革的呼声等开展多方位的调研以确定培训目标。在培训形式上,先导性讲座与研究性学习相结合;示范课与听课、评课相结合;教法研究与社会考察相结合;会计专业实训中心实训与参观、走访企业相结合。开设的多个讲座,对学员树立现代职教理念,获取、理解最新行业规范制度,了解、领会中职课改的必要性等起很大的作用。组织学员走访宝钢集团(工业财务会计)、百联集团东方商厦(商业财务会计)、万隆国际咨询集团会计事务所(会计项目与审计)等全国著名企业,了解现代企业的经营管理以及现行的财会制度、措施、做法,企业对财务人员的用人要求,企业内部控制规范管理等。通过走访企业,了解会计事务和实务,加深感性认识,促进教师在课堂教学中引用案例并在社会实践中指导学生。制定两项交流考核措施:一是说课,要求每位学员在学习交流的基础上,精心设计一节课(或一门课)的说课教案(包括多媒体教案),以组为单位进行"说课"评课,通过"一人说、众人评"的交流,相互取长补短;二是答辩考核,在前期小组说课的基础上,每位学员根据交流的意见进行修改,再组织专家为每一位学员进行说课答辩,在说课答辩中专家仔细倾听学员的"说课",并给予学员指导、评价。

上海市高级技工学校市级职教师资培训基地的机电一体化专业培训,培训内容分为专业技能、企业调研、教学模式三大类。特意选择国营企业、民营企业、合资企业和外资企业,选择上海烟草机械厂(国企)、上海卷烟厂(国企"专卖")、上海爱德夏机械有限公司(合资)、杭州天煌教科技实业有限公司(民企)。调研后发现,虽然都是以机电装备为主的企业,由于企业的性质不同,对技术工人的要求也不同,从而改变学员的教学理念。培训考核方法采取"高精教学设备培训+企业调研+撰写调研报告+编制教案"的方式。培训应针对职业教育教学特点,采取专题讲座、模拟教学、交流研讨、现场观摩、技能训练等多种形式,突出示范性,注意发挥参训教师在培训活动中的主体作用。实行小班教学、分组训练,也可按学员需求分模块培训。

上海市交通学校市级职教师资培训基地的汽车运用与维修专业培训,把主题定为"如何实施任务引领性教学模式"。开设的讲座有:"汽车专业教学标准和课程标准建设""汽车专业课程的教案设计与说课""汽车专业校本教材开发"等,使学员能原汁原味的领悟任务引领性课程的内涵和带来的影响。基地安排学院在国祥别克和徐汇大众进行业务学习,要求学员从一分钟接待开始跟踪待修车辆的整个修理过程,了解4S店的整个修理环节及其运行规则、服务流程、作业规范,为将来实施课程教学、改进教学要求提供必要的依据。同时,针对行业急需钣金、喷漆技术人员的现状,安排美国PPG上海分公司的专业培训讲师作钣金、喷漆技术讲座,让学员了解钣喷项目开设的标准、技术要求,形成服务企业的意识。

上海市信息技术学校市级职教师资培训基地的计算机及应用专业培训,根据实际需要,选择影视、网页、多媒体和动漫方向的课程进行学习。通过培训和企业实践,使学院熟悉计算机及应用专业教学标准中岗位职业能力确定的课程内容,了解计算机及应用专业毕业生的主要岗位分布和工作任务,能进行任务引领型项目的设置,能撰写任务引领型课程的授课教案,能完成一个具体的应用项目,基本掌握任务引领型教学方法的实施过程。培训中,由 JY/T0402－2008 标准主要起草人解读《计算机应用与软件技术专业仪器设备配备标准》。由上海市中等职业教育计算机及应用专业教学标准起草人讲解任务引领型课程的教学设计与教案编写、教学互动与调控、"任务"的设计、教学过程中"作品"的评价。由上影影人公司的导演分析项目策划原则、作品分类、艺术语言、策划创作步骤,指导策划练习。由上海电影制片厂的一级录音师培训录音技术,进行音质评价,指导录音技艺。由教育部计算机专家组成员讲授现代远程教育和网络课程的制作技术。由典型企业的项目经理指导项目的设计与制作。由全国技能比赛专家组成员解读全国技能比赛的规则和专业教学的改革方向,探索技能比赛选手的培养途径。组织学院考察职成教育在线、上海易美公司、中视典公司、邮电培训中心,了解企业各环节实际运行情况、岗位性质和需求、需要的能力和知识。还聘请行业和企业的专家对行业的现状,学生就业必备的技能和素养,以及职业技能鉴定的相关标准进行解读,拓展专业教师理论知识和实践技能的外延。

同济大学国家级职教师资培训基地的工业与民用建筑专业培训,讲座涉及建筑业劳动分析和建筑业职业教育改革、项目教学法典型案例分析、钢结构的最新发展、汶川地震与建筑抗震、建筑施工新技术、多媒体技术培训等不同的培训模块,贴近教师的中专教学实际,效果非常显著。基地将实习单位以"菜单式"提供给实习教师供选择,体现专门化方向。

第三节　教师职称评聘

改革开放初期,面临教师紧缺的问题,要多渠道解决:普通高校举办职业技术教育师范班,纳入统一招生计划(部分可委托培养),为了保证职业技术教育师资的质量,职业高师的招生,实行定向招生,提前录取,同时招收一定数量的中等职业技术学校优秀应届毕业生,中专、技校和职业高中可按 3% 的比例推荐优秀毕业生报考,并在具有高中毕业程度、年龄在 25 岁以下的在职技术人员和技术工人中进行招生。

一、职业高中教师评聘

20 世纪 80 年代初创时期,上海职业高中的基础文化课教师绝大多数由普通中学的教师担任,区(县)教育行政部门逐年补充调配。专业课教师和实习指导教师大部分由联合办学(或委托办班)行业部门提供。90 年代随着上海城乡经济体制改革和产业结构的发展调整变化,职业高中设置的专业门类增多,80—90 年代职业高中的教师(尤其是专业课教师)来源,大致有以下几个方面:由联合办学业务部门派出专兼职结合的专业教师,一般人事编制仍在原行业(企业)单位。有教授、工程技术人员和有实践经验的专业技术人员;学校从高等院校、中等专业学校、科研部门及行业部门聘请专业理论课、专业技术课教师兼任教师;从上海市、外地、高等院校与有关企事业单位选调一部分专业技术人员来职业高中任教,或在上海市教育系统内部抽调有某方面专业特长的教师支援职业高中;从现有政治、文化课教师中选拔对某些专业方面有基础专长,送上海市或外省市(个别送国外)经过系统学习培养,改教专业课;建立上海技术师范学院,培养以适应上海农村职业高中所设置的专业课教师,并在有关高等院校中设置职业教育师资班,另外由市教育行政部门统筹,每年分配部分普通师范院校和理、工、农、林、医、财等院校毕业生来职业高中任教;选留一部分职业高中本校优秀毕业生,经过进修培养后,任专业生产实习指导教师。

1986 年 5 月 19 日中央职称改革工作领导小组转发国家教委《中学教师职务试行条例》。《条例》规定：教师职务设教员、助理讲师、讲师、高级讲师。高级讲师为高级职务、讲师为中级职务、助理讲师和教员为初级职务。各级职务实行聘任制或任命制，并有明确的职责、任职条件和任期。市教育局教师职称改革办公室根据该《条例》有关规定，并针对职业教育工作职业性、实践性的特点，结合上海地区职业高中教师的实际情况，作出有关职业高中教师的职责、任职条件、考核和评审、聘任或任命办法等方面的实施细则有组织、有领导地开展职业高中教师的评审工作。

1991 年上半年，市教育局职教处、职教研究室接受市政府教育卫生办公室任务，对上海 88 所职业高中、24 所普通中学附设职业班、13 所成人教育办职业班和 1 所农场办职业高中的专业结构、师资结构和课程设置等情况，进行一次全面调查。1991—2000 年，上海市教委职业教育办公室，加强对职业高中师资队伍建设的领导。至 2000 年，职业高中专任教师（不包括兼任教师）的学历、职称和年龄情况的统计数据表明，结构层次有改善。其中文化、专业课专任教师大学本科以上学历从 1991 年的占比例 38.53％，提高到 2000 年的 68.19％，专业课专任教师大学本科毕业以上学历从 1991 年的 30.95％，提高到 2000 年的 50.89％（其中市区 52.05％，郊县 43.27％）；文化、专业课专任教师的高级职称占比例从 1991 年的 2.78％提高到 2000 年的 6.85％（其中市区 7.04％，郊县 4.33％）。

1995 年和 1999 年，国家教委先后颁发国家级重点职业高级中学标准和国家级重点职业高级中学评估指标体系，其中对职业高中教师结构的要求，专任教师学历达到国家教委文件规定，文化课和专业理论课教师的合格学历为本科；某些实践性较强的专业教师亦可为大学专科；从事教学工作多年，经验丰富，教学效果较好的教师，其学历要求可适当放宽，生产实习指导教师的学历为中等职业技术学校（中专、职业高中、技工学校等）学历，同时达到中级技术等级的技能水平要求的教师。上海市教委职业高中评估组，在 1995 年、1999 年进行过两次国家级重点职业高级中学评估。评估后，职业高中通过多种措施，提高教师学历和职称层次结构的比例。

二、中等专业学校教师评聘

1980 年 2 月经国务院批准，教育部发出《关于中等专业学校确定与提升教师职务名称的暂行规定》（以下简称《暂行规定》），明确中等专业学校教师职务名称为：副教授、讲师、教员、实习教员四级。同时对这四级职务名称的确定或提升，又都规定具体标准。1980 年 9 月，上海市教育局根据教育部的有关规定在中专学校开始搞职称评定试点。1981 年，根据教育部的有关规定，上海市的中专学校评定教师职称工作全面开展，有关部门召开会议，进行部署动员。由市经委、建委、财贸办、教育局等单位领导同志组成中专学校评定教师职称领导小组。全市有 70 所中专学校参加这次评定教师职称，其中 5 所学校已于去年 9 月进行试点。中专教师职称分为副教授、讲师、教员、实习教员四级。1982 年，经市中等专业学校教师职称评定领导小组批准，上海市有 61 所中专校评出讲师 508 名。这是上海市新中国成立以来第一次在中专校教师中评定职称。至 1983 年 7 月，先后分三期完成对讲师职称的审批工作，共评出讲师 993 名。1982 年 12 月，由市教育局系统高级教学人员职称评审委员会聘请有关高校教授、工厂、企事业的高级工程师、高级经济师等 50 名专家组成 11 个学科小组、评定副教授职称，首批评出副教授 23 名。

1989 年 2 月，上海市职称改革小组发出关于转发市教育局制定的《上海市贯彻〈中等专业学校教师职务试行条例〉的实施细则（试行）的通知》（以下简称《实施细则》）。《实施细则》在关于无规定学历教师任职条件的说明中作具体说明。《实施细则》规定评审组织和职责。上海市中专教师职务评审委员会于1989年9月又制订《中等专业教师任职情况考核指标体系、考核标准、实施意见等试行草案》。

1996年,市教委颁布《关于本市中等专业学校组建教师初级职务任职资格评审委员会的意见》。同年,下发《关于上海市中等职业技术学校实施〈教师资格认定的过渡办法〉的补充意见》和《关于1996年上海市中等专业学校教师和实验技术职务任职资格评审工作的意见》。据2000年统计,上海中等专业学校共有81所,有专任教师5165人。高级职称857人、中级2731人、初级1456人,无职称121人。

2003年9月,市教委下发关于2003年度上海市中等专业学校教师和实验技术职务评聘工作的实施意见,指出:上海市教育委员会负责制定上海市各类中等专业学校的各级教师职务和实验技术职务的结构比例和岗位设置原则;研究和制定中等专业学校的教师职务和实验技术职务的评聘政策;指导、规范各中专校的教师和实验技术职务的评聘工作;组建上海市中等专业学校教师和实验技术高级职务任职资格评审委员会。高评委委托上海市教育评估院组建相关的学科评议组,对学科评议组工作进行指导并对学科评议组意见进行最后审定。各学校主管单位(指委、办、局、控股集团公司,各区县教育行政部门)领导和监督学校的评聘工作。在规定的结构比例范围内,审批所属学校的教师职务和实验技术结构比例及岗位设置;审批所属学校的教师和实验技术职务聘任委员会。各中等专业学校要健全和完善教师和实验技术人员的考核制度和聘任制度,成立教师和实验技术职务聘任委员会。各主管单位要在经核准的教师编制范围内,确定学校各级教师和实验技术职务的结构比例。各校在经批准的职务结构比例内,按照各学科实际承担的任务,结合学校发展方向和学科建设目标,根据按需设岗的原则设置高、中、初级岗位,并将方案在全校公布。并对评聘程序、评聘条件等做具体规定。同年12月,市教委决定对上海市教师资格认定机构、委托高校以及各级各类学校和其他教育机构贯彻实施教师资格制度的基本情况进行检查。

2004年12月,市教委印发《关于2004年度上海市中等专业学校高级讲师职务评聘工作的实施意见》,此后每年印发关于该年度评聘工作的意见或通知,继续做好中等职业学校教师职称的评聘工作。2008年9月,市教委又印发《关于上海市技工学校教师高级职务评聘工作的实施意见》,规定技工学校教师高级职务任职资格的评审由上海市教育评估院负责组建的上海市中等专业学校高级讲师职务任职资格评审委员会(简称"高评委")负责,高评委下设若干个由5～9名具有高级专业技术职务任职资格的专家组成的学科评议组。

三、教师资格证书管理

2000年9月,教育部颁布《教师资格条例实施办法》。2001年8月,教育部颁布《教师资格证书管理规定》,其中第十二条规定:教师资格证书使用全国统一的编号方法,证书编号的前四位为年度代码,为认定教师资格年度编号;第五、六位为省级行政区代码,代表发证机关所在省(自治区、直辖市),采用国家颁布的《中华人民共和国行政区划代码》中的"省、自治区、直辖市代码"标准;第七、八、九位是教师资格认定机构代码,代码数字由各省级教育行政部门统一规定;第十位是教师资格类型代码:"5"代表中等职业学校教师资格、"6"代表中等职业学校实习指导教师资格;第十一位是性别代码,"0"代表持证人为男性、"1"代表持证人为女性;第十二至十七位是序号代码,由教师资格认定机构对本年度内发放的所有教师资格证书按办理的时间顺序不间断递增统一编号。

第四节　案 例 选 介

一、专职教师队伍建设

上海交通大学医学院附属卫生学校"五个一工程"。"五个一"分别为:第一,了解或掌握一门与专业对口的新技术、新工艺;第二,结识或结交一批行业能工巧匠,形成课程接对;第三,修订或编制一门与行业接轨的专业核心课程标准;第四,设计一个(套)所承担的专业核心课程的单元情景教学案例;第五,撰写一份行业实践调研报告。学校不定期组织行业实践工作总结交流会,筛选典型经验进行交流总结,扩大行业实践对专业教学的改革成果、行业经验和个人职业发展成长经历等效果。

上海市行政管理学校开展形式多样的教研活动,发挥研究、指导、管理和服务职能。2006 年学校专门成立教学研究室,为教学研究提供组织和制度保障。提出教学研究的职责:根据学校的整体规划,负责制定和组织落实学年、学期的学校教科研工作计划并组织教学检查,定期分析总结;研究专项科研问题;负责学校校刊的组织、编辑、发行等工作。2000 年以来,学校教师主持或参与的上海市和国家级的研究课题、项目约 100 项,对于推动学校各领域、各方面更上一层楼将起到推动作用。

上海市工业技术学校的中日合作上海现代模具技术培训中心于 1991 年成立后,引进先进的制造理念和许多现代化的数控加工设备,培养一批实践能力强、教学经验丰富的"双师型"教师。2001年模具设计与制造专业成为上海市首批重点专业,2002 年数控技术应用专业成为教育部首批国家级示范专业(点),2003 年实训基地成为上海市唯一的国家级模具技术类准高级鉴定所,2004 年模具、数控实训基地被教育部确定为紧缺型人才培养培训基地。学校在原已输送 18 名专业教师去日本企业培训的基础上,两年中又先后派 3 名专业教师去德国和日本进修。

上海沪东船厂技工学校实行技师负责制。1996 年学校首先在学校的船体装配、船舶焊接、船舶管系、船舶钳工、船舶电工、车工这六大主体工种建立技师负责制。技师作为工种带头人的主要职责,一是负责一二年级的实习教学督导工作,审定教学计划,检查教案;二是开展听课评教和教研活动;三是负责制订毕业班学生的技能鉴定训练计划,并指导实施;四是带教青年教师,提高教师业务水平,承担对实习教师的考核任务,有权对本工种的实习教师提出奖励与处罚的建议。对完成工作目标的技师,学校将予以重奖。学校根据各工种的具体情况,对毕业班技能鉴定合格率提出具体的目标,如原来合格率一直较高的工种则不低于原来的水平,并略有提高,而原来合格率较低的工种如车工、钳工其合格率一年必须达 80% 以上,第二年达 90% 以上。同时,每位技师每年带教 1~2名青年教师,明确带教内容、达标时间、带教效果,必须经过权威部门考核认可(参加等级工考核)。学校对在实习过程中所需的实习材料、设备落实到位。

上海市交通学校建立校企合作项目导向教学团队。至 2008 年,在汽车专业(群)教学团队下重新整合以校企合作项目为目标的专兼融合、"双师"结构、老中青均衡、职称合理的团队有 6 个,他们分别是 T－TEP(日本丰田)、上海大众、德国奔驰、上海通用、汽车钣喷、汽车商务等教学团队。以T－TEP(日本丰田)项目教学团队为例,该团队利用校内外的各种教学资源及丰田实训基地等硬件设施和实践场所,承担原有整个教学包括通识教育课程、专业理论基础课程、职业技术能力实训课程、校外实习和顶岗实习的所有学制内的教学过程,形成跨系部、跨专业项目管理一体化的教学团队。学校建立教学团队成员的"集体备课"和"教研活动重组"机制。

上海市徐汇职业高级中学教师专业发展服务体系,促使教师在与专家、与培训者、与名师、与同伴的多维互动中,实现专业自主发展。要求"双师型"教师制定个人三年规划表,每学年将进行一次考核,同时对符合标准的"双师型"教师给予奖励,在年度考核、进修培训等方面给予政策倾斜。学校充分利用学校的校本培训、师徒带教等各种活动积极开展"双师型"教师培养工作,安排专业教师参加各级各类业务培训和学习研修。

上海市现代职业技术学校加强"爱生敬业"的师德教育,通过举行师德修养系列讲座,收听收看先进典型事迹报告,以及利用正确的舆论导向引导教职工。学校向全体教师提出"一师多能"的要求,每位教师都要掌握并逐步胜任两门以上的文化课或专业课教学,要求中青年教师取得一至两门专业技能合格证,能指导一门专业课的实训,真正成为"双师型"教师。学校还大力培养主干专业的学科带头人,并积极开展"双语"教学的试点工作。校领导还纷纷带头,以科研为先导,促进科研和教学、德育的互动,进一步优化各项具体工作。

上海市杨浦职业技术学校实施骨干教师培养工程,以制定教师专业发展计划、评定"优秀教学质量奖"、授予"专业特色教师"等措施促进教师的发展。学校开展研究学科教学活动,探索职业教育的方法,以教学研讨会的形式开展教学研究。学校中青年教师都能制作多媒体课件进行辅助教学。教师们积极搞科研,努力出成果,2005—2007年在有关书籍和市区级刊物上先后发表90多篇论文。学校还鼓励教师自编教材和讲义,有17位教师参与编写11本教材。

上海市逸夫职业技术学校打破终身聘用制,和每人教职工签订有固定期限的1~5年的聘用合同,改革学校的工资奖金分配制度,在新的工资奖金分配方案中,将考核分为硬考核和软考核两块,硬考核的标的是刚性的合格水平;软考核则是一种柔性的,教职工自行申报的考核,凡是教职工认为自己在工作中有特色、有创造、或有过人之处,均可申报参加软考核,在统一的时间,学校为所有申报者提供展示平台。与此同时,民主考核小组对其工作实绩进行考核评价。

上海电子工业学校开展6项教师培训:全面培训——学历未达标的教师参加学历进修;企业培训——为使教师熟悉企业,熟悉专业,选送教师到企业学习与实习;重点培训——对学科带头人,为提升其专业水平,选送研究生班学习进修,或创造条件申报高级职称;国外培训——根据专业教学的需要,不定期地选派教师到德国参加长期或短期培训及考察活动;知识更新培训——教师按市教委规定的"240""540"课程参加进修,更新知识;技能等级培训——按计划选送教师参加高一级职业技能等级培训,扩大双师型教师队伍。从2001年到2004年,每年参加培训人数占教师总数的40%左右,3年培训人次达128人。学校用于教师业务进修费用的开支每年约20万元左右。

2002年,上海科技管理学校开展"铸师魂、弘师德、炼师能,整师表"的教师形象塑新工程,加大师德建设力度,实行教师考核、聘任"师德一票否定制"。用教育教学行为科学的标准来规范教师的教学行为,树立敬业爱教的良好师风。3年来,学校投入教育经费近12万元,先后两次举办全体教师参加的初、中级现代教育技术培训班,60%以上的教师能熟练使用计算机多媒体或网络资源,并能应用于课堂教学。通过顶岗培训、项目培训等多种途径,到2004年,专任专业教师中双师型教师达55%。2002年学校的养殖教研室和食品教研室专业教师参加上海市水产行业协会的"上海地区观赏鱼市场的现状及对策研究"和"上海地区水产品加工领域的现状及对策"课题研究,研究成果获得有关部门好评。

上海市曹杨职业技术学校提出"三个一点、三个结合"的师资队伍建设工作方针。"三个一点"即"起点"：把教师岗位看作是职业，是事业，更是专业，认识起点要高；"重点"：着力教育理念的转变；"关节点"：教师要有真才实学，教育教学中融学术、艺术、技术为一体，要"三术"常新，富有活力。"三个结合"为：引进与交流换岗相结合；自培与送培相结合；外聘与内化结合。为推进工作，学校专设师训处，拟定规划，确立项目，重点制定好学校的师资建设规划方针，重视校本培训，以信息技术基础性培训为切入口，以点面结合、互动式培训为转折点，以推进教师专业化发展为期望阈，从而使教师的自我发展同学校的自主发展紧密结合，切实优化教师队伍，提高全体教职员工的综合素质。2001—2004年，学校举行形式多样的各类校本自培，共有34大类，先后有1 826人次参加培训。2001年全校教师撰写论文60篇，2002年108篇；教师制作与专业匹配的学习包120多个；2002年出版3本教材；2003年共制定自主发展计划169份，收到教师教育教学建议书133份，实现教师自主学习与发展。

上海市医药学校以建设国家级重点中等专业学校为标准，建设师资队伍。学校贯彻"置换、引进、回归、交流、聘请"的方针。在引进紧缺专业或课程的学科带头人和课程把关教师时，切实把好"五关"。推行"51020"工程，为名师、学科带头人、骨干教师搭建发展平台。加强教师现代教育理论的学习和参加生产实践活动，邀请专家来校讲学，并组织教师广泛开展讨论、交流。开展多种形式的创新活动，提高教师应用现代教学手段的能力。到2004年，有100位教师进行"引领式在线课程与远程教育"的培训。

上海市振华外经职业技术学校师资队伍建设采用"三结合"。"三结合"是指：教师面上的学习与"240"进修相结合，校本培训与校外培训相结合，在职学习与脱产培训相结合；再学习，鼓励教师获得证书；抓科研，提升教育教学质量；出校门，丰富专业实践经验；定制度、定措施，完善评价考核体系。充分利用校内外教育资源，精心设计，开发以"全面提高职校教育教学质量"为主题的系列校本课程，在新区师资培训中起到示范、辐射效应。对全校教师进行3期各种类型的现代化教学手段培训，如计算机应用能力操作系统、常用文字、数据处理培训，课件制作、多媒体教学设备使用、动画制作等培训。举办两期由外籍教师主讲的英语口语培训，聘请外教对全区教师进行培训，学校有30余名教师参加，提高教师的英语听力水平和口语表达能力。2001—2004年，教师积极参与教科研，在各级各类报刊杂志上发表教科研文章120余篇。

中华职业学校开展以"我为卢湾教育作贡献"为主题的首届中华职校师德标兵的评选活动，在学校网站上公布16位候选人的事迹介绍，然后组织演讲和评议、公示、确定人选，进行宣传、表彰和奖励。学校要求教师一专多能，除上好一门主教课程外，能开出1～2门选修课程或培训课程。到2004年，50％以上的教师达到这个要求，既解决部分专业课的师资问题，也使一部分教师在专业调整后能找到合适的教学岗位。学校被评为卢湾区2002年中学"校风、教风、学风"专项检查先进单位、卢湾区"三学"活动先进集体。

上海市董恒甫职业技术学校将"数量足、质量高、懂理论、会操作、善管理"确立为师资队伍建设的目标，提出"校内、校外互补，职内、职外交错，专业、文化自选，学历、业余自主"等工作原则，安排老教师对青年教师的传帮带，鼓励教师参加各级各类教育法交流评优活动。

上海市环境学校通过采取"师承制""一帮一"的方式或选送优秀教师到高校深造等方法，加强对学科带头人、骨干教师的培养、培训；通过加快引进高层次、高学历具有热心环境教育事业及有丰富教学经验的高级教师和学科带头人，优化教师队伍结构。

上海市南湖职业学校以四星金牌指导教师的培养为代表,实现"无意识的成功者"为"有意识的成长者"的转变。上海市聋哑青年技术学校在校本培训、校本教研、校本课程、校本教材、校园文化、校外学习等方面采取措施,多渠道促进教师的专业化发展等。

二、兼职教师队伍建设

上海交通大学医学院附属卫校宝山分校于 2007 年从宝山区 4 家医院聘请 14 名具有大学本科学历、中级以上职称、有丰富临床带教经验的老师到校担任专业课程的教学。在老师的工作量认定及课时津贴上,学校也采取与"双师型"教师不同的方式。改老师向医院交调休单、学校发放课时费为医院公派、认定工作量、学校不付课时费、把现代护理集团的专项经费悉数划拨医院等方法。

上海现代护理职业教育集团临床特聘教师充实日常教学,实现"校内实训'临床化',校外实训'教学化'"。临床师资充实到护理专业教学中,临床专业课程专兼职教师比例达到 1:1。集团对临床护理骨干进行筛选,开展教学能力培训,选拔优秀临床带教人员,以点及面。临床教学科研由原来的每年各教学基地 1 个课题,发展到 2009 年的每个集团成员单位申报 3 个课题。在集团特聘兼职教师之前,实习单位接受实习生在本单位就业率在 50% 左右。2009 年,仁济医院和市九医院接受在本单位实习的毕业生就业率达 77% 和 72%。

上海商贸职业教育集团引入企业能工巧匠。上海商业会计学校教师姜荧荧是万隆会计师事务所的注册会计师,到学校兼课的同时,还承担校内会计教师课程培训和上海市教委组织会计专业骨干教师培训(上海商学院基地)的主讲工作;上海平信财会信息有限公司吴浩伟参加商业会计学校会计学科的教材编写和实训课程教材编写。上海商学院高等技术学院聘请的陶文是中国太平保险集团金融服务有限公司的高级客户服务师,担任金融专业的课程教学工作后,开设许多新课程。上海市商贸旅游学校根据需要通过"特岗、特聘、特邀"等形式,聘用专业课教师或实习指导教师。上海市商业学校聘请上海华安美容美发有限公司高级美容技师杨韵和上海喜达屋集团威斯汀酒店人事总监仲荧老师,对所在专业的教育教学都发挥重要的作用。

上海戏剧学院附属戏曲学校聘请著名艺术家教育家任教,先后聘请张春孝、刘秀荣、寇春华、李文敏、王玉璞、李丽芳、艾世菊、徐玉兰、王文娟、吴小楼、范瑞娟、邵滨孙、杨飞飞、沈仁伟、张杏声、蔡正仁、岳美缇、王芝泉、梁谷音、黄小午、梁伟平、施燕萍、薛惠君、赵开生、秦建国、陈希安、吴君玉、钱程、王双庆、童双春、李九松、黄永生等一大批名家执教,涉及京、昆、越、沪、淮、评弹、滑稽等各个剧种。他们的加入,为学校的教学汇聚强有力的教师资源,在客观上保证戏曲教学的高质量运作。由于这些专家名师年事已高,学校还特别安排青年教师作为助教,协助上课。既很好地完成课堂教学,又切实带教青年老师,一举两得,取得很好的成效。

上海旅游职业教育集团成立负责特聘兼职教师管理专项工作的工作小组,从动员、协商、申报、财务管理、过程管理、资料汇总各个环节加强协调管理,服务于集团各成员学校,保证公平公正申报,资金及时到位,过程协调落实,同时制定相应的申报流程、管理制度,确保此项工作的有序管理。

上海交通物流职业教育集团要求各成员单位(含物流企业、行业协会及各所院校)根据其各自对于兼职教师要求的具体条件,推荐适合的兼职教师人选,并填写兼职教师信息表,由集团秘书处汇总,建立集团兼职教师资源库,由此实现集团内的专业教师资源共享。并且建立集团联络员联系制度。

上海电子信息职业集团通过聘用兼职教师,缓解集团各成员学校专业师资队伍紧张的局面,特别是缓解实践性课程教师紧缺的现象,有效改善教师队伍"双师"的结构;同时通过兼职教师的带教,专任教师们也掌握电子信息行业最新的发展情况及企业人才需求情况的第一手资料。

第二章　高等职业院校教师队伍建设

第一节　概　　况

上海的高等职业院校为提高人才培养水平,针对院校师资队伍建设中的薄弱环节,着力加强专业教师的实践能力。一方面努力提高教师个人的"双师素质",另一方面着力加强兼职教师队伍,建立"双师结构"的教学团队,逐步实现院校和企业教师相对分工合作、术有专攻、各司其职,满足高等职业教育的教学需求。上海的民办高等职业院校也注重专任教师的队伍建设,努力建立起高素质的双师型教师队伍。

2000 年初,为了进一步规范高等职业院校的办学行为、推进上海高职教育的健康发展,上海市教委委托上海职业技术教育研究所对全市 43 所实施高职教育的院校开展一次综合调查,取得现场调研的第一手材料和最新的一系列数据,由此客观评价上海高等职业院校各方面的办学条件,其中对上海高职师资队伍基本结构的分析表明,全市从事高职教育的教师共 3 745 名,其中专任教师 2 675 名,兼任教师 1 070 名,专任教师与兼任教师之比为 7.1：2.9。专任教师队伍中,具有大学本科以上学历的教师占 86.9%,具有副高级以上专业职称的教师占 26.8%,具有高校任职经历的占 68.7%。各类高等职业院校专任教师队伍的构成情况不尽相同,独立设置的职业技术学院具有副高级以上专业职称的教师比例较高,这主要是其中的 2 所民办学院在这项指标上特别突出(高达 52.9%)所造成的。而由于行业背景、专业特点等各有不同,不同院校兼任教师的数量及其与专任教师的比例存在很大差异。不少院校结合本校实际制订高职教育师资队伍建设规划,并落实各项具体措施。

师资来源多样化。通过多种途径引进优秀人才,以充实和改善师资队伍的数量和质量,是缓解高等职业院校高素质师资紧缺状况的有效手段。一是从企业和普通高校引进各类专业技术人员和高职称教师,担任专业(学科)带头人;二是招聘有志于从事高职教育的大学毕业生和研究生,为高职教育的进一步发展做好准备;三是努力创造条件,积极引进各类既有教师职称、又有专业技术职称的各类"双师型"人才。如上海商业职业技术学院 2 年多来先后引进教师 41 名,其中教授 1 名、副教授 7 名、讲师 16 名,在引进的教师中还有一批具有会计师、工程师、专业翻译等专业技术职称的"双师型"教师。上海青年管理干部学院则计划在两年内每年引进 10 名左右高学历、高职称教师。

进修培训多渠道。重视和加强对现有教师的业务培训工作,是当时上海高等职业院校师资队伍建设的主要途径,其形式呈现多样性,如在职攻读学位、出国进修培训、下企业挂职锻炼等。如上海电机技术高等专科学校两年中每年投资 50 多万元用于师资培训。在 199 名专任教师中有 47 名教师具有研究生学历,还有 20 多名在读在职研究生,同时选送优秀中青年教师到国外进修。学校在重视教师学历学位培训的同时,也十分重视教师的实务知识、实务技能的培训,规定新教师都要先去企业技术岗位上锻炼一年后才能任教。学校还组织专业课教师到实验、实训基地去,与工程技术人员一起设计和制造大量实验实训的教学仪器、设备,在实际工作中提高教师的应用技术水平。

队伍建设向规范化方向发展。不少院校建立一系列教师队伍管理制度,如上海电机技术高等专科学校形成《建立骨干教师队伍的办法》《建立青年骨干教师队伍的办法》《关于加快学校教师队伍建设的若干意见》《关于实验实训教师队伍的建设》，以及关于教师工作考核管理办法等规范化的教师队伍管理文件。又如上海青年管理干部学院根据高职教育对建设"双师型"师资队伍的要求推出一系列举措，一是近两年内按照高标准每年引进 10 名左右高学历或高职称的教师，同时每年投入 20 万元经费，用于教师培训进修；二是大力鼓励教师进行科研、编写教材、参加专业会议等，每年投入 20 万元经费推进教师的科研工作；三是以政策和机制为保障，鼓励广大教师到有关区县团委、社区和文艺场所等实际部门挂职锻炼，写出"挂职日志"（一年约 6 万字），在实践中逐步增强能力；四是聘请校外具有教学实践经验和较强动手操作能力的专业技术人员及某些专业方面的高学历人才做兼职教师；五是开展优秀教学成果奖、优秀班主任、优秀教师评比活动，大力加强师德建设。

队伍构成从学科型向"双师型"方向发展。师资队伍中有一批既有中级以上教师职称，又有注册会计师、律师、工程师等专业技术职称的"双师型"教师。其中也包括卫生系统高等职业院校中既有教师职称，又曾是临床医生、有过医生职称的那部分教师。2000 年上海高等职业院校中共有"双师型"教师近 200 人，约占专任教师总数的 6%。师资队伍中还有一批具有工程师、实验师等专业职称和中、高级技术等级的实习、实训教师，他们是高职教育实施实验、实习、实训等实践教学的重要指导力量。上海电机技术高等专科学校有 47 名实训指导教师，占专任教师总数的 23.6%；东沪高等职业技术学院有实训指导教师 31 名，其中高级教师 1 名，工程师、实验师 10 名，高级工 7 名，助理工程师和助理实验师 12 名。由于这些院校高职师资队伍初步具有实训指导力量，故能较好地完成高职教学计划规定的占总课时 40%～50% 的实践教学任务，有效地提高学生的技术技能水平。

队伍从单一专职教师向专兼职结合方向发展。建设和形成一支相对稳定的兼任教师队伍，有利于保证较高的专业水平，特别是专业实践能力水平；有利于加强学校与社会的联系；有利于专业的变换和提高办学效益。因此，各高等职业院校在重视专任教师的充实、提高的同时，都很重视兼任教师的选聘工作。如上海建设职工大学为办出高职的行业特色和专业特色，同时弥补专任教师应用能力的欠缺，非常重视兼任教师的选聘工作。在兼任教师队伍中，不仅有重点大学的教授和博导，还有行业内学科带头人中的中青年人才及企业技术骨干、业务尖子。从而密切学校与行业的联系，使高职教育与行业发展需求贴得更紧，同时也缓解了专任教师双师型教师不足的矛盾，有利于学校办出特色。为鼓励企业工程技术人员到建设职大任教，市建委还专门发文规定，建委系统内工程技术人员晋升职称，必须要有在建设职大任教的经历。

师资培训基地建设初见成效。建立高职教育的师资培训基地，是确保高职教育教师队伍数量充实、质量提高的重要举措。经教育部批准，上海第二工业大学与同济大学分别建立高职教育师资培训基地，并已启动且初见成效。经过几年的培养、培训、补充、调整，上海高等职业院校师资队伍的状况有明显改善，一支素质优良、结构合理、骨干稳定、专任教师为主、专兼任结合的师资队伍正在逐步形成。

调研表明，在国家大力发展高等职业教育的大背景下，上海市高等职业院校师资队伍建设经过几年努力取得可喜进展，但是仍存在不少问题。如具有大学本科及以上学历者的比例为 89.3%，仅比全市普通高中高出 4 个百分点；更为突出的表现是"双师型"教师队伍建设明显落后于高职教育的发展要求，仅有 10 余所学校初步具备"双师型"教师的标准。为了确保高职教育的质量与特点，教育部《高等职业学校设置标准》规定每个专业必须有 2 名"双师型"专任教师，必须有 2 名副高级专业技术职务以上的专任教师，但由于上海的高职教育规模发展过快，多数院校还未达到上述标准，也没有较好地制定师资建设与计划，有的院校对教师培养还停留在单纯提高学历层次上，只是采用传统的师资进修方式。面对未来几年上海高职教育规模呈现快速增长的态势,必须进一步加强改善师资队伍建设,一方面是逐步提高师资队伍的学历结构和职称结构,另一方面是逐步完善师资队伍的类型结构,引进工程技术和经营管理人才,改革传统的师资培养模式,制定有利于稳定和提高教师队伍的相关政策措施。

2009 年全市完成第二期高职教师教学能力提升培训,共涉及国际商务、电子商务等 8 个项目,共计培训新教师 500 余名,专业教师 200 名,选拔其中 20 名优秀学员赴新加坡进行进修。

2010 年,上海继续实施上海高职高专院校师资教学能力提升计划。一是启动高职师资全员参与的培训工作,当年上海高职高专院校师资教学能力提升计划围绕高等教育"085 工程"的开展,形成立体、多层面互动模式,培训主体围绕教师对课程、专业主任(系部主任)对专业建设、分管教学校长(教务长)对教学管理、校长对办学的思考等几个方面展开。二是开展骨干专任教师培训,在数控等 10 余个招生数量较大的专业领域同时开展业务培训,培养一批既掌握专业技能又具备大众化高等教育教学方法的高职双师型教师。继续完善上海高职高专骨干师资档案。

第二节　案例选介

一、多渠道提升教师水平

上海城市管理职业技术学院实施"人才工程",多渠道、多形式面向全国公开招聘紧缺人才。2002 年以来,共引进教师 46 名,其中博士 2 名、硕士 6 名,鼓励中青年教师攻读博士、硕士学位,选拔优秀教师到国内外进修访问,全面提高教师队伍的综合素质。学院为加强"双师素质"师资队伍建设,分期分批安排教师到生产第一线挂职锻炼。到 2007 年,"双师素质"教师占专业课和专业基础课教师总数的 60% 以上。还从企业中聘请有丰富实践经验的技术人员和能工巧匠担任相关实训课程的指导。信息技术系获悉国际大型软件公司开始使用最新一代编程语言,许多教师利用寒暑假和平时业余时间学习更新软件编程等知识,并按照微软公司的最新技术体系更新课程。2005 年,参加由全国 319 所高等院校、15 万人次参考的"全国百校 IT 技能测评"中,1 693 名参加考试的学生,合格 1 583 名,合格率为 93.5%(全国平均合格率为 37%),名列全国第一,获国家信息产业部表彰。

上海工商外国语职业学院建立以专任教师、中青年教师、高学历教师为主体、双语双师教师为中坚、杰出人才为核心的教师队伍。到 2006 年,专职教师 265 人(占教职工总数的 76.5%),其中海外学成归来的博士、硕士与外籍教师达 43 人(占教师队伍总数近 16%),正副教授 98 人,其中正教授 20 人(占专任教师总数的 37%),博士 25 人,硕士 125 人(共占专任教师的 57%),45 岁以下中青年教师占教师总数的 72.5%。上海教育评估院调研结论证明,学院在上海民办高校中专任教师数量和比例均居于第一位。学校始终如一地把加强师资队伍建设列为发展的第一要务。建校初期,就制订师资队伍建设方案(2002—2004 年),明确提出以专职教师为主,以年富力强的教师为主,以高学历教师为主,以双语教师为中坚,杰出人才为核心的师资队伍建设方针。2005 年又制定第二轮师资队伍建设规划(2005—2008 年),按照"外语见长,突出专业"的人才培养模式,以外语类专业为重点,兼有工商管理类与计算机、机电类专业发展并举的特点。一方面,积极选派一批学科带头人和优秀中青年骨干教师出国培养;另一方面,为使教师适应世界先进科技发展的潮流,鼓励全校教师积极参加校内外各类教学评比,推动教师参与各类培训,实行中老教师与青年教师"一帮一",

给青年教师压担子。这些措施有力促进学校教学、科研水平的提高,力争成为民办高职教育的"排头兵"提供基本条件和有力保证。2009 年以建设示范性高职学院为目标,进入第三轮师资队伍建设的新阶段,这阶段建设的重点在制度建设,包括:教师岗位职责、教师工作量管理办法、教师岗位聘任工作实施细则、教师专业技术职称内评聘任实施办法、学校青年教师导师制度实施办法、教职工薪酬暂行规定等等。加大聘请企业兼职教师的力度,加强辅导员队伍建设,制订、试行管理人员的分级岗位聘任制度,推行建立"学校特殊津贴"制度的改革。

上海农林职业技术学院每年投入数十万元用于师资的培养和进修,创造条件鼓励教师提升学历和参与科研、社会服务等工作,学院申报市级科研项目从无到有,取得突破性的成果,2005 年在上海市科技兴农攻关项目招标中由教授黄清俊、张似青主持的课题均获成功。同时营造"事业引人、待遇留人、感情暖人、环境育人"的良好校园氛围,鼓励人才冒尖。专任教师数量从 2002 年的111 人增加到 2006 年的 155 人。学院有计划地组织专业教师直接下企业、到田头,提升技能水平;通过实训基地建设,创造条件安排教师参与实训基地的规划、设计、施工等工作,结合科研工作鼓励教师利用基地申请校内外科研课题;聘请近 40 名上海农林行业生产、管理、经营第一线的专家、技术员作为学院兼职教师,参与课程教学,指导学生实训。

上海工艺美术职业学院各学科大类包括 10 个专门化方向都配有 1 名学科带头人;两个重点专业广告摄影和工艺美术各配备 2 名学科带头人。2004 年以来,引进中央美术学院、中国美术学院、清华大学美术学院和上海大学美术学院等院校专业毕业生与教师共计 47 名。2005 年,聘任 12 位全国或上海市工艺美术大师为学院客座教授。学院要求每位教师每学期至少完成 190 节课的教学工作量,至少公开发表 1 篇作品或论文,至少在同学科范围内相互听课 2 次,并在学院的教研活动中进行学生作业相互交流、点评。学院强化教师专业技能的培训,要求广大教师一专多能,不仅胜任专业课程,而且还能上好与本专业相关的旁系课程,鼓励教师个人拜师和师傅带教,使教师在专业技能素养上达到双师型的基本要求。

上海建峰职业技术学院在 2002 年建立之初,仅有 105 名专职教师,其中有中高级职称的也只有 45 人。2005 年,一共引进本科或以上的各类专业人才 24 名。学院实施"百万工程"计划,每年拿出 100 万元专项经费,用于骨干教师的引进、选送教师进修和出国培训,仅 2005 年就经先后有 6 人出国进修,部分教师参加国内的各类培训。一批年轻的研究生经过这几年的努力已成为各教学和岗位的骨干,到 2005 年年底,建峰学院已拥有一支 400 余人的高学历、高素质的专兼职师资队伍,且 50% 以上的专业教师具有"双师型"资格:既拥有教师资格证书,也拥有工程师、造价师和国家注册监理师等证书,教师中具有研究生或以上学历及具有副教授以上的高级职务的超过 80%。

上海海事职业技术学院先后选派 10 余位教师参加大型集装箱船及大型散货轮的监造、试航和外派等科研生产活动,2 位教师上超大型油轮顶岗工作,使学院"双师型"教师达 50% 以上;2002 年至 2006 年,学院鼓励教师参加教科研活动,多人主持和参与省部级课题研究,在省部级论文评优活动中获奖 19 篇。2003 年,学院引进具有从事航海教育和培训管理经验的教授、船长任学院院长;学院实施"硕士化工程"和高职称教师培养,引进和在职培养硕士以上研究生近 30 人;副教授及以上岗位增加 15 人,改善专任教师学历、职称和年龄结构。

二、双师型教师培养

上海交通职业技术学院把专任教师定期下企业调研、轮训纳入教师职称晋升、常规考核指标体系;选送有发展潜质的教师赴国外先进企业进修,2002年至2006年,有40余人参加出国出境培训。教师及时了解和掌握企业最新技术,并以学生易于接受的形式将新知识、新技能传授给学生。学校聘请占专任教师20%的行业精英担任学院客座教授。如在举办丰田、通用汽车专门化班的过程中,学院开辟校企合作开展专业理论教学的新路,学院专任教师边上课,边到丰田、通用公司学习新知识、新技能,企业的培训部门亦派员直接参与课堂与实训现场教学。学院专业教师能普遍实施现场教学,形成理论教师能指导实习,实习教师能讲理论的良性循环的教学体系。学校制定《专业带头人实施办法》,2005年10月首批聘任22位专业建设上成就突出的教师担任专业带头人;对外地引进的高级知识分子予以一次性住房奖励及补贴。

上海科学技术职业学院强化高职特色师资的培养,实行"暑期顶岗挂职锻炼"制度,2006年到2008年,每个没有企业经历的教师都要有为期一月以上的企业顶岗挂职经历,2006年已经有19名青年教师得到锻炼;另有23人参与行业、企业、社区的应用技术研究或应用技术服务。鼓励教师参与学生技能竞赛的指导。2003年到2006年,有4位教师参与全国大学生数学建模竞赛的指导,其中陈宝冲获得全国大学生数学建模竞赛优秀指导教师奖,4位教师参与全国大学生电子设计竞赛的指导,14位教师参与上海市劳动局组织的多媒体技术、数控、网络技术3项比赛。经管系1位教师指导由国际青年成就组织中国部(JACHINA)举办的第五届全球商业挑战赛(上海赛区A组)的比赛。这些比赛都获得优良成绩。

上海医疗器械高等专科学校在国家示范性骨干高等职业院校建设中,开展教师队伍的"五双"建设工程。建专业"双带头人"制度:学校聘请校内骨干教师和企业专家(专业经理)共同担任专业带头人。由双带头人共同制定培养计划,共同落实实践教学任务,共同提高教学质量。建"双师结构"教学团队:从企业、医疗机构聘请专家和技术骨干作为兼职教师,负责专业教学、实训教学尤其是顶岗实习的现场指导教师。培养"双师素质"教师:选拔骨干教师到企业、监管机构挂职锻炼或业务进修,提高教师队伍的"双师素质"比例及教师职业教育的能力。"双向互动"增强科研能力:通过校企联合研究中心和下企业顶岗实践等形式,教师积极开展技术服务工作,增强教师技术服务的能力。"双向培养"提升服务能力:通过"双向培养"工程,近年开展包括国家食品药品监督管理局委托的技术培训,临床工程技术学会的行业培训及"临床医学工程师资格考试"的考前培训等。学校以"教学团队"建设为核心,不断优化师资队伍结构,加大专业带头人和中青年骨干教师的培养力度,至2010年专业教师的"双师"素质达标比例达92%;专任教师中72%具备硕士、博士学位,31%具有高级专业技术职称,其中22名教师具有工程硕士研究生导师资格;来自企业一线的兼职教师承担的专业实践课时比例超过50%,涌现一批上海市教学名师和优秀教学团队。

上海电子信息职业技术学院2010年制订的"十二五"规划,提出师资队伍建设的总体目标,其中在双师型师资队伍建设方面,到2015年学校专兼职教师总数要达到440人左右,其中专任教师75名左右,师生比控制在1∶16;专业教师双师素质比例达到100%,企业兼职教师承担专业课学时比例达50%。为了实现这方面的建设目标,学院要求加强双师结构专业教学团队建设,在学校理事会体制下组织专业带头人和骨干教师参加企业技术开发;组织具有技师及以上技能证书的专业教师参加企业工艺革新,组织尚不具备双师素质的专业教师参加企业实践,增加企业工作经历。按一定标准向参加企业工作实践的教师发放津贴,严格执行学校《专业教师参加企业实践管理办法》,落实专业教师联系企业的责任,并将教师参加企业工作实践作为岗位聘任和职称评审的必要条件之一。聘请一批企业领军人才作为兼职专业带头人,实行"双专业带头人"制度,聘请企业技术人员和能工巧匠作为兼职教师,对于被聘任的兼职专业带头人和兼职教师,学院根据一定标准向他们发放津贴。

三、聘请专家任教

上海公安高等专科学校立足于公安实战,加大教学改革力度,从全局实战部门和基层一线,聘任一大批了解实战情况、富有实战经验的专职教官充实到教学岗位,并在职务职级、经济待遇等多方面实施政策倾斜。学校将专职教官聘任标准作为一张"过滤网",对适应在职民警培训或有发展潜力的教师分批转聘为教官,从而进一步加强教学与实战的紧密衔接。

上海电机学院利用行业资源,建立稳固的校外实习基地及人才需求网络。学院与总公司下属企业先后建成与专业配套的校外实习基地近 30 个,聘请 50 余位现场工程技术人员作为兼职教师,学校与企业建立共建制度,确保实习基地的稳定性。同时,学院还建立一个覆盖上海各大行业高新技术企业的人才需求网络,聘请企业人事主管直接参与毕业生就业指导工作和推荐工作,对毕业生就业工作起到良好的推动作用。

上海大学高等技术学院 2005—2007 年,调集少数精干教师组成基本骨干队伍,聘任专业主任负责专业教学及专业建设工作。还聘任专业指导委员会中的各位企业和行业有经验的专业人员和业务骨干作为学院兼职"双师型"教师。有 7 个专业指导委员会,其中校外专家有 20 人,高级职称占 90％,技师 5 人。

四、培养年轻教师

上海济光职业技术学院开展对新招聘、引进青年教师的上岗培训和多方面的职业培训,初步收到预期的效果。学校着力于构建一个多元化的教师结构:即主力军、野战军、游击队。除了专职教师这支主力军,聘请有关科研系统或其他高校的教师为兼职教师,即野战军,他们可以承担一部分的教学,特别是专业基础课或专业课。聘请企业专家、高层次学者来校作讲座、报告或请双师型的人员来校授课,即"游击队"。学院通过建设优秀的管理队伍推进学校管理的规范化、科学化、有效化,让称职的辅导员(班主任)在学生工作的第一线切实做好服务育人、管理育人的工作。

上海建桥学院对青年教师实行导师制度,选拔一批优秀中青年学科和专业带头人。同时对专业教师实行轮训制度,要求他们去企事业单位进行实务培训。至 2006 年,学院"双师型"教师的比例已占专业教师的 80％以上。

第十篇

设备设施建设

从 20 世纪 80 年代开始,中专和职业高中尽力加强实训条件建设,以提高学生的技能训练水平。职业高中从 1990 年开始,通过各方面的支持,推进实训实习装备的现代化。同时,部分技校建立适应现代化生产的实习工场或模拟装置。90 年代,由于教育附加费用于对装备工厂的投入,共进行三期工程,共批准中专校的重点项目共 58 个,在全市建设 4 个公共实训基地。在市教育部门的部署下,2000 年底前建成 10 大职业教育公共实训基地。有些设备处于行业领先水平。2003 年,《上海市中等职业学校教育技术装备标准》颁发,推进装备建设的水平提升和规范管理。2004 年,《上海市中等职业学校公共实训中心建设的实施办法》颁布,建设实训中心的要求、程序、管理等向社会公开。根据上海市《基础实验室达标和公共实训中心建设计划(2004—2007)》,2005 年,首批 34 所上海市职业教育开放实训中心开始建设。2006 年,第二批 19 个项目开始建设。2006 年,高职高专院校参与建设的 17 个职业教育公共实训基地建设一期工程项目、民办院校的 14 个民办高校教学高地建设一期工程项目全部通过中期检查,项目完成情况良好。2007 年,第三批 22 个开放实训中心开始建设。这些项目经过评估后,投入运行,同时设备运行的指导标准也同步制定。2009 年 11 月,《上海市职业教育开放实训中心运行指导意见》和《上海市职业教育开放实训中心运行绩效评估指标体系》下发,对实训中心的教学组织、师资队伍、运行方式、训练课时、竞赛功能和网络管理等都提出具体要求。

中等职业学校的图书馆建设,从 20 世纪 90 年代开始取得巨大进展。1999 年,《上海市中等职业技术学校图书馆规程》颁布,成为图书馆建设的重要文件。从 2001 年开始,全市职业学校的图书馆开展两届先进集体与个人的表彰活动。2002 年,《上海市中等职业学校图书馆等级评估指标体系(暂行)》颁布,评估工作正式展开。到 2006 年,全市有 51 所中等职业学校图书馆通过等级评估,图书馆成为学校教育和文化建设的重要支持。

职业学校大规模的信息化建设始于 21 世纪初。2001 年"职业教育与成人教育信息库"开始启用。同年,市教委开始实施"百校通"工程,促进学校建成具有行政管理、教学管理、后勤服务管理等功能较为齐全的全校局域网。同年,"职成教育在线"网站开通。2002 年上海以调整国家级重点中等职业技术学校为抓手,促进申报学校的信息网的建设,70%的学校已经建成校园网并发挥作用。网站面向各类职成教育院校的师生和有职业技能、岗位培训需求的社会人群。2008 年,全市学生信息管理系统开始运行。职业学校基础条件的改善,提升了办学水平,提升了社会声誉,增加了吸引力。

第一章　实训条件建设

第一节　实训基地建设

一、概况

改革开放以来,上海市十分重视职业教育实训基地的建设。1978 年,上海市各中等专业学校复办或重建。由于实习设施(设备)在"文化大革命"期间大量散失,学生实习有困难,实习开出率很低。经过建设,学校的实训条件逐步改善。1987 年 8 月,国家教委在北戴河召开全国中专教育改革座谈会,提出要把教学与技术服务(社会服务)、生产实践三结合并以加强实践教学作为教学改革的突破口来提高教学质量。上海市中专校积极落实加强实验、实习等措施。

1991 年,上海市开始实施中等职业技术学校重点项目装备计划,计划花 6 年时间,重点装备 40 个项目,有计划地建设一批示范骨干学校。至 2004 年,在市教委、市财政局及学校、行业和社会各方面的共同努力下,建成 8 个开放实训中心:都市农业实训中心、城市建设和管理实训中心、汽车工程实训中心、机电实训中心、旅游实训中心、数控技术实训中心、现代护理实训中心和实用美术实训中心。在此基础上,围绕完善布局、提升功能、扎实推进的工作要求,上海市又建立起一批实训中心。至 2007 年,全市上海中等职业学校有 53 所学校建有 76 个开放实训中心,覆盖上海市 19 个区县、19 个专业大类,建筑总面积 266 603 平方米(不包括农林类 310 亩),总工位数 30 473 个。在以上实训中心中,有 42 个职业技能鉴定站,其中,9 个是行业职业技能鉴定站,33 个上海市国家职业技能鉴定所(点)基本形成"遍及城乡"和"覆盖主要产业",使上海职业教育开放实训体系进一步完善,社会服务成效日益显著。各个实训中心在完善硬件基础的同时,相继探索建立完善的组织机构、岗位职责、工作规程、管理办法、运行管理机制、师资培训管理条例等实训教学质量保障体系,服务基础更加健全,服务能级和水平进一步提升。

上海职业高中的实验、实习(训)装备实施现代化,从 20 世纪 90 年代后期开始,通过市统筹规划,各方参与,市、区(县)、行业联动,发挥包括学校在内的各方面积极性,至 1999 年底,有部分学校基本达到或接近市教委提出要求在 2005 年达到的标准。

80 年代后期,随着改革开放的深入和教学投入的增加,部分技工学校开始建立连续性大生产的模拟实习工场或模拟装置。上钢三厂技校在校办厂内建立模拟轧钢装置,学生可以在模拟装置上熟悉轧钢工艺,练习操作动作,在确实掌握操作要领后,再到企业生产岗位上实习。上海市邮政技校、第六制药厂技校、海运技校、手表厂技校等单位也建立模拟实习工场和技能培训实习室,使基本操作技能训练与大生产定向实习相结合,便于学生一到生产岗位就能顶班生产。

1990 年开始,市计委、市财政局、市教卫办决定,在教育费附加中拨出 17% 给职教系统。其中 5% 用在中等职业技术学校进行重点项目的装备工程,投资只用于设备,学校主管部门配套投资不少于 30%。市教委、市财政局为了加强实训项目建设,集中部分城市教育附加费,实施重点项目装备工程。到 1997 年底,一共进行三期工程,共批准中专校的重点项目共 58 个,共投资 8 284 万元。主管部门配套资金约 4 000 万元。1997 年共集中资金 2 000 万元,在全市建设 4 个公共实训基地,即：上海职业教育机电类实训基地(设在上海第二工业大学)，上海职业教育城市建设与管理实训基地(设在同济大学)，上海职业教育汽车工程实训基地(设在上海工程技术大学)，上海职业教育都市农业实训基地(设在上海农学院)。

1998年市教委提出，为增强职业学校学生的动手能力，选择通用性强的专业，实行开放、联合运行机制，为全市职业技术教育服务，2000年底前建成10大公共实训基地。机电类实训基地于当年上半年建成，可同时容纳200多人实训，全年计划学生实训2万人次。1999年相继建成城市建设与管理、汽车工程、都市农业实训中心。实训中心的建设，探索政府扶植、学校自筹和企业赞助的三位一体的建设方式，市教委共投资1500万元，社会各界特别是企业界赞助资金和设备达到2500万元。三个实训中心设施一流，设备先进，面向全市开放。实训中心在硬件装备同时，也加强软件建设，重视培养双师型的实训指导教师，组织编写系统性、规范性的实训教材，如《土木工程施工实训指导书》《楼宇物业管理与智能化控制实训指导书》《玉石加工工艺实训指导书》《园艺技能实训大纲和技能规范》等。当年，上海市旅游实训中心建成。实训中心在徐汇职业高中的实习基地——天平大厦基础上建设，由徐汇区政府、徐汇区教育局和市教委共建，投入约1.2亿元人民币，建筑面积达1.8万平方米，可以同时开展中式烹饪、中式点心、西式点心、餐厅服务、客房服务、康乐服务、会议服务、商务等10多个岗位1000多人次的实习实训，极大地增强中等职业教育旅游类专业技能训练的能力。全市每个实训中心都建立实训管理委员会。实训中心所属专业对应的相关产业：城市建设与管理、汽车工程、都市农业、机电技术、旅游业是上海市经济发展的重要产业，迫切需要职业技术人才。实训中心从建设开始便瞄准国内外专业实训教育及生产第一线的最新动态，不断优化建设方案，聘请专家反复论证，保证其先进性。在实训设备配置上，体现先进性与典型性，如城市建设与管理实训中心部分设备采用瑞士及美国公司产品与设备，处于行业的领先水平。汽车工程实训中心也配备与大众和别克轿车生产相匹配的设备，有些设备还直接从日本、美国引进。旅游实训中心与天平宾馆合一，实行产教结合，保证实训效果。实训中心是全社会共同支持的成果。城市建设与管理实训中心争取到日本、瑞士、美国、德国、香港、上海、江苏的50多个大企业、专业化跨国集团公司的赞助；汽车工程实训中心也争取到上海大众、上海汽车技术中心、南京汽车研究所、美国NG软件公司的合作与捐赠。采用多种形式合作方法，如城市建设和管理实训中心与瑞士喜利得公司共建HILTI坚固技术研究中心，与美国希比环境控制有限公司共建SIEBE楼宇自控系统培训中心，外方投资均在百万元以上。其他赞助方式还有提供资金、设备和软件等等。实践证明，实训中心已得到企业界的认同与支持，企业愿意将最新的仪器设备提供给职业技术教育使用和展示，并在今后不断地进行升级换代，保证实训中心在技术和装备上达到领先水平。2001年1月10日，市教委批复建立4个职业教育公共实训中心：上海第二医科大学附属卫生学校(上海市现代护理实训中心)、上海市商业学校(上海市电子商务实训中心)、上海市经济管理学校(上海市信息技术实训中心)、上海市高级技工学校(上海市数控技术实训中心)。

2003年4月，市教委印发两个标准：《上海市中等职业学校公共课实验(专用)室和基本设施装备标准》《上海市中等职业学校专业实验(实训)室装备标准》。《上海市中等职业学校公共课实验(专用)室和基本设施装备标准》，含10项标准：语言室装备标准、计算机教室装备标准、多媒体教室装备标准、美术室装备标准(非艺术专业类学校适用)、音乐室装备标准(非艺术专业类学校适用)、形体(舞蹈)室装备标准(非艺术专业类学校适用)、体育学科装备标准、图书馆装备标准、心理辅导室装备标准、校园网装备标准。《上海市中等职业学校专业实验(实训)室装备标准》共含22项大类专业标准,包括计算机及应用、电子技术应用、园艺园林、现代物流、金融事务、会计、市场营销、文秘、电子商务、汽车运用与维修、制冷和空调设备运用维修、旅游服务与管理、美容美发与形象设计、工业与民用建筑、机械制造、数控技术应用、电气运行与控制、服装、护理、工艺美术、烹饪、商务(科技、旅游)外语。要求各单位对照标准,装备水平符合或超过"装备标准"的要求。

2004年9月30日,市教委印发《上海市中等职业学校基础实验室达标和公共实训中心建设计划(2004—2007)》,指出:市教委研究决定充分调动各方面积极性,全面实现中等职业学校文化、专业基础课实验室达标,在此基础上进一步推进公共实训中心的建设,实现2004—2007年建设50个公共实训中心的目标,使上海市的中等职业教育改革与发展迈上新的台阶。2004年的主要工作安排是:市教育技术装备部下发《2004年上海市中等职业学校教育技术装备情况调查》,部分专业的《上海市中等职业教育实训中心配置的指导性标准》。市教委组织进行公共实训中心品牌标识设计招标。学校及其主办单位制定《2004—2007年实验实训装备规划》并向市教委上报。学校及其主办单位根据标准和条件,制定相关专业上海市中等职业学校公共实训中心建设方案,建设方案包括3项方案即《实训大纲》《设备配置方案》《环境设计方案》。组织专家对首批上海市中等职业学校公共实训中心项目的方案进行论证和评审。组织上海市中等职业学校文化、专业基础课实验室达标验收评估。对确定建设公共实训中心的单位,下达建设经费。

2004年11月17日,市教委印发《上海市中等职业学校公共实训中心建设的实施办法》,指出:坚持公开、公平、公正的原则,充分动员学校及其主办单位和社会各方面力量参与中等职业学校公共实训中心的建设,高质量高标准地建设一批中等职业学校公共实训中心。采用公开透明、竞争择优的方式建设实训中心。建设实训中心的要求、程序、管理等向社会公开。申报的必备条件是:申报实训中心的学校必须是已通过"百校重点建设"评估验收的学校,必须是文化、专业基础实验室和专业实验、实训室达标学校;实训中心的场地条件应具备较好基础,基本设施完善,管理完善,师资队伍健全,具有开发与完善符合各层次职业技能人才要求的系列实训大纲的能力;申报实训中心的学校及其主管单位应承担向职业教育系统或区域内其他的职业院校和向社会上开放培训的职责。11月30日,市教委印发《关于开展上海市中等职业学校基础实验室达标工作的通知》。

上海高等职业院校进行高职实训基地建设和民办高校教学高地建设,改善专业基础条件。2009年,市教委安排4 000万元上海市高等职业教育专项经费扶持实训基地建设,共有31个项目通过立项,基本形成覆盖全市、布局结构合理、装备水平先进的公共服务平台。到2010年,已进行第六期高职高专院校校内实训基地建设。各院校结合主干专业的定位,支持建设一批集教学、培训、职业技能鉴定和技术服务为一体的、资源共享型的职业教育实训基地,同时推动高职高专院校利用这些设施设备进行教学改革、实践性课程的开发,建设理论与实践一体化教学的精品课程。在进行第六期民办高校教学高地建设中,围绕民办高校学科专业布局结构优化调整的成果,以主干专业为中心,重点建设实训基地以及具备产学研性质的专业实验室,推进相关专业的软件建设,引导民办高校加强教学内涵建设。

二、中等职业教育开放实训中心建设

2004年9月,市教委印发《上海市中等职业学校基础实验室达标和公共实训中心建设计划(2004—2007)》的通知,指出要全面实现中等职业学校文化、专业基础课实验室达标,在此基础上进一步推进公共实训中心的建设,实现2004—2007年建设50个公共实训中心的目标。11月9日,市教委印发《上海市中等职业学校公共实训中心建设的实施办法》,确定建设的指导思想、基本原则、必备条件和实施步骤。

2005年6月,市教委公布10大类34所上海市职业教育开放实训中心为首批立项建设单位:

交通运输类(4所):上海市交通学校的汽车运用与维修开放实训中心(宝山);上海市南湖职业学校的汽车运用与维修开放实训中心(虹口);上海市大江职业技术学校的汽车运用与维修开放实训中心(松江);上海海运学校的海员职业开放实训中心(浦东新区)。

加工制造类(9所):上海市工业技术学校的数控技术应用开放实训中心(徐汇);上海市高级技工学校的数控技术应用开放实训中心(虹口);上海市临港科技学校的数控技术应用开放实训中心(南汇);上海市竖河职业技术学校的数控技术应用开放实训中心(崇明);上海市大众工业学校的数控技术应用开放实训中心(嘉定);上海工商信息学校的数控技术应用开放实训中心(青浦);上海市奉贤中等专业学校的数控技术应用开放实训中心(奉贤);上海石化工业学校的化学工艺开放实训中心(金山);上海科技管理学校的制冷和空调设备运用与维修开放实训中心(杨浦)。

农林类(2所):上海市农业学校的都市农林开放实训中心(松江);上海市竖河职业技术学校的都市农林开放实训中心(崇明)。

医药卫生类(3所):上海市医药学校的生物技术开放实训中心(浦东新区);上海第二医科大学附属卫生学校的现代医学检验诊断开放实训中心(南汇);上海市卫生学校的生物技术开放实训中心(徐汇)。

旅游服务类(4所):上海市第二轻工业学校的美容美发与形象设计开放实训中心(浦东新区);上海市商业学校的美容美发与形象设计开放实训中心(闸北);上海市曹杨职业技术学校的会展开放实训中心(普陀);上海市贸易学校的焙烤开放实训中心(杨浦)。

城市建设管理类(1所):上海市环境学校的环境污染监测与治理开放实训中心(浦东新区)。

电子信息类(4所):上海市信息技术学校的信息技术(计算机)开放实训中心(普陀);上海电子工业学校的电子与通信技术开放实训中心(奉贤);上海市经济管理学校的信息技术(计算机)开放实训中心(普陀);上海市董恒甫职业技术学校的数字娱乐技术开放实训中心(徐汇)。

财政金融类(1所):上海商业会计学校的会计开放实训中心(黄浦)。

现代商贸类(5所):上海市振华外经职业技术学校的国际商务开放实训中心(浦东新区);上海市南湖职业学校的国际商务开放实训中心(虹口);上海市现代职业技术学校的国际商务开放实训中心(长宁);上海市交通学校的现代物流开放实训中心(宝山);上海市高桥职业技术学校的现代物流开放实训中心(浦东新区)。

艺术类(1所):上海市杨浦职业技术学校的艺术开放实训中心(杨浦)。

2005年10月,市教委印发《关于在高等职业院校建设职业教育公共实训基地的通知》,在全市高等职业院校建设职业教育公共实训基地。

2006年7月,第二批上海市职业教育开放实训中心19个项目立项并开始建设:

加工制造类(7所):上海信息技术学校的现代化工开放实训中心(普陀);上海科技管理学校的食品工艺与检测开放实训中心(杨浦);上海工商信息学校的电子电气技术开放实训中心(青浦);上海市大众工业学校的机电技术应用开放实训中心(嘉定);上海石化工业学校的数控技术应用开放实训中心(金山);上海市高桥职业技术学校的数控技术应用开放实训中心(浦东);上海市工商外国语学校的数控技术应用开放实训中心(闵行)。

城市建设管理类(5所):上海市建筑工程学校的建筑施工与安装技术开放实训中心(闵行);上

海市城市建设工程学校的市政工程开放实训中心(徐汇);上海市材料工程学校的建筑与工程材料开放实训中心(徐汇);上海市房地产学校的物业管理开放实训中心(青浦);上海市西南工程学校的物业管理开放实训中心(闵行)。

旅游服务类(3 所):上海市徐汇职业高级中学的烹饪开放实训中心(徐汇);上海市临港科技学校的烹饪开放实训中心(南汇);上海市东辉职业技术学校的旅游服务与管理开放实训中心(浦东)。

现代商贸类(1 所):上海市物资学校的现代物流开放实训中心(宝山)。

艺术类(1 所):上海戏剧学院附属舞蹈学校的舞蹈表演开放实训中心(长宁)。

医药卫生类(1 所):上海交通大学医学院附属卫生学校的口腔医学技术开放实训中心(南汇)。

交通运输类(1 所):民航上海中等专业学校的航空服务开放实训中心(徐汇)。

是年初,市教委委托市教育技术装备部对首批 34 个职业教育开放实训中心的建设进度、资金落实情况、专项经费管理等内容进行中期检查,推动实训中心的建设。6 月起,市教委决定对批准立项并已基本建成的"开放实训中心"逐个开展验收评估,10 月公布首批建设验收评估合格单位名单,11 月召开"首批上海市职业教育开放实训中心落成典礼暨工作推进大会",教育部副部长吴启迪和上海市副市长严隽琪莅临祝贺并讲话。首批落成挂牌的 10 个"职业教育开放实训中心"是:上海市商业学校的美容美发与形象设计开放实训中心、上海市高桥职业技术学校的现代物流开放实训中心、上海市贸易学校的焙烤开放实训中心、上海市高级技工学校的数控技术应用开放实训中心、上海市临港科技学校的数控技术应用开放实训中心、上海市大众工业学校的数控技术应用开放实训中心、上海信息技术学校的信息技术(计算机)开放实训中心、上海电子工业学校的电子与通信技术开放实训中心、上海石化工业学校的化学工艺开放实训中心、上海商业会计学校的会计开放实训中心。7 月,市教委委托市教育技术装备部于启动第二批实训中心装备指导标准编制工作,通过公开招标的方式,最终确定现代物流、烹饪等 13 个项目的装备指导标准编制工作。组织开发和制定适合开放实训中心使用的实训教材和大纲。同年,市教育技术装备部制定《上海市职业教育开放实训中心总体规划》,提出全市职业教育开放实训中心总体布局。

表 10‑1‑1　2006 年上海市职业教育开放实训中心总体布局情况表

序　号	所面向的产业	实训总工位数	区域分布概况	
1	财经	2 000	东 西 南 北 中	350 400 350 400 500
2	交通运输	2 500	东 西 南 北 中	700 300 500 600 400
3	文化艺术	1 500	东 西 南 北 中	250 200 200 250 600

(续表一)

序　号	所面向的产业	实训总工位数	区域分布概况	
4	商贸	1 500	东 西 南 北 中	300 200 200 300 500
5	旅游	1 500	东 南 北 中	400 300 300 500
6	服装	800	南 中	500 300
7	房地产	800	南 中	400 400
8	建筑	800	南 中	400 400
9	机械	5 000	东 西 南 北 中	1 000 800 1 300 1 100 800
10	电气	800	南 北	300 500
11	电子通信	2 500	东 南 北 中	500 1 200 400 400
12	船舶制造	1 000	东 北	500 500
13	化工	1 100	西 南	600 500
14	汽车	1 500	西 南 北	200 500 800
15	医药	2 000	东 南	1 600 400
16	卫生	1 000	东 北	400 600
17	信息	1 500	东 西 南 北 中	250 250 250 350 400

（续表二）

序　号	所面向的产业	实训总工位数	区域分布概况	
18	环保	400	东	400
19	社会公共事务	1 000	东 北	400 600
20	都市农业	800	南 北	400 400

资料来源：《2006 上海市职业教育开放实训中心总体规划（讨论稿）》，上海市教育装备中心提供材料。

　　"东"包括浦东新区、南汇区，"西"包括闸北区、嘉定区、青浦区、普陀区，"南"包括松江区、闵行区、奉贤区、金山区，"北"包括宝山区、杨浦区、崇明县、虹口区，"中"包括黄浦区、静安区、长宁区、卢湾区、徐汇区。

　　在此阶段，实训中心校企合作模式得以创新：上海交通学校紧紧依托行业办学，与丰田汽车公司、通用汽车公司等企业签订合作办学意向书，建立良好的合作机制。上海石化工业学校积极吸引外资企业参与投资，并建立用"购买培训"作为投资补偿的新机制。实训中心的运行模式和管理方式也有创新：上海市商业学校实行 ISO9001 标准化管理，建立实训中心系列管理制度，保证实训中心高质量运行。上海信息技术学校注册成立由校内和校外人员组成的计算机软件开发与服务公司，实行公司化管理，通过承接培训项目、提供技能鉴定和技术支持等方式为社会服务。实训中心功能，综合效益得以提高：上海市贸易学校焙烤开放实训中心与街道合作举办社区青年西点培训、见习、就业一条龙服务，承办全国焙烤技术比赛等大型活动。职业教育开放实训中心开始在社会形成一定的知名度。已验收的 10 所实训中心已培训在校生近 9 万人次，职教师资培训 1 万余人次，社会培训近 4 万人次，技能鉴定近 1 万人次。实训中心的辐射带动作用更加明显：上海市工业技术学校的数控技术应用开放实训中心积极承担外省市职教师资培训。上海市电子工业学电子与通讯开放实训中心先后面向全国共培训双师型教师 886 人。

　　2007 年 9 月，市教委立项建设第三批 22 个上海市职业教育开放实训中心：

　　机械类（3 所）：上海市石化工业学校的机电技术应用开放实训中心（金山区）；上海市高级技工学校的机电一体化开放实训中心（虹口区）；上海市工业技术学校的模具设计与制造开放实训中心（徐汇区）。

　　交通运输类（3 所）：上海市航空服务学校的航空服务开放实训中心（浦东新区）；上海市宝山职业技术学校的现代物流开放实训中心（宝山区）；上海港湾学校的港口物流数字化开放实训中心（浦东新区）。

　　商贸类（3 所）：上海市贸易学校的国际商务开放实训中心（普陀区）；上海市工商外国语学校的国际商务开放实训中心（徐汇区）；上海市商贸旅游学校的现代商贸开放实训中心（黄浦区）。

　　信息类（3 所）：上海科技管理学校的信息技术开放实训中心（杨浦区）；上海市市北职业高级中学的视觉多媒体技术开放实训中心（闸北区）；上海市公用事业学校的城市交通信息技术应用开放实训中心（徐汇区）。

　　旅游类（3 所）：上海市现代职业技术学校的现代旅游实务开放实训中心（长宁区）；中华职业学校的烹饪开放实训中心（卢湾区）；上海市竖河职业技术学校的旅游服务开放实训中心（崇

明县)。

医药类(1所):上海市医药学校的药物检测开放实训中心(浦东新区)。

艺术类(1所):上海市工艺美术学校的工艺美术开放实训中心(嘉定区)。

财政类(1所):上海市东辉职业技术学校的金融事务开放实训中心(浦东新区)。

服装类(1所):上海市群益职业技术学校的服装设计与制作开放实训中心(闵行区)。

建筑类(1所):上海市城市科技学校的建筑施工与装修开放实训中心(松江区)。

汽车类(1所):上海市大众工业学校的汽车运用与维修开放实训中心(嘉定区)。

食品生物工艺(1所):上海市金山食品工业学校的农产品加工与检测开放实训中心(金山区)。

同年10月,市教委公布上海市职业教育开放实训中心第二批建设验收评估合格单位14个:上海市南湖职业学校的国际商务开放实训中心、上海市城市科技学校的汽车运用与维修开放实训中心、上海市现代职业技术学校的国际商务开放实训中心、上海市科技管理学校的制冷与空调技术开放实训中心、上海市振华外经职业技术学校的国际商务开放实训中心、上海工商信息学校的数控技术应用开放实训中心、上海市竖河职业技术学校的数控技术应用开放实训中心、上海市医药学校的生物技术开放实训中心、上海市卫生学校的医学生物技术开放实训中心、上海市第二轻工业学校的美容美发与形象设计开放实训中心、上海市临港科技学校的烹饪开放实训中心、上海市南湖职业学校的汽车运用与维修开放实训中心、上海市交通学校的现代物流开放实训中心、上海海运学校的海员职业开放实训中心。

至2007年,全市共有76个项目通过专家的立项评审,涵盖教育部所颁19个大类的专业目录,建筑面积达266 603平方米,可以提供30 473个实习实训工位数,项目涉及经费11.96亿元,用于设备的经费达7.54亿元。76个立项的开放实训中心项目,覆盖全市19个区县。在地域分布上力求"突出重点、满足需求、覆盖城乡、方便市民";在专业分布上,力求根据上海市区域经济的产业规划布局,有重点地设立相应专业(工种)的开放实训中心,主动为经济建设提供服务。同时,76个项目也基本涵盖上海市现代服务业和先进制造业,充分考虑各区县的特点和方便广大市民培训及鉴定的要求,设有42个职业技能鉴定,其中国家级技能鉴定站30个。2007年开放实训中心面向社会服务开展各类培训48 158人次,面向在校生培训41 435人次,面向社会开展技能鉴定41 408人次,在校生技能鉴定人次16 193人次,其中有2 249人获得高级证书,10 529人获得中级技能鉴定证书。

是年,开发实训中心根据上海市职教"双师素质"教师培训和现有师资培训基地培训的实际状况,结合教育部师资素质提高计划的实施,积极推动实训中心"双师素质"教师培养培训功能的开发,为全面启动职教"双师素质"师资培养培训工作奠定基础。实现企业在职人员、就业与再就业人员、农村劳动力转移人员和外来务工人员等社会群体与在校学生平等共享的和谐局面。上海科技管理学校建设的制冷与空调实训中心在保证290多名学生实训的基础上,还培训社会人员1 600多人,其中,农民工300多名、外来务工人员600多名。随着实训中心的建成运行,完善的实训体系在服务专业和服务能力上均实现了拓展提升。在服务专业上,涉及交通运输、加工制造等10大类经济社会发展亟需的主要方向;在服务功能上,除实训培训基本服务外,还提供技能鉴定、科学研究、科普宣传等服务。在服务能级上,由初中级为主,逐步延伸到高级工、技师、高级技师。交通学校的汽修开放实训中心,技能鉴定能力已由初级、中级到高级工、技师、高级技师形成系列。高桥职校现代物流在培训在校生的基础上,还承担一些高等职业院校生、全国骨干教师等高层次培训工作。

2008 年 2 月,市教委公布上海市职业教育开放实训中心第三批建设验收评估合格单位 7 个:上海市董恒甫职业技术学校的数字娱乐技术开放实训中心、上海市奉贤中等专业学校的数控技术应用开放实训中心、上海市经济管理学校的信息技术(计算机)开放实训中心、上海交通大学医学院附属卫生学校的现代医学检验诊断开放实训中心、上海市交通学校的汽车运用与维修开放实训中心、上海市工商外国语学校的数控技术应用开放实训中心、上海市竖河职业技术学校的都市农林开放实训中心。

5 月 30 日,市教委召开开放实训中心运行管理工作会,市教委副主任尹后庆出席会议并作重要讲话,要求各实训中心加快师资队伍建设,促进职业教育内涵发展;加强专项研究,不断完善运行管理机制;培育实训品牌,拓展教育培训市场;加大宣传力度,提高实训中心知名度;营造全社会关心、支持职业教育发展的良好氛围。此外,振华职校、科技管理学校和徐汇区教育局分别作"构建实训体系　促进内涵发展""加强校企合作　辐射中心功能"和"建设好、管理好、使用好上海市开放实训中心"等主题发言。9 月,市教委立项建设第四批上海市职业教育开放实训中心:江南造船集团职业技术学校的船舶制造开放实训中心(崇明);上海新闻出版职业技术学校的印刷技术开放实训中心(宝山);上海音乐学院附属中等音乐专科学校的音乐表演开放实训中心(徐汇);上海市曹杨职业技术学校的烹饪开放实训中心(普陀)。至此,全市共有 80 个开放实训中心立项建设项目。该年市教委召开开放实训中心运行管理工作会,总结一年来建设经验:一是校企合作的伙伴关系正在向纵深发展。一方面许多中职校主动与企业合作,以企业品牌命名的如"中船三井""大众一汽"等订单式冠名班不断涌现,另一方面实训中心所具有的个性和实力也吸引许多知名企业。如巴斯夫化工公司将第 48 家汽车修补漆培训中心设在城市科技学校的"汽车维护与运用实训中心"。此外,上海子星数码影像有限公司和海德堡公司分别与设在董恒甫职校的"数字娱乐实训中心"和上海工商信息学校的"数控技术应用、电子电气技术实训中心"签定奖学金协议书,海德堡奖学金的颁发为每年度一次,每次 10 人,每个获奖同学可获得 5 000 元人民币的奖励。二是专业教师实践和研发能力不断提高。不少专业教师直接到装备生产企业展开大量调研、分析、比较,把自己的培训理念传递给生产企业,按照自己的设想研发实训装备,实现"做学一体、理实一体"的实训理念。三是质量监控制度拓展延伸。许多学校已在思考和探索实训教学质量监控制度的构建与实施。如工业技术学校已建立一套"在实训教学过程中引入督导巡视制度,实训中心负责人及相关职岗人员每天进行实训教学巡视检查","定期检查实训记录本,发现问题及时解决,加强管理"等实训教学管理制度,使整个实训教学过程规范有序进行。四是服务社会功能日益凸显。面向在校生的实训已达 12 万余人,在校生的职业技能鉴定达 3 万 8 000 余人次。五是辐射、集聚和服务社会的功能日益凸显。除了主动服务社区、服务企业、服务农民工与外来务工人员外,部分实训中心探索将优质资源向基础教育开放。如徐汇职高和董恒甫职校在徐汇区教育局的组织下不仅承担全区所有初中校共计 33 所、达 6 180 名应届毕业生《升学与指导》的相关内容,还为区域内初中劳技课提供场地和师资。截止到 2008 年 9 月(学年度),80 个实训中心积极开展社会培训与鉴定工作,先后培训社会人员 9 万余名,其中农民工 1.3 万余名,外来务工人员近 1.2 万名,其他人员 6.6 万余名;先后鉴定社会人员 6 万余名,社会培训与鉴定的人数均高于 2007 年的统计数据。职业教育开放实训中心正努力成为上海中职发展水平的一个新亮点。

2009 年 11 月,市教委印发《上海市职业教育开放实训中心运行指导意见》的通知,并印发《上海市职业教育开放实训中心运行绩效评估指标体系》。通知要求根据上海市中等职业教育课程教材改革要求,推进以任务引领型课程为主体的课程体系实践性教学环节落到实处,满足企业岗位的实际需要,强化学生实践技能。要建设一支懂专业、擅操作、理论与实践结合的新型师资队伍,使具有双师素质的专业教师比例达到三分之二以上,实践指导教师的数量与质量应与实训中心的功能及规模相匹配。要探索形式多样的教学培训模式,针对不同类型的培训对象,提供可组合、可选择的培训模块,满足个性化的培训需求。要加强合作,探索通过学分平台实现各实训中心之间对学员培训课时和成绩的累积和互认。实训中心各实训室的年均使用时间不少于540课时。本校学生相关课程规定的实训项目完成率应达100%,全年接受社会培训人次不低于学历教育人次。要积极承担各类技能竞赛、成果展示等活动,拓展职业技能鉴定工作。在完成规定的专业教学实训和培训任务的基础上,可以承担一定的与教育培训相关的生产任务。充分运用网站的基本功能,包括实训中心基本信息的网上填报工作,网上公布相关的培训(鉴定)项目(课程)菜单,培训费用、培训时间和培训地点公示等。要健全并规范实训教学文件,制定与学校专业建设和发展相适应的年度运行计划,完善对外开放的机制和办法,建立质量保障制度。要严格执行经费使用、安全和环保、设备使用和维护等管理制度。培训收费要严格按照有关部门的规定实施。本校学生参加教学计划内的实训不得另收费用;承担政府公益性培训项目按培训成本收取培训费;面向社会的其他培训,按社会培训的收费标准收取。相关项目的收费标准须经按规定经同级价格主管部门和业务主管部门批准或备案后,向社会公布实施。

表 10-1-2　2009 年上海市职业教育开放实训中心运行绩效评估指标体系情况表

一级指标	二级指标	指 标 内 涵
1. 运行业绩(0.26)	★1.1　本校学生实训人数(0.08)	1.1.1　全面满足校内相关专业教学和实训需要,按照专业教学标准以及学校制定的专业实施性教学计划所规定的实训项目、内容和课时数,全面完成实训教学任务。(0.08)
	★1.2　各类社会开放培训人数(次)(0.10)	1.2.1　积极承担四项服务(在职人员、职教师资、就业和再就业以及农村劳动力转移)等培养培训任务;为中小学推进素质教育提供相关项目的体验与实践;承接并完成其他职业院校学生的实训任务;每年职业培训人数(以一定的课时数折算)不低于本专业和相关专业学生实训教学人数,即两者达到1:1的要求。(0.10)
	★1.3　职业技能鉴定等级、人次(0.08)	1.3.1　本校学生本专业相关职业技能鉴定的等级、人数及其取证率。(0.03)
		1.3.2　其他职业院校学生经过实训中心实训教学后参加本专业相关职业技能鉴定等级、人数。(0.03)
		1.3.3　经实训中心培养培训后的社会各类人员参加本专业相关职业技能鉴定等级、人数。(0.02)
2. 管理效能(0.38)	2.1　开放和运作(0.06)	2.1.1　建有积极向行业、企业、社区、中小学劳动技能教育等开放的运作机制,对外开放成效明显。(0.02)
		2.1.2　及时建立实训中心的网站(页),并能链接到"上海市职业教育开放实训中心网站",网站(页)及时公布和更新培训或技能鉴定项目的内容、收费标准、时间及登记预约等详细信息。(0.02)
		2.1.3　运作管理制度与各类管理信息齐全,基本实现管理信息化。(0.02)

（续表一）

一级指标	二级指标	指标内涵
2. 管理效能(0.38)	★2.2　设备利用率(0.09)	2.2.1　实训室设备利用率高 实训室设备利用率＝各实训室全年实训教学与社会开放培训课时总数除以(36周/年×5天/周×5课时/天×实训室个数)。(0.09)
	2.3　安全和环保(0.05)	2.3.1　对用电设备、易燃易爆物、有毒有害物品、高压气瓶、防火等有安全管理规程；各实训装置有安全操作规程；安全和环保证照在有效期内，相关规章制度执行严格；评估期限内无重大安全、环保事故。(0.05)
	2.4　仪器和设备(0.03)	2.4.1　仪器设备等固定资产的账、物、卡相符率为100%，有专人管理，并建有仪器或设备档案；维修及时，维护保养好；主要设备更新、升级及时，与行业主流设备的先进性匹配；评估期限内无重大设备事故。(0.03)
	★2.5　经费与成本(0.09)	2.5.1　严格执行实训中心经营和成本管理制度，按期完成运行经费和成本相关报表，报表有分析、有建议、有举措。实训中心水、电、燃气、蒸汽等公用资源计量表能创造条件予以独立设置，确保数据信息的真实性。(0.05)
		2.5.2　有节能减排、降低原(辅)材料消耗的奖惩制度，执行有力。(0.02)
		2.5.3　各项培训收费符合"优惠职教、服务社会、公开标准、规范操作"的原则，收费标准经物价局批准备案。上级单位下拨的专项费用与培训收入单列科目，使用规范。(0.02)
	★2.6　质量监控(0.06)	2.6.1　建立了实训教学质量评价和监控体系。教学实训及培训文件规范齐全，实训或培训标准可满足不同层次和类别人员职业教育或培训的需要；实训教学与培训过程组织严谨、安排合理。(0.04)
		2.6.2　通过建立实训教学质量评价和监控体系，本专业学生职业技能鉴定等级、取证率逐步提高；社会培训享有较高声誉。(0.02)
3. 可持续发展(0.26)	3.1　发展规划(0.03)	3.1.1　及时制订科学规范、切实可行的实训中心三年发展规划，提出明确的发展目标，有针对性的举措和时间节点，每年实施情况良好，体现了科学发展的理念。(0.03)
	★3.2　校企合作(0.07)	3.2.1　在提升实训指导教师技能，制订实训、培训教学文件，编写实训、培训教材，以及实训装置节能降耗、实训质量督查和规范管理等方面，与行业企业建立了紧密、持久的合作关系。(0.07)
	★3.3　实训指导教师(0.08)	3.3.1　实训指导教师数量充足，与实训中心的功能和规模相匹配；实训指导教师实践教学能力与其从事的技能培训等级相匹配。建立有利于提高教师实践能力和专业技能的机制，培养理论教学与实训指导一体化教师。积极从行业企业引进"能工巧匠"。实训指导教师队伍结构(学历、职称、职业技能等级、专兼职比例、年龄等)不断优化、明显改善。(0.08)
	★3.4　实训教学改革(0.08)	3.4.1　能依托行业企业，根据发展需要，不断开发新的实训项目(模块)，及时扩充或更新实训内容，不断优化实训教学体系，努力满足个性化培训需求。(0.02)

(续表二)

一级指标	二级指标	指标内涵
3. 可持续发展(0.26)	★3.4 实训教学改革(0.08)	3.4.2 积极改革传统的实训、培训模式,大力推进实训教学方法和手段的创新,着力培养学生的实践能力和创新意识,效果明显。(0.02)
		3.4.3 能选用与实训中心实训项目与内容相匹配的公开出版教材,或其他学校编写的校本实训教材(或做学一体的教材),或与行业企业专家共同编写质量较高的实训教材(实训或培训指导书),实训教材能满足需要。(0.02)
		3.4.4 注重实训考核方法和内容的改革,积极改革考核方式,注重过程考核;考核内容能基本覆盖对应的职业技能资格证书要求。(0.02)
4. 特色与创新(0.10)	4.1 特色(0.05)	4.1.1 实训中心在开放与运作中,在某方面有突破、有成效,在本市职业院校有示范、引领作用。(0.05)
	4.2 创新(0.05)	4.2.1 为确保可持续发展,在管理体制、管理制度、运行机制等方面有创新,并取得明显成效。(0.05)
5. 加分项目(0.10)	5.1 技能鉴定站(0.05)	5.1.1 已建有相关专业(工种)的职业技能鉴定站(所)的实训中心,经努力提高了职业技能鉴定的等级;未建有相关专业(工种)的职业技能鉴定站(所)的实训中心,创造条件建立了相关专业(工种)的职业技能鉴定站(所)。(0.03)
		5.1.2 积极探索引进国际公认的职业资格认证,并能有效组织实施。(0.02)
	5.2 实施产学研结合(0.05)	5.2.1 参与科技开发、生产及其技术推广应用。(0.02)
		5.2.2 有一定的生产能力,承接了一定的生产任务,在实际生产中提高了师、生的技能,使之与行业企业需要对接,取得良好的社会效益。(0.03)

说明:1."上海市职业教育开放实训中心"在本指标体系中简称为:实训中心。

2. 本指标体系共有一级指标5个、二级指标17个。二级指标前带★的核心指标9个,是评估的重点内容。

3. 一、二级指标和"指标内涵"后括号内数字为指标权重系数。

4. 绩效评估考察实训中心的各项数据及运作状况,其期限为实训中心验收评估通过之日起至学校首次申报绩效评估前一个月止;或从学校首次接受绩效评估之日起至第二次申报绩效评估前一个月止,依次类推。

资料来源:上海市教育委员会关于印发《上海市职业教育开放实训中心运行指导意见》的通知,2009年11月25日发。

2009年1月,市教委公布上海市职业教育开放实训中心第四批建设验收评估合格单位名单:上海市工业技术学校的数控技术应用开放实训中心、上海石化工业学校的数控技术应用开放实训中心、上海市农业学校的都市农林开放实训中心、上海市徐汇职业高级中学的烹饪开放实训中心、上海市材料工程学校的建筑与工程材料开放实训中心、上海市物资学校的现代物流开放实训中心、上海科技管理学校的食品工艺与检测开放实训中心、上海市医药学校的药物检测开放实训中心。9月,市教委公布上海市职业教育开放实训中心第五批建设验收评估合格单位:上海工商信息学校的电子电气技术开放实训中心、上海市东辉职业技术学校的旅游服务与管理开放实训中心、上海市东辉职业技术学校的金融事务开放实训中心、上海市房地产学校的物业管理开放实训中心、上海市工商外国语学校的国际商务开放实训中心、上海港湾学校的港口物流数字化开放实训中心、上海市高级技工学校的机电一体化开放实训中心、上海市工业技术学校的模具设计与制造开放实训中心、上海市曹杨职业技术学校的会展开放实训中心、上海市航空服务学校的航空服务开放实训中心。

至 2009 年底，全市先后立项 80 个实训中心，工位数总计 3.2 万余个，当年已验收 61 个，占总数的 76％。各实训中心充分利用实训中心的大平台，结合专业特点，积极开展实训与培训工作。面向在校生的实训达 10.6 万余人，有 78 个实训中心开展不同内容、层次的对外服务，对外服务培训为 10.9 万余人次，其中接受其他职业院校学生实训 1.3 万人次、开展农民工培训 1.2 万人次、外来务工人员培训 1.3 万人次。在校生与社会人员培训比例超过 1∶1。80 个实训中心中，有 38 个中心设有职业技能鉴定所(站)，是年分别承担 2.4 万余名在校生和 7.5 万人次社会人员的技能鉴定任务。立项建设后，80 个实训中心按照"边建设、边运行、边开放"的原则，尝试探索与实践发挥实训中心辐射、集聚和服务社会的功能的途径与方式，初步形成四个面向的服务形态：一是服务职校学生，造就能够适应上海产业升级所需要的知识型技能人才；二是服务企业，巩固和扩大校企合作成果；三是服务中小学，创新素质教育内涵与模式；四是服务社区，满足学习型城市的建设需要。

2010 年 4 月 13 日，市教委公布上海市职业教育开放实训中心第六批建设验收评估合格单位名单：上海市贸易学校的国际商务开放实训中心、上海市环境学校的环境污染监测与治理开放实训中心、上海新闻出版职业技术学校的印刷技术开放实训中心、上海市工艺美术学校的工艺美术开放实训中心、上海市城市科技学校的建筑施工与装修开放实训中心、上海科技管理学校的信息技术开放实训中心、上海市商贸旅游学校的现代商贸开放实训中心、上海戏剧学院附属舞蹈学校舞蹈表演开放实训中心。12 月 31 日，市教委公布上海市职业教育开放实训中心第七批建设验收评估合格单位名单：上海石化工业学校的机电技术应用开放实训中心、上海市曹杨职业技术学校的烹饪开放实训中心、上海交通大学医学院附属卫生学校的口腔医学技术开放实训中心、上海市宝山职业技术学校的现代物流开放实训中心、上海食品科技学校的农产品加工与检测开放实训中心、江南造船集团职业技术学校的船舶制造开放实训中心、上海音乐学院附属中等音乐专科学校的音乐表演开放实训中心、上海市西南工程学校的物业管理开放实训中心、上海市大众工业学校的汽车运用与维修开放实训中心、上海市大众工业学校的机电技术应用开放实训中心、上海市公用事业学校的城市交通信息技术应用开放实训中心。同年，市教委继续加强职业教育开放实训中心建设和运行指导，研究开放实训中心运行指导意见和绩效评估方案，开发专业实训装备指导标准，在相关学校进行试点。建设金融事务、环境污染监测、烹饪等 10 个开放实训中心成为上海市未成年人社会实践基地。

三、专业装备指导标准

专业装备指导标准的修订和编制，是为了更好推动职业教育的改革创新，为专业布局结构调整和全面提高教育教学质量提供条件保障，各中等职业学校要在主管单位的指导下，重视和加强实训(实验)室等基础能力建设，为培养技能型人才提供保障。有关学校主管部门要指导学校在实施过程中总结经验，提升专业实践能力和综合水平。

2010 年 11 月 16 日，市教委印发上海市中等职业学校 3 个专业装备指导标准：《上海市中等职业学校护理专业装备指导标准》《上海市中等职业学校汽车运用与维修专业装备指导标准》《上海市中等职业学校数控技术应用专业装备指导标准》。

附录：

上海市中等职业学校汽车运用与

维修专业装备配置指导标准(2010)(节录)

一、适用范围

本标准适用于上海市中等职业学校汽车运用与维修专业实训基地建设,包括教学仪器和实验实训设备的配置。

二、配置依据

实训设备的配置和分类参照以下标准和文件制定:《中等职业学校专业目录》教育部 2010 年;《上海市中等职业学校汽车运用与维修专业教学标准》上海市教委 2006 年;《汽车运用与维修专业领域文件汇编》教育部编印;《汽车运用与维修专业教学指导方案》教育部职成司和职教中心研究所;JY/T0380—2006《汽车运用与维修专业仪器设备配备标准》;GB/T16739.1—2004《汽车维修业开业条件》;GB/T21338—2008《机动车维修技术人员从业资格条件》;GBJ 16《建筑设计防火规范》;GBJ 67《汽车库设计防火规范》;GBJ 68《建筑结构设计统一标准》;GB 16895《建筑物电器装置》;GB 50033《建筑采光设计标准》;GB 50034《建筑照明设计标准》;GBZ 1—2010《工业企业设计卫生标准》;JY 0001《教学仪器设备产品一般质量要求》。

上述文件中的条款通过在本标准的引用而成为本标准的条款,凡是注明日期的引用文件,其随后所有的修改单(不包括勘误的内容)或修订版均不适用于本标准。然而,鼓励根据本标准达成协议的各方研究是否可以使用这些文件的最新版本。凡是不注明日期的引用文件,其最新版本自动适用于本标准。

三、实训场地环境要求

实训场地应根据学校专门化方向课程所需和师生的健康、安全要求和实训内容,确定使用面积,并符合国家相关规定。其中,基础技能实训室可与交通运输大类相关专业共享。实训场地的采光、照明、通风、电气安装、防火及安全卫生等要求参照《汽车运用与维修专业仪器设备配备标准》(JY/T0380—2006)以及说明中"制定依据"所列出的各文件为准。相关的专业实训设备的安装应符合有关国家标准和相应行业标准。

四、实训室(场所)框架

这一框架旨在确定某类标准实验室的建筑面积、工位数和实训项目。

1. 实训室框架 〔实训班(40 人数)设置基本装备〕

序号	实训室(场所)	类别	建筑面积(平方米)	工位数(个)	主要实训项目
T1	电工电子	基础技能实训	100	40	1. 万用表的使用 2. 示波器的使用 3. 电器元件检测 4. 电路系统的连接及功能认识 5. 晶体管电路的制作 6. 导线的修理＊

（续表）

序号	实训室（场所）	类别	建筑面积（平方米）	工位数（个）	主要实训项目
T2	汽车机电维修综合	专业技能实训	900（含教室50、总成仓库180、材料工具室40）	40	1. 发动机结构认识与拆装/发动机机械零部件检测 2. 底盘结构认识与拆装/变速器检修/传动系统检修/转向系统检修/制动系统检修/悬架系统检修/轮胎的拆装 3. 典型车型的常规保养作业/新车售前检验（PDI） 4. 蓄电池性能检测/蓄电池充电/交流发电机拆装与检测/电源系统故障诊断/起动机拆装与检测 5. 起动系统故障诊断/点火系统拆装与检测/点火系统故障诊断/灯光系统拆装与检测/电动座椅拆装与检测/后视镜拆装与检测/电动门窗拆装与检测/门锁、防盗系统拆装与检测/空调制冷系统检测/空调制冷剂的泄放、添加、抽真空/空调系统故障诊断/整车电路识读与连接 6. 四轮定位检测/灯光性能检测/尾气检测/侧滑检测/制动性能检测/底盘测功＊/车轮动平衡检测 7. 汽车专用万用表的使用/汽车通用诊断仪的使用/汽车各系统故障诊断
T3	汽车钣金	专业技能实训	300（含教室50）	20	1. 汽车钣金工基本技能实训 2. 汽车内外钣金制件的整形和维修 3. 手工电弧焊 4. 气体保护焊 5. 挡风玻璃的拆卸与安装 6. 车身检测及校正
T4	汽车涂装	专业技能实训	300（含教室50）	20	1. 涂装漆前处理（表面打磨、刮原子灰、干磨原子灰） 2. 底漆前处理、调配及喷涂 3. 面漆前处理、调配及喷涂 4. 调漆工艺 5. 汽车美容装潢＊
T5	汽车维修业务接待	专业技能实训	200	40	1. 维修业务接待 2. 业务流程软件使用 3. 汽车营销
T6	仿真模拟＊	专业技能实训	200	40	1. 汽车维修资料检索 2. 仿真软件模拟教学

2. 专门化方向与实训室对应表

专门化方向	对应实训室	备　注
汽车机修（汽车维修机工）	电工电子	
	汽车机电维修综合	
	仿真模拟＊	
汽车电器维修（汽车维修电工）	电工电子	
	汽车机电维修综合	
	仿真模拟＊	

(续表)

专门化方向	对应实训室	备 注
汽车维修业务接待	电工电子	
	汽车维修业务接待	
	仿真模拟 *	
车身整形	电工电子	
	汽车钣金	
	汽车涂装	
	汽车美容装潢	
	仿真模拟 *	

注:类别是指按专业教学内容分为"基础技能实训"和"专业技能实训";带"*"为选配项目。

五、仪器设备配置标准目录(一室一表)

实训室名称:　T1 电工电子

序号	设备名称	规格、主要参数或主要要求	单位	数量	备 注
1	电工电子实验台	长度≮120厘米 宽度≮60厘米 高度≮80厘米 台面配有电源接头及常用仪表(如示波器),独立开关控制,带漏电保护设备,配置若干抽屉,用以存放物品。	台	20	配40把椅子
2	数字式万用表	可测量电阻、交/直流电压、交/直流电流、二极管、三极管,多量程选择,液晶显示	只	20	
3	各类电器元件	常见规格参数,独立式封装,便于连接与测量	套	20	电阻、电容、电感、继电器、模拟电源、开关、变压器、二极管、三极管、稳压管、步进电机……
4	模拟信号源	可模拟输出类似正弦波、矩形波、脉冲波等	只	20	
5	各式导线	彩色绝缘层包装,长度规格多样,接头与电器元件配套,便于连接	套	20	
6	剥线(压线)钳	常用规格,用于剥除导线绝缘层,压制接头	只	10	
7	电烙铁	常用规格,配有支架	只	10	
8	导线接插件	汽车电源系统/发动机系统/灯光系统接插件	套	20	耗材
9	焊锡丝、绝缘胶布	常用规格	套	10	耗材

（续表）

序号	设备名称	规格、主要参数或主要要求	单位	数量	备　　注
10	防护及医疗设施	有效保证学生的实训过程安全,一旦出现意外伤害事故,能在最短时间内进行简单处理	套	1	触电、烫伤、外伤应急处理
11	书写板(黑板/白板)	书写板可根据实训室环境采用固定式或移动式,应保证至少2米×4米的大小。	套	1	书写板与幕布(或白墙)应互不干扰
12	220 V和380 V电源	三相交流电源,电压稳定,有独立漏电保护设备,2路电压分别控制	套	1	
*13	电脑(教师主机)	常规办公电脑,用于教学,存放本实训室有关资料及数据。 安装 windows XP 操作系统,Office2003、Photoshop、Flash 播放器、Adobe Reader、WINRAR、ACDsee3. X 等相关的软件	台	1	配讲台
*14	投影仪及幕布(或白墙)	投影仪可调节投影大小、焦距等。可根据实训室环境采用固定式或移动式。幕布(或白墙)应保证至少2米×3米的大小。	套	1	实践表明,白色墙壁投影效果亦不错

实训室名称：T2 汽车机电维修综合(下略)

资料来源：上海市中等职业学校汽车运用与维修专业装备配置指导标准,上海市教育装备中心提供材料。

第二节　案　例　选　介

一、整合资源

上海石化工业学校整合社会资源,经过新建和改造,初步建成一个融职前教学、职后培训及职业资格鉴定为一体的模块化、菜单式、开放性的现代化综合实训基地,包括3个市级"职业教育开放实训中心",即上海市职业教育化学工艺开放实训中心、上海市职业教育数控技术开放实训中心、上海市职业教育机电技术应用开放实训中心;两个专业实训室,即现代物流实训室、旅游服务与管理实训室。总建筑面积近2万平方米,总投资近亿元。在实训基地硬件建设的同时,合力同步推动职业资格标准开发、专业教学标准和配套实训教材以及"双师型"教师队伍"三大建设"。2005年10月,市劳动和社会保障局正式委托该校开发《化工生产运行员职业资格标准》。根据标准,学校的"化学工艺开放实训中心"以三大技能(化工基础通用技能、化工专业技能、化工综合应用及创新能力)为切入口,合理构建三大实训系列(基础实验系列、专业实训系列、专业综合实训系列),进而形成14个层次清晰、覆盖面较广的实训模块。"双师型"师资队伍建设与实训基地硬件设施建设同步进行。通过聘请国外专家来校、深入企业生产一线和输送教师到国外等多种方式对教师进行培训。学校还建立"合作共建实训中心"的长效机制。在实训基地的建设之初,学校牵头组建"实训中心建设领导小组",由10多名来自政府、企业的负责人组成。学校以"三个一点"方式筹措资金。尤其是与该校有着传统合作关系的企业,投入大量的资金或设备,直接参与开放实训中心的建设。为了调动企业投入建设实训基地的积极性,该校给予合作建设企业两项最惠待遇:一是"排他性的冠名权",即把该企业投资实训单元以该企业名称冠名,并不再接受其他企业冠名要求;二是"优先使用权",即该企业有权优先使其投资建设的实训场所。

上海信息技术学校以"理论实践一体化、校企合作一体化、教学培训一体化"的理念建设信息技术、现代化工两个上海市职业教育开放实训中心,由代表行业领先水平的典型企业牵头组织具体设计,努力创设与生产(业务)一线装备水平相匹配的实训环境,设立实训室、工作室、模拟公司、相关专业(工种)的职业技能鉴定所(站)、产品试制室、产品展示室;有培训中心、公司等独立注册的企业,集教学、培训、职业技能鉴定和技术服务为一体。实训中心的建设采用灵活、开放的运行机制,建立开放实训中心实训项目单元负责人制度,发布信息建立实训预订制度,实行项目技能竞赛制度。

从2004年3月起,上海建桥学院开始筹建校内实验实训基地,实现多种功能。2004年8月,总投入2 000余万元、建筑面积13 347平方米的学校实验实训大楼建成。2004年10月,实训中心大楼五楼建成16个计算机性质实验实训室(包括计算机公共基础、专业课程、CG数码中心等),共2 434平方米。第一批计算机公共机房和部分专业机房由信息系迁入实训中心。2004年11月,学校将外语系、管理系、艺术系、商贸系的实验实训室纳入筹建中的实验实训中心管理。2004年12月,艺术系珠宝综合实训室建成,共149平方米,配备宝石显微镜、钻石分级灯、折射仪、电子天平等设备和数码显微成像系统。实验实训中心成立后,学校实验实训室的规划与建设,全部归其负责。实验实训中心根据学校的发展,依据各系实验实训课程需求,负责实验实训室的统筹策划、建设、使用与管理;负责设备经费的分配、计划、购置、使用与考核。

上海海事大学高等技术学院将部分专业的后期教育放到企业内联合完成。2003至2007年来,投入实验实训、教学设施建设的经费总计2 500余万元。主要设施有"电工电子实验中心""岸边集装箱装卸模拟教学系统""国际货物单证制作模拟实训教学系统""PLC实验室""实习工厂",工种覆盖金、钳、焊、电工等项目,另有计算机房、多媒体教室、文献教育中心、校园网、图书馆等为加强学生素质教育和技能培训提供良好的条件。

上海城市管理职业技术学院组建4个基础实验室和8个专业实训室,形成集实验、工种训练、综合训练、职业技能演练、模拟仿真实践教学于一体的实习实训体系。学院创办与专业密切相关的4个校办企业,成为"双师素质"教师队伍的重要培训基地和学生实习实训场所。学院组建一批校外实训基地,引导企业全面参与学院的人才培养工作。许多企业的领导、工程技术人员和能工巧匠参加学院教学计划的制定,并担任学生的实践教学指导工作。

二、科学设计

上海市商业学校上海市职业教育美容美发与形象设计开放实训中心是市教委批准建设的第一批开放式实训中心。在中心的建设中,一是观念创新,"以人为本",实训中心布局充分体现人性化、科学化的要求。二是"以技能为核心",实训设备配置凸显专业与行业相结合的职教特色。实训中心的设备与该行业上海最知名的美容院设备相比较也具有优势。三是以"任务引领"为导向,建立科学、实用的实训课程教学体系。相关课题组基本完成对中心全部实训项目的工作任务、过程、职业能力的分析,并形成初步的教学指导方案,为建立科学、实用的实训课程体系创造条件。四是在实训中心运行中严格遵循ISO9001/2000版的P−D−C−A(即策划—实施—检查—改进)闭环式系统化管理方式,建立实训中心的一系列管理规章制度。

上海市医药学校以"理念上超于企业,标准上接轨于企业,设施上同步于企业,技能上适配于企业"为原则,以"先进性,仿真性,综合性,开放性"为目标,在已投入 8 000 万元的基础设施及实验实训设备的基础上再投入 2 500 万元资金。改扩建后的实训中心楼内严格按 GMP 这一国内通用医药制造质量标准建设原料药生产实训、药品制剂实训、药品检验实训、药品物流实训和生产辅助实训五大模块,集教学、技能实训、职前职后教育以及教科研为一体,每年培训量达到 3 000 多人次。

上海市高级技工学校为了实施一体化教学的过程的"边做边讲",调整技能培训场地的布局,每15~20 个技能培训工位为一个基本培训单位,配置适量的可集中讲授的教室或场地,每一栋技能楼都配置一个多媒体教室。教学装备(每个学生有一个工位或一台设备)的配置和布局以利于教学情景更贴近于企业实际、更适合于职业资格考核规范,从而取代原来唯利于理论讲授的单一原则,达到教学资源的充分利用和较好的教学效果。

2006 年,上海市贸易学校在建设该中心时,借鉴国际焙烤学校布局的经验。模拟饼屋的设置参照韩国"SPC 焙烤培训中心"的方案,交由香港设计师设计。巧克力糖艺实训室借鉴法国尼斯"保罗·奥及埃厨艺学校"的模式。独立实训工位的配置吸取日本"东京洋果子学校"的经验。面包生产流水线则出自欧洲斯瑞达公司提供的方案。中心功能多样灵活。开放实训中心具有教育、培训、鉴定、考核、比赛、交流等功能。到 2010 年,另外两个基地建成,一是国际商务开放实训中心,内设专项实训区和综合实训区,设置外贸单证、保税区物流模拟实训室、报关报检报核实、货运代理、外贸单证等专项实训室。二是国家级物流实训基地,强化实际操作、实战演练,把企业最新的业务资料和物流技术融入实训过程中。岗位设计上综合了供应链上各物流节点企业的技能。实训过程分为仿真和真实的两大阶段,实训项目上兼顾职业认证和竞赛的要求。

上海市医药高等专科学校在临床抽血中心建设过程中,校企合作确立建设方案。经过从华山医院、曙光医院、仁济医院三级甲等医院,到普陀区中心医院等二级甲等医院及最基层的凉城社区卫生中心等十数家医疗单位大量的实地行业调研和论证,形成建设方案。参照各医院临床检验抽血中心实际完成抽血中心的基础建设,以及低温冰箱、电子叫号系统、大屏幕互动显示系统等硬件设备的采购、调试及应用。带有私密性防护挡板,病人坐的带有扶手的防晕血、跌倒的椅子,人性化的电子叫号系统,互动大显示屏以及温暖的色系每一处都体现以病人为核心的主题。临床抽血中心的建成,扩大扩充实训功能,为专业课程中涉及标本采集的实训项目的训练,提供真实的实训环境和实训场所。还建立临床标本资源(库),对医疗的专业化、规范化和信息化提供重要支持。

上海欧华职业技术学院每年投入数百万元的资金相继建成车钳工实训室、电工电子实训室、化学实验室、计算机房(有近 200 台计算机)、护理实训中心、康复实训中心等。学院在制定教学计划时,有目的、有计划地把实践性教学的各个环节落到实处,并在实训中聘请相关单位、企业的专家加以指导,主要以模块为单元组织教学。例如,护理专业实训请许多三甲医院的护士长,以边讲边练和现场操作的方式进行讲授,抓住 10 个主要护理操作进行教学与训练,讲完课后就到实训模拟病房进行操作训练,并集中进行考核,使学生迅速掌握技能。又如汽车运用专业,教师在实践课上边讲解汽车发动机构造,边进行解剖拆装,提高实践课的教学效果。

三、对接企业

上海市交通学校于 2005 年 5 月成功申报汽车运用与维修、现代物流两个专业的开放实训中心项目建设。同时,学校自筹大量资金持续投入专业教学装备的现代化建设,汽车运用与维修专业已形成日本丰田、美国通用、德国大众3个车系的完备的实训体系,先进的实训装备基本与现代化汽车企业的发展保持同步。现代物流实训中心能模拟物流公司的运作流程,实现仿真操作。学校校内实训中心设备有一部分来自企业资助,如日本丰田、上海通用、上海幼狮高级轿车维修总厂等企业每年均提供学校最新的实习实训装备。学校与美国PPG庞贝捷漆油贸易(上海)有限公司合作建立400M2汽车涂装实训中心,由该公司提供免费的师资培训和涂装中心培训用漆,从而为汽车涂装专业学生的实训创造良好条件。

上海市航空服务学校实训中心的设计分为空中乘务、民航安全检查、航空地面服务三大实训模块,有10个区域:模拟机场候机楼、空中乘务模拟舱、航空服务CBT教室、安保监控中心、形体房、器械健身房、职业妆实训室、广播词训练室、贵宾候机室和一个航空知识展览厅,实训工位数总计486个。实训中心拥有与真正机场一样的值机、安检设备,并与中航信有专用光纤联通,可直接联网学习中国民航现用的CRS订座系统和NewAPP离港系统。实训中心建设过程中坚持校企合作,主动植入企业的管理元素,实训计划、实训内容和技能培训目标,均以工作任务分析、工作过程分析和职业能力分析为依据设计,同时开发实训课程和项目。

上海农林职业技术学院逐步投入建设三个校内外实训基地,学院2006年拥有6 000平方米现代化温室,农林类专业实验室8个;松江现代农业园区五厍产学研一体化基地占地200亩,建成9 000平方米温室大棚。2005年学院根据市委市府关于上海率先实现农业现代化的总体要求,确立建设以都市农业为目标,生态农林为核心,集实训教学、职业技能培训与鉴定、产学研一体、面向社会的综合性生态农林类实训基地。

四、多元投入

2002年,劳动和社会保障部将江南造船集团职业技术学校确定为高技能人才培训基地(机电项目)建设单位,市教委于2002、2004年先后将焊接和船舶机械装置列为上海市重点专业,使学校加大实训基地建设的力度。学校依托市教委的重点装备资金,又自筹资金近500万元,投资购置100余台电焊机,建成能开展高难度焊位仿真性训练的船舶焊接实训基地;投资装备柴油机、轴系、液压舵机、船用锅炉等模拟装置,建成船舶机械装置实训工场;另又投资购置数控车床、铣床、数控加工中心等设备,建成数控机床实训基地。

在"十五"期间,上海市建筑工程学校除充分利用政府投入外,学校还专项投入2 000多万元用于实训基地建设,先后建造一幢5 000多平方米的综合实训楼,改建一幢4 000多平方米的专业实训楼,完成土工、木工、建材、力学、测量、水分析、污水处理、大气分析、水电、通信等10个实验室以及环艺、园艺等实训工场的建设,使每个专业都有相应的实验和实训场所。

上海海事职业技术学院先后投资千万元改造和建成船舶操纵模拟器、轮机模拟器、GMDSS模拟实验室、二小证实验室和物流实训室等一批实验、实训设施。2005年学院以建设"上海市公共实训中心"为龙头,整合调整、改造和新建"安全训练中心""数字与自动化训练中心""轮机模拟训练中心""综合商务训练中心""计算机训练中心""航海模拟训练中心",并与上海海运船舶污水厂校企合作共同建造"环境实训中心",逐步形成学院各具特色的八大实训中心。2005年中海集团调拨、改造两艘生产实习船,用于学院学生船舶实习。

2003年来,上海新侨职业技术学院在财力紧缺的情况下,仍每年投入300万元~400万元经费,用于实验室和实训基地建设。到 2010 年,已建成金工实习、数控实训、数控模拟编程、汽车实训、电子商务、电子电工、珠宝首饰制作与镶嵌、钻石加工、珠宝鉴定等 20 多个实验实训室。重点投入以现代制造业为主的汽车与机电数控实训中心的建设,该中心能够进行实物展示、构造拆装、故障检测与排故、模拟示教板、维修设备及考证部分项目的实训教学;机电数控实训中心拥有数十台车床、多台数控车床、铣床和数控加工中心,为学生创造一个接近企业岗位实际操作环境。

2004 年,上海建峰职业技术学院实训基地被国家教育部和建设部批准为全国建设行业紧缺人才培养培训基地,2005 年,学院向市教委申报由中央财政和市财政支持的高中职开放式公共实训基地项目和上海市开放式实训基地项目,直至 2006 年,学院根据以土木工程为特色的综合性高等职业院校的发展目标,每年投入不少于 500 万元的资金用于实验和实训基地建。2005 年,学院投入 1 000 多万元建造实训大楼,完成土木工程、医学护理、建筑经济管理、建筑装饰等专业的实验实训室建造。

五、多种功能

上海市临港科技学校数控技术应用开放实训中心主要包括数控实训、车工实训、钳工实训、综合实训四个实训区。CAD/CAM、数控编程、公差配合、加工工艺等课程基本实现理论实践一体化的教学。校内实习基地主要完成基本技能训练,校外实习基地主要完成各工种的拓展实习和生产实习。学校把毕业实习同岗前综合训练、岗位实训、岗位资格证书教育、毕业预分配结合起来。学校积极开展社会培训,并与芦潮港、书院、泥城、万祥四所成校签订"4+1"合作培训模式,加强对离土农民的培训。

上海巴士学院建有模拟汽车销售 4S 店的汽车展示厅、汽车商务实训室(巴士公司 84 000 网站培训基地)、现代汽车实训中心(上大巴士东昌汽车技术培训基地)、汽车电子实训室(联合汽车电子培训基地)、物流网络实训室(远驰物流培训基地)、汽车结构展示室、三维动画制作实训室、计算机网络实训室和计算中心(美国 ATA 授权计算机考证站),能集学生校内实训、企业员工培训、职业资格考证等功能于一体。同时与永达、东昌、上汽大众、上汽通用、大荣物流、西北物流园区等大型企业建有 26 个校外实训基地,形成学生"校外实训—就业"平台。

六、规范管理

上海科学技术职业学院投资 800 万进行校内实验实训中心的建设,建成通信与电子技术实验实训中心、计算机技术实验实训中心、汽车及机械实训中心、经管实训中心,共 36 个实验(实训)室,可开出实验实训项目 817 项,实验实训设备资产总值达 1 500 万,基本满足培养计划内实验实训教学的需要。同时规范和加强实验实训中心的管理,各实验实训中心根据学院的有关规定,结合各自的特点分别制定管理制度,编制《实验实训中心管理制度汇编》,内容包括实验(实训)室日常管理规则、实验(实训)室安全工作规定、实验实训中心向学生开放的规定等共 10 类 48 种相关管理制度,从而在制度上保障实验(实训)室的规范管理。为保证实验实训设备的功能得到充分开发,使用到位,学院还提出每套设备要有 1 人负责,2 人以上会用。

第二章 图书馆建设

第一节 中等职业学校图书馆建设

一、图书馆规程制定

1999年,市教委颁布《上海市中等职业技术学校图书馆规程》。2002年,市教委印发修订后的《上海市中等职业学校图书馆规程》,印发通知指出:为了促进中等职业学校图书馆的现代化建设,推进中等职业学校图书馆管理的科学化、规范化,充分发挥中等职业学校图书馆的作用,完善区县教育行政部门和有关行业对中等职业学校图书馆的管理,进一步适应上海市中等职业教育改革与发展的需要,教委组织对原规程进行修订。该规程共6章42条。第一章"总则"第四条指出:学校图书馆的主要任务是:根据学校的性质和任务搜集各种类型文献,进行科学加工与管理,为学校的教育、教学、科研工作提供文献保障。配合学校思想政治工作,宣传党和政府的政策法规。根据教学、科研和课外阅读的需要,开展流通阅览和读者辅导工作。开展文献检索与利用知识的教育活动,培养师生的情报意识和文献检索技能。充分利用馆藏文献和现代化信息技术设备,向师生提供参考咨询和信息服务工作。开展图书馆工作的学术研究和交流活动。第二章"业务工作"第七条指出:图书馆总藏书量应达50 000册以上(含期刊合订本),专业文献册数应占总藏书量的65%以上。在此基础上,现代化标志性中等职业技术学校、国家级重点中等职业学校、省部级重点中等职业学校按教育部及市教委相关标准配备。第十条指出:开馆阅览时间每周不少于45小时,有寄宿学生学校每周开馆阅览时间不少于60小时。第十三条指出:业务管理和读者服务工作流程,应采用计算机等现代化技术手段。设立电子阅览室,并提供网络服务功能。第十五条指出:图书馆应积极参加本地区、本系统的馆际协作,做好文献搜集、馆际互借、编制联合目录、业务交流、人员培训及现代化技术应用等方面工作,逐步实现资源共享。第五章"经费、馆舍、设备"第二十六条指出:中等职业学校应不断加强馆藏建设,每年的文献购置费用应占全校教育事业费总和的3%以上,并做到逐年有所增长。第二十七条指出:馆舍总建筑面积应达1 500平方米,包括书库、学生教师阅览室、资料室、电子阅览室、采编室等。

2002年4月18日,市教委印发经过修订后的《上海市中等职业学校图书馆规程》。

二、图书馆先进集体与先进个人评选

2001年2月,市教委举办上海市职业技术学校图书馆先进集体与先进个人评选表彰活动。2001年12月,市教委和市中小学幼儿教师奖励基金会决定,上海市信息技术学校等23个单位为"上海市职业技术学校图书馆先进集体",上海市第二医科大学附属卫生学校黄晓萍等38位同志为"上海市职业技术学校图书馆工作先进个人"。通过评选表彰活动,图书馆建设工作得到整体推进,学校图书馆藏书建设出现各具特色的专业化趋势,工具书(含检索类工具书)和专业书刊占了相当的比例。近三分之一中专、职校专业书刊已达到或超出总数的65%。电子读物的普及,非书资料如

光盘、碟片、音像带在中专、职校图书馆已占有一定比重。全市有 40 多所学校图书馆实行计算机管理，并建立电子阅览室提供网络服务，其中近 20 所学校电子阅览室规模达到 50 座以上。上海市信息技术学校、上海市港湾学校等还利用图书馆设施设备以及管理人员，建成中国期刊网二级网站，极大地丰富馆藏资源与服务内容。上海市第二医科大学附属卫校成立学生读书会、逸夫职校的读书摘录与征文、民航中专的新书通报等取得较好的效果。上海市医药学校、董恒甫职校等一批学校已结合专业开设文献检索和利用课，全市部分中专职校联合编印适合职教学生特点的文献课教材。中专及职校图书馆协会每年定期举办图书馆工作人员及馆长专业培训，提高人员素质。图书馆馆际合作与学术交流活动已形成制度，图书馆协会每年举办年会、学术报告及科研论文评奖等系列活动。2005 年 4 月，市教委开展上海市第二届中等职业学校图书馆工作先进集体与先进个人评选表彰活动。

2005 年 4 月 1 日，市教委印发《关于开展上海市第二届中等职业学校图书馆工作先进集体与先进个人评选表彰活动的通知》，此项活动是为总结近三年来上海市中等职业学校图书馆工作发展情况，进一步推动《上海市职业技术学校图书馆工作规程》的实施，充分发挥图书馆的教育作用，努力把图书馆办成学校的资料信息中心，使上海市中等职校图书馆工作再上新台阶。12 月，市教委表彰上海市第二届中等职业学校图书馆工作先进集体与先进个人。上海市信息技术学校等 22 所学校为上海市第二届中等职业学校图书馆工作先进集体，上海市东辉职业技术学校任小满等 42 位同志为上海市第二届中等职业学校图书馆工作先进个人。2005 年，市教委会同上海市中小学教师奖励基金会举办第二届中职图书馆先进集体和先进个人表彰活动。根据学校和主管单位的申报，经过市评审小组的评审，共评出 24 个先进集体、42 名先进个人。

三、图书馆等级评估

2002 年 9 月，市教委公布《上海市中等职业学校图书馆等级评估指标体系（暂行）》。评估工作正式展开。2003 年，上海市中等职业学校首批 A 级、B 级图书馆名单。A 级图书馆 11 所：上海市现代职业技术学校、上海港湾学校、民航上海中等专业学校、上海市商业学校、上海市大江职业技术学校、上海市南湖职业学校、宝钢工业技术学校、上海信息技术学校、上海市医药学校、上海市卫生学校、上海石化工业学校。B 级图书馆 7 所：上海市工业技术学校、上海市材料工程学校、上海市环境学校、上海市公用事业学校、上海市经济管理学校、上海市第二轻工业学校、上海市建筑工程学校。这次评估以上海市百所中等职业学校重点建设工程为机遇，以认真贯彻教育部和市教委《中等职业学校图书馆规程》为依据，确立学校图书馆的文献信息中心地位，真正成为学校教育、教学和科研工作的重要组成部分。评估工作积极探索改进职业教育的评估方式，发挥市场作用和社会参与的职教评估方式，市教委委托上海市教育评估院具体组织实施。

2005 年 7 月，市教委公布第二批评估结果。A 级图书馆名单 5 所：上海市东辉职业技术学校、上海市行政管理学校、上海市农业学校、上海市董恒甫职业技术学校、上海市高级技工学校。B 级图书馆名单 12 所：上海电力工业学校、上海市贸易学校、上海市物资学校、上海市大众工业学校、上海商业会计学校、上海市城市建设工程学校、上海市临港科技学校、上海市交通学校、上海市东港职业技术学校、上海市宝山职业技术学校、上海市高桥职业技术学校、上海市竖河职业技术学校。

2006 年 12 月，市教委公布第三批评估结果。A 级图书馆名单 12 所：上海戏剧学院附属舞蹈学校、上海戏剧学院附属戏曲学校、上海市金山食品工业学校、上海市奉贤中等专业学校、上海市工商外国语学校、上海音乐学院附属中等音乐专科学校、上海工商信息学校、上海市西南工程学校、上海科技管理学校、上海市工艺美术学校、上海市振华外经职业技术学校、上海市贸易学校。B级图书馆名单4所：上海市杨浦职业技术学校、上海新闻出版职业技术学校、上海市房地产学校、上海市应用科技学校。C级图书馆名单1所：上海市第二体育运动学校。经过5年努力，到2006年，全市有51所中等职业学校图书馆通过等级评估，占2006年上海市招生的119所中等职业学校的43%。通过等级评估的图书馆已成为上海市中等职业学校信息化建设展示的窗口、素质教育的重要基地、教学研究的有力支撑和信息整合的宽阔平台。参加评估的51所学校中，有38所为中专，11所为职校，2所为技工学校；参加评估的51个图书馆中，被评为A级的有28个，被评为B级的有22个，被评为C级的1个。

　　通过图书馆等级评估，上海市中等职业学校的图书馆建设有了长足发展。一是图文信息工作受到高度重视，图书馆地位得到显著提高。如上海市贸易学校在2005年通过图书馆B级评估后，在短短一年时间内，从规划、建设到落成，又在云岭校区新建独立馆舍的新馆，2006年又申报图书馆等级评估，被评为A级。二是基础建设成效显著，办馆条件改善明显。经过几年的建设，各校图书馆的办馆条件得到明显改善。部分学校的图书馆都已建成独立馆舍，上海市高级技工学校从原来三间教室发展到独立的一栋图书楼，面积从150平方米增加到2 200平方米；上海市工艺美术学校新建全新的独立馆舍，环境优美，育人氛围浓郁。各校图书馆工作用计算机数量全部达标，并配置复印机、打印机、扫描仪等；部分新建的电子阅览室都采用液晶显示器。各校的图书馆基本采用图书馆计算机集成管理系统，充分开发其中采购、编目、典藏、流通、账册(个别登记、总括登记、注销登记)等功能，提高管理的效率。尤其在拥有多个校区的学校，计算机管理系统更是体现资源共享的特点，帮助不同校区实现"统一采购，分散流通"，上海市振华外经职业技术学校的图书馆就做到这一点。另外，各校基本都制作图书馆主页，上海市信息技术学校的图书馆主页内容丰富，师生不仅能上网检索图书馆资源，还能通过主页实现与图书馆工作人员的互动与交流。三是凸显馆藏资源特色。2006年的第三批图书馆等级评估中，除两所学校外，其余15所学校的年均文献购置经费都在15万以上。几乎所有的学校都购买两种以上的文献数据库。上海市工艺美术学校的图书馆外文艺术类文献品种多、珍本多，核心期刊保存良好；上海戏剧学院附属舞蹈学校的中文类舞蹈专业书籍和音像资料馆藏量超过上海图书馆，仅次于国家图书馆和北京舞蹈学校图书馆。四是各校图书馆工作的开展都与教育教学密切相关。图书馆对学生进行图书馆利用教育，不同程度地开设"文献检索"课或讲座，上海市卫生学校、上海市医药学校、上海市港湾学校和上海市董恒甫职业技术学校长期坚持开设"文献检索"课，并将其列入教学计划。图书馆还与学校相关部门组织丰富多彩的读书活动和演讲比赛，丰富学生的课余生活，有上海市大江职业技术学校和上海市东辉职业技术学校等。除此之外，各校图书馆还积极为师生提供各类服务，如民航上海中等专业学校图书馆定期编制《民航教育信息文摘》，供师生参考；上海石化工业学校利用电子阅览室的资源，开展网上读书活动，有专题、有指导，还鼓励同学建立班级网页，内容丰富多彩。

第二节　案例选介

一、资源保存

　　上海建桥学院的图书馆建设遵循"实用性、系统性、前瞻性、效益性"4大原则。2000年10月，图书馆开馆时藏书仅2万册，通过创建示范性高职、"申本"、本科教学合格评估，学校除了增加购书经费,还通过其他途径如接受部分高校、上海图书馆、出版社捐赠或低价调拨,以及校内外热心人士的捐赠获得大量书籍。2000—2002 年,图书馆尚无数字资源,2003 年至 2007 年,学校通过与上海教育网络图书馆签约和购买书生电子图书,向读者提供这两个数字资源;2008 年,图书馆订购了万方视频和央视视频(后改为百科视频),又花 30 万元引进中国知识资源总库(CNKI)。

上海市东辉职业技术学校图书馆采用多种形式补充藏书。统筹:从师生的需要出发,结合专业,根据教育教学的实际需求,统筹安排购置书籍;兼顾:注意学生的个性特长和教师的不同需求,购书前征求意见,尽力满足特殊需要;急需:教师急需的教学参考用书,可以代为购买,图书馆登记急时分编,让教师优先借阅;特聘:学校特聘专业主任、教研组长、学科带头人为图书馆藏书补充的顾问,参与图书馆购书的规划。图书馆还参与学校教育科学研究。2002—2004 年,图书馆为参加课题研究者提供参考书籍和资料。

上海市农业学校图书馆农业科学类、生物科学类图书 21 013 册,占藏书量 23％。重点为主干专业提供较为齐全的文献资源。植科专业在教学和科研、教材编写过程中,图书馆提供文献资源保障,2002 年起与上海教育网络图书馆签定信息服务协议,获得中文期刊维普数据库、万方数据库、超星数字图书馆的在线阅读和全文下载使用许可。另外还购买"书生之家"动科、植科、商旅等电子书籍 10 800 种,弥补相关纸本文献的不足。图书馆在学校与武警消防中队签定的军民共建双拥协议基础上,为武警战士提供图书借阅服务,满足部队官兵学习知识的需求。

上海戏剧学院附属戏曲学校图书馆珍藏近千册以京剧和昆曲为主的各种传统戏曲剧本,如《京剧汇编》《六十种曲》《戏考》《京剧丛刊》等等,这些剧本为专业老师上课提供有力的帮助,专业老师在备课时经常会到图书馆借阅剧本,作为教材。有些在舞台上已经失传的剧目,借助于这些剧本,得到恢复。凭借图书馆的珍贵文献资料,专业老师们编写和出版《戏曲声乐教学谈》《戏曲武功教材》《中国京剧衣箱》《元明清戏曲探索》《红楼梦与戏曲比较研究》等专著。"京剧艺术展示厅"是该校图书馆的一大特色,创建于 1997 年。迁校后,对原有的"京剧艺术展示厅"进行重新布局和布展。图书馆工作人员与有关人员对展示文字、实物等重新设计排列,制作中、英文对照的展板;翻拍大量珍贵老照片;陈列出戏曲舞台常用的盔帽、服饰、刀枪把子等实物,并标识其名称,使展览内容更加充实和丰富。

二、制度管理

上海市临港科技学校在各馆室制定使用规则,如《图书馆借阅制度》《电子阅览室规章制度》《阅览室规章制度》等,使学生在了解的状态下进入各馆室进行借阅。图书馆本着"以人为本"的宗旨,全方位、多层面加强和读者的联系交流,认真、虚心地听取读者的反馈意见,让读者进来了舍不得出去。图书馆工作人员还积极探索图书馆管理工作,编辑二次文献如《中式烹饪》《CAPP、机床、附件、工装》《第一届全国数控大赛宣传》,节约教师们查资料的时间,在教学中发挥很大作用。图书馆通过各类讲座的开设,定期举行专题读书活动,进行评论文章的评比,引导大量学生的参与,形成浓厚的校园读书氛围。

上海商业会计学校是 ISO9002 质量体系贯标单位,作为学校对外窗口的图书馆,也形成一整套行之有效的规章制度和严密的工作程序,多次通过国家贯标审核机构的审核。严格按照《中国图书馆图书分类法》(最新版本)进行分类,书刊著录严格按照《中国文献编目规则》,公务目录和读者目录较齐全,期刊上架及时,"核心期刊"保存比较完整,文献账册登录规范、清晰,积极参与校园网站建设和教育资源开发,制作本馆网页,内容丰富。学校图书馆的藏书特色为美术学科,藏书约万册。绝大部分为精品藏书,其数量和质量居中职校前列。这些珍贵藏书收录世界各时代的绘画、书法经典之作,对教学和研究有很大的学术价值。

三、现代化建设

上海市贸易学校在 2005 年申报图书馆 B 级评估的同时,就计划在云岭西路校区建造一幢集图书馆、电子阅览室、阅览室为一体的多功能图书馆大楼。2006 年 3 月新图书馆建成后,校图书馆馆舍面积达 1 505 平方米。2001 年 9 月,学校开始使用大连博菲特的《文件管理集成系统》,2006 年升级到 6.0 版本。利用该系统进行图书采购的书目验收、财产登记、账册打印、系统管理。学校在 2003 年 9 月购置上海市教育网上图书馆数据库,可在网上检索到图书 30 万册,期刊 9 000 多种。2004 年 2 月,学校又与中国数字图书馆数据库合作,成立中国数字图书馆上海市贸易学校分馆,同时购进中国数字图书馆的电子文献 4 万册,以及电子文献阅读相配套的阅读平台一套,师生可在校园内的任何一台终端电脑上进行文献的检索、阅览和编辑。从 2002 年开始,为了使图书馆的藏书更加科学合理,组织各教研室、科室的教职员工集中参加图书采购。从 2003 年开始,不定期在学生中进行问卷调查,掌握学生的阅读需求和阅读规律。对学校"电子商务"和"食品生物工艺"重点专业,图书馆进行跟踪服务,定期提供文献简介和新动向。图书馆还为退休教职员工办理借书卡,并向社会上网的居民提供技术辅导。

自 2004 年以来,上海市振华外经职业技术学校根据学校三年发展规划的既定要求,制定图书信息资源数字化建设的三年发展规划,确立"以为广大师生提供优质图书信息化服务为宗旨,以促进自身业务与职业生涯良性发展为目标"的人性化的工作考核制度。努力实现常规业务管理规范化、信息化,制定图书采购与各学科教学的实际相结合、与学生课余文化生活及学校德育工作相结合的原则,实行图书采购征询制和各教研组、校团委、学生会参与图书文献采购等形式。将博菲特文献集成管理系统和电子阅览室管理系统,实现图书馆馆藏的采编、流通、统计、电子阅览室的人次、功能使用等管理的全面自动化。

四、发挥教育功能

上海市宝山职业技术学校图书馆配合学校德育工作,对学生进行爱国主义、集体主义和道德法制等方面的教育。在纪念邓小平同志诞辰一百周年,学校团员青年开展专题读书活动,图书馆为配合好此项活动顺利开展,不仅提供《邓小平 1928》影像资料供教师及学生团员观看,而且整理出相关的历史文献资料为专题活动提供优质服务。图书馆和学生会共同组织"书香校园行——学生读名著征文活动",和实习处组织"《知识改变命运》征文活动",和政教处组织"读《青少年创新故事选》有感征文活动",和党支部组织"众志成城,抗击非典——邓小平理论读书会专题活动""党史读后感——团员青年学习党史专题活动"等系列教育活动。图书馆定期出版推荐优秀读物的黑板报,经常通过学生报《出航》向学生推荐中外名著、名人传记等优秀文学作品,根据不同年级、专业学生特点,以专题书目等形式推荐新书。

上海电力工业学校图书馆开展"拥军爱民"主题活动,把书刊赠送到武警部队;将剔旧过刊义卖,把义卖所得款捐献给福利院;到敬老院开展读书活动,都得到对方的好评。开展"服务电力"主题活动,在周末利用电子阅览室,对上海电厂、供电所进行 CAD 软件等计算机应用教学;配合电厂技术改造,强化校企结合,利用图书馆专业优势和信息优势,开发科研项目。该馆开展"我爱我馆"主题活动,让学生勤工俭学,自我管理,并在大修期间开设临时阅览室和外借热线;还将《电校青年》编辑部和文学社安排在图书馆,切实保持与学生的沟通,把握学生的需求。

上海市东港职业技术学校图书馆利用上海的教育网络图书馆的内容,下载 6 册航空专业相关的教学参考资料和书目索引,为校本教材《航空机务与维修》的编辑提供大量的信息和资料。建立的服装专业(骨干专业)资料室,复印 2000—2004 年 30 余种期刊合订本的总目录,并选编服装专业和航空服务专业的资料索引,更好地为学校教育、教学和科研服务。图书馆作为影视教育网络的重要环节,经常结合形势和德育工作的主题内容,突出教育性和导向性,组织片源和资料,为教师提供教育教学素材。2004 年 11 月上海市中小学影视教育协会中专职校专业委员会 2004 年度理事工作会议在该校召开。根据学校服装设计与工艺专业要求,提供服装款式流行的市场信息等服务功能。2004 年向浦东新区社会福利院赠送 520 册图书。

董恒甫职业技术学校图书馆定期向全校学生介绍新书、好书,指导学生阅读一些知识性、趣味性较强的书籍,定期出读书专栏,配合语文教师经常组织学生开展读书活动,并撰写大量的读书心得、读后感。学生积极参加市、区开展的各种比赛,并获得大小奖项若干。经常利用电子阅览室和文献检索室向学生传授检索方法。学校把"文献检索与利用"列入学校的教学计划的必修课中。图书馆工作人员配合教学,制订教学大纲、授课计划和教案,有 3 人直接参与学校的图书信息专业课教学工作。该馆还是学校图书信息管理专业的实习基地。

上海市高级技工学校图书馆根据上海市"爱我中华"读书指导小组意见和要求,以及该校"为人找书,以书找人"的服务宗旨,会同学生科、团委每两年举办一次读书活动月,培养学生阅读能力和读书习惯,开展观摩电影、开办讲座、请专家辅导、参观爱国主义教育基地等一系列的活动。图书馆做好对学生的服务指导。许多读者一碰到"疑难杂症"喜欢来图书馆"求医",甚至读者家中碰到难题都会来咨询。学校有位老师儿子大学毕业写论文,一组数据吃不准,这位老师陪同儿子来到图书馆咨询,图书馆的老师陈宁宁凭借平时的学习积累,提供给他正确的数据,又有许多老师写论文、著书,一般都会到图书馆求援,图书馆竭诚为他们提供相应的资料和参考书。

上海市行政管理学校图书馆配置 103 台计算机,通过学校网络全部能够上因特网,浏览新闻、通知、广告、网上学习、收发电子邮件、上传下载文件、娱乐、电子商务、求职、交友等。通过宣传服务的途径和采用一定的手段,向学生推荐新书,并给予一定的读书辅导。通过安装与学生课程相关的课件、教学软件、题库等,给学生提供课外复习巩固的场所。非传统课程以及新专业的新开课,把"课堂"搬到图书馆来,如:99 级行政专业、00 级行政专业、00 级档案专业、00 级外秘专业、00 级西藏班文秘专业开设的"阅览科技信息""行政能力测试",99 级西藏班财会专业、文秘专业开设的"职业道德"、01 级外会专业等九个班级开设的"就业指导"等课程,都是工作人员为学生提供相关的报刊资料及网上信息,辅助教师讲课,给予学生辅导,取得良好的教学效果。在 2004 年上海市中专图书馆协会召开的年会上,协会秘书长评价该校图书馆在建设数字与传统相结合的现代化图书馆方面,是走在上海市中专图书馆前列的会员馆之一。

上海市高桥职业技术学校图书馆选编两次文献,编制重点专业物流和数控专题资料,并参与编制校本教材《国际物流实务》,通过校园网定期发布。定期出版物流和职业教育理论题录,并定期出版报中报。编制核心期刊目录和学校重点专业新书介绍。

上海市竖河职业技术学校图书馆抓住农村职校生的特色,特别是农村职校学生少读书的特点,在采购图书及引导学生阅读方面发挥积极作用。图书馆积极的配合学校的德育工作,创办"加大消防意识的理念""迎奥运会""准军事化的管理的重要性""远离毒品""健康知识""灰领与技能""行规与我"等主题系列教育,发动全校学生自己收集资料,使学生在潜移默化中接受教育。图书馆在竖新镇开设"为民书店",为社区居民提供精神文明服务。开设"社会人员开放日",双休日方便职后班学员借阅书籍,查询资料。

上海市奉贤中等专业学校组织学生图书管理员开展图书情报知识,"文献检索和利用"教学,吸引更多学生走进图书馆。在文献采编和专题服务工作中,利用校园网提供交流的平台,组织各专业组教研组互联互动活动,主动为教育教学提供采购信息和文献资料,并开展文献资源共建共享活动,2004 年以后,"漫步精神家园,享受浓郁书香""走进经典""我最喜爱的一本书(刊物)"的 3 个主题已初步体现特点。在主题引领下,设计体现多种形式的活动,如图书推荐与借阅、专题讲座、朗诵演讲、征文、名言征集、小报、剪报制作和评比、影片欣赏、流行歌曲与古诗文的探究、书画作品征集、读书笔记、读书明星评比等。并尝试把读书活动引进课程,努力争取课内学习到课外拓展的延伸。

上海工商信息学校依托图书馆成立学生"读书俱乐部"。学校制定"读书俱乐部"章程,确立学生自主活动、老师参与指导的部长负责制。社团活动的内容有:读书宣传栏宣传,新书推荐、全校性的读书知识竞赛、爱国诗歌朗诵比赛、征文比赛等活动,创建"读书俱乐部"网站,编撰"读书俱乐部"刊物等,在引导学生不断从图书馆获取知识,推动学生读书学习。

上海科技管理学校图书馆深入研究学校专业及其发展前景的基础上,科学安排图书文献的采购,使图书馆的馆藏资源体现该校的专业特色,并使重点专业食品生物工艺和骨干专业空调与制冷文献资料的拥有量在相应的行业中占相对优势。创建一个"超星数字图书馆"数据库。打破图书、报刊分室陈列和分区阅览的传统,实行图书、报刊和电子阅览一体化服务。图书馆利用选修课时间,对部分学生进行题为"中华传统文化精义和名著选读"的系列讲座,有力地配合学校的德育工作。

上海市第二体育运动学校图书馆根据体育学校的特点:各运动队项目不同,流动性大,学生少等,不厌其烦,主动为运动队服务,每次采购新书后,及时用简报的形式向教练、教师职工、各运动队介绍推荐新书,并和学校团总支紧密配合搞了读书活动。积极配合教师查阅专业文献资料,并利用专业类(体育类)的报刊剪贴成册向教练提供最新的训练方法。

上海市金山食品工业学校图书馆每年赠送一些期刊给罗星居委会(共建文明单位),2005 年至2006 年共赠送 272 册,价值 3 651.40 元。还向居委会工作人员免费开放。

上海市西南工程学校图书馆利用"西南书苑"宣传栏定期制作新书专刊介绍新书,或在校园网上进行推荐;设立"新书架",让师生能更直观地了解新书上架情况;开设青春期健康教育专题、"三个代表"重要思想专题、党员先进性教育活动专题、纪念邓小平诞辰 100 周年专题、纪念世界反法西斯胜利 60 周年专题等专栏,还开设建筑装饰专业、装潢设计专业专柜。在"世界读书日"组织"读书小组"到上海书城购书,每人可购 1~3 册,回来后写出书评,向同学介绍,得到师生的一致称赞。为鼓励、吸引学生到图书馆来,开展"各班利用图书馆排行榜""文明读者"和"优秀图书馆管理员"的评比,激发学生利用图书馆的积极性。

第三章 信息化建设

第一节 概　况

2000年初,为统一在建学校标准以有利于中等职业技术学校联网,市教委制定和颁发《上海市教育委员会关于中等职业技术学校校园网建设技术参考标准》。又以调整国家级重点中等职业技术学校为抓手,促进申报学校的信息网的建设,至年底,70%的学校已经建成校园网并发挥作用。同时,组织"中等职业学校建设和管理"软件开发,在进中等职业技术学校管理手段现代化。

2001年1月市教委启用"上海市教育委员会职业教育与成人教育信息库"。信息库的建设旨在进一步推动现代信息技术的应用,及时掌握学校事业发展情况,为正确决策奠定基础。该库由市教委职成教处与华网信息技术发展有限公司共同开发、研制。要求各学校在2001年1月20日前完成数据的填报工作。

2001年6月,市教委开始实施"百校通"工程。该工程的主要目标:凡列入工程的学校,都要同步落实中等职业教育"百校通"工程的要求,即建立校园网,联入即将建立的上海教科网职成教网,其实现全市中等职业学校校园网之间以及与其他各级各类学校校园网的联网,共享网上教育资源。"百校通"工程的主要任务:一是凡列入工程的学校,都应严格按照"关于上海市百所中等职业学校重点建设的基本标准",进行以校园网为主要任务的学校现代教育技术的建设。其中,有条件的学校可建设计算机网、闭路电视网、广播等三网合一的"局域网"。二是实现"百校通"的形式,是学校建成具有行政管理、教学管理、后勤服务管理等功能较为齐全的全校局域网,与上海教科网职成教网相连,所有用户可以访问该校网站。三是建设中等职业教育资源库。抓紧教师计算机和网络知识与运用能力的普及、提高工作,鼓励教师在学科、专业、技能的教学中广泛运用信息技术手段,把信息技术教育融合在学科、专业、技能的学习中,并做好系列化优秀教学课件的开发,不断丰富课程教育资源。四是组织对"百校通"工程的项目教师和管理人员进行专题培训,使他们掌握设备的使用、维护和简单的修理技能。同时要求,要把改建和新建有机地结合起来。要运用竞争机构,吸引有能力、有实力的计算机公司参与"百校通"工程的建设。市教委组织由市教委教科网专家组评议确认的具有开发校园网能力的计算机公司,提出不同价格的校园网设计方案,供行业、地区、学校选择。

2001年9月,上海职业教育与成人教育网站——"职成教育在线"网站开通。市教委委托上海远程教育集团承建"职成教育在线",并成立诚智教育信息技术有限公司具体负责网站经营工作。该网站于2001年9月20日在上海市教育电视台举行开通仪式。"职成教育在线"实行政府主导、市场运作的机制,开设职成信息、职成指南、职成院校、网上教学、职成社区、职业天地、资源广场等7个栏目,网址为 http://www.zc.shec.edu.cn。网站面向上海市各类职成教育院校的师生和有职业技能、岗位培训需求的社会人群,以全新的经营理念和优质高效的服务为上海市职业教育与成人教育的发展服务。通过"职成教育在线"网站,面向上海市职业教育和成人教育市场,为上海市职成院校和社会各界提供基于互联网之上的信息,介绍上海市各类职业教育与成人教育院校及相关培训机构,开设社会需求较大的网络课程,提供网上学校培训,及时发布各职业教育与成人教育院校的招生信息和毕业生信息,在政府教育部门、职成院校和社会人群之间搭建一个多功能的网上交流平台。

2001年,由市总工会、市教委和市劳动与社会保障局联合举行的上海市首届中等职业教育教师"南湖杯"多媒体课件设计大赛,共有41个参赛队197名选手参加长达6小时的命题多媒体课件设计比赛。比赛共有18人获个人奖以及9个单位获得团体奖。70名参赛成绩合格者,由市劳动和社会保障局颁发相关的职业资格证书。

2002年,上海职业学校建立校园网共80所,学生与计算机之比为8∶1。至年底,"职成教育在线"网站根据学校的意见和工作的需要进行两次改版,并相继开发多个网站管理工具,使网站的新闻发布管理系统、学校查询管理系统、求职招聘管理系统、站内信息查询系统、电子邮件系统、访问记录管理系统、网上题库系统、网上调查系统更趋完善。网站在原有栏目的基础上,又开发上海紧缺人才培训服务网、上海教育技术装备网、上海市高职高专网,并增设招生计划上报、查询,教育统计上报等功能,实现网上统计、网上调查等。增设上海市社区(老年)教育数据库。网站使用率有大幅度的提高。该年,"职成教育在线"访问人数达16万人,发布各类信息2 000条。利用网站成功举办"我爱你中国"爱国主义网上知识竞赛(与宣传部、民政局合办)、"上海中职学生网上计算机知识竞赛""郊区成人学校网上调查"等活动。完成郊区成人教育、社区学校、老年学校、社会力量办学等四类学校的网上统计工作。网站成立信息员队伍,由区县教育局、各个中等职业学校指定专人负责信息工作,由网站对信息员进行信息采编技能培训,建立信息员工作联谊会,分块分片建立信息员网络,不定期进行学习交流,不仅丰富信息来源,也提高信息稿件的质量。为78所学校提供网站建设服务。该年,中等职业学校建立校园网的共80所,学生与计算机之比为8∶1。2004年完成"职成教育在线"网站的改版工作。针对职业教育与成人教育工作重点和内容的不断变化,完成对新栏目的设计、筹划工作。新的网站栏目增加一倍,信息量也大大增加。

2008年,市教委转发《教育部职业教育与成人教育司关于在部分省份开展中等职业学校学生信息管理系统试点应用工作的通知》,并提出具体要求:各区县教育行政部门要指导区县学生资助管理中心(或具体承担该项工作的部门,下同),提供必要的人力、物力、场地各方面条件,保证该试点工作顺利推进。各区县学生资助管理中心要在所辖学校上报学生学籍资料和资助信息的基础上,做好审核工作,分步上报教育部中心数据库,并测试学生学籍和资助信息的查询、统计等功能。各区县教育行政部门及有关委、局、控股(集团)公司要指导各中等职业学校将全部学生的信息远程录入或导入该信息系统,全程测试该系统管理流程中的各个环节。

2011年,上海市教育委员会颁布《上海市中等职业教育信息化建设行动计划(2011—2015)》(以下简称"行动计划"),要求以服务为宗旨,以就业为导向,以改革创新为动力,以教育信息化带动职业教育现代化,实现网络化学习、实时化管理、共享化资源三大目标,推进信息技术在日常课堂教学中的深度应用,引导教学方式和学习方式的深刻变革,提高教学质量,实现职业教育资源计划VERP(Vocational Education Resource Planning)。

第二节　案例选介

一、服务教学与训练

2007年,上海市医药学校在药物制剂专业选择3~4门课程,启动教育专家、网络课程开发专家和出版社三者互惠多赢的"三位一体"的运行机制,开发精品网络课程;完善"引领式在线"网络学习平台,实现学生学习个性化和自主化,利用人工智能技术构建智能导师系统为不同个性特点和需求的学生进行教学和提供帮助,为学生个性化成长提供"菜单式"服务。

2010年,上海市工业技术学校与CAXA公司合作,在实训中心引入数字化工厂技术,将现代制造企业管理应用至实训中心。设备管理方面,实训中心利用CAXA机床网络管理系统,采用服务器客户端方式进行数据管理,所有被管理数据均置于服务器数据库中。通过智能终端转换器,对机床进行灵活、安全、快速、可靠的网络化管理。通过数控设备的联网及数字摄像机,实现实时监控及信息采集功能,可以在校园网上任意一台经过授权的计算机终端上查看生产现场的设备运行状态。库房管理方面,该系统汇总物料的领取、借还、库存查询、损耗、报废等工作,并可以按班级等不同项目查询用料情况,为实训中心的各类项目的成本核算提供各种数据。学校数字化工厂的成本管理系统以项目为区分标准,包括校内实训、对外培训、综合服务、校企管理、产学研管理等,分别对设备的用工时长、用电量以及物料消耗量进行详细的记录与统计,以期对优化生产提供翔实数据。

2010年,上海市房地产学校使用的信息化系统有教学管理系统、图书管理系统、资产管理上报系统等,提升管理效率。在教学方面,该校与专业公司合作开发"商品房住宅买卖模拟实训系统"以及"电梯安全技术考核系统"等教学软件,取得较好的教学效果。该校大部分教师能应用常见教学媒体软件进行课件制作,能在教学中应用信息技术提高教学质量。有两名教师分别在中等职业教育专业委员会华东(南)分会2010年年会课件评比中获得一等奖和三等奖;在全国中等职业学校信息化教学大赛中,该校申报的《电梯操作辅助教学仿真软件》获市教委推荐,代表上海参加全国竞赛。

上海市公用事业学校第一期校园网建设始于2001年,设有学校门户网站。通过10年努力,基本完成校园一卡通网络,用于就餐、校园超市消费、图书借阅、考勤与部分门禁,同时用于教务管理系统和数字图书馆初步建设。学校在自身发展过程中,充分利用现有信息化装备,与企业合作,开展相关教学与培训。至2010年,已为巴士集团、巴士四汽、宝山巴士、浦东公交等城市交通大型国企举办公交信息化调度、信息管理等培训班40余期,总计1 500人。

截至2010年,上海市西南工程学校网络中心初步建成全校应用的服务器和实现各类应用程序数据互通的分布式应用系统。学校定期组织"课程中心"建设、"多媒体课件制作"等内容的讲座。教研室每学期都组织优秀电子教案和多媒体课件评比活动。同时鼓励教师积极参加市、区级多媒体课件制作、网页制作、动漫制作等竞赛活动。

到2010年,上海市杨浦职业技术学校在各个校区基本都已建成有线网络。学校对教师信息化的要求从未间断,该校多位教师参加"多媒体作品制作员"和"网页作品用制作员"的中级培训,并参加国家职业技术鉴定获取相应的证书,组织计算机教师及美术组的老师全部参加"2009上海市职业技能竞赛活动",在"多媒体作品制作"和"网页作品制作"参赛活动中一位老师获二等奖,两位老师荣获三等奖,荣获技师证书,其他老师也均获得高级证书。2010年又组织计算机老师参加"信息安全师"的培训,全部获得高级证书。

到2010年,上海新闻出版职业技术学校的教学管理工作基本上通过计算机来完成,教师在教学中已经有大部分人采用信息技术手段进行教学,学校信息技术课程开出率是100%,学生信息技术获证率在99%以上,每个学期都组织学生参加第二课堂的上海市中职教育网络课程学习。学校结合图文信息处理、计算机平面设计等专业的要求,特别加强对学生在计算机技能操作方面的要求。学校组织学生与老师参加"星光计划",在历年的比赛项目"文字录入""图形图像处理"中取得较好成绩。

二、促进管理

至2010年,上海科技管理学校逐步实现教学管理网络化、智能化;教学计划管理方面,学期教学计划自动生成、发布;教学督导评估管理方面,用网络技术对教学过程进行动态监控,提供网上教学评测手段;学生学籍管理方面,及时输入学生学籍变动数据;考务管理方面,网上录入学生成绩;学生考勤管理方面,天天从网上反映学生考勤情况;学生学杂费结算处理方面,实行收费上网。学校开通启用网上通知发布系统、网上课件阅览系统、网上公文系统、EVOD教育视频点播系统、电视闭路系统以及教务学分制网络办公系统、财务电算化办公系统、博菲特图书馆管理系统、校内电子邮箱系统。

从2009年9月开始,上海长乐霍尔姆斯职业学校购买"明日博软件"开发的校园管理系统,设置信息中心、市场活动、招生管理、就业管理、学生管理、考试管理、财务管理、统计分析、班级设置等子系统。在"学生管理"系统,把每个学生在校情况(包括学生信息、学习状态、考试成绩、出勤情况、班主任评语)及任课老师的教学计划进度归纳至同一系统内。学校多次组织教师参与上信息化教学培训,职工的信息化技能水平显著提高。

上海市奉贤中等专业学校自行研制开发的学生教育教学管理系统,几经修改升级,以适应中等职业学校教育教学工作的特点。整合课堂点名、学业评价、德育积分等模块,授予不同管理层级的人员不同的权限,使学校领导、任课教师、班主任实施有效的动态管理,促进学生的成长。为了提高招生注册工作的效率,2007年该校进行招生信息系统的开发立项,2008年进一步调整后成功,应用于招生、学生报到注册等工作中,在报到时快速准确地录入学生的其他信息,如是否住宿、服装尺寸、是否符合免费条件等,使总务、教学、德育等不同职能部门的信息需求一步到位,为后勤供应、分班、教师选聘等提供准确的数据信息,也为班主任管理学生提供第一手资料。

上海市高级技工学校2008年基本完成校园网络综合改造。建成以综合大楼为中心的三层网络架构,实现主干千兆、桌面百兆的目标,校内各楼宇间光缆连接达成,校园网络成功覆盖全校教学办公区域。信息化应用始于2002年,引入鹏达校园网作为该校第一套应用系统,进行中职教学管理和日常管理。2008年引入金仕达教学管理系统,进行教学、教务管理。2008—2010年,根据各部门的需求陆续建设校园对外网站群、学生信息查询系统、精品课程发布网站、教学质量评估系统等应用系统。2010年后,开始信息门户和一卡通建设。

上海海事大学在2002年完成校园网一期基础设施建设,校园内网运行有教务管理软件、学生管理软件、成绩管理软件等办公管理软件。有线校园网覆盖整个校园,建设部分无线网络。制定《校园网网络安全制度》《学校计算机教室管理制度》《网络管理岗位职责》《网络中心机房管理与维护制度》等多项管理和检查考核制度。对全体教师开展定期信息化课程与网络课程培训,全体专任教师通过信息化考核取得多媒体制作员或办公软件证书。

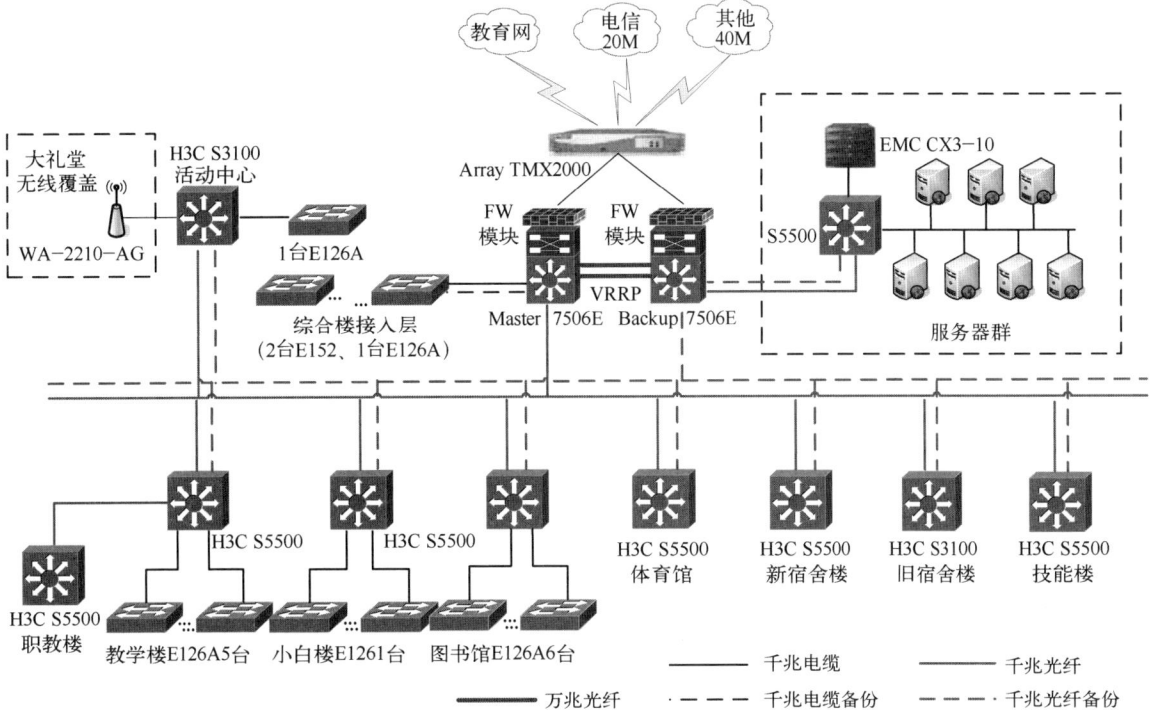

图 10-3-1　上海市高级技工学校网络拓扑示意图

三、集聚多种功能

民航上海中等专业学校 1999 年开始启动校园网建设工程,至 2010 年,拥有较为先进的电教演播室和非线性编辑系统,可制作和编辑校园音视频信息,用于网络共享。学校有学分制教学管理平台主要包含学籍管理、成绩管理、人事管理、办公自动化等。2011 年启动课程中心平台建设,用以实现网上课程建设和教学功能。学校建成网上超星图书馆,拥有各类电子图书 3 万册,还与上海教育网络图书馆合作,教师可以直接浏览校外镜像站点里的大量图书资源,满足教学需求。2004 年建成一卡通系统,学生凭卡可在学校两个食堂、校园超市以及公共浴室进行消费,实现与图书馆管理系统的接口。每年均在中职学生中开展信息化职业技能鉴定考试辅导、培训工作,开展校级"计算机应用能力"职业技能竞赛,组织选手参加上海市星光计划"计算机应用能力"项目的职业技能大赛,共参加三届"星光计划"大赛,多人多次获得二等奖和三等奖。

上海石化工业学校 2006 年投入 50 万元进行网络改造,实现校园网络的集中管理,可对网络使用进行实时监控与调节,提高网络利用率。学校制定《上海石化工业学校校园网管理办法》《上海石化工业学校校园网管理实施细则》等文件。内部推行校园网接入申报备案制度,对接入信息点实行 IP 地址绑定,规范校园网络的使用,落实信息安全责任。同时,建立网管员巡视制度,制定网络故障排除预案,保证网络 24 小时的畅通。建立"安全、稳定、实用、高效"的基础网络平台。2010 年,网络覆盖大部分的教学场所。在教学活动中,鼓励教师使用多媒体进行授课,通过信息化手段提高课堂教学有效性。在教学管理工作中,学校使用"鹏达校园网管理系统"学分制版,实现教务管理、智能排课、成绩处理、学籍管理、网上评教等应用的数字化、网络化。在后勤保障方面,使用"新开普智能卡综合信息管理系统",建设校园一卡通系统,覆盖校内就餐、校内购物、学生洗浴等多个方面。在资产管理工作中,使用上海市行政事业单位资产管理系统。在人事管理工作中,使用上海市事业单位人事管理系统和干部人事档案管理系统。在文件档案管理工作中,使用申易档案管理系统。在图书借阅工作中,使用妙思文献图书管理系统。结合实训中心建设,建设化工仿真、数控加工仿真、会计综合仿真等多个虚拟实训系统,形成灵活的实训教学环境,增强学生实训实践能力。组织开发"招生报名统计系统",实现学生信息输入、录取通知书及信封打印,学生报名确认等流程的信息化、网络化,提高时效性,为招生决策提供第一手的资料。在学校干部评议和推荐等工作中,开发评议系统,实现评议结果自动统计功能。另外,根据学校需要还开发公共资源预订系统、IP地址管理系统、学生社团报名系统、实训中心鉴定申报系统等多个网络平台。

四、重视校园门户网站建设

上海市城市科技学校经历多年校园网建设,逐步建成覆盖全校的网络化学习和工作环境。从2000年到2010年,校园网的信息资源和应用系统逐渐完善。学校重视校园门户网站的建设与应用,通过门户网站展示学校发展风貌。学校利用短信平台,将学校的各个通知和信息实时发送到学生和家长的移动设备上,密切学校和家庭之间的联系,实现家校通。学校加强信息技术与课程整合的培训,邀请部分专业领域的专家和学者对于相关老师和学生进行技术指导和技术讲座,同时学校内还开展教师自培训。至2010年,学校门户网站建成虽仅4年,但访问量已近40万,历经几次改版,功能不断完善。

上海市东辉职业技术学校的信息门户网站建站时间长、信息栏目多、消息更新快、浏览量大,在校内建设强大的教学资源库、电子邮件服务系统、校园教学教务管理平台以及图书馆管理系统。学校还建有15个计算机房、135个多媒体教室,并拥有与社会职业资格鉴定要求相匹配的金融、旅游、汽车等现代化实训中心及90座的电子阅览室,能进行远程教育及相关课程。

到2010年,上海市振华外经职业技术学校建立学校综合网、招生就业信息网、实训培训信息网、图书馆网站、行为规范风采展示网站、精神文明在线创建网站等多个网站,成功地架设起沟通并服务于师生、家长、企业、社会的电子立交桥,并不断与上海职成教育在线、浦东教育网等加强联系,上传学校新闻等,扩大学校的影响,提升学校的知名度。学校从转变教师教学观念着手,尝试进行基于网络的、以学生自主参与、信息互动为特征的学科教学与信息技术的整合。如信息技术学科的在线打字教学系统、计算机教学互动平台(项目管理、作业评改、在线考试等)的开发与应用,国际商务学科的单证、电子商务、物流实践等实战模拟学习软件的引进使用,其他学科学习中师生借助网络和相关学习资源所进行的开放式教学等,都取得良好的效果。

第十一篇

职业教育评估

职业教育评估是推动职业学校办学质量提高的重要手段。上海的职业教育评估可以 2000 年为界分为两个历史阶段。分界的标志,一是上海市教育评估院的成立;二是中职教育方面,从对中专与职高两类学校的分别管理到实现全市层面的统一管理;三是高职教育方面,从实施一些零散的单项评价到纳入全国统一的系统性评价。

从 1986 年开始,市教育局依托行业、区县相关部门对全市中专、职校进行办学水平的评估,从而对学校的教育资源进行合理调控与布局,促进管理工作科学化、规范化。1989 年,市中专校第一轮大规模面上评估基本结束,市教育局职教处以及评估组撰写《上海市中等专业学校第一轮评估的理论与实践》一文,进行较全面的总结。1993 年,23 所中专被评为上海市重点中专校。1994 年 8 月,9 所市重点中专校被国家教委批准为国家级重点中专校。1988 年,市教育局正式下发《上海市中级职业技术学校办学水平评估指标体系》,成为对职业学校评估的依据。从 1990 年至 1995 年,3 批共审定 20 所上海市级重点职校。市教委在 1996 年对部分全日制普通中等专业学校、职业学校开展办学水平评估和合格评估的申报受理与评审工作。

2000 年 9 月 6 日,上海市教育评估院正式成立,其职业与成人教育评估所成为上海中等职业教育主要评估机构。2001 年至 2010 年的 10 年间,市教委组织开展的多项评估项目,涉及职业学校办学水平、专业建设、课程建设、实训中心建设、图书馆建设、国家级示范校建设、中高职贯通模式试点、中等职业学校教学质量、行为规范示范校建设等内容,涵盖职业学校办学的各个方面。其中,《上海市中等职业学校第二批重点专业评估指标体系》(2003 年)、《上海市百所中等职业学校重点建设验收评估指标体系》(2003 年)、《国家级重点中等职业学校评估指标体系上海操作要求》(2004 年)、《上海市职业教育开放实训中心建设验收评估指标体系(暂行)》(2006 年)、《上海市中等职业教育课程教材改革特色实验学校遴选评估指标体系》(2007 年)和《上海市中等职业学校教学质量评估指标体系》(2009 年)等,呈现了上海职业教育评估工作水平的发展状况。市教育评估院对高等职业教育评估项目,主要有优秀教学团队评选、教学名师奖评选、精品课程评选、两轮"高职高专院校人才培养工作水平评估"等项目,促进全市高等职业院校的办学质量提升。

第一章 中等职业教育评估

第一节 中等专业学校与职业高中分类评估

2000 年之前上海市的中等职业教育评估,是将中等专业学校与职业高中作为两类学校分别进行评估的。

1985 年 5 月,《中共中央关于教育体制改革的决定》颁布,指出:"国家及其教育管理部门要加强对高等教育的宏观指导和管理,教育管理部门还要组织教育界、知识界和用人部门定期对高等学校的办学水平进行评估,对成绩卓著的学校给予荣誉和物质上的重点支持,办得不好的学校要整顿以至停办。"为了使职业教育更好地适应社会发展和经济建设的需要,对学校的教育资源进行合理调控与布局,使学校的管理工作科学化、规范化,上海市教育行政部门决定运用评估手段,提高学校办学水平。从 1986 年开始,由市教育局,依托各行业、主管局(集团公司)、区县教育局、卫生局,对中等专业学校(以下简称中专)、职业高级中学(以下简称职校)陆续分批分期地进行办学水平的评估。

一、中等专业学校教育评估

1985 年 10 月,市教育局联合市纺织局、市商业一局、市商业二局、市冶金局、市财政局等组成上海市中专评估筹备组,组织有关人员在广泛调研的基础上,根据中央有关对中专的法令、法规和文件,结合上海中专的实际情况,制订《上海市中等专业学校办学水平指标体系》(初稿)。1986 年 3 月,市教育局组建中专评估组。经中专校长及各主管局教育处长会议,讨论修改评估指标体系,拟定评估试点方案,并选定 10 所不同类型的中专进行试点评估。1986 年上半年,市中专评估组对上海化学工业学校、上海市机电工业学校、上海市商业学校、上海市新华卫生学校等 4 所中专进行试点评估。下半年又以第三稿的评估指标体系为依据对上海市商业会计学校、上海市城市建设工程学校、上海市轻工业学校、上海电机技术高等专科学校、上海市轻工业学校等 6 所学校进行试点评估。对以上 10 所学校的评估结果进行反馈,确定办学水平等级,并对试点评估在实践的基础上进行理论总结,第四次修改评估指标体系及实施方案。同时,分期分批进行《办学水平评估》培训工作。培训重点是如何正确地、实事求是地搞好学校的自评工作。为保证各中专文化课(包括实验)、专业基础课、专业课的质量,分期分批地对评估学校在校生的文化课(包括数学、语文、政治、物理、化学、英语等 6 门)、实验课进行市统测,学校主管局组织企业专家按上级规定的学科教学大纲进行专业基础课、专业课以及专业实习、实验等的统测,同时对学校近 4 年的已踏上工作岗位的毕业生进行反馈追踪调查。通过以上三方面的测试,测定学校培养的人才质量,并将测试成绩记入有关评估条目。市教育局相继下发《学生思想品德综合测评方案》《学校教学管理手册》,以及体育、卫生测评细则等文件。

1987 年,市教育局联合各有关委办、各行业大口(经委、财贸办、建委、交通、卫生)分期分批地对所属中专进行评估,首批共完成 14 所中专校的评估。评估组成员共有 60 多人,在实践中培养一大批评估工作骨干。1988 年,在中专校长会议上,对 1986、1987 年参加评估的学校颁发评估等级证书,并部署 1988 年度的评估工作。1988 年上半年又对 21 所中专进行评估,并第二批颁发证书。下半年,市中专评估组会同有关专家制定体育、艺术类学校的评估指标体系,并对市体育运动学校、舞蹈学校进行评估。同时 5 个委办、局评估组又对所属 14 所中专进行评估。至此,全市 106 所中专校中有 59 所学校通过评估。余下的 47 所学校由于评估条件暂不具备、面临调整或办学时间不长等原因暂缓评估。评估结果 A 等(优秀等级)的学校暂缺,B 等(良好等级)的有 12 所,C 等(合格等级)的有 47 所。

1989 年,市中专校第一轮大规模面上评估基本结束,市教育局职教处以及评估组撰写《上海市中等专业学校第一轮评估的理论与实践》进行总结。同年 3 月,举行总结大会,颁发第三批评估证书,市政府教卫办领导出席大会。1989 年下半年,市教育局多次召开中专校长讨论会,听取意见,并开始修订以办学目标即质量与效益为主的《指标体系》。市教育局职教处推出评估工作优秀的市化工学校作为典型,提出真实反映学校办学实际情况,以评估为手段促使办学水平更上一层楼的评估指导思想。

1991 年,市教育局按照修订后的上海市《指标体系》进行第二轮评估。共评出市标 A 级 21 所,市标 B 级 26 所。同时按国家教委颁发的《普通中等专业学校基本办学条件合格标准》,进行合格评估,共评出合格中专 65 所,暂不具备条件未列入评估 25 所。

1992 年,按国家教委《普通中等专业学校基本办学条件合格标准》进行办学水平评估,参加办学水平评估的中专共有 45 所。达到优秀(A 级)等级的中专 17 所,占 18.9%,达到良好(B 级)等级的中专 28 所,占 30.0%。同年,中央有关部委陆续下发医院附属卫校、艺术类学校、工艺美术学校以及体育运动学校评估合格标准。市中专评估组以此为依据对这些类型的中专进行合格评估,1993 年分 2 次上报市府教卫办审批,共 62 所学校通过合格评估,占中专校总数的 70%左右。

1993 年 5 月,国家教委下发《关于评选"国家级、省部级重点普通中等专业学校"的通知》。6月,市府教卫办、市教育局发文转发国家教委 12 号文并下发市重点中专标准及评选方法等,部署开展评选全国重点及市重点中专的工作。32 所中专校经主管部门同意申报市重点,其中 11 所学校同时申报全国重点。7 月,由市教卫办、市教育局领导任正副主任,组成重点中专评选委员会,委员由各委办、局负责人、教育研究所、市中专评估组等共 15 人组成。经分组审议,最后无记名投票,市化工学校等 23 所中专被评为市重点中等专业学校,其中有 10 所学校被审议通过,报送国家教委作为国家级重点普通中等专业学校备选学校。9 月经市政府批准,23 所中专被评为上海市重点中专校。1994 年 8 月,9 所市重点中专校被国家教委批准为国家级重点中专校,即上海市化学工业学校、上海市商业学校、上海市邮电学校、上海市第一人民警察学校、上海市第二医科大学附属卫生学校、上海市商业会计学校、上海市港湾学校、上海市舞蹈学校和上海市体育运动学校。

1996—1999 年,市教委对上海民航中专等 20 所中专进行升级评估。1999 年 10 月,按照国家教育部《关于调整国家重点中等职业学校的通知》的原则要求、条件等,市教委又对上海市化学工业学校等 17 所申报国家重点中专的备选学校进行认定,并报国家教育部审批。

二、上海市职业高中教育评估

上海市职业高中评估工作,于 1987 年由市教育局职教处主持制订工作计划,组织评估工作班子,拟订《上海市中级职业技术学校办学水平评估指标体系》及评等计分标准等方案。1988 年 6 月,市教育局下发《中级职业学校(职业中学)办学基本条件暂行规定》。7—8 月,经过 4 次修改,10 月,市教育局正式下发《上海市中级职业技术学校办学水平评估指标体系》。同时,市教育局召开职业高中校长会议,动员、布置评估工作。

1988年11月—1989年1月,首先在市商业职业学校进行试点评估,评估结果为B等。并在试点工作的基础上召开由教育、业务部门、教研室等专家学者参加的评估工作论证会,对评估指标体系、评估方式等提出修正、改进意见。1989年1—4月,又对崇明县新业职业学校进行郊县职校的试点评估,评估结果为C等。在区县各选一校进行试点评估的基础上,从1989年4月—1992年2月,用3年多时间,分4批,共评估52所职校。其中1989年4—8月,19所职校通过第一批评估,评估结果:18所为B级、1所为C级。同年10月,市教育局颁发评估等级证书。1989年9月—1990年2月,第二批共评估18所学校,其中17所为B级,1所为C级。1991年5—6月,第三批共评估8所学校,其中7所为B级、1所为C级。1991年12月—1992年2月,第四批共评估5所学校,均为B级。同时,市教育局相应地颁发评估等级证书。

1990年9月,按国家教委《关于对职业高级中学开展评估,认定"省级重点职业高级中学"的通知》精神,市教育局职校评估组拟订出《上海市重点职业高中审定的七项要求》,7项要求是办学方向、办学效益、管理水平、教学水平、思想政治工作、师资队伍、办学条件。1990年9月至年底,第一批有11所职校申报,审定通过5所。1991年9月至年底,第二批有12所职校申报,审定通过6所。第三批申报省市级重点职校的评估,从1994年11月至1995年1月,共评估审定11所职校,最后认定9所。至此,3批共审定20所上海市级重点职校。

1995年1月,国家教委发出《关于开展国家级重点职业高级中学评估认定工作的通知》。上海市教委要求在8月底前各区县在上海市重点职校中择优挑选参评学校,向市教委提出申请。9月,市教委确定参评学校名单,并在上海市现代职业技术学校进行试评估。10月,先后对其他6所学校进行评估。11月,市教委确定7所职校为国家级重点职业高级中学的备选学校,报市人民政府备案后上报国家教委审批认定。上海上报的7所学校全部被认定,即上海市旅游服务职业技术学校、上海市逸夫职业技术学校、上海市现代职业技术学校、上海市群益职业技术学校、上海市东辉职业技术学校、上海市崇明县竖河职业技术学校、上海市商业职业技术学校。

1999年10月,国家教育部发出《关于调整国家级重点中等职业学校的通知》。上海市教委职教评估组按要求组织国家级重点职业高级中学的申报和评定工作。12月底,市教委确定推荐上报国家级重点职业高中备选学校为11所。2000年5月,教育部《关于公布首批国家级重点中等职业学校名单的通知》,上海市11所职校均被批准为国家级重点中等职业学校,即:上海市东辉职业技术学校、上海市逸夫职业技术学校、上海市现代职业技术学校、上海市群益职业技术学校、上海市南湖职业技术学校、上海市旅游服务职业技术学校、上海市杨浦职业技术学校、上海市竖河职业技术学校、上海市徐汇职业高级中学、上海市大江职业技术学校、上海市商业职业技术学校。

三、全日制普通中专、职校办学水平评估和合格评估

市教委在1996年对部分全日制普通中等专业学校、职业学校开展办学水平评估和合格评估的申报受理与评审工作。这次评估必须在各办学主管部门对其所属学校进行优化资源,提高办学效益和质量,进行布局调整的基础上进行。1999年,完成对上海市农工商中专、中国民航上海中专、上海航空工业学校、上海建材学校、立信会计学校等5所中专的A级评估;上海城乡建设学校、三门路职校的B级评估及浦东新区工业学校的合格认定工作。

第二节　中等职业教育评估

2001—2010年,市教委开展多项中等职业教育评估,上海市中等职业学校A级评估、上海市中等职业学校新专业(专门化)设置评估、上海市百所中等职业学校重点建设验收评估、国家级重点中等职业学校调整认定与申报评估、上海市中等职业学校图书馆等级评估、上海市中等职业学校重点专业(工种)认定评估、上海市职业教育开放实训中心建设验收评估、上海市中等职业学校新设专业教学质量检查评估等评估项目,涉及职业学校办学水平、专业建设、课程建设、实训中心建设、图书馆建设、国家级示范校建设、中高职贯通模式试点、中等职业学校教学质量、行为规范示范校建设等内容。

一、上海市中等职业学校A级评估

2000年11月,市教委委托市教育评估院组织开展上海市中等职业学校办学水平A级评估。以原国家教委职教司1992年颁发的《中等专业学校办学水平评估指标体系》,上海市教委职教办分别于1999年、2000年制订的《调整意见》(一)、(二),和原上海市教育局制订的《中等职业高中办学水平评估的指标体系》为依据,开展评估工作。该项评估通过咨询指导和复查评估两个环节对申报学校的办学水平进行评价。咨询指导主要组织专家对学校的迎评工作进行指导,检查学校的自评材料,并指出材料准备工作中存在的不足,使学校的自评材料较为齐全、规范,为正式评估顺利实施打好基础。复查评估主要采取听取校长评估工作汇报、查看学校场地设施、分条目查看自评材料、听课和召开师生座谈会等形式对学校的办学水平进行综合评价,并出具反馈意见。通过评估,促进教育主管部门加大对学校的扶植力度,进一步改善办学条件。促进学校加强办学体制改革,加强内部规范化管理。实现以评促改的目标,为市教委宏观决策提供可靠的依据。

二、上海市中等职业学校重点专业(工种)认定评估

2001年9月,市教委印发《关于评估和认定本市中等职业学校重点专业(工种)的实施意见》,此项评估是为了落实上海市建设一流职业教育总体规划,实现"上海市职业技术教育现代化实事工程"中提出的建设50个重点专业(工种)的目标。评估意义:有利于加快专业现代化建设的进程,推动专业教学质量和整体办学水平的提高;有利于规范教学管理,促进专业的程改革和教材建设;有利于加强师资队伍建设,加速形成具有教师资格和专业技术能力的"双师型"教师队伍;有利于学校办出特色,发挥专业教学质量示范作用,增强职业教育的办学活力和吸引力。市教委委托市教育评估院于2002年1月—2004年10月,分三年组织开展上海市中等职业学校重点专业(工种)认定评估。2002年4月,市教委印发《认定上海市中等职业学校重点专业(工种)的通知》,认定上海港湾学校的机电设备安装与维修专业等41所中等职业学校的43个专业(工种)为上海市中等职业学校重点专业(工种)。2003年3月,市教委印发《关于评估和认定上海市中等职业学校第二批重点专业的通知》,发布重点专业评估体系。此项评估是首次对中等职业学校的专业建设进行全方位的认定性评估,一方面对市拨经费和配套经费到位情况和使用情况进行严格的检查,促进装备经费的合理使用,强化专业装备购置的合理性、实用性和先进性;另一方面,促进专业的软件建设朝着规范化、

科学化、现代化方向发展,使专业的培养目标更加明晰,定位更加准确,教育理念日益更新,课程建设和教学改革效果显著,师资队伍结构不断完善,教学手段日趋现代化,职业教育和行业特色更加凸显。

附录:

上海市中等职业学校第二批重点专业评估指标体系(2003 年 3 月 25 日)

一 级 指 标	权重系数	二 级 指 标
M1　学生培养质量(30)	9	M1—1　专业知识与技能
	9	M1—2　思想品德与体能
	12	M1—3　就业情况
M2　专业建设与管理(35)	8	M2—1　专业建设与实施
	8	M2—2　专业培养目标
	6	M2—3　教学文件
	6	M2—4　教学与实践性环节
	7	M2—5　教学质量管理
M3　专业条件保障(35)	6	M3—1　学科带头人
	10	M3—2　专业师资队伍建设
	9	M3—3　教学设备与信息资源
	10	M3—4　装备资金与日常经费

说明:1. 采用按分值测评记分和相对评估相结合的方法,通过测评排序、综合平衡、好中选优,将同类学校、同类专业中的骨干专业遴选为市重点专业。

2. 申报评估时学校所提供的材料均为本专业信息资料,评估查阅资料年限为当年的前三年。

3. 特色加分为 10 分。

4. 总分 $= \sum$ 评分 $*$ 权重系数。 A:90—100;B:76—89;C:60—75。

条目编号及名称	M1—1 专业知识与技能
内涵及标准	X1:专业知识测试合格率、优良率高。 　　专业知识测试成绩合格率: $K1-1 = \dfrac{成绩合格人数}{专业毕业总数} \times 100\%$ 　　专业知识测试成绩优良率: $K1-2 = \dfrac{成绩优良人数}{专业毕业总数} \times 100\%$ X2:外语和计算机等级考试获证率高。 　　外语等级考试获证率: $K2-1 = \dfrac{获证人数}{应获证总数} \times 100\%$ 　　计算机等级考试获证率: $K2-2 = \dfrac{获证人数}{应获证总数} \times 100\%$ X3:技能等级证书或职业资格证书获证率高。 　　技能证书获证率: $K3-1 = \dfrac{获证人数}{专业毕业总数} \times 100\%$ 　　职业资格证书获证率: $K3-2 = \dfrac{获证的人数}{应获证总数} \times 100\%$ X4:在全国、本市以及行业或区(县)竞赛中获奖多。

(续表)

条目编号及名称	M1—1 专业知识与技能
资料要求	1. 提供专业课考试课程的学生成绩统计表(必须为教考分离的考试成绩)。 2. 提供学生外语和计算机获证情况统计表。 3. 提供学生与专业相关的技能证书及职业资格证书获取情况统计表。 4. 提供各类技能获奖情况。

条目编号及名称	M1—2 思想品德与体能
内涵及标准	X1：学生有良好的思想品德、行为规范和学习风气,校风校纪好,无重大事故,无违法、犯罪情况。 入党率：$K1 = \dfrac{\text{入党人数}}{\text{专业毕业生总数}} \times 100\%$ 入团率：$K1 = \dfrac{\text{入团人数}}{\text{专业毕业生总数}} \times 100\%$ 优秀率：$K1 = \dfrac{\text{优秀学生}}{\text{专业毕业生总数}} \times 100\%$ X2：体质健康测试达标率高,体能良好。 体质健康测试达标率：$K1 = \dfrac{\text{毕业生达标人数}}{\text{专业毕业生总数}} \times 100\%$ 体质健康测试优良率：$K2 = \dfrac{\text{毕业生体锻优良人数}}{\text{专业毕业生总数}} \times 100\%$
资料要求	1. 提供学生思想品德、行为规范等要求和思想品德评定、行为规范测评资料和典型事例,以及学生违法犯罪的统计资料及处理情况材料。 2. 提供学生体锻达标等情况。 3. 专家进行校风校纪测评。

条目编号及名称	M1—3 就业情况
内涵及标准	X1：一次就业率高。 前三年毕业生一次就业率：$K1 = \dfrac{\text{就业人数}}{\text{毕业生总数}} \times 100\%$ X2：一年后就业巩固率高。 前一年毕业生就业一年后就业巩固率：$K2 = \dfrac{\text{一年后仍就业人数}}{\text{原专业就业总数}} \times 100\%$ X3：升学率合适。 前三年毕业生升学率：$K3 = \dfrac{\text{就学人数}}{\text{专业毕业生总数}} \times 100\%$
资料要求	1. 提供就业及升学情况分析和名册(附表)。 2. 提供毕业生一年后就业情况调查分析和名册(附表)。 3. 提供毕业生就业典型材料。 4. 提示： $K2$ 中原就业人数即 $K1$ 中就业人数； $K2$ 中一年后仍就业人数,必须在 $K1$ 中就业的毕业生中调查统计。

条目编号及名称	M2—1 专业建设与实施
内涵及标准	X1：有长远发展和近期建设规划，规划目标明确，适应社会和经济发展的需要，并具有系统性、合理性和超前性。 X2：有与发展规划相配套的实施性计划，要求内容具体、翔实、可操作，实际建设成效显著。 X3：本申报专业具有鲜明的特色。
资料要求	1．提供专业建设规划和实施性计划及年度工作计划、总结等。 2．提供专业建设成效材料。 3．提供申报的重点专业的特色分析材料。

条目编号及名称	M2—2 专业培养目标
内涵及标准	X1：有专业指导机构和人员，工作职责和操作程序明确，有相关行业专业的专家参与。 X2：贯彻教育方针，专业人才规格定位准确，专业岗位覆盖面广，培养要求明确，知识能力结构合理，措施具体、可行。 X3：能结合经济和社会发展，及时调整课程结构和更新教学内容，积极进行教学方法的改革。
资料要求	1．提供专业指导机构和人员组成名单，以及有关工作职责和操作程序资料。 2．提供专业需求调研的材料和专家论证材料。 3．提供岗位要求、知识能力结构、课程设置、教学内容及教学方法等方面改革的材料。

条目编号及名称	M2—3 教学文件
内涵及标准	X1：实施性教学计划完整、规范，与培养目标、专业设置要求相一致，课程设置与教学环节合理。 X2：各类教学文件完备，执行严格。有明确、规范的教学大纲；有完整的学期授课计划；有富有新意和特色的教案；有符合专业培养目标要求的教材；有规范明确的实验、实训计划；有实习指导书及实习实施方案。
资料要求	1．提供教学计划、教学大纲、学期授课计划、教案等教学文件。 2．提供课程改革方案、特色教材（教材、讲义及开发的其他多媒体软件教学资料）等。 3．提供实验和实训计划、实习指导书及实习实施方案。 4．提供专业教学计划执行情况资料。

条目编号及名称	M2—4 教学与实践性环节
内涵及标准	X1：专业理论教学适应专业发展要求，严格执行教学计划，课时足，按教学大纲授课，充分运用现代化教学手段。 X2：实验、实训、实习安排合理，严格执行教学计划和按实验、实习、实训指导书操作，时间和内容符合要求，指导力量强，对学生要求严格，使大多数学生能较好地独立操作。 　1．实验、实习、实训开出率达到100％； 　2．设施设备确保实验、实习、实训教学要求； 　3．校外实习要求： 　　（1）学校与企业签有实习协议，双方责任明确； 　　（2）校外实习基地有专人负责； 　　（3）能确保实习按计划完成。 X3：实验、实习、实训教学，社会服务（技术服务）和生产实践相结合，能较好地承担生产和实习任务。
资料要求	1．提供有关专业理论教学开课情况资料。 2．提供校内实验、实习和实训教学实施计划及记录，设备一览表及设备使用、保修记录。 3．提供校外实习基地的材料，承担实习和生产任务的情况（包括计划、协议、合同、指导人员安排、实习记录、评价等资料）。

条目编号及名称	M2—5 教学质量管理
内涵及标准	X1：教学质量管理制度齐全,管理规范,有创新,积极开发校园网功能,实现现代化管理。 X2：教学质量监控运行机制科学有序,质量监控严密,定期进行质量检查和分析,及时反馈,有改进措施,效果明显(包括各类教学文件制订、审批、检查、听课、评价、考核、考试、考查、出卷、改卷、质量分析和技能证书考核,成绩统计、课堂及各类教学活动记录、日常课堂检查、学籍管理和学生成绩等方面的资料)。
资料要求	提供专业教学质量监控的有关制度、运行情况等材料。

条目编号及名称	M3—1 学科带头人
内涵及标准	X1：有本专业学科带头人,并具有本科以上学历和本专业高级专业技术职务。 X2：学科带头人有较高的专业能力和组织管理水平(具备"双师型"素质,教科研成果显著)。 X3：学科带头人有开拓创新精神,专业发展方向明确,有引领专业发展的能力。
资料要求	1. 提供学科带头人情况表和任职及专业技术职务证明资料。 2. 提供学科带头人专业和管理能力的有关材料。 3. 提供学科带头人所编著的专业教材,有关论文专著等材料。

条目编号及名称	M3—2 专业师资队伍建设
内涵及标准	X1：师资结构： 　1. 专任专业教师具有大学本科学历,并有一定比例的研究生或研究生课程班结业生,"双师型"教师所占比例高。 　　本科以上学历百分率：$K1-1：=\dfrac{本科及以上专任专业教师数}{专任专业教师总数}\times100\%$ 　　"双师型"百分率：$K1-2：=\dfrac{"双师型"专任专业教师数}{专任专业教师总数}\times100\%$ 　2. 专任专业教师具有中级以上专业技术职务或中级技术等级资格。 　　高级职务百分率：$K2-1：=\dfrac{高级职务专任专业教师数}{专任专业教师总数}\times100\%$ 　　中级职务百分率：$K2-2：=\dfrac{中级职务专任专业教师数}{专任专业教师总数}\times100\%$ 　3. 专业课兼职教师具有较高的专业水平。 　4. 专任实践指导教师具有大专学历或中级以上技术等级资格。 　　大专以上学历百分率：$K4-1：=\dfrac{大专以上学历专任实践指导教师数}{专任实践指导教师总数}\times100\%$ 　　中级以上职务百分率：$K4-1：=\dfrac{中级以上职务专任实践指导教师数}{专任实践指导教师总数}\times100\%$ X2：师资水平： 　1. 教育观念新,创新意识强,教学方法和手段先进,教学改革力度大,课堂教学水平高,教科研能力强。 　2. 实践能力强,定期参加生产实践活动或技术开发、推广工作。 　3. 能根据专业发展需要参加进修和培训,用新知识、新工艺、新成果充实调整教学内容。
资料要求	1. 提供专任专业教师、专任实践指导教师学历、专业技术职务、技术等级资格和"双师型"(中级以上专业技术职务或中级以上技术等级资格或5年以上专业技术工作经历)等证书。 2. 提供专兼职专业教师考核及学生问卷材料,专业教师参加生产实践、产品研发、技术推广的记录和证明材料。 3. 提供专任专业师资队伍建设规划,继续教育计划及进修状况等材料。 4. 提供兼职专业教师的情况表及聘任制度程序。 5. 提供专任专业教师编著的教材、发表的论文、研究文章等。

条目编号及名称	M3—3 教学设备与信息资源
内涵及标准	X1：教学设施设备配置合理、先进，能满足实验、实训教学需要，且处领先地位。 　　1. 专业实验实训设备齐全率：$K1-1=\dfrac{利用校内设备开出专业实验实训项目}{大纲规定实验实训项目}\times100\%$ 　　2. 教学设备先进性 $K1-2$ 的界定：指达到或超过行业中实际使用的设备水平。 X2：仿真模拟教学设施、多媒体电化教学、专业教室齐备，能使用专业多媒体电子课件，制作水平较高。 X3：信息资源：1. 建立了具备教学、管理和信息交流等功能的校园网，并与因特网联网。 　　　　　　　2. 专业教学音像电子资料较丰富。 　　　　　　　3. 有符合规格的电子阅览室。 　　　　　　　4. 本专业书籍比例高。 　　生均图书册数 $K3-1=\dfrac{校图书总数}{校学生总数}\times100\%$ 　　专业书籍比例 $K3-2=\dfrac{专业图书总数／专业学生总数}{生均图书数\ K1}\times100\%$
资料要求	1. 提供专业实验、实训设备，计算机目录及统计资料。 2. 提供专业书籍和音像资料目录。 3. 提供仿真模拟教学设施设备、多媒体电化教学设施设备、专业教室设施设备目录。 4. 提供专业多媒体电子课件目录。

条目编号及名称	M3—4 装备资金与日常经费
内涵及标准	X1：装备资金有保障，设备更新能满足实验、实训教学的需要。 　　年专业实验、实习和实训设施设备年投资数。 X2：实验、实习和实训所需日常经费有安排、有落实，确保实践教学的需要。 　　年实验、实训、实习经费数。
资料要求	1. 提供设备资金使用和安排情况及统计表。 2. 提供日常经费使用和安排情况表。

资料来源：《上海市教育委员会关于评估和认定上海市中等职业学校第二批重点专业的通知》，2003 年 3 月 29 日发。

三、上海市中等职业学校图书馆等级评估

2002 年 4 月，《上海市教育委员会关于印发〈上海市中等职业学校图书馆规程〉的通知》，9 月 17 日，市教委印发《关于公布〈上海市中等职业学校图书馆等级评估指标体系（暂行）〉》。为了加快上海市中等职业学校图书馆的现代化建设，推进图书馆管理的科学化、规范化，发挥图书馆的资料信息功能，教育教学功能，市教委委托市教育评估院于 2003 年 1 月至 2006 年 5 月分批开展上海市中等职业学校图书馆等级评估。评估工作坚持以读者满意为宗旨，确立正确的服务理念，设立读者评价指标；坚持激励为导向，提高图书馆的地位和作用，使学校办馆有方向；坚持客观、公正为原则，采用科学测评技术，促进评估更趋合理。评估促使学校领导重视图书馆的软硬件建设，图书馆现代化建设上台阶，图书馆在学校的定位更加明确、地位得到提升；图书馆的管理和制度建设日趋规范；图书馆的教育职能进一步发挥，服务功能不断扩展，形成内容丰富、形式多样的特色。

四、上海市百所中等职业学校重点建设验收评估

根据 2003 年 2 月市教委、市劳动和社会保障局《关于开展上海市百所中等职业学校重点建设验收评估的通知》,市教育评估院分批对 80 多所中等职业学校进行验收评估。评估主要通过专家审阅申报材料、实地评估和集中汇报的形式对学校进行评估。据统计,"百校工程"共投入 14.2 亿元,经过三年努力,中等职业学校已经从 2000 年的 205 所调整为 2003 年的 149 所,学校生均规模由 1 000 人增加到 1 500 人;在设置的 148 个专业中,一产类占 5.4%,二产类占 40.5%,三产类占 54.1%,基本形成与上海产业发展相适应的专业体系;师资队伍方面,专任教师净增近 10%,"双师型"教师比例达 42%;学校在企业中建有实习基地近 2 000 个,实验开出率近 100%,专业实训开出率 96%;2003 年中职毕业生就业率为 96.23%,其中毕业后直接就业的占 56.23%,升入高校继续学习的占 39.69%;另外,中等职业学校还招收全国 21 个省市的学生近 2 000 人,服务全国、服务经济能力大大提高。上海市百所中等职业学校重点建设验收评估不仅促进当时各中职校在硬件建设、专业建设、课程建设、师资建设等方面的发展,也为后续的上海市国家级重点中等职业学校申报和认定工作奠定基础,更为以后开展的国家级示范校遴选、市级特色校遴选积累经验。

附录一:

上海市百所中等职业学校重点建设验收评估评价方法(2003 年)

一、序号前有"★"标志的,为二级指标的必备内涵。凡有"★"标志的内涵不合格,整个二级指标即视为不合格。

二、序号前有"▲"标志的,为二级指标的次必备内涵。

1. 二级指标内有 2 个"▲"标志,其中 1 个内涵不合格为基本合格,2 个内涵不合格,整个二级指标即视为不合格。

2. 二级指标内有 3 个"▲"标志,其中 1 个或 2 个内涵不合格为基本合格,3 个内涵不合格,整个二级指标即视为不合格。

3. 二级指标内有 4 个"▲"标志,其中 1 个到 2 个内涵不合格为基本合格,3 个以上内涵不合格,整个二级指标即视为不合格。

三、序号前有"●"标志的,为二级指标的升等参考内涵。具备升等条件的,本二级指标可上升一等。

上海市百所中等职业学校重点建设验收评估指标体系

一级指标编号	一级指标名称	二级指标编号	二级指标名称
B—1	办学规模	B—1—1	办学规模
		B—1—2	专业设置
B—2	基础设施	B—2—1	占地面积
		B—2—2	校舍面积
		B—2—3	体育运动场地
		B—2—4	图书馆设施设备

（续表）

一级指标编号	一级指标名称	二级指标编号	二级指标名称
B—3	电化教学管理设施	B—3—1	电子阅览室
		B—3—2	多媒体教学设施设备
		B—3—3	闭路电视系统
		B—3—4	校园网
B—4	实践教学设施	B—4—1	实验设施设备
		B—4—2	实训与实习设施设备
		B—4—3	计算机
B—5	师资队伍	B—5—1	教师数量
		B—5—2	专任理论教师学历与教科研能力
		B—5—3	专任理论教师专业技术职务
		B—5—4	专任实践指导教师队伍
B—6	领导班子	B—6—1	领导班子结构与能力
		B—6—2	领导班子学历与专业技术职务
		B—6—3	校长及教务副校长工作经历
B—7	行政管理	B—7—1	规划计划与实施
		B—7—2	规章制度与实施
		B—7—3	内设机构与中层干部
B—8	教学管理	B—8—1	教学管理制度与质量监控
		B—8—2	教学文件
		B—8—3	教师考核与奖惩
		B—8—4	师资队伍建设
B—9	思想政治工作	B—9—1	思想政治工作管理制度
		B—9—2	学生政工队伍
		B—9—3	教职工政工队伍
B—10	学校经费	B—10—1	学校经费

注：学校所提供的资料除特殊需要外，均为近一年（两个学期）的材料。

附录二：

上海市百所中等职业学校重点建设验收评估指标（二级）

B1

指标编号	B—1—1	指标名称	办学规模	
内涵与标准	★1. 学历教育在校生人数≥1 300 人。 2. 非学历教育年职业技能培训人数≥1 000 人次。			

资料要求	1. 本学期学历教育学生人数统计表,并附学生分班名册。 2. 上一年度非学历教育全年职业技能培训人数及培训学时数统计表,并附培训班分班名册。 3. 学校其他在册学生人数(办学点学生等)统计表。
说　明	1. 学历教育在校学生包括能获得初、中等职业学校毕业证书的学生。
	2. 学历教育在校学生必须具有本校校内学籍的学生。分校、分部产权属学校本部的,其学历教育在校学生数可计入,否则不能计入。
	3. 校外办学点在册学生不计入学历教育在校学生人数中,若校外办学点在册学生,在学校本部学习者(含上述分校、分部),可计入学历教育在校学生数。

指标编号	B—1—2	指标名称	专业设置
内涵与标准	1. 常设专业≥4个。 ▲2. 其中骨干专业≥2个。		
资料要求	1. 学校专业统计表及各专业概括说明。		
	2. 市教委、区县教育局或劳动行政部门的专业审批文件。		
	3. 市教委重点专业批文。		
	4. 上学年各专业毕业生就业率统计表。		
说　明	1. 专业名称应符合部颁或市颁专业设置目录的规定;专业设置应符合审批程序。		
	2. 骨干专业指符合行业或区县经济发展要求,已有三届及以上毕业生,师资及专业设施精良,毕业生供需相当的专业,或为市教委批准的重点专业,或重点项目装备的专业,或开设职业技能的鉴定站(点)。		

B2

指标编号	B—2—1	指标名称	占地面积
内涵与标准	★1. 学校占地总面积≥30亩。 2. 绿化覆盖率≥20%,或获得区、县级以上"绿化先进单位"称号。		
资料要求	1. 校本部、分校、分部占地平面图,绿化占地平面图(可合为一图),并附统计表。 2. 土地使用证。 3. 获区、县级及以上"绿化先进单位"的证书。		
说　明	1. 分校、分部的产权必须为学校本部所有,其土地方可计入。 2. 家属宿舍与教学、实习无直接关系的三产土地应另列表统计,不计入学校占地面积。 3. 已归学校使用,但暂无土地使用证的土地,可附其他产权归属的证明。 4. 绿化覆盖面包括屋顶绿化面积和垂直绿化面积。		

指标编号	B—2—2	指标名称	校舍面积
内涵与标准	★1. 学校校舍总建筑面积≥2万平方米。 2. 教学、实验、实训、实习、活动、生活等校舍设施齐全。		
资料要求	1. 校本部、各分校(分部)建筑分布图。 2. 各类建筑分幢统计表及教室、实验、实训、实习、活动、生活、办公用房等统计表。 3. 各类建筑产权证。		

（续表）

说　明	1. 分校（分部）的建筑产权证必须为校本部所有，无学校本部所有产权证的建筑不能计入校舍面积。 2. 学校建造或已归学校所有的建筑如暂无产权证，可附建筑建造审批文件、资金证明或其他产权归属的证明。 3. 家属宿舍及与教学、实习等无直接关系的三产建筑不计入校舍建筑面积。 4. 危房、简棚等不计入建筑面积。

指标编号	B—2—3	指标名称	体育运动场地
内涵与标准	★1. 有 200 米以上环形跑道的体育场。 2. 有供雨天上体育课的室内体育场所。		
资料要求	1. 室内、外体育活动场地平面图（可与学校土地建筑平面图合为一图）及土地使用证（可与学校土地使用证合为一证）。 2. 室内外体育场地统计表。		
说　明	各分校（分部）的运动场地是否计入，按占地、建筑条款中说明执行。		

指标编号	B—2—4	指标名称	图书馆设施设备
内涵与标准	★1. 图书馆藏书总数≥5 万册。 ★2. 学生、教师阅览室、资料室座位数≥200 座。 3. 图书馆计算机管理功能齐全。		
资料要求	1. 图书、座位数统计表及与学校专业相关书籍的百分率统计表。 2. 图书总账。 3. 计算机管理说明与功能图表。		
说　明	1. 藏书以上架数量统计，未上架图书另行统计，不计入总量。报废书籍不计。期刊、杂志、报纸以装订成册的可计数。专业文献册数应占总藏书量的 65％以上。 2. 阅览室、资料室每座使用面积不低于 1.5 平方米。		

B3

指标编号	B—3—1	指标名称	电子阅览室
内涵与标准	★1. 有 50 座以上电子阅览室。 2. 可联因特网。 3. 与学校专业匹配的电子读物≥300 张。		
资料要求	1. 电子阅览室面积、电脑及其他设备统计表及功能说明。 2. 电子阅览室平面图。		
说　明	1. 电子阅览室设施设备齐全。 2. 电子读物（正版）。		

指标编号	B—3—2	指标名称	多媒体教学设施设备
内涵与标准	★1. 有多媒体语音室 2 个以上。 ★2. 每个骨干专业有一个专业教室或一个合班多媒体教室。 3. 有制作多媒体课件的设施设备，并能自行制作。		
资料要求	1. 多媒体教学设施间数、面积数、座位数和设备统计表。 2. 多媒体课件统计表。 3. 各种设施使用状况说明。		

（续表）

说　明	1. 每个多媒体语音室座位数应能同时容纳两个班学生上课。 2. 专业教室或多媒体教室应配有专用的专业教学、实训设施设备（挂图、模型、教具、操作设备、工具等）。

指标编号	B—3—3	指标名称	闭路电视系统
内涵与标准	★1. 有闭路电视系统，每一教室配备一台电视机。 2. 有摄录编设备。 3. 有演播室。		
资料要求	闭路电视系统设备统计表及情况说明。		
说　明			

指标编号	B—3—4	指标名称	校园网
内涵与标准	★1. 有符合建设标准的校园网。 2. 软件配置能满足教学、管理、信息收集、交流等各功能要求。		
资料要求	1. 网络系统配置表。 2. 软件系统功能说明，统计图表。		
说　明	校园网设置标准参照 2000 年上海市教育委员会颁发的《上海市中等职业学校校园网建设标准》。		

B4

指标编号	B—4—1	指标名称	实验室设施设备
内涵与标准	★1. 普通文化课实验自开率达 100％。 ★2. 专业基础课，专业课实验自开率≥90％。 3. 各实验室设备数量应能满足一个班学生按实验要求的组合数同时实验的要求。 4. 实验室设备资产原值与实训、实习设备资产原值合计≥800 万元。		
资料要求	1. 各课程应开、自开实验项目的数量统计表，分普通文化课、专业基础课和专业课二类应开、自开实验数量统计和计算。 2. 各课程设备数量、实验组合数及先进性统计说明表。 3. 实验设备资产原值统计表及累计值。		
说　明	1. 自开实验项目为学校自有的设备开出的实验。 2. 参加公共实训基地开出的实验项目，可视为自开项目。 3. 设备、仪器的资产价值为配置时的账册上的原价。如为外币则以现汇价折合人民币统计。		

指标编号	B—4—2	指标名称	实训与实习设施设备
内涵与标准	★1. 常设专业（骨干）按专业教学计划 100％配置校内专业实训室或专业实习工场，满足培养目标规定的专业技能训练和实习要求。 2. 实训室、实习工场设备设施能满足每生一工位要求。 ★3. 校外实习基地稳定，能按教学计划满足所有学生实习的要求。 4. 应有适应实习教学要求的模拟仿真装置或模拟仿真设施。		

（续表）

资料要求	1. 分专业的实训、实习应开项目和实开项目统计表。 2. 上学年度学生实训、实习报告。 3. 各实训、实习项目的设备统计表及说明。 4. 校外实习基地统计表及合约、计划书等。
说 明	1. 实训、实习项目可分开统计，也可混合统计。 2. 应开项目需按专业教学计划列出，实开项目指以学校自有设备在校内开出的项目。 3. 实训、实习项目可分班次，亦可分组交叉组合开出，但应满足每生一工位要求。 4. 在公共实训、实习基地开出的实训、实习项目，可视为学校自有设备开出的项目。 5. 稳定的校外实习基地应为三年以上实习的基地，同时能满足学生实习要求。

指标编号	B—4—3	指标名称	计算机
内涵与标准	★1. 学历教育在校学生数与学生学习用计算机总量之比应能满足教学需要，学生学习用计算机总量不低于 200 台（4 个机房），超过标准规模的学校，其计算机总量原则上按 8∶1 增加。 2. 计算机配置适应学生不同专业学习要求。		
资料要求	1. 按计算机机房编号的计算机型号、数量、购置日期及其他设备统计表。 2. 计算机使用情况统计表（使用率）。		
说 明	非学生学习用的管理计算机不计入此条总量。		

B5

指标编号	B—5—1	指标名称	教师数量
内涵与标准	★1. 专任教师数与学历教育在校生数之比达 1∶16 左右，专任教师总量不低于 80 人（含专任理论教师和专任实习指导教师）。 2. 行政人员兼课合理。 3. 外聘兼职教师数量合理。		
资料要求	1. 专任教师情况表及统计数。 2. 专任教师聘任书、授课任务书和资格证书。 3. 行政人员兼课情况表及授课任务书。 4. 外聘教师情况表及聘书。		
说 明	1. 专任教师指在聘任期内专职在学校任教的教师，非专任的聘用教师即为兼任教师。 2. 兼课教师以总时数除以 8 课时计数参照评价。		

指标编号	B—5—2	指标名称	专任理论教师学历与教科研能力
内涵与标准	★1. 任课教师本科及以上学历达标率为 100％。 2. 专任教师中有 3％左右具有研究生学历或学位。 3. 专任教师有 1/3 以上人数有论文、研究报告、经验总结和教材等发表。 4. 专任教师非学历进修符合规定要求。		
资料要求	1. 任课教师学历和其他情况统计表。 2. 专任教师学历证书复印件。 3. 专任教师发表的各类文献统计表、实物或复印件。 4. 专任教师非学历进修资料和有关证明。		

（续表）

说　明	1. 专任教师中具大专学历,现已50岁以上,且为骨干教师(具有中、高级职称,教学经验丰富,任课量较大,或任特殊课程)评估时可酌情评价。 2. 学历应为教育部承认的本科学历。 3. 著作、教材、论文、研究报告等应为历年正式出版或在正规刊物上发表者方为有效;经验总结等在区县(局)交流或发表;校内自编教材应经审核并使用。

指标编号	B—5—3	指标名称	专任理论教师专业技术职务
内涵与标准	★1. 在职任课教师各类高级专业技术职务人数占教师总数15％以上。 ★2. 在职任课教师各类中级专业技术职务人数占教师总数的60％以上。 3. 专任教师专业技术职务分布合理:(1)每一专业应有相关专业高级1名。(2)每一骨干专业应有相关专业高级2名。(3)每一课程应有相关专业中级1名。 ● 4. 专业基础课和专业课专任教师中同时具有非教师系列的中级以上专业技术职务或中级以上技能等级证书或有五年以上专业技术工作经历的数量占有关教师总量的三分之一。 5. 外聘教师一般应有中级以上专业技术职务。		
资料要求	1. 专任教师高级、中级专业技术职务和专业基础课、专业课教师中具有非教师系列的专业技术职务或中级技能证书人数统计表。 2. 各种专业技术职务或中级技能等级证书复印件。 3. 各种专业技术职务或技能等级证书按专业、课程分布统计表。		
说　明	一位专任教师兼任两门以上课程时,以其中一门课程统计分布状况。		

指标编号	B—5—4	指标名称	专任实践指导教师队伍
内涵与标准	1. 各实验室、实训、实习场所均有专、兼职实践指导教师。 ★2. 实践指导教师(50岁以下)大专及以上学历的≥40％。 ★3. 实践指导教师有中级及以上专业技术职务或中高级职业资格证书≥80％。 4. 骨干专业中应有1名及以上实践指导教师有高级技术职务或高级职业资格证书。 5. 实践指导教师能保证实习教学的要求。		
资料要求	1. 按实验室、实训、实习场所分别统计的实践指导教师情况表及统计表。 2. 学历证书、专业技术职务证书或技能等级证书复印件。		
说　明	1. 实践指导教师指在各实验室、实训、实习场所负责指导学生操作的教师。在各实践场所中工作但不担负指导学生操作任务的人员不计入实践指导教师内。 2. 专任教师中既任课又负责指导实践操作者,可作专任教师计,也可作兼任实习指导教师计,但不能重复计算。		

B6

指标编号	B—6—1	指标名称	领导班子结构与能力
内涵与标准	▲1. 班子精干高效,素质结构合理,团结协作。 ▲2. 熟悉了解经济和社会发展对人才需求情况,主动适应,按需办学,有成熟的办学理念。 ▲3. 班子成员系师范院校毕业或所学专业对应本校设置专业或任教专业学科。 ▲4. 班子成员有教育教学或行政管理方面著作论文、经验总结等发表。		
资料要求	1. 领导班子成员基本情况表,上级单位对班子主要领导的考核或评价。 2. 社会需求调查报告,专业设置分析报告,毕业生跟踪调查,用人单位反馈意见,毕业生去向情况。 3. 著作、论文、经验总结。		

（续表）

说　明	1. 领导班子指现任校级正、副校长,校级党组织正、副书记。 2. 著作、论文等应正式出版或在正规刊物上发表,经验总结等在区县(局)以上交流或发表方为有效。

指标编号	B—6—2	指标名称	领导班子学历与专业技术职务
内涵与标准	★1. 校长、教学副校长的学历应在本科及以上或具有高级专业技术职务。 ★2. 其他领导成员的学历和职务应为本科或中级及以上专业技术职务。		
资料要求	1. 领导班子成员基本情况表。 2. 班子成员的学历、专业技术职务证件书印件。		
说　明	专业技术职务类别不限。		

指标编号	B—6—3	指标名称	校长及教务副校长学校工作经历
内涵与标准	▲校长、▲教务副校长应在学校或教育管理部门工作 5 年及以上,或经过校长岗位培训。		
资料要求	1. 领导班子基本情况表。 2. 校长、教务副校长工作经历表复印件。 3. 校长、教务副校长岗位培训证件复印件。		
说　明			

B7

指标编号	B—7—1	指标名称	规划计划与实施
内涵与标准	★1. 有适应社会与经济发展要求的学校发展规划和教学改革方案。 ▲2. 有与规划相配套的实施性计划。 ▲3. 有学年或学期的工作计划和总结。 ▲4. 规划、计划实施良好。		
资料要求	1. 学校发展规划,教学改革方案、目标实施计划,目标实施结果。 2. 学校的学年工作计划和总结。		
说　明	1. 学校发展规划指 2002 年在规划期内的发展规划;若原有学校发展规划的规划期已到期,则还要有新的发展规划。 2. 学校发展规划和教学改革方案及实施性计划等须有一定的质量并经主管局审定。		

指标编号	B—7—2	指标名称	规章制度与实施
内涵与标准	▲1. 实行校长负责制、教师全员聘任制、教育管理人员公开选拔、竞争上岗和职务聘任制等。 ▲2. 管理机制及各项规章制度齐全、完善,执行严格,考核落实。 ●3. 有重大管理机制改革,且有成效。		
资料要求	1. 管理机制的文件,执行情况及个案例。 2. 规章制度汇编文件,执行情况及个案例。 3. 重大管理机制改革及成效方面的资料。		
说　明	管理机制的文件中若某一项由于上级单位尚未推行的,应具备上级单位的说明意见。		

指标编号	B—7—3	指标名称	内设机构与中层干部
内涵与标准			▲1. 机构设置和中层干部配置精干高效,中层干部的业务能力、工作实绩评价良好。 ▲2. 中层干部的学历、专业技术职务基本为本科和中级以上,其中:教务、专业(教研室)科长(主任)的学历和专业技术职务必须为本科或中级以上专业技术职务。
资料要求			1. 机构设置情况表和中层干部基本情况表。 2. 校领导对中层干部考核意见。 3. 中层干部的学历和专业技术职务统计资料及证件复印件。
说　明			

B8

指标编号	B—8—1	指标名称	教学管理制度与质量监控
内涵与标准			▲1. 教学管理和服务制度、实施、分析、反馈、纠正等体系完善,记录完整,执行落实,并具有现代教育管理、服务的理念。 ▲2. 教学质量的目标、检查、分析、反馈等监控体系完善,各种记录完整,能保证教学目标的实现。 3. 教学质量抽查:文化基础课(统考成绩)和专业基础课考试合格率;职业资格证书获得率达到相应要求。
资料要求			1. 各类教学管理基本制度文献、实施记录资料等;现代教育管理、服务理念的文献及执行情况。 2. 教学质量的目标、检查、分析、反馈的资料与记录。 3. 参照2002年市教委颁发的上海市中等职业学校教学管理规程。
说　明			教学质量检查、分析、反馈的资料年限为检查时的上一学年。

指标编号	B—8—2	指标名称	教学文件
内涵与标准			★1. 各专业实施性教学计划、课程标准(教学大纲)、学期教学进程表、课程表学期授课计划、教案、教材等完整,执行严格。 ★2. 专业实训、实习大纲齐全,执行严格。 3. 教学文件修订,审批制度完整,执行严格。 4. 各种教学资料齐全、规范,管理好,能发挥作用。
资料要求			1. 各类教学文件及执行情况说明。 2. 专业实训、实习文件及执行情况记录。 3. 教学文件的制订、审批制度及执行情况说明。 4. 各类教学资料及管理、使用情况说明。
说　明			1. 骨干专业的教学文件必须齐全、规范,应可作为一般专业的示范文件。 2. 新设专业的教学文件,除教学计划外,可视教学的进展,要求各文件的齐全度达到:教到哪里,具备到哪里。

指标编号	B—8—3	指标名称	教师考核与奖惩
内涵与标准			▲1. 有完善的教师考评和奖惩办法,实施严格。 ▲2. 师资考核、业务档案齐全、规范。 ▲3. 有外聘兼任教师考核制度,执行严格。
资料要求			1. 教师考评标准、考评制度、考评体系、聘任标准、聘任制度等。 2. 教师考评资料,聘用资料。 3. 教师档案。 4. 外聘兼任教师考核制度和考核资料。
说　明			

指标编号	B—8—4	指标名称	师资队伍建设
内涵与标准			▲1. 师资队伍建设有目标、规划、措施、检查、考核和总结。 ▲2. 专业教师队伍有相关专业实践锻炼的目标、规划、措施、检查、考核和总结。 ▲3. 师资状况逐年改善。
资料要求			1. 师资队伍建设的目标规划,实施计划。
			2. 师资队伍建设或师资培养计划的检查、总结。
			3. 师资队伍状况逐年改善的说明。
说　明			

B9

指标编号	B—9—1	指标名称	思想政治工作管理制度
内涵与标准			▲1. 师生思想政治工作领导机构和职能部门健全,人员配备齐全。 ▲2. 师生思想政治工作管理制度、工作规划、计划齐全。 ▲3. 有定期研究、总结。
资料要求			1. 思想政治工作组织系统表及网络图。 2. 各类领导机构和职能部门的组织成员名册及基本情况表。 3. 各类领导机构和职能部门的管理制度,工作计划,执行情况。 4. 创造研究、特色等方面材料。
说　明			学校的思想政治工作,素质教育有创造,有特色者,本二级指标可上升一等。

指标编号	B—9—2	指标名称	学生政工队伍
内涵与标准			▲1. 学生思想政治工作职能部门、班主任、思想政治课教师队伍健全。 ▲2. 计划、总结、检查、考核有实效。
资料要求			1. 各类职能部门、班主任、思想政治课教师的队伍基本情况表。 2. 各类计划、总结、检查、考核资料及典型案例。
说　明			

指标编号	B—9—3	指标名称	教职工政工队伍
内涵与标准			▲1. 教职工思想政治工作的管理机构和队伍健全,有工作计划和工作总结。 ▲2. 党组织、行政、工会、教代会齐抓共管,各司其职。 ▲3. 教职工凝聚力强,教职工民主管理好。
资料要求			1. 教职工思想政治工作管理系统表及队伍配置名册,有工作计划和工作总结。 2. 调动教职工积极性,增强凝聚力方面的资料及典型案例。 3. 学校民主管理方面的制度和资料及典型案例。
说　明			

B10

指标编号	B—10—1	指标名称	学校经费
内涵与标准			★1. 能保证正常的办学经费,并逐年增长。 ▲2. 学校已形成多渠道筹措经费的机制。 ▲3. 学校学费收入主要用于办学和改善学校办学条件。

（续表）

资料要求	1. 三年来办学单位拨款经费统计资料。 2. 三年来办学单位拨款以外的学校各项经费渠道、筹措经费金额及直接用于办学经费的统计资料。 3. 三年来学校的年度财务报表。
说　明	经费中不含基建经费及专项拨款的设备购置费,此二项经费应单列并说明来源。

资料来源：上海市教育委员会、上海市劳动和社会保障局关于开展上海市百所中等职业学校重点建设验收评估的通知,2003年2月13日发。

附录三：

关于《上海市百所中等职业学校重点建设验收评估指标体系》的说明

1. 本《指标体系》的制订,以沪教委职[2001]14号文附件2《关于上海市百所中等职业学校重点建设的基本标准》(简称基本标准)为依据,各项内容要求归纳为10个一级指标和31个二级指标,构成一个完整的《上海市百所中等职业学校重点建设验收评估指标体系》(见附件三),并以B(百)为标题,予以二级编号。

2. 二级指标为实际对照验收评估的指标。内容包括：“内涵与标准”“资料要求”和“说明”等三个方面。说明中又包括对内涵的界定、外延的限度、时限的规定、标准依据的文件、名称的解释等内容。

3. 本指标体系二级指标的内涵标准分为必备内涵(打★号)、次必备内涵(打▲号)、升等内涵(打●号)和其他内涵,具体验收评估评价方法见附件二。

4. 开展验收评估工作时,采用学校自评和专家组复评的办法。自评和复评均须严格按照指标规定的要求,准确地测量,客观、公正地验收评估。

5. 评估时,对每一指标的内涵不进行量化,仅根据标准判定为合格(达到或超过标准)、不合格(未达标准)两种结论。每一指标根据“验收评估评价方法”的规定,对照所有内涵的结论,综合判定为合格、基本合格、不合格三种结论。

6. 评估验收结束后,对学校每一项不合格指标,复评组均给出书面“不合格单”。单中指明不合格内容、与标准差距及整改要求。对基本合格指标,复评组则口头通知学校存在的问题和改进的要求,复评组作口头通知的记录。

7. 每一学校的评估验收结论,由复评组根据31个指标的合格、基本合格和不合格的状况,综合作出通过、限期整改、不通过三种结论,并给学校以书面通知。限期整改后,经再次复核,仍未达标者,则定为不通过；达标者,定为通过,并再次给予书面通知。

8. 经专家组验收评估后,撰写专家组验收评估意见,由市教育评估院综合平衡后出具评估报告,作为教育行政管理部门认定百所中等职业学校重点建设的依据。

上海市教育评估院

2002年12月

资料来源：《上海市教育委员会、上海市劳动和社会保障局关于开展上海市百所中等职业学校重点建设验收评估的通知》,2003年2月13日发。

五、上海市国家级重点中等职业学校调整认定与申报评估

2003年8月,市教委印发《关于本市开展国家级重点中等职业学校调整认定工作的通知》,调整

认定与申报评估以百所中等职业学校重点建设为基础,将该项工作作为继续推进百所中等职业学校重点建设的一个具体抓手,检验百所中等职业学校重点建设的工作成效,突出学校的改革创新和骨干示范作用。此项评估以国家级重点中等职业学校条件为依据,既要严格掌握标准,又要讲分类指导;既要强调学校规模与效益,更要注重质量与特色的目标。严格过程管理,通过组织学习和培训、开展学校自评、组织评选、专家综合汇总、教委审议、出具评估结果等环节,对学校进行全面细致的评估认定工作。通过评估,上海市各职业学校力求通过调整认定和申报评估工作,进一步推动上海市中等职业学校布局结构调整,促进学校向更高目标发展,更好地适应上海经济建设和劳动就业市场的需要;"百校工程"效果显现,提升中等职业学校整体水平,为创建新时期的国家级重点中等职业学校提供极为有利的条件;学校教学改革深化,教学质量不断提高,重点和特色专业建设获得显著成果,办学机制创新,办学模式更加灵活,学校依法自主办学、学校管理更加规范化和科学化。

附录:
国家级重点中等职业学校评估指标体系上海操作要求(2004年)

1-1-1　指导思想

内涵:"办学指导思想"的材料应根据各校的特点进行定性描述,要求文字简练、条理清楚、重点突出、特色鲜明。

"示范作用"和"成效"应在各类总结中充分反映,并与1-4-1、1-4-2、1-4-3指标相呼应。

此指标的实际工作反映在后续许多指标中,应前后对应,如用"＊＊工作见＊-＊-＊指标"等。

说明:"四个服务",可根据本校实际有侧重地反映。

材料:"有关文件"指学校发展规划、年度计划、工作总结;教学改革、精神文明建设等方面的计划、总结;在各种会议或报刊杂志上交流、发表的有关"办学指导思想"的论文、经验总结、经验介绍及被介绍的文章(非广告性文章)。"调研报告"指学校办学、专业设置、专业改造的调研报告。"协议"指各类联合办学、培训的协议。

1-1-2　培养目标

内涵:"培养目标"主要反映在学校专业教学实施方案(实施性教学计划)的说明部分中,学校应按《上海市中等职业学校教学管理规程》要求,全面梳理教学文件。"就业和升学关系",各校可根据本校的实际状况,作总结性文字表述。

材料:"各主干专业的教学计划",即"百所重点建设"各校所确定的骨干专业的本年度的教学计划和近三学年的学期教学进程表、授课计划、总课程表和教室日志。

1-2-1　学历教育人数

说明:"学历教育"指发放中等学历证书〔含普通中专、职业高中、综合高中、"3＋3"中高职模式班(前三年)和成人高中〕在校学生人数。如虽在学校就学,但所发证书为非本校的学历证书的学生不统计在资料内。

1-3-1　"双证书"比例

内涵:"职业资格证书",有关行业已实行职业资格证、上岗证、从业证等的,则以获得相关证书统计;如暂未实行相关证书制度的,则以获得相关专业的技能等级证书统计;如上述二类证书皆无可能获得者,则以计算机的技能和外语等级证书代之,但必须说明原由。

材料:"有关颁发证书的批件、统计资料",是为证实材料的真实性和有效性之用。因此,须有发证单位的证明文件,或有盖有效证章的证书。

1-3-2 就业情况

内涵:"近3年的毕业生中有做出突出贡献的典型"改为93年后本校毕业,在近3年内有突出贡献者:包括被评为各级各类劳模、先进个人;或担任中层以上行政职务、中级以上专业技术职务及党、团组织中担任职务者,或在技能大赛中获等第奖者等突出典型。

1-4-1 骨干示范作用

内涵:"全省"指上海市(含市教委)、中央各部委(局)及全国性行业、协会等。

"当地"即指本市各区、县、局(集团公司)、市级行业、协会等。

"贡献突出"指在各种组织中担任的各种职务(非一般会员);在各种报刊、杂志上发表的论文、经验总结和大会交流经验的材料;取得的教科研成果,编写的教材;各种会议上、报刊杂志上被介绍和报道的材料(非广告性材料)等。

材料:"有关任职证书"可包括聘书、证书以及有关组织的组成名单等。

1-4-2 示范专业建设

内涵:"国家级示范专业"指教育部职教司(全国)批准命名的示范专业。

"省市级示范专业"指上海市教委批准的重点专业。

"显著成效"可用命名时间较早、特征显著,师资和设施水平高,教学质量好(双证书获得率高、就业率高)、示范作用好、社会声誉高等予以表述。

1-4-3 学校荣誉

内涵:"省级先进"指上海市(含市教委)表彰的各类先进。

"市级先进"指本市区、县、局(集团公司)、行业协会表彰的各类先进。

2-1-1 占地面积

说明:"一校两址",根据本市实际情况调整为"一校三址",其中主体应在30亩以上;中心城区学校占地面积达到33 350平方米(50亩)以上,可定为合格,达到C档;学校占地总面积中包括租赁土地面积的,即使达到B档、A档的标准,也最多定为C档。

材料:"土地证、合同"包括土地使用证、上级领导单位划拨的批文和并入学校的批文、长期租赁协议等。

2-1-2 建筑面积

说明:在建项目应"三落实"(项目、经费和时间落实),并有主管单位的专题报告。

材料:增加"租用建筑面积合同"。

2-2-2 专任教师学历结构

说明:体育、艺术类学校的基础(文化)课任课教师的学历要求为:小学、初中为专科及以上学历;高中,中职为本科学历;其达标率分别为 100%。

2-2-3 专任教师职称结构

内涵:"双师型"指专业基础课和专业课专任教师中同时具有非教师系列的初级以上专业技术职务或中级以上技能等级证书或有 5 年以上专业技术工作经历的教师。

2-3-1 实验、实习(实训)设备及开出率

内涵:"工位足"指能满足按规定的组合数和分班安排等,符合人人都能动手的要求。

材料:应附学期教学进程表,实验室、实训室、实习工场的有关记录。

2-3-2 校外实习(实训)基地

内涵:"效果""安排"指能按教学计划的规定和教学大纲的要求进行实习(实训):有实习(实训)计划书和指导书、有指导人员或带教人员、有实习(实训)报告、有考核与评价。

"长期协议"指签订三年以上实习(实训)协议。

2-4-4 课堂教学信息化水平

内涵:"熟练使用"界定为:经过培训、考核合格,在课堂教学中能使用计算机多媒体或网络资源,并有效果。

2-4-5 图书资料

内涵:具体数字标准作如下调整(其他表述按原意):

A. 图书馆藏书达 10 万册(含电子读物),有 50 台以上计算机,能通过因特网共享社会图书资源。

B. 图书馆藏书达 8 万册(含电子读物),有 50 台以上计算机,能通过因特网共享社会图书资源。

C. 图书馆藏书达 6 万册(含电子读物),有 50 台以上计算机,能通过因特网共享社会图书资源。

2-5-2 环形跑道

内涵:各等第内增加有供雨天上体育课的室内运动场地;非体育类学校有 200 米塑胶跑道的按 B 档计,有 300 米塑胶跑道按 A 档计。

说明:"一校多址"时,其主体一处须有 200 米以上跑道,其他校址要有满足学生上体育课和活动的运动场地;在建项目应"三落实"(项目、经费和时间落实),并有主管单位的专题报告。

材料:租用土地内的运动场地与租用土地要求相同。

2-6-1 经费来源与使用

内涵:C 等中,"学校办学条件改善不大"改为"学校办学条件通过本市百所重点建设验收评估"。

材料:"近 3 年有关文件"指经费预算计划书和经费使用核算总结等。

3-1-2　联合办学

内涵:"联合办学"界定为:(1)与行业、企业联合办学;(2)有董事会或行业指导委员会以及其他相类似的联合指导机构;(3)与国内其他省、市、地区、学校联合办学,相互招生办班,相互人员、物质来往、支援,相互交流经验等;(4)与本市各学校联合办学、相互支援、交流等,其中包括校外办学点办学;(5)与国外、境外联合办学、交流、学习等。

3-1-3　产教结合

内涵:"产教结合"指既包含学校自办和与其他部门联办,自己(经营)管理的与有关专业相结合,为教学服务的产业;还包含投资企业参股、协议合作(未投资)共建与有关专业相结合,为教学服务的产业。

3-1-4　弹性学制

内涵:"弹性学制",由于目前学分制尚在小范围内试行,将"推行学分制成效描述"作以下改动:

将 A 等中的"推行学分制早且成效显著",改为"已试行学分制且有一定成效"。

将 B 等中的"推行学分制成效较好"改为"已试行学分制",实施办法符合有关文件要求。

将 C 等中的"已开始推行学分制,有成效"改为"探索学分制试点,已制订学分制试行方案和配套管理制度"。

3-2-1　领导班子建设

内涵:"领导成员的学历、职称要求"略作修改:

A. 不变。

B. 其他领导班子成员均本科以上学历或中级以上职称。

C. 校长、教务副校长具有本科以上学历或高级职称;其他班子成员均为本科以上学历或中级以上职称。

3-3-1　德育课教学

内涵:增加德育课应按教育部的规定设课并选用教材的内容。

材料:"有关文件"包括教学计划、德育课的设置和课程目标、内容的描述,教学方法改革的方案,典型案例以及质量分析等。

3-3-2　校园文化建设

内涵:"校园文化建设"应包含学校德育工作及精神文明建设的全貌及其综合效果。单位获奖具体掌握:

A. 学校获上海市文明单位。

B. 学校获区(县)级文明单位,学校获上海市级单项奖。

C. 学校获区(县)级单项奖。

3-4-3　教学方法改革

内涵:"教学方法、考核方法改革"应包含理论教学和实践教学两方面的教学方法和考核方法的改革与探索。"教学质量效果"应侧重于现代化教学手段的运用和现代育人理念的运用。

材料：要求附市区教学改革交流评优活动总结资料和获得的各类奖励。

3-4-4 教材选用与管理

内涵："国家规划教材"应包括上海市"10181"工程所编写、推荐的教材和中央各部、委、局组织编写推荐的专业教材。评价时应侧重于教材选用的科学性、教材管理的规范性和教材采购与供应的时效性。

3-5-1 制度建设与运行机制

内涵："监督机制"指纪检组织和职代会等监督机制。

资料来源：市教委：《关于报送我市第二批国家级重点中等职业学校备选学校名单的请示》,2004 年 10 月 27 日发。

六、上海市中等职业学校行为规范示范校评估

依据市教委和市精神文明办联合颁发的《关于开展上海市中小学行为规范示范校(含中等职业学校)新一轮建设的实施意见》的精神,市教委德育处委托市教育评估院,组织专家组对上海市中等职业学校进行上海市行为规范示范校的评估。评估院制定评审目标、重点、形式、程序等细则,整个评审工作从 2004 年底至 2004 年 11 月 12 日。该评估对 49 所学校进行材料预审、对 37 所学校进行集中汇报评议、对 4 所学校进行实地评估。经过材料预审、集中汇报评议、实地评估和综合平衡等程序,有 35 所学校被推荐为上海市中小学行为规范示范校,推荐率为 71.4%,另有 14 所学校推荐为中职系统示范校。为保证"示范校"的先进性和示范性,及时吸纳一批在行为规范教育中有成效、有特色的典型学校进入"示范校"的行列,市教委德育处、职成教处委托教育评估院于 2006 年开展"示范校"中期滚动评估(包括中期抽查评估和中期申报评估)。经评估,对 7 所中职行为规范示范校进行抽查检查。对中期申报学校进行材料评审和实地评估,并征求学校主管单位意见,同意 10 所学校为上海市中小学行为规范示范校的备选学校,同意 8 所学校为上海市中职系统行为规范示范校的备选学校。2009 年市教委、市精神文明办再次委托教育评估院职业教育与成人教育研究所开展上海市行为规范示范校的评估,43 所中职校通过评估成为上海市中小学行为规范示范校,另有 19 所中职校评为上海市中职系统行为规范示范校称号。

七、上海市职业教育开放实训中心建设验收评估

2006 年 6 月 10 日,市教委印发《关于开展职业教育开放实训中心建设验收评估的通知》,指出:为推进"开放实训中心"的继续建设和全面运行,按照"建成一个,验收一个"的原则,决定自 2006 年 6 月起,对经市教委批准立项、并已基本建成的"开放实训中心"逐个开展验收评估。该项评估旨在全面总结各"开放实训中心"建设的经验,促进各"开放实训中心"及时建立一套适应对社会开放的管理体制和运行机制,推动各"开放实训中心"实训教学体系的进一步改革和创新,推进学历教育与职业培训并举、学历证书与职业资格证书并重,提高"开放实训中心"的品牌效应,努力使"开放实训中心"成为大职业教育观的实施平台。同时发布《上海市职业教育开放实训中心建设验收评估指标体系(暂行)》。通过几年努力,全市首批立项的 79 个实训中心已全部完成建设验收评估,通过建设

验收评估,实训中心的功能定位更加合理、环境布局更加优化、实训教学体系更加完善、实训师资队伍显著增强、规划管理更加规范、经费使用更加科学,形成一定的特色。

附录:

上海市职业教育开放实训中心建设验收评估指标体系(暂行)(2006年)

本套指标体系制定的依据是《上海市中等职业学校基础实验室达标和公共实训中心建设计划(2004—2007)》和《上海市中等职业学校公共实训中心建设的实施办法》两份文件;分为必备要求、发展性要求和导向性要求三类,"指标内涵"前带"★"的,共19个,为必备要求,带"▲"的,共8项,为发展性要求,带"●"的,共3项,为导向性要求;考虑到职业教育开放实训中心刚建成,19个必备要求必须已经全部达到,发展性要求与导向性要求应积极争取达到。

一级指标	二级指标	指 标 内 涵	实地评估材料要求
一、功能与定位	1. 开放性	★(1) 有面向社会、面向市场,集职业教育、职业培训、职业技能鉴定为一体的开放实训中心的运作机制,能积极吸引社会各方人员前来培训,履行向社会开放的职责,使每年的社会培训人次不低于学历教育人次,即学历教育与非学历培训人次达到1∶1的要求。	实训中心的运作机制、已运行的记录及统计表
		▲(2) 有开展四项培训服务(在职人员、职教师资、就业和再就业以及农村劳动力转移)和实施五项职业教育工程(国家技能性人才培养工程、国家农村劳动力转移培训工程、农村实用人才培训工程、成人继续教育和就业培训工程、外来务工人员培训工程)的实施方案,并取得一定成效。	开展四项服务和五项职教工程的实施方案、培训原始记录
		▲(3) 设有相关专业(工种)的职业技能鉴定站(所)或职业资格证书考核点。	市劳动和社会保障局相关文件证明
	2. 先进性	▲(4) 实训装备的技术含量、技术水平与企业当前的主流生产技术同步,部分具有超前性。	实地察看
		▲(5) 实训装备能满足并兼顾专业教学、技能培训和职业技能鉴定的需求,以实用为基础,具有可扩展性。	实地察看
二、布局和环境	3. 基本要求	★(6) 建筑面积不小于2 000平方米。	建设图纸、主管单位批文等
		★(7) 实训工位数能满足教学和培训要求,一般不低于200个。	各实训室工位统计表,实地察看
	4. 实训环境	★(8) 实训场所布局科学、合理,充满现代气息,凸显职教特色,体现人性化要求。	布局图、环境设计方案,实地察看
		▲(9) 创设与生产(业务)相匹配的实训(或仿真)环境,营造良好的育人氛围。	实地察看
	5. 安全设施	★(10) 防火、防盗、防爆、防破坏等基本安全设施设备符合有关规定,并配备必要的视频监控系统;废气、废液、废渣和粉尘的处理、噪声对周边的影响等应符合环保要求。	公安、环保部门出具的消防及环保合格证,实地察看
		★(11) 有满足专业要求的通风、照明、控温、控湿等设施设备;水、电、气等管道布局合理、规范、安全、便于检修。	实地察看

（续表一）

一级指标	二级指标	指 标 内 涵	实地评估材料要求
三、实训教学体系	6. 构建依据	▲（12）实训教学体系、实训课程和项目的开发,以完整的工作任务分析、工作过程分析、职业能力分析为依据,有明确的技能培训目标和要求。	实训课程、实训项目开发依据的有关资料
	7. 教学文件	★（13）实训课程、实训项目、实训教学大纲和标准等教学文件齐全,能体现职业技能鉴定的要求,能满足不同层次和类别人员职业教育和培训的需要。	全套教学文件、各类培训的原始记录
	8. 质量保障	▲（14）建立了实训教学质量保障体系,积极改革传统的实验、实习、实训模式,推进教学模式和课堂教学的创新。	实训教学质量保障体系文件、能反映教学模式和方法创新的教案及课件、教改活动记录
		★（15）建有科学、合理、规范的职业技能测试和考核规定与标准,注重对实训过程的考核和综合能力的测评。	考核方法和规定的有关文件、考核原始记录
四、实训师资队伍	9. 队伍结构	★（16）实训指导教师原则上不少于 10 人,一般应具有中级以上专业技术职称,其中专职教师占 70％以上,专职教师中有 50％以上符合"双师型"要求。	专职实训指导教师名册、专业技术职称和职业资格证书复印件
		★（17）聘请具有该专业行业背景和丰富实践经验的专家或专业技术人员（含离退休人员）担任兼职实训指导教师,兼职实训指导教师队伍相对稳定。	兼职实训指导教师名册、专业技术职称和职业资格证书复印件
	10. 队伍建设	★（18）制订了切实可行的"实训中心"师资队伍建设三年规划。	实训师资队伍建设三年规划
五、管理和规划	11. 组织领导	★（19）有校级领导分管,并配备熟悉中等职业教育、具备高级专业技术职称,具有较强组织管理和协调能力的专人担任实训中心负责人。	分管校领导、实训中心主任个人相关资料、有关证书复印件
	12. 规章制度	★（20）设备、材料、安全、成本、环保等管理制度齐全。	实训中心各类规章制度
		★（21）实训教学指导人员有明确的分工与岗位职责。	专职实训指导教师岗位职责及其分工表
	13. 发展规划	★（22）有符合本校和本实训中心实际的实训中心三年发展规划。	实训中心三年发展规划
六、经费筹措和使用	14. 经费筹措	★（23）主管单位提供不低于市投入经费 1：1 的配套经费。	主管单位经费拨款单或有关票据复印件
		▲（24）能积极争取行业和企业界的支持,获得的捐赠经费或设施设备折算的资金占总经费一定比例。	与支持企业的相关协议、设备折算资金的依据材料
	15. 经费使用	★（25）经费做到单列账户、专款专用。	单列的实训中心账户复印件
		★（26）设备采购按照市有关文件规定规范操作。	设备采购计划、指标文件、采购合同、实际采购清单及相关票据
		★（27）建设进度按计划完成,有项目决算报告。	建设进度计划、项目决算报告

（续表二）

一级指标	二级指标	指 标 内 涵	实地评估材料要求
七、建设特色	16. 教育科研	●(28) 能参与研究开发、生产及新技术的推广应用。	原始记录、相关协议、成果鉴定书
	17. 国际交流	●(29) 能借鉴发达国家职教模式,积极探索引进国际公认的职业资格认证。	有关协议等证明资料
	18. 产学结合	●(30) 实训与生产结合,探索"校企结合""以产补学""以产养学"的新机制。	相关新机制的有关材料、实地察看

备注:实地评估时,请将材料按照18个二级指标逐项列卷,卷标用阿拉伯数字1、2、3……18,依次编为"卷1、卷2、卷3……卷18",装入档案盒。

资料来源:《上海市教育委员会关于开展职业教育开放实训中心建设验收评估的通知》,2006年6月10日发。

八、上海市中等职业学校课程教材改革实验学校评估

2006年5月10日,市教委印发的《创建上海市中等职业教育课程教材改革特色实验学校实施办法》指出:(1)"特色实验学校"的创建(从"实验学校"立项至评估遴选前):各立项"实验学校"依据《上海市中等职业教育课程教材改革特色实验学校创建标准》,努力创建"特色实验学校"。(2)"特色实验学校"评估遴选的申报(2007年5月底前):"实验学校"经过创建,对照《上海市中等职业教育课程教材改革特色实验学校评估遴选标准》,提出"特色实验学校"评估遴选申请。评估遴选申报材料的要求由上海市教育评估院另行制订公布。(3)"特色实验学校"的实地评估(2007年5月至6月底):上海市教育评估院组织专家组进行实地评估,并将评估结果报"课改领导小组"。(4)"特色实验学校"的命名(2007年10月):"课改领导小组"根据专家意见,确定"特色实验学校"名单,由我委公布并颁发铜牌。(5)"特色实验学校"创建工作经验的总结和推广:"课改办公室"与"特色实验学校"签订协议书,明确"特色实验学校"的目标、任务、示范重点,并给予课改经费和相关政策支持。"特色实验学校"要制定具体工作计划,在"课改办公室"指导下,完成协议书确定的目标和任务。同时出台《上海市中等职业教育课程教材改革特色实验学校创建标准》,包括课改思路与能力、课改水平与特色、课改态度与积极性三个方面共18条。

2007年11月1日,市教委印发《关于开展上海市中等职业教育课程教材改革特色实验学校遴选评估的通知》《上海市中等职业教育课程教材改革特色实验学校遴选评估指标体系》。

市教育评估院2008年1—4月,职成教评估所对2006年立项的39个"实验学校"进行遴选评估。经过学校自评、网上展示与评价、汇报答辩评审、实地评估和综合汇总5个环节的筛选,经市教委认定,16所中等职业学校为"上海市中等职业教育课程教材改革特色实验学校"。

附录：

上海市中等职业教育课程教材改革特色实验学校
遴选评估指标体系(2007 年)

一级指标	二级指标（观测点）	内 涵 说 明
一、课改理念	1.1 课改思路	1.1.1 学校课改有战略意识、前瞻意识,在全国或上海市中等职业教育领域有一定的影响; 1.1.2 学校课程教材改革师生全员参与、全程实施、整体推进、重点突破。
	1.2 课改规划	1.2.1 学校制定了课程教材改革的规划、实施方案、运作机制和激励机制,目标定位符合实际。
二、课改行动	2.1 培养模式	2.1.1 与企业共同开发和制定体现工学结合、半工半读培养模式的校企一体化的教学方案,在加快实现以学校和课堂为中心向工学结合、半工半读人才培养模式的转变上有成效; 2.1.2 有校企合作协议,在互惠互利基础上,建立了课程建设合作机制。
	2.2 专业建设	2.2.1 按照课改理念修订和完善学校中、长期专业建设规划,专业培养目标和专门化方向的确定符合行业要求和发展趋势; 2.2.2 学校有全国示范性专业或上海市重点专业,重视专业调整与建设,形成以重点专业为特色的专业体系。
	2.3 专业教学标准实施	2.3.1 学校开设的与市教委已公布的专业教学标准对应的专业,能按专业教学标准组织教学; 2.3.2 对未列入市教委开发的专业教学标准之外的专业,能自行按任务引领型课改理念、程序和方法自行开发教学标准,并组织教学。
	2.4 校本课程建设	2.4.1 根据学校和专业实际,积极进行校本课程及教材开发,设计合理,使用率高,专业特色明显,教学效果好; 2.4.2 积极选用文化课、专业课新教材,并根据学生实际情况进行教学内容和形式的调整与实践。
	2.5 师资队伍建设	2.5.1 建有骨干教师和"双师型"师资队伍培养制度和激励机制,有规划、有措施、有成效; 2.5.2 各专业初步形成以专业学科带头人领衔的教学水平高、实践能力强、专兼职结合的教师队伍。
	2.6 实训基地建设	2.6.1 学校建有上海市职业教育开放实训中心,实训设施设备具有前瞻性、先进性和开放性; 2.6.2 开放实训中心建设与课程教材改革相结合,积极开发实训教学体系、实训课程(项目)和实训教材,努力探索灵活开放的实训教学模式。
	2.7 学分制改革	2.7.1 实行学分制教学管理制度,在学分制课题研究、教学组织、学生管理、校际协作方面有新的突破。
	2.8 教法改革	2.8.1 课改促进了学校教学法改革和创新,文化基础课积极实施分层教学,专业课程实施理论与实践一体化教学,有效培养学生的创新精神和实践能力。
	2.9 课程评价	2.9.1 探索以实践能力考核为主的多元评价方式; 2.9.2 将行业、企业对毕业生的评价意见纳入评价体系。
三、课改成果	3.1 "行动计划"相关成果	3.1.1 主动承接"行动计划"的相关任务,并取得显著成果。(注 1)
	3.2 其他课改任务成果	3.2.1 积极承接市级或以上的其他课改任务,并取得显著成果。(注 2)

（续表）

一级 指标	二级指标 （观测点）	内 涵 说 明
三、 课改 成果	3.3 实施成果	3.3.1 全面推进现代教学手段的使用,教师在上海市中等职业学校教学法改革交流评比中成绩优良; 3.3.2 学生在全国技能大赛或全市"星光计划"技能竞赛中成绩优良; 3.3.3 积极参加上海市中等职业学校首届校本教材展示交流评比活动,成果丰富。 3.3.4 学生培养质量较好,就业率高。
	3.4 科研成果	3.4.1 自 2004 年以来,每年有一定数量的高质量的教育教学研究论文在市级以上核心刊物上发表; 3.4.2 自 2004 年以来,每年承接市级及市级以上研究课题,并达到预期研究目标。
四、 课改 特色	（简要描述学校课程教材改革的突出特点）	

注1:"行动计划"主要任务指:语文等 6 门文化基础学科课程标准的制定及相关示范性教材的编写;专业教学新标准的研究与制定;20 门网络课程的编写;19 个课程教材改革的应用和理论研究项目;市教委已公布的专业教学标准配套教材的编写等。

注2:市级或以上的其他课改任务指:课程教材改革的课题研究、课程开发、教材编写等。

资料来源:《上海市教育委员会关于开展上海市中等职业教育课程教材改革特色实验学校遴选评估的通知》,2007 年 11 月 1 日发。

九、上海市中等职业学校自主设置专业(专门化)教学质量检查评估

2007 年 7 月,市教委印发《关于对中等职业学校第一批自主设置的目录内专业、目录外专门化开展教学质量检查评估的通知》指出:到 2007 年 9 月,部分中等职业学校第一批网上登录备案的目录内专业、目录外专门化招生已满两年。根据《上海市教育委员会关于〈上海市中等职业学校专业设置管理办法〉(修订)的通知》提出的"对学校设置目录内专业、目录外专门化在其招生满 2 年时进行以设置科学性、可行性及教学质量为主的评估检查"的规定,市教委决定从今年起,不定期地开展中等职业学校新设目录内专业、目录外专门化教学质量检查评估。2007 年主要从以下几个方面对新设目录内专业、目录外专门化进行检查:(1) 专业定位:符合社会发展和市场需求;具有符合专业要求的教学与实训条件,有利于促进专业建设持续健康发展;有明确的专业培养目标、就业范围,以及规范的专业(专门化)名称、修业年限等;当年招生数控制在 2 个班以内,次年招生数相对增加。(2) 教学管理:教学管理制度齐全,有教学质量检查、反馈和改进机制;教学文件完整、规范,课程结构与课程内容体现以就业为导向和任务引领型的课改要求。(3) 师资条件:有专业带头人和 2 名以上高级专业技术职务的专业骨干教师;"双师型"教师占一定比例。(4) 实训(实验)条件:近年来学校投入经费充足,实训(实验)室设施较先进、环境良好、工位数能满足学生技能培训的需要,专业教学效果良好。第一批自主设置的目录内专业、目录外专门化教学质量检查评估在教学常态下进行,学校不需要另行准备实地评估材料。专家组通过随机听课、察看专业设施设备、学生问卷调查、教师个别访谈、查阅学校常规教学文件(如教学计划、课程表、授课计划、教案、学生作业、试卷)等途径,多方面搜集信息,了解该新设目录内专业、目录外专门化建设情况,并做好实地评审记录。

2008 年 9 月 19 日,市教委印发《关于开展中等职业学校自主设置专业(专门化)教学质量检查评估的通知》,决定从下半年开始,不定期地开展中等职业学校新设目录内专业(专门化)教学质量检测评估。2008 年的操作办法是:(一)学校自查阶段(9 月至 10 月中旬)。列入该次评估范围的所有目录内专业(专门化)都要进行自查。填写《上海市中等职业学校第一批自主设置的目录内专业(专门化)教学质量检查评估基本情况统计表》(见附件,以下简称《基本情况统计表》);撰写"上海市中等职业学校自主设置的目录内专业(专门化)教学质量检查评估自查报告"(以下简称《自查报告》)。《自查报告》主要内容应包括:(1)专业特色与定位:办学特色、发展规划、专业定位和专业培养目标;(2)教学管理:教学管理制度、质量监控措施、教学文件、招生规模、学生成绩;(3)师资队伍建设:专业教师的数量与结构(年龄结构、职称结构和"双师型"教师结构),专业带头人的情况;(4)专业经费投入与实训室建设:经费投入的来源、数量,专业实训(实验)室设施设备的选购、先进程度、工位满足情况、使用效率;(5)专业教学改革:能否按照专业教学标准实施教学,能否及时跟踪行业职业岗位变化更新专业教学内容;(6)毕业生质量:学生培养水平,就业率和双证率;(7)存在的主要问题和拟采取的对策等。(二)材料预审阶段(10 月下旬至 11 月上旬)。专家组审阅学校在网上提交的新设目录内专业(专门化)备案的相关资料,对照学校申报材料,重点考察新设目录内专业(专门化)在三年中是否按照网上备案的教学质量承诺进行建设,并出具初步评价意见。(三)实地评估阶段(11 月中旬至 12 月下旬)。评估的实地评估采取抽查方式,本年度将随机选择两个专业大类的专业(专门化)进行实地评估。抽查名单确定后,将提前一周通知学校。(四)综合评审阶段(2009 年 1 月)。上海市教育评估院职业教育与成人教育评估所根据材料预审和专家实地考察的意见,对第一批自主设置的目录内专业(专门化)撰写"综合评价意见",以"合格"与"整改"两个等级确定检查评估结论。(五)评审结果的公布(2009 年 2 月初)。上海市教育评估院职业教育与成人教育评估所将向学校和学校主管部门反馈检查评估结果;同时上报市教委,作为市教委编制下一年招生计划的参考依据。评估结果为"整改"的专业(专门化),学校必须出具"整改报告",并在一年后接受复评。

市教育评估院确立工作目标,一是进一步完善"常态"评估模式,将新设专业教学质量检查评估作为深化职业教育内涵发展的重要抓手和立足点;二是进一步促进学校新设专业健康发展,以"诊断问题、总结经验、帮助指导和促进发展"为评估宗旨;三是进一步完善专业评估质量保证体系,为完善学校依法自主设置专业、评估机构提供服务和质量评估、政府宏观规划指导与监控的质量保障体系服务。评估实践"常态"评估模式,学校做到专业教学"常态状",专家做到评估工作"动态型",较客观真实地考察学校专业教学的质量与现状。"常态"评估模式的实践,既减轻学校准备资料的负担,也改变传统评估模式下学校依据指标准备的大量资料,使专家主要精力被动地集中在审阅资料方面,而轻视专业教学与管理的"常态"状况。

十、上海市职业教育开放实训中心运行绩效评估

根据 2009 年 11 月印发的《上海市职业教育开放实训中心运行指导意见》,市教委委托市教育评估院,依据《上海市职业教育开放实训中心运行绩效评估指标体系》,开展实训中心运行绩效评估工作。市教育评估院可结合实际情况对评估指标体系作相应调整修改。评估结果分为优秀、合格、基本合格、不合格四个等次。市教委将设立专项经费,对评为"优秀"的给予政策、资金等方面的重点扶持;对评为"不合格"的要求限期整改,限期整改仍不合格的撤销实训中心资质。

上海市职业教育开放实训中心运行绩效评估是在建设验收评估的基础上,对通过建设验收评估并运行满两年的实训中心开展运行绩效评估,并在首轮绩效评估结束后,实训中心每三年必须接受一次绩效评估。该项评估旨在努力探索开放实训中心面向社会、服务市场、可持续发展的管理体制和运行机制,积极推进工学结合、做学一体的教学模式的全面实施,着力提升开放实训中心服务本校和上海市相关专业教学的能力,拓展实训中心公共性、服务性、开放性的功能,切实发挥开放实训中心的最大效能,使开放实训中心安全运行、高效运行、生态运行。通过"运行绩效评估",使开放实训中心的开放内涵更加丰富、服务能力全面提高、品牌效应日益扩大,把开放实训中心打造成集"学历教育、职业培训、技能鉴定"为一体的职业教育基地和实现"人人皆学、时时能学、处处可学"学习型社会的终身教育平台,形成专业化、品牌化、系列化、现代化的实训中心新格局。

十一、上海市首批国家中等职业教育改革发展示范校建设项目学校预审推荐

国家中等职业教育改革发展示范学校建设计划是推动职业教育科学发展的重大举措,上海市依据《教育部、人力资源社会保障部、财政部关于实施国家中等职业教育改革发展示范学校建设计划的意见》等文件精神,紧紧围绕国家中等职业教育改革发展示范校创建计划的要求,认真组织开展上海市首批立项建设学校(以下简称"首批项目学校")的检查验收工作。市教委对首批项目学校检查验收工作做统一部署,全面布置验收工作的主要任务,明确各相关主体的责任和各相关工作的时间节点。同时,市教委、市财政局等政府相关部门全程跟踪参与、指导首批项目学校检查验收工作。为了有效开展检查验收,市教委委托市教育评估院作为第三方专业机构组织开展相关工作。成立由市政府、市发展与改革委员会、市人力资源社会保障局、市财政局、市教委、教育科研机构和职业院校等部门和单位的人员组成的专家组。通过交流研讨、实地考察、汇报答辩和综合评议等形式,对首批项目学校建设情况进行验收评价。上海市对首批项目学校检查验收主要开展三项工作。一是开展检查验收工作交流研讨会,交流建设经验和存在问题;二是进行实地考察(教师访谈、材料查阅、校园巡视),深度了解学校建设水平;三是进行汇报答辩,通过学校负责人汇报及与专家组的互动交流,深入了解学校建设的成效和问题,同时安排第二、三批项目学校参与旁听,以推进项目学校相互学习。三项工作的分步推进确保首批项目学校检查验收各项工作的落实。通过首批国家示范校评估,上海市教育评估院职成教评估所进一步增强承担国家级重大评估项目的能力,为后续的第二批、第三批国家示范校评估奠定良好的基础。同时,国家示范校评估遴选出一批办学水平处于上海市领先地位的学校,凝聚品牌特色,起到良好的示范辐射作用。

十二、上海市中等职业学校教学质量评估

根据《上海市中等职业教育全面提高教学质量行动计划(2009—2013年)》的要求,2009年起,市教委决定开展上海市中等职业学校教学质量评估。11月24日,印发《上海市中等职业学校教学质量评估实施方案》和《上海市中等职业学校教学质量评估指标体系》。根据方案,教学质量评估工作由市教委统一领导,委托市教育评估院组织实施。组建"上海市中等职业学校教学指导专家组",

负责对学校教学工作的日常巡视、督查、咨询和指导;组建"上海市中等职业学校教学质量评估专家组",负责对学校教学质量进行实地评估。试点评估(2009 年 12 月—2010 年 6 月):选择 3～5 所学校,依据《上海市中等职业学校教学质量评估指标体系》进行试点评估。试点评估后,市教育评估院结合实际情况对评估程序和指标体系作调整修改后再对其他学校实施评估。学校制订教学质量目标(2010 年 3—8 月):3—5 月,学校根据《上海市中等职业教育全面提高教学质量行动计划(2009—2013 年)》和《上海市中等职业学校教学质量评估指标体系》,结合学校教学现状,制订《2010—2013 年学校教学质量目标》。6—8 月,教学指导专家组指导学校完善《2010—2013 年学校教学质量目标》。8 月底前,学校将修改后的《2010—2013 年学校教学质量目标》上传到上海市教育评估院"中等职业学校教学质量网上评估系统"。常态评估(2010 年 9 月—2013 年 8 月):从 2010 年 9 月起,教学指导专家组根据学校制订的《2010—2013 年学校教学质量目标》等材料,在不影响学校常规教学活动的情况下,不定期对学校教学工作进行巡视、督查、咨询和指导(包括听课、学生问卷、教师访谈、校长座谈、社区调查、用人单位调查等)。网上评估(2011 年 9 月—2013 年 8 月):包括学校自评和网上评价。学校自评,每年 9 月学校按照《2010—2013 年学校教学质量目标》的达成情况进行自我评价,撰写《X 学年学校教学质量目标达成报告》。材料上传,每年 9 月底,学校将上一学年的相关材料上传到"教学质量评估网",网上评价,包括学校互评和专家复评。实地评估(2010 年 9 月—2014 年 8 月):4 年内原则上分 3 批完成对全市中等职业学校的教学质量实地评估。

附录:

上海市中等职业学校教学质量评估指标体系(2009 年 11 月 24 日)

一级指标	二级指标	三级指标	内涵与标准	数据采集、资料支撑和评估方式
1. 教学运行与监控(28)	1.1 教学文件(8)	1.1.1　教学文件建设与执行(4)	按照教育部和市教委相关文件要求,市中职课改理念,规范各类教学文件的制定与执行。	相关的教学文件(实地查看)。
		1.1.2　专业教学方案制订与实施(4)	与市教委颁布的专业教学标准相对应的专业,能按专业教学标准组织教学;市教委未颁布专业教学标准的专业,能按任务引领为主的课改理念、程序和方法自行或联合开发教学标准,并组织教学;校企双方共同制订工学交替、顶岗实习教学实施方案,有明确的教学目标、教学内容、过程考核和成果鉴定。	1. 学校设置专业与市教委颁布的专业教学标准对应情况统计表(网络上传); 2. 自行或联合开发专业教学标准和课程标准情况统计表(网络上传); 3. 专业教学标准实施文件(专业教学实施方案、课程标准、专业实训教学、典型活动、教学资源建设等)(网络上传); 4. 工学交替、顶岗实习教学实施方案(网络上传)。
	*1.2 课堂教学(8)	1.2.1　课堂教学即时效果(8)	从教学目标、教学内容、教学设计、教学情景、教学方法与手段、即时教学效果等方面考察课堂及实践性教学质量。	教学指导专家组听课(公共基础课程、专业核心课程、专门化课程各占一定比例)(实地随机听课)。

（续表一）

一级指标	二级指标	三级指标	内涵与标准	数据采集、资料支撑和评估方式
1. 教学运行与监控(28)	▲ * 1.3 质量监控(9)	1.3.1 教学常规质量监控机制(5)	学生评教、教师评教、学校教学检查等常规教学质量督导监控机制健全,每学期有总结,有持续改进的建议与对策。	1. 学校教学质量监控制度及实施方案(网络上传); 2. 试卷及试卷分析,各类教学常规检查记录(学生评教、教师评教、学校教学检查),座谈会和问卷等常规质量监控材料及学期总结等(实地查看)。
		1.3.2 工学交替、顶岗实习教学质量监控机制(2)	与企业共同探索并建立学生工学交替、顶岗实习教学阶段的质量评价体系及机制,并共同对学生进行管理、评价与考核,确保人才培养模式变革后的教学质量。	1. 校企合作协议,工学交替、顶岗实习教学阶段的质量评价相关文件(实地查看); 2. 企业岗位实训记录;学校及企业对教学质量的评价意见(实地查看、问卷)。
		1.3.3 毕业生质量跟踪调研、综合评价、反馈改进机制(2)	建有毕业生质量跟踪调研、综合评价、反馈改进机制;定期有调研报告,报告有数据、有分析、有建议,并及时向学校其他部门反馈,促进学校德育工作持续改进及专业教学实施方案的不断优化。	毕业生质量跟踪调研报告,学校德育工作持续改进及专业教学实施方案优化的相关资料(实地查看)。
	▲ 1.4 特色、创新(3)	1.4.1 各校自行确定(3)	重点突出教学制度建设、教学质量监控中破解难题,有特色、有突破、有创新,对教学质量提高有显著效果,并在中等职业教育界有示范引领作用,得到公认。	专题材料与相关佐证资料(实地查看、访谈)。
2. 专业建设与特色(43)	2.1 专业结构与定位(4)	2.1.1 专业布局(2)	能根据区域产业结构调整的实际,通过新设或调整专业及时优化专业结构,形成以精品特色专业为核心、相关专业为主体、延伸专业为补充的专业群。各专业以就业为导向确定培养目标和人才规格。	填报专业设置数、专业在校生数、专业调整情况统计表(网络上传)。
		2.1.2 专业规划(2)	主要专业建有专业指导委员会;按照专业定位制定和完善学校中、长期专业建设规划及阶段性行动计划;专业建设按规划实施,达到预期目标。	1. 各专业指导委员会成员名单、活动记录(实地查看、访谈); 2. 学校中、长期专业布局结构调整优化建设规划、实施方案、阶段小结等(网络上传)。
	2.2 培养模式(7)	2.2.1 校企合作专业覆盖面(1)	大部分专业都实施校企合作、工学结合的人才培养模式,顶岗实习总学时累计约为一学年。	1. 实施校企合作、工学结合的人才培养模式的专业数及各专业的人数比例统计(网络上传); 2. 校企合作协议(实地查看、访谈)。

（续表二）

一级指标	二级指标	三级指标	内涵与标准	数据采集、资料支撑和评估方式
2. 专业建设与特色(43)	2.2 培养模式(7)	2.2.2 校企合作专业的相关教学制度(1)	逐步探索并形成与工学交替、顶岗实习相适应的一套新的教学管理制度,促进人才培养模式的不断优化。	1. 学生进行工学交替、顶岗实习的管理制度(网络上传); 2. 学生进行工学交替、顶岗实习的管理制度实施及人才培养模式优化情况(实地查看、访谈)。
		2.2.3 实施人才培养模式的长效机制(2)	建有校企合作、工学结合人才培养模式的合作共赢的长效机制。学校(或各专业)建有与企业合作的工作小组,全面指导、协调与管理工学交替、顶岗实习教学工作。	校企合作、工学结合人才培养模式规划,校企合作组织机构图及会议纪要,校企合作培养记录等(实地查阅)。
		2.2.4 培养模式特色(3)	探索人才培养模式的新思路、建立灵活多样的人才培养的新模式,满足不同企业的需要。	专题材料与相关佐证资料(实地查看、访谈)。
	*2.3 师资队伍(8)	2.3.1 师资队伍结构(3)	各专业(学科)建有一支专业(学科)带头人领衔,数量充足、结构合理、师德高尚、专业能力强、能满足专业(学科)教学需要的师资队伍;生师比合理,最高不超过 23:1;专任教师本科学历 100%、高级职称教师比例 25%以上;"双师型"教师占专任教师总量的三分之一;德育课专任教师数量足,质量高;兼职教师有一定比例,各专业骨干教师的骨干作用明显。	1. 专业(学科)带头人情况统计表、专业课教师基本情况统计表、公共基础课教师情况统计(网络上传); 2. 专业(学科)带头人作用和骨干教师作用(实地查看)。
		2.3.2 专业师资队伍建设(3)	专业师资队伍建设有规划、有目标、有机制、有举措、有考核、有激励,队伍结构与能力有明显改善;专业带头人培养,双师型结构建设、新课程理念贯彻实施与能力建设等成效显著。	1. 师资队伍建设规划(网络上传); 2. 教师考核培训制度、奖惩激励制度;骨干教师、双师型师资队伍培养等制度及激励机制(实地查看、访谈)。
		2.3.3 荣获区级及以上教学奖项(2)	教师荣获区级及以上教学奖项(教学法评优、学生技能大赛指导奖等)	教师近年荣获区级(或行业)及以上教学奖项情况统计(网络上传)
	*2.4 实训条件(8)	2.4.1 校内实训条件(5)	公共基础课和专业实验室按照标准配置,开出率达 90%以上;各专业均有实训场所,有较先进的设施设备,能满足该专业学生的实训需求(工位数),实训条件基本达到市教委已公布的专业教学标准;本校实训(实验)开出率均达 90%以上。各专业实训设备利用率高。	1. 公共基础课和专业实验室配置情况统计,开出率统计(网络上传、实地查看); 2. 专业实训室配置情况统计,开出率统计;实训设备使用率统计[每学年用于学生实训的设备运转时数/(36 周/年×5 天/周×5 学时/天×实训室数)](网络上传、实地查看)。

(续表三)

一级指标	二级指标	三级指标	内涵与标准	数据采集、资料支撑和评估方式
2. 专业建设与特色(43)	*2.4 实训条件(8)	2.4.2 校外实习基地(3)	各专业校外实习基地数量能满足学生顶岗实习要求,校企合作关系稳定,学生基本能进行顶岗实习。	校外实习基地情况统计(基地名称、实习专业名称、实习岗位名称等)(网络上传、访谈)。
2. 专业建设与特色	*2.5 课程改革(12)	2.5.1 课程体系与内容改革(3)	从理念、内容、实施三个层面深刻领会新的专业教学标准,贯彻落实上海市中职德育课建设的《实施意见》。不断优化专业教学实施方案及课程标准实施方案,在教学实践中,教师能不断增强对新课程及德育课的执行力和全面驾驭能力。	专业教学实施方案优化资料、课程标准实施资料、体现课程内容改革的佐证材料(实地查看、听课)。
		2.5.2 教学方法改革(3)	以动手能力、实践能力、可持续发展能力的培养为目标,积极推进教学方法改革。公共基础课实施分层教学,创新教学方法和手段;专业课推行"做学一体"的教学方法,实训课注重训练手段的优化;德育课及心理健康教育课的教学方法不断改进,强化德育课的实践体验环节,实践性教学活动一般每学期不少于两次。	课改、教学研究的相关论文、典型教学案例、公开课展示、教学研讨资料等(实地查看、听课)。
		2.5.3 课程评价与考核改革(3)	有课程评价标准和课程考核改革的方案,并与职业知识、职业能力要求对接;有适合德育课程特点的考核评价办法,考核内容以培养学生职业道德、职业情感和职业习惯为主线。考核方法因课而宜,形式多样;考核后有分析、有总结。	课程评价标准、考核内容与方法改革;课程考核相关分析及总结等(实地查看)。
		2.5.4 教材选用与建设(3)	建有教材选用和评价制度。德育四门必修课程使用教育部指定教材,其他课程优先选用符合专业教学标准与课程标准要求的、教育部或市教委推荐的优秀中职教材。积极开发具有鲜明特色的校本教材。	1. 教材选用和评价制度,各专业教材使用统计(网络上传);2. 校本教材建设情况等(实地查看)。
	▲2.6 专业特色(4)	2.6.1 各校自行确定(4)	专业建设有突破、有创新,对教学质量提高有显著效果,在中等职业教育界有示范引领作用,得到公认。	专题材料与相关佐证资料(实地查看、访谈)。
3. 育人质量与成果(17)	*3.1 行为规范(3)	3.1.1 学生行为规范(3)	学生遵守《上海市中等职业学校学生行为规范》,学校积极创建"行为规范示范校"。	实地查看(获得市级"行为规范示范校"称号的,免于查看)。
	3.2 文化基础知识与能力(2)	3.2.1 语文、数学、外语、信息技术水平考试(2)	注重学生文化基础学科教学,语文、数学、外语、信息技术等考试合格率达到相应要求。	语文、数学、外语、信息技术考试参考人数及合格率统计(网络上传、实地查看)。

（续表四）

一级指标	二级指标	三级指标	内涵与标准	数据采集、资料支撑和评估方式
3.育人质量与成果(17)	＊3.3 专业技能(4)	3.3.1 职业技能（或岗位技能）等级及其获证率(2)	技能训练能与职业资格考核、岗位技能考核相衔接,各专业学生100％参加专业相关的职业技能（或岗位技能）等级考试,毕业生"双证书"率达80％以上（含职业技能证书和岗位技能证书）。	各专业职业技能（或岗位技能）等级证书对应情况统计表,参加技能考核或鉴定人数,获证率情况汇总统计（网络上传）。
		3.3.2 职业技能比赛获奖情况(2)	学生专业技能训练有成效,积极参加所设专业的市级及以上职业技能大赛,并有获奖项目。	各专业市级及以上职业技能大赛获奖项目、等级、人次汇总统计（网络上传）。
	3.4 体质健康(1)	3.4.1 学生体质健康达标情况(1)	提升学生体能素质,学生全面参加《国家学生体质健康标准》测试,体质健康达到国家规定基本要求。	学生参加《国家学生体质健康标准》达标测试结果统计:（网络上传）。
	＊3.5 就业率(3)	3.5.1 毕业生就业率(3)	毕业生就业率（含升学率）大于90％以上;一年后就业稳定率达到50％以上。	毕业生总升学率统计;跟踪10％毕业生的一年后就业稳定率（网络上传、实地查看）。
	3.6 学生成才特色(4)	3.6.1 各校自行确定(4)	育人成果明显,在社会上有一定影响。	专题材料与相关佐证资料（实地查看、访谈）。
4.社会评价与声誉(12)	＊4.1 用人单位评价(3)	4.1.1 岗位称职率(3)	学生职业道德和职业习惯良好,所掌握的专业知识贴近岗位工作内容,专业操作技能达到工作岗位要求,用人单位对学生满意率达到90％以上。	用人单位调查。
	4.2 学校所在社区评价(2)	4.2.1 社区综合表现(2)	学校积极参与社区的各项精神文明建设活动,学生积极参与社区志愿者服务活动。学生遵纪守法,学校积极杜绝各类治安事故和违法现象,对违纪违法人员有处理和帮教措施,并跟踪教育。	学校、学生参与社区活动的典型案例;对违纪学生帮教处理典型案例（社区调查、实地查看）。
	＊4.3 社会声誉(3)	4.3.1 学校取得的市级及以上的荣誉称号(2)	学校在各方面均取得较好成绩,得到各级主管部门和政府职能部门的认可,取得各类荣誉称号。	近年学校各类荣誉称号统计（网络上传）。
		4.3.2 每年招生计划完成率(1)	学校的教学质量取得社会认可,初中毕业生积极报考,招生完成率不低于全市招生完成率的平均水平。	近年招生计划数、实际注册人数统计（网络上传）。
	＊4.4 毕业生评价(4)	4.4.1 学校德育工作(1)	建有卓有成效的德育管理工作网络,创新德育工作模式,德育工作能贴近中职学生实际,有助于学生成长。	毕业生跟踪调查情况统计（问卷调查、实地访谈）。
		4.4.2 学校课程设置(1)	课程设置贴近岗位需要,技能训练要求能满足岗位操作需要。	毕业生跟踪调查情况统计（问卷调查、实地访谈）。

（续表五）

一级指标	二级指标	三级指标	内涵与标准	数据采集、资料支撑和评估方式
4. 社会评价与声誉(12)	*4.4 毕业生评价(4)	4.4.3 教师教学水平(1)	教师教学有方法,易接受;专业教师熟悉企业岗位需求,能结合工作任务要求开展教学。	毕业生跟踪调查情况统计(问卷调查、实地访谈)。
		4.4.4 专业实训条件(1)	专业实训条件接近工作实际,能满足个人实训需要。	毕业生跟踪调查情况统计表(问卷调查、实地访谈)。

说明：1. 本指标体系共有 4 个一级指标、20 个二级指标、38 个三级指标。

2. 打"＊"者为核心指标,共 11 个;打"▲"者为发展性指标,共 3 个。

3. 所有数据收集主要以上一学年为主,必要时参考前三学年的相关数据。

4. 各级指标后括号内的数字为该指标的权重。

资料来源：上海市教育委员会关于印发《上海市中等职业学校教学质量评估实施方案》和《上海市中等职业学校教学质量评估指标体系》的通知,2009 年 11 月 24 日发。

第二章　高等职业教育评估

第一节　高等职业院校相关项目评选

一、教学名师奖评选

2003 年,上海市教委颁布《关于组织开展 2003 年度高校教学名师奖评选工作的通知》,评选高职高专名师,表彰在教学和人才培养领域做出突出贡献的教师,激发教师队伍从事一线教学的积极性,从而为进一步提高教学质量奠定基础。在评选过程中,看重教师教学改革与实践能力,关注教师先进教学方法与手段,注重教师教学经验与教学水平,侧重教师教学效果和教学成果。评出上海高职高专市级教学名师,让一批优秀一线教师脱颖而出,成为整个教师队伍模范,发挥品牌教师排头兵作用,建立教师队伍价值标准与努力方向,激发广大教师锐意进取、积极向上的精神风貌。

二、精品课程评选

2006 年 4 月 18 日,市教委发布《关于开展 2006 年度上海高校精品课程申报和评选工作的通知》。在上海高职高专精品课程的评估中,充分考虑以下几项要素:第一,以培养满足国家和地方发展需要的专业人才为目标;第二,以提高学生在就业市场的竞争能力为重点;第三,整合各类教学改革成果,加大信息技术的使用力度;第四,加强科研与教学的紧密结合,促进科研与教学的相互转化;第五,参与教育改革,并在改革中取得重要成果。评出的高职高专精品课程,基本涵盖人才市场的热门需求,为高职高专人才市场化培养提供教学典范。

三、优秀教学团队评选

2008 年 11 月,市教委转发《教育部、财政部关于立项建设 2008 年国家级教学团队的通知》的通知,要求各国家级教学团队立项建设学校按照《教育部关于进一步深化本科教学改革全面提高教学质量的若干意见》和《教育部关于全面提高高等职业教育教学质量的若干意见》的精神,做好教学团队的建设工作。专业教学团队的评选围绕"把专业内各方面的人才吸引到这个团队中来","让这个团队能够在专业教学中发挥积极的作用"等核心问题,做了一定的调查研究和分析论证。评审中对专兼职教师队伍以及专业团队的合作机制提出较高的要求。评出的上海高职高专优秀市级专业教学团队涉足的专业有治安、商贸、医药、园艺、文物鉴定等多个行业,这些专业教学团队在教学过程中,立足专业特点、放眼行业热点、着眼于解决技术难题,发挥巨大的团队带头作用。

第二节　高等职业院校两轮系统性综合评估

2004 年 5 月,上海市教委转发《教育部办公厅关于全面开展高职高专院校人才培养工作水平评估的通知》。教育部通知指出：《高职高专院校人才培养工作水平评估方案(试行)》《高职高专院校人才培养工作水平评估工作指南(试行)》《高职高专院校人才培养工作水平评估专家组工作细则(试行)》等文件，是根据高职高专教育的特点和全国高职高专院校的现实状况制订的评估指导性文件。各省、自治区、直辖市在开展评估时，可从本地区的实际情况出发，在坚持《评估方案》标准的前提下，制定本地区的评估实施方案。要求各省级教育行政部门应制定本地区高职高专院校人才培养工作水平评估工作的总体规划和年度计划，保证五年内完成对本地区所有高职高专院校的第一轮评估;应从 2004 年起对本地区高职高专院校分期分批开展评估，公布评估结论，并向教育部推荐少量优秀院校，作为示范性高等职业院校候选单位。

2005 年 10 月，市教委发布《关于开展上本市高职高专院校人才培养水平评估工作的通知》，指出评估目的是贯彻"以评促建，以评促改，以评促管，评建结合，重在建设"的方针。通过评估，引导学校准确定位，坚持以服务为宗旨，以就业为导向，走产学研结合的发展道路，加强教学基本建设，深化教育教学改革，努力办出特色，努力提高人才培养质量。评估依据是《教育部办公厅关于全面开展高职高专院校人才培养工作水平评估的通知》和《教育部关于进一步推进高职高专院校人才培养工作水平评估的若干意见》的文件精神。评估标准原则上严格按照教育部颁布的高职高专院校人才培养工作水平评估方案执行。根据高职高专教育发展的现状以及上海市的实际情况，对个别必须调整的指标重新作出界定后报教育部备案。在评估组织机构方面，成立上海市高职高专院校人才培养工作水平评估领导小组、上海市高职高专人才培养工作水平评估专家指导委员会、上海市高职高专人才培养工作水平评估工作专家组以及上海市高职高专人才培养工作水平评估工作专家指导委员会办公室暨评估工作办公室。评估工作日程：一是专家指导委员会暨评估工作办公室成员提前进校，开展对教师、学生的问卷调查和统计分析工作。二是现场评估的工作安排：专家组考察评估时间一般不超过 4 天，完成以下环节的考察评估任务：听取学校自评报告;参观考察学校校园环境、基础设施、实验室和实训基地等;查阅资料;教师、学生问卷调查统计与分析;听课;个别访谈;召开专题座谈会;基本技能和职业技能测试;学生专题研讨会;专业剖析;专家组全体会议，在各小组汇报基础上，经过民主讨论，由各位专家分别赋分，综合汇总确定各项指标的得分并评估等级，投票确认特色或创新项目，形成专家组对学校的考察评估反馈意见和评估结论建议;专家组工作小结，并安排评估材料上报及归档工作;召开考察评估情况通报会，由专家组长代表专家组向学校及其主管部门领导反馈考察评估意见，各位专家发表个人的意见和建议，并听取学校和主管部门的意见。

以上海电子信息职业技术学院 2006 年接受的评估为例，市教委将其"人才培养工作水平评估"与"上海市示范性高等职业院校验收评估"工作合并进行，该校为此成立迎评领导小组和工作小组，工作小组下设 10 个专项工作小组，并召开全体教职工迎评动员大会，要求对标《高职高专人才培养工作水平评估指标等级标准及内涵》，按 7 个一级指标、15 个二级指标、36 个观察点，全力以赴迎接"两评"。通过为期 4 天的实地评估，专家组给出评估意见，肯定学校的办学定位、领导班子工作成效、专业建设成绩、办学特色、学生素质教育成果等，同时也指出在师资队伍建设、内部管理和教育经费投入等方面的不足，希望学校转变教育思想，加快师资队伍建设，强化内部管理，改善办学条件，使学校教学和基础设施符合办学要求。评估结束后，学校召开以"探索内涵建设，提高教学质量，创新教学模式，保持办学特色"为主题的迎接人才培养工作水平复评动员会，根据专家组评估意见落实整改措施。

就此，上海从 2005 年至 2008 年完成第一轮高职高专院校人才培养工作评估。从 2009 年起，上海又开展第二轮高职高专院校人才培养工作评估。这项评估根据《教育部关于印发〈高等职业院校人才培养工作评估方案〉的通知》精神，委托上海市教育评估院组织专家完成对上海城市管理职业技术学院、上海交通职业技术学院、上海海事职业技术学院、上海行健职业学院、上海中华职业技术学院、上海欧华职业技术学院等 6 所院校的评估，在完成前五年办学水平评估的基础上，本轮评估重点查找人才培养工作存在的问题、分析产生问题的原因，并针对薄弱环节提出改进工作的方案，逐步形成以学校为核心、教育行政部门为引导、社会参与的教学质量保证体系。

　　上海在这两轮对高职高专院校进行系统性的综合水平评估过程中，结合实际制定具有地方特色的原则体系：制定国家统一要求与地方实际相结合的评估原则；根据不同发展阶段不同学科背景的院校，制定分类指导的评估原则；制定灵活开放的评估原则；制定评建成效与政策激励相结合的评估原则。

第十二篇

职业教育科研

改革开放以来，职业教育科研作为职业教育事业的重要组成部分，在支持教育决策、指导实践方面发挥不可替代的作用，为职业教育的改革与发展提供丰富的资料和经验。

1986年，全国教育科学规划领导小组设立职业技术教育学科组，正式将职业技术教育研究纳入国家教育科学研究规划体系，职业教育科研事业开始走上系统化和规范化的建设道路。"八五"时期是职业教育事业发展最为蓬勃兴旺时期，作为职教事业组成部分的科研体系与学科建设也取得飞速发展，职业教育学科建设逐步成型；"九五"时期从职业教育课题研究的成果看多数偏重于事业发展改革的实验与探索，这些课题对职业教育学科建设的定位、学科建设体系的完善起到积极作用；"十五"期间职业教育研究进一步向纵深开拓，深入到职业教育与社会经济发展、职业教育与人力资源开发、职业教育与劳动就业制度等战略研究领域。1987年、2001年和2007年，全国第一个"职业技术教育学"硕士、博士点和博士后流动站先后落户华东师范大学，逐步形成多层次的职业教育学科体系。1990年，上海市政府教卫办与德国技术合作公司合作组建上海职业技术教育研究所，在1995年市教委成立后成为上海市教育科学研究院的组成部分，1999年与原成教研究所整合成为上海市教科院职业教育与成人教育研究所。此外，上海市各类职业院校也成立不少研究所或研究室，进行职业教育理论与实践探索，承担各种规划或委托研究项目，使政府部门的战略决策和基层一线的教学工作都能够建立在坚实可信的科学研究基础上，并经常组织课题研究、论文评选和成果申报评奖。进入21世纪，上海的职业教育科学研究工作在上海市教育委员会的部署和关心下，已经形成机构成熟、分工合理、专家云集、梯队完善、项目多样、成果丰硕的局面，在服务决策、创新理论、指导实践三个方面都取得很大成绩，成为全国职业教育科学研究的高地。

上海中华职业教育社进行职业教育、职业指导和职业培训的研究与实践，推进海内外职业教育交流与合作，发挥了"统战性、教育性、民间性"的特点和优势，努力为上海经济社会发展服务。上海市职业教育协会等社会组织、上海市教育技术装备部等部门分别承担了职业教育的相关职责，发挥了重要功能。这些组织和部门也发布或承担了大量研究课题，成为重要的科研力量。

上海职业教育科研成果丰硕。2001—2010年期间，上海市教育科学研究院职业教育与成人教育研究所承担完成一批全国教育科学规划国家一般课题、全国教育科学规划教育部重点课题和市级课题，研究人员主持编著出版物58本。1985—2007年华东师范大学职业教育与成人教育研究所人员主持编著出版物31本。2005—2010年，上海市职业教育协会每年组织优秀科研论文的评选，推动了职业教育科研发展。

第一章 科研机构和相关组织

职业技术教育学作为一门独立学科的建设工作,在 20 世纪 80 年代被国务院学位办公室列入专业目录后,才从上海正式起步:1987 年,华东师范大学被批准在教育科学研究所(技术教育研究室)设立全国第一个职业技术教育学硕士点,2001 年华东师范大学职业技术教育研究所成为全国第一个职业技术教育学博士点,2007 年华东师范大学职业教育与成人教育研究所又建立全国第一个职业技术教育学博士后流动站,率先形成职业教育学术理论研究的多层次学科体系,也是职业技术教育学专业中唯一的重点学科建设单位,在职业教育学术理论研究领域中起着引领作用。

从中国职业教育应用研究领域发展来看,上海同样也是走在全国前列。1990 年,作为中德两国政府合作项目的上海职业技术教育研究所成立,成为全国第一个独立设置的职业教育专门科研机构。该所成立之初即强调应用研究的特色,涉及应用性研究范围相当广泛,1995 年并入上海市教育科学研究院后更进一步强化为政府提供职业教育决策咨询服务的核心功能,2000 年该所中德合作项目结束后改名为上海市教科院职业教育与成人教育研究所,明确以承担政府部门委托的决策咨询研究任务为主,较多涉及职教领域的战略规划、政策法规、院校发展、专业建设、管理与评价等相对宏观的层面。

而职教领域中相对微观层面的研究工作,特别是面向广大职业学校的教学研究任务,则主要由上海市教育委员会教学研究室负责组织实施。此外,上海中华职业教育社、上海市职业教育协会等社团机构的科研活动十分频繁,上海许多中、高职学校也设立一些职教研究组织。1981—1996 年,上海建立的职业教育研究机构还有:隶属行政部门的教研机构 4 所、隶属高校的职教研究机构 2 所、群众性职教研究机构 9 所。原上海市教育局也曾组建上海市中专、职业高中教育教学研究学术委员会和上海市青年教师教育教学研究学术委员会等。此外,上海市各类中等职业技术学校还建立 27 个学科校际协作组,进行专业、学科教学研究;各高等职业院校也成立不少研究所或研究室,进行高职教育理论与实践探索。

进入 21 世纪,上海的职业教育科学研究工作在上海市教育委员会的部署和关心下,已经形成机构成熟、分工合理、专家云集、梯队完善、项目多样、成果丰硕的局面,在服务决策、创新理论、指导实践三个方面都取得很大成绩,成为全国职业教育科学研究的高地。

第一节　科　研　机　构

一、上海市教育科学研究院职业教育与成人教育研究所

前身为上海职业技术教育研究所,成立于 1990 年 9 月,是根据中德两国政府的协议,由德国经济合作与发展部和中国对外经济贸易部合作共建的应用性研究机构,也是中国大陆地区最早在职业教育领域建立的独立设置研究所。由上海市人民政府教育卫生办公室与德国技术合作公司负责该所中德合作项目实施,成立强为首任所长兼党支部书记,成永林、杨黎明为副所长。1995 年上海市教育委员会成立后,该所成为新组建的上海市教育科学研究院的组成部分,由成永林担任所长,

马根荣、杨黎明、郑家农(兼党支部书记)、黄克孝为副所长。1999年起该所与原成人教育研究所合并,成为上海市教育科学研究院职业教育与成人教育研究所,由马树超担任所长,郑家农、朱桃福先后任党支部书记,马根荣、杨黎明、楼一峰、郭扬先后任副所长。2000年中德合作项目圆满结束后,职业教育与成人教育研究所全面融入上海市教育科学研究院的国家教育"智库"建设,2010年由郭扬接任所长,顾晓波任党支部书记,陈嵩任副所长,张晨任所长助理。

上海职业技术教育研究所的主要任务是立足上海,面向全国,在职业教育领域进行综合应用性的研究开发与咨询服务。建所初期确定该所的功能,除直接为上海市教委提供职业教育方面的决策咨询以外,主要还体现在承接国家和各部委、各省市及其他方面的委托课题,开展职前与职后教育及培训的原理与应用研究;为各级政府和教育、劳动部门以及其他行业系统的教育行政部门提供职业教育的政策决策咨询;推广借鉴德国"双元制"模式的典型实验,应用以学生为主体的教学方法培养人才,促进职业教育的信息化、产业化和现代化;针对不同行业和地区的特点制定职教发展规划,进行新专业开发、课程开发、教学开发以及教学装备设计咨询;承担各类职业技术院校校长和管理干部的培训任务,并提供国际交流进修等多方位的培训服务;与各职业技术院校合作开发现代教育技术,提供校园网络、多媒体教学系统的设计以及软件开发应用服务;与社区、行业联合举办实验职业技术院校,对职业教育的办学、管理和教学工作进行评估和咨询;开展国际质量标准体系认证等方面的应用技术研究与开发,提供各类信息服务,组织国内外教育考察和培训等。

至2000年底,上海职业技术教育研究所作为中德两国政府合作项目结束时,全所人员完成研究课题逾百项,参编出版论著近百部,撰写发表论文500余篇,其中多项成果在全国和上海市获奖或被有关部门实际采用。此后的十年间,上海市教育科学研究院职业教育与成人教育研究所确立"政府导向、发展导向、市场导向"的方针,进一步强化为政府部门提供职业与成人教育决策咨询服务的核心功能,多次应邀参加国务院、教育部等中央部委和上海市人民政府有关职业教育改革发展重要文件的起草工作,直接参与国家职业教育政策的顶层设计,包括参与主持编制国家中长期教育改革和发展规划纲要的职教部分,以及中央财政支持职教实训基地建设计划、国家示范性高等职业院校建设计划等一系列重大政策和项目方案的设计实施与监控评价,研究成果更趋丰富,在全国职教界具有较大影响力。截至2010年,该所比较重要的获奖科研成果有:《中国高等职业教育——历史的抉择》先后获中国职业技术教育科学研究成果一等奖、全国教育科学研究成果二等奖;《上海新一轮发展对职业教育的需求及其调整对策研究》获全国人事人才科学研究优秀成果三等奖;《上海市农村劳动力转移就业战略研究》获上海市决策咨询研究成果二等奖;《"十一五"规划:职业教育改革与发展问题研究》《高职高专教育教学质量评价与监控体系研究》《上海高等职业技术教育发展研究》分别获上海市教育科学研究成果一、二、三等奖;《中国高等职业教育史纲》《在沪农民工同住子女中职毕业后报考高职的政策研究》和《职业教育评价》分别获中国职业技术教育科学研究成果一、二等奖。

二、华东师范大学职业教育与成人教育研究所

改革开放之初,华东师范大学教育科学研究所(1956年成立、1979年恢复)着手研究的重要课题之一就是中等教育结构的改革与职业技术教育的重建,曾接受上海市任务,对上海市中等教育结构单一化的情况进行调查,并就中等教育结构改革的方案提出意见。完成任务后,深感发展中等职业技术教育势在必行,而对职业技术教育的研究确是教育研究中的一个空白点。在此过程中聚集

人力,奠定职业技术教育研究的基础。

1983 年,技术教育研究室正式成立于华东师范大学教育科学研究所,主任由教科所所长江铭兼任,成员有黄克孝、卞英杰、邵爱玲、应俊峰等人。1985 年起由黄克孝任主任,作为这一新兴学科带头人。1996 年,钱景舫成为职业技术教育学专业第一任教授,并担任学科带头人。1998 年起,石伟平成为第二任教授并接替钱景舫成为带头人。到 2000 年技术教育研究室改建为职业技术教育研究所为止,学科队伍中先后补充叶肇芳、邓晖、周志强、刘德恩等人,另外教科所金一鸣、张伟远、斯福民等人主持或参加部分职教重大课题研究,做出重要贡献,如金一鸣主持的上海市职业指导实验研究、苏南职业学校办学模式研究等。到 1987 年,向国务院学位委员会申报成立职业技术教育学硕士学位的专业点并获批准,成为中国大陆第一个职业技术教育学硕士学位授予点。该硕士点具体的招生与培养工作由教科所技术教育研究室承担,1988 年开始招生。职业技术教育专业硕士点的创立,不仅是职业技术教育专业的学术奠基工程,而且通过本专业高层次人才的培养形成该领域事业发展的再生产机制。此后本专业点通过教育、培训、学术研究与社会服务等多种方式,把学术成果职业技术教育的事业发展中。2000 年院系调整,职业技术教育的专业点并入华东师大课程与教学系,并改技术教育研究室为职业技术教育研究所,石伟平、马庆发两位教授正式成为本专业点的骨干力量,石伟平任所长。该所的成立为 2002 年的职业教育与成人教育研究所的独立建制奠定基础。经教育部批准,以职业技术教育研究所为主体力量申报的全国重点建设职业教育师资培训基地,于 2001 年 3 月成立。2001 年该专业点申报职业技术教育学专业博士点获得成功,从而成为中国大陆首个职业技术教育学专业的博士学位授予点。2002 年石伟平教授首届招收博士生 3 人。职业技术教育学博士点的设立,进一步提升职教学科学术研究与人才培养的层次,开辟学科发展的新阶段。

2002 年 4 月,职业技术教育学和成人教育学两个学科合并成立独立建制的职业教育与成人教育研究所,隶属于教育科学学院,由马庆发和周嘉方任临时负责人。2002 年 9 月起,由石伟平担任所长、黄健担任副所长。新所内设有全国重点建设职业教育师资培训基地、教育部高校远程及继续教育管理干部培训中心、职业技术教育研究中心、成人教育研究中心和社区教育研究中心、人才资源研究中心、中职硕士研究生招生办公室,出版《职成教研究》(原《成人高等教育研究》)。主要研究领域如下:职业技术教育学基础理论研究;比较职业技术教育研究;职业培训与就业研究;高等职业技术教育研究;职业技术教育课程与教学改革研究;职业教育行政与管理研究;生涯教育与咨询研究;成人教育的相关研究。

三、上海师范大学高等职业教育研究所

上海师范大学高等职业教育研究所成立于 2008 年,是集学术研究与人才培养为一体的机构,下设高等职业教育理论与比较研究室、高等职业教育政策与评价研究室、成人高等教育研究室等。在学术研究方面,主要以高等职业教育的实践研究为主体,以职业教育的理论建构为基础,同时兼顾成人教育的理论与实践研究。具体研究领域包括高职教育的政策和决策咨询研究、高职教育的评价研究、高职教育的师资培养研究、职业教育的基础理论和国际比较研究、成人教育的理论与实践研究等。在人才培养方面,主要培养具有硕士学位的职业教育、成人教育研究和管理人才,同时依托教育硕士点培养具有专业学位的高等职业教育专门人才。其职业技术教育学专业的特点,在于强化高职教育研究的学科专门化方向,结合该所作为全国高职高专校长联席会议秘书处承担的

实际工作,有效推进高职教育研究的理论创新,由时任上海师大校长的全国高职高专校长联席会议主席李进担任该学科带头人,并从校外聘请全国高职研究领域的一流专家马树超、陈解放等作为兼职教授担任研究生导师,汇聚成为国内顶级水平的高职学科团队。

四、同济大学职业技术教育研究所

同济大学职业技术教育研究所设在职业技术教育学院内。同济大学职业技术教育学院是1994年10月经教育部批准成立的全国6所培养四年制本科职业教育师资的学院之一,是中德两国政府关于在同济大学促进职教师资力量培训的合作项目之产物,首任院长由时任同济大学校长吴启迪兼任。职教学院及其职教研究所充分发挥以工科专业为主的综合性大学优势,依托中德合作项目的有利资源条件,学习借鉴德国高校中的职教学科建设经验,将其职教学科的特点主要定位在结合工程类专业开展专业教学理论和方法论研究方面,将机械、电子、土木建筑等专业的工程教育与职教专业的师范教育有机结合起来,有利于在培养高水平的职教师资过程中开发具有理论创新意义的各类专业教学法。职教学院还设有综合教研室,下设4个教研室,是一个既有研究又有教学的实体,研究主要为教学服务。职教研究所和综合教研室拥有国内与留德的哲学博士和工学博士多人,同时承担研究和教学工作。

第二节　社　会　组　织

一、上海中华职业教育社

由中国职业教育的先驱黄炎培联合蔡元培、梁启超、张謇、宋汉章等48位教育界、实业界知名人士和社会贤达共同发起创立的中华职业教育社,是中国历史上第一个职业教育团体,1917年5月诞生于上海,新中国成立后迁至北京。中华职业教育社上海分社于1950年5月正式成立,"文化大革命"期间职教社业务停顿、机构解散。1982年11月24日,中共中央总书记胡耀邦函复中华职业教育社代理事长胡厥文,同意并支持中华职业教育社恢复组织和开展工作,中华职业教育社上海分社随之获准恢复,并于1983年2月在市政协礼堂举行恢复成立大会。1992年1月根据民政部文件要求,中华职业教育社上海分社更名为上海中华职业教育社。1995年1月召开上海中华职业教育社第一次社员代表会议,选举产生复社后的第一届社务委员会,其后1999年12月、2004年10月、2009年6月先后召开社员代表会议,相应产生第二、三、四届社务委员会,领导上海中华职业教育社开展社务工作。20世纪80年代以来,上海中华职业教育社发挥"统战性、教育性、民间性"的特点和优势,努力为上海经济社会发展服务。主要通过开展调查研究和建言献策,实施"温暖工程",进行职业教育、职业指导和职业培训的研究与实践,推进海内外职业教育交流与合作,加强自身建设和组织发展,为统一战线工作和职业教育事业发展做出贡献。到2010年前后,上海中华职业教育社有个人会员2 000余人、团体社员单位100多个,并先后在上海多个区县建立职教社组织,成员大多由教育界、科技界、经济界等知名人士及职业教育工作者组成。

1991年上海中华职业教育社理论研究委员会成立,作为社务委员会领导下的职教理论咨询、研究、动态交流机构,其基本任务是为中华职业教育社提供职教理论和咨询服务,在社员及同行中组织理论活动交流,协助上海分社编辑有关职教社内、团体的职教学术动态和研究成果。委员会成立后开展的活动有：黄炎培职业教育思想研究，1991 年和上海市教育局、上海市职教研究会合作选编《黄炎培职业教育思想文摘》；编写中华职业学校校史；1994 年 5 月组织召开"黄炎培和浦东早期开发研讨会"，联合主办单位有中国社科院历史研究所、上海市地方志办公室、上海市历史学会、文汇报社等；1991 年和上海职教研究所合作开始进行"职业技术教育与社会经济发展"课题研究，研究成果形成专著出版；与《探索与争鸣》杂志社合作于 1994—1995 年组织举行"在社会主义市场经济条件下中国教育的走向"系列研讨会，围绕教育能不能走向市场、教育的公平与效率、职业教育与经济发展三个主题分三次展开讨论，邀请相关专家学者参加，会上陈述的意见成文后推荐给《文汇报》《探索与争鸣》《教育与职业》等报刊发表；1998—2000 年与市人大和市政协教育工作委员会、上海职教研究所合作召开研讨，讨论"职业教育与知识经济"这一主题；参加教育部"九五"计划重点课题"中学职业指导研究与实验"研究，负责上海子课题组组织 15 所实验学校于 1999 年陆续进入实验阶段，整个实验工作于 2000 年底完成。

进入 21 世纪之后，上海中华职业教育社事业进一步拓展，一是黄炎培职业教育思想研究不断深入，二是理论探索、调查研究和建言献策水平不断提升，三是推动职业教育改革与发展作用不断凸显，四是服务经济社会发展功能不断增强，五是职业教育对港澳台地区和对外交流合作不断深化，六是自身组织发展在规模和质量上不断拓展。

二、上海市职业教育协会

上海市职业教育协会成立于 2003 年 12 月 26 日，是由上海市教育委员会、上海中华职教社、上海市职业教育研究所牵头发起，经市民政局同意组建；是由上海市高等职业院校、中等职业学校、企业和行业协会单位及职教工作者自愿组成的专业性、群众性的非营利性社会组织；经社会团体管理机关核准登记，取得团体法人资格。协会接受上海市教育委员会和上海市社会团体管理局的业务指导呼应和监督管理，有团体会员 160 个、个人会员 405 个、内设机构 8 个。协会充分发挥职业教育的桥梁和纽带作用、参谋与咨询作用、服务社会的作用，主要包括：宣传党和国家有关职业教育方针政策，传播职业教育有关信息，弘扬上海职业教育的传统与优势，介绍与推广国内外职业教育新的理论和经验；推动职业教育的科学研究、学术交流和改革实践，组织有关职业教育重点课题的研究与成果推广，探索职业教育适应经济发展的改革举措；围绕职业教育的改革与发展，向党和政府建言献策，向有关部门反映职业教育工作者的意见、要求与建议，起到桥梁和纽带作用；开展同国内外有关部门、行业、学术团体及学校、企业的联系和交流，有效地开展组织活动；举行研讨会、报告会、经验交流会，举办相关的培训、咨询等活动，组织职业教育优秀论文的评选。

上海市职业教育协会曾经组织的大型活动有：2006 年起与上海市教育发展基金会、上海市政协科教文卫体委员会、上海教科院职成教所、华东师大职成教所等单位共同主办"上海职业教育合作论坛"，主题分别是：2006 年"校企合作、工学结合——育人单位与用人单位的对接"；2007 年"职业教育集团：校企合作的制度探索"；2008 年"东亚职业教育论坛"；2009 年"金融危机与学生就业"；2010 年"面向 2020 年上海现代化：职业教育发展趋势"。定期举办职教沙龙，加强经验与信息交流，其中有：市教委领导与职校校长零距离交流；院校长与行业、企业代表恳谈；开展"我为《纲要》献一计"活动；配合市政协科教文卫体委员会组织座谈会等。每年开展职业教育课题立项和论文评选，共计申报课题700 余项，立项 150 余项；编印论文汇编 2 册；获得全国教育科学研究成果奖 5 项。2005 年与上海教育发展基金会共同举办"上海职业教育杰出校院长"评选活动，表彰 18 位校院长的先进事迹；2006 年表彰退休后的 32 位老校长,表彰他们仍在职教园地上耕耘的事迹;2009 年与上海教育发展基金会共同举办"上海职业院校教学名师"评选表彰活动,评选 21 位在教师岗位上作出成绩的一线教师。2005—2009 年承担上海市职业培训指导中心委托的上海市高校职业资格鉴定标准(准高级)项目,2008 年开始连续作为上海市人力资源和社会保障局组织的上海市职业技能竞赛一类竞赛承办单位,2010 年开始接受上海市人力资源和社会保障局开展职业技能补贴培训督导抽查工作。2003 年起连续 8 年接受上海市职业资格鉴定中心的委托,承担全市职业资格百余个项目的组织工作。2006—2010 年连续接受广西自治区教育厅委托,对广西重点职校后备干部开展在上海重点职校的挂职骨干校长研修班。2009 年起接受市教委高教处的委托开展对上海市高等职业院校校长、专业主任、骨干教师和新任教师的教学能力提升,举办"上海市高等职业院校专业教学建设比武"大赛活动,开展上海高等职业院校学生、教师汽车维修工、汽车营销、数控机床等技能竞赛活动。

三、上海市教育评估院职业教育与成人教育评估所

2000 年 9 月 6 日,经上海市编制委员会批准,上海市教育评估院正式成立,设立包括办公室在内的 7 个评估室,职业与成人教育评估室(简称"职成教评估室")为其中一个。随着事业的发展,职成教评估室随后也更名为职业教育与成人教育评估所(简称"职成教评估所")。职成教评估所主要职责是,接受政府和职业学校的委托,进行职业教育,更多是中等职业教育的设置、办学水平、专项评估和研究工作,为提高中等职业学校(这一时期上海的中专与职高两类学校在全市层面上已实现统一管理)的教学质量服务。根据这一职责,职成教评估所具备以下功能:一是为政府和教育主管部门提供决策咨询服务;二是教育评估相关咨询服务功能;三是开发功能;四是科研功能;五是培训功能及其他相关功能等。职成教评估所坚持贯彻落实评估院各项行政管理制度,根据职业教育评估业务的特点,制定评估项目委托规定、评估方案制订办法、评估专家遴选原则、评估全过程跟踪和报告制度和职成教评估所工作人员守则等,为评估工作顺利开展建立较好的规章制度保障。2001 年至 2010 年的 10 年间,职成教评估所接受来自市教委和职业学校的委托,开展包括上海市中等职业学校 A 级评估、上海市中等职业学校新专业(专门化)设置评估、上海市百所中等职业学校重点建设验收评估、国家级重点中等职业学校调整认定与申报评估、上海市中等职业学校图书馆等级评估、上海市中等职业学校重点专业(工种)认定评估、上海市职业教育开放实训中心建设验收评估、上海市中等职业学校新设专业教学质量检查评估等评估项目。在科研方面,以 2008 年至 2010 年为例,职成教所共主持和参与市级及以上研究课题达 14 项,涉及中等职业学校课程教材改革、实训中心建设与运行、职业教育评估指标、中等职业教育教学质量评估研究等内容。同时,职成教评估所在市教委的统筹安排下,在评估院的指导下,筹备成立上海市教育评估协会职成教专业委员会,协助建立上海市职业教育评估专家库,协助举办上海市职业教育评估专家培训班。

四、上海市教育技术装备部

该部负责拟订上海市各级各类学校教育装备标准,并指导区县教育装备机构和学校组织实施。负责拟订职业学校教育装备建设规划或工作计划,并组织实施相关具体事宜。拟订学校实训中心等教育装备的使用管理制度、学校教学仪器管理办法和教育装备管理队伍建设规范。参与相关教育督导评估工作,承担教育装备专业人员的培训工作。承担上海市中等职业学校教师培训组织和

培训基地管理。

五、上海市教育委员会教学研究室职成教部

该教学研究室是上海市教育委员会的直属事业单位,在市教委领导下主要负责中小学、幼儿园、中等职业教育和特殊教育的课程改革和教学研究工作,包括负责研究、拟订课程教材改革方案,开展课程改革的试验与推广工作,编拟、修订课程标准,组织、管理各类教材编写工作,承担学校教学实施和改革方向的研究与指导工作,并协助市教委有关职能部门开展相关教学指导、培训、组织、评价等方面工作。该教研室专门设有职成教部,紧密配合上海市教委制定的中等职业教育课程改革和提高教学质量行动计划,负责组织课题立项并面向全市招标,有效促进中等职业学校的教学水平全面提升。

六、上海市中专体育协会

成立于 1984 年 6 月,有团体会员 92 个,会址设在上海市经济管理学校内。协会宗旨是广泛开展中等专业学校体育工作的业务交流,宣传贯彻学校《体育工作条例》,推动中等专业学校体育工作的改革和发展。协会下设办公室、教学科研组、群体竞赛组,并设 6 个协作组。后经上海市教育局、上海市体育运动委员会审查同意,由上海市民政管理局核准为一级法人团体。

七、上海市中等职业学校德育研究会

上海市中等职业学校德育研究会是上海市中小学德育研究协会的专业委员会,它本着"传递信息、交流经验、组织培训、课题研究"的宗旨,为上海市 130 多所中专、职校、技校服务,为政府部门当好参谋,为基层单位出谋划策,为学生德育活动搭建平台。

八、上海高职教育发展研究中心

上海高职教育发展研究中心是经上海市教育科学研究院批准、依托职业教育与成人教育研究所成立的内设机构,2005 年 11 月成立以来受教育部委托完成一系列政策研究和专项方案设计工作,参与主持起草《教育部、财政部关于实施国家示范性高等职业院校建设计划,加快高等职业教育改革与发展的意见》和《教育部关于全面提高高等职业教育教学质量的若干意见》等重要文件,出版《中国高等职业教育——历史的抉择》《高等职业教育——跨越·转型·提升》《中国高等职业教育史纲》等学术专著,发表《中国特色高等职业教育再认识》和《以专业改革与建设践行高职教育科学发展》等多篇论文。

第三节　论坛和媒体

一、上海职教论坛

该论坛产生于 1995 年,是十几位长期从事职教管理和科研工作的人员自觉自愿组合,采取各

自分散研究、在沪不定期集会的方式,完全无偿进行民间研讨的一个非正式团体。首次活动是由原国家教委职教司司长杨金土、原国家教委职教中心研究所常务副所长孟广平召集部分相关研究者开展专题研讨形成共识后发表《对发展高等职业教育几个重要问题的基本认识》一文,原上海电机技术高专校长严雪怡与来自上海职教研究所和上海第二工业大学的参加者认为这种民间研讨的形式灵活而有效,可作为有关政府部门和研究单位的一种补充,故作为一项固定活动延续下来。第二次研讨活动发表《论高等职业教育的基本特征》一文后又有华东师范大学职教研究所和同济大学高技学院加入,由上海的5家单位共同组成论坛组委会和专家委员会,并在上海电机学院专设秘书处。此后该论坛开展数十次研讨活动并先后发表《对技术、技术型人才和技术教育的再认识》和《以科学发展观审视职业技术教育体系的若干问题》等重要成果,2005年出版《对职业技术教育若干问题的基本认识——上海职教论坛十年论文集》。

二、《上海中职教育》

1982年3月,上海市中专教育研究会编辑出版《上海中专教育》期刊,以反映中等专业教育科研、学术交流为主,每年出2~3期,到1995年底共出版29期。内容有思想政治工作、教育改革、教学研究、教师论坛、校长论坛、学术讨论、班主任工作等栏目。2003年12月上海市职业教育协会成立后更名为《上海中职教育》,改由上海市职业教育协会中职教育分会负责编辑出版,作为面向拓宽至整个中等职业教育领域三类学校的季刊,每年出4期。

三、《上海职教》

该杂志是由上海职业技术教育研究所主办的综合性(包括职前、职后、城市、农村)杂志。创刊于1991年1月5日,原名《上海职教信息》,1992年1月改名为《上海职教》。每月出版1期,内容有卷首导读、标题新闻、理论专题、国外职教、企业培训、农村职教、教研集萃、德育之窗、经验交流、学校介绍等特定栏目。1995年后又增辟校长访谈、普职渗透、群英特写、热点讨论、校办企业、职业指导、咨询服务等栏目。该刊于1995年被中国职业技术教育学会期刊委员会评为全国中等职业教育刊物优秀奖,截至1997年底共出版84期。

四、《成才与就业》

该杂志是由上海教育报刊总社主管、主办的国内外公开发行期刊;2001年经国家新闻出版总署批准,由原《上海成人教育》改为现名,读者对象也调整为以三类中等职业学校在校生为主的、对职业生涯发展教育有需求的青年群体;现为月刊,设置封面、规划、漫谈、创业等特色栏目。

五、《职教教改论坛文集》

该系列出版物分年度出版,由上海市教育科学研究院职业教育与成人教育研究所组编,从2002年至2010年每年编订一集,是刊登上海市各类职业学校教师的教育教学论文的文集,马树超、雷正光主编,中国科学技术出版社出版。

六、"职成教育在线"网站

2001 年 9 月，"职成教育在线"网站开通。为了推进职业教育与成人教育的信息化建设步伐，完善"一网五环"中的职业教育与成人教育的网络建设，上海市教育委员会委托上海远程教育集团承建上海职业教育与成人教育网站——"职成教育在线"，并成立诚智教育信息技术有限公司具体负责网站经营工作。该网站，面向上海市职业教育和成人教育市场，为上海市职成院校和社会各界提供基于互联网之上的信息，介绍上海市各类职业教育与成人教育院校及相关培训机构，开设社会需求较大的网络课程，提供网上学校培训，及时发布各职业教育与成人教育院校的招生信息和毕业生信息，在政府教育部门、职成院校和社会人群之间搭建一个多功能的网上交流平台。

此外，上海的一些社会团体曾经编辑出版《上海中专信息报》《职教苑览》《职教课改信息》等刊物。上海许多职业院校也都编辑出版学校校刊，如《上海冶教》《教育研究通讯》等，在上海和全国有关兄弟学校之间进行交流。

第二章 课题研究

第一节 概 况

上海明确职教科研对职教改革与发展的先导和引领作用,一是促进职业教育工作决策的科学化,二是改革职业教育结构以适应城市产业发展的需要,三是推进职业教育办学体制改革,四是深化职业院校人才培养模式改革,五是提升职业院校教师素质,六是推进职业院校提升社会影响力。在此基础上,从服务决策、创新理论、指导实践三个方面逐步形成上海职业教育科研体系。

服务决策方面:上海市教委的职业教育处、高等教育处、终身教育处、德育处、财务处、科研处等每年都结合各自业务工作,提出一批有关中职、高职和成人继续教育改革发展的立项课题向全市招标,或者直接委托各相关机构通过项目研究为政府部门的决策提供有效的咨询服务。如从2001年起,上海市教委职教处每年都与上海市教科院职成教所合作编著出版一本全面反映上海中等职业教育年度工作的灰皮书。2006年上海市人民政府响应国务院大力发展职业教育的号召,提出树立"大职业教育观"和率先构建现代职业教育体系的目标,就是上海市教委在组织各单位积极开展相关科研工作的基础上形成的综合研究成果。上海市人力资源与社会保障局职业技能开发处、上海市职业技能鉴定中心与高校和职业院校共同开发综合职业能力鉴定项目,同时将国家职业资格标准引进教学中。上海市教科院职成教研究所作为教育行政部门下属的科研机构,建所21年来坚持立足上海,服务全国,以为政府部门提供决策咨询服务的应用性研究为主。特别是进入21世纪以来,该所遵循"政府导向、发展导向、市场导向"的办所方针,科研人员多次应邀参加国务院、教育部等部委和上海市政府有关职业教育改革发展重要文件的起草工作,直接参与国家政策的顶层设计。如2005年初完成的"职业教育改革发展问题研究"和"我国不同地区职业教育发展水平比较研究"课题成果,成为当年国务院作出大力发展职业教育决定的重要政策基础和支撑中等职业学校大扩招的关键性依据,课题中关于中央政府投资100个亿发展职业教育等许多政策建议被国务院所采纳;又如教育部和财政部联袂实施的中央财政支持职业教育实训基地建设、国家示范性高等职业院校建设计划等,也都是直接建立在该所科研人员研究成果基础之上的。该所学术带头人马树超还曾作为全国职教科研战线的唯一代表参加国务院教育工作座谈会,向温家宝总理面陈有关职教改革发展的政策意见和战略设想。

创新理论方面:华东师范大学职成教研究所作为在全国高校中最具实力和影响力的职业技术教育学博士点,产生大量学术成果,发表论文近千篇,出版丛书和各类职成教研究著作数十本,承担并完成多项国家、省部级与政府委托的重要课题。该所的特色是将科研队伍的培育与学科梯队建设紧密联系起来,在研究定位上强调理论引领与实践出发相结合的"顶天立地",并紧密结合硕博士培养工作进行系统性的理论研究,以形成系列化的学术成果,学科带头人石伟平领衔整个科研团队承担一系列的研究项目成果斐然,如"现代职业教育研究丛书"等学术专著在职业教育理论界产生重要的影响,相关课题中提出的一些理论框架和战略思路也在不同程度上被政府部门所采纳,在职教课程论、教学论和国际比较研究方面所取得的大量成果更是在国内各地职业院校得到广泛传播和应用。上海师范大学高等职业教育研究所的职业技术教育学科特点是强化高职研究的专门化方向,结合该所作为全国高职高专校长联席会议秘书处承担的实际工作有效推进高职研究的理论创新,从校外聘请全国高职研究领域的一流专家作为兼职教授担任研究生导师,汇聚专兼职相结合的学科团队。同济大学职业技术教育学院及其职教研究所则充分发挥以工科专业为主的综合性大学优势,依托中德合作项目的有利资源条件,学习借鉴德国高校中的职教学科建设经验,将其职业技术教育学科的特点主要定位在结合工程类专业开展专业教学理论和方法论研究方面,将机械、电子、土木建筑等专业的工程教育与职教专业的师范教育有机结合起来。另外,上海第二工业大学高教所、上海电机学院高教所等应用技术本科院校的职教研究机构也已形成各自的特色,成果多样而富有实效。

指导实践方面:上海中华职业教育社、上海市职业教育协会经常利用专家资源和组织网络开展活动,指导广大基层学校开展群众性的职教科研工作。部分行业主管部门人力资源开发处室、各区县教育局教研室、教育学院和专业研究会等,也积极组织开展面向基层的职业教育与培训工作研究。上海市教委教学研究室紧密配合上海市教委制定的中等职业教育课程改革和提高教学质量行动计划,组织课题立项并向全市招标,在打造一支研究型教师队伍的同时有效提升课程建设水平。另外,上海市教育评估院、上海市学生事务中心、上海市教育技术装备中心、上海市职业培训研究发展中心、部分行业主管部门人力资源开发处室、各区县教育局教研室和教育学院,以及各专业研究会等机构,也都积极组织开展面向基层的职业教育与培训工作研究。更多的是以各职业院校为主体,紧密结合办学育人开展工作实践研究,包括校企合作、专业建设、课程开发、学生学习行为、职业指导、集团化办学等研究。同时,充分利用跨部门、跨区域智力资源为上海职业教育服务。一是打破围墙,与行业企业联合进行职教科研,如上海职业院校与上海护理协会共同研究基础护理、临床护理、专科护理对多层次护理职业教育的影响;二是走出去,广泛学习国内同行的职教经验,如市教委连续组织骨干高职教师赴宁波职业技术学院、常州职教园区等地学习培训;三是请进来,邀请外省市专家来沪为职业院校教师讲学,如北京的姜大源教授、深圳的戴士弘教授等为上海教师开课;四是开拓国际视野,与境外、国外职业教育机构合作科研,如上海医药高等专科学校与7个国家同行成立跨国护理教学教研组。尤其注重激发高等职业院校的科研功能,上海市教委将高等职业院校的科研纳入全市高校科研工作布局,并与市教育发展基金会设立为青年骨干教师提供科研平台和经费支持的"晨光计划",鼓励高等职业院校以专业为单位开展横向科研、申请技术专利,通过提升专业行业影响力达到人才培养水平的提高等。

1997年,市教委在全市着重抓重点科研工作,开展国家教委重点科研课题"职业技术教育课程改革与教材建设研究与实践"方案设计,课题组由教育行政部门、高校及科研机构研究人员、行业企业领导、专家以及第一线的校长、教师等方面人员组成;承担国家教委重点课题"新的历史条件下职业学校德育课程问题研究"的子课题研究,编制"新时期对职业技术人才思想政治素质和职业道德素质要求的调查问卷和调查方案";承担市级课题"上海市中等职业学校校班会系列设计方案"的任务,完成教师卷、学生卷的调查问卷的编制。2001年,市教委组织12个应用性课题的研究,包括《上海职业技术教育与成人教育"十五"发展规划》《中等职业学校学分制试点的现状、经验、问题及今后发展》《综合高中试点的现状、经验及今后发展》《职业技术教育成本研究》《上海市社会力量举办非学历教育的发展现状、存在问题及其对策》《1999—2001年上海中等职业学校毕业生就业、升学情况调查》等课题。有关学分制、综合高中的研究成果已用于指导实际工作。进行《上海市实施〈中华人民共和国职业教育法〉办法》立法调研和草案的起草。

2001年,市教委组织《上海职业技术教育与成人教育"十五"发展规划》《中等职业学校学分制试点的现状、经验、问题及今后发展》《综合高中试点的现状、经验及今后发展》《职业技术教育成本研究》《上海市社会力量举办非学历教育的发展现状、存在问题及其对策》《1999—2001 年上海中等职业学校毕业生就业、升学情况调查》等 12 个应用性课题的研究,有关学分制、综合高中的研究成果已用于指导实际工作。进行《上海市实施〈中华人民共和国职业教育法〉办法》立法调研和草案的起草。

2005 年,国务院作出大力发展职业教育的战略决策,就在很大程度上依托和采用上海市教育科学研究院此前完成的《"十一五"规划:职业教育改革与发展问题研究》报告所提供的应用分析和咨询建议,使政府的战略决策能够建立在坚实可信的科学研究基础上,职业教育的学科建设及其研究成果的应用初见成效。

2006 年,市教委组织多层次高等职业教育研究协作组,研究四年制高等职业教育的人才培养模式及政策框架。从微观研究、中观研究、宏观研究三个层次展开全面研究,已确定《技术本科课程特性研究》《技术应用型本科院校人才培养工作水平评价标准研究》等 11 个研究课题。

2007 年,市教委依托并组织华东师范大学职业教育研究所和教科院职成教所,开展"职业教育集团化办学的理论与实践研究"课题研究,重点加强对职业教育集团化办学实践的理论支撑和指导。课题研究成果,对集团工作的组建和推进产生重要影响,并同时得到教育部职成司领导的高度好评。

第二节　上海市教育科学研究院职业教育与成人教育研究所成果

1990—2000 年期间,上海职业技术教育研究所承担完成全国教育科学规划教育部重点课题"我国各级各类职业技术教育课程模式开发的理论方法之实验研究"和"职业技术教育课程改革和教材建设的研究及实践"、上海市教育委员会委托的"上海职业教育三年发展报告(1997—1999)"和"上海高等职业技术院校办学条件调研"等重大项目。主持的"城乡企业在职业技术教育发展中的地位和作用"获全国教育科研优秀成果二等奖,"关于职业和技术教育课程体系若干问题的研究"获上海市教育科研优秀成果二等奖,"借鉴'双元制'模式的试点实验研究"获上海市哲学社会科学优秀成果三等奖;重点参与的全国哲学社会科学规划国家级重点课题"借鉴德国'双元制'经验促进中国职业技术教育改革的研究与实验"获全国教育科研优秀成果一等奖。该所完成市政府相关部门委托的"90 年代上海职业技术教育调整与发展研究"获上海市教育科研成果一等奖,"上海高等职业技术教育发展研究""制订《上海市职业技术学校德育纲要》研究""上海中等职业技术学校投资体制研究"获上海市教育科研优秀成果二等奖,"修订《上海市职业技术教育条例》研究""上海高等职业技术教育专业设置原则研究"获上海市教育科研优秀成果三等奖;此外,承担中德合作项目"职业教育中新的教与学的方法研究"获全国优秀职教教学成果二等奖。

2001—2010 年期间,上海市教育科学研究院职业教育与成人教育研究所先后承担完成的重大课题,主要有全国教育科学规划国家一般课题"区域职业技术教育均衡发展研究",全国教育科学规划教育部重点课题"我国不同地区职业教育发展水平的比较研究""我国高等职业教育课程模式开发研究""全国职业院校实训基地建设评价研究"和"职业教育集团内涵发展研究"等,教育部高等教育司委托的"高职高专教育教学质量评价与监控体系的研究与实践"和"高等职业教育现状与发展研究"、发展规划司委托的"职业教育改革与发展问题研究"、财务司委托的"中央财政支持的职业教育实训基地建设研究"、职业教育与成人教育司委托的"建立普职沟通、中高衔接的'立交桥'方案研究"和"职业院校学分制理论与实践研究"等多个项目。在教育部"面向 21 世纪职业教育课程改革和教材建设规划"研究与开发项目成果评审中,该所的"中等职业教育现代教学方法的研究"获一等奖,"中等职业教育多种课程模式的研究"和"新时期中等职业教育的作用及人才培养规格和培养模式的研究"获二等奖,"中等职业教育教学质量控制与评价研究"获三等奖。上述重大课题的研究成果有不少最终形成学术专著出版后,又荣获中国职业技术教育科学研究成果一等奖、全国教育科学研究成果二等奖、全国人事人才科学研究优秀成果三等奖、上海市决策咨询研究成果二等奖、上海市教育科学研究成果一二三等奖等奖项。

表 12 - 2 - 1　1991—2010 年上海市教育科学研究院职业教育与
成人教育研究所人员主持编著出版物一览表

序号	著作名称	编著者	出版社	出版年月
1	上海职教(月刊)	成立强、成永林主编	上海市新闻出版局(沪期字第 314 号)	1991.1—1997.12
2	德国双元制教学模式初探	雷正光编著	北京:科学普及出版社	1992.5
3	上海郊县中专教育	唐德杲、雷正光、陶正官主编	北京:科学普及出版社	1992.11
4	上海中等专业学校、技工学校简介	成立强、唐德杲、陈家芳主编	北京:科学普及出版社	1993.3
5	职业技术教育与社会经济发展	应文涌主编	昆明:云南教育出版社	1993.12
6	技工教育领域课程的探索	雷正光、郭扬主编	北京:科学普及出版社	1994.4
7	职业技术通俗读本	陶正官、雷正光主编	北京:科学普及出版社	1994.5
8	职业技术学校管理学	杨家华著	北京:科学普及出版社	1994.6
9	求职技巧与自测	沈纯道著	上海:上海科学技术文献出版社	1995.6
10	现代企业与职业技术教育	沈纯道主编	北京:中国建材工业出版社	1995.9
11	现代职教发展探索	雷正光、周亚弟主编	北京:科学普及出版社	1995.10
12	现代职教课程论研究	俞立、郭扬主编	北京:中国科学技术出版社	1995.12
13	求职大趋势	沈纯道著	上海:中国纺织大学出版社	1996.10
14	德国"双元制"职教模式在 CTM 的实验与研究	黄关从主编,成永林、雷正光审编	上海:文汇出版社	1997.1
15	职业教育十论	郭扬、王怡、周亚弟主编	北京:科学普及出版社	1997.6
16	现代化发展与职业教育管理	周亚弟、郭扬主编	北京:科学普及出版社	1997.7
17	职教课程改革研究	黄克孝、严雪怡主编	北京:科学普及出版社	1997.10

（续表一）

序号	著作名称	编著者	出版社	出版年月
18	面向 21 世纪的职业教育管理研究	雷正光、郭扬、周亚弟主编	北京：科学普及出版社	1999.3
19	职教模式实验研究	成永林、黄克孝主编	北京：科学普及出版社	1999.5
20	"双元制"职教模式及其实验研究	雷正光著	北京：中国科学技术出版社	1999.12
21	德国双元制职业教育	杨黎明编译	上海：上海社会科学院出版社	2000.1
22	职教课程实务概论	雷正光著	北京：中国科学技术出版社	2000.2
23	高等职业技术教育理论与实践	薛喜民主编，马树超、郭扬副主编	上海：复旦大学出版社	2000.4
24	1996—1998 德国职业培训条例及培训大纲精选	张家寰、许英编译	北京：中国科学技术出版社	2000.5
25	职业百科词典	钱景舫、雷正光主编	北京：科学普及出版社	2000.5
26	走向新世纪的职业教育研究	马树超主编	上海：上海大学出版社	2000.10
27	上海高等职业技术教育发展研究	马树超主编	北京：高等教育出版社	2000.10
28	挑战与机遇——21 世纪职业教育走势研究	杨黎明、周亚弟主编	上海：百家出版社	2000.12
29	职业和技术教育课程概论	黄克孝主编	上海：华东师范大学出版社	2001.3
30	面向未来的职业技术教育	马树超、瓦格纳主编	上海：上海科技教育出版社	2001.4
31	重点职业学校与我国职业教育	朱兴德著	上海：上海外国语教育出版社	2001.7
32	经济学基础	杨黎明主编	上海：上海社会科学院出版社	2001.8
33	新世纪职业教育走向抉择	马树超著	上海：上海教育出版社	2002.2
34	职教课程模式开发	夏建国、郭扬主编	上海：上海教育出版社	2002.3
35	职业院校学分制的理论与实践研究	杨黎明著	北京：高等教育出版社	2003.5
36	挑战与机遇——困境中的职业教育发展研究	杨黎明、周亚弟主编	上海：百家出版社	2003.8
37	上海高等学校高职高专指导性专业目录与专业介绍（2003 年修订版）	郭扬、张家寰等修订	上海：上海科学技术出版社	2003.9
38	创建学习型城市研究	楼一峰、顾晓波主编	北京：高等教育出版社	2003.12

（续表二）

序号	著 作 名 称	编 著 者	出 版 社	出版年月
39	职业道德教育新探	马树超、费爱伦主编	北京：中国文联出版社	2003.12
40	监控与评价——高职高专教育教学质量研究	郭扬主编	北京：中国科学技术出版社	2004.10
41	新编经济学	杨黎明主编	北京：高等教育出版社	2005.7
42	新世纪职业与成人教育研究	马树超主编	北京：中国科学技术出版社	2005.10
43	高等职业教育质量监控与效益评价方法	陈嵩著	上海：上海教育出版社	2007.10
44	高等职业教育——跨越·转型·提升	马树超、郭扬编著	北京：高等教育出版社	2008.6
45	职业教育集团发展的实践与创新	王平安、郭苏华著	南京：南京大学出版社	2009.2
46	职业教育大发展的实践与探索	马树超、郭扬主编	上海：上海教育出版社	2009.5
47	中国高等职业教育——历史的抉择	马树超、郭扬等著	北京：高等教育出版社	2009.5
48	职业教育产学结合实践研究	郭苏华、隋明著	上海：上海财经大学出版社	2009.9
49	中国高等职业教育史纲	郭扬著	北京：科学普及出版社	2010.1
50	职业教育现代教育技术应用的理论与实践	董奇著	南京：南京大学出版社	2010.3
51	职业教育教学模式创新研究	雷正光、黄芳著	南京：南京大学出版社	2010.3
52	职业教育教师专业化研究	王平安、陈娟著	南京：南京大学出版社	2010.3
53	职业教育课程的功能与发展研究	雷正光、胡秀锦著	南京：南京大学出版社	2010.3
54	职业教育评价	胡秀锦、李栋学著	北京：高等教育出版社	2010.4
55	高等职业院校课程模式开发基础	郭扬著	北京：中国科学技术出版社	2010.5
56	职教教改论坛文集（年度系列 2002—2010）	马树超、雷正光主编	北京：中国科学技术出版社	2002.9—2010.8
57	上海职业教育与成人教育（年度灰皮书系列 2001—2006）	马树超等主编	上海：上海教育出版社	2002.11—2006.12
58	上海中等职业教育（年度灰皮书系列 2007—2009）	马树超等主编	上海：上海教育出版社/上海大学出版社/华东师范大学出版社	2008.8—2010.12

资料来源：上海市教育科学研究院职业教育与成人教育研究所提供，2020 年 12 月。

第三节　华东师范大学职业教育与
成人教育研究所成果

　　该所的前身为华东师范大学教育科学研究所技术教育研究室,从 1988 年开始培养职业技术教育学专业的硕士研究生,最早毕业的有邓晖、陈燕明、郭扬、孟凡萍、唐以志、周志强、杨飞、沈勤、张爱赟、刘德恩、谭移民、邓宏宝、杨武星、肖化移等人。此后于 2000 年成立职业技术教育研究所,2001 年开始培养职业技术教育学专业的博士研究生,2002 年调整为职业教育与成人教育研究所。截至到 2010 年,该所毕业的职业技术教育学硕士有 110 人,职业技术教育学博士有匡瑛、孙玫璐、唐林伟、宋磊、常小勇、张晋、董仁忠、傅建东、何光辉、徐改、崔智涛、卢宁、夏建国、贺文瑾、壮国桢、杨若凡、付雪凌、吴晓天、许涛、关晶、叶才福等 21 人;另有成人教育学硕士 93 人、博士 7 人;并举办研究生进修班数十次,培训职业技术学校教师千余人,培养访问学者数十人。

表 12-2-2　1985—2007 年华东师范大学职业教育与成人教育研究所
人员主持编著出版物一览表

序号	著 作 名 称	著　者	出　版　社	出版年份
1	技术教育概论	华东师大教科所技术教育研究室编著	上海:华东师范大学出版社	1985
2	人才教育学	杨永清、叶忠海著	石家庄:河北人民出版社	1986
3	女性人才学概论	叶忠海著	长春:北方妇女儿童出版社	1987
4	职工教育管理学概论	孙世路、曾义祥主编	北京:工人出版社	1987
5	中专教育概论	严雪怡主编	上海:华东师范大学出版社	1988
6	教育大辞典 3·职业技术教育卷	钱景舫等	上海:上海教育出版社	1991
7	职工教育管理学	曾义祥、孙世路主编	北京:机械工业出版社	1991
8	国外及中国台湾省高中后教育比较研究	高志敏主编	北京:中国劳动出版社	1992
9	教育人才学	叶忠海主编	上海:复旦大学出版社	1993
10	职工考试学概论	孙中达主编	上海:上海教育出版社	1993
11	国外职业培训制度比较研究	高志敏主编	北京:中国人事出版社	1995
12	职业百科词典	钱景舫、雷正光主编	北京:科学普及出版社	2000
13	中国女领导人才成长和开发研究	叶忠海主编	上海:上海科学技术文献出版社	2000
14	新编教育管理学	吴志宏、冯大鸣、周嘉方主编	上海:华东师范大学出版社	2000
15	比较职业技术教育	石伟平著	上海:华东师范大学出版社	2001
16	职业和技术教育课程概论	黄克孝主编	上海:华东师范大学出版社	2001
17	职业技术教育学	张家祥、钱景舫主编	上海:华东师范大学出版社	2001
18	职业教育心理学	刘德恩等著	上海:华东师范大学出版社	2001

（续表）

序号	著作名称	著者	出版社	出版年份
19	人才资源优化策略	叶忠海主编	上海：上海三联书店	2002
20	当代职业教育新论	马庆发著	上海：上海教育出版社	2002
21	成人教育课程开发的理论与技术	黄健著	上海：上海教育出版社	2002
22	造就组织学习力	黄健编著	上海：上海三联书店	2003
23	当代中国职业教育研究	陆素菊著	南京：江苏教育出版社	2004
24	人才理论精粹与管理实务	徐颂陶、王通讯、叶忠海主编	北京：中国人事出版社	2004
25	实践导向职业教育课程研究：技术学范式	徐国庆著	上海：上海教育出版社	2005
26	终身教育、终身学习与学习化社会	高志敏著	上海：华东师范大学出版社	2005
27	成人教育社会学	高志敏等著	石家庄：河北教育出版社	2006
28	比较高等职业教育：发展与变革	匡瑛著	上海：上海教育出版社	2006
29	职业教育课程开发技术	石伟平、徐国庆著	上海：上海教育出版社	2006
30	职业教育原理	徐国庆著	上海：上海教育出版社	2007
31	和谐社会与老年教育	郑令德主编、高志敏执行主编	上海：上海教育出版社	2007

资料来源：华东师范大学职业教育与成人教育研究所提供材料。

　　以该所为主体进行的部分国际合作项目有：1983—1990 年金一鸣和黄克孝等主持与加拿大维多利亚大学合作研究"中学职业指导的实验研究"、2000—2003 年石伟平等主持与日本名古屋大学的四国从学校到工作过渡的实证研究、2001 年起黄健等负责与丹麦罗斯基德大学学术与研究生培养合作项目、2006 年高志敏主持全国教育科学"十一五"规划教育部重点课题"成人教育学科体系的批判与重构研究"等。

　　该所主办或主要策划的大型学术会议有：1989 年成人教育国际研讨会、1993 年成人教育理论国际研讨会、1999 年 7 月发达地区高职教育研讨会、2000 年 7 月职业技术教育高级研讨会、2004 年3 月首届中国中青年职教论坛、2004 年 5 月全国职业技术教育专业学科建设与研究生教育培养研讨会、2005 年 4 月成人教育变革与学习型社会建设国际研讨会、2005 年 5 月全国职业技术教育专业学科建设与研究生教育培养研讨会、2005 年 5 月上海教育论坛等。

第四节　职业院校课题成果

一、概况

　　上海的中等职业学校和高等职业院校逐步建立校本科研的体制。进入 21 世纪，职业教育高速发展，改革日益深入，校本科研针对教育教学中面临的问题或困境，开展教育科研，有效解决面临的问题，总结改革经验，提高学校和教师主动参与教育教学改革的主动性和积极性，促进职业教育的发展。

12－2－3 1994—2000年上海市青年教师职业技术教育教学研究课题立项及获奖情况一览表

立项批准时间	课 题 名 称	申 请 单 位	获奖情况
1994年	警校教育训练体系研究报告	上海第一人民警察学校	二等奖
	《机械原理与机械零件》课的实训教学之研究	上海农场工业学校	二等奖
	如何在一般职业技术学校推广德国双元制职教模式	上海纺织机电工业学校	—
	中等园艺专业产教结合的理论和实践初探	上海市农业学校	一等奖
	运用行为科学提高实习质量	上海市化学工业学校	—
	《工业企业电气化》专业总体教学改革	上海机电工业学校	—
	形位公差综合测量	上海石油化工学校	—
	船电专业课程目标教学研究	上海海运学校	—
	物资经营业务模拟实验室	上海市物资学校	—
	全球海上遇险与安全系统(GMDSS)的教学研究	上海海运学校	—
	技术能力结构中基础心智技能的培养	宝山职业技术学校	—
	《商业会计》学科教学的实施与研究	上海商业职业技术学校	—
	商业英语口语教学的探索与实践	上海商业职业技术学校	—
	高中、职高艺术欣赏系列科目	逸夫职校	二等奖
1996年	"商品广告与陈列"学科教学实施与研究	上海商业职业技术学校	—
	高校学生电算化会计模拟实习	商业学校	二等奖
	关于商校学生口语训练中情景创设与情感激励相结合的教法研究	共青职校	三等奖
	汽车发动机性能分析教学软件开发研究	—	—
	人民警察学校课程体系的研究报告	上海第一人民警察学校	二等奖
1997年	解析法机构设计和分析教学的计算机辅助应用	电机技术高等专科学校	二等奖
	从改造罪犯的新要求谈狱政管理专业教学改革	司法警官学校	—
	产教结合、"前店后校"办学模式的实践与研究	闸北旅游职校	—
	工程制图课多媒体教学手段及软件的实践与研究	化学工业学校	三等奖
	用护理程序思路指导《护理学基础》教学实践,提高护校学生的整体护理能力	上医大附设护士学校	三等奖
	职业技术教育中的模块课程研究	职教课改委办公室	三等奖
	GMDSS设备模拟器	上海海运学校	三等奖
	中专生体育意识现状及对策的研究	南方工业学校	三等奖
1998年	计算机辅助教学软件的开发	上海天工职业技术学校	—
	新世纪艺术人才的素质教育探讨	上海市舞蹈学校	二等奖
	《市场营销学》教材研究	上海商业会计学校	—

（续表）

立项批准时间	课 题 名 称	申 请 单 位	获奖情况
1998年	现代教学技术学习方法理论在《植物学》课程中的应用研究	上海市农业学校	—
	职校生创新能力与创业精神培养途径与方法的实践研究	崇明城东职校	三等奖
	《应用数学》教材的教学实践和研究	上海锦华外经贸职校	—
	市场经济环境下中专生学风建设	上海冶金工业学校	—
	原子吸收分光光度法多媒体教学方法研究	上海化学工业学校	二等奖
	典型零件机械加工工艺过程的模拟及仿真	电机技术高等专科学校	三等奖
	探索一条CAD/CAM/CNC应用于数控机床教学的道路	上海机电工业学校	—
	创新思维能力在文科教学中的培养	逸夫职业技术学校	—
	行为导向教学在旅游类职业技术学校中的研究和应用	上海市闸北旅游职校	—
	优化中等职业学校计算机网络教学的探索	现代职业技术学校	二等奖
1999年	职校生人际交往能力培养的研究	逸夫职校	—
	职校生自我意识的培养与研究	振华外经贸职校	—
	企业商务传真教学软件	上海商业学校	—
	网络技术在广告摄影教学中的创新	光启职校	—
	毕业环节中学生创造能力的培养及研究	化学工业学校	—
	园艺专业实训课程评价方式和评分标准的研究	上海市农业学校	—
	《体验教学法》对提高护士职业素质意义的研究	上海市卫生学校	—
	中澳英语教学法之比较	上海商业会计学校	二等奖
2000年	护生对病人实施健康教育能力的评估与对策	复旦大学医学院附设护校	—
	多媒体课件在校园网络中的应用	上海市医药学校	—
	建立化学教研组网站的探索与研究	上海二医大附属卫生学校	—
	职校生计算机分层教学化研究	逸夫职业技术学校	—
	面对都市工业和上海城市发展定位,探索《化学工艺》专业建设	上海化学工业学校	—
	烹饪专业教学系列课件《学习包》开发	曹杨职业技术学校	—
	中等职业学校分组模块实习教学的实践研究	群益职业技术学校	—
	中等职业学校学分制试点的推广研究	中华职业学校	—

资料来源:《上海职业技术教育志》第十二篇第二章,上海社会科学院出版社,2005年6月第1版。

　　2003年12月上海市职业教育协会成立以后,秉持"研究职教、宣传职教、服务职教、推进职教"的发展理念,积极推动职业教育的科学研究、学术交流和改革实践,组织有关职业教育课题的研究与成果推广。2005年起,协会专门组织每年一度的职业教育优秀论文评奖活动,获奖者绝大部分都是来自基层一线中等职业学校和高等职业院校的课题研究者。

　　2005 年上海市职业教育协会优秀论文的评选,评出一等奖 1 名:上海市医药学校陆国民、邬弘的《用未来决定现在》;二等奖 3 名:上海市贸易学校谢富敏的《案例教学法在〈财务管理〉教学中的探索》,上海市城市建设工程学校陈瑞芳的《职业学校心理健康教育的实践与思考》,上海第二医科大学卫生技术学院沈岳奋、罗纲、傅炜昶的《我国卫生高等职业技术教育的现状与对策》;三等奖 5 名:上海市教科院职成教研究所胡秀锦的《上海制造业转移对职教人才的需求及对策研究》,上海科学技术职业学院吴维珍的《改革传统教学方法　提高市场营销课教学效果》,上海市戏曲学校钱平安的《创新办学机制　改革教学方法　满足社会需求》,上海市竖河职业技术学校龚惠兰、姚永佳的《学分制模式下课程改革的思考与实践》,上海信息技术学校邬宪伟的《坚持三项原则　营造三个乐于》;另有提名奖 20 名。

　　2006 年上海市职业教育协会优秀论文的评选,评出一等奖 1 名:上海市教科院职成教所张家寰的《中高职衔接课程结构一体化设计》;二等奖 3 名:上海市工业技术学校童宏祥的《构建以职业型为特征的中职国际商务专业课程体系》,上海市行政管理学校邹爱民的《博客技术应用于中职英语写作教学的探索》,上海市医药学校陆国民、邬弘的《建设中等职业学校和谐校园文化》;三等奖 6 名:上海市物资学校甘发敏的《非智力因素对职校生学业成就的影响及对策》,上海市贸易学校谢富敏的《现代物流专业技能的学习模式》,上海思博职业技术学院德育中心的《高等职业院校思想政治理论课教学的实效性研究》,上海市南湖职业学校黄景的《浅论职业学校的职业道德教育》,上海市教科院职成教所郭苏华的《"大职业教育"的内涵和实践构想》,上海市竖河职业技术学校龚耀飞的《扎根海岛为"三农",改革创新谋发展》;另有提名奖 10 名。

　　2007 年上海市职业教育协会优秀论文的评选,评出一等奖 1 名:上海市材料工程学校课题组的《中职校全面开展职业指导教育的模式初探》;二等奖 3 名:上海市贸易学校谢富敏的《探索"现代物流"专业技能的学习模式》,上海市南湖职业学校第二分校傅耀祖的《汽车专业教学课程整合模式的理论与实践》,上海市教科院职成教所黄芳的《职业院校校企合作互动机制的探索》;三等奖 5 名:上海科学技术职业学院袁圣东的《模拟实践在高职创业教育中的应用》,上海市医药学校陆国民的《校企对接与职业学校人才培养模式转型》,上海工业技术学校王立刚的《职业院校实训基地建设对策研究》,上海工商信息学校查凤英的《"任务驱动"教学法在园艺技能教学中的探究》,上海戏剧学院附属舞蹈学校张慧蘋的《道德价值危机干预的案例研究》;另有提名奖 20 名。

　　2008 年上海市职业教育协会优秀论文的评选,评出一等奖 1 名:上海市材料工程学校课题组的《上海市中职校就业服务工作体系的初探》;二等奖 3 名:上海市现代职业技术学校石磊光、戴卿、沈云华的《计算机硬件教学多样化模式的探索》,上海市工业技术学校童宏祥的《有效对接中高职国际商务专业课程体系初探》,上海交通职业技术学院刘淑萍的《上海交通物流职教集团现代物流人才培养模式创新》;三等奖 5 名:上海市大众工业学校高康的《求内涵发展　创品牌学校》,上海市群益职业技术学校孙晓飞的《"自主探索,合作学习"教学法在国际贸易教学中的应用与反思》,中华职业学校金永镌的《上海中职英语课程教改的实践探索》,上海石化工业学校苏勇的《中职教育实训平台构建探索》,浦东新区社会发展局陈国富、上海市东辉职业技术学校任小满的《浦东新区职业学校专业建设的实践与探索》;另有提名奖 10 名。

　　2009 年上海市职业教育协会优秀论文的评选,评出一等奖 1 名:上海石化工业学校贾佩新的《"半工半读"培养模式下中职学生学业评价改革的探索与实践》;二等奖 3 名:上海工会管理职业学院金沛羽的《高等职业院校心理危机预防体系的构建与研究》,上海市长宁区初级职业技术学校邵志明、孙中萍、孙朝华的《轻度智力落后学生面点课堂教学辅助手段的实践研究》,上海工程技术大学高职学院黄晓峰、庄德渊、彭远芳的《计算机控制技术课程教学改革的实践与探索》；三等奖 5 名：上海思博职业技术学院黄理经的《进一步推进职业院校校企合作工学结合模式研究》，上海市贸易学校顾蓓蕾的《互动型德育教育模式的探究》，上海交通职业技术学院鲍贤俊、吴国伟、沈怡的《以职业能力为核心的集团化办学中高职教育衔接研究》，上海市曹杨职业技术学校孙秀华的《浅谈研究性学习在职校食品雕刻课中的教学尝试》，上海市群益职业技术学校陈滢的《中职校女生心理辅导的实践与理论研究》；另有提名奖 10 名。

2010 年上海市职业教育协会优秀论文的评选，评出一等奖 1 名：上海信息技术学校邬宪伟等的《信息化背景下现代化工操作工的培养策略研究》；二等奖 3 名：上海电子信息职业技术学院李秀霞的《"导学制"学生团队建设在高职数控技能培养中的创新实践》，上海市市北职业高级中学张健等的《中等职业学校创新校企文化融合的教学模式的实践研究》，上海市医药学校陆国民的《课程整体优化的思考、探索与实践》；三等奖 5 名：上海市浦东新区辅读学校王英的《"融和教育"创设特职教课程新模式》，上海电子信息职业技术学院胡国胜的《职教集团发展障碍与可持续发展探索》，上海市群益职业技术学校宋彩虹等的《中职幼儿保育人才培养的分析研究》，奉贤中等专业学校王雪华等的《中职教师心理健康与师德建设的实践探索》，上海市长宁区初级职业技术学校王丹平等的《初职学生植物识别教学资源组织与运用研究》；另有提名奖 10 名。

在中国职业技术教育学会两年一度的科研规划课题优秀成果评审中，来自上海的课题成果获奖数量也是稳步增加。在学会 2004—2005 年度和 2006—2007 年度的两次评奖中，只有上海市教科院职成教所董奇的"上海市中职课程和信息技术整合的实践研究"和郭苏华的"职业教育集团化发展态势研究"两项分别获得二、三等奖；而在 2008—2009 年度的学会优秀成果评审中，上海一次性就有 4 项规划课题成果同时获奖：上海市长宁区初级职业技术学校沈立的"智障学生专业技能精致化教学的实证研究"获一等奖，上海市职业教育协会校企合作专业委员会鲍贤俊的"推进上海职业教育校企合作的实践研究"获二等奖，上海市教科院职成教所胡秀锦的"职业教育发展的经费保障机制研究"获三等奖，上海师范大学胡国勇的"农村职业教育发展模式的国际比较研究"获提名奖。

此外，中国职业技术教育学会 2007 年还举办首届中国"职业技术教育科学研究成果奖"的评选活动，来自上海的课题成果获奖者有 3 项：杨黎明等 4 人的"学历证书与职业资格证书课程标准和相互转换的模式研究"、夏建国等 5 人的"当代高职高专教育课程研究"获二等奖，董奇等 6 人的"上海市中职课程和信息技术整合的实践研究"获三等奖。在 2010 年举行的第二届评奖中，马树超的"中国高等职业教育——历史的抉择"、郭扬的"中国高等职业教育史纲"两项获一等奖，获二等奖的有上海中华职业技术学院顾滨的"民办高等职业教育经费研究——基于公共财政政策视角"、上海市南湖职业学校张云生的"用现在竞争将来——上海市南湖职校围绕市场办学的实践"、上海市教育科学研究院张晨的"在沪农民工同住子女中职毕业后报考高职的政策研究"、华东师范大学匡瑛的"比较高等职业教育：发展与变革"、上海市商业学校颜苏勤的"以积极家校互动提升中职生抗逆力的实证研究"、上海交通职业技术学院鲍贤俊的"以职业能力为核心的集团化办学中高职教育衔接研究"、上海市教育科学研究院胡秀锦的"职业教育评价"等 7 项，另有上海港湾学校马群的"港口物流数字化开放实训中心建设研究"、上海市现代职业技术学校夏峰的"生涯发展视野下轻度智障学生初职教育课程的研究"、上海市长宁区初级职业技术学校沈立的"智障学生专业技能精致化教学的实证研究"、上海石化工业学校贾佩新的"上海石化工业学校半工半读教育教学管理研究"获三等奖、上海农林职业技术学院黄建的"园林园艺类中高职课程结构衔接与教学计划一体化的研究"、上海市房地产学校周建华的"房地产经营管理专业人才培养与教学改革研究"、上海农林职业技术学院陈晓莉的"上海高等职业院校旅游管理专业学生职业生涯规划现状分析与方案探讨"、上海科学技术职业学院孙元骁的"公共实训基地的运行模式研究"等 8 项获提名奖。

二、案例选介

上海石化工业学校制订《上海石化工业学校教师职务评聘办法》《上海石化工业学校"双师型"教师认定和管理办法》《上海石化工业学校教育科研课题(项目)评审管理暂行办法》和《上海石化工业学校各类成果奖励细则》等一系列保障教科研工作的规章制度,实现教育科研开展的有序化、高效化,保证科研工作地顺利进行。自 2006 年起,学校每年投入相当数量的科研经费,用于课题组成员学习、考察和科研活动,并购置大量的科研资料,安装相关设备等。从 2008 年起,学校出台激励措施和办法,用以鼓励广大教师对开展课程改革、课程建设以及教材建设,鼓励集体和个人对学校教育教学和行政管理等工作开展改进性研究,共投入 70 多万元。学校初步建成校本课题研究的管理模式,从组织的建立、方案的制定、选题的指导、理论培训与日常工作的整合、评价机制的建立等一系列环节,都统一部署和安排。学校从 2007 年起规定各专业每年都要有与该专业现代化建设有关的研究课题;由专业带头人或学科带头人担纲,主持专业现代化建设的重点课题研究;以化学工艺、机电技术应用专业的现代化建设为引领,寻求解决专业建设过程中突出问题的一般方法。2009年学校"团体咨询对中职生职业价值观影响的研究"课题被入选金山区教育科研重点课题。学校还积极参加校外各级各类课题研究。"十一五"期间,学校参与并完成全国教育科学规划教育部重点课题"温暖工程与职业教育创新——非政府组织在构建社会化职业培训体系中的功能与作用研究"子课题;上海市劳动和社会保障局课题 3 个;上海市教委课题 2 个;上海市职业教育协会课题 2 个,其中 1 个被列为重点课题;上海市青年教师研究课题 1 个。学通过各种评比、竞赛、展示、研修讨论等活动促进教科研活动的开展。2010 年,学校组织教学课堂研修班活动,通过讲座、专题论坛、个例分析、互相讨论等方式,进一步提升教师的课堂教学能力及其整体素质,为不断提高教师教育教学能力做出贡献。

2003 年至 2006 年,上海建峰职业技术学院有多名教师参与教育部和建设部关于紧缺人才培养教材的主编、主审和参编的工作,出版《建筑装饰施工》《公共建筑装饰》《新世纪高职高专英语导学》《大学体育教程》等教材。学院积极组织教师进行上海市科教委科研专项基金有关课题的研究及其申报工作,其中"中高职衔接模式"的课题获得中国建设教育协会的立项。2005 年,学院的教育科研处分别完成《建峰学院论文集》和《建峰学报》的编辑出版工作。有数篇论文被《中国建设教育》等杂志采用和发表。学院还投入资金,鼓励教师编写校本教材,积极探索,撰写适合高职需要的教材,实施因材施教。

上海农林职业技术学院为保障科研工作的稳定发展,2005 年在修订结构工资制改革方案中,对发表论文、编写教材、科研项目等科研工作制订一整套制度,改变原来科研工作没有工作量,奖励无章可循的状况,极大地促进学院教师科研能力的提高,有利于专业学科建设以及产学研结合工作的发展。学院为提高青年教师的课题研究能力,每年投入 20 多万元设置校内课题建设专项,教务处和各系部广泛发动,老教授组织指导,青年教师积极投入,三年中有近 20 项校内课题结题,这不只是为青年教师提供校内练兵的机会,更重要的是锻炼一支队伍。此项工作成效显著,2005 年学院组织青年教师参与上海高校选拔培养优秀青年教师科研专项基金项目申报,代书玲的"糠醛转化菌株的筛选"等 6 项课题起点较高、紧贴教学和生产实际,通过学院评审并上报市教委立题。

第五节　其他重要课题成果

一、"十五"规划课题职教项目

2001年,市教委印发《上海市教育科学"十五"规划课题指南》,其中,重点攻关项目内与职业教育的相关研究有"上海市民办教育发展与多元化投资办学的研究";研究指南项目内有:"成人和职业教育学校设点布局调整和资源优化的实践研究","上海市民办教育面临的主要问题及相应对策研究";职业教育研究方面有:"上海职业技术教育与劳动力市场互动的研究","高等职业院校多种办学模式的比较研究","高等与中等职业教育的功能、定位与发展方向研究","现行高职教育办学模式的评价与比较研究","高中职教育发展规模与结构调整的研究","职业学校专业设置的指导原则、教学方法、教学手段的改革研究","中、高职课程结构衔接与教学计划一体化的研究","职校学生创新精神和实践能力培养的实践研究","中等职业学校转制模式研究","中高等职业院校师资队伍现状与对策研究","中高职教育入学制度改革的研究"。

二、上海市教育科学研究成果奖职教类成果

2005年3月,市教委印发《关于公布上海市第八届教育科学研究成果奖评审结果的通知》。在教育理论创新奖中,陈祝林的"职业教育师资培养策略体系国际比较研究"获三等奖。在教育改革试验奖中,李进的"上海高校高职高专指导性专业目录和专业介绍"、夏建国的"当代高职高专教育课程研究"、胡昊的"房地产中高层管理人员职业教育体系的研究与开发"、郭扬的"高职高专教育教学质量监控与教学评价体系的研究与实践"、杨黎明的"职业院校实施学分制的理论与实践研究"获二等奖;陈敏的"高职人才培养、就业指导工作研究探索"、江国强的"中等职业技术学校开展创业教育课程开发研究"、吴珞的"澳大利亚高职教育培养体系本土化实践与探索"、董大奎的"高职高专教育示范性学校建设的研究与实践"获三等奖。

2008年5月,市教委关于公布上海市第九届教育科学研究成果奖评审结果的通知。在教育决策咨询奖中,马树超的"'十一五'规划:职业教育改革与发展问题研究"获一等奖,李进的"学分制条件下高等职业院校学生思想政治工作策略研究报告"获三等奖。在教育理论创新奖中,石伟平的"职业教育课程开发技术"获二等奖;徐国庆的"实践导向职业教育课程研究"获三等奖。在教育改革试验奖中,夏建国的"技术应用型本科教育的理论研究与实践探索"和冯伟国的"高职高专教育市场营销类专业实践教学体系研究和实践"获二等奖;陆启光的"职校市场学生需求相匹配课程开发与实践研究"和张晨的"建设行业职业教育运行机制研究"获三等奖。

三、中国职业技术教育学会科研规划项目上海立项课题

在中国职业技术教育学会科研规划项目两年一度的立项评审中,2004—2005年度上海获准立项的课题有7项:上海南湖职业学校二分校端木为迟的"中等职校'五维一体'德育模式的实践研究",同济大学职业技术教育学院陈祝林的"中德合作下的西部地区职教师资培养研究",上海电机技术高等专科学校的夏建国"高职教育国际合作办学机制研究",上海电机技术高等专科学校的黄

克孝的"我国职业院校实施弹性学制的可靠性研究",上海市教科院职成教所董奇的"上海市中职课程和信息技术整合的实践研究",上海市教科院职成教所陈嵩的"关于职业教育和培训支持东北老工业基地振兴的对策研究",上海商业中专教育研究会乔正康的"新形势下商业职教为农村劳动力转移服务体系的研究";2006—2007年度上海获准立项的课题有5项:上海市医药学校陆国民的"职业学校教学质量监控和评价体系研究",上海市科协动手做报社王一迈的"中小学职业入门教育课程研究",同济大学中德职业技术教育学院李同吉的"课程改革背景下激发职校学生学习动机策略的整合研究",上海市教科院职成教所郭苏华的"职业教育集团化发展态势研究",上海市曹杨职业技术学校陈贤锋的"中职校特殊家庭弱势群体子女的道德教育研究"。

在2008—2009年度的中国职业技术教育学会科研规划立项评审中,上海获准立项的课题数量达到13项:上海市教科院职成教所胡秀锦的"职业教育发展的经费保障机制研究",上海城市管理职业技术学院朱剑萍的"上海市高职教育公共实训基地运行机制与共享策略的研究",上海师范大学胡国勇的"农村职业教育发展模式的国际比较研究",中华职业学校周一飞的"历史名校校本德育的实践研究",上海市现代职业技术学校夏峰的"中职校双师型教师阶梯式培育的实践研究",上海市材料工程学校金怡的"上海市中职校职业指导模式的实践研究",上海市振华外经职业技术学校陈扬兴的"中英职业教育国际交流与合作研究",上海市职业教育协会校企合作专业委员会陈锡娥的"推进上海职业教育校企合作的实践研究",上海市教科院职成教所王琴的"中等职业学校师生冲突研究",上海医药高等专科学校周淑琴的"'工学结合'课程体系下的现代药学实训基地建设和运行的研究",上海市西南工程学校倪晓伦的"中等职业学校教学质量监控体系的构建与实践",上海市城市建设工程学校富萍的"中等职业学校校本课程的实施策略研究——以上海为例",上海市长宁区初级职业技术学校沈立的"智障学生专业技能精致化教学的实证研究"。

四、上海市职业教育协会科研立项课题

2007年度上海市职业教育协会科研立项评出重点资助课题10项:上海市材料工程学校金怡的"中职校全面开展职业指导教育的实践研究",上海市工业技术学校王立刚的"职业院校实训基地建设的对策研究",上海市金山食品工业学校谭平的"对构建中等职业学校新型校园文化的研究",上海市教科院职成教所黄芳的"职业院校校企合作良性互动机制的研究",上海工商信息学校许晨曦的"中职学生责任感培养的实践研究",上海市医药学校徐学泉的"从管理学生向服务学生转变——深化学分制改革研究",上海市材料工程学校董丽华的"数控技术应用专业教学改革研究",上海市商贸旅游学校王云枫的"商贸类专业为上海经济社会发展服务的对策研究",上海市南湖职业学校刘洋的"计算机动漫专业工学交替教学模式探索与研究",上海市现代职业技术学校高一萍的"加强职校学生职业生涯教育的实效性研究";另有一般立项课题5项。

2008年度上海市职业教育协会科研立项评出资助课题10项:浦东新区社会发展局教育处的"职业教育系统化专业建设的理论与实践创新研究",上海市现代职业技术学校的"中职校外来务工子女职业教育需求的调查与研究",上海交通职业技术学院的"职教集团现代物流人才培养模式创新",上海工商信息学校的"数控专业学生社会化实训管理模式的研究",上海市材料工程学校的"上海市中职校就业服务的实践研究",上海市现代职业技术学校的"汽修专业课'做学一体与项目教学'的探索与实践",上海市现代职业技术学校的"计算机硬件教学多样化模式的探索",上海市东辉职业技术学校的"中职商务专业构建培养'技能型创业人才'课程体系的实践与探究",上海医药高

等专科学校的"高职《口腔材料学》实践课程中双语教学的探索和应用",上海工商信息学校的"中职生主动学习的教学策略研究";另有一般课题10项。

2009年度上海市职业教育协会科研立项评出资助课题15项:上海交通职业技术学院鲍贤俊的"以职业能力为核心的集团化办学中高职教育衔接研究",上海石化工业学校贾佩新的"上海石化工业学校半工半读教育教学管理研究",上海市房地产学校林明晖的"提高上海职业院校专业教师实践能力的理论与实践研究",上海海事职业技术学院李勇的"校企一体化航海高职教育模式研究与实践",上海工程技术大学高职学院陈丹晔的"高等职业院校就业指导的模式构建与对策研究",上海青年干部管理学院黄洪基的"促进上海高等职业院校学生就业服务的对策研究",上海科技管理学校王玉章的"校企合作条件下教学管理制度的实践研究",上海市卫生学校曹月柱的"中职《职业生涯规划》第二课堂设计与开发",上海市曹杨职业技术学校唐敏跃的"中学生职业生涯教育活动课程的开发及案例研究",上海工商信息学校方德明的"'跟单式'教学的实践研究——以数控技术应用专业为例",上海农林职业技术学院王晓的"高职毕业生的就业心理危机调查与干预对策",上海市群益职业技术学校陈滢的"中职校女生心理辅导的实践与理论研究",上海工程技术大学高职学院胡宁的"机电一体化专业职业教育模式研究",上海思博职业技术学院姚大伟的"国际商务专业职业技术教育体系中高职一贯课程研究",上海市东辉职业技术学校李立红的"中等职业学校现代服务类专业'通用职业能力拓展课程'的开发与实践研究";另有一般课题15项。

2010年度上海市职业教育协会科研立项评出资助课题15项:上海出版印刷高等专科学校孟仁振的"产业集群背景下的高职产学合作模式研究",上海市现代职业技术学校孟永根的"构建中职校德育预警系统的探索与实践",上海工程技术大学高职学院王柳丽的"加强上海职业院校校园文化建设的对策研究",上海市浦东新区教育局王浩的"推进职业教育集团化建设的模式与实践研究",上海市卫生学校王跃群的"构建职校护生职业能力评价体系框架研究",上海电子信息职业技术学院胡国胜的"计算机应用技术专业'创业型'人才培养方案研究",上海长宁区初级职业技术学校郭天旻的"精致化教学理念下职业康复训练的绩效研究",上海电子信息职业技术学院李秀霞的"基于工作过程的技能培养和思政教育相融合的实践探索",上海新侨职业技术学院王红姣的"高职生心理弹性的现状评估及其心理机制研究",上海市青浦区职业学校仲兵的"如何将就业指导有效融入日常教学的行动研究",上海市现代职业技术学校刘琰的"基于职业能力的中等职业学校全景式教学模式研究与实践",上海市群星职业技术学校白凌燕的"构建国际商务课程形成性评价体系的探索与研究",上海工程技术大学高职学院张静之的"职业院校维修电工实训教学中'项目教学法'的实施",上海市行政管理学校黄媛媛的"博客辅助中职英语教学的实践研究",上海市材料工程学校李蔚的"中职《方案设计》课程项目教学的流程化实践研究";另有一般课题20项。

五、上海中华职业教育社研究课题

上海中华职教社连续参与承接"七五"到"十一五"全国教育科学重点课题以及资助申请主持上海市研究项目,取得近百项研究成果。2008年,在教育部重点课题"温暖工程与职业教育创新"研究中,该社团体社员单位中有22所职业院校及温暖工程培训机构参与上海子课题的研究;2009年,该社组织力量参与上海市政协关于"加强大学生就业培训"课题调研,还完成统战史课题的"黄炎培研究序列"。在历年全国和上海"两会"上,该社社务委员中的人大代表和政协委员都踊跃发表意见,参政议政,建言献策,表现出较高的研究水平。

第十三篇

培训与社会服务

20 世纪 90 年代,上海的中等职业教育迅速发展,许多学校在承担学历职业教育的同时,还承担行业、企业的培训任务。有些学校本身同时也是培训机构,在体制上兼有两个方面的职能。区县职业高中发展而来的职业学校,承担区县政府委托的培训任务,为社会稳定和促进就业发挥重要作用。上海的高等职业院校更多承担行业各单位委托的培训,也承担不少培训类的社会服务,成为学校的一项基本工作,并形成传统。2004 年上海市教委印发《上海市郊农村劳动力转移培训计划》,要求市郊中等职业学校、乡镇成人中等文化技术学校和其他培训机构每年针对农村劳动力转移培训的规模应达 3 万人次;2005 年,又启动实施郊区劳动力职业教育三年行动计划,并被列入年市政府实事项目。上海的职业院校在办学实践中逐步拓展服务功能,包括就业与再就业培训、岗位培训、为中西部地区和"三农"服务等。以市政府实事项目明确的培训规模为例,补贴培训的规模从2004 年的 5 万名市郊农民转移就业培训起步;2007 年扩大到 58 万,其中包括 5 万名市郊农民转移就业培训、3 万名青年职业见习实训和 50 万农民工安全生产培训;2008 年完成 40 万人职业技能培训;2009 年要求完成外来农民工职业技能培训 10 万人,同时启动对高校毕业生的"职业培训特别计划"。从 2009 年市教育评估院对全市民办职业培训机构 2008 年诚信等级评定的结果看,以学校作为依托的民办职业培训机构办学质量是较好的。

服务社会是职业教育的一项重要功能,上海的职业教育机构和中、高等职业院校凭借自己的专业资源和人力资源,积极开展各类社会服务。上海中华职业教育社积极响应中央对国家经济改革的重大决策,协助党和政府研究和解决城乡剩余劳动力安置就业问题,于 1995 年在全国率先启动"温暖工程";又如在中国 2010 年上海世博会举办过程中,上海中等职业学校、高等职业院校的师生们服务在世博现场票务的工作岗位上,积极应对多次大客流的严峻挑战,圆满地完成世博会现场票务项目的重任,为世博会的成功举办作出突出贡献,充分展示广大师生识大体、顾大局、敢打硬仗的工作作风。

第一章 培 训

第一节 概 况

2002年11月25日,市教委转发《教育部关于动员各类学校积极开展下岗失业人员再就业培训工作的通知》。2004年4月22日,市教委印发《上海市郊农村劳动力转移培训计划》,要求自2004年至2010年,市郊中等职业学校、乡镇成人中等文化技术学校和其他培训机构要根据农村劳动力转移的需要,每年针对农村劳动力转移培训的规模应达3万人次;根据农村实际情况,在农村劳动力中大力开展高中阶段教育,提高农村劳动力的素质和能力,高中阶段教育每年2万人次。市郊中等职业学校每年举办的非学历培训人数中,农村劳动力转移培训人数应不少于50%。每年针对农村劳动力转移开展各种培训的培训量不少于500人次。2005年,市教委启动实施郊区劳动力职业教育三年行动计划。该计划被列入2005年市政府实事项目。郊区共有162所职业学校、成人学校和社会办学机构参与对农民的职业技能培训,其中:职业学校21所,成人学校99所,社会办学40所,企业培训中心8个。共开设培训项目80余个。

上海的职业院校在办学实践中逐步拓展服务功能,据2004年统计,仅这一年中上海市中等职业学校培训就达25万人次,其中,就业与再就业培训10余万人次;高等职业学校、成人高校进行岗位培训近20万人次;职业教育积极为中西部地区和"三农"服务。2004年上海市中等职业学校向外省市招生人数已接近2000人。上海市设在郊区的10余所中、高等职业学校依托师资、专业、设备等的优势,积极开展农民进城镇务工或向非农业转移的培训。2009年3月,市教委又转发《教育部关于切实做好返乡农民工职业教育和培训等工作的通知》。

政府依法动用失业保障基金实施"补贴培训",是保民生、促就业的一项重要政策举措。上海市委市政府高度重视就业工作,并逐渐把补贴培训作为政府实事项目的重要内容,培训工作力度逐年加大。自2003年市政府把"新增就业岗位40万个,建立城乡一体化的促进就业机制"列为第四件实事项目起,上海确立以政府责任为主的促进就业社会责任体系,连续多年把促进就业列为市政府实事项目之首。2009年市长韩正在《政府工作报告》中强调,"越是经济形势严峻,越要关注和改善民生。把全面加强就业工作放在首要位置,坚持更加积极的就业政策"。随着市政府促进就业工作实践的不断深入,通过政府补贴培训费用的方式推进职业培训工作,逐渐成为新增就业岗位工作任务之外的又一工作重点,而且培训量越来越大。2005—2007年,市政府实施"郊区劳动力职业教育三年行动计划",把"每年完成5万农民职业培训任务"列为实事项目;2006年又把"为全市30万就业有困难人员建立个人职业培训补贴账户"列入项实事项目之首;在2007年首项实事项目中,新增"组织3万名青年参加职业见习实训"和"对50万农民工进行安全生产培训";2008年,市政府在首项实事项目中,承诺"完成40万人职业技能培训";2009年,市政府首项实事项目包括"完成外来农民工职业技能培训10万人"。

2004年3月,上海市劳动和社会保障局发布《关于进一步完善上海市政府培训费用补贴的补充实施意见》,规定"政府培训费用补贴经费从失业保险基金中列支"。《失业保险条例》规定失业保险基金由"城镇企业事业单位、城镇企业事业单位职工缴纳的失业保险费;失业保险基金的利息;财政补贴;依法纳入失业保险基金的其他资金"构成,可以用于领取失业保险金期间接受职业培训、职业介绍的补贴,补贴的办法和标准由省级政府规定。2009年,为了解上海市补贴培训的实施情况,上海市教科院职成教所在市职业培训中心支持下对全市19个区县的相关部门进行调研,发现从培训量上看,补贴培训规模呈现不断上升态势。以市政府实事项目明确的培训规模为例,补贴培训规模从2004年的5万名市郊农民转移就业培训起步;2007年扩大到58万,其中包括5万名市郊农民转移就业培训、3万名青年职业见习实训和50万农民工安全生产培训;2008年完成40万人职业技能培训;2009年要求完成外来农民工职业技能培训10万人,同时启动对高校毕业生"职业培训特别计划"。3月,市人社局发布《关于2009年实施职业培训特别计划稳定就业局势的通知》,要求"围绕受金融危机影响的各类劳动者的就业需要,依托行业、企业和各类教育培训机构,大力开展技能培训。2009年,重点对受金融危机影响严重的企业职工开展技能提升培训和转岗培训,促进其稳定就业;对青年大学生开展技能培训和职业见习,帮助其实现就业;对新成长劳动力开展就业预备制培训,提高其就业能力"。

从实施政府补贴培训的培训机构类型上看,以人社部门审批的民办职业培训机构为主体,其中行业企业和自然人举办的培训机构约占70%,有学校背景的培训机构仅占22%。根据《中华人民共和国民办教育促进法》和上海市关于补贴培训的相关政策制度规定,上海市实施补贴培训的培训机构,主要是由人力资源和社会保障部门审批的民办职业培训机构构成。截至2009年4月,上海开展职业技能培训的民办职业培训学校总数857家,其中由人力资源和社会保障部门审批的民办职业培训机构557家,其余300家是由教育行政部门及其他委办局审批的。在上海市教育评估院开展的"上海市民办职业培训机构2008年诚信等级评定"过程中,对全市408家民办职业培训机构的类型分析发现,劳保部门批准设立的民办培训机构大体有四种类型:企业属性的约占42%,有学校背景的约占22%,自然人举办的约占21%,行业协会和其他类型的约占15%。

从实施政府补贴培训的管理体制上看,按照属地化和网络化管理原则,主要由区县人社部门负责,对补贴培训机构的审批、管理和督导工作。2000年市劳保局就明确规定"参加政府补贴培训的学校必须是加入市劳动和社会保障局职业培训网络的培训单位。非入网学校的补贴培训必须是定向性培训,并向属地的职业介绍所申报,经同意后可实施培训"。2007年又规定"区县劳动保障行政部门负责对本辖区内培训机构开展补贴培训的情况进行管理,实施督导评估";"区县劳动保障行政部门应加强对补贴培训督导评估工作的领导,建立补贴培训督导制度,制定实施方案,对每个补贴培训班均有督导记录和评估意见";"区县劳动保障局职业培训、职业介绍、失业保险、劳动保障监察等职能部门应相互配合,形成督导评估协作机制"。从管理方式上看,各区县普遍建立起督导制度,制定实施方案,并组织力量对补贴培训机构执行督导程序,并从2007年起开始对补贴培训机构的项目执行情况实施督导,起到积极的作用。从2009年市教育评估院对全市民办职业培训机构2008年诚信等级评定的结果看,在408所民办职业培训机构中有33家培训机构被评为A等,占参评培训机构总数的8.11%,其中以学校为依托单位的民办职业培训机构占比超过一半。由于全市民办职业培训机构中,有学校背景的比例仅占22%;而被评为A等的民办培训机构中,有学校背景的比例占到50%以上,反映出以学校作为依托的民办职业培训机构办学质量较好。

第二节 案例选介

一、中等职业学校培训

上海市交通学校拓展职后培训新资质,为企业员工继续教育培训提供师资和场所。学校是国家职业技能鉴定所(点)管理网络核心组成员单位、国家技能型紧缺人才(汽车运用与维修专业)培训基地、上海通用和丰田汽车维修服务技能校企合作项目指定教学院校,取得汽车类国家职业技能鉴定所资质,是上海唯一具有汽车维修技师、高级技师鉴定资质的培训考核单位。2006 年前后,每年成人教育、各级各类职业培训、考核、鉴定的人数达到 1 万人次左右。

从 2004 年到 2006 年,上海市工业技术学校仅模具、数控两个特色专业,就为上海市和外省市培养 1 000 多名技术加工人才;还利用假期为全国部分高、中职院校的专业教师,举办两届数控加工技术高级师资培训班。学校成立上海南亚职业技术培训学校,积极为企业员工深造和社会上的下岗人员再就业服务。2005—2006 年,参加该校数控、制冷、电工、计算机等专业培训的学院达 4 000多人次。

上海市临港科技学校建立 5 个职业培训平台:一是"科教兴区"的战略培训平台。以职业培训为突破口,振兴南汇职业教育技术培训,为南汇产业结构升级和技术进步以及"两港"建设培养高素质劳动力。二是城镇失业人员再就业、农村劳动力转移培训平台。上海国际深水港和临港新城的建成,失业人员再就业、失地农民猛增至 6.38 万人,同时,未来几年内临港重装备产业区和物流园区的新增岗位数将达 9.5 万个,学校开展这方面的培训工作。三是企业职工岗位培训平台。以政府补贴培训和"万人就业培训项目"为主渠道,以培养中、初级技术工人为重点,不断提升职工的技术等级水平和技术创新能力。四是紧缺人才培训平台。抓住先进制造业综合产业园区、现代服务园区、电信信息园区、国际医药园区入驻南汇的机遇,培养产业发展需求的紧缺人才。五是学校、企业、劳动部门三位一体的多元化培训平台。学校凭借师资、设备优势,被市劳动和社会保障局命名为"上海市 B 级资质社会培训机构",具有"数控机床高、中级工""车床中级工"等 10 余种项目的培训考核资格。面向社会的职业技能培训量连续几年持续增加,2005 年达到 3 000 余人。

上海市医药学校树立本土化办学目标,为医药建设者提供终身学习平台。积极参与市劳动保障部门组织发布的医药职业技能标准制定,2007 年完成学校开设的所有医药类专业(工种)的职业资格标准的开发;构建上药集团最大的职后培训基地、浦东新区职业技能鉴定中心的考核基地、市教委开放性公共实训中心和国家级医药紧缺人才培训基地"四位一体"的现代化技能实训基地;依托浦东医药培训中心,拓展培训领域,逐步实现培训范围从学生到企业在岗人员、企业委托人员、再就业上岗人员等共同参与的多元培训,为毕业生提供医药高级工和技师的培训,搭建医药技能终身学习的服务平台。

中华职业学校作为上海市第 168 国家职业技能鉴定所,2005 年完成中式烹调师、餐厅服务员、客房服务员、调酒师、西式烹调师等工种的职业技能鉴定 6 000 多人。还大力配合中华职教社"温暖工程"教育培训活动,开展中西烹饪和面点制作、点菜师、餐饮客房服务等项目的下岗人员和外来务工人员培训,培训后推荐就业率为 99.11%。结合上海市"百万家庭网上行"活动,为普及市民计算机知识,学校为区妇联、五里桥街道举办 20 多期培训 30 多个班,人数达 1 500 多人。

上海市高级技工学校利用教学培训资源闲置的周一至周五晚上、双休日全天,开展再就业培训、职业资格培训、职业资格鉴定。先后主动为上汽集团、上海烟草(集团)公司、上海烟草机械厂、上海造币厂、上海吉列公司等企业承担策划、组织、实施职工技术竞赛,既服务企业又提高教师结合企业实际的教学培训能力。根据学校的优势和社会需求,选择数控技术应用、机电技术应用和制造业高级技能人才的培训作为重点服务项目。2005 年,中级数控培训人数达 201 人,高级数控培训人数达 336 人。从 2003 年起,重点发展高级工、技师、高级技师和职业技术学校专业教师以及大学生的职业技能的培训。2003 年至 2005 年共计培训初、中、高级工及技师、高级技师达 9 063 人。2005

年中、高级工、技师、高级技师培训达到 2 454 人,是上海市培养高技能人才人数最多的单位 2005 年,学校在上汽集团、通用公司、上海吉列公司、上海烟草(集团)公司、3M 公司、外高桥电厂等 10 多家企业开展岗位培训实践,教师深入到企业的生产现场,了解生产的全过程和工作标准,为企业开发岗位培训课程,并经企业同意后,实施培训。

江南造船集团职业技术学校 1999 年成立江南职业技能培训中心,积极参与上海市就业、再就业培训工程和社会各类职业技能培训。至 2006 年,江南职业技能培训中心的社会职业培训专业已发展到 26 个,培训层次已形成初级、中级、高级、技师和高级技师系列,并以中、高层次为主。2004 年成为上海仅 3 家荣获全国民办职业培训机构先进单位称号的单位之一。

上海市粮食学校从 1984 年 11 月起即开办食品技术培训班,面向全国招生,为各地粮食系统培养食品技术人才。1986 年、1987 年两年招生人数较多,共开办 8 期,学员达到 400 人。1994 年,上海市粮食学校、上海市粮食技术学校、粮食局职工大学合并为上海市贸易学校。1996 年至 2006 年,为全国除西藏、澳门以外的各省、自治区(包括台湾、香港地区)及美国、印度尼西亚等国外共培训万余名食品制作技术人员和数百名食品中专、中技毕业生评。食品技术培训部受训的优秀学员,很大一部分担任全国各地食品企业的厂长、经理,有的在上海乃至全国著名的食品企业从事食品技术工作。食品培训部编辑出版的《西点面饼制作》《茶坊饮品调制》等系列食品制作丛书已出版发行。西式面点师实训室是上海市相同工种培训条件最好的基地之一,能保证每一个学员一个工位动手操作,从而保证教学质量。

上海新闻出版职业技术学校致力于新闻出版印刷行业的职前、职后等教育培训工作的创新实践,先后承担全国定点书刊印刷厂厂长、全国四色胶印机机长、全国卷筒纸胶印机机长等岗位的培训,为行业带来新的知识、新的理念、新的视角,提升培训学员素质,推动印刷行业向前发展。全国印刷企业厂长岗位培训班作为全国性的 5 个主要岗位的培训班之一,始于 1996 年,受新闻出版署的高度重视。培训主要面向全国印刷企业厂长、经理及相关负责人。全国四色胶印机机长培训班始于 1999 年,在培训内涵中不断加入新的内容。全国印刷企业厂长岗位培训、胶印机机长培训面向全国印刷企业的管理层和印刷机机长,始终以高标准、高质量、高节奏的要求开展培训,注重实效,提高办学质量。经过 20 多年的发展,成为出版印刷行业影响深远的教育培训。

上海工商信息学校 2005 年确定在三年内实现学历教育与非学历教育在校生规模基本持平的目标。2005 年完成职业技能培训、赴日研修生培训、电子政务培训、创业培训和其他各项培训人数合计达 2 387 人,58 个班,实现学校社会培训历史性的突破。上海市副市长严隽琪等领导到学校召开现场工作会,对学校的办学成效和办学方向给予充分的肯定。

至 2010 年,上海市城市建设工程学校年培训规模持续保持在 12 000 人左右。学校背靠行业,依托企业,培训项目侧重以行业岗位培训和职工继续教育为主,并抓住契机。国家大力开展安全教育时,迅速组织数支培训队伍,奔走于工地现场,进行现场办班;国家推行一、二级建造师资格考试制度之际,学校第一时间组织师资培训、教材研讨,开展考前辅导培训。

2006 年,上海市现代职业技术学校开展非学历教育职业技能培训人数年约 5 000 人次。4 个校区分别依托各自专业、师资、设备、设施的优势,积极开展就业与再就业培训,培训人次累计近 1 万。仅 2005 年学校在业余双休日为下岗人员开设计算机网络、汽修、烹饪、电子商务等职业培训,累计几千人次,成为集教育培训多种功能为一体的新型职业教育基地。

闵行区属的几所职业学校从 2003 年至 2006 年,每年共完成 3 000 人左右的再就业培训。在实施上海市 2005 年农村劳动力转移培训实事工程中,上海市群益职业技术学校、上海西南工程学校等职校,通过提供培训项目、教材、教师,参与培训,为全区超额完成 4 000 人的培训任务发挥重要作用。徐汇区的软件园区与区内职业学校的数字娱乐开放实训中心联手,引进尖端人才,建立版权服务、资源交易和培训三大公共服务平台。闸北区的全日制职业学校充分利用现有资源,2002—2005年期间进行各级各类培训服务达到 2 万人次。

二、高等职业院校培训

上海城市管理职业技术学院坚持职前与职后结合,学历与培训并举,依托建设交通行业,一是师资共享,采取请进来、送出去等措施,逐步形成一支结构合理的专兼结合的高素质师资队伍。二是实训基地共享。学院把实训基地建到许多企业。同时学院的实训基地也面向行业开放。三是项目共享。学院结合行业需求,选准科研项目,下大力气攻克行业中的一些热点问题,将科研成果服务于行业。近几年走出一条富有特色的—"双轨"互动的职业教育新路子:通过培训,使人才培养与行业所需求的岗位融通。举办各类培训考证班,至 2006 年累计 3 244 人。由于学院多年来对注册房地产估价师、注册房地产经纪人的职业岗位培训所积累的实践,为人才培养提供宝贵经验。

上海农林职业技术学院以郊区农民远程教育为重点,构建以农民教育培训为主要内容的上海郊区农民现代远程教育体系。制定"上海郊区农民现代远程教育教学组织管理办法"等操作实施性意见和工作运行原则,组建农民现代远程教育的网络组织体系、教学管理运行体系。至 2006 年,已建立由 1 个市远程教育中心、10 个区县远程教育分中心、105 个乡镇远程教育教学点组成的全市郊区农民现代远程教育卫星网络。远程教育自 2004 年 6 月运行,至 2006 年,播放卫星网络课件累计达 500 多个小时,平均每天 2.5 个小时,全市郊区有 50 000 多人次通过远程教育接受各类培训,平均每月 4 500 多人次。

上海电机学院李斌技师学院培训项目和工种从初期 6 个扩大到常年培训滚动开班的 22 个,涉及 29 个专业,累计招收学员 4 932 人,培训合格率达 90% 以上。自 2003 年起每年一次承办上海电气"李斌杯"职工技能大赛,推进上海电气技术工人队伍建设。

自 2002 年至 2006 年,上海科学技术职业学院的年均各类非学历职业技术培训 5 600 人次以上,2005 年培训已经达到 6 800 人次。为提高嘉定区劳动者素质,促进经济发展作出贡献。

上海医疗器械高等专科学校与行业协会建立良好的合作关系后,主动邀请学校派教师参与行业的职业培训。至 2006 年,已共同完成上海市劳动保障局医疗器械注册管理师论证项目,共同申报并获准国家卫生部医药装备协会医学装备专业资格培训与考核的 4 个项目,以及中标的市劳动保障局医疗器械公共实训基地建设方案 4 个项目。行业协会还积极牵线促进学校和行业相关单位合作,帮学校拓展办学渠道和办学空间。

上海东海职业技术学院紧跟市场需求,举办物流、报关、报检、国际贸易单证、会计上岗证等紧缺人才培训班。聘请最优秀的教师,加强管理,努力提高教学质量。在全国和上海的统考中,合格率始终名列前茅。2006 年度,学院的现代物流初级通过率达 85%,现代物流中级为 65%,跃居全市第一。会计从业资格证书考试的合格率遥遥领先,达 56%,而全市平均合格率为 23% 左右。货代成绩也名列前茅。计算机一级的成绩通过率为 90%。仅 2004、2005 两年,学院举办各种培训班学习的人数就超过 3 300 人次,平均通过考试获证率达 70%。

第二章 社 会 服 务

第一节 概 况

　　上海的职业教育机构和中、高等职业院校努力发挥社会服务的功能,积极参与社会活动,结合学校的办学目标和资源,通过为社会服务,拓展教育范围,提高育人水平,增强职业教育的影响力。1995年,上海中华职业教育社积极响应中央对国家经济改革的重大决策,协助党和政府研究和解决城乡剩余劳动力安置就业问题,在全国率先启动"温暖工程",成立温暖工程上海培训中心,组成上海温暖工程促进会,建立上海中华职业教育社温暖工程基金会。在全市先后建立36个温暖工程培训基地,共开设近百个培训专业,使76万余弱势群体直接受益。温暖工程的帮扶对象从下岗工人、郊区农民逐步扩大到残疾人、智障青少年、"两劳"(劳改、劳教)回归人员、外来务工人员子女、在校困难学生等,并辐射到中西部欠发达地区。2010年,基于对上海城镇化进程中作为弱势群体的外来流动人口的高度关注,上海中华职业教育社温暖工程基金会与英国救助儿童会签订战略合作备忘录,在上海地区共同开展促进青少年教育的"成功之技"职业教育项目,以提高在沪流动青少年的职业软技能,增强其就业竞争力为目的,通过试点项目学校使数千名校内外流动青少年参与生活技能与职业软技能培训,建立线上社会支持网络平台,开发培训教材,建设试点学校骨干教师职业教育指导培训队伍,探索促进流动青少年职业技能提高的新模式。

　　2010年上海世博会举办,经世博协调局与市教委商议,由市教委组织部分职业院校的学生作为顶岗实习,承担世博会现场售票工作。在世博现场票务实习项目确定以后,市教委相关部门积极推进各项工作的落实,加强统筹、协调和指导。项目领导小组慎重挑选23所开设相关专业的职业院校参与,其中民办高校13所,中等职业学校10所,共组织约2 000名学生、100余名带教教师承担世博园区的现场售票工作。在岗时间贯穿世博会全过程。承担任务的职业院校各自成立工作班子,配备领队和带教教师,选拔优秀学生担任世博现场售票工作,以确保世博会现场售票工作能够顺利进行。2010年1月18日,上海市职业院校服务上海世博会现场票务项目签约仪式暨动员大会在上海世博局新闻中心举行。随着世博会开幕日期的临近,各项培训及实训工作正紧锣密鼓有序展开。2009年12月底,各院校已完成人员招募选拔工作;2010年1月下旬到3月下旬分别进行相关岗位业务知识的培训和现场上岗实训操练。各校还根据实际对参与项目的学生进行每日业务训练。在世博会开幕前,逐步完成世博通用知识和岗位技能培训。10月31日中国2010年上海世博会胜利闭幕,11月3日市教委即通报表扬世博会服务现场票务项目的中等职业学校,指出在世博会举办过程中,上海中等职业学校的师生们服务在世博现场票务的工作岗位上,积极应对多次大客流的严峻挑战,圆满地完成世博会现场票务项目的重任,为世博会的成功举办作出突出贡献,充分展示中等职业学校师生识大体、顾大局、敢付硬仗的工作作风。为了表彰服务世博现场票务工作的全体师生,宣传他们积极向上、奋发进取的精神,推行实践育人的人才培养模式,营造全社会关心、重视和支持职业教育的良好氛围,决定对以上海商业会计学校为牵头单位的10所中等职业学校予以通报表扬。这10所中等职业学校是:上海商业会计学校、上海市经济管理学校、上海市商业学校、上海市南湖职业学校、上海市东辉职业技术学校、上海市商贸旅游学校、上海市振华外经职业技术学校、上海市物资学校、上海市第二轻工业学校、上海市杨浦职业技术学校。市教委希望受表彰的学校以此为契机,巩固在服务世博中取得的育人成果,进一步加强德育工作,突出实践教学,为培养更多社会急需的技能型人才作出更大贡献;希望其他学校认真学习受表彰学校的育人经验,深入贯彻落实科学发展观,弘扬世博精神,为上海经济社会更好更快发展作出贡献。

第二节 案例选介

上海市环境学校推进校园文化进社区,主动参与洋泾社区的建设发展,特别是在社区开展环保科普宣传和中小学生职业体验活动中做了力所能及的工作。在实训中心岗位职责中,明确科普基地管理和科普教师职责,并规定实训中心所有教师有责任和义务承担科普讲解和辅导中小学生职业体验活动,组建一支热心于环保事业的学生志愿者队伍,形成专兼职结合的服务团队。针对社区和群众的需求,将实训中心划分出普及区、展示区、实践区。普及生态保护、世界环境问题等科普知识;展示废水、大气污染、固体废物、噪声等检测与控制技术、生态净化与中水回用等环境保护与资源利用设施及技术;参与厨余垃圾生物处理、蚯蚓养殖、水质分析、微生物观察等活动。开展"科普宣传进社区、社区居民进校园"活动,自 2007 年至 2010 年,累计参与人次达 19 000 余人,其中,洋泾社区各类人员来实训中心参观和参与活动人次,每年平均达 3 000 多人次。学校每年有近千人次的师生积极主动地参与到社区举办的各类有关环保主题活动中。

2009 年 4 月,普陀区学生职业启蒙教育活动基地在上海市曹杨职业技术学校挂牌成立,学校借助上海市开放实训中心资源和专业师资,创新开发融合职业知识启蒙、职业文化参访、职业技能习得、职业生涯规划 4 个模块的职业启蒙实践课程,面向区域内外中小学生开展职业启蒙教育特色创建项目活动。形成行政部门协调推进,教育学院专业指导,实践基地具体实施,基层学校发动组织的工作机制。结合普陀区小学"快乐活动日"和初中"动手探究日",确立每年的上半年和下半年分别面向中学和小学全体学生开展职业启蒙教育系列活动,规定课程、确保课时,形成区域职业启蒙教育的常态化、规范化和全员化,设计基地校与基础教育学校间的活动双向评价办法。

上海电机学院争取科研项目及专利申请方面成效显著。2002 年以来,申报各类科研课题共137 项,其中获批准立项的纵向科研项目有:国家教育科研项目 1 项、上海市教委重点项目 2 项、一般项目 4 项、与上海大学合作的上海市哲学社会科学规划课题 1 项;承接的横向项目共 30 项,合同金额 600 多万元;院级立项课题共 96 项;申请专利共 9 项,其中 6 项获授权。在服务创意产业、数字化设计方面取得较好的经济社成效。与上海电气中央研究院合作成立的赛科特工业设计工作室在其成立当年就承接 4 项工业设计项目并承办"上海电气杯"全国第三届工业设计大奖赛,"上海电气杯"全国工业设计大奖赛,至 2006 年已举办 4 届。2005 年,上海电气中央研究院在学院设立上海电气中央研究院分院,并与前期成立的上海闵振科技开发服务部、赛科特工业设计工作室为平台,在风电设备、新材料研究、数字化设计、SOLIDWORKS 实验室建设、数控机床加工过程仿真软件(CNC 助手)研制及产业化及数控车床和铣床的研发进行全面合作,为建立起国家级或上海市的重点实验室或工程中心奠定良好基础。

至 2007 年,普陀区业余大学高职班完成 450 余项优质市场调查服务。市场研究中心已经为国内外著名企业完成 450 余项市场研究的优质服务,涉及二三十个行业,师生足迹遍布全国。项目主要有:"可口可乐包装单面镜座谈调查""家乐福选址调查""三枪儿童内衣调查""辛拉面口味测试""家化全国居民消费调查""凤凰女士香烟测试""百姓装潢服务营销策划""椰树芦荟汁口味测试"

"徐家汇商圈商品陈列调查""上海物业管理现状调查""五一长假旅游市场预测满意度调查""上海居民出行状况调查""奶制品特性因子调查"等等。这些项目既为企业提供服务,又具有相当的学术价值,许多项目报告在学术核心期刊发表。参与项目使广大师生经历真实的市场调查项目的训练,有效地培养学生技术应用能力。

上海医疗器械高等专科学校与政府医疗器械行政监管部门实行监、学、研合作。在上海市食品药品监督管理局支持下与杨浦区药监分局签约。双方联合开展药品与医疗器械监管,依托医疗器械行业协会学校选派教师开展医疗器械注册与监管的专业培训工作。双方合作进行课题研究。学校选派学生到分局实习,分局提供锻炼机会和实际工作指导。双方商定成立合作教育"领导小组",互派联络员加强联系,促进合作。并建立工作例会制度,保证合作工作的顺利进行。仅 2006 年下半年,就为湖南省和广西两省区食品药品监督管理局培训 110 余名医疗器械监督管理人员。

上海电子信息职业技术学院电子系有 84 名志愿者。2001 年开始,每年固定开展服务活动,主要在中国福利会少年宫中帮助家长解决儿童看护问题,连年被评为优秀志愿服务队。校学生会成立志愿者部,学校为此制订《志愿者活动规章制度》等文件规范志愿者活动,到第二年全校在团市委注册登记的志愿者有 764 人,活动内容多种多样,包括到敬老院慰问老人、开展绿色环保服务活动、与上海武警部队战士开展军民共建活动、与患病的抗美援朝老战士结成对子、与奉贤县洪庙社区同心村开展文明共建、知识进社区活动、慈善义卖助学等。2009 年,学校电子工程系学生青年志愿者服务队被团市委授予上海市优秀青年志愿者服务集体称号,学校心理咨询室教师张楠楠、电子工程系学生赵宇杰被授予上海市优秀青年志愿者称号;同年,学校还专门印制大学生志愿者手册,规范和加强志愿者活动,并方便志愿者工作的记录和汇总。

2007 年 10 月,世界夏季特殊奥林匹克运动会在上海举行。上海行健职业学院 430 名师生志愿者工作自代表闸北区政府参加 9 月 21 日全市志愿者宣誓开始,到 10 月 13 日结束,负责闸北区火炬接力、彭浦镇社区接待工作,承担 9 月 29 日至 10 月 13 日闸北区新梅华东、机电大厦、新民、华天假日 4 个酒店 10 余个国家 400 余名运动员竞赛的全程一对一服务。9 月 27 日,人文系选派 16 名志愿者进入彭浦镇社区开始接待工作。曾在 2006 年特奥邀请赛中表现出色的人文系志愿者,以较专业的服务水准和爱心的奉献赢得特奥运动员和彭浦镇政府的赞誉。"支持特奥,尽心尽责;爱心奉献,精神可嘉",彭浦镇政府赠送的锦旗内容概括一切。9 月 29 日,经管系 140 名师生志愿者第一批投入特奥志愿者服务中,这个系克服天数长、多系人员组成等困难,同学们坚持不懈,无一人请假离岗,很多同学甚至带病坚持服务。10 月 2 日,人文系、计算机系、学前教育系志愿者全部进入宾馆开始服务。志愿者在服务中体现的特奥中成长、特奥中同行、特奥中发展的表现赢得领导的高度评价。

第十四篇

交流与合作

随着改革开放的形势发展,上海职业教育的国际交流活动日益频繁,交流与合作的力度不断加强。上海每年都组织一定数量的职业教育工作者赴国外或境外访问,仅上海职业技术教育研究所1990—2000年就组织赴德国考察52人次,赴新加坡培训50人次。同时,随着国际交流和教育引资力度的加大,国外或境外的机构及个人捐资助学与来沪合作办学也日益增多。从1985年1月国家教委与德意志联邦共和国的合作项目启动,上海市仪表电讯工业局与汉斯·赛德尔基金会签署在上海电子工业学校实施德国"双元制"职业教育模式的协议开始,上海在职业教育领域开展的中外合作办学不但项目增多,其成效也越来越显著,特别是通过借鉴发达国家发展职业教育的成功经验,促使中国职业院校转变传统的照搬普通教育的教学模式、推进技术技能人才培养模式的改革创新以适应经济社会发展的步伐不断加快。

　　上海的职业院校与国内其他地区的职业教育交流与合作,也同样取得令人瞩目的成效。在对口国内中西部地区的职业教育帮扶方面,1996年中央第三次西藏工作座谈会确定上海对口支援西藏日喀则地区,上海在继续办好中学西藏班的同时逐步扩大面向日喀则地区的招生数;2000年教育部又确定上海市对口支援云南省的任务,上海的15所中等职业学校对口支援云南的9所中等职业学校,使之在办学和管理水平、骨干专业建设及教师整体素质方面都有明显提高。2003年,市教委首次组织上海市中等职业学校联合对外省市招生,全市共有23所中等职业学校对外省市招生。此后,上海职业教育对口支援服务的地区不断扩大,为发挥优质职教资源服务西部、服务全国的作用,上海的职业院校或招收对口支援地区学生来沪就读,或在对口支援地区职校内设分校或教学点实施合作办学,或在对口支援地区职校的资源建设和师资培训方面承担大量工作,为实施职业教育扶贫做出重要的贡献。2010年,市教委安排49所以国家级重点学校为主的中职校录取来自全国26个省市部分初高中毕业生近1万人(不含在沪农民工同住子女),其中西部地区占计划总数的42%。通过合作联动,上海与中西部地区职业教育合作更趋紧密,合作模式更趋成熟完善。

第一章　国际交流与合作项目

第一节　国际互访与交流

20 世纪 80 年代,丹麦、德意志联邦共和国等国家先后组团到上海考察交流职业技术教育。1985 年 11 月,国家教委组织赴德意志联邦共和国职业教育考察团,上海市教育局中等专业教育处派员参加。考察回国后,向国内作德意志联邦共和国职业教育的考察报告。1988 年,上海参加中国赴苏联中专教育考察团,了解苏联中专变化情况,交流中专培养技术员经验。1989 年,上海派代表参加在天津举办的中英技术员培训研讨会,介绍中等专业学校评估体系与经验。1992 年,接受德国赛德尔基金会邀请,上海组织中专校长代表团赴德国访问,考察德国联邦职业教育研究,德国联邦职业学校、技术员学校、高等专科学校和行业、企业协会。

随着改革开放形势发展,国际交流活动也日益频繁,上海每年都组织一定数量的职业教育教师、学者、研究人员赴德国、加拿大、新加坡、日本等国访问,仅上海职业技术教育研究所从 1990—2000 年就组织赴德国考察 52 人次,赴新加坡培训 50 人次。

选派教师出国进修是职业教育重要的国际交流项目。上海市农业学校于 1992 年与日本岛根县松江农村高等学校、1995 年与法国圣日尔曼农业学校、1999 年与韩国济州农业高等学校分别建立友好学校,每年互派师生开展交流、研修、实习、考察,并先后安排 50 多名日本、法国实习生在学校进修。1993—1997 年,上海建筑工程学校每年派出一批学员到日本国村上组株式会社进行为期一年的建筑研修,4 年中共派出学员 52 人。上海市曹杨职业技术学校于 1990 年与法国马赛旅游学校建立校际合作关系,除互相访问外,并在马赛市举办中法美食活动周。1995 年,奉贤中等专业学校与新西兰奥塔哥学校签署建立姐妹学校关系协议书,并重点学习新西兰一些学校实行弹性课程制的经验。

英国伦敦城市行业协会(C&G)是英国规模最大并具国际性的技术考核机构,颁布的职业资格证书占英国劳动就业证书的 60%,又在世界 85 个国家和地区开展职业资格证书的考试。1994 年,上海市教育局与 C&G 达成协议,引进该协会 12 个科目考核标准,在上海市商业职校、上海市旅游服务职校、卢湾区职教中心、逸夫职校、现代职校东部、国际旅职、曹杨职校、天工职校和闸北旅职等 9 所中等职业技术学校内设立相关技术、技能考核站。1995 年,首批 312 名学生通过有关商店零售、餐厅服务、计算机编程入门、缝制工艺、汽修技工、大堂应接、客房服务、美发、家电维修等专业工种的考核,90% 以上学生获得由 C&G 颁发的合格证书。

1998 年,市教委完成中德合作项目跨企业培训中心 3 年培训任务,为外资、合资企业培训员工 1 600 人。

1999 年 6 月,由中国、新加坡、日本、德国、瑞士和美国参加的"六国教育研究合作项目"第三次会议在沪召开。会议的宗旨是合作进行面向 21 世纪教育的研究和开发,确定教育与经济增长、教育政策与规划、高等教育、职业教育、语言文字教育与文化、数学与理科教育等 6 大研究项目。会议目的是交流项目研究的进展情况。同年,同济大学与德国合作的职教师资项目,完成第一届机电一体化近 40 名师资的培养工作;市教委与澳大利亚昆士兰州 TAFE 集团商议合作在上海建立高职师资培训中心,并列入两地间政府合作项目之一;市教委同德国赛德尔基金会已开展六期合作,重点培训职业教育师资。至2001年,中外合作办学发展迅速,新办中外合作项目涉及日本、爱尔兰、澳大利亚、新西兰和中国台湾等国家或地区。

2002年,上海有11所中等职业学校参与中外合作办学,合作方有澳大利亚、英国、德国、日本、新西兰、加拿大和中国台湾地区。召开中等职业学校校长有关合作办学座谈会,成立中等职业学校中外合作办学的校际协作组。开展对上海商业会计学校、上海长乐—霍尔姆斯职业学校、上海鸿文国际综合高级中学和九州艺术职业技术学校等4所学校的年检。12月30日,同济大学授予德国总理施罗德名誉博士学位。施罗德在演讲中宣布,为促进同济大学同德国大学之间的交流,德国政府在2003—2007年间每年向同济大学学生提供3个奖学金名额,到德国参加暑期培训。同时举行中德关于扩大同济大学职业教育学院合作项目意向书、同济大学与德意志学术交流中心关于在2003—2008年期间共同支持同济大学中德学院的框架协议的签字仪式。

2004年按照教育部中德教师培训计划,上海选派20多名专业教师赴德国各职业院校进行为期两个月的专业培训。出国培训的经费由市教委、学校主管单位、学校和教师个人共同承担。其中市教委最多承担不超过三分之一,其余由主管单位、学校和教师个人各承担三分之一。总计投入经费近百万元。此项培训计划在以后的5年内进一步开展,在5年内接受此项培训的教师达到300名以上。

到2007年,由中德政府共同支持的"中德职教师资进修项目"已开展3年,上海市共上报计划103人,实际参加培训77人,总计经费投入近百万元。先后收到参加培训教师的专题调研报告77篇,合计21万字。这次合作项目的组织交流工作得到教育部的肯定,并授予上海市教委为中德职教师资进修项目(P300项目)先进单位称号。

2008年组织举办"2008上海—鹿特丹职业教育研讨会"。由市教委与荷兰鹿特丹市青年教育社会委员会共同主办。该研讨会是2007年4月在鹿特丹举办的"2007鹿特丹—上海职业教育研讨会"的继续。来自上海市和鹿特丹的职业教育领域的研究人员与专家、职业学校校长分别就课程改革、评价体系、就业市场等主题做专题演讲。上海交通大学医学院附属卫生学校、上海信息技术学校和上海工艺美术学校与鹿特丹ROC教育集团签订职业教育合作备忘录,参加会议的外宾参观考察4所中等职业学校。

第二节　合　作　项　目

1985年1月,根据国家教委与德意志联邦共和国汉斯·赛德尔基金会的合作项目、总体框架,上海市仪表电讯工业局与德国汉斯赛德尔基金会签署在上海电子工业学校实施德国双元制职业培训的协议,宗旨是吸收、消化、探索、引进德意志联邦共和国双元制培训模式,把德意志联邦共和国的一级培训(技工培训)和二级培训(技术员培训)的教学计划、培训大纲以及新课程、新内容纳入整个教学环节。这项实验属"直接合作型"试点。合作任务为以下几个方面:对技术和商务培训专业的职教师资和培训人员进行专业、教学理论和教学方法以及职业教育学方面的培训。对从事职教师资培训的师资、再传播者及主讲者进行的培训。为教育主管部门发展合作性的职业教育事业提供咨询和帮助。发展教学大纲并使职业培训专业适应当地实情(例如机电一体化人员、电子安装工、旅游业务人员)。为技术和商务专业的教学编写符合教学法要求的教师参考书。对合作企业中的企业培训人员的培训及为企业在企业培训的组织和实施方面提供咨询和帮助。为使技术以及商务方面的专业人员适应现代工业企业的要求,在培训中心开设专业进修班。为发展高等职业教育提供信息和咨询。将德国的教学资料译成中文,以便在教材及教学手段方面推进中方致力于实施的教育改革。加强与德资企业以及德国经济代表机构的联系。为贫困地区发展教育方案提供帮助。自 1985 年 1 月至 1999 年双方前后共签署 5 次协议。1999 年 11 月 26 日,第六期中德合作协议由上海市仪电控股(集团)公司,上海市教育委员会、汉斯赛德尔基金会三方共同签署。并将职教师资培训以及向云南西部等省份的辐射正式列入合作内容。

1987—1996 年,上海市职业技术教育利用世界银行贷款 210 万美元,在上海市经济管理学校、职业技术教育中心和上海技术师范学院分别建立办公室自动化、工商行政管理、计算机应用管理等专业和职教师资培训基地,同时通过项目实施,先后选派教师赴美、日、英等国家进修。

1991 年,上海市科委与日本国际协力事业团签署合作协议,在上海市第二轻工业机械学校内设立"上海现代模具培训中心",并于 1992 年 10 月建成启动。该"中心"是属国家科委和日本政府间的技术合作项目。日本政府为"中心"提供有关 CNC 加工中心,包括 CNC 脉冲电机床及 CNC 线性划机床等价值 2 500 多万元人民币的教学设备;教学人员在日本受到严格的理论培训和实际操作训练,日本也派专家来"中心"直接指导教学工作,为上海乃至全国模具行业培养 500 多名数控机床操作人员和设计人员。

1992 年,上海市商业职业技术学校和东辉职业技术学校与新加坡育生电脑学校合作,举办国际商务和国际会计专业 2 个班级,并选派 6 名教师赴新学习有关国际财会和商务英语的相关专业课程。1993 年,市政府教卫办批准宝山区申办的沪台合作上海鸿文国际商业职业技术学校,该校毕业生毕业后可直接进入 PCEC 鸿文学院学习 3 年。学习期满经考核合格可颁发美国桥港大学证书和 PCEC 证书。上海长乐霍尔姆斯职业学校创办于 1994 年 4 月,是由上海市卢湾区教育局所属的长乐职业技术学校与澳大利亚霍尔姆斯(Holmes)学院合作举办的全日制中等职业学校,学校采用与国际接轨的办学模式和课程体系,学生修业期满,可获得上海市职业中专文凭,同时澳大利亚霍尔姆斯学院也将认可由学校外籍教师所授课程,并发给相应的学业证书和求职推荐鉴定。九洲现代艺术职校由少年儿童出版社、上海九洲(集团)有限公司、日本天富产业株式会社共同投资,由少年儿童出版社主办的一所全日制现代美术设计类职业中等专科学校,设有现代广告、企业形象设计、环境美术设计、图书策划设计等专业。

1998 年 10 月 31 日—11 月 4 日,由上海市卫生职业技术教育学会主办,由上海第二医科大学附属卫生学校、香港中文大学医学院联合承办的"'98 沪港实验诊断高级研修班"举行,参加研修班学员 44 名分别来自江苏、浙江、江西、山东、河南、湖南、广东、新疆、重庆和上海等省市。这次研修班邀请上海和香港中文大学著名实验诊断学专家教授和博士,开设多方面讲座。年底,上海商业会计学校与澳大利亚悉尼西南学院进行合作办班洽谈,并于 1999 年 3 月签署合作办班协议,1999 年 6 月获市教委批准,并于 1999 年 8 月招收新生 200 名。中澳合作班设有国际商务和国际金融两个专业,学制四年。学生毕业后可同时获得中专毕业证书和澳大利亚政府认可的 TAFE 学业证书,如 TAFE 计划内的课程全部学完,可凭 TAFE 证书直接就读澳大利亚任何一所大学同专业的本科课程,就读 2 年后即可完成学业。2000 年,市教委同意上海市商业学校与澳大利亚西南悉尼学院 TAFE 课程合作办班,设置市场营销、酒店管理两个专业。2000 年秋季开始招收初中毕业生,学制四年。

从 2001 年开始,根据市教委批复同意以下学校举办中外合作专业:2001 年,上海市东辉职校与英国威根学院共同开设 BTEC 课程,设置计算机应用、商业财务会计专业,招收应届初中毕业生,学制三年。上海市商业学校与加拿大尼亚加拉学院合作举办国际商务专业。

2002年,上海第二医科大学附属卫生学校中英合作举办护理教育专业。上海科技管理学校与澳大利亚南悉尼TAFE学院合作举办"制冷与空调"专业。上海市逸夫职业技术学校与新西兰奥克兰理工大学合作举办"艺术设计"。上海信息技术学校(中澳合作)举办"现代办公管理"专业。共有11所中等职业学校参与中外合作办学,合作方有澳大利亚、英国、德国、日本、新西兰、加拿大和中国的台湾地区。市教委召开中等职业学校校长有关合作办学座谈会,并成立中等职业学校中外合作办学的校际协作组。

2003年,黄浦区卫生学校与美国盐湖城社区学院举办中美合作护理、医学美容专业。南汇工贸学校与意大利ICIF学院合作办中意烹饪项。上海东辉外国语高级中学与日本关西语言学院合作开办日语专业课程。上海科技管理学校与瑞士日内瓦商学院合作办班。上海市商业学校与韩国娜德丽美容学院合作举办美容美发与形象设计专业。上海医药学校与加拿大百年理工学院合作举办医药商品经营专业。松江区建筑工程学校与澳大利亚TAFE·GLOBAL PTY LTD合作举办工业与民用建筑专业。

2006年4月19日,市教委批复同意上海市医药学校与澳大利亚博士山职业及继续教育系统合作举办商品经营(医药专业化)专业和药剂(药物制剂专门化)专业两个中等学历教育项目。4月24日,市教委批复同意上海电力工业学校与澳大利亚启思蒙学院合作举办"供用电技术专业"项目。

第三节　案 例 选 介

一、全方位合作

上海电子工业学校中德合作办学项目由国家教育部立项创建于1985年,是由上海仪电控股(集团)公司、上海市教委与德国慕尼黑汉斯·赛德尔基金会合作的上海唯一一所探索实践德国"双元制"职业教育模式的全日制中等专业学校及上海市职教师资培训中心,同时也是上海市教委与德国赛会合作向西部云南省开展职教对口支援工作的执行单位。学校有中德国际合作办学优势,与100多家中、外企业有合作培训关系,是上海市唯一的一家中德合作职教师资培训中心;是上海市教委所属15个中职师资培训基地之一;是国家劳动与社会保障部第99和150职业技能鉴定所,可鉴定考核工种有无线电装接、无线电调试、电子仪表装配、电子仪表调试、维修电工等,层次有初、中、高级;有市重点专业装备以及德国汉斯·赛德尔基金会援助进口教学设备,"计算机网络技术"和"通讯技术"被列为市重点专业;"双元制"模式教学的专业均采用德国进口教学设备;按德国工商行会IHK标准组织培训、考核、发证;学校依托仪电控股(集团)公司,强大的行业优势能为学生提供实习与实训基地,为学校教学提供电子信息工业发展的动态和信息,同时有行业专业技术人员和专家参与教育。1985年,学校开始实施德国双元制职业教育,合作专业有通信电子工、信息技术、能源电子工、机电一体化技术工。1988年开展项目体系咨询,开展教师技能培训、工长培训、技术员培训、企业员工培训。

上海医药高等专科学校通过成立"国际合作社区(老年)护理培训中心",建设一支专兼结合的"双师型"结构社区护理教学团队。与美国、英国、荷兰、芬兰、丹麦、挪威、日本、澳大利亚等8个国家近20所院校和医疗机构建立长期稳定的护理教育合作关系,国际合作交流资源丰富。通过"中荷合作社区卫生培训中心"等社区卫生培训项目,与闵行区、长宁区、嘉定区等区县卫生局及其下属的社区卫生服务中心建立的合作关系,初步建成"专家工作室"、培训设施、实践场所,培养一批社区护理师资,课程体系与教材亦初步形成。"国际合作社区(老年)护理培训中心"与全国知名的居家护理专业机构"青松居家康复护理集团"签订战略合作伙伴协议,合作开展的特色项目有:与"爱思唯尔出版集团"和荷兰"芝兰·威斯特斯可德"职业教育集团合作,建立和实施工学结合的一贯式社区护理教学模式、课程标准和培训合格证书制度。编写老年护理教材。聘请4名芬兰、荷兰、西班牙的社区(老年)护理专家提供课程开发指导、教学和管理服务,培训专任和行业兼职教师30余人。聘请4名华东医院、仁济医院、"青松居家康复集团"、闵行区卫生局社区(老年)护理专家提供课程开发指导、教学和管理服务,培训专任和行业兼职教师30余人。聘请行业兼职教师20名。举办"社区护理(老年)教学设计比赛",以教学法、业务培训的方式,选拔20名来自华东医院老年科护士及静安、长宁区、虹口区的居家护理一线骨干担任行业兼职教师,为学校护理专业学生上课。教师出国交流和学生国际交流。"国际社区(老年)护理培训中心"专门为外籍学生开设中医、推拿等特色课程,并送芬兰学生到曙光医院、"青松居家康复集团"签约家庭等处进行实习,学习结束时芬兰学生获得10个欧盟承认的学分。

二、合作办学

上海市南湖职业学校与澳大利亚新南威尔士西南悉尼TAFE学院合作举办酒店(邮轮)服务与管理专业,致力构建国际化的课程体系,打通国际化的师资培训渠道,推进专业国际化的建设进程研发的专业教学标准具有国际水平:人才培养目标对接丽星、歌诗达、皇家加勒比等国际知名邮轮公司的岗位要求,职业能力标准对接国际公认的英国国家职业标准(NOS),专业教学语言采用国际通用的英语教学,就业岗位对接国际邮轮酒店及国际邮轮港口。专业标准的制定实现邮轮专业国际教学标准的国内首创,并开发国际化课程教材,提升邮轮专业教学质量。学校成立精品课程工作室,该专业教师承担市级精品课程《西餐服务》以及校级精品课程"邮轮实务""酒吧服务""邮轮情境英语"的建设任务。

为适应专业学习和澳方教师授课的需要以及培养目标的要求,上海科技管理学校中澳合作制冷与空调班。前两年除中方必备科目外,主要强化英语教学。专业学习中,三分之二课程采用英文原版教材。所有课程中,有二分之一课程由澳方教师任教。该项目的教学特点之一是英语要求高,前两年以英语为主,达到TAFE三级英语标准。为此,周课时由原先的14课时增加到20课时并适当补差,安排自修辅导与答疑。开展各类活动。组织英语背单词竞赛、英语演讲比赛、英语小品表演等。

上海医药学校与澳大利亚博士山学院自2004年合作办学以来,已开设医药物流专业、药剂专业、药品营销专业等3个中澳合作办学项目关于中外合作办学项目课程的开发,坚持几条开发原则:一是引进课程要适度降低理论难度,侧重于先进实用的操作技能的引进。二是外方能够提供系统的专业课程,原则上不再开设重复的中方课程;中方课程主要是弥补外方课程中缺少的知识和技能,从而充分利用合作双方院校的现有优质资源。三是让从事一线教学的教师全程参与课程开发过程,了解课程开发的思想和方法,深刻领悟外方课程的精髓,要充分发挥企业人员的引领和参与作用。四是适度加大英语课程比例,提高专业教学效果。五是课程内容或运行方式要结合中国的实际国情进行适当的调整和修改,既注重学习和借鉴国外职业教育的先进经验,又立足于本国、本地实际。

上海市商业会计学校与澳大利亚 TAFE 悉尼西南学院合作办班。该项目于 1999 年 6 月获得市教委的批准,截至 2004 年底已 5 年半时间,已连续招收 6 届学生,已毕业两届计 410 名学生。学校的中澳合作办班项目属于中专层次的学历教育,有国际商务和国际金融两个专业,学制四年。中澳班前两年以学习英语课程为主,后两年全部学习专业课程。2004 年,中澳合作项目有四届学生共 17 个班,国际商务专业 4 届共 7 个班,国际金融专业 4 届共 10 个班。学生必须通过中澳双方所有课程后才能毕业。毕业后可获得上海商业会计学校的中专文凭和澳大利亚 TAFE 的职业证书。2001 级和 2002 级的专业课程 85% 是澳方引进的课程,2003、2004 级的英语课程也是澳方引进课程,占整个学期课时的 70% 左右。教学由中澳双方教师共同承担,承担澳方课程的中方教师全部经过澳方的培训和认可。所有澳方课程(包括专业课程)必须全英语授课,并按澳方要求对学生的学习情况进行测试和评估。第三年进入专业课程学习学生必须通过 TAFE 英语证书三(相当于雅思 5.0 以上)的水平考试,否则不能进入 TAFE 专业课程的学习。中澳合作办班取得积极的成果。中澳合作办学拓宽学校进行职业教育的路,提高学校的师资队伍的质量,并且带动学校生源的数量和质量;同时,TAFE 许多好的职业教育经验和方法已经移植到学校非中澳班教学,促进学校职业教育的改革和质量提高。

上海大学高等技术学院先后与澳大利亚墨尔本威廉·安格里斯学院、法国巴黎国际时装艺术学院、英国博尔顿大学联合举办旅游管理、时装设计、服饰设计、机电一体化等专业。通过合作,借鉴国外先进的教学理念,引进国外课程设置、教学资源和教学方法,在双语教学的环境中,学生不出国门就能接受发达国家先进的职业技术教育。2002 年春季招收首届大专学历高职学生,2006 年,在校生中澳旅游管理专业约 242 名;中法服装专业约 120 名;中英机电专业 41 名。

上海医药高等专科学校与美国、澳大利亚、日本、芬兰、英国和法国等国家的一批高等院校建立合作和交流的关系。自 2001 年成立国际教育部;2002 年经教委批准设立中美合作护理专业;2003 年建立由 7 个国家 9 个学院组成的国际护理教学指导委员会;2004 年实施中法合作医药营销专业交流项目;2005 年实施中日合作口腔工艺技术专业交流项目;2006 年启动中澳合作计算机应用与软件开发交流项目。定期招收芬兰、荷兰、挪威和日本的 30 余名留学生来校学习;派出教师去澳大利亚合作学校攻读硕士学位;聘请美国教师长驻学校任教;引进原版教材,实施国际化护理教育。

上海海事大学高职学院中美合作办学项目于 2001 年 3 月经上海市教委批准,取名"浦东工商管理学院",当年列入学校招生计划。合作办学项目有 2 个专业,在校生约 900 人。合作项目在加强本土化教育的同时,吸收国际通行的教育模式和观念,在课程设置和设计、师资构成及建设、授课内容和方法等方面努力贯穿和体现国际化观念。学生经过 3 年学习,既可适应上海这个国际化大都市的用人标准,也具备继续出国深造的自我适应性。学校在合作之初就十分慎重地与美方商定课程设置、教材选用、互派教师、部分课程学分互认、假期学生赴美进行商务文化交流等合作的具体内容。教学安排上对学生进行英语语言基础的强化学习。有 6 门课程使用英语原版教材,由美籍专家用英语授课。学校经常开展教学理念和教学方法的跨国讨论,并作了有益的尝试:尝试中外教师同上一堂课,选送教师赴美文化交流学习,中外教师一起讨论中美教学模式等。

2006 年,上海工商外国语学院商务系会展策划与管理专业中澳会展合作班项目启动。这一合作项目在教学资源引进的基础上,培养了一支合格的双语教学师资队伍;在双语师资队伍建设的同时,结合国际国内教学实践和人才培养需要,积极探索双语教学研究;在如何培养学生英语语言应用能力及全英文教学、双语教学方面取得一定的成就,积累丰富的经验;在教学方法中积极推动个人作业与小组作业相结合、平时作业与考试成绩相结合的考核方式,并在其他课程中推广应用。会展专业合作办学的模式也为其他专业所借鉴,在建设中外合作项目,学习国外先进的教学模式,培养学生主动创新的能力,重视学生英语口头表达能力等方面都提供积极的参考作用,为中外合作办学提供积极的引领作用。

三、结对交流

上海市曹杨职业技术学校中法交流始于1987年上海和马赛结为友好城市。1990年,经法中友协联合会普鲁旺斯法中心牵线搭桥,曹杨职校与法国马赛旅馆学校结为友好学校。交流涉及6种形式:一是短期考察访问。主要目的在于实现中法职业教育之间的了解,时间为1周。至2010年,有20位教师参加不同形式的交流,开拓教师的视野,提高教师队伍的国际化水平。二是交换学生。2005年签订合作协议以来,两校每年互换短期留学生到对方学校学习交流4周时间。学习交流结束,由接待学校颁发短期培训证书。截至2013年6月双方交流学生数量达62人次。三是职教实习交流。根据协议,双方可每年互派学生6名到对方学校进行为期16周的专业实习。由接待学校安排实习单位,并在实习结束颁发实习证明和学校培训证书。四是烹饪项目培训。以中法餐饮文化周的形式在双方学校开展烹饪培训课程,由双方的访问教师进行烹饪主题教学,学生广泛参与。培训结束通过冷餐会的形式集中展示教学成果,并多次邀请法国领事馆教育领事、教育局领导和法国友人参加。五是课程共建。六是中法公益培训。始于2009年的海上青焙坊(SYB)的培训是由法国领事馆商务处SYB机构、上海市曹杨职业技术学校和上海市慈善基金会三方合作的公益培训项目,为全国孤儿和单亲家庭的孩子提供西点制作和法式烘焙的培训。

2001年5月17日,上海工程技术大学高等职业技术学院与韩国光州技能大学(现更名为韩国第五理工大学)签订长期合作协议,双方互派师生交流达80余人次。2004年10月7日,欧洲职业教育与社会教育协会之联合会(德国)勃兰登堡区域总经理贝克曼博士来访,上海工程技术大学高等职业技术学院与德国欧洲职业教育和社会教育有限责任公司(EBG)签订合作培训协议。2005年5月15日,学院与德国欧洲职业和社会教育协会合作创办"中德高级技术教育中心"揭牌。

四、合作培训

上海市工业技术学校现代模具技术培训中心是中日两国政府间的科技合作项目,1992年10月开办第一期培训班,从最初的每年二期约60人左右,增加到每年5～6期,年培训学员达到200多人左右。至2001年已举办39期,共培训1 600多名学员。学员来自全国20多个省市和地区。不少学员已成为企业模具设计和制造的骨干。海尔公司、美国安普公司、德国百灵公司、瑞士GEBERIT公司、中日合资第一精工、神明电气等不少国营企业、国外独资企业及合资企业纷纷委托"中心"为他们企业培训各类模具专业技术人才。各省市有模具专业的院校也纷纷派遣教师和学生来"中心"进行培训或进修。在搞好培训工作的同时,该"中心"还注重模具技术的创新与开发,为企业排忧解难,为上海照相机总厂设计与制作一套DF-200型照相机主体模具,为阿尔卡特智能终端设备有限公司设计制作电话机听筒和搁架模具,为上海家化集团公司设计制作造型独特新颖化装护肤品模具,为联合利华等公司设计制作香皂模具,为中新合资新菱公司制作冰箱的部分模具,为日资健伍公司,美能达公司等修复一批难度较大的模具,并为大众公司加工压铸模模芯,为荷兰独资企业亨特公司制作冷冲级进模,还为不少企业进行模具的造型设计。

上海建峰职业技术学院与上海建工集团海外部联合举办"海外现场项目工程师"培训班。培训班为期一年,学员为学院土木系工程系 2006 级学生,采取学生自愿报名,经专家面试后择优录取的方式选拔。教学内容由"国际工程项目管理""工种实训""相关知识"及"现场实训"等 4 个模块组成,体现以就业为导向的办学方针,做到理论教学、实训实践和技能考证三合一。要求学生在培训期间取得施工员、安全员、质量员等 3 个岗位证书,砌筑、钢筋、模板、施工测量 4 个工种证书,CAD中级证书及驾照共 9 张技能证书。学生在培训期满后,将前往世博工地进行实习。经海外部考察合格后,正式签订劳动合同,派往建工集团海外项目。

上海海事职业技术学院中挪合作培养高素质国际海员。1999 年 6 月,中海集团与挪威船东协会(NSA)在奥斯陆签署《中海集团与挪威船东协会合作培训项目协议备忘录》,同年秋季招收 50 名学生。1999 年 9 月开学。在教学计划设计依据上,坚持"三个符合",既符合国家教育主管部门的要求,符合行业管理部门对专业人才的标准要求,符合挪威船东对国际海员的特定要求。在教学模式上,引进国际上先进的航海教育教学方法,采用"三明治"教学模式,即第一年在校学习,第二年在欧洲船东所属的船舶实习,第三年回校学习专业课程;在教学方式上,开设挪威船东所要求的相关课程,由挪方提供教材,请挪威专家来校授课。在招生就业形式上,由挪方参与招生选拔,确定"项目学生",并由挪方提供就业"订单"。项目实施 5 年,取得较大成功,共培养"项目学生"250 余名,经国际船东面试选拔,90% 以上的学生通过外派机构劳务输出,派往国外船东船舶工作,成功进入国际劳务市场。

第二章 对口支援与异地联合办学

第一节 概 况

　　1996 年中央第三次西藏工作座谈会确定，上海对口支援西藏日喀则地区。12 月 7 日市教委领导同来沪访问的日喀则地区党政代表团，就加强上海对该地区的教育对口支援协作达成新的意向，一是在继续办好中学西藏班的同时，逐步扩大面向日喀则地区的招生人数（1996 年招生 45 名，1997年拟扩至 70 名）。上海将通过学校布局调整，把中学西藏班集中安排在办学条件好的学校，以保证中学西藏班办学质量的进一步提高。二是从 1997 年起上海成人高等学校专门为日喀则地区的在职藏族干部提供学习提高的机会，每年招收 4～5 人。三是上海承担为日喀则地区高中教师进行在职提高性培训的任务，每年一期，每期 3 个月，每期 2～3 人。1995—1996 年，上海捐款 1 130 万元用于西藏日喀则地区兴建 23 所希望小学，并设立地区教育奖励基金。1997 年，上海职业教育对口支援工作除了西藏外，又扩展到云南、三峡、宁夏等省市。逸夫职校、南方工业学校等 9 所职校与云南省建立对口支援协作关系。

　　由于上海电子工业学校自 1985 年与德国汉斯·赛德尔基金会开始合作开展德国"双元制"职业教育模式的典型试验以来，双元制模式被越来越多的职业学校所接受和采用，1997 年该校联合汉斯·赛德尔基金会与云南省教委签订协议，通过对云南省昆明第二职业中学、红河州蒙自县职业高中在教材教法、教学管理、校企合作、学生实习等方面进行双元制模式指导，并帮助云南省职业学校培训校长、管理干部和骨干教师，选拔教师赴德进修，由此开启职业教育对口支援和双元制模式的辐射。1998 年，该校与甘肃省开始正式合作，支援兰州的职业学校教学工作，与山东职教师资训训中心合作对其省内职业学校开展教师及校长的进修培训工作。2000 年，云南的两所受援学校被教育部评估认定为第一批国家级重点职校。

　　2000 年，教育部等《关于东西部地区学校对口支援工作的指导意见》中确定上海市在教育方面对口支援云南省，上海市教委与云南省教育厅正式签订对口支援写作协议，由上海的 15 所中等职业学校对口支援云南的 9 所中等职业学校，使之在办学和管理水平、骨干专业建设及教师整体素质方面都有明显提高，进而向全省辐射经验促进云南职业教育综合水平的提高。市教委组织上海市旅游服务职业技术学校等 6 所旅游类职业学校的校长赴云南落实沪滇职业教育对口支援协作工作。以东辉职校为主的上海 9 所中等职业技术学校对口支援云南 3 所职教中心的工作；以上海旅游服务职业学校等 6 所学校支援云南大理 6 所旅游类学校。

　　2001 年，上海 15 所中等职业学校对口支援云南 9 所中等职业学校进入实质性阶段。上海的学校共捐赠教学设备 125 台（套），经费 29 万元，图书 3 000 册；培训教师 700 人，投入经费 50 多万元；培训、资助贫困学生 90 人，投入经费 6 万多元；赴云南支教讲学 40 多人，投入经费 19 万元。德国赛德尔基金会与上海市教委、云南省教委合作的援滇项目正式启动，共三批近百名校长来沪接受培训或挂职锻炼又有突破性进展，近百名专业教师接受为期两个月的暑期培训，投入经费 50 万元。是年，以德国汉斯·赛德尔基金会为主，中德双方投入经费共计 60 余万元，在上海市组织 8 批相关培训，受训的云南校长 50 多名、专业教师近百名。培训主要分为：骨干校长培训班、专业教师培训班、校长挂职进修班。通过培训,云南省职教系统的骨干校长和教师普遍反映在转变观念、扩大信息、拓展思路、学习技能等方面有很大收获,同时对德国"双元制"办学模式有更深的理解,为促进云南职教发展,提高办学水平,改革教育教学给予很大的帮助。

2002 沪滇两地与德国汉斯赛德尔基金会在全面认真总结 2001 年举办 8 期培训班的工作的基础上,根据云南省教育厅职成教处和受训学员的意见和建议,合作三方确立该年的培训目标,4 月开始为云南省职业教育系统举办 5 期培训班。其中包括两期职教系统教育管理人员进修班,举办两期中等职业技术学校校长进修班。举办专业骨干教师暑期进修班,分成电子、电子商务和财会、旅游、计算机、汽车电器与柴油机、机械加工等 6 大类,学员达 147 人。上海电子工业学校作为项目的实施单位,会同上海旅游职业学校、市农业学校、城市建设工程学校、上海第二医科大学附属卫生学校、上海经济管理学校、群星职业技术学校、曹杨职业技术学校以及上海旅游实训中心、上海安联大众人寿保险有限公司、上海西门子开关有限公司等单位,密切配合,圆满地完成合作任务。云南省教育厅及云南省有关学校的校长和教师积极而广泛的参与,支持项目的开展。德国汉斯.赛德尔基金会对培训工作给予无偿的经济资助,基金会上海项目负责人吉格尔先生还参与项目的组织协调工作,并亲自为学员上课,付出很大的努力。在培训过程中,德方专家和上海电子工业学校重点介绍职业教育"双元制"的制度特征,教学计划及课程设置特点,让学员了解结合国情引进"双元制"的做法。上海市的职业教育研究专家和教育行政部门领导重点介绍职业教育发展趋势,上海职业教育的改革与发展经验等。同年,上海电子工业学校的西部支援又扩展至贵州省,被上海市经济委员会授予"上海国内经济合作暨对口支援先进集体"称号。是年,市教委又同意上海市马戏学校帮助青海省培养 20 名杂技学员计划。

2003 年市教委首次组织上海市中等职业学校(即普通中专、职业高中)联合对外省市招生。全市共有 23 所中等职业学校对外省市招生,其中国家级和省市级重点学校 19 所,占 83%。主要招收云南、新疆、陕西、内蒙古、甘肃、广西、贵州、四川等西部省市在内的 21 个省市,计划招生 1 865 人(其中教育部办公厅下达西部地区招生计划 443 人),共录取 1 860 人,计划完成率为 99.73%,西部地区计划完成率 66.6%人,比去年增招千余人。招生学校推出与当地区域经济发展相适应的紧缺专业,如城市轨道交通技术、电气化铁道供电、国际商务、工业与民用建筑、制冷和空调设施运用于维修、数控技术应用等,受到当地考生青睐。同时开展多种形式的两地合作办学,如联合招生、委托培养等。上海市与陕西、广西、浙江、江苏省采用"2+2""2+1"等分段学习的模式,即新生在当地中等职业学校学习 1~2 年,主要完成文化和部分专业基础课后,再到上海市中等职业学校继续接受专业教育和技能训练。合作办学有利于适应异地经济的不同需求,符合学生发展的多元方向,有利于职业教育跨地域发展和协作,是一种谋求多赢的途径。

2004 年为了落实党中央开发西部的战略,发挥优质职业教育资源服务西部、服务全国的作用,上海市中等职业学校向外省市招生人数稳步增长,市教委组织 33 所市中等职业学校(即普通中专、职业高中,下同)对外省市招生,主要招收江苏、浙江、江西、陕西、云南等省市在内的 27 个省市,共录取 2 940 人,实际报到人数(注册)2 750 人,计划完成率为 95%,比去年增招 890 人。该年,上海市中等职业学校非沪籍在校学生数约为 6 500 人,占在校生总数 3.19%。在办学形式上,上海市与陕西、云南、江西、浙江、江苏等省采用"1+2"或"1+3"等分段学习的模式,即新生在当地中等职业学校学习 1 年,主要完成文化和部分专业基础课后,再到上海市中等职业学校继续接受专业教育和技能训练 2~3 年,合作办学人数占总数 47%。

2005 年 5 月 17 日,上海市人民政府合作交流办公室与市教委共同举办上海中等职业教育对口支援工作座谈会。7月,市教委下发《关于上海市中等职业学校与上海对口支援地区开展合作办学的通知》,指出:选择以国家级中等职业学校为主的上海市部分中等职业学校,与对口支援地区开展联合招生合作办学,招收当地应届初中毕业生,招生计划为 3 000 人。鼓励和支持上海市中等职业学校在对口支援地区有关中等职业学校内设置分校或教学点,实施合作办学,开展中等职业教育,学制 3 年。办学形式采用"3+0""2.5+0.5"和"2+1",即学生二至三年在当地学校学习,后半年至一年选择优秀学生来沪学习专业技能和实训课程。学生学完专业教学计划规定的全部课程,成绩合格,由上海市中等职业学校颁发由上海市教育委员会统一印制的中等职业学校毕业证书。学生在当地学习,学校应按当地收费标准收取学费等;学生在上海学习,学校可按上海收费标准收取住宿费和50%～70%学费。上海市政府设立上海市中等职业学校对口支援地区开展合作办学奖励经费。奖励标准按每招一名对口支援地区学生,奖励 3 000 元;支付方法采用"先实施,后奖励"的办法,即在一届学生毕业后,给予上海市学校奖励经费。2005 年,共录取外省市初中毕业生 10 010人,比上年增加 234%。

2006 年,上海市中等职业学校面向全国范围、对口支援地区和在沪工作的外省市务工人员,采用多种办学形式和招生途径,共录取外省市初中毕业生 10 010 人,比上年增加 234%,圆满完成教育部下达给上海市的外招任务。在参加外省市招生的学校中,国家级重点学校有 36 所,招生学校总数80%,录取学生占录取总数的 70.50%;招收来之西部地区的学生 2 693 人,占招收外省初中毕业生总数的 44%。学校坚持以就业为导向,设置当地就业市场需求,当地学校尚不具备条件而上海又有优势的专业,设置与新型产业密切相关和城市新增劳动力缺口较大行业的相关专业,开展联合招生,合作办学,主要招收内蒙古、广西、江苏、浙江、江西、陕西等 26 个省市初中毕业生,录取 4 029人。市教委计划安排 18 所中等职业学校与云南、新疆、西藏、湖北、重庆等省市 8 个对口支援地区开展中等职业教育联合招生合作办学。共有 14 所学校与对口支援地区 25 所学校结对子开展联合招生合作办学,录取当地学生 2 081 人。上海市学校在当地学校内设置分校,采用"2+1""2+2""3+1"等分阶段、分地区的办学模式,即学生前 1～2 年在西部地区和农村学校学习,其余时间到上海学校学习专业技能和毕业实习。通过两地学校"一对一"的对口支援和先进的教育思想、管理方法和教学经验相互交流,帮助提高当地学校办学水平,促进当地农村劳动力转移。上海市政府设立1 000 万元对口支援合作办学奖励经费,对每招一名对口支援地区学生的学校,奖励 3 000 元。学生在当地学习,学校均按当地收费标准收取学费,学生在上海学习期间,许多学校也按当地学费标准收取,也有的按上海学费标准的 50%收取。为保证合作办学的教学质量,根据对口支援地区和专业教学实际,全市学校计划在三年内接受 100 名当地教师和管理人员来沪进修,并选派 250 名优秀教师和管理人员赴当地任教和担任管理工作,这种方式推进两地学校全方位交流与合作。是年,市教委继续实施上海市教育委员会、云南省教育厅、贵州省教育厅和德国赛德尔基金会的合作项目,依托上海市电子工业学校等单位,完成云南、贵州职教管理干部和专业骨干教师 200 名培训任务。全市有 14 所学校共与对口支援地区 25 所学校结对设分校,录取当地农村学生 2 500 余人。

2007 年,市教委组织上海市 17 所国家级重点中等职业学校与上海对口支援的云南省等 6 个地区的 28 所中等职业学校开展合作办学。招生录取 2 500 名。为当地学校培训 257 名教师和行政管理干部;上海学校派出 123 名次教师和管理干部赴当地开展支教和讲学。与云南省教育厅和德国汉斯·塞德尔基金会合作,2007 年共培训 7 批共 186 位中职教师及教育管理干部。

2008 年,上海的 20 所国家级重点中等职业学校与 7 个对口支援地区职业学校开展教育对口支援合作办学,录取新生 2 518 人,接受口支援地区职业学校教师和管理干部 301 人来沪培训和进修,体现上海市委、市政府"立足上海,服务全国"的战略思想。同年,按照教育部"教育系统对口支援四川地震灾区恢复重建工作会议"和上海市委领导"不讲条件做好灾区坚强后盾"的精神,妥善安置都江堰市1 193多名新老中职生来沪就读职业学校。制定以"国家级重点学校和重点特色专业"为主,提供"经费资助和就业援助"为原则的安置方案,全市共有南湖职业学校等24所国家级中等职业学校,共接受448名来沪转移复学和招收745名新生,并安排专列组织都江堰市中职学生乘火车抵达上海。完成首批20名都江堰中职教师在沪参加师资培训。按照20名教师的不同专业背景,上海第二工业大学、逸夫职校、中华职校、杨浦职校、市北职高和上海高级技校等6所中高等职业院校分别承担现代职教理论和挂职带教等。对都江堰来沪就读学生,学校全方位实施人文关怀:一是加强家校联系。如振华职校、南湖职校给每位家长写信,将学校的情况、资助政策费用的使用情况告知家长,要求班主任给每位学生写评语,寄到学生的家里,并要求有反馈。二是对都江堰学生进行心理辅导。大众工业学校还对每个学生进行心理测试,对部分有特殊情况的学生进行跟踪,帮助他们调整心理状态。三是给予特别关怀。如上海医药学校、大众工业学校、宝山职校等学校专门招聘四川厨师或者在食堂增加川味的菜肴;上海物资学校等学校通过发放一卡通,为学生吃饭、洗澡、图书阅览等提供便利。针对某些同学花钱随意的问题,一些学校专门教授学生制作每月消费汇总表,一些学校开展"节俭从我做起"的主题活动。各学校开展学习指导因材施教。徐汇职高专门开设英语音标补习小组,董恒甫职校等学校降低要求,对知识点进行选择和调整,使大多数同学能够跟上。同时,学校鼓励学生参加上海的相关职业资格考证考试,希望学生在上海能够学有所成。还在都江堰学生中间开展多种主题教育和丰富多彩的文化生活。上海市各类企业和社会团体也对都江堰学生给予极大的热情和关心。

2010年市教委进一步开展并做好中职校"内地西藏中职班""举办内地新疆中职班"和对口支援贵州省毕节地区中职校各项工作,继续实施"合作联动型""援助支援型""委培订单型"等联合招生合作办学模式。安排49所以国家级重点学校为主的中职校录取来自全国26个省市部分初高中毕业生近1万人(不含在沪农民工同住子女),其中西部地区占计划总数的42%。通过合作联动,上海与中西部地区职业教育合作更趋紧密,合作模式更趋成熟完善。

2010年2月,市教委下发关于加强寒假期间设有内地民族班学校安全管理工作的通知,要求各有关区县对本辖区开设内地民族班的中小学、中等职业学校开展安全检查,重点是技防设施使用维护、学校内部安全制度落实、学生宿舍安全管理和留校过寒假学生安全等情况。

第二节　案例选介

一、委托培养

上海市城市建设工程学校从2006年起,参加上海首批对云南的职业教育对口支援,分别与云南迪庆民族中专和普洱技工学校开展合作办学。2007年,第一批对口支援的云南省迪庆地区50名学生来到上海接受专业培养;2008年,学校再次完成云南省迪庆和普洱两个地区共68人的专业委培任务,并在普洱地区招收"工程造价"专业新生50人。同时,该校与江西高安职业高中合作,招收22名江西垦民子女来沪学习。在合作交流和对口支援中,坚持学习借鉴,互通有无,共享资源,共同进步。2007—2008年度,云南普洱技工学校和沈阳工贸学校先后有4位老师到该校学习培训;学校与迪庆民族中专签订精神文明共建协议。同时,该校主动"走出去",到合作交流和对口支援学校考察学习,就委托培养专业的设置、专业培养方向了解第一手资料,为推进合作交流和对口支援工作奠定坚实基础。学校为这些学生配备优秀的班主任,坚持因材施教,循序渐进,按照学生的知识和能力基础,制定课程和实施教学。这些学生和学校其他同学享受同等待遇,如参加岗位证书培训,到上海地铁运营单位和市政企事业单位进行顶岗实习等等。在就业推荐上也是一视同仁,学校积极向上海和江浙一带的用人单位推荐这些学生,有部分学生留在上海工作。对口支援地区的学生,绝大部分都来自贫困山区,经济条件困难,为此,学校最大限度给予支持,积极组织他们开展勤工俭学以及给予困难资助。据统计,2007—2008 年度,学校给予合作交流和对口支援地区学生的资助经费超过 60 万元。

上海市行政管理学校是内地开办西藏班时间最长的学校之一。1984 年,正在筹建中的上海市行政管理学校承担市政府的一项援藏任务:为西藏培养 40 名财会人员。1989 年 7 月,又开始招收 1985 年进入内地西藏班的初中毕业生,成为内地中专校中最早招收西藏班初中毕业生的学校。学校开设财务会计、文秘、档案、国有资产管理、群众文化管理等专业,20 多年为西藏自治区培养 14 届共 732 名中专毕业生,很多人成为当地的建设能手和管理骨干。西藏舞蹈班(2002—2006),学制 4 年,共有学员 30 名。作为上海的援藏项目,在上海市教委的直接领导和关心下,学校制定教学方案,落实教学计划,精心安排西藏学生的学习和生活,为他们的成长和发展提供良好的平台和空间。自 2002 年开始,每年从西藏定额招收 70 名小学毕业生。学校 2003 年受到教育部、中组部、人事部等七部委的表彰,荣获"全国学校对口支援先进单位"称号,2005 年被国务院表彰为"全国民族团结进步模范集体";2006 年被评为"上海援藏教育先进集体"。

1998 年 3 月,上海电子工业学校与云南省教委共同签订《云南省教育委员会、上海电子工业学校和德国慕尼黑汉斯·赛德尔基金会合作协议》,决定为云南昆明第二职业中专、红河蒙自县职业高级中学两所学校开展职教对口支援和"双元制"职教模式的辐射。1998 年 6 月,学校又同山东—巴伐利亚职教师资培训中心签订合作协议。学校在师资培训工作的规划、组织和实施方面提供支持。举办 8 期培训班,内容有电子专业类理论与实训和教育法等方面的课程,方式上有选派资深教师赴山东上课,也有把山东学员请来上海培训,还为项目制作实习器材。1999 年,学校被市教委批准为上海市职教师资培训基地。1998—2000 年,相继在沪鲁两地举办多期培训班,满足山东省方面的职教师资培训的要求。从 2000 年至 2002 年,学校共为云南、贵州、甘肃等外省的职教师资、职校校长及管理人员举办 40 多期培训班,培训人数达 1 500 多人。在培训中,学校重点介绍"双元制"的制度特征,教学计划及课程设置特点,结合国情引进"双元制"的做法,请有关专家介绍全国职业教育的发展趋势,上海职业教育的改革与发展趋势,谈中职教育在新形势下的持续发展。2000 年,学校获得上海市西部对口支援工作先进集体。2005—2009 年,学校举办云南省、贵州省职业学校骨干校长、骨干教师、管理干部和专业教师培训班,开设调节技术、大功率电子学、保护装置、大功率电子学/电机等培训课程,其中,2005 年共计 8 批次 244 人,2006 年共计 9 批次 253 人,2007 年共计 7 批次 187 人,2008 年共计 6 批次 214 人,2009 年共计 7 批次 259 人。

1983 年 4 月,上海戏剧学院附属舞蹈学校受西藏自治区委托,经文化部、市文化局批准,学校为西藏自治区首批代培学生 20 名,学习以芭蕾舞为主,为西藏自治区歌舞团培养演员。时间为 1983 年至 1988 年。学生刚来时不懂汉语、汉文,通过学习语言、专业和文化,取得卓越进步,成为西藏自治区歌舞团的主要骨干和演员。2002 年,上海市政府与日喀则地区签订"上海为日喀则地区培养 30 名专业舞蹈演员"的援藏项目。市教委委托上海市舞蹈学校和上海市行政管理学校共同承担此项任务,由舞蹈学校承担专业教学任务,行政管理学校负责文化教学和日常管理,用四年时间为日喀则地区培养具有中专文凭的专业舞蹈演员。2002年,舞蹈学校委派优秀教师前往日喀则地区招生,挑选专业舞蹈演员的苗子,其中有日喀则地区街头的流浪儿、农牧民的女儿、养路工人的后代等,大部分生源从未进行过舞蹈训练。学校根据西藏班学生的自身特点和条件,因材施教,在舞蹈学校中国舞六年制教学大纲基础上,有选择地提炼和压缩教材,制定四年制中国舞教学大纲。舞蹈学校先后选派22人次的优秀教师进行中国古典舞和芭蕾舞基训、中国民族民间舞、毯体等课程的专业教学。共创作排练演出《梦归》《春天的摇篮》《岁月如歌》《穿越》等30余个舞蹈节目。通过4年努力,西藏班30名学生全部通过专业考试,获得由舞蹈学校和行政管理学校联合颁发的中专毕业证书。4年来,西藏班学生获得一系列奖项。学生们还参加民族宗教委员团拜,嘉定区民族宗教法律宣传日等重要演出活动。

二、异地合作办学

上海石化工业学校地处上海西南,南濒杭州湾,西临浙江省平湖、嘉善,西侧是上海石化股份有限公司,东边是亚洲最大的化工基地——上海化学工业区。学校凭借独特的地域优势和鲜明的行业特色,开展跨区域联动合作:一、校校合作。在浙江平湖市职业中等专业学校设立"上海石化工业学校平湖分校",当年双方联合招收化学工艺专业2个班88名学生,办学模式为"2+2"形式,即前两年在平湖学校上课,后两年到石化学校上课。至2009年,共联合招生179人4个班。二、校企合作。2007年8月,学校为拜耳(杭州)作物科学有限公司33名学员分两批开展化工操作技能培训;2008年5月,赢创工业集团在学校设立"赢创中国化工实训基地",每年为赢创在全国分公司的员工提供培训服务,已连续于2008、2009两年在学校举办的赢创中国化工实训夏训营,先后汇集赢创集团在浙江、江苏、山东、辽宁等9个省子公司的70多名一线优秀员工参加培训。2009年,学校与浙江省嘉兴港区人力资源服务中心签署合作协议,双方在化工技能人才的输送以及职后培训方面达成共识,从而为学生提供新的就业途径,为港区企业员工的培训提供平台。三、校地合作。学校从2003年开始,面向江、浙地区组织招生。据统计,到2009年,学校先后从嘉兴、湖州、金华、宁波、温州、绍兴等地招生319名。四、校企多边合作。2009年底,学校又与中国张家港保税港区扬子江国际化学工业园、张家港职业教育中心校通过协商达成多项共识,于3月21日在常州举办的"2010年中国化工行业人力资源发展高峰论坛暨中国化工优质职业教育资源推介展"上签署"职业教育与培训"三方合作协议。

上海市医药学校将支援中西部学校纳入学校整体发展规划,建立支援中西部学校的长效机制。经过深入了解和调研,形成调查报告,对中西部中等职业学校的现状、存在的问题,以及相应的对策和措施等多方面进行深层次的分析和探讨,并确定将江西省波阳县职教中心作为学校首家对口支援单位,与其签订对口支援协议。学校帮助对口支援学校转变办学理念,将改革教育方法、模式和手段作为工作的重点,以实现对口支援学校教学和管理水平上台阶为目标,如合作举办的上海市医药学校江西分校,整体移植学校的办学模式,同时又有所侧重:教学管理与学生管理实现五统一,即教学计划、教学大纲、教材、教学考核要求及学生管理目标的统一;试行"2+1"的教学模式,前两年完成教学计划确定的所有课程的理论教学和实验教学,在波阳完成这一阶段的学习。第三年完成技能实训和毕业实习环节,学习地点在医药学校。2005年市教委安排学校与重庆市万县中医药学校为一对一对口支援单位,在所有学生学费减免一半以上的基础上,对来学校本部学习的学生,学校每年还提供900元的补助,这样在一届90名学生身上就要投入62 100元。

三、援建希望小学

上海建桥学院在办学经费不充裕的情况下，始终坚持援建希望小学。2002 年 9 月，学校董事长周星增赴山东省临沂市莒南县，参加由建桥援建的希望小学开学典礼，并向该小学的 30 名学生颁发"周星增奖"、发放助学金。此后，每年几乎都有建桥希望小学建成，建桥希望小学遍布浙江、安徽、甘肃、新疆、贵州、广西、山东等 18 个省（自治区）。江西省吉水县水田建桥希望小学 2003 年建成时，学校董事长等人每人认养该校 3～4 位家庭经济困难的学生，资助这些农村孩子的学业，甚至他们的家庭日常生活。该希望小学还成为上海建桥学院大学生社会实践基地之一，每年暑期都会有建桥学子前来开展志愿服务活动。2005 年，学校在辽宁抚顺的雷锋小学设立"建桥奖励基金"，每年向该校提供教育捐赠 5 万元。

第十五篇

学 校

1978 年，上海的中等专业学校、技工学校逐步复校。进入 20 世纪 80 年代，各区的部分高中举办职业班，此后部分学校转变为职业高中。同时，从 80 年代中期开始尝试举办高职教育，包括试办技术高专学校和职工大学高职班等。90 年代，随着市场经济改革的深入，三类中等职业学校发生比较多的结构性变化，大部分技工学校停办，部分中专学校转为属地管理，职业高中达到较大的规模。高职教育呈现多样化发展，诸多公办或民办的职业技术学院或以独立设置的形式，或以普通高校二级学院的形式创建起来，一批高等专科学校的办学也转到高职教育的发展道路上来。20 世纪末，市教委开始建设现代化标志性中等职业学校，21 世纪初上海实施百所中等职业学校重点建设工程，2003 年上海开始建设一批国家级重点中等职业学校。2006 年国家示范性高职院校建设计划启动，上海的一批优秀高职院校进入示范建设的行列。这些中、高职院校的建设，推动上海职业教育事业的发展，也通过建设整合优化了学校布局。2010 年，上海市的区县主管中等职业学校达 31 所，行业主办中等职业学校达 45 所。公办高等职业学院及相关院校（含部分本、专科院校）22 所，民办高等职业学院 15 所。

学校排列方式以汉语拼音为序。

第一章 中等职业学校简介

第一节 区县主管学校

一、上海长乐霍尔姆斯职业学校

卢湾区教育局主管学校。

校址：上海市卢湾区鲁班路411号。

沿革：学校创办于1994年4月，是上海市最早的一所中外合作办学全日制中等职业学校。学校探索国际合作办学的模式，引进国外先进的课程和教材体系，特别加强日语和计算机教学。学校发挥在校外籍教师优势，实施一套主要用日语进行专业训练的教学方案。2009年4月起，经卢湾区教育局批准，学校引进日本滋庆教育集团作为运营管理支持方。滋庆教育集团是日本最大的职业教育集团之一。学校主要课程：语文、数学、英语、政治、历史、地理、物理、化学、生物、信息科学、心理、体育、美术、拓展性课程、研究型课程。

二、上海工商信息学校

青浦区教育局主管学校。

校址：青浦区公园东路2025号。学校占地面积10.3万平方米、建筑面积7.3万平方米。

沿革：1985年4月15日，青浦县人民政府建立青浦县水产学校，属中等专科；1985年8月21日，青浦县教育局建立青浦职业技术学校，属职业高中。1997年9月起撤销青浦职业技术学校建制，全校并入青浦县水产学校。2000年5月11日，学校更名为上海工商信息学校。

2010年，全校教职员工总数282人。学校分设4个专业部和1个培训部，设置15个专业。工商一部面向财经商贸类，开设会计、国际商贸（商务英语）、市场营销（商场管理）专业；工商二部面向加工制造类，开设数控技术应用、模具设计与制造、机械制造与控制专业；工商三部面向旅游服务类和园林园艺类，开设导游、会展服务与管理、旅游外语、烹饪、园艺专业；工商四部面向电子信息类，开设计算机及应用、计算机网络技术、电气运行与控制、电子技术应用专业；工商培训部面向社会开展职业技能培训，年培训量5000人次左右。校内实训基地1.4万平方米、实训中心6个、实训室66个。

三、上海鸿文国际职业高级中学

宝山区教育局主管学校。

校址：上海市宝山区顾村刘行（宝安公路2186号），是台胞投资建设的"沪台合作"性质的职业高级中学，属内地与港澳台地区合作办学机构。学校占地面积25亩，建筑面积11000余平方米。

沿革：筹建于1993年，由上海市教卫办、市台办审批筹办。学校是由宝山职业技术学校与台湾合作承办的全国第一所沪台合作性质的全日制中等职业技术学校。先后借宝山业大、化成中学、永清中学校舍。1995年选中宝安公路2186号,将原刘行中学校地及原有建筑由台湾投资2 000万元人民币重新改建、装修,于1996年2月迁入。1996年11月,成立上海鸿文国际商业职业技术学校。2002年3月6日,更名为上海鸿文国际职业高级中学。

2010年,有全日制中职在校生1 000人左右,教职工40多人。学校专业以"商科"为主,开设5个专业:商务英语、计算机应用、旅游服务与管理、美容美发、电子商务。学校自1998年开设升学班,每年升学率均保持在90%以上。学校与370余家企事业单位建立长期稳定的合作关系。

四、上海石化工业学校

金山区教育局主管学校。

校址:上海市金山区龙胜路1097号。学校占地面积为97 393平方米,建筑面积为71 357平方米。

沿革:1978年10月,在原上海石化总厂所属化工一厂、化工二厂、维纶厂、腈纶厂、涤纶厂等5所分厂技校合并基础上,正式成立上海石油化工总厂技工学校。1978年11月,另一所姊妹学校——上海石油化工总厂中等专科学校由原上海石化总厂同步创建。1985年9月,原上海石化总厂在原地区职工学校基础上建立上海石化职业技术学校,1988年4月并入上海石油化工总厂中等专科学校,实施统一管理。1993年6月,原上海石油化工总厂改制为上海石化股份公司和中国石化上海金山实业公司后,上海石油化工总厂中等专科学校和上海石油化工总厂技工学校由中国石化上海金山实业公司管理。1994年底,两校开始合并工作。1995年1月,中国石化上海金山实业公司发文,将合并后的学校正式定名为上海石化工业学校。

2010年,在校学生人数为7 124人,教职工总数为405人。学校开设有化学工艺、环境监测技术、机电技术应用、数控技术应用、电子技术应用、计算机应用、电子商务、物流服务与管理、会计、旅游服务与管理共10个专业。

1999年,学校成功地与德国拜耳(中国)有限公司签署为期10年的合作办学协议。

五、上海食品科技学校

金山区教育局主管学校。

校址:金山区朱泾镇万安街395号。学校占地面积88亩,建筑总面积达25 138平方米,其中教学及教学辅助面积12 896平方米。

沿革:1985年3月3日,市人民政府发文批准成立金山县食品工业学校。同年5月,学校正式挂牌建校。1986年9月,学校由原来的武装部迁入商校、罗星中学。1994年1月19日,学校新校门地址变更为朱泾镇万安街395号。1997年因撤县建区后,学校更名为上海市金山食品工业学校。2000年8月,钱圩职业技术学校并入。2010年6月,学校正式更名为上海食品科技学校。

2010年,教职员工140人,专任教师98人,在校生总数为1 348人。学校先后完成食品、机械、计算机、经济等4大专业课程改革,形成以食品类专业为特色,以汽车机械为骨干,融经济管理、计算机信息于一体的专业体系,开设食品生物工艺、食品检测、食品营养和卫生、计算机网络、会计、机械加工技术、汽车运用与维修等专业。

六、上海市宝山职业技术学校

宝山区教育局主管学校。

校址:淞发路 885 号。学校是一所由宝山区人民政府主办的培养初中级技术人才的中等职业技术学校,2005 年经国家教育部评定,批准为国家级重点学校。学校由总部校区、行知校区、爱晖校区、三门校区构成,占地面积达 67 562.63 平方米,建筑面积 42 879.86 平方米。

沿革:学校创办于 1989 年,由总部、行知、爱晖、三门等 4 大校区构成,共占地 93.8 亩,建筑面积 48 746 平方米,绿化覆盖率 32%。校区功能定位:总部校区工科类,行知校区文科类,爱辉校区社会培训,三门校区校企合作。学校于 2004 年 1 月,由行知职业高级中学和原宝山职业技术学校(创办于 1989 年,前身是创办于 1958 年 9 月的淞南中学)合并而成。行知职业高级中学于 2000 年由淞南高中(创办于 1999 年)、爱晖职校(1986 年由爱晖中学转制而成)和三门路职校(1985 年由宝山县工读学校转制而成)合并而成。学校的主要任务是为宝山区经济发展和社会进步培养初中级专业技术人才。

开设加工制造、交通运输、信息技术、商贸旅游、财经、文化艺术与体育、社会公共事务和综合高中等 8 大类,汽车运用与维修、数控技术应用、现代物流、计算机、电子商务、国际商务等 22 个专业。有烹饪、电焊、电子电工、装潢设计、美容美发、汽车维修、空调制冷、多功能实训中心等 24 个校内实训场地,供各专业学生实习之用。其中汽车维修、空调制冷两个实训基地已成为上海北部地区该专业的培训基地和考核中心。此外,还有上海冷气机厂、巴士公交公司、亚太国际集装箱储运公司、宝隆集团、斯伯麦动画片公司等 300 多家实习单位。

七、上海市曹杨职业技术学校

普陀区教育局主管学校。

校址:清涧路 240 号。学校基本建设投资 2.3 亿,建设占地 65 亩,建筑面积达 68 200 多平方米。

沿革:创办于 1985 年,前身为上海市曹杨八中。上海市南海职业技术学校,1993 年从南海中学分离出来。上海市燎原职业技术学校,1993 年从燎原中学分离出来。上海市黄陵职业技术学校,1993 年从黄陵中学分离出来。上海市天工职业技术学校创办于 1992 年。1996 年,上海市燎原职业技术学校与上海市黄陵职业技术学校合并为上海市教科院实验职校。1996 年上海市曹杨职业技术学校和上海市南海职业技术学校合并为上海市曹杨职业技术学校。2001 年上海市曹杨职业技术学校和上海市教科院实验职校合并为上海市曹杨职业技术学校。2005 年 8 月上海市曹杨职业技术学校和上海市天工职业技术学校合并为上海市曹杨职业技术学校;至此,普陀区教育局所属职校全部合并为一所职业学校——上海市曹杨职业技术学校。

2005 年 8 月——2008 年 7 月期间学校有枫桥路、曹杨路、真光路、梅川路、梅岭路五个校区。2008 年 8 月曹杨职校迁入清涧路 240 号新校区。

2010 年,学校专任教师有 119 人,在校学生数约 2 000 余名。2009 年 7 月学校会展开放实训中心通过验收成为上海市唯一的会展专业实训中心。学校设有旅游服务、商贸会展、信息实美、工程技术以及综合基础 5 个专业部以及曹杨职业技能培训中心。学校专业齐全,共有 18 个专业、27 个专门化方向。其中烹饪(含西式烹饪)、饭店服务与管理、制冷与空调等 3 个专业为上海市重点专业。

八、上海市城市科技学校

松江区教育局主管学校。

校址:上海市松江区人民北路 925 号。

沿革:松江县农业学校,地址:松江县秀野桥西桥堍。建于 1985 年 2 月 9 日。1988 年 2 月 27 日并入松江县建筑工程学校。松江县建筑工程学校,地址:上海市松江县西林北路 420 号。建于 1985 年 2 月 9 日,2007 年 2 月 5 日与上海市大江职业技术学校合并更名为上海市城市科技学校。松江县大港职业技术学校,地址:松江县大港乡史家村。建于 1987 年 6 月。1996 年 8 月并入上海市大江职业技术学校。松江县职业技术学校,地址:松江县邱家湾 20 号。建于 1990 年 5 月 11 日,1999 年 11 月 23 日并入上海市大江职业技术学校。上海市大江职业技术学校,地址:上海市松江区人民北路 925 号。建于 1992 年,2007 年 2 月 5 日与松江区建筑工程学校合并更名为上海市城市科技学校。

学校设有建筑工程系、汽车工程系、智能工程系、旅宾管理系、综合教育系、数控技术系等 6 个系部,涵盖土木水利类、交通运输类、加工制造类、电气信息类、旅游服务类 5 大专业群 18 个专业,其中上海市精品特色专业 3 个,上海市重点建设专业 2 个,上海市示范性品牌建设专业 1 个,上海市品牌建设专业 2 个。

九、上海市大众工业学校

嘉定区教育局主管学校。

校址:嘉定环城路 2290 号。学校占地面积 7.86 公顷,建筑面积 49 114.21 平方米。

沿革:前身为建于 1985 年位于环城路 2300 号的嘉定县工业学校。1989 年迁至嘉定区环城路 2290 号。1993 年嘉定撤县建区,学校更名为嘉定区工业学校;同年 10 月,更名为上海市嘉定区工业学校。2003 年 3 月,更名为上海市大众工业学校。2003 年 5 月,嘉定区职业技术学校并入,实行两块牌子一套班子管理模式。2005 年 6 月,嘉定工业技术学校并入大众工业学校。至此,上海市大众工业学校、嘉定职业技术学校、嘉定工业技术学校完成三校合一。2008 年 2 月,上海市嘉定科学职业技能中心并入上海市大众工业学校。

2010 年,学校共有 127 个班级,7 079 名学生,256 名教职工。学校设有 11 个专业,分别为:电气运行与控制、焊接技术应用、机电技术应用、会计、文秘、中餐烹饪与营养膳食、学前教育、汽车运用与维修、计算机应用、模具制造技术、数控技术应用。学校通过多种形式开展校企合作,与上汽集团、飞利浦、富士通等 800 余家企业建立长期合作关系。

十、上海市东辉职业技术学校

浦东新区教育局主管学校。

校址：上海市浦东新区锦绣路 2081 号（总校）、上海市浦东新区德州路 340 号（南校区）。总占地面积 110 亩。

沿革：1965 年成立上海市东辉中学，1979 年起试办职业班，1985 年正式更名为上海市东辉职业技术学校。1986—1991 年学校规模逐渐扩大，1992 年起开办非学历教育，1994 年迁址杨高路临时校舍，1995 年学校新校舍奠基。1995—1996 年度获评浦东新区文明单位。1996 年试办全市职校中首家综合高中班，同年学校被评为首批国家级重点职校。1998 年迁址峨山路临时校舍，1999 年搬入锦绣路新校区，增挂"上海市东辉高级中学"牌子。2001 年上海市东辉高级中学更名为上海市东辉外国语高级中学，2006 年，东辉外国语高级中学更名为上海金融学院附属东辉外国语高级中学。

2010 年在职教职员工人数为 277 人。学校以酒店服务与管理、金融事务、汽车运用与维修、计算机网络技术等 4 个重点建设专业为龙头，建立旅游类、财经商贸类、交通运输类和信息技术类 4 大专业体系。

十一、上海市航空服务学校

浦东新区教育局主管学校。

校址：学校分为 3 个校区：北校区位于川沙新镇川环南路 266 号；东校区位于川沙新镇曙光路 201 号；南校区位于川沙新镇南高桥村王家宅 2 号。学校隶属浦东新区教育局。学校占地面积 36 338 平方米，建筑面积 37 968 平方米。

沿革：川沙职业技术学校成立于 1990 年 8 月，由源头学校川沙县城镇中学（从小学到高中一贯制）改制而成。20 世纪 90 年代初，更名为上海市川沙职校。川沙县工业中等专业学校，则由源头学校川沙县乡镇工业局培训中心转制而成，成立于 1987 年 9 月，由县乡镇局主办。浦东新区成立后改名为上海市浦东工业中等专业学校。2003 年，川沙职业技术学校和浦东工业中等专业学校合并，取名为上海市东港职业技术学校。2005 年 7 月，又更名为上海市航空服务学校。

2010 年，教职员工 158 人。2010 级新生共录取 860 名，全校学生数达到 2 734 人。学校毗邻浦东国际机场，通过地域依托、专业依托、文化依托，根据学校培养目标，以航企为核心，辐射办学功能。最大化地占据市场优势，化为学校办学生机。2010 年，学校开设与航空服务相关的 13 个专业；其中专门化的就有空中乘务、空港服务、航空艺术（时装表演）、航空会展、航空运输、航空安检、航空电子、航空文秘、航空食品、轨道交通等。

十二、上海市奉贤中等专业学校

奉贤区教育局主管学校。

校址：奉贤区综合开发区八字桥路 626 号。学校占地面积 220 亩，建筑面积 60 366 平方米。

沿革：1984 年 5 月，奉贤县工业学校成立，和南桥中学是一块牌子、一套班子。1985 年 6 月，奉贤县南桥中等职业技术学校成立。1987 年 7 月，学校独立建制，列为奉贤县教育局直属单位。1988 年，学校迁往奉贤县南桥镇立新南路 110 号。1993 年 9 月起学校更名为奉贤职业技术学校。1995 年 7 月，奉贤职业技术学校与上海市旅游服务职业技术学校联合办学更名为上海市旅游服务职业技术学校奉贤分校。1999 年 6 月，原奉贤县工业学校和上海市旅游服务职业技术学校奉贤分校合并更名为奉贤中等专业学校。1999年8月28日新校址正式落成启用,位于上海市综合开发区八字桥路626号。2001年11月,奉贤中等专业学校更名为上海市奉贤中等专业学校。

2010年,教职员工191人,其中专任教师131人。学校开设有机械制造、机电技术应用、数控技术应用、模具制造、服装制作与生产管理、计算机应用、会计、商务英语、物流服务与管理、酒店服务于管理、旅游服务与管理等11个专业。1999年在奉贤的市级工业综合开发区内建成现校区。校内实验、实训基地建筑面积15 000平方米,设备投入达1 000万元以上,建有物理、生化、测量、液压、电工、拖动、计算机操作及维修等30多个实验室和机械加工、钳工、维修电工,数控机床等8个实训室。

十三、上海市工程技术管理学校

崇明县教育局主管学校。

校址:崇明县竖新镇竖新北路188号。学校有4个校区,总占地面积433亩,总建筑总面积89 953平方米。

沿革:1980年8月,在原崇明县竖河公社竖南民办初中的基础上创建崇明县竖河职业技术学校。2000年8月至2010年6月,崇明县向化职业技术学校、崇明县新业职业技术学校、崇明县城东职业技术学校、崇明县财经学校、崇明县工业技工学校等5所学校先后并入上海市竖河职业技术学校。2010年3月,学校更名为上海市工程技术管理学校。

2010年,在校生规模3 800余名,在编教职工总数296名,其中专任教师180名,外聘兼职教师25名。学校设有农林牧渔、加工制造、商贸旅游、文化艺术4大大专业群共12个专业,并明确园林技术、数控技术应用、酒店服务与管理为重点建设专业。学校建有数控技术、都市农林、旅游服务等3个现代化的市级开放实训中心。

十四、上海市临港科技学校

浦东新区教育局主管学校。

校址:浦东新区临港新城方竹路800号。学校毗邻临港产业区、临港自贸区和临港大学城。学校占地170余亩,建筑面积7万平方米。

沿革:1985年经上海市人民政府批准南汇县诞生二所中专校和二所中职校:即南汇县工业学校、南汇县贸易学校、南汇县第一职校和南汇县第二职校,分别隶属南汇县乡镇工业局、南汇县供销社、南汇县畜牧水产局和南汇县教育局管辖,校址建在县里各地域,校区面积总和不到30亩。1991年,伴随着国务院作出《关于大力发展职业教育的决定》的时代步伐,南汇县人民政府决定对县里的职业教育进行布局调整、资源重组,相继于1988年、1992年和2000年将南汇工业学校、南汇贸易学校、南汇第一职业学校进行重组,校址在惠南镇拱极路3001号,校区面积达到60亩,建筑面积达到3万平方米,校名也从南汇县工贸学校改名为上海市南汇工贸学校。2004年正式更名为上海市临港科技学校。

2010年,全校有教职员工137人。专业设置有:货代、报关、物流、会计、数控和烹饪等6个专业。学校以临港地区装备制造产业、自贸区及物流产业对人才需求为契机,开设"加工制造类""财经商贸类"和"旅游服务类"三大类专业群。

十五、上海市南湖职业学校

虹口区教育局主管学校。

校址：虹口区三门路 661 号建设新校区。学校占地面积 154 亩,建筑面积 51 527 平方米。

沿革：上海市南湖银行职校,1981 年 8 月成立,地址在虹口区水电路 839 号,2000 年 8 月改名为南湖职校。上海市虹临职业技术学校,1987 年 5 月成立,地址在虹口区天宝路 388 号,2000 年 7 月并入南湖职校。1985 年 5 月上海市长白中学更名为上海市长白职业学校,地址在虹口区虹镇老街 22 号。2000 年 8 月,并入上海市南湖职业学校。虹口区业余大学附属中等专业学校于 1981 年成立,地址在虹口区水电路 583 弄 12 号。1987 年定名为虹口区职工中等专业学校,2006 年 12 月更名为虹口区业余大学附属中等专业学校,2011 年 9 月并入南湖职校。上海市统计职业技术学校(南湖一分校),1985 年成立,地址在虹口区四平路 803 号,2001 年 12 月更名为上海市南湖职校一分校。上海市交通职业技术学校(南湖二分校),1992 年成立,地址在虹口区邯郸路 53 号,2001 年 12 月更名为上海市南湖职校二分校。

2010 年,学校有学生 3 000 多名,教职工 400 多名。学校设有财经商贸、旅游服务、信息技术、交通运输和文化艺术等五大类专业,具体包括:金融事务、会计、国际商务、物流服务与管理、电子商务、高星级酒店运营与管理、中餐烹饪、计算机网络技术、航空服务、汽车运用与维修、轨道交通、航运、服装展示与礼仪、多媒体设计制作等专业。

十六、上海市青浦区职业学校

青浦区教育局主管学校。

地址：上海市青浦区青浦镇章浜路 118 号。总占地面积 31.5 亩,建筑面积约 3 万平方米。

沿革：1988 年 7 月,成立青浦县朱家角中等职业技术学校。1987 年 2 月,成立青浦县赵巷职业技术学校。2003 年 7 月,由青浦县朱家角中等职业技术学校、赵巷职业技术学校合并为青浦区职业学校。与上海电视大学青浦分校(现上海市开放大学青浦分校)合并为青浦区成人进修学院,实行"一套领导班子,两块牌子(上海电视大学青浦分校、青浦区职业学校)"的办学模式;2008 年 1 月更名为青浦区社区学院。2015 年 7 月,青浦区职业学校和青浦区社区学院分设,各自独立办学。

2010 年,全校有教职员工 76 名,学生 917 名。学校建立以维修、服装设计与工艺专业为骨干,计算机应用、电子技术应用为一体的专业体系。主要专业有:汽车运用与维修、服装设计与工艺、计算机应用、电子技术应用等。

十七、上海市群星职业技术学校

浦东新区教育局主管学校。

校址：上海市浦东新区德州路 240 号。

沿革：1978 年,上海市风雷中学(1967 年创建),隶属于黄浦区教育局,校址在浦东游龙路 32 号(陆家嘴地区)。1981 年,上海市风雷中学开设 2 个职业高中,1 个服装班,1 个电子班,其中服装班是邀请"培罗蒙"西服的高级技师到校传授技艺。1985 年,上海市风雷中学改为上海市群星职业技术学校。1990 年 4 月,学校划归浦东新区社发局管理,当时,有 8 个专业,800 多名学生。1994 年,上海市德州职业技术学校在长清路 101 号德州中学内成立。1997 年,上海市德州职业技术学校从德州中学搬至德州路 240 号(原定德州三中)空校舍。1998 年,上海市德州职业技术学校与德州中学完全脱离,独立办学。2000 年,上海市群星职业技术学校与上海市德州职业技术学校合并,合并后学校名称为上海市群星职业技术学校,校址:德州路 240 号。2001 年,浦东新区社发局把灵岩路 69 号空置的原德州三小与耀华路 550 弄 42 号空置的原济阳小学同时划拨给学校,学校将耀华路作为分校区,后作为宿舍。学校总的占地面积为 24 163 平方米。

2010 年,学校共有教职工 160 名,其中具有中高级职称的教师占 80%,学校有 18 个专业,58 个教学班;在校学生 2 000 余名。学校开设的国际商务会展事务专业、报关专业、计算机管理与应用专业、平面设计专业、美术装潢专业是特色重点专业。招生专业还有商务英语、日语、金融事务、表演、房地产经营和管理、物业管理、商务管理市场营销、旅游服务与管理、电子技术应用、烹饪、美容美发与形象设计等专业。

十八、上海市群益职业技术学校

闵行区教育局主管学校。

校址:元江路 4080 号,坐落于莘庄工业区。占地面积 200 亩、建筑面积达 52 000 平方米。

沿革:1980 年 9 月,在原上海县杜行乡谈家港成立上海县群益职业中学,1989 年更名为上海县群益职业技术学校。1993 年随着行政区划调整,定名为上海市群益职业技术学校。2007 年 8 月,学校新校区迁至莘庄工业区。

2010 年,在编教职员工 180 人。2008 年,学校形成以 4 个重点专业为骨干和基础,支撑 5 个相关专业群,辐射带动 9 个专业的布局和结构,并完成学校专业建设规划的工作。

十九、上海市商贸旅游学校

黄浦区教育局主管学校。

校址:学校设有浦东、浦西两个校区,浦东校区地址为上海市浦东校区浦东南路 1548 号;浦西校区地址为上海市黄浦区贵州路 101 号、189 号。是一所以商贸、旅游为主,集航空服务、会展、信息等专业教育为一体的首批国家级重点中等职业学校。占地面积约合 65.5 亩,建筑面积为 52 977.84 平方米。

沿革:上海市商业职业技术学校、上海市旅游服务职业技术学校于 2006 年 3 月合并成立。上海市商业职业技术学校,地址为上海市黄浦区贵州路 101 号。1985 年 5 月由培光中学改名成立,2003 年 6 月上海市黄浦区第二职工中等专业学校和上海市新华职业技术学校并入上海市商业职业技术学校。上海市旅游服务职业技术学校,地址为上海市四川南路 35 号。1985 年 5 月由黄浦中学改名成立,2003 年 6 月上海市黄浦区第一职工中等专业学校并入上海市旅游服务职业技术学校。上海市锦华外经贸职校,其地址为上海市黄浦区西藏中路 480 号,1997 年 8 月迁入黄浦区北京东路 280 号。1994 年 4 月由上海市市中职校改名成立。1999 年 9 月并入上海市商业职业技术学校。上海市黄浦金融证券职业技术学校(原上海市第六十七中学职校部),地址为上海市黄浦区贵州路 189 号。1997 年 8 月并入上海市锦华外经贸职校,校址设在北京东路 280 号。上海市市中职校,地址为上海市黄浦区西藏中路 480 号。1985 年 5 月由上海市市中中学改名成立。上海市市中中学,地址为上海市黄浦区西藏中路 480 号,1980 年 7 月由九江中学、西藏中学合并成立。上海市新华职业技术学校,地址为上海市黄浦区董家渡路 165 号。1999 年 1 月由志新职校、南华职校合并成立。2003年 6 月并入上海市商业职业技术学校。上海市黄浦区第二职工中等专业学校,地址为上海市黄浦区陆家浜路 540 号。2000 年 2 月成立,2003 年 6 月并入上海市商业职业技术学校,前身包括海潮中学等。上海市黄浦中学,地址为上海市原南市区南车站路 525 号。1979 年 7 月由江西中学、延东中学合并成立,1985 年 5 月改名为上海市旅游服务职业技术学校。上海市黄浦区第一职工中等专业学校,地址为上海市黄浦区永安路 8 号。2001 年由黄浦区职工中等专业学校改名成立,2003 年 6月上海市黄浦区第一职工中等专业学校并入上海市旅游服务职业技术学校。上海市黄浦区职工中等专业学校,地址为上海市黄浦区永安路 8 号。1984 年上海市黄浦区职工中等专业学校成立,1998年 9 月与上海市黄浦区业余中学、黄浦区成人职业技术学校合并成立新的上海市黄浦区职工中等专业学校。

2010 年,全校教职员工数为 408 人,在校学生约 5 000 名。学校设置专业近 20 个,并且开设综合高中课程班。设置的专业包括商贸金融、旅游会展、信息技术、航空服务、美术设计、中西烹饪、服装表演等 17 大类。

二十、上海市市北职业高级中学

闸北区教育局主管学校。

校址:宝山路 584 号。占地面积 34 亩。

沿革:1987 年 6 月,闸北区女子职业学校改名为闸北区第二职业技术学校,地址在中华新路459 弄 10 号。1996 年上海市闸北区旅游职业技术学校更名为上海市闸北旅游职业技术学校,2005 年更名为上海市市北职业高级中学,地址在中华新路 482 号。上海市闸北工商职业技术学校,总部在和田路 195 号,分部在阳泉路 77 号、原平路 55 号。2003 年 9 月重建上海市闸北工商职业技术学校建制,撤销上海市闸北第二职业技术学校和上海市彭浦职业技术学校建制。上海市闸北职业技术学校,地址在沪太路 684 号。2005 年 7 月,上海市闸北工商职业技术学校、上海市闸北旅游职业技术学校和上海市闸北职业技术学校三校合并后,更名为上海市市北职业高级中学。

2010 年,全校教职工 161 人,学生 1 213 人。专业设置:交通运输管理、计算机及应用、国际商务、烹饪、美容美发与形象设计、旅游服务与管理。

二十一、上海市松江区新桥职业技术学校

松江区教育局主管学校。

校址:松江区新桥镇新南街 22 号。占地面积 22 855 平方米,建筑面积 16 945 平方米。学校是松江区内建校历史最早以机电为特色的一所中等职业技术学校。

沿革:1985 年 12 月,松江县教育局批准建立松江县新桥职业技术学校。1986 年 1 月,学校面向全县招收学生。1998 年 2 月,松江县撤县改区,学校更名为上海市松江区新桥职业技术学校。

2010年,学校在编教职工62人,在校学生937人。拥有数控模拟仿真加工实训室、PLC实训室等10个实训室,主要以机械、电子电工两大类专业为主,附设数控技术应用、机械加工技术、电气技术应用。

二十二、上海市西南工程学校

闵行区教育局主管学校。

校址:主校区位于闵行区梅陇西路1566号,分校区分别位于徐汇区龙吴路779号和闵行区碧江路359号。占地面积39 334平方米,建筑面积37 375平方米。

沿革:创办于1985年,原名上海县乡镇建设学校,位于龙吴路779号,隶属上海县教育局。1992年改名为上海市城乡建设学校。2000年改名为上海市西南工程技术学校,隶属于闵行区教育局。2005年学校主校区迁址到梅陇西路1566号,改名为上海市西南工程学校,隶属于闵行区教育局。2007年上海市西南工程学校与上海市闵行区闵行职业学校合并,增加闵行校区。

2010年,全校共有教职工161人。学校形成以建筑装饰、国际商务、智能楼宇三大主要专业群为龙头,以工业与民用建筑、现代物流、工艺美术设计等专业为依托的专业结构。有5大类13个专业,包括建筑工程施工、建筑装饰、计算机应用、电子与信息技术、国际商务、物流服务与管理、工艺美术、航空服务等。

二十三、上海市现代职业技术学校

长宁区教育局主管学校。

校址:学校分为华阳、安龙、番禺和新渔4个校区,总部设在长宁区华阳路112号。2010年,学校占地面积47 172平方米,建筑面积42 468平方米(4个校区的总和)。

沿革:华阳校区是原圣约翰青年中学与和平中学。1985年和平中学兼办"上海市和平职业技术学校"。1989年定名为"上海市中等职业教育中心"。安龙校区是原上海市群联中学,创建于1962年,是当时上海唯一的民办完全中学。1981年开始招收首届学制为三年的职业高中班,1985年4月正式命名为上海市群联职业技术学校,1992年学校迁址于安龙路(原虹古路)851号。1995年6月,上海市中等职业教育中心与上海市群联职业技术学校合并,成立上海市现代职业技术学校。番禺校区是原上海市番禺二中,创建于1963年。1985年变更为"上海市番二职业技术学校"。1987年,学校改为"上海市国际旅游职业技术学校"。2001年9月,上海市现代职业技术学校和上海市国际旅游职业技术学校合并,定名为"上海市现代职业技术学校"。学校拥有中山公园商业中心、虹桥涉外贸易中心、新华高级住宅区和临空经济园区等4个校区。

2007年,学校班级数24个,在校生762人(包括成人中专71人)。2010年,全校教职工人数216人,中高级职称教师占80%。建有四大专业群(交通运输类、公共管理与服务类、信息技术类、旅游服务类),包括计算机及应用、计算机软件、计算机网络、汽车运用与维修、电子商务、国际商务、烹饪、饭店服务与管理、旅游服务与管理、会展事务、商品连锁经营、多媒体技术、美术设计、文秘、物业管理等15个专业,27个专门化方向。

二十四、上海市信息管理学校

徐汇区教育局主管学校。

校址：学校按教学专业群分为 5 个校区。总部地址：蒲汇塘路 99 号；高中部地址：蒲汇塘路 99 号；中专部地址：中漕路 36 号；中职一部：广元西路 187 号；中职二部：罗香路 240 号。学校占地面积 34 647 平方米，建筑面积 29 845 平方米。

沿革：学校前身为上海市沪光中学，办学地址淮海中路 1045 号。1981 年 1 月 22 日，学校搬迁至淮海中路 1788 号，校内设初中、高中。1983 年 7 月起开设图书管理中专班。1991 年 7 月 5 日，从淮中中学搬迁至宛平六村 46 号，经教育局布局调整，初中部划入淮中中学，高中停招，学校专招图书管理中专，对外称"上海市沪光图书情报中专"。1992 年起，陆续开设商务、秘书等专业。1992 年，香港爱国实业家董纪勋捐资助学，12 月 28 日，市教委批准学校更名为上海市董恒甫职业技术学校，在中漕路 36 号投资建造新校舍。1999 年，进行布局调整，有了第二个校区——罗香校区。2001 年 4 月，上海市董恒甫职业技术学校、上海市光启职业技术学校和徐汇区职工中专三校合并，成立新的董恒甫职校。学校扩大为一校四校区。2002 年 5 月，原东二小学校舍划归学校使用，建立二级学校"上海市徐汇区纪勋初等职业技术学校"，招收已完成义务教育的轻度智障青年。至此，学校拥有蒲汇塘、中漕、广元、罗香和东安共 5 个校区。2009 年 6 月，更名为上海市信息管理学校，加挂董恒甫高级中学牌子。

2010 年，拥有教职员工 164 名。有图书信息管理、金融事务、航空服务、广播电视应用技术（数码影像技术）、人力资源管理事务（学校事务）、美容美发与形象设计等 10 多个专业和综合高中。

二十五、上海市新陆职业技术学校

浦东新区教育局主管学校。

校址：浦东北路 1010 号。

沿革：学校前身是 1983 年开办的新陆幼儿师范学校，2008 年被评为上海市百所重点建设学校，2009 年与上海市新陆中学分离，正式命名为上海市新陆职业技术学校。占地面积 48.2 亩，建筑面积 28.8 亩。

2010 年，有 31 个教学班，教职员工 113 人，在校生达 1 422 人。

设置专业主要有：电子电器应用与维修、汽车应用与维修、电子技术应用、计算机及应用、电子商务、学前教育、文秘、社区公共事务管理。其中，汽车应用于维修和学前教育是学校重点专业。

二十六、上海市徐汇职业高级中学

徐汇区教育局主管学校。

校址：学校设有三个校区，总校（漕东校区）位于徐汇区漕东支路 101 号；复兴校区位于复兴中路 1464 号；凌云校区位于天等路 208 号。占地面积共 41 933 平方米，建筑面积总计 56 337 平方米。

沿革：1999 年 11 月正式定名为上海市徐汇职业高级中学，由 1980 年成立的上海旅游高等专科学校附属旅游职校和 1985 年成立的上海共青职业技术学校合并而成。2004 年 3 月，挂牌成立华东师范大学职成教研究所实验学校;2009年,加挂成为上海旅游高等专科学校附属旅游实验学校。

至2010年9月,学校有学生近2000名,有教职员工150余名,中高级教师达到85%以上,其中高级教师占教师队伍的27%。

二十七、上海市杨浦职业技术学校

杨浦区教育局主管学校。

校址:学校有本溪校区、凤城校区、中原校区,校址分别为杨浦区本溪路118号、凤城路50号、市光一村71号和市光二村57号。学校占地面积约为101亩,校舍建筑面积为59 946平方米。

沿革:上海市杨浦职业技术学校前身为上海市本溪中学,创办于1964年8月,原址为上海市杨浦区本溪路凤城二村84号。1986年经上海市教育局批准,由普通中学改制为中等专业学校,并更名为上海市本溪职业技术学校,校址变更为上海市杨浦区本溪路124号。1993年10月经上海市杨浦区编制委员会同意、1994年3月经上海市教育局批准,更名为上海市杨浦职业技术学校。1995—2003年,经上海市教委批准,新安职业技术学校、风光职业技术学校、宁武职业技术学校、扬州中学和杨浦职工中等专业学校先后并入上海市杨浦职业技术学校。

2010年,学校有教学班58个,在校学生1 448人;有教职员工171名,其中教师120名,中高级教师占87.6%。

二十八、上海市逸夫职业技术学校

静安区教育局主管学校。

校址:静安区巨鹿路700号。学校地处上海市中心城区,总校下设三分部,拥有先进的教学设备、精良的师资力量以及优质的教育环境。

沿革:华山美术职业学校,地址为华山路433号。静安职业学校,地址为万航渡路435号。逸夫职校,地址为巨鹿路700号,1992年由新成中学、向群银行职校、昌平职校三校合并而成。1995年,华山美术职业学校、静安职业学校并入上海市逸夫职业技术学校,分别作为逸夫职职校的分部,名称为逸夫华山分部和逸夫静安分部。1999年,经静安区教育局建议及批准,"逸夫高中"正式在学校挂牌,实现一校两办学格局。2010年3月,"上海市逸夫中学"正式更名为"复旦大学上海视觉艺术学院附属高级中学"。

2009年,学校有学生2 200名,教职员工258名。学校以美术专业为核心,以服装设计与制作、珠宝玉石加工与营销、影视与影像技术、西餐烹调等美术衍生类专业为特色,以金融事务、企业会计等商贸服务类专业为支撑,其中美术专业以原"华山美校"为品牌基础不断深入发展,办学成绩突出。

二十九、上海市震旦中等专业学校

卢湾区教育局主管学校。

校址:学校原校址耀华路215号;2005年9月迁址杨高南路388号;2007年2月迁至政立路

483 号;2008 年 9 月迁入宝山区富乐路 38 号。占地面积 41 亩,建筑面积 15 230 平方米,教学及辅助、行政办公面积 7 990 平方米。

沿革:上海市震旦中等专业学校创办于 1984 年。1984 年创建卢湾区集体事业管理局职工学校,上海市集体事业办卢湾中专分校,1994 年经上海市教育局批准成为上海市震旦成人中等专业学校(是上海市唯——所民办中专校);1996 年招收全日制计划内中专学生;2002 年由市教委批准更名为上海市震旦中等专业学校。学校由上海震旦进修学院举办并由震旦教育集团董事会、管委会管理,1984—2008 年业务上由卢湾区教育局负责管理,2009 年业务上转入宝山区教育局负责管理。

2010 年,在校生人数 947 人,教职工 62 人,其中专任教师 48 人,兼职教师 10 人,中高级职称 31 人。学校设有国际商务、金融事务、护理、学前教育、高星级饭店运营与管理、营养食品与保健、汽车运用与维修、数控技术应用、会计等专业。

三十、上海市振华外经职业技术学校

浦东新区教育局主管学校。

校址:拥有三个校区,龙居路校区(龙居路 87 号)以国际商务专业大类及综合高中为主,商城路校区(商城路 1088 号)以电子信息大类专业为主,博兴路校区(博兴路 279 号)以旅游管理大类专业为主。占地面积 54 843.7 平方米,建筑面积 48 087.9 平方米。

沿革:隶属于上海市浦东新区教育局。前身为上海市振华卫生管理技术学校(圆明园路 625 号),建于 1985 年。1989 年,光辉中学内组建外贸职业班。1991 年 8 月,上海市振华卫生管理技术学校与上海市光辉中学的外贸班一并迁址至沈家弄路 325 号(现商城路 1088 号),组建上海市振华外经职业技术学校。2000 年 6 月,学校开办综合高中,并增挂上海市振华综合高级中学校牌。2000 年 7 月,浦东新区社发局将上海市莲溪中学(北路 493 号)更名为上海市振华莲溪中学,实施统一领导、分校管理机制。2001 年 8 月,原上海市东方旅游职业技术学校(博兴路 279 号)并入上海市振华外经职业技术学校,成为振华职校博兴路校区。2003 年 12 月,浦东新区社发局将龙居路、栖山路罗山二期公建配套校区划拨上海市振华外经职业技术学校使用,地址为龙居路 87 号。2004 年起,学校总部和国际商务大类专业逐步迁入龙居路校区。上海市振华莲溪中学高中部划归上海市振华综合高级中学,上海市振华莲溪中学校舍及初中部划归北蔡中学。2004 年 8 月,综合高中的师生也一并迁入龙居路校区。

2010 年,全校教职工 199 人。学校共设有国际商务(报检报关业务)、国际商务(外贸)、国际商务(货代)、民航运输(航空物流)、文秘(商务秘书)、休闲体育服务与管理(体育设施与场所管理)、计算机及应用(动漫设计与制作)、电子商务、计算机网络技术、旅游服务与管理(导游)、旅游服务与管理(会展)、饭店服务与管理、美容美发与形象设计、烹饪(中西烹调)、烹饪(中西面点)、综合高中等 16 个专业。

三十一、中华职业学校

卢湾区教育局主管学校。

校址:打浦路 303 弄 16 号。占地面积 24 亩,建筑面积 24 818 平方米。

沿革：1986 年 6 月 4 日,市教育局批文同意中华职教社上海分社与卢湾区教育局联办中华职业学校。复校时学校为两块牌子(打浦中学、中华职业学校),一套班子,初中部为打浦中学初中部,高中部为中华职业学校职业班。1986 年 9 月 6 日,举行复校挂牌典礼。1995 年 7 月,三好医卫职业学校、卢湾区第二职业学校并入(三校合并),原打浦中学初中部分离出去成立永业中学。1999 年 9 月,卢湾区职业中学并入。2001 年,卢湾区初级职业学校并入。2006 年 3 月,卢湾区职业教育中心并入。

2010 年,教职员工 150 人(其中专技系列人员 128 人)。专业设置：航空服务(文秘空乘)、电力机车运用与检修(电力机车驾驶)、电力机车运用与检修(电力机车检修)、轨道交通运营与管理、饭店服务与管理、烹饪、旅游服务与管理、计算机及应用、商务外语(英、日)、美术设计与制作(动画)、工艺美术(广告设计)、影像与影视艺术(影视艺术)。

第二节　行业主办学校

一、沪东中华造船集团高级技工学校

沪东中华造船(集团)有限公司主办学校。

校址：浦东新区金桥路 555 号。占地面积约 78 亩,建筑面积 50 963 平方米。

沿革：原沪东造船厂技工学校创办于 1958 年,原中华造船厂技工学校创办于 1961 年,2001 年二校合并,更名为沪东中华造船集团技术学校,2005 年 4 月更名为沪东中华造船集团高级技工学校。

2010 年,全校教职员工 125 人,在校学生 1 400 余人。设置的专业包括：焊接与装配、船舶电气技术、船舶管钳、起重与指挥、机电一体化、数控技术应用、电工电子、锻造。其中焊接与装配、船舶电气技术为上海市重点专业。学校沪东中华造船集团的专业人才和实践基地的优势,贯彻工学结合、半工半读、顶岗实习的人才培养模式,坚持"双证"(学历证书和职业资格证书)教育制度,学生技能中级工考证合格率保持在 92％以上。学校从 1998 年起开展职前高级工的培养。

二、江南造船集团职业技术学校

江南造船集团有限公司主办学校。

校址：崇明县长兴镇潘圆公路 447 号甲。占地总面积 110 多亩。总计建筑面积 44 398 平方米。上海船舶制造开放实训中心,崇明县长兴镇江南大道 998 号。嘉定分部,嘉定嘉新公路 335 弄 110 号。保定分部,保定路 22 号。

沿革：1950 年江南造船厂建立职工业余学校。主要任务是扫盲和初等文化教育。1956 年 12 月定名为"江南造船厂工人技术学校"。江南造船厂主管部门国家第一机械工业部于 1954—1956 年三年间,先后拨款 31 万元,在中山南一路征地 38 亩,新建校舍。1957 年 12 月全面竣工。1963 年 9 月,更名为"上海第一船舶技工学校",改由国家第六机械部直接领导。1966 年 4 月 20 日,改名为"上海船舶技术学校",学制四年,属中专性质,由原来培养技术工人转为培养技术干部。1970 年 1 月停办。1973 年 6 月成立筹备小组开展学校筹建工作。1974 年 2 月确定在紧邻江南造船厂(即高雄路 201 号)选址建校,占地 12 亩,定名为"江南造船厂技工学校"。1975 年 3 月 28 日,正式复校。1996年江南造船厂改制为江南造船（集团）有限责任公司，学校随之更名为"江南造船集团职业技术学校"。1996年江南造船（集团）有限责任公司职工教育处并入江南技校，2000年原求新造船厂技校并入江南技校。2008年，学校搬迁至逸仙路3947号（原东海船厂几栋旧厂房内）办学，学生住宿在临时搭建的彩板房内，理论教学在旧车间内。2009年初，江南造船集团决定在长兴岛邻近公司附近选址60亩建设一所现代化的学校。2011年12月8日，新校（潘圆公路447号甲）全面建成并投入使用。

2010年，在职教师150名，在校学生2 000余名。设有的焊接技术、船舶制造与修理、船舶机械装置安装与维修三大专业涵盖船舶制造的所有主体工种，均为上海市中等职业学校重点专业。

三、民航上海中等专业学校

民航华东地区管理局主办学校。

校址：徐汇区龙华西路1号（龙华机场内）。占地面积131亩，建筑面积5万余平方米。

沿革：1980年3月7日，经国家民航局批准，在民航上海管理局教导队基础上成立民航上海管理局技工学校（简称"民航上海技校"）。1985年4月20日，经国家民航局致函上海市政府批准，成立民航上海中等专业学校，与"民航上海技校"共同办学。1988年6月，民航上海管理局体制改革，民航上海技校隶属于民航华东管理局，更名为"民航华东管理局技工学校"。2002年，学校作为上海交通职业技术学院南校区，开始长达10年的民航专业高职学历教育。2008年，经国家民航总局批准，学校机构升格为副局级，办学条件进一步优化。

2010年，教职员工231名，其中专任教师162名，包括中高级职称（含副教授）118名，"双师型"教师72名，具有硕士及以上学位教师55名。学校主要专业有民航运输、航空物流、航空服务、民航安全检查、飞机及发动机维修、飞机电子设备、飞行乘务管理、民航空中安全保卫、航空机电设备维修（五年一贯制高职）等。

四、上海船厂技工学校

上海船厂船舶有限公司主办学校。

校址：上海市浦东新区陈邵路100号。是中国船舶工业集团公司上海船厂船舶有限公司主办的国家级重点技工学校。2010年，占地面积2.87万平方米，建筑面积3.22万平方米。

沿革：1960年4月，上海船厂船舶有限公司的前身交通部上海船舶修改厂根据生产发展的需要，经交通部批准创办上海船舶修造厂技工学校。1964年交通部决定从上海海运学校划出造船专业与上海船舶修造厂联合筹办半工半读中等专业学校——上海船舶修造学校。学校于1970年6月停办，1973年11月以上海船舶修造厂技工学校恢复办学。1978年9月，交通部决定在上海船舶修造厂技工学校基础上筹办全日制中等专业学校上海水运工业学校，当年招收船舶动力装置、船体放样两个专业班。1979年，交通部发文指示上海水运工业学校停止筹建，已招收学生作为上海船舶修造厂技工学校"中专班"办理，按期毕业。1982年9月，技工学校恢复招生，秋季招收上海市1982届高中毕业生，开设船舶铜工与焊接两个专业班。1983年起，随着上海市普通中学恢复初、高中各三年的教育模式，技工学校开始招收应届初中毕业生，学制为三年，前二年学生在校内学习文化与专业理论、学习操作技能，第三年在岗位上实习。这一培养模式也成为学校之后办学中的主要教育教学模式。随着企业从交通部调整整合至中国船舶工业总公司,1985年3月经总公司批准,上海船舶修造厂正式改名为上海船厂,学校也相应更名为上海船厂技工学校。2006年以后,技工学校的业务主管部门由市劳动和社会保障局划归上海市教委。2005年5月,从浦东南路333号搬迁至现址浦东新区陈邵路100号,占地面积也从原来5 300多平方米扩大至28 700多平方米,至2010年前后在校生达到2 300人左右。从1987起,面向社会开办各类技能培训和安全培训班。

2010年,全校教职员工167人,在校生2 246人。专业设置包括5个大类、9个专业、10个专业方向:建筑装饰(建筑装饰设计绘图);机械加工技术(普通机加工);机电技术应用(机电设备安装与调试);电气运行与控制(电气设备安装与维护);船舶制造与修理(船舶焊装);船舶机械装置安装与维护(船舶管装);船舶机械装置安装与维护(船舶电气);电子技术应用(电子产品制造技术);电子商务;休闲体育服务与管理。

五、上海电力工业学校

中国电力投资集团公司主办学校。

校址:上海市闵行区国家紫竹高新园区,毗邻上海交通大学、上海华东师范大学,占地面积136亩,建筑面积56 000平方米。

沿革:1985年1月,上海电力技工学校筹建处成立。1991年1月,上海电力技工学校成立。1985年4月水利电力部下达关于筹建上海电力学校的批复,1987年3月上海电力学校成立。1988年8月,上海供电技校成立。1991年7月,上海电力工业局下达上海供电技校和上海电力技工学校合并的通知,上海供电技校并入上海电力技工学校。1994年1月,上海电力学校、上海电力技工学校正式合并为上海市电力工业学校。上级主管单位是上海电力工业局。2001年12月经市教委同意,上海电力工业学校划归上海电力股份有限公司管理。

2010年,全校教职工近380人,在校生达1 500人。1985—2010年学校先后开设的专业有电厂变电站电气检修与运行、电厂热能动力设备检修与运行、输配电工程、用电管理、热工计量与测试技术、电工化学等。

六、上海电子工业学校

上海仪电控股(集团)公司主办学校。

校址:上海市奉贤区奉城镇瓦洪公路3098号,占地面积75亩,产权面积为29 655平方米,非产权面积为30 200平方米(含长宁校区)。

沿革:学校原址位于闸北区沪太路631弄26号,该校址前身为上海电子技术学校(创建于1978年),1984年原教育部下达引进联邦德国电子专业的职业技术教育项目的任务,上级有关部门确定校址在沪太路,原电子技术学校即调整迁并。1985年4月,经市政府批准正式成立上海电子职业学校,1987年更名为上海电子工业学校,隶属于原上海仪表电讯工业局(2010年为上海仪电控股(集团)公司)。2002年,按照市教委"百所中等职业学校重点建设工程"的意见,原上海电子工业学校、上海电子技术学校和上海第一仪表电子工业学校合并组建新的上海电子工业学校,形成一个总部(闸北区沪太路631弄26号)两个校区(长宁区玉屏南路560弄15号和徐汇校区中山南二路620号)四个办学点(浦东办学点、天山办学点、宝山办学点、杨浦办学点)的办学格局。2004年,上海电子工业学校总部搬迁至奉贤区奉城镇瓦洪公路 3098 号。

上海电子工业学校由国家教育部与德国巴伐利亚州文教部签约立项、上海市教育委员会、上海仪电控股(集团)有限公司与德国汉斯·赛德尔基金会长期合作、实践"双元制"职业教育模式。2010 年,学校成为上海市中高职贯通培养首批试点单位之一,与上海电子信息职业技术学院对接,联合招收五年制应用电子技术专业学生。

至 2010 年,学校每年在校学生约 1 600 名左右。学校拥有一支教学经验丰富的教师队伍,其中中高级职称的教师占 85％,双师型教师占 80％,75％的教师曾赴德国等国家学习进修。学校先后设有电子技术应用、机电技术应用、计算机网路技术、通信技术、汽车运用与维修、模具制造技术、计算机应用、广播影视节目制作等 9 个专业,其中电子技术应用、机电技术应用、计算机网络技术、电气技术应用、模具制造技术为中外合作专业,电子技术应用、机电技术应用、计算机网络技术为上海市重点专业。逐步形成电子与通信技术、机电技术、信息技术三大专业群联动发展的专业布局。

七、上海港湾学校

上海海事大学主办学校。

校址:上海浦东中心区域金桥地区的浦东大道 2600 号。占地面积 74.5 亩,建筑面积 41 513 平方米。

沿革:创办于 1959 年,1978 年恢复办学。1986 年 5 月,实行交通部教育局和上海港务局双重领导、以交通部教育局为主的管理体制。1999 年 3 月交通部将上海港湾学校成建制划归上海海运学院,成立上海海运学院东校区,上海港湾学校与上海海运学院继续教育学院、上海船员培训中心实行三块牌子一套班子的管理体制。2001 年 12 月 29 日,调整为由上海海运学院继续教育学院、上海海运学院高等技术学院、上海港湾学校组成。2003 年,继续教育学院剥离,学校再次调整为上海海运学院高等技术学院、上海港湾学校两块牌子一套班子的管理体制。2004 年 5 月,上海海运学院更名为上海海事大学,学校管理体制也跟随改为上海海事大学高等技术学院、上海港湾学校两块牌子一套班子。2010 年,上海港湾学校隶属于上海海事大学。

2010 年,全校教职工总数 257 人,在校生数(全日制)3 536 名。学校紧密依托航运业,毕业生就业岗位主要在港口、航运单位以及港务船务、货运代理、保税仓储等。上海港湾学校根据市场需求,招生的专业有:机电设备安装与维修、会计(涉外会计)、交通运输管理(港口管理、集装箱管理、现代物流)、外轮理货、国际商务(外贸运输)。

八、上海工商职业技术学校

上海市小企业(生产力促进)服务中心主办学校。

校址:上海市综合工业开发区(奉浦)韩村路 899 号。占地面积 23 亩,建筑面积 8 600 平方米。

沿革:创办于 1982 年。

2010 年,在校学生近 1 000 人。教职员工 55 人,其中专业理论教师中、高级职称达 80％,实习指导教师中高级技师 1 人,高级工 3 人。学校设有机电技术、数控技术应用、电气运行与控制、计算机应用、电子信息专业,其中机电技术为上海市重点建设专业。

九、上海海运学校

中国海运(集团)总公司主办学校。

校址:上海市浦东新区源深路 158 号。占地面积 178 749 平方米,建筑面积 126 650 平方米。

沿革:创办于 1958 年 11 月,初为上海海运学院中专部,1961 年 9 月交通部决定将中专部从上海海运学院划出,单独成立上海海运学校。"文化大革命"期间停办,1978 年经交通部批准恢复,隶属交通部,委托上海海运局主管,教学业务由交通部教育局和上海市教育局指导。1997 年 7 月,中国海运(集团)总公司成立,实行资产重组,学校仍为集团所属上海海运(集团)公司管理。2000 年初,国务院实施教育体制改革,交通部将其所属的上海海运学校划转地方,上海海运学校由中国海运(集团)公司举办,教学业务归上海市教委管理。

2010 年,全校共有教职员工 333 人。学校开设 8 个专业:机电技术应用、船舶水上与机工、交通运输管理、现代物流、国际商务、电子与信息技术、制冷与空调、电子运行与控制。

十、上海交通大学医学院附属卫生学校

校址:浦东新区周祝公路 279 号。占地面积为 68 659 平方米,建筑面积为 41 494 平方米。

沿革:创建于 1957 年,1989 年 6 月由新华卫校、瑞金护校、九院护校合并成立上海第二医科大学附属卫生学校;1998 年嘉定区卫生学校合并入上海第二医科大学附属卫生学校;2005 年上海第二医科大学与上海交通大学合并,上海第二医科大学更名为上海交通大学医学院,上海第二医科大学附属卫生学校更名为上海交通大学医学院附属卫生学校。

2010 年,学校教职员工共有 264 人。开设有护理、医学检验技术、口腔修复工艺、药剂等专业。学校设总校(新校区)、嘉定校区、临床一分部(瑞金医院内)、临床二分部(市九院医院内)、临床三分部(新华医院内)等校区,设有浦东新区、金山、南汇、宝山等 4 个分校。2006 年 9 月学校新校区正式启用。学校拥有国家财政和上海市教委重点建设的上海现代护理公共实训中心、上海现代医学检验公共实训中心等。

十一、上海九洲现代艺术职业技术学校

上海厚德教育投资发展有限公司主办学校。

校址:长宁区甘溪路 280 号。

沿革:创办于 1996 年,由上海师范大学控股的上海厚德教育投资有限公司承办。

2010 年,中职部有美术专业教师 15 人,文化教师 12 人,教职员工 6 人。高中部有美术专业教师 3 人。专业设置:普通美术专业(与仙霞高级中学联办)、美术绘画专业、动漫设计与制作专业、现代广告设计。

十二、上海科技管理学校

上海水产(集团)总公司主办学校。

校址：杨浦区民星路 435 号。占地面积 17 828 平方米,建筑面积 44 860.59 平方米。

沿革：1979 年,上海水产学校获批准复校,同时在民星路 435 号启动建设上海水产学校新校园。1982 年 5 月,学校搬迁至新校区——民星路 435 号。2001 年学校更名为上海科技管理学校。

2010 年,教职员工 147 人。设有制冷和空调设备运行与维修、食品生物工艺、国际商务、商务英语、物流服务与管理、计算机网络技术、网络安防系统安装与维护、数控技术应用、机电技术应用、轮机管理、游艇运营与管理(专业方向)等 10 个专业、1 个专业方向,涵盖加工制造类、轻纺食品类、交通运输类、信息技术类、财经商贸类等 5 个专业大类。

十三、上海商业会计学校

上海商学院主办学校。

校址：设有两个校区,陆家浜路校区坐落于上海市黄浦区陆家浜路 918 号,交通路校区坐落于上海市普陀区交通路 1933 号。总占地面积 41.73 亩,总建筑面积 51 000 平方米。

沿革：1977 年底,经上海市第一商业局和上海市教育局批准,上海商业会计学校重新复校,临时校址设在愚园路 41 号,1978 年 2 月,学校从恢复高考的第一届生源中招收首届学生。1979 年 6 月,上海市第一商业局职工大学成立,并与上海商业会计学校合署办学,共享师资及设施资源。1980 年学校全部迁回陆家浜路 914 号原址(1999 年改为陆家浜路 918 号)。1993 年 3 月上海市商业一局党校并入上海商业会计学校。1996 年商业一局职工大学与上海财贸干部管理学院等合并组建上海商业职业技术学院。2001 年 9 月上海机电工业职工大学二分校并入。2002 年 3 月上海市北工业学校并入。

2010 年,在职在编教职员工 296 名,全日制中专在校生 7 000 余名;作为上海商学院高等技术学院交通路院区的高职在校生 1 100 余名。学校全日制中专设有 12 个专业(含专业方向),分别为：会计(含百联会计)、税务会计、金融事务(含中澳合作)、国际商务(含中澳合作)、报关业务、现代物流、商务英语、计算机网络管理与应用、广告装潢设计、影视广告、动漫设计与制作、百联商贸。

十四、上海市材料工程学校

上海建材(集团)总公司主办学校。

校址：徐汇区罗秀新村 136 号。占地面积 25 683 平方米,校舍建筑面积 28 503 平方米。

沿革：创建于 1979 年,始名上海市建筑材料学校,设于吴泾北吴路原上海市第一建筑材料工业公司技校内。1979 年 9 月上海建筑材料工业管理局所属上海市第一建筑材料工业公司技校整建制转入学校。1983 年 7 月,迁至原上海县长桥南街 88 号(长桥南街 88 号于 2006 年 3 月更名为罗秀新村 136 号)。1999 年 8 月,更名为上海市材料工程学校。

2010 年,教职工 163 人,在校全日制中等职业学生 2 800 多名。共设置水泥工艺、建材机械、硅酸盐、化工建材、玻璃工艺、化学建材、硅酸盐制品应用及检测、市场营销、环保等 11 个专业。拥有 4 个教学实训中心,其中,建筑与工程材料实训中心为上海市开放实训中心。学校还与上海城市管理学院开展中高职一体化合作办学。

十五、上海市城市建设工程学校

上海市城乡建设和交通委员会主办学校。

校址：徐汇区龙水北路 999 号、黄浦区丽园路 234 号、青浦区西岑镇任屯村(68‐3 丘)、青浦区金泽镇莲金路 38 弄 9 号。占地面积 97 546.3 平方米,建筑面积 40 929.12 平方米。

沿革：1978 年 8 月,学校在沪太路 739 号水泥成品厂的一角开始复办,隶属于上海市市政工程管理局。1981 年初,学校迁入龙水北路新址。1997 年 1 月,上海市市政工程管理处技校整建制划归学校。2005 年 11 月,上海市市政工程管理局整合行业职业教育资源,学校与上海市市政培训中心合署办公,组建新的上海市城市建设工程学校、上海市市政培训中心。2008 年 11 月,上海市市政工程管理局撤销,隶属关系划归上海市城乡建设和交通委员会,形成一校三区的格局,分别是龙华校区、丽园路校区和青浦校区,总占地面积达到 91 198 平方米。

2010 年,教职员工 196 人。专业设置：建筑工程施工、城镇建设、给排水工程施工与运行(3 年制)、给排水工程施工与运行(4 年制)、市政工程施工(3 年制)、市政工程施工(4 年制)、工程测量、土建工程检测、城市轨道交通运营管理、房地产营销与管理。办学规模连续多年保持在 2 000 人以上,自主招生和合作办学拓展到 10 多个省市。

十六、上海市第二轻工业学校

上海轻工科教发展有限公司主办学校。

校址：浦东新区沈家弄路 650 号,地处陆家嘴金融贸易区。占地面积 37.8 亩,建筑面积 31 000 平方米。

沿革：1979 年,市轻工业局和静安区教育局联合在静安区群建中学附设轻工中专班。1980 年,中专班从群建中学迁至南阳路上的爱国中学,1982 年 11 月 23 日,上海市第二轻工业学校正式挂牌成立。1987 年 4 月,与上海市轻工业局职工大学合并建制。1988 年 8 月,整体搬迁至浦东沈家弄路 650 号新址。1990 年,与上海轻工业局职工大学恢复独立建制,分别办学。1991 年,在中专建制外,成立上海市轻工业局技工学校。1993 年 6 月,上海市轻工业局部署整合所属教育资源,与轻工业职工大学、轻工业党校、轻工业局技校联合组建轻工业教育培训中心,实行一套班子多块牌子,统一管理。1997 年 3 月 18 日,上海轻工控股(集团)公司成为学校法人证书主管单位。1997 年 9 月 1 日,上海轻工控股(集团)公司决定：建立上海轻工教育培训中心,全面负责上海轻工控股(集团)公司教育工作,二轻校被纳入职教二部。2005 年 11 月 11 日,学校行政关系划归上海轻工科教发展有限公司主管。2010 年 5 月,上海轻工科教发展有限公司撤销,学校划归上海国盛(集团)有限公司主管。

2010 年,教职员工 185 人,在校生 2 400 多人。专业结构以现代服务业为中心,包括休闲保健服务、旅游服务、财经商贸服务、信息技术服务、文化艺术服务等 5 个领域,下设美容美体、美发与形象设计、西餐烹饪、会计、金融事务、物流服务与管理、计算机网络技术、计算机动漫与游戏制作、计算机与数码产品维修、工艺美术专业(装潢设计与制作专门化)等 10 个专业。

十七、上海市第二体育运动学校

上海市体育局主办学校。

校址：上海市闵行区莘东路 589 号，占地面积 140 亩，环境优美，是上海市市级花园单位。

沿革：创建于 1985 年 9 月，前身是上海市郊县体育训练中心。1987 年 2 月经市政府教卫办批准，正式更名为上海市第二体育运动学校。2004 年被国家体育总局命名为"国家高水平体育后备人才基地"。

2010 年，共有 8 个班，在编学生近 200 人，教职员工 100 人，其中教师教练 39 人，职工 61 人。学校设有运动训练专业及田径、自行车、举重等运动项目。学校建筑与场地总面积为 58 854 平方米。学校拥有 400 米塑胶标准田径场、200 米室内田径馆、国际标准自行车赛车场和举重馆。

十八、上海市房地产学校

上海市住房保障和房屋管理局主办学校。

校址：总部位于上海市青浦区徐泾地区高泾路 588 号。总部占地面积 10.67 万平方米，总建筑面积 7.82 万平方米。在上海市中心还有两个教学点，一是武宁路校区，位于武宁路永定新村 121 号，主要用于职后培训；二是美丽园校区，位于延安西路 394 弄 8 号，主要用于电梯类项目培训等。

沿革：1978 年，在上海市房产局技校的基础上组建上海市住宅建设工程学校，1980 年改名为上海市房地产管理学校。1981 年各区、县局技工学校调整组合，成立上海市房产局技工学校，统辖杨浦分校、虹口分校、普陀分校、南市分校、黄浦分校、静安分校等 6 所分校；1985 年以原普陀分校为总校，调整更名为上海市房产管理局技工学校，下属杨浦分校、浦东分校、静安分校、虹口分校四所分校；1992 年再次调整更名为上海市房地产技工学校，下属杨浦分校、浦东分校、电梯分校；1994 年又一次调整更名为上海市房地产职业技术学校，下属杨浦分校（1997 年更名虹口分校）、浦东分校、电梯分校。1998 年 9 月，将上海市房地产管理干部学校和上海市房地产职业技术学校合并组建上海市房地产行业教育中心，2010 年更名为上海市住房保障和房屋管理局教育中心（上海市房地产学校）。

2010 年，教职员工近 200 人。开设房地产营销与管理、工程造价、物业管理、建筑装饰、楼宇智能化设备安装与运行、建筑工程施工等反映行业特色的主干专业。拥有智能化教学行政楼、门类完备的实验实训室。建有上海市职业教育物业管理开放实训中心，包括电梯实训室、房屋安全检测实训室、智能楼宇实训室、智能建筑实验室、水电实训室、生态实验室、绿化实训室、保洁实训室等先进的实验实训场所。

十九、上海市高级技工学校

上海工程技术大学主办学校。

校址：上海市虹口区逸仙路 88 号，占地面积 84 余亩，建筑面积 7.73 万平方米。

沿革：上海汽车底盘厂技工学校创建于 1951 年，1980 年改名为上海市劳动局第二技工学校。1988 年改名为上海市劳动局第二高级技工学校。1998 年，上海市劳动局第二、第三高级技工学校合并，改名为上海市高级技工学校。2003 年 2 月 12 日，整体划入上海工程技术大学。

2010 年，教职工人数 482 人，全日制在校学生 657 人。学校开设有机电技术应用、机电设备安装与维修、电气运行与控制、数控技术应用、计算机网络技术、物流管理与服务专业。校园拥有上海市数控技术应用开放实训中心、上海市机电一体化开放实训中心、上海市模具设计与制造实训基地和商品储运与配送实训中心等实训基地和一系列实验室;拥有专任教师近 200 人。

二十、上海市工商外国语学校

上海市经济和信息化委员会主办学校。

校址:上海市徐汇区平福路 66 号。占地面积 34 604 平方米,建筑面积 54 233.27 平方米。

1978 年,上海市农业机械工业局机械制造学校在嘉定环城路成立。1980 年选址百色路校区。1991 年,因学校主管局更名为上海郊县工业管理局,校名更改为"上海市郊工业学校"。1997 年,主管局再次更名为上海区县工业管理局,学校更名为"上海市南方工业学校"。1999 年 3 月,更名为"上海市工商外国语学校"。

2010 年,教职工 238 人。开设外语专业语种有英语、德语、法语、西班牙语、俄语、日语和韩语等,主要的专业设置有:数控应用技术、计算机软件、国际商务、商务英语、商务日语、商务德语、商务汉语、客户信息服务、英俄双语、英法双语、英西双语、饭店服务与管理。

二十一、上海市工艺美术学校

上海轻工科教发展有限公司主办学校。

校址:上海市嘉定区树屏路 1050 号。占地面积 43 332 平方米,建筑面积 22 326 平方米,是公办全日制中专。

1973 年上海市工艺美术学校恢复招生,地址嘉定外青松公路 255 号,主办单位上海市教育局,主管单位上海市手工业局。1978 年 1 月,上海市工艺美术学校重新恢复为中专学校。1989 年 8 月搬迁至嘉定塔城路 257 号。主管单位上海市第二轻工业局。2005 年 8 月搬迁至嘉定树屏路 1050 号。主管单位上海轻工控股(集团)公司。2006 年 6 月,主管单位上海盛融投资有限公司。2008 年,主管单位上海国盛集团。

2010 年全校教职员工 146 人,在校生 619 人。长期开设工艺美术专业、美术设计与制作专业。1982 年,开设工艺雕塑专业。1985 年,增设室内设计和金属工艺专业。1991 年增设工艺品设计与管理专业。1999 年,增设旅游品设计专业。2000 年,与上海工程技术大学联办装潢设计专业(3+3,中职+高职)。增设广告影像专业、美术设计专业。2005 年,增设动画专业。

二十二、上海市工业技术学校

上海国盛(集团)有限公司主办学校。

校址:徐汇区喜泰支路 8 号。占地面积 32 919 平方米,建筑面积 57 897 平方米。

沿革:1963 年 3 月,上海市手工业局技工学校成立;1978 年 6 月,更名为上海市手工业局机械学校;1986 年因市手工业局更名,更名为上海市二轻机械学校;1994 年 7 月,上海市第二轻工业局成立二轻教育培训中心,二轻职工大学搬至二轻机械学校内;1996 年,由原轻工业局、二轻局合并成立上海轻工控股(集团)有限公司,宣布组建上海市轻工教育培训中心,下设两个分部,其中二分部由二轻机械学校、二轻职大、二轻党校组成,设在原二轻机械学校内;1998 年,二轻职大、二轻党校先后分离出学校。1998 年 5 月,原上海市二轻机械学校与上海市轻工业学校(上海市轻工业学校成立于1978年10月)共同办公,沿用上海市二轻机械学校与上海市轻工业学校两块牌子。2001年12月上海钟表公司职工大学、上海钟表公司职工中专并入上海市二轻机械学校;2002年10月上海市二轻机械学校改名为上海市工业技术学校;2004年2月,上海玻璃制品工业公司教育中心整体并入上海市工业技术学校;2009年9月,因世博动迁由中山南二路530号搬至喜泰支路8号新址。

2010年,教职工249人,在校学生共计2 988名。开设数控技术应用、模具设计制造、机电技术应用、制冷和空调设备运行与维修、电子与信息技术、数字媒体技术因公、眼视光与配镜、国际商务、产品质量监督检验等9个专业。

二十三、上海市公用事业学校

上海市交通运输和港口管理局主办学校。

校址:拥有凯旋、漕宝两个校区,凯旋校区位于徐汇区凯旋路2050号,毗邻徐家汇商圈,占地面积1.23万平方米,是学校总校所在地,定位于基础教学;漕宝校区位于漕宝路1685弄188号,占地面积23亩,定位于专业教学和实验实训。

沿革:学校成立于1960年8月。1977年学校复办。

2010年,全校编制人数185人,其中专职教师87人,中高级职称61人,占专职教师的70%,师资力量雄厚。全日制中专生2 300余名。中职设有轨道交通系、现代交通营运与管理系、资源和环境系及基础教学部,开设有城市轨道交通供电、城市轨道交通车辆运用与检修、电气运行与控制、城市交通信息技术应用(市精品特色专业)、汽车运用与维修、物流服务与管理、计算机网络技术、城市燃气输配与应用(市精品特色专业)、给排水工程施工与运行等9个专业,基础教学部主要对学生进行思想政治、语、数、外等基础课程教育。中高职贯通专业共4个,包括:城市轨道交通车辆技术、城市轨道交通机电技术、城市燃气工程技术和航空地面设备维修。

二十四、上海市环境学校

上海市绿化和市容管理局主办学校。

校址:上海市浦东新区商城路1980号(原沈家弄路660号)。占地面积28 640平方米,建筑面积18 414平方米。

沿革:上海市环境学校创建于1974年,前身为上海市环境工程技术学校,由上海市环境工程学校与上海市环卫技工学校合并而组成。1974年11月,成立上海市肥料公司技工学校。1985年1月18日,建立上海市环境卫生学校,属中等专科。同月24日,市环卫局与林业部达成协议,将停办的浦东沈家弄路660号的上海市木材工业学校原征土地32.4亩转让给环卫局,作为环境卫生学校建校基地。1992年4月30日,上海市环境卫生学校更名为上海市环境工程学校。1996年6月4日,上海市环境工程学校与上海市环卫技工学校合并组建上海市环境工程技术学校。2000年6月4日,上海市环境工程技术学校更名为上海市环境学校。2005—2010年,学校对各专业的培养目标和人才规格要求以及对各专业毕业生的需求情况进行调研,期间不断对专业和学制进行调整。

2010年,教职工179名。开设4个专业,分别为:环境治理技术、生态环境保护、环境保护与监测、机电设备安装与维修。

二十五、上海市交通学校

上海交运集团公司主办学校。

校址:上海市宝山区呼兰路763号、883号,公办中等职业学校。占地面积49 000平方米,建筑面积32 967平方米。

沿革:1979年7月,上海市交通运输局党委决定恢复办学,校名定为上海市交通运输学校。9月,上海市交通运输局与上海市闸北区教育局在上海市交城中联合建立附属中专班。1980年9月22日,正式恢复办学。1982年5月,迁回上海市新华路730号原址。1984年7月,上海市交通运输学校和上海市交通运输局职工大学合署办公,实行两校"两块牌子、一套班子"体制,但上海市交通运输学校仍为独立法人单位。1986年2月18日,更名为上海市交通学校。1995年12月,上海市交通运输局将所属上海市交通学校、上海交通高等职业技术学校、上海市交通运输局职工大学、上海交通技工学校、上海福赐劝业机动车驾驶员培训技术开发中心等5家教育培训单位组成"一套班子、五块牌子(四校一中心)"的办学体制,但上海市交通学校仍为独立法人单位。1997年12月,上海交运(集团)公司党委决定,将所属上海市交通学校、上海交通高等职业技术学校、上海市交通运输局职工大学、上海交通技工学校、上海福赐劝业机动车驾驶员培训技术开发中心、中共上海交运(集团)公司党校等6家教育培训单位组建成上海交运(集团)公司教育中心的办学体制,但上海市交通学校仍为独立法人单位。1998年8月,从新华路730号整体搬迁至宝山区呼兰路707号(现883号)和673号(现763号)。

2010年,教职工192人。设有汽车技术、现代物流、国际商务、交通航运等4大类专业、13个专门化方向。

二十六、上海市经济管理学校

上海第二工业大学主办学校。

校址:上海市普陀区澳门路726号。占地面积10 998平方米,建筑面积16 445平方米。

沿革:前身常德中学是一所全日制普通中学,建立于1964年,由药水弄一家耐火材料厂厂房改建而成。从1984年开始举办中专班。1985年5月获市教育局批准建立上海市经济管理学校。实行一套领导班子、两块学校牌子,两种编制系列统一管理的模式,一直延续到2003年常德中学建制撤销。

2010年,全校学生总数达3 000多名,拥有一支116人规模的教职工队伍支撑办学。设有金融事务、现代物流、邮政通信管理、会计、商务外语(日语)、商务外语(英语)、计算机软件、计算机及应用(经济信息管理)、计算机及应用(网络管理与应用)、美术设计(动漫设计与制作)等10个专业。

二十七、上海市聋哑青年技术学校

上海市教育委员会主办学校。

校址:老沪闵路800号。占地面积13 612平方米,建筑面积12 927平方米。

沿革:1948年12月,陈鹤琴创办上海特殊儿童院,1952年改为上海市第一聋哑学校,后改为上海市聋哑青年技术学校。1967年,从闸北区柳营路搬迁至老沪闵路800号。1996年,为了完善上海大中小学衔接的聋人教育体系,满足聋生升学的需求,学校创办聋人工艺美术综合高中班。1967年,从闸北区柳营路搬迁至老沪闵路800号。学校既是上海市教委直属的单位,同时也受闸北区教育局的领导。1996年,创办聋人工艺美术综合高中班。

2010年,学校有12个教学班,183名聋生(含5名藏族聋生),72名教工(含10名聋人教工)。开设工艺美术、点心烹饪、计算机应用、美术设计4个专业。

二十八、上海市马戏学校

上海文化广播影视集团主办学校。

校址:程家桥路188号。占地面积19.3亩,校舍建筑总面积5 739平方米。

沿革:成立于1989年3月,原隶属于上海市文化局、上海市教委。2000年4月隶属于上海市文化广播影视管理局、上海市教委。2001年起隶属于上海文化广播影视集团、上海市教委。2014年属上海文化广播影视集团、上海市教委。

2010年,有教职员工70余名,学生100余名。学校现设杂技与魔术表演一个专业,学制七年。该专业课程设置分专业课和文化课两大块。采用开放式实践性教学模式,组织学生参加重大国际国内比赛、赴国外实训基地演出、参与国内各类实践性演出活动等。文化课除根据上海市九年制义务教育的要求,开设常规课程外,结合专业特点增设艺术欣赏、表演心理学、舞美知识等特殊课程。

二十九、上海市贸易学校

上海良友(集团)有限公司主办学校。

校址:赤峰(赤峰路43号)和云岭(云岭西路689号)两个校区。赤峰路校区占地面积8 067平方米,建筑面积22 402.15平方米。云岭校区地面积32 299平方米,建筑面积16 463.99平方米。

沿革:1978年,恢复粮食学校为中等专业学校。1994年,上海市粮食局将党校职大、中专、技校合并,成立上海市粮食教育培训中心,属非法人单位。1998年,市商委以原上海市财贸干部管理学院、上海市粮食局职工大学、上海市商业一局职工大学、上海市供销社职工大学这四所学校为基础,成立上海商业职业技术学院,学校也成为上海商业职业技术学院赤峰路院区。1999年1月26日更名为上海市贸易学校。由上海市粮食局主管,上海良友集团托管,具体教学业务则归上海市教委领导。

2010年,教职工193人,其中专业教师96人。学校已形成财经商贸、食品技术、计算机信息三大专业群,国际商务、现代物流,电子商务、商务英语、会计、食品生物工艺、粮油储藏与检测、制冷和空调设备运行与维修、计算机网络技术、计算机应用等10个专业。信息技术、食品生物、现代物流、电子商务等实训室都具有相当规模和水平。

三十、上海市农业学校

上海市农业委员会主办学校。

校址:松江区中山二路658号,占地面积161亩,建筑面积9万多平方米。

沿革：1978 年 5 月经上海市人民政府批准恢复上海市农业学校,校址由七宝迁至松江。"松江五七农大"搬迁至原上海市松江农校校址,两校由市农业局和松江县共管。2002 年 5 月,上海农林职业技术学院正式建院。

2010 年,在校生 4 000 余人。有专任教师 209 名,其中副高以上职称 51 人。1992—1997 年新增农村经济发展相关的园艺、农产品加工、餐旅管理、电算会计、市场营销、经贸、计算机应用、文秘等新专业。

三十一、上海市商业学校

上海商学院主办学校。

校址：闸北区共和新路 1458 号。占地面积 26 664 平方米,建筑面积 33 469 平方米。

沿革：建于 1960 年,"文化大革命"中停止招生。1971 年 9 月,开始招收非学历短期培训班。1978 年春季,恢复统一招生。1978 年,设立上海电视大学商业二局辅导站,1989 年更名为上海电视大学商业二局分校,1994 年更名为上海电视大学商业分校,1997 年由学校培训中心统一管理。1980 年 11 月,上海市商业二局成立干部学校,同时,中共上海市第二商业局委员会成立党校(原市商业二局党干校),学校开始实行两块牌子、一套班子的领导格局。

2010 年,全校教职工 240 人,开设 19 个专业。全日制中专学历教育在校人数 5 000 多人。

三十二、上海市体育运动学校

上海市体育局主办学校。

校址：上海市虹口区水电路 176 号。学校占地面积 147 亩,校内教学楼、场馆及学生宿舍建筑面积共计 35 268.68 平方米。

沿革：成立于 1959 年 9 月 17 日,原名上海市青少年体育学校,1975 年同时挂牌"上海市友谊中学",1979 年 5 月与上海市"五七"体育训练班合并组建为中等专业学校,定名为上海市体育运动学校和上海市友谊中学。

2010 年,教职员工 216 人,其中专职教练员 61 人、教师 34 人,员工 121 人。学校实行文化学习、运动训练、食宿三集中的办学模式,学生半天读书半天训练。学校唯一的运动训练专业共设有女足、篮球、排球、乒乓球、羽毛球、棒球、垒球、网球、田径、游泳、击剑、柔道等 12 个青少年运动项目,开设小学四年级至中专(高中)三年级共 9 个年级 18 个文化班,在校学生 500 多人。

三十三、上海市卫生学校

上海市卫生局主办学校。

校址：上海市徐汇区梅陇路 21 号。占地面积 45 366 平方米,建筑面积 49 634 平方米,是一所医药卫生类中等专业学校。

沿革：创建于 1950 年。1972 年在现华东政法大学校址复校,1986 年整体搬迁至梅陇路 21 号。2003 年,成立上海市卫生学校教育集团,将上海市公共卫生学校、杨浦区卫生学校和崇明县卫生学校分别设为学校的市北、市东校区和崇明分校。

2010年,教职员工265人,在校生达3 300余名。学校开设护理(含日语强化)、医学生物技术、药剂、医学影像技术、中药、康复技术、中医康复保健、助产、卫生信息管理等专业,护理、生物技术及应用、药学、康复治疗技术等4个专业开展中高职贯通培养试点。

三十四、上海市现代流通学校

百联集团有限公司主办学校。

校址:宝山区锦秋路1333号。

沿革:1965年9月创建,前身是上海市物资局专业干部训练班。后命名为:上海市物资学校。1969年底,第一届学生毕业后学校停办。1978年9月复建。2003年原上海物资(集团)总公司与中百、华联、友谊4个集团总公司组建成百联集团有限公司。2004年8月11日,经百联集团有限公司研究及决定,同意将上海市家用电器高级技术学校的国有资产使用权授予上海市物资学校,两校合并整合后,上海家用电器高级技术学校更名为:上海市物资学校民星路校区,上海市物资学校接受百联集团的委托,对民星路校区进行规范及管理,并设立"一体二校"的发展规划。2011年2月更名为上海市现代流通学校。

学校建设物流、商贸两大精品专业群,设置物流服务与管理、航空物流、报关、电子商务、品牌经营、会计、动漫等特色专业,物流服务与管理专业建有五年一贯制中高职贯通。

三十五、上海市行政管理学校

上海市教育委员会主办学校。

校址:上海市嘉定区华江路100号。占地面积21 746平方米,建筑面积24 549平方米。

沿革:前身江桥中学,创办于1958年,是一所上海郊县的农村初级中学。1981年江桥中学挂牌立信会计学校嘉定分校,两块校牌,一套班子,一个校园。1985年3月,在江桥中学、立信会计学校嘉定分校的架构上,上海市行政管理学校正式成立。1992年9月,江桥中学择地建造新校竣工,江桥中学搬出原址。原校址全部归上海市行政管理学校。1993年,江桥小学和幼儿园择地另造,并于1994年搬迁至新址,原校址并入上海市行政管理学校。

2010年,教职员工165人,在校生2 000人左右。专业设置有文秘专业(附设行政管理、文秘与档案管理、涉外文秘专门化)、会计专业(附设财务会计、涉外财务会计专门化)、计算机及应用、计算机网络技术和影视动漫设计与制作等。

三十六、上海市医药学校

上海医药(集团)有限公司主办学校。

校址:上海市浦东新区沈家弄路700号。占地面积23 125平方米,建筑面积29 290平方米。

沿革:1979年8月,上海市医药管理局与位于上海市杨浦区双辽支路70号的上海市第五十六中学联办"医药中专班"。1984年1月,上海市医药学校成立,地址在杨浦区双辽支路70号。1984年8月,分别在上海葡萄糖厂和浦东东辉中学设立分部。1986年2月,迁至暂借的黄浦区第五业余中学内。1987年8月,位于浦东沈家弄路700号的新校舍竣工,学校走上正规办学道路。

2010年,教职工206人,在校学生4984人。学校设置生物技术制药、药品食品检验、药剂、中药、制药技术和制药设备维修等6个专业,并下设生物制药技术、药品营销、医药电子商务、药物制剂工艺、医药物流、药品质量检验、保健品检验、中药调剂、化学制药、发酵工程技术、药学服务等11个专业方向。

三十七、上海市园林学校

上海市城市管理职业技术学院主办学校。

校址:上海市杨浦区杨树浦路2219号。

沿革:创建于1956年,是国家建设部重点布点的第一所园林类中等职业学校。2003年与上海市住宅建设学校合并,成为上海城市管理职业技术学院附属中专。

学校设置都市园林设计、园林管理、花卉园艺等特色专业,工业与民用建筑、房地产经营与管理等传统专业。

三十八、上海体育学院附属竞技体育学校

校址:杨浦区恒仁路300号。占地面积10.2亩,各运动场馆占地面积46.7亩,总建筑面积达36117.8平方米。

沿革:成立于1980年,1982年停办,1986年10月复校。

2010年,在校运动员300余人,一线教练员和教师近40名,其中40%具有副高级以上职称。设有田径、摔跤、击剑、拳击、跆拳道、武术(套路、散打)等6个大项、16个小项。

三十九、上海戏剧学院附属舞蹈学校

校址:长宁区虹桥路1674号。

沿革:1960年3月18日,上海市舞蹈学校成立。1979年,学校以《白毛女》剧组为班底,组建上海芭蕾舞团,并以《长征组舞》剧组为基础,成立了上海歌舞团。1996年1月舞校和东方电视台合作建立上海东方青春舞蹈团,为探索校企合作做出了有益的尝试。2002年6月,上海市舞蹈学校并入上海戏剧学院,新增校名:上海戏剧学院附属舞蹈学校。

学校设有芭蕾舞、中国舞和国际标准舞等3个专业。

四十、上海戏剧学院附属戏曲学校

校址:闵行区莲花路211号。

沿革:1954年3月1日正式开班,11月15日开办越剧演员训练班。翌年春,因行政区撤销而奉令结束,独立建制为上海市戏曲学校,归属上海市文化局。"文化大革命"期间,处于瘫痪状态。1978年"五七京训班"并入学校,恢复戏校建制。1994年10月,从上海市复兴中路597号迁至上海市中山西路1551号。1994年10月起,主管部门为上海市文化局、上海市文广局。2002年6月,归

并于上海戏剧学院,成为其附属中专,并迁入莲花路 211 号新址。

学校基本涵盖京、昆、越、淮、沪、评弹、滑稽、木偶等 8 个剧种。

四十一、上海新闻出版职业技术学校

上海市新闻出版局主办学校。

校址:宝山校区(呼兰路 921 号)占地面积 23 亩。两个分校区为余姚路 417 号和钦州南路 81 号。

沿革:1972 年学校以中华印刷厂为试点,恢复办学,校名为"上海市印刷技工学校"。由上海出版印刷公司集中管理,各企业分散办学。1990 年,原 6 所厂办技校(新华印刷厂技校、中华印刷厂技校、美术印刷厂技校、商务印刷厂技校、市印一厂技校、市印三厂技校)合并成立上海市印刷技工学校,在呼兰路 721 号(现呼兰路 921 号)新校区办学。1994 年上海市印刷技工学校与上海市新闻出版局职工大学正式合并,建立上海新闻出版教育培训中心,学校建制仍保存。1998 年,撤销上海市新闻出版局职工大学建制。1999 年,上海市印刷技工学校更名为上海新闻出版职业技术学校。2007 年设立青浦校区,占地面积 45 642.96 平方米。

四十二、上海信息技术学校

上海华谊(集团)公司主办学校。

校址:普陀区真南路 1008 号。占地面积 102 亩,建筑面积 7 万余平方米。

沿革:创建于 1959 年 7 月,初期为化工部上海化工专科学校,"文化大革命"中一度停办,1978 年 7 月复校,校名为上海市化学工业学校,划归上海市管辖。2000 年 12 月更名为上海信息技术学校。

2010 年,教职员工 240 人,其中高级专业技术职称 49 人。在校学生总数 5 379 人。学校建立以信息技术应用为核心,覆盖现代资讯、现代维护、现代检测、现代化工等 4 个领域的教学体系。下设计算机软件、计算机网络技术、计算机及应用(多媒体技术)、电子与信息技术、电气运行与控制、数控技术应用、首饰加工与经营、现代物流、中澳合作文秘(商务管理方向)、文秘(财会方向)、工艺美术(首饰设计与制作)、工业分析与检验、化学工艺等 13 个专业。

四十三、上海音乐学院附属中等音乐专科学校

校址:徐汇区东平路 9 号。

沿革:1978 年 9 月,取消"五七音训班",恢复学制为六年制的附中,并更名为"上海音乐学院附属中等音乐专科学校"。同时,恢复三年制附小,重新定名为"上海音乐学院附属音乐小学",复校后正式面向全国招生。1996 年 5 月 30 日,上海音乐学院附小并入上海音乐学院附属中等音乐专科学校,附中、附小实现一体化管理模式,实行九年制教学管理体制。2000 年 7 月,上海音乐学院附属中等音乐专科学校随上海音乐学院一起划转,以上海市管理为主。

2010 年,在校生 552 人,其中按中等职业学校艺术类方式招生录取的学生 128 人。在岗教职工 135 人,其中教师 96 人。学校设置:中国乐器演奏、键盘乐器演奏、管弦乐器演奏、音乐理论基础

(作曲)、现代乐器与打击乐演奏、声乐等专业方向。

四十四、中华新侨中等专业学校

中共上海市委统战部主办学校。

校址：天等路 465 号。占地面积 37 941 平方米，建筑面积 35 888 平方米。

沿革：上海市机械工业学校创建于 1959 年，是由华侨、归侨侨眷和港澳同胞集资创建的具有侨教性质的全日制公办中专学校。"文化大革命"期间，学校停办。1983 年，在闸北区延长路 152 号原址复校招生。该年 9 月 21 日起，学校的党政关系委托轻工业局代管。1983 年 12 月，根据市政府意见，选址新建上海市机械工业学校。在梅陇地区天等路 465 号征地 4 万平方米，另建校舍。从 1983 年至 1990 年，延长路 152 号内厂校并存。1991 年，学校全部迁至徐汇区天等路 465 号新校址办学。1994 年 6 月，改变原有代管单位，由轻工业局代管改为由市侨办负责管理。1996 年 10 月，市委、市政府决定该校由市经委划归市委统战部管理，与民办中华侨光职业学院一地共同办学。1998 年 9 月更名为中华新侨中等专业学校。1999 年，民办上海新侨职业技术学院纳入正式招生计划内招生，从此，中华新侨中等专业学校与上海新侨职业技术学院在徐汇区天等路 465 号两校一地办学。2001 年 11 月，中华新侨中等专业学校党委撤销，并入上海新侨职业技术学院党委。

1983 年复校时学校教职工人数仅 58 人。1984 年教职工人数扩大至 116 人，以后至 1991 年教职工人数逐年增长至 202 人。2000—2010 年期间，大中专两校一地办学，师资共享，教职工人数为 118 人。2010 年，学校教职工人数为 118 人。专业设置：机电技术应用、机电设备安装与维修、汽车运用与维修、计算机应用、电子技术应用、会计、电子商务、会展服务与管理、珠宝玉石加工与营销。

四十五、上海市建筑工程学校

上海建工集团总公司主办学校。

校址：龙吴路 4989 号。占地面积 26 023 平方米，建筑面积 24 751 平方米。主要承担建筑工程类专业全日制技能型人才的培养和职前职后岗位培训与技能鉴定的教学业务。

沿革：1960 年 8 月 22 日成立上海市建筑工程局技工学校。1961 年 8 月 1 日，技工学校与局属上海市建筑工业专科学校合并，成立上海市建筑工业学校。1979 年 4 月 13 日，更名为上海市建筑工程学校。

2010 年，教职员工 136 人，全日制高职在校生 3 556 人，全日制中专在校生 3 339 人，成人在校生 568 人。学校形成以建筑工程专业群为主，以建筑施工技术、建筑装饰、工程造价为重点建设专业的专业结构，行业特色鲜明。

第二章 高等职业学院及
相关院校简介

第一节 公办院校

一、上海城市管理职业技术学院

市属高职院校。

校址：军工路 2360 号。占地面积 190 590 平方米，建筑面积 106 744 平方米。

沿革：学院源于 1956 年 6 月成立的上海市土木建筑夜大学，11 月，改名为上海市业余土木建筑学院。1962 年，学校停办。1979 年 7 月，复办，初称上海市业余土木建筑水利学院，于 1981 年 1 月 26 日由市政府正式同意复办。1982 年 10 月，经市政府批准和教育部备案，恢复原校名——上海市业余土木建筑学院，成为市建委直属的职工业余大学。1994 年 6 月学院与建筑工程职工大学等 8 所成人高校合并为上海市建设职工大学。2001 年 1 月，上海市园林学校、上海市园林技工学校归属上海市建设职工大学。2001 年 4 月，上海市建设职工大学转型为上海城市管理职业技术学院。2004 年 9 月，上海市住宅学校归属上海城市管理职业技术学院。2010 年学校正式名称为上海城市管理职业技术学院。1981 年，学院办公地点位于科学会堂 3 号楼，租用皋兰路建申中学和市科协二号楼教室授课。1982 年，加盖复兴中路卢湾区南昌中学校舍为教室。1984 年租借第十一中学及育才中学教室作教学基地。1985 年新建青浦分院竣工交付使用，镇宁路 450 弄 75 号三楼为院设计室，并租借闸北二中、塘沽中学为临时教学点。1987 年河南北路 301 号学院教学大楼完工，成为校本部和主要教学点，学院初具规模；此外，青浦、川沙、南汇、金山、奉贤、嘉定皆设教学点。1994 年校区为虹漕南路 123 号。2001 年 4 月主校区确定为军工路 2360 号。

2010 年，全校共有教职工人数 376 人（高级 80 人，中级 138 人），其中专任教师 184 人（高级 61 人，中级 78 人）。学校共开设 23 个专业，有城市园林、园林工程技术、工程机械运用与维护、城市轨道交通工程技术、环境艺术设计、城市管理与监察、建筑工程技术、楼宇智能化工程技术、工程造价、建筑经济管理、工程监理、建筑工程项目管理、市政工程技术等专业。

二、上海出版印刷高等专科学校

市属专科院校。

校址：杨浦区内江路 397 号。占地面积 35 537 平方米，建筑面积 19 619 平方米。

沿革：学校前身为上海印刷学校，创建于 1953 年 10 月，是中国唯一一所印刷类专业学校。1962 年，上海出版学校并入，“文化大革命”期间停办，1978 年复校。1986 年经国家教委批准筹建上海出版印刷专科学校。1987 年 12 月学校由中专正式升格为大专建制，并于当年开始招收首届专科生。1992 年 4 月，校名调整为上海出版印刷高等专科学校。学校原隶属于国家新闻出版总署，2000 年开始属地化管理，隶属于上海市教育委员会，是上海市与国家新闻出版总署共建的高校。

2003 年 6 月,划归上海理工大学管理,并组建上海理工大学出版印刷学院,开展本科层次的教学工作。2010 年,正式名称为上海出版印刷高等专科学校。

2010 年,学校共有专职教师 189 名,其中 9 名具有博士学位,具有正高职称 8 名。在校生 4 225 名,其中毕业生数 1 332 名。学校设有印刷包装工程系、出版与传播系、印刷设备工程系与艺术设计系,设立印刷技术、印刷图文信息处理、影视多媒体技术、出版与电脑编辑技术、广告设计与制作等特色专业。

三、上海第二工业大学

市属本科院校。

校址:金海路 2360 号。学校地处浦东新区金桥教育园区,占地面积 46.44 万平方米,校舍面积 27.99 万平方米。

沿革:上海第二工业大学成立于 1960 年,前身为上海市业余工业大学,1984 年更名为上海第二工业大学,2000 年经国家教育部批准转制为全日制高等职业院校。2001 年 11 月与上海东沪职业技术学院合并组建新上海第二工业大学。2002 年学校主体由陕西北路校区搬迁至浦东金桥教育园区。2003 年由上海市人民政府批准为全日制普通本科高等学校,成为一所以工科为主、经管文理多学科协调发展的本科院校。2009 年 4 月,被上海市教委列为工程硕士专业学位立项建设单位。

2010 年,有教职工 1 052 人,其中专任教师 609 人,其中高级职称 243 人。有全日制在校学生 11 539 人。学校设有机电工程学院、电子与电气工程学院、计算机与信息学院、经济管理学院(中外运国际物流学院)、理学院、人文学院(蒙妮坦学院)、外国语学院、国际交流学院(昆士兰学院)、应用艺术设计学院、城市建设与环境工程学院、成人与继续教育学院等 11 个学院和体育部、实验实训中心、思想政治理论教学部、高职学院(技师学院)等教学部门。设有工学、经济学、管理学、文学、理学等 5 个学科门类,13 个专业类别,本科专业 28 个,高职专业 30 个。学校设有节能研究所、光机电研究所、电子废弃物资源化研究所、高等教育研究所等一批研究机构。

四、上海电机学院

市属本科院校。

校址:上海市闵行区江川路 690 号。占地面积 352 850 平方米,建筑面积 245 883 平方米。

沿革:建校于 1953 年,初始名称为中央第一机械工业部上海电器制造学校,隶属于国家第一机械工业部。"文化大革命"期间,学校停止办学。1978 年,上海市电机制造学校、上海市机电工业学校恢复招生,举办全日制中等专业教育。1985 年,经原国家教委批准,上海市电机制造学校开始试办五年制技术专科教育,学校更名为上海电机制造技术专科学校。1987 年,上海市第一机电工业局职工大学闵行分部并入上海电机制造技术专科学校。1992 年 4 月,国家教委统一调整专科学校校名,上海电机制造技术专科学校更名为上海电机技术高等专科学校。1998 年 12 月,上海电气(集团)总公司发文,上海市机电工业学校与上海机电工业职工大学实行"两块牌子、一套班子"的运行机制,两校事业单位性质保持不变。1998 年,上海机电工业职工大学一分校、上海机电工业职工中等专业学校划归上海电机技术高等专科学校。2004 年 4 月,经上海电气(集团)总公司批准,上海市机电工业学校党委划归上海电机技术高等专科学校党委,上海市机电工业学校、上海机电工业职工大学、上海电机技术高等专科学校三校合并,成立新的上海电机技术高等专科学校。9月,经上海市人民政府批准,学校正式升格为全日制普通本科院校,更名为上海电机学院。

2010年,共有教职工957人。专业设置情况:本科专业23个,专科专业23个,在校学生人数13 514人,其中本科生7 054人,专科生4 272人,成人本科生889人,成人专科生1 299人。

五、上海电子信息职业技术学院

市属高职院校。

校址:学院本部设在奉贤区瓦洪公路3098号,占地面积30.83万平方米;徐汇校区在中山南二路620号;长宁校区在玉屏南路560弄18号。学院辖有中德、动画两个二级学院。其中,上海中德学院,由中国教育部与德国巴伐利亚科艺部,汉斯·赛德尔基金会协议举办。

沿革:1978年10月,仪表局"七·二一工大"与原第二科学技术学校正式分开,第二科学技术学校划归上海科技大学,"七·二一工大"负责筹备"上海师大仪表电子分校"(注:当时师范类统称上海师大,非现在上海师范大学),分校入驻原凯旋路第一小学校舍办公。1979年春,师大仪表电子分校新生正式开学,由分校统一管理;师大分校和局"七·二一工大"两所学校一套班子、两块牌子,但相对独立。1981年4月,经市政府批准,仪表局"七·二一工大"正式改名为"上海市仪表电讯工业局职工大学"。1981年6月,从嘉定县东门迁回徐文路62号(原亚光厂旧址)办公,"上海市仪表电讯工业局职工大学"与师大分校正式分编,分校最终划归华东师范大学。1984年夏,仪表局又将电光厂(陕西南路548号)厂房全部调拨给学校进行改建作校址。1990年5月,上海市仪表电讯工业局职工大学与仪器仪表公司职工大学合并,组建成立"上海仪表电子工业职工大学";1993年,上海市仪表电子工业职工大学与中共上海市仪表电讯工业局委员会党校实行一体化办学,搬迁至漕东支路95号。1997年,上海仪电控股(集团)公司培训中心挂牌成立,与仪电职大、党校实行"三块牌子,一套班子"合并办公。2001年4月,上海市仪表电子工业职工大学转制为上海电子信息职业技术学院,与上海第一仪表电子工业学校、上海电子技术学校、上海电子工业学校实行一体化合并办学;2003年学校整体搬迁至奉贤区奉城镇瓦洪公路3098号。

2010年,学院本部有全日制高职学生6 826人,教职员工500余人。学院设有电子工程系、通信与信息工程系、计算机应用系、机电工程系、经济与管理系、中德学院、动画学院和继续教育学院,共有28个专业,构成以电子信息大类和制造大类专业为主体,财经大类与艺术设计传媒大类专业共同发展的专业体系。

六、上海公安高等专科学校

市属专科院校。

校址:学校分设浦东、莘庄两个校区,浦东校区在凌桥崇景路100号;莘庄校区在闵行区沁春路178号。占地面积47.52万平方米,校舍面积12.53万平方米。

沿革:创建于1949年6月,前身是与上海市人民政府公安局同时成立的上海市警务学校。1955年,更名为上海市公安学校,主要开展各类短期培训和中专教育。1983年11月,改建为上海公安专科学校,列入高校建制,主要开展专科教育和成人学历教育。1992年4月,易名为上海公安高等专科学校。1996年,与上海市第一、第二人民警察学校实行"三校合并";同年,经国家教委批准在全国省属公安院校中率先试办本科教育。2000年,停办本科教育、保持专科规格。2002年,在全国公安院校乃至普通高校中首创全日制第二专科教育,招收全日制高职高专及以上学历的应(历)届高校毕业生,与高校入学考试同步进行,学员入学后接受为期一年半的公安专业教育,毕业后颁发全日制普通高等教育第二专科文凭。2003年,推行教官制度,聘任富有实战经验并有施教能力的教官充实到学校教学岗位。2007年11月,浦东新校区建成启用。

2007年11月,在校生2 538人。教职员工455人,其中专任教师189人。

七、上海工程技术大学高等职业技术学院

市属本科院校。

校址:虹口区逸仙路88号。占地面积5.39余万平方米,建筑面积7.73万平方米。

沿革:1999年12月,上海工程技术大学向上海市教委申请成立"上海工程技术大学高等职业技术学院",院址设在新村路校区。2003年1月17日,市劳动和社会保障局、市经委、上海工程技术大学签订关于上海市高级技工学校整体划入上海工程技术大学的协议。将上海市高级技工学校、上海市高级职业技术培训中心、上海市劳动管理中等专业学校由原来隶属于上海市劳动和社会保障局变更为隶属于上海工程技术大学。2004年4月27日,高职学院在虹口校区组建办学实体,设立办学住所,作为学校的二级学院,主要进行高职教育、教学、实验、实训及培训。

2010年,有教职工人数482人,在院学生人数1 440名。1998年5月,上海工程技术大学在机械工程学院、电子电气工程学院、管理学院、化学化工学院、材料工程学院、汽车工程学院、航空运输学院开设计算机及应用、现代建筑电气、精细化工、模具CAD/CAM等四年制本科高职专业,并设立以三校生为生源的三年制高职专科班,开设供热通风与空调工程、汽车运用技术、广告与影像技术专科;2000年又增设机场设备运行管理、航空乘务、经济信息管理、公关秘书、商务英语等高职专业。

八、上海工会管理职业学院

市属高职院校。

校址:奉贤区南亭公路2080号。占地面积28.6万平方米,校舍面积10.82万平方米。

沿革:前身是创办于1951年的上海工会管理干部学院,隶属上海市总工会。1955年上海市总工会干部学校更名为上海市工会联合会干部学校。1958年上海市工会联合会干部学校撤销,上海市工会联合会干部学校(部分)改建为上海市化学工业学校。1980年上海市工会干部学校复校。1985年上海市工会干部学校升格上海市工会管理干部学院(成人高等学校)。1992年上海工运研究所并入上海市工会管理干部学院。2000年起举办高职学历教育,转型为普通高等职业院校。2005年改名为上海工会管理职业学院。

2010年,在校学生4 797人,教职工278人,其中专任教师215人,具有高级职称的教师比例达到20%,硕士研究生以上学历的教师占54%,双师素质教师超过60%。学院设有劳动与社会保障、社会工作、文物鉴定与修复、食品营养与检测、物流管理、安全技术管理等30个专业。

九、上海工艺美术职业学院

市属高职院校。

校址：嘉定区嘉行公路851号。占地面积23.26万平方米，校舍面积11.39万平方米。一期工程投资2亿元。院内建筑体现现代海派艺术风格，具有一流的学习生活设施。学院下设徐汇分院、徐汇二分院、浦东分院和静安、卢湾两个校区。

沿革：前身是1960年创建的上海市工艺美术学校，1972年上海市工艺美术学校停办，1973年复校。2003年经上海市人民政府批准，上海第二轻工业职工大学、上海市工艺美术学校合并组建成上海工艺美术职业学院。

2010年，在校高职学生3 996人（另有中职学生1 000余名），教职工306人，其中专任教师194人，兼职教师100余名，设立国际艺术设计师、国内艺术设计师、民间特艺、校内教师四类工作室。学院稳步发展服装、广告、环境、工艺品设计等专业，不断开创新专业——展示设计、电视与网络广告设计、广告摄影摄像、游戏软件艺术设计、园林景观艺术设计、包装技术与设计、产品造型艺术设计等专业。后新增艺术设计专业——首饰设计、艺术品设计与鉴定、装饰雕塑、装饰绘画、动画设计、新媒体艺术设计以及印刷图文信息处理等专业，建成5系21个艺术设计专业的体系。

十、上海海事职业技术学院

市属高职院校。

校址：上海市浦东新区源深路158号。2010年，学院占地面积178 749平方米，建筑面积126 650平方米。

沿革：上海海运学校创办于1958年11月，初为上海海运学院中专部，1961年9月交通部决定中专部从上海海运学院划出，单独成立上海海运学校，为交通部部属中专，由上海海运局代管。"文革"期间停办，1978年经交通部批准恢复上海海运学校，学校隶属交通部，委托上海海运局主管，教学业务由交通部教育局和上海市教育局指导。2001年学校被教育部评为全国重点中等职业学校。上海海运职工大学始建于1978年春，当时名称为海运局工人大学，与上海海运学校实行"两块牌子、一套班子"的管理体制。1978年，海运局工人大学首次自主组织入学招生考试，学制二年，创办大专层次的成人教育。1980年7月，上海海运局工人大学更名为上海海运职工大学，隶属交通部，由上海海运局管理，教学业务接受上海市教育局指导，学制三年。1986年，在全国率先举办高等职业教育，纳入全国高校统一招生计划，招收三年制职前教育学生。上海海运技工学校创办于1960年8月，校址在浦东三林塘。1962年一度停办。1965年5月建址于浦东源深路52号的新校舍落成，"文革"开始后学校停办。1976年4月，上海海运局决定在源深路校舍恢复海运技校，隶属于职工大学建制，学制2年。1978年交通部正式发文恢复上海海运技工学校，1980年经上海市审定为上海市重点技工学校。1981年11月，该技校直属上海海运局领导。1994年1月被劳动部批准为国家级重点技工学校。1996年，上海海运（集团）公司对公司内教育资源进行重组，将公司内上海海运职工大学、上海海运学校、上海海运技工学校和公司教卫处合并。同年8月，组建上海海运（集团）公司教育培训中心，对内实行四块牌子、一套班子、一本账，对外继续沿用三所学校校名，保持专科、中专和技工三个层次的学历教育功能，并承担集团内船员培训和干部业务培训任务。1997年7

月,中国海运(集团)总公司成立,实行资产重组,学校仍为集团所属上海海运(集团)公司管理。1998年,上海海运党校并入上海海运教育培训中心。实行"一套班子、五块牌子"的办学管理模式。2000年初,国务院实施教育体制改革,交通部将其所属的上海海运职工大学、上海海运学校和上海海运技工学校划转地方,中国海运(集团)总公司领导经与上海市教委协商,决定三所学校由中国海运(集团)公司举办,保持原学历教育功能,教学业务归上海市教委管理。2001年4月29日,上海海运职工大学由成人高校转型为高等职业技术学院,并更名为上海海事职业技术学院,保留成人高等教育功能;保持上海海运学校独立建制;撤销上海海运技工学校建制。学校实行"两块牌子、一套班子"。

2010年,共有教职员工333人,有高职和成人学历班127个,在校生4677人。学院加强专业课程建设,继续推进航海类、航运管理类和航运工程类三大专业群,共开设23个专业(航海技术、国际航运业务管理、集装箱运输管理、物流管理、国际商务、报关与国际货代、轮机工程技术、船舶工程技术、电气自动化技术等)。

十一、上海建峰职业技术学院

市属高职院校。

校址:宝山区漠河路1168号,占地面积29 982平方米,总建筑面积51 824平方米,其中教学用房和实训用房面积分别为10 292平方米和4 400平方米。

沿革:前身为上海市建筑工程局技工学校,1984年经上海市劳动局批准招生。1994年更名为上海建筑工程技术学校,主要开设木工、泥工、油漆、电工、机械、起重等专业,培养近1 500名技校毕业生、400多名初级建筑施工管理人才。2003年5月,上海市劳动和社会保障局同意撤销上海建筑工程技术学校建制。1998年4月,依托上海市建筑工程局技工学校的资源,筹办建峰学院,校名为"民办建峰学院(筹)",筹建期间参加上海市高等教育学历文凭考试试点。1998年开始招生。2002年4月,经上海市人民政府批准同意,上海建峰职业技术学院正式建校,列入上海市普通高校招生计划。

2010年,在校高职全日制学生规模为3 600人左右,成人专科生250人左右。学院共有专兼职教师239人,副高以上职称73人,专任教师158人,其中博士、硕士学位45人,专任教师中双师素质教师比例达54.5%。现设土木工程系、机电工程系、外经外贸系、医检与护理系、艺术教育系,开设建筑施工技术、建筑工程项目管理、建筑装饰工程技术、工程测量技术、护理、机电一体技术、报关与国际货运等26个专业。

2010年8月,经上海市教育委员会同意,学院牵头建立上海建筑职业教育集团。

十二、上海健康职业技术学院

市属高职院校。

校址:徐汇区梅陇路21号。设徐汇和崇明(筹建中)两个校区,占地面积200余亩。

沿革:原名上海职工医学院,创建于1950年,2001年经上海市教委同意,列为普高校高职招生学校。

2010年,有教职员工228人,开设有生物技术及应用、护理、护理(中外合作)、药学、医学影像技术、康复治疗技术、医学营养、卫生信息管理等专业。设有文理教学部、医学基础部、护理系、医疗系、公共卫生系、生物医药系等 2 部 4 系。2010 年,有专任教师 140 余人,其中高级职称占 33.3%,硕士研究生及以上学历(学位)占 46.6%。上海医疗卫生单位和科研院所的部分主任医师、教授被聘为学院的兼职教授。

十三、上海交通职业技术学院

市属高职院校。

校址:学校设东、南、西、北 4 个校区。其中:东校区设在浦东新区浦东大道 2598 号,南校区设在徐汇区龙华西路 1 号,西校区设在嘉定区沪宁公路 398 号后改至徐汇区凯旋路 2050 号和闵行区漕宝路 1685 弄 188 号,北校区设在宝山区呼兰路 883 号和 763 号。

占地面积 405 亩、建筑面积为 144 818 平方米。其中:东校区为 52.2 亩、28 567 万平方米,南校区为 131 亩、42 943 平方米,西校区为 41.6 亩、24 747 平方米,北校区为 180 亩、48 561 平方米。

沿革:学院前身分别由以下"源头学校"组成:上海交运职工大学,前身为上海市交通运输局职工大学,成立于 1975 年 7 月;1996 年 4 月上海市交通运输局改制成上海交运(集团)公司后,改名为上海交运(集团)公司职工大学;2001 年 4 月经市府批准与海港职大合并,并联合民航、铁路 2 所中专加盟,转型成上海交通职业技术学院。上海交通高等职业技术学校,1993 年 8 月经市府批准由上海交运职工大学改建而成,为全国第一所以"高等职业技术学校"冠名的独立设置全日制普通高等职业院校。2001 年 4 月与交运职大一并归入上海交通职业技术学院。上海海港职工大学,成立于 1979 年;1986 年首批参加上海市高职教育试点;1999 年经教育部和上海市教委批准进入新高职办学行列;2001 年 4 月与交运职大合并转型成上海交院。民航上海中等专业学校 2001 年 4 月加盟该院开设民航运输类高职教育。上海铁路成人中等专业学校 2001 年 4 月加盟该院开设轨道交通类高职教育;2008 年 2 月因学校办学体制改革退出高职教育。上海市公用事业学校 2008 年 2 月经上海交院董事会和上海市教委批准同意加盟该院开设轨道交通类高职教育。

2010 年,学院 4 个校区共有全日制在校生 4 468 人,其中交通运输类 1 486 人、港口管理类 694 人、民航运输类 1 882 人、轨道交通类 403 人;有从事高职教育教职员工 423 人,其中专任教师 275 人,具有高级职称 55 人,中级职称 131 人,专业基础课和专业课中"双师素质"教师比例达 50% 以上,并拥有一批以行业企业为主体具有丰富实践经验的兼职教师队伍。学院开设有国际航运业务管理、集装箱运输管理、物流管理、物流设备与自动控制等 30 多个专业(含专业方向),常年保持招生约 20 个专业。

十四、上海科学技术职业学院

市属高职院校。

校址:嘉定区金沙路 280 号。占地面积 83 316 平方米,建筑面积 118 613 平方米。

沿革:2001 年 4 月创建。

2010 年,学校共有教职工 220 人,其中专任教师 135 人,高级职称 40 人。2010 年,高职在校生 4 300 余人。2001 年至 2010 年共培养高职毕业生 8 217 人。截至 2010 年建有 8 门上海市精品课程。2010 年招生专业为 21 个,面向 21 个省份招生。设有通信与电子信息、机电工程、经济与管理、商务流通、人文与社会科学 5 个系及基础教学部和计算中心。专业涵盖加工制造、电子信息、商贸与旅游、文化教育艺术、综合管理等大类。

十五、上海旅游高等专科学校

市属专科院校。

校址:奉贤区海思路 500 号。占地面积 22.51 万平方米,校舍面积 7.48 万平方米。

沿革:创建于 1979 年,名为上海旅行游览专科学校,隶属上海市外办。1980 年,教育部批准更名为上海旅游专科学校。1983 年,划归上海市旅游局、市高教局双重领导。1986 年,划归国家旅游局领导。1992 年,更名为上海旅游高等专科学校。2000 年,划归上海市教委领导。2003 年,划归上海师范大学管理,与原上海师范大学城市与旅游学院合并组成上海师范大学旅游学院。上海旅游高等专科学校与上海师范大学旅游学院是同时采用两个名称的合一教育机构。上海旅游高等专科学校是独立法人单位。

2010 年,学校有全日制专科学生 3 049 人,教职工 260 人,其中专任教师 145 人,具有高级职称和高级技师类职称的教师 70 余名。设有旅游学系、地理系、会展管理系、环境工程系、饭店管理系、国际导游系、烹饪与餐饮管理系。设有旅游管理、会展经济与管理、地理科学(师范)、地理信息系统、资源环境与城乡规划管理、环境工程等 6 个本科专业,设有酒店管理、旅游管理、旅游管理(高尔夫方向)、会展策划与管理、会计、电子商务、旅游英语、旅游日语、应用韩语、应用西班牙语、烹饪工艺与营养、西餐工艺和餐饮管理与服务等 13 个专科专业和方向。

十六、上海农林职业技术学院

市属高职院校。

校址:松江区中山二路 658 号。学院可使用土地面积 1 452 亩。

2010 年,有专任教师 209 名,其中副高以上职称 51 人,"双师素质"教师占专业教师总数的 72%,65% 以上的专任教师具有硕士研究生以上学历(学位);学院还依托校企合作建立一支长期稳定的兼职教师队伍,聘请 130 多名来自行业企业的专家技术人员担任兼职教师。在校生 4 000 余人。学院有 6 系 2 部和实训中心、继续教育中心等 12 个教学单位,开设园林技术、园艺技术、动物医学、生物技术及应用、旅游管理、食品工艺与检测等 22 个专业。

十七、上海商学院高等技术学院

市属本科院校。

校址:徐汇校区位于中山西路 2271 号;奉浦校区位于奉浦大道 123 号。

沿革:上海商学院始建于 2004 年。前身上海商业职业技术学院创建于 1998 年 3 月,由上海市财贸管理干部学院、上海市第一商业局职工大学、上海市粮食局职工大学、上海市供销社职工大学合并组建。2004 年,上海商业职业技术学院升格为本科学校。2007 年,上海商学院建立下属部门上海商学院高等技术学院,将原有的高职专业建设与管理逐步归并由高等技术学院承担。2008 年成立以上海商学院为牵头单位的上海商贸职业教育集团,集团办公室挂靠在高等技术学院。上海商学院设有 10 个二级学院,为加强高职教学与管理,2007 年上海商学院单列上海商学院高等技术学院。上海商学院高等技术学院下辖奉贤校区、交通路院区、共和新路院区、赤峰路院区和国权路院区开展高职教学。

2010 年上海商学院全日制在校生 11 000 多名,当年在校高职学生 4 069 名,有 20 个本科专业、46 个高职专业和 7 个中外合作专业,其中 2 个国家级和 1 个市级的教学改革试点专业。

十八、上海体育职业学院

市属高职院校。

校址:徐汇区百色路 1333 号。学院下辖本部、莘庄、东方绿舟 3 个校区。性质为全民所有制,总占地面积 213 517 平方米(320.45 亩)。

沿革:创建于 1952 年,最初命名为华东体训班,1955 年易名为上海体育学院竞技指导科,1960 年扩编为上海体院运动系,"文化大革命"期间称作上海体育工作大队,1981 年改名为上海体育学院分院,1984 年更名为上海体育运动技术学院。2007 年 12 月经市政府批准,由成人高校转型组建为普通高等职业学院,改为现名,新学院于 2008 年 1 月 12 日正式挂牌成立。学院的发展宗旨是培养德、智、体全面发展的高素质体育人才。

2010 年,在校生 439 人,教职员工 539 人,其中教练员 170 人。学院下设 6 个运动训练中心(游泳运动中心、田径运动中心、球类运动第一中心、自行车击剑运动中心、乒乓球羽毛球运动中心、水电路项目运动训练中心),管辖 19 个运动大项目,184 个运动小项目。

十九、上海行健职业学院

市属高职院校。

校址:原平路 55 号。学院总部占地面积 11.32 万平方米,校舍面积 11.25 万平方米,新增设备投资近 3 亿元。

沿革:学院建于 2001 年,是由上海市人民政府批准、闸北区政府主办的一所高等职业学院。

2010 年,高职在校生 5 059 人,成教学生 851 人。在职教职工 239 人,其中专任教师 172 人,另有兼职教师 170 人。共有 23 个专业。学校设有信息技术与机电工程、经济管理、人文科学、学前教育等 4 个系 20 余个专业。

二十、上海医疗器械高等专科学校

市属专科院校。

校址:杨浦区营口路 101 号,属于理工类高等院校。占地面积 169 120 平方米,拥有产权的建筑面积为 63 579 平方米,非产权建筑面积为 57 382 平方米。

沿革:1960 年由国家卫生部创办,先后隶属国家医药管理局、国家食品药品监督管理局,2000 年划归上海市政府管理,2003 年划归上海理工大学管理,是国内唯一一所独立设置的专门培养医疗器械高素质应用型专门人才的全日制普通高等院校。2003 年 5 月,经上海市政府批准,上海医疗器械高等专科学校划归上海理工大学管理,组建上海理工大学医疗器械学院,7月正式挂牌。实行"一套班子、两块牌子"的管理模式,实现由专科教育到本科教育的跨越式发展。2010年,被确定为国家示范性骨干高职院校立项建设单位。

2010年,教职员工共有298人,在校专科生4 300余名。设有医疗器械制造与维护、医疗器械检测技术、医用治疗设备、医用诊断设备、医学检验仪器及应用、医学影像设备管理与维护、放射治疗技术及设备、药剂设备制作与维护、远程医疗、食品药品监督管理、医疗器械监督管理、医疗器械营销、医疗器械物流管理、临床工程技术、临床工程(医电)、康复工程技术、卫生信息管理(软件)、医学诊断信息班、经贸英语等22个专业(方向)。

二十一、上海医药高等专科学校

市属专科院校。

校址:浦东新区周祝公路279号。学校占地面积227 617平方米。

沿革:前身为上海第二医科大学卫生技术学院,建于1999年,2003年由上海市教委审批成为上海市示范性高等职业技术建设院校。以护理学为龙头专业,被教育部确定为上海市医学类高职院校中唯一的国家"技能型紧缺人才培养培训工程"建设基地。2005年上海第二医科大学与上海交通大学合并,上海医药高等专科学校在上海第二医科大学卫生技术学院的基础上申办独立设置,2006年正式成立,隶属于上海市教育委员会。2006年,整体搬迁至上海国际医学园区,新校区建设完成,成功跻身全国首批"国家示范性高职院校"行列。

2010年,全校教职员工数为435人。开设有计算机技术、临床医学、护理、助产、口腔卫生方向、幼儿保健方向、药学、医学检验技术、医学影像技术、眼视光技术、口腔医学技术、医学营养等专业。

二十二、上海应用技术学院高等职业学院

市属本科院校。

校址:设有两个校区,徐汇校区在漕宝路120号,梅陇校区在梅陇路161号。

沿革:由上海轻工业高等专科学校、上海冶金高等专科学校、上海化工高等专科学校于2000年4月合并组建,2006年2月原国家轻工业部所属上海香料研究所并入。学院于2007年3月16日正式挂牌成立,是上海应用技术学院所属的二级学院。2007年,学校接受教育部本科教学工作水平评估,并获得优良成绩;2010年10月,占地面积近1 500亩的奉贤校区正式落成,学校主体搬迁至奉贤校区。

2001年开始在校本部、普陀校区(真南路1008号)和杨浦校区(市光一村71号)招收高职学生。教学管理由上海应用技术学院教务处统一管理。普陀校区及杨浦校区于2009年结束办学。

2010年,在编工作人员28名,其中教授2名,兼职人员9人,共有在校全日制高职高专生2 252人。学院开设有会展策划与管理、金属材料与热处理、市场营销、机电一体化技术、应用电子技术、电气自动化技术、计算机及应用技术、应用化工技术、建筑装饰工程技术、商务管理、应用艺术设计、国际商务、空中乘务、园艺技术、高分子应用技术、资产评估与管理等16个专业。

第二节　民　办　院　校

一、上海邦德职业技术学院

市属高职院校。

校址：锦秋路 299 号。设有宝山和浦东两个校区，占地面积 14.92 万平方米，建筑面积 7.27 万平方米。

沿革：学院由上海邦德教育咨询有限公司投资，于 1998 年 7 月筹建，2002 年 4 月经上海市人民政府批准，为全日制民办普通高校。

2010 年，在校学生 3 765 人。教职工 272 人，其中专任教师 149 人，包括中青年教师 92 人。具有正副高级职称的 30 人。在专任教师中，双师型教师 21 人。学院下设外语学院、经济管理学院、国际交流学院、动漫学院、数码艺术学院、影视艺术学院、继续教育学院等 7 个二级学院和基础教学部。拥有文、理、工、艺术、经济、管理等 26 个专业。设置有影视艺术与动漫画设计、酒店管理、钢琴调律、汽车运用技术、汽车技术服务与营销等一批特色专业。

二、上海电影艺术职业学院

市属高职院校。

校址：南校区在张江高科技园区达尔文路 188 号。占地面积非产权独用 26.68 万平方米，校舍面积 6.93 万平方米。

沿革：学院建于 2003 年 3 月，同年 11 月经市政府批准为全日制民办普通高校，大专学历，学制 3 年。

学院下设演艺学院、动画学院、网络艺术学院、游戏学院、广告与会展学院、舞蹈学院、音乐学院等。至 2010 年有在校生 2 364 人，教职工 200 人，其中专任教师 143 人。

三、上海东海职业技术学院

市属高职院校。

校址：学校位于闵行区虹梅南路。占地面积 225 亩。

沿革：1993 年 7 月，民办东海学院（筹）获上海市高教局批准筹建，1995 年学院所有专业经市教委专家评审，全部获得参加国家学历文凭考试资格，并被确定为上海市唯一的一所国家教委实施国家学历文凭考试的参照点院校。1999 年 7 月，民办东海学院（筹）经国家教育部批准，成为具有颁发国家学历文凭资格的全日制普通高校，纳入国家招生计划，更名为民办东海职业技术学院。后又经上海市人民政府批准更名为上海东海职业技术学院。2003 年东海学院在闵行区虹梅南路建成一座占地 225 亩、建筑面积 10 万平方米的大学校园。

2010 年，全校共有专任教师 150 人，外聘兼职教师 190 人；拥有副教授及高级工程师以上职称教师占专任教师总数的 30％，具有硕士研究生及以上学位教师占专任教师总数的 43.9％。在校学生为 4 783 人。学院有"三院五系两部"，即经管学院、商贸学院、艺术学院；机电工程系、金融系、信息工程系、航空运输系、护理系；基础教学部、马列教学部。共设置33个专业。

四、上海工商外国语职业学院

市属高职院校。

校址：浦东新区惠南镇观海路505号。学院投资总额5.3亿元，占地面积非产权独用20.58万平方米，建筑面积19.84万平方米。

沿革：上海工商外国语职业学院建于2001年，是由上海本土民营企业家独资举办，经市人民政府批准的全日制民办普通高校。

2010年，教职工399人，其中专任教师304人，外聘兼职教师99人。专任教师中，正、副高级职称占24.5％；双师素质教师占专业课和专业基础课教师的25.3％；博士、硕士学历教师占43.38％。全日制高职在校生6 356人。

五、上海济光职业技术学院

市属高职院校。

校址：学院有两个校区，学院总部位于上海市宝山区杨行镇水产路2839号，学院分部位于上海市杨浦区武东路51号。占地面积245.48亩，建筑面积99 827平方米。

沿革：学院由同济大学退休教师举办，经上海市人民政府批准设立，2001年纳入国家统一招生计划的全日制普通高等院校。1993年7月筹办民办济光学院。2001年4月29日正式建校，名称为民办上海济光职业技术学院。2003年4月11日，更名为上海济光职业技术学院。

2003年，学院拥有4 300多名在校生。2010年，教职员工共有231人，其中专职教师54人，行政人员94人。学院开设22个专业，基本形成以建筑、建工、经管等为专业群的专业结构体系。

六、上海建桥学院

市属本科院校。

校址：浦东新区康桥路1500—1700号。占地面积487亩，建筑面积26万余平方米。

沿革：1999年9月18日，上海建桥投资发展有限公司向上海市教委提交《关于筹建民办上海建桥学院的申请报告》。2000年4月28日，上海市教委下达《关于同意设置民办上海建桥学院（筹）的批复》，同意筹办民办上海建桥学院，校名全称"民办上海建桥学院（筹）"，筹办期为3年。2001年4月29日，上海市教委发文同意上海建桥职业技术学院正式建校，校名全称为"民办上海建桥职业技术学院"，属独立设置的民办高等职业学校，专科层次，学制3年，从2001年起正式列入上海市普通高校招生计划内招生。2003年4月11日，上海市人民政府发文同意"民办上海建桥职业技术学院"更名为"上海建桥职业技术学院"，校名免去"民办"二字。2005年9月8日，上海市人民政府发文同意建立上海建桥学院，属本科层次的民办普通高等学校，同时撤销上海建桥职业技术学院建制。

2010年，招收全日制本专科生3 222人，在校生10 569人，其中70％为本科生。在校教职工544人，其中专任教师361人，高级职称教师占35.7％。学校设商贸系、管理系、信息技术系、机电工程系、电子工程系、文化传播系、艺术设计系、外语系、汽车工程系 9 个院系,基础教学部、思想政治理论部 2 个教学部。管理部门 11 个、党群部门 5 个、业务部门 6 个。

七、上海立达职业技术学院

市属高职院校。

校址:松江车亭公路 1788 号。占地面积 26 万平方米,校舍面积 11.83 万平方米。

沿革:2002 年筹建,2003 年成立的全日制民办普通高校。由上海立达教育发展有限公司出资兴办。

2010 年,学校在校学生 4 728 人,毕业学生 1 653 人、就业率为 96.76%。学校设航运物流系、护理系、艺术设计系、旅游会展系、现代传媒与计算机系、机电工程系、商贸系和基础教学部,7 系 1 部共 22 个专业。

八、上海民远职业技术学院

市属高职院校。

校址:浦东新区位于唐陆路 3892—3928 号;浦西分院位于长寿路 652 号。占地面积 10.66 万平方米,校舍面积 6.24 万平方米。

沿革:建于 2003 年,是经市政府批准纳入国家正式招生计划的民办普通高等院校。2007 年,学校与上海纺织工业职工大学联合组建上海民远职业技术学院浦西分院。

2010 年,教职工 276 人,其中专任教师 147 人;全校学生达 3 039 人,当年毕业生 1 030 人,招收新生 1 032 人。至 2010 年,学校设有国际航运管理、现代物流、现代服务、应用技术、外语、艺术等 6 个系 22 个专业,形成以国际航运物流管理类专业为主体,现代服务类和应用技术类专业为两翼的专业群(体系)。

九、上海欧华职业技术学院

市属高职院校。

校址:徐汇区田林路 418 号。学院建于 1999 年。占地面积 11.84 万平方米,校舍面积 12.39 万平方米。

2010 年,学校有在校生 1 664 人,教职工 200 人,其中专任教师 84 人。学院实施高等职业技术教育,大专,全日制三年。学院坚持以适应社会和市场需求为目标,设有卫生技术系、管理系、应用艺术系、汽车系、外语系、电子信息系、基础教学部,开设 14 个专业。

十、上海思博职业技术学院

市属高职院校。

校址:浦东新区惠南镇城南路 1408 号。

沿革:学院由深圳职业技术学院创导,由上海康桥半岛房地产发展有限公司和深圳市汇博教育发展有限公司共同投资,于 2001 年筹建,2003 年 3 月经上海市人民政府批准为全日制民办普通高校。

2010 年,在校生 5 343 人。教职工 268 人,其中专任教师 191 人。专任教师中 48 人具有高级职称,研究生以上学历的有 63 人,双师素质教师 36 人。学院现有经贸管理、卫生护理、工程技术、应用艺术四大专业群体,开设有国际商务、护理、汽车电子技术、艺术设计等 20 多个专业。

十一、上海托普信息技术职业学院

市属高职院校。

校址:浦东新区惠南镇勤奋路 1 号。占地面积非产权独用 23.66 万平方米,校舍面积 10.39 万平方米。

沿革:学院 2001 年 4 月由四川托普集团科技发展有限责任公司投资筹建,2002 年 4 月创建。2003 年,被国家教育部批准为首批试办国家级示范性软件高职院校。

2010 年,在校生 2 684 人,教职工 235 人,其中专任教师 110 人。学院设有信息安全、数字媒体、网络商务 3 个分院,共 10 个专业。

十二、上海新侨职业技术学院

市属高职院校。

校址:学院设有徐汇校区和嘉定校区。徐汇校区位于天等路 465 号,1997 年 9 月与上海市机械工业学校两校一地办学使用;嘉定校区位于冈峰公路 68 号,2002 年 9 月启用。占地面积 218 729 平方米。

沿革:上海新侨职业技术学院初创于 1993 年 8 月。1993 年 9 月 15 日上海中华职业大学珠宝专业首批招生 68 人,开学典礼在上海市徐汇区雁荡山路 80 号上海中华职业教育社大楼举行,首任校长为中华职教社主任陈穗九先生。1994 年 3 月,原上海市高教局同意学校更名为上海中华侨光职业技术学院。中华职教社原理事长孙起孟为学校题写校名,原名誉理事长费孝通出任名誉校长。1997 年 9 月,学院从雁荡路 80 号上海中华职教社迁至天等路 465 号,与上海市机械工业学校联办。1999 年 7 月,定名为民办上海新侨职业技术学院。学院实行董事会领导下的院长负责制,由上海海外联谊会、上海市海外交流协会、上海归国华侨联合会与上海中华职教社共同举办。2003 年 4 月 11 日,民办新侨职业技术学院更名为上海新侨职业技术学院。

2010 年,学院共有教职工 310 人。其中专任教师 121 人,教授 6 人,副教授 21 人。是年底,在校学生总数为 5 188 人。从 1999 年至 2010 年学院共招收学生 17 915 名。从 2002 年至 2010 年为社会输送合格毕业生 11 827 名。学院设有基础部、计算机信息系、机电工程系、汽车工程系、珠宝与艺术系、应用外语系、管理系等 7 系(部),26 个专业。

十三、上海震旦职业学院

市属高职院校。

校址:宝山区罗店镇市一路 88 号。占地面积 21 万平方米,建筑面积 11 万平方米。2005 年经上海市人民政府批准受让"上海东方文化职业学院"举办权,建立"上海震旦职业学院"。

沿革:上海震旦职业学院起源于上海市震旦进修学院和上海东方文化职业学院。上海市震旦进修学院的前身是创立于1984年的卢湾区集体事业管理局职工学校(简称职校)。职校自创立起即与上海的多所大学合作,开设多种专业的大专证书班。1990年职校更名为卢湾区震旦进修学校。1993年成立上海市震旦进修学院。2003年,筹建民办上海震旦职业技术学院。2005年9月,上海东方文化职业学院举办者变更为上海震旦教育发展有限公司;同年11月,上海东方文化职业学院更名为上海震旦职业学院,同时撤销上海震旦职业技术学院(筹)。上海东方文化职业学院于1993年由张鸿儒出资创办,注册时名为东方文化学院。2003年上海市人民政府批准学院正式建校,确定为民办性质、专科层次、学制三年的全日制普通高校。

2010年,学院共有在校生3 948人,教职员工337人,其中专任教师158人。毕业生1 315名。学院有3院、6系、2部,即新闻传媒学院、公共卫生与护理学院、东方电影艺术学院、商务贸易系、管理系、机械电子工程系、艺术设计系、外语系、计算机信息系,及思想政治理论课教学部、基础教学部。招生专业有新闻与传播、出版与电脑编辑技术、图文信息技术、文秘、社区管理与服务、旅游管理、工商企业管理、国际商务等29个。

十四、上海中华职业技术学院

市属高职院校。

校址:奉贤区大叶公路5225号。学院占地面积非产权独用25.45万平方米,校舍面积8.65万平方米。

沿革:学院由上海中华职业教育社与上海电气集团合作举办,建于2003年3月,总投资3亿元。2004年9月经市政府批准为全日制民办普通高校,大专学历,学制三年。2010年,在校学生3 196人,教职工282人,其中专任教师163人。设有机电、物流、影视动漫等16个专业。

十五、上海中侨职业技术学院

市属高职院校。

校址:浦东川周公路2788号。学院坐落在上海浦东康桥园区,占地面积15.49万平方米,校舍面积11.84万平方米。

沿革:1993年4月由上海致达科技(集团)股份有限公司投资3个亿筹建,2002年4月成立。

2010年,有在校生共4 947人。学院共有教职员工274人。其中,专任教师173人,外聘兼职教师109人,高级职称教师占专任教师比例为31.1%;具有研究生学历、硕士以上学位教师占专任教师比例为40.6%。学院设有外语系、经济系、管理系、应用技术系、应用艺术系和人文社科部、继续教育部5系2部。共29个专业。

第十六篇

人　物

上海是中国现代职业教育的发源地,从 1917 年黄炎培联合蔡元培、梁启超、张謇、宋汉章等社会知名人士在上海共同发起创立中华职业教育社,近百年来上海的职业教育界可谓人才辈出、群星荟萃。本篇收入改革开放以来上海的职业教育人物分列为《人物传略》《人物简介》和《人物名录》三个部分。

　　第一章《人物传略》收入 1978 年至本志稿审定之前去世的上海职业教育界著名人物 6 人(以卒年排序);第二章《人物简介》收入本志稿审定之前尚在世的,获上海市教育功臣称号或有重要贡献,并在全国职业教育界享有较高学术地位者,具体包括国家级职教团体负责人或上海市职教团体主要负责人 13 人(以生年排序);第三章《人物名录》仅列出上海职业教育界获得中央部委级系统奖项或上海市政府职业教育奖项的获奖者姓名及其所在单位。

第一章　人物传略

胡厥文(1895.10.7—1989.4.16)，又名胡保祥，上海嘉定人，著名爱国民主人士、政治活动家、杰出实业家，曾任中华职业教育社理事长。

青少年时期立志一生办工业以振兴民族，1914年考入北京高等工业专门学校机械科，1918年毕业后自愿到汉阳铁工厂当学徒工，后任上海同济医工专门学校实习工场主任，1921年起陆续创办新民机器厂、合作五金厂、黄渡电灯公司、长城机制砖瓦公司等企业。1927年任上海机器业同业公会主任委员，并为抵制日货组织中华机器联合公司，任上海市棉布市场理事长等职。1932年日军入侵上海，与黄炎培合作通过中华职业教育社等组织发动全市工商界支援十九路军抗敌、拆迁机器到沪南建立工场、抽调技术工人为兵工厂赶制武器弹药，并蓄髯以示反帝救国意志。1937年日军在金山登陆后，又奔走组织江浙沪宁的百余家民营工厂内迁，其间还在桂林、祁阳等地创办大中机器厂、新民机器厂湘厂等企业，由他担任理事长的中南区工业协会、迁川工厂联合会在大后方的军需民用生产和支援抗日民主运动方面发挥重要作用。1945年抗战胜利后，与黄炎培、章乃器等人在重庆发起成立中国民主建国会，团结爱国民族工商业家和知识界人士积极投身民主革命，同年返回上海任新民机器厂总经理，并创办中国工业月刊社掩护转入地下的民建继续活动。上海解放前夕受组织委托坚持在沪领导民建的地下工作，1949年9月以民建代表身份参与制订《共同纲领》并出席中国人民政治协商会议第一届全体会议。

新中国成立后，先后担任上海市政协副主席，上海市副市长；第一届全国人大代表，第二、三届全国人大常委会委员，第四、五、六届全国人大常委会副委员长；第一、二、三、四届全国政协委员，第五届全国政协常务委员。作为民建的创建人和卓越领导人之一，1979年起先后担任民建第三届中央委员会主任委员、第四届中央委员会主席，1987年底为推进民建中央领导班子新老交替而坚决辞去主席职务，遂被第四、五届中央委员会推举为名誉主席。中华全国工商业联合会第一、二、三、四、五届常务委员。1958年担任中华职业教育社上海分社主任，1959年起先后当选为中华职业教育社第四届理、监事会副理事长和代理事长。1982年11月20日，写信给中共中央总书记胡耀邦请求恢复中华职业教育社的组织和工作，以利于多渠道、多层次地为社会主义建设培养人才，24日收到胡耀邦复信使当时名存实亡的职教社迎来"继往开来的一个转折点"。1983年5月被推举为中华职业教育社第五届理事会理事长，同年职教社举行的职业教育理论座谈会揭开新中国建立以来开展职教理论研究的第一章。1984年1月，再次致信胡耀邦提出适时召开一次全国性职教工作会议的建议，被中共中央和国务院采纳，1986年召开的首次全国职业技术教育工作会议成为他在新时期为中国职教事业立下的又一新功绩。

黄大能(1916.8.29—2010.7.6)，上海市人，中国近现代职业教育的先驱黄炎培之子，著名水泥混凝土技术专家、享受国务院政府特殊津贴专家、教授级高级工程师，曾任中华职业教育社副理事长、常务副理事长、名誉副理事长。

中学时就读于黄炎培创办的中华职业学校，后于1939年复旦大学土木工程系毕业，1943年由民国教育部公派赴英国隧道水泥公司学习水力总电工程和水泥生产和使用,曾任中国留英工程师学会会长。1946年回国后任资源委员会水泥组技正,1949年任大连大学工学院土木系副教授,1950年调北京在建筑材料工业局工作,先后任中国建材科学研究院室主任、副院长、副总工程师、技术顾问、离休干部,中国混凝土外加剂协会理事长、名誉理事长,中国硅酸盐学会建筑材料专业委员会主任,中国土木工程学会混凝土及预应力混凝土学会副理事长,兼任武汉建材学院、上海建材学院、浙江大学教授。曾领导制定中国第一部水泥国家标准,著有《中国水泥工业》《水泥混合材料的性能和利用》《傲尽风霜两鬓丝——我的八十年》等,编辑出版《硅酸盐辞典》《建筑材料辞典》,并曾两度派赴挪威特朗赫姆(Trondheim)大学讲学,著有学术论文数百篇。

1946年加入中国民主同盟,曾领导南京市民盟地下支部;1950年加入中国民主建国会,历任民建第三届中央委员会常委,第四、五、六届中央委员会副主席,第七、八届中央委员会名誉副主席;1982年加入中国共产党,是第六届全国政协委员,第七、八届全国政协常委,第九届全国政协委员。长期担任中华职业教育社的领导职务,历任第六届理事会副理事长,第七届理事会副理事长、常务副理事长,第八、九届理事会名誉副理事长。在担任中华职教社领导职务几十年的工作中,积极实践黄炎培职业教育思想,对职教社发展提出许多很有见地的思路和建议,并积极关心海峡两岸职教界的交流与合作,为推动中国职教事业发展作出积极贡献。

任民鉴(1927.3.4—2011.4.30),广东鹤山人,原中华职业教育社上海分社主任。

1943年参加革命工作,10月加入中国共产党,在党组织领导下开展地下工作,抗战胜利后继续参加和组织各种爱国学生运动。1946年考入光华大学社会系,1947年转入上海法学院统会系。1948年因从事和领导学生运动被国民党特种刑事法庭逮捕,在狱中经受住敌人的多次审讯,体现出共产党员坚贞不屈的革命意志,被吴学谦、乔石等党和国家领导人誉为"第二条战线一曲凯歌"。1949年出狱后在上海继续从事地下隐蔽工作,解放后任青年团上海市委行政科长。

1952年起调任中华职业教育社上海分社副主任,中华业余学校副校长、校长;1956年任上海市第二十二中学校长和建庆中学校长,兼任中华职业教育社上海分社第一副主任;1971年起先后任丽园中学、力进中学、红星中学校长兼党支部书记;1981年任卢湾区教育局党委委员、副局长,兼任区教育学院院长。1983年中华职业教育社恢复后任上海分社主任,兼任中华职业补习学校校长,1984年又创办中华职工中等专业学校并兼任校长。1991年任中华职业教育社上海分社顾问,1995年起任上海中华职业教育社第一、二、三届顾问。曾任第七届上海市政协教育委员会副主任,中华职业教育社第四、六、七届理事,第五届常务理事。

严雪怡(1921.1.5—2012.3.15),江苏苏州人,上海电机制造学校、上海电机技术高等专科学校、上海电机学院的创始者、开拓者、建设者和守望者,"中国职业技术教育科学研究奖"唯一的特等奖获得者。

早年毕业于东吴大学物理系,后在桂林市翰林中学、南京无线电厂和华东电工局工作。1952年担任上海电机制造学校筹建委员会主任,1954年起历任副校长、校长,1958年响应党的教育方针大力倡导勤工俭学半工半读,开展"教学生产双并重,学校工厂两合一"的探索实践受到刘少奇等中央领导人的重视和肯定。1978年起负责复校重建工作,申请试办上海电机技术高等专科学校,1985年经原国家教委批准成为全国首批举办五年制技术专科教育(五年制高职)的三所学校之一,后又于2004年升格为上海电机学院。1987年11月退休后致力于职业技术教育科学研究工作,曾任全国职业技术教育研究会筹备组副组长、中央教育科学研究所兼职研究员、机械工业部中等专业教育研究会副理事长、中国职业技术教育学会学术委员会委员、上海职业技术教育研究所学术委员会委员等职。

在长达60年的职业技术教育实践中,通过理性的思考和潜心的研究形成丰富而深邃的职教思想,先后出版《中专教育概论》《论职业技术教育》等4部专著,发表《论职业技术教育的地位和作用》《必须重视培养应用科学人才与技术人才》《对发展我国高等职业教育几个重要问题的基本认识》等多篇论文,内容涉及职业技术教育的发展观、教学观、学生观和教师观等诸多方面,为促进职教改革发展做出重要的理论贡献。四卷本《严雪怡文集》被授予"中国职业技术教育科学研究奖"特等奖,中国职业技术教育学会的颁奖词称"他把九十余年的生命都献给职业教育事业。他哺育上海电机制造学校,这所学校从中专到高专,再到著名的应用技术型本科大学,他与她相依相伴,为她的每一步成长呕心沥血,恪尽作为校长、顾问的职责。他不断探索技术技能人才的成长规律和教育规律,终其一生笔耕不辍,出版多部著作,发表百余篇学术论文,在职业技术教育界具有广泛影响并深受赞誉"。

王艮仲(1903.7.18—2013.6.1),曾用名王师和,上海南汇人,知名爱国民主人士,曾任中华职业教育社副理事长、名誉副理事长。

1929年毕业于中央大学政治经济系,抗战期间任第三战区司令长官部高级参议、江苏省农民银行上海分行经理和省行襄理、江苏省政府委员兼江南行署政务处长等职,在沦陷区开展对敌斗争,抗战胜利后创建中国建设服务社并任理事长,后任上海剧艺社理事长、国民政府立法院立法委员。曾创造浦东地区乃至上海的多个"第一":自己出资修筑浦东第一条公路(原沪南公路),组建第一个公交公司(现浦东巴士公司的前身),引进第一个电信公司,办起第一个合作农场(即现东海农场鲜花港和棉花种子厂地址),被誉为"浦东王"。解放战争期间凭着与国民党巨头的关系及自己国大代表和立法委员的身份周旋于敌特之间,掩护进步人士和共产党员成功脱险,协助黄炎培离开上海经香港前往北平,后在周恩来的教导和黄炎培的引导下加入中国民主建国会。

上海解放后,将自己亲手创办并投入大量资金和心血的公司、农场等实业全部捐献给国家。新中国成立后历任华东财政经济委员会委员,中央人民政府政务院参事、国务院参事,民建第二、三、四届中央委员会常委、副秘书长,第五、六届中央咨议委员会副主任;中华职业教育社副总干事、第五届理事会副理事长,第六、七、八、九届理事会名誉副理事长等职务。离休后虽年事已高仍笔耕不止,用自己的亲身经历阐释中国特色社会主义理论和新时期党的统一战线理论,为祖国建设和推进和平统一大业建言献策。新华社誉之为"中国共产党的亲密朋友,知名的爱国民主人士,中国民主建国会深受尊敬和爱戴的老一辈会员,中华职业教育社的优秀领导人",并称"王艮仲同志是历经百年风雨的世纪老人,几十年矢志不渝跟党走,为多党合作事业和我国职业教育事业做出积极贡献"。

陈穗九(1918.8.18—2020.2.2),浙江桐乡人,出生于上海,原中华职业教育社上海分社主任。

1925年于中华职业学校毕业后留校工作,任商科助理、商科副主任兼会计室主任。1938年就读于沪江大学城中区商学院会计专修科,1939年兼任第四中华职业补习学校教员、教导主任、校长等职,在校工作时加入中华职业教育社。1952年加入中国民主促进会,1953年参加中国人民银行总行高级干部训练班,后调民进上海市分会任秘书处秘书、副主任,组织处主任、副秘书长等职。1961年起任民进上海市委委员、常委、秘书长、副主委,"文革"后参与恢复民进上海市委组织工作。

1985年起任中华职业学校校友会会长、校务委员会主任、名誉校长,1988年兼任中华职业教育社上海分社代主任,1989年任上海分社主任。1991年兼任上海市中华职业进修学院名誉院长,1993年任上海中华职业大学(后陆续为上海中华侨光职业技术学院、上海新侨职业技术学院、上海工商职业技术学院)首任校长,后改任学院总院顾问及其附属中华珠宝学院名誉院长。1995年起任上海中华职业教育社社务委员会第一、二、三届名誉主任。历任上海市政协第五、六届委员,第七届常委兼提案委员会副主任,市政协副秘书长,民进中央委员、常委,民进中央参议委员会常委,中华职业教育社第五届理事、第六届常务理事、第七届名誉理事。

第二章　人物简介

吴仲信（1930.12— ），曾用名吴善根，江苏无锡人，出生于上海，曾任上海中华职业教育社主任。

1946年考入上海中华职业学校，在校时加入中共地下党领导的黄河社，参与各项学生运动并从事地下交通员工作，1949年毕业后先后在上海大茂眼镜厂、上海市钟表眼镜公司、南市区饮食公司等处任职。1956年加入中国民主建国会，1980年起任南市区政协副主席、副区长。1985年起任中华职业学校校友会第一届副会长，第二、三届会长，第四、五届名誉会长。1990年起任南市区人大常委会副主任，民建上海市委第七、八届副主委，第九、十届名誉副主委。1995年1月任上海中华职业教育社首届社务委员会主任，1999年12月起任第二、三届名誉主任。

黄关从（1938.12— ），广东中山人，教授级高级工程师、高级经济师，曾任上海中华职业教育社主任。

1963年1月华东纺织工学院机械系毕业后分配到上海第二纺织机械厂工作，历任设计科科员、科长、技术副厂长、厂长。1992年调中国纺织机械厂（中国纺织机械股份有限公司）工作，先后任厂长、总经理、董事长。1994年后任上海太平洋机电（集团）有限公司总裁、董事长、顾问。1995年12月加入中国民主建国会，1997—2007年任民建上海市委主委、民建中央副主席，1998—2008年任上海市政协副主席。曾任第八届全国人大代表，第九、十届全国政协常委。1999年12月起当选为上海中华职教社第二、三届社务委员会主任，其间主持举办"百所中华职校面向21世纪""现代职业教育与培训""入世对我国教育的影响及对策"等研讨会和专题论坛，与中发电气集团联合创办上海中华职业技术学院，也是创建上海市职业教育协会的发起人之一。

万善正（1940.1— ），上海市人，"上海市教育功臣"获得者。

大学本科学历，中学高级教师，1957年开始从事教育工作，先后在多所学校任教。1980年任上海市天津中学副校长时，率先尝试与上海市第一商业局联办"职业班"，成为全市职教改革的先进典型；1987年任上海市商业职业技术学校副校长时，针对职校生就业难的状况积极争取教育行政和行业主管部门的支持，将学生的技术能力与等级考核挂钩推行"两张证书"制度，获得用人单位认同并作为成功案例推广到全国；1989年任上海市东辉职业技术学校校长后，通过实施目标管理、岗位责任制、结构工资制等一系列创新举措，引进竞争机制和激励机制，打破铁饭碗、铁交椅、铁工资的旧观念，增强教职工主体意识，提高教育教学质量，在创办国家级重点中等职业学校、建设上海市现代化标志性职业学校中做出重大贡献。曾获上海市政府实事工程建设功臣称号，2003年被评为首届上海市教育功臣，当选为上海市职业教育协会副会长。

薛喜民(1941.3—　　),山东临沂人,研究员,曾任中国职业技术教育学会副会长、上海市职业教育协会会长。

1964年毕业于上海科技大学,历任上海科技大学系主任、党总支书记,中国纺织大学党委副书记、副校长,上海电视大学常务副校长;1991年任上海市人民政府教育卫生办公室副主任,1995年任上海市教育委员会副主任,长期分管上海职业技术教育工作,很早就提出通过"调整、巩固、提高"将上海职教主旋律从外延发展转向内涵发展的战略思路,并主编《上海教育发展的理论与实践》《高等职业技术教育理论与实践》等论著;2002年被教育部、劳动和社会保障部、国家经济贸易委员会联合授予全国职业技术教育先进个人荣誉称号,同年起连续当选为中国职业技术教育学会第二、第三届理事会副会长;2003年任上海市政协第十届教科文卫体委员会常务副主任,12月创建上海市职业教育协会,并连续当选为第一、第二届会长。

黄孟复(1944.1—　　),上海市人,中国近现代职业教育先驱黄炎培之孙,革命烈士黄竞武之子,曾任中华职业教育社副理事长。

1967年毕业于北京钢铁学院冶金系,后任南京钢铁厂工人、工长、技术员、工程师、炼铁分厂技术科副科长、分厂副厂长、总厂副厂长、高级工程师。1992年起先后担任南京市副市长,江苏省人大常委会副主任,民建中央副主席、江苏省主委,全国工商联专职副主席、主席等职。2003年起任全国政协副主席,全国工商联主席,中国民间商会会长。历任第八届全国政协委员,第九届全国政协常委,第十届、十一届全国政协副主席。1999年11月至2004年12月担任中华职业教育社第八届理事会副理事长。

吴启迪(1947.8—　　),女,浙江永嘉人,出生于上海,智能控制专家,同济大学教授、博士生导师,曾任中华职业教育社副理事长。

中共十五大、十六大代表,十六届中央委员会候补委员,上海市委第七、第八届委员。1970年毕业于清华大学无线电系,先后在云南省电信局电信器材厂、北京电子工业部标准化研究所工作;1981年获清华大学自动控制专业硕士学位,1986年获瑞士联邦苏黎世理工学院电子工程博士学位。历任同济大学电气工程系副主任、CIMS中心主任、校长助理、副校长、校长,其间于1994年10月创办同济大学职业技术教育学院,并作为校长兼任职教学院首任院长。2003—2008年任教育部副部长、国务院学位委员会副主任委员兼秘书长,全国妇联副主席;后任全国人大常委会委员、教科文卫专门委员会委员。2009年8月当选为中华职业教育社第十届理事会副理事长。

李　进(1949.3—　　),江苏武进人,上海师范大学教授、博士生导师,享受国务院政府特殊津贴专家,曾任全国高职高专校长联席会议主席。

1969年起在吉林省梨树县务农,1970年起在吉林省机床大修厂务工,1975年加入中国共产党。1978年起在北京师范大学哲学系学习,1982年本科毕业后到上海师范大学政法系任教。1988

年在上海师范大学哲学专业硕士研究生毕业,同年晋升为副教授,1994年晋升为教授。1992年2月起,历任上海市高等教育局教学处副处长,上海市教育委员会高等教育办公室副主任、主任。2000年10月起,历任上海东沪职业技术学院院长兼党委副书记,上海第二工业大学主持工作副校长、党委书记,并于2002年1月当选为全国高职高专校长联席会议主席。2006年起任上海师范大学校长,并创办上海师范大学高等职业教育研究所,编著《新中国高等职业教育发展纪实》等。后任上海杉达学院校长,兼任上海市民办教育协会副会长、上海市社会科学界联合会副主席、上海中华职业教育社专家委员会主任。

马树超(1953.8—　　),浙江绍兴人,出生于上海,研究员、博士生导师、享受国务院政府特殊津贴专家,上海市职业教育协会会长,曾任中国职业技术教育学会副会长。

1999年起担任上海市教育科学研究院职业教育与成人教育研究所所长,为国家职业教育改革发展顶层设计提供多项重大决策咨询研究服务,如策划设计和指导国家示范性高职院校建设计划、主持中央财政支持职教实训基地建设项目方案编制与检查评价、提出"十一五"期间国家投入100亿元推动支持职教发展和逐步实施中职学生免学费制度等建议都被采纳并转化为国家政策。2009年起任上海市教育科学研究院副院长,又参与主持完成国家中长期教育规划纲要(职业教育部分)等重要文件的起草工作。著有《马树超论职业教育发展》《新世纪职业教育走向抉择》《中国高等职业教育——历史的抉择》《高等职业教育——跨越·转型·提升》《区域职业教育均衡发展》等学术专著,发表学术论文百余篇,其研究成果独具创新性和应用性,广受政府部门和基层院校及社会好评,曾获全国优秀教育工作者、全国职业教育先进个人、上海市教育功臣提名奖等荣誉称号。

邬宪伟(1954.11—　　),浙江奉化人,出生于上海,中国职业技术教育学会副会长、全国中等职业学校校长联席会议主席、"上海市教育功臣"获得者。

1982年毕业于华东化工学院(现华东理工大学)石油炼制专业,遂到上海市化学工业学校(现上海信息技术学校)任教,由此与职业教育结缘。从教员到教研组长,从专业科科长到主管教学工作的副校长、全面主持行政工作的校长,上海信息技术学校在其领导下逐步发展成为中国职业教育战线上的一所名校,所著《选择的教育——职业教育的一个新视角》一书系统地反映其治校方略,个人也先后获得全国教育系统和上海市劳动模范、全国优秀教师、全国先进教育工作者、中国职业教育杰出校长、上海市教育功臣等荣誉,并当选为全国中等职业学校校长联席会议主席。兼任职务还有中国职业技术教育学会副会长、教育部全国中等职业教育教学改革创新指导委员会委员、全国化工中职教学指导委员会主任、全国化工教育协会副会长、上海市教育评估协会职成教委员会主任等。

鲍贤俊(1956.9—　　),浙江鄞县人,出生于上海,"上海市教育功臣"获得者。

长期担任上海交通职业技术学院院长、教授,上海市交通学校校长、高级讲师,并同时具有工程师、汽车类注册工程师、质量工程师等专业技术职务资格。历任第九、十届国家督学,上海市职业教育协会副会长,上海市教育评估协会副会长,上海市汽车维修行业协会副会长,交通运输部行指委交通运输管理类专业教学指导委员会主任委员,全国职业院校教学工作诊断与改进专家委员会委员,上海市中等职业学校教学工作诊断与改进专家委员会主任等职。2007年起担任上海市职教校长培训基地首席导师,2008年荣获第二届上海市教育功臣称号,2009年获第二届中国职业教育杰出校长称号。所著《志高者能远行》一书描述他从事职业院校办学改革的探索历程,包括在上海率先试点职教集团化办学、率先试点中高职贯通培养模式等多种创新实践,同时也从侧面反映新时期上海职业教育的改革发展历程。

周汉民(1957.4—),浙江宁波人,教授、博士生导师,上海中华职业教育社主任。

1975年4月参加工作,2004年10月加入中国民主建国会。历任上海对外贸易学院国际经济法系主任、副院长,上海市浦东新区副区长、世博局副局长、世博会执行委员会副主任,民建上海市委副主委、主委,民建中央副主席,上海市政协副主席,上海市社会主义学院院长,中华职业教育社常务理事等职。2009年起担任上海中华职业教育社社务委员会主任,通过加快职教社自身建设和组织发展,积极开展调查研究和建言献策,进行职业教育、职业指导和职业培训的研究实践,实施"温暖工程"行动,组织"中华杯"职业技能竞赛,设立上海"中华助学金",编撰上海职教事业年度蓝皮书,举办国际和海峡两岸职教论坛、港澳台职业院校师生和大学生研习营、西部地区职业院校校长研修班等活动,使职教社的社会影响力不断扩大,吸引更多教育界、科技界、经济界人士加入。

石伟平(1957.12—),上海市人,华东师范大学终身教授、博士生导师,曾任中国职业技术教育学会副会长。

1998年成为华东师范大学职业技术教育学专业学科带头人,2000年起担任华东师范大学职业技术教育研究所(现职业教育与成人教育研究所)所长。曾分别兼任中国职业技术教育学会副会长兼学术委员会主任、科研工作委员会副主任,全国教育规划领导小组职业技术教育学科评审组成员,中国职业技术教育学专业学科建设与研究生培养协作组组长,亚洲职业教育学会(AASVET)会长,上海市职业教育协会副会长,上海市教育学会职业教育专业委员会主任,上海师范大学天华学院院长,澳门城市大学教授,英国伦敦大学教育学院客座研究员,美国富布莱特高级研究学者,美国加州大学柏克利分校高级访问学者,香港大学教育学院"田家炳"高级访问学者等。著有《比较职业技术教育》等多部学术专著,发表学术论文多篇,主编"现代职业教育研究丛书"等,同时以其"既服务政府决策,又服务学校改革"的"顶天立地"研究范式积极参与职教改革发展的重大决策并做出重要贡献。

马国湘(1961.12—),上海市人,上海湘江实业公司董事长,曾任中华职业教育社副理事长。

四川函授大学毕业，大学专科学历，2006年1月加入中国民主建国会。第十一、十二、十三届全国政协委员，中国贸促会商委会副会长，太湖世界文化论坛副主席，中华海外联谊会理事，中国人民大学建华研究院董事长。2007年9月荣获"黄炎培职业教育奖"杰出贡献奖，2009年8月起担任中华职业教育社第十、十一届理事会副理事长，曾在全国两会期间提出以教育部为主联合有关行业设立产业文化育人委员会等建议。任民建中央常委、经济委员会委员，上海中华职业教育社务委员会副主任、上海中华职业教育温暖工程基金会常务副理事长。

第三章 人物表

一、全国性奖项获奖者

表 16‑3‑1 1986—2010 年全国性奖项获得者情况表

年 份	奖 项	姓 名	工 作 单 位
1983 年	全国"五讲四美"为人师表优秀教师	凌月美	上海市邮电学校
		许 国	上海柴油机厂技工学校
1986 年	全国部属劳动模范	邬宪伟	上海市化学工业学校
		舒建华	上海市电机厂技工学校
		吴学昌	上海新力机械厂技工学校
	全国优秀校长	戴 目	上海市聋哑青年技术学校
1989 年	全国部属劳动模范	李振宗	上海市金山县卫生学校
		沙明贵	上海市商业职业技术学校
		张琴芳	上海第一仪表电子工业学校
		俞安国	上海冶金工业学校
	全国优秀教师和教育工作者	徐善龙	卢湾区初级职业技术学校
		顾丽萍	上海市群联职业技术学校
		黄秀英	上海市南海职业技术学校
		曾根宝	闵行区群益职业学校
		周洪勋	崇明县新业职业技术学校
		周 鸣	上海航空工业学校
		郭则勤	上海港湾学校
		李慊夫	上海第一纺织工业学校
		屠良荣	上海市建筑管理学校
		胡家琪	上海环境工程学校
		张奕茂	上海市商业学校
		陈国庭	上海市舞蹈学校
		颜鸿斌	上海第二医科大学附属卫生学校
		张惠莉	上海市劳改警官学校
		宋金发	上海柴油机厂技校
		忻贤华	上海制药工业技校三药分校

（续表一）

年　份	奖　项	姓　名	工　作　单　位
1989年	全国优秀教师和教育工作者	周雅鸢	沪东造船厂技工学校
		徐亚明	上海印染机械厂技工学校
		任展宏	家用电器公司技工学校
		胡秉钧	上钢五厂技工学校
		张玉阶	上海职业技术教育研究所
		周玉琴	上海市食品行业技工学校
		秦应顺	上海制笔化工厂技工学校
		曹福民	上海化工厂技工学校
		聂家德	市劳动局第三技工学校
1991年	全国部属劳动模范	楼乔琪	上海工业设备安装公司技工学校
		糜文娟	上海第一仪表电子工业学校
	全国优秀教师和教育工作者	张　禄	上海华山美术职业学校
		秦德英	上海第二医科大学附属卫生学校
		陆伟荣	江南造船厂技工学校
		杨家荣	市医管局技工学校
		周　前	市医管局技工学校
		蒋观辉	上钢二厂技工学校
	全国职业技术教育先进工作者	王　瑜	上海市教育局职教处
		杨洋天	上海市黄浦区教育局
		黄秀英	上海市南海职业技术学校
		张逸林	上海市交通运输局人事教育处
		周丽玲	上海市嘉定县政府
		狄建澄	上海市建筑工程学校
		瞿椮昌	上海市化学工业学校
		胡家琪	上海市环境卫生学校
		张章福	上海市柴油机厂技校
		鲍星华	上钢五厂技工学校
1993年	全国部属劳动模范	俞安国	上海冶金工业学校
		钱国彪	上海二纺织股份有限公司技工学校
	全国优秀教师和教育工作者	金善鹤	上海旅游服务职业技术学校
		沈继达	上海市邮电学校
		邱和平	上海市电力学校

（续表二）

年 份	奖 项	姓 名	工 作 单 位
1993 年	全国优秀教师和教育工作者	陈家年	上海市舞蹈学校
		戴玉山	上海药材公司技工学校
		蒋永健	上钢三厂技工学校
		王熙镛	上海造纸机械总厂技工学校
		姚 网	上海市工业设备安装公司技校
1995 年	全国教育系统劳动模范	张建平	华山美术职业学校
	全国优秀教师	盛觉民	上海冶金高等专科学校
		万善正	上海市东辉职业学校
		沈岳奋	上海第二医科大学卫生学校
		张友麟	上海市市郊工业学校
		董 奇	上海市邮电学校
		石 磊	建筑机械制造厂技工学校
		周伟俊	二纺机中等职业技工学校
		陈迎庆	上海造纸公司技工学校
		汪耀良	嘉定工业技术学校
		林德悟	杨浦区财贸职工中专
		徐家迈	凤凰自行车有限公司
		虞忠懋	上海市公交总公司
	全国优秀教育工作者	程士湘	上海市曹杨职业技术学校
		周新美	上海锅炉厂技工学校
		凌桂明	上海市舞蹈学校
1998 年	全国优秀教师	蔡德娟	宝山区三门路职校
		邬宪伟	上海市化学工业学校
		孙天福	上海商业会计学校
		杨敏民	劳动局第三高级技工学校
		马锡京	华东电力建设局技工学校
	民族团结进步模范	潘国祥	上海市行政管理学校
2002 年	全国职业教育先进个人	王锡萍	上海船厂技工学校
		冯亚莲	上海市城市建设工程学校
		冯伟国	上海商业职业技术学院
		张建平	上海市逸夫职业技术学校
		徐伟敏	上海市徐汇区劳动和社会保障局

（续表三）

年　份	奖　项	姓　名	工　作　单　位
2002 年	全国职业教育先进个人	黄　虎	上海工程技术大学汽车工程学院
		董大奎	同济大学高等技术学院
		薛喜民	上海市教育委员会
		瞿楙昌	上海信息技术学校
2004 年	全国模范教师	王思及	上海戏剧学院附属戏曲学校
	全国教育系统先进工作者	邬宪伟	上海信息技术学校
	全国优秀教师	王碧乔	上海船厂技工学校
	全国师德先进个人	过维义	上海石化工业学校
2005 年	全国职业教育先进个人	张云生	上海市南湖职业技术学校
		过维义	上海市石化工业学校
		张大成	上海市商业学校
		鲍贤俊	上海市交通学校
		赵玉麟	上海市工商外语学校
		马树超	上海市教育科学研究院职业教育与成人教育研究所
		黄清云	上海建桥高等职业技术学院
		谢珏寿	上海市浦东新区劳动和社会保障局
2007 年	全国模范教师	戴鸿英	上海交通大学医学院附属卫生学校
	全国优秀教师	朱玉萍	上海市城市科技学校
		宋家骦	上海工商信息学校
		陈竹君	上海市高级技工学校
	全国教育系统巾帼建功标兵	戴鸿英	上海交通大学医学院附属卫生学校
	第一届黄炎培职业教育奖	顾定红	杰出校长奖，上海中华职业技术学院
		周一飞	杰出校长奖，中华职业学校
		张士忠	杰出教师奖，上海信息技术学校
		殷光华	杰出教师奖，上海市黄浦区业余大学
		马国湘	杰出贡献奖，上海湘江实业公司
2009 年	全国模范教师	谢国安	上海市群益职业技术学校
	全国优秀教师	叶蔚成	上海市曹杨职业技术学校
		陈文珊	上海市工商外国语学校
	全国优秀教育工作者	姜晓敏	上海市贸易学校
	全国中小学优秀班主任	叶蔚成	上海市曹杨职业技术学校

（续表四）

年　份	奖　项	姓　名	工　作　单　位
2010 年	第二届黄炎培职业教育奖	李　勇	杰出校长奖,上海海事职业技术学院
		周援朝	杰出校长奖,上海市临港科技学校
		高　康	杰出校长奖,上海市大众工业学校
		孙忱谦	杰出教师奖,中华职业学校
		肖建农	杰出教师奖,上海海事职业技术学院
		顾　滨	杰出教师奖,上海中华职业技术学院

资料来源：1978—2010 年全国奖项获奖教师名单,市教委人事处提供材料;《上海职业技术教育志》第十三篇第三章,上海社会科学院出版社,2005 年 6 月第 1 版;上海中华职业教育社提供材料;《中国职业技术教育》2002 年第 16 期;上海参加历届黄炎培职业教育奖评选获奖名单汇总表;上海市教委《关于报送上海市 2005 年全国职业教育先进单位和先进个人推荐工作总结和推荐名单的报告》,2005 年 8 月 31 日发。

二、上海市职业教育奖项获奖者

表 16‐3‐2　1986 年上海市职业技术教育先进工作者一览表

姓　名	工　作　单　位
王　瑜	上海市教育局
向进康	市冶金工业局
李康余	市仪表电讯局
张敏东	川沙县人民政府
柳伯安	市卫生局
胡有林	市机电管理局
赵积尤	宝山县教育局
徐亦勋	市农委
秦林森	市劳动局
黄宗仁	上海市口腔医学研究所 三好医卫职业学校
盛产明	市商业一局
钱丽珠(女)	上海县蔬菜工作办公室
王世忠	上海海运学校
毛国康	上海市舞蹈学校
包振兴	上海市化学工业学校
庞华珍	上海市二轻机械学校
陈希乐	上海电子技术学校

（续表一）

姓　　名	工　作　单　位
严雪怡	上海电机制造学校 市中等专业教育研究会
沈静争（女）	上海第一仪表电子工业学校
李麟章	上海市第一人民警察学校
国　粲	上海商业会计学校
周中及	上海市公用事业学校
张国平	上海市邮电学校
徐益康	上海市房地产管理学校
黄　泓	上海港湾学校
潘国祥	上海市行政管理学校
王林娣（女）	上海石化总厂技工学校
王顺发	航空电器厂技工学校
刘玉兰（女）	电工机械厂技工学校
刘伟山	电力建设局技工学校
孙立武	上海高级职业技术培训中心
成志强	江南造船厂技工学校
陈为藻（女）	上海织袜一厂技工学校
陈际明	上海自行车厂技工学校
陈伯涵	上棉二十一厂技工学校
俞安国	上钢三厂技工学校
俞殿霖	工业设备安装公司
凌大刚	照相机总厂技校
徐贯政	上海第二冶炼厂技工学校
舒建华	上海电机厂技工学校
鲍星华	上钢五厂技工学校
王和廷	长白职业学校
卢长风	市中职业技术学校
吴　越	天津中学（商业职校）
应诗球	昌平服装职业学校
张忠民	辽原职业技术学校
杨建茂	南汇县黄路副业职业学校
张淑琴（女）	川沙县职业学校
金鹤九	奉贤县四团职业技术学校

（续表二）

姓　　名	工　作　单　位
施驾友	崇明县新业职业技术学校
姚元绶	金山县钱圩职业技术学校
徐步钧	风光职业技术学校
龚恒民	闵行区职业学校
汤士章	奉贤县工业学校
张志祥	三好医卫职业学校
顾丽萍（女）	群联职业技术学校

资料来源：《上海职业技术教育志》第十三篇第三章，上海社会科学院出版社，2005 年 6 月第 1 版。

表 16 - 3 - 3　1989 年上海市职业技术教育先进工作者一览表

姓　　名	工　作　单　位
王　瑜	上海市职业技术教育研究会
戈云良	上海第六棉纺织厂
王志成	上海市黄浦区教育局职教科
付　强	上海市公用事业管理局出租汽车公司教育培训中心
冯鑫福	上海自动化仪表五厂
孙　方	上海市经委教育处
刘　云	上海市卫生局医教处
刘有鸿	南汇县畜牧水产局
向进康	上海市冶金工业局教卫处
朱禹钟	上海长江轮船公司教育处
刘聚盛	上海汽车拖拉机工业联营公司教育处
吴月英（女）	上海市钢铁汽车运输公司教育科
陆云鹏	虹口区教育局职教办公室
张兰亭	上海市冶金工业局
沈亚光	上海市职业技术培训学会
陈宏武	上海造纸公司劳资科
陆志浩	上海佳隆时装有限公司
张锡仁	上海市建委教育处
杨叔民（女）	上海电气联合公司教育处
吴建新	宝山区教育局职教科
陆剑初	上海市旅游局教育处培训中心
陆海根	上海市商业一局人事处

（续表）

姓　　名	工　作　单　位
李彬伟	上海市农机局教卫处
李康余	上海市仪表电讯工业局教育处
陈鹤南	上海梅山冶金公司教育处
周丽玲(女)	嘉定县人民政府
周顺兴	上海华生电气总厂教育科
范福林	上海市有色金属工业技工学校(筹)
施文进	上海市建筑工程局教育处
胡有林	上海市机电工业管理局教育处
饶锡耀	长宁区教育局职教科
胡慧敏(女)	上海电子元件公司
高士亮	沪南汽车运输公司
徐亦勋	上海市农委科教处
桑合祥	黄浦区劳动局培训科
顾顺兴	青浦县教委职教股
徐俊泉	徐汇区教育局中教科
郭海根	上海市新闻出版局教育处
黄少平(女)	上海市中专思想政治教育研究会
盛彦明	上海市商业一局教育处
蒋文婉(女)	上海市仪表电讯工业局劳资处
董云端	崇明县竖河乡工业公司
嵇鸿群	上海市人大教科文卫办公室
潘功高	上海航天局教育处
薛锦荣	上海纺织机械(集团)联合公司
戴为林	上海市中专教育研究会
蒋　忠	上海市轻工业局教育处

资料来源：《上海职业技术教育志》第十三篇第三章,上海社会科学院出版社,2005 年 6 月第 1 版。

表 16－3－4　1992 年上海市职业技术教育先进工作者一览表

中等专业学校：

姓　　名	工　作　单　位
胡根生	上海市化学工业学校
陆祖勋	上海市机械工业学校
范志康	上海市轻工业学校

（续表）

姓　　名	工　作　单　位
张又昌	上海市航空工业学校
陈晓慧(女)	上海市邮电学校
许振雅	上海第一仪表电子工业学校
唐素娟(女)	上海市二轻机械学校
盛　凯	上海市交通学校
张美灵(女)	上海商业学校
吴佳文	上海市住宅建设学校
夏光荣	上海市嘉定县工业学校
金　翌	上海市南汇县贸易学校

技工学校：

姓　　名	工　作　单　位
陈庆生	上海海运技校
忻玲君(女)	上海石油化工总厂技校
武佩牛	上海建筑工程技校
屠德贤	上海手表厂技校
俞鑫娣(女)	上海易初摩托车厂技校
王双桂	上海仪表厂技校
顾国璋	上海高桥石油化工公司炼油厂技校
王德钊	上海第二冶炼厂技校
张士明	四八〇五厂技校
韩荣屿	上海市环境卫生技校
黄根祥	上海宝钢工业学校
潘曼珍(女)	上海市劳动局第三技校
叶　云	上海市交通技校

职业技术学校：

姓　　名	工　作　单　位
徐云芳(女)	上海市市中职业技术学校
万善正	上海市东辉职业技术学校
孙　玫(女)	上海市中华职业学校
乐海燕	上海市徐汇职业技术学校
俞兰浦	上海市静安职业技术学校

（续表）

姓　名	工 作 单 位
朱世国	上海市静安职业技术学校
孙稼麟	上海市长白职业技术学校
徐步均	上海市本溪职业技术学校
苏醒寰	上海市爱晖职业技术学校
钱　超	上海市嘉定县职业技术学校
陆其林	上海市朱家角职业技术学校
卞进喜	上海市奉贤县南桥职业技术学校
蔡建荣	上海市农场局长江职业技术学校

其他：

姓　名	工 作 单 位
沈立恭	上海市黄浦区人民政府
林葆瑞	上海市虹口区人民政府
金长荣	上海市普陀区人民政府
吴如森	上海市邮电管理局
郑麟儒	上海市交通办企管处
俞景如	上海市轻工业局教育处
李锡钢	上海市冶金局教育处
汤启文	上海市电气公司教育处
孙　伟	上海显像管玻璃厂
张永祥	上海自行车三厂
褚永森	上海市公用事业局教育处
潘新民	上海船舶工业公司人教处
鲍丽俜（女）	上海市纺织局教卫处
俞卫尔	中科院上海分院人教处
俞世荣	上海市中专体育协会

资料来源：《上海职业技术教育志》第十三篇第三章，上海社会科学院出版社，2005 年 6 月第 1 版。

表 16－3－5　1995 年上海市职业技术教育优秀工作者一览表

姓　名	工 作 单 位
万善正	上海市东辉职业技术学校
王钧培	上海市劳动局第二技工学校
乔正康	上海市商业学校

(续表)

姓　名	工　作　单　位
孙良贻	上海静安职业学校
杨山仙	上海江南造船厂技工学校
杨生龙	上海市上钢三厂技工学校
陈庆生	上海市海运技工学校
李麟章	上海市第一人民警察学校
林美芳(女)	上海市舞蹈学校
金善鹤	上海市旅游服务职业技术学校
郭世民	上海市房地产技工学校
奚建华	上海市南湖银行职业学校
夏培玲(女)	上海市第二医科大学附属卫生学校
郭豫康	上海市宝山职业技术学校
蒋久霖	上海市纺织机电工业学校

资料来源:《上海职业技术教育志》第十三篇第三章,上海社会科学院出版社,2005年6月第1版。

表16-3-6　2002年上海市职业教育先进个人一览表

姓　名	工　作　单　位
过维义	上海石化工业学校
邬宪伟	上海信息技术学校
邵如林	上海市商业学校
顾若舟	上海市环境学校
俞秀珍	上海市贸易学校
郭世民	上海市房地产学校
巫向前	上海第二医科大学附属卫生学校
孙国权	上海市第二轻工业学校
邹荣祥	上海市工商外国语学校
余剑珍	上海市卫生学校
钱公权	上海市公用事业学校
许仁忠	上海市应用科技学校
陆国民	上海市医药学校
周援朝	上海市南汇工贸学校
张青霞	上海市机电工业学校
白建玉	上海市二轻机械学校
姜　颖	上海市奉贤中等专业学校

（续表一）

姓　　名	工　作　单　位
费秀壮	上海市商业职业技术学校
陈永良	上海市现代职业技术学校
陆震谷	董恒甫职业技术学校
黄家辉	上海市崇明县新业职业技术学校
金吉铭	青浦区机电职业技术学校
王海柱	上海市松江区新桥职业技术学校
张　健	上海市闸北第二职业技术学校
周兆雄	上海鸿文国际商业职业技术学校
叶尹虎	长乐霍尔姆斯职业技术学校
何根斗	上海广电电子学校
顾申平	上海市东港职业技术学校
胡迈芳	上海求知职业技术学校
陈祝林	同济大学职业技术教育学院
林　华	上海财经大学职业技术学院
曹林根	上海工程技术大学职业技术学院
吴敦海	上海海运学院高等职业学院
朱懿心	上海第二工业大学
方明山	上海商业职业技术学院
张伟明	上海交通职业技术学院
夏建国	上海电机技术高等专科学校
乐建威	上海医疗器械高等专科学校
金晓屏	上海公安高等专科学校
陆　镭	上海城市管理职业技术学院
丁克礼	上海第二轻工业职工大学
任广元	上海市经济管理干部学院
李　超	上海市政法管理干部学院
陈永弟	上海市青年干部管理学院
周智文	上海电子信息技术学院
奚建华	上海市虹口区教育局
陆浩勤	上海市嘉定区教育局
倪似玉	上海市浦东新区社会发展局教育处
丁贻麟	上海市人事局

(续表二)

姓　　名	工　作　单　位
黄　融	上海有色金属研究所教育培训中心
郁家安	沪东中华造船(集团)有限公司
绍慧明	巴士集团
金裕龙	上海开天建设(集团)有限公司
良　威	联华超市股份有限公司
王嘉余	上海建筑材料(集团)总公司
文　凌	托普集团
武佩牛	上海建工集团

资料来源:《上海市教育委员会、上海市劳动和社会保障局、上海市经济委员会关于表彰上海市职业教育先进单位和先进个人的决定》,2002 年 11 月 15 日发。

表 16‐3‐7　2006 年上海市职业教育先进个人一览表

姓　　名	工　作　单　位
沈世忠	上海市旅游服务职业技术学校
汪志颖	上海市商业职业技术学校
薛计勇	中华职业学校
王纯玉	上海市震旦中等专业学校
陆震谷	上海市董恒甫职业技术学校
俞奇伟	上海市静安区劳动和社会保障局
任天德	上海市春申旅游成人中等专业学校
黄翠娣	上海市长宁区卫生学校
曹颐华	上海市现代职业技术学校
詹伯安	上海市普陀区教育局
邓　聪	上海市市北职业高级中学
唐　群	上海市南湖职业技术学校
张佩云	上海市杨浦职业技术学校
章晓峰	上海强生职业技术学校
孟富森	上海市高桥职业技术学校
陈野弟	上海市浦东新区新陆职业技术学校
陆旭东	上海市东辉职业技术学校
周兆雄	上海鸿文国际职业高级中学
周振卿	上海市宝山职业技术学校
马秀明	上海市闵行区闵行职业学校

（续表一）

姓　名	工 作 单 位
陆浩勤	上海市大众工业学校
陈肖南	上海市南汇区教育局
戴　恒	上海市南汇区商业职业技术培训中心
张桂明	上海市奉贤区奉城成人中等文化技术学校
屠才龙	上海市奉贤区江海成人中等文化技术学校
许道先	上海市松江区新桥职业技术学校
赵华娟	上海市松江区成人教师进修学校
陈海明	上海市青浦区职业学校
王　昉	上海市青浦区劳动和社会保障局
黄立昌	上海市崇明县陈家镇成人中等文化技术学校
梅　丽	上海市崇明县劳动和社会保障局
梅小平	上海市虹口区劳动和社会保障局
刘顺甄	上海市行政管理学校
郭　扬	上海市教育科学研究院职业教育与成人教育研究所
励　丹	上海商业会计学校
刘伟奇	上海市对外经济贸易教育培训中心
汤　敏	上海市公用事业学校
路昌俊	上海市环境学校
戴咏梅	上海市林业总站
张兆锦	上海市第二体育运动学校
沈岳奋	上海交通大学医学院附属卫生学校
杨爱萍	上海市卫生学校
田恩荣	上海戏剧学院附属戏曲学校
杨中平	上海体育学院附属竞技体育学校
袁建文	上海电力工业学校
刘训盘	上海市时代工业学校
刘季凤	上海求知职业技术学校
孟吉云	上海华谊(集团)公司
宋　军	上海航空股份有限公司
林小荣	上海市交通学校
杨之邦	上海广电信息技术学校
黄　融	上海市有色职业技术学校

（续表二）

姓　名	工　作　单　位
周惠棠	上海港教育培训中心
闻人勇建	上海科技管理学校
杨秀英	上海电子工业学校
姜晓敏	上海市贸易学校
章根荣	上海隧道工程股份有限公司
钱止戈	上海市糖业烟酒(集团)有限公司
袁建平	光明乳业股份有限公司
邢桂侠	上海市机施教育培训中心
赵丽萍	上海市建筑材料(集团)总公司
张学龙	上海医疗器械高等专科学校
张德明	上海电视大学
焦庆堂	东华大学
杨应崧	上海市高职高专院校人才培养工作水平评估专家指导委员会
方名山	上海商学院
王曾纬	上海建桥学院
李海涛	上海农林职业技术学院
王其康	上海城市管理职业技术学院
蒋川群	上海第二工业大学
夏建国	上海电机学院
吴宪和	上海财经大学职业技术学院
吴飞飞	上海应用技术学院
姚大伟	上海思博职业技术学院
顾定红	上海中华职业技术学院
王巧玲	上海济光职业技术学院
刘　彬	上海邦德职业技术学院
梁大立	上海电影艺术职业学院
孔祥洪	上海托普信息技术职业学院
吴仁俊	上海纺织工业职工大学

资料来源：上海市教育委员会等六部门《关于表彰 2006 年上海市职业教育先进单位和先进个人的决定》,2006 年 3 月 23 日发。

附　录

上海市职业技术教育暂行条例

(1987年9月24日上海市第八届人民代表大会常务委员会第三十一次会议通过)

第一章 总 则

第一条 为了适应社会主义现代化建设的需要,促进上海市职业技术教育的发展和提高,根据《中华人民共和国宪法》和国家法律、行政法规的有关规定,结合上海市实际情况,制定本条例。

第二条 本条例适用于上海市各类职前的高等、中等、初等职业技术教育。

技术师范学院、技术专科学校、高级职业学校、高级技工学校等属高等职业技术教育。

中等专业学校、中级技工学校、中级职业学校等属中等职业技术教育。

初级职业班、学习时间在半年以上的初级职业技术培训属初等职业技术教育。

第三条 职业技术教育是教育事业的重要组成部分,是全面提高就业人员素质、发展社会生产力的必要手段。市人民政府应根据上海市经济与社会发展的需要,统筹规划,积极创造条件,在全市范围内逐步形成从初等到高等、结构合理、专业配套的职业技术教育体系。

第四条 各级政府、各有关部门和企业、事业单位应积极发展职业技术教育。可以由一个单位自办职业技术学校或培训班;也可以由几个单位联办或与教育行政部门联办职业技术学校或培训班;还可以委托学校开办职业班。

鼓励集体、个人和其他社会力量兴办各类职业技术学校、职业班和职业技术培训班。

企业、事业单位应为职业技术教育提供实习条件,接受学生实习。

第五条 职业技术教育必须坚持社会主义方向,坚持理论联系实际,培养有理想、有道德、有文化、有纪律,热爱本专业,掌握一定的专业理论知识和职业技能,有较强实际工作能力的各级专业技术人员、管理人员、技术工人和其他从业人员。

高等职业技术教育培养中级以上专业技术人员、管理人员和高级技工人等;中等职业技术教育培养中级或初级专业技术人员、管理人员和中级技术工人等;初等职业技术教育培养初级技术工人及其他从业人员。

第六条 各级政府、各有关部门和企业、事业单位应积极贯彻"先培训,后就业"和"经过考核择优录用"的原则,并根据国家要求改革学徒工制度。

各单位招收人员时,应优先录用职业技术学校的毕业生。就业前的公民,未经职业技术培训的,不得从事技术性、专业性工作。

第二章 学校的开办、调整和撤销

第七条 开办职业技术学校,必须有符合规定要求的校长、教师和管理人员,具备办学所必需的校舍、设备、实验实习场所,以及与培养目标相适应的教育计划、教学大纲和教材等条件。

第八条 高级职业技术学校的开办、调整和撤销,须经市人民政府审核同意,报国家教育委员会审批。

第九条 中等专业学校和培养技术人员、管理人员及其他专业人员的中级职业学校的开办、调整和撤销,须经市教育行政部门审核同意,报市人民政府审批。

中级技工学校的开办、调整和撤销,须经主管部门审核同意,报市劳动部门审批。

培养技术工人的中级职业学校的开办、调整和撤销,须经区、县教育行政部门审核同意,报市教育行政部门审批。

第十条　初级职业班和职业技术培训班的开办、调整和撤销,按教育行政管辖权限进行审批。

第三章　校　长

第十一条　职业技术学校校长应坚持四项基本原则,热爱职业技术教育事业,有教育工作经历,熟悉专业,掌握一定的教育理论,有较强的组织管理能力。

高级、中级职业技术学校校长,应具有大学本科毕业学历或相应的学力。

第十二条　职业技术学校校长的主要职责是:贯彻执行国家的教育方针、政策;推荐副校长人选;聘任各科教师和教学、行政干部;拟订和组织实施学校工作计划;抓好师资队伍建设;抓好学生思想政治教育和职业道德教育;合理使用办学经费,改善办学条件;全面提高教育质量。

第十三条　职业技术学校校长的任免,按干部任免权限的规定办理。

高级、中级职业技术学校校长的调动,应按学校的教育行政管辖,征得市教育行政部门或市劳动行政部门的同意。

第四章　教　师

第十四条　职业技术学校教师应有高尚的思想品德,热爱职业技术教育事业,受过教育理论的培训。

高级职业技术学校、中等专业学校和培养技术人员、管理人员的中级职业学校的文化和专业理论教师,应具有大学本科毕业以上学历;中级技工学校、培养中级技术工人的中级职业学校的文化和专业理论教师,应具有大专毕业以上学历。专业教师还应有本专业的生产、业务实践经历。

实验指导教师应具有中等专业学校毕业以上学历和实验室工作能力。

实习指导教师应具有中级职业技术学校毕业以上学历,并具有中级以上技术水平或相应的业务水平。

第十五条　职业技术学校教师的主要职责是:根据教育计划和教学大纲的要求,完成理论教学和技能训练任务;指导学生课内外学习;考核学生学习成绩,开展教学研究,改进教学方法,提高教学质量;培养学生良好的思想品德。

第十六条　职业技术学校教师的配备和补充,应通过多渠道解决。

学校的主管部门,要有计划地配备各科教师;教育行政部门应给予补充和调剂;学校也可直接向社会招聘教师,包括聘请能工巧匠担任兼职教师。

学校聘请兼职教师,应事先与被聘教师所在单位协商,有关单位应积极支持。

第十七条　职业技术学校师资的培养应列入上海市高等院校招生计划。高等院校应承担职业技术学校现有师资培训的任务。

职业技术学校师资的补充应纳入上海市高等院校毕业生分配计划;对分配到职业技术学校的教师,任何单位不得截留。

第十八条　建立教师考核制度。从一九九一年一月一日起,只有具备规定的学历和相应的业务能力,或者经过考核取得合格证书的教师才能任教。

第五章　学　生

第十九条　报考职业技术学校的考生,都必须参加全市统一招生考试,经录取注册后,始取得学籍。除某些对考生性别有特殊要求的专业外,职业技术学校招生时,应按同一条件录取男女考生。

第二十条　职业技术学校的学生修完教育计划规定的全部课程,经考核合格或修满规定学分,由学校发给毕业证书,承认其学历;培养目标为技术工人的,经市劳动行政部门组织的技术等级考核合格后,同时发给市劳动行政部门统一印制的技术等级证书。

中等专业学校、中级技工学校和中级职业学校毕业生的学历属同一层次。

初级职业班的学生,修完教育计划规定的全部课程,经考核合格的,由主办单位发给市教育行政部门统一印制的毕业证书或结业证书。

职业技术培训班的学员,培训期满经考核合格的,按教育行政管辖,由劳动行政部门或教育行政部门发给结业证书。

第二十一条　职业技术学校学生参加实习劳动,应给予一定的生活补贴。

第二十二条　德、智、体全面发展的职业技术学校优秀毕业生,按学校的教育行政管辖,分别由市教育行政部门或市劳动行政部门发给优秀毕业生证书。获得优秀毕业生证书,见习期满,经用人单位考核,确属优秀的,其工资待遇可以高于同届其他毕业生。

第二十三条　除承担全部培养费用的自费生外,凡职业技术学校学生在学习期间无正当理由退学、毕业后不服从统一分配或不按照合同接受安排的,应向学校偿付培养费用。

应偿付的培养费用标准,按学校的教育行政管辖,由市教育行政部门或市劳动行政部门会同有关部门制定。

第六章　经　费

第二十四条　职业技术教育的经费,除地方财政拨款外,通过办学主管部门自筹、社会资助、学校创收等多种渠道筹集。

第二十五条　职业技术教育的事业经费,采取综合定额加专项拨款的办法,根据年度招生计划,由市财政部门或有关主管部门核拨,学校包干使用。

职业技术教育经费的增长,应高于财政经常性收入的增长,并按在校学生人数平均的教育费用逐年增长。

职业技术学校的基本建设经费,由办学主管部门按照核定的学校规模逐年安排落实。

第二十六条　上海市城市教育费附加拨给职业技术教育的部分,由市教育行政部门按照规定比例统一平衡后下达,用于改善办学条件。

第二十七条　联办职业技术学校的办学经费,由联办各方分别承担。

第二十八条　委托职业技术学校培养学生的用人单位,应向学校缴纳培养费。职业技术学校收取的培养费,应主要用于改善办学条件。

第七章　办学主管部门

第二十九条　职业技术学校根据其归属,分别由教育行政部门、劳动行政部门、业务部门或企业、事业单位主管;几个单位联办的学校,其主管部门由联办各方通过协议确定。

第三十条　办学主管部门的权利：

（一）制定所属学校的招生计划，按照劳动用人指标安排或推荐毕业生；

（二）审核所属学校的年度经费预算、决算和基本建设项目；

（三）检查、评估所属学校教育质量和办学水平；

（四）对学生进行考核；

（五）领导和管理所属学校的其他各项工作。

第三十一条　办学主管部门的义务：

（一）根据招生规模和学校设置标准，为所属学校提供办学条件；

（二）提供或筹集办学所必需的经费；

（三）配备各学科师资，提高教师业务水平；

（四）根据教学大纲组织教材的编写和审定；

（五）提供学生实习场所；

（六）完成规定招生计划后，积极为其他部门培养人才。

第三十二条　与教育行政部门联办职业技术教育或委托学校培养学生的业务部门有优先录用毕业生的权利，同时负有向其他单位推荐毕业生的义务。

第八章　奖励和惩罚

第三十三条　对职业技术教育作出显著成绩的下列单位、社会团体和个人，上级有关部门应给予表彰和奖励；成绩优异者由市人民政府给予表彰、奖励：

（一）认真贯彻国家的教育方针，忠于职守，为提高职业技术学校的办学质量作出显著成绩的校长和学校工作人员；

（二）热爱职业技术教育，为人师表，为提高教学质量作出显著成绩的专职、兼职教师；

（三）积极为职业技术学校输送、培养师资，提供资助经费和设备，开展职业技术教育科学研究，为职业技术教育作出显著成绩的单位、社会团体和个人；

（四）为维护职业技术学校的合法权益作出显著成绩的部门和工作人员；

（五）经检查评估，办学水平、社会效益显著的职业技术学校。

第三十四条　违反本条例，有下列情况之一的，按学校的教育行政管辖，由教育行政部门或劳动行政部门根据情节轻重，给予没收非法所得、罚款、停办的行政处罚；造成损失的，应负责赔偿：

（一）侵占学校校舍和场地的，教育行政部门或劳动行政部门应会同土地、房产等有关部门责令其限期退回，并可处以罚款；造成损失的，必须负责赔偿；将学校的校舍和场地出租、出让移作非教育之用的，所得的收入予以没收。

（二）未经批准擅自开办职业技术学校、职业班和职业技术培训班的，教育行政部门或劳动行政部门应会同工商行政部门责令其停办，没收其非法所得，其所发的学历证书或技术等级证书不予承认。

（三）未经批准擅自调整、撤销职业技术学校、职业班和职业技术培训班的，教育行政部门或劳动行政部门应责令其恢复，并处以罚款；造成损失的，应负责赔偿。

（四）不履行联合办学或委托培养协议的，教育行政部门或劳动行政部门应责令其继续履行协议；拒不履行的，处以罚款；由此造成的损失，违反协议的一方应负责赔偿。

教育行政部门或劳动行政部门作出行政处罚，应发出处罚决定书。

第三十五条　单位或个人对教育行政部门或劳动行政部门作出的行政处罚不服的,可在接到处罚决定书之日起十五天内向人民法院起诉;逾期不起诉又拒不履行的,教育行政部门或劳动部门可申请人民法院强制执行。

第九章　附　则

第三十六条　本条例规定的职业技术学校办学基本条件、经费综合定额、教师考核标准、优秀毕业生标准、奖励和惩罚办法,按照学校的教育行政管辖,分别由市教育行政部门和市劳动行政部门会同市财政部门及其他有关部门制定。高级职业技术学校的有关标准应报市人民政府批准。

第三十七条　本条例经市人民代表大会常务委员会通过,自一九八八年三月一日起施行。上海市过去制定的有关职业技术教育文件、规定与本条例相抵触的,以本条例为准。

上海市人民政府关于大力推进上海市
职业教育改革与发展的决定

(沪府发〔2003〕7号)

各区、县人民政府，市政府各委、办、局：

为了全面贯彻党的十六大精神，认真落实《国务院关于大力推进职业教育的改革与发展的决定》(国发〔2002〕16号)，进一步提高上海市劳动者队伍素质，适应上海经济和社会发展的需要，现就大力推进上海市职业教育改革与发展作出如下决定：

一、充分认识职业教育在上海经济和社会发展中的战略地位

职业教育是人力资源开发、"造就数以亿计的高素质劳动者"的重要举措，是实施科教兴市战略、切实增强城市综合竞争力、全面建设小康社会的必然要求，是上海经济和社会发展的重要支撑。改革开放以来，上海职业教育事业快速发展，培养和造就了一大批技术技能型实用人才和普通劳动者，为经济建设和社会发展做出了重要贡献。但是，从总体上说，上海目前劳动者队伍的整体素质仍然偏低，职业教育在整个教育事业中仍处于比较薄弱的环节，职业教育发展也面临一些亟待解决的问题。各级政府和社会各界要以党的十六大精神为指导，从经济和社会可持续发展的战略高度，充分认识发展职业教育的重要意义，把职业教育作为构建终身教育体系的重要组成部分和建立学习型城市的重要基础，把职业教育放在与普通教育同等重要的地位，大力推进职业教育改革与发展。

二、明确职业教育改革与发展的目标和任务

(一)以邓小平理论和"三个代表"重要思想为指导，坚持体制创新、制度创新和深化教育教学改革，大力推进职业教育改革与发展，为促进产业结构调整和产业升级服务，为促进就业与再就业服务，为农业现代化、农村城市化、农民市民化服务，为加快建设国际化大都市服务。"十五"期间，上海要率先建立适应社会主义市场经济体制，紧密结合市场需求、实用人才培养与劳动就业，初等、中等、高等职业教育相互衔接，职前教育与职后培训并举，学校和企业双向介入，结构合理、功能多样的现代职业教育体系，不断地为经济和社会发展输送新型的高技能劳动者和技术应用性人才。

(二)坚持提高职业教育质量，保持中等职业教育与普通高中教育的合理比例，积极发展专科层次职业教育，探索本科层次职业教育，大力发展职业培训。要以国际化提高人才培养的竞争力与适应性，以信息化带动职业教育的现代化，以市场化推进办学体制的多元化，以法治化推动职业教育规范化，从而适应经济结构调整和城市形态变化的需要，使职业教育成为上海的一大特色，立足上海，服务全国，面向世界。

(三)要大力推进现代企业教育制度建设，大中型企业要率先建立和完善现代企业教育制度。围绕城乡一体化、农业现代化、农村城市化、农民市民化的郊区工作目标，市区优质职业教育资源要积极向市郊辐射，完善以乡镇成人学校为基础的农村职业培训网络，积极发展农村地区职业教育。树立服务全国、服务西部地区的思想，采取切实措施，积极支持和帮助西部地区的职业教育和职工培训工作。

(四)搞好职业学校调整，推动各级各类职业培训。"十五"期间，中等职业学校调整到100所

左右,独立设置的高等职业学校达到20所,重点建设100个高质量的培训中心,为生产、管理、服务第一线培训高素质劳动者。"十五"期间,共培养中等职业学校毕业生40万名,高等职业学校毕业生20万名;每年培训在职人员250万人次,培训农村劳动力100万人次。

三、实施职业教育八大工程,全面提升职业教育发展水平

一是就业与创业能力培训工程。对失业人员、从业人员以及新生劳动力加强职业培训,提高他们的就业能力、工作能力和职业转换能力。加快技术工人的培养,从中青年技术工人中培养一批高级技术工人、技师和高级技师。各类职业学校要进一步完善"市场导向,政府调控,学校推荐,学生与用人单位双向选择"的毕业生就业机制,加强职业指导,引导学生转变就业观念,积极开展创业教育,为学生创业提供市场信息、专业技术和管理等方面的服务;鼓励毕业生到中小企业、小城镇和农村就业。职业学校要充分利用现有教育资源,开展面向失业人员和从业人员的就业能力培训和创业能力的培养。

二是高技能紧缺人才培养工程。抓紧培养经济建设急需的具有较高技能水平的劳动者。开展高技能紧缺人才的需求调查,研究制定高技能紧缺人才岗位素质要求,推进高技能紧缺人才的培养工作加快培养一批数控机床维修操作工、软件蓝领、高级护理等具有智能化劳动特点的高技能紧缺人才,努力培养一批能够"走出去"参与国际竞争的高技能人才。到"十五"期末,上海市企业中的中、高级技术工人的文化层次普遍达到中等职业教育水平,高级技术工人中有30%达到大专以上文化程度,高级技术工人占技术工人的比例达到15%左右,青年高级技术工人成为高级技术工人的骨干力量并且在技术工人队伍中出现一批智能型、专家型人才。职业学校要与行业、企业合作培养高技能紧缺人才,调整现有专业方向,扩大招收生产第一线的在职职工,拓宽从业人员继续接受职业教育的途径。试办技师学院。

三是科教兴农富民培训工程。围绕种源农业、设施农业、创汇农业、生态农业等四大优势农业的创建和农业结构优化,依托各级农业学校、培训机构、乡镇成人学校和农业技术推广站(所),以实施"燎原计划"为抓手,全面开展绿色证书教育、致富新技术培训、跨世纪青年科技培训和现代农业经营、营销岗位等培训,培养一批精通技术、善于经营、懂得管理的新型农业劳动者。"十五"期末,郊区绿色证书获得者达到14万人,每8户就有一名劳动力获得绿色证书。根据农业劳动力现状和农村发展前景,加强林果、旅游、食品、餐饮、营销、服装、物业、家政等岗位培训,帮助郊区富余劳动力实现转行和创业。

四是外来务工人员培训工程。外来务工人员是上海市劳动力资源的重要组成部分,是上海经济建设和社会发展的重要力量。各级职业学校特别是中等职业学校要结合自身条件和专业特色,按照"实际、实效、实用"的原则,面向外来务工人员开展职业教育和职业培训。在招生上,以求学者持有的初中、高中毕(结)业证书为依据,取消年龄限制,简化入学手续,实行注册入学,一年多次招生;在收费上,既要考虑教育和培训的成本,也要考虑外来务工人员的实际承受能力,可通过助学金或酌情减免收费等形式,对经济困难的农民工予以资助。各行业、企业要从生产工作需要出发,组织外来务工人员学习文化知识、技术技能、法律常识等,提高他们的素质。

五是终身培训体系构建工程。依托各类教育培训机构,借助现代教育技术,构建全民终身培训体系,是提升上海人力资源素质的战略性工程。各区县要整合本地区职业教育和成人教育资源,创办综合性、社区性的高等职业学校或社区学院、社区学校。职业学校要全面推行学历教育与职业培训相结合、全日制与部分时间制相结合、职前教育与职后教育相结合的办学模式,努力办成面向全社会的、开放的、多功能的教育和培训中心,满足求学者升学、就业准备、更新知识、增强技能的多种需要。进一步完善中等职业学校"百校通"网络工程,构建若干个中等职业学校与高等职业学校联合运行的远程教育网,推进现代信息技术与职业教育教学的整合,搞好多媒体职业教育软件的规划与开发,建立职业教育资源库,适应全民终身学习的需要。

六是现代企业教育制度和现代企业教育培训中心建设工程。以建立现代企业制度为中心,全面提高员工素质为目标,把教育培训与生产、经营、管理、服务与科技进步紧密结合起来,建立与现代企业法人制度相适应的自主的管理体制、与现代企业人力资源开发需要相适应的岗位培训和继续教育制度,提供多形式、多层次的教育培训服务。市教育、劳动保障、人事等有关部门要为企业开展职业教育和职工培训提供宽松的外部环境,行业主管部门要推进本行业的现代企业教育制度和现代企业培训中心的建设,并纳入对企业领导的任期考核目标。企业要重视现代企业教育制度和现代企业培训中心的建设,企业监事会、职代会应加强对企业教育的监督。重点推动100个企业建设现代企业教育制度和企业培训中心的工作。

七是推行职业资格证书工程。职业学校要努力进行教学改革,使学历教育与资格证书制度相衔接。职业学校毕业生申请与所学专业相关的中级及以下职业技能鉴定时,只需进行操作技能考核。现代化标志性中等职业学校、国家级重点中等职业学校和示范性高等职业学校开设的主体专业,经市劳动保障部门、相关行业主管部门和教育部门认定,其毕业生参加理论和技能操作考核合格并取得职业学校学历证书者,可视同为职业技能鉴定合格,发给相应的中级职业资格证书。此项工作先在部分职业学校试点,取得经验后再逐步推开。经市人事部门、教育部门和相关行业主管部门认定的职业学校相关专业的毕业生,不受工作年限的限制,可直接申请参加专业技术从业资格考试,并免试部分科目。加快实施大学生技能鉴定制度,探索综合职业能力鉴定体系,改革高等教育人才培养模式,提高上海新增劳动力素质。严格把住劳动就业关,提高劳动者素质。对从业人员,逐步实施持证(职业资格证书)上岗的制度。建立和完善与国际接轨的职业资格体系,创造国内外人才公平竞争的环境。

八是职业学校重点建设工程。加快建设10所示范性高等职业学校,其中3至4所高等职业学校达到全国一流水平。根据上海产业特点,建设80个示范性高等职业教育专业和60个示范性中等职业教育专业,形成职业教育品牌,带动全市职业教育的现代化建设。启动新一轮职业学校课程改革,提高职业教育质量。在完成10个公共实训基地的基础上,再建10个公共实训基地。发展现代信息技术。结合郊区城镇规划,以推进乡镇成人学校标准化建设为重点,进一步完善农村职业学校和职业培训机构网络。

四、推进管理体制和办学体制改革,推动职业教育健康有序发展

(一)建立和完善政府统筹、多方参与、分级管理的职业教育管理体制。建立上海市职业教育工作联席会议制度,研究解决职业教育工作中的重大问题。联席会议由市教育、劳动保障、人事、财政、计划、经济、建设、商业、农业等相关部门以及部分行业、企业参与。联席会议办公室设在市教育部门,负责日常工作。各区县政府也要建立相应的联席会议制度。

市教育部门负责职业教育工作的统筹规划、综合协调和宏观管理;市劳动保障、市人事等职能部门在职责范围内,承担发展职业教育的相关责任。

(二)进一步明确和发挥区县政府和行业主管部门在发展职业教育方面的责任。区县政府要结合实际,研究制定本地区职业教育发展的规划和措施,统筹本地区的职业教育发展。在市教育部门宏观管理下,各区县、行业分别管理所属的中等职业学校。民办中等职业学校由其所在地的区县管理。高等职业教育由市教育部门统一规划和管理。行业主管部门要加强对所属职业学校和培训机构的管理,逐步强化行业组织对职业学校和培训机构的管理职能。

（三）形成政府主导、依托行业和企业、社会力量积极参与的职业教育办学新格局。各级政府要在发展职业教育中发挥主导作用。市教育部门要搞好重点职业学校和职业培训机构的建设。各区县要按规定标准重点建设一所示范性的现代化中等职业学校。行业主管部门、行业组织和企业要从落实"科教兴市"的战略高度,积极开展职业教育和职工培训,为企业后备职工和在职人员提供多层次、多形式的职业教育。支持行业、企业采用多种方式,对所属职业学校进行机制改革。鼓励组建职业教育集团,原经费渠道保持不变,增强企业、行业举办职业院校的综合竞争力。

鼓励和支持民办职业教育的发展。非营利的民办职业学校享受举办社会公益事业的有关优惠政策。各级政府和其他单位可通过出租闲置的国有、集体资产等,对民办职业学校给予扶持。民办职业学校与公办职业学校地位平等,民办职业学校的教师和学生享受与公办职业学校教师和学生同等的权利和义务。借鉴民办学校的办学模式和运作机制,探索公办职业学校转制的形式和途径,使公办和民办职业教育共同发展。

职业教育是中外合作办学的优先领域。要通过引进国外优质职业教育资源,积极举办中外合作职业教育,扩大职业教育的对外开放。鼓励有条件的职业学校主动参与国际教育服务贸易的竞争。以职业护理、烹饪、服装、园艺、模具等专业为重点,拓展海外职业教育市场和就业市场。充分发挥上海优质职业教育资源的辐射效应,鼓励职业学校与外省市职业学校合作办学和开展交流,加大职业学校为全国服务的力度。

扩大职业学校的办学自主权,增强其自主办学和自主发展的能力。中等职业学校逐步实行学生登记入学制度,在核定的学生规模内,自主确定招生办法,自主确定招生人数。中等职业学校原则上自主设置国家和上海市颁布的专业目录内的专业,设置其他专业实行向教育部门备案的制度。对部分优质高等职业学校,逐步下放专业设置权。

五、发挥行业与企业作用,不断提高劳动者素质

（一）行业主管部门要加强对本行业职业教育和培训的指导和协调,制定、实施行业职业教育和职工培训规划,会同教育部门推进本行业职业学校和培训机构资源的优化配置,支持重点职业学校的建设,推动相关政策、规定的落实。支持行业组织、企业开展职业教育和职工培训,并将其列入对企业领导任期目标考核的重要内容之一。

行业组织受行业主管部门委托,开展行业人力资源需求预测,制定行业职业教育和培训规划,指导、协调行业职业教育、职工培训和职业技能鉴定,参与、指导职业学校的教学改革、专业建设、课程与教材建设、师资培养、招生及毕业生就业等工作,单独或联合举办职业学校和培训机构。

（二）行业、企业要努力办好所属的职业学校,强化教育培训中心的功能,积极开展职业教育和职工培训。要保持现有的经费渠道和额度,并力争逐年增长。在整合教育资源的基础上,支持行业和有条件的大型企业单独或与高等学校联合举办职业技术学院(特别是技师学院)和高质量的培训中心。中小企业要依托职业学校和培训机构进行职业培训。企业要在兼职教师、实习场所和设备等方面为职业学校提供服务,加强校企合作。要按照现代企业制度的要求,制定企业职工教育规划,健全职工教育制度,并配备专职人员从事职业教育和职工培训;建立专兼职师资队伍。要加强对职工特别是一线职工、转岗职工和中青年职工的教育培训,加大高级技术工人、高级技师的培养力度,加快形成职工在岗和轮岗培训的制度,实行培训、考核、使用、待遇相统一的办法。

（三）有关部门和单位要严格执行就业准入制度。用人单位招收职工,属于国家规定实行就业准入控制的职业(工种)的,必须从取得相应学历证书或职业培训合格证书并获得相应职业资格证书的人员中录用;属于一般职业(工种)的,必须从取得相应的职业学校学历证书、职业培训合格证书的人员中录用。从事个体工商经营的,也必须接受职业教育和培训。用人单位发布招聘信息时,必须注明职业资格要求。职业中介机构在介绍劳动者应聘就业准入相关职业(工种)时,要从具有职业资格证书的人员中进行推荐;在受理用工登记等备案手续时,要查验相关人员的职业资格证书。对已经从事就业准入职业(工种)而未取得职业资格证书的在岗人员,用人单位要组织培训或督促其参加有关培训,达到相应的职业资格要求。

加快制定上海市推行职业资格证书制度与就业准入制度的规章。市劳动保障部门要及时向社会公告上海市实施职业资格证书的职业,加大对就业准入制度执行情况的监察力度。对违反规定、随意招收未经职业教育或培训人员就业的,要及时给予处罚并责令纠正。

六、深化教育教学改革,促进职业教育与经济社会发展的紧密结合

(一)紧紧围绕为经济和社会发展服务这一宗旨,进行职业教育的教学改革,全面提高教育质量和办学效益。要认真贯彻党的教育方针,全面实施素质教育。加强职业道德教育,注重文化基础教育和身心健康教育,突出职业能力教育,强调培养受教育者的创新精神、创业能力、就业能力和终身学习能力,培养一大批生产、服务第一线的高素质劳动者。

(二)坚持面向社会,适应市场,强化职业教育特色。根据经济社会发展和劳动力市场的需求状况,灵活设置专业和课程,积极发展面向上海市支柱产业、新兴产业的专业和培训项目,加大调整传统专业的力度,用信息化提升专业水平,用国际化规范专业标准,用学历教育与职业资格证书衔接专业学习,增强专业的实用性。加强实验实习场地、设备的建设,保证实践教学时间。加快开发和编写反映新知识、新技术、新工艺和新方法,具有职业教育特色的课程和教材。加强职业学校与企业、行业的联系,建立职业学校与劳动力市场密切联系的机制。

(三)适应终身培训需求,坚持学历教育与职业培训并举。根据不同专业、不同教育培训项目和学习者的实际需要,实行灵活的学制和办学模式,推行学分制等弹性学习制度,为学生半工半读、分阶段完成学业创造条件。推进招生制度改革,在具备条件的情况下,允许高等职业院校实行计划外招生,由学校单独进行测试,自主录取;允许中等职业学校采取多次录取、多次招生的方式,自主录取学生。

(四)加强职业教育教师队伍建设。继续开展师德教育,倡导严谨治学、敬业爱生、为人师表、乐于献身的精神。鼓励职业学校教师在职攻读硕士学位,提高教师的学历层次和专业水平。"十五"期间,中等职业学校的文化专业课教师和实验实训教师分别达到本科与专科学历水平,具有高级技术职称和硕士以上学位的教师数分别占教师总数的20%以上;高等职业学校的专任教师达到本科毕业水平,具有高级专业技术职称者占专任教师总数的30%以上,每个专业点至少配备1~2名高水平的专业带头人,具备"双师型"资格的兼职教师占学校专业教师总数的30%以上。有计划地安排教师到企业进行专业实践和考察,鼓励和支持专业技术人员到职业学校担任专、兼职教师,逐步推行职业学校兼职教师培训和资格认证制度。

(五)完善职业教育人才培养体系,构建人才成长"立交桥"。加强中等职业教育与高等职业教育,职业教育与普通教育、成人教育的沟通与衔接,为职业学校毕业生继续深造提供多种渠道。扩大高等职业学校招收中等职业学校毕业生的比例,实行中等职业学校毕业生进入高等职业学校的择优推荐制度。专科层次职业教育主要由独立设置的职业技术学院和成人高等学校举办,普通高校二级学院逐步发展本科层次职业教育,探索以培养技术应用型高级专门人才为目标的专科起点本科教育模式,试行高等职业教育专科段与本科段连读模式,扩大高职专科毕业生进入高职本科层次学习的比例。完善以招收初中毕业生为主的中、高职贯通办学模式。继续开展综合高中试点。

七、建立多渠道筹资机制,增加职业教育经费投入

(一)建立和完善有关部门、学校主管单位和学校三位一体的多渠道筹资机制。市政府根据上海市社会经济发展水平,确定职业学校生均经费标准,依法督促各类职业学校主办者足额拨付教育经费。各级政府要确保用于职业教育的财政性经费逐年增长。城市教育费附加中的22%用于中等职业教育,主要用于职业学校实验实习设备的更新和办学条件的改善。各级政府在安排使用农村科技开发经费、技术推广经费时,要安排一部分农村劳动力培训经费;安排农业基础设施建设投资时,要安排一部分农村职业学校和成人学校的建设经费。

(二)各类企业要积极开展职业教育和职工培训,并承担相应的费用。企业按照职工工资总额的1.5%提取教育培训经费;从业人员技术素质要求高、培训任务重、经济效益较好的企业,可按2.5%提取,列入成本开支。要确保此项经费专款专用,用于一线职工的教育和培训费用不得低于50%。企业技术改造和项目引进都要按规定比例安排资金,用于职工技术培训。企业要向职代会报告并定期公布职工培训经费的使用情况,接受财务主管部门和企业职代会的检查监督,并将其作为政务公开的内容加以公布。对不按规定实施职业教育和职工培训,经责令改正而拒不改正的企业,市和区县政府收取其应当承担的职业教育经费,用于全市或本区县的职业教育。

(三)充分利用金融、税收及社会捐助等手段,支持职业教育的发展。认真执行国家对教育的税收优惠政策,支持职业学校办好实习基地、发展校办产业和开展社会服务。同时,支持和鼓励企事业单位、社会团体等按照国家规定,设立职业教育奖学金,奖励和资助成绩优秀和经济困难的学生。鼓励社会各界及公民个人对职业教育提供资助和捐赠,企业和个人通过政府部门或社会中介机构对职业教育的资助和捐赠,可在应纳税所得额中全额扣除。工商、税务部门要贯彻落实国家有关的优惠政策,适当减免有关税费,支持职业学校毕业生自主创业或从事个体经管。市政府在金融机构发放助学贷款上,给予高等职业学校学生与普通高等学校学生同等的贴息待遇。

(四)加强职业教育经费管理。教育、劳动保障等部门要会同财政、物价部门合理确定职业学校和培训机构的学费标准,并向社会公布。对职业学校按规定收取的学费,实行收支两条线管理,市、区县财政部门要确保足额退还职业学校,不得用于冲抵财政拨款,学校的主办单位不得截留或挪作他用。严禁向职业学校乱收费。要严格执行财务管理和审计制度,提高职业教育经费的使用效益。

八、进一步形成合力,确保职业教育持续发展

(一)切实加强领导。各级政府要把职业教育纳入经济和社会发展的总体规划,列入重要认事日程。要进一步加强职业教育理论研究和政策研究,健全和充实职业教育科学研究和教学研究机构,为职业教育宏观决策和职业学校改革与发展服务。

(二)继续依法治教、依法办学、依法管理。要认真贯彻《中华人民共和国职业教育法》和《中华人民共和国劳动法》等有关法律、法规,抓紧按法定程序修订《上海市职业教育条例》,制定有关发展与规范上海市民办职业教育、中外合作举办职业教育等规章制度。把职业教育纳入对区县政府教育督导的重要内容,加强对职业教育的督导检查。加快劳动就业准入的法制建设,完善执法监督机制,加大执法力度。制定和完善职业学校设置标准、教学标准、专业与课程建设标准。积极探索发挥市场作用与社会参与的职业教育评估方式,加强对职业学校办学和管理的评估。

(三)营造有利于职业教育改革与发展的社会氛围。大力宣传职业教育和高素质劳动者在社会主义现代化建设中的作用,弘扬"三百六十行,行行出状元"的风尚。企业要根据经济效益情况,逐步提高生产、服务一线高素质劳动者特别是高级技工和技师的经济收入。积极开展各种职业技能、技术竞赛活动,表彰职业教育的先进单位和个人。调动和保护社会各方面兴办职业教育的积极性,使全社会进一步重视和支持职业教育改革与发展。

二〇〇三年二月十日

上海市职业教育条例

(2004年5月20日上海市第十二届人民代表大会常务委员会第十二次会议通过)

第一章 总 则

第一条 为了实施科教兴市战略,发展职业教育,提高劳动者素质,促进社会主义现代化建设,根据《中华人民共和国职业教育法》和其他有关法律、行政法规,结合上海市实际情况,制定本条例。

第二条 上海市行政区域内职业学校教育、职业培训及其相关管理活动,适用本条例。国家机关实施的对国家机关工作人员的专门培训,按照法律、行政法规和上海市的其他有关规定执行。

第三条 上海市职业教育应当提高劳动者的文化素质、职业道德、就业能力、工作能力和职业转换能力。

第四条 上海市建立与市场需求相适应,人才培养与劳动就业相合,学校和企业相联系,初等、中等、高等职业教育相衔接,职业学校教育和职业培训并重,与其他教育互相沟通、协调发展的职业教育体系。

第五条 上海市建立和完善以政府为主导,企业、事业单位、社会团体、其他社会组织及公民个人参与的多元化职业教育办学体制。

第六条 市和区、县人民政府应当将发展职业教育纳入国民经济和社会发展的总体规划,加强对职业教育工作的领导、统筹协调和督导评估,引导、支持、促进职业教育的发展。

市教育行政管理部门主管上海市职业学校教育和以文化为主的职业培训工作。区、县教育行政管理部门按照本条例规定的职责,管理职业学校教育和以文化为主的职业培训工作。

市劳动和社会保障行政管理部门主管上海市以技能为主的职业培训工作。区、县劳动和社会保障行政管理部门按照本条例规定的职责,管理以技能为主的职业培训工作。

其他有关行政管理部门按照各自职责,分别做好职业教育的相关管理工作。

第七条 各行业主管部门应当履行本行业职业教育的协调和业务指导职责。

行业组织可以接受政府主管部门或者行业主管部门的委托,开展行业人力资源预测,制定行业职业教育和培训规划,指导行业职业教育、职工培训和职业技能鉴定。

第八条 上海市建立和完善多渠道筹集职业教育资金的机制。

市和区、县人民政府应当确保职业教育的财政性经费投入,并逐年增长。

上海市鼓励企业、事业单位、社会团体、其他社会组织及公民个人出资投入职业教育事业。

第九条 市和区、县人民政府采取措施,帮助妇女接受职业教育,组织失业人员接受各种形式的职业教育,保障残疾人接受职业教育。

上海市组织和举办多种形式的农村实用技术和非农产业的职业培训,促进农村职业教育的发展。

第十条 市和区、县人民政府应当对在职业教育中作出显著贡献的单位和个人给予表彰和奖励。

第二章　职业学校教育

第十一条　职业学校教育分为初等、中等和高等职业学校教育,分别由初等、中等和高等职业学校实施。

普通初中、高中和高等院校,可以按照教育行政管理部门的统筹规划,实施同层次的职业学校教育。

残疾人的职业学校教育除由专门设置的残疾人职业学校实施外,还可以由前两款规定的职业学校实施。

第十二条　市和区、县人民政府应当举办发挥骨干和示范作用的职业学校。行业主管部门应当办好所属的职业学校。

企业、事业单位、社会团体、其他社会组织及公民个人可以按照国家规定,举办职业学校。

职业学校的举办者可以独立办学,也可以联合办学。举办者联合办学的,应当签订联合办学合同。

外国教育机构同中国教育机构在上海市合作举办职业学校的,应当按照国家和上海市有关规定办理。

第十三条　行业主管部门、行业组织、企业、事业单位可以委托学校实施相应的职业学校教育。委托实施职业学校教育的,应当签订委托合同。

第十四条　高等职业学校的设立,由市人民政府审批。中等职业学校或者初等职业学校(职业班)的设立,由其所在地的区、县教育行政管理部门审批,并向市教育行政管理部门备案。

第十五条　设立职业学校,应当具备下列条件:

(一)有组织机构和章程;

(二)有合格的教师;

(三)有符合规定标准的教学场所,有与职业教育相适应的设施、设备;

(四)有必备的办学资金和稳定的经费来源。

第十六条　申请举办职业学校的,应当向审批机关提交下列材料:

(一)申办报告,主要包括举办者、培养目标、办学层次、办学形式、经费筹措与管理使用等内容;

(二)学校章程;

(三)学校资产的有效证明;

(四)校长、教师、财会人员的资格证明文件。

法律、行政法规另有规定的,从其规定。

第十七条　申请设立职业学校的,审批机关应当自受理之日起三个月内以书面形式作出是否批准的决定,并送达申请人;其中申请设立高等职业学校的,审批机关自受理之日起六个月内以书面形式作出是否批准的决定,并送达申请人。

经批准设立的职业学校,审批机关应当按照法律、行政法规的规定,向其颁发办学许可证。取得办学许可证的职业学校,应当依法办理事业单位法人登记或者民办非企业单位法人登记。

审批机关对批准设立的职业学校,应当通过政府网站或者其他方式向社会公示。

第十八条　职业学校变更举办者或者分立、合并、终止的,应当依法进行清算。

职业学校变更名称、层次、类别、地址、举办者,或者分立、合并、终止的,应当向审批机关提出申请。审批机关应当自受理之日起三个月内以书面形式答复,其中属高等职业学校的,审批机关自受理之日起六个月内以书面形式答复。职业学校终止的,应当妥善安置在校学生。终止的职业学校,应当向原审批机关办理注销登记手续,并由原审批机关收缴办学许可证,销毁印章。

职业学校清偿债务结束后,仍有剩余财产的,按照国家有关规定办理。

第十九条　职业学校应当按照招生的规定录取学生,不得有性别歧视,不得拒绝录取符合条件的残疾学生。

职业学校应当按照国家规定建立学籍管理制度。

第二十条　职业学校应当贯彻国家教育方针,全面提高受教育者的素质,实行产教结合,开展教育教学研究,根据本地经济社会发展和劳动力市场需要,灵活设置专业和课程,积极发展面向上海市支柱产业、新兴产业的专业,增强职业教育专业的适应性。

职业学校应当开发和编写体现新知识、新技术、新工艺、新方法及具有地方特色的传统工艺、传统技术等具有职业教育特点的课程和教材。

职业学校应当按照教学计划和教学大纲的要求完成教学任务,组织实习教学,加强对学生的就业指导。

第二十一条　职业学校的学生应当按照教学计划的要求,参加实训和上岗实习。

市和区、县人民政府应当加强职业教育公共实训基地的建设,支持职业学校举办实训、实习基地,鼓励企业、事业单位为职业学校提供实习基地或者场所,接纳职业学校的学生实习。

对上岗实习的学生,企业、事业单位应当安排必要的带教老师,提供相应的劳动保护条件,并给予适当的补贴;职业学校应当配合实习单位做好实习期间学生的管理工作。

职业学校举办实习基地的,可以享受国家规定的税收优惠政策。

第二十二条　接受职业学校教育的学生,经学校考核合格,按照家有关规定,获得相应的学历证书或者其他证书。

第二十三条　中等职业学校毕业生可以报考高等职业学校或者普通高等学校;高等职业学校专科毕业生可以报考高等职业学校或者普通高等学校的本科学习。

上海市实行中等职业学校毕业生进入高等职业学校的择优推荐制度。

第二十四条　市人民政府应当根据上海市社会经济发展水平,制定上海市职业学校不同类别的学生人数平均经费标准。

上海市职业学校学生人数平均经费标准,由市教育行政管理部门会同市财政行政管理部门拟订,报市人民政府批准后公布实施。

第二十五条　职业学校的举办者应当按照不低于上海市同类别学生人数平均经费标准足额拨付职业教育经费。

职业学校的基本建设经费需要,由举办者按照核定的学校规模安排落实。

第二十六条　市教育费附加中用于中等职业教育的比例应当不低于22%。

除经常性拨款外,市和区、县人民政府应当每年安排一定数额的职业学校教育补助专款。

上海市设立高等职业教育专项经费。专项经费的具体数额及使用办法,由市人民政府另行规定。

教育行政管理部门和财政行政管理部门安排使用城市教育费附加、职业学校教育补助专款、高等职业教育专项经费等费用,应当遵循公开、公平、合理的原则。

第二十七条　上海市鼓励金融机构运用信贷手段,扶持发展职业学校教育。

高等职业学校学生获得金融机构助学贷款的,政府应当给予其与普通高等学校学生同等的贴息待遇。

第三章　职业培训

第二十八条　职业培训包括从业前培训、转业培训、学徒培训、在岗培训、转岗培训及其他文化或者技能的职业培训,可以根据实际情况分为初级、中级、高级职业培训。

职业培训由职业学校或者职业培训机构实施。

第二十九条　企业、事业单位、社会团体、其他社会组织及公民个人可以按照国家规定,举办职业培训机构。举办者可以独立办学也可以联合办学。举办者联合办学的,应当签订联合办学合同。

外国教育机构同中国教育机构在上海市合作举办职业培训机构的办法,按照国家和上海市有关规定办理。

第三十条　实施自学考试助学及其他文化教育的职业培训机构的设立、变更和终止,由区、县教育行政管理部门审批。其中,实施高级职业培训的机构的设立、变更和终止,区、县教育行政管理部门应当报市教育行政管理部门备案。

实施以初级、中级职业技能为主的职业培训机构的设立、变更和终止,由区、县劳动和社会保障行政管理部门审批;实施以高级职业技能为主的职业培训机构的设立、变更和终止,由市劳动和社会保障行政管理部门审批。

第三十一条　职业培训机构的设立,应当符合下列条件:

（一）有组织机构和管理制度;

（二）有与培训任务相适应的教师和管理人员;

（三）有与进行培训相适应的场所、设施、设备;

（四）有相应的经费。

第三十二条　中外合作职业培训机构外,职业培训机构的审批程序,由教育行政管理部门、劳动和社会保障行政管理部门根据各自权限,参照本条例第十七条、第十八条的规定执行。

经批准设立的职业培训机构,审批机关应当按照法律、行政法规的规定,向其颁发办学许可证。取得办学许可证的职业培训机构,应当依法办理事业单位法人登记或者民办非企业单位法人登记。

审批机关对批准设立的职业培训机构,应当通过政府网站或者其他方式向社会公示。

第三十三条　职业培训机构应当制定培训计划,并按照培训计划开展职业培训,不得任意减少培训内容和培训课时。

接受职业培训的学生,经考核合格的,按照国家有关规定获得相应的培训证书。

职业培训机构应当根据上海市职业技能鉴定的要求,组织培训学员参加相应的职业技能鉴定。学员经考核合格的,可以获得相应的职业资格证书。

第三十四条　市劳动和社会保障行政管理部门应当向职业培训机构提供劳动力市场需求信息,引导职业培训机构合理设置专业。

由政府投资兴办的公共实训基地应当向社会开放。

职业培训机构应当加强与用人单位的联系,建立培训机构与劳动力市场密切联系的机制。

第三十五条　市和区、县人民政府可以采用购买培训服务的方式,帮助劳动者提高劳动技能和就业能力。

第三十六条　市和区、县人民政府应当加大对农村职业培训的投入,对农村职业培训机构予以扶持。

第三十七条　企业、事业单位根据自身发展和岗位要求,制定本单位职工的职业培训规划和年度计划,并按照规划和年度计划组织实施。

企业、事业单位可以委托学校、职业培训机构对本单位的职工实施职业培训。委托实施职业培训的,应当签订委托合同。

第三十八条　企业按照职工工资总额的 1.5% 足额提取职业培训经费;职工技术素质要求高、培训任务重、经济效益好的企业可以按照 2.5% 提取,列入成本开支。

职业培训经费必须专款专用,主要用于一线职工职业培训的费用。

企业应当向职工代表大会(职工大会)或者工会报告职业培训经费的使用情况并定期公布,接受财务主管部门、企业职工代表大会(职工大会)、工会的检查监督。

第四章　相关管理制度

第三十九条　职业学校学历教育收费标准由市教育行政管理部门提出方案,市财政行政管理部门立项,市物价行政管理部门核价;其中,民办职业学校学历教育收费标准按照《中华人民共和国民办教育促进法》的规定执行。

职业培训的收费标准由职业培训机构自主确定,报教育行政管理部门、劳动和社会保障行政管理部门、物价行政管理部门备案。

职业学校和职业培训机构应当公示收费标准。

第四十条　职业学校和职业培训机构应当依法建立财务、会计度和资产管理制度,并按照国家有关规定设置会计账簿。

第四十一条　市和区、县人民政府的教育督导部门对本行政区域内的职业教育工作进行监督、检查、评估和指导,并将督导结果向社会公布。

市教育行政管理部门、市劳动和社会保障行政管理部门定期组织或者委托社会中介组织评估职业学校和职业培训机构的办学水平和教育质量,并将评估结果向社会公布。

第四十二条　职业学校和职业培训机构的教师应当依法取得相应的教师资格。

职业学校和职业培训机构可以根据职业教育的特点,聘请教师;可以根据专业技能培训的需要,聘请专业技术人员、高级技术工人、有特殊技能的人员和其他教育机构的教师任教。

第四十三条　市教育行政管理部门应当根据职业教育发展的需要,制定职业教育师资队伍的培养培训规划,在上海市高等院校、企业和相关单位建立培养培训基地。企业应当为从事职业教育的教师的实践和培训提供条件和方便。

第四十四条　上海市按照国家规定实施职业资格证书制度。

市劳动和社会保障行政管理部门负责综合管理上海市职业技能鉴定和以职业技能为主的职业资格证书的核发管理工作。

第四十五条　鼓励各级各类职业学校实施学历证书、职业资格证书并重的"双证书"制度。

第四十六条　鼓励境外职业资格认证机构在上海市依法开展相关认证业务。劳动和社会保障行政管理部门、人事行政管理部门按照国家有关规定负责境外职业资格证书的管理。

第四十七条　市推行劳动预备制度,对未能升学的初高中毕业生,在就业上岗前进行职业培训。

上海市建立青年见习基地,对志愿报名的适龄青年,政府应当组织其在就业前到青年见习基地接受在岗职业技能训练。

第四十八条　国家规定实行就业准入控制的职业(工种),用人单位应当从取得相应职业资格证书的人员中录用。

国家未规定实行就业准入控制的职业(工种),鼓励用人单位优先从经过相应职业培训的人员中录用。

第五章　法律责任

第四十九条　违反本条例规定的行为,《中华人民共和国教育法》《中华人民共和国民办教育促进法》等有关法律、行政法规有处理规定的,按照有关规定处理。

第五十条　职业学校、职业培训机构或者其他从事职业教育的单位、个人在职业教育活动中,侵害受教育者合法权益的,应当依法承担民事责任。

第五十一条　当事人对行政管理部门的具体行政行为不服的,可以依照《中华人民共和国行政复议法》或者《中华人民共和国行政诉讼法》的规定,申请行政复议或者提起行政诉讼。

当事人对具体行政行为逾期不申请复议,不提起诉讼,又不履行的,作出具体行政行为的行政管理部门可以申请人民法院强制执行。

第五十二条　教育、劳动和社会保障以及其他行政管理部门及其工作人员玩忽职守、滥用职权、徇私舞弊的,由其所在单位或者上级主管部门依法给予行政处分;构成犯罪的,依法追究刑事责任。

第六章　附　则

第五十三条　本条例自 2004 年 7 月 15 日起施行。1987 年 9 月 24 日上海市第八届人民代表大会常务委员会第三十一次会议通过的《上海市职业技术教育条例》和 1988 年 1 月 9 日上海市第八届人民代表大会常务委员会第三十四次会议通过的《上海市职工教育条例》同时废止。

附:

一、《中华人民共和国教育法》有关条款

第七十一条　违反国家有关规定,不按照预算核拨教育经费的,由同级人民政府限期核拨;情节严重的,对直接负责的主管人员和其他直接责任人员,依法给予行政处分。

违反国家财政制度、财务制度,挪用、克扣教育经费的,由上级机关责令限期归还被挪用、克扣的经费,并对直接负责的主管人员和其他直接责任人员,依法给予行政处分;构成犯罪的,依法追究刑事责任。

第七十五条　违反国家有关规定,举办学校或者其他教育机构的,由教育行政部门予以撤销;有违法所得的,没收违法所得;对直接负责的主管人员和其他直接责任人员,依法给予行政处分。

第七十六条　违反国家有关规定招收学员的,由教育行政部门责令退回招收的学员,退还所收费用;对直接负责的主管人员和其他直接责任人员,依法给予行政处分。

第七十七条　招收学生工作中徇私舞弊的,由教育行政部门责令退回招收的人员;对直接负责的主管人员和其他直接责任人员,依法给予行政处分;构成犯罪的,依法追究刑事责任。

第七十八条　学校及其他教育机构违反国家有关规定向受教育者收取费用的,由教育行政部门责令退还所收费用;对直接负责的主管人员和其他直接责任人员,依法给予行政处分。

第八十条　反本法规定,颁发学位证书、学历证书或者其他学业证书的,由教育行政部门宣布证书无效,责令收回或者予以没收;有违法所得的,没收违法所得;情节严重的,取消其颁发证书的资格。

第八十一条　违反本法规定,侵犯教师、受教育者、学校或者其他教育机构的合法权益,造成损失、损害的,应当依法承担民事责任。

二、《中华人民共和国民办教育促进法》有关条款

第六十一条　民办学校在教育活动中违反教育法、教师法规定的,依照教育法、教师法的有关规定给予处罚。

第六十二条　民办学校有下列行为之一的,由审批机关或者其他有关部门责令限期改正,并予以警告;有违法所得的,退还所收费用后没收违法所得;情节严重的,责令停止招生、吊销办学许可证;构成犯罪的,依法追究刑事责任:

（一）擅自分立、合并民办学校的;

（二）擅自改变民办学校名称、层次、类别和举办者的;

（三）发布虚假招生简章或者广告,骗取钱财的;

（四）非法颁发或者伪造学历证书、结业证书、培训证书、职业资格证书的;

（五）管理混乱严重影响教育教学,产生恶劣社会影响的;

（六）提交虚假证明文件或者采取其他欺诈手段隐瞒重要事实骗取办学许可证的;

（七）伪造、变造、买卖、出租、出借办学许可证的;

（八）恶意终止办学、抽逃资金或者挪用办学经费的。

第六十三条　审批机关和有关部门有下列行为之一的,由上级机关责令其改正;情节严重的,对直接负责的主管人员和其他直接责任人员,依法给予行政处分;造成经济损失的,依法承担赔偿责任;构成犯罪的,依法追究刑事责任:

（一）已受理设立申请,逾期不予答复的;

（二）批准不符合本法规定条件申请的;

（三）疏于管理,造成严重后果的;

（四）违反国家有关规定收取费用的;

（五）侵犯民办学校合法权益的;

（六）其他滥用职权、徇私舞弊的。

第六十四条　社会组织和个人擅自举办民办学校的,由县级以上人民政府的有关行政部门责令限期改正,符合本法及有关法律规定的民办学校条件的,可以补办审批手续;逾期仍达不到办学条件的,责令停止办学,造成经济损失的,依法承担赔偿责任。

上海市人民政府
关于大力发展职业教育的决定

（沪府发〔2006〕10 号）

各区、县人民政府，市政府各委、办、局：

为贯彻《国务院关于大力发展职业教育的决定》，进一步实施《上海市职业教育条例》，培养和造就一大批经济社会发展所需的技能型人才和高素质劳动者，适应上海"率先全面建成小康社会，率先基本实现现代化"的发展目标，促进社会主义和谐社会建设，现就大力发展上海市职业教育作出如下决定：

一、全面落实科学发展观，明确"十一五"期间职业教育发展的目标

（一）把大力发展职业教育作为上海经济社会发展的重要基础和教育工作的战略重点。大力发展职业教育，加快人力资源开发，优化人才结构，是上海深入实施科教兴市主战略，进一步增强城市国际竞争力，构建和谐社会，坚持走可持续发展之路的必要途径；是上海促进就业，加快推进社会主义新郊区新农村建设，优先发展现代服务业和先进制造业，加快"四个中心"建设的重大举措；是上海坚决贯彻党的教育方针，遵循各类人才培养和成才的规律，率先建立学习型城市的必然要求。各级政府、各有关部门和社会各界要以邓小平理论和"三个代表"重要思想为指导，坚持科学发展观，增强紧迫感和使命感，继续推进职业教育的改革与发展，加快培养和造就一大批适应上海产业升级需要、具有良好职业道德和职业技能，并能适应终身学习需要的技能型人才尤其是高技能人才，全面提高劳动者的素质。

（二）明确职业教育发展的目标。努力构建与市场需求和劳动就业紧密结合，校企合作、工学结合、结构合理、形式多样、灵活开放、自主发展的现代职业教育体系，为进一步满足人民群众终身学习和自我发展的需要奠定坚实的基础。以就业为中心，坚持学历教育和职业培训并举，统筹优化职业教育和培训资源配置，着力提高职业教育的办学质量和实习体系的社会服务功能。到 2010 年，中等职业教育与普通高中的招生规模保持大体相当，高等职业教育占高等教育招生总规模的一半左右；中等职业学校调整到 100 所以内，并达到国家示范性中等职业学校的基本标准；建成若干所国家级、市级示范性高等职业院校；围绕产业结构升级和规划布局，结合区、县功能定位，建设若干个面向社会的公共实训基地，依托职业院校建设一批高水平的职业教育开放实训中心；职业院校注册学生中的全日制学历生、非全日制学历生与非学历培训者的比例达到 1：1：2，"双师型"素质教师队伍显著扩大，质量明显提高。重点建设好 60 所乡镇成人文化技术学校。全市每年有三分之一以上的就业人员接受更新知识、提高技能的培训教育。上海市高技能人才占技术性从业人员的比重达到 25％左右。

二、推进职业教育体制改革，促进学习型社会建设

（三）树立大职业教育观念，完善职业教育的管理体制。市职业教育工作联席会议负责领导、统筹、协调全市职业教育工作，包括各级各类职业院校教育和职业培训。各区县要建立并完善职业教育工作联席会议制度，充分发挥其统筹协调本区域内职业教育工作的作用。市教育部门要加强对全市职业教育工作的指导、统筹协调和督导评估；市劳动保障、人事和其他有关部门在各自职责范围内负责相关的职业教育工作;各行业主管部门履行本行业职业教育的协调和指导职责。各级政府要加强对职业教育发展规划、资源配置、条件保障、政策措施的统筹管理,抓紧制订职业教育发展的专项规划;把职业教育工作纳入目标管理,作为对主要领导干部进行考核的重要指标,并接受同级人大、政协的监督检查和指导;建立职业教育工作定期巡视检查制度,把职业教育督导作为依法督政和督学的重要内容,加强对职业教育的评估检查和职业教育科学研究,并充分发挥社会团体和中介服务机构在这方面的作用;逐步提高生产服务一线技能人才特别是高技能人才的社会地位和经济收入,实行优秀技能人才特殊奖励政策和激励办法,努力为职业教育提供良好的公共服务和发展环境。

(四)积极组织实施五项职业教育工程。其中,国家技能型人才培养培训工程由市劳动保障部门主要负责,国家农村劳动力转移培训工程、农村实用人才培训工程由市农业部门主要负责,成人继续教育和就业培训工程由市教育部门和市劳动保障部门主要负责,外来务工人员培训工程由市劳动保障部门主要负责。市人事、经济、建设、农业、旅游、国资管理等部门要各负其责、积极参与,并动员全社会力量共同实施。职业院校参与五项工程的实施情况,作为考核学校及其主要负责人的重要内容,纳入对学校办学水平评估和评选先进的指标,列为品牌职业院校、示范性职业院校、开放实训中心等建设的立项、认定的重要依据。

(五)搭建面向社会和资源共享、功能衔接的职业培训平台。根据产业结构调整和区、县功能定位的要求,加强全市公共实训基地和职业教育开放实训中心的规划布局。公共实训基地主要面向社会高层次技能培训和为各类院校学生实训提供设施及场所,职业教育开放实训中心主要满足职业院校日常教学和社会培训的需要。进一步整合成人教育资源,依托远程教育网络,建设以社区学院、业余大学、乡镇成人学校为骨干,街道社区学校、居民小区办学点、村民学校等为基础,并有职业院校共同参与的终身学习与培训平台,为广大市民提供多层次、多内容、多形式的职业培训,为"人人皆学、时时能学、处处可学"创造良好的条件。

(六)依靠行业、企业发展职业教育。行业、企业要建立健全现代企业培训制度。强化职工培训,并将其列为对国有企业领导任期目标考核的重要内容之一。企业要支持职业院校搞好学生实习和教师实践,积极提供实习实训岗位。有条件的企业要为相应的职业院校建立实习实训基地。行业组织受政府部门或行业主管部门的委托,开展本行业人才需求预测,制订教育培训规划,指导、协调行业职业培训,参与本行业特有工种职业资格标准制订、职业技能鉴定等工作。

(七)继续推进各类职业院校的体制改革。进一步整合技工学校、中专学校和职业高中的资源。上海市技工学校在原主办单位、经费渠道和教师编制等保持不变的前提下,由教育部门统一负责招生、教育教学、学生学籍等管理,劳动保障部门负责职业资格证书管理。继续深化公办职业院校内部管理体制改革,建立能够吸引人才、稳定人才、合理流动的制度。把民办职业教育列入全市职业教育的发展规划,逐步增加民办教育专项资金,促进和引导民办高等职业院校改善办学条件和加强内涵建设,形成公办职业院校与民办职业院校共同发展的新格局。进一步规范各类社会培训机构的办学,充分发挥社会资源在构建终身教育体系中的作用。继续引进国外优质教育资源,积极推进中外合作办学,大力开展与境外职业教育机构的相互交流,努力扩大职业教育的对外开放。积极鼓励有条件的职业院校主动参与国际教育服务贸易的竞争。

三、坚持以就业为中心,深化教育教学改革,创新技能型人才培养模式

(八)把德育工作放在首位,大力推进素质教育。切实加强对学生行为规范、文明礼仪、是非观念、社会责任等基本道德的教育和思想政治教育,以及以诚信、敬业为重点的职业道德教育。社区、企业、家庭和学校教育协同配合,形成学校德育工作的有机整体和系统。认真抓好学校德育工作的师资队伍建设,加强职业院校党团组织的建设,积极发展学生党团员。认真贯彻党的教育方针,全面实施素质教育。突出职业技能教育,注重文化基础教育,重视身心健康教育,深入探索生涯规划教育,加强职业指导,努力增强学生的就业能力、创业能力和终身学习的能力。

(九)进一步深化教育教学改革。坚持"以服务为宗旨、就业为中心"的职业教育办学方针,牢牢把握企业实际需求和产业发展趋势,加大课程和教材改革力度,不断更新教学内容,加强实习实验教学环节,大力推进精品专业、精品课程和教材的建设,及时调整专业设置,积极支持和大力发展与现代服务业和先进制造业相关的专业,促进现代信息技术在教育教学领域的广泛运用,进一步完善弹性学习制度。进一步推进学历证书、职业资格证书并重的"双证书"制度,扩大职业资格证书在中等、高等职业院校的覆盖面,到2007年分别覆盖至50个和70个职业类别,到2010年覆盖至100个职业类别。凡职业院校的在校生,参加与所学专业相关等级的职业技能鉴定时,免除理论考核,操作技能考核合格者均获得相应的职业资格证书。健全职业院校每年向社会公告毕业生就业率的制度,完善职业院校毕业生就业和创业服务体系,建设有别于普通教育、具有职业教育特点的人才培养、选拔与评价的标准和制度,把学生的职业道德、职业能力和就业率作为考核职业院校教育教学工作的重要指标。

(十)大力推行校企合作、工学结合的培养模式。改革以学校和课堂为中心的传统人才培养模式,积极推行校企合作、工学结合、半工半读、定单式培养等培养模式。健全学生实习制度,企业要与学校共同组织好学生在实习期间的相关专业理论学习和技能实训,搞好学生实习中的劳动保护、安全等。企业要为实习的学生支付合理报酬。

(十一)继续深化普职渗透、中高职衔接的教育模式改革。优化综合高中教育教学模式,继续举办五年制高等职业教育,规范中高等职业教育相通的教育模式,积极推进高等职业院校依法自主招收中等职业学校毕业生的改革试点。

(十二)完善高等职业教育人才培养体系。努力构建适应上海技术人才和服务人才需求的多层次高等职业教育体系。由职业院校升格的本科院校要充分发挥各自的比较优势和专业特色,继续以高级技术应用型人才为主要培养目标,会同专科层次的职业院校,实现上海高技能人才培养规格的多样化。

(十三)积极开展对外省市职业教育的对口支援。进一步完善上海市和外省市职业院校之间的灵活多样的合作办学模式,积极开拓培训外省市职业院校管理人员和教师的渠道,优先鼓励职业院校为外省市特别是对口支援地区培养生源所在地经济发展急需或有其他需要的技能型人才。开展在沪外来务工人员的职业教育。鼓励有条件的本科高校的职业学院面向全国,为高职高专优秀毕业生提供继续教育。

四、加强基础能力建设,把职业院校建成面向全社会的技能型人才培养培训基地

(十四)加强示范性职业院校建设。积极参与国家示范性职业院校的建设工程,全面完成上海市中等职业教育的"百校重点建设工程"和市级示范性高等职业院校建设工程。以国家级重点职业学校为基础,落实国家县级职教中心专项建设计划。高等职业院校要成为支撑上海现代服务业、先进制造业的高技能人才培养、培训的重要基地。其中,独立设置的高等职业院校要达到教育部人才培养工作水平评估良好以上标准。

(十五)提升职业院校实训能力。建设遍及城乡、布局合理、覆盖主要产业、惠及广大市民的职业教育开放实训体系,并探索新的管理体制和运行机制,使职业教育开放实训体系更好地体现服务性、公共性、辐射性的功能。符合条件的职业院校经批准，可以建立职业技能鉴定机构，开展职业技能鉴定工作。

（十六）加快发展职业教育的集团化和连锁化。以品牌职业院校、示范性职业院校为龙头，联合社会办学单位、职业教育开放实训中心、对口支援地区学校等，与社区、企业（行业）组建职业教育集团，实现职业教育与社会经济的联动，促进职业教育内部以及职业教育与职业技能鉴定的互通，率先在电子信息、机电数控、交通物流、建筑、轻工、化工、旅游、现代艺术、现代护理和现代农业等10个领域组建职业教育集团。

（十七）加强职业院校师资队伍建设。探索建立职业院校教师到企业实践制度，专业教师每两年应有两个月到企业单位实践。制定和完善兼职教师聘用政策，支持职业院校面向社会聘用工程技术人员、高技能人才担任专业课教师或实习指导教师。由市教育部门会同市人事部门制订"双师型"教师考核与认定办法。职业院校具备"双师型"素质的专兼职教师要占专业教师总数的三分之二以上。依托重点工科类综合性大学，建设一流的职业技术教育学院。支持具有较强实践能力的专业教师按规定申请评定第二个专业技术资格，或申请取得相应的职业资格证书。进一步完善职业院校校（院）长轮训制度。将中等专业学校和技工学校纳入中学特级校长和特级教师的评审范围内。

五、加快制度建设，增加经费投入，完善保障机制

（十八）逐步推进就业准入制度，不断完善职业资格证书制度。根据国家的规定，结合上海市实际，采取分步实施、逐步推开的方式，完善就业准入制度。用人单位招录职工必须执行"先培训后就业""先培训后上岗"的规定，从取得职业院校学历证书、职业资格证书和职业培训合格证书的人员中优先录用。进一步完善涉及公共安全和人身安全的相关职业（工种）实行职业准入的办法。对实行职业资格的职业（工种），用人单位应当从持有国家认可的发证部门核发的相应职业资格证书的人员中录用。从事个体工商经营的人员也要接受职业教育与培训。企业要对招用的尚未经职业教育与培训的外省市劳务工进行培训。劳动保障、人事和工商等部门要加大对就业准入制度执行情况的监察力度，对违反规定、随意招录未经职业教育或培训人员的用人单位要给予处罚，并责令其限期对相关人员进行培训。有关部门要抓紧完善就业准入的政策，配套发布工资指导价位，鼓励行业协会开展就业准入的相关工作。不断完善职业资格证书制度。加强对职业技能鉴定、专业技术人员职业资格评价、职业资格证书颁发工作的指导与管理。尽快建立能够反映经济发展和劳动力市场需要的职业资格标准体系。

（十九）增加公共财政对职业教育的投入。从今年起，城市教育费附加用于中等职业教育的比例提高到30%，此后四年里每年提高一个百分点，到2010年达到34%。市、区县财政要足额安排职业教育经费，重点支持技能型紧缺人才专业建设、职业教育师资培养培训等。逐年增加高等职业教育专项经费。完善职业教育财政投入方式。制定中等职业学校学生人均公用经费基本标准。农村科学技术开发、技术推广的经费可适当用于农村职业培训。鼓励企事业单位、社会团体和公民个人捐资助学。确保学费收入全额用于学校发展。对公办职业学校设立的主要为在校学生提供实习的场所，符合国家有关政策规定的，给予相应税收优惠。

（二十）严格执行国家关于企业提取教育培训经费的规定。企业提取的职工教育经费在计税工资总额2.5%以内的，可在企业所得税前扣除。此项经费必须专款专用，主要用于企业职工特别是一线职工的教育和培训。企业应向职工代表大会（职工大会）或工会报告职工教育经费的使用情况并定期公布，接受财务主管部门、职工代表大会（职工大会）、工会的检查监督。企业技术改造和项目引进都要按规定比例安排资金，用于职工培训。

（二十一）建立职业院校学生资助和专业奖励制度。政府对中等职业学校中家庭经济困难学生、身体残障学生、纯农户家庭学生和就读社会急需专业、农业类专业的学生，实施助学金、奖学金制度。社会急需专业目录由市教育部门会同市经济、发展改革、国资管理等部门每年滚动发布。职业院校也要从学校收入中安排一定比例，用于发放奖学金、助学金和减免学费等，并把组织学生参加勤工俭学和半工半读作为助学的重要途径。国有或国有控股金融机构要为高等职业院校贫困家庭学生接受职业教育提供助学贷款。继续按照国家有关规定，做好高等职业院校学生的资助工作。

（二十二）加大舆论宣传力度。定期开展职业院校学生职业技能竞赛活动。大力表彰职业教育工作先进单位与先进个人。广泛宣传职业教育的重要地位和作用，宣传优秀技能人才和高素质劳动者在社会主义现代化建设中的重要贡献，努力提高全社会对大力发展职业教育重要性的认识，积极营造全社会进一步关心、重视和支持职业教育的良好氛围。

二〇〇六年五月十日

索　引

Y

（王彦祥、毋　栋　编制）

编 后 记

时光荏苒，岁月如歌，经过全体修志人员的不懈努力，《上海市志·教育分志·职业教育卷(1978—2010)》的编纂工作终于完成。

根据上海市地方志编纂委员会的统一安排，上海市教委组织实施《上海市志·教育分志·职业教育卷(1978—2010)》(简称《职业教育卷》)的编纂工作。该项工作于 2012 年正式启动。同时，组建了编纂委员会，由市教委总负责。编纂委员会下设编纂办公室，由上海市教育科学研究院职业教育与成人教育研究所具体承担编纂工作。此后编写组织的建立和经费的核拨，有力保障了本卷编写进程和质量。

本卷着力记载改革开放 30 多年来上海市职业教育的发展历史，以大量的第一手资料、从各个层面和角度呈现全市职业教育发展的全貌。

在编写本卷的过程中，注重承续《上海职业技术教育志》(下限为 2000 年)的内容。同时，充分使用了上海市教育委员会相关处室与上海市教育科学研究院职业教育与成人教育研究所合作编纂的系列丛书《上海职业教育与成人教育》(2001 年至 2006 年，共 5 本)、《上海中等职业教育》(2007年至 2010 年，共 4 本)，参阅了历年《上海教育年鉴》，并从上海图书馆、上海档案馆及上海市教委档案室等处查阅、收集、核实有关资料，确保人物、事件以及材料的准确无误。编纂者力求全面、客观、准确地记载上海职业教育 30 多年来的发展历程和辉煌成果，努力体现时代特征、地方特色和职业教育特点。

2011 年 6 月，修志启动方案拟定。2012 年，《职业教育卷》编纂工作正式启动。拟定了编纂计划，并开始组织资料采集。12 月，组织修志人员参加市级培训。2013 年，拟定修志提纲并向市方志办报备。2014 年，市教委正式发文成立教育分志编纂委员会和《职业教育卷》编委会。2015 年 2 月4 日，《职业教育卷》编委会集中审定志书大纲，并报市方志办。编委会还就《职业教育卷》与《高等教育卷》《成人教育卷》之间的边界范畴达成了一致意见。11 月 25 日，编委会对志书提纲以及全书体例进行审核并予以完善，并要求市教委职教处和高教处负责对须补材料组织收集。12 月 8 日，编纂工作组召开志书编纂工作的专家咨询会，与会者就志书的提纲、体例、案例编辑等提出了宝贵的意见。2016 年 1 月 12 日，编委会召开会议，决定向全市中职学校和高职院校征集编纂材料。会后，上海的高职院校和中职学校提供了丰富的材料，为志书的编纂奠定了良好的基础。2015 年至 2016年，是本志书编纂工作的攻坚阶段，通过持续的努力，基本形成了资料长编和志书初稿，卡片库系统完整，储藏丰厚。至同年 12 月，全市在编中职学校和高职院校的基本情况整理完毕，实现了本志书要记载全市职业教育举办学校发展沿革全脉络的初衷。2018 年，在市方志办专家的指导下，对志书初稿进行修订。2019 年 5 月，志书书稿送编委会内审。7 月 4 日，召开职业教育卷内评内审会议，会议通过内评内审意见。7 月至 9 月，修改编委会的内评内审意见，准备市级评议相关材料。11

月,《职业教育卷》送审稿上报上海市地方志办公室,由其组织评议、审定和验收。

上海市地方志办公室对本卷的编纂给予了全程指导,给予了大量的关心和帮助,并协助解决了许多具体编写中遇到的问题和困难,对此深表谢意!

《职业教育卷》的编纂工作,凝聚了上海职教系统许多同志的心血。市教委机关相关处室的领导、联络员协助并提供信息和资料,市高教处专门召开会议动员全市高职院校整理、提供学校材料,市评估院、装备中心提供了系统、完整的专属材料,全市中职学校和高职院校为本志提供了丰富的第一手材料,这些帮助,确保了志书编写工作的顺利开展和按时完稿。上海市教科院职业教育与成人教育研究所具体承担志书编纂工作。在此,一并表示衷心的感谢!

由于编纂经验和学识水平的限制,疏漏错误之处在所难免,恳请广大专家、读者予以谅解并指正。

编者

2020 年 11 月

图书在版编目(CIP)数据

上海市志. 教育分志. 职业教育卷: 1978 — 2010/
上海市地方志编纂委员会编. —上海: 上海古籍出版社,
2021.11
ISBN 978 - 7 - 5732 - 0063 - 1

Ⅰ. ①上… Ⅱ. ①上… Ⅲ. ①上海—地方志②地方教
育—职业教育—教育史—上海—1978 - 2010 Ⅳ.
①K295.1②G719.29

中国版本图书馆 CIP 数据核字(2021)第 224096 号

责任编辑　张靖伟
封面设计　严克勤

上海市志·教育分志·职业教育卷(1978—2010)
上海市地方志编纂委员会　编

出版发行　上海古籍出版社
　　　　　(201101　上海市闵行区号景路 159 弄 A 座 5F)
印　　刷　上海中华印刷有限公司
开　　本　889×1194　1/16
印　　张　44
插　　页　17
字　　数　1,154,000
版　　次　2021 年 11 月第 1 版
印　　次　2021 年 11 月第 1 次印刷
ISBN 978-7-5732-0063-1/K·3047
定　　价　298.00 元